白沙黎族自治县志

（1988—2010）

白沙黎族自治县地方志编纂委员会 编

方志出版社
Publishing House of Local Records

图书在版编目（CIP）数据

白沙黎族自治县志：1988—2010 / 白沙黎族自治县地方志编纂委员会编. -- 北京 ：方志出版社，2020.10
ISBN 978-7-5144-4294-6

Ⅰ. ①白… Ⅱ. ①白… Ⅲ. ①白沙黎族自治县－地方志－1988—2010 Ⅳ. ①K296.64

中国版本图书馆CIP数据核字(2020)第168433号

白沙黎族自治县志（1988—2010）

编　　者：白沙黎族自治县地方志编纂委员会
责任编辑：王　娜

出 版 者：方志出版社
地　址　北京市朝阳区潘家园东里9号（国家方志馆4层）
邮　编　100021
网　址　http://www.zgfzcb.cn
发　　行：方志出版社图书经销中心
电　话（010）67110500
经　　销：各地新华书店
印　　刷：海南鑫汇亚印务有限公司

开　　本：889×1194　1/16
印　　张：64.25
字　　数：1196千字
版　　次：2020年10月第1版　2020年10月第1次印刷
印　　数：0001～5000册

ISBN 978-7-5144-4294-6　　定价:450.00元

白沙黎族自治县志（1988—2010）编纂委员会

《白沙黎族自治县志（1988—2010）》编纂委员会办公室

主　　任：胡腾业

副 主 任：韦杰发　符　君

工作人员：谢　强　陈廷炳　王琳琳　王曼群　王晓晨　韦　炜

《白沙黎族自治县志（1988—2010）》编辑部

主　审：符和积

副主审：王明军　王海云　陈　雄　朱兴明　周文奇

主　编：胡腾业

副主编：韦杰发　符　君

编　辑：王琳琳　邢寒冬　唐少霞　王志强　陈有济　王晓晨

《白沙黎族自治县志（1988—2010）》撰稿人

周　源	符建文	符攀婵	林尤山	张质珍	谭孟忠
陈元英	王华通	王成宁	王淑兰	刘小桢	谭永斗
耿　宇	胡腾业	余智勇	羊秀香	黄伟业	符有从

陈林星　吴组仪　王　刚　符龙娟　林建勇　符积军
董元培　李　军　陈　达　羊　宁　王慧敏　莫美孔
吕　惠　李　翠　王小昆　包林进　王志凯　王章钧
陈　伯　林　明　梁晓珊　黎华茂　郑　磊　陆家毅
林　广　陈金萍　朱　燕　王小婷　王　梅　谢荣华
王丽虹　王　侦　郑　华　王国幸　邱艳萍　王志光
王　敏　谢楚城　伍陈宏　张永平　秦人仁　王意果
黄明林　林　帆　林其精　杜家敏　陈　东　符惠华
何　凤　王清畅　陈　文　容朝明　万　琼　钟　祥
王耀明　何大云　李园园　周大文　史采尼　陈积安
杨大志　黄学勇　任　重　唐国军　符晓娜　王若海
吴光照　汤红权　傅淑兰　黄大彤　王　静　陈　波
邝　海　莫壮敏　曹　源　刘向远　林书瓦　郑喜杰
陈　江　吴晓芳　林　南　杨园园　梁福兴　符愈聪
仇　波　刘利明　符诏恒　江新飞　罗　坚　王慧颖
冼威勇　何　康　张　艺　王　昀　林道驳　罗衡炜
潘孝信　黄　坤　卢秋宜　黄能武　王琳琳　符月华

《白沙黎族自治县志（1988—2010）》初审人员

张志群　陈家传　符和积　符云汉　余智勇　邢寒冬
王志强　朱兴明　王海云　陈　雄　周文奇　王国理

王明秀	王明军	胡腾业	韦杰发	周文奇	王　伟
吴姬璟子	邢增胜	高玉才	符晓娜	罗　冲	唐志贤
莫文标	曹进基	杨忠仕	钟少勇	羊丽梅	李少荣
李松梅	王扬力	符如梦	李雪珍	陈文杰	符荣霞
郑兴堂	钟玉婷	符祥伦	孙唐康	钟守甫	

《白沙黎族自治县志（1988—2010）》专家评审人员

陈家传　符思权　朱兴明　王海云　陈　雄　周文奇

《白沙黎族自治县志（1988—2010）》复审机构与人员

复审机构： 县委办　人大办　政府办　政协办　组织部
宣传部　政法委　统战部　财政局　教育局
统计局　民政局　卫健委　发改委　检察院
元门乡　牙叉镇　七坊镇　邦溪镇　自规局
农业农村局　国资中心　人民银行
旅游和文化广电体育局　白沙农场集团有限公司

人　　员：

马琼才	符思权	符和积	胡腾业	韦杰发
王明军	朱兴明	陈　雄	王海云	周文奇
邢寒冬	王志强	唐少霞	陈有济	王　伟
杨忠仕	钟少勇	高玉才	邢增胜	黄少鹏
陈一夫	曹进基	陈　珠	符晓娜	李少荣
陈　燕	莫文标	覃　偲	符荣霞	李雪珍
郑兴堂	符　君	李春芬	杨桂均	陈文杰

《白沙黎族自治县志（1988—2010）》终审机构与人员

终审机构：海南省地方志办公室

人　　员：秦武军　陈家传　符思权

一、领导关怀

1993年12月，海南省委书记阮崇武（前左三）在县委书记龙文陪同下考察白沙陶瓷厂　　（曾桂仁摄）

1993年8月参加纪念“白沙起义”50周年活动的老干部合影留念

（曾桂仁摄）

海南省人大常委会副主任王学萍（左一）在白沙考察了解黎族纺织品技艺

（曾桂仁摄）

1998年底，县委书记陈志荣（右）、县人民政府县长唐卓高（左）实地考察元门乡，谋划该乡下一步发展

（曾桂仁摄）

2000年9月，海南省委书记白克明（左）在县委书记彭晓新（中）的陪同下考察白沙方香村时接见了全国劳模吴理文（右）

（曾桂仁摄）

2000年9月，海南省委书记白克明（前右二）考察白沙黎族自治县时到白沙镇什控苗村了解民情

（曾桂仁摄）

1999年，县委书记陈志荣（后五）、县委常委严昌良（后七）与白沙县参加海南省第一届残疾人运动会载誉归来的运动员合影留念

（曾桂仁摄）

2008年12月，海南省人民政府副省长符跃兰在庆祝白沙黎族自治县成立20周年纪念大会上致贺词　（曾桂仁摄）

2008年12月，海南省民政厅厅长符桂谦出席庆祝白沙黎族自治县成立20周年纪念活动并在大会上致辞

（曾桂仁摄）

二、经济发展

▲白沙绿茶生产基地

▲白沙绿茶生产基地

▲白沙绿茶生产车间

▲芳香苗圃基地

▲桉树林基地

▲竹林基地

▲马占相思林基地（2005 年 3 月 2 日摄）

▲橡胶林地

▲白沙县水泥厂旧址办公楼（胡腾业摄）

▲白沙、白翔水泥厂旧址厂房（胡腾业摄）

▲白沙木棉糖厂

（未署名照片均出自 2009 年《白沙黎族自治县年鉴》）

三、城乡建设

▲白沙县城

▲白沙县城城东

▲白沙县城城西

▲白沙县城城南

▲白沙县城城北

▲白沙县城环城路

▲邦溪民族风情小镇

▲白沙农场办公大楼

▲白沙县城文明湖

▲青年农场场部大门

▲2006 年前的县委办公大楼

▲2006 年前的县政府办公大楼

（照片均出自 2009 年《白沙黎族自治县年鉴》）

四、文教体卫

▲三月三节

▲农家书屋

▲思源实验学校小学部教学楼

▲民族中学运动会

▲登革热疫情演练

▲公共卫生宣传活动

（照片均出自 2009 年《白沙黎族自治县年鉴》）

五、民生保障

▲方亮新区廉租房

▲公务员小区建设

▲白沙县城桥头公厕

（照片均出自2009年《白沙黎族自治县年鉴》）

六、生态文明

▲农村民房（危房）改造

▲牙叉镇儋州文明生态村　　（照片均出自2009年《白沙黎族自治县年鉴》）

七、民俗风情

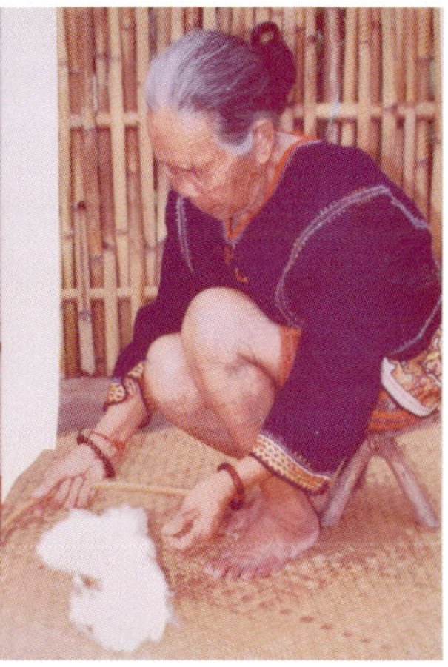
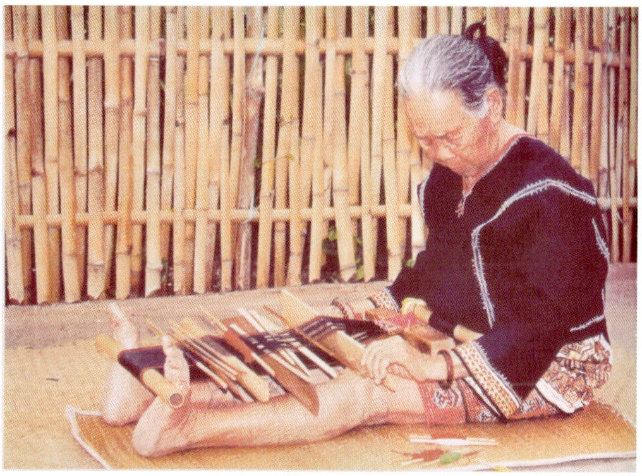

▲传统纺染织绣技术

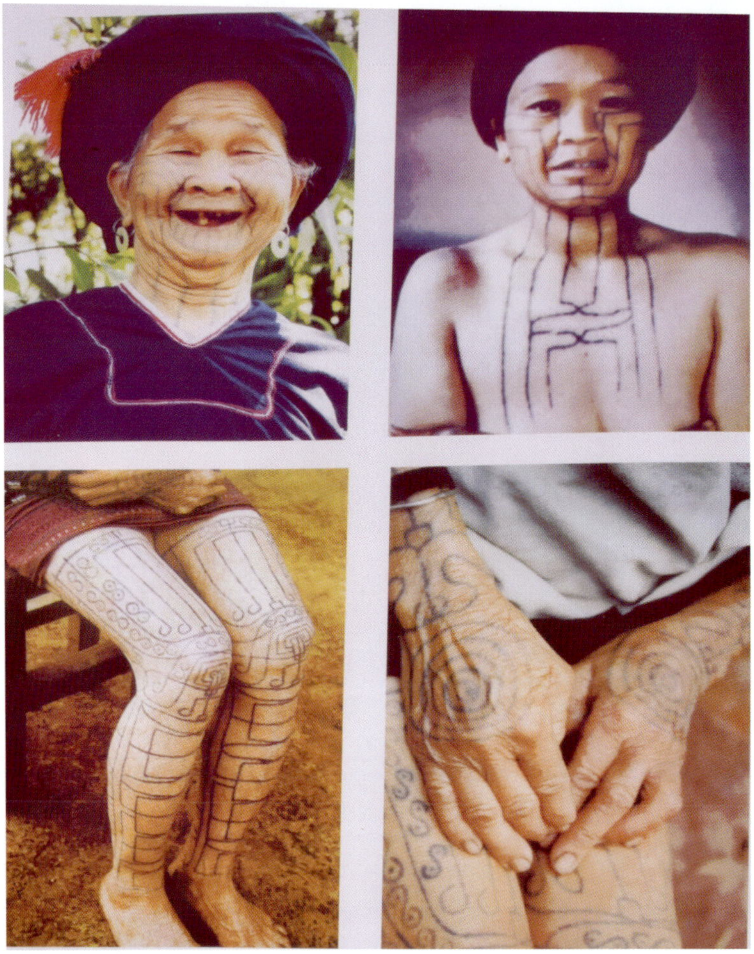

▲黎族文身

▲渡水腰舟　　（照片均出自《白沙黎族自治县非物质文化遗产名录研究》）

序　言

在中华人民共和国成立70周年之际，历时六载、几经增删的《白沙黎族自治县志（1988—2010）》即将付梓面世，我作为编委会主任甚感欣慰，现谨附浅见，是为序。

白沙县是个年轻的县份，历史上没有修志、读志、用志的优良传统，因此存史、资政、教化的重要历史文献不多。白沙第一部新编《白沙县志》始修于1985年1月，1992年6月出书，历时6年多，在全国新编地方志优秀成果首次评奖中荣获二等奖，受到中国地方志指导小组的表彰。该志书在白沙经济社会发展中发挥着不可替代的作用，已经成为了解白沙、推介白沙、考察白沙、投资白沙的重要参考依据。县委、县政府对二轮修志工作十分重视，县委常委会专题讨论二轮县志修编问题，县政府常务会议讨论修编经费问题。我任编委会主任以来，把编纂《白沙黎族自治县志（1988—2010）》当作我的责任和使命，力争把它编修成一部有益当今、惠及后世的文化遗产。

《白沙黎族自治县志（1988—2010）》，时间上限是1988年，下限断至2010年，这个时期正是改革开放后，特别是海南建省办经济特区后，白沙快速发展的重要时期。这一历史时期，白沙的经济、社会发展取得了长足进步，城乡面貌焕然一新，人民群众的获得感、幸福感、安全感得到显著提升。记录好过去22年的发展历程，既是对白沙发展历史的尊重，也是推动当前发展的需要，更是对未来发展的负责。

白沙是国定贫困县，基础差，底子薄，人才短缺，修志人员能力和水平有限，加之编纂工程浩繁，虽经各方共同努力，精雕细琢，但出现差错疏漏肯定在所难免。因此，我殷切希望各位读者不吝赐教，以便今后再次修志时纠谬补遗。

最后，对多年来关心支持我县地方志工作的老领导、老干部以及各单位、各部门表示衷心的感谢!向为《白沙黎族自治县志（1988—2010）》编修工作付出辛勤劳动的地方志工作者表示亲切问候和诚挚谢意!

县委书记　刘　蔚

2019年10月17日

凡 例

一、本志以马克思列宁主义、毛泽东思想、邓小平理论、“三个代表”重要思想、科学发展观、习近平新时代中国特色社会主义思想为指导，坚持辩证唯物主义和历史唯物主义的立场、观点和方法，旨在实事求是、客观系统地记述白沙黎族自治县自然、政治、经济、军事、文化、社会等各方面的发展状况，力求时代性、地方性、资料性、连续性、综合性、独特性相统一。

二、本志上限1988年，下限2010年，必要时适当上溯。

三、本志采用述、记、志、传、图、表、录的体裁，以志为主，辅以图、表、录。本着突出地方特点和时代特色、为现实服务的原则，力求全面反映县情。全志共设十六编，另设大事记、附录等。各专志采用编、章、节、目记述；大事记采用编年体和纪事本末体；人物、附录采用条目体。

四、本志为首部《白沙县志》的续志，定名《白沙黎族自治县志（1988—2010）》。对某些时段内变化不大的事物从简记述、适当归类处理，对前志缺漏在附录中或有关编章节补充修改。

五、有关数据以省、县统计局编制的统计年鉴为准，未列入国家统计范围的数据取自各有关单位。

六、姓名、机构、单位、职务均沿用当时历史称呼。机构、单位名称首次出现时采用全称并括注相应简称，再次出现，在没有产生歧义的前提下可用简称。

七、公历、世纪、年、月、日用阿拉伯数字表示，农历用汉字表示。

八、计量单位一般使用汉字，少数地方按行业习惯使用计量单位。长度、重量、体积单位一律用公制；农田、土地面积单位除耕地用市制“亩”做单位外均用公制。以人民币为货币计算单位，一般为亿元、万元、元。

九、人物入志，坚持“生不立传”原则，以本籍人物为主，兼记对白沙黎族自治县经济、社会发展有重大影响的客籍人物。对前志应立传而遗漏的人物立传记述，记述按卒年先后为序；获省部级以上荣誉称号、对白沙有突出贡献的人士、非遗传承者、2010年在世的百岁老人载入人物名录或表。

十、本志使用资料、图照主要来自县档案馆、统计局和各部委办局、相关部门、单位提供的资料稿和2010年前出版的《白沙年鉴》，记述时一般不注明出处。

凡 例

目　　录

总　　述

一

白沙黎族自治县位于海南岛西北部，地处北纬 18° 56′ 10″ ~19° 29′ 20″ ，东经 109° 02′ 11″ ~109° 42′ 00″ ，土地总面积 2117.73 平方千米。

民国 24 年（1935 年）白沙县成立。2010 年，全县辖 4 个镇 7 个乡，共 77 个村（居）委会，421 个自然村，493 个村民小组，境内有白沙、龙江、邦溪 3 个国有农场和青年、热带作物 2 个地方农场。全县总人口 167918 人，其中汉族人口占 32.57%，各少数民族人口占 67.43%，少数民族中以黎族为主。

二

1988—2010 年，白沙黎族自治县体制改革与宏观调控顺利进行，经济平稳有序地发展，物质极大地丰富，人民生活水平大幅度提高，各项社会事业成就斐然，特别是环境保护工作走在全省乃至全国前列。

1988 年海南建省后，实行省对市县直接领导体制。1990 年，白沙黎族自治县成为海南省首批市县级综合改革试点。试点改革成效显著，一度摘掉国家贫困帽子，为民族山区县域经济发展和全省县级综合改革提供宝贵的经验。白沙黎族自治县委、县政府不断深化体制改革，在党政机构改革方面，将业务重叠、接近或隶属的单位撤并组合，推行住房制度、公务员制度和全县劳动就业保险、生育保障和城乡医疗保障农村医疗保险 4 项保险制度改革。农村经济体制改革方面，实行第二轮土地使用承包，基本实现农村土地流转。农村税费改革减轻农民负担，财务管理改革公开透明。流通领域改革适应市场需求，加速商品流通，促进商业繁荣。企业体制改革调动劳动者的积极性和创造性，促进生产力的提高和现代企业制度的建立。林权制度改革加速生态建设，为经济可持续发展夯实基础。通过一系列改革，县党政机构的管理水平和办事效率得到进一步提高，社会主义市场经济体制初步建立，逐步摸索出一条符合白沙县少数民族山区特色的发展路子。

白沙黎族自治县的土地、森林、水利资源丰富，气候条件好，劳动力富足，农业生产条件优越。通过合理规划农业分区进行农业综合开发，农业发展取得显著成就。通过植树造林、封山育林、退耕还林、发展林下种养殖经济等方式，有效地保护森林资源，同时拓宽农民的收入来源。种植业以橡胶、甘蔗、木薯、竹为主，同时发展绿茶、南药和热带水果。白沙绿茶因生产区位于陨石坑范围内，吸收陨石带来的特殊微元素，营养成分丰富，味道独具特色，成为国家驰名品牌，行销全国和东南亚地区。利用优良牧草和大片草场发展畜牧业，利用纵横水系和水质优良发展淡水养殖业，畜牧业和淡水养殖业成为白沙经济的重要组成增长点。依托山区自然资源和农业经济，大力发展以蔗糖、粮食与热带经济作物加工为主的工业。通过产业优化和调整，逐步向规模化、现代化发展。全县经济稳步增长，市场需求持续扩大，产业结构趋于合理，城乡居民收入有较大增加。全县生产总值由 1988 年的 11971 万元增加至 2010 年的 149349 万元，平均每年递增 6.4%。一、二、三次产业增加值分别由 1988 年的 7091 万元、1886 万元和 2994 万元增加至 2010 年的 80657 万元、23693 万元和 44999 万元。地方一般预算收入由 1988 年的 726 万元增加至 2010 年的 8595 万元,其中税收收入由 1988 年的 910 万元增加至 2010 年的 6255 万元。社会消费品零售总额由 1988 年的 5794 万元增加至 2010 年的 31724 万元，其中批发和零售业由 1988 年的 4473 万元增加至 2010 年的 26848 万元，住宿和餐饮业由 1988 年的 372 万元增加至 2010 年的 4876 万元。全社会固定资产投资总额由 1988 年的 1890 万元增加至 2010 年的 51662 万元，其中，一、二、三产业投资额分别由 1988 年的 327 万元、252 万元、1311 万元增加至 2010 年的 3889 万元、12147 万元和 35626 万元。农村居民家庭人均纯收入从 362 元增加至 3656 元，在岗职工平均工资从 1515 元增加至 27111 元。1988 年，农村家庭人均生活消费支出 823 元，支出前三项分别为食品、文教服务、交通通信。2010 年，农村家庭人均生活消费支出 2372 元，支出前三项分别为食品、居住和交通通信。

白沙黎族自治县境内自然环境优美，蕴含丰富的旅游资源，主要有陨石坑、南开河、石碌河、珠碧江水域风光旅游。历史人文旅游资源主要有新村台地遗址、白沙起义遗址。民族文化旅游资源主要有黎族三月三节，非遗保护项目有黎族骨器制作、黎族文身和黎族渡水腰舟。主要景点有陨石坑、红坎瀑布、白沙冷泉、阜许温泉、九架岭、红山外、南美岭、罗帅天涯驿站、仙婆岭、邦溪坡鹿保护区和鹦哥岭保护区。白沙县的旅游业起步比较晚，2005 年设立白沙黎族自治县旅游局，2010 年首次提出建设“美丽乡村”的决定，通过美丽乡村建设，农村人居环境得到有效的改善。2010 年，白沙县接待旅游人数为 11.2 万人次，游客以商务、汽车越野、登山探险、考察者居多，客源主要来自岛内。

三

1988—2010 年，白沙黎族自治县不断加强教育经费投入和教师队伍建设，基础设施建设不断改善，教育、科技、文化、卫生事业发展迅速，不断满足人民群众的需求。学前教育、义务教育、高中教育、职业教育稳步发展，学生入学率逐步提升，成人教育取得长足进步，基本实现扫除青壮年文盲的目标。科技事业蓬勃发展，科技管理和服务成绩突出，每年都举办多期水稻、木薯、甘蔗、橡胶、水果、蔬菜、养猪、养鱼等技术培训班，对经济增长和运行质量起到巨大的推动作用。医疗条件得到很大改善，医疗机构逐年健全，医疗器械日趋完备，公共卫生管理不断加强，为白沙人民群众的生命健康提供切实保障。文化生活日益丰富多彩，文化设施渐趋完善，群众文化活动多样发展，文化市场不断繁荣。文化部门重视挖掘民间传统文化与技艺，积极进行非物质文化遗产和文物的调查和保护工作，成功申报多个非遗项目。群众性体育运动日趋活跃，逢年过节举办球类、棋类、田径、竹竿舞、渡水腰舟等形式多样的体育运动，竞技性体育获得长足进步，多次组织队伍参加全省青少年田径、举重、游泳、乒乓球等比赛，屡获奖项。

四

1988—2010 年期间，白沙黎族自治县的党政群团、法制建设取得长足进步。全县先后召开过五次党员代表大会，选举产生中共白沙黎族自治县第七至第十一届委员会。在中国共产党白沙县委的领导下，全县开展粮食创高产活动、绿色革命运动、“建设美好家园”活动、“三级联创”活动、技能型乡镇政府建设等活动，做出“四破除、四树立”（破除“左”的思想影响，树立实事求是的科学态度；破除自然经济观念，树立商品经济观念；破除安于现状思想，树立开拓进取精神；破除轻视科学意识，树立科技兴农思想）方针、积极开展外引内联工作、推动综合改革、进行两个文明建设表彰、百里文化长廊建设、全面实施“天保工程”、引资造林、乡镇行政区划调整及林权改革等重要决策。白沙黎族自治县选举产生六届人民代表大会，共召集 28 次人民代表大会会议，举行过 139 次人大常委会会议，听取和审议县人民政府、县人民法院、县人民检察院的工作报告，对全县性重大问题先后作出 200 多次决议和决定。白沙黎族自治县人民政府逐步推进并实行重要会议制度，即全体会议、常务会议和县长办公会议，作出建立特色少数民族地区区域经济发展新体制、实施白沙黎族自治县第三次全国文物普查、立足地区优势调整产业结构及制定《白沙黎族自治县推进海南国际旅游岛建设环境综合整治工作方案》等重大决策。历经第三至第八届政协委员会，通过委员公益活动、调研考察、提案办理及文史资料征集等工作推动白沙县的发展。全县主要社会团体包括白沙黎族自治县总工会、共青团白沙黎族自治县委、白沙黎族自治县妇女联合会、白沙黎族自治县科学技术协会、白沙黎族自治县残疾人联合会及白沙黎族自治县工商联合会等通过开展专业性的活动推动白沙黎族自治县的发展。县公检法部门共受理公安机关移送审查批准逮捕案件 1250 件 2013 人，受理公安机关和本院自侦部门移送审查起诉案件 1219 件 1912 人；控申部门共受理来信来访 1880 件，受理反贪污贿赂线索 271 件 315 人，初查 258 件 297 人，立案侦查 107 件 121 人，共计为国家挽回经济损失 1016.34 万元；受理刑事案件 1152 件，审结 1152 件，判处 1668 人；受理民商案件 6738 件，审结 5576 件；受理行政案件 143 件，审结 142 件；执行案件受理 1474 件，执结 1258 件。县公证处共办理公证业务 4509 件，县律师业务办理案件总数 621 件。人民调解委员会办理调解案件 6501 件，调解成功 6242 件。

大 事 记

1988年

1月22日　白沙黎族自治县委、县政府在打安乡召开木薯加工、流通现场会议。

2月4日　县委、县政府在国营牙叉农场召开护林保胶工作会议，主要总结1987年护林保胶工作和密切场乡关系的工作情况，研究和布置1988年护林保胶工作。

3月3日　县委召开扩大会议，传达贯彻海南省全省县委书记会议精神，县四套班子领导及县委办、人大办、政协办，以及县经委、财办、财政局等单位主要领导出席会议。

4月19日　白沙黎族自治县与江苏省启东县缔结为友好县。

5月27—29日　县委、县政府召开全县农业工作会议，主要学习和推广江苏省启东县农村农业工作经验，总结白沙黎族自治县上半年农村农业工作，布置下半年工作任务。

7月1日　县委召开纪念中国共产党成立67周年大会。会议总结加强党的基层组织建设工作情况，表彰25个先进党支部和57名优秀党员。

12月25日　白沙县城1000门纵横制动电话工程竣工投入使用。从此，白沙县告别手摇电话的历史。

同年　霸王岭自然保护区经国务院批准晋升为国家级自然保护区。

1989年

1月16—17日　县委、县政府召开1988年度“两个文明”建设表彰大会暨四级干部会议。到会人员1100多人，其中，先进单位代表和先进个人279人。

1月30日　县委、县政府召开扶贫工作会议，传达贯彻省扶贫工作会议精神，研究、部署白沙县1989—1990年扶贫工作。

2月　县委、县政府制定《关于进一步深化和完善基础教育管理体制改革的意见》。

3月　县委、县政府制定《关于严厉打击刑事犯罪和社会治安综合治理工作方案》。

4月　县委、县政府制定《关于民营橡胶产品收购管理的暂行规定》。

4月　白沙黎族自治县科学技术协会被中国科学技术协会评为“全国农村科普先进集体”。

7月　白沙黎族自治县青年农场咖啡加工厂动工兴建。

8月　县委根据上级决定，在全县撤销“村民委员会”，设立“管理区”，属乡镇基层机构。

8 月　县委、县政府制定《关于廉洁从政的规定》。

8 月　县委副书记、县长符炳信调往昌江县，县委副书记刘文清任代县长。

10 月　县委、县政府两幢办公楼竣工投入使用。两幢楼各高六层，建筑面积分别为3925.2 平方米和 3777 平方米，总投资 200 多万元。

12 月　县委、县政府召开 1989 年度“两个文明”建设表彰暨四级干部大会，参加会议的先进代表和各级干部共 1200 人。大会表彰光雅镇等 72 个标兵单位，陆元亮等 35 位劳动模范；狮球乡等 36 个先进单位，朱兴琼等 160 个先进生产者。

1990 年

1 月 2 日　白沙县年产 200 吨炒磨咖啡生产线建成投产，总投资 90 万元。

1 月　白沙黎族自治县民族歌舞团成立，定编 20 人，其中固定人员 12 人，临时招聘人员 8 人。

1 月　海南省委确定白沙县为第二个综合改革试点县。

2 月 5 日　海南省委体改办副主任迟福林、林道群一行 5 人到白沙，与县委、县政府及县有关部门领导一起研究制定白沙县综合改革方案。

3 月 20—22 日　中共白沙黎族自治县第七次代表大会在县城召开，出席大会代表 185 名。大会选举产生第七届县委领导班子，符桂谦当选县委书记。

3 月 24 日　省纪委书记董范园到白沙黎族自治县传达中共十三届六中全会和中纪委第六次会议精神。

4 月 25 日　省委批复原则同意《白沙黎族自治县综合改革方案》正式实施。

4 月　县科协被中国科学技术协会评为“全国农村科普先进集体”。

5 月 14—16 日　县政协四届一次会议在县城召开。会议选举曾夫为县政协主席。

5 月 15—17 日　县第九届人民代表大会在县城召开，出席代表 152 人。会议选举周文珍为县人大常委会主任，刘文清为县人民政府县长。

6 月 8 日　白沙黎族自治县体制改革办公室和政策研究室成立，实行两块牌子，一套人员体制。

6 月 10 日　县委综合体制改革领导小组决定对白沙县国营工业、企业实行第二轮承包经营责任制，先以陶瓷厂为试点，后全面铺开实施。

6月11日　海南省副省长陈苏厚到白沙县检查农业工作。

8月23日　“亚运之光”西线火炬传递到白沙黎族自治县。县城2万多人参加庆祝活动。

9月2日　海南省委书记邓鸿勋，省委常委、副省长王越丰到白沙考察。

10月18日　县政府颁布实施《白沙黎族自治县科学技术进步奖励实施办法》。

11月2日　海南省党风廉政建设检查团在白沙县召开座谈会。县委书记符桂谦向省检查团汇报白沙县1990年度党风廉政建设的情况。

12月6日　县委书记符桂谦主持召开四套班子领导会议，学习中共中央《关于一九九一年农村工作的通知》（简称“通知”），讨论研究白沙县如何贯彻通知精神以及当前的工作等问题。

12月28日　县委、县政府召开会议，通过《白沙黎族自治县八五计划和十年规划》，决定呈报省委、省政府审批。

同年　县科协被中国科协评为“第二届全国金桥工程优秀项目三等奖”。

同年　白沙县被评为“全国造林绿化先进县”。

同年　白沙县七坊中学被中国青少年科技辅导协会评为“小星火杯先进集体”。

同年　白沙绿茶被指定为第十一届亚运会“绿色饮料”。

1991年

1月5日　县委下发《白沙县1991年农业和农村工作的决定》。

1月　白沙黎族自治县教育局被国家教育委员会、国家计划委员会、劳动部、人事部、财政部授予“全国职业技术教育先进单位”称号。

2月　县委批准成立县老区建设促进委员会。

3月22日　省金融系统英模报告团到白沙举行学习柯华文、田勤英雄事迹报告会。

3月　县委召开“深化综合改革、振兴白沙经济研讨会”。

5月28日　白翔水泥厂正式投产，年产8万吨，总投资2000多万元。

6月5—8日　县委举办全县农村社会主义思想教育骨干培训班。6月15日，县委成立县农村社会主义思想教育办公室，县委常委、宣传部部长董元培兼任办公室主任。

9月27—28日　白沙县第二次科技大会在县政府六楼会议室召开。

10月　县长刘文清率领县经济考察团一行8人，前往浙江省启东县考察。

同年　白沙县连续20年无退兵，征兵工作成绩显著，被海南省军区、广东省军区和海南省政府通报表彰。

同年　白沙绿茶商标被编入“中国知名商标”和“海南著名商标”，被选入《中国当代特优新产品大辞典》《中国茶文化今古大观》等权威刊物。

1992年

3月2日　县委、县政府在县影剧院召开“两个文明”建设先进单位、先进个人表彰暨四级干部大会，会期一天半。

3月4日　由省计划厅副厅长翟培基为队长的省社教工作队进驻白沙县七坊镇，开展为期4个月的社教工作。

3月19日　省政府在白沙县召开民族地区民房改造工作会议。副省长王学萍主持会议并讲话。会议决定从1992年起，省财政每年安排1500万元支持少数民族地区进行民房改造。全省少数民族地区大规模的民房改造工作从此开始。

4月15—17日　县第九届人民代表大会第三次会议在县城召开，出席代表147人。会议选举符桂谦为县人民政府县长。

5月11日　县委、县政府发文作出《关于加强计划生育工作决定》。

6月2—3日　全省扶贫基地开发现场会在白沙召开，各市、县委书记，市长、县长及分管扶贫工作的副市长、副县长和省有关部门领导出席会议，省政协副主席王越丰到会作重要讲话。与会人员参观白沙县元门、光雅、青松等乡镇的甘蔗、橡胶开发基地。

7月16日　县政府授予符乾金等113名农民技术员职称。

7月　县政府召开常务会议，批准筹建2000门程控电话工程，总投资400万元。

10月5日　县政府召开常务会议，讨论并同意设置牙叉镇居民委员会，即桥南、城东、城西3个居民委员会。

同年　白沙黎族自治县第一小学被全国残疾人联合委员会授予“全国助残先进单位”称号。

1993年

1月17日　省林业局在白沙召开飞播造林现场会。白沙县、通什市、琼中县等分管林业工作的副市长、县长、乡镇长、林业局局长及林业站站长500人参加会议。

5月2—4日　中共白沙黎族自治县第八次代表大会在县城召开，出席大会代表175名。大会选举产生第八届县委领导班子，龙文当选县委书记。

5月16—18日　县政协五届一次会议在县城召开。会议选举陈德基为县政协主席。

5月17—19日　县第十届人民代表大会在县城召开，出席会议代表162名。会议选举赵龙元为县人大常委会主任，王德荣为县人民政府县长。

6月　白沙黎族自治县陶瓷厂生产的陶瓷系列产品，被推荐作为海南唯一参加在北京举办的民用精品展览会参展的陶瓷产品。

7月2日　省委常委、宣传部部长、省长特别助理刘学斌到白沙县考察宣传工作和精神文明建设工作。

8月5—6日　省委副书记、省人大常委会主任杜青林到白沙县，深入白翔水泥厂、白沙水泥厂、陶瓷厂、包装制品厂等企业，考察工业工作。

8月29日　白沙县隆重举行纪念“白沙起义”50周年大会暨招商引资活动。县城党政军机关、企事业单位干部、职工，学校师生，南海舰队某基地原副司令员潘江汉，老干部赵光炬、郑放，“白沙起义”领导人之一王玉锦的夫人邱梅凤等参加纪念大会。省领导王学萍、周松，海南军区领导郑大进，省民政厅、省民委等有关单位领导，部分市县领导，以及来自北京、四川、广州、台湾等地的200名嘉宾出席。

9月21—22日　省委副书记汪啸风在白沙县考察工作。

10月5日　省委副书记杜青林到白沙县考察工作。

11月12—14日　福建、湖北、海南、河南四省丝虫病监测课题协作会议在白沙县召开。来自四省和中国预防医学科学院寄生虫病研究所的专家、学者及白沙县有关单位领导共30人参加会议。

12月20日　省委书记、省长阮崇武到白沙县考察工业生产。

1994年

1月21—22日　白沙县1993年度“两个文明”建设先进单位、先进个人表彰大会在县影剧院召开。

3月26日　县委召开全县副科级以上领导干部会议，传达贯彻全省反腐败工作会议精神。各乡镇党委书记、纪委书记、乡镇长，各厂矿企业厂长（经理）、党支部书记，县直机关副科级以上领导干部350多人参加会议。

4月初　县委贯彻上级有关党政机构改革的指示，决定以县人事局、劳动局、财政局、税务局作改革试点，逐步在全县铺开。

7月1日　县委在政府六楼会议室隆重召开中国共产党建党73周年纪念大会，会上表彰县机关党委党支部等23个先进党支部，授予吴理文等10人“优秀农村党支部书记标兵”称号。

8月　县委、县政府决定将县财政局、税务局合并，成立财政税务局，同时成立县地方税务局、县征税中心，归财政税务局领导。

9月13日　县三级干部会议在县城召开。会议主要部署秋季计划生育、甘蔗种植和集资办学等工作。

同年　白沙县被评为“全国发展经济林先进县”“全国林业宣传先进县”。

1995年

4月　县科协被中国科协评为“全国农村科普先进集体”。

6月　经省政府批准，县委、县政府决定从白沙镇划出营盘、方平、志道3个村委会成立南叉乡。

11月　县委、县政府根据海南省机构编委员会《关于白沙黎族自治县党政机构改革方案的通知》精神，设县一级党政机构为21个，其中县委机构7个，政府机构14个（不计监察局、人事劳动局、文化体育局、民族宗教事务局）。

同年　县委为推动全县教育事业的发展，在全县开展“十佳校长、十佳班主任”评选表彰活动。

同年　县委、县政府为加快全县脱贫致富步伐，提出“九五扶南开、九六扶青松、九七扶细水”的战略目标，并建立全县贫困户帮扶联系责任制。

同年　白沙县被评为“全国林业系统‘二五’普法先进县”。

1996年

1月26日　全县科技大会在县政府召开，总结白沙县“八五”科技工作经验，部署“九五”科技工作。各乡镇党委、政府主要领导，县直机关、学校、厂矿主要负责人，农垦办事处主要领导及科技工作先进单位、先进个人参加会议。

2月4日　白沙县1995年度“两个文明”建设表彰大会在县城召开，共表彰先进单位16个，先进个人86名。

4月1日　白沙黎族自治县武装部恢复军队建制。

5月22日　在第四次全国文化先进经验交流会上，白沙县荣获“全国文化先进县”称号。

9月22—24日　白沙县先后遭受第12号和第18号强台风的袭击。平均风力9～11级，降雨量为100～588毫米，给全县造成直接经济损失9757万元。

同年　白沙县建设“百里文化长廊”，以七坊镇为中心，以元门至荣邦公路为纽带，在公路沿线8个乡镇建设各种文化设施。

1997年

1月6日　省委常委、副省长王学萍到白沙县考察工作。

1月底　县委部署的县城环境综合治理及街道拓宽改造工程竣工。总投资192万元。

3月27日　邦溪镇被全国妇联会授予“全国妇联系统先进集体”称号。

4月8日　县委、县政府在县影剧院召开1996年度“两个文明”建设表彰大会。

4月8日　副省长韩至中到白沙县考察农业工作。

4月20日　白沙县唯一的水运航线——牙港至儋州南丰航线恢复通航。

6月12日　省委副书记、省人大常委会主任杜青林到白沙县考察工作。

6月20—30日　全县各级党组织开展纪念中国共产党建党76周年暨庆祝香港回归活动。

7月1日　县委、县政府领导在省政府报告厅举行《白沙黎族自治县自治条例》新闻发布会。

9月26日　省委常委、秘书长钟文到白沙县考察工作。

10月30日　县委、县政府在县体校广场举行白沙黎族自治县成立10周年庆祝大会。县四套班子领导成员和全县各级干部群众5000多人参加庆祝大会。国家民委、省有关部门及昌江、东方等市县领导到会祝贺。

11月4—5日　省委常委、副省长王学萍到白沙县现场办公和考察工作。现场确定兴建邦溪镇墟至西线高速公路出口路。

11月19日　副省长韩至中到白沙县国有龙江农场和珠碧江农场考察工作。

1998 年

2 月 25—26 日　县委、县政府召开 1997 年度“两个文明”建设表彰大会。

3 月 16—18 日　县政协六届一次会议在县城召开。会议选举符儒定为县政协主席。

3 月 17—19 日　县第十一届人民代表大会在县城召开，出席会议代表 155 名。会议选举符炳信为县人大常委会主任，唐卓高为县人民政府县长。

3 月 25—26 日　中共白沙黎族自治县第九次代表大会在县城召开，出席大会代表 200 人。大会选举产生第九届县委领导班子，陈志荣当选县委书记。

4 月 2—3 日　农业部副部长白志健、海南省副省长韩至中一行到白沙县龙江农场视察工作。

4 月　县委、县政府从县直机关各单位抽调 150 多人组成农村土地延包工作队，分赴各乡镇开展土地延包工作。

5 月 29 日　白沙县革命老区阜龙乡被省委、省政府列入省联手扶贫重点单位。

7 月　白沙黎族自治县人武部、武警中队、县中学、民族中学 4 个单位，被省委宣传部、海南军区政治部授予“军民共建社会主义精神文明先进单位”称号。

8 月 2 日　副省长韩至中率领省农业厅、水利局、气象局等有关单位领导到白沙县邦溪镇考察旱情。

10 月 10 日　全国人大常委会常委、省政协副主席王越丰到白沙县考察工作。

11 月 15 日　香港光彩事业促进会一行 13 人，在省委统战部副部长刘明哲、叶保存的陪同下，到白沙县阜龙乡观光考察。

12 月 1 日　中央统战部副部长胡德平和中国科学院、中国工程院的 17 名院士在省委统战部副部长叶保存的陪同下，到白沙县阜龙乡考察扶贫工作。

12 月 4 日　省人大常委会副主任王学萍到白沙县考察工作。

12 月 16 日　白沙黎族自治县第七次妇女代表大会在县城召开，出席代表 120 名。大会听取。大会选举产生第七届妇女联合会，符美花当选妇联会主席。

12 月 25 日　县委、县政府在帮溪镇举行西线高速公路白沙出入口路段工程开工庆典。县四套班子领导成员与帮溪镇干部群众一起参加庆典活动。

同年　海南福莱斯林业有限公司在白沙县租赁土地种植马占相思经济树林。地块位于白沙县城西南部约 40 公里的南开乡和青松乡交界处，总面积约 50000 亩。

同年　白沙绿茶荣获“第五届全国食品博览会金奖”。

同年　南高岭被列入国家重点国有林区天然林资源保护工程。

1999 年

1 月 4 日　县委召开“三讲”（讲学习、讲政治、讲正气）教育动员大会。参加会议的有县四套班子领导成员，离退休干部，县直属各部门单位领导，各乡镇书记、乡镇长等。县委书记陈志荣在会上作动员报告。

1 月 16 日　全县教育工作会议在县政府召开。县委书记陈志荣出席会议，就如何搞好白沙县教育工作作了重要讲话。

1 月 18 日　县委书记陈志荣出席海南航空股份有限公司在海口举行的向白沙县捐助教育资金和教学仪器的捐赠仪式。

2 月 1 日　县委、县政府决定在全县开展拥军优属活动。

2 月 28 日　省委常委、宣传部部长洪寿祥到白沙考察。

3 月 1 日　县委决定在全县范围内开展以“讲学习、讲政治、讲正气”为内容的党风、党性教育。

3 月 3 日　县委决定成立精神文明建设委员会，县委书记陈志荣任主任。

同日　县政府决定成立农村电网改造和建设领导小组。

3 月 14—15 日　省人大常委会副主任陈苏厚到白沙县考察工作。

3 月 16 日　县委、县政府在政府六楼会议室召开全县政法工作会议。

4 月 6 日　白沙发生牲畜“五号”病病例。其中耕牛死亡 28 头，染上“病毒”的 54 头；猪死亡 8 头，染上“病毒”29 头；羊染上“病毒”11 只。

同日　三亚市政协主席符桂花率市政协领导、委员等一行 19 人到白沙考察。

5 月 9 日　省人大常委会副主任吴葵光到白沙县考察教育工作。

同日　县委书记陈志荣主持召开由县委、县人大、县政府、县政协领导，以及共青团、妇联会、工会、商会、企业等社会各界人士参加的声讨以美国为首的北约悍然对南联盟进行轰炸，用导弹野蛮袭击中国驻南联盟大使馆暴行会。

5 月 10 日　县委同意中国联通有限公司海南分公司在白沙九架岭上架设一座 130 手机微波中继站。

5 月 15—16 日　县委、县政府在政府会议室召开全县教育工作会议。县四套班子在家的领导成员，各乡镇分管教育的领导、教育办主任，各中小学校长参加会议。

5月17日　副省长韩至中率省扶贫办、水利局领导到白沙县考察。

5月18日　副省长于迅率领省计划厅、省农业厅、省林业局等单位的领导到白沙县调研。

5月19日　国家民委原副主任、国家民族研究中心总干事文精等到白沙县调研考察。

5月20日　海南陆军预备役某团在白沙县举办预任干部专业集训。参加集训的有儋州市、东方市、昌江黎族自治县、白沙黎族自治县等市县的预任指挥专业、阵地专业干部共36人，集训为期20天。

5月24日　副省长于迅到白沙黎族自治县考察。

5月27日　白沙黎族自治县被省政府评为“全省计划生育连续两年达标单位”。县委书记陈志荣、副县长符永光分别获记个人三等功一次。

同日　省委副书记王广宪到白沙县调研。

6月8—9日　英国柏斯市前市长、议员默里到白沙县考察。

6月9日　农业部原副部长、全国科协副主席王连铮一行到白沙县考察畜牧业。

6月21日　省委书记、省人大常委会主任杜青林率队到白沙县考察工作。

7月1日　县政府决定收回县青年农场63222亩土地和打安热作场13254亩土地的使用权。

同日　县委决定，从1999年5月至2000年12月，在全县范围内举办基层干部和党员学习邓小平理论和“三讲”精神培训班。

7月6日　县委书记陈志荣随海南省出国访问团到以色列参加1999年国际农业技术博览会。

7月14日　副省长吴昌元到白沙县考察工业工作。

7月16日　县委根据省委有关指示精神，确定邦溪镇为白沙县1999年综合扶贫重点对象，并制定《邦溪镇综合扶贫发展计划实施方案》。

8月11日　县委、县政府同意将南美岭飞播区12万亩国有土地使用权划归县林业局使用。

同日　县委、县政府同意从细水牧场划拨15000亩国有土地使用权给县牧工商开发公司作为招商项目用地；同意从鹦哥岭牧场和县青年农场划出国有土地共4万亩给印度尼西亚金光集团作为浆纸林造林用地。

8月20日　县长唐卓高在县直机关干部职工大会上，号召大家认清邪教“法轮功”

的危害性，同党中央保持高度一致，向邪教“法轮功”组织作坚决的斗争。

8 月 21 日　副省长李东生到白沙县考察工作。

9 月 22 日　团省委副书记李江华率海南省青年企业家考察团一行 21 人到白沙县考察。

9 月 30 日　县委、县政府在县体育广场召开庆祝中华人民共和国成立 50 周年大会。

10 月 19 日　省委书记、省人大常委会主任杜青林，省政协副主席周松一行到白沙县视察革命老区，慰问老区群众。

同日　副省长韩至中率领省农业厅、水利厅等单位的领导到白沙县进行农业经济发展调研。

同日　省农业厅厅长肖若海一行到白沙县检查指导推广种植水稻新品种工作。11 月 15 日，省农业厅在白沙镇什奋田洋召开推广种植“巨升海香 1 号”水稻现场会。省农业厅领导和专家以及各市县的农业局局长参加现场会。

10 月 27 日　省政协科教文卫体委员会一行 10 人由副主任李世忠带队到白沙县考察农村文化阵地。

10 月　白沙县被评为“全国民族团结进步模范集体”，这是白沙县第二次获得此荣誉称号。

11 月 5—7 日　南开、南叉、元门等 15 个乡镇连降暴雨，降雨量达 212.6 毫米，山洪暴发，南叉河县城段水文站水位超过警戒线 34 厘米。全县直接经济损失共计 565 万元。

11 月 15 日　县委、县政府决定县陶瓷厂停产治理工业污染。

11 月 16 日　县政府发文颁布经省政府批准的 9 个乡镇 53 个村庄为解放战争时期革命根据地村庄。

11 月 22 日　县政府公布白沙县 7 ~ 15 周岁的人口文盲率为零。

11 月 26 日　省委常委、纪委书记刘学斌到白沙县考察农村党支部工作。

12 月 3 日　全国人大常委、全国工商联副主席严克强一行到白沙县考察民营企业。

12 月 7 日　省人大常委会副主任王学萍到白沙县考察工作。

同日　受强冷空气影响，白沙出现罕见的寒冷气温，部分地区温度降到 1 ~ 3℃，南部地区出现霜冻，导致大部分农作物冻坏，部分畜禽冻死。据统计，全县冻坏农作物 3382 亩，冻死耕牛 21 头，直接经济损失达 683.8 万元。

12 月 27 日　县委下发《关于县委、县人大、县政府、县政协班子领导、开展“讲学习、讲政治、讲正气”教育的实施方案》，对全县的“三讲”教育工作作出安排部署。

同年　白沙县全面实施保护天然森林资源和生态环境的“天保工程”，在南高岭、南美岭等林区完成首批“天保工程”建设项目，森林覆盖率达63.5%。

同年　白沙县被评为“全国林业生态建设先进县”。

2000年

1月4日　县委召开县级领导班子、领导干部“讲学习、讲政治、讲正气”教育动员大会。省派驻白沙“三讲”教育巡视组成员，县四套班子成员、县直各机关副科级以上干部，各乡镇委书记、乡镇长、人大主席团主席、纪检书记，省直和县企业单位主要负责人以及原担任县级领导职务的离休干部近400人参加动员大会。

1月19日　县委、县政府在县政府召开全县经济工作会议。

同日　全县政法工作会议在县政府召开。参加会议的有县四套班子在家的领导，县直各单位副科级以上领导干部，各乡镇党委书记、乡镇长、分管政法的领导，以及各国有农场分管政法的领导共180多人。

2月8—9日　省委常委、秘书长钟文到白沙县调研。

2月22日　县委、县政府召开领导班子成员会议，总结“三讲”教育成果，反馈政府领导班子个人剖析材料和民主评议意见。

2月23日　省委常委、宣传部部长洪寿祥到白沙县考察工作。

3月1日　县政府决定在全县农村推行社会养老保险，要求各乡镇具体抓好落实工作。

3月6日　县委、县政府同意实施《白沙黎族自治县2000年度人口与计划生育目标管理责任制考评奖惩暂行办法》。

3月8日　县委副书记周云到南美岭林区检查修建的南美岭至浪九村10多公里的林区公路和天然林保护工程。

同日　省人大常委会副主任陈苏厚到白沙县考察工作。

4月12日　省长汪啸风到白沙县调研。

4月17日　县委书记彭晓新主持召开全县工业企业领导座谈会。

4月28日　中共白沙黎族自治县九届二次全体（扩大）会议在县城召开。参加大会的有县委委员、候补委员，县纪委委员，四套班子领导，国有农场书记、场长，乡镇书记、乡镇长，县直机关和厂矿企业主要领导，村党支部书记。

5月17日　副省长于迅率领农业厅、林业厅等单位领导到白沙县调研。

同日　副省长韩至中率领省扶贫办、省水利局等单位领导到白沙县考察并对白沙农业工作提出指导性工作意见。

5月18日 “绿化白沙，建设美好家园”活动动员大会在县政府召开。县直机关副科级以上干部参加会议。

5月20日 县委书记彭晓新在阜龙乡召开扶贫工作分析会议。参加会议的有县委常委、宣传部部长董元培，副县长孙岐志，以及县委办、宣传部、扶贫办、工商行，省、县驻阜龙乡联手扶贫工作组人员。

5月31日 县委决定在全县组织学习中共中央总书记江泽民“三个代表”重要思想。

6月5日 全县整顿机关作风总结表彰大会召开，对整顿活动中成绩突出的15个先进单位和50名先进个人进行表彰；县法院、县国税局、县地税局、七坊镇等先进单位的代表分别在会上作经验介绍。

6月27日 县委书记彭晓新主持召开白沙县非公有制经济代表座谈会，与会人员60多人。

6月28日 纪念中国共产党建党79周年暨学习“三个代表”重要思想座谈会在县政府会议室召开。参加座谈会的有在家的四套班子领导，离退休老干部代表，部分县直机关、企业、事业单位的主要领导。

6月29日 全县农业产业结构调整汇报会议在县委常委会议室召开。县委书记彭晓新、各乡镇党委书记、农业系统的单位主要领导等参加会议。各乡镇党委书记对本乡镇农业产业结构调整的情况作汇报。

6月 县委挑选一批乡镇领导和县直机关部分副科级以上领导干部近200人，分期分批到华南热作农业大学学习农业科学技术，学习时间为每期1个月。

6月 白沙县被国家计委列入全国第二批123个全国生态环境建设综合治理示范县。

7月10日 县委作出全面推进依法治县的决定。

7月27日 全省林业工作现场会在白沙县南美岭人工造林基地召开。各市县林业局长参加了会议。省林业局局长韩剑准、县委书记彭晓新分别在会上作讲话。

8月9日 省委书记、省人大常委会主任杜青林到白沙县考察工作。

8月21日 副省长李东生到白沙县考察。

8月26日 全面推进依法治县动员大会在县政府会议室召开。县委、县政府决定从2004年起，用10年时间基本实现“依法治县”的奋斗目标。

8月 县委、县政府决定在南渡江、珠碧江、石碌河3条河流的上游流域进行林业综合开发，决心做到保护生态环境和提高经济收益两不误。

9 月 1 日　全国政协常委王家贤、省政协副主席林安彬到白沙县调研。

9 月 15 日　新华社海南分社新闻宣传与白沙经济发展座谈会在县常委会议室召开。县委书记彭晓新和符炳信、严昌良、麦辉、何玉华等县领导以及各乡镇主要领导出席了座谈会。

9 月 19 日　县委、县政府向省环境资源厅、发展计划厅上报白沙县生态示范县建设规划方案。

9 月 22 日　县人大常委会出台《白沙黎族自治县人大常委会关于对“一府两院”及其组成部门负责人进行述职评议的暂行办法》。

10 月 12—15 日　白沙县连降暴雨，降雨量最高的细水地区达 276 毫米。据统计，全县直接经济损失 433 万元。

10 月 22 日　县委决定成立白沙县国家安全领导小组，负责协调处理白沙县国家安全有关事宜。

10 月 27—28 日　省政协科教文卫体委员会一行 10 人到白沙县就农村文化阵地建设进行专题调研。

10 月 30 日　县委、县政府决定在七坊职业中学举办农村青年党员干部农业科技培训班。

11 月 15 日　县政府印发《开展电力设施安全保护专项整治工作方案》。决定对全县农村电网线路进行大整治，规范农村用电的安全制度，确保工业、农业用电安全。

11 月 23 日　县政府成立白沙黎族自治县农村税费改革领导小组，具体负责农村费改税工作。

12 月 7 日　省人大常委会副主任王学萍到南叉乡考察工作。

12 月 18 日　县政府批复同意全县 113 名民办教师转为公办教师，并同意给予办理转正工资手续。

同年　白沙县被评为“全国生态环境建设综合治理示范县和发展经济林示范县”。

同年　白沙县被评为“全国林业生态建设先进县”。

2001 年

1 月 16 日　中共白沙县委第九届三次全会暨经济工作会议在县城召开。各乡镇党委书记、乡镇长，县直各单位副局级以上干部，县四套班子领导出席会议。

2 月 1 日　县长唐卓高深入元门乡红茂村委会红新村看望琼崖纵队老战士、冯白驹将军的警卫员王忠书，代表县委、县政府向70多岁的王忠书表示问候。

2月8日　县纪委在县城召开党风廉政建设和反腐败工作会议。各乡镇党委书记、乡镇长、纪委书记，县直各单位副局以上领导干部，县四套班子领导出席会议。

2月8—9日　省委常委、秘书长钟文在县委书记彭晓新的陪同下，先后深入荣邦乡古巴雪茄种植基地、邦溪镇尖椒种植基地、七坊镇查苗农贸市场、细水乡牧场等地进行调研。

2月9日　县委召开全县农村“三个代表”重要思想学习教育活动动员大会。各乡镇党委书记、乡镇长，县直各单位副局级以上干部，县四套班子领导出席会议。

3月10日　全县党风廉政建设和反腐败座谈会在县委会议室召开。在家的县四套班子领导成员参加会议。会议印发《白沙县2001年党风廉政建设和反腐败工作实施方案意见》。

4月2日　县委书记彭晓新主持召开乡镇党政主要领导会议。县四套班子领导参加会议。

4月2日　党政机构改革暨农村税费改革动员大会在县城召开。县四套班子领导、县直机关副科级以上干部、省属单位负责人及各乡镇党政主要领导出席会议。

4月12日　县委、县政府联合制定《白沙县党风廉政建设责任考核和责任追究办法》。

4月25日　县委决定从4月至次年12月组织开展“严打”整治行动，并制定“稳、准、狠”打击方案。

4月　县委决定从3月22日至6月30日为全县禁毒专项行动日，重点打击制造、运输、贩卖毒品的违法犯罪分子和犯罪行为。

4月　省农业厅厅长肖若海率省扶贫养牛项目检查组一行16人到白沙县检查工作。

5月14日　县委召开四套班子领导会议，集中学习中共中央总书记江泽民考察海南重要讲话精神。

5月15日　县委书记彭晓新在常委会议室主持召开党风廉政建设和反腐败工作协调会。县四套班子领导、各牵头和协办部门负责人参加会议。

5月16日　副省长韩至中、省政协副秘书长陈川民一行3人在县委书记彭晓新在七坊镇主要负责人的陪同下，深入七坊镇打不林村夜访农户高琼花、符家在、符论切，同打不林村党支部书记符作查、老党员曾福兴等拉家常。

5月17日　副省长韩至中，省农垦总局党委书记邱国虎、局长林玉权到白沙农场考察。

5月29日　省委副书记王广宪到白沙县考察“三个代表”重要思想教育活动情况。

同日　省委常委王守初到白沙县白沙镇方香村吴理文农业庄园、什空苗村考察调研。

5月31日　省政协秘书长陈全义到阜龙乡等革命老区考察。

6月15日 县委、团县委等单位负责人前往元门乡翁村拜访“白沙起义”的幸存者王金兰老人。

7月2日 县委书记彭晓新主持召开县委理论中心组学习座谈会，重点学习中共中央总书记江泽民在纪念中国共产党成立80周年庆祝会上的讲话精神。

7月4日 由县委组织部牵头，县委宣传部、团县委在阜龙乡文头村联合举行青少年革命传统教育基地暨革命根据地旧址挂牌仪式。参加挂牌仪式的学校师生、老区干部群众1000多人。

7月11日 副省长韩至中率省林业局、林业总公司等单位负责人到白沙县南美岭林业综合开发基地、邦溪珍贵树种苗圃基地考察。

7月19日 县委、县政府决定，在全县范围内开展形式多样的拥军优属活动，多办实事好事，促进全县“两个文明”建设。

7月 为保护“海南生命之河”南渡江和“宝岛明珠”松涛水库，白沙县人工造林、封山育林、生态环境示范、水土保持、节能示范五大工程启动，总投资额为557.75万元，其中中央拨款500万元，县地财配套57.75万元。

8月14日 荣邦乡发生蝗虫灾害。蝗灾面积达3000亩，虫口密度为每平方米10～20只，最高密度达每平方米90～100只。蝗灾发生后，县委、县政府及时组织有关部门和当地干部群众赶赴蝗灾现场喷洒农药进行防治，同时，采取堆火、烟熏进行灭蝗驱蝗，有效保护了80%以上的农作物不受蝗害。

8月17日 县委、县政府在县城举办全县教育办主任、中小学校长培训班。

9月9日 省委书记、省人大常委会主任白克明到白沙县考察邦溪种草养羊示范基地、七坊木棉木瓜基地、打安乡地宝村、南美岭林业基地、白沙镇什空苗村、方香村委会吴理文农业庄园等。

9月20日 县委、县政府召开“学习贯彻省委书记白克明视察白沙重要讲话精神”大会。出席会议的有县四套班子领导，县直各部门、单位副科级以上干部，各乡镇党委书记、乡镇长共200多人。

10月8日 县委书记彭晓新主持召开县委常委扩大会议。就如何以实际行动贯彻落实中共中央十五届六中全会精神展开研讨。

10月9日 县委召开党员干部大会，动员学习贯彻中共十五届六中全会精神。县直各部门、单位的党员干部以及各乡镇的党政主要领导出席会议。

10月10日 县第十一届人民代表大会第五次会议在县城召开，出席代表160人。

11 月 14 日　县委在县党校举办科级领导干部学习中共十五届六中全会精神培训班。

11 月 28 日　全国最高人民检察院副检察长胡克惠和省人民检察院党组副书记、常务副检察长张德利一行 6 人到白沙县调研。

12 月 6 日　县委、县政府在县政府办公大楼前召开全县联手结对扶贫誓师大会。一批县直机关干部分赴邦溪镇、阜龙乡、南开乡、青松乡等 4 个省级贫困乡镇开展联手结对扶贫活动。

12 月　白沙县共组织 30 余种农产品参加海南“冬交会”展览活动。

同年　白沙县荣获“全国计划生育‘三为主’先进县”称号。

同年　白沙县被中国科协评为“1998—2000 年度全国科普示范县”。

2002 年

1 月 15 日　县委在政府六楼会议室召开九届四次全体（扩大）会议暨全县经济工作会议。贯彻落实中共十五届五中、六中全会，省委三届九次全会和中央、全省经济工作会议精神。

3 月 7 日上午　县委、县政府在政府六楼会议室召开全县农业暨精神文明建设工作会议。

同日　全县党风廉政建设和反腐败工作会议在政府六楼会议室召开。主要传达中纪委七次全会和省纪委六次全会精神，总结 2001 年的工作，部署 2002 年任务。

3 月 10—12 日　省审计厅副厅长林东到白沙县调研。

3 月 13 日　省建设厅规划处专家组一行 3 人应县委的邀请，到白沙县进行城市建设考察。

3 月中旬　全县国有企业下岗职工顺利转入第二条基本生活保障线。县人事劳动保障局将 283 名下岗职工注册造卡和确定失业金标准，1—2 月每人每月足额领到 267 元的失业保险金。

3 月 23—26 日　全县各乡镇党委分别召开党代会，选举产生新一届党委领导班子。

3 月 25 日　县委县政府组织有关人员参加在广东高州农校举办的白沙县水果培训班开学典礼。

4 月 2 日　海南竹手工艺品加工技术培训班在七坊镇举行。白沙各乡镇选送的 107 名青年学员将接受 2 个月的正规竹艺编织技术培训。

4 月 17 日　县委、县政府决定撤销白沙镇、南叉乡，将其并入牙叉镇。

4 月 21 日　县委、县政府制定全县科技培训计划。

4 月 23 日　县委召开全县驻村扶贫工作队下乡动员会暨村级“三个代表”重要思想学习教育活动总结会。

4 月　县委、县政府决定按时足额发放省统一标准工资。并将全县教师工资发放全部由县级管理，从此，白沙县结束拖欠干部、职工、教师和医护人员工资的历史。

5 月 21 日　省委常委、海南军区政委贺贤书到白沙县调研。

5 月 22 日　南开乡政府至高峰村委会的公路竣工通车，结束全县最边远的村委会交通闭塞的历史。

5 月 28 日　全国政协常委王家贤到白沙县就少数民族地区教育问题进行调研。

6 月 11—12 日　省委副书记、省长汪啸风率省政府办公厅、省林业局、省发展计划厅等单位领导一行到南美岭林业基地、元门超级水稻推广点和甘蔗下水田基地、白对虾养殖场、七坊镇长龙村竹艺编织班、李学谷养猪场、垄增高效农业基地考察调研。

6 月　省政协副主席林安彬率省民族宗教委员会调研组到牙叉镇牙港小学、县二中、白沙镇育新中学和南叉乡中小学调研。

6 月 13 日　白沙黎族自治县老龄工作委员会成立。

6 月 28 日　副省长符桂花率省政府办公厅和省民政厅有关人员到荣邦乡、元门乡向民村和南美岭林业基地调研。

同日　县委宣传部、团县委、县直工委在县影剧院联合举办“党在我心中”中国共产党建党 81 周年演讲比赛活动。

6 月　县委、县政府制定《白沙黎族自治县大林业产业发展规划》，指导全县大林业产业的发展。

7 月 3 日　省委常委、统战部长王守初到白沙县调研。

7 月 10 日　县政协主席符儒定、副县长李文安深入光雅镇苗村检查指导工作。

7 月 10—20 日　县委书记彭晓新赴台湾省参加海南省经济合作促进会和台湾中华商业发展协会共同组织的农业深加工项目考察与洽谈活动。

7 月 12 日　全县农村基层党组织工作会议在县城召开。

8 月 1—2 日　省人大常委会副主任王琼瑛率省政府办公厅、省计划生育局领导到白沙进行计划生育专项调研。

8 月 10 日　县委号召在全县范围内开展为下岗职工、特困职工“捐一天工资、献一片爱心”活动。目的是为白沙县在册下岗职工 447 人解决一些实际困难。

8月15日　县委、县政府决定将全县15个乡镇撤并为11个乡镇：牙叉镇、白沙镇、南叉乡合并，设牙叉镇，人口38464人，辖16个村（居）委会；光雅镇与七坊镇合并，设立七坊镇，人口21484人，辖14个村委会；打安乡与狮球乡合并，设立打安镇，人口11398人，辖7个村委会；其他8个乡镇原行政区划不变。

8月19—20日　省人大常委会副主任陈苏厚率省执法检查组到白沙调研《中华人民共和国民族区域自治法》贯彻落实情况。

9月5日　白沙县维护社会稳定工作会议在县政府会议室召开。四套班子领导成员，各乡镇党委、政府、派出所主要负责人，省属单位主要负责人参加会议。

9月9日　台湾农业专家杨德平教授到白沙县授课。

9月9—10日　由省人事劳动保障厅等4个单位组成的社会保障政策落实情况检查组到白沙县检查指导工作。

9月　中秋前夕，县委统战部率县总商会领导深入乡镇、国有农场以及非公有制企业对原国民党投诚起义人员、台胞台属、商会会员等进行节日慰问。

9月　县计划生育局被国家人事劳动保障局和国家计划生育委员会授予“全国计划生育先进集体”荣誉称号。

10月15日　县委召开全县党风廉政建设和反腐败斗争工作会议。

10月22—23日　副省长江泽林一行到白沙县调研冬修水利、农业用水、文明生态村建设。

11月3—4日　省爱国卫生检查组到白沙县检查指导工作。

11月5日　由国家督学、省教育厅原厅长符鸿合等一行5人组成的省迎接国家教育督导团检查小组到白沙县指导工作。

11月11日　县委召开学习贯彻中共十六大精神座谈会。与会人员结合实际谈学习中共十六大精神的心得体会。

11月25日　县委在县政府会议室召开全县党员、干部学习贯彻中共十六大精神大会。县四套班子领导成员，各乡镇党委书记、乡镇长，县直各机关单位副科级以上党员干部参加会议。

11月28日　县委公布乡镇党政机构改革方案。

11月　省电信公司首次开通南开乡程控电话。工程投资300万元，铺设电信光缆30公里，装机容量500门，已装电话160户，受益群众4320人。南开乡从此结束不通电话的历史。

11月　白沙县第四期农村党员干部培训班学员进行技术评定，共有7名学员被评为“农民技师”，17名学员被评为“助理农民技师”。至此，全县共有农民技师10名，助理农民技师404名。

12月2—3日　县第十一届人民代表大会第七次会议在县城召开，出席代表137人。

12月30日　由省联手扶贫单位扶持的首批103头种母牛交接仪式在县政府大楼前举行。副省长江泽林、县委书记彭晓新等出席仪式。这批种母牛分别扶持元门、细水、阜龙、邦溪、荣邦5个乡镇的5个村庄共43户农户。

2003年

2月25日　县委决定成立松涛水库库区自然保护领导小组，加强对保护“母亲河”工作的领导。县委书记彭晓新任组长。

3月20—22日　中共白沙黎族自治县第十次代表大会在县城召开。与会代表200名。大会选举产生第十届县委领导班子。彭晓新当选为县委书记。

3月25—28日　县第十二届人民代表大会在县城召开，出席代表162人。会议选举县人大常委会主任、县人民政府县长。

3月25—27日　政协白沙黎族自治县第七届委员会第一次会议在县城召开。会议选举产生政协七届委员会领导班子。符儒定当选为主席。

同日　县四套班子领导成员集中在县委常委会议室观看环保专题片《松涛九问》。

同日　县委决定成立松涛库区村庄环境整治工作队，分别对牙叉、细水等乡镇的库区周边村庄环境进行整治，确保库区水源清洁。

同日　县委组织为期8个月的联手扶贫工作队进驻南开、邦溪、阜龙、青松等乡镇开展扶贫工作，重点扶持55个村庄36205名贫困人口。

4月25日　县委、县政府召开全县社会治安综合治理工作会议。

4月29日　县委书记、县“非典”防治工作领导小组组长彭晓新深入打安乡了解“非典”防治工作，并对打安乡的“非典”防治工作提出具体要求。

5月13日　县人大常委会主任符永光带领县人大执法检查小组深入青松乡检查传染病防治落实情况。

5月15日　县委下发《白沙黎族自治县民房改造工作实施方案》。

5月16日　县委下发党风廉政建设和反腐败工作实施意见。

5月27日　省人大常委会财经工委组织检查组一行9人，由常委会副主任王法仁带队，到白沙县检查农村电网改造情况。

6月3日　副省长符桂花到白沙县检查禁毒工作。

6月6日　县委批准印发《白沙黎族自治县创建无毒县工作方案》《白沙黎族自治县开展禁毒宣传教育工作的通知》《白沙黎族自治县人民政府通告》等文件。

6月12日　省委常委、政法委书记钟文到白沙县检查禁毒工作。

6月19—20日　全国人大代表、省人大民族宗教工委主任陈高卫率领省人大卫生调研小组一行6人到白沙县调研白沙县医疗卫生工作。

6月23日　牙叉至儋州西培公路（白沙段）改造工程动工，全长28公里，总造价3657万元，全程铺成一级7米宽水泥路面。

6月26日　创建“无毒县”动员大会在县城召开。各乡镇、各国有农场、县直有关单位主要负责人同县委、县政府签订《创建无毒县工作目标管理责任书》。

7月24—25日　省人大内务司法工作委员会主任庞亚贵率领省人大执法检查组一行4人到白沙县开展执法检查。

7月29日　省委副书记、省纪委书记蔡长松，省委常委、政法委书记钟文率省“八一”拥军慰问团到白沙县慰问。

8月5日　由县委组织部、老干局组织的离退休干部学习贯彻“三个代表”重要思想报告会在县委会议室召开。52名离退休干部参加学习。

8月12日　“白沙起义”60周年纪念大会在白沙县城隆重举行。省委常委、宣传部部长周文彰，省政府副省长符桂花，全国政协常委王家贤，省政协副主席周松等出席纪念大会。参加纪念大会的有健在的“白沙起义”老战士及全县干部群众3000多人。

8月18日　县四套班子领导及县委办、人大办、政府办、政协办、林业局、邦溪镇、国营邦溪农场等单位300多名干部、职工参加绿化宝岛义务植树活动。同日，在西线高速公路邦溪出口路段共种植马占相思5000株，印度紫檀300株。

9月9日　县委决定号召全县教育系统教职工向肖外香学习。肖外香是白沙中学原副校长、高级中学教师、县第十届人大代表、省第三届人大代表、县“五优教坛新秀”、“高中学科优秀教师”、“巾帼建功”先进个人。

9月10日　县委、县政府在县城召开全县教育工作暨表彰先进会议。表彰一批先进教育工作者。各乡镇教育办主任、各中小学校长出席会议。

9月28日　县委统战部、县总商会（工商联）联合举办白沙县非公有制经济人士理论培训班。县总商会副会长、理事及非公有制经济人士等50人参加培训。

10月21日　全县淡水养殖工作会议在国有龙江农场召开。省海洋渔业厅、县委书记彭晓新等出席会议。

10月30日　省委副书记罗保铭到白沙县邦溪珍贵乡土树种苗圃基地、付俄文明生态村、合水糖厂工地、牙叉镇九架村调研考察。

12月3—4日　省人大环保世纪行暨退耕还林执法检查组第二小组一行11人在省人大常委会副主任王亚保的带领下到白沙开展执法检查工作。

12月26日　白沙县荣获“全国安置帮教工作先进市县”称号。

12月26—28日　县人大组织驻白沙的省人大代表和部分县第十二届人大代表，组成两个考察小组，分别深入县直有关单位、部分乡镇以及木棉糖厂、龙江农场、白沙农场等企业，就白沙县国民经济和社会发展计划执行情况、财政预算执行情况及文明生态村建设、“普九”教育、企业改革、退耕还林、社会治安等情况进行联合考察。

同年　白沙县投入资金500多万元，用于建设67个文明生态村，其中建成省级文明生态村17个、市县级文明生态村20个。

同年　“白沙绿茶”被中国品牌与市场战略促进会评为“中国市场知名品牌”；经国家检测中心检测，被评为“国家权威检测达标——国家质量检测合格产品”。

2004年

1月10日　县政府发布《关于白沙县城市总体规划的公告》。

2月3日　白沙县启动高致病性禽流感控制应急预案。

2月16日　白沙县完成治理整顿土地市场秩序工作，并以书面向省政府报告治理整顿工作全部情况。

3月2日　县政府根据国务院《关于开展全面勘界工作的要求决定》，展开勘定乡镇级行政区域界线工作。

3月15日　县政府根据省政府办公厅《关于全面开展土地确权登记发证工作的通知》文件精神，决定在白沙县开展土地确权登记发证工作。

3月16—17日　县政协七届二次会议在县城召开。

3月17—19日　县第十二届人民代表大会第二次会议在县城召开，出席代表162人。

4 月 15 日　县政府决定组织有关部门、单位配合省政府实施人工增雨作业。这项人工增雨作业 4 月 15 日开始，7 月 15 日结束。

4 月 20 日　白沙县出台行政首长问责暂行规定。

4 月 20 日　县政府批准县教育局实施白沙中学初中部面向全县招生，改变以往分片分地域招生的做法，为集中培养优秀学子搭建新的平台。

4 月 26 日　白沙县启动对东亚飞蝗监测和防治预案。

5 月 10 日　县委、县政府决定在全县范围内开展打击走私车、非法拼装机动车专项行动。

5 月 19 日　白沙县开始得惠西部大开发政策，各乡镇先后申报基础设施建设、生态环境保护和建设、巩固农业基础地位，调整工业结构，发展特色旅游业、发展科技教育和文化卫生事业。

6 月 8 日　县政府批准划拨桥南新区 7040 平方米国有土地给建设与国土环境资源局作为兴建安居工程项用地。

6 月 15 日　县政府根据《海南省人民政府关于下达我省储备粮计划和市县粮食风险基金计划的通知》，决定收购储备粮 430 吨。

6 月 25 日　白沙县开始贯彻国务院《事业单位登记管理暂行条例》和《海南省事业单位登记管理办法》，对全县范围内的事业单位进行法人登记管理。

6 月 29 日　县政府批准对城镇居民实施最低生活保障执行分类补助方法。共分为三类：重病低保对象每人每月补助 80 元；残疾低保对象、重残人员每人每月补助 80 元，中残人员每人每月补助 40 元，轻残人员每人每月补助 20 元；学生低保对象每人每月补助 50 元。7 月 1 日起执行。

7 月 7 日　县政府批准减免荣邦乡福英、俄朗、高峰、光村等 4 个村委会 13 个自然村 2004 年的农业税。

7 月 26 日　白沙县委、县政府召开全县农村教育工作会议，研究部署全县农村教育工作。

7 月 29 日　县政府启动农村少数民族居住房改造工程。对面上的民房改造每户补助 2000 元，重点村的民房改造每户补助 16000 块红砖和 5 吨水泥。

8 月 13 日　县政府决定在全县开展严厉打击破坏野生动物资源违法犯罪行为专项行动。

8 月 13 日　县政府安排专项资金改造农村贫困残疾人危房。这次残疾人危房改造共 80 户，每户安排 5000 元，所在乡镇配套每户 3000 元。

8月底　国家农业综合开发办对白沙黎族自治县第五期农业综合开发实施工程进行验收。

8月30日　县政府决定在全县范围内开展种竹造林行动，同时给全县下达了种竹5000亩任务。

8月30日　县政府公布全县农村完成当年三大建设项目概率。一是完成建农村沼气配套设施2245户，二是完成水稻晚造插秧面积57796亩，三是完成种经济竹林1300亩。

9月15日　县政府宣布关闭县陶瓷厂、包装厂、农机修造厂等3宗企业。

9月20日　县政府决定安排革命老区转移支付资金共167万元，用于建设老干部活动楼（60万元）、九架岭广播电视发射塔（40万元）、细水乡政府至合口至方纶村级水泥路（67万元）。

9月28日　县政府批准县农业局在打安县热作物农场扩建年产1万吨天然橡胶加工厂。

10月10日　县政府决定将海南省下达给白沙黎族自治县的中部发展资金安排在水利建设项目、精神文明村建设、农村科技教育培训、林业苗圃、牙叉镇乡村公路等7个项目建设。

10月　白沙绿茶在四大绿茶评比中力压信阳毛尖、西湖龙井、黄山毛峰，名列第一。当年10月，白沙绿茶通过国家原产地地域产品申请审查，获得原产地地域产品保护。

11月22日　县政府作出撤销乡镇教育办建制的决定。教育办撤销后，新成立乡镇中心学校管理乡镇教育工作。

12月21日　县政府批准县扶贫办实施财政扶贫资金种植橡胶项目。当年度扶持总资金230万无，项目计划实施11个乡镇31个自然村。

12月21日　县政府决定，对全县国有企业进行清产核资。清查的对象是工厂、企业、商业企业、粮食企业，从12月开始至2005年7月结束。

2005年

1月6日　白沙县发展竹产业总体规划出炉。规划用10年时间种竹林面积10万亩。

2月3日　白沙县发布农村教育10年发展规划。

3月30日　白沙县批准各乡镇同日设立由地方政府宏观调控的橡胶原产品收购站，为民营橡胶的生产、公平交易提供方便条件。

4月25日　县政府下达2005年全县营造竹林任务。全县计划营造竹林10000亩。

5月13日　白沙县实施农村土地权属纠纷排查。

5月15日　县政府出台《2005年党风廉政建设和反腐败工作实施细则》。

5月16日　白沙县发布《白沙黎族自治县城镇标准地名设标实施方案》。

5月19日　白沙县推行县行政首长问责暂行规定。

5月19日　白沙县在元门乡召开打击毁林开垦和森林火灾专项行动大会。参加会议的有县四套子的部分领导各乡镇书记、乡镇长和分管林业工作的副职领导。

5月24日　县政府决定面向全县公开招聘中小学教师60名。

5月30日　县委、县政府下发《关于加快发展竹产业的决定》。

6月21日　白沙县实行国有粮食企业改革。将原有的11家粮食企业改建保留为2家，政策性关闭9家粮食企业。

7月8日　白沙县推行农村土地承包经营权持证制度。

7月13日　县政府决定，加强本地名牌产品培育。加强培育的名牌产品是水泥、胶合板、白砂糖、淀粉、标准橡胶、白沙绿茶等。

7月28日　省委副书记罗保铭到白沙县调研，对白沙县如何贯彻落实省委四届六次全会精神，推进先进性教育活动、增加农民收入、保护生态环境、发展资源型加工业等工作作重要指示。同日，省委副书记罗保铭携同省委组织部、精神文明办、扶贫办、教育厅、交通厅等单位领导到白沙县就开展先进性教育活动、加快白沙经济发展开展综合调研。

8月16日　县政府发文，对农村土地承包经营权证进行新证核发工作。

8月16日　县政府发布农村村民最低生活保障实施细则，进而促进社会救助工作规范化、制度化和社会稳定和进步。

8月16日　县政府决定招聘中小学教师60名，招聘事宜由县教育局负责实施。

8月17日　省政府副省长江泽林同省农业厅、林业局等单位负责人到白沙县调研。

8月17日　由全国人大环境与资源保护委员会刘海荣率领，省十届全国人大代表刘琦、李必兴、徐晓南、符秀容等组成的专题调研组到白沙县进行“五指山区生态建设和环境保护情况”专题调研。

9月13日　省委先进性教育活动检查组来到白沙县，对白沙县第一批先进性教育活动整改和回头看情况、第二批先进性教育活动进展情况进行检查指导。实地抽查元门乡和牙叉镇开展先进性教育的活动进展情况。

9月21日　省委书记、省人大常委会主任汪啸风，省委常委、秘书长肖若海一行到白沙县调研。

9月24日　第18号台风“达维”袭击白沙黎族自治县境内。台风中心最大风力10级。台风造成11个乡镇、7.8万人受灾，毁坏农作物39.85万亩，公路中断164.32千米，损坏输电线路120千米，通信线路13.7千米，房屋倒塌583间，水利渠道决口267处长1835米，堤防损坏长1800米，冲毁山唐水坝26宗，小水电站5座。全县直接经济损失7.78亿元。

9月30日　县政府决定开展白沙黎族自治县第二次农业普查。

9月30日　县政府决定在广州设立劳务输出联络站，并聘任李畅华为联络处主任。

9月30日　县政府决定增补录用中小学教师20名，增补录用工作由县教育局负责。

10月19日　白沙县开展城镇最低收入家庭住房情况调查。

10月24—29日　县委书记王积权随同省委书记汪啸风、省长卫留成带领的海南省党政考察团，赴上海、江苏、浙江三省市进行为期6天的学习考察。

10月28日　县政府决定把位于县城东临防洪堤大道、北接县第一小学处7374.2平方米国有土地，划拨给县教育局作为建设青少年学生校外活动中心用地。

11月1日　县政府开展1%人口抽样调查。

11月7日　县政府决定参加在海口举办的2005年全国冬季农副产品交易会。

11月18日　县政府发出紧急通知，要求各乡镇人民政府，县府直属有关单位，各国营农场，有关厂、矿、企业认真做好防控高致病性禽流感应对工作。

11月18日　县政府决定全面整顿和规范白沙县的矿产资源开发秩序。

11月21日　县政府印发《政府政务公开制度》。

11月　东亚飞蝗袭击白沙县卫星农场、青松、打安镇，绿色作物受灾面积分别达3000亩、900亩、500亩，造成经济损失700多万元。

12月9日　县政府作出决定，对高致病性禽流感免疫工作实行日报制度。

12月9日　县政府同意海口柏林实业有限公司申报2006年国家农业综合开发产业优化竹子厂化苗木培育项目，以位于打安镇与阜龙乡交界处的部分土地（2333333平方米）的使用权作为借款抵押担保财产。

12月15日　县政府发布《白沙黎族自治县突发公共事件总体应急预案》。

12月20日　白沙县启动防控高致病性禽流感应急预案。

2006年

1月9日　县政府召开政府常务会议，就城镇退伍士兵自谋职业补助标准和乡镇村委会、村党支部干部工作补贴进行专题讨论。

1月13日　白沙县印发《白沙黎族自治县高致病性禽流感应急预案》。

1月18日　白沙县成立食品生产加工业整顿工作领导小组，以加强对白沙县食品生产加工业整顿工作的领导，保障食品质量安全卫生进入消费市场和消费者的安全健康。

1月25日　县政府在三楼会议室召开县长常务会议，就甘蔗生产问题进行专门讨论。

2月14日　白沙县推行公用事业单位“三公开”制度，即办事形式、办事制度、办事内容三项公开。

3月2日　省委巡回检查组到白沙县委组织部党支部，检查指导白沙县委组织部党支部开展保持共产党先进性教育活动第一阶段的工作情况。

3月9日上午　白沙县在县政府六楼会议室召开全县农村工作暨计生工作会议。

3月9日下午　白沙县在县委六楼会议室召开县纪委第五次全会暨全县组织工作会议。

3月9日　县政府下达2006年种浆纸林6000亩任务。

3月9日　县政府印发通知各乡镇人民政府、县府直属单位、各国有农场做好东亚飞蝗突击白沙县的防治工作。

3月12日　县政府宣布成立白沙黎族自治县城乡建设投资有限公司监事会。

3月15日　白沙县成立依法打击非法鉴定胎儿性别和非法人工终止妊娠专项行动领导小组。

3月30日　白沙推行农村养兔产业，采取“政府加公司加农户”为主的生产模式，政府负责扶持种兔和兔笼，供应每户农民种兔6只，兔笼1套，发动农村大力发展养兔业。

4月1日　白沙县进行第二次全国残疾人抽样调查，这次抽查的共8个单位，共895户3587人。

4月7日　县政府出台农村青年适用技术培训方案。

4月7日　海航集团客舱与地面服务部一行20多人，到白沙县细水乡中心学校开展“一助一”结对子献爱心助学捐赠活动。

4月11日　白沙县推行创建“八个一”活动，即有一个带领农民依靠科技致富的领导班子，有一批科技致富能人，有一批科技示范户，每一位农村劳动力掌握1～2门实用技术，有一个依靠科技发展的产业，有一名农技员或科技服务联系人，有一套科技培训和科普的工作制度，有一个科技文化活动场地。

4月11日　白沙县开展村级债务债权摸底清查。

4月12日　白沙县出台《白沙黎族自治县利用国家开发银行贷款资金管理暂行办法》。

4月17日下午　白沙县邀请国务院农业专家，国家扶贫办原主任、省政府科学技术顾问吕飞杰教授在县政府六楼会议室建设社会主义新农村专题报告。

4月24日　白沙县成立白沙黎族自治县突发公共卫生事件应急指挥部和新型农村合作医疗管理委员会。

4月27日　县委书记王积权主持召开县委理论学习中心组专题学习会，全文学习了曾庆红考察海南时的重要讲话。

5月15日　白沙县出台矿产资源规划实施方案，以规范本地区区位矿产资源的勘查、开发利用行为。

5月24日　白沙县出台《白沙黎族自治县新型农村合作医疗管理暂行办法》。

5月26日　县政府决定，对白沙县种粮农用柴油、化肥等农业生产资料增支实行综合直补政策。

5月28日　白沙县开展清理限制非公有制经济发展相关的地方性文件。

6月2日　白沙县下文对全县民营橡胶进行“三统一”（统一收购、统一加工和统一出售）管理。

6月5日　白沙县成立石油价格改革财政补贴工作领导小组。

6月14日下午　全国人大常委会委员、省人大常委会原副主任王学萍及曾在琼州大学任外教的美国人埃里克到白沙县调研，就如何挖掘和保护黎族文化进行探讨研究。

6月16日　县政府下发食品安全专项整治工作方案，决定在全县范围内开展对食品安全专项整治。

6月19日　白沙县印发水利工程管理体制改革实施方案。

6月20日　县政府决定，从就业再就业专项资金中拨付80万元，用于培训下岗职工就业职能和提高劳动科技含量，为下岗职工提供再就业技能支持。

6月21—23日　县政协七届四次会议在县城召开。

6月30日　白沙县隆重召开纪念中国共产党建党85周年暨保持共产党员先进性教育活动总结表彰大会。

7月23日上午　省通信管理局与白沙县通信管理局在南开乡牙和村举行全省村通电

100%联通南美基站开通剪彩仪式。

8月4日　白沙县出台《采矿权招标拍卖挂牌实施方案》。

8月9日　白沙县成立县企业国有产权转让监督检查小组。

8月15日　白沙县出台整治南渡江流域水环境污染方案。

8月25日　县政府常务会议作出决定,给百岁老人每人每月发放保健补助金300元。

8月30日　白沙县印发科技发展“十一五”规划。

9月8日　白沙县推行水田种甘蔗补助政策。

9月25日　白沙县进行牙叉至细水、白沙至南开、芙蓉田至荣邦、阜龙至卫星、打安至狮球、光雅至青松、七坊至金波等7条公路实施改建工程征地拆迁工作。

10月17—18日　县第十二届人民代表大会第五次会议在县城召开，出席代表153人。

11月1日　白沙县出台《白沙黎族自治县投资优惠政策》。

11月7日　省委书记、省人大常委会主任汪啸风，省委副书记罗保铭，省委常委、秘书长肖若海到白沙县调研。

11月7日　中国海南移动公司市场经营部副总经理冯云峰一行在县政府副县长陈亮、县教育局领导的陪同下，到南开乡南开小学进行捐赠活动，共捐赠课桌60套、书册10000册、体育器材18件。

11月8日　白沙县实施农村中小学现代远程教育工程，在全县107所学校投资345万元购置设备，建设51个远程教育光盘播放点，41个运程教育卫生地面收视点，15个计算机网络教室和15个多媒体教室。对中小学生进行远程教育。

11月13日　省水务局局长王扬俊一行到白沙县考察冬修水利等建设情况。

11月19日　以泰国国家经济及社会顾问委员会主席黎科松为顾问、泰国泰华九属会馆荣誉首长联谊会主席欧宗清博士为团长的访问团一行18人到白沙县进行为期1天的参观访问。

11月21日　县政府公布2006年11月前全县的国有企业改革稳步推进完成、关闭国有企业3家，宣布破产1家，改制1家。招进民营企业15家，非公有制经济发展加快。

11月21日　县政府公布2006年新增城镇就业岗位357个，实现下岗失业人员再就业312个，城市失业率控制在4%以下。

11月27日　县政府印发《农村五保户供养实施细则》，要求各乡镇人民政府、县直各单位、各国有农场、厂矿企业认真遵照执行。

12 月 1—3 日　白沙县组团参加 2006 年中国（海南）国际热带农产品物冬季交易会。

12 月 5 日　省财政厅、民政厅联合下文，拨给白沙黎族自治县革命老区专项转移支付资金 199 万元，用于革命老区村庄建设。

12 月 7 日　白沙县开展打击传销专项行动。

12 月 12 日　县政府确定海南京都贸易有限公司和海南毅然实业开发有限公司为白沙县农业产业化重点龙头企业。

12 月 12 日　白沙县实施给下岗失业人员小额担保贷款。

12 月 31 日　白沙县开展全县第二次农业普查。

同年　白沙绿茶荣获“全国用户满意产品”荣誉称号。

2007 年

1 月 10 日　中共白沙黎族自治县第十一次代表大会在县城召开。大会选举产生第十一届县委领导班子，王积权当选为县委书记。

1 月 16—18 日　县政协八届一次会议在县城召开，会议选举符儒定为县政协主席。

1 月 17—19 日　县第十三届人民代表大会第一次会议在县城召开，出席代表 158 人。会议选举符永光为县人大常委会主任，王应才为县人民政府县长。

3 月 8 日　省委常委、省委宣传部部长周文彰到白沙县参加《木棉花开》开拍仪式的机会，并对白沙县的文明生态村和文化建设进行调研。

4 月 17 日　省司法厅厅长施文及有关负责人到白沙县，就白沙县“法律进乡村”第二期工程情况进行调研。

4 月 18 日下午　白沙县在县政府六楼会议室举行省委巡视组进驻白沙巡视工作见面会。

4 月 23 日　县政府拟定立项开发建设 5 处旅游观光景点：一是白沙陨石坑地质生态公园，二是红坎峡谷瀑布风景区，三是白沙温泉度假村，四是南开河至南渡江源流，五是邦溪坡鹿观光园。

5 月 9 日　省委巡视二组组长周克安一行先后到南美岭、元门乡黑榄村甘蔗下水田示范基地、芳香苗圃基地、县扶贫养兔基地（立新村）和县农业科技培训基地进行实地调研。

5 月 9 日下午　省委常委、政法委书记肖若海一行 4 人到白沙县就维稳工作进行调研。

5 月 15 日上午　以周克安为组长的省委巡视二组一行在县委书记王积权陪同下，到七坊镇保优村、打安镇地宝村、牙叉镇儋州村进行调研。

5月21—22日　以省政协常委、民族和宗教委员会专职主任王桂兰为组长的省政协民宗委调研组一行4人到白沙县，就白沙县的革命老区村庄的建设和发展等问题进行为期2天的调研。

5月22日下午　由团省委、省妇联、省文体厅相关人员组成的第三调研组来到白沙县，对白沙县开展就未成年人思想道德建设工作开展调研。

5月24日上午　省高级人民法院牵头联合白沙县法院、司法等部门，在七坊镇、打安镇等地开展法律进乡村活动。

5月25日　白沙县公布第一批非物质文化遗产名单，即润方言黎族民歌、老古舞、制陶技艺、黎族渡水腰舟。

5月28—29日　省政协主席钟文带领省政协办公厅、省林业局领导和专家学者共11人到白沙县，就白沙县林权改革和林业发展状况进行专题调研。

6月19日上午　省人民医院汽车流动扶贫医院的16名医护人员到白沙县青松乡、阜龙乡、元门乡开展义诊活动。共为当地群众看病达300人次，免费赠送一批价值1万元的药品药物。

7月20日上午　白沙县在县委常委会议室召开省委巡视组巡视工作情况反馈会议。

7月24日上午　省残疾人农村实用技术白沙培训基地创立。

8月16日　副省长符桂花到白沙县检查广播电视转星调整工作。

8月17日　白沙县企业改革领导小组成立。

8月27日　白沙县为扩大经济开发区范围，实施征收邦溪海榆西线公路旁部分国有和集体土地，征收土地范围东至水田，南至海榆西线公路，西至水田，北至小路地块。

9月11日　县政府决定投入2692万元，用于南叉河两岸综合治理工程项目（2007—2009年期内建设项目）。

9月20日　县政府决定将木棉糖厂整体产权转让给洋浦南华糖业集团有限公司。

9月28日　县政府对地方国有农场实行税费改革。

10月　白沙县开展第二次土地调查。

10月16日　副省长姜斯宪等到白沙县调研。

10月18—21日　省督导评估组对白沙县教育工作进行督导检查评估，在5项指标达标检查中，有2项优秀，3项为良好，得到省评估组的充分肯定。

11月6日上午　白沙县在县政府召开全县集体林权制度改革试点工作动员大会。

11 月 12 日　县政府决定，对农业生产资料增支实行综合直补政策。

11 月 23 日　白沙县 14 条农村公路工程启动开工修建。总里程 46.178 公里，路段分别在牙叉、七坊、元门、荣邦、金波、青松、阜龙、狮球等乡镇的乡村之间。

11 月 26 日　县政府决定挂牌出让部分国有土地使用权，其中桥南路小区面积 540 平方米，桥南原外经公司面积 3592.8 平方米，桥南原拖拉机站面积 1140 平方米，石油路原热作局面积 5708.84 平方米，白什出口路西侧面积 2150 平方米，环城路方亮桥头面积 1680 平方米，邦溪高速公路出口北侧面积 3760 平方米，邦溪高速路出口面积 10000 平方米。

11 月 27 日　白沙县根据《国务院关于推进兽医管理体制改革的若干意见》精神，决定将乡镇畜牧兽医站人员、业务、经费等上划县畜牧局统一管理。

11 月 27—28 日　县第十三届人民代表大会第二次会议在县城召开，出席代表 156 人。

12 月 4 日　副省长符跃兰带领省中部地区农民增收课题调研组一行 16 人到白沙县，就如何增加农民收入这一核心问题进行为期三天的调研。

12 月 5—6 日　省委常委、秘书长许俊在县委书记王积权、县长王应才陪同下，先后深入元门乡黑榄甘蔗示范基地、牙叉镇儋州村、县城环城路、竹制品厂、藤制品厂、农民培训基地、南美岭、方香苗圃基地、打安镇地宝村、高地淀粉厂进行调研。

12 月 6 日　县政府决定委托海南天悦拍卖公司对县政府招待所资产进行依法公开拍卖。县国资办负责具体操办工作。

同年　白沙绿茶通过国家 ISO 9001 质量验证。

同年　停产关闭白沙水泥厂、白翔水泥厂、海南华联水泥厂。

2008 年

1 月 10 日　县政府决定对县陶瓷厂 2008 年 1 月 1 日后到龄办理退休人员拖欠社保费滞纳金实施免除。

1 月 15 日　由三亚海棠畜牧实业有限公司投资兴建年产万吨的木薯淀粉加工厂，在卫星农场举行隆重的开机投产典礼。

1 月 17 日　县政府投入 40 万元，用于开发水田种甘蔗产示范基地建设。

1 月 18 日　县政府确定白沙县“三农”及中小企业融资平台，决定由白沙黎族自治县城乡建设投资有限公司作为白沙县“三农”及中小企业的借款主体，承担从国家开发行海南省分行统借统还贷款的融资平台职责；由白沙县贷款担保公司为白沙县融资平台下“三农”及中小企业的借款提供担保。

3 月 17 日下午　省委常委、政法委书记肖若海到白沙调研。

3 月 27 日上午　县委、县政府在县政府召开全县副科级以上干部大会，传达学习全国“两会”暨全省农村工作会议精神。

3 月　白沙县被中国科协评为“2008—2009 年度全国科普示范县”。

4 月 16 日下午　县计划生育协会第四届会员代表大会在县政府六楼会议室举行。会议还选举产生新一届理事会成员。大会还讨论通过《白沙黎族自治县计划生育协会章程》。县计划生育协会全体会员代表共 70 多人参加会议。

5 月 8 日　县政府颁布严厉打击侵占国有土地行为公告。

5 月 9 日上午　县委、县政府在政府六楼会议室召开全县党风廉政建设工作会议，贯彻落实十七届中央纪委二次全会和五届省纪委二次全会精神，认真做好党风廉政建设和反腐败的各项工作。

5 月 14 日　县委、县政府在县政府大楼，举行“同撑一片蓝天，为地震灾区捐款”启动仪式。全县当天共捐款 56 万元。

5 月 15 日　县委、县政府组织四个工作监督小组对全县林权改革、扶贫培训和种苗发放、农村低保养老和“五保户”转移支付、农村公路建设情况和社会治安防控体系等进行专项工作监督检查。

5 月 16 日　白沙县圆满完成城镇居民基本医疗保险前期调查摸底工作，经过摸底调查统计，确定白沙县城镇居民基本医疗保险应参保人数 25946 人（含农垦），其中未成年人（含学生和 18 岁以下居民）10988 人，成年人 14958 人，困难户 3617 人（含残疾人和五保户）。

5 月 22 日下午　县委在县委常委办公楼前举行交纳“特殊党费”仪式，县委书记王积权等县领导带头交纳“特殊党费”。全县党员干部共交纳“特殊党费”224303.4 元。

5 月 22 日晚　县委、县政府在电影公司影剧院举办“幸福工程救助贫困母亲暨赈灾义演——爱在人间文艺晚会”。捐款和门票两项金额合计 17 万多元。

5 月 27 日　省政协常委、省政协教科文卫体委员会主任刘义新一行到白沙县就教育移民工作情况进行专题调研。

5 月 27 日　省社会保险事业局派员到白沙县就社保经办机构政策法规制度执行情况进行检查。

6 月 27 日　县政府决定对种粮农民农资综合直接补贴。农民每种粮一亩补贴 4.8 元，农资综合补贴 69 元，全县共补贴种粮面积 60052 亩，直补资金共 4190000 元。

6 月 30 日晚　县委、县政府在县电影公司影剧院举行纪念中国共产党成立 87 周年文艺晚会。县直各单位干部职工、社会各界人士参加。

6 月 30 日上午　县污水处理厂项目正式开工建设。项目计划投资 4000 多万元，总污水处理能力为 7000 吨/日。项目预计将于 2009 年底全部建成投产。

7 月 13 日　白沙县廉租房建设项目公开招标。建筑面积 2137 平方米，总造价 2847808 元。

7 月 17 日下午　白沙县召开县委十一届四次全体（扩大）会议。会议传达学习省委五届三次全会精神，审议通过《关于白沙黎族自治县委关于〈建立健全惩治和预防腐败体系 2008—2012 年工作规定〉的实施办法（讨论稿）》。

7 月 21 日　县政府决定建造廉租房 9 栋 131 套，总建筑面积 6550 平方米，用于解决低收入住房困难户的住房难问题。

8 月 8 日　白沙县公开招聘 132 名中小学教师。

8 月 7—8 日　省委常委、纪委书记王为璐到白沙县调研。

8 月 28—29 日　省委书记卫留成，省委常委、秘书长许俊，副省长陈成以及省委组织部、省委政研室、省委财经办、省发改委、省财政厅、省农业厅、省交通厅、省海洋与渔业厅、省林业局、省扶贫办、省农村信用社等有关部门领导深入白沙县就如何贯彻落实胡锦涛在海南考察时的重要讲话精神，省委五届三次全会精神和抓好“三农”、民生、教育等工作情况进行调研。

9 月 4 日　白沙县出台 2008 年农业综合开发土地治理项目实施方案。

9 月 5 日　县委、县政府在县政府召开全县领导干部大会。会上，县委书记王积权就如何深入贯彻落实省委书记卫留成在白沙调研时的重要讲话精神提出 10 项具体措施。

9 月 23—26 日　围绕全县工作重点和人民群众普遍关心的热点问题，县人大常委会组织开展一次执法检查，对县政府及其有关部门贯彻执行《中华人民共和国就业促进法》《中华人民共和国土地管理法》《中华人民共和国城乡规划法》《中华人民共和国义务教育法》工作进行检查，对存在问题提出整改意见。

10 月 10 日　县政府决定公开聘用小学教师 127 名。

10 月 16 日　白沙县文物普查工作启动。普查组对原发现的 70 多处文物遗址实地勘查、造册、建立信息资料库，并实地设立标志为有关部门开发利用提供信息支持。

10 月 23 日　白沙县印发《南叉河饮用水水源保护区规划》。

10 月 29—30 日　最高人民检察院党组副书记、常务副检察长张耕一行 3 人到白沙县就如何进一步加强检察机关法律监督能力建设，维护公平正义进行调研。

11 月 11 日　县政府决定委托河南宏业建设管理有限公司对南叉河两岸综合治理工程项目负责进行公开招标。

11 月 12 日下午　县委书记王积权等县领导先后到县城污水处理厂、县政府新办公大楼等重点工程项目的施工现场进行检查。

11 月 28 日　县政府决定将位于县一小北侧附近居民点及牙叉镇卫生院国有土地和临高村部分集体土地总面积 62.4 亩作为白沙中学新校址建设用地。

11 月 28 日　县政府决定，从省财政厅下达的转移支付资金中安排 1000 万元用于方亮新区基础设施建设。

12 月 10 日　白沙县农村公路通畅工程项目启动，工程项目共 10 个，总长 37.7 公里。

12 月 24—26 日　县人大常委会组织省县乡（镇）人大代表开展对县城规划建设、重大项目实施、乡村公路建设、农村饮水工程、农综水利建设、扶贫项目落实、基层卫生院建设和县中搬迁、二小扩建等进行联合考察。

12 月 26 日上午　县委书记王积权主持召开县委常委（扩大）会议，传达学习胡锦涛总书记"12 · 18"讲话精神和省委五届四次全会、全省经济工作会议精神，全面总结白沙县 2008 年工作和部署 2009 年各项工作。

12 月 31 日　白沙县开展第二次经济普查工作。

同年　白沙绿茶被农业部评为"中国名牌农产品"。

2009 年

1 月 4 日　白沙县组建地震灾害紧急救援队。救援队由消防官兵、地震技术人员、工程结构技术人员、危险品技术人员、通信技术人员、急救医疗人员等组成，共 40 人。

1 月 5 日　王应才县长主持县长办公会议，讨论中央新增投资项目白水港至南晚一队公路建设资金配套问题。原则同意在已配套 86 万元的基础上再由县财政局拨付 34 万元。

2 月 5 日　白沙县出台《南叉河饮用水源保护区环境保护管理规定》。

2 月 18 日　白沙县木薯综合试验站经农业部考核通过，成为海南省首家国家实施木薯产业技术体系建设试验站。

同日　陈鸿亮常务副县长受王应才县长委托，主持县长办公室会议，研究县文化生态公园项目建设前期准备工作经费拨付问题。

同日　县政府决定，加固查苗、尔信水库大坝工程，以确保水库下游人民生命和财产的安全。

2月19日　以省委组织部部务委员、省人才办主任郝玉群为组长的省委组织部调研组一行到白沙县，就人才和干部培训等工作情况进行专题调研。

2月20日　在县政府召开全县人口和计划生育工作会议。

同日　县政府常务会议决定，划拨位于方亮桥附近的308亩国有土地和集体土地，作为白沙县文化公园项目建设用地。

3月3日　县政府常务会议决定，易地新建白沙中学、新校园规划用地176.6亩，办学规模为70个教学班级，可接收学生3500人。新校地址选位于监高村边偏西。

3月9日　县政府发文通知在全县开展农村综合改革。

4月8日　县长王应才主持县长办公会议，研究县城地区临街危旧房改造问题。

4月10日　白沙县颁布2009年种粮农民农资直补和粮食直补方案。

同日　白沙县提高在岗乡镇村委会干部生活补贴标准。村委书记、主任每月原来的315元提高到700元；副书记、副主任每人每月由原来的260元提高到500元；委员每人每月由原来的225元提高到450元。

4月13日　县长王应才主持县长办公会议。审议国家开发银行生源地信用助学贷款县级合作协议。

4月13—14日　县第十三届人民代表大会第五次会议在县城召开，出席代表151人。会议选举县人民法院院长、人民检察院检察长。

4月23日　县政府决定招聘特设岗位教师50名，其中初中特设岗位教师30名，小学特设岗位教师20名。

5月4日　白沙县召开2009年上半年人口和计划生育工作情况通报会。

同日　县长王应才主持县长办公会议。研究全县生活污水处理项目建设存在问题整改事宜。

5月21日　白沙县调整失业保险金发放标准。失业保险金的计发标准由失业前12个月本人缴纳失业保险费月平均工资总额的50%调为60%；失业保险金高于或等于当地职工最低工资标准的，由按最低月工资标准的95%调为98%；失业保险金低于或等于城市居民最低生活保障标准的由按现行最低生活保障标准的120%调为150%发放。

6月1日　县政府批准县文体广电局为白沙县黎族文化作品《老古舞》、《黎族双面绣制作》和《泥片贴筑法制陶》申报国家级非物质文化遗产代表作。

6月9日　副县长林恩荣受县长王应才的委托，主持召开县长办公议，讨论县公安局指挥中心综合楼事宜。

6月15日　县政府批复县教育局关于县第二小学更名的请示，同意将白沙黎族自治县第二小学更名为海南省白沙思源实验学校。

6月24日　白沙县提高城镇和农村医疗救助标准。被救助对象每人每年5000元提高到6500元。

6月30日　白沙县在县政府大楼前召开庆祝中国共产党建党88周年暨“七一”表彰大会。

7月1日　白沙县在县老年活动中心隆重举行老年大学成立揭牌仪式暨开学典礼活动，这标志着白沙县老年大学正式成立。

7月9—10日　省政府副省长、省妇儿工委主任符跃兰带领省委组织部、省妇联、省教育厅、省卫生厅等单位有关人员到白沙县就实施妇女儿童发展纲要规划工作进行考核督导。

7月27日　县政府决定调整城乡居民最低生活保障标准。白沙县城市低保标准由每人每月160元调整到每人每月220元农村低保标准由原有的每人每月100元调整到每人每月150元，农村五保共养标准由每人每月130元调整到每人每月160元。调整后的最低生活保障标准从2009年7月1日起执行。

8月18日　县政府决定面向全国招聘10名高中教师。

8月24日　省纪委副书记孙新阳等一行到白沙县，分别对白沙县党政主要领导和纪委书记等领导进行任内廉政谈话。

9月3日　县政府批复同意县农综办关于2009年开发大米、南丁、南班、浪烈田洋整治工程项目实施方案。

9月9日　省中部市县促进农民增收现场会在白沙黎族自治县召开。省委副书记、省长罗保铭在会上作重要讲话。省委副书记、省农村工作领导小组组长于迅主持。

9月11日　县长王应才主持召开县长办公会议，讨论修复被强热带风暴“天鹅”毁坏的珠碧江南北渠工程。

9月19日　县政府批准南开、细水中学撤并到白沙思源实验学校。

9月24日　省中西部地区人才政策专项调研组一行5人到白沙县，就白沙县落实中央、省人才政策和出台的人才政策及现有的人才队伍状况等情况进行调研。

9月25日　白沙县在县民族中学田径场举办“祖国颂，白沙情”庆祝中华人民共和国成立60周年文艺晚会。

9月28日　县政府决定将位于九架岭的1000亩国有土地使用权出让给县农村信用合作社作为林业用地，出期限为50年。

10月9日　县政府批复县交通局《关于白沙县2009年农村公路畅通工程项目开工建设的请示》，同意白沙县2009年农村公路通畅工程项目自批准即日起开动。

10月14日　县人大常委会在县委常委会议室召开纪念地方人大设立常委会30周年座谈会，县委书记严正出席会议并作重要讲话。

10月19日　县政府成立医药卫生体制改革领导小组。

10月26日　县政府颁布公告，开展白沙黎族自治县第六次人口普查。

11月2日　县政府成立解决打安镇朝安村委会退场队土地划拨问题领导小组。

11月20日　县长王应才在县政府办公楼主持召开县长办公会议，讨论公务员小区土地挂牌出让问题。决定对公务员小区面积为40亩国有土地挂牌出让。

12月1日　县委、县政府召开全县“技能型乡镇政府”建设工作会议。县委书记严正在会上作重要讲话。

12月2日　常务副县长陈鸿亮受县长王应才的委托，在卫星农场会议室召开现场办公会议，协调解决打安镇朝安村委会退场队土地划拨遗留问题。

12月14日　县政府决定录用96名师范类毕业生为白沙县中小学教师。

12月22日　县长王应才在县政府三楼会议室主持召开县长办公室会议，讨论县城最低收入家庭住房租赁补贴的发放问题。

2010年

1月19日上午　白沙县召开传达贯彻省委五届六次全会暨海南国际旅游岛建设动员大会。就如何贯彻落实省委五届六次全会和推进海南国际旅游岛建设动员大会精神进行具体安排和部署。

同日下午　县长王应才在县委常委会议室主持召开政府常务会议，讨论白沙邦溪农林产品加工与交易基地基础设施一期项目筹资方案、县城环城路市政工程（石油公司至牙叉三桥）项目筹资方案，以及将国有储备地的使用权作为项目贷款抵押担保等问题。

1月26日　县委组织部在县政府召开全县组织工作会议。

3月16日上午　县长王应才在政府三楼会议室主持召开政府常务会议，讨论县城镇限价商品住房管理暂行办法、城镇低收入家庭认定标准等问题。

3月23日上午　全县2010年人口和计划生育工作会议在县政府召开。

3月29日　白沙县再次启动新一轮农村（社区）中华人民共和国成立后尚健在的离任村干部生活补贴发放工作，对2009年符合领取条件以及2009年查漏补缺的199名离任村干部发放生活补贴共计50.495万元。

3月30日上午　白沙县关工委、县教育局联合组织的纪念海南解放60周年报告会在县民族中学举行，有1500余人参加报告会。

4月8—11日　省政府办公厅、省政府研究室和省农业厅组成联合调研组，对白沙县推进“技能型乡镇政府”建设的情况开展调研。

4月15日晚上　白沙县关工委和牙叉镇委、镇政府联合举行纪念海南解放60周年文艺联欢晚会，领导及县有关部门单位负责人与500多名群众一起观看文艺演出。

4月16日下午　县长王应才在政府三楼会议室主持召开政府常务会议，专题研究政府依法行政工作。会议学习传达《海南省人民政府贯彻落实〈国务院关于加强法治政府建设的意见〉的实施意见》精神。

4月20日上午　“亮睛工程”项目评估验收动员大会在县政府召开。

5月5日上午　白沙县2010年第六届科技活动月启动仪式在县城文明湖隆重举行。

5月11日上午9时　白沙县在县政府组织召开全县村级组织换届选举工作动员大会。

5月12日下午　白沙县召开实施妇女儿童发展纲要规划（2001—2010年）全面达标推进会。县妇联干部职工及全县31个成员单位的主要负责人参加会议。

5月20日　白沙松香厂建成投产，白沙竹笋加工厂开工奠基。

5月25日　白沙县召开全县各中小学校校长紧急会议，通报龙江中学学生食物中毒的情况。

5月25—26日　海南省妇女儿童发展纲要规划交叉督导检查组一行8人到白沙县检查督导妇女儿童发展规划实施工作。

5月26日　县科协与省农业科学院粮作所在打安镇可程村举办超甜玉米栽培技术培训班，可程村农民共有90多人接受培训。

5月28日　白沙县与白沙知言房地产开发有限公司、白沙天涯驿站旅游开发有限公司与白沙元门乡罗帅村民小组签约，将共同合作开发旅游项目。

6月3日　县委、县政府在阜龙乡保加村举行纪念海南解放60周年暨保加战斗旧址和欢迎渡海先锋营联欢大会旧址纪念碑落成仪式。

6月12日　白沙县召开全县副科级以上领导干部会议，就开展违规违纪收送款物专项治理工作进行动员部署。

6月24日上午　白沙县“6·26”国际禁毒日宣传活动启动暨禁毒教育基地开馆仪式在县宣传活动中心大楼前隆重举行。

6月24—25日　白沙县开展紧急治蝗工作。

7月6日　省妇联巡视员黄玲珍带领省妇联调研组一行到白沙县进行调研。

7月13日下午　县长王应才在县政府主持召开政府常务会议。会议通报方亮新区A号建设用地土地出让金2370万元和南开乡浪九村至庄贺村公路项目配套资金638万元的拨付情况。

7月14日下午　县政府在政府三楼会议室主持召开协调会议，研究部署免费婚前医学检查工作，并与各成员单位签订责任状。

7月15日下午　县长王应才在政府三楼会议室主持召开政府常务会议，讨论县物资总公司关闭程序启动、县农机公司、农机站、医药公司职工安置、市政道路改造设计变更及有关经费的拨付等问题。

同日下午　县委常委、政法委书记、公安局局长张小军在龙江农场会议室主持召开土地纠纷调解会议，对场乡之间的3宗土地纠纷进行调解。

同日　省扶贫办主任赵子导一行到白沙县，就农村最低生活保障制度和扶贫开发政策有效衔接试点工作及特困村、特困农民情况调查等工作情况进行实地调研。

同日　县长王应才等县领导携同有关部门负责人到帮溪镇的芭蕉水库，了解当地落实防洪防汛措施情况。

7月20日　由县纪委、县委组织部、县妇联联合举办的全县科级女干部培训班在白沙中学开班，全县64名科级女干部参加培训。

7月28日　白沙县在县政府广场前启动2010年全县公民无偿献血活动。

8月5日　白沙县在县政府四楼会议室召开妇女儿童发展纲要规划重难点指标攻坚工作会议。

8月5—6日　民盟海南省委会常委、经济专委会主任李仁君率调研组到白沙县开展特色资源产业发展模式调研。

8月9—13日　白沙县妇联、白沙县妇儿工委积极配合海南省妇联、海南省现代妇婴医院开展“海南母婴健康快车”送健康公益活动。

8月12日　白沙县“政风行风热线”正式开通广播直播。

同日　海南省在白沙县举行纪念“白沙起义”60周年大会。副省长符桂花主持纪念大会，省委常委、宣传部部长周文彰和白沙原县委书记彭晓新分别作重要讲话。来自省委、省政府、省军区、省武警总队和白沙县等各界人士1200余人参加纪念大会。

8月17日　在县农业局和县科技局的组织下，由国际热带农业中心专家浩勒博士和田博士组成的专家组在白沙县七坊镇召开木薯新品种新技术产业技术体系产业调研座谈会，各乡镇、国家木薯“公益性项目”协作单位成员、国家木薯产业体系建设依托单位技术员、企业代表、种植户代表等50多人参加座谈。

8月19日　全县宣传思想文化系统领导干部学习会在县委大楼四楼会议室召开。

8月26日　县妇女儿童发展纲要规划重难点指标攻坚工作会议召开。

8月27—28日　清华大学的16名工艺美术系学子和2名老师在海南省民俗文化专家王海昌的带领下，到白沙县进行黎族民俗文化采风。

9月2日　省高级人民法院在白沙县召开全省法院纪检监察工作座谈会。

同日　县政府在县政府召开庆祝教师节暨表彰大会。

同日　白沙县元门乡元门村委会罗帅村52户村民全部搬进临时安置房，白沙首个天涯驿站项目全面开工建设。

9月14日　白沙县派出代表团到黑龙江省孙吴县参观学习，共谋发展大计。

9月27—30日　县妇联和县扶贫办在县农业科技培训基地举办白沙县农村妇女骨干实用技术培训班，来自全县的106名农村妇女参加培训班。

10月8日　县妇联和县扶贫办在县农业科技培训基地举办全县农村妇女骨干实用技术培训班，106名农村妇女干部参加培训。

10月26—28日　由文化部和重庆市联合创办的“中华红歌会”大会演在渝唱响，来自白沙县的海南原生态民歌艺术合唱团参加会演。

11月12日上午　省妇联、省妇儿工委到白沙县对实施妇女儿童发展纲要规划攻坚阶段工作进行指导督查。

11月16日下午　省检察院党组副书记、常务副检察长黄卫国，省检察院第二分院党组书记、检察长苟守吉一行 8 人到白沙检察院调研。

11 月 25 日　白沙县元门乡 29 个村庄的村民代表聚在白沙首个天涯驿站项目所在地——元门乡罗帅村，签约加盟天涯驿站项目。

12 月 1 日下午　白沙县在县政府召开技能型乡镇政府建设工作推进会。

同日　白沙县妇联党群共建、创先争优“妇女之家”揭牌仪式在白沙县七坊镇木棉村委会举行。

同年　白沙县推进邦溪农林产品加工与交易基地建设，已有白沙亚创林业化工有限公司、白沙县环保砖厂、金鹿集团、白沙县酒精厂、海南申洲实业有限公司、高密度板材厂、甘蔗渣压缩板厂、白福源竹笋加工厂、木炭加工厂、姜茶厂等企业入驻。

同年　白沙绿茶种植栽培标准化示范区被国家标准化管理委员会批准为第七批全国农业标准化示范区。

第一编

政区　环境

白沙县位于海南岛西北部山区，距今6.15亿~8亿年的震旦纪由地壳下降而形成。地貌主要为低山、丘陵、河流堆积平原和陨石坑，土壤绝大部分由花岗岩、砂页岩和紫色砂岩及河流冲积物构成。植被资源丰富多样，森林覆盖率占全县土地总面积约75%。境内大小河流有30条，其中三大河流是南渡江、珠碧江和昌化江，还有丰富的地下水资源。具有热带季风山区气候特征，年平均气温为23.5℃，年平均日照时数2100小时以上，年平均降雨量为1815毫米。

白沙县境内主要民族为黎族和汉族，其次是苗族，还有少量壮族、回族等。1988年，总户数19767户，总人口101138人（不含农垦）。2010年，总户数38159户，总人口142821人（不含农垦），其中汉族占37.3%。土地总面积2117.73平方千米，县城在牙叉镇。

民国24年（1935年）白沙县成立。1988年，白沙县设5个镇、9个乡、67个村（居）委员会。1988—2010年，经过5次机构调整，至2010年，辖4个镇、7个乡、77个村（居）委会、425个自然村（队）。其中牙叉镇有13个村委会、3个社区居委会、86个自然村；七坊镇辖14个村委会、2个居委会、87个自然村；打安镇辖8个村委会、1个居委会、57个自然村；邦溪镇辖6个村委会、39个自然村；南开乡辖5个村委会、27个自然村；元门乡辖6个村委会、35个自然村；阜龙乡辖4个村委会、24个自然村（队）；细水乡辖4个村委会、35个自然村（队）；青松乡辖有6个村委会、28个自然村（队）；金波乡辖3个村委会、18个自然村（队）；荣邦乡辖5个村委会、34个自然村（队）。1988—2010年，各乡镇国民经济和各项社会事业发展变化很大，城乡居民收入和生活水平大幅度提高。

第一章　建置　区划

第一节　地理位置

白沙黎族自治县位于海南岛西北部、黎母山脉中段西北麓，地处北纬18° 56′ 10″ ~19° 29′ 20″ ，东经109° 02′ 11″ ~109° 42′ 00″ 。东邻琼中黎族苗族自治县，西邻昌江黎族自治县，东南与五指山市接壤，西南与乐东黎族自治县交界，北部和西北部与儋州市接壤。南北长63千米，东西宽约68千米，总面积2117.73平方千米。县治在牙叉镇，县城距省会海口市255千米。

第二节　建置沿革

民国24年（1935年）3月8日，广东省政府决定将儋州县属雅叉峒、白沙峒、元门峒、龙头峒、兵邦峒，昌江县属霸王峒、乌烈、大坡、保平、鸿虚峒，感恩县属吴什峒，陵水县属南流峒、十万峒，定安县属新在营（新市）、根铺、加钗峒、小水峒、思河图，崖县属红毛上峒、红毛下峒、道栽、红茂村，琼山县属加泉峒、林湾峒等边沿山区划出，成立白沙县，隶属广东省第九区行政督察专员公署。5月7日，马宪文被任命为首任白沙县县长。县政府设在牙叉墟。

民国34年（1945年）8月，琼崖民主政府批准成立白沙县人民政府。1947年10月，白沙全县解放，隶属琼崖民主政府。1958年11月，白沙县与东方县、昌感县合并为东方县，设立白沙县办事处。1961年6月，从东方县分出来，复置白沙县。

1987年，撤销海南黎族苗族自治州，同年成立白沙黎族自治县。1988年4月13日海南建省，白沙县隶属海南省。

第三节　行政区划与政区勘界

一、区划调整

1988年，白沙县设5个镇、9个乡、67个村（居）委员会。

1989年10月，将63个村民委会员更名为管理区，同时增设11个管理区。调整后有5个镇、9个乡、74个管理区、4个居民委员会。

1995年3月，撤销管理区，改设村民委员会。同年6月，从白沙镇划出营盘、方平、志道3个村委会，成立南叉乡。调整后有5个镇、10个乡、76个村（居）委员会。

2002年7月18日，牙叉镇、白沙镇和南叉乡合并，设立牙叉镇，辖16个村（居）委会，镇政府驻原牙叉镇。光雅镇和七坊镇合并，设立七坊镇，辖14个村委会，镇政府驻原七坊镇。打安乡和狮球乡合并，设立打安镇，辖7个村委会，镇政府驻原打安镇。设立南叉、狮球2个办事处，作为过渡性临时机构。邦溪镇、南开乡、元门乡、细水乡、阜龙乡、青松乡、金波乡、荣邦乡原行政不变。调整后有4个镇、7个乡、76个村（居）委员会。

2007年，撤销牙叉镇南叉办事处和打安镇狮球办事处，朝安大队6个生产队从卫星农场退出，并入打安镇后增设1个村委会。调整后有4个镇、7个乡、77个村（居）委员会。

2010 年，打安镇新设狮球居委会。

2010 年，白沙县有 4 个镇、7 个乡、77 个村（居）委会、425 个自然村（队）。

1988 年白沙黎族自治县区划表

表 1-1-1　　　　单位：个

乡镇名称	镇数量	乡数量	村（居）委会数量	村（居）委会名称
全县合计	5	9	67	
牙叉镇	1	—	8	牙叉、牙港、南仲、牙炳、九架、浪崖，居委会：桥南、桥北
细水乡	—	1	4	合口、福门、罗任、白水港
白沙镇	1	—	6	方香、白沙、道阜、营盘、方平、志道
元门乡	—	1	6	红旗、南训、向民、红茂、元门、翁村
南开乡	—	1	4	牙老、南开、牙和、高峰
阜龙乡	—	1	4	可任、那查、天堂、新村
打安乡	—	1	4	打安、可程、合水、南达
狮球乡	—	1	3	子雅、福妥、田表
光雅镇	1	—	4	可好、拥阜、那来、照明
青松乡	—	1	6	益条、青松、拥处、打松、打炳、牙扩
金波乡	—	1	3	白打、金波、牙加
七坊镇	1	—	7	高地、查苗、木棉、阜途、长龙、打金、英歌
邦溪镇	1	—	5	南班、孟果、邦溪、邦新、大米
荣邦乡	—	1	3	俄朗、光村、岭尾

2010 年白沙黎族自治县区划表

表 1-1-2　　　　单位：个

乡镇名称	镇数量	乡数量	村（居）委会数量	村（居）委会名称
全县合计	4	7	77	
牙叉镇	1	—	16	桥南、城东、城西、牙港、牙炳、南仲、志针、探扭、九架、对俄、白沙、方香、道埠、营盘、方平、志道
细水乡	—	1	4	白水港、罗任、合口、福门

续表 1-1-2

乡镇名称	镇个数	乡个数	村（居）委会个数	村（居）委会名称
元门乡	—	1	6	红旗、向民、南训、翁村、元门、红茂
南开乡	—	1	5	革新、牙佬、牙和、南开、高峰
阜龙乡	—	1	4	可任、天堂、新村、那查
打安镇	1	—	8	南达、打安、可程、合水、子雅、福妥、田表、朝安
青松乡	—	1	6	益条、打松、青松、打炳、拥处、牙扩
金波乡	—	1	3	白打、牙加、金波
七坊镇	1	—	14	高石、南洋、高地、长龙、查英、打金、木棉、英歌、阜途、那来、牙旺、拥阜、可好、照明
邦溪镇	1	—	6	孟果、地质、南班、邦溪、大米、邦新
荣邦乡	—	1	5	俄朗、福英、岭尾、光村、高峰

二、政区勘界

县级界线勘定 白沙黎族自治县是个黎族、苗族聚居的山区县，位于海南省中部偏西，东与琼中县、五指山市毗邻，南与乐东县交界，西与昌江县相连，北与儋州接壤。市（县）际交界线全长 361.3 公里，多以山岭、河沟为界。

1998 年 8 月中旬，根据国务院和海南省政府有关规定以及省勘界工作会议精神，白沙黎族自治县民政局开始与 5 个毗邻市（县）交界线的勘定工作，历时 1 年 11 个月.这是中华人民共和国成立以来，由国家统一组织的最大规模省县勘界活动。2002 年 7 月，完成相邻市县的勘界工作，总长 361.3 公里的界线共埋设界桩 21 个，其中三角桩 4 个，双面双立界桩 17 个，与交界市（县）签订 5 份协议书。

勘界工作得到边界地区双方干部群众的赞许，受到省、县领导的好评。2002 年，白沙黎族自治县人民政府推荐县民政局为全国勘界工作先进单位。

乡镇级界线勘定 白沙黎族自治县辖区绝大部分地区属于山区，全县 11 个乡镇之间共形成 18 条边界线，总长 305 公里。2004 年 3 月 2 日，县人民政府全面开展乡镇行政区域勘界工作。全县乡镇间的边界线共埋设界桩界碑 23 处。

勘界工作解除了边界地区村民长期的土地纠纷问题，得到边界地区村民的好评，有力地促进全县社会的稳定和经济的发展。2005 年，海南省全面启动勘定乡镇级行政区域界线工作。白沙县的勘界工作走在全省前列，被授予“全国勘界工作先进集体”称号。

第二章 乡 镇

第一节 牙 叉 镇

一、位置与区域

牙叉镇位于白沙县东北部，东邻细水乡和元门乡，西邻打安镇和七坊镇，南与元门乡、南开乡、青松乡接壤，北与阜龙乡接壤，土地总面积26448.10公顷。年平均气温24.3摄氏度，年相对湿度80%，全年降雨量2234.9毫米。

牙叉镇是白沙县治所在地，因坐落在牙港与南叉河交界处而得名，黎语“牙”即“分支”之意，“叉”指“南叉河”，明朝时期已有牙叉村。民国24年（1935年）置白沙县时，县治设在牙叉墟，下有牙叉乡，属白沙第一区。民国34年（1945年）6月，牙叉乡与白沙乡合并为牙白乡，民国35年（1946年）复析牙叉、白沙2个乡。1949年，析设牙叉、珠江、牙炳、九架4个乡。1958年实行初级农业合作社，牙叉属白沙人民公社。1959年，牙叉从白沙人民公社划出，成立牙叉人民公社；同年上半年，将牙叉人民公社细水片划出，成立细水人民公社，下半年复并入牙叉人民公社。1961年6月，细水再次从牙叉划出，恢复细水人民公社。1983年，牙叉人民公社改为牙叉区。1987年撤区建乡（镇），牙叉区改为牙叉镇。2002年7月18日，白沙镇、南叉乡并入牙叉镇，调整后牙叉镇辖16个村（居）委会，行政区域面积268.4平方千米，人口38464人。调整前牙叉镇辖牙叉、南仲、志针、浪崖、牙港、牙炳、探扭、九架、对俄9个村委会和2个镇办经济场。至2010年，牙叉镇有13个村委会、3个社区居委会、86个自然村。1988年，总户数4580户，总人口16875人，农业人口7552人，黎族10508人，汉族6367人。2010年，总户数12594户，总人口45156 人，农业人口23975人，黎族29933人，汉族 14152人，苗族803人，壮族217人。

2010年白沙黎族自治县牙叉镇村（居）委会一览表

表1-2-1

乡镇名称	村（居）委会	自然村（队）名称	备注
牙叉镇	牙港	上村、中村、芭蕉、那凡、江排	—
	牙炳	牙炳一队、牙炳二队、牙炳三队、牙炳四队、	—
	南仲	南仲一队、南仲二队、南仲三队、南仲四队、南仲五队	—

续表 1-2-1

乡镇名称	村（居）委会	自然村（队）名称	备注
牙叉镇	志针	志针一队、志针二队、志针三队	—
	探扭	探扭新、探扭老、新安	—
	九架	老村、芭蕉、什吾、坡北	—
	对俄	对俄一队、对俄二队、对俄三队	—
	白沙	和荣一队、和荣二队、儋州一队、儋州二队、苗村一队、苗村二队、什坡阶一队、什坡阶二队、南妹、新丰	—
	方香	召傲、方香、朝阳、更生、那凡、向阳、奋勇、前进、东风、什清阳	—
	道埠	什奋、道阜一队、道阜二队、道阜三队、立新、革新、创新、新兴、莫妈	—
	营盘	阜类一队、阜类二队、阜类三队、阜权一队、阜权二队、什道跃、营盘、海旺新、海旺老、什莫老、牙阜一队、牙阜二队	—
	方平	力吉、松章、牙义、牙和新、牙和老、方平、岭脚	—
	志道	太早一队、太早二队、志道、荔枝、旺巴一队、旺巴二队、麦阳、木开、那放、方口、牙琼	—
	桥南、城东、城西		居委会

二、经济发展

牙叉镇是白沙县的主要农作物产区，粮食生产以水稻种植为主，兼种玉米、番薯、木薯，经济作物主要有橡胶、甘蔗、龙眼、荔枝。按照做强“老三样”（橡胶、甘蔗、木薯），做大“新三样”（竹子、南药、养殖业）的产业发展方针，大力发展优势产业，同时积极转移农村富余劳动力，发展打工经济。2010 年，土地总面积 26448.1 公顷，耕地面积 2397.91 公顷。

1988 年，旱粮作物播种面积 1178 亩，总产量 118 吨。玉米作物播种面积 1178 亩，总产量 118 吨。番薯作物播种面积 2750 亩，总产量 385 吨。甘蔗作物播种面积 4203 亩，总产量 8216 吨。糖蔗作物播种面积 3786 亩，总产量 7382 吨。果蔗作物播种面积 417 亩，总产量 834 吨。木薯作物播种面积 2887 亩，总产量 5197 吨。蔬菜作物播种面积 1206 亩，总产量 1206 吨。主要水果生产年末面积 1035 亩，同年收获面积 489 亩，总产量 432 吨。年末热带作物到达面积合计 2297 亩，橡胶年末实有面积合计 9639 亩，346896 株，干胶总产量 74 吨。牛年末总头数合计 2300 头，生猪年末存栏头数合计 4223 头，生猪饲养量合计 5768 头。全年家禽饲养量小计 64673 只，其中鸡 45099 只，鸭 17394 只，鹅 2180

只。零星植树 5000 株。农村总收入 454.17 万元，农村纯收入 340.84 万元，参与分配人口 7291 人，人均收入 496 元。1988 年，居民家庭人均纯收入 469 元。

2010 年，粮食播种面积 30376 亩，总产量 9534 吨，其中水稻播种面积 8000 亩，总产量 3238 吨；玉米播种面积 9372 亩，总产量 2429 吨；番薯播种面积 12904 亩，总产量 3856 吨；大豆播种面积 100 亩，总产量 11 吨。花生播种面积 320 亩，总产量 65 吨；生姜播种面积 142 亩，总产量 139 吨；甘蔗播种面积 9132 亩，总产量 45759 吨。蔬菜瓜类播种面积 11825 亩，总产量 8359 吨；木薯播种面积 6860 亩，总产量 17700 吨。热带作物面积 43091 亩，其中橡胶年末面积 40952 亩，干胶总产量 2674 吨；椰子年末面积 22 亩、总产量 4700 个；槟榔年末面积 2117 亩，总产量 380 吨。竹子年末面积 18880 亩，总产量 1305309 根；南药年末面积 2655 亩，总产量 1338 吨。水果年末面积 4201 亩，总产量 2275 吨，其中香蕉年末面积 410 亩，总产量 1037 吨；荔枝年末面积 252 亩，总产量 278 吨；龙眼年末面积 3039 亩，总产量 550 吨；其他杂果年末面积 500 亩，总产量 410 吨。年末牛总数量 4189 头，同年出售和自宰 1888 头；猪年末存栏数量 17190 头，同年出栏 31923 头；山羊年末存栏数量 1462 头；家禽（鸡、鸭、鹅）年末存栏数量合计 176899 只，同年出售和自宰 302917 只；兔子全年饲养数量 120 只。水产养殖（淡水养殖）面积 796.7 亩，水产品总产量合计 852 吨。农林牧渔总产值 21971 万元。乡镇企业个数 39 个，总产值 1515 万元。2010 年，居民家庭人均纯收入 4022 元。

三、社会事业

牙叉镇是白沙县政治、经济、文化和交通中心，离县城约 3 公里，有通往省内各市县和县内各乡镇的公路，邦溪公路连接西环高速公路和西线高铁，牙港渡口有客运轮渡通往县内及儋州松涛水库区。1987 年，县城有 6 条水泥街道，总长 4.8 千米。1988 年，县城开始跨南叉河南北、沿环城路外围扩建。依据《白沙县城总体规划 2006—2020》，县城分为 3 个区：老城区、方亮片区和方亮新区，分别为商贸服务文化教育、党政办公和公务员居住以及房地产开发区，目标是将县城建成生态型山水园林城市。2010 年，城区有 11 条水泥街道，总长 8.2 公里。人行道铺设花砖，沿河边、路边修建绿化景点，城区绿化面积 30 公顷。基本完成危房旧房改造建设，道路均埋设雨污水管，路面加铺柏油，重设斑马线和盲道线。在城乡接合部的街巷路面基本硬化建设，消除残垣断壁和乱搭乱建现象。新建公厕 4 座，改造公厕 2 座。

1988 年，镇上有公立医疗卫生单位 6 个。2010 年，有 9 个公立医疗机构、2 个社区服务中心，主要医疗机构是县人民医院、县妇幼保健院、县卫生监督所、县疾病预防控制中心、牙叉社区服务中心等。有幼儿园 8 个，小学 1 所，普通中学 4 所，特殊教育和职业学校各 1 所。图书馆、博物馆、文化馆、青少年宫和文化广场各 1 个，16 个室外篮球场，6 个室外排球场，2 个田径场。

附：白沙镇　南叉乡

白沙镇　白沙镇位于白沙县中部，东邻细水乡，西邻青松乡和光雅镇，南与元门乡、南开乡接壤，北与牙叉镇、打安乡接壤。土地面积 110.25 平方千米。地域在清代“薄沙峒”范围，民国 24 年（1935 年）置县后设白沙乡，辖牙叉、元门。1952 年成立互助组，1953 年析设白沙、南叉、阜旺 3 个乡。1958 年下半年，白沙与元门、南开乡合并，成立白沙人民公社。1959 年，牙叉从白沙人民公社划出。1983 年，白沙人民公社改为白沙区。1987 年撤区建乡，白沙区改为白沙镇，下辖白沙、方香、道埠、营盘、方平、志道 6 个村委会。1995 年 6 月 12 日，从白沙镇划出营盘、方平、志道 3 个村委会成立南叉乡，白沙镇辖白沙、方香、道埠 3 个村委会。2002 年 7 月 18 日，白沙镇、南叉乡并入牙叉镇。白沙镇调整前辖白沙、方香、道埠 3 个村委会和 1 个镇办经济场。1988 年，总户数 2009 户，总人口 12443 人，农业人口 11937 人，黎族 9640 人，汉族 2349 人，苗族 450 人，壮族 4 人。

1988 年，旱粮作物播种面积 1349 亩，总产量 135 吨，其中玉米作物播种面积 1255 亩，总产量 126 吨；山兰坡稻作物播种面积 94 亩，总产量 9 吨。番薯作物播种面积 2325 亩，总产量共 301 吨。大豆作物播种面积 413 亩，总产量 40 吨。甘蔗作物播种面积 2791 亩，总产量 5021 吨。糖蔗作物播种面积 2791 亩，总产量 5021 吨。油料作物播种面积 251 亩，总产量 12 吨，其中花生作物播种面 51 亩，总产量 5 吨；芝麻作物播种面积 200 亩，总产量 7 吨。木薯作物播种面积 4798 亩，总产量 7575 吨。蔬菜作物播种面积 1269 亩，总产量 655 吨。主要水果生产年末面积 1956 亩，同年收获面积 1048 亩，总产量 1232 吨。年末热带作物到达面积合计 3671 亩，橡胶年末实有面积合计 11640 亩，423327 株，干胶总产量 147 吨。牛年末总头数合计 3975 头，生猪年末存栏头数合计 6172 头，生猪饲养量合计 11565 头。全年家禽饲养量合计 126077 只，其中鸡 56327 只，鸭 67675 只，鹅 2075 只。林业零星植树 2000 株。乡镇办集体所有制工业总产值 14 万元。农村总收入 641.41 万元，农村纯收入 512.4 万元，参与分配人口 11666 人，人均收入 459 元。

南叉乡　位于白沙县中部偏东南，东邻白沙镇，西邻青松乡，南与南开乡接壤，北与牙叉镇、打安乡、光雅镇接壤。南叉乡于 1995 年 6 月 12 日由白沙镇划出营盘、方平、志道3个村委会组成，下辖32个自然村，总面积104.37平方千米。2002年7月18日，牙叉镇、白沙镇和南叉乡合并，设立牙叉镇，另设南叉办事处作为过渡性临时机构，2007年撤销。

第二节 七 坊 镇

一、位置与区域

七坊镇位于县西北部，东邻打安镇，西邻邦溪镇、荣邦乡，与昌江黎族自治县交界，南与牙叉镇、青松乡、金波乡接壤，北与儋州市交界。地势南高北低，南部边境为山峰和丘陵地带，植被茂密，土地肥沃；北部较为平坦，主要为耕地。土地总面积27592.49公顷。年平均气温24.5℃，年相对湿度80%，全年降雨量1800.1毫米。

地名“七坊”自明朝起沿用至2010年，为儋州七坊峒故地。传说明朝时期，其境内商贩活跃，在长龙三升村周边有糖坊、炭坊、布坊、豆腐坊、酒坊、铁坊、油坊等7个古作坊，故名“七坊”。另说长龙三升村周边有7间土糖作坊，清朝《四库全书》编修吴典因之取名“七坊”。

民国24年（1935年）置县时设七坊乡，1987年撤区建镇，称“七坊镇”。2002年7月18日，光雅镇和七坊镇合并，设立七坊镇，辖14个村委会，镇政府驻原七坊镇。2010年，七坊镇辖14个村委会、2个居委会、87个自然村。镇委、镇政府设在查苗墟，距县城32公里，离西线高速26公里。

1988年，总户数2195户，总人口10920人，农业人口9540人，黎族8212人，汉族2688人，苗族2人，壮族18人。2010年，总户数6838户，总人口25142人，农业人口22332人，黎族18881人，汉族5853人，苗族239 人，壮族169人。

2010年白沙黎族自治县七坊镇村（居）委会一览表

表1-2-2

<table>
<tr><th>乡镇名称</th><th>村（居）委会名称</th><th>自然村（队）名称</th><th>备注</th></tr>
<tr><td rowspan="4">七
坊
镇</td><td>拥阜</td><td>阜新、南松、阜老、白打、海燕、拥阜、打拥、光二、光新、庆丰</td><td>—</td></tr>
<tr><td>可好</td><td>可好、可尧、新丰、子邦、旺新、旺雅、阜喜</td><td>—</td></tr>
<tr><td>照明</td><td>可立、高大、和南、拥芒、地炳、牙城队、朝供一队、朝供二队</td><td>—</td></tr>
<tr><td>光雅、查苗</td><td></td><td>居委会</td></tr>
</table>

续表 1-2-2

乡镇名称	村（居）委会名称	自然村（队）名称	备注
七坊镇	高石	尔信、高石、高石新、打尾、木开、高峰、龙头	—
	南洋	南洋一、南洋二、南洋三	—
	高地	牙围一队、牙围二队、牙围三队、打不林、高地六队、通术	—
	长龙	长龙、三升一队、三升二队、三升三队、大村、小村	—
	查英	查英一队、查英二队、查英四队、南牙	—
	打金	新村、老村、芭蕉、长塘、金阳、红光、金光	—
	木棉	木棉一队、木棉二队、木棉三队、木棉四队、木棉五队	—
	英歌	英歌、打孔、岭脚、南书、保优、保王沟一队、保王沟二队	—
	阜途	一队、二队、巧雅三队、巧雅四队、高坡、南方	—
	那来	苗村、那来一队、那来二队、雅旺、白花、新建、大坡	—
	牙旺	白花、新建、光荣、浪九	—

二、经济发展

七坊镇是白沙县的重要农业生产基地，粮食作物以水稻、玉米、番薯为主。2010 年，土地总面积 27592.49 公顷，耕地面积 6646.92 公顷。

1988 年，旱粮作物播种面积 1649 亩，总产量 222 吨，其中玉米作物播种面积 1466 亩，总产量 213 吨；山兰坡稻作物播种面积 183 亩，总产量 9 吨。番薯作物播种面积 3647 亩，总产量共 313 吨。大豆作物播种面积 46 亩，总产量 7 吨。甘蔗作物播种面积 17168 亩，总产量 50000 吨；糖蔗作物播种面积 17168 亩，总产量 50000 吨。油料作物（花生）播种面 84 亩，总产量 8 吨。土烟作物播种面积 21 亩，总产量 0.5 吨。木薯作物播种面积 5712 亩，总产量 6900 吨。蔬菜作物播种面积 423 亩，总产量 186 吨。西瓜作物播种面积 135 亩，总产量 95 吨。主要水果年末面积 1373 亩，同年收获面积 768 亩，总产量 1255 吨。年末热带作物到达面积合计 2597 亩，橡胶年末实有面积合计 12218 亩，478838 株，干胶总产量 60 吨。牲畜头数及牲畜产品统计中牛年末总头数合 1883 头，生猪年末存栏头数合计 1736 头，生猪饲养量合计 4465 头。全年家禽饲养量小计 30614 只，其中鸡 23328 只，鸭 7028 只，鹅 258 只。零星植树 77000 株。乡镇办工业集体所有制工业总产值 13.6 万元。1988 年，居民家庭人均纯收入 706 元。

2010年，粮食播种面积22746亩，总产量7453吨，其中水稻播种面积12000亩，总产量4603吨；玉米播种面积5417亩，总产量1280吨；番薯播种面积5329亩，总产量1570吨。花生播种面积190亩，总产量35吨；生姜播种面积200亩，总产量198吨；甘蔗播种面积15310亩，总产量76406吨。蔬菜瓜类播种面积10609亩，总产量7193吨。木薯播种面积9320亩，总产量24062吨。热带作物面积68050亩，橡胶年末面积67181亩、干胶总产量3850吨；椰子年末面积99亩，总产量58000个；槟榔年末面积770亩、总产量158吨；竹子年末面积14830亩，总产量1251061吨；南药年末面积920亩，总产量180吨。水果年末面积4198亩，总产量4704吨，其中柑橘橙年末面积120亩，总产量16吨；香蕉年末面积1913亩，总产量3700吨；荔枝年末面积896亩，总产量346吨；龙眼年末面积826亩，总产量310吨；杧果年末面积72亩，总产量45吨；石榴年末面积5亩，总产量4吨；其他杂果年末面积366亩，总产量483吨。年末牛总数量642头，同年出售和自宰479头；猪年末存栏数量2270头，同年出栏31863头；山羊年末存栏数量252头；家禽（鸡鸭鹅）年末存栏数量合计28090只，同年出售和自宰264005只；兔子全年饲养数量148只。水产养殖（淡水养殖）面积1481.7亩，水产品总产量合计1481.7吨。农林牧渔总产值24645万元。乡镇企业个数26个，总产值3529万元。2010年，居民家庭人均纯收入3979元。

三、社会事业

七坊镇基础设施比较完整，区境国道、省道、县级与乡镇之间均有公路相通。S310省道从中部东西向经过，西接225国道和高速公路邦溪出口，东至县城，是白沙县对外交通的主干道。自S310省道，分别有至金波乡、经珠碧江农场和八一农场至225国道、至青松乡3条县级公路。至2010年，已经完成照明、可好、拥阜、那来、木棉、阜途、长龙、打金等28条村级公路建设，基本实现公路沿线美化、绿化和人行道硬化。镇上邮政网点1个，投递点500个，电信企业3家，服务网点3个户。有自来水厂1座，木棉、尔信、查苗3个水库，35千伏以上变电站2座，电网改造完成率达100%。

2010年，累计完成23个文明生态村建设，饮用卫生水的农户有3879户，共19583人；用上卫生厕的农户有2822户，共14242人。城镇居民基本医疗保险完成居民参保507人（其中成年人269人，未成年238人），占全镇城镇居民应参保人数553人的92%。完成新型农村养老保险参保人员入户登记10929人，其中60岁以上1530人。全镇共有小学19所，其中包括3所教学点，文化站1个，15所农家书屋。

附：光雅镇

光雅镇位于白沙县西部偏北，东邻打安乡，西邻七坊镇，南与白沙镇、青松乡接壤，北与狮球乡接壤。地势南高北低，成狭长形，南部和中部为山岭和丘陵地带，北部为丘陵地带。境内合水河、浪九河、南目河等3条小溪涧由南贯北。

民国24年（1935年）置县时设光雅乡，1958年下半年成立光雅人民公社。1978年1月6日将福妥、子雅、田表3个大队划出，成立福妥公社。1983年改为光雅区。1987年撤区建乡，改为光雅镇。2002年7月18日，光雅镇和七坊镇合并，设立七坊镇。合并前光雅镇辖有那来、牙旺、拥埠、可好、照明5个村委会，总面积26.5平方千米，人口838人，镇政府驻在那来村。

1988年，总户数1187户，总人口6327人，农业人口5846人，黎族 4581人，汉族1611人，苗族135人。

1988年，旱粮作物（玉米）播种面积775亩，总产量58吨。番薯作物播种面积2179亩，总产量共136吨。大豆作物播种面积70亩，总产量2吨。甘蔗作物播种面积5153亩，总产量16177吨。糖蔗作物播种面积11737亩，总产量29019吨。油料作物播种面积19亩，总产量1吨。花生作物播种面积19亩，总产量1吨。木薯作物播种面积4387亩，总产量9688吨。蔬菜作物播种面积633亩，总产量246吨。西瓜作物播种面积122亩，总产量75吨。主要水果生产年末面积1500亩，同年收获面积880亩，总产量387吨。年末热带作物到达面积合计3206亩。橡胶年末实有面积合计10918亩，396115株，干胶总产量115吨。牛年末总头数合计1333头，生猪年末存栏头数合计3190头，生猪饲养量合计5489头。全年家禽饲养量合计38600只，其中鸡36302只，鸭1946只，鹅352只。同年造林面积45亩，零星植树30000株。乡镇办工业总产值27.11万元。农村总收入602.57万元，农村纯收入396.25万元，参与分配人口5678人，人均收入693元。

第三节　打　安　镇

一、位置与区域

打安镇位于县中部靠北，东邻阜龙乡，东至东南部与牙叉镇接壤，西邻七坊镇，南与牙叉镇、青松乡接壤，北与儋州市交界。土地总面积17309.32公顷。地形南高北低，大部分是山丘和坡地，主要河流有珠碧江。属热带季风性气候，年平均气温24.4℃，年相对湿度80%，全年降雨量1730毫米。

1983年成立打安区，1987年改为打安乡，乡址设在打安村。2002年7月18日，打安乡和狮球乡合并，设立打安镇，设狮球办事处为过渡性机构，镇政府驻原打安镇。调整后打安镇辖打安、合水、可程、南达、田表、子雅、福妥7个村委会，总面积173.1平方千米，人口11398人。两乡合并前，原打安乡下辖打安、合水、可程、南达4个村委会，狮球乡下辖田表、子雅、朝安3个村委会。2007年，撤销狮球办事处，朝安大队从卫星农场退出，并入打安镇并增设朝安村委会。2010年，新设狮球居委会。2010年，打安镇有8个村委会，1个居委会，57个自然村。镇政府设在打安村，距县城14.8公里。

1988年，总户数1084户，总人口5326人，农业人口4988人，黎族4123人，汉族1203人。2010年，总户数3796户，总人口14869人，农业人口14009人，黎族12677人，汉族2136人，苗族7人，壮族49人。

2010年白沙黎族自治县打安镇村（居）委会一览表

表1-2-3

乡镇名称	村（居）委会名称	自然村（队）名称	备注
打安镇	打安	长岭、保尔、远征、可雅老、可雅新、打安	—
	南达	木瓜、南九、南达、东风、南达经济场、类托	—
	合水	合水、合流、芝冉、新立、油甘头	—
	可程	可程、力篓、打巴、高看、召傲	—
	福妥	旺丁一队、旺丁二队、龙凤一队、龙凤二队、前进、妥佬、朝阳、推生、福妥、福妥经济场、和局	—
	子雅	和巷、新村、老村、新兴、新丰、南宏、小村、士荣、子雅、阜巴、牙苞上、牙荷下、子雅经济场	—
	田表	田表一队、田表二队、阜财南、阜财北、乐华、田表经济场	—
	朝安	可情、朝庆新、朝庆老、浪列、力孝	—
	狮球		居委会

二、经济发展

2010年，土地总面积17309.32公顷，耕地面积3154.32公顷。

1988年，旱粮作物播种面积1125亩，总产量150吨，其中玉米作物播种面积927亩，总产126吨；山兰坡稻作物播种面积198亩，总产量24吨。番薯作物播种面积1988亩，总产量共236吨。大豆作物播种面122亩，总产量12吨。甘蔗作物播种面积6580亩，总产量16450吨。糖蔗作物播种面积6580亩，总产量16450吨。油料作物播种面积

495 亩，总产量 34 吨。花生作物播种面积 495 亩，总产量 34 吨。土烟作物播种面积 6 亩，总产量 0.14 吨。木薯作物播种面积 3502 亩，总产量 4848 吨。蔬菜作物播种面积 1292 亩，总产量 440 吨。主要水果生产年末面积 1629 亩，同年收获面积 708 亩，总产量 648 吨。年末热带作物到达面积合计 1572 亩。橡胶年末实有面积合计 6870 亩，274800 株，干胶总产量 51.3 吨。牛年末总头数合计 1410 头，生猪年末存栏头数合计 1839 头，生猪饲养量合计 2692 头。全年家禽饲养量小计 24702 只，其中鸡 20590 只，鸭 3196 只，鹅 916 只。同年造林面积 200 亩。乡镇办工业总产值合计 0.4 万元。农村总收入 362.05 万元，农村纯收入 267.77 万元，参与分配人口 4347 人，人均收入 594 元。1988 年，居民家庭人均纯收入 594 元。

2010 年粮食播种面积 9717 亩、总产量 2909 吨，其中水稻播种面积 6659 亩，总产量 2248 吨；玉米播种面积 1958 亩，总产量 371 吨；番薯播种面积 1100 亩，总产量 290 吨。花生播种面积 60 亩，总产量 11 吨。生姜播种面积 120 亩，总产量 118 吨。甘蔗播种面积 11240 亩，总产量 55780 吨。蔬菜瓜类播种面积 2903 亩，总产量 1633 吨。木薯播种面积 3086 亩，总产量 7956 吨。热带作物面积 36873 亩。橡胶年末面积 35500 亩，干胶总产量 2354 吨。椰子年末面积 89 亩，总产量 26000 个。槟榔年末面积 1284 亩，总产量 166 吨。竹子年末面积 4066 亩，总产量 223215 根。南药年末面积 1394 亩，总产量 179 吨。水果年末面积 515 亩，总产量 855 吨，其中香蕉年末面积 420 亩，总产量 800 吨；荔枝年末面积 95 亩，总产量 55 吨。年末牛总数量 1218 头，同年出售和自宰 643 头；猪年末存栏数量 4883 头，当年出栏 10589 头。山羊年末存栏数量 505 头。家禽（鸡鸭鹅）年末存栏数量合计 45771 只，同年出售和自宰 77255 只。水产养殖（淡水养殖）面积 948.7 亩，水产品总产量合计 948.7 吨。农林牧渔总产值 11433 万元。乡镇企业个数 5 个，总产值 200 万元。2010 年，居民家庭人均纯收入 4172 元。

三、社会事业

七坊镇境内有 32 省道从穿过，长 9 公里，连接七坊镇与牙叉镇。有县级公路长 39 公里，镇级公里长 22 公里。共有水利设施 17 个，中小型水库 5 个，可程、龙凤、福安水库已完成除险加固工程，拦水坝 5 个，水渠 7 个，总长 2 万米。

辖区有初级中学 1 所，完全小学 8 所，初级小学 1 所。卫生院 2 所，村级卫生室 9 个。基本实行新型农村合作医疗和新型农村养老保险。

有国家、省级、县级和乡镇级文明生态村 9 个，其中地宝村是国家级，合水村、阜财北村、长岭村是省级，新兴村、打安村是县级，福妥村、合流村、木瓜村是乡镇级。

附：狮球乡

狮球乡位于白沙县西北边缘山区、珠碧江上游。东邻阜龙乡，西靠七坊镇，北与儋县交界，南与光雅镇接壤。地势东南高西北低，东南部属高丘陵地，海拔在280米以下；西北部较为平缓，属低丘陵地带，海拔在18米左右。东南部为砾质壤土，植被茂密，肥力较高，西北部和沿河谷地，土质为沙壤土，土层较深，肥力高，是主要耕地。境内有旺丁河、和巷河，旺丁河自南向北横贯全境流入珠碧江，和巷河自东向西流经北部边境注入珠碧江。

狮球乡地形酷似狮子，南面猴子岭形似球状，故名狮球，意为“狮子舞球”。狮球辖地原属儋州四里，民国21年（1932年），民国政府在此建立狮球市局和团董。民国24年（1935年）年置县后，设狮球乡，属白沙县三区。民国27年（1938年）成立白沙县狮球乡公所，先后属三区和四区辖。1949年，先后曾归打安、卫星、七坊、光雅等公社管辖。1978年1月6日从光雅划出，成立福妥人民公社。1983年改为福妥区。1987年撤区建乡，改为狮球乡。2002年7月18日，打安乡和狮球乡合并，设立打安镇，设狮球办事处为过渡性机构，镇政府驻原打安镇。两乡合并前，原狮球乡下辖田表、子雅、朝安3个村委会。2007年，撤销狮球办事处，朝安大队从卫星农场退出，并入打安镇并增设朝安村委会。2010年，新设狮球居委会。1988年，总户数806户，总人口4303人，农业人口4159人，黎族 3663人，汉族637人，壮族3人。

1988年，旱粮作物（玉米）播种面积281亩，总产量52吨。番薯作物播种面积862亩，总产量共88吨。糖蔗作物播种面积5153亩，总产量16177吨。木薯作物播种面积1758亩，总产量1975吨。蔬菜作物播种面积489亩，总产量151吨。主要水果生产年末面积607亩，同年收获面积191亩，总产量135吨。年末热带作物面积合计1153亩。橡胶年末实有面积合计8491亩，317536株，干胶总产量67吨。牛年末总头数合计849头，生猪年末存栏头数合计2160头，生猪饲养量合计3098头。全年家禽饲养量小计17770只，其中鸡14717只，鸭2896只，鹅157只。零星植树2000株。乡镇办工业总产值合计0.55万元。农村总收入393.85万元，农村纯收入283.88万元，参与分配人口4127人，人均收入691元。

第四节　邦　溪　镇

一、位置与区域

邦溪镇位于县西北部，东北部、北部与荣邦乡和大岭农场相邻，西部、县南部与昌江黎族自治县接壤，东部、东南部与七坊镇相连。地势南高北低，略呈四方形；南部边界有保梅岭、芭蕉岭、付俄岭和南牙岭，形成一道屏障式连绵山脉，主峰海拔 848 米；自南向北，地势渐趋平坦，东部、北部和西部均属小丘陵地带，海拔在 120 米以下。主要河流为珠碧江，发源于白沙中部的南高岭，向西北部流经儋州市海头镇注入北部湾，境内流长 78 千米。境内的邦溪河、牙老河、地质河，均系山涧泉汇集而成，所有河流汇入珠碧江下游。镇区有面积 5427 亩的省级自然保护区，主要有国家一级保护动物海南坡鹿属，以及野兔、蟒蛇、原鸡、鹧鸪等近 80 种野生动物。属热带季风性气候，年平均气温 25.1 摄氏度，年相对湿度 80%，全年降雨量 1339.2 毫米。土地总面积 12600.25 公顷。

邦溪镇名称源于民间故事，传说从前境内有人偷鸡到村边田里以火烧熟而吃，村名就此叫“邦溪”，与黎语“烧鸡”谐音。建乡时以村名命乡名，设镇后一直沿用至今。民国 24 年（1935 年）置县时，设邦溪乡。1983 年设邦溪区。1987 年撤区建乡，改为邦溪镇。2010 年，有 6 个村委会、39 个自然村。镇政府设在邦溪镇区，距离县城 53 公里。1988 年，总户数 1509 户，总人口 8274 人，农业人口 7785 人，黎族 7100 人，汉族 1163 人，壮族 11 人。2010 年，总户数 2733 户，总人口 10829 人，农业人口 9892 人，黎族 9391 人，汉族 1413 人，苗族 5 人，壮族 20 人。

2010 年白沙黎族自治县邦溪镇村（居）委会一览表

表 1-2-4

乡镇名称	村（居）委会名称	自然村（队）名称
邦溪镇	孟果	草头一队、草头二队、草头三队、草头四队、草头五队、加兴一队、加兴二队、孟果
	地质	地质老村、地质新村、南阳、南北沟
	南班	南班上队、南班下队、芭蕉一队、芭蕉二队、王琴、干村一队、干村二队
	邦溪	邦溪一队、邦溪二队、富俄、南牙老、南牙新
	大米	大米、石皮、大石、四队、五队、南征
	邦新	新村、力秀、邦佬、南丁、都竹老、都竹新、新桥、新建、新胜

二、经济发展

邦溪镇是白沙县重要的工业、农业和商贸区。2010 年，土地总面积 27592.49 公顷，耕地面积 6646.92 公顷。辖区内有邦溪水库、芭蕉水库、南班水库和草头水库等四座中小型水库。

1988 年，旱粮作物播种面积 3725 亩，总产量 187 吨，其中玉米作物播种面积 3156 亩，总产量 157 吨；山兰坡稻作物播种面积 569 亩，总产量 30 吨。番薯作物播种面积 2755 亩，总产量共 137 吨。甘蔗作物播种面积 10603 亩，总产量 21434 吨。糖蔗作物播种面积 10603 亩，总产量 21434 吨。木薯作物播种面积 4000 亩，总产量 4000 吨。蔬菜作物播种面积 601 亩，总产量 96 吨。西瓜作物播种面积 345 亩，总产量 931 吨。主要水果生产年末面积 5064 亩，同年收获面积 648 亩，总产量 538 吨。年末热带作物到达面积合计 194 亩。橡胶年末实有面积合计 456 亩，15908 株，干胶总产量 0.3 吨。牛年末总头数合计 1946 头，生猪年末存栏头数合计 2084 头，生猪饲养量合计 2697 头。全年家禽饲养量小计 12742 只，其中鸡 10024 只，鸭 2594 只，鹅 124 只。零星植树 80000 株。乡镇办工业总产值 29 万元。农村总收入 306.11 万元，农村纯收入 249.43 万元，参与分配人口 7132 人，人均收入 344 元。1988 年，居民家庭人均纯收入 344 元。

2010 年，粮食播种面积 5478 亩，总产量 1479 吨，其中水稻播种面积 2200 亩，总产量 696 吨；玉米播种面积 1250 亩，总产量 257 吨；番薯播种面积 2028 亩，总产量 526 吨。大豆播种面积 350 亩，总产量 38 吨。花生播种面积 150 亩，总产量 23 吨。生姜播种面积 200 亩，总产量 197 吨。甘蔗播种面积 17080 亩，总产量 77816 吨。蔬菜瓜类播种面积 5488 亩，总产量 4559 吨。木薯播种面积 3800 亩，总产量 9140 吨。热带作物面积 30116 亩。橡胶年末面积 30000 亩，干胶总产量 912 吨。椰子年末面积 116 亩，总产量 105000。竹子年末面积 2749 亩，总产量 74536 根。水果年末面积 2450 亩，总产量 3083 吨，其中香蕉年末面积 700 亩，总产量 553 吨；荔枝年末面积 800 亩，总产量 1050 吨；龙眼年末面积 150 亩，总产量 180 吨；杧果年末面积 700 亩，总产量 1080 吨；其他杂果年末面积 100 亩，总产量 220 吨。年末牛总数量 1233 头，同年出售和自宰 726 头。猪年末存栏数量 5339 头，同年出栏 10866 头。山羊年末存栏数量 292 头。家禽（鸡、鸭、鹅）年末存栏数量合计 51188 只，同年出售和自宰 64308 只。兔子全年饲养数量 16 只。水产养殖（淡水养殖）面积 911.7 亩，水产品总产量合计 911.7 吨。农林牧渔总产值 11578 万元。农业总产值 4308 万元，工业总产值 5230 万元。乡镇企业个数 24 个，总产值 1252 万元。商业网点 291 个，城乡集贸市场 1 个。地方财政收入 146 万元。2010 年，居民家庭人均纯收入 3669 元。

三、社会事业

邦溪镇境内有 225 国道（海榆西线）穿过，环岛西线高速公路邦溪出口路、225 国道、邦（溪）什（运）公路交汇其间，粤海铁路西环线从中部东西贯穿全境，主要道路总长约 25.63 公里。2006 年建成邦溪客运站，日发客运汽车约 30 班次，过路汽车约 50 班次，有 2 个公交车候车亭。2010 年，有幼儿园 1 所，小学 1 所，镇文化站 1 处，村级文化活动室 6 处，农家书屋 6 个。医疗卫生机构 2 个，门诊部 2 个，农村新型合作医疗保险参合户数为 941 户，参合人数为 4469 人，参合率为 98.8%。

1988—2010 年邦溪镇企业总产值

表 1-2-5　　单位：万元

年份	总产值	年份	总产值
1988 年	154	2000 年	1778
1989 年	167	2001 年	1695
1990 年	204	2002 年	1819
1991 年	252	2003 年	1789
1992 年	329	2004 年	2027
1993 年	369	2005 年	2137
1994 年	468	2006 年	1984
1995 年	1344	2007 年	1278
1996 年	1440	2008 年	816
1997 年	2329	2009 年	1070
1998 年	2019	2010 年	1252
1999 年	1732		

第五节　南　开　乡

一、位置与区域

南开乡位于白沙县南部，东邻元门乡，西邻青松乡，北与白沙镇接壤。境内山多地广，山地高度多在 250～1546 米之间，南开乡南峰山是南渡江发源地，主要河流有南开河。属热带季风性气候，年平均气温 24.0℃，年相对湿度 80%，全年降雨量 1854.8 毫米。

民国 24 年（1935 年）置县时，南开乡因南开河而得名。1983 年设南开区公所，1987 年撤区成立南开乡。2010 年，辖 5 个村委会、27 个自然村。乡人民政府驻力保村，距白沙县城 29 公里。1988 年总户数 693 户，总人口 4143 人，农业人口 3950 人，黎族 4032 人，汉族 23 人，苗族 79 人。2010 年，总户数 1263 户，总人口 5213 人，农业人口 4911 人，黎族 5016 人，汉族 37 人，苗族 156 人，壮族 2 人。

2010 年白沙黎族自治县南开乡村（居）委会一览表

表 1-2-6

乡镇名称	村（居）委会名称	自然村（队）名称
南开乡	牙佬	力保、南兰一、南兰二、什才、什驳
	牙和	力乐、浪九、什庄、庄贺
	革新	道友麦、南埠、新村、方远
	南开	莫南、道大、道小、苗村、萌芽、牙南、牙星、什付、莫好
	高峰	方通、方红、方佬、坡告、道银

二、经济发展

南开乡是白沙县主要农业生产基地，2010 年，土地总面积 31898.91 公顷，耕地面积 305.43 公顷。

1988 年，旱粮作物播种面积 1378 亩，总产量 116 吨，其中玉米作物播种面积 880 亩，总产量 70 吨；山兰坡稻作物播种面积 498 亩，总产量 46 吨。番薯作物播种面积 1520 亩，总产量共 151 吨。土烟作物播种面积 29 亩，总产量 1 吨。木薯作物播种面积 3250 亩，1625 吨。蔬菜作物播种面积 650 亩，74 吨。主要水果生产年末面积 1208 亩，同年收获面积 326 亩，总产量 89 吨。年末热带作物到达面积合计 4831 亩。橡胶年末实有面积合计 3917 亩，15662 株，干胶总产量 6.1 吨。牛年末总头数合计 2280 头，生猪年末存栏头数合计 1330 头，生猪饲养量合计 1793 头。全年家禽饲养量小计 6828 只，其中鸡 6162 只，鸭 511 只，鹅 155 只。零星植树 2000 株。乡镇办工业总产值合计 1.23 万元。农村总收入 164.19 万元，农村纯收入 141.08 万元，参与分配人口 3862 人，人均收入 361 元。1988 年，居民家庭人均纯收入 361 元。

2010 年，粮食播种面积 8418 亩，总产量 2280 吨，其中水稻播种面积 3968 亩，总产量 1279 吨；山兰播种面积 500 亩，总产量 100 吨；玉米播种面积 1880 亩，总产量 387 吨；番薯播种面积 2070 亩，总产量 514 吨。甘蔗播种面积 830 亩，总产量 3974 吨。蔬菜瓜类播种面积 1665 亩，总产量 823 吨。木薯播种面积 4500 亩，总产量 10688 吨。热带作物面积22124亩。橡胶年末面积21000亩，干胶总产量1148吨。槟榔年末面积1124亩，总产量112吨。竹子年末面积4194亩，总产量76483吨。南药年末面积1724亩，总产量190吨。水果年末面积535亩，总产量459吨，其中香蕉年末面积116亩，总产量185吨；荔枝年末面积117亩，总产量20吨；龙眼年末面积121亩，总产量52吨；杧果年末面积70亩，总产量65吨；石榴年末面积50亩，总产量45吨；其他杂果年末面积61亩，总产量92吨。年末牛总数量2284头，同年出售和自宰336头。猪年末存栏数量2991头，同年出栏3466头。山羊年末存栏数量524头。家禽（鸡鸭鹅）年末存栏数量合计39572只，同年出售和自宰33907只。兔子全年饲养数量112只。水产养殖（淡水养殖）面积117.5亩，水产品总产量合计117.5吨。农林牧渔总产值4969万元。国民生产总值3062万元，2010年居民家庭人均纯收入3820元。

三、社会事业

1988年，南开乡有初级中学1所，小学5所，分别是南开中学、力乐小学、高峰小学、牙佬小学、革新小学、南开小学。2009年，牙佬小学与革新小学合并，更名为南开中心学校。2010年，力乐小学和南开小学撤并进南开中心学校。

2010年，南开乡有一所卫生院慈心医院。共有4447人参加新农合，参合率达96%。参保人达1704人，参保率92%，其中60岁以上410人，参保率100%。参加城镇合作医疗人数达29人，参合率100%。

第六节　元　门　乡

一、位置与区域

元门乡位于县东南部，东邻细水乡，西邻南开乡，南与五指山市交界，东南部与琼中县交界，北与牙叉镇接壤。自然资源十分丰富，森林覆盖率85.6%。境内有海拔千米以上的山峰8座，主要有鹦哥岭、黄京岭。有国内面积最大、纬度最低、保护最好的热带原始雨林。主要河流有红茂瀑布河、红坎瀑布河、南溪河、向民河，由南向北横贯汇入南渡江，水资源丰富，水电充足。主要旅游景点有鹦哥岭国家级森林保护区、罗帅天涯驿站。年平均气温24.3℃，年相对湿度80%，全年降雨量2053.5毫米。全乡土地总面积20024.32公顷。

元门，黎语为“番满”，意为老村。1983年设区，1987年撤区建乡，称元门乡至2010年。2010年，辖6个村委会、35个自然村。乡人民政府驻南训村，距县城9.6公里。1988

年，总户数 1302 户，总人口 6417 人，农业人口 6073 人，黎族 5241 人，汉族 977 人，苗族 149 人，壮族 50 人。2010 年，总户数 2381 户，总人口 8067 人，农业人口 7101 人，黎族 6352 人，汉族 1280 人，苗族 279 人，壮族 156 人。

2010 年白沙黎族自治县元门乡村（居）委会一览表

表 1-2-7

乡镇名称	村（居）委会名称	自然村（队）名称
元门乡	红旗	新兴、立志、南岗、红卫、跃进、红丰、立新
	向民	向民一队、向民二队、向民三队、向民四队
	南训	什祖、福才、那吉、印妹一队、印妹二队、印妹三队、南训
	翁村	翁村一队、翁村二队、翁村三队、翁村农场
	元门	罗帅、高案、志口上村、志口下村、新村、黑榄、晚村、道顺
	红茂	红新、方什、道龙、其托、什列

二、经济发展

元门乡主要以发展农业为主，牛、羊养殖业初具规模。2010 年，土地总面积 20024.32 公顷，耕地面积 719.03 公顷，有 950099 亩天然草场。

1988 年，旱粮作物播种面积 1251 亩，总产量 83 吨，其中玉米作物播种面积 1199 亩，总产量 81 吨；山兰坡稻作物播种面积 52 亩，总产量 2 吨。番薯作物播种面 2215 亩，总产量共 313 吨。大豆作物播种面积 18 亩，总产量 2 吨。甘蔗作物播种面积 1635 亩，总产量 4072 吨。糖蔗作物播种面积 1635 亩，总产量 4072 吨。油料作物播种面积 126 亩，总产量 9 吨。花生作物播种面积 106 亩，总产量 7 吨。木薯作物播种面积 2771 亩，3354 吨。蔬菜作物播种面积 634 亩，总产量 117 吨。主要水果生产年末面积 578 亩，同年收获面积 328 亩，总产量 147 吨。年末热带作物到达面积合计 3657 亩。橡胶年末实有面积合计 7128 亩，252925 株，干胶总产量 15 吨。牛年末总头数合计 3113 头，生猪年末存栏头数合计 3090 头，生猪饲养量合计 4483 头。全年家禽饲养量小计 21237 只，其中鸡 12000 只，鸭 8838 只，鹅 399 只。零星植树 2000 株。牧业总产值 156 万元。乡镇办工业总产值合计 5.1 万元。农村总收入 347.98 万元，农村纯收入 247.77 万元，参与分配人口 5364 人，人均收入 471 元。1988 年，居民家庭人均纯收入 471 元。

2010 年，粮食播种面积 7413 亩，总产量 2495 吨，其中水稻播种面积 4309 亩，总产量 1725 吨；玉米播种面积 1235 亩，总产量 305 吨；番薯播种面积 1663 亩，总产量 465 吨。大豆播种面积 206 亩，总产量 29 吨。花生播种面积 529 亩，总产量 86 吨。生姜播种面积 103 亩，总产量 102 吨。甘蔗播种面积 5613 亩，总产量 27957 吨。蔬菜瓜类播种面积 2814 亩，总产量 1821 吨。木薯播种面积 1324 亩，总产量 3409 吨。热带作物面积 19389 亩。橡胶年末面积 18218 亩，干胶总产量 780 吨。椰子年末面积 2 亩，总产量 1900 个。槟榔年末面积 1169 亩，总产量 160 吨。竹子年末面积 10415 亩，总产量 792538 根。南药年末面积 1379 亩，总产量 610 吨。水果年末面积 583 亩，总产量 1741 吨，其中香蕉年末面积 132 亩，总产量 1400 吨；荔枝年末面积 71 亩，总产量 45 吨；龙眼年末面积 183 亩，总产量 150 吨；石榴年末面积 30 亩，总产量 30 吨；其他杂果年末面积 167 亩，总产量 116 吨。年末牛总数量 2504 头，同年出售和自宰 371 头。猪年末存栏数量 3872 头，同年出栏 6779 头。山羊年末存栏数量 540 头。家禽（鸡、鸭、鹅）年末存栏数量合计 63538 只，同年出售和自宰 47901 只。兔子全年饲养数量 153 只。水产养殖（淡水养殖）面积 195 亩，水产品总产量合计 195 吨。牧业总产值 1327 万元。农林牧渔总产值 6506 万元。乡镇企业个数 1 个，总产值 36 万元。农业生产总值为 3436.2 万元。2010 年，居民家庭人均纯收入 3920 元。

2010 年，元门乡利用境内分丰富的自然条件发展旅游产业，引进旅游开发项目，投资 1300 万元，建设元门村委会罗帅天涯驿站。

三、社会事业

1988 年，元门乡有 4 所小学、2 所中学。2010 年，元门乡有 1 所小学、1 所中学。即元门中心学校是由原红茂、翁村、元门、向民四所小学撤并而成，原元门中学撤并到白沙县民族中学。

有卫生院 1 所，全乡农村参加“新农合”的参合率达 98%，参加城镇居民医疗保险完成率 100%。有文化站 1 个，农家书屋有 4 家，即元门乡文化站、南训村委会、红旗村委会、向民村委会农家书屋。建成 13 个文明生态村，其中达到省县级标准的 9 个。6 个行政村、35 个村庄水泥硬化农村公路全部畅通。

第七节　阜　龙　乡

一、位置与区域

阜龙乡位于县东北部，东部、北部与儋州市交界，西邻打安镇，南与牙叉镇接壤。地势西高南低，北部边缘的纱帽岭海拔 752 米，南部边境的红岭海拔 684 米。东部靠松涛水库，境内有可任河、南北吉河、查沟河。土壤为砖红壤、赤红壤和山地黄壤。属热带季风气候，年平均气温 23.8℃，年相对湿度 80%，全年降雨量 1786 毫米。土地总面积 6379.59 公顷。

民国 24 年（1935 年）置县时设阜青和龙头 2 个乡。民国 33 年（1944 年）1 月，取“阜”和“龙”两字合并定名为阜龙乡。1983 年设可任区，1987 年撤区建乡，改为阜龙乡。2010 年，有 4 个村委会， 24 个自然村（队）。乡人民政府驻可任村，距县城 18 公里。1988 年，总户数 627 户，总人口 3964 人，农业人口 3483 人，黎族 3630 人，汉族 264 人，壮族 70 人。2010 年，总户数 1386 户，总人口 5422 人，农业人口 5086 人，黎族 4943 人，汉族 318 人，壮族 161 人。

2010 年白沙黎族自治县阜龙乡村（居）委会一览表

表 1-2-8

乡镇名称	村（居）委会名称	自然村（队）名称
阜龙乡	可任	可任一队、红岭、白准、打堆、打立、可任二队
	天堂	天堂、南北吉一队、南北吉二队、打腰、道拉、来寨
	新村	新村一队、新村二队、大村一队、大村二队、保家、芭蕉、文头
	那查	那查、那雅、新开、番印、那培

二、经济发展

2010 年，土地总面积 6379.59 公顷，耕地面积 844.71 公顷。主要粮食作物是水稻，主要经济作物有橡胶、甘蔗、木薯、竹、槟榔、草蔻、益智等，以及短期反季节瓜菜。

1988 年，旱粮作物播种面积 734 亩，总产量 65 吨，其中玉米作物播种面积 671 亩，总产量 62 吨；山兰坡稻作物播种面积 63 亩，总产量 3 吨。番薯作物播种面积 1368 亩，总产量共 91 吨。甘蔗作物播种面积 5022 亩，总产量 15066 吨。糖蔗作物播种面积 5022 亩，总产量 15066 吨。油料作物播种面积 330 亩，总产量 16 吨。花生作物播种面积 330 亩，总产量 16 吨。木薯作物播种面积 1585 亩，总产量 2378 吨。蔬菜作物播种面积 391 亩，总产量 84 吨。主要水果生产年末面积 445 亩，同年收获面积 233 亩，总产量 88 吨。年末热带作物到达面积合计 1155 亩。橡胶年末实有面积合计 3793 亩，147727 株，干胶总产量 8 吨。牛年末总头数合计 1040 头，生猪年末存栏头数合计 2557 头，生猪饲养量合计 3580 头。全年家禽饲养量小计 13812 只，其中鸡 11924 只，鸭 1149 只，鹅 739 只。

零星植树 2000 株。乡镇办工业总产值合计 0.5 万元。农村总收入 273.35 万元，农村纯收入 194.32 万元，参与分配人口 3598 人，人均收入 545 元。1988 年，居民家庭人均纯收入 545 元。

2010 年，粮食播种面积 4062 亩，总产量 1224 吨，其中水稻播种面积 1680 亩，总产量 622 吨；玉米播种面积 642 亩，总产量 150 吨；番薯播种面积 1740 亩，总产量 452 吨。花生播种面积 78 亩，总产量 16 吨。生姜播种面积 200 亩，总产量 197 吨。甘蔗播种面积 6740 亩，总产量 32219 吨。蔬菜瓜类播种面积 2160 亩，总产量 1298 吨。木薯播种面积 2850 亩，总产量 7228 吨。热带作物面积 15978 亩。橡胶年末面积 15159 亩，干胶总产量 576 吨。椰子年末面积 144 亩，总产量 2100 个。槟榔年末面积 675 亩，总产量 22 吨。竹子年末面积 4389 亩，总产量 78862 根。南药年末面积 675 亩，总产量 120 吨。水果年末面积 2054 亩，总产量 499 吨，其中香蕉年末面积 350 亩，总产量 350 吨；荔枝年末面积 472 亩，总产量 82 吨；龙眼年末面积 1187 亩，总产量 41 吨；杧果年末面积 20 亩，总产量 5 吨；石榴年末面积 5 亩、总产量 5 吨；其他杂果年末面积 20 亩，总产量 16 吨。年末牛总数量 1897 头，同年出售和自宰 462 头。猪年末存栏数量 2776 头，同年出栏 3695 头；山羊年末存栏数量 322 头。家禽（鸡、鸭、鹅）年末存栏数量合计 36125 只，同年出售和自宰 45912 只。兔子全年饲养数量 105 只。水产养殖（淡水养殖）面积 346.2 亩，水产品总产量合计 346.2 吨。乡镇企业个数 2 个，总产值 81 万元。社会生产总值 2520 万元，财政收入 597.6 万元，农民人均收入 3611 元。2010 年，居民家庭人均纯收入 3726 元。

三、社会事业

2010 年，阜龙乡有 1 所初级中学、3 所完全小学，3 个教学点。全乡小学入学率达 100%，初中生入学率达 97.6%。有卫生院 1 所，城镇居民基本医疗保险已参保人员 42 人，占 63.6%；新型农村合作医疗已参合 4450 人，参合率 92.9%。天堂、那也是重点建设文明生态村，那也村公路已建成通车。

第八节　细　水　乡

一、位置与区域

细水乡位于白沙县东部，东部、东南部与琼中县交界，西邻牙叉镇，南部、西南部与元门乡接壤，北与儋州市交界。地势四周高中间底，状似盆地，境内沟壑纵横，多坡地，少平原，土壤较肥沃。全乡平均海拔 424 米，境内最高峰头尖岭海拔 1335 米。最低海拔为 190 米。境内河道密布、水系发达，故名细水。南湾河、南春河由东南向西北贯穿境内，流入南渡江松涛水库。黎婆南洋河、坡生河、黎办河、合口村河、南耐河、什好支流河等多条小河密布全境。属大陆季风性气候，年平均气温 23.7 摄氏度，年相对湿度 80%，全年降雨量 1939.1 毫米。土地总面积 23947.32 公顷。

民国 24 年（1935 年）置县后设小水乡，后改细水乡。1983 年 9 月撤销公社建制，改为细水区公所。1987 年撤区建乡，改为细水乡沿用至 2010 年。2010 年，有 4 个村委会、35 个自然村（队）。乡政府驻合口村委会马二村，县城 17 公里。1988 年，总户数 809 户，总人口 4679 人，农业人口 4486 人，黎族 4381 人，汉族 298 人。2010 年，总户数 1625 户，总人口 6113 人，农业人口 5773 人，黎族 5752 人，汉族 347 人，苗族 5 人，壮族 9 人。

2010 年白沙黎族自治县细水乡村（居）委会一览表

表 1-2-9

乡镇名称	村（居）委会名称	自然村（队）名称
细水乡	福门	龙村、南耐村、南巴村、黎办村、福门村、农科站村、猪场村、周三村、京排村、花道上村、南三村、坡好村、什寒村、花道下村、什伐村、老周三村
	合口	坡生村、合口村、马一村、红星村、红新村、红南村、马二村、什冲村、方伦村、什席村
	白水港	什好村、白水港村、罗帅一村、罗帅二村
	罗任	南一村、南二村、志口村、新村、罗任村

二、经济发展

细水乡是白沙县重要农业及农产品加工区，2010 年，土地总面积 23947.32 公顷，耕地面积 1092.56 公顷。

1988 年，旱粮作物播种面积 1224 亩，总产量 83 吨，其中玉米作物播种面积 891 亩，总产量 63 吨；山兰坡稻作物播种面积 333 亩，总产量 20 吨。番薯作物播种面积 1656 亩，总产量共 266 吨。大豆作物播种面积 76 亩，总产量 4 吨。甘蔗作物播种面积 2883 亩，总产量 7285 吨。糖蔗作物播种面积 2883 亩，总产量 7285 吨。油料作物播种面积 745 亩，总产量 26 吨。花生作物播种面积 397 亩，总产量 16 吨。芝麻作物播种面积 348 亩，总产量 10 吨。土烟作物播种面积 64 亩，总产量 2 吨。木薯作物播种面积 6130 亩，总产量 8895 吨。蔬菜作物播种面积 361 亩，总产量 79 吨。主要水果生产年末面积 1067 亩，同年收获面积 456 亩，总产量 55 吨。年末热带作物到达面积合计 2911 亩。橡胶年末实有面积合计 2447 亩，94829 株，干胶总产量 3.97 吨。牛年末总头数合计 1776 头，生猪年末存栏头数合计 1683 头，生猪饲养量合计 2325 头。全年家禽饲养量小计 19037 只，其中鸡 16628 只，鸭 2308 只，鹅 101 只。零星植树 80000 株。农村总收入 291.32 万元，农村纯收入 225.92 万元，参与分配人口 4278 人，人均收入 508 元。1988 年，居民家庭人均纯收入 508 元。

2010 年，细水乡粮食播种面积 5159 亩，总产量 1596 吨，其中水稻播种面积 2209 亩，总产量 877 吨；玉米播种面积 1425 亩，总产量 366 吨；番薯播种面积 1525 亩，总产量 353 吨。花生播种面积 143 亩，总产量 27 吨。生姜播种面积 450 亩，总产量 446 吨。甘蔗播种面积 11240 亩，总产量 55724 吨。蔬菜瓜类播种面积 2560 亩，总产量 1658 吨。木薯播种面积 3240 亩，总产量 8184 吨。热带作物面积 24618 亩。橡胶年末面积 23971 亩，干胶总产量 537 吨。槟榔年末面积 647 亩，总产量 62 吨。竹子年末面积 17169 亩，总产量 759246 根。南药年末面积 1080 亩，总产量 113 吨。水果年末面积 3042 亩，总产量 5389 吨，其中香蕉年末面积 2603 亩，总产量 5128 吨；荔枝年末面积 110 亩，总产量 37 吨；龙眼年末面积 238 亩，总产量 180 吨；石榴年末面积 7 亩，总产量 4 吨；其他杂果年末面积 84 亩，总产量 40 吨。年末牛总数量 1706 头，同年出售和自宰 575 头。猪年末存栏数量 2092 头，同年出栏 6080 头。山羊年末存栏数量 312 头。家禽（鸡、鸭、鹅）年末存栏数量合计 40134 只，同年出售和自宰 50081 只。兔子全年饲养数量为零。水产养殖（淡水养殖）面积 476.7 亩，水产品总产量合计 505 吨。农林牧渔总产值 8574 万元。乡镇企业个数 6 个，总产值 2008 万元。全乡全年生产总值 1920 万元，财政总收入 532.7 万元，农民人均纯收为 3760 元，增长 18.9%。2010 年，居民家庭人均纯收入 3760 元。

三、社会事业

细水乡境内有牙细路直通乡墟，各村已实现村村通公路。2010 年，有 1 所中心小学，1 所公立幼儿园，1 个乡文化站和 4 个村农家书屋。有 1 所中心卫生院，新农合参合率 98%，新农保参保率 71%，参加城镇居民医疗保险率 100%。

2004 年，细水乡获得海南省“优秀禁毒社区”称号及计划生育一等奖、社会治安综合治理先进单位等殊荣。

第九节　青　松　乡

一、位置与区域

青松乡位于白沙县西南部，东邻牙叉镇，西南与昌江县交界，西北邻金波乡，南与南开乡接壤，北与七坊镇接壤。地形似仙桃，呈北大南小。地势四周是 250～1350 米的山地，最高峰位于乡域东北侧仙婆岭，海拔约 1351.9 米，其次是西南侧的斧头岭，海拔约 1181.5 米。大部分属于国家天然林保护土地，境内山清水秀，森林覆盖率达 81%。水资源较为丰富，河流有南或河、南沿河、南七河、南和河、南目河和南巴溪，均为昌化江和南渡江支流。境内物种丰富，有国家级珍稀保护动物黑冠长臂猿，还有苦丁茶、母生树、油丹、花梨木等珍贵热带植物。属热带季风性气候，年平均气温 23.7℃，年相对湿度 80%，全年降雨量 1939.1 毫米。全乡总面积 24878.59 公顷。

民国 24 年（1935 年）置县时设霸王乡，1968 年易名为青松公社。1983 年改为青松区公所，1987 年撤区成立青松乡。2010 年，有 6 个村委会、28 个自然村（队），境内有 1 个乡办农场及霸王岭林业局子宰林场保护区。乡人民政府驻益条村，距县城 50 公里。1988 年，总户数 1196 户，总人口 7013 人，农业人口 6834 人，黎族 6596 人，汉族 143 人，苗族 274 人。2010 年，总户数 2509 户，总人口 9315 人，农业人口 9047 人，黎族 8578 人，汉族 703 人，壮族 34 人。

2010 年白沙黎族自治县青松乡村（居）委会一览表

表 1-2-10

乡镇名称	村（居）委会名称	自然村（队）名称
青松乡	打松	打松老、打松新、打松小、牙佬、贵子
	打炳	牙什、打炳、打贺、南佬
	益条	益条、坤保、南雅、智在、智在新
	拥处	青开老、青开新、拥处、拥东
	青松	新丰、青新、苗村、打麦一、打麦二、治保
	牙扩	南针、牙扩一、牙扩二、那堂

二、经济发展

青松乡是白沙县主要农业、橡胶等热带经济作物产区。2010 年，土地总面积 24878.59 公顷，耕地面积 760.42 公顷。

1988 年，青松乡旱粮作物播种面积 3672 亩，总产量 444 吨，其中玉米作物播种面积 3615 亩，总产量 440 吨；山兰坡稻作物播种面积 57 亩，总产量 4 吨。番薯作物播种面积

1491 亩，总产量共 185 吨。甘蔗作物播种面积 4390 亩，总产量 9024 吨。糖蔗作物播种面积 4383 亩，总产量 9014 吨。果蔗作物播种面积 7 亩，总产量 10 吨。油料作物播种面积 129 亩，总产量 8 吨。花生作物播种面积 129 亩，总产量 8 吨。木薯作物播种面积 3529 亩，总产量 4623 吨。蔬菜作物播种面积 730 亩，总产量 106 吨。主要水果生产年末面积 1122 亩，同年收获面积 504 亩，总产量 217 吨。年末热带作物到达面积合计 4050 亩。橡胶年末实有面积合计 5782 亩，229000 株，干胶总产量 6.3 吨。牛年末总头数合计 3000 头，生猪年末存栏头数合计 2322 头，生猪饲养量合计 3126 头。全年家禽饲养量小计 18244 只，其中鸡 15571 只，鸭 2189 只，鹅 484 只。零星植树 2000 株。乡镇办工业总产值合计 5 万元。农村总收入 353.74 万元，农村纯收入 283.94 万元，参与分配人口 6656 人，人均收入 411 元。1988 年，居民家庭人均纯收入 411 元。

2010 年，粮食播种面积 17929 亩，总产量 4900 吨，其中水稻播种面积 9000 亩，总产量 2976 吨；山兰播种面积 300 亩，总产量 30 吨；玉米播种面积 4513 亩，总产量 849 吨；番薯播种面积 4116 亩，总产量 1045 吨。花生播种面积 150 亩，总产量 24 吨。甘蔗播种面积 7800 亩，总产量 37496 吨。蔬菜瓜类播种面积 685 亩，总产量 328 吨。木薯播种面积 5500 亩，总产量 13112 吨。热带作物面积 24917 亩。橡胶年末面积 23198 亩，干胶总产量 915 吨。椰子年末面积 124 亩，总产量 52300 个。槟榔年末面积 1595 亩，总产量 82 吨。竹子年末面积 4419 亩，总产量 71958 根。南药年末面积 4675 亩，总产量 3480 吨。水果年末面积 916 亩，总产量 833 吨，其中香蕉年末面积 528 亩，总产量 550 吨；菠萝年末面积 178 亩，总产量 105 吨；荔枝年末面积 60 亩，总产量 60 吨；龙眼年末面积 70 亩，总产量 38 吨；杧果年末面积 80 亩，总产量 80 吨。年末牛总数量 1292 头，同年出售和自宰 883 头；猪年末存栏数量 6975 头，同年出栏 3140 头。山羊年末存栏数量 208 头。家禽（鸡、鸭、鹅）年末存栏数量合计 45771 只，同年出售和自宰 883 只。兔子全年饲养数量 48 只。水产养殖（淡水养殖）面积 112.5 亩，水产品总产量合计 112.5 吨。农林牧渔总产值 7383 万元。乡镇企业个数 1 个，总产值 93 万元。国民生产总值 5500 万元，2010 年居民家庭人均纯收入 3794 元。

三、社会事业

青松乡有中学 1 所，小学 1 所，乡卫生院 1 所，乡府文化站 1 个，各村委会均有文化活动室。参加农村合作医疗人员共 7280 人中，参合率 93%；参加城镇合作医疗人员 143 人，参合率 100%。

第十节　金　波　乡

一、位置与区域

金波乡位于白沙县西部偏北，东邻青松乡，西部、西南部与昌江县交界，北与七坊镇接壤。四面环山，矿产资源丰富。属于热带季风气候，年平均气温24.4℃，年相对湿度80%，全年降雨量1333.6毫米。

土地总面积11662.33公顷，2010年总人口5102人。乡人民政府驻白打村边金波社区，距县城约53公里。

金波原名为“心波”，后以近音改称“金波”。1983年，将金波人民公社改为金波区。1987年撤区建乡，改为金波乡。2010年，有3个村委会、18个自然村（队），境内有乡青年橡胶场。总人口4450人，其中农业人口3996人，农村劳动力为2449人。

2010年白沙黎族自治县金波乡村（居）委会一览表

表1-2-11

乡镇名称	村（居）委会名称	自然村（队）名称
金波乡	白打	白打、金松上、金松下、玉花、红春、孟果、浪眉、三〇三
	牙加	牙加老、牙加新、古弄、浪丰、拉什上、拉什下
	金波	金波老、金波新、保旺、如翁

二、经济发展

2010年，土地总面积11662.33公顷，耕地面积935.09公顷。

1988年，旱粮作物播种面积833亩，总产量125吨，其中玉米作物播种面积753亩，总产量113吨；山兰坡稻作物播种面积80亩，总产量12吨。番薯作物播种面积351亩，总产量共53吨。大豆作物播种面积143亩，总产量14吨。甘蔗作物播种面积4050亩，总产量10125吨。糖蔗作物播种面积4050亩，总产量10125吨。油料作物播种面积85亩，总产量9吨。花生作物播种面积85亩，总产量9吨。木薯作物播种面积1875亩，总产量1875吨。蔬菜作物播种面积150亩，总产量15吨。主要水果生产年末面积2355亩，同年收获面积1197亩，总产量367吨。年末热带作物到达面积合计988亩。橡胶年末实有面积合计5437亩，207079株，干胶总产量53.4吨。牛年末总头数合计1223头，生猪年末存栏头数合计 3264 头，生猪饲养量合计 3488 头。全年家禽饲养量小计 34681 只，其中鸡 30855 只，鸭 3046 只，鹅 780 只。零星植树 2000 株。乡镇办工业总产值合计 9.31 万元。农村总收入 242.81 万元，农村纯收入 193.84 万元，参与分配人口 3570 人，人均收入 557 元。1988 年，居民家庭人均纯收入 557 元。

2010 年，粮食播种面积 5291 亩，总产量 1471 吨，其中水稻播种面积 1881 亩，总产量 686 吨；玉米播种面积 1970 亩，总产量 414 吨，番薯播种面积 1440 亩，总产量 367 吨。大豆播种面积 30 亩，总产量 4 吨。花生播种面积 293 亩，总产量 45 吨。生姜播种面积 435 亩，总产量 406 吨。甘蔗播种面积 3840 亩，总产量 18474 吨。蔬菜瓜类播种面积 2165 亩，总产量 1480 吨。木薯播种面积 3650 亩，总产量 8826 吨。热带作物面积 17373 亩。橡胶年末面积 17100 亩，干胶总产量 620 吨。椰子年末面积 45 亩，总产量 11000 个。槟榔年末面积 228 亩，总产量 38 吨。竹子年末面积 4735 亩，总产量 228654 根。南药年末面积 378 亩，总产量 254 吨。水果年末面积 920 亩，总产量 1280 吨，其中香蕉年末面积 378 亩，总产量 800 吨；杧果年末面积 414 亩，总产量 344 吨；其他杂果年末面积 128 亩，总产量 136 吨。年末牛总数量 218 头，同年出售和自宰 726 头。猪年末存栏数量 2270 头，同年出栏 10866 头。山羊年末存栏数量 252 头。家禽（鸡、鸭、鹅）年末存栏数量合计 28090 只，同年出售和自宰 48218 只。兔子全年饲养数量 16 只。水产养殖（淡水养殖）面积 210 亩，水产品总产量合计 210 吨。农林牧渔总产值 5092 万元。乡镇企业个数 4 个，总产值 182 万元。2010 年，居民家庭人均纯收入 4035 元。

三、社会事业

2010 年，金波乡有金波实验学校、金波中心学校。落实完成参合人数 3698 人，完成应参合人数 3850 人的 96%，其中特困、五保户 150 人，政府补贴 3000 元。城镇医疗保险，已落实完成 37 人参保，占县下达任务 65 人的 57%；新型农村养老保险，已登记 256 人，占县达任务 1962 人的 13%；扶贫与低保“两项制度”的有效衔接，完成 198 户贫困户识别工作，占县下达任务数 198 户 100%；水库移民政策，全乡共有 357 户，1697 人，按照水库移民政策，享受国家给予每人每年 600 元的政策性补贴，共补贴 101.82 万元；全乡共有退耕还林 1159 亩，184 户人享受国家退耕还林政策补贴，补贴金为每亩 230 元，共补贴 26.657 万元；种粮补贴每亩 32 元，全乡共 1609 亩，共补贴 101.82 万元；农机整地备耕补贴每亩 40 亩，全乡共 150 亩，共补贴 6000 元。

2010 年，全乡完成硬化道路 42 公里，通水泥路的村庄 14 个，新建硬化浪眉村、红春村入村道路 1.5 公里，投入 50 万元建设乡政府庭院绿化工程。建设完成乡府调干楼、乡宣传文化办公大楼、文化活动配套阵地、乡政府灯光篮球场。修建水利渠道 17.5 公里；修建人畜饮水工程村庄 12 个，占 18 个自然村的 66.7%。完成 48 户危房改造任务，其中茅草房 18 户，目前已完成 18 户 ，完成率为 100%。

第十一节　荣　邦　乡

一、位置与区域

荣邦乡位于县西北边缘地区，东、北、西三面依次与儋州市雅星镇、红岭农场、海头镇接壤，西南与昌江县接壤，南与邦溪镇毗邻。地势南高北低，南半部为丘陵地带，地面高程一般在海拔 12 ~ 30 米，境内最高峰为大岭海拔 220.8 米，北部最低海拔 31 米。植坡茂密，土层较深，土地肥沃，是主要耕地。境内河道有珠碧江，流经境内 1 公里。地处热带，亚热带季风气候，年均气温 24.7℃，年相对湿度 80%，全年降雨量 1218.6 毫米。

西线高速公路、海榆西线（225 国道）公路贯穿而过。2010 年，土地总面积 8979.21 公顷。

古代境内有个“兵邦村”（即光村），清光绪十三年（1887 年），清军在此屯兵而得名，后人以儋州话谐音改称“荣邦”。1986 年 10 月，将荣邦区公所改为荣邦乡。2010 年，全乡辖 5 个村委会，34 个自然村（队），境内有国有大岭农场和芙蓉田农场。乡政府驻原国营芙蓉田农场场部旁，距县城 67 公里。1988 年，总户数 1035 户，总人口 6060 人，农业人口 5732 人，黎族 5227 人，汉族 833 人。2010 年，总户数 1769 户，总人口 7130 人，农业人口 6906 人，黎族 6327 人，汉族 796 人，苗族 6 人，壮族 1 人。

2010 年白沙黎族自治县荣邦乡村（居）委会一览表

表 1-2-12

乡镇名称	村（居）委会名称	自然村（队）名称
荣邦乡	俄朗	光代、俄朗一队、俄朗二队、俄朗三队、俄朗四队、俄朗五队、地阜一队、地阜二队
	福英	福英一队、福英二队、福英三队
	岭尾	岭尾一队、岭尾二队、岭尾三队、岭尾四队、七水
	光村	光村一队、光村二队、光村三队、加好一队、加好二队、加好三队、加好四队、头峰、书村、方佬、方红、坡告、平原、水尾
	高峰	可贤、马夹石、方老、儋州

二、经济发展

荣邦乡土地肥沃，气候宜人，水源充足，水利设施齐全，是发展热带高效农业的理想区域。2010 年，土地总面积 8979.21 公顷，耕地面积 2618.12 公顷。

1988 年，旱粮作物播种面积 2500 亩，总产量 301 吨，其中玉米作物播种面积 2200 亩，总产量 263 吨；山兰坡稻作物播种面积 300 亩，总产量 38 吨。番薯作物播种面积 3245 亩，总产量共 325 吨。大豆作物播种面积 100 亩，总产量 5 吨。甘蔗作物播种面积 8045 亩，总产量 15000 吨。糖蔗作物播种面积 8045 亩，总产量 15000 吨。油料作物播种面积 350 亩，总产量 13 吨。花生作物播种面积 150 亩，总产量 7 吨。芝麻作物播种面积 200 亩，总产量 6 吨。木薯作物播种面积 2619 亩，总产量 2619 吨。蔬菜作物播种面积 472 亩，232 吨。主要水果生产年末面积 570 亩，同年收获面积 228 亩，总产量 146 吨。年末热带作物到达面积合计 151 亩。橡胶年末实有面积合计 2964 亩，100494 株，干胶总产量 9 吨。牛年末总头数合计 1214 头，生猪年末存栏头数合计 1636 头，生猪饲养量合计 2382 头。全年家禽饲养量小计 13150 只，其中鸡 9342 只，鸭 3576 只，鹅 232 只。零星植树 70000 株。农村总收入 378.16 万元，农村纯收入 232.26 万元，参与分配人口 5521 人，人均收入 412 元。1988 年，居民家庭人均纯收入 412 元。

2010 年，粮食播种面积 4807 亩，总产量 1027 吨，其中水稻播种面积 2830 亩，总产量 630 吨；玉米播种面积 920 亩，总产量 193 吨；番薯播种面积 636 亩，总产量 155 吨；大豆播种面积 421 亩，总产量 49 吨。生姜播种面积 250 亩，总产量 246 吨。甘蔗播种面积 15600 亩，总产量 71876 吨。蔬菜瓜类播种面积 1913 亩，总产量 1175 吨。木薯播种面积 1870 亩，总产量 4427 吨。热带作物面积 22075 亩。橡胶年末面积 22000 亩，干胶总产量 475 吨。椰子年末面积 75 亩，总产量 14800 个。竹子年末面积 4328 亩，总产量 59400 根。水果年末面积 2056 亩，总产量 470 吨，其中香蕉年末面积 2000 亩，总产量 450 吨；其他杂果年末面积 56 亩，总产量 20 吨。年末牛总数量 1668 头，同年出售和自宰 237 头。猪年末存栏数量 2258 头，同年出栏 4106 头。山羊年末存栏数量 450 头。家禽（鸡、鸭、鹅）年末存栏数量合计 42373 只，同年出售和自宰 41609 只。兔子全年饲养数量 19 只。水产养殖（淡水养殖）面积 197.5 亩，水产品总产量合计 197.5 吨。乡镇企业个数 4 个，总产值 115 万元。社会生产总值实现 5562.3 万元，农民人均纯收入 3465 元。农林牧渔总产值 5714 万元。2010 年，居民家庭人均纯收入 3461 元。

三、社会事业

2010 年，乡村公路里程 40 公里，全乡村庄通硬板化公路达 95%。有幼儿园 1 所，教学点2个，中小学各1所，文化站1个，农家书屋5个。卫生院1所，参加新农合人数达6457人，参合率达100%，参加新农保人数达2388人，参合率达89%。新建沼气池55户，完成农村改厕265户。引进外资8303元在福英村附近河段兴建珠碧江金源水电站，装机容量4组共960千瓦。有1246户群众通过发射（转播）接收器，现有电视用户1246户，入户率100%。

第三章 农 场

1988年，白沙境内有2个县属农场，1个牧场，3个林场，以及牙叉、白沙、卫星、龙江、金波、邦溪、大岭、芙蓉田、珠碧江9个国营农场。2007—2009年，海南农垦系统实行体制改革，各农场进行整合重组。截至2010年，白沙县境内有龙江、白沙、邦溪3个农垦国有农场，以及县青年、县热带作物2个地方国有农场。

农场创办的初衷主要是开荒种植橡胶和热带作物。1988年建省后，农场利用海南经济特区优惠政策，调整经济结构，发展特色产业。1988—2010年，农场以橡胶种植、生产和加工的支柱产业以及其他经济得到不断发展，职工自营收入得到较大提高。

1988—2010年白沙境内农垦系统各农场生产总值表

表1-3-1

年份	生产总值（万元）			人均生产总值（元）		
	白沙农场	龙江农场	邦溪农场	白沙农场	龙江农场	邦溪农场
1988年	1196	6124	2361	1410	1979	1903
1989年	1505	6575	2700	1821	2137	2178
1990年	1639	7264	3366	1994	2357	2682
1991年	1840	7213	3104	2144	2323	2396
1992年	2053	7734	3526	2257	2517	2701
1993年	2538	11595	3949	2710	3810	3025
1994年	3395	14603	5261	3615	4801	4078
1995年	4363	18138	7432	4619	5937	5799
1996年	4219	16234	7649	4452	5271	5917
1997年	3570	13001	5585	3657	4192	4280

续表 1-3-1

年份	生产总值（万元）			人均生产总值（元）		
	白沙农场	龙江农场	邦溪农场	白沙农场	龙江农场	邦溪农场
1998 年	3443	13279	4617	3491	4225	3492
1999 年	3609	14793	5250	3728	4661	3959
2000 年	4025	16134	5905	4098	5043	4496
2001 年	4185	17548	6571	4209	5431	5066
2002 年	4641	20336	7918	4682	6233	6128
2003 年	5482	23945	10750	5582	7297	8328
2004 年	6182	27824	12119	6193	8258	9145
2005 年	6880	26500	10857	6840	7710	7964
2006 年	7521	28972	15044	7510	8405	11012
2007 年	10500	34382	17298	10458	9819	12653
2008 年	10544	42855	17731	10533	12183	12849
2009 年	11031	45691	15143	11020	12989	10973
2010 年	12697	53268	17046	12697	15147	12232

第一节　农垦系统体制改革

一、农垦机构改革

海南省农垦总局驻白沙黎族自治县办事处（简称“农垦办事处”）创建于 1956 年，当时的名称为白沙县垦殖部。1961 年 5 月改建为白沙县垦殖局。1962 年 9 月撤销白沙县垦殖局，成立白沙县委作物部。1974 年 10 月兵团解散，成立白沙县委农场工作部。

1988 年 4 月撤销白沙县委农场工作部，同年 5 月，成立海南省农垦总局驻白沙黎族自治县办事处，正处级建制，是海南省农垦总局的派出机构，办公地点设在白沙县牙叉镇牙叉中路海南农垦总局驻白沙县办事处办公楼三楼。

二、农垦经营体制改革

2005 年 3 月 30 日，海南省农垦成立海南天然橡胶产业集团股份有限公司（简称“海胶集团”），同时，在多数农场相应分设海胶集团基地分公司。

2007年，海南农垦进行扁平化管理试点工作。同年12月27日，珠碧江农场撤销并入龙江农场，成立珠碧江分场。

2008年8月，全面推进海南农垦管理体制改革，实行政企分开、社企分离。对国有开割胶园实行职工家庭长期承包，全场橡胶开割岗位，由职工承包，并与公司签订长期承包合同。垦区绝大部分农场的天然橡胶的生产、经营由海胶集团设在当地的基地分公司管理，社会公共服务等职能由存续农场承担，同时资产财务全部分开，原农场形成了存续农场和海胶集团基地分公司两套管理班子及机构的新组织格局。同年底，存续农场和基地分公司正式分离，独立运作。

2009年，根据和《中共海南省委海南省人民政府关于海南农垦管理体制改革的实施意见》等文件精神，结合扁平化管理工作，全面推行农场重组改革。同年2月12日，邦溪、大岭、芙蓉田农场重组为新的邦溪农场，原大岭、芙蓉田农场作为分场归属邦溪农场管理，新邦溪场部设在原邦溪农场；金波农场撤销并入龙江农场，金波农场定为分场。同年2月23日，卫星农场撤销并入龙江农场，原卫星农场改为分场；牙叉农场和白沙农场重组为新的白沙农场，场部设在原牙叉农场。各农场重组的同时，海胶集团各基地分公司也同农场一样相应进行整合重组，并从各农场完全剥离出来。至此，海南农垦白沙垦区由原来的白沙、牙叉、卫星、龙江、珠碧江、金波、邦溪、大岭、芙蓉田9个农场，整合重组成白沙、龙江、邦溪3个农场和分离出白沙、龙江、邦溪3个海胶集团基地分公司。3个农场隶属于海南省农垦总局，3个海胶集团基地分公司从属于海胶集团。海胶集团的控股母公司是海南省农垦集团有限公司，海南省农垦集团有限公司的出资人系海南省农垦总局。

2008年11月至2009年12月，开展白沙片区海胶集团各基地分公司林产、房产和土地使用权证工作，办成林权证247本、房产和土地确权证共115本。

2009年5月，着手协调海南农垦白沙片中小学校移交白沙县管理工作，同年9月，全部完成片区内9所中小学校移交手续。

2010年12月，完成海南农垦白沙片退役军人安置职能移交白沙县管理工作，共移交退役军人123人和3户。

2010年，农垦实行公司化改革，同年3月5日注册成立白沙金沙投资有限公司，12月15日，公司与北京昊远隆基房地产开发总公司合作开发南叉河滨河新区6号、7号、8号地段项目通过总局批准立项。

第二节　国营（有）龙江农场

一、位置与区域

国营（有）龙江农场位于白沙县西北部，东临阜龙乡，西与国营（有）邦溪农场分界，南抵霸王岭林区，北靠儋州市境内的国营八一农场。场部驻地七坊镇，距西线高速公路邦溪路口 27 千米，距白沙县城 32 千米，距省会海口市 192 千米。S310 省道从场部经过，省道直通儋州、洋浦、石碌、八所等海南西部城镇和港口。1988 年土地总面积 5737.74 公顷，2010 年土地总面积 28522.2 公顷。

二、历史沿革

1956 年 5 月龙江农场始建，其前身为国营龙江垦殖场。1959 年 4 月，龙江垦殖场、白鸽垦殖场和国营木棉甘蔗场合并为龙江农场。1988 年海南省成立后，海南农垦系统与广东农垦局脱钩，广东省国营龙江农场改为海南省国营龙江农场。1988 年，龙江农场土地总面积 86066 亩。2005 年 3 月 30 日，海南省农垦成立海南天然橡胶产业集团股份有限公司（简称“海胶集团”），农场相应分设海胶集团基地分公司。2007 年 12 月，海南农垦实施整合重组试点改革，珠碧江农场并入龙江农场。2008 年 8 月，海南农垦全面实行农场政企分开、社企分离改革。垦区绝大部分农场的天然橡胶的生产、经营由海胶集团设在当地的基地分公司管理，社会公共服务等职能由存续农场承担，同时资产财务全部分开，原农场形成存续农场和海胶集团基地分公司两套管理班子及机构的新组织格局。2009 年 2 月 14 日、2 月 24 日，龙江农场（社区）分别与金波、卫星农场（社区）进行重组，原卫星农场和金波农场先后并入龙江农场。1988 年，总户数 4148 户，总人口 16658 人，农业人口 15248 人，黎族 1248 人，汉族 14892 人，苗族 3 人，壮族 515 人。2010 年，总户数 12120 户，总人口 34770 人，农业人口 1282 人，黎族 4365 人，汉族 29024 人，苗族 38 人，壮族 1343 人。

三、经济发展

龙江农场以天然橡胶种植加工为经济支柱，1981 年、1984 年、1985 年被广东省人民政府授予“广东省先进企业”称号。1984 年开始调整产业结构，逐步向农牧副渔综合经营商品生产的方向发展。1987 年，兴建一座日产标准胶 35 吨的标准厂，相继创办汽水厂、编织袋厂、木材厂、胶杯厂等厂办工业。1988 年后，农场通过推广股份制形式整合土地资源发展高优农业，结合实际，因地制宜，调整产业结构。2007 年，龙江农场将发展非胶经济和职工自营经济作为改制后发展经济的主要方向。重点发展香蕉产业，成为海南香蕉种植业中较早使用节水喷灌、滴灌和套袋管理先进技术的地区之一。2010 年，全场香蕉种植面积达到 1.8 万亩，产值 9360 万元。通过使用微喷灌设备的购机补贴，全场所有种植香蕉的职工均运用节水喷灌、滴灌和套袋管理的先进技术，并成立“农业科技 110”，从农技、农资等方面服务职工自营经济。同时将养殖业和种植业链接起来，在鱼塘边盖猪栏养猪，利用鱼塘水面养鸭，鱼塘周围的边角地种植香蕉等果树，形成养猪—养鱼—养禽类—种果树的立体经营模式。至 2010 年，成为全国农垦现代农业示范区、全国标准化农业香蕉示范基地、国家无规定动物疫病区示范项目建设单位，海南省实施“百镇建设计划”的重点示范镇和、文明生态镇和海南农垦十大农业标准化产业基地的香蕉标准化生产核心基地。

1988 年，龙江农场常住人口 32815 人，职工人数 17644 人。工农业生产总值 4008 万元，其中农业总产值 3795 万元，工业总产值 213 万元。年末拥有橡胶总面积 75861 亩，其中 62293 亩已经开割，橡胶总株数 2037000 株，其中 1524000 株已开割，年度干胶总产量达 4804 吨。粮食产量年度总产量 674 吨，水果年度总产量 861 吨，肉类年度总产量 1454 吨，人工造林面积 15168 亩。

2007 年 12 月，海南农垦实施整合重组试点改革，珠碧江农场并入龙江农场。改制后（2008 年）龙江农场辖 1 个分场、7 个作业区，62 个生产队，7 家二、三产业企业，9 所中小学校，2 所职工医院，常住人口 31776 人，在职职工 8655 人。2008 年完成生产总值 21896 万元，其中第一产业完成生产总值 13856 万元，第二产业完成生产总值 435 万元，第三产业完成生产总值 1403 万元。橡胶面积 100087 亩，总株数 2738000 株，其中已开割面积 83226 亩，已开割株数 2176000 株，累计干胶产量 6806 吨。全年完成固定资产投资 3347 万元，分别用于第一产业（834 万元）、第三产业（2513 万元）和住宅（投资 824 万元）。全场职工自营经济种植总面积 2.7 万亩。全年职工自营经济总纯收入 4945.2 万元，职工劳动平均纯收入 20000 元，其中职工自营经济劳动人均纯收入 9608 元。

2009 年，国有龙江农场（社区）与金波、卫星农场（社区）龙江农场（社区）进行重组。全年实现工农业总值 2.49 亿元，国内生产总值 2.63 亿元。全年完成固定资产投资 13721 万元，其中第一产业完成固定资产投资 1355 万元，第三产业完成固定资产投资 12366 万元，住宅等方面完成固定资产投资 9503 万元。橡胶面积 176021 亩，总株数 4687000 株，其中已开割 137711 亩、3420000 株，全年干胶总量 10037 吨。香蕉种植面积 1.5 万亩，产值 7897.5 万元。淡水养殖面积 7282 亩，产值 2184 万元；生猪年出栏 6 万头，产值6600万元；养牛2534头，产值253.4万元；养羊4500只，产值225万元；家禽16.5万羽，产值330万元；甘蔗8540亩，产值1200万元。自营经济纯收入7500万元，职工主业人均纯收入2.1万元，自营经济纯收入9200元。

2010年，龙江农场实现工农业总值2.35亿元，国内生产总值1.96亿元，全年完成固定资产投资4840万元，主要用于第三产业及住宅建设。橡胶年末面积176671亩，总株数4582000株，其中有138610亩、3325000株已开割，全年干胶产量累计12656吨。粮食作物播种面积为8114亩，总产量2184吨，其中谷物播种面积3532亩，总产量997吨；稻谷2992亩，总产量868吨；玉米540亩，总产量129吨；番薯1050亩，总产量190吨。豆类400亩，总产量34吨。油料380亩，总产量44吨。甘蔗5662亩，总产量18452吨。热带作物胡椒种植471亩，总产量40吨；椰子116亩，总产量356百个；槟榔72亩，总产量12吨。水果种植面积14203亩，总产量25553吨，其中荔枝887亩，总产量49吨；龙眼1886亩，总产量76吨；香蕉11030亩，总产量25240吨；杧果400亩，总产量188吨。林地总面积为19760亩，其中防护林为18104亩，用材林1656亩。有工业企业3个，其中大中型企业1个，小型企业2个；轻工业企业1个，重工业企业2个；农副食品加工企业1个，木材加工及竹藤棕草制造企业1个，水力发电企业1个。淀粉产量为3000吨，锯材2800吨，水电发电量545万千瓦小时。工业总产值1324万元，纳税总额31万元，从业人员全年劳动收入170万元。全年职工自营经济总纯收入达7678万元，职工工资劳均纯收入8178元，自营经济劳均收入8001元。

1988—2010年龙江农场社会经济发展统计表

表1-3-2

年份	橡胶面积（亩）	橡胶已开割面积（亩）	人工造林总面积（亩）	农业产值（万元）	农作物（吨）	水果（吨）	肉类总产量（吨）
1988年	156003	118747	20402	6878	1234	681	2059
1989年	161768	126972	19895	6627	1412	651	2104
1990年	164315	132315	19593	11004	1402	812	1952
1991年	165876	136613	19220	10954	1343	820	1591
1992年	166920	138555	18674	12076	1480	618	1683
1993年	162810	133816	15006	13662	2348	762	2094
1994年	162291	134319	15621	16284	2667	998	2562
1995年	162442	135337	15568	17258	2294	676	2075

续表 1-3-2

年份	橡胶面积（亩）	橡胶已开割面积（亩）	人工造林总面积（亩）	农业产值（万元）	农作物（吨）	水果（吨）	肉类总产量（吨）
1996 年	164473	135697	15622	14130	2060	1082	1602
1997 年	164956	136169	13074	14234	1781	380	1424
1998 年	167165	136313	15518	15184	2783	1045	1328
1999 年	169141	138611	15328	15601	1964	1141	1498
2000 年	172296	140272	15031	16270	1700	1448	1463
2001 年	172152	138910	14806	18001	1170	2556	1560
2002 年	169144	138435	14306	17730	1943	3225	1496
2003 年	172916	138291	13791	18835	1948	5952	1410
2004 年	175889	139618	13791	19374	2126	2276	1773
2005 年	178563	142805	13839	16464	1410	1982	2142
2006 年	177770	140396	12954	16328	1800	2305	2260
2007 年	182084	140025	12564	20507	1543	3823	2813
2008 年	181645	137577	13094	18464	857	4144	2261
2009 年	176021	137711	16756	20309	1603	4428	4755
2010 年	176671	138610	18104	24703	1221	2597	3454

四、社会事业

2010 年，龙江农场共有 4 个分场，3 个社区办事处，2 个生产队，3 个工业单位，12 所中小学校，4 家医院，4 所幼儿园，4 个派出所，辖区内有 108 个社区居民点。区域内各项文化设施比较完备，生活便捷。

附：珠碧江农场　卫星农场　金波农场

珠碧江农场　原国营珠碧江农场位于白沙县西北部，东北与儋县的八一农场毗邻，东部、东南部与卫星农场接壤，西南与龙江农场交界。地势东南高西北低，平均海拔标高 110～130 米，东至西北缓坡斜，坡度一般在 5 度以下。土地连片，有利于机械化耕作。

国营珠碧江农场创办于 1966 年 6 月，因珠碧江河流经场区而得名。场部距县城 50 公里。1988 年海南建省后，隶属海南省农垦总局管理。1988 年，土地总面积 2825.34 公顷，以种植橡胶为主，历年橡胶产品收入占总收入的 90%以上。2007 年 12 月并入龙江农场。

卫星农场 原国营卫星农场位于白沙县北部，东临阜龙乡，西至原龙江农场，南与原打安乡可程村接壤，北与儋县交界，场境跨原打安、狮球两乡。地势东南高西北低，境内最高点是东南面的红岭，主峰684.4米。主要河流有打揜河和合水河，打揜河是珠碧江上游的主要支流之一。土壤为砖红壤和赤红壤，土层较深，肥力中等。

1958年5月国营卫星农场创办，以橡胶生产为主，历年橡胶产品收入占农业收入的90%以上。1988年海南建省后，隶属海南省农垦总局管理。1988年，土地总面积4736公顷。场部设在打揜河边，距县城25公里。2009年2月并入龙江农场。

金波农场 位于县西部，东邻青松乡，西部、南部在白沙县和昌江县交界线与坝王岭相连，北与原龙江农场接壤。四面环山，土地肥沃，气候温和，雨量充沛。地势东、南、北三面高，西面低，中间较为平坦。四周有海拔800～1000米的山岭连绵起伏，形成小盆地。境内有石碌河、南七河、南延河、南和河自东向西流入石碌水库。东、南、北部土质为砾质壤土，中间沿河地带为冲积沙壤土，为农场主要耕地区，主要种植橡胶、咖啡、胡椒、甘蔗、菠萝、香蕉、杧果、柑橙等。

1958年5月金波农场创办，因场南部靠近金波村而得名。1988年海南建省后，隶属海南省农垦总局。1988年，土地总面积14123公顷。场部距白沙县城53公里，距石碌镇15公里。2009年2月并入龙江农场。

第三节　国营（有）邦溪农场

一、位置与区域

国营邦溪农场位于白沙县西北部，东至木棉溪与龙江农场交界，西与昌江县的沙田农场接壤，南与七坊镇毗邻，北隔珠碧江河与原大岭农场相望。属滨海西南热带干旱的白沙盆地丘陵区。地形大致呈东高西低趋势，由于东南面有高山屏护，阻挡了来自海洋的热带风暴和台风的侵袭。年平均温度24℃，年均降雨量东部为1800毫米左右，雨季集中在7月、8月、9月。北界有珠碧江，东西部各有一座水库——木棉水库和黄沟岭水库，有利于缓解干旱年旱情。

场部设在邦溪镇，东距白沙县城50公里，西距八所港63公里，西南距昌江石碌镇17公里，北距儋州市62公里，海榆西线公路、环岛高速公路和白沙出口路、粤海铁路均贯穿其境，交通便利。1988年土地总面积7747公顷，2010年土地总面积12815.93公顷。

二、历史沿革

邦溪农场前身为 1970 年 4 月成立的广东省国营邦溪农场，1988 年 5 月改为海南省国营邦溪农场，隶属海南省农垦总局管理。1988 年总人口 2945 人，其中职工人数 1668 人。2009 年 3 月，邦溪、大岭、芙蓉田 3 个国有农场重组成立海南省国有邦溪农场，下辖邦溪（直属）、大岭、芙蓉田 3 个分场，有 4 个场带自然村，即榕头、马夹石、河贤和榴眼头。2010 年，总户数 4882 户，总人口 14201 人。

2010 年邦溪农场辖区划分表

表 1-3-3

作业区名称	面积（万亩）		人口（个）		干胶总量（吨）	所辖生产队（个）	境域
	土地面积	橡胶面积	总人口	职工			
邦溪	9.76	3.48	3917	1123	2246	18	邦溪镇
大岭	5.06	2.77	4475	1125	1257	14	荣邦乡
芙蓉田	3.92	2.68	5184	1145	1709	16	荣邦乡

三、经济发展

邦溪农场以橡胶为主，同时多种经营，发展林业及热带作物。1988 年底，农场国民生产总值 557 万元，工农业总产值 483 万元，其中农业总产值 477 万元，工业总产值 6 万元。年末橡胶总面积 23590 亩，总株数 719000 株，已开割 7264 亩、153000 株，全年累计干胶总产量 431 吨。人工造林总面积 10203 亩，粮食总产量 126 吨，水果总产量 175 吨，肉类总产量 117 吨。

2008 年，农场进行全面改革，实行政企分开，社企分离，对国有开割胶园实行职工家庭长期承包。全场橡胶开割岗位，由职工承包，并与公司签订长期承包合同，分公司参与承包人数 1450 人、850 户，承包胶园 70000 多亩，平均每个胶工承包胶园 48.5 亩 1500 株。当年户籍人口 3917 人，常住人口 2683 人，其中在职职工 1125 人。资产总额 4785 万元，完成生产总值 798.11 万元（未包含已经划归公司管理经营的橡胶产业），其中第一产业 756.75 万元，第二产业 4.77 万元，第三产业 36.59 万元。全年人均纯收入 5286 元。全年完成固定资产投资 784 万元，其中有 202 万元用于第一产业，有 582 万元用于第三产业。年末橡胶总面积 35020 亩，总株数 893000 株，其中已开割 29750 亩、702000 株，全年干胶总量 2452 吨。年末水果面积 1350 亩，总产量 1397 吨。林地面积 21810 亩，其中人工造林 6610 亩。农作物总播种面积 4510 亩，其中甘蔗播种面积 2800 亩，年总产量 14560 吨。

2009 年农场重组后，邦溪农场土地总面积 12815.93 公顷，职工总人数 4009 人。全年完成生产总值（含橡胶产业）15143 万元，其中第一产业完成生产总值 13287 万元，第二产业完成生产总值 503 万元，第三产业完成生产总值 1581 万元。全年完成固定资产投资 6595 万元，其中第一产业完成固定资产投资 763 万元，第三产业完成固定资产投资 5832 万元。年末橡胶总面积 91888 亩，总株数 2113000 株，其中有 77679 亩，1613000 株已开割，全年干胶总产量 5639 吨。年末水果总面积 4417 亩，水果总产量 4428 吨，其中与被称为“杧果之乡”的原大岭农场合并重组后，使该场杧果年末面积达到 932 亩。年末农作物总播种面积 10900 亩，其中甘蔗播种面积 6300 亩，木薯播种面积 4600 亩，为该场主要的经济作物。年末林地面积 10173 亩，大部分为人工造林。

2010 年，邦溪农场全年完成生产总值 17046 万元，其中第一产业完成生产总值 15471 万元，第二产业完成生产总值 285 万元，第三产业完成生产总值 1290 万元。全年完成固定资产投资 2333 万元，其中第一产业完成固定资产投资 714 万元，第三产业完成固定资产投资 1619 万元。农作物总播种面积 8560 亩，其中粮食作物播种面积 214 亩，甘蔗播种面积 3780 亩，蔬菜、瓜类播种面积 1806 亩，其他作物播种面积 2760 亩。热带作物总面积 89044 亩，其中橡胶 8940 亩。水果总面积 2667 亩，收获面积 1925 亩。林地总面积 10199 亩，其中经济林 874 亩。淡水养殖总面积 581 亩，淡水产品产量 130 吨。猪存栏 3300 头，羊存栏 12600 只，兔存栏 2700 只，家禽存栏 12 万只。

2010 年，直属分场整合开发两块土地 350 多亩、水塘 9.7 亩，种植价值较高的经济产品——冬柿枣，养殖黄骨鱼 10 万尾，并间种热带水果香蕉，初步形成集多种经济项目为一体的综合性农业开发示范基地。芙蓉田分场和邦溪直属分场由党员、干部示范 800 多亩股份合作种植香蕉，其中第一批种植的 247 亩取得年投入 1.6 倍的效益回报，实现土地增效增收。农场和邦溪分公司干部职工利用成片土地和橡胶中小苗间作发展股份香蕉种植规模扩大到 2000 多亩。大岭分场的梅花鹿圈养是全省少有的特色养殖，已养梅花鹿 70 头，其中 18 头为养殖后生产的，已经试产鹿血酒、鹿茸膏等产品。职工自营经济基础较好的大岭分场的示范带动作用，推广已经形成“规模化、集约化、民营化、效益化”的经营模式，如大岭七队、二队、十三队等单位发展成以育苗为特色的“苗圃经济”圈，并且辐射全场，取得良好社会效益。其各类经济苗木生产面积已扩大到 900 多亩，每年生产各类苗木 400 万株左右，经济效益超过 630 多万元。生产规模由当初的一两个队，带动发展至2010年的20个单位左右。芙蓉田分场、邦溪直属分场有部分职工开始发展壮大育苗。职工自费投入，自主经营，劳动、技术、资金在这里焕发活力，行业的壮大带动了闲置劳动力200人左右。同时，先进的育苗技术带动劳务输出，每年外出技术劳动输出如芽接、技术指导等达300人次左右，获劳务收入50万~70万元。

1988—2010年邦溪农场社会经济发展统计表

表1-3-3

年度	单位	橡胶面积（万亩）	开割面积（万亩）	干胶产量（吨）	工农业总产值（万元）	职工人均月工资（元）
1988年	邦溪农场	2.5	2.31	1490	756	65
	大岭农场	2.48	2.25	1480	780	70
	芙蓉田农场	2.47	2.27	1502.6	800.4	67
1998年	邦溪农场	3.05	2.78	2560	5405	680
	大岭农场	2.56	2.36	2045	5327	756
	芙蓉田农场	2.65	2.41	2158	5431	780
2008年	邦溪农场	3.48	2.86	2738	7121	2083
	大岭农场	2.62	2.48	2126	6567	1675
	芙蓉田农场	2.68	2.45	2218	6573	1892
2010年	邦溪分公司	8.94	7.5	5213	10530	2025

四、社会事业

邦溪农场有九年一贯制学校3所，教职员工156人。在校学生1700多人。幼儿园3所。有职工医院3所，防疫站3个。其中芙蓉田职工医院于1996年10月，经海南省等级医院专家评审团考核，被评审为一级甲等医院。

邦溪农场下辖的3个分场场部都建有文化活动中心，建有灯光球场、图书室、宣传橱窗；各生产队都按照文明生态队的创建要求建有“三室一场一栏”（图书室、阅览室、文娱活动室，球场，宣传栏）。农场职工的文体活动，以健身、活跃职工生活为目的。一般利用节假日举行文艺宣传演出或各种体育比赛活动。农场重视老年人健身活动，经常组织老年人参加县和农垦举办的球类比赛。2009年，邦溪农场被评为“全国文明单位”。

附：大岭农场　芙蓉田农场

大岭农场　原国营大岭农场位于白沙县西北部，东邻原芙蓉田农场，西北与儋县接壤，南靠邦溪镇。地势西高东低，境内最高点为大岭，海拔 220.8 米，属低丘陵地区。砖红壤占土地总面积 98.4%，属中厚土质，具有发展水果生产的天然条件。1988 年，土地总面积 3375.2 公顷，场址在大岭山脚下。

大岭农场前身为 1956 年 10 月成立的广东省国营大岭农场。1964 年，在此设立琼西育种站，以橡胶育种为主。1966 年，琼西育种站从育种发展为种植橡胶等热带作物的国营农场。1988 年海南建省后，改称“海南省国营大岭农场”，隶属海南省农垦总局管理。2009 年 2 月并入邦溪农场。农场主要经济为植胶、种果、造林，主要培育橡胶、龙眼、荔枝、杧果、波罗蜜、阳桃、黄皮等热带作物的种苗。有一个梅花鹿饲养基地。水果生产以杧果产业突出，被誉为“杧果之乡”。

芙蓉田农场　原国营芙蓉田农场位于白沙县西北部，东与儋县的八一农场、红岭农场和雅星镇接壤，西至娥妹岭北麓，南与珠碧江、龙江、邦溪农场相望，土地总面积 4134 公顷。地势东南高西北低，属低丘陵地带。海拔在 80 ~ 150 米之间，坡度多在 3 ~ 10 度之间。境内主要河流是珠碧江，河宽 20 ~ 30 米，水量充足，河道由东向西流经该场的 6 个生产队。南半部多为沙壤土，土层较厚，肥力较高，是经济作物的主要基地。北半部土层浅较为瘦瘠。1988 年，土地总面积 62010 亩。

芙蓉田农场前身为 1958 年 4 月创办的广东省国营芙蓉田农场（原名渤海农场），以种植油棕为主。1958 年底与那大育种站合并，1964 年分出，因坐落在荣邦乡芙蓉田大队而得名。1988 年海南建省后改称“海南省国营芙蓉田农场”，隶属海南省农垦总局管理。以种植橡胶为主，兼营甘蔗、咖啡、水果。曾因在胶园推广草甘膦灭茅试验成绩显著，荣获国家科学技术进步三等奖。1993 年 5 月，被海南省委、省政府授予“海南省文明单位”称号。1995 年，芙蓉田胶厂生产的天然 5 号胶荣获中国农业第二届博览会铜奖。连续多年被评为总局优秀企业。2009 年 2 月并入邦溪农场。

第四节　国营（有）白沙农场

一、位置与区域

国营（有）白沙农场地处白沙县中部偏南的县城，东至细水乡番伦村，西与打安乡接壤，南至元门乡翁村，北与阜龙乡相连。境内有南渡江、南叉河、松涛水库，水源丰沛，水质优良。2010 年，土地总面积 9827.07 公顷，总人口 10141 人，3457 户。

二、历史沿革

白沙农场是 1958 年由华侨垦荒队、白沙示范农场、县干部农场组建成立，1964 年由白沙县五料局接管后改称地方国营白沙农场。1965 年 2 月与细水劳改场合并，改为广东省国营白沙农场。1988 年，海南建省后，隶属海南省农垦总局管理。1988 年土地总面积 7483.34 公顷。2009 年 2 月 25 日，原白沙农场和原牙叉农场重组合并为白沙农场，场部设在原牙叉农场。

三、经济发展

白沙农场的两大支柱产业是橡胶和茶叶。1988 年，橡胶年末总面积 35377 亩，总株数 900000 株，其中已开割 24235 亩，502000 株，干胶年总产量 1696 吨，干毛茶年总产量 220 吨。完成生产总值 1196 万元，人均生产总值 1410 元。

白沙农场是白沙绿茶的产地。茶园从 20 世纪 50 年代中期开始垦荒种植，利用陨石坑独特的土壤条件和优良的生态环境精心培育。自 1964 年，热作技术员吴达民带领几位黎族工人采集海南大叶茶种子。1965 年 2 月，他们在青河队旧址搭棚育苗。同年 5 月，开始大面积开垦种植，至 1968 年全场茶园 1200.6 亩。是年，国家级制茶专家胡谟来到白沙农场，指导工人加工茶叶，并正式起名为“白沙绿茶”。1981 年，通什农垦局投资 55 万元，在农场划地 5753.9 平方米，兴办机械化茶叶加工厂，年产干毛茶 4264 担。从 20 世纪 80 年代开始，农场着手制订白沙绿茶品牌战略，作为重点扶持的名优产品。自 1990 年起，白沙绿茶连续多年获得农业部颁发的“绿色食品”奖。1997 年，“白沙”牌白沙绿茶被海南省工商行政管理局认定为省首届著名商标，2004 年被中国质量监督总局认定为“国家地理标志保护产品”，2007 年被农业部认定为“中国名牌农产品”。白沙绿茶得到社会广泛认可，产品风靡海南、广东等地，并远销中国香港、台湾地区和东南亚地区。

2008 年，农场全面改革，形成以橡胶茶叶产业为主，农、贸、商、加工等多种经济成分为一体的综合性经营的农垦企业。当年农场完成生产总值 3828 万元，其中第一产业完成生产总值 892 万元，第二产业完成生产总值 295 万元，第三产业完成生产总值 597 万元。完成固定资产投资 1799 万元，其中第一产业完成固定资产投资 713 万元，第二产业完成固定资产投资 33 万元，第三产业完成固定资产投资 1053 万元。橡胶主营收入 1065

万元，茶叶总产值1867万元，农、贸、商、加工、运输等经营收入921万元，实现劳均收入18200元。全场共有橡胶面积29639亩，其中橡胶开割面积17355亩，356000株，橡胶中小苗12284亩，39.8万株，年产干胶969吨，实现总产值3853万元，胶工年平均工资收入19460元。茶叶2906亩，其中开采面积2717亩，中小苗189亩，年产干毛茶257.75吨，实现产值1867万元，茶工劳均13750元。农作物总播种面积3658亩，其中粮食年总产量248吨； 胡椒67亩，产量9吨，收入32万元；木薯1500亩，产量2250吨，收入45万元；甘蔗375亩，产量1278吨，收入13万元；玉米470亩。水果年末总面积2374亩，水果年总产量635吨，其中龙眼1773亩，产量160吨，收入110万元；香蕉230亩，产量448吨，收入134万元；柑38亩，产量19吨，收入8万元；荔枝333亩，因受南方冰雪灾害的严重影响，仅收获8吨，产值7万元。另有经济林2215亩， 咖啡135亩，产量18吨，收入13万元。

2009年，白沙农场与牙叉农场整合重组。重组后白沙农场土地总面积9827.07公顷，总户数3222户，总人口9997人。全年完成生产总值9998万元，其中第一产业完成生产总值7431万元，第二产业完成生产总值799万元，第三产业完成生产总值1768万元。完成固定资产投资5544万元，其中第一产业完成固定资产投资976万元，第二产业完成固定资产投资80万元，第三产业完成固定资产投资4488万元。橡胶年末总面积为65410亩，总株数为1612000株，其中已开割22886亩，795000株，干胶年总产量2642吨。茶叶年末总面积2906亩，总产量305吨。农作物播种总面积1710亩，粮食年总产量240吨；水果年末面积3446亩，水果年总产量240吨；猪年末存栏2475头，羊年末存栏980只；淡水养殖面积388亩，淡水产品年总产量108吨；年末林地总面积10507亩，其中人工造林9152亩。

2010年，农场全年实现生产总值12697万元，其中第一产业9723万元，第二产业1101万元，第三产业1873万元。全年完成固定资产投资3138万元，其中第一产业782万元，第二产业346万元，第三产业2010万元。橡胶年末总面积63490亩，总株数1605000株，其中已开割41635亩，831000株，干胶年总产量3140吨。茶叶总面积3000亩，总产量233吨。农作物播种总面积5650亩，其中蔬菜、瓜类播种面积就占3700亩；水果年末面积3446亩，水果年总产量270吨；猪年末存栏1073头，羊年末存栏750只；淡水养殖面积388亩，淡水产品年总产量25吨；年末林地总面积10577亩，其中人工造林9222亩。

1988—2010年白沙农场社会经济发展统计表

表1-3-4

年份	橡胶面积（亩）	橡胶已开割面积（亩）	人工造林到达面积（亩）	农业产值（万元）	粮食总产量（吨）	水果（吨）	肉类总产量（吨）
1988年	35377	24235	4540	1270	262	19	375
1989年	37356	25176	4531	1414	240	29	348
1990年	39856	27398	4274	2251	157	26	377
1991年	40665	28313	4874	2257	169	25	467
1992年	42480	29850	4995	2474	174	44	377
1993年	45570	31194	6801	2710	511	54	441
1994年	46721	31354	6901	3173	352	152	539
1995年	47721	31845	7057	3383	432	298	613
1996年	50821	33098	7105	3376	446	311	593
1997年	52263	33862	7407	3536	251	330	643
1998年	54696	34411	7907	3580	200	521	408
1999年	58133	36963	8107	3835	169	559	530
2000年	60472	38020	7607	3820	194	506	490
2001年	61343	37253	7797	4193	245	545	533
2002年	61223	36642	7797	4282	235	921	558
2003年	62650	38435	7997	4198	232	508	562
2004年	64110	40080	7997	4070	174	341	530
2005年	65490	40470	7110	3868	148	285	470
2006年	66047	39841	6950	4080	235	684	317
2007年	66817	40536	7300	5226	384	1299	510
2008年	67102	42831	7620	4572	398	814	292
2009年	65410	42524	9152	3280	240	240	448
2010年	63490	41635	9222	5780	150	270	371

四、社会事业

白沙农场依托县城的优势，交通运输、金融、通信、医疗、教育、文化生活条件较好。

附：白沙农场　牙叉农场

白沙农场　原国营白沙农场，位于白沙县中部偏东南，南渡江上游，东至细水乡番伦村，西与白沙镇营盘村接壤，南至元门乡翁村，北靠牙叉镇。地势南高北低，境内最高点为峨剑岭，海拔544米。北部地区和沿河谷地海拔210～251米。南半部属高丘陵区，多为砾质壤土，植被茂密，肥力较高。沿河谷地为冲积壤土、土地肥沃，属酸性砂质壤土，有利于茶叶生长。主要种植橡胶、茶叶、水稻、胡椒、咖啡等作物。场部设于什阳村偏西，距县城牙叉镇4公里。

白沙农场创办于1958年，由华侨垦荒队、白沙示范农场、县干部农场组成。1964年由白沙县五料局接管后改称“地方国营白沙农场”。1965年2月与细水劳改场合并，改为广东省国营白沙农场。1988年，海南建省后，隶属海南省农垦总局管理。1988年土地总面积7483.33公顷。2009年，白沙农场与牙叉农场重组而成白沙农场。2010年，农垦实行公司化改革，同年3月5日注册成立白沙金沙投资有限公司，12月15日，公司与北京昊远隆基房地产开发总公司合作开发南叉河滨河新区6号、7号、8号地段项目通过总局批准立项。

牙叉农场　原国营牙叉农场，位于白沙县牙叉镇西北角，东南隔松涛水库与原白沙农场和细水乡相望，西与打安乡接壤，南与牙叉镇、白沙镇紧邻，北与阜龙乡相连，另有一小块飞地在南面白沙县青年农场近旁。境内大部分为中丘、高丘陵地带，可耕地较少。地势西北高，东南低，一般在200～500米之间，西面的对俄山海拔639.4米，峨童岭、娥元岭分别在500米以上。由于山峦起伏，构成大小不同的盆地和谷地，形成静风多湿的小气候环境。除南叉河外，境内尚有多条河沟纵横交错。土壤主要为砖红壤，土层较厚。

牙叉农场创办于1960年5月，1988年海南建省后，隶属海南省农垦总局管理。1988年土地总面积5737.74公顷。2008年9月，农场进行全面改革，实行政企分开，社企分离，建立现代企业制度，实现存续农场和基地分公司“两驾马车”独立运作，共同发展。同年11月1日，存续农场和基地分公司正式分离，独立运作。2009年，牙叉农场与白沙农场重组而成白沙农场。

第五节 县青年农场

一、位置与区域

县青年农场位于白沙县中心地带，与元门乡、细水乡、南开乡、青松乡、牙叉镇、打安镇、七坊镇等7个乡镇、11个村委会、37个自然村毗邻。2010年，总占地面积5.73万亩。1988年，总人口1700人，农场员工1200人。2010年，总人口650人。

二、历史沿革

1978年成立的青年农场前身分别为广东省白沙县劳动大学（1958—1966年）、广东省白沙县“五七”干校（1966—1970年）、广东省白沙县知识青年上山下乡安置点—知青场（1970—1978年）。1978年，最后一批知识青年返城后，改名为地方国营白沙县青年农场。1988年海南建省后，更名为海南省白沙黎族自治县青年农场。场部设在元门乡境内，省道白什公路从场部机关大门前经过，南距元门乡政府1公里，北距县城8公里。

青年农场分为四大片区，即元门片区、那旺片区、牙和片区、天桥片区，设有场部机关、16个生产队和1间橡胶加工厂。元门片区紧靠场部机关，分别与县内的元门乡、牙叉镇相邻，片区内设有1队、2队、3队、15队和橡胶加工厂；那旺片区分别与县内的打安镇、七坊镇、青松乡相邻，片区内设有4队、5队、新6队、老6队、7队、8队、16队等7个生产队；牙和片区与县内的南开乡相邻，片区内设有9队（1995年与12队合并）、10队、11队、13队（1995年与14队合并）、21队等5个生产队；天桥片区与县内的元门乡、细水乡相邻，1988年曾设有17队、18队、19队、20队，1993年撤销这4个队，所有人员分别撤回农场，将该片区土地全部种上松树、桉树等生态林，进行生态环境保护。

三、经济发展

1982年以前，农场以种植甘蔗为主，甘蔗种植面积3000亩。1982年后开始种植橡胶，1988年农场开始部分割胶。1985—1986年，种植3000亩咖啡和300亩胡椒。1989年，农场自建一座日产8吨干胶能力的橡胶加工厂和1座咖啡加工厂。1992年，咖啡市场滞销，影响到咖啡的生产管理，3000亩咖啡和300亩胡椒被淘汰，农场关闭咖啡加工厂，橡胶种植、生产、加工成为主要产业。1993年前，种植橡胶330000株。1998年，种植橡胶面积达到12300亩，存苗435170株，历经30多年风霜雨雪自然灾害以及人畜破坏，共损失183061株。2010年，全场实际橡胶存苗252109株，开割面积9000亩，有效开割183524株。

1988—2010年青年农场橡胶开割株数产量统计表

表1-3-5

年度	面积（亩）	开割数量（株）	干胶总产量（吨）	单株产量（公斤）	备　注
1988年	8500	1330	2.39	1.79	新树开割2天1刀
1989年	9000	10027	21.05	2.09	—
1990年	9500	19904	46.07	2.31	—
1991年	10000	47421	88.18	1.86	—
1992年	12000	52349	162.21	3.09	—
1993年	12000	110576	280.52	2.53	—
1994年	12000	142995	375.00	2.62	—
1995年	12000	158000	441.89	2.79	实行3天1刀割制
1996年	12000	170148	423.00	2.48	遭强台风袭击损毁开割树5万多株
1997年	12000	135793	463.54	3.41	—
1998年	12300	140099	506.46	3.61	—
1999年	12300	152392	561.16	3.00	—
2000年	12300	160097	520.18	3.24	—
2001年	12300	167467	482.93	2.88	胶价低迷，半年没发工资，人为因素影响
2002年	12300	169430	625.04	3.68	—
2003年	12300	173230	803.39	4.63	全面实行4天1刀割制
2004年	12300	173913	810.67	4.66	—
2005年	12300	182060	506.56	2.78	遭超强台风袭击损毁橡胶6万多株
2006年	12300	156474	658.80	4.21	下半年部分风害树复割未纳入当年范围
2007年	12300	179471	700.98	3.90	下半年部分伤残树复割
2008年	12300	180000	666.12	3.70	遭百年不遇寒潮袭击橡胶物候反常
2009年	12300	181015	762.09	4.21	—
2010年	12300	183524	641.99	3.50	遭寒潮袭击开割迟1个月

青年农场在橡胶生产、管理加工等方面走在全省民营橡胶企业的前列，全场实行 4 天 1 刀的新型割胶制度，每株橡胶树保持每年压青 20 公斤以上，施放橡胶专业有机肥料 2 公斤以上，正常开割树平均年产干胶 4 公斤以上，其中 5 万多株为 2005 年“达维”台风毁后复割树。农场的橡胶加工厂生产能力已超过日产 12 吨干胶的水平，加工生产的橡胶产品质量完全达到国家规定的产品质量标准，并远销全国各地、主要是华东地区。从 2006 年开始，橡胶加工厂的加工废水实行循环利用和利用制胶废水灌溉胶园，实现制胶废水零排放的环保要求。同时调整产业结构，实行经营的多样化。至 2010 年，农场累计种植橡胶 1.23 万亩；年末实际橡胶存苗 27.55 万株，全年实际有效开割面积 8190 亩，有效开割株数 16.83 万株；全年生产干胶累计 648.5 吨，经济总收入 1600 万元。甘蔗全年播种面积 450 亩，亩产量 3562 公斤，全年总产量计 1603 吨；猪年末存栏 100 头，全年出栏 200 头，全年猪肉产量计有 15 吨；家禽年末存栏 4000 只，全年出售或自宰累计 6000 只。2010 年，全场工农业总产值 1470 万元，比 1988 年增加 1460 万元；职工人均月工资 1580 元，比 1988 年增加 1535 元。

1988—2010 年青年农场社会经济发展统计表

表 1-3-5

年度	橡胶面积（亩）	开割面积（亩）	干胶产量（吨）	工农业总产值（万元）	职工人均月工资（元）
1988 年	8500	100	2.39	10	45
1998 年	12300	7000	506.46	400	350
2008 年	12300	9000	666.12	1220	1208
2010 年	12300	9000	641.99	1470	1580

四、社会事业

1986—1987 年，农场自筹资金成立农场中心小学、那旺作业区小学、牙和作业区小学，统一由农场经营管理。2001 年，农场实行人事制度改革，撤销 3 个作业区建制和咖啡加工厂以及 3 所场办小学。3 所场办小学撤销后，农场的适龄儿童，按照就近入学的原则，在附近县办学校入学读书。

1991 年以前，农场的干部职工绝大部分是合同工，只有 30 名干部职工为固定工。1992 年，所有合同工均转为合同制工人，并从当年 3 月起为员工交纳养老金，后全部缴养老、医疗、工伤、生育、失业等 5 项社会保险。至 2010 年，农场已有 60 名员工达到法定退休年龄顺利退休。

农场各个党支部设有党员活动室，场部机关设有电教室、职工图书阅览室，场部大门安装电子显示屏，24 小时滚动播放时政要闻、农业生产技术信息，在元门片、那旺片、牙和片分别建有 1 个篮球场。

第六节　县热带作物农场

一、位置与区域

县热带作物农场地处黎母山脉中段北麓，合水河中游，地形为东南高，西北低。境内低山连绵，属丘陵地带，土地资源丰富，土壤肥沃，野生绿肥充足，山地、台地、盆地交错。属热带季风性气候，全年日照 2056 小时，年平均降雨量 1725 毫米，主要集中 5—10 月。年平均气温 21.9～23.4℃，极端最高气温 41℃，极端最低气温 3.3℃，日夜温差较大。灾害性气候主要是干旱，其次是低温寒害，兼有干热风影响，5—10 月有台风和暴雨。适合橡胶、槟榔、椰子、胡椒、甘蔗等热带经济作物生长。

2010 年，农场土地面积 8641 亩，可开发利用土地面积有 6020 亩，总人口 608 人。在册干部、职工 250 人，下辖 4 个股室、1 个橡胶加工厂、1 家公司和 9 个生产队，基层组织设有妇女委员会、工会和车队。

二、历史沿革

1980 年 10 月县热带作物农场创建，主要是为带动当地农村大力种植橡胶及其他热带经济作物。建场时命名为白沙县地方国营热带作物农场，最初办公地点设在打安公社。1988 年建省后更名为白沙黎族自治县热带作物农场。场部坐落县城西北部，距县城 15 公里，32 省道公路穿境而过。

1994 年 8 月，县热带作物农场机关创设并增设生产股、保卫股、财务股、供销股、办公室。2002 年撤销供销股，2004 年 5 月农场成立白沙沣桦橡胶有限公司，对全县民营橡胶进行“统一收购、统一加工、统一销售”。2006 年，橡胶加工厂从农场分离，由自私营企业承包。农场从初期依靠开荒种胶、短期经济作物和贷款养家，到规模发展橡胶、槟榔、经济林木及橡胶加工、收购为一体的多元经济模式的地方国有企业。

三、经济发展

县热带作物农场以橡胶、南药、热带水果的种植、加工为主业。1987 年 6 月，农场投资兴建一个占地 1.13 公顷、厂房面积 1368 平方米、日产干胶 8 吨的橡胶加工厂。1988 年开始生产干胶 3 吨。1991 年，农场大面积开割橡胶，当年产干胶 80 吨，经济总收入 49 万元。1996 年，生产干胶产品 265 吨。1998 年，职工人均收入 1500 多元。2000 年，橡胶加工厂修建了污水处理设备。2010年底，农场有橡胶5020亩，计134000株。

2000年，农场实有橡胶面积5525亩，总株数198900株，其中3377亩，121572株已开割。农场退耕还林，种植经济林木相思树105亩，37427株。全年播种甘蔗900亩，亩产量3000公斤，总产量计有2700吨。槟榔年末面积340亩，有50亩可收获，年产量合计1吨。龙眼年末面积35亩，有18亩当年可收获，年总产量合计2吨。椰子年末面积15亩，亩产量33400个，年产量合计4吨。

2004年，根据省政府对天然橡胶保护管理的有关政策规定，县政府、县农业局委托热作农场对全县民营橡胶进行"三统一"（统一收购、统一加工、统一销售）管理，农场在全县11个乡镇建立14个民营橡胶收购点。

2008年上半年，因遭受霜冻灾害的影响，橡胶开割时间延迟1个月。下半年，橡胶树又受到病害和虫害的严重影响，加上全年风雨频繁，橡胶停割的时间颇多，致使橡胶产量锐减，全年干胶产量达320吨，比上年减产60吨。在灾害袭击之后，及时实施补救工作：橡胶停割后，回收胶杯、紧抓胶园压青和施肥，为16200个肥穴补充基肥，做好胶树封口防寒工作。至2009年初，农场有橡胶株数138390株，正常开割橡胶树有111977株，年产干胶约360吨左右，恢复等待开割的死皮橡胶树有14431株，死皮橡胶树有11882株。

2010年，农场共有橡胶3963亩，总株数138600株，其中3523亩，112736株已开割，单株产量2.58公斤，全年总产量计有291吨。全年种植甘蔗456亩，亩产3548公斤，总产量1618吨。槟榔180亩，有80亩已收获，年总产量达18吨。经济林木500多亩。椰子3亩，年总产量5500个。猪年末存栏60头、羊年末存栏26只。2010年，职工人均收入达1500元。

1992—2010年县热带作物农场橡胶作物面积和产量

表1-3-6

年份	年末实有		当年新种		收获		干胶
	面积（亩）	株数（株）	面积（亩）	株数（株）	面积（亩）	株数（株）	总产量（吨）
1992年	7600	288800	—	—	1840	70000	125
1993年	7600	288800	—	—	2500	95000	170
1994年	5350	203300	—	—	2500	86000	180
1995年	5300	201400	—	—	2500	86000	210
1996年	5300	201400	—	—	2600	95765	240

续表 1-3-6

年份	年末实有		当年新种		收获		干胶
	面积（亩）	株数（株）	面积（亩）	株数（株）	面积（亩）	株数（株）	总产量（吨）
1997 年	5678	214610	—	—	3983	139405	289
1998 年	5280	185000	200	7000	2751	96269	412
1999 年	5505	197568	2355	87552	3058	110016	461
2000 年	5525	198900	20	700	3377	121572	486
2001 年	5800	208800	20	700	4377	157572	530
2002 年	5800	208800	—	—	4407	158652	450
2003 年	5266	189576	—	—	3657	131652	450
2004 年	5266	189576	—	—	3428	123408	450
2005 年	3606	129816	—	—	3432	123552	330
2006 年	3904	140544	478	16730	3259	97770	310
2007 年	3904	140544	—	—	3391	101730	350
2008 年	4004	144144	100	3500	3524	105720	320
2009 年	3996	140736	—	—	3523	112736	350
2010 年	3963	138600	7	245	3523	112736	291

四、社会事业

农场有 1 间卫生所，场部和生产队有文化室和体育实施，订购报纸杂志 10 多种。2003 年“非典”时期，农场全面做好防疫工作，成立“非典”防治工作领导小组，实行 24 小时轮流值班。同时在全场及周边地区做好宣传工作，使人人参与预防。在防治同时整治环境，搞好卫生，在农场机关、胶厂、各生产队进行全面消毒，农场没有出现疑是病例。

第四章　自然地理

第一节　地质地貌

一、地质

白沙县的地质历史，最老可追溯到早古生代，在距今 6.15 亿 ~ 8 亿年的震旦纪，地壳急剧下降，海南岛形成北东向拗陷带，海水从西南方向入侵到白沙县的大岭、芙蓉田一带，沉积了含铁碎屑岩构造。在距今 520 百万年大规模海侵出现，北东向拗陷带发展成为巨大的加里东拗陷带，在奥陶—志留纪沉积一套页状构造和类复理石构造岩石。志留纪末发生加里东运动地壳折皱隆起，并长期遭受剥蚀。

晚古生代石灰—二叠纪时期 地壳发生沉降，再度出现海侵，县域内南高岭至芙蓉田以及仙婆岭一带呈为孤岛，其余地域均处于海水淹没之中，但海水较浅，沉积物为浅水近源的陆源碎屑建造及碳酸盐构造。二叠纪末发生的华力西运动，使地壳再度折皱隆起，海水全面退出白沙县域。由于华力西时期昌江—琼海深大断裂复活，延续时间长，故地壳深部遵循断裂大规模入侵的岩浆岩出现有华力西期、印支期各类花岗岩，其中印支期侵入岩体与多金属矿产有关。

早白垩世初期 构造运动主要表现为上升活动和断块运动，北东—北北东向临高—望楼断裂发生和发展，与昌江—琼海断裂一起北北东向和东西向山间洼的发生和发展，北东向白沙断陷盆地是海南岛这一时期形成的规模最大的断陷盆地，并堆积了厚度达 1590 米的类磨拉石构造。这个时期气候炎热干燥，处于氧化环境，形成一套红色岩系。并相伴有岩浆入侵，其中晚期侵入的花岗山体与金、锡、锑、多金属等矿产有关。

晚近时期 新构造运动造成地壳的间歇性升降，于河流谷坡地带和山谷地段形成松散的冲洪积物和坡残积物堆积。

白沙县构造地层从老到新有震旦系、奥陶—志留系、石炭系、二叠系、白垩系及第四系，主要分布在东南部，其次在西北部，总面积 1188.13 平方千米，占全县面积的 56.1%。

白沙县构造处于海南隆起之中偏西部，东西向昌江—琼海深大断裂和区域性北北东向临高—望楼断裂横贯和斜穿县境，折皱、断裂发育。折皱有北东向、北西向、北北东向、东西向四组。断裂有东西向、北北东向、北西向、北东向四组。折皱构造有南坤园复向斜、红岭—军营复背斜、白沙向斜、金波向斜；断裂构造有东西向断裂、北东向断裂、西北向断裂及南北向断裂。白沙县境侵入岩很发育，根据岩性特征与邻区对比划分为华力西期、华力西—印支期及燕山期，出露面积 929 平方千米，占县域面积的 43.8%。

二、地貌

白沙黎族自治县坐落于黎母山脉中段西北麓，地势陡峻，东南面高，向西北面倾斜。地形特点是东部为山地、山脉走向不一致，坡度较大，沟谷交错，山间谷地多，林木茂盛，中部为丘陵盆地，坡度较缓，且与低山相间，大小盆地分布广；西北部临近岛西海岸，地势平坦，台地连片。县境内 500 ~ 1000 米的山峰 440 座，海拔超过千米以上的山峰有22座（境内4座，边界上18座），主要有鹦哥岭、马域岭、斧头岭、白石岭等。其中屹立于东南县界上的鹦哥岭海拔标高1812米，为白沙黎族自治县最高峰，是海南岛第二高峰。全县面积为2117.2平方千米，其中山地占总面积的59.2%，丘陵占26.7%，台地占7.3%，河流谷地占6.8%。白沙县地貌按成因及类型可分为侵蚀构造低中山地貌、侵蚀构造低山—丘陵地貌、侵蚀构造丘陵地貌、河流堆积地貌及陨石坑地貌。

侵蚀构造低中山地貌 主要沿县界分布，位于西南面县界一带的有斧头岭、坝王岭等山峰，海拔标高1051~1441米，相对高差251~641米；位于南面县界一带的有尖岭、道白岭、马域岭、南串岭、大岭、红卖岭、蛙岭、自石岭、石板岭、鹦哥岭等山峰，海拔标高1008~1812米，相对高差208~1012米；位于东面县界一带的有鹦哥岭 、头尖岭、尖岭、割菜岭等山峰。海拔标高1021~1335米，相对高差221~535米；位于县域中偏西部一带的有南高岭、仙婆岭等山峰，海拔标高1005.5~1347.3米，相对高差205.5~547.3米。山体多呈南北向或北东—南西向绵延。山顶呈圆形、椭圆形，山坡为“W”形坡，“V”形冲沟较发育。基岩为鹿母湾群、奥陶—志留系，华力西期辉长岩、石英闪长岩。

侵蚀构造低山—丘陵地貌 主要分布于天鹅山至三包田、福才、木开、南高岭林场、牙阜、红岭、芝冉、浪丰一带至南面县界一带以及浪九至三盆岭、长塘岭一带，海拔标高在380~1000米，相对高差多在200~500米。山体多呈东西向，其次南北向、北东—南西向，山顶呈圆形，山坡为凹形坡，V形冲沟发育。基岩为鹿母湾群、南龙组、青天峡组、奥陶—志留系，华力西—印支期混合岩，华力西期石英闪长岩、角闪黑云二长花岗岩、似斑状角闪黑云二长花岗岩，印支时期钾长花岗岩。

侵蚀构造丘陵地貌 分布于大岭、邦溪往东至狮球、光雅、打安、金波、阜龙、白沙、元门、细水一带地域，海拔标高在31~617.3米，相对高差多在30~428米。山体呈不规则状、长条状、串珠状。山顶呈圆到椭圆形，山坡多为凹形坡，也有弧形坡。水系较发育，往往河曲连续出现，山沟以U形沟为主，V形沟多分布于较高山体，基岩为鹿母湾群、石岭组、青天峡组、南龙组、俄查组、鹅顶组、奥陶—志留系、震旦系，华力西期闪长岩、似斑状角闪黑云二长花岗岩、燕支期钾长花岗岩、燕山期石英闪长岩、花岗闪长岩、花岗岩及花岗斑岩。

河流堆积地貌 主要分布于珠碧江的南王岭到七水村段、南湾河的出口到什席段、南或河的金波农场十一队至金波农场段、南开河的莫好村至印妹二队段。上述河段的河流谷坡地带不同程度地发育河漫滩堆积，规模最大达300×1800米；河床中偶有心滩或沙洲堆积。此外于山坡或山麓地段往往发育坡积锥。

陨石坑　位于白沙黎族自治县牙叉镇东南9千米白沙农场境内，由陨石坠落撞击形成的陨石坑，在航空侧视雷达图像上，清晰地显示为在低缓丘陵区背景上突出的“环形镶边坳陷”，即由环形山脊围绕的碗形洼地，其直径3.5千米，在陨石坑北半部外缘有明显向外辐射的“刘海”状纹饰；呈现出陨石冲击坑的坑唇、溅射和覆盖层组合的影像特征，其坑唇墙的形态完好。组成陨石坑边缘的环形山连续性好，并具二元结构：下部是层理清晰的下白垩统紫红色砂岩，其中长石、石英等粒状矿物普遍受冲击破碎，发育有冲击微页理和击变玻璃，云母呈膝折状变形；上部是冲击角砾岩块杂乱堆垒成的溅射覆盖层，冲击角砾岩因冲击熔融结晶而貌似凝灰岩，但其中矿物成分十分复杂，含有镁橄榄石、镍纹石以及高密度石英等，岩石化学计算结果说明它是由砂岩变质而成的，与火成岩无关。坑内保留有回落角砾岩，常见到沿裂缝贯入的脉状角砾岩。在陨石坑内找到的石陨石碎块，其中含碱硅镁石、陨铁大隅石、四方镍纹石、陨硫钙石和陨硫铁等陨石标型矿物。陨石坑内俄剑南侧玄武溪至飞鹰崖一带，还有国内外罕见的形成于1亿年前的大型花岗斑岩柱状节理群地貌。

第二节　气　　候

一、日照、气温

白沙黎族自治县位于海南岛中偏西部，北纬18°56′～19°29′，东经109°02′～109°42′，具有热带季风山区气候特征，日照时数虽比岛内大部分县少些，但年平均日照时数还达2100小时以上，日照率达47%～48%，常年日照为2051.2小时，平均每天为5.6小时。年太阳辐射能114.3千卡/平方厘米，一年中夏季最多，占30%，5—7月每月都有200小时左右；次之是春季，占27%～28%；西北部比东南部地区略多。日平均气温稳定≥10℃期间的积温为8565℃。

近30年平均气温23.5℃，全年高温天气一般出现在4—6月，平均气温26.6℃；最低气温出现在1月，平均气温17.8℃。冬季，受冬季风和强冷空气南下影响，往往出现低温阴雨天气，气候潮湿；春季，气温极不稳定，冷热无常，少雨并伴随干旱发生，平均气温22.5℃；夏季受季风等热带天气系统影响，天气复杂多变，主要有台风、暴雨、高温等气象灾害性天气发生；秋季天气凉爽，气候温和。1988—2010年极端最低温度出现在1999年12月24日的0.4℃，极端最高温度为2007年4月1日的40.6℃。日夜温差大，年平均9.7～9.8℃。

1988—2010年白沙黎族自治县历年各月平均气温及日照情况表

表1-4-2

月份	1月	2月	3月	4月	5月	6月	7月	8月	9月	10月	11月	12月
月平均气温（℃）	17.8	19.5	22.4	25.3	26.5	27.7	27.0	26.6	25.4	23.7	20.8	18.3
月平均日照（时）	139.5	141.0	177.7	193.1	205.0	218.1	228.8	201.7	164.7	160.4	143.6	127.5

二、降水、湿度

白沙黎族自治县地形复杂，各乡镇降雨量分布不均匀。县东南部地区全年多雨，降水量在2000～2300毫米之间；西北部地区少雨，1500～1800毫米之间。雨量主要集中在5—10月，占全年降雨量的85%；11月至翌年4月为旱季，雨量占全年雨量的15%，干、湿季节明显。1988—2010年，全县年平均降雨量为1920毫米，年平均蒸发量为1601毫米，年平均相对湿度84%，干燥度指数为0.66。

1988—2010年，共有18年出现低温阴雨，占总年数的85%。低温阴雨天气最长连续出现7年，最长连续中断2年。低温阴雨总天数年平均为8.3天，年最多为27天（1993年），连续最长日数为21天（2008年）。

1988—2010年白沙黎族自治县历年各月降雨、蒸发量情况表

表1-4-2　　单位：毫米

月份	1月	2月	3月	4月	5月	6月	7月	8月	9月	10月	11月	12月
月平均降雨量	15.6	18.8	46.2	118.9	280.1	192.0	228.6	324.7	291.8	276.4	82.5	44.4
月平均蒸发量	88.3	102.8	150.9	169.4	170.9	174.8	181.6	152.6	124.8	114.3	92.8	78.4

1988—2010年白沙黎族自治县历年各月相对湿度、雾日情况表

表1-4-2

月份	1月	2月	3月	4月	5月	6月	7月	8月	9月	10月	11月	12月	年平均
月平均相对湿度（%）	84.7	83.6	79.1	79.7	82.1	80.5	81.3	85.3	87.6	86.9	86.6	85.7	83.6
月平均雾日数（天）	16.3	12.7	10.7	9.1	9.5	7.0	6.8	12.0	15.3	17.4	16.1	15.8	12.4

三、风速

白沙黎族自治县山地面积大，有地形阻挡作用，常风不大，年主导风向为东北风，年平均风速小于 2.0 米/秒，邦溪、荣邦地区偏西靠海，风速为 2~2.3 米/秒，其余地区均小于 2.0 米/秒，县气象站为 1.2 米/秒。

第三节　水　　文

一、地表水

白沙黎族自治县境内河流均属山区河流，水系较发育，海南岛的南渡江、珠碧江及昌化江 3 条主要河流均流经境内，河流流量变化较大，雨季流量暴增，旱季流量锐减。全县大小河流有 30 条，其中，集雨面积较大的有 11 条，即南渡江、南美河、南湾河、南春河、珠碧江、石碌河、木棉河、南叉河、南坑河、向民河、南清河。总流域面积为 2090.3 平方千米。其中，南溪河、珠碧江、石碌河、南美河、南湾河、南叉河等 6 条河流在县境内的流程较长，水力资源蕴藏量为 7.49 万千瓦。

白沙黎族自治县多年平均降雨量为 1815 毫米，多年平均地表径流深 915 毫米，多年平均径流量 19.4 亿立方米，保证率 P=10%，径流量为 32.8 亿立方米，P=50%径流量为 17.7 亿立方米，P=90%，径流量为 8.4 亿立方米

南溪河　发源于昌江黎族自治县南峰山，自南向北流经境内的南开、牙叉、元门、细水等 4 个乡镇和国营（有）白沙农场及 4 个地方国营（有）农林牧场，在牙叉镇与其他河汇合流入松涛水库后称为“南渡江”，再往东流经 6 个市县注入大海，南溪河全长 311.3 千米，流域面积 1149.7 平方千米，占全县总面积 54.1%。共有 6 条支流汇入，西有南妹河，南开河及南叉河，分别于南妹村、向民村及牙叉镇汇入；东南有南湾河，南有向民河，南清河分别在南三村、向民村、印妹村下 1 千米汇入。

珠碧江　是白沙黎族自治县独流入海江河，发源于境内中部的南高岭(海拔 1091 米)，取道于昌江黎族自治、儋州市交界地带向西直奔儋州市海头镇，注入北部湾。县境内河流全长 78 千米，流域面积 639.4 平方千米，占全县总面积 30%，主要流经打安、七坊、邦溪、荣邦 4 个乡镇及龙江、邦溪 2 个国营（有）农场。该河流河床平均比降 2.886%，总落差 948 米，至 2010 年已建起珠碧江、查苗、尔信、木棉、芭蕉等 10 座中小型水库以及深沟、珠碧江、大岭等 3 座小水电站，装机容量达 2500 千瓦。河道弯曲系数 2.37，流域开关系数 0.328。沿河多数有花岗岩出露，上游沿河多树木，植被良好，河床较狭窄，

大溪桥以下河床较宽。

石碌河 发源于境内青松乡斧头岭，为昌化江的主要支流。该河流自南向北纵贯青松乡境内，经金波乡、国营（有）龙江农场金波分场，流入石碌水库，最后并入昌化江注入大海。县境河流全长39.2千米，流域面积315.5平方千米，占全县总面积14%。河流天然落差1090米，可发电装机容量800千瓦，河床比降11.4%，河道弯曲系数2.32，流域形状系数0.522。

南叉河 发源于白沙黎族自治县南高岭，系南渡江支流，流经南高岭林场、牙叉镇、国营（有）白沙农场和白沙黎族自治县城，后与南溪、南湾等河流汇合，流入松涛水库。该河流全长20.7千米，流域面积100平方千米。是县城的主要地表供水水源。据县水文站2005—2010年提供的检测资料；该河的取水河段平均流量2.16立方米/秒，最水流量0.032立方米/秒，年平均径流量 5828万立方米。河流水源基本能满足抽水量，水源属二类地表水。

南美河 发源于青松乡的斧头岭，向东流入南开乡境内，注入南伟水库。该河流在青松乡境内称为南巴溪，全长38.7千米，流域面积124平方千米，是全县植被保存状况良好的河流。

南湾河 发源于头尖岭，向西北方向流入松涛水库区，全长38.7千米，流域面积184平方千米。

二、地下水

白沙黎族自治县地下水资源总量4.67亿立方米，浅层地下径流补给量多年平均1.94亿立方米，保证率P=10%，径流量0.66亿立方米，P=50%为2.48亿立方米，P=90%为2.77亿立方米，地下水资源可开采量为2.027亿立方米。境内地下水主要有两个类型：碳酸盐岩类裂隙溶洞水分布面积4平方千米，地下水天然资源0.266万吨/日；基岩裂隙水分布面积1915.2平方千米，天然资源为127.717万吨/日，开采资源为55.521万吨/日。

白沙黎族自治县有中低温热泉水3处。邦溪镇南斑村热泉，出自花岗岩裂隙中，流量0.74升/秒，水温38℃，总硬度2.22，pH 酸碱度7.9，耗氧量0.86毫克/升，$SiO_2$75毫克/升，水化学类型为重碳酸钠钙型；木棉村热泉，从花岗岩中流出，流量0.45升/秒，水温41℃；光雅镇阜喜村热泉，出自变质岩破碎带中，流量3.46升/秒，水温40℃，水化学类型为重碳酸钠钙型，总硬度6.03，pH酸碱度7.7，耗氧量0.46毫克/升，$SiO_2$60毫克/升。

截至2010年，白沙黎族自治县已建成中小型蓄水工程100宗，其中中型水库2宗，小（一）型水库12宗，小（二）型水库27宗，塘坝59宗，总库容14078.43万立方米，兴利库容 5735.99 万立方米，总灌溉面积 12.1919 万亩，其中耕地灌溉面积 6.7029 万亩，园林草地灌溉面积 5.489 万亩。

2010 年白沙黎族自治县水库特征水位和库容统计表

表 1-4-3

序号	水库名称	所在地（地市、区县、乡镇）	规模	总库容（万立方米）	坝顶高程（米）	最大坝高（米）	正常蓄水位（米）	正常库容（立方米）	设计洪水位（米）	校核洪水位（米）
1	珠碧江水库	荣邦乡	中型	7973.00	100.890	25.890	91.50	1475.00	98.01	99.89
2	坡生水库	细水乡	中型	1715.00	252.600	10.600	248.50	1140.00	250.41	252.10
3	金波水库	国有龙江农场	小（一）	474.00	260.990	31.000	254.50	280.00	259.07	260.00
4	黄沟岭水库	国有邦溪农场	小（一）	784.00	39.800	19.500	35.24	435.00	38.37	39.47
5	龙尾水库	国有龙江农场	小（一）	712.80	121.750	15.500	118.60	229.50	120.28	120.77
6	南伟水库	元门乡	小（一）	987.00	238.460	21.620	229.70	362.00	236.06	237.35
7	查苗水库	七坊镇	小（一）	385.80	153.000	17.500	151.00	335.00	151.6	151.85
8	荣邦水库	荣邦乡	小（一）	780.00	81.290	17.790	74.50	780.50	78.86	80.40
9	芭蕉水库	邦溪镇	小（一）	232.35	109.370	17.390	106.50	202.00	107.15	107.37
10	尔信水库	七坊镇	小（一）	214.99	189.200	18.200	186.00	148.00	187.86	187.39
11	木棉水库	七坊镇	小（一）	570.00	169.350	33.000	167.00	438.00	168.23	169.20
12	新开水库	阜龙乡	小（一）	124.74	302.955	19.555	299.50	91.00	300.50	301.06
13	可情水库	打安镇	小（一）	455.00	250.500	16.500	246.80	245.00	249.10	250.30
14	红坎水库	元门乡	小（一）	443.20	528.000	28.400	—	—	525.60	526.40
15	草头水库	邦溪镇	小（二）	17.00	84.500	6.000	82.50	10.40	83.05	83.30
16	保旺水库	打安镇	小（二）	19.00	140.500	15.000	138.50	13.60	139.50	139.88
17	大村水库	阜龙乡	小（二）	15.00	236.500	9.000	234.45	8.50	235.09	235.34
18	龙凤水库	打安镇	小（二）	12.00	129.250	8.000	127.72	9.84	128.50	128.90
19	福安水库	打安镇	小（二）	73.00	225.100	12.800	222.90	46.83	224.34	224.80
20	道拉水库	阜龙乡	小（二）	25.40	237.300	13.300	234.30	18.60	235.42	236.20
21	力婆水库	打安镇	小（二）	16.50	252.400	13.500	248.90	10.00	250.36	250.70
22	莫妈水库	牙叉镇	小（二）	30.00	210.100	62.000	208.50	26.20	209.05	209.14
23	南班水库	邦溪镇	小（二）	37.50	92.800	8.400	90.60	33.30	90.87	90.96

续表 1-4-3

序号	水库名称	所在地（地市、区县、乡镇）	规模	总库容（万立方米）	坝顶高程（米）	最大坝高（米）	正常蓄水位（米）	正常库容（立方米）	设计洪水位（米）	校核洪水位（米）
24	保柴水库	七坊镇	小（二）	29.80	150.200	9.820	147.20	24.40	147.83	148.02
25	牙和水库	牙叉镇	小（二）	7.20	292.500	12.000	290.25	5.15	291.34	292.20
26	长岭水库	国营龙江农场	小（二）	78.30	192.500	11.500	195.80	54.40	196.74	196.99
27	红湖水库	国营邦溪农场	小（二）	37.60	99.800	19.800	96.20	37.60	98.04	98.61
28	大岭二队水库	国营邦溪农场	小（二）	16.00	58.400	7.400	55.00	16.00	56.20	56.44
29	大岭七队水库	国营邦溪农场	小（二）	10.20	52.500	9.500	49.20	10.20	50.78	51.20
30	白沙水库	国营白沙农场	小（二）	18.20	217.200	8.200	217.20	12.60	219.93	220.78
31	岭尾水库	荣邦乡	小（二）	64.00	40.200	12.000	37.73	71.70	37.36	38.61
32	天堂水库	阜龙乡	小（二）	34.70	290.370	10.600	284.80	18.30	286.01	286.46
33	志针水库	牙叉镇	小（二）	41.00	211.500	14.870	209.50	35.10	209.05	210.23
34	可雅水库	打安镇	小（二）	31.50	220.100	13.000	217.90	24.00	218.63	218.83
35	孔头水库	邦溪镇	小（二）	30.49	110.200	11.500	108.30	22.22	109.16	109.42
36	方香水库	牙叉镇	小（二）	18.97	292.250	10.200	290.25	14.60	291.25	291.57
37	合流水库	打安镇	小（二）	62.00	227.900	15.500	223.50	48.00	224.69	225.34
38	苗村水库	牙叉镇	小（二）	27.34	317.200	15.500	314.88	23.60	315.94	316.22
39	什坡阶水库	牙叉镇	小（二）	34.00	320.000	21.000	317.60	26.70	318.75	319.48
40	干村水库	邦溪镇	小（二）	37.83	109.700	11.400	107.50	25.50	108.68	109.16
41	什坡裕水库	牙叉镇	小（二）	18.80	258.800	14.000	256.80	14.20	257.80	258.05

第四节　土壤　植被

一、土壤

据 2009—2010 白沙黎族自治县年鉴资料，白沙黎族自治县境内土壤绝大部分由花岗岩、砂页岩和紫色砂岩的原化物及河流冲积物形成。其中花岗岩母质占 45.99%，砂页岩母质占 48.42%，紫色砂页岩占 5.5%，土壤分为水稻土、山地黄壤、砖红壤、赤红壤、紫色土、河流冲击土等六大类，共有 11 个土壤亚类，32 个土层，56 个土种。土壤主要以砖红壤和赤红壤为主，占土壤总面积的 83.94%。在垂直分布方面，自然土壤的分布依次是：海拔 400 米以下为砖红壤、400～800 米为赤红壤、800 米以上为山地黄壤。

二、植被

白沙黎族自治县地处黎母山脉中段北麓，植被分为自然植被和人工植被两大类，自然植被主要以森林植被为主，其覆盖率占全县土地总面积的 75%，特点是植被种类丰富，林木类型多样，并有明显的垂直分布带谱。全县植被属热带雨林、季雨林，以热带常绿阔叶乔木树种为主。在海拔 1300 米以上的为高山矮林带，林木高度一般为 5～8 米；1000～1300 米为山地常绿阔叶林带，这里树林比较高大；750～1000 米为山地雨林或沟谷雨林带，云雾多、湿度大，生长的植物多样，植被状况良好；500～750 米为常绿季雨林带，主要以灌木丛林和野草为主；500 米以下为落叶季雨林和稀树灌丛以及人工植被，光热条件好，雨量充沛，栽培的植物种类繁多，如橡胶林等。据科考调查，白沙境内有国家一级重点保护植物 4 种（坡垒、海南苏铁、台湾苏铁、伯乐树）、国家二级重点保护植物 25 种。

蕨类　芒萁、里白、卷柏、狗脊、凤尾草、海金砂、黑木桫椤、乌毛蕨、铁钱蕨、鸟巢草、大桫椤。

乔木类　翠柏、琼楠、竹叶松、香楠、陆均松、油丹、野枇杷、海南粗榧、香胶木、刺篱木、海南五针松、厚壳桂、白木香、南亚松、木姜、海南大风子、思茅松、毛丹、母生、加勒比松、阴香、海南杨桐、广东松、广东钓樟（柳稿）、油茶、绿楠、山苍子、山茶、山牛彭、苏铁、苦梓、隆兰、坡垒、龙尾苏铁、纳稿、木兰、青皮、罗汉松、细基丸、黄兰、桃金娘、竹柏、樟树、荷花木兰、赤营、红营、乌营、乌墨、山乌墨、香椿、水翁、水蒲桃、鸡尖、黑榄、黄牛木、海棠、山竹子、扁担干、布楂叶、鹧鸪麻、大沙叶、加卜、梭罗、曾罗、木棉、爪哇木棉、高地棉、黄桐、土蜜树、黑面神、重阳木、白蒲公、算盘子、橡胶、中平树、白背叶、油甘、山乌桕、石栗、千年桐、黄槿、海南梧桐、翻白叶、银叶树、羊屎树、杜英、窿缘桉、柠檬桉、雷林桉、刚果桉、番石榴、野牡丹、白榄、花梨、白椎、红椎、黄檀、小叶胭脂、大叶胭脂、东京胭脂、赤椆、红椆、乌椆、红背椆［原县记是木字旁加一个周，且是拼接的，现查无此字，需核实。字典显示的是椆（gang）］车轮梅、围涎豆、海南红豆、大叶榕、小叶榕、华楹、刺桐、麻栎、斜叶榕、乌格、凤凰木、旱毛栎、台湾相思、大叶相思、孔雀豆、铁刀木、双翼豆、油楠、青岗栎、青果榕、盘壳栎、竹叶栎、木麻黄、越南榆、山麻黄、桑树、见血封喉、胆木、刺毒木、鹊肾、酒饼树、牛奶树、印度紫檀、枫香、黄椎、山柑、刮舌罗、灯架、蒙蒙木、无患子、杧果、铁包金、细子龙、秋芒、九节、三極苦、坡柳、猪肚刺、山苦楝、水柳、黄杞、野黄皮、黄久、黄花夹竹桃、鸦胆子、八角枫、红花夹竹桃、山荔枝、红罗、紫树、山罗、假荔枝、鸟不企、倒吊笔、苦楝、野漆、鸭脚木、麻楝、白饭树、赛楝、厚皮、黑柿、川楝、假杧果、海南柿、红楝子、留香杧、子京、酸枣、椰香杧、罗伞树、蒲葵、千张纸、菜豆树、大青、蓝靛、石梓、海南石梓、柚木、猫尾木、莺歌、杜荆、白背荆、桄榔、油棕、高山蒲葵、铁树、池杉、龙血树、假频婆、牛尾连、南洋杉、青蓝、构树、鸡毛黄、九里香、福建茶、马钱子、假鹰爪、了哥王、苧麻、天南星、五指毛桃、龙船花、侧柏、圆柏、单根木、盐肤木、露儿筋、紫珠、大叶紫珠、刺枣。

竹类 楠竹、麻竹、粉骨竹、青皮竹、刺竹、孟忠竹、水竹、刮罗竹、龙骨竹、藤竹。

果类 荔枝、龙眼、人心果、文冠果、番荔枝、刺番荔枝、椰子、槟榔、阳桃、柚、包子树、杧果、酸豆、橄榄、波罗蜜、木瓜、香蕉、牛蕉、野芭蕉、柑、橘、油甘、桃、李、番石榴。

草类 白茅、黄茅、大芒、五节芒、香茅、粽叶、飞机草、大叶菊、千斤拔、野向日葵、路边菊、地胆头、咸虾花、旱莲草、白花、蛇舌草、鸡骨草、排钱钱草、含羞草、黄花稔、美人蕉、益智、砂仁、良姜、草蔻、仁雷公笋、白豆蔻、野香茅、马唐、竹节草、鸭舌草、牛筋草、狗胆草、蜈蚣草、蟋蟀草、绢毛飘拂草、金丝草、鹅不吃草、象鼻草、绉面草、倒扣草、田字草、五月艾、四方拳草、犁头草、车前草、榨浆草、仙茅、芒花草、接骨草、纽扣草、穿心莲、刺苋、苋菜、水芙蓉、毛麝香、水老、金银花、仙人掌、大风艾、无刺仙人掌、白花丹、七姐妹、半边莲、荞菜、胭脂花、马齿苋、百部、天门冬、过塘蛇、石菖蒲、白萼金花、石蒜、剑麻、寄生兰、木虾公、金钱草、落地生根、广东万年青、木贼、百日红、广东闹洋花、三荚草、冰糖草、土半夏、龙吐珠、猫须草、虎尾草、益母草、崩大碗、山芋、石斛、望江南、防风草、啜脓羔、辣蓼、稀莶草、节节花、磨盘草、马鞭草、痴头婆、刺茄、大颠茄、三叶鬼针草、狗肝草、虎耳草、莎草、叶下珠、草决明、鸭跖草、紫万年青、苏叶、藿香。

菌类 灵芝菇、三角枫菇、甜菇、松木红菇、牛屎菇。

藤类 红藤、白藤、葛藤、竹藤、过山龙藤、黄连藤、鸡屎藤、蛇王藤、扛扳归、大血藤、锡叶藤、五加藤、金不换、土茯苓、九层塔、山胡椒、白粉藤、杜仲藤、酸藤子、犁壁藤、王不留行、牛大力、两面针、巴戟。

药材 灵芝、马勃、伸筋草、卷柏、木贼、海金沙、土贯众、崖姜、柜子仁、粗榧、海风藤、买麻藤、鱼腥草、毕拔子、蒌叶、石楠藤、山胡椒、白胶香、楮实子、桑白皮、桑叶、王不留行、榕树须、五指毛桃、穿破石、见血封喉、虫吐烟花、桑寄生、枫香寄生、火炭母、倒扣草、青箱子、鸡冠花、千日红、土人参、威灵仙、宽筋藤、黄连藤、豆豉姜、樟木扣、黄樟、阴香、天仙藤、莱菔子、桃仁、南蛇勒、蛇泡勒、过江龙、苏木、望江南、草决明、牛大力、鸡血藤、毛排钱草、排钱、金钱草、葫芦茶、相思豆、鸡骨草、白扁豆、绣毛千斤拔、千斤拔、葛根、刀豆、葛花、海桐皮、土沙苑、土花椒、入地金牛、三叉苦黄皮、鸦胆子、琥珀、苦楝树、金牛草、紫荆皮、蓖麻子、杧果、救必应、无患子、荔枝仁、方茎贵筋、算盘草、铁包皮、芙蓉叶、木棉花、山芝麻、半枫荷、田基黄、犁头草、大风子、剑花、沉香、了哥王、紫薇、使君子、桃金娘、水翁花、土槿皮、天香炉、鸟不企、鸭脚木、七叶莲、走马胎、白花茶、马钱子、鸡蛋花、长春花、单根木、萝芙木、藤杜仲、大青、马鞭草、紫珠叶、五指柑、益母草、广防风、夏枯草、洋金花、颠茄根、绵灯笼、独脚金、千层纸、穿心莲、板蓝根、接骨草、车前草、纤花耳草、白花蛇舌草、钩藤、玉叶金花、巴戟、络石藤、胆木、九节、走马箭、金银花、木鳖子、括楼、半边莲、地胆草、下田菊、佩兰、鹅不食草、山黄连、苍耳、豨莶、旱莲草、金盏银盘、野菊、菊花、青蒿、艾草、露儿根、泽泻、糯稻根、竹茹、野薏苡、芦根、淡竹叶、白茅、香附、槟榔、黄藤、海芋、魔芋、石菖蒲、浮萍、谷精子、谷精草、对叶百部、小花百部、芦荟、天冬、土麦冬、土茯苓、土必太、海南重楼、龙血树、光叶仙茅、黄药子、山药、干姜、红豆、草蔻仁、益智、良姜、土砂仁、青砂仁、海南砂仁、砂姜、广东商陆、姜黄、莪术、郁金、木杵虾公、石斛、石蚕干、青天葵、蜂房、蜈蚣、全蝎、穿山甲、白花蛇、龟板、鳖甲、蟾蜍、蝉蜕、鹿茸、地龙、夜明砂、水蛭、斑蝥、蛇蜕、盐蛇、毛鸡、黑冠长臂猿、猴子、海南熊、金钱豹、鹧祖鸟、麻风树、珍珠草、大管、白花草、金不换、翠树、石柑子、落地生根、断肠草、白花藤、洋芫、荽菜、水竹草、刺犁头、破铜钱、十萼茄、假天冬、剪刀草、牛房蕨、刺苋菜、塘葛菜、酸甜菜、白花菜、白花仔，臭茉莉、酒饼叶、酸叶藤、雷公根、五色梅、白雪花、野牡丹、一点红、天火笼、竹叶榕、青公藤、银背叶、猪屎藤、狗尾虫、瓜子金、球头草、水辣、黄牛茶、飞莲草、过塘蛇、三叉草、水茄、乌脚枪、仙人掌、红花蕉、万寿菊、丁香罗勒、水牛角、石榴皮、冬瓜皮、丝瓜络、陈皮、青皮、鸡内金、松花粉、桑枝、桑葚、鹿角、黑芝麻、蜂蜡、蜂蜜等，共有动植物药材 284 种，隶属 108 个科，195 个属。

第五节　自然灾害

一、低温阴雨

12—2 月，北方冷空气频繁南下，遇上北上的南方海上暖湿气流，冷暖空气在岛上空交汇时，常造成白沙黎族自治县低温、阴霾或阴雨绵绵、日照少的低温阴雨天气，对早稻播种以及橡胶、牲畜等安全越冬极不利，也影响早春正常的萌发。

1988—2010年，白沙黎族自治县共有22年出现低温阴雨，占总年数的85%，其中出现重过程影响的有11年，占总数的50%，约两年一遇。低温阴雨天气最长连续出现7年，最长连续中断2年。低温阴雨总天数年平均为8.3天，年最多为27天（1993年），连续最长日数为21天（2008年）。

二、干旱

干旱是白沙黎族自治县最常出现的、影响范围最广的灾害性天气。按照《海南省气象灾害指标》（2005年2月前）中的干旱指标进行统计分析，1988年12月至2010年12月，白沙县春旱日数占全年总日数的36%，冬旱占30%，秋旱占21%，夏旱占12%，年平均干旱天数130天。夏旱、秋旱发生概率少，发生频率最高的是冬旱和春旱，概率达99%。

三、热带气旋

热带气旋是白沙黎族自治县最主要的自然灾害之一，热带气旋按底层中心附近最大平均风速大小分为：热带低压、热带风暴、强热带风暴、台风、强台风和超强台风六个等级。1988—2010年，白沙县每年平均受2.8个热带气旋影响，年均造成灾害性经济损失有1.3个。受其影响最多的年份是7个（2009年），最少的年份没有（2004年），初旋平均出现在6月上旬，终旋平均出现在10月下旬，盛期在8—10月。自1959年12月白沙县气象站建站以来，热带气旋影响日降雨量最大值为490.3毫米（7703号台风），过程降水量最大值为591.5毫米（7703号台风），极大风速最大值40 米/秒。（6403号台风）。

1988年10月，白沙黎族自治县连遭1个低压，2个台风袭击。两次台风平均风力6～7级，阵风8级，降了大暴雨至特大暴雨。两次台风损失共计：水稻受灾2.75万亩，洪涝成灾0.475万亩，失收0.15万亩；木茨损失1.64万亩，刮倒橡胶1639株，咖啡95亩，水果26562株，甘蔗受灾3.67万亩，林木1930株，崩坏鱼塘15亩。被洪水围困的村庄15个，人数2500人。死亡3人，伤3人，牛死24头。房屋倒塌64间，损坏197间，茅房、工棚544间。损坏桥梁7座，公路长29千米。输电线路电杆218支，长10.9千米。通信线路电杆132支，长6.6千米。冲垮水塘4口，崩坏水陂22个，塌坏涵闸7座，损坏渡槽4座，崩决渠道101处，长5779米。损坏水电站4座，装机容量2000千瓦，损坏水轮泵3台。损失工程量：土方3.3万立方米，石方10320立方米，其中浆砌石7740立方米，混凝土769立方米。总共损失价值361.01万元。

1989年，共遭受4次台风影响，全县水稻受灾面积44940亩，成灾9870亩，失收面积 2164 亩，旱粮受灾面积 9519 亩，甘蔗受灾 64860 亩，成灾面积 12373 亩，橡胶被打倒、断面积 1597 亩，水果 5419 株，林木 1.6 万株，损失价值 786.6 万元。全县房屋倒塌 123 间，损坏 904 间，茅房倒塌 408 间，交通电讯损失情况：损坏桥梁 2 座，公路 17 千米，输电线路电杆 37 支损坏线路长 10 千米，通信线路电杆 25 支，线路长 152 千米，损失价值 124 万元。水利损失情况：冲垮山塘 3 口，冲崩水陂 50 座，塌坏涵闸 1 座，损坏渡槽 5 座，崩决渠道 85 处，长 11552 米，损失工程量：土方 5.69 万立方米，石方 11429 立方米其中浆砌石 8037 立方米，混凝土 240 立方米，损失价值 137.35 万元。

1990 年，受 4 号台风影响，县城地区日降雨量 337 毫米，七坊 367 毫米，南开，金波地区达 400 毫米，其余地区也达 300 毫米。全县水稻受灾面积 12000 亩，成灾面积 0.63 亩，失收面积 650 亩，主要水冲砂压。损失粮食产量 162.5 吨，损失经济价值 13 万元。全县损坏小（一）型水库库区工程 2 个，冲垮山塘 6 口，崩坏水陂 40 个，塌坏灌溉效益 1.31 万亩，损失工程量：土方 4.56 万立方米，石方 16345 立方米，其中浆砌石 6938 立方米，混凝土 503 立方米。水利损失价值 128.72 万元。

1991 年 7 月 13 日上午 10 时，6 号台风开始袭击白沙县，风力九级，23 时风力才减弱。受台风影响，南开、青松、金波、七坊等地区降雨量达 220～280 毫米，其他地区降雨量达 140 毫米以上，其间山洪暴发，福才水文站水位猛涨 5 米，牙义河水位也涨高 2 米，水稻受灾面积 450 亩，成灾面积 310 亩；瓜菜受灾面积 1251 亩；甘蔗受灾面积 36110 亩，成灾面积 15200 亩；损坏橡胶 123500 株；林木 251810 株；果树 11540 株，损失价值 204.3 万元；房屋倒塌 56 间，损坏 352 间，倒塌工棚、茅屋 610 间，损失价值 46.6 万元，校舍倒塌 48 间，1800 平方米，损坏 58 间，1700 平方米，损失价值 59.43 万元；损坏路面 15 千米，桥梁 5 座；损坏输电线路 3 千米，输电线路电杆 30 支，通信线路电杆 200 支，线路 7 千米，共损坏价值 26 万元。冲垮水塘 11 口，塌掉水陂 35 个，塌掉涵洞 8 座，损坏渡槽 4 座，崩决渠道 415 处，长 13215 米，损失工程土方 2.71 万立方，石方 15800 立方，水利损失价值 131.9 万元。上述共损失 468.14 万元。

1995 年 8 月 27—28 日，第 8 号台风袭击白沙黎族自治县，风力 7～8 级，全县各地普降大雨至暴雨，其中南开地区降雨量达 187 毫米，元门、细水地区降雨量达 139 毫米，打安、狮球、阜龙等地区降雨量达 104 毫米。受台风影响，全县受灾 7 个乡镇，35 个村庄，4100 人口，倒塌房屋 69 间（其中茅房 14 间），总面积 1780 平方米，损失价值 17 万元。农作物损失：刮倒、折橡胶 2.9 万株，甘蔗 600 亩，芭蕉 300 亩，损失价值 30 万元。水利损坏渡槽 2 座，冲崩水坝 4 个，损失涵闸 3 座，渠道决口长 1190 米，损失工程量：土方 1.7 万立方米，石方 2132 立方米，其中浆砌石 1600 立方米，混凝土 80 立方米，损失灌溉效益面积 8600 亩，损失价值 46.9 万元。工业受灾：公路中断不通车（白什）一条，毁坏路面 3.5 千米，供电中断线路 14 条，时间长 12 小时，损失输电线路 3 千米。损失通信线路长 4.5 千米，损失价值 12 万元。全县直接遭受经济损失 105.9 万元。

1996 年 9 月 18 日 8 时，18 号台风袭击白沙黎族自治县，本次台风移动速度慢，加上受南下冷空气影响，全县各地普降暴雨至大暴雨，局部地区特大暴雨，据气象部门实测，从 9 月 18 日早上 8 时至 9 月 21 日早上 8 时，珠碧江地区降雨量达 588.5 毫米，牙叉地区为 346.5 毫米，邦溪地区为 578 毫米，细水地区为 323 毫米。珠碧江水位 96.78 米，超过溢洪坝顶 5.78 米，木棉水库水位上涨离坝顶为 1 米，南叉江上涨最高水位 193.47 米，全县农作物受灾面积 1557 公顷，其中粮食作物 668 公顷，绝收面积 80 公顷，毁坏耕地面积 110 公顷，其中灌溉面积 1200 亩，死亡牲畜 415 头，冲垮鱼塘 71 口，175 亩，冲走鱼苗 450 万尾，农业直接经济损失 2600 万元；台风还造成全县 10 家工矿企业停产，公路中断通车 17 条，最为严重的南辰公路、白什公路，冲毁公路桥涵 26 座，毁坏公路路基 248 千米，其中土路 50 千米，供电中断 7 条次，时间 24 小时损坏输电线路杆 38 条，长 5 千米。总装机容量为 1.6 千瓦的深水沟水电站被洪水淹没，4 台发电机组全部报废。损失通信线路杆 250 条，195 千米，新铺设的环岛光缆白沙段淹没 7 千米，工业方面直接经济损失 1215 万元；全县共损失民房 534 间，面积 9302 平方米，倒塌民房 429 间，校舍毁坏 110 间，面积 3877 平方米，房屋直接经济损失 1388 万元；全县损坏堤防 5 千米，损失水闸 3 座，冲毁塘坝 256 座，渠道决口 13.3 千米，损坏渡槽 5 座、桥涵 68 座小电站 2 座，水利工程直接经济损失 472 万元。

1998 年 8 月 27 日至 28 日，第八号台风袭击白沙黎族自治县，风力 7 – 8 级，全县各地普降大雨至暴雨，其中南开地区降雨达 187 毫米，元门、细水地区降雨量达 139 毫米，打安、狮球、阜龙等地区降雨量达 104 毫米。受台风影响全县倒塌房屋 11 间 330 平方米、房屋掀顶 63 间 1890 平方米，经济损失 28.3 万元，水冲、砂压水稻 1009 亩，经济损失 42 万元，损坏橡胶 9600 株，经济损失 24 万元，甘蔗、木薯等作物损坏 347 亩，经济损失 12.45 万元，损坏公路 1.5 千米、输电线路 12 条，通信线路 1 千米，经济损失 12 万元，水闸设施损坏 650 米，经济损失 17.8 万元，全县总计经济损失达 136.6 万元。

2001 年 7 月 1 日早上 8 时至 7 月 2 日下午 2 时，历时 32 小时，受三号台风“榴梿”影响，全县共有 9 个乡镇受灾，受灾人口 4500 人，农作物（主要是秧苗、种子受灾）825 亩，绝收面积 825 亩，停产工厂 1 个，毁坏公路路基 3 千米，损坏小（二）型水库 3 宗，损坏堤防 1 处，长 150 米，渠道决口 539 米，冲毁塘坝 9 宗。直接经济总损失 77 万元。

2002 年，受第 14 号热带风暴“黄蜂”影响，全县 14 个乡镇受灾，受灾人口 1.5 万人，直接经济总损失 140 万元。农作物受灾面积 10350 亩，其中粮食作物 1320 亩；毁坏公路路基 37 千米，渠道决口 500 米，房屋倒塌 7 间。受灾较重的乡镇是荣邦、打安、细水、七坊、青松等，其中荣邦乡甘蔗被刮倒面积 2000 亩，七坊乡村道路被冲毁 25 千米。受第 20 号热带风暴“米克拉”影响，全县各地出现大雨到暴雨，局部地区降大暴雨的降雨过程，县城地区降雨量达 177.6 毫米，南开地区 242 毫米，元门地区 168 毫米，细水地区 118 毫米，降雨较大是南开、打安、牙叉、七坊、青松、金波等乡镇。全县受灾人口 3.6 万人，直接经济总损失达 1269 万元，民房倒塌 50 间，损坏 90 间，农作物受灾面积 25350 亩，成灾面积 5055 亩，绝收面积 1950 亩；毁坏公路 94.7 千米（其中县干道 43.5 千米），公路中断 3 条次，输电线路损坏 0.5 千米，通信线路损坏 0.2 千米；水利渠道决口 127 处，长 4.4 千米，冲毁塘坝 51 座，损坏水闸 9 座，渡槽 6 座，损失工程量：土方 9.3362 万立方米，石方 1.653 万立方米，砼 0.4442 万立方米。

2003 年，共遭受（第 7、8、12、20 号）4 次热带气旋影响，第 12 号台风损失较为严重。受灾情况如下：全县 11 个乡镇受灾，受灾人口 2.2 万人，直接经济总损失 560 万元。其中房屋倒塌 26 间，农作物受灾面积 213120 亩，成灾面积 32400 亩，绝收面积 600 亩，毁坏公路 6 千米，损坏输电线路 1.96 千米，冲毁水闸 2 座，损坏灌溉设施 203 处。

2005 年，受今年 18 号台风“达维”的正面袭击，县城出现极大风速 32.7 米/秒，白沙县从 25 日早 9 时至 26 日下午 6 时止，县城地区降雨量 134.8 毫米，降雨较大的是南部地区，南开地区降雨量达 292 毫米，元门地区 267 毫米。平均风力 8 级，西部地区达 11 级。全县 11 个乡镇全部受灾，受灾人口 7.8 万人（不含农垦，以下相同），全县直接经济总损失 1.6 亿元。农作物受灾面积 189770 亩， 其中水稻 3380 亩，甘蔗 30000 亩，木薯 24890 亩，橡胶 40000 亩，香蕉 4500 亩，其他作物 87000 亩。公路中断 15 条次，毁坏公路路基（包括乡村公路）64.32 千米，损坏输电线路 0.2 千米，通信线路 1 千米。瓦房倒塌 52 间，损坏 348 间，茅房倒塌 507 间，损坏 223 间。渠道决口 126 处长 835 米，堤防损坏 1 宗长 800 米，冲毁塘坝 26 宗。

2007 年，受 15 号台风“利奇马”的影响，全县受灾村庄 275 个，人口 18149 人（不含农垦，下同），全县直接经济总损失 808 万元。农作物受灾情况：水稻 5600 亩，甘蔗 27000 亩，木薯 10700 亩，橡胶 40000 亩，其他作物 1300 亩。公路中断 2 条次，毁坏公路路基（包括乡村公路）11.67 千米，损坏输电线路 0.03 千米。瓦房倒塌 58 间，损坏 206 间，茅房倒塌 27 间，损坏 81 间。渠道决口 237 处长 2514 米，冲毁塘坝 24 个。

2008 年，受第 1 号、9 号、14 号、16 号台风和第 10 号热带风暴的影响，全县受灾村庄 101 个，人口 3.96 万人（不含农垦，下同），全县直接经济总损失 720 万元。农作物受灾面积 3300 公顷，其中粮食作物受灾面积 11850 亩，成灾面积 39000 亩，绝收面积 5700 亩，毁坏公路路基（包括乡村公路）57 千米。瓦房倒塌 231 间，渠道决口 120 处长 1500 米，冲毁塘坝 10 宗。

2009 年，全县共遭受 7 个热带气旋影响，分别是 0905 号、0907 号、0913 号、0915 号、0916 号、0917 号，其中，影响我县较为严重的是 0907 号热带风暴“天鹅”、0916 号台风“凯萨娜”、0917 号台风“芭玛”。降雨量最大的是“天鹅”号，受上述灾害性天气影响，全县受灾村庄 425 个，人口 11.0075 万人（不含农垦，下同），全县直接经济总损失 4496.9 万元。农作物受灾面积 52697 亩，成灾面积 3000 亩，绝收面积 1050 亩，其中水稻受灾 7411 亩、木薯受灾 13161 亩、甘蔗受灾 17539 亩、橡胶受灾 8303 亩、其他作物受灾 6283 亩；毁坏公路路基（包括乡村公路）57.97 千米。瓦房倒塌 226 间，损坏 344 间，渠道决口 504 处，长 8826 米，冲毁塘坝 59 宗。

2010 年，全县共遭受 3 个热带气旋影响，分别是 2 号、3 号、5 号，其中，影响较为严重的 10 月连续的 2 次强降雨天气，导致受灾人口 1.4153 万人（不含农垦，下同），全县直接经济总损失 2204 万元。水稻受灾 2682 亩、木薯 1903 亩、甘蔗 3097 亩、橡胶 941 亩、其他作物 1647 亩；毁坏公路路基（包括乡村公路）68.6 千米。瓦房倒塌 56 间，损坏 165 间， 渠道决口 119 处，长 9090 米，冲毁塘坝 8 宗。

四、其他灾害

暴雨是白沙黎族自治县降水的重要形式和来源，暴雨虽有害，却是水库蓄水的主要来源，暴雨少的年份往往会发生干旱。非台风暴雨主要集中在汛期，占全年降雨总次数的 86%。

雷暴是自然灾害之一，雷击和闪电的局地对流天气，通常伴随着滂沱大雨，有时会伴有雷雨大风和冰雹。白沙黎族自治县历年雷暴日 108 天，一般出现时间为 3—9 月，造成人员伤亡和经济损失一般在 4—7 月。

干热风常年 3—5 月出现，出现干热风时月平均气温大于 28℃，14 小时相对湿度小于 50%，连续大于 3 天的干热天气。风向偏西南，风速较大，有时可达 6～7 级，气温高，相对湿度小。这种天气使早熟稻高温逼熟，千粒重轻，迟熟早稻则影响抽穗杨花，不实粒增加，造成减产。受影响较大的是西北部的荣邦、邦溪一带，年中以 5 月中旬出现频率最高，2 年一遇，次之为 4 月下旬和 5 月上旬，4 年一遇。

第二编

人口　民族　宗教

1988—2010 年，白沙县严控人口数量和质量提高工作，全县人口数量由 15 万多人增至 20 万人，男女比例增高，老龄人口比例有所提高，人口文化结构得以改善，文盲率明显下降。白沙县是少数民族市县，2010 年少数民族人口占比超过 66%。白沙境内的少数民族以黎苗族为主，黎族有润、哈、杞方言三大支系，以俗称“本地黎”的润黎人口最多，苗族人口约 2000 人。黎族、苗族人民在白沙的土地上代代生息，创造黎锦苗绣、制陶、老古舞、五色饭等丰富多彩的民族文化，黎苗族传统节日“三月三”远近闻名。1988—2010 年，白沙县将民族工作作为重中之重，通过民族政策宣传、民族干部培养、民族团结工作、民房改造、扶贫开发、弘扬民族文化等工作，切实为少数民族谋福利，取得巨大的成绩。

第一章　人　　口

第一节　人口规模

一、人口总量

1990 年第四次全国人口普查，白沙县总人口 163735 人，同 1982 年相比，10 年零 4 个月共增加 17716 人，增长 12.13%，年平均增长 1.52%。2000 年第五次全国人口普查，白沙县总人口为 164492 人，同 1990 年相比，10 年零 4 个月共增加 757 人，增长 0.46%，年平均增长 0.05%。2010 年第六次全国人口普查，白沙县总人口为 167918 人，同 2000 年相比，10 年共增加 3426 人，增长 2.08%，年平均增长 0.21%。

二、人口分布

白沙县的人口分布密度与地形地貌有关。地势相对平坦的地区，人口比较集中，密度较高；山区人口较少，密度低。从第一次至第六次全国人口普查数据分析，白沙县人口分布密度：1953 年每平方千米 16.41 人，1964 年每平方千米 30.35 人，1982 年每平方千米 68.97 人，1990 年每平方千米 77.34 人，2000 年每平方千米 77.69 人，2010 年每平方千米 79.31 人。

1990 年第四次全国人口普查时，白沙县城镇人口 1.6 万人，占全县人口的 9.8%，其余 90.2%的人口均分布在农村。2000 年第五次全国人口普查时，白沙县人口中，居住在城镇的人口为 33096 人，占总人口的 20.12%；居住在乡村的人口为 131396 人，占总人口的 79.88%。同 1990 年第四次全国人口普查相比，城镇人口占总人口的比重上升 10.28

个百分点。

2010年第六次全国人口普查时，白沙全县人口中，牙叉镇占22.54%，打安镇占8.08%，七坊镇占13.35%，邦溪镇占6.62%，南开乡占2.73%，元门乡占3.80%，细水乡占3.20%，阜龙乡占3.93%，青松乡占4.93%，金波乡占2.39%，荣邦乡占3.59%，龙江农场占15.11%，白沙农场占4.54%，邦溪农场占6.19%。

1988—2010年白沙黎族自治县总人口统计表

表2-1-1

年份	总户数（含农垦）（户）	总人口（含农垦）（人）	总户数（不含农垦）（户）	总人口（不含农垦）（人）
1988年	34455	152863	19767	101138
1989年	34729	153075	20094	101888
1990年	36984	155711	21812	103677
1991年	37460	159299	21798	106104
1992年	36908	160075	21248	107461
1993年	37714	163538	22179	110392
1994年	36241	165002	22267	112676
1995年	38238	168667	22860	115314
1996年	38448	167889	23034	114790
1997年	38812	171352	23217	117251
1998年	39576	173454	23809	118956
1999年	39718	176377	23546	121445
2000年	43018	177404	25646	122364
2001年	41786	179342	24864	123851
2002年	42101	180388	25620	124882
2003年	42378	181578	25863	125961
2004年	43787	191886	26111	126644
2005年	42947	185727	25099	127844
2006年	47993	188102	29196	129697
2007年	49075	191042	30018	131991
2008年	54448	195610	34911	136689
2009年	54856	199365	34994	140079
2010年	58618	202792	38159	142821

1988—2010年白沙黎族自治县各乡镇、农场人口统计表

表2-1-2 单位：人

年份	乡镇												农场			
	牙叉镇	打安镇	七坊镇	邦溪镇	南开乡	元门乡	细水乡	阜龙乡	青松乡	金波乡	荣邦乡	合计	龙江农场	白沙农场	邦溪农场	合计
1988年	29380	9629	17247	8274	4134	6417	4679	3964	7494	3860	6060	101138	30887	8371	12467	51725
1989年	29858	9731	17474	8358	4171	6143	4624	4008	7503	3878	6140	101888	30659	8200	12328	51187
1990年	30357	10021	17802	8609	4290	6096	4645	4093	7611	3934	6219	103677	30972	8286	12776	52034
1991年	31441	10419	18136	8837	4397	6162	4725	4072	7695	3937	6283	106104	31132	8924	13139	53195
1992年	31988	10728	18382	8866	4471	6102	4819	4113	7802	4000	6190	107461	30327	9315	12972	52614
1993年	33836	10866	18952	9093	4523	5929	4872	4149	7882	4026	6264	110392	30537	9472	13137	53146
1994年	34952	11054	19261	9455	4578	5956	4907	4204	7964	4036	6309	112676	30294	9365	12667	52326
1995年	35870	11228	19686	9783	4680	6011	5016	4397	8068	4126	6449	115314	30811	9575	12967	53353
1996年	35871	11038	19533	9479	4664	5967	5052	4468	8172	4124	6512	114880	30786	9426	12887	53099
1997年	36879	11184	19863	9723	4764	6088	5106	4570	8273	4214	6587	117251	31235	9657	13209	54101
1998年	37531	11283	20172	9874	4787	6315	5114	4576	8373	4274	6657	118956	31625	9641	13232	54498
1999年	37724	11387	20670	10138	4898	7177	5304	4618	8423	4418	6688	121445	31847	9792	13293	54932
2000年	37943	11193	21281	10371	4894	7288	5070	4672	8468	4439	6745	122364	32138	9926	12976	55040
2001年	38464	11398	21484	10578	4915	7337	5094	4731	8552	4496	6802	123851	32488	10035	12968	55491
2002年	38813	11478	21605	10760	4947	7365	5076	4761	8563	4587	6927	124882	32765	9867	12874	55506
2003年	39135	11599	21764	10966	4980	7379	5118	4796	8598	4634	6992	125961	32864	9812	12941	55617

续表 2-1-2

年份	乡镇												农场			
	牙叉镇	打安镇	七坊镇	邦溪镇	南开乡	元门乡	细水乡	阜龙乡	青松乡	金波乡	荣邦乡	合计	龙江农场	白沙农场	邦溪农场	合计
2004 年	39301	11685	21844	11135	5022	7427	5112	4805	8656	4661	6996	126644	34525	10153	13564	58242
2005 年	39515	11924	22163	11198	5076	7606	5173	4827	8765	4554	7043	127844	34216	9965	13702	57883
2006 年	40997	12045	22301	10451	4831	7888	5521	4811	9447	4780	6625	129697	34720	10063	13622	58405
2007 年	41596	12071	23082	10484	4873	7990	5710	5099	9582	4851	6653	131991	35314	10017	13720	59051
2008 年	42532	13931	24407	10543	4871	8004	5767	5199	9784	4911	6740	136689	35038	10003	13880	58921
2009 年	44832	14216	24361	10609	5002	8002	5893	5340	9892	4997	6935	140079	35297	9997	13992	59286
2010 年	45156	14906	25159	10834	5213	8070	6114	5423	9707	5102	7137	142821	35629	10141	14201	59971

第二节　人口构成

一、性别构成

1990 年第四次全国人口普查时，白沙全县人口中，男性 86597 人，女性 77138 人，男性占总人口的 52.89%，女性占总人口的 47.11%。

2000 年第五次全国人口普查时，白沙全县人口中，男性为 89597 人，占总人口的 54.47%；女性为 74895 人，占总人口的 45.53%。性别比为 119.63（以女性为 100，男性对女性的比例）。同 1990 年第四次全国人口普查相比，男性增加 3000 人，增长 3.46%，年平均增长率 0.33%；女性减少 2243 人，下降 2.9%，年平均递减 0.29%，性别比上升 7.36 个百分点。

2010 年第六次全国人口普查时，白沙全县人口中，男性为 90382 人，占总人口的 53.83%；女性为 77536 人，占总人口的 46.17%，同 2000 年第五次人口普查相比，男性增加 815 人，增长 0.91%；女性增加 2609，增长 3.48%；总人口性别比（以女性为 100，男性对女性的比例）由 2000 年第五次人口普查 119.54%下降为 116.57%。

1988—2010 年部分年度白沙黎族自治县人口性别构成一览表

表 2-1-3　　单位：人

普查年份	总人口			性别比（女=100）
	合计	男	女	
1990 年	163735	86597	77138	112.26
2000 年	164494	89567	74927	119.54
2010 年	167918	80382	77536	116.57

二、年龄构成

1990 年第四次全国人口普查时，白沙县人口中，不足 10 周岁的 37436 人，占总人口的 22.86%；10 ~ 19 周岁的 37123 人，占 22.67%；20 ~ 54 周岁的 77255 人，占 47.18%，55 ~ 99 周岁的 11918 人，占 7.28%；100 周岁以上的 3 人。

2000 年第五次全国人口普查时，白沙县人口中，0 ~ 5 岁的人口为 15005 人，占总人口的 9.12%；6～14 岁的人口为 32451 人，占总人口的 19.73%；15～64 岁的人口为 109821 人，占总人口的 66.76%；65 岁及以上的人口为 7215 人，占总人口的 4.39%。同 1990 年第四次全国人口普查相比，0～5 岁人口减少 6067 人，比重下降 3.75 个百分点，6～14 岁人口减少 2656 人，比重下降 1.71 个百分点，15～64 岁人口增加 6416 人，比重上升 3.61 个百分比；65 岁及以上人口增加 3064 人，比重上升 1.86 个百分点。

2010 年第六次全国人口普查时，白沙县人口中，0～14 岁的人口为 39133 人，占总人口的 23.30%；15～64 岁的人口为 117504 人，占总人口的 69.98%；65 岁及以上的人口为 11281 人，占总人口的 6.72%。同 2000 年第五次人口普查相比，0～14 岁人口减少 8323 人，比重下降 5.55 个百分点，15～64 岁人口增加 7683 人，比重上升 3.22 个百分点，65 岁及以上人口比重上升 2.33 个百分点。

1988—2010 年部分年度白沙黎族自治县人口年龄结构一览表

表 2-1-4

普查年份	各年龄段人口（人）			各年龄段人口比重（%）		
	0～14 岁	15～64 岁	65 岁以上	0～14 岁	15～64 岁	65 岁以上
1990 年	56179	103405	4151	34.31	63.15	2.54
2000 年	47356	109661	7477	28.79	66.67	4.54
2010 年	39133	117504	11281	22.71	70.28	7.01

三、民族构成

1990 年第四次全国人口普查时，白沙县人口中，汉族 71605 人，黎族 88770 人，壮族 1934 人，苗族 1254 人，其他民族 172 人。2000 年第五次全国人口普查时，白沙县人口中，汉族人口为 60610 人，占总人口的 36.85%；各少数民族人口为 103882 人，占总人口的 63.15%。同 1990 年第四次全国人口普查相比，汉族人口减少 10995 人，下降 15.36%，年平均下降率为 1.6%；各少数民族人口增加 11752 人，增长 12.7%，年平均增长率为 1.17%。2010 年第六次全国人口普查时，白沙县人口中，汉族人口为 54685 人，占总人口的 32.57%；各少数民族人口为 113233 人，占总人口的 67.43%。同 2000 年第五次人口普查相比，汉族人口减少 5925 人，下降 9.8%，占总人口比重下降 4.28 个百分点；各少数民族人口增加 9351 人，增长 9%，占总人口比重上升 4.28 个百分点。

1988—2010 年部分年度白沙县汉族和少数民族人口统计表

表 2-1-5

普查年份	汉族		少数民族	
	人数（人）	占总人口比重（%）	人数（人）	占总人口比重（%）
1990 年	71605	43.73	92130	56.27
2000 年	60730	36.92	103764	63.08
2010 年	54685	33.98	113233	66.02

四、文化构成

1990 年第四次全国人口普查时，白沙县总人口中，大学文化程度 1358 人，占总人口 0.83%，比 1982 年增长 28.5%；中专文化程度 2411 人，占总人口 1.47%；高中文化程度 13934 人，占总人口 8.51%；初中文化程度 33591 人，占总人口 20.52%；小学文化程度 61925 人，占总人口 37.82%。1990 年，全县文盲半文盲的人口为 22321 人，占总人口 13.63%，比 1982 年减少 14.49%。

2000 年第五次全国人口普查时，白沙县人口中，接受大学（指大专以上）教育的 2992 人，接受高中（含中专）教育的 16167 人，接受初中教育的 49826 人，接受小学教育的 66007 人（以上各种受教育程度的人包括各类学校的毕业生、肄业生和在校生）。同 1990 年第四次全国人口普查相比，每万人中拥有各种受教育程度的人数变化如下：具有大学文化程度的由 83 人上升为 182 人，年平均增长率 7.94%；具有高中文化程度的由 998 人上升为 983 人，年平均下降率 0.11%；具有初中文化程度的由 2052 人上升为 3029 人，年平均增长率 3.89%；具有小学文化程度的由 3782 人上升为 4013 人，年平均增长率 0.62%。全县人口中，文盲人口（15 岁及以上不识字或者识字很少的人）为 11038 人，同 1990 年第四次全国人口普查相比，减少 10944 人，文盲率由 13.43%下降为 6.71%，下降 6.72 个百分点。

2010 年第六次全国人口普查时，白沙县人口中，具有大学（指大专以上）程度的 6498 人；具有高中（含中专）程度的 18121 人；具有初中程度的 67657 人；具有小学程度的 49685 人（以上各种受教育程度的人包括各类学校的毕业生、肄业生和在校生）。同 2000 年第五次人口普查相比，每万人中具有大学文化程度的由 182 人上升为 387 人，年平均增长率 7.84%；具有高中文化程度的由 983 人上升为 1079 人，年平均增长率 0.94%；具有初中文化程度的由3029人上升为4029人，年平均增长率2.89%；具有小学文化程度的由4013人下降为2959人年平均下降率3.01%。全县人口中，文盲人口（15岁及以上不识字的人）为7619人，同2000年第五次人口普查相比，文盲人口减少3419人，文盲率由6.71%下降为4.54%，下降2.17个百分点。

1988—2010年部分年度白沙黎族自治县每10万人拥有的各种受教育人口统计表

表2-1-6　　单位：人

普查年份	大学	高中	初中	小学
1990年	829	9983	20515	37820
2000年	1825	9848	30203	39930
2010年	4101	11248	40359	29078

1988—2010年部分年度白沙县文盲人口统计表

表2-1-7

普查年份	1990年	2000年	2010年
文盲人口（人）	22321	11134	7619
文盲占总人口比重（%）	13.63	6.77	4.54

五、职业构成

1990年第四次全国人口普查时，白沙全县在业人口85189人，占总人口52.03%，其中从事农、林、牧、渔、水利业70558人，占在业人口82.82%；建筑业414人，占0.49%；工业4330人，占5.08%；交通运输、邮电通信业722人，占0.85%；商业、公共饮食业、物资供销和仓储业2912人，占3.42%；房地产管理、公用事业、居民服务业279人，占0.33%；卫生、体育和社会福利事业841人，占0.99%；教育、文化艺术和广播电视事业2811人，占3.3%；科学研究和综合技术服务事业39人，占0.05%；金融、保险业345人，占0.41%；党政国家机关和社会团体1937人，占2.27%；其他行业1人，占0.001%。

第三节　婚姻　家庭

1990年第四次全国人口普查时，白沙全县家庭户34585户，159821人，平均每户4.62

人。2000年第五次全国人口普查时，白沙全县共有家庭户39341户，家庭户人口为159868人，平均每个家庭户人口为4.06人。同1990年第四次全国人口普查相比，家庭户增加4756户，平均每个家庭户人口减少0.56人。第六次全国人口普查时，白沙全县共有家庭户46292户，家庭户人口为163685人，平均每个家庭户的人口为3.54人，比2000年第五次人口普查的4.07人减少0.53人。

1988—2010年部分年度白沙黎族自治县家庭户规模统计表

表2-1-8　　　　单位：人/户

普查年份	1990年	2000年	2010年
家庭户规模	4.62	4.07	3.54

第二章　计划生育

第一节　机构　队伍　设施

一、机构

1984年白沙县计划生育指导委员会改为白沙县计划生育委员会，1995年10月改为白沙黎族自治县卫生和计划生育局，1996年7月更为白沙黎族自治县计划生育局，2004年1月改为白沙黎族自治县人口和计划生育局，2010年3月改为白沙黎族自治县人口和计划生育委员会。

从1991年起，白沙县计划生育行政管理机构先后内设的机构有办公室、宣传教育股、政策法规股、发展规划股等4个股室。2008年6月，增加科技股和流动人口管理股。全县各乡、镇、国有农场均设有计划生育办公室。

1991年3月，白沙县计划生育协会成立，属社会团体，挂靠县计划生育行政机构。

1988年，设县计划生育技术服务站。1994—1996年，打安镇、原光雅镇、七坊镇先后成立乡镇计划生育服务所，面向社会公开招聘医疗技术工作人员。至2010年，白沙全县计划生育技术服务机构编制共12个，其中县计划生育服务站1个，乡镇计划生育技术服务所编制11个。

二、队伍

1988年，乡镇计生专职干部14人，学历均为高中（或高中以下）。1989年和1995

年分别招录大、中专学历以上工作人员 11 人和 8 人，全县乡镇计生专职干部达 33 人，做到大乡镇有 3～5 人以上，小乡镇有 2～3 人，其中大专以上有 15 人，占整个队伍的 47%。

自 1988 年起，白沙县乡镇各村委会配备计划生育员（全县 75 名），每月发 50 元，列入县级财政预算。从 1997 年初起，白沙县乡镇的各村民小组、国营农场的各连队，全面实行聘用计划生育信息员的做法；各村民小组计划生育信息员每月发 20～50 元不等，列入各乡镇财政预算，各连队计划生育信息员每月发 5～10 元不等，列入各国营农场财政预算。2005 年，白沙县聘用机关、企事业单位计划生育信息员 89 名，每月发 20 元（2010 年提高到 30 元），列入县计划生育事业经费预算。

三、设施

1988 年至 1995 年，白沙县计划生育服务机构的设施建设严重不足，县计划生育行政部门办公场所不到 60 平方米，县计划生育技术服务站的工作场所不足 100 平方米等，而且办公设备、医疗器械设备简陋，全县计划生育事业的整体设备固定资产不足 50 万元。

1997 年后，白沙县不断加大计划生育服务机构的设施建设，至 2010 年，白沙县计划生育行政部门的办公场所占地达 1333.34 平方米，建有综合办公大楼 1 幢，建筑面积达 1280 平方米，配有信息化的现代办公设备；县计划生育技术服务站办公场所占地达 1000 平方米，建有综合办公楼 1 幢，建筑面积达 1246 平方米，配有各种先进的医疗仪器设备；打安镇、原光雅镇、七坊镇等乡镇计划生育服务所，建筑面积共计 520 多平方米，配有各种医疗设备，全县计划生育事业固定资产达到 508 万元，比 1995 年增长 10 倍以上。

第二节　政策宣传

一、政策规定

1988 年至 1989 年 10 月 9 日，白沙县居民生育政策执行原《广东省的计划生育条例》和原《海南黎族苗族自治州关于少数民族计划生育的暂行规定》。生育政策调节为国家干部、职工、城镇居民（含厂矿、企业）一对夫妇只生育一个孩子；农村群众一对夫妇鼓励生育一个孩子，有实际困难要求生育两个孩子者，经乡镇计生部门批准，可以有计划安排生育第二个孩子（生育间隔必须 4 年以上）。少数民族国家干部、职工、城镇居民（含厂矿、企业）鼓励一对夫妇生育一个孩子，有实际困难要求生育两个孩子者，经县计生部门批准，可以有计划安排生育第二个孩子（生育间隔必须 4 年以上）；农村少数民族群众，一对夫妇允许生育两个孩子，有实际困难要求生育三个孩子者，经县计生部门批准，可以有计划安排（生育间隔必须 4 年以上）。

1989 年 10 月 10 日至 2003 年 11 月底，白沙县居民生育政策执行《海南省计划生育条例》，生育政策调节为：夫妻双方为汉族（或壮族）的非农业人口，提倡一对夫妇生育一个子女；夫妻双方或一方为少数民族的非农业人口，第一孩子生育间隔 4 年后可以有计划安排生育第二个子女；夫妻双方为汉族（或壮族）的农业人口（或女方农业人口）第一孩子生育间隔 4 年后，可以生育第二个子女；夫妻双方（或一方）为少数民族农业人口可以生育两个子女，有实际困难要求生育三个孩子者，经县计生部门批准，可以有计划安排生育第二个孩子（生育间隔必须 4 年以上）。

2003 年 12 月 1 日至 2010 年，白沙县居民生育政策执行《海南省人口与计划生育条例》。生育调节为：夫妻双方为汉族（或汉族）的城镇居民，提倡一对夫妇生育一个子女；夫妻双方（或一方）为少数民族的城镇居民，可以生育第二个子女；夫妻双方为汉族（或壮族）的农村居民，可以生育两个子女；夫妻双方（或一方）为少数民族的农村居民，可以生育两个子女，生育两个子女都是女孩的，要求生育第三个孩子者，经县计生行政部门备案批准后可以再生育一个子女。农村居民在城镇连续居住 1 年以上，或者已被机关、社会团体、企业事业组织录用的，依照海南省城镇居民的生育规定执行。

二、宣传教育

20 世纪 90 年代，白沙县计划生育的宣传教育工作主要是在村（居）委会、农场连队和企业厂矿开设“人口学校”，充分利用“人口学校”阵地举办农民计划生育培训班，开展“计划生育基础知识教育”，着重宣传计划生育是基本国策，实行国情、县情、乡情教育；实行家庭经济收入与人口消费对比算账法教育等。1991—1999 年，白沙县计生委举办师资培训 40 多场次，全县设立“人口学校”280 多所，印刷各类宣传资料 30 万份，书写永久性计划生育宣传标语 4000 多条，印刷《计划生育基础知识教育》宣传品 24000 份。2000—2005 年，白沙县计划生育宣传教育着重于计划生育宣传品进村入户，重点宣传计划生育政策和优生优育和生殖健康等知识，以已婚育龄妇女为重点宣传对象。每年印刷计划生育宣传品进村入户有 4 万多份。

2006—2010 年，白沙县计划生育宣传教育工作以重点对象访谈、出精品和在城镇建设计划生育宣传长廊为切入点，实施“人口计生宣传同文明生态村建设结合起来”一起抓落实，先后在七坊镇的木棉村委会、打安镇的合水村委会、牙叉镇的方香村委会、探扭村委会和荣邦乡的俄朗村委会等打造村级计划生育宣传教育基地，得到海南省人口计生委领导的肯定，迎来省内、外同行参观学习300多人次；沿邦溪—七坊—龙江—打安—牙叉—元门等6个贯穿白沙东西公路沿线的乡镇政府（农场）所在地，建设计划生育文化宣传长廊，利用道路两旁的灯杆悬挂计划生育宣传广告灯箱400多个；征集和编排计划生育乡土文化话剧和舞蹈在乡村艺演，其中县人口和计划生育委员会编排的《阳光女孩》《爱在人间》《牵着你的手》《创造新世界，男女手携手》分别获得海南省第二届人口和计划生育乡土文化文艺作品舞蹈类二、三等奖和音乐类三等奖，《牵着你的手》获全国人口和计划生育文艺调演“银奖”；共印制发放《流动人口服务工作指南》、《计划生育基本知识》、《计划生育奖励机制》、《中共中央关于控制我国人口增长问题致全体共产党员、共青团员的公开信》、计生宣传围裙等婚育新风进万家系列宣传品230000多份（册）。

县计生协会大力指导各自然村完善村计划生育章程、村规民约和村计生干部的工作职责，明确权利和责任。在制度的落实上，与群众签订《计划生育基层群众自治合同》《已婚怀孕妇女孕期生殖保健协议服务书》等协议，带动群众积极参与计划生育村民自治工作。至2010年末，全县创建村民自治示范点38个，占村（居）委会的49%；其中探扭、木棉、南仲、合水、道阜等5个村委会先后获得国家人口计生委和国家计生协会授予示范村村（居）委会的称号。

县计生协会每年利用元旦、春节、母亲节、“5·29”会员活动日等节假日和纪念日期间，对全县失独家庭户、独生子女户、纯女户及部分计划生育困难户和基层计划生育工作者开展关怀慰问活动，并争取县农业局、扶贫办、民宗委等部门重视与支持，在资金和物资扶贫扶助上向计生户倾斜，开展“少生快富工程”帮扶活动，扶持计划生育户种植橡胶、竹子、生姜，养猪、养鹅、养鸡、养蜂。

第三节 计划生育管理

一、行政管理

自1988年起，白沙县依法审批二孩、三孩生育指标，做到部门负其责，把好关。乡镇、国营农场计生办把好材料审查和报送关；县民族宗教局把好民族证明关；县公安局把好户口办理和变更关；县计生委成立专门的审批小组，把好审批关，在审核的基础上按法定时间和程序办理生育服务证。

2000年以前，白沙县计划生育的审批权限基本上集中在县级计划生育行政部门，许多证件特别是城镇人口计划生育证件和证明材料都要到县计划生育行政部门办理，制约性很强，群众办事不方便。2000年后，白沙县计划生育行政部门在乡镇计生办、国有农场计生办设立办证服务网点14个，印发生育服务证等各证件申请办理程序的通知，同年年底又印发办理计划生育种类证件证明一律不许收费的通知，提高工作效力，方便群众。据统计，2001—2010年，每年有1800多本生育服务证和1300多本流动人口婚育证在基层计生办直接办理，每年有100多件计划生育证明书从基层计生办直接邮向全国各地。

2010年，县计生部门、县公安部门、县工商行政管理部门、县建设部门，县人事劳动部门等9个单位联合对流动人口计划生育工作进行管理，实施流动人口与常住人口同管理、同服务的措施。

2003年，白沙县政府印发《白沙黎族自治县人民政府关于对计划生育户实行奖励机制和优待规定的通知》，明确计划生育与扶贫相结合利益导向机制的内容和目标，做到扶贫、教育、民房改造、沼气池建设、养老保险、医疗等方面向计划生育户倾斜。2004年，县政府印发《关于调整计划生育户民房改造物质补助标准的通知》，补助标准从原来每户补助红砖16000块，水泥5吨，调整提高到每户补助红砖18000块，水泥5吨的标准。2005年，白沙县政府印发《农场已婚育龄妇女住院分娩补助实方案的通知》，规定每位农村妇女住院分娩补助100元。同年，白沙县政府还印发《落实农场部分计划生育家庭奖励扶助制度实施方案的通知》，并向计划生育户扶助资金300多万元，植物种苗41600多株，养猪2300头、养家禽28000多只，民房改造100户。

1988—2010年，白沙县计划生育事业经费投入逐年增加。1995年，县财政拨付计划生育事业费22.4万元，人均达2.03元。2010年，县财政拨付计划生育事业经费232万元，据统计，全县各行各业共投入经费851万元，人均投入达17元。

二、计划生育成果

1988—2010年，白沙县计划生育工作成果突出，全县总人口从1988年的152659人上升至2010年的178277人，21年增加25618人；人口出生率从1988年的14.40‰下降至2010年13.97‰，下降0.43个千分点；符合法定生育率从1988年79.10%上升至2010年的97.47%，上升18.37个百分点；计划外多孩控制率从1988年的8.43%下降至2010年的1.65%，下降6.78个百分点；自然增长率逐年下降，群众自觉执行计划生育的意识得到提高，稳定低生育水平，有效地控制人口数量的过快增长。

1988—2010年白沙黎族自治县计划生育工作指标完成情况一览表

表2-2-9

年度	总人口（人）	出生婴儿（人）	人口出生率（‰）	符合法定生育率（‰）	计划外多孩控制率（‰）	自然增长率（‰）
1988年	152659	2158	14.40	79.10	8.43	9.45
1989年	154382	2188	14.42	81.40	7.50	9.85
1990年	165207	2832	17.92	76.80	8.16	12.86
1991年	167607	3049	18.32	72.91	11.12	14.21
1992年	163343	2920	17.65	71.82	16.40	14.39
1993年	165166	2774	16.89	74.08	10.71	13.38
1994年	165683	3203	19.33	65.44	16.30	14.83
1995年	167955	3630	21.61	55.26	16.97	16.91
1996年	170122	3366	19.79	59.54	14.08	15.39
1997年	169989	2566	15.10	70.71	14.07	11.16
1998年	164020	1863	11.36	77.83	11.28	7.06
1999年	166161	1906	11.47	77.02	8.18	7.88
2000年	170025	2394	14.08	78.57	8.31	13.28
2001年	172093	2317	13.46	83.60	5.70	12.52
2002年	168209	1858	11.00	92.09	2.05	7.52
2003年	163014	1851	11.30	95.89	1.51	7.42
2004年	167942	2209	13.15	98.69	1.18	8.43
2005年	174678	2979	17.05	96.95	1.98	12.19
2006年	173551	2342	13.49	98.51	0.73	9.77
2007年	173390	2472	14.26	98.22	0.89	10.32
2008年	175064	2443	13.95	97.99	0.94	9.75
2009年	176874	2568	14.52	97.82	1.29	10.63
2010年	178277	2490	13.97	97.47	1.65	10.32

第三章 民 族

第一节 主要民族

一、汉族

白沙县是个多民族融合的山区县，黎族、汉族、苗族占总人口的比重较大。汉族等其他民族迁居白沙县的时间相对较晚，大部分是在中华人民共和国成立后迁入。汉族主要分布在县直机关、国营农场、地方农场、厂矿企业等部门，居住在农村的不多。1988年10月，全县汉族人口65269人，至2010年10月，汉族人口达75632人，占全县总人口的37.3%。汉族与黎族、苗族以及其他民族同胞在日常的生产生活中交流频繁，相互学习，相互促进，共同团结奋进，共同繁荣发展。

二、黎族

白沙境内聚居的黎族有润、哈、杞方言三大支系。据统计，2010年，润方言黎族人口6.38万人，占全县黎族总人口51%，主要集中在九架岭以东、南部的乡镇；哈方言黎族人口5.19万人，占白沙黎族总人口的百分之47%，主要分布在九架岭以西、北部的乡镇；杞方言黎族的人口不足2000人，主要散居在细水等乡镇的部分偏僻村落。姓氏以符、王、陈居多。

黎语润方言有5个舒声调，2个促声调，有a、e、i、ɔ、o、u、ɯ、ə等8个基本元音，元音只有a分长短，其他元音长短对立现象消失，分白沙、元门两个土语；哈方言有3个舒声调，3个促声调，有a、e、i、o、u、ɯ等6个基本元音，都各分长短；杞方言有6个舒声调，3个促声调，有a、e、i、o、u、ɯ等6个基本元音，元音都分长短。

三、苗族

苗族自称“金门”，史称“苗黎”，明代从广西等地迁入海南。白沙境内的苗族，大部分为明代被朝廷征调的苗瑶族士兵的后裔，主要分布在南开乡的壮贺、元门乡的翁村、牙叉镇的打控、七坊镇的那来和青松乡的南局5个村。至2010年，全县苗族总人口1985人，以邓、盘、盆、李、赵等姓氏为主。

白沙县境内的苗语与整个海南的苗族语言一致，属汉藏语系苗瑶语支金门话，与广西壮族自治区自称“金门”的瑶族语言基本相同，特点是韵母多、声母少、元音分长短；词汇方面，合成词比较丰富，借词也多（主要是汉语借词）；虚词和语序是表达语法意义的主要手段；名词、指示代词和数量词作修饰语时在中心词之前，形容词作修饰语时，通常在中心词之后；句子的主语在谓语前，宾语、补语都在动词谓词后。

四、其他民族

白沙县是多民族的县份，在常住人口中，除黎族、汉族、苗族外，还有白族、满族、瑶族、傣族、畲族、侗族等。这些少数民族是在中华人民共和国成立后逐渐移居白沙县的。2010 年，黎族、汉族、苗族外的其他少数民族的人口 4455 人，这些少数民族群众入乡随俗，没有明显的本民族特征，语言交流主要是普通话。

第二节　黎族传统风俗

一、生产习俗

牛踩田　牛踩田是一种较原始的生产方式，一些山区地方因地势和泉水的作用，山脚下形成很多“深脚田”和“泥肉田”，田泥深达 40 ~ 70 厘米，不便于耕作。黎族农民因地制宜，根据山区牛多的特点，采用牛群踩田的办法，驱赶几头至 10 多头牛到田间踩踏，待田泥稀烂后再插秧。牛踩田耕作法过去常见于偏僻山区，20 世纪 80 年代后已基本无人在用。

掺插　掺插是在长年积水的深脚田采用的一种耕作方法，做法是将早造和晚造两季谷种掺在一块，同时播种育秧，同时插植。早造收割后，留下稻头，其长出再生稻后，到晚造时再一起收获。掺插耕作在解放后已少见。

凿穴点种　凿穴点种是在坡度较高的山岭地种植玉米、山兰稻采用的耕作办法。做法是，砍除要种植的山地上的灌木杂草，将其晒干，在下雨前一两天放火烧。在清理烧剩的植物枝条后，全家出动，两人一组，一人在前一人随后，在前边的人挥锄挖穴，后边的人跟着一边点播种子，一边用脚拨土将种子盖住。也有些人家不是两人一组劳作，而是每人手持一根 1 米多长、下端削尖的木棍往地上凿穴，点下种子后随即盖上土。至 2010 年，凿穴点种只有极少地方还在沿用。

轮荒　轮荒是一种原始的耕作方法，在山坡上种植的山兰稻、玉米、粟类等旱地作物时，经常采用此法。做法是选择一块肥沃的灌木林地，砍光和烧净地上植被后进行耕种，这块地在使用一两年后，待地力下降就弃耕，再去别处烧山开地。轮荒耕作对生态环境破坏大，1988 年以前已被废止。

种山兰　种山兰是过去黎族人民的一种“刀耕火种”式生产活动。种山兰的整个过程包括选地，砍伐，焚烧，整地，播种，除草，守园，赶鸟和收割。

在农历一月，开始选择比较肥沃的土地，并在已选定山地的四周做记号（符号）。做法一般是用一束茅草捆绑上树枝挂在树上并用刀在树身上砍成“×”形符号，表明此山地已经有主，别人看到记号后，不会再侵占这块山地。

农历二月砍伐山地上的树木植被（砍山），三月晒干山地上的树枝杂草，四月焚烧山地上已经晒干了的树枝杂草（烧山）。砍伐是用钩刀将大树下的藤和杂草及小树砍光，大树则只砍去树枝。砍大树树枝时，先准备一根又直又长的竹竿，竹竿上用绳子绑紧一个坚硬的木钩，然后拿到山园作爬树工具。爬树时，人用竹竿钩在大树上，沿着竹竿爬到树顶上将树枝砍下来。如果大树之间的距离近，人就不用下地，靠这根竹竿从这棵大树转移到另一棵大树上。

爬树砍树枝时，一边爬树，一边用黎语唱着砍山兰歌。歌词大意是：“大家快快上树，上午快快把它砍光，女人在树下捡树枝，不要害怕蚂蚁多，砍下树枝蚂蚁死，把树杂藤砍断让它滚落下。树枝呀，你别卡住它，让它快落下来，让它快滚到溪河边，让它自己腐烂掉，让山兰地平夷干净。”砍下的树木和杂草在太阳下曝晒，一般过一个月才能引火焚烧。

焚烧不完的树木和大树枝搬到山兰园的中间和边上集中堆放，小的树枝和杂草集中在一起再次引火焚烧。

播种（点种）在农历五月进行，播种之前要上山砍一根 1.5 米长的坚硬木棍，用刀把木棍的一端削尖，做成戳穴工具。戳穴点种一般是两人配合，男人用尖木棍往地面戳穴时，女人用腰篓盛着种子跟在后面，用右手点放山兰稻种。戳穴点种的方法有两种，一种是耙式戳穴点种法，采用此法，整块地上戳的穴如耙齿一样平直；一种为圆圈式截穴点种法，做法是在地的外围开始戳穴，从大圈一直周转到小圈，整块地上戳的穴呈同心圆状。

农历六月山兰稻发青后，用锄或刀把园里的杂草及小树枝除光，并用树木和茅草等材料在园中间搭建一个寮房。

农历七月山兰稻抽穗，八月份入米结谷。这时，人要在园里日夜守寮。白天赶鸟，夜间守山猪，以防止鸟和山猪进园偷吃稻或毁坏作物。

农历九月至十月是山兰稻成熟收割的时间。女人用手捻刀把一支一支稻穗收集成把，六把为一份，放在园里晒干。男人砍两根木头在园里搭架，用竹子做成栏杆式，把晒干的山兰稻放在架上，或直接挑担回家，离家远的，一人一次只能担五六份；离家近的一人一次可以挑上 12 份。

1978 年改革开放后，为保护生态环境，山兰的这种耕种方式已被禁止。

捕鱼 白沙县地处南渡江、珠碧江、石碌河上游，河网纵横，到河里捕鱼成为黎族人一种传统的生产活动。黎族人的捕鱼方法灵活多样，除箭鱼、叉鱼和照鱼这几种效果不大好的方法外，主要有浑水摸鱼、撒网捕鱼、下网捕鱼、截河床捕鱼、装鱼笼捕鱼、药鱼和钓鱼等。

浑水摸鱼是人们在溪河里排成队，然后用木棒、竹竿或手掌猛烈击打水，待鱼躲进石洞后，用手拦拿，或手抓小网网住在水中乱串的鱼，此法多在傍晚进行。

撒网捕鱼，黎族人称为"打网"，农村里各家各户多有一张用自采麻线编织的渔网。下午日落时分，人们结对到河的一段，从下游至上游撒网，如果是在河床较深处撒网，就使用竹排、独木舟等渡水工具进行。撒网是收获最快又轻松的一种捕鱼方法。

下网捕鱼所下的网比较长，有两三米长的，也有达三四十米长的，网眼有大有小，一指宽的捉小鱼，两三指宽的捉中鱼，五六指宽以上的捉大鱼。一般是在傍晚时分，把网横着拉过一段河床，在河两边系好，做好记号，第二天早上去收网。这种捕鱼方法，比较省事，而且总有所收获。

截河床捕鱼时，全村男女老少都参加，利用草席、树叶、泥土等将水潭的上游封堵，再用戽斗在下游戽水，待水干了才开始捉鱼。

装鱼笼捕鱼是用竹片编织成圆形的竹笼，笼头呈喇叭形，笼身与笼头接连部安设机关，使进了笼子的鱼出不来，在笼尾处收拢成拳头般大小的出口，装笼时把出口塞住，收鱼时打开出口放出鱼。装鱼之前，先拾牛骨、猪骨或死了的小鸡，用火烧成半焦后装进鱼笼，以诱鱼进笼。傍晚时装笼于河床狭窄处或激流处，出口向着下游，用石头或木头压稳，待第二天早上才去收笼。

安鱼床捕鱼一般在春夏之交（2 月、3 月、4 月），先在一段有一定落差的河床上筑一道简易石坝把水拦住，留一至两个缺口，在缺口处落差下方架一排竹筏式的竹床，用大石头压稳或在河床上打木桩系牢。当鱼顺水跌上竹床后，水从竹床间隙流走，鱼则在竹床上活蹦乱跳，成为安竹床人的囊中之物。

药鱼本来只是一种原始的捕鱼方式，是在水潭上游将一种采自山中的草药叶子舂捣稀烂，让草药汁随水流入潭中，鱼吞吃后晕迷、翻白肚，人们趁机找大鱼捡回去，过不了一会儿，流动的河水把草药冲淡后，小鱼就复活了。这本来对河里的生物没有造成危害，也不污染水源。后来也有人用六六六粉等农药毒鱼，这对鱼类及人畜危害较大，遂被禁止使用。

钓鱼有垂钓和放暗钓二种，后者多用于钓取生鱼、白鲤、鳖等，不需看守，按时收取就可。诱饵多用蚯蚓、蚱蜢、小青蛙、蜂子、金龟子幼虫以及番薯、玉米粒、饭粒等。常用小青蛙为饵钓生鱼，用鸡肠为饵钓白鲤、用小鱼为饵钓鳖等，效果都很好。

1978 年改革开放后，由于生活水平的提高，捕鱼在黎族经济生活中的地位已经越来越不重要。

狩猎 靠山吃山，黎族人居住地大都是在大山里，山中有各种各样的野生动物，打猎便成为黎族人过去维持生计的一个途径，也是男子一大爱好。凡有成年男子的家庭多半都置备一二支打猎用的铁铳枪（粉枪）。打猎有多种方式，常见的有放狗围猎、挂枪、装套圈设陷阱、装竹签等。

放狗围猎是黎族人一种大型的狩猎活动，全村男子都参加。这种狩猎活动一般在中午开始，首先，“狗头”（村里德高望重的狩猎能手）站在村头大声呼唤狗，男子们听到呼唤声便纷纷出家门，扛着猎枪走向村头；接着，“狗头”带大家来到离村稍远的大树下，商议当天狩猎的路线、山头及分配给每个人的狩猎方位；然后杀一只小鸡取腿骨占卜，举行狩猎仪式；仪式结束后，放狗上山开始狩猎。围猎中所获猎物，除击中猎物的人获得兽头和一条腿外，凡参加狩猎的人和狗均分到一份兽肉。有些地方，路过目睹者及村中五保户同样可以分享兽肉。

挂枪是猎手的单独狩猎行动，在野兽常常经过的路上装挂粉枪，待野兽走过撞碰到机关装置被射杀。

装套圈设陷阱也是猎手的单独狩猎行动，装套圈即在野兽常经过的路上设置用棕榈须或钢丝绳打成的活圈，野兽钻进圈套时被勒死；设陷阱则是在野兽常常经过的路上挖 2 ~ 3 米深的土坑，坑面用枯叶茅草等伪装，野兽经过时落入坑中被擒。

装竹签是在野兽常经过的路上，插置用老竹头削成并泡浸上牛尿或毒药的竹签，在离竹签不远处装置弹弓，野兽碰到机关被击中时，会受惊猛奔，撞到前面的竹签被刺伤就擒。

挂枪、装套圈、装竹签、挖陷阱虽是猎手单独行为，但猎手都要回村呼唤全村男人到山上宰杀所获猎物，除猎手获得兽头和一半兽肉外，村里每户都分到一份兽肉。

在元门、牙叉等地，过去保留着“猪头宴”这一古老的宴会习俗。不论谁家猎获山猪（即野猪），都将猪头拿来摆宴，请村中亲戚兄弟和老一辈人前来宴饮。据说这样做可以给主人带来福运。参加猪头宴的人（一般都是各户的男主人）都要各自带着一瓶好酒前来祝贺，家中没有酒而空手赴宴是很不体面的。

随着社会经济的发展以及政府施行生态保护工程，收缴销毁猎枪，实行禁猎政策，1978年改革开放后，黎族狩猎经济已经被农业、副业和畜牧业经济取代了。

二、生活习俗

饮食 黎族人民日常主食是大米和薯类，辅以粟类、玉米等。常食的蔬菜有南瓜、木瓜、葫瓜、白菜、野菜，肉类有淡水鱼、田螺、田蟹、蛙类等。黎族农家普遍爱吃冷水稀饭，日食三餐，晚餐常是入夜才吃，一般情况下不吃干饭。

黎族同胞有吃竹筒饭的习惯。竹筒饭的做法，即从山上砍回楠竹，取出一节竹筒，在竹筒的一头开个口子，把米（以糯米为佳）和水灌进后封口，置于火堆上不停翻动着烤，烤熟后，取出破开竹筒，里面便是香喷喷的竹筒饭，这种饭多在耕山或狩猎时吃用。

过去，黎族人还常吃山薯饭。这是黎族人于每年春夏之交口粮青黄不接时的一种饮食补充。每年春夏之交正是山薯的成熟季节，这期间也是口粮青黄不接的困难时期。天一早，人们成群结队上山挖山薯，将挖回的山薯除皮洗净，有的蒸成干饭，有的煮成薯汤，不管是干蒸还是水煮，都是很好的食物。

黎族农民喜用生鱼生肉做一种称为“鱼茶”“肉茶”的腌制食品。“鱼茶”“肉茶”的制作过程是，用煮得半熟的干饭放凉后，将预先切好的鱼、肉块拌在饭里搅均匀，加进些盐后，盛于坛中，密封好使之发酵，一般一星期后便可取出食用。“鱼茶”、“肉茶”是黎家席上的“上菜”，常在婚丧等红白事时用于宴客。还有一种俗称“南杀”的食品，做法是，把猪、牛、鹿等动物的骨块及残羹剩菜等和粥混在一起，盛于坛中密封，约一个月后，便取出生食或煮熟，用来下饭。

黎族人民普遍爱好喝酒，黎族民歌中就有“喝酒不醉怨酒饼，亲家不成怨命”这样的语句。黎族人的酒大多是自家酿制，主要有山兰糯米酒、大米酒、玉米酒、小米酒、番薯酒、木薯酒、芭蕉酒以及各种野果酒。其中以山兰糯米酒为上品，其次是一般米酒，再次是玉米酒、小米酒、番薯酒、木薯酒、芭蕉酒、野果酒等。经济宽裕的人家，餐餐不离酒，而一般人家在晚饭时，男主人也要先喝上几口酒，然后才吃饭。每逢村中谁家办红白事，都要喝群酒，喝通宵酒，有时酒宴甚至持续三五天。黎族人家里来了客人，席上总少不了酒。逢年过节，更是家家男女老幼对酒当歌，酩酊大醉，以醉为乐，以醉为足。

进入2000年后，随着经济的发展和生活水平的提高，黎族人民的饮食习俗也在跟着历史潮流逐渐发生改变，其中竹筒饭、鱼茶、肉茶已逐渐成为白沙县餐饮行业的美食特产。

服饰 润方言男子上穿无领对襟长袖衣，下着犊鼻裤，由垂在前面的带子将犊鼻裤往后拉紧，系于后腰。有些犊鼻裤的两端有珠子或铜钱，穿着走起路来叮当作响。除此，也有穿由裤子和上衣组成的汉式服饰，但这不是黎族自己裁制的，而是从汉商那里买来的，这种服饰只有外出做客或赶集时才穿着。祭祀时，穿着一种非常美丽的、具有典型黎族风格的刺绣衣服（属汉式服装）。这种刺绣，不是直接绣在衣服上，而是用各种色线绣在布块上，然后再把布块缝在衣服背部和口袋上作为装饰品。润方言男子还有与汉族相似的遮腰带，这种腰带上面有织具织成的各种简单图案花纹，两头绣着美丽的边饰，边饰两端用丝线穿上珠子或有孔钱币做穗子，穿上后走路会发出叮当的响声。

润方言男子围头帕，头帕用一块 30 厘米宽，1 ~ 2 米长的青色或深蓝色棉布制成，横侧有用各种丝线刺绣的花边，宽 12 厘米。有的是黄底绣上红“一”或“十”字花纹，有的是白底上绣绿“一”或“十”字花纹。祭祀时用的是一块 30 ~ 35 厘米宽、3 米长的“围巾”，这种“围巾”折叠成布条状缠在头上或围在脖子上，布料是未经漂染的细麻纱。“围巾”的两头刺绣得很细致巧妙，这是润方言男子装饰品中最美的一种。

旧时，润方言男子剃头留顶，结鬃在头顶或脑后，插上发簪。平时插的是雕刻简单几何花纹的锥形兽骨或黄铜制的发簪，长 15 厘米左右；祭祀或参加集会时用的是一种扁平的兽骨或银制的发簪，宽约 2 厘米，长 25 厘米左右。这种发簪上雕刻的图案是用黑色描绘出来的，上一端画着一或两个跨着大步行走的人物侧脸，额上画有如同佛像那样的眼睛，脸上是以图案化了的胡须来装饰，头上戴着具有特色的，塔状的尖顶皇冠，身上穿着胄甲，腰间佩着剑，剑在鞘里，人物左手搭在从脚高到脖子的美丽大盾上，右手高举，做投掷状，背上背着很多带装饰的弓；发簪的中部刻着形似蝙蝠或鱼的图像。在发簪上端的孔里穿进若干对各色丝线和珠串，丝线绊在发髻上，珠串垂吊着，闪闪发光，非常美丽。

润方言妇女的服饰异常精美华丽、绚丽多彩，极富独特民族风格和浓厚地方色彩，最能表现润方言黎族人民的艺术才能和智慧。

润方言妇女的衣服由贯首（套头）式宽衣和无褶裙组成。宽衣布料是购自汉商的深蓝布，或用经染色的自织棉布制成。宽衣由大小各不相同的三个部分组成。其中，中间一块是遮掩胸前和背部的，这块布的正中处开一个 V 形领口，用红细布条镶边，再用红、黄、绿等丝线绣成一排排小花，裁剪驳接处也都绣上这种小花。布料两边从上至下有三对侧布，其中一对是袖子，长度仅及肘，用 4 厘米宽的苧麻布绣上花纹，然后缝上去做袖匾；第二对和第三对连接着中间那块布的前后部，第二对（胁下布）窄些，是本色布；

第三对（两侧最下边）是四方形的苧麻布（宽约 27 ~ 32 厘米），这部分的图案花纹很漂亮，多数是龙、鱼等形象。这种刺绣是润方言刺绣中最美丽的一种，为纯装饰性花纹，或图案化的动植物和人物形象，多姿多彩，鲜艳美丽。

润方言妇女下身穿筒裙。筒裙的花纹和上衣的花纹一样，都是妇女们亲自织的，多是喜闻乐见的人物、动物、植物及稚拙的、加以夸张的图案，构图大胆巧妙，运用直线、平行线、三角形等构成图案，样式很多，在花样创造和色彩调配上令人赞叹不已。筒裙用很简单的织具织成，一条筒裙由上、中、下三幅打横连接起来，长度不到三分之一米，穿起来紧贴臀部（不需扎腰带），上端至胯骨下边到大腿一半左右，类似于现代的超短裙。织成筒裙的这三幅布各有特色，最上一幅比中、下两幅窄数厘米，花纹和色彩也很简单，只用深蓝、白、褐三色线织成几何图案花纹；中间一幅花纹较多些，多以白线做底线，织进红、蓝和少许的黄、绿色线，使呈垂直状，再将织成的几何花纹分成方格，在这些几何花纹中配上大小不同的、图案化十足的人形、蛙形等；下面一幅是由两片同样花纹的布缝合而成，制作工序最为复杂，颜色也特别美丽，大抵是用黑色做底线，其中，一种是以红色为基调，呈红色花纹，这种筒裙用于日常穿着，另一种也是以红色为基调，但嵌入金银泊、云母片或染色的羽毛，也可结缀贝壳、珠子、铜钱、流苏等，使之产生有声有色的特殊效果，此种筒裙只在参加盛大喜庆集会时才用。

润方言妇女也戴头帕，头帕有绣花和不绣花两种。前者宽约 30 厘米，长 2 米左右，青色或深蓝色，绣有美丽花纹，使用时，将头帕折叠成 5 厘米宽的布条状，层层缠在头上。

润方言妇女结鬃在脑后，除了插戴与男子相同的发簪，她们在日常还插戴薄竹片梳子，梳子宽约 3 厘米，齿长 8 厘米左右，上端用蜡黏上薄骨片和银片，骨片上刻有花纹。另外，还有一种在梳齿加进薄银片、铜片和骨片（薄骨片上也刻上花纹，穿上丝线或珠子做穗子）的梳子，只在特殊场合才插戴。

润方言妇女的耳环很独特，用直径 1 厘米、长 2 厘米的中空小圆筒的铜、银、兽骨或小竹子制成。穿戴时，用一条长约 12 厘米的银链把耳环挂在耳朵上。

哈方言男子的上衣是无领对襟窄袖短衫，下裳为袴（即犊鼻裤），也称丁字裤，哈方言称“片分”，多为素色。男子额前结髻似角状，髻上常插小木梳和一两根刺猬硬毛，缠着两头绣花的黑头巾。有些哈方言地区的男子着长袍，有的长袍特别大，形制近似新疆维吾尔族男子的长衣。

哈方言女子上衣一般为无领对襟窄袖素衣或绣花衣，多为单层。有些地方妇女上衣开胸无领、无纽，前下摆长，后下摆短，色彩以黑色为主，也有深蓝色，衣上有花纹图案。哈方言女子戴手镯、戒指、项圈等饰品。从女子所戴项圈多寡可看出其病灾状况，因为女子每病一次或祭鬼一次，要加戴一个项圈，故戴得越多说明其遭到病灾越多。女子下穿长及小腿中下部的宽筒裙，筒裙上绣有本血缘集团的族徽图案。

杞方言男子上穿无领对襟衣，下用两块宽式的吊布系于腰间。女子上身穿无领对襟衣，下着筒裙，比润方言黎族筒裙要长，为 40 ~ 50 厘米，筒裙绣有整齐对称的精美图案，头上包着筒状头帕，喜佩戴项圈、耳环等各种银饰。

至 2010 年，受汉族影响，黎族人在平时都穿着汉装，仅在一些特殊节日和场合才穿戴本民族的传统服饰。

住宅　黎族过去散居深山，住宅多选址在山谷坡地或盆地。房屋坐向不论，一般视地形、地势而定。选址很讲究这几个条件：一是要靠近耕地、溪河、山岭，以利于耕作和渔猎；二是地势（坡度）要高，利于排水，防湿防潮，减少灾害和疾病；三是自然环境好，且没有阴气，地方干净，利于人畜兴旺。黎族住宅主要有船形茅屋、金字形茅屋、隆闺小茅屋 3 种类型。

船形茅屋因外形酷似一只倒扣的木船，故名“船形屋”。中华人民共和国成立前白沙县牙叉、南仲、志针等地农民多住这种茅屋。船形屋以竹木、红白藤、茅草为材料，以石头、格木为柱，搭成浮脚屋架，用红藤条或木板、竹排手绑牢固，这便是地板。“地板”离地面 30 ~ 40 厘米，最高为 1.5 米，上居人，下养禽畜。“船头”开小门，“船尾”处伸出 2 ~ 3 米作为晒台，以晾晒谷物。船形屋茅草从屋顶一直盖到屋角，不另有墙。船形屋具有冬暖夏凉、防风避雨的优点。但房子不设窗户，房间阴暗，采光差，加上室设有炉灶，吃住都在同个地方，既不符合，也不利于防火，逐渐被淘汰。

由于受到汉民族文化的影响，黎族后来出现了金字形茅草屋。这种屋顶呈“金”字形，以格木为柱，竹木为架，茅草为盖。屋墙有泥壁和竹壁之分，均高两米左右，门有两头开的，也有从屋中间正面开的。屋内设有三脚灶，摆放简单食具，还有竹排、木条、木板搭成的睡床等。南开乡有些村民不用茅草，而用山葵叶盖屋顶，用山竹作屋墙。

隆闺小茅屋的 “隆闺”是黎语，意为不设灶的房子。黎族男女长到十三四岁，父母就会在屋边或村边盖隆闺分住。隆闺分为男隆闺和女隆闺，大的隆闺住四五人，小的住两三人。隆闺不仅是青少年男女居住之处，也是他们交朋合友、谈情说爱的场所。

黎族人建造房屋，普遍请“道公”选择吉日良辰，然后按时动工。早期农村建宅以茅草屋为主，动工之日，全村男女都来帮工，不取报酬，主人只需供饭吃。住宅建好后，再请道公择日进宅。进宅的当天，主人设宴请亲朋好友。前来庆贺者，送些钱、米、酒等物。

白沙县政府从20世纪90年代开始着手民房改造，至2010年6月止，白沙全部消灭茅草房，黎族人民住进新瓦房，甚至是平房、楼房，购进新家具等，居住条件大为改善。

结婚 过去，黎族男女婚姻多由父母包办，即使是男女青年自由恋爱结合，也得征求双方父母同意后方可缔结婚姻。婚姻有问亲、认亲、择日、迎亲等程序。

问亲，男女双方愿意或男方父母中意了，由男方父母委派媒人到女方家去，向女方父母说明意图，谓之问亲，今称提亲。认亲，男方择日带一只猪或鸡等物到女方家去，再次证实这门亲事是否成功，也与女方亲属相识，谓之认亲（合八字）。择日，由男方委派媒人，跟女方父母选择迎亲日期和讨论聘礼、礼金等，谓之择日。迎亲，到女家迎接新娘，谓之迎亲。黎族结婚日子一般选在秋后或春节前，一旦选定结婚日就要办喜酒，送聘礼。聘礼过去有牛、猪、光洋等，解放后多用现金。

南开乡黎族婚礼最具特色。在南开乡，男女青年恋爱成熟，经女方家属和亲戚同意后，男方家属择吉日良时到女方问亲。问亲时，男方家有两个人带鸡1只，鱼、肉、菜、酒各2斤，三四十斤生猪1头，2米长红线1条等礼品给女方。问亲时，定下结婚的日期，同时请求女方父母确定结婚所需要的彩礼。通常情况下，要送女方猪肉150斤、生鸡6只（其中白鸡1只，白鸡用于占卜吉凶，或安慰女方家属的亡灵）、米酒80斤、大米40斤、现金200元（如果没有现金，要送水牛1头；如果没有水牛，要送粉枪1支或吃饭碗12个、洗脸盆1个、锅1个），还要给女方母亲衣服2套、棉被1套等物品。

到了约定举办婚礼的日期，男女双方都要杀猪宰鸡办酒席招待客人。男方的家属首先要派6个人把猪肉、酒、大米、生鸡等礼物送给女方。这6人中，有2人是主礼人，不参加挑东西，只拿两把雨伞。如果新娘有孩子的话，要增派2个妇女把孩子背到新郎家。第二天下午一两点钟左右，男方送礼的人先回新郎家。到下午3点钟，新娘才离开娘家。新娘要离开家门时，她的姐妹们一拦一送三次，然后新娘才离开娘家往新郎家去。在新娘前往新郎家的路上，新郎家的家属要派几十个人手拿点燃的火把在路上相迎。送亲队伍来到离新郎家三四十米左右，新娘的姐妹们立即围成一个圆圈，把新娘围在中间，然后用红棉被盖上她们和新娘的头顶，并唱起出嫁歌、婚礼歌、结婚歌等歌谣。

到了新郎家门口时，男方家属要派出两队男人站在婚礼台上迎接。当新娘和送新娘的姐妹进入室内坐时，新郎带着6对男青年头戴毛巾，手搭着肩排成队，与新娘和她的姐妹们对歌。同时，双方的主婚人各派出1人在新郎身边跳起结婚舞，来回十几转后，男方的主婚人才把新娘和她的姐妹们头顶上盖的被子拿下来。然后新郎和陪郎给新娘家属和亲戚送香烟并点上火，20分钟过后，婚宴正式开始。宴席排成两行，新娘方坐一行、新郎方坐一行。男女青年身着黎族盛装，饮酒对歌直到通宵。

第三天早上七八点钟，双方主婚人在婚礼台上向新郎、新娘和参加婚礼的来宾致辞。首先由女方的主婚人讲话，内容大多是些希望新郎家善待新娘之类的；接着到新郎讲话，多为一些夫妻恩爱、白头偕老的誓言；然后男方的主婚人站在观众的中间，左手拿着一支箭，宣布新郎新娘正式结为夫妻，警告别人不要去破坏他们的婚姻幸福；最后由新郎和新娘向来宾敬酒致意，同大家面对面地站起来喝一碗酒，象征新人幸福吉祥。敬酒后，开始闹洞房，男女对唱山歌，共同欢乐。

台上婚礼仪式举行完毕后，酒席开始。酒席进入高潮时，新郎拿来米筛，里面放着一碗大米，烧上2~4支香插在米碗中，走到各个酒桌敬酒。这时，酒桌上的宾客要向米筛里投红封。酒席进行到当天下午才告结束。酒席结束后，如新娘已有孩子，就不能跟亲属返回娘家了；如果还没有孩子，可与亲属同返娘家，4天后才又回到夫家。

婚礼过后两天，女方家属带上亲朋好友6人再次到新郎家做客。再过2天，新郎要带上大米15公斤、酒10公斤、肉2公斤去女方家做客。

结婚后，每逢过年初二或初四新娘回娘家拜年。

随着各民族间交流增多，文化相互影响，黎族的婚礼内容也在发生改变，至2010年，黎族举办婚礼已从简从新。

离婚　黎族离婚比较自由。若是男方提出离婚，婚前送给女方的财物一概不能收回；若是女方提出离婚，则需归还男方所送的一切财物。双方婚后共同创造的财富和所生的儿女，均作两份分。

丈夫提出离婚，要备酒1罐、鸡1只，伴送妻子回娘家，并讲清离婚情由，得到女方父母及兄长的谅解，才算结束夫妻关系。妻子提出离婚的，离婚后，女子独自回娘家，男方不送行。

解放初期，离婚者多数仍按旧俗办理离婚手续，也有些到法院办理离婚手续的，以示郑重。改革开放后，黎族男女离婚大多都按国家法律行事，离婚后，男女双方都可自由婚配，不受社会约束和歧视。

丧葬　黎族人对葬礼十分重视，人死后，立即告诉亲属亲戚、亲朋好友。亲属亲戚、亲朋好友一接到噩讯，不论身在何处，不论工作多忙都务必抽出时间奔丧，除非正在建新房或者家中有特殊情况。

人死亡后，首先给尸体抹脸，抹手，抹脚，换上新衣，新裤，新袜，新鞋；接着，端来饭菜，亲属一个个呼唤死者的名字或者关系称谓，叫死者“吃饭”，如“爸，请起来吃饭”或“儿子，起来吃饭”；然后是入棺，将尸体放进棺材，置在大房（现为客厅）中央。

人死后，有的在当天下午或第二天下午就埋葬，有的择吉日良辰才埋葬。择吉日良辰埋葬的，最少要在人死3天后，最多不超过7天。在这段时间里，亲属或亲戚轮换守在灵旁，每天三餐都要叫死者 “用餐”，直到出葬为止。埋葬之后，在5天内或1个月内，邻里、亲朋好友依然要每天集中在丧家，或打牌娱乐，或与死者亲属说说话，使化解悲痛。

黎族人送葬，旧时叫送棺，今称送葬。送葬很隆重，全村中、青、老年人都出动，女亲属一般只送到村口，男的亲属则送到坟场。途中凡有气力者均争抬棺，即使与死者生前有过节也不例外。送棺途中，挑米者一路洒米，负责点鞭炮的人一路放鞭炮，一直到坟场为止。

葬毕，亲属一起磕拜三次，鸣粉枪，放鞭炮。死者生前使用的衣服、被子、碗筷、床等，要丢在坟墓外周围。送葬人在回家路上要到河边洗手脚，洗锄铲，意为洗水除邪。回到丧家，主人安设地席，铺草席或芭蕉叶，以酒肉相待。吃饭时掉饭掉菜，过去禁说：“可惜”，怕不利自己，2010年，此禁忌已经没有了，而且设宴席的习俗也已从简。

埋葬方式以土葬为主。由于贫富差距，对墓地的要求不同。有钱有地位的人，请“风水先生”选择“风水宝地”作为墓地，有些人还不惜重金与他人买地作为坟场。

葬后祭祀，因方言和地方的不同，做法也不一样。至2010年，仪式有的从简了之，有的大办特办，如在招魂仪式中，有的还表演老古舞，场面很隆重。

黎族70岁以上的人死后，葬礼一般很隆重，形成葬礼与娱乐融为一体的场面，十分热闹。

节日 黎族人民对节日十分重视，每逢佳节来临之际，都按习俗好好安排一下，确保能够度过一个吉祥幸福的日子。

“大年”，今称为春节。春节到来之际，各家各户都忙着筹办年货。妇女舂年米来做年糕、包粽子，男人宰猪杀鸡。外出的人也陆陆续续回家，赶着与全家团聚吃年饭，喝年酒，吃年糕。除夕之夜，晚饭只能在自己家吃，意为团团圆圆，不能到别人家吃。

初一，早晨就开始出去请岳父、叔叔、伯伯等人到家里喝酒，互相拜年贺喜，一直到初五。青年男女有的打牌娱乐，有的走访亲戚朋友，有的向老人学习手艺等等。特别是从农历初三起，直到初五，曾经请过道公或巫婆祭拜鬼神来驱除邪恶，保佑人畜平安的人，都拎鸡提酒，陆续到道公、巫婆家拜年，以示感恩。同时，道公、巫婆向接班人传授法术；故事讲述者和民歌演唱者也向学习者传授故事和歌谣，形成群众性学教活动。

农历十五，俗称小年，每家每户杀鸡杀猪，煮糯米饭，做糯米糕，包粽子，以表示恭贺新春。

清明节，润方言及部分的哈方言黎族村庄，有在清明节扫祭祖墓的习俗。

农历五月五日，俗称“端午节”，各家各户包粽子。

农历七月十五日，人称为“鬼节”。每家每户杀鸡，煮糯米饭，做糯米糕供奉祖宗。在这一天，过去人们不许上山下水，小孩不能出远门。2010 年，此禁忌已被解除。

农历三月三，是黎族的重要节日，人们在这一天做糯米饭、糯米糕，青年男女出门对歌，寻找伴侣。自 1988 年海南建省后，每逢三月三，白沙各镇都要举办一些文体娱乐活动。有时，县政府还举办全县性的，具有民族风情和民族特色的娱乐活动。

社交习俗　黎族凡同辈男子相遇，要侧身靠近，然后相互叉手拍肩，表示友好。女子相遇，则面对面站着拉手谈话，以表示亲热，情同姐妹。小辈迎接长辈，要在门口站立恭候，先向长辈招呼，并请坐、倒茶。长辈会见小辈，以直呼其乳名为好，并携手入座，嘘寒问暖。青年男子之间的交往，以歌传情，以酒交心，以诚相待，彼此之间不说脏话、粗话，男人要事事谦让、尊重，女人则处处为男人着想，主动维护男人的尊严与威信。

黎族历来热情好客，不欺客、不赶客。家中凡来了客人，先是让座、递烟以示欢迎，然后入厨为客人准备饭菜。用餐时，宾主对坐，来者若为男客人，则先喝酒后吃饭，来者若为女客人，则先吃饭后喝酒。一般情况下，小孩不能与客人同席而坐，要避而敬之。尊贵的客人，以黎族传统的山兰糯米酒款待，鸡、鸭、鱼、肉更是不能少，而且要客人喝到醉了才显得主人情谊周到。

其他生活习俗　黎族妇女怀孕后，必须恪守“三不准”，即一不准外出远门，而一般是待在家里操持一些家务；二不准大声骂人，不讲粗话；三不准用凉水洗澡。孕妇的丈夫不能在家里敲敲打打，不能修门修窗，不能移床移柜，以免影响胎气，也不许上山围猎和下河捕鱼。无意中碰到人家集中准备上山围猎或下河捕鱼，需要避开，也不宜和人家搭话或做什么事情，以免人家做事失败会埋怨自己。

孕妇分娩前一个月，家里要备好山兰糯米酒，以到时候慰劳接生婆和老人。分娩当天或当晚，家里要烧好热水，以在分娩后用来消毒。同时，备好削过的锋利竹片，用热水浸泡消毒以备割婴儿肚脐用，孕妇的母亲或家婆亲自去邀请接生婆到家里等候。同时，要摘来石榴等枝叶挂在家门口两旁，含逐鬼驱邪和告示他人不宜进入寓意。分娩时，男人（包括产妇的丈夫）不准踏进卧室（分娩房），只有接生婆、产妇的母亲、家婆，以及年老的女性亲戚可以进入。分娩后，胎衣要用陶罐装着拿到村外埋掉，不能让人知道。如果婴儿不幸夭折，要用陶罐装上埋葬。黎族把葬埋刚出生不久就夭折的婴儿的墓场称为“墓陶”。“墓陶”禁生育妇女和小孩以及青少年进入。分娩后5天内，产妇一般都是吃黄姜稀饭，以利化瘀去风。坐月子期间，产妇禁吃没有鳞片的鱼，如带鱼、黄鳝等，还禁吃蛇肉等。

随着医疗事业的发展，20世纪90年代后，黎族孕妇基本上都不在家里生产，而是到医疗机构住院分娩。

黎族人命名，有独特之处。特别是男人，一生中最少都有三个名字，一是出生时父母给取的，谓之“小名”，又称“乳名”；长大后上学，兄长或老师又给取名，谓之“学名”；结婚成家后，父母再给取一个名字，谓之“大名”。

“大名”是黎族人一生中最重要的名字，这个名字寓意传承祖宗，繁衍后代，代代相传，源远流长。“大名”一般要和祖辈、父辈押同一声母，如父亲的大名是“命”字，那么儿子的大名要押声母“m”，如“明”字。女子一般只有一个名，即乳名，婚后到了夫家，村里人用她的娘家村名相称，有了孩子后，则称为“me”（母）加孩子的名字（即某某的妈）。

一般情况下，对死去的父母、兄弟、姐妹、子女等，忌讳使用生前的称呼，也不能叫已故人的名字，以示尊重死者，同时也避免被其鬼魂缠身。

黎族不论谁家的男孩结婚或女儿出嫁，同村的兄弟，每家都得准备一只毛色鲜丽的大肥鸡，在办喜事的那天，杀鸡请新郎或新娘到家里饮酒，以示庆贺。酒后，主人将一对鸡脚送给新郎或新娘带回家里留作纪念，谁得到的鸡脚越多就越光彩，这种习俗叫作“送鸡脚”。

黎族有用鸡脚占卜的习俗。人们在访亲友、做生意、狩猎、办婚事或生病时，多做这种占卜。其做法是把鸡宰杀，观察鸡腿骨营养孔的数目、位置和方向，用细小的竹签插进孔内，看竹签的排列情况。如果相对的两双竹签斜斜地排着，则代表吉利；如果竹签是笔直排着或两根对一根，则意味不幸，人们根据占卜出来的结果来安排行事。在黎家中常常看到有数十鸡腿骨系在一起，这是他们在历次占卜后保存下来的。

黎族地区，在有人活动的地方，如房前屋后、路口村边、田中河旁、原野山间等，往往能看到各种各样的标识，连人们经常出入的住宅门口也如此。

这是黎族万物有灵观念的物象表现。如黎族人在刚生产小孩后，都会折下石榴枝叶等挂在门楣上，寓意一是镇鬼避邪，保护刚生育的母亲和婴孩平安；二是表示该房有人生育，不能随意进入，违者当不礼貌和违禁处置。这些标志，不同的地方有所不同，但只要见了“挂青”，人们就得注意言行，不能说不吉利的话、也不准大声喧闹。

过去黎族农民迷信鬼神的思想较为严重。有人患病，总认为鬼神作祟。因而宰牛杀猪，请以搞迷信活动为业的道公前来念咒，驱邪赶鬼，以求病人恢复健康，这往往导致人财两空悲剧的产生。

解放以后，由于医疗卫生事业的不断发展，农村文化教育也相应地得到提高，求神治病的现象逐渐减少。

黎族凡建房、起灶、婚丧、砍山、出门、安神、祭祖等均照例请道公看风水、择吉日（良辰）然后行事，否则，生怕触犯神灵，招致事后人畜不得安宁。

过去，在黎族农民中，男子抽水烟极为普遍，几乎遍及每个家庭。有些地方妇女生孩子后也学抽烟，据说是因为“坐月子”感到无聊而学抽烟的。水烟筒家家都有，即使家中无人抽烟的，也备有水烟筒，用以待客。烟叶多靠自家种植。烟叶收获后，用竹排将烟叶均匀地挟着晒，取下捆绑成把，以干芭蕉叶包好藏于屋里，用时以刀切碎便可。

随着商品经济的发展和社会风尚的影响，年轻一代特别是妇女，已经很少人再抽水烟，种植烟叶的人也不多了。

第三节 润方言文身

黎族文身习俗由来已久，早在先秦古籍中已有记载。文身虽是黎族的传统习俗，但其损害了妇女的容貌和健康，遂在中华人民共和国成立后被禁止。2000年后，黎族文身除了赛方言已经绝迹外，润、杞、哈、美孚方言尚遗有纹迹。

润方言的村寨里，大多数六七十岁以上的妇女身上有各种精美的点状和线状蓝黑色纹图案的痕迹，这就是润方言妇女文身习俗的历史遗留。

一、纹式

面纹 润方言女子特有的面纹形式，是从两耳连接面颊处，以数根三角形的曲线连在一起。面纹不仅文绘有规则，且样式繁复，是一种变化的图形，左右相称，线有三道，而经颈项而连于胸前，合颧、颏、胸为一体，圆角、方角、横线、直线、斜线、曲线一并使用。圆形以两颧为中心，颏部则有三条绕唇的曲线。

同是润方言，面纹也略有差异。有的是在两颊纹上直角弯曲的回文，即“凹”线文，下及颈部。这些直角转折的线文可有三列四条，彼此平行，距离亦大致相等。在两颊及颔下有直短线联串二三线之间。线文之间空白，不文其他花样，如小圈、小点等。

润方言的面纹图式一致性强。不过在面颊的纹式中，也有面部左右两侧的花纹成对称，最里面的纹路呈凸形，弯曲的回文线条从耳根铺开，布满脸颊。有的是三条，比较疏散清晰，有的是四条，面积宽大且纹理复杂。最里面的纹路主凸形。唇下的曲线有的是三条，有的仅一条，嘴唇下中间有一直线相串；有的则文五条直线。

胸纹 胸纹是刺于胸部的刺纹，刺胸纹在润方言的老年妇女中十分普遍，凡文面者必文胸。刺胸条纹数也较简单，都与面纹连接。颏部的三条绕唇曲线之下，连接胸纹。胸纹粗大，呈佩带装饰之状，线多平行，似方形之突起。整个胸纹为一长方形，双曲直线纹，但不同的村落，长方形中间的纹路也有不同。

背纹 背纹是从背面发根文五条线一直到背上，然后向外成直角分开，呈扇状，有的则文七条线路。

腿纹 润方言的腿纹特别美丽，图案也繁复多彩。

腿纹一般是左右对称，其纹路很似几何图案，有马蹄形、网形、钩形、直线形，纹路多样，具有丰富的想象力和创造性。有的纹形绘于大腿正面，两腿数目不全相同，最少者每边三个，多者 10 个，纹绘排列，两腿整齐。

腿部图案有几个特点：一是同一村落不同妇女的腿纹，其图案不完全相同；二是不同村落的腿纹图式也各有特色；三是即使完全同一模式，但其纹路却大同小异，在类似的纹路格式中又发挥着自己的创造性；四是一般情况大腿全面刺多条条纹，膝盖处文一半圆形双线图案，再以十字线贯串其中小腿部位多以各个长方式横线组合。后面腿纹又与前面腿纹不同，大腿为竖条线纹，线纹末有小钩，纹路中间有横纹连接，构成图案整体，而小腿纹路呈长方式状，中间两条纹线交叉，但也有的纹线在大腿处另呈波浪形图式。

手臂纹 手纹是指刺于手部与肘部的刺纹，其花纹多为曲线或加上多层圆圈。

手指纹。在右手之食指、中指、无名指背面，每指节各有一个或两个 S 或 S 记号，位于中节，在右手者，则位于基节，皆 S 形，独中指之中节多一个，作 S；左手三指之中节及基节均系两个，除中指基节为 S，余皆为 S 形，右手三指则仅中节各有一个，除食指为 S，余二指皆为 S 形。

手背纹。两手背有同心圆三个，中有一圆点，两臂绘有较复杂之动物简化纹。

手腕纹。手腕纹所刺文式以圆形和曲线形特别丰富，此为其特色，至于这些花纹有什么象形的意义，一般都说不出来。

二、文身过程

润方言女子文身多于12岁左右开始，称为“开面”，文身一般分两次进行。第一次是十三四岁时在脸、脖颈部施纹。第二次于十八九岁未出嫁前在手、足部施纹。每次施纹又分两次操作工序。第一次施纹扎针后，颜料还没有完全渗入皮肉里，纹线不规整不完美，必须用一两种“波奄”（黎语）的香叶擦去纹位的血污脓迹，然后再涂上颜料，再扎一次针，直到使颜料完全渗入皮肉，形成一条规整清晰的纹线为止。在施纹过程中，由于皮肤和用具没有经过很好消毒，容易引起感染，纹位发炎红肿，甚至皮烂肉绽，非常痛苦。施纹期间，被施纹者必须“忌食”，不能吃酸、辣食物和鱼肉之类，以免引起纹位发炎。被施纹者一般还必须在家中疗养十多二十天，待纹位完全愈合后才能出门和从事劳动。

施纹的时间多在农闲和天气凉爽的秋季进行。施纹前，要选好“方担”（黎语），即吉利的日子，选定安静、干净的谷仓或隆闺。然后由家人拿着一捆上好的黄烟叶作为聘礼去请村寨里一些有经验的妇人来帮助施纹。因为施纹对被施纹者来说，是必须经受皮破血流痛苦的，一般的小姑娘是不愿意接受的，必须要有一定的强制，所以施纹前还必须请来几位年轻力壮的姑娘来帮忙，对被施纹者予以抚慰，必要时控制住其手脚，以保证施纹操作顺利进行。

三、文身材料

纹针　它是一种野生藤刺（即红藤或白藤），呈丁字形。施纹前，先到山上找较老坚韧的红藤或白藤，选取一柄长约7～8厘米的带刺叶梗，剥除叶梗上多余的刺，只留下较粗、硬、尖利的一根刺，构成丁字形的纹针。

小棒子　选取一截木或竹条，削成长约20厘米，粗1厘米的筷子状小棒，用于施纹时敲打纹针。

颜料　一般常用的有两种，一是骨桃子（一种叫作骨桃树阔叶乔木的果仁），晒干后收藏起来，施纹时，将骨桃子点火燃烧，用瓦片或陶碗斜扣着，露出一些空隙，取其积在瓦片上的乌烟，适量加水调成黑色的颜料汁液；一是一种叫“千香”“干拜”（黎语）的人工种植染料草，于施纹前，用陶盆盛草料，加水浸泡一个星期左右，便泡成黛色的颜料水，使用时再加进一些木炭粉，调成黑色颜料，施纹时，用灯芯草或小竹棒蘸起颜料，在施纹部位画上纹路图案，然后沿着纹路用小棒子敲打纹针，让颜料一孔一孔地渗进皮肉里去。

解放前，润方言的人们普遍认为，不文身的女人不仅容貌不美，而且还是民族的叛逆者，在社会上没有地位，婚嫁受影响，不得当家中的主妇，终身遭歧视，甚至还可能会被迫害致死。解放后这样的观念已经消失，六七十岁以下的女性也无人接受传统的文身，待有文身的老人将来离世后，润方言这一文身习俗也将随着绝迹。

第四节　苗族传统风俗

一、生产习俗

刀耕火种　过去，苗族一直生活在深山密林之中。在这种自然环境下，苗族同胞的农业劳作方式以刀耕火种为主，锄耕极少，没有犁耕农业。

刀耕火种是一种原始的生产方式。每年初春，苗族各家各户便上山选地。以树木茂盛、表土松软肥沃的地段为宜。地段选好后便在四周用树枝作标记，以免他人侵占。到了农历二三月间，将树木砍掉。遇到大树时，则爬上去将树枝砍下。待草木晒干后，便放火焚烧，灰烬成自然肥料。清除残枝杂物后，四五月下种。下种时，男子用削尖的木棍在前面点穴，妇女随后播种。种后一般不施肥，不中耕，只除一两次草，产量较低。山林中的飞鸟走兽很多，为保护农作物免遭侵害，人们在园地通过拉藤结网、挖坑、插竹签、设圈套以及制作各种难闻气味等方法来驱赶鸟兽。这些方法中，拉藤结网一法最具特色，做法是在园中拉藤结网，系上竹夹，一拉动藤网，藤网上的竹夹就会噼啪作响，鸟兽听到响声，便会被吓跑。

随着生产技术的提高，加之为了保护生态环境，1978年改革开放后，苗族的刀耕火种耕作方式已经被放弃。

垦荒　苗族住在山上，田地相对较少。只要有能垦荒的地方，苗族人们就会垦荒造田，种植农作物。垦荒出来的土地，有水的种水稻，没有水的就用来种植粳稻、山兰稻、番薯、玉米、木豆等粮食作物，以及沙葛、南瓜、葫芦瓜等蔬菜。

耕作水田，在过去是用牛踩田的方法，即将牛赶到田里把泥土踩烂，再用木耙耙平。在耕作管理方面和刀耕火种一样，不施肥、不中耕，只除一两次草，所以产量很低。牛踩田这一耕作法在20世纪80年代已经消失。

收山兰稻　秋天收获季节，每天，苗族各家各户都备好一天的饭菜，一大早便携儿带女上山收割山兰稻。割山兰稻时，用手捻刀一穗一穗地捻，效率很低。每捻下三小把就拢为一中把，三中把拢为一大把，力气大的能挑八大把，力气小的只能挑两大把。在收割的过程中，男女青年会情不自禁地唱起山歌，优美嘹亮的歌声此起彼伏，传遍山野。

山兰稻收割完毕，便把稻束聚拢捆成大捆后挑回家。在挑最后一担时，必须举行仪式，做法是将园里一束鸡冠花折下插入稻茎中，然后大声喊："山稻啊，统统跟我回家啰！"苗族人认为这样喊，所有的"稻魂"会跟着回家去，来年种山兰稻就能获得好收成。山兰稻挑回家后，便把稻谷挂在用山竹编成的竹架上一束一束地晾晒，这段时间在苗族村庄会看到一堵一堵竹架稻墙竖在村边。两三个月后，稻晾晒干了便贮藏于谷仓中。谷仓一般以木为柱，以茅草或葵叶为顶，高于地面一米左右，架梁铺板或用竹簟裹四周，不筑土墙。需要食用山兰稻，便把储粮取出加工。

捕鱼 苗族捕鱼方法很多，常见的有笼鱼、网鱼、射鱼、毒鱼等。

笼鱼即用鱼笼捕鱼。鱼笼用小竹编制而成，圆形长体，分笼口、笼体、笼尾、笼舌四部分。笼口为喇叭形，最大；笼体为圆形，稍长，体大为笼口的四分之三，笼尾最小；笼舌装在笼口与笼体交接处，以防鱼进入笼体后再游出。每年农历八九月份的雨季，涧水暴涨，鱼成群结队地逆水往上游弋。这时人们就将鱼笼置于水道中，笼口顺水安置，鱼笼两旁用杂物拦住，鱼游来时，便成了笼中之物。过一天后，鱼要顺水游下来，因而笼口要逆水安放。

网鱼可分为拉网捕鱼、撒网捕鱼、抽网捕鱼等方式。拉网捕鱼，做法是先将网在河中横向布开，然后两人各在网的一端慢慢地拉，鱼碰网时即被网眼卡住；撒网捕鱼，即紧抓住网绳，将网向水中撒去，网落入水中将鱼罩住，然后拉住绳端，将网慢慢收拢，提出水面；抽网捕鱼较为简单，将网固定在方形木架或竹架上，再平放入水中，为了吸引鱼，可在网内放一些饵料，待鱼进来寻食时，将网迅速提起，即可捕获。捕鱼用的渔网，有的是在家用山麻编织，有的是从市场上买来。

射鱼是弓弩射猎鱼。人们用自制的弩对准水中游动的鱼，扣动机关射击。用弩射鱼主要是捕射较大的鱼，捕小鱼一般不用此法。

毒鱼主要用有毒的野藤或有毒性的树皮、树根、树果、树叶等。毒鱼时，将采来的毒藤毒树皮等放在石头上捣烂，然后撒入水中，在毒液顺水流到的地方鱼被毒昏迷，人直接捞起。这种捕鱼方法危害很大，往往造成鱼苗虾苗都死光。

在生活水平不断提高的今天，捕鱼在苗族经济生活中的分量已经越来越小。

狩猎 狩猎在过去是苗族男子喜爱的一种生产活动，也是苗族的一项非常重要的副业。苗族居住在深山老林之中，禽兽种类繁多，因此苗族打猎之风盛行。打猎工具主要是粉枪和弩。狩猎所获的野兽如山猪、黄猄等，肉拿来食用，皮、骨、角等大都用以和汉商换取粉枪、光洋、布匹等生产生活用品。每次上山狩猎，猎人身上都必带铁棒、枇杷、木丹等所谓的“山猪药”，苗族人认为带上“山猪药”，就能捕获更多的猎物。狩猎的方法有围猎、巡山、装套、伏枪等。

围猎。每年冬春农闲季节，是围猎的好时机。每次围猎，都要先选出有狩猎经验的老猎手担任领队，然后在领队的家中举行占卜仪式，祈求山神帮助猎得猎物，并保护人员安全。到了山上，领队就令一人为先行官，带一只猎狗先去搜寻猎物行踪。当山里传来“汪汪汪”的狗叫声时，领队就下令放出所有猎狗，人也随之撒开潜伏于各路口，等待逃遁的猎物到来。获得猎物，其分配方法是：开枪击中猎物的射手，分得一份好肉；吹哨召集猎狗追赶猎物者，得一块背脊肉；余下的猎肉，由所有参加围猎者均分；凡参加围捕的狗，每只都分得一份猎肉。猎物的头则拿回领队的家里，与各户送来的大米一起放入锅里煮粥，供全寨人一起分吃。粥煮好后，在领队家中设香案，点香烛，烧纸衣，念法术，以谢山神。猎物的颚骨，则悬挂在领队家中的梁上，以示保住“兽魂”，并作为一年获猎多少的见证。

巡山。巡山可分单人巡山或多人巡山两种形式。巡山时需随身带点食物，因为巡山翻山越岭，行程很远，有时要几天才返回村寨。若单人出门巡山，在跨出家门口时，必念：“深山里所有山猪、黄猄、鹿……统统集中到一处地方，而我的灵魂则留在家里。”这样的咒语，以求获得猎物并平安回到家。巡山所得的猎物，一般要给每个亲戚三条肋骨，邻居则每户送一条肋骨。

伏枪。伏枪时，将枪安置在猎物经常出没的路上，根据猎物的种类和大小高低调整枪口，用一条绳绑住枪扳机，另一头拉到路对面小树拴住，当猎物路过碰到拉绳，拉绳便拉动扳机，击倒猎物。伏枪是一种比较危险的狩猎方法，易伤人畜，因此，伏枪时，一般要在较显眼的地方做上标记，以提醒过往行人。

装套。在猎物经常过往的路上，挖一个坑，把活套安在坑里，铺上杂物，再盖一层薄土，在坑的一侧选一弹性好、不易折断的小树，将其拉弯固定并系上套绳的一端。当猎物路过踩进坑内，触动活套机关，弯木弹起，猎物被套住悬于空中，无法挣脱。

捕鸟。山上的野果很多，野果成熟时，各种鸟儿都会飞来啄食。这时就把涂上白榕树脂胶的竹签，或挂或插到树枝上，鸟一飞来落脚便被黏住。鸟越挣脱，胶就黏得越紧，最后鸟的脚、翅膀都被黏住飞不了，就会从树上掉下来。用胶捕鸟，方法简单，把竹签插完后，人便可在树下或离树不远的地方坐下来边休息边等候。除了用胶黏鸟，用弩射鸟也是捕鸟的一种常用方法。

同黎族一样，进入 20 世纪 80 年代后，在社会经济发展及政府生态工程施行的背景下，狩猎已经退出苗族的社会生活。

二、生活习俗

饮食　苗族在饮的方面以酒类为主。苗族的酒可分为甜酒和烧酒两种。甜酒是苗族款待客人的上等好酒，用山兰糯米酿成。酿制方法是：先将山兰糯米蒸熟，待凉后撒上酵母拌匀，放进用山芋叶铺好的框内，冲入适量的水，然后把筐口盖好。两天后糯米开始发酵，就用一根筷子自上而下插入框底，酒便顺着筷子慢慢地滴进事先放好的瓮内。滴下来的酒，称为酒滴。再将酒滴存放 3～7 天后，便成香味扑鼻的甜酒了。烧酒是用酒糟经过熬蒸而成的。苗族酿烧酒的原料比较多，粗粮细粮都可用来酿酒。甜酒酒糟也可酿酒，取完甜酒后，把酒糟放进陶瓮里封盖存好，过十几天后，酒糟发酵变酸，就可拿来熬蒸烧酒。

苗族人习惯一日三餐，多数家庭早上煮好供早、中两餐食用的饭，下午再煮晚上的饭。苗族主食以大米为主，另外还有山兰糯米、玉米、番薯、木薯等。苗族喜欢食水饭，即大米做的稀饭。出远门时，则煮干饭，用加当叶包住，随身带上路。上山劳动，苗族常常用山竹烧竹筒饭。烧竹筒饭时，取来较嫩的山竹，放进适量的米和水，封住竹口，然后用火慢慢烧烤。熟后，用刀割开竹筒即可食用。用竹筒烧的饭，味道既有大米饭的香味又有鲜竹的味道。

苗族的副食来源多样。家养禽畜、山上猎物、自种蔬菜以及各种野菜都可以成为苗族饭桌上的菜肴。苗族饲养的家禽主要是鸡、鹅，家畜有狗、猪、牛、羊等。狗主要用来狩猎和看家，其他禽畜也只有过年过节和举行宗教活动时才是名副其实的副食。狩猎获得的兽肉一时吃不完，则把肉晒干或腌制储存起来，随吃随取。腌制方法是：先将鲜肉斩成一块块，撒上适量的盐，然后和炒熟的大米搅拌，放进陶瓮里，封紧瓮口，半个月后便可拿出来食用。腌制的肉酸味扑鼻，是苗族人款待至亲好友的上等佳肴。

1950 年海南解放以后，随着社会的发展和外界的影响，苗族人的饮食习俗也发生相应的改变，趋同于时代的潮流。

服饰　苗族服饰以黑色为主，常用的色调还有白、红、绿、黄等，纹饰一般以人字纹、压印纹、网格纹、席纹、松树纹、几何纹、日光纹、花卉纹及双喜字纹为主。整个服饰的纹样，结构严谨庄重，格调统一，色彩和谐。

苗族男子服装较简单，男装上衣有两种，一种是大襟短衣，襟向右开，有圆环纽 5 枚，无领；一种是对开胸短衣，有 5 枚黑色圆骨纽，有领。裤子为直筒形，另缝接裤头，穿时用一条布带把裤子拴牢，类似于现在人们所穿的筒裤。

苗族女子服装主要是衣和裙。衣较长，及膝，襟右开，无领，领下仅有一纽，着衣时腰间扎一条绣花带，袖口、领口绣有几何花纹。裙子较短，长不过膝，着时常被长衣盖住。裙子上蜡染的图案纹以青山、松树、公仔等为主。

苗族妇女头饰由方形巾、尖顶巾和红缨带三部分组成。方形巾为黑色，尖顶巾为深蓝色，上面绣有美丽的彩色花纹。戴头饰时，先在头顶裹方形巾，后戴上尖顶巾，再在尖顶巾上套进已扎好的、长尺许的红缨带，尾带在背后，盛装时，还要戴耳环，插银钗等。苗族男子一般很少戴头巾，盛装时也只用一条宽 0.165 米、长 1.32 米左右的黑头巾盘于头上。

进入 20 世纪 80 年代后，受汉族影响，和黎族一样，苗族人在平时都穿着汉族服装，在一些特殊节日和场合才会穿戴传统服饰。

住宅 过去，苗族人民喜欢择山而居，过着“一年一砍（山），两年一搬（家）”的游居生活，住宅多用竹子做成，以泥巴筑墙，茅草、树叶盖顶，屋内潮湿阴暗，卫生条件差。解放后，在政府动员下，苗族同胞从山上搬下平地生活，居住条件得到很大改善。至 2010 年，白沙县苗族群众的住房都实现瓦房化，有不少苗族农户住上了小洋楼。

结婚 过去，苗族青年男女在自由恋爱的基础上，征得双方父母同意后，才遣媒订婚。订婚前，男女双方均需把生辰告诉村中识历书的长者，待算卦“合命”后方可订婚，若双方的生辰“相克”，则解除婚约。因此，在热恋的男女青年当中，有时会出现为情殉身的悲剧。随着社会的进步，这种“合命”的算卦方式已逐渐被淘汰。男女生辰不“相符”，需解除婚约的，女方父母要把用红、白线捆绑的两片烟叶交给女儿或亲戚送交男方父母，以示对男方父母的尊敬；双方生辰“相符”可结为夫妻的，女方父母则用一块绣着红、白花的靛青染布包裹两片烟叶送给男方父母，以示同意这桩婚事。男方父母在接到女方父母送来的礼物后，要回赠手镯 1 只和鸡仔（重约 0.25 公斤）1 对以表谢意，至此，订婚仪式就告结束。接着，双方就可商定迎亲的吉日良辰和所需聘金彩礼。

迎亲那一天，男女双方家里都要杀猪宰鸡，设宴款待亲朋好友。新郎新娘都得按传统的习俗进行打扮。新郎身着黛色马褂长裤，脚穿圆头鞋；新娘更是打扮一新，头插银钗，耳坠银环，胸佩银牌，手戴银镯，穿上那剪裁合体、满缀花鸟虫鱼的绣衣，一身灿然夺目。

同天上午，迎亲队伍步出村口，便揭开了婚礼的序幕。身着盛装、肩挑聘礼的迎亲队伍，由媒人引路，前往迎亲。新郎由几位人缘好，口齿伶俐，且有海量的“陪官”相伴。一路上，鞭炮声不断；准备和女方对歌的男歌手们则引吭高歌，一唱一答，气氛极为活跃热烈。沿途每涉过一条河溪，媒人都要把事先准备好的一对铜钱和一对树叶抛下河里，表示对新娘的敬意和祝福。迎亲队伍到了新娘所在村的村口，女方人群中的一位长者作为“带路人”，向男方人群走去，男方则由媒人出来迎接，并把送来的彩礼让“带路人”一一过目。若彩礼不足数，媒人则当场挨骂受责，要是彩礼超量，便由媒人带回退还男方。验过彩礼后，男方要把带来的猪肉秤出四斤酬谢“带路人”才算完成了接交彩礼的手续。此时，“带路人”才让迎亲队伍进村。

进村后，迎亲队伍先进“带路人”家歇息，“带路人”家的主人照例也要杀鸡备酒款待男方一行人，这是一种礼节。当迎亲队伍到了女方家时，席上已经摆好酒菜恭候男方的来临。首席上设四个位子，是专为新郎、新娘、媒人及陪娘准备的。桌面上摆有两碗用棕叶包裹的糯米饭，两块熟猪肝，两双筷子。新郎、新娘就座主位，媒人及陪娘分别坐在对面的位置上。待大家坐定后，陪娘拿起一双预先备好的筷子（喻为爱情的信物），折断为两截，扔出门外，然后向新郎训话，教导他要善理家事，敬爱妻子，若有违背，或是与妻子离婚，首先要寻回这双折断了的筷子方可允许。这一仪式过后，媒人和陪娘分别把桌面上的两块熟猪肝夹给新郎、新娘吃，同时嘱咐他们一定要把那两碗糯米饭吃完，以此象征夫妻生活美满幸福。

当新娘要出门时，女方长辈及亲戚按辈分大小排列，为新娘送行。新郎新娘要按顺序双双向长辈及亲戚们跪拜，行“告别礼”。此时，陪同新郎前来迎亲的一位长者就唱起歌来，替男方向女方双亲表达谢意。歌词大意是：“屋檐的雨水滴下啊不再回，洞底的蚯蚓出洞啊也不再回，嫁出去的姑娘啊难以再回。”女方双亲听到这首富有浓厚离情别绪的歌后，会答歌一首，歌的大意是告诫新郎，在以后的夫妻两人生活中，不要欺负他们辛辛苦苦拉扯大的女儿。

新娘临出门前，媒人进入房间，交代陪娘把新娘背出屋，在门外铺好的草席上放下。然后，由一位长者向空中鸣枪数响，以示吉祥。新娘在陪娘的携引下，随迎亲队伍离开娘家。

新娘在夫家住上几天即“回门”（回娘家之意）。“回门”前一天，是办喜酒的日子。届时，要宴请宾客。在庭院里，摆着长条木板，美酒佳肴摆放在板面上，客人席地而坐，举杯痛饮。新娘由主持酒宴的长者引导，向诸位宾客亲朋敬酒，宾客亲朋向新郎新娘祝贺送礼。散席时，女客人每人可分得一小块猪肉带回家去。

翌日，新娘带着礼品，由陪娘相伴，回娘家住上十天半月。在这段日子里，女方父母不让新娘从事繁重的体力劳动，满期后新娘才到夫家生活，建立互敬互爱的幸福家庭。

解放前，苗族男女的早婚现象较普遍，有不少女子16岁，男子18岁便结婚，解放后随着国家婚姻法的贯彻执行和改革开放的到来，多数苗族人都在倡导自由恋爱和晚婚晚育，不少青年男女紧跟市场经济的发展潮流外出务工，受外部环境的影响，他们一些人娶亲嫁人，婚礼也从简了。

离婚 苗族男女在婚后一般都做到互敬互爱，和和睦睦地过日子，若有哪一家出现夫妻不和，经过村中长辈调解后，双方多数取得谅解，重归于好；若调解无效，夫妻坚持离婚，则需按族规举行离婚仪式。仪式由村中德高望重的长者主持，长者召集村民会，令要离婚的双方在会上申述离婚理由，接着由主持人将其调解经过向村民公布，并裁决是否允许离婚。若允许离婚，女方当众用刀砍断裙腰带，男方砍断裤带，表示从此断绝夫妻关系。未经过这一程序的离婚，不能得到村中公众的承认。

随着国家婚姻法的贯彻执行，苗族人离婚也按照法定程序进行，传统的做法被弃。

丧葬 苗族的丧葬习俗可分为报丧、入殓、下葬、堆坟、做斋、祭祀等内容和程序。

人死后，其家人必须立即分头奔走告知其亲戚朋友。亲友得到消息后，不管路程多遥远，务必在第二天赶到死者家中，与死者告别，并安慰其家属。

苗族的茅舍多设前厅后房，分隔成两间。人死后，便安放在房里的地上，然后请“德发”（苗语，指道公）引魂升天。首先，“德发”持一把雪亮锋利的尖刀，插在死者头顶的地上，寓有“安定灵魂”之意；接着，用一块长黑布覆盖死者全身，又从头顶伸向窗外，意为给死者铺路，让其灵魂顺利进入阴府。

死者的儿子、媳妇和女婿，第二天早晨便披麻戴孝，手持竹幡，由长子带领到“德发”家门前跪哭报丧，恳求“德发”主持丧事，“德发”便将他们一一扶起，答应代办；然后长子又带领家人，到寨中各家父老门前跪哭报丧，请求乡亲父老协助料理丧事。

死者必须在次日入殓，即使是在深夜去世，也不能久留。入殓前，由“德发”（或死者儿子）给死者剪掉手足指甲，拔掉镶嵌的金属假牙，将指甲和假牙装在木盒子里。这个木盒子在第三天，便由“德发”和死者儿子拿到深山里埋掉，埋之前要向深山高喊三声，听到群山回音才开始埋。死者长子或“德发”为死者梳洗，更换新衣服、戴帽、裹腿，然后用一块黑布覆盖死者全身。如果死者家里有金戒指、光银等贵重物品，可以取一两件放进死者嘴里，象征吉祥，寓意子孙后代平安无事，事业兴旺发达；选两个较好的碗放在死者的头下当枕头，并在每个碗下放一个光洋或铜钱，表示吉利，寓有富贵荣华之意。

死者第二天就要下葬，时间一般选在下午四五点钟。下葬前，由“德发”念经，死者的儿女、媳妇、女婿一齐跪在地上，低着头爬出门外，再从外边爬回屋里。当棺材抬出屋外，死者家属全部跪下，匍匐在地上，让棺材从他们的身上抬过，表示对死者孝敬。棺材即将抬出村寨时，凡是参加丧葬的人，都要大哭一场，表示与死者惜别。棺材抬到坟地后，由“德发”打开棺盖检查死者是否放正，如有歪斜必须摆正，然后才盖紧棺盖，扶棺入坑。接着由“德发”带孝子自右至左绕棺走三圈，每走一圈就抓泥土一把丢进坟坑里。然后由“德发”燃起火把伸进棺材头端洞口（预先挖好的），烧掉死者头发，表示给死者照亮前程，指引亡灵回归阴间地府。

凡参加送葬的人，葬毕一直走回村寨，不得回头观望。回家前，要洗净手脚，抖掉身上的尘埃，方能进屋。洗手脚的水，是用一种捣烂的树叶汁放在木桶里，与纸灰、香粉渗在一起，再加水而成，有驱邪和消毒的作用。送葬当晚集体吃晚饭，饭后大家挥泪而别。

下葬后第三天，“德发”和孝子上山培土堆坟。用树枝系三条白布插在坟顶，在坟前立两块长方形石条作碑记，但不雕刻文字。“德发”在墓前摆好鸡、肉、酒等祭品，烧香，烧纸钱，念经，请鬼魂回家。在死者家里阴暗的角落处，要用草席围着，铺上一层草木灰，上面安放祭品。过后经常观察，如草木灰上出现牛、猪等动物的脚印，则说明亡灵到阴间后已变成这种动物了。

人死后两至三年间，必须请“德发”做斋，以祭死者亡灵。有钱的人家，祭期张灯结彩，用彩纸扎制各式各样的纸灯、家具、日用品和各种各样的纸模型，热闹异常。

苗族人的坟墓，一般是各家各户各埋各的，以后不管发生什么变化，再也不可随便移动了。苗族每逢农历三月初三祭清明，但他们没有扫墓修坟的习俗，而是在家祭拜祖先，烧香点烛，烧纸钱等，并由“德发”在事先用白纸制扎五条恶龙和五条善龙的背上各插一支香，一边念经，一边“诅咒”，以赶走恶龙，留下善龙，保佑子孙平安；“德发”接着又用尖刀在屋门前的地上划五块“井”字形地，以示为亡灵造田，让亡灵于阴府有田耕种，不愁吃穿，安心于九泉之下，不出阳界兴妖作祟。

节日　春节。春节是苗族一年中比较隆重的节日。除夕这天，人人穿新衣服，家家宰猪杀鸡、制作甜果、粽子等。除夕夜必先祭祀祖宗，人们再开始吃喝。子夜时分，又用糍粑、粽子等祭祀祖宗神，然后全家人聚在一起吃粽子，饮酒；五更雄鸡报晓时，人们便开始素食。初一，上午全家素食，人们认为这样做是祀神祈福之举，能消灾除难，会身体健康，脑子灵活；下午才能除戒开荤，随意进食。自初一至元宵，亲朋好友相互拜年。拜年者走到亲朋好友的家门口时，得先烧一支香，插入这家厅堂的香炉里，以示敬贺亲朋好友家的祖先，接着燃鞭炮，祝贺新年。除夕至元宵期间，由“村老”牵头，请来道教和师教，在预先已定好的某一人家中，义务指导做“查梁”（降神）之法。凡愿意学道的，不分男女均可参加。

“三月三”。每年农历三月三，是苗族的祭祖节日，故亦称“清明节”。同天，家庭主妇都得在鸡鸣时分起床，蒸煮五色饭（红、黑、白、黄、蓝）或三色饭（红、黑、白），天亮后，全家男女老少都捧着五色饭去祭祖先。关于“三月三”祭祖习俗，苗族有这样一个传说：相传在唐朝，有一个勤劳、善良的苗族老人盘太护，她只有一个独生儿子太翁。太翁成家后生下交兄、交安、交平、交弟、交民和交妹6个儿女。儿女们长大后，成家立业，生活过得美满幸福。后来老人与世长辞，儿孙们为他举行了隆重的葬礼，并在老人长眠之地的东西南北中五个方位种上了5种不同颜色的植物，老大种枫树，老二种黄姜，老三种蓝靛，老四种白兰丹，老五种山兰稻。当年的农历三月三正是老人去世后的“断七期”。这天，儿孙们一同上山为老人修坟上香。孙女交妹早在一天前就已将从老人墓地上采摘回来的5种叶捣出液汁，拌入山兰米，蒸成五色饭，这天也随同挑去供祭老人。扫墓完回家后的当晚，兄妹们围坐在一起，食用五色饭。饭后，五位兄长分别饰演五色蛟龙，即东方青衣龙、南方赤衣龙、西方白衣龙、北方黑衣龙、中央黄衣龙，五人欢跃地跳起斗龙舞。舞毕，交妹向兄长们提议在以后每年的三月三这天，大家都得一同上墓地采摘树叶制作五色饭，为老人扫墓追祭。她的倡议得到兄长们的一致赞同。从此以后，每年三月初三，兄长们都同交妹一起到墓地采来树叶制作五色饭祭祖。后来，苗族人就把“三月三”作为祈祷“祖灵”保佑国泰民安，风调雨顺，五谷丰登，子孙发达，幸福万代的喜庆日子。

“六月六”。“六月六”又称“神农节”。由于神农曾教会苗族百姓锄耕、狩猎和纺织等劳动，苗族人民便把每年农历六月初六当作一个节日，以纪念神农的教化功劳。这天，人们将拌糖的糯米干饭用加当叶包成饭包，用来祭祀神农神，祈求“神农”保佑禾猎丰盈。

新禾节。新禾节是苗族古老的传统节日，节期一般定在山兰稻抽穗扬花的农历八月，具体的日子要等“道公”看通书后才确定。在新禾节，家家户户杀鸡备肉，从山兰园里采来三五片稻叶放在饭里蒸煮。熟后一家人一起食用，以示吃新稻。吃时不给外人分享。当稻熟全部收割完后，再拿新米煮干饭吃。

社交活动 苗族特别强调为人处事要讲信义。村中某一成员做了背信弃义的事，会受到长老和人们的遣责。因此，苗族同胞在社交中，大都真诚相见，热情待人，说谎话、骗人钱物、做犯法事等行为较少。

日常生活中，苗族非常注重礼节。会不会交往的礼节，是一个人是否成熟、懂事的重要标志。不懂礼节的人，往往要受到人们的奚落和非议。苗族人平时见面要互相打招呼，晚辈对长辈要用昵称，以示尊敬；遇见长辈进屋，晚辈要请安，让座；吃饭时，儿媳与家翁不能同吃一碗菜，弟媳不能与兄长同桌；家人的衣服得各自收好，不能混放在一起；晾晒衣服，女衣不能盖在男衣上。客人来时，主人要热情接待，双手接住客人随身携带的礼物和物品，请客人到屋里坐，给客人倒水敬茶。如果客人抽烟，主人要双手递上烟袋和水烟筒。这些社交习俗在解放后已经演绎为尊老爱幼、男女平等、互相尊重的新风尚。

宗教信仰　灵魂。在苗族的民间信仰中，凡活着的人都是形体和灵魂的双重体。当人外出时，可通过念法（咒语），把灵魂和形体分开，此时形体在外行走，灵魂则留在家中；做梦时，是灵魂出游，形体则在家里处于睡眠状态，灵魂被鬼摄去时人就会生病；人死了，灵魂会在野外游荡，故必请道公来“招魂”归家，守在“祖灵”神龛里。苗族人认为，正常死亡的老人，只要丧家请道公“招魂”，其阴魂归家后变成善鬼，能时刻保护家人；而非正常死亡者，如落树、落水、雷击、被打死等的人，死后其魂必成野鬼。为了使这些野鬼变成善鬼，不至于扰乱人们的生活，得请道公“招魂”，同时全村要集体为所有的野鬼做一次“众斋”招魂仪式。倘若发现非正常死亡者的阴魂变成恶鬼，并常回村扰乱人们的安宁，人们就会暗中请“道公”做镇鬼仪式。“道公”做镇鬼法时，先在香案上放一张镇鬼符箓，口念咒语，然后举起尖刀直戳符箓，再将符箓烧掉，以示已把恶鬼镇住了。做这种镇鬼法，要绝对保密，不能让已成恶鬼的非正常死亡者的家人知道，以免受到报复。

神灵。苗族的民间信仰还没有摆脱万物有灵观念，人们认为万物皆有灵，如有雷神、山神、水神、床头神、禾神等。雷神管水，只要它发怒，可以使山洪暴涨，也能让天干地旱；山神，苗族称“笨敬玩”，是守护一切猎物的山主，狩猎者上山前都得祭祀它；火神，保护人间烟火不断，凡用三石垒成的炉灶，不得用脚踩或木棒敲击；床头神专治婴儿病痛；禾神保护五谷；鸡神保护家禽；猪神保护家畜。此外，还有兽魂、谷魂、药魂、酒魂等。

其他习俗　生育礼俗。苗族妇女在怀孕期间的饮食一般没有什么禁忌，但在其他方面则有所禁忌。如不能在房子内或房子周围打桩，若犯忌，则可能引起孕妇手脚疼痛，孩子可能会夭折；忌种或编排篱笆，认为这样会触犯胎气，造成难产。

当产妇将要分娩时，家人就请“道公”前来念经。即将临产，家人扶产妇坐床上，由家里的老妇人来照顾和接生。若家中无老人，就在村中请一老妇来接生。婴孩出生后，用竹片来割断脐带，用布或被包好。胎盘则用茅草包好埋于产房地下。随着医疗事业的发展，20 世纪 80 年代后，苗族孕妇基本上都到医疗机构住院分娩。

“插星”。产后三天内，一律严禁外人进家。苗族人认为此时外人进家，会招邪入室。所以凡产妇家都要折一株鱼胆草，插在居家大门一侧作为标记，这叫作“插星”，外人见了就知道此人家有人生孩子而不会贸然入屋。

“解餍”。产妇分娩后就杀一只红羽毛的小鸡（象征吉祥如意），拔毛去内脏斩成块，配生姜煮汤给产妇吃，称为“解餍”。解餍后，产妇就可以随意进食了。

孩子出生后的第三天，家人就要为婴儿起名。起名时必请“师公”或“道公”来念经。念经起名前，先在厅堂内设香案，上面放 3 个酒杯，斟满酒水或用清茶代酒，把点燃的香插入盛满大米的碗里，这时“师公”或“道公”才开始念法起名。倘若是男孩，当他长大成年后，加入道教“洗尘”（度戒）学道时，还得请师傅代起法名，以示易俗入道。

满月。满月这天，全寨的人都不约而同地前来祝贺，每人给婴孩一个小红包。主家人则杀鸡宰鹅，摆设酒菜款待来者。

周月。孩子满周岁，必为孩子做生日。家人为预测孩子将来的志向，将纸笔、光洋、糯米、猪髎骨等物放到簸箕上，让孩子自己拿，看他（她）先拿哪件东西。若抓纸笔，则预示孩子将来定会读书识字；若抓光洋，则预示将来会攒钱；若抓糯米，则预示将来会耕种；若抓猪髎骨，则预示将来会打猎。

占术。苗族人比较迷信占术，在遇事疑而不决时常以占卜来决定。占卜时，占卜者拿一对自制的木卜，念法后随手扔在地上，如为一仰一伏，说明求卜者已得到六神庇佑了；两伏则说明得到天神、祖先神一同保护；两仰说明阳气盛阴气衰，能压住一切邪气。占卜是苗族预测吉凶祸福的重要手段。

查梁　“查梁”即降神。在苗族社会中，凡人患病，碰到飞鸟、蛇虫入宅，飞鸟拉屎于头顶或衣上，巡山遇蟒蛇，眼跳不停，夜里常做噩梦等，都被认为是邪气缠身，大祸将至的前兆，因而必须要请查梁公来“查梁”问鬼，以避免灾祸的到来。当某家有人患病时，也需要及时请查梁公来“查梁”问鬼，查明病因。“查梁”时，病人家设一香案，上面放一个盛大米的碗，碗上插一支点燃的佛香。查梁公面对香案而坐，手拿一支用竹子或红白藤制成的长约 40 厘米的查梁棍，一边口念咒语，一边不停地随着咒语的节奏往香案上戳。不一会儿，查梁公便昏昏沉沉，迷迷糊糊，倒在早已铺好的草席上胡乱语，说什么病人是触犯了某一野鬼，因而魂魄被勾去了，得请“道公”来招魂镇鬼等话语。

众斋　苗族每年都有一次群众性献祭活动，叫作“众斋”。“众斋”的目的在于沟通神与人之间。人们认为神灵能保护土地、村庄、人畜，因此，为了保佑人们生活平安，免遭邪恶侵扰，每年每个村寨都举行一次“众斋”献祭活动，祈祷神灵保护。献祭时，宰杀猪、羊、鸡三牲。在某一家厅堂内设香案，由师（主祭）道（陪祭）两教各派出四位师傅主持“众斋”仪式，他们边敲锣击鼓，边口念咒语。“众斋”仪式一般要进行一到两个小时。举行“众斋”后，村寨的村民们都会得到心灵慰藉，认为一年之中将风调雨顺。

预兆　苗族人把预兆视为判断事物吉凶的尺度，当成他们的行动指南。预兆分为吉兆和凶兆。一个人进山，若路上碰见南蛇，则为凶兆，就不要再前行了；若集体围猎时碰见南蛇，则为吉兆，预示可获大猎物。鸟蛇入室，是凶兆，需祭鬼念法镇邪，才能使家庭免遭灾难。行走时，飞鸟拉屎于头上，是凶兆。睡时梦见抬棺封盖，是吉兆，预示不久就要发财了。梦见掀棺盖，是凶兆，家里可能要死人或败财。梦见自己能飞，预示身体健康，出门平安。梦见唱歌或发笑，则预示可能有哭的时候。梦见人死，则预示巡山必获猎物。

眼跳。苗族认为，上午左眼跳，则预示有人上门拜访，此时自己出门也吉利；下午左眼跳，则预示不吉利，要惹祸出事，外出得加倍小心。不论上午下午，右眼跳，都表示有亲戚要到家来访，或者有亲人在远方惦念自己。

“火笑”。苗族人烧柴做饭时，若柴火嘘嘘不停地喷出火苗，这被称为“火笑”。“火笑”预示有亲戚探访，或者有人在山里捕获山猪了。见公鸡打架，预示也和“火笑”一样。

禁忌　**禁杀生。**苗族人凡入道教者，经“洗尘”（度戒）后禁杀生。平时客人来访，要杀鸡待客得请外人来把刀，自己可伸手按在外人手背上割鸡颈，以示鸡非自己所杀，鸡死后自己就可以拔毛去内脏。

酿酒禁忌。苗族凡酿酒之家，都禁止外人入屋。实在有急事非进不可的，进屋后先添根柴火，人们认为这样做，酒才不会断流。

外出禁忌。苗族人外出远门，禁止未做任何仪式就走。外出时，一般要拿几粒大米用纸包好带在身上。跨出大门槛时，要念一些咒语，以求出行平安。回家后，就把大米丢掉。妇女若抱婴孩外出，得请“道公”代画一张符藏于婴孩身上，以消灾辟邪。

忌吃狗肉。苗族中，凡“洗尘”加入道教者，都忌吃狗肉。人们认为，阴鬼最忌狗血，入道者任务是驱鬼赶魔，吃了狗肉后就不能再起驱鬼赶魔的作用。一般人想吃狗肉的，也只能说是吃“猎肉”，这样才能避讳。另外，苗族严禁在村寨里杀狗。

第四章　民族宗教事务

第一节　机　构

1988年3月以前，负责白沙县少数民族事务的职能机构是白沙县苗族委员会。1988年4月，白沙县苗族委员会更名为白沙黎族自治县民族委员会。1998年，县民族委员会改为白沙黎族自治县民族宗教事务局。2009年，县民族宗教事务局更名为白沙黎族自治县民族宗教事务委员会，属正科级行政单位。

至2010年，县民族宗教事务委员会内设办公室、经济发展岗、政策法规岗、教育科技岗、文化宣传岗、宗教事务岗等6个岗（室），有行政编制8人和事业编制1人，其中主任1名，副主任2名。

第二节　民族工作

一、民族政策宣传

白沙县每年以各种形式开展民族政策的宣传活动。1988—2010年，县民族宗教事务委员会在贯彻落实《中华人民共和国民族区域自治法》工作中，会同宣传部、党校、妇联、农业局、司法局等单位，利用宣传车深入各乡镇、农村进行普法宣传，并通过出版墙报、张贴宣传资料，悬挂宣传横额等形式，加大普法宣传力度，使广大群众进一步增强法律意识，增强法制观念，积极做好农村农业工作，加快脱贫致富步伐。

在推进民族法制建设上，县民族宗教事务委员会参与修订、组织学习和贯彻《白沙黎族自治县自治条例》，并积极解答涉及民族和宗教事务中的若干问题，向白沙县党政领导提出意见和建议，加强民族法制宣传教育活动，推动全县民族普法工作开展。

二、民族干部培养

白沙县重视黎族、苗族等民族干部培养工作，贯彻落实《民族区域自治条例》，积极培养民族干部，加强民族干部队伍建设。1987年，全县干部总数为2793人，其中黎族1254人、苗族19人；县级领导干部共有27人，其中黎族、苗族干部有14人；副科级以上干部284人，其中黎族、苗族干部124人。至2005年，白沙全县干部1377人，其中黎族、苗族干部786人，占全县干部总数57.1%；全县副科级以上干部有409人，其中黎族、苗族干部268人，占总数65.5%；在县四套班子领导干部22人中，黎族、苗族就有13人，占总数的59.1%。至2010年，全县在职县处级领导干部30人，其中黎族、苗族干部16人，占总数的53.3%；乡科级领导干部405人，其中黎族、苗族干部222人，占总数的54.8%，黎族、苗族干部在一般干部中所占的比重加大，结构更加趋向科学合理；黎族、苗族干部的政治素质和文化素质方面也得到很大的加强和提高。

三、民族团结工作

白沙县重视巩固和发展平等、团结、互助与和谐的社会主义民族关系的工作。1988—2010年，白沙县先后制定出台和组织实施《白沙黎族自治县自治条例》《关于进一步加快白沙经济社会发展的若干意见》《白沙黎族自治县扶贫计划》《关于加强民族工作的意见》等一系列优惠政策和工作措施。通过补贴政策，鼓励农民做强橡胶、甘蔗、木薯“老三样”，做强竹子、生姜、养殖饲养“新三样”。从物资、资金、技术和培训等方面，大力扶持农民实施“菜篮子”工程，培植和发展一批新兴产业。又开展“联村进企”活动，着力解决农村和企业生产工作中存在的问题和困难，在乡镇中积极实施“强核心工程”，帮助发展壮大村级集体经济和加强基层组织建设，帮助培育特色产业，引导劳务输出。此外，还实施“民生工程”，全力为民族群众服务，大力实施党在农村的各种惠民政策，如计划生育、林权改革、家电下乡等10项60种优惠政策。全面实行新型农村医疗合作制度、新型农村医保制度、农村最低生活保障制度，实行“两免一补”的教育优惠政策等，较大程度地解决民族地区群众生产生活中的困难和问题，让广大群众得到真真正正的实惠。

在推进“技能型乡镇政府”建设中，县委县政府将“加强民族团结”纳入“八项技能、五门知识”的培训内容，由县民宗委牵头，组建一支民族团结宣讲队，以县党校、技术培训基地和各乡镇为阵地，举办学习培训、实地宣讲，深入开展民族团结宣传教育活动。同时还利用广播电视宣传，宣传车游传和开辟宣传专栏等形式，进一步加强民族相关政策法规和增进民族团结的宣传，使干部和广大群众进一步增强民族荣誉感，增进各民族团结。

四、少数民族成分确认

1988—2010年，县民族宗教事务委员会每年做好民族成分的确认、更改的填报工作。同时贯彻执行《关于考上国线被重点高校录取的少数民族考生的奖励办法》，做好年度高招和中招的少数民族成分的审查和享受加分照顾的确认工作。2010年，县民宗委严格按照有关规定，依法为参加高考、中考的少数民族考生以及申请计划生育的本县少数民族居民进行民族成分确认，共办理民族成分确认手续635份，民族成分更改手续19份。

第三节　民族发展

一、民房改造

1990年，白沙县民房改造开始，同年开展民房改造示范点工作，逐户登记，搞好规划，集中资金解决一两个村庄的瓦房建设问题，并根据各农户备料情况和困难大小发放民房改造补助金。

1991年12月，白沙县正式成立民房改造工作组。1992年，全县改造农村民房1700户，9691人，面积142553平方米，发放民房改造补助金230万元。

2000年以后，白沙县的民房改造步伐不断加快。2002年6月，据调查统计，白沙县农村黎族、苗族群众总户数为16421户84799人，已住上瓦房的黎族、苗族群众总户数达13525户69729人，分别占全县农村黎族、苗族群众户数与人口的82.3%和82.2%。2010年，全县共筹措资金2481.73万元，其中省下拨资金1226.8万元，全面完成消除茅草房改造任务共868户，总项目惠及11个乡镇，170个自然村，建筑面积达69440平方米，受益人口4321人，全部完成全县茅草房改造任务，结束白沙黎族、苗族群众居住茅草房的历史。

二、扶贫开发

白沙县开展民房改造工作的同时，发放民族地区补助，加强水、路、电等基础设施建设。

1992年，发放民族地区补助12万元，建设甘蔗基地面积20公顷；投入饮水建设工程费10万元，修建饮水工程9宗，解决9个村1694人的饮水困难；投入边境建设事业费7.5万元，解决学校的饮水困难和4个村庄146户1105人的照明用电困难。2000年后，民宗委大力实施"兴边富民"行动和少数民族发展资金项目，每年大力改善乡村道路、桥梁、农村卫生饮水等基础设施，解决农村行路难饮水难等情况；培植一批种养业，发展特色经济；加强农民实用技术培训，提高农民致富技能。2000—2010年，县民宗委利用国家民委下拨的少数民族发展资金共计1561.8万元，投资建设项目50项，其中修建乡村道路工程21项，总长55.8公里，修建桥梁9座，解决多个乡村行路难的问题；实施饮水工程项目12宗，解决一大批人饮水问题；扶持公益事业基础设施建设项目78宗，并协助文明生态村建设。

三、弘扬民族文化

1988—2010 年，县民族宗教事务委员会多次组织协调县民族歌舞团及驻白沙县的“海南原生态民歌艺术合唱团”等单位的专业人士深入农村民间采风，挖掘许多具有民族特色的文艺素材，并将其创编成文艺精品，通过舞台表演形式向世人展示，使白沙县民族民间优秀传统文化得以传承发展繁荣，这些文艺精品包括海南首部黎族山歌剧《黎山恋歌》、舞蹈《茶山黎妹》《快乐的晒谷场》《图腾迎新舞》《神奇图腾伴婚歌》《快乐的晒谷场》、歌曲《滚龙调》《斗牛调》《捡螺歌》等 9 项。其中，《黎山恋歌》获全国第十五届“群星奖”节目最高奖项优秀“作品奖”、“天穆杯”和全国第二届“新农村”“新文化”“新风貌”小品展演一等奖及全省东西南北中广场文艺会演一等奖；舞蹈《茶山黎妹》获得第七届全国舞蹈比赛复赛资格；舞蹈《快乐的晒谷场》《图腾迎新舞》《神奇图腾伴婚歌》《快乐的晒谷场》和歌曲《滚龙调》获全省东西南北中广场文艺会演二等奖及省少数民族文艺会演一、二、三等奖；歌曲《斗牛调》《捡螺歌》获全国首届“中华红歌会”长江杯银奖。

黎锦、陶瓷、双面绣、黎苗民歌等一批具有特色的少数民族传统文化，由于长年缺乏政策支持、资金投入和挖掘开发，面临濒危。白沙县重视对黎族、苗族非物质文化遗产的挖掘和保护，组织业务人员深入黎村苗寨，以黎苗族传统文化和生活习俗为题材，创作了各种作品 30 多篇（首）；征集收藏民族服饰、手工艺品 40 多件；拍摄各种资料图片 300 多张；收集和录制民歌 4 盒。协助中央电视台少儿频道节目组深入南开乡、元门乡等乡镇调研了解黎族生活历史、民俗民情，拍摄白沙县黎族所特有的树皮衣制作工艺、黎族骨刻工艺、黎族文身手艺、黎族文脸手艺、黎族制陶工艺等传统工艺手艺。2010 年，白沙县制定《白沙黎族自治县保护非物质文化遗产条例》，从政策措施方面进一步加强对少数民族文化遗产的挖掘和保护。

海南建省以后，白沙县每年举办白沙黎族苗族传统节日三月三活动。节日期间，开辟黎族苗族民间美食一条街，充分展示不同民族的传统风味美食文化。同时积极组队参加海南省黎族苗族传统节日三月三活动，通过民歌对唱、黎锦苗绣以及各项传统体育竞技活动，充分展示白沙少数民族的风采。

第四节　宗　　教

白沙县少数民族宗教信仰主要是民间宗教信仰。民间宗教信仰又分为黎族民间宗教信仰和苗族民间宗教信仰。黎族民间信仰主要是祖先祭拜和自然祭拜，如有不幸之事发生，必请“道公”“巫婆”主持祭拜，以驱邪消灾，转危为安。苗族宗教信仰主要是创世祖先，每逢大节日或重大仪式都要做“五色饭”以敬奉。

白沙县自1948年解放以来，没有任何一种宗教组织，也没有设立专门的宗教活动场所。1996年初，金波乡4个村庄及个别国有农场的生产队出现基督教活动。1996年3月25—27日，县委统战部、县民宗委联合下到金波乡开展调查证实，1996年春节后一名叫汪和安的人从陵水黎族自治县椰林乡雷锋二队经乐东黎族自治县到白沙金波乡传教并发展信徒。最初在金波乡4个村庄传教，后发展到细水乡、邦溪农场、龙江农场和牙叉农场等地传教和发展信徒。2010年，白沙全县信教群众人数有所减少，截至年底，共有161名信教群众退教，尚有335人信教；有5个聚会点自动解散，依法取缔非法聚会点3个，尚有13个私设聚会点；4个召集人已自动退教，还剩14个召集人。

第三编
国土资源与环境保护

白沙黎族自治县土地总面积211773公顷，占全省陆地面积6.2%。2010年，全县土地已利用面积达209096.35公顷，即98.83%的土地被利用。其中农用地面积19.7716万公顷，建设用地面积6312公顷，未利用地面积7538公顷，分别占全县土地总面积的93.45%、2.98%、3.56%。截至2010年，森林覆盖率83.1%。2010年，全县储备农用地3732.5公顷，建设用地储备1.2公顷。矿产资源较为丰富，有金属矿产、建筑材料、其他非金属矿产和水气矿产。

县委、县政府在加强森林资源保护和培育的过程中，不断推进城镇人居环境创建工程。对全县空气、地表水、声环境等各类环境和重点污染源的企业进行定期或不定期的监测，通过加强对生活垃圾和污水的处理力度，加大对工业、医疗、运输、餐饮等部门污染物（气）排放的监督和管理，使白沙黎族自治县生态环境得以保护和恢复，城镇空气质量优良，主要污染物二氧化硫、二氧化氮含量均符合国家环境空气质量一级标准，地表水质量总体保持良好。至2010年，白沙黎族自治县境内有一个国家级自然保护区（霸王岭国家级自然保护区），两个省级自然保护区（邦溪坡鹿保护区、鹦哥岭保护区），自然保护区面积达2.7万公顷，还有一个国家重点天然林资源管护区（南高岭林场）。

第一章　国土资源与利用

第一节　机　　构

1985年，成立白沙黎族自治县环境资源局，1994年与建设局合并，为建设与国土环境资源局。2005年4月，关于印发《白沙黎族自治县建设国土环境资源管理体制机构编制调整意见》的通知，撤销建设与国土环境资源局，分别设置国土环境资源局和建设局，均为县人民政府的工作部门，正科级建制，保留县土地开发整理储备中心，隶属县国土环境资源局，副科级事业单位，人员编制为管理职能编制两名，国土环境监察执法大队编制15名，环境保护监测站编制12名。将县环境资源监察大队更名为县国土环境资源执法监察大队，升格为副科级建制，保留环境保护监测站，隶属县国土环境资源局，股级建制。各乡镇设国土环境资源管理所。

第二节　土地资源

一、农用地

据2005年末统计，白沙黎自治县全县共有水田面积4133.33公顷，旱田1000公顷，旱地 4666.67 公顷；橡胶园地 15266.67 公顷；热带水果 2333.33 公顷；甘蔗 6466.67 公顷；木薯 4066.67 公顷。

耕地 2008 年、2009 年，白沙黎族自治县耕地总量均为 22433.3 公顷，占全县土地面积 10.6%。2010 年，全县耕地总量为 24374.53 公顷，占全县土地总面积的 11.58%，其中水田 9354.87 公顷，占耕地面积的 38.38%；旱地 15019.66 公顷，占耕地面积的 61.62%。

林地 1999 年，白沙黎族自治县全面实施"天保工程"，此后森林覆盖率逐年增加。2004 年，还新建专门培育各种珍贵乡土树种的苗圃基地 4.7 公顷。2010 年，全县有林地面积 91389.86 公顷，灌木林地面积 3833.96 公顷，其他林地面积 16165.01 公顷；苗圃地面积 64.53 公顷。

1988—2010 年白沙黎族自治县部分年份森林面积统计表

表 3-1-1

年　份	1996 年	1999 年	2003 年	2005 年	2006 年	2007 年	2008 年	2009 年	2010 年
森林面积（万公顷）	11.53	13.45	15.64	15.87	16.7	16.22	16.39	15.88	17.64
覆盖率（%）	58.9	63.5	73.8	74.6	76.0	76.6	77.4	75.0	83.1

园地 2008 年、2009 年，白沙黎族自治县园地面积均为 30233.3 公顷，占全县土地面积 14.2%。2010 年，全县园地面积 58684.97 公顷，占土地总面积的 27.74%，其中其他园地 56121.46 公顷（大部分为橡胶园），占园地总面积的 95.63%；果园 2191.55 公顷，占园地总面积 3.73%；茶园 371.96 公顷，占园地总面积 0.64%。

草地 2010 年，全县草地面积共 5469.15 公顷，占土地总面积的 2.5%，其中人工牧草地 102.62 公顷，占草地面积 1.88%；其他草地 5366.53 公顷，占草地面积 98.12%。

二、建设用地

城镇村及工矿用地 2008 年、2009 年，白沙黎族自治县城镇村庄面积均为 1900 公顷，占全县土地面积 0.9%。2010 年，全县建设用地共 3507.8 公顷，占土地总面积的 1.66%。其中建制镇 914.48 公顷，占建设用地面积 26.07%；村庄 2414.76 公顷，占建设用地面积 68.4%；采矿用地 150.03 公顷，占建设用地面积 4.28%；风景名胜及特殊用地 28.53 公顷，占建设用地面积 0.82%。

交通运输用地 2008 年、2009 年白沙黎族自治县交通用面积均为 1033.3 公顷，占全县土地面积 0.49%。2010 年，全县交通运输用地共 2473.39 公顷，占土地总面积的

1.16%，其中铁路用地16.73公顷，占交通运输用地面积0.67%；公路用地502公顷，占交通运输用地面积20.3%；农村道路用地1954.66公顷，占交通运输用地面积79.03%。

水域及水利设施用地 2008年、2009年白沙黎族自治县水域及水利设施用地面积6593.3公顷，占全县土地面积3.11%，2010年，全县水域及水利设施用地面积6625.8公顷，占土地总面积的3.12%，其中河流水面2161.8公顷，占水域及水利设施用地面积的32.63%；水库水面1956.23公顷，占水域及水利设施用地面积的29.52%；坑塘水面968.35公顷，占水域及水利设施用地面积的14.61%；内陆滩涂297.96公顷，占水域及水利设施用地面积的4.5%；沟渠1210.53公顷，占水域及水利设施用地面积的18.27%；水工建筑用地30.93公顷，占水域及水利设施用地面积的0.46%。

2010 年白沙黎族自治县建设用地利用现状表

表 3-1-2　　　　单位：公顷

变更后地类 / 变更前地类	城镇村及工矿用地					交通运输用地					水域及水利设施用地					全县总面积
	城市	建制镇	村庄	采矿用地	风景名胜及特殊用地	铁路用地	公路用地	机场用地	港口码头用地	管道运输用地	水库水面	沿海滩涂	内陆滩涂	水工建筑用地	合计	
地类代码	201	202	203	204	205	101	102	105	106	107	113	115	116	118		
年末面积	0.00	914.46	2414.79	150.07	28.54	16.73	501.99	0.00	0.00	0.00	1956.23	0.00	297.96	30.92	2285.11	211737

2010 年白沙黎族自治县“征而未供”土地情况一栏表

表 3-1-3

序号	宗地位置	土地面积（公顷）	批准征地机关	批准文号	批准征地时间或收回土地时间	未供地原因	土地总体规划用途	城乡规划用途	土地利用现状	征地补偿费（万元）	征而未供已处置				备注
											已供地面积（公顷）	限期供地面积（公顷）	已纳入储备面积（公顷）	其他方式面积（公顷）	
1	牙叉镇环城东路旁	1.6667	白沙黎族自治县人民政府	白府函〔2009〕173	2009.12.9	正在拟制订供地方案	城镇建设用地	公共用地	园地	25.0000	—	1.6667	—	—	土地业主未前来办理供地手续
2	牙叉镇方亮新区	1.2000	白沙黎族自治县人民政府	白府函〔2010〕192	2010.10.14	正在拟制订供地方案	城镇用地	公共设施用地	园地	88.7781	—	1.2000	—	—	土地业主未前来办理供地手续

三、其他土地

2010 年，全县其他土地面积 496.56 公顷，占土地总面积的 0.23%，其中设施农用地面积 486.81 公顷，占其他土地面积的 98.04%；沙地面积 1.29 公顷，占其他土地面积的 0.26%；裸地面积 8.46 公顷，占其他土地面积的 1.7%公顷，占建设用地面积 4.28%。风景名胜及特殊用地 28.53 公顷，占建设用地面积 0.82%。

四、待开发土地资源

白沙黎族自治县有效组织实施国家、省、县投资的土地开发整理项目。土地开发整理项目的实施以“田、水、路、林”综合整治为主要内容。 通过大力推广以“农田向规模经营集中”为重点的土地开发整理，不断优化土地利用结构。

2008 年，土地开发整理项目有 2 项，分别是荣邦乡头峰田洋土地整理项目和七坊镇基本农田整理项目，其中荣邦乡头峰田洋土地整理项目总面积为 258.1 公顷，建设规模 192.15 公顷，总投资 466.47 万元；七坊镇基本农田整理项目总面积为 165 公顷，总投资 429.79 万元。

2009 年，土地开发整理项目：细水乡土地整理项目建设规模 82.18 公顷，总投资 149.4 万元；牙叉镇国家级基本农田整理项目建设规模 532.51 公顷，总投资 1734.5 万元；邦溪镇增加工业用地储备 200 公顷；小城镇建设（沿白邦公路在白沙镇 20 公顷、七坊镇 14.67 公顷、邦溪镇 2.67 公顷），其中白沙县方亮新区 25.1 公顷投入 2500 多万元。

2010 年，全县土地开发整理项目共有 3 个，投资总金额 1045.66 万元，建设规模 483.88 公顷，新增耕地 48.8 公顷。

第三节　土地利用与管理

一、土地利用规划

1995 年，白沙黎族自治县制定发出《关于森林资源二类调查后落实宜林宜农牧征用开发土地的通知》。1993 年，全县林业用地面积 143420 公顷，非农业用地面积 68353.33 公顷。为了使农、林、牧协调发展和合理利用土地。并保证现有林业用地面积不少于原规划面积，经县人民政府研究，同意将原有的 12592.73 公顷荒山荒地落实为宜林地 7653.33 公顷，宜农用地 1613.33 公顷，宜牧地 3313.33 公顷，征用开发地 13.33 公顷。

1995 年 9 月 11 日，白沙黎族自治县人民政府发布的《关于我县实现消灭依林荒山荒地目标报告》规划。1989—2000 年，白沙县造林绿化任务 14802 公顷。1989—1994 年，本县造林种果40140公顷，其中人工造林10660公顷，封山育林21480公顷。林业用地面积从1983年的116354.13公顷增加到142020.4公顷，有林地面积从1983年的83333.33公顷提高到119333.33公顷，增加3万公顷，覆盖率从26.9%提高到55.9%。1993年二类调查结果，全县林业无林地面积为12592.74公顷，其中地方3231.47公顷，农垦2997.6公顷，省属林场6363.67公顷。据1994年底灭荒自检调查结果统计，调整后全县林业无林地中，人工造林975.47公顷，其中地方526公顷；省属林场3381.07公顷，农垦1002.13公顷，点散播1694.2公顷，其中地方58.07公顷，省属林场1636.13公顷；全县剩余荒山荒地71.93公顷，其中10亩以上连片的有33.93公顷，荒山荒地剩余率为0.49%，其中10亩以下连片剩余率为0.23%，达到基本灭荒要求。

2008年11月1日，白沙黎族自治县土地利用总体规划修编领导小组组织召开全县各部门各乡镇负责人参加的白沙黎族自治县土地利用总体规划修编工作动员大会，就本轮规划修编的重要性以及各部门各乡镇的相关工作与任务做明确的部署和安排。结合2008年白沙黎族自治县新的形势政策需要，制订规划修编工作方案、技术方案，分步骤、分阶段安排内、外业工作计划，明确工作进度、内容及要求。

2010年，修编的《白沙黎族自治县城市总体规划（2008—2020年）》，重新确定县城（牙叉镇）和县域城镇体系规划总体布局、结构、规模和职能等；另一方面，白沙黎族自治县各相关部门重新编制或修订行业发展规划，对于土地利用结构与布局提出新的要求，而统筹城乡一体化以及促进社会主义新农村建设也要求土地利用总体规划适应新形势下发展的需要，从而加强其总体控制地位，增强对用地规模的控制和整体布局的协调。

1997—2010年确定白沙黎族自治县开发未利用地9058.90公顷。规划实施期间，全县实际开发未利用地2242.07公顷，相当于规划控制指标的24.75%，全县土地利用率从1996年末的89.73%上升至2005年末的90.76%。1996年末，全县城镇用地面积432.70公顷，城镇人均用地面积185.40平方米。2005年末，全县城镇用地面积539.12公顷，城镇人均用地面积120.98平方米，城镇人均用地面积比1996年减少64.42平方米。1996年末，白沙黎族自治县农村居民点人均用地面积100.7平方米。2005年末，全县农村居民点用地面积1378.1公顷，农村人均用地面积97.63平方米，农村居民点人均用地水平比1996年末减少3.07平方米。

1997—2010年确定白沙黎族自治县交通和水利设施用地新增108.9公顷。规划实施期间，全县交通和水利设施实际新增用地97.59公顷，相当于规划控制指标的89.61%。现行规划确定全县1997—2010年生态退耕面积1930.4公顷。

规划实施期间，全县实际生态退耕面积 743.96 公顷，相当于规划退耕面积的 38.54%。1996 年末，全县林地面积 115522.1 公顷，森林覆盖率为 54.55%。规划实施期间，全县林地面积增加 4412.26 公顷，2005 年末全县森林覆盖率达到 74.6%。

二、建设用地管理

1988—2010 年，经国土资源部、省人民政府及县人民政府批准征收的集体土地 101.761 公顷分别用于华联水泥厂、粤海铁路、邦溪加油站、生态文化公园、佳兴商城、邦溪保障性住房、邦溪南班水库名仕山湖、芭蕉水库旅游区等项目建设。详细见表 3-1-4。

1993—2010 年白沙黎族自治县建设用地一览表

表 3-1-4　　单位：公顷

编号	建设项目名称	批准时间	批准面积
1	华联水泥厂项目用地	1993 年	81.0000
2	粤海铁路项目用地	2007.4.28、2008.12.22	0.9784
3	邦溪加油站	2010.8.19	0.6567
4	生态文化公园建设项目	2010.10.17	1.6100
5	佳兴商城用地项目	2010.2.4	3.1586
6	邦溪镇保障性住房	2010.7.12	0.6427
7	白沙邦溪南班水库名仕山湖城项目	2010.10.14	3.4133
8	白沙邦溪南班水库名仕山湖城项目	2010.10.14	3.3727
9	芭蕉水库旅游区建设项目	2010.10.14	3.4533
10	芭蕉水库旅游区建设项目	2010.10.14	3.4753
合计			101.761

1995 年 11 月，白沙黎族自治县人民政府审批通过原属金波农场使用的国有土地 0.25 公顷，原属芙蓉田农场使用的国有土地 0.208 公顷，割让给白沙县邮电局用于邮电通讯建设，使用期限为 50 年。

白沙黎族自治县人民政府 1995 年 11 月审批通过：海南省长途电信传输局申请将白沙县七坊镇木棉糖厂和白沙县国有芙蓉田农场场部的国有土地 124.06 平方米和 295.8 平方米用于市政公用设施建设，土地使用年限限 50 年。

三、基本农田保护

1995年，海南省政府下达白沙黎族自治县基本农田（水旱田）保护区的统计面积为3666.67公顷，占白沙黎族自治县1994年末水旱田面积的76%。白沙黎族自治县1992年土地详查水旱田面积8612.97公顷，同年县统计局的全县水旱田面积为4842.93公顷，详查面积与统计面积的比值为1.78。由此计算出白沙黎族自治县基本农田保护指标面积应为6530.00公顷（详查），这个指标均按一级保护。全县共划定基本农田保护片块815块，面积6622.23公顷，折算的统计面积则是3720.33公顷，占1994年末水旱面积的77.09%，超过省下达指标统计面积53.66公顷。在划定的基本农田保护面积中，全部为一级保护。按作物基地划分：粮食基地6622.23公顷（详查）、3720.23公顷（统计）；蔬菜基地27.6公顷（详查）、15.5公顷（统计）；科研基地10公顷（详查）、5.62公顷（统计）。全县划定的基本农田中粮食基地按复种率1.95%。2010年，水稻单产按7050公斤/公顷（净面积）计算，可生产稻谷52456.7吨，按全县215000人分配，每人可得稻谷244公斤。划定的蔬菜基地保护面积低于预测数，蔬菜的需求可从零星菜地和冬闲田种菜来满足。

四、土地储备与出让

2007年来，白沙黎族自治县的土地出让，采用公开挂牌的方式进行出让，执行规范化管理。2007—2010年，累计挂牌出让建设用地37宗，共计57.48公顷，出让金3040万多元。

土地储备 2005年至2010年底，白沙县已收储的储备土地1宗，面积3732.48公顷。2009年，全县建设用地储备1.6667公顷。2010年，全县储备农用地3732.5公顷，建设用地储备1.2公顷。

根据白沙黎族自治县耕地后备资源调查成果，2010年，后备资源库项目增加耕地总规模263.06公顷，荣邦乡可新增耕地109.9公顷，邦溪镇可新增耕地26.71公顷，打安镇可新增耕地12.33公顷，七坊镇可新增耕地69.06公顷，金波乡可新增耕地12.32公顷，牙叉镇可新增耕地32.74公顷。

土地出让 2003年10月15日以前，白沙黎族自治县国土环境资源局未实施过土地招标、拍卖、挂牌活动。2003年10月15日起，经白沙县人民政府批准，白沙县正式开始实施国有建设用地使用权挂牌出让活动，2003—2010年，累计挂牌出让建设用地145宗，共计41.44，出让金9018.34万多元，其中出让商服用地面积10.93公顷，成交金额4049.2968万元；出让住宅用地面积7.09公顷，成交金额1749.7739万元；出让工业用地面积 14.02 公顷，成交金额 1201.5 万元。2003—2009 年，白沙黎族自治县各年土地出让情况见表 3-1-5、表 3-1-6。

2003—2010 年白沙黎族自治县土地出让情况一览表

表 3-1-5

年度	出让面积（公顷）	成交金额（万元）	出让用途	所属区域
2003 年	0.2132	30.6763	商服	牙叉镇
2004 年	—	—	—	—
2005 年	0.0495	7.4025	商服	牙叉镇
2006 年	0.4425	60.6880	商服	牙叉镇
	0.2776	27.7600	住宅	牙叉镇
2007 年	0.081	15.0300	住宅	牙叉镇
2008 年	0.0445	6.2300	商服	牙叉镇
	0.0015	0.4680	住宅	牙叉镇
2009 年	0.4754	158.0000	商服	牙叉镇
	0.2272	35.5314	住宅	牙叉镇
2010 年	9.7012	3786.3000	商服	牙叉镇、打安镇
	6.4909	1670.9845	住宅	牙叉镇
	14.0168	1201.5000	工业	牙叉镇、邦溪镇

2005—2009 年白沙黎族自治县挂牌出让、协议出让土地供应一栏览表

表 3-1-6

时间	挂牌出让				协议出让			
2005 年	用途	数量（宗）	面积（公顷）	价款（万元）	用途	宗数（宗）	面积（公顷）	价款（万元）
	合计	2	0.03	3.78	合计	1	0.02	3.08
2006 年	挂牌出让				协议出让			
	用途	数量（宗）	面积（公顷）	价款（万元）	用途	宗数（宗）	面积（公顷）	价款（万元）
	商服用地	18	0.4312	57.85	商服用地	0	0	0
	住宅用地	5	0.0748	9.28	住宅用地	0	0	0
	合计	23	0.506	67.13	合计	0	0	0

续表 3-1-6

时间	挂牌出让				协议出让			
2007 年	挂牌出让				协议出让			
	用途	数量（宗）	面积（公顷）	价款（万元）	用途	宗数（宗）	面积（公顷）	价款（万元）
	商服用地	22	0.62	86.7	商服用地	0	0	0
	住宅用地	19	0.57	56.56	公共建筑用地	2	1.6	320
	合计	41	1.19	143.26	合计	2	1.6	320
2008 年	挂牌出让				协议出让			
	用途	数量（宗）	面积（公顷）	价款（万元）	用途	宗数（宗）	面积（公顷）	价款（万元）
	住宅用地	1	0.14	11	住宅用地	6	0.22	41.3
	合计	1	0.14	11	合计	6	0.22	41.3
2009 年	挂牌出让				协议出让			
	用途	数量（宗）	面积（公顷）	价款（万元）	用途	宗数（宗）	面积（公顷）	价款（万元）
	商服用地	30	4.58	1558	商服用地	0	0	0
	住宅用地	15	2.14	113.64	住宅用地	0	0	0
	合计	45	6.72	1671.64	合计	0	0	0

五、地籍地政管理

土地确权发证　1988 年至 2004 年 10 月底，白沙黎族自治县已全面完成全县农村土地确权 205666.67 公顷土地地籍调查任务，其中农垦土地 53733.33 公顷，国有林场土地 48333.33 公顷，集体土地 67733.33 公顷，其他土地（包括争议地、国有公路、河流、后备土地等）35866.67 公顷。实地核定界线 4148 条，填写界线核定书 4258 份，绘制宗地图 1782 份，附图 11000 份；完成土地登记发证面积 154466.67 公顷，占完成总面积的 75%，其中国有农垦土地 46333.33 公顷，占完成总面积 86%；集体土地 48400 公顷，占完成总面积 71.5%。

农村宅基地发证　1988—2010 年，白沙黎族自治县农村宅基地地籍调查项目共开展牙叉镇、七坊镇、邦溪镇、打安镇、细水乡、元门乡、青松乡、南开乡、阜龙乡、金波乡、荣邦乡等 11 个乡镇的农村宅基地登记发证工作任务，共涉及 76 个村委会 19567 户农村居民，村庄总面积合计 2035.87 公顷，村庄二调总面积合计 1194.65 公顷，省厅下达任务 1726.67 公顷。调查宗地总数 22506 宗，已发证 19460 宗。

农垦土地划转　根据中共海南省委、海南省政府《关于进一步深化海南农垦管理体制改革的决定》文件及中共海南省委办公厅、海南省人民政府办公厅印发《关于深化海南农垦管理体制改革的实施方案》的通知文件精神，2010 年，白沙黎族自治县开展农垦土地划转工作，白沙黎族自治县的任务为 23401. 87 公顷，3 个农场提交 759 宗，面积 24278.49 公顷，已经全部划转。邦溪农场要求暂缓划转 27 宗，面积 644.41 公顷；白沙农场不再划转 21 宗、239.99 公顷。

地产市场监管　2008 年，白沙黎族自治县加强房地产市场监管，加大保障性住房建设力度，努力构筑多层次的住房供应体系，解决中低收入家庭的住房困难，切实改善白沙县居民住房条件，促进白沙黎族自治县房地产市场健康有序发展。2008 年，办理房产权属登记 200 宗，建筑面积 81723.95 平方米；他项权登记为 80 宗，建筑面积 36133.43 平方米。完成房产测绘 28 宗，涉及建筑面积 72288.22 平方米，维护购房者的利益。

第四节　土地监察

一、法规宣传

自 2005 年成立白沙黎族自治县国土环境资源局至 2010 年，每年国土环境资源局在世界地球日、世界环境日、法治宣传月等活动日中，充分利用广播、电视、横额、宣传画、宣传单、短信等方式进行宣传，并在全县各中小学校、文明湖旁边设立咨询岗，深入工矿企业、学校、医院、农村，宣传普及国土环境资源法律知识。累计发放法规宣传材料 5000 多份，悬挂横幅约 80 多条。

二、建设用地查处

1988—2010 年，白沙全县共查处土地违法案件共 10 宗，涉及土地面积 1.264 公顷，没收违法建筑物面积 7127 平方米，拆除违法建筑物面积 5095 平方米，处以罚款 14.25 多万元。

第五节　矿产资源

一、矿产资源的勘查和分布

截至 2010 年，白沙黎族自治县对矿产资源勘查项目 4 6 个，主要对铅锌矿、金矿、锡矿和钼多金属进行勘查。

白沙黎族自治县矿产资源较为丰富，主要有金属矿产、建筑材料、其他非金属矿产和水气矿产，其中金属矿产主要有铁矿、金矿、铅锌矿、钨矿及锡、铜、银等矿。

铁矿 主要分布在金波乡，属于磁铁矿，矿石中的全铁（TFe）含量为5%（Fe含量为48%），矿石的资源储量为25万吨。

金矿 主要分布在元门乡、打安乡、阜龙乡、邦溪镇和金波乡等地区，沙金0.1～1克/米，沙金的资源储量为182.52千克。

铅锌矿 主要分布在阜龙乡可注老村、元门乡、金波乡等，Pb含量为2.46%～3.12%，Zn含量为11.03%～1.69%，矿石的资源储量：Pb为16289吨，Zn为8709吨。

钨矿 主要分布在金波乡，W含量为0.94%，矿石的资源储量为1.06万吨。

锡、铜矿等 锡矿主要分布在七坊镇，铜矿主要分布在荣邦乡。

银矿 主要分布在金波。

非金属矿产主要有饰面花岗岩板材、水泥灰岩、建筑用花岗岩石材、砖瓦黏土、高岭土矿、河砂、硅灰石、水晶矿。其他非金属矿产如硅灰石、压电和熔炼水晶矿等。

饰面花岗岩板材 主要分布在金波乡和踢通岭，成荒率25%～25.88%，矿石的资源储量为3963万米。矿石矿物成分主要的矿物成分有50%的钾长石、40%的石英，还含有4%的黑云母、5%的斜长石。矿石的特征：粗粒黑云母花岗岩（工艺名称暂定金波红），呈浅红色带少量灰白黑色斑点。浅红色钾长石晶体粗大，一般10～25毫米，呈长板状、钝角柱状或不规则状，少量斜长石、黑云母分布其中，矿物晶体边界清晰，色泽鲜艳大方，颜色均匀，岩石新鲜坚硬，不易风化，矿物颜色花纹可经久不变，属装饰石材的中、上等品。

水泥灰岩 主要分布在元门乡、邦溪河叉岭和荣邦大岭，CaO 48.72%～52.36%、MgO 0.37%～2.42%，矿石的资源储量为928万吨。

建筑用花岗岩石材 主要分布在牙叉、七坊、邦溪镇和卫星农场等，矿石的资源储量为14.5419万米。

砖瓦黏土 主要分布在牙叉、七坊、邦溪镇和珠碧江农场等，矿石的资源储量为180827立方米。

高岭土矿 主要分布在细水周三村、老黎办村和邦溪农场十七队周围。

河砂 主要分布在珠碧江、南叉河、向民河合水河和石碌河，矿石的资源储量为11万立方米。

水气矿产主要有饮用天然矿泉水，主要分布在牙叉农场和七坊镇木棉，偏硅酸 50.83～102 毫克/升，允许开采量 515 立方米/日。

二、矿产资源开发利用

2005—2010 年，县内开发利用的矿产资源，主要是水泥用石灰岩和建筑用砂、石、黏土。其中水泥用石灰岩的小型国有矿山 2 个，个体（集体）采矿点：砖瓦用黏土 5 个、建筑用花岗岩 6 个和建筑用砂 2 个。个体采矿点主要开采建筑用砂、石、黏土，规模较小，矿产品主要是供县内建设使用，产品需求量不大。随着小城镇建设及公路建设的发展，建筑用砂、石、黏土资源的需求量有所增加。

第二章　环境保护

第一节　环境监测

区域环境噪声平均值 44.2 分贝、交通干线噪声平均值 63.1 分贝，县城区域环境噪声均达到功能区规定的噪声环境质量标准，环境质量达到优良。

一、大气环境

2005 年，全县工业废气排放量为 18758 万立方米，2008 年为 59223 万立方米，比 2005 年增加 68.3%，2010 年全县工业废气排放量为万标立方米，废气中二氧化硫排放量为 50.61 吨，比 2008 年 50.89 吨减少 0.55%，工业烟尘排放量为 259.78 吨，比 2008 年 201.45 吨增加 22.4%。2010 年环境空气监测，可吸入颗粒物、二氧化硫、二氧化氮，均达到国家环境空气质量一级标准。

二、水环境

1988—2010 年，对主要河流水质的监测结果，均达到《地表水环境质量标准》（GB 3838—2002）II～III 类水质标准，集中式饮用水水源地的松涛水库牙叉库区、南叉河饮用水水源保护区取水口水质符合《地表水环境质量标准》（GB 3838—2002）II～III 类水质标准。

2010 年，全县城镇生活及工业废水排放量 308.94 万吨，比 2008 年 423.04 万吨减少 27.0%，其中工业废水排放量为 189.56 万吨，占 61.4%；城镇生活废水排放量 119.38 万吨，占 38.6%。工业废水排放量达标率为 100%，城镇生活和工业化学需氧量排放量为 215.29 吨，其中工业化学需氧量排放 160.39 吨，生活化学需氧量排放量 54.9 吨。

1988—2010年白沙黎族自治县境内主要河流水质一览表

表3-2-1　　　　　　　　　　　　　　　　　　　　　　　　　　　　单位：毫克/升

监测时间	监测地址	pH酸碱度	悬浮物	溶解氧	高锰酸盐指数	五日生化需氧量	氨氮	硝酸盐氮	亚硝酸盐氮	总磷	六价铬
1988年9月23日	珠碧河大溪桥	7.42	—	8.50	4.80	1.77	—	0.470	—	—	0.040
1991年1月3日	珠碧河大溪桥	6.90	0	7.82	2.48	—	0.005	0.298	0.0100	—	0.008
	南叉河方平	7.65	—	8.38	1.56	—	0.000	0.088	0.0080	—	0.013
1993年3月24日	南叉河方平	8.11	27	7.31	2.60	—	0.013	0.080	0.0180	—	0.023
	珠碧河大溪桥	7.75	48	6.10	10.10	—	0.880	0.280	0.0340	—	0.022
	南溪河元门桥	8.23	23	8.30	1.70	—	0.013	0.170	0.0530	—	0.014
1993年8月2日	南叉河方平	7.33	0	5.90	3.50	—	1.130	0.030	0.0360	—	0.010
	珠碧河大溪桥	7.62	5	5.60	2.30	—	0.260	0.040	0.0070	—	0.016
	南溪河元门桥	7.29	0	6.00	2.70	—	0.210	0.040	0.0490	—	0.018
1996年7月9日	南叉河方平	7.21	59	8.49	2.03	—	0.140	0.031	0.0015	0.013	0.011
	珠碧河大溪桥	7.55	76	11.61	2.71	—	0.180	0.211	0.0015	0.065	0.037
	南溪河元门桥	7.24	24	6.44	1.46	—	0.270	0.034	0.0015	0.078	0.016
1996年11月26日	南叉河方平	7.74	—	7.7	1.82	0.67	0.10	0.042	0.0015	—	0.072
	珠碧河大溪桥	7.08	—	7.20	2.44	1.25	0.15	0.138	0.0015	—	0.088
	南溪河元门桥	7.13	—	6.05	1.72	0.67	0.10	0.029	0.0015	—	0.073
1998年11月20日	南叉河方平	7.48	27	7.60	1.83	—	0.010	0.21	0.004	—	0.002
	珠碧河大溪桥	7.97	35	7.05	3.06	—	0.050	0.52	0.013	—	0.002
	南溪河元门桥	7.97	21	7.60	1.69	—	0.050	0.09	0.007	—	0.002
2000年4月20日	南叉河方平	6.65	27	7.80	2.32	1.53	0.160	0.21	—	0.055	—
	珠碧河大溪桥	6.95	14	7.50	5.42	2.01	0.290	0.67	—	0.380	—
	南溪河元门桥	6.75	35	6.30	2.51	1.60	0.150	0.11	—	0.045	—
2000年9月5日	南叉河方平	6.86	2	7.80	1.52	0.78	0.068	0.21	—	—	0.000
	珠碧河大溪桥	6.70	45	7.20	2.09	0.59	0.150	1.07	—	—	0.024
	南溪河元门桥	6.85	7	6.90	1.64	0.39	0.073	0.09	—	—	0.002
2005年3月21日	南叉河方平	6.33	12	10.12	1.68	—	0.035	—	—	0.012	—
	珠碧河大溪桥	7.20	12	10.03	3.16	—	0.086	—	—	0.012	—
	南溪河元门桥	6.41	8	8.63	1.59	—	0.040	—	—	0.012	—

续表 3-2-1

监测时间	监测地址	PH 酸碱度	悬浮物	溶解氧	高锰酸盐指数	五日生化需氧量	氨氮	硝酸盐氮	亚硝酸盐氮	总磷	六价铬
2007 年 8 月 8 日	南叉方平	7.72	—	8.11	2.20	—	0.035	—	—	0.010	—
	珠碧河大溪桥	7.65	—	7.59	4.29	—	0.070	—	—	0.104	—
	南溪河元门桥	8.13	—	9.26	1.72	—	0.146	—	—	0.012	—
2008 年 2 月 6 日	南溪河入口	7.83	—	7.68	2.23	—	0.090	—	—	0.025	—
	南叉河入口	7.47	—	9.60	2.57	—	0.090	—	—	0.025	—
2008 年 6 月 16 日	南溪河入口	8.34	—	8.64	2.27	—	0.095	—	—	0.036	—
	南叉河入口	7.64	—	7.52	2.92	—	0.030	—	—	0.047	—
2008 年 12 月 8 日	南溪河入口	6.74	—	6.84	2.45	—	0.096	—	—	0.095	—
	南叉河入口	6.72	—	6.72	2.86	—	0.106	—	—	0.096	—
2009 年 4 月 8 日	南溪河入口	7.12	—	6.99	2.77	—	0.182	—	—	0.025	—
	南叉河入口	7.03	—	8.19	3.19	—	0.141	—	—	0.025	—

三、声环境

2010 年，全年监测路 2.36 千米，道路交通噪声年平均等效声级为 63.1 分贝；2008 年 62.8 分贝，2005 年为 64.6 分贝。2010 年全年对牙叉镇区域环境噪声 50 个点位，年平均等效声级 44.2 分贝，2008 年为 47.6 分贝，2005 年 46.4 分贝。全年道路交通噪声和区域环境噪声均达标。

第二节　环境治理

一、环境卫生治理

1989 年，白沙黎族自治县治理污染项目 3 个，处理废水 25 万吨，处理废气 10570 万立方米。1990 年，对木棉糖厂、国营大岭农场、金波农场、卫星农场胶厂等 4 家老企业进行一级治理，减轻污染，颁发采矿许可证，对全县原有的 24 个矿点加强管理，刹住乱采滥挖的歪风。

2003 年，白沙黎族自治县以建设生态县和实现可持续发展战略为目标，立足实际突出山区特色，推进文明生态村建设。年底，全县已建成文明生态村 67 个，其中达到省级标准的 18 个。

2006年，全县建成110多个文明生态村，其中省级30个，县级51个。生态文明村通过改水改厕、民房改造、修建道路、美化环境、清理垃圾，村容村貌有了较大改变。

2009年，白沙黎族自治县共开展6次大规模环境卫生大整治，并督促各单位抓好各自卫生责任区清扫工作。加大县城至邦溪镇公路沿途两侧及村庄、打安镇、热作场外、光雅橡胶林、龙江农场场部、七坊镇周边等地段塑料袋和生活垃圾清理力度。在垃圾运输车无法满足的情况下，及时投入30多万元购置5辆垃圾收集车和1辆皮卡车，投入20万元购置200个垃圾果皮箱安装在县城各主要街道，投入10多万元更换一批垃圾手推车，对县城街道实行保洁。在节日庆典活动时，动员县消防中队、公路局、园林所等部门对县城主要街道进行7次清洗。全年共清理垃圾约1.3万吨，清理卫生死角100多处。此外，落实门前“三包”（包卫生、包绿化、包秩序）负责制，以整治“五乱”（乱停、乱放、乱丢、乱搭建、乱倒）入手，狠抓市容市貌的整治工作，城监部门共取缔违章占道经营摊点130个，处理积乱停放车辆160多辆次，纠正建筑工地运输车辆污染街道21起，查处违法违章建筑8起，发放《限期改正违法违章行为通知书》23份。经过整治，大大减少车辆乱停乱放、乱占道摆摊现象，使得交通运作畅通有序，改善市容市貌。

2010年，继续投入12万多元，购置2辆垃圾收集车，投入15万元购置150个果皮箱，安装在县城各主要街道，投入10多万元更换一批垃圾的手推车。

二、农业生态治理

1988—2010年，白沙黎族自治县县委、县政府采取一系列有效措施，严禁乱砍滥伐，大力封山育林和植树造林。做到责任明确，奖罚势明，有效地保护生态平衡，减少自然灾害。具体措施：①封山禁伐，减少人为活动，依靠大自然的自我修复能力，恢复植被；②对生态环境比较脆弱、人类活动影响较大的区域内的居民，逐步进行生态移民；③改变当地居民“靠山吃山”的状况，建立完善的“生态补偿”机制，使当地居民在为水源保护做出贡献的同时，经济上也得到补偿，从而妥善地解决当地居民的生活来源问题；④以综合治理为重点，将农村污水、垃圾进行集中处理；⑤多方面宣传，提高居民的环保意识。

2005年5月30日，为了涵养水源、减少水土流失、美化环境和保持生态平衡生态，白沙县委和县政府充分利用地域优势发展特色产业，做出“关于加快发展竹产业的决定”10万亩竹林成林后，每年保持水土49万吨，可涵养水源4910万吨。2006年，全年造林面积1469公顷，其中更新造林101公顷，森林总面积达到16.07万公顷，森林覆盖充76.0%。2008年，完成400公顷防护林项目建设。

2002—2008年，白沙黎族自治县退耕还林总面积1693公顷，荒山荒地造林6940公顷。

三、大气环境治理

白沙黎族自治县积极植树造林和封山育林，使白沙黎族自治县环境质量达到国家一级标准。2006年，城镇环境空气质量保持优良，主要污染物二氧化硫、二氧化氮含量符合国家环境空气质量一级标准。2008年，环境空气质量均达国家一级水平，二氧化硫、二氧化氮浓度日平均值均符合国家一级标准；可吸入颗粒物浓度有87.8%的日平均值符合一级标准、12.2%的日平均值符合二级标准。此外，环保部门积极采取各种有效措施，对工矿企业进行消烟除尘，经消烟的废气量为12767.5万标立方米/年，占全县工业废气总量的37.1%，高于全省平均水平。

四、水环境治理

2003年，白沙糖厂停产并迁址使得松涛水库牙叉镇库区的水质得到明显改善。2006年采取多项措施对水污染进行整治，其中包括对新建项目严格执行“三同时”（防治污染设施必须与新建项目主体工程同时开工、同时设计、同时投产使用）制度、控制在松涛水库上游建设有污染物排放的企业、搬迁治理胶厂、加快生活垃圾处理、加强对饮用水源地的保护等，使地表水环境质量总体保持良好。2008年，南渡江支流南溪河、南湾河、南春河、南叉河和龙州河水质为Ⅱ类，达到优级。

2008年，由海南省环境科学研究海南艾科环境资源技术服务有限公司为白沙黎族自治县编制南叉河饮用水水源保护区规划技术报告，同年得到海南省人民政府《关于划定白沙黎族自治县南叉河饮用水水源保护区的批复》。

2010年，根据海南省人民政府办公厅印发的《关于海南省典型乡镇和农村集中式饮用水水源保护区划定工作方案的通知》的精神，白沙黎族自治县完成第一批（七坊镇尔信水库饮用水水源保护区、邦溪镇木棉水库水源地、邦溪农场珠碧江水源地、荣邦乡俄朗村地下水型水源地）典型乡镇和农村集中饮用水水源保护区划定工作。四个饮用水源保护区规划的技术报告已于2010年10月20日通过专家评审，并根据专家组的意见作修改。

20世纪70年代至2010年，白沙黎族自治县对南渡江、珠碧江、石碌河等主要河源实施重点保护。

五、　污染企业治理

白沙黎族自治县为了做好南渡江流域水环境污染整治，2006年8月15日，《白沙黎族自治县人民政府办公室关于印发县加强南渡江流域水环境污染整治方案的通知》对饮用水水源保护提出：加强实施对饮用水源保护区的水质安全保护措施，禁止在饮用水水源保护区上游建设有工业、农业、饮食服务业、畜禽养殖场（点）、屠宰场等，坚决依法限期治理或搬迁，确保县城饮用水水源水质安全；对工业污源防治提出：认真贯彻实施《中华人民共和国清洁生产促进法》，积极推行清洁生产，倡导循环经济理念，促进企业由末端治理向生产全过程，有效利用水资源，实行污染物总量控制，提高工业污染治理水平。重点抓好白沙县的制糖 、制胶加工、淀粉加等污染严重行业的法理工作，特别是要抓好南渡江上游沿岸的青年农场胶厂、白沙黎族自治县食品公司屠宰厂、县人民医院污水的治理达标工作，提高工业污染源的污水处理率和达标率；开展对南渡江上游流域的污染源调查工作，并在调查过程中对重点工业污染源进行重点控制，提高其工业废水处理率和达标率；对排放工业污染物超标排放的一律实行限期治理，限期于2006年底前达标排放。《关于印发县加强南渡江流域水环境污染治理方案通知》的保障措施中还提出：通过制订产业政策，调整产业结构，用行政、经济手段推行节约用水和清洁生产，实现污水防治从末端治理逐步向生产全过程控制转变。在提高资源和能源利用率的同时降低水资源的消耗水平，提高水资源的重复利用率和降低单位产品的用水量，严格控制单位产值耗水量高的新建、改建、扩建项目，加强水资源费和排污费征收力度。经治理，白沙、木棉2家糖厂的蔗渣和滤泥都用作燃料和肥料，利用率达100%。

2007年12月29日，根据《海南省人民政府关于开展第一次全省污染源普查的通知》精神，白沙黎族自治县人民政府印发《关于印发第一次污染源普查实施方案的通知》，通知要求污染源普查对象为全县境内所有排放污染物的工业源、农业源、生活源和集中式污染治理设施。2007年，白沙黎族自治县人民政府批准关闭白沙水泥厂。

2010年，白翔水泥厂关闭。

六、垃圾治理

为有效解决白沙黎族自治县城镇垃圾污染问题，防止南渡江源头和松涛水库库区上游的水质遭受污染，2008年，根据海南省发展与改革厅《关于白沙县牙叉镇垃圾处理工程可行性研究报告的批复》，白沙县牙叉镇垃圾处理场项目总投资预算为2067.97万元。《白沙黎族自治县人民政府关于承诺配套牙叉镇垃圾处理资金的函》同意按项目建设预算资金的10%进行配套。

2008年3月19日，根据海南省政府办公厅《关于实施海南省“十一五”城镇生活垃圾处理总体计划》，白沙黎族自治县人民政府印发《关于印发县生活垃圾处理三年实施方案的通知》，通知要求垃圾处理工作，须按计划实施。该计划的垃圾处理场项目位于白沙县打安镇毛猪岭东侧，占地面积13.33公顷，日处理规模：50吨/天，处理垃圾范围：县城（牙叉镇）、七坊镇、国有龙江农场、打安镇、元门乡、青年农场、国有白沙农场、国有卫生农场的生活垃圾，项目含卫生填埋场和相应的配套设施，总投资2650多万元计划总投资1900万元，该项目2008年初开始施工建设，2009年底已完工工程总量的90%。

2009年，计划建立邦溪垃圾处理场，日处理规模50吨/天，占地面积12.67公顷，处理垃圾范围：邦溪镇、国有邦溪农场、金波乡、国有金波农场、荣邦乡、国有芙蓉田农场、木棉糖厂的生活垃圾，计划投资1900万元。

2010年，计划在青松乡、南开乡、细水乡、阜龙乡各建立一个生活垃圾堆肥场，每个堆肥场日处理规划8吨/天，占地面积4公顷，处理垃圾范围：本乡范围内的生活垃圾，4个垃圾堆肥场，计划总投资1200万元。

2010年9月28日，投入使用的白沙县垃圾处理填埋站，截至2010年12月31日无害化处理生活垃圾1151吨。

七、污水治理

为彻底治理县城污水，计划建设的白沙黎族自治县污水处理厂设计规模0.7万立方米/天，远期规划规模1.4万立方米/天，工程占地面积2.36公顷，工程服务范围主要为白沙黎族自治县城。一期工程总投资5526.37万元。项目2008年6月30日开工建设，2009年12月30日通水试运行。项目运营管理单位为北京桑德环保集团海南百川水务有限公司，污水处理厂工作人员有16人。

2008年，白沙黎族自治县全县排放的工业废水量为381万吨/年，经处理的约200万吨/年，占废水总量的56.5%。

2008年，为了进一步做好县城污水处理工作，白沙黎族自治县人民政府《关于县城污水处理费征收问题的批复》，同意从2008年10月1日起征收城镇污水处理费，征收标准及征收时段如下：第一时段，从2008年10月1日至2009年12月31日，居民污水处理费征收标准为0.40元/立方米，其他污水处理费征收标准为0.7元/立方米；第二时段，从2010年1月1日至2011年9月30日，居民污水处理费征收标准为0.60元/立方米，其他污水处理费征收标准为0.9元/立方米；第三时段，从2011年10月1日起，居民污水处理费征收标准为0.80元/立方米，其他污水处理费征收标准为0.10元/立方米。

城镇低保居民污水处理费的补贴标准为0.2元/立方米，以县城居民人均年污水处理量58立方米计算，补贴标准为每年11.6元/人，由县民政局按县城低保人数和补贴标准计算年补贴总金额，报县财政局核准拨付，并由县民政局随低保金发放时年终一性组县城居民予补贴。

为了保障污水处理费征收工作的顺利进行，明确县财政局、县水务局、县审计局、监督局、县民政局、县物价局、县自来水公司等单位的职责，2008年10月29日白沙黎族自治县人民政府办公室下发《关于印发县城镇污水处理费征收管理工作实施方案的通知》。

第三节 自然生态保护

白沙黎族自治县是海南省的生态核心区，生物多样性的保护关系到整个南渡江流域生态平衡的维持。为开展珍稀濒危物种的保护工作，白沙黎族自治县已构架珍稀濒危野生动植物的保护网络。1988—2010年，白沙黎族自治县境内有一个国家级自然保护区（霸王岭国家级自然保护区），两个省级自然保护区（邦溪坡鹿保护区、鹦哥岭保护区），自然保护区面积达2.7万公顷。此外还有一个国家重点天然林资源管护区（南高岭林场）。邦溪坡鹿保护区位于白沙县西北部，面积370公顷；鹦哥岭自然保护区位于白沙县的南部，是中国重要的热带山地雨林类型保护区和生物物种宝库，也是海南岛两大河流—南渡江、昌化江的发源地，总面积50406 公顷，其中在白沙境内24672.14 公顷，占总面积的48.93%。

一、霸王岭国家级自然保护区

霸王岭山岳连绵，跨于昌江、白沙、乐东、东方境界，总面积78000公顷，其间一座座数百米到一千多米高的山峰，峰峰并列，原始森林扑朔迷离，草木峥嵘，奇树异藤争旺斗绿，触目皆是奇观，是森林旅游的理想境地。其中海南霸王岭热带雨林保护区位于白沙、乐东两县交界处，面积约2333.33公顷，自然条件得天独厚，自然生态系统保存完整，有多种珍稀动植物繁衍，是中国热带生物资源最丰富的地区之一。1988年经国务院批准晋升为国家级自然保护区。

海南霸王岭热带雨林保护区的山岭南北绵延，主峰虎头岭海拔1441米。次为霸王岭，海拔1390米。这里湿热异常，多层次树木竞相生长，保存着原始的热带雨林环境。森林中，木材种类达600多种，列为国家重点保护和严禁采伐的珍稀树种就有27种之多。古来闻名的树种，有坚硬得钉打不进，被誉为“绿色钢铁”的坡垒、子荆；有百年不朽，材质极韧的母生、苦荆；有奇香袭人，永不受虫蛀的花梨；有稀有抗癌树种--海南粗榧；神奇的见血封喉。还有热带兰花，主要的兰花种类有五唇兰、象牙兰、冬凤兰、火焰兰、安诺兰等。

保护区内珍稀野生动物最珍贵的是世界上四大类人猿之一的黑冠长臂猿，还有云豹、黑熊、水鹿、穿山甲、巨松鼠、椰子猫、灵猫、果子狸、飞鼠、孔雀雉、白鹇鸡、山鸡、啄木鸟、猫头鹰、飞鹰、山鹧鸪、蟒蛇、巨蜥等60多种，均属珍稀动物之列。

1995年，召开的第二届中国灵长类学术会议上，海南长臂猿被列为中国高度濒危的灵长类动物之首。2000年，美国时代周刊将海南长臂猿列为全球最濒危的25种灵长类动物之首。

霸王岭保护区 1988年，国务院批准将霸王岭海南长臂猿省级自然保护区晋升为国家级自然保护区，保护区面积为6 626公顷，并更名为"霸王岭国家级自然保护区管理处"，为股级事业单位建制，并委托霸王岭林业局管辖。

1992年，霸王岭国家级自然保护区移交海南省林业局管理。同年，海南省编委下文将霸王岭国家级自然保护区晋升为正科级事业单位。

2003年经国务院批准，将霸王岭国家级自然保护区面积予以扩大，并更名为"海南霸王岭国家级自然保护区管理局"。

2006年，保护区管理局按《海南霸王岭国家级自然保护区总体规划》的机构设置要求，实行管理局—管理站—管护（监测、检查）站点的三级管理体系：保护区的日常工作由行政办公室、保护宣传科、科研教育科、社区事务科、计划财务科及派出所等6个部门组成；分别建立雅加、东一、东六和青松等4个管理站；设立高峰和二号桥等2个管护点，葵叶岗和十字路等2个海南长臂猿监测点，二号桥和南雅等2个检查站。

霸王岭保护区的工作及成效 2009年，保护区总面积为29980公顷，核心区面积为10540公顷，占保护区总面积的35.16%；缓冲区面积8910公顷，占保护区总面积的29.72%；实验区面积10530公顷，占保护区总面积的35.12%。

保护区内的监测工作主要有区内水文及雨量监测。通过对保护区内的气象、水文和其他生态环境因子的定期监测，摸清各环境因子对保护区内的野生动植物生存、生长规律的影响，为制定保护措施提供科学依据；海南长臂猿栖息环境质量和生态学特性监测。从事此项工作的有8名工作人员，具体负责监测记录，包括图片、音频资料获取和存档，以不断完善海南长臂猿的数据库。通过监测工作的开展，当前已基本掌握海南长臂猿栖息环境、活动规律、繁殖、食性等生态习性，以及长臂猿个体、种群大小、年龄结构、性别比例等各种数据。

建立1个苗圃，雇佣5名临时工人，专门从事苗木培育工作。

1988—1989年，海南霸王岭国家级自然保护区与中山大学合作进行自然保护区植被调查，初步了解保护区植被类型及重要树种分布状况。

1998 年，海南霸王岭国家级自然保护区会同原海南省野生动植物保护站进行海南长臂猿种群数量及其分布专项调查，掌握种群数量及其分布状况。

2005 年，保护区与海南省内媒体、国际组织共同设立以“猿”及其谐音字“源”为关键、“‘猿’源不绝”“年年有‘猿’”“水‘猿’充足”“灵‘猿’献瑞”为主题的系列宣传活动。在白沙县青松乡的保护区周边 8 个村庄建起 8 个宣传村碑，喷绘上述主题图案，对保护区周边社区群众发放主题年历 5000 份。

2006 年，管理局联合霸王岭森林公安分局进行大规模的清山行动 14 次，并对往年案发较多的复杂地段进行重点巡护和不定时的夜间检查。

2007 年，除了日常巡护和夜间设卡检查外，8 月由管理局、霸王岭林区公安局和霸王岭天保办联合组织开展专项保护白木香清山打击行动；12 月积极会同林业职能有关部门，组织开展代号为“绿盾行动”的冬季严厉打击破坏森林和野生动植物资源违法犯罪专项行动。

2007 年，在周边社区主要路口悬挂 12 幅保护动植物宣传横幅，在林区路口、路旁等地方的石头、建筑物上书写保护森林和动物资源标语累计 1000 余条。以“场乡共管联合保护森林资源”为主题，邀请保护区周边社区村委书记、村主任参加宣传会议，通过播放图文资料宣传森林资源对人类生存的重要性，倡议各村委书记、村主任以通俗易懂的方式向村民开展保护宣教活动，以引导社区群众参与自然保护。

2008—2010 年，保护区有关单位开展以打击毁林、捕杀野生动物、涉枪犯罪等系列法制教育活动。通过悬挂横幅标语、向群众发放法律知识宣传单、开设法律咨询点等手段，把法律知识普及于当地的广大群众。

二、鹦哥岭省级自然保护区

1981 年，鹦哥岭自然保护区建立。2004 年 7 月，经省人民政府批准成立海南省级自然保护区。2006 年 12 月 21 日，鹦哥岭保护区管理站正式在白沙县牙叉镇办公。保护区位于海南省中南部，南北宽约 33 千米，东西长约 39 千米，跨白沙县、五指山市、乐东县、琼中县等 4 个市（县），即北纬 18° 49′ 13″ ~ 19° 08′ 37″，东经 109° 11′ 29″ ~ 109° 34′ 15″，总面积 50464 公顷，保护区内分布着完整的垂直谱带。保护区地势中高周低，海拔范围为 200 ~ 1812 米。

保护区周边有 6 个乡镇、19 个村委会、103 个自然村，总人口 18337 人，其中黎族有 16443 人，占总人口的 89.7%，其余的是苗族，有 1894 人。

鹦哥岭是海南三大山脉之一黎母山的重要支脉，最高峰鹦嘴峰海拔 1811 米，居海南第二高峰，因形似鹦嘴，气势磅礴而得名。登山顶可眺望五指山，尽览美景。旅游区内山川溪谷纵横交错，天然湖泊星罗棋布。林木葱郁、禽兽出没。山林深处保存完整的热带原始森林，生长与保存多样的植物群落，蕴藏多种自然资源。

鹦哥岭地区是华南地区面积最大，且连片的以热带雨林为主体的天然林分布区，据调查，共有维管束植物 2000 种以上，其中国家一级重点保护植物 5 种，二级 17 种，海南特有种植物 132 种。陆栖脊椎动物 279 种，其中国家一级重点保护动物 4 种，二级 36 种，有 31 种被列入 CITES 公约，51 种被列入中国濒危动物红皮书，有 15 种动物为海南岛特有种（占海南岛的 65.2%），有 64 种是海南岛的特有亚种（占海南岛的 68.8%）；昆虫有 15 目 99 科 456 种。专家所记录到的动植物种数量非常丰富，特别是首次发现伯乐树等种海南新纪录，鹦哥岭树蛙等 10 多种新种，中科院植物研究所的蕨类专家非常乐观地估计鹦哥岭地区的蕨类物种数绝不少于 200 种，在鹦哥岭很可能还存在着大量未认识的物种。据调查研究，专家发现鹦哥岭保存着中国面积最大的、连片的原始热带雨林，其面积有 250 多平方千米，被评为中国最美森林的尖峰岭其连片的热带雨林为 150 平方千米，霸王岭、吊罗山、黎母山、五指山则更低。

保护区工作及成效　2007 年，由海南省林业局面向全国高校公开招募 27 名大学生到鹦哥岭，其中有 2 名博士、4 名硕士、21 名本科毕业生。

2008 年 5 月，保护区管理站组织保护区周边的社区群众代表及有关的村委会领导、管护人员共 30 多人，到海南兴隆植物园参观当地的胡椒和槟榔立体套种管理模式，又到海南热带作物研究所参观牧草的培育及山羊的养殖情况。2009 年，“稻鸭共育”模式在鹦哥岭大面积推广。

保护区管理站设立后，已记录在册的维管束植物 2197 种，其中国家一级保护植物有坡垒、海南苏铁、台湾苏铁、伯乐树 4 种；国家二级保护植物有 25 种。记录在册的脊椎动物 431 种，其中国家一级保护动物有云豹、蟒蛇、海南山鹧鸪、海南灰孔雀雉 4 种，国家二级保护动物 45 种。发现并记录在册的新种有鹦哥岭树蛙等 14 种、轮叶三棱栎等 26 个中国新记录种、伯乐树等 178 种海南新记录种。

鹦哥岭保护区还是海南岛的革命老区——琼崖纵队司令部旧址所在地。这里曾涌现出许多可歌可泣的历史人物，也保留下许多具有革命传统教育意义的人文历史景观。是一个集观光、历史考察为一体的旅游景点。

根据 2004 年 7 月省政府批准的规划图，由海南省森林资源监测中心利用 GIS 得出鹦哥岭保护区在各市县的分布面积，如表 3-2-2。

鹦哥岭保护区在各市（县）的面积分布表

表 3-2-2

市、县	面积（公顷）	百分比（%）
白沙县	24672.14	48.93
五指山市	12291.57	24.38
乐东县	11358.53	22.53
琼中县	2096.60	4.16
合　计	50418.84	100.00

三、邦溪坡鹿省级自然保护区

邦溪坡鹿自然保护区，位于海南省白沙黎族自治县境内邦溪镇。1976 年 10 月，经广东省人民政府批准建立，为省级自然保护区。1988 年海南建省后，划归白沙县林业局领导。

邦溪坡鹿省级自然保护区面积 369.8 公顷，海拔 127～170 米之间。距县城牙叉镇约 53 千米，距海南西线高速公路约 2 千米。保护区东起浪那岭经供购岭、斗埋岭，折西经高岭、邦溪农场十队路转向南经望眉岭、什保曼，向北经珠碧江大湾与起点闭合。

保护区内高温多雨，日照时间长且强，旱季长，光照充足。年平均气温 23～24℃，1 月平均气温 16.9℃，7 月平均气温为 28.3℃。极端低温 3℃，极端高温 37.5℃，年平均雨日为 135.9 天，降雨量为 1417.8 毫米。5—10 月为雨季，雨季集中在 8—9 月。雨量占全年的 85%。年平均强风有 3.1 次，年平均风速达 3.5 米/秒。因地处岛西北部受台风影响较小。土壤为褐色砖红壤。保护区北边有珠碧江流过，区内有两条小水溪，流集珠碧江。

邦溪坡鹿自然保护区内主要动物有海南坡鹿、海南兔、蟒、穿山甲、原鸡、海南山鹧鸪等。维管束植物有 101 科 284 属 374 种，其中 151 种为坡鹿喜食植物，是坡鹿生息繁衍的理想之地。保护区 1970 年以前尚有坡鹿群在境内生活，但 1980—1989 年，由于捕捉和滥杀全部灭绝。

保护区工作及成效　1990—1992 年，从东方黎族自治县大田自然保护区种源基地迁移 18 头坡鹿，经过驯养，邦溪坡鹿自然保护区内半野放养种群数量不断增加：1995 年为 31 头，1998 年 51 头，2001 年 89 头，2004 年 147 头，2007 年 158 头。

整治保护区内环境：疏伐或皆伐较密集的灌木，清除有害植物，补种优质高产的牧草。

在半散放场地建设必要的简易设施，如观察用的瞭望台、巡逻道路、分区隔离围栏、饮水池、人工盐场、房舍及生活设施等。

四、南高岭林场国家重点天然林资源保护工程

南高岭林场，位于白沙黎族自治县中部，距县城 21 千米，东起南叉河、西至青松乡界线、南起牙琼水沟、北至九架岭，是珠碧江的源头。

南高岭林区属中山地貌，东南高西北低，由多条山岭相连。东起九架岭至踢通岭，错综复杂；南界由误路岭至南针岭；中部由南高岭、车崩岭、仙婆岭组成；西部由昂牙岭至尖山；北部由南板岭至沙放岭。大部分山岭海拔在 400 ~ 800 米，其他山岭较低，主峰海拔均在 1000 米以上，其中有南高岭（海拔 1020 米）、仙婆岭（俗称卧美人，又叫美女峰），位于牙叉南端约 6 千米，元门以西约 18 千米的南渡江上南叉河旁。地形急斜，坡度在 40° ~ 60° 之间，平均坡度在 28° 左右，地势较不平缓。

林区土壤类型为山地黄壤、赤红壤，林地土层深厚，质地疏松，腐殖质在 10 厘米以上，肥力较好。境内奇树盖顶、万木扶疏，奇花异草遍地。森林资源以阔叶乔木树种为主，约 800 多种。珍贵树种主要有母生、油丹、毛丹、油楠、野生荔枝等。林区活立木总蓄积 471 万立方米，其中用材林 1.2 万立方米、防护林 461 万立方米、散生木 8.8 万立方米。

由于林区自然环境优越，成为野生动物栖息、繁殖的理想场所。有多种兽类及鸟类，属国家级保护的有穿山甲、果子狸、黄獐、原鸡、八哥、海南山鹧鸪等。

林场的建置　1970 年，建立南高岭采伐场（省属企业），以采伐天然林为主，1994 年森工停伐转向后委托市县管理。1998 年，南高岭被列入国家重点国有林区天然林资源保护工程之一。1999 年，更名为南高岭林场，人事隶属白沙县林业局，业务归口省林业厅，行政级别为股级。2000 年，开始实施天然林资源保护工程。2010 年 12，经白沙县机构编制委员会批复升格为副科级自筹事业单位，林场经营面积 4000 公顷（界线不变、1990 年用手工勾画计算、林权证经营面积为 3886.07 公顷，2010 年，经 GPS 测量实际面积为 4000 公顷）。

南高岭林场常住人口 200 多人，职工 38 人，土地总面积 21000 公顷。1999—2001 年，国家开展天然林保护工程试点工作，投入 432.5 万元，营造松树 1441.67 公顷。2000 年，国家开始实施天然林保护工程建设，南高岭林场作为工程实施单位列入天然林保护工程实施范围，天保工程区面积扩大到 20933.33 公顷，其中林场经营管理面积 3866.67 公顷作为重点管护区，林场周边的白沙、昌江等 17066.67 公顷天然林作为场乡共管区，工程实施期限为 2000—2010 年。实施天保工程以来，林场以保护现有天然林资源为目标，以保护生态环境和保护生物多样性为宗旨，通过新的森林分类区划，调整森林资源经营方向，对禁伐区实施严格保护，坚决停止一切采伐活动，增加林区护林防火队伍，加大森林资源的保护力度，做到以法治林，实行分区划片，定点定人，责任到人，加强巡山护林，防止人为火灾及乱砍、盗伐森林现象。另一方面加强森林病虫害防治工作，坚持预防为主。

在实施天保工程中，南高岭林场采取报纸、广播、电视、出动宣传车、印发传单、悬挂标语、设置永久宣传牌、召开联防会议等多种形式，广泛深入开展有关法律法规宣传教育，不断提高广大民众的生态保护意识，把保护森林、保护生态从林场强制保护变为广大民众的自觉行为，使工程区实现森林资源由过度消耗向恢复性增长转变，生态状况由持续恶化向逐步好转转变,林业经济社会发展由举步维艰向稳步复苏转变。至2010年，林区没有发生重大火灾事故及病虫害成灾现象，天然林资源得到有效保护，植被生长迅速，是开展森林旅游的理想之地。

1999—2010年南高岭经济效益一览表

表3-2-3　　单位：万元

年度	流动资产	固定资产	其他资产	资产小计	营业收入	主营业成本	营业利润	营业外收入	营业外支出	净利润
1999年	140.70	33.70	3.10	177.50	6.60	16.30	－9.70	—	0.10	－9.60
2000年	131.10	38.10	3.00	172.30	0.80	－3.60	－2.80	—	0.10	－2.90
2001年	131.20	38.10	3.00	172.30	—	—	—	0.90	3.70	－2.80
2002年	121.80	35.60	3.00	160.40	—	—	—	—	3.30	－3.30
2003年	277.90	33.10	3.00	314.00	—	—	－2.62	0.32	—	－2.30
2004年	279.30	33.10	3.00	315.40	—	—	—	0.16	0.04	0.12
2005年	279.30	33.10	3.00	315.40	—	—	—	0.16	0.04	0.12
2006年	279.80	33.10	3.00	315.90	—	—	—	0.02	0.11	－0.09
2007年	229.10	247.70	3.00	479.80	—	—	—	18.16	4.77	13.39
2008年	241.90	247.70	3.00	492.60	—	—	11.10	4.87	18.95	－3.01
2009年	235.10	286.60	3.00	524.70	0.23	0.24	－0.18	—	—	－0.18
2010年	271.10	351.30	3.00	625.40	19.42	42.19	－22.77	—	—	－22.77

第四编

体制改革

1988年4月13日成立海南省后，实行省对市县直接领导和宏观调控机制，同年撤销海南少数民族自治州，在少数民族地区成立自治县。1990年1月，省委、省政府决定把白沙县列为首批市县级综合改革试点之一（另一个为琼海县），同年5月15日，省委批准通过《白沙黎族自治县综合改革方案》，拉开白沙县全面深化体制改革的序幕。

白沙县体制改革的内容涵盖政治、经济、文化、教育、卫生等方面。1988—2010年，通过深化改革，全面提升白沙县党政机构的管理水平和办事效率，初步建立起适应社会主义市场发展规律的经济体制，逐步摸索出一条符合白沙县少数民族山区特色的发展路子。

第一章　行政体制改革

第一节　党政机构改革

一、县机构改革

1988年，海南建省、办大特区，掀起推行“小政府、大社会”新体制的改革。1998—2010年，白沙黎族自治县先后进行3次重要的党政机构改革，将职能相近或交叉重复的部门进行整合，对基层单位做了撤并整改，进一步精简机构，使党政体制得到进一步优化。

1995年县级党政机构改革

根据海南省机构编委会《关于白沙黎族自治县党政机构改革方案的通知》文件精神，县委、县政府对县级党政机构实行全面改革，将业务重叠、接近或隶属的单位撤并重组。

县委机构。将县纪律检查委员会与县监察局合署办公，一个机构、两块牌子。将保密局、机要科分别更名为保密室、机要局，均为副科级行政机构，作为办公室内设机构。将党史办与县志办合并，改称史志办公室，为科级事业单位，隶属县委办公室管理。在组织部内设老干部局，为科级行政机构。政法委员会为虚设机构，内设办公室，挂社会治安综合治理办公室的牌子。撤销直属机关工作委员会，设立直属机关与企事业工作委员会。

县政府机构。县政府办公室挂外事侨务办公室、行政复议办公室的牌子。将人民来信来访办公室改为信访室，为副科级行政单位，作为办公室内设机构。经济体制改革职能划归政府办公室。将档案局和档案馆合并，改为副科级事业单位。将接待科更名为接待办公室，为科级事业单位，均隶属县政府办公室管理。撤销计划委员会、统计局、经济合作局，设立计划统计局，挂物价局牌子。撤销经济委员会、交通局，设立工业交通局，挂技术监督局牌子。撤销财贸办公室，设立贸易局，挂粮食局牌子。组建粮油贸易总公司，为副科级企业单位，归口贸易局管理。撤销农业委员会、扶贫办、畜牧局、水产局、三防办，均转为事业型服务实体，其职能划归农业局。在农业局挂林业局、水利电力局、乡镇企业管理局的牌子。组建农业服务中心、林业服务中心、水电服务中心、乡镇企业服务中心，均为副科级事业单位，归口农业局管理。撤销建设委员会、环境资源局、设立建设与环境资源局，挂土地管理局牌子。组建国土服务中心，为副科级事业单位，归口建设与环境资源管理局管理。撤销文化局、体育运动委员会、广播电视局，设立文化体育局，与宣传部合署办公。撤销民族事务委员会，设立民族宗教事务局，与统一战线工作部合署办公。老区建设行政职能划归民政局。机构编制委员会办公室是机构编制委员会的办事机构，既是县委的机构，也是县政府的机构，挂靠人事劳动局。撤销教育局、科学技术委员会，设立教育与科学技术局。撤销卫生局、计划生育委员会，设立卫生与计划生育局。撤销商业局、外贸局、二轻局，均转为经济实体，原行政职能划归贸易局。财政税务局，挂地方税务局的牌子。恢复供销经济合作联社，属集体所有制合作经济组织性质。

经过调整，县党政机构有21个，其中县委机构有7个，政府机构有14个（不计监察局、人事劳动局、文化体育局、民族宗教事务局），减少37个机构，精简率为63.8%。

2001年党政机构改革

县委工作机构。县委工作机构共设6个，其中部门管理机构1个，部门内设机构2个，合署办公机构3个，部门挂牌机构2个。具体设置：保留纪律检查委员会机关（县监察局与其合署办公）、办公室、组织部、宣传部、统一战线工作部（县民族宗教事务局与其合署办公，挂县人民政府台湾事务办公室牌子）、政法委员会（挂县社会治安综合治理办公室牌子）。老干部局由组织部管理。县直属机关与企事业工作委员会更名为直属单位工作委员会，与组织部合署办公。机构编制委员会办公室列入县委工作机构序列，为县机构编制委员会常设办事机构，既是县委的工作机构，也是县政府的工作机构，挂靠县委组织部，不计入县委机构个数。改革后，县委机关行政编制缩减为51名，精简率为15%。事业编制20名。

县政府工作部门。县政府工作部门共设16个（县监察局与纪律检查委员会合署办公，民族宗教事务局与县委统一战线工作部合署办公，列入政府工作部门序列，不计入政府机构个数）。具体设置：保留县政府办公室，挂外事侨务办公室、法制办公室牌子。信访室改为信访局，为政府办公室的内设机构。撤销计划统计局，组建发展计划局、统计局，发展计划局内设物价局，挂经济动员办公室牌子。粮食局改为事业单位，隶属发展计划局。撤销工业交通局、贸易局，组建经济贸易交通局，挂交通备战办公室牌子。保留财政局，国有资产管理委员会办公室挂靠财政局。人事劳动局更名为人事劳动保障局，农村社会养老保险行政职能划入人事劳动保障局。建设与环境资源局更名为建设与国土环境资源局，不再挂土地管理局牌子，改挂人民防空办公室牌子。保留农业局，不再挂乡镇企业管理局牌子。文化体育局更名为文化广电体育局，不再保留广播电视局，其行政职能并入文化广电体育局。水利电力局更名为水利局，和林业局一起由挂牌机构改为隶属县政府的事业单位。保留教育与科学技术局、民族宗教事务局、公安局、监察局、民政局、司法局、卫生局、审计局、计划生育局。改革后，县政府行政机构编制缩减为 232 名，精简率为 23.64%。事业编制 74 名 。公安局、司法局政法专项编制另订。

乡镇党政机构改革。对乡镇机构实施分类设置，牙叉镇、七坊镇、邦溪镇、光雅镇为一类，设机构 4 个；白沙镇、打安乡、南叉乡、金波乡、青松乡、荣邦乡、狮球乡、阜龙乡、细水乡、元门乡、南开乡为一类，设机构 2 个。改革后，乡镇行政编制缩减为 396 名，精简率为 9.17%。事业编制 34 名。

2009 年党政机构改革

2009 年，根据《中共海南省委办公厅海南省人民政府办公厅关于印发〈白沙黎族自治县人民政府机构改革方案〉的通知》文件精神，白沙黎族自治县党政机构改革设置白沙黎族自治县文化广电出版体育局，为白沙黎族自治县主管全县文化广电出版体育工作的县政府工作部门。根据其职责，文体局内设 7 个职能岗位：办公室、行政审批岗、群众艺术岗、群众体育岗、广播电视管理岗、文化市场管理岗、新闻出版印刷管理岗 7 个岗位。县文体局核定行政编制为 12 名。机关工勤人员财政预算管理事业编制 1 名。

设置白沙黎族自治县民族宗教事务委员会，为主管全县民族宗教事务工作的县政府工作部门，与县委统一战线工作部合署办公。机构调整后，加强的职责有少数民族及少数民族地区的经济发展，负责少数民族传统文化宣传教育和发展，督促各行业及各部门贯彻执行民族宗教法律法规和政策。根据其职责，县民族宗教事务委员会内设 6 个职能岗位。分别为办公室、经济发展岗、政策法规岗、文化宣传岗、教育科技岗、宗教事务岗。白沙黎族自治县民族宗教事务委员会行政编制 8 名。机关工勤人员财政预算管理事业编制 1 名。

设置白沙黎族自治县教育局，为主管全县教育工作的县政府工作部门。机构调整后，加强的职责有：推进义务教育均衡发展和基础教育教学改革，促进教育公平，全面实施素质教育；加强全县职业教育和民办教育的荣抽规划、综合协调和宏观管理。根据其职责，县教育局内设5个职能岗位。分别为办公室岗、人事岗、普教岗、职业教育与成人教育岗、体卫岗。县教育局行政编制17名。机关工勤人员财政预算管理事业编制2名。

设置白沙黎族自治县民政局，为白沙黎族自治县主管县民政工作的县政府工作部门。机构调整后，原民政局负责的革命老区工作职能划转给县扶贫开发办公室。增加涉外（香港、台湾和澳门）收养和福利企业资格认定职责。根据白沙黎族自治县城乡居民最低生活保障工作和社会福利与慈善事业发展需要，需要加强城乡低保工作，社会福利与慈善促进和双拥工作职责。根据其职责，县民政局内设7个职能岗位。分别为办公室岗、救灾与社会福利岗、政权社区建设与区划地名岗、优抚安置岗（挂县双拥工作领导小组办公室）、社会救助岗、老龄办公室（挂县老龄工作委员会办公室）、行政审批岗。相关工勤人员财政预算管理事业编制2名。

设置白沙黎族自治县人口和计划生育委员会，为主管全县人口和计划生育工作的政府工作部门。机构调整后，增加的职责：已由海南省政府公布下放的行政管理事项；参与全省人口基础信息库建设；依法规范计划生育药具管理制度；指导全县人口和计划生育公共服务网络体系建设，指导县计划生育协会的业务工作。加强的职责：组织开展县人口发展战略研究，加强计划生育技术服务管理、流动人口计划生育管理和服务，稳定低生育水平。根据其职责，县人口和计划生育委员会内设6个职能岗位，分别为办公室岗、政策法规股岗、发展规划与信息岗、宣传教育岗、科学技术服务岗、流动人口服务管理岗。县人口和计划生育委员会行政编制12名。机关工勤人员财政预算管理事业1名。

设置白沙黎族自治县卫生局，为主管全县医药卫生工作的县政府工作部门。机构调整后，划转的职责：将食品卫生许可，餐饮业、食堂等消毒环节食品安全监管和保健食品、化妆品卫生监督管理的职责，划转县食品药店监督局。增加的职责：已由省政府公布下放的行政管理事项；综合协调食品安全，组织查办食品安全重大事故。加强的职责有：加强食品安全综合监督的职责，加强对医疗服务、公立医疗机构的监督管理；深化医药卫生体制改革，坚持公共医疗卫生的公益性质，坚持预防为主，以农村为重点，中西医并重的方针，坚持为人民健康服务的方向。根据其职责，县卫生局内设6个职能岗位。分别为办公室岗、行政审批岗、医疗岗、疾控岗、妇幼保健与社区卫生岗、农村卫生管理岗。县卫生局行政编制9名。机关工勤人员财政预算管理事业编制1名。

设置白沙黎族自治县人民政府办公室，为协助县政府领导同志处理县政府日常工作的部门。机构调整后，职责调整如下：强化服务职责，加强应急、督查、信访和法制工作，进一步发挥参谋助手和运转枢纽作用；增加指导各乡（镇）政府信息公开工作的职责和管理县政府门户网站工作的职责。根据其职责，县人民政府办公室内设县信访局（副科级）、督查室（副科级）、应急管理办公室、总值班室、综合组、秘书组和保密室等7个职能机构。县人民政府办公室行政编制25名（含县政府领导编制）。其中：主任1名，副主任3名。县信访局：局长1名，副局长2名。督查室：主任1名，副主任2名。机关工勤人员财政预算管理事业编制3名。此外，县人民政府办公室挂县人民政府外事侨务办公室和县人民政府法制办公室牌子。

设置白沙黎族自治县安全生产监督管理局，挂靠白沙黎族自治县人力资源和社会保障局。机构调整后，划入的职责：划入原属于县公安局监管的民爆行业生产与经营部分的职能。加强的职责：加强对全县安全生产工作综合监督管理和指导协调；加强对全县有关部门安全生产工作监督检查；加强综合管理安全生产应急救援；加强职业健康安全监督管理。根据其职责，县安全生产监督管理局内设4个职能岗位。分别为办公室岗、非煤矿山与民爆物品监督岗、危险化学品与职业危害监管岗、应急管理岗。县安全生产监督管理局行政编制2名。机关工勤人员财政预算管理事业编制1名。此外，烟花爆竹安全生产监督管理职能由县安全生产监督管理部门承担。烟花爆竹安全生产、批发、零售许可证由安全生产监督管理部门依法审核登记发证。

设置白沙黎族自治县发展和改革委员会，为主管全县国民经济、社会发展、经济体制改革工作的县人民政府工作部门。机构调整后，职责调整如下：减少微观管理事务和具体审批事项；对全县工业和信息产业实行行业管理以及中小企业服务等相关职责划归县工业和信息化局；应对气候变化和推进节能减排、盐务管理、新能源与新材料应用和推广等职责划入工业和信息化局。根据其职责，县发展和改革委员会内设物价局（副科级）和8个职能岗位。分别为物价局、办公室、行政审批岗、规划综合岗、固定资产投资岗、农村经济岗、社会发展和就业岗、地区经济和资源节约环境保护岗、经贸财政金融岗。县发展和改革委员会行政编制15名。其中：主任1名，副主任3名；经济动员办公室主任1名（由县发展和改革委员会主任兼任），物价局设局长1名，副局长1名。机关工勤人员财政预算拨款事业编制2名。此外，白沙黎族自治县工业和信息化局挂靠县发展和改革委员会；县发展和改革委员会挂县经济动员办公室牌子。

设置白沙黎族自治县人力资源和社会保障局，为白沙黎族自治县主管全县人力资源和社会保障局工作的县政府工作部门。机构调整后，职责调整如下：将原人事劳动保障局负责的出境就业管理、境外就业职业介绍机构资格认定、审批和监督检查等职责划入县商务局；增加已由省政府公布下放管理的行政审批事项；加强公务员事务管理的有关职责和政府奖励具体工作职责；加强统筹机关企事业单位人员管理职责，完善劳动收入分配制度，充分发挥人力资源优势；加强统筹城乡就业和社会保障政策职责，建立健全从就业到养老的服务和保障体系；加强统筹人力资源市场发展和规划，促进人力资源合理流动、有效配置；加强统筹机关企事业单位基本养老保险职责，逐步提高基金统筹层次，推进基本养老保险制度改革；加强促进就业职责，健全公共就业服务体系，建立城乡劳动者平等就业制度，促进社会就业更加充分；加强组织实施劳动监察和协调农民工工作职责，切实维护劳动者合法权益。根据其职责，县人力资源和社会保障局内设10个职能岗位。分别为办公室、政策法规岗（综合规划岗）、工资福利管理岗、人力资源市场管理岗、公务员管理岗、培训就业岗、劳动保障监察岗、社会保险岗、人事劳动争议办公室、行政审批岗。县人力资源和社会保障局行政编制13名。其中：局长1名，副局长2名。机关工勤人员此财政预算管理事业编制1名。此外，毕业生就业政策由县人力资源和社会保障局牵头，会同县教育局等部门拟定；毕业生离校前的就业指导和服务工作，由县教育局负责；毕业生离校后的就业指导和服务工作，由县人力资源和社会保障局负责。

设置白沙黎族自治县住房和城乡建设局，为主管全县住房和城乡建设工作的县政府工作部门。机构调整后，职责调整如下：增加已由省政府公布下放的行政管理事项；承担保障城镇低收入家庭住房工作；推进建筑节能、城镇减排，指导房屋墙体材料革新。根据其职责调整，县住房和城乡建设局内设7个职能岗位。分别为办公室、行政审批岗、防空防震减灾办公室、城乡规划岗、城乡建设管理岗、建筑管理岗、科技和工程质量监管岗。县住房和城乡建设局行政编制8名。其中：局长1名，副局长3名。机关工勤人员财政预算管理事业编制1名。此外，县住房和城乡建设局挂人民防空办公室、地震局牌子。所属事业单位的设置、职责和编制事项另行规定。

设置白沙黎族自治县公安局，为白沙黎族自治县主管全县公安工作的县政府工作部门。机构调整后，职责调整如下：将以下5种罪犯，即被判处管制的；被宣告缓刑的；被暂予监外执行的；被裁定假释的；被判处剥夺政治权利、并在社会上服刑的罪犯的监督、考察职责划给县司法局；增加已由省人民政府公布下放的行政管理事项；加大力度打击各类经济犯罪，维护全县经济秩序稳定；加强社会治安巡逻防控、突发事件处置和安全保卫工作。内设机构及其级别如下：指挥中心（挂办公室牌子，副科级）；国内安全保卫大队（副科级）；刑事侦查大队（副科级，内设3个中队、1个技术室）；经济犯罪侦查大队（副科级）；特巡警大队，副科级（内设5个中队）；交通管理大队（副科级，内设 4 个中队、1 个办公室）；治安管理大队（加挂爆炸危险物品监管大队牌子，副科级，内设 4 个中队）；禁毒大队（副科级）；政工监督室（加挂纪委、监察、督察大队牌子，副科级）；法制室（副科级）；行政审批办公室（副科级）；警务保障室（副科级）；车管所（副科级）；看守所（副科级）；拘留所（含戒毒所，副科级）；派出所（下设行政机构）：牙叉、桥南、七坊、邦溪、打安为副科级，牙叉派出所所长、指导员可高配正科。南开、元门、细水、阜龙、青松、金波、荣邦为股级，所长、指导员可高配副科。白沙黎族自治县公安局行政编制 149 名。

设置白沙黎族自治县司法局，为白沙黎族自治县主管全县司法行政工作的县政府工作部门。机构调整后，职责调整如下：划入原县公安局的社区矫正职责；加强人民调解、法制宣传、社区矫正等工作。根据其职责调整，县司法局内设 4 个职能岗位及下设 11 个基层司法所。分别为办公室、基层岗、宣教岗、法律援助岗、司法所。县司法局局机关政法专项编制 8 名。局机关工勤人员财政预算管理事业编制 1 名。基层司法所政法专项编制 23 名，其中牙叉镇 3 名，其他 10 个乡镇司法所政法专项编制各 2 名。乡镇司法所各设所长 1 名。

二、乡镇机构改革

1992 年，根据《中国共产党章程》规定，白沙黎族自治县各乡镇成立党的纪律检查委员会。规格为县副科级，隶属乡镇党政班子。乡镇纪委会委员 5 名，其中书记 1 名，副书记 1 名，委员 3 名。书记一般由党委副书记担任。

1996 年，白沙黎族自治县努力扩大民主参与，按照法定程序选好配强乡镇领导班子。在乡镇领导班子换届选举工作中，坚持走群众路线，从代表中产生候选人的决定，新班子的正式选举等各个环节都严格按照法定程序进行，选出的党代表 1312 名，其中少数民族代表 1207 名，占 92%；妇女代表 235 名，占 17.9%；乡镇人代表的选举，全县共划分 409 个选区，选民人数 47266 人，参选 45666 人，参选率达 96.6%，其中，非党员代表占 44%，妇女代表占 19%，少数民族代表占 89%，选出乡镇人代会代表 665 名。2 个代表大会分别选举产生的乡镇党委委员 91 名，书记 14 名，副书记 35 名，纪检委员 75 名，纪检书记 14 名，纪检副书记 15 名；乡镇人大主席团主席 15 名（其中专职主席 2 名），副主席 12 名；乡镇长 15 名，副乡镇长 37 名。

2002 年 11 月，县委将全县 15 个乡镇撤并为 11 个乡镇。其中，牙叉镇和白沙镇、南叉乡合并，设立牙叉镇，人口 38464 人，辖 16 个村（居）委会；七坊镇与光雅镇合并，设立七坊镇，人口 21484 人，辖 14 个村委会；打安乡与狮球乡合并，设立打安镇，人口 11398 人，辖 7 个村委会；其他 8 个乡镇原行政区划不变。同时，根据各乡镇的人口、财税、交通以及经济、社会发展等因素，把全县11个乡镇分为三种类型：牙叉镇、七坊镇、打安镇、邦溪镇为一类，分别设立党政、社会事务、农业发展、计划生育、财经、文教等6个办公室；元门乡、金波乡、阜龙乡、荣邦乡为二类，南开乡、细水乡、青松乡为三类，二类和三类分别设立党政、社会事务、农业发展、计划生育等4个办公室。同时，设立南叉、狮球两个办事处，作为过渡性临时机构，接受其乡镇党委、政府的领导。改革后，乡镇行政人员编制从原来的396人减至380人。

人员编制与领导职数。全县乡镇原行政编制396名，乡镇撤并后行政编制380名。牙叉镇行政编制45名，事业编制7名；南叉办事处行政编制15名；七坊镇行政编制50名，事业编制7名；打安镇行政编制40名，事业编制6名；狮球办事处行政编制15名；邦溪镇行政编制30名，事业编制3名；元门乡、荣邦乡行政编制各27名，事业编制各2名；细水乡、阜龙乡、青松乡行政编各25名，事业编制各2名；南开乡、金波乡行政编制各23名，事业编制各2名。领导职数。牙叉、打安、七坊、邦溪镇党委委员7～9名，其中书记1名，副书记3名（含镇长）；元门乡、金波乡、阜龙乡、荣邦乡、南开乡、细水乡、青松乡党委委员5～7名，其中书记1名，副书记2名（含乡长）。牙叉、打安、七坊、邦溪镇政府分别设镇长1名，副镇长4名；元门乡、金波乡、阜龙乡、荣邦乡、南开乡、细水乡、青松乡政府分别设乡长1名，副乡长3名。各乡镇人大 设主席1名。各乡镇纪律检查委员会委员5名，其中设纪委书记1名（由乡镇党委副书记兼任），副书记1名（兼任）。各乡镇武装部设部长1名。各乡镇团委委员5～7名，设团委书记1名，副书记2名。各乡镇妇联委员7～9名，设妇联主席1名，副主席1名（兼任）。狮球、南叉办事处设党总支书记1名，副书记1名，办事处主任1名，副主任2名。办事处三个办公室分别设主任1名。各乡镇办公室设主任1名，副主任1名。

各办公室人员的选拔。乡镇机关各办公室主任（含办事处3个办公室主任）的配备，由乡镇党委按股级干部管理权限的程序提出人选，报县委组织部审批备案；办公室副主任由乡镇党委直接任免，报县委组织部备案。办事处其他工作人员由镇委根据工作需要从本镇在职工作人员中调剂解决。

第二节　事业单位改革

一、教育体制改革

1989年，白沙黎族自治县继续深化基础教育管理体制改革。白沙黎族自治县于1986年进行基础教育管理体制改革，经过3年的努力，基本改变过去中小学由县教育部门统包统管的管理体制，初步建立起县、乡（镇）、村三级管理学校的基础教育管理体系。但是，还得继续加快和深化教育管理体制改革。

彻底改变过去教育由国家统包统管的体制，切实执行基础教育由地方负责，分级管理的原则。把基础教育管理权真正下放到县、乡（镇）、村三级，划清各级的管理权限，明确职责范围。各乡（镇）政府成立教育管理委员会，负责管理全乡镇的教育工作。由乡镇政府主要领导任教育管理委员会主任，成员由有关方面人员组成。下设教育管理办公室，负责具体工作，由原学区主任任办公室主任。村民委员会成立教育管理领导小组或校董会，负责管理所属学校，由村委会主任兼任组长或会长。县教育局直接管理白沙中学、县民族中学、七坊职业中学、教师进修学校、县一小、县二小和幼儿园。

逐步进行学校内部的配套改革，搞活学校的内部运行机制。实行校长任期目标责任制和教职工全部聘任制。校长一般任期为 3 年。任职期间，校长必须严格按照县教育局 1988 年颁发《中小学校长工作要求》和《中小学校长任期目标管理责任制试行方案》的具体规定，对学校工作全面负责，统一指挥，承担管理学校的全部责任，力争在任期内达到所规定的目标。并实行定员、定编，由校长聘任副校长、教导和教职工。实行工资总额大包干和校内结构工资制。引进竞争机制，增强学校内部活力，实行工资总额大包干。实行校内结构工资制，逐步实行教职工的收入同工作量和教学质量挂钩，实行多劳多得，优质劳动多得，合理报酬。

1992 年 4 月，县政府决定成立白沙黎族自治县高等中专学校招生委员会，主要负责白沙黎族自治县高等中专学校招生的统筹管理工作。同年 7 月，县政府成立白沙黎族自治县职业技术教育管理委员会。主要负责白沙黎族自治县职业技术教育的统筹管理工作。认真实施《中华人民共和国义务教育法》，全县适龄儿童入学率达到 98.5%，巩固率 97%，毕业率 97.4%，普及率 98.9%。“四率”均比 1991 有所提高。全县被全国各大、中专院校录取的学生 184 人。职业技术教育、成人教育和扫盲教育也得到发展。举办教育班 64 个，培训班 266 期，受训农民达 7796 人次，1000 多人摘掉文盲帽子。

1993 年，为了加强白沙黎族自治县高等中专学校招生工作的领导，确保招生工作的顺利进行，县政府成立白沙黎族自治县高等中专学校招生委员会。委员会下设县普通高等中专学校招生办公室和县成人办高等中专学校招生办公室，分别负责普通高等中专学校和成人高等中专学校招生的日常工作。两个办公室均设在县教育局，办公室人员由县教育局配备。

1995 年，为了进一步筹措和管好用好教育基金，县政府决定成立县教育基金领导小组。领导小组下设办公室，办公室设在教育局。

2000年，为提高小学教师的学历层次，拓展教师的专业知识，提高理论素养和教育教学能力，更好地胜任小学教育教学工作，以适应新形势发展的需要，实现省政府提出的海南省在2010年前后，小学教师具有专科以上学历达到70%以上的目标，白沙黎族自治县要求和鼓励45岁以下的青年教师积极参加省小学师资培训研究中心联合辽宁教育学院举办的小学教师高等师范专科小学教育专业自考班学习。经教育部门多次发动，有180多名教师报考。鉴于当时白沙黎族自治县教师工资收入低，生活困难，为了使报考教师能安心和坚持学习，方便教师参加自学考试，减轻教师的经济负担，特向海南省考试局申请设立高等学校自学考试白沙考点。

2001年，白沙黎族自治县发布基础教育改革与发展的意见。认识到基础教育的战略地位，坚持基础教育优先发展。理顺并完善基础教育管理体制，明确各级政府的责任。按照“一保二控三监管”（切实保证教师工资发放，控制学校收费项目和标准，加强对教师工资发放和教育收费情况的监控和检查）要求，完善投资机制，保障经费投入。积极稳妥地推进中小学布局调整，扎实推进素质教育。建立教育工作定期汇报研究制度和县四套班子领导教育联系点责任制。“十五”期间，各级人民政府继续把普及九年义务教育和扫除青壮年文盲作为教育的“重中之重”，全面巩固提高九年义务教育水平，巩固扩大扫盲成果。大力发展学前教育，城镇基本满足学龄前儿童入园需求。积极大力发展高中教育，扩大普通高中办学规模，全县在校高中生达到2000人，高中阶段入学率达40%。同年12月，白沙黎族自治县对2001年全县中小学优秀教师进行表彰。其中39名为县优秀教师，5名为高中学科优秀教师。

2004年，为了做好当年普通高校招生省外就读生报名的资格审查工作，防止和查处非正常迁移户口投机高考的行为，维护白沙黎族自治县高考秩序，县政府决定成立白沙黎族自治县2004年普通高考省外就读生报名资格审查领导小组，领导小组下设办公室，办公室设在县教育局高招办。

二、文化体制改革

1996年，为使白沙黎族自治县文化市场沿着健康轨道发展，丰富城乡人民的文娱生活，根据文化部《文化市场稽查暂行办法》和《海南省文化市场管理暂行规定》精神，县政府决定成立白沙黎族自治县文化市场稽查队，负责对全县文化市场稽查和稽查管理及宣传、贯彻执行有关文化市场管理和稽查的法律、法规等。文化市场稽查队下设办公室，办公室设在县文体局。

2010 年，为了加强全县文化改革发展工作，县委、县政府决定成立县文化体制改革与文化产业发展领导小组，由时任县委书记严正任组长，县委副书记、县政府县长王应才任副组长。

三、卫生体制改革

1990 年，白沙黎族自治县继续实行卫生院管理体制改革。乡（镇）卫生院归乡（镇）政府管理。县卫生局在医疗业务上给予指导。实行卫生院院长负责制，民主选举院长。防疫站实行分片包干责任制，与工作任务、工作经费、工作奖金挂钩。提高医疗质量，做好防病治病工作。

1991 年 11 月，根据海南省红十字会《关于组建市、县红十字会的通知》要求，县政府成立白沙黎族自治县红十字会。红十字会下设办公室，办公室设在县卫生局。

2003 年 4 月，经县委决定成立县非典型肺炎预防工作领导小组。领导小组下设办公室，办公室设在县卫生局，负责日常工作。

2004 年，为切实加强高致病性禽流感防治工作的领导，防止和减少疫情对畜牧业发展造成危害，确保人民群众身体健康和社会稳定，县政府决定成立县高致病性禽流感防治工作领导小组，由县长吉明江担任组长。领导小组下设办公室，办公室设在县畜牧服务中心，具体负责日常工作。

四、科技体制改革

1995 年 11 月 17 日，白沙黎族自治县农业局更名为白沙黎族自治县农业技术推广服务中心，挂靠科技管理服务中心牌子。

2005 年 5 月 11 日，白沙黎族自治县农业推广服务中心更名为白沙黎族自治县科学信息和农业技术局，主管全县农业技术推广、科学技术和知识产权工作，隶属县政府的事业单位。编制 13 人，设局长 1 名，副局长 2 名。

2006 年，撤销白沙黎族自治县农业技术学校，其职能、正式人员和 3 个编制划归县科技局管理；编制 16 人，内设机构有办公室、科技管理岗、农业技术推广岗、植保岗和土肥岗。办公室地址位于白沙黎族自治县牙叉镇桥南路 3-1，建筑面积 140 平方米。

第三节　公务员制度

一、公务员录用

1994 年，为加强对白沙黎族自治县推行国家公务员制度工作的领导，县政府决定成立推行国家公务员制度工作领导小组，由县长王德荣担任组长。领导小组下设办公室，办公室设在县人事劳动局。2002 年，白沙黎族自治县首次面向社会公开招考乡镇国家公务员录用 21 人。2005 年公务员法实施后，2006 年海南省出台实施方案，2007 年开始对公务员实行登记工作。根据省委组织部、省人事劳动保障厅的批复，同意白沙黎族自治县 809 人予以公务员登记。

二、公务员待遇

2007 年 3 月 6 日下午，白沙黎族自治县在县政府三楼会议室召开县政府常务会议，讨论并通过《规范机关公务员津补贴实施方案》。

2008 年，根据《白沙黎族自治县规范机关公务员津贴补贴第二步实施方案》要求，在全县党的机关、人大机关、行政机关、政协机关、审判机关、检察机关、民主党派机关以及经批准参照《中华人民共和国公务员法》管理的单位的在职在编公务员和离退休公务员中实施。相关政策规定全县各机关单位在职在编公务员，按本人 2008 年 1 月 1 日所任职务套入相应的津贴补贴标准；2008 年 1 月 1 日后晋升职务的公务员，套入本人所任职务相应的津补贴标准；2008 年 1 月 1 日后低定职务的公务员，按本人所低定职务套入相应的津补贴标准，原高出部分不予保留；2008 年 1 月 1 日后新录用的公务员，有试用期的按照使用津补贴标准执行，没有试用期的，可按本人所明确的职务执行相应的津补贴标准；从省外、县外或企事业单位调入本县机关工作的公务员，按本人所任职务套入相应的津补贴标准等。规范全县各机关在职在编公务员、离退休公务员津补贴制度第二步自 2008 年 1 月 1 日起实施。

2009 年，白沙黎族自治县调整公务员津补贴标准，由 2008 年的平均发放 12576 元提高到 16176 元。全县各机关在职在编公务员、离退休公务员调整后的津补贴自 2009 年 10 月 1 日起实施。

2009 年，为了解决白沙县公务员住房难问题，营造安居乐业的良好环境，白沙县发展和改革局同意白沙县公务员小区项目建设，建设地点在县城牙叉镇方亮新区，建 12 幢框架结构楼房，共 424 套。总用地面积 32547.22 平方米，总建筑面积 51799.1 平方米，总户数 424 户，估算总投资 6000 万元。

2010 年，为加快干部人事制度改革，促进公务员队伍的新陈代谢，形成合理的年龄梯次和文化结构，白沙黎族自治县鼓励党政机关及参照公务员法管理事业单位符合提前退休条件的办公人员办理提前退休手续。提前退休条件：凡工作年限满 30 年或距国家规定的退休年龄不足 5 年，且工作年限满 20 年的干部，本人自愿提出申请，报组织人事部门批准，可以提前退休。结合白沙黎族自治县的实际，2010 年办理提前退休的条件为：符合《中华人民共和国公务员法》有关规定且男性年龄在 55 岁以上（含 55 岁）、女性年龄在 50 岁以上（含 50 岁）的在职干部，办理退休的年龄计算截止时间为 2010 年 6 月 30 日（即男性 1955 年 6 月 30 日前出生，女性 1960 年 6 月 30 日前出生）。提前退休人员范围：实行提前退休的人员仅限于县党政机关及参照公务员法管理的事业单位，并经省委组织部、省人事劳动保障厅批复同意予以登记的公务员及参照公务员法管理的工作人员。奖励提前退休工资补差办法：一次性工资补差奖励金额=（办理退休当月在职工资总额-当月退休工资总额）×距法定退休年龄月份数。提前退休工资：提前退休人员达到法定退休年龄前按规定应晋升的级别工资和特区津补贴一次性晋升完毕，再按照晋升后的工资计发退休费，其他福利补贴按退休人员福利补贴待遇执行。提前退休人员办理退休手续后由县地财一次性发放工资补差奖励金额（一次性工资补差金额由县人力资源和社会保障局核定）。如办理提前退休后至法定退休年龄时基本工资标准、阳光津贴等有变动，按退休人员相关规定执行。国家法定退休年龄如有延长，应按延长年份补差。在办理提前退休后至法定退休年龄之间，县政府如有新的福利政策（如购置经济适用房），办理提前退休人员享有和在职人员同等待遇。提前退休实行自愿的原则，由本人提交书面申请和填写提前退休审批表报所在单位同意，所在单位按干部管理权限，副科以上领导干部报县委组织部审批，科员以下的干部报县人力资源和社会保障局审批。办理提前退休人员自提出申请后 1 个月内办完提前退休手续。奖励提前退休人员工资补差金额的是一次性的，只发给符合办理提前退休条件的退休人员。申请办理提前退休人员自县委发文之日起 30 天内（截至 2010 年 7 月 17 日）提出申请，逾期无效。

第二章　农村经济体制改革

第一节　土地使用制度改革

一、土地承包制度

1988 年海南建省后，白沙县进一步完善土地承包制、家庭联产承包经营责任制。1990 年，白沙县综合改革试点以扶贫作为发展民族山区经济的突破口，率先改革民族山区的扶贫工作，在县、乡（镇）两级干部中实行定员、定点、包干负责的扶贫工作责任制。同年白沙县 100%承包农户与管理区和村委会签订土地承包合同，合同签约率 100%，并按期上缴“五粮”[公粮、订购粮、水利粮、乡（镇）企业粮、民兵粮]，98%的承包户按合同兑现坡地承包金。

1998年，白沙县第二轮农村土地承包改革，规定原承包期满后再延长30年不变，从事开发性生产的承包期可以更长。1999年，全县18816个农户签订家庭土地承包合同，分包土地109708块，总面积16620.6公顷，发放土地承包经营权证18816本，到户率98%以上。截至2008年12月31日，全县农村集体经济组织以其他方式发包集体土地共1202宗，面积6109.382公顷。2010年，白沙县已建立农村土地家庭承包基本经营制度，实现土地所有权和经营权的分离。

1989年，为进一步完善农村家庭联产承包责任制改革，海南省政府成立土地清查领导小组，打击炒卖土地等违法活动。2007—2008年，全省开展农村土地承包突出问题专项治理，白沙县查出以其他方式发包集体土地涉及党政机关的30宗，面积636.87公顷；涉及党政机关工作人员的54宗，面积414.21公顷；涉及工商企业的56宗，面积1334.31公顷；涉及社会人员承包1062宗，面积3723.10公顷。

二、土地使用权流转

农村集体土地流转的主要形式有8种：转让，转包，互换，入股，出租，兼并，收回重新发包，拍卖荒山、荒坡、荒沟、荒滩“四荒”土地。

1988年建省初期，白沙县土地流转面积732.30公顷，其中转包253.01公顷，出租477.82公顷，股份合作1.47公顷。土地流转入农户395.25公顷，流转入企业337.10公顷给。土地流转入企业的有海南什奋富泽瓜菜实业有限公司从250户农户转包18.67公顷土地，用于建设什奋瓜菜基地；海南和熙投资有限公司向200多户农户转包35公顷土地，用于建设向民瓜菜基地。

1996年，白沙县在47个经济社推行土地流转试点，占经济社总数的10%，流转土地面积3274公顷，占全县土地总面积的2%。全县共投入流转土地开发资金2881万元，兴办农业企业128个，资产合计2023万元，从业人员1878人。比较成功的案例有：海南恒泰集团有限公司在细水乡征地1333.33公顷种植鸡蛋果、西番莲等热带水果；海南火山口园林公司在青松乡征地86.67公顷创办龙眼、油柑、杧果等热带作物综合基地。

1997年，白沙县开始第二轮土地承包改革。至1998年，除一经济社、二经济社的坡地尚未分包到户外，其余483个经济社完成第二轮土地承包制改革。

2004年，白沙县流转农地面积421.93公顷，涉及61个行政村、611户农户，流转水田面积33.73公顷，其中中低产田面积28.33公顷，流转坡园地面积7公顷。2008年，全县农村集体经济组织及农户流转土地813.33公顷，其中转包53.33公顷，转让53.33公顷，互换26.67公顷，出租680公顷。2007年开始采用公开挂牌方式进行土地出让，2007—2010年，白沙县挂牌出让建设用地37宗，共计57.48公顷，出让金3040万元。

2010年，白沙县划转农垦土地23401.87公顷。龙江、白沙、邦溪3个农场提交759宗，面积24278.49公顷，其中邦溪农场暂缓划转27宗、644.41公顷，白沙农场不再划转21宗、239.99公顷。

三、农村土地确权

1988—2003年，白沙县没有集体确权发证。

2004年10月，白沙县完成农村土地地籍调查共205666.66公顷，其中农垦土地53733.33公顷，国有林场土地48333.33公顷，集体土地67733.33公顷，其他土地（争议地、国有公路、河流、后备土地）35866.67公顷。实地核定界线4148条，填写界线核定书4258份，绘制宗地图1782份，附图11000份。完成土地登记发证面积94733.33公顷，其中国有农垦土地46333.33公顷，集体土地48400公顷。牙叉镇、七坊镇、邦溪镇、打安镇、细水乡、元门乡、青松乡、南开乡、阜龙乡、金波乡、荣邦乡等11个乡镇完成农村宅基地登记发证工作，共涉及76个村委会、19567户，村庄总面积合计20358.67公顷，调查宗地共22506宗，发证19460宗。

2005年7月，白沙县实行农村土地承包经营权持证制度，对农村农民承包集体土地确权发给土地经营证件，明确承包土地面积、界线、使用期限。经调查核实并分发到农户的地块共109708块，总面积16620.60公顷，清理完善土地承包合同18816 份，清理专业承包522 宗、完善合同522 份。申请换证农户18816 户，办理注册登记并完成承包数据电脑录入18816户，发放证书18816本。

1988—2009年，白沙县发放集体确权证共计687宗，总面积55465.39公顷，其中牙叉镇112宗，面积9182.29公顷；七坊镇112宗，面积9849.62公顷；邦溪镇73宗，面积4659.63公顷；打安镇85宗，面积5824.53公顷；元门乡67宗，面积4028.06公顷；南开乡19宗，面积2293.13公顷；青松乡38宗，面积6584.36公顷；荣邦乡53宗，面积3023.25公顷；阜龙乡25宗，面积3687.60公顷；金波乡40宗，面积2488.44公顷；细水乡63宗，面积3844.48公顷。发放建设用地证共计2298宗，面积626.54公顷，其中牙叉镇1030宗，面积197.55公顷；七坊镇466宗，面积138.05公顷；邦溪镇312宗，面积146.92公顷；打安镇150宗，面积53.92公顷；元门乡80宗，面积10.09公顷；南开乡25宗，面积4.23公顷；青松乡41宗，面积11.79公顷；荣邦乡45宗，面积11.17

公顷；阜龙乡 54 宗，面积 38.37 公顷；金波乡 52 宗，面积 5.61 公顷；细水乡 43 宗，面积 8.84 公顷。

2010 年，白沙县第二次土地调查工作完成，相关数据库和信息系统通过省办专家组验收。此次土地调查范围涉及农村土地面积 2117.2 平方千米，城镇土地面积 15.6 平方千米。全县 11 个乡镇、77 个村委会、431 个自然村现状测量面积 608 公顷，户籍调查 9873 户，确权村庄面积 7800 公顷，农村宅基地登记发证 141000 本，发证率 72%。

第二节　农村政策改革

一、农村林权政策改革

白沙县地处海南省中部山区，林改前县有林地面积 164066.67 公顷，活立木蓄积 1605 万立方米，森林覆盖率 83.10%。全县规划林地面积 158666.67 公顷，其中国有林地面积 125200 公顷，集体林地面积 33466.67 公顷。1981 年下半年，白沙县成立稳定山林权、划定自留山、确定林业生产责任制“三定”（定山权林权、划定自留山、确定林业生产责任制）办公室，开始“三定”改革工作，首先在邦溪区进行试点，再向全县全面铺开。

2007 年 11 月，白沙县被列为全省林改试点县，按照“先行试点、逐步推开”的要求，选择有代表性的细水乡、金波乡、牙叉镇和七坊镇各 1 个村委会进行林改试点。2008 年，全县林权改革全面铺开，共制定林改方案 576 个，组织实施外业踏查测量 488 个村民小组，测量林地面积 35000 公顷，其中规划林地 33000 公顷，非规划林地 2000 公顷。林权证发证面积 35000 公顷，集体林权制度改革主体改革工程完成并通过省林改办检查验收。

二、农村税费改革

1999 年，白沙县实行农村税费改革，财政局现有农税人员划转到地方税务局下属的地方税务所。2000 年 10 月 15 日，成立白沙县农税局，挂靠在县财政局；各乡镇成立农税所，挂靠在财政所。同年 11 月 23 日，成立白沙黎族自治县农村税费改革领导小组，具体负责农村费改税工作。

2003 年 1 月 1 日开始停止征收屠宰税、乡镇统筹费、村提留，以及专门向农民征收的各种政府收费、基金和集资等，并严禁改革前突击清收农民税费尾欠。经县农村税费改革工作领导小组对全县二轮土地（水旱田）面积进行调查核实，确定全县计税土地面积为 3861.13 公顷，依据灾损、国家征用、农建占用政策规定核减 103.47 公顷。按照亩均常产为 232 公斤，每个乡镇一个常产，计税土地面积、亩均常产张榜公布，接受群众监督。

2004 年 1 月 1 日起取消农业特产税，农业税税收率降至 5%。同年 7 月 7 日，县政府批准荣邦乡福英、俄朗、高峰、光村 4 个村委会、13 个自然村减免当年的农业税。取消农业特产税后，农民负担总额为 80.5 万元，人均 8.7 元。

2005 年停止征收农业税，结束白沙县成立以来农民向政府交纳农业税的历史。

2007 年 11 月 2 日，白沙县对城镇土地使用税征收等级及级距税额进行调整，确定征收城镇土地使用税的土地划分为 3 个等级，县城（县人民政府所在地）为一等；建制镇（镇人民政府所在地）为二等，镇辖区内已转为建设用的区域及国有农场场部（除龙江农场外）为三等。一等每平方米征收 2.00 元，二等每平方米征收 1.80 元，征收三等每平方米 1.60 元。

2008 年 6 月 27 日，县人民政府决定对种粮农民即农资综合直接补贴。规定农民每种粮 1 亩补贴 4.8 元，农资综合补贴 69 元。同年，全县共补贴种粮面积 4003.47 公顷，直补资金共 419 万元。

2009 年 4 月 10 日，白沙县明确直补范围为全县种粮农民，补贴的方式以种粮农户为单位，以农村税费改革核定的农业税计税土地面积为依据，确定统一的补贴标准。县财政拨付 511 万元作为直补资金，其中粮食直补为 32 万元，农资综合直补为 479 万元。

三、农民负担监督管理

1993 年，白沙县为落实减轻农民负担的政策，规定按照国家标准增收公粮及农林特产税，严禁摊派和层层加码；农民应负担的村提留和乡镇统筹款，控制在上年农民人纯收入的 3%～5%，不得突破 5%；农村义务工主要用于植树造林、抢险救灾、修缮校舍，按标准工日计算，每个劳动力每年承担 5～10 个标准工日；对农村用电加强管理，减少中间环节，收取农民的照明电价每度不得超过趸售电价的一倍半；任何单位向农民收购粮食、甘蔗、橡胶等农产品要一手交钱，一手交货，不得打“白条”；不准向农民摊派社会治安费等。同年共清理省级涉农文件在本县执行的项目 28 个，属清理审核的有 12 项，其中 4 项没有执行，5 项取消执行，纠正 1 项，2 项待修改。调查纠正违反规定的集资收费项目，取消中华女子学校在农村集资 25137.70 元。同年，县政府从实际情况出发，调低或免收企业粮，其中白沙镇、阜龙乡、青松乡减收一半，七坊镇、光雅镇免收企业粮。畜牧局每年免费为农民的禽兽检疫，本地农民的农产品上市不收管理费。青松乡降低中小学校收费标准近一半，全部取消向农民集资筹办管理区、小学办公（教学）桌椅项目。

全县村提留、乡统筹款合计227.1万元，农民人均负担26元，占农民人均纯收入的3.37%。

1998年，白沙县全面推行农民负担预决算、监督卡和专项审计3项制度，严禁收取农民合理负担之外的各项集资收费项目。全县减轻农民负担工作立项检查11项，检查单位33个，取消不合理消费项目2个，向有关部门提出监察建议3件，协助有关部门查出涉及农民负担案件3件，减轻农民负担15.2万元。全县收取提留统筹款预计总额161万元，提留统筹款占上年人均纯收入的2.7%。

2000年，白沙县政府进一步完善提留统筹款一定三年的办法，“两费”的计算提留改为以村人均收入为依据，计算比例不能超过农业部门统计的上年度人均纯收入的5%。同时也进一步规范“两费”的征收管理，在“两费”的征收以教育农民为先导，实行干部分片包村保护责任制，辅以法律程序。

2003年，经县农村税费改革领导小组调查测算，白沙县农村税费改革后全县计税土地面积57917亩，核减面积1552亩。其中灾损面积840亩，征、占用面积664亩，其他符合政策核减的48亩。全县计税常产13431吨，亩均常产116公斤。按全口径计算，改革前农民负担总额651.70万元，其中农业税56万元，农业特产税319万元，农业税附加5.6万元，屠宰税44万元，乡统筹费129.8万元，村提留79.6万元，农村教育集资及其他2.4万元，农村教育附加15万元。农民人均负担70.4元，亩均负担112.5元。改革后，农民负担总额为333.2万元，其中农业税80.7万元，农业特产税236.4万元，农业税附加16.1万元。农民人均负担36元，亩均负担58元，税改后比税改前分别减少34.4元和54.5元，分别下降48.9%和48.4%。全县共清理审核涉农收费文件6个，涉农收费项目7个，直接取消违规项目3个，对违规单位进行批评教育和责令整改。全县75个村委会全部实行财务公开，11个乡镇落实农民负担专项审计制度。

2008年，县委、县政府推行减负工作责任制，全县11个乡镇、2个办事处全部成立农民“减负”工作领导小组。实行涉农税收、价格和收费公示制度，落实对农民的各种补贴、补偿、补助政策，抓好良种补助、农机具购置补贴、农资综合直补等各项惠民政策的落实。当年共发放农资综合补贴款504.1万元，受益户18816户；发放良种补贴款15万元，受益户18816户；发放农机具购置补贴款70万元，受益户555户；落实义务教育阶段学生的“两免一补”资金1297.86万元，其中杂费补助资金478.2万元，公用经费补助资金202.7万元，免除教科书资金201.32万元，贫困生生活费补助资金415.64万元，受益小学生15164人，初中生7330人。

第三节　农村财务管理制度改革和农业服务体系建立

一、农村财务管理制度改革

1988年海南建省后，全面实行县乡镇级财政定收定支，收入上缴、支出下拨、超支分成、歉收挂账、结余留用的财政管理新体制。

2004年2月20日，白沙县实行村财会人员定期定点集中办公制度。每月1—4日，村财会人员集中到乡镇统一建账，由乡镇农经站人员对村的账面进行严格审核，并给予指导核对工作。

2006年，白沙县开展“乡财县管乡用”改革试点，实施“村财民理乡镇监管”的村级财务管理制度，试行村级会计委托代理制。推进农村金融改革。获得中央税收和财政补贴政策支持，完成农村信用社改革，把农村信用社逐步办成由农民、农村工商户和各类经济组织入股，为农民、农业和农村经济发展服务的社区地方金融机构。培育由自然人、企业法人、社团法人发起的小额信贷组织，引导农户发展资金互助组织。完成以大宗农产品重特大自然灾害保险机制为重点的农业保险制度建设，建立政策性农业保险制度，引导商业性保险公司开展农业保险业务。

2009年，白沙县进一步深化“乡财县管”改革，优化财政支出结构，加大对农村义务教育、“三农”、医疗卫生、社会保障等民生事业的投入和财政对村级补助力度。建立健全农村“一事一议”公益事业财政奖补政策，加强对转移支付资金的管理使用，严格控制和化解政府债务，明确县乡财政部门职责，完善乡镇财政所管理体制。

二、农业服务体系建立

1992年，白沙县成立县农村服务体系领导机构，负责协调各部门为农村提供种养、加工、流通服务。各乡镇在原来的农经、农林、农机、畜牧、林业、水利等“六站”和乡镇供销社、信用社、粮管所的基础上组织农经服务，通过改革，建立起上下相通、左右相连的农村服务网络。

1995年11月17日，白沙县黎族自治县农业局更名为白沙黎族自治县农业技术推广服务中心，挂科技管理服务中心牌子。2005年5月11日，白沙黎族自治县农业技术推广服务中心更名为白沙黎族自治县科学信息和农业技术局。至2010年，共举办各种科技培训1541期，参加培训131520人次，“110”服务站覆盖全县11个乡镇。

第三章　企业体制改革

第一节　经营体制改革

1984 年，白沙县开始进行厂长经营承包责任制改革。1987 年，全县 8 家国营工业企业和供销系统 21 个基层单位、103 个自然门店，实行承包经营责任制、厂长（经理）任期目标责任制。1988 年，白沙县进一步完善双层经营体制，发展乡（镇）、管理区和自然村三级集体经济。1989 年，深化厂长经营承包责任制和厂长任期目标责任制改革，加强内部管理，产品质量实行“三包”，将提高经济效益与产品质量挂钩，取消部门工资标准，生产工人实行产值含量工资制，个人酬金与企业效益联系，工资与生产数量和质量挂钩。

1990 年 6 月 10 日，白沙县委综合体制改革领导小组决定对本县国营工业、企业实行第二轮承包经营责任制，先以陶瓷厂为试点，再向全县全面铺开。

1993 年，实行企业全员劳动合同制。2008 年，全面进行劳动、人事、分配制度三项改革，试行干部聘任制和全员劳动合同管理制，实行全员承包和风险抵押承包，职工工资实行半浮动或全浮动，与企业经营直接挂钩。

第二节　产权体制改革

白沙县企业按资产类型可分 3 种：国有企业、集体企业、私营企业，股份制合作企业、股份制公司和有限责任制公司尚未建立。国有企业产权改革是在国有资产调查的基础上，按照“三个有利”，即有利于国有资产保值增值，有利于财政税收收入，有利于职工工资提高的原则逐步推进，建立“产权清晰、权责明确、政企分开、管理科学”的现代企业制度。

1996 年，白沙县乡镇以上国有企业 29 家，集体企业 168 家，私营企业 2 家，“二盈二持平五亏损”是县工业口国有企业的经营状况，全县乡镇以上企业职工总数 3169 人，亏损企业职工总数有 1467 人，占企业职工总数的 46.3%。工业领域 9 家国有企业中，制糖业、建材业亏损比较大，如木棉糖厂全部资产为 7468.4 万元，企业负债达 8649.7 万元，资产负债比例为 86.3%，每年应付给银行利息 1200 万元。商贸系统国有企业 19 家，盈利6家，亏损13家，亏损面占企业总数的68%。集体企业供销系统18家企业经营连年亏损。乡镇企业145家、亏损1家。县建材厂、造纸厂和淀粉厂亏损严重。1996年8月1日，县委、县政府决定将亏损较大的木棉糖厂全部产权转让给大连市新天地酒家，开创白沙县国有企业产权转让的先河。

2006年11月，白沙县关闭国有企业3家、宣布破产1家，改制1家，招进民营企业15家，非公有制经济发展加快。

截至2010年底，白沙县共完成21家国有企业改革工作。同年启动县水泥厂、县热带水果加工厂、县包装厂、县饮食服务公司、县物资总公司等5家国有企业关闭破产程序。

第三节　企业登记制度改革

1993年4月6日，海南省在全国率先把申办企业法人由审批登记制改为直接核准登记制，并简化企业法人登记的条件和程序，把过去登记注册提供9种文件和证件减少为2种。 进一步放宽企业的经营方式和经营范围，实行专项审批与许可证管理的项目和行业由原来的120 多种减少为24 种。2007年，海南省工商系统实行注册官制改革，实行个体工商户注册权下放到工商所。2008年，海南省工商局下放外资公司到注册登记权限到下属市县工商局。2009年，停征个体工商户管理费。2010年实行企业登记“绿色通道”，将行政许可事项、程序等内容通过示范文本公示公开，给办事群众提供便捷高效服务。

截至2010年，白沙县共登记各类企业383户，扶持从业人数1799人，其中内资企业206户，注册资金5977158万元，外资企业1户。共办理农民专业合作社登记153户，出资总额11019.55万元。当年度新登记农民专业合作社63户，出资总额4747. 40万元。

第四章　商业体制改革

第一节　国有流通体制改革

白沙县国有流通企业包括国内贸易和物资企业，另有供销、粮食和外贸企业。

一、国内贸易体制改革

1988年，白沙县商业局管辖的百货公司、烟酒公司、五金公司、石油公司、食品公司、饮食公司和七坊商店进行承包经营。糖烟酒公司直接与县财政包死上交基数，超利全留，并层层承包，落实到门市部班组。其他公司实行经营承包责任制。百货公司把销售任务分配到门市部各班组，并分解到个人，其工资和奖金按每人每月的销售来计算。同时采取灵活措施，“以销定购，以销促购，勤进快销”，提高商业经济效益。

1993 年 1 月 6 日，县政府同意成立“白沙黎族自治县民族华侨特殊商品供应公司”，实行独立核算，自主经营，自负盈亏。

1997 年，县商业局改为县商业贸易总公司（2008 年改为县商业总公司），作为海南省商业贸易总公司直属企业。2008 年，饮食公司完成市场化改制。截至 2010 年，白沙县商业系统企业有限商业总公司、百货公司、烟酒公司、五金化工公司、储运公司、七坊商店、海口山花酒楼，职工共 263 人，其中总公司 8 人。

2004 年，县财贸办公室、县贸易局、县交通局改制，成立县商务局，作为县商业贸易主管部门，食品公司划归商务局管辖。

1989 年，白沙县糖烟酒公司实行改制，成立白沙县烟草专卖局、海南省烟草公司白沙公司。2004 年 1 月 1 日，取消海南省烟草公司白沙黎族自治县公司法人资格，成立海南省烟草公司儋州公司白沙营销部，隶属海南省儋州市烟草专卖局（公司），白沙县烟草专卖局行使白沙县范围内的烟草专卖行政管理职权，受海南省儋州市烟草专卖局（公司）和县政府的双重领导。

二、物资领域体制改革

1989 年 3 月，白沙县物资局改为白沙县物资总公司，下辖 5 个专业公司：物资开发公司（包括汽车贸易部、海口经理部）、金属公司、化工建材燃料公司、机电公司、知青服务公司。邦开物资站和七坊物资站分别并入化建燃料公司和金属公司，原物资局的行政管理职能移交物资总公司负责。

1990 年，县物资总公司全面实行承包经营责任制，各专业公司经理任期三年，第一年由总公司考核聘任，并报组织部备案。总公司根据“公开、平等、民主、择优”的原则，在企业内部或向社会公开招标聘任，并依法签订任期目标承包经营责任制合同。除了“海南汽车事件”非正常因素造成的债权、债务外，原物资局、物资公司正常经营的信贷资金、流动资金及其他债务要根据“公平合理，协商统一”的原则，分摊到各专业公司还本付息。各专业公司要根据总公司的规定，制定严格的财务管理制度，经理离任或调动，必须经过总公司和审计部门的审计。总公司监督专业公司工资、奖金的发放情况，保证做到“以丰补歉，以旺养淡”，并从企业利润留成中逐年增加积累。如企业人员在承包期满一年后，属组织正常调动的，可从年积累中支取人均积累的50%归个人所有，但最多不得超过2000元。各专业公司承包以后，总公司要切实做好各项服务工作，为企业合法经营提供方便和便利条件，在职权范围内和条件许可的情况下，为承包企业解决可能出现的困难和问题。总公司在加强企业内部管理，完善企业改革方面取得一定成绩：一是对七坊商店进行全面改革，由职工投资，以股份制形式进行承包经营。二是稳定食品公司屠宰场，保证白沙人民的食肉质量。三是争取解决海口山花酒楼问题。

第二节　粮食体制改革

一、粮食机构

1984年，白沙县一级机关全面实行机构定编工作。1993年，撤销县财贸办公室、外贸局、粮食局、商业局，设立贸易局，贸易局挂粮食局牌子。1994年成立粮油贸易总公司，归口贸易局管理，粮食局和粮油贸易总公司合署办公。1998年，粮食局和粮油贸易总公司分置，粮油贸易总公司定为企业单位，粮食局定为事业编制单位并参照公务员管理。2004年8月16日，县编制办通过《白沙黎族自治县粮食局机构编制方案》，规定县粮食局隶属县发展和改革局，为正科级事业单位，核定编制数8名，实行财政全额预算管理。

二、国有粮食企业

1992年，白沙县政府同意《白沙黎族自治县粮食企业体制改革方案》，同年，牙叉粮油加工厂和七坊粮油加厂合并成立粮食工业公司。

2005年，白沙县实行国有粮食企业改革，将原有11家粮食企业改制，保留2家专门承担县各级政府储备粮和军粮供应等政策性任务。关闭9家粮食企业，并安置被关闭企业职工。

2006年12月27日，白沙县人民政府决定对白沙粮所、南训粮所等9家粮食购销企业进行公开拍卖。

2007年6月30日，白沙县国有粮食企业改革工作结束。关闭 7个粮所、2个公司，新组建为国有独资粮食企业白沙县粮食储备库（含军供站）和查苗粮食储备库。安置关闭企业人员，包括对到年龄退休的职工办理退休手续、单位补交欠缴各项社会保险费、企业与职工办理解除劳动关系、职工个人劳动档案移交县劳动就业服务中心。

三、粮食流通体制

1984年，白沙县粮食局以核算单位实行利润费用大包干。1985年，全县农村粮食取消统购派购，实行合同定购政策。1988年后，粮食征收主要是公粮征收、统购粮收购和议购粮。1990年，海南省在全国率先将粮食购销价格由国家定价改为国家指导价，并实行购销同价。1991年，在全省范围内进行适度压销平价口粮供应和放开食油、食糖价格20%的改革，减少粮食部门向银行贷款，减轻财政负担。

1998年，海南全省粮食流通体制按照“四分开一完善”（政企分开、储备与经营分开、中央与地方责任分开、新老粮食财政挂账分开，完善粮价制）的原则进行改革，落实粮食储备制度、风险基金制度，恢复粮食收购保护价，加强对粮食市场的管理。

2002年，海南省政府决定实行“放开收购、放开市场、放开价格”的政策，政府不再下达粮食收购计划，粮食流通全面实现市场化，同时加强储备粮管理。2005年1月28日，白沙县出台储备粮管理办法，对储备粮收购、储存、轮换、质量、价格等实行全面管理。2006年，海南省政府规定年收购粮食高于50吨者必须申请办理粮食收购许可证，年收购量低于50吨的个体工商户无须申请粮食收购许可证，粮食收购许可证在全国范围内有效。至2008年，白沙县共发放粮食收购许可证4份，其中国有粮食企业发放2份，私营粮食企业发放2份。

第三节　供销体制改革

1988年，白沙县供销系统在职职工共528人。县供销合作联社所属企业20个，其中社属企业6个，分别为农业生产资料公司、土产公司、副食品公司、供销贸易公司、供销综合厂、日用杂品公司。基层供销社14个，分别为牙叉基层供销社、白沙基层供销社、细水基层供销社、元门基层供销社、南开基层供销社、打安基层供销社、阜龙基层供销社、狮球基层供销社、光雅基层供销社、青松基层供销社、七坊基层供销社、金波基层供销社、邦溪基层供销社、荣邦基层供销社。1989年，县供销合作联社依托基层社采取承包经营及租赁经营等方式，在全县组织54个日用品经营点，在各乡镇和农场设立25个固定烟花爆竹经营网。1995年，海南省供销合作联社选择白沙县供销社下属光雅、青松、打安3个基层社作为改革的试点，合并成立光雅中心基层社，通过精兵简政，将裁减的管理人员充实到门店第一线，基层社的销售额、利润比合并前大幅度增长。

1988—2010年，白沙县供销系统体制改革基本情况如下：

一、白沙县农业生产资料公司

1988年，共有在职职工45人，其中经理1人，副经理2人，办公室人员8人，其余职工34人。公司主要负责经营化肥、农药、各种中小农具等农业生产资料等传统业务。1998年后，因市场放开竞争激烈，公司缺少资金投入经营，公司基本处于半停业状况。公司除办公室管理人员个，其余职工还保留劳动关系，自谋出路。2010年县农业生产资料公司在职职工22人，其中公司经理1人，副经理1人，会计、出纳各1人。

二、白沙县土产公司

1988年，共有职工48人，其中经理1人，副经理2人，办公室8人，其余为职工37人。主要经营农副产品收购，市场经济后，因经营不善造成大量亏损，加之没有资金再投入，1995年后公司基本处于停业状态，没有经营效益，唯一收入靠几间铺面出租，收取租金维持生存。公司除管理人员外，其余职工都自动离岗、自谋出路，但仍与公司保留劳动关系。2002年后，部分职工与单位解除劳动关系，没解除劳动关系的职工，也因公司没钱缴交养老金，到龄退休时，自己拿钱垫交养老金办理退休手续，公司方面给予挂账，分期分批返还。2010年，土产公司仍有职工包括管理人员6人，其中经理1人，会计、出纳、业务各1人，2名待岗人员。

三、白沙县副食品公司

1988年，共有职工36人，其中经理1人，副经理2人，会计、出纳、统计各1人，其余为职工30人。主要经营食盐及各种副食品等。2002年12月20日，公司因历史债务官司纠纷，为偿还债务，公司召开经理办公会议决定处置资产偿还债务的同时妥善安置职工，所有公司在册职工包括离退休人员一律与公司办理解除劳动关系手续，离退休人员领取一次性医疗补贴，公司改制只保留一名经理，负责剩余资产的管理。

四、白沙县供销贸易公司

1988年，共有职工42人，其中经理1人，副经理1人。主要经营日用消费品、百货、各类副食品批发零售，经营铺面全部由职工承包经营。2004年，公司因银行债务官司纠纷，经公司召开全体大会同意处置资产偿还银行债务安置职工，公司职工全员与单位解除劳动关系，退休人员一次性领取医疗补助金，公司关闭。

五、白沙县供销综合厂

1988年，共有职工22人，其中厂长1人，副厂长1人，会计、出纳各1人。主要生产经营酱油、糖果、饼干等。1990年后，没资金投入再生产，加上经营亏损，处于半停产停业状态，大部分职工自动离厂自谋职业。2004年，因长期没有经营收入，没钱开展任何业务，为此经厂长办公室召开厂全体会决定关闭综合厂。厂里职工住的瓦房都是20世纪70年代建造的瓦房，比较破旧，加上厂里没有资金改制，只能把原有厂房和职工住房进行改制。综合厂实行全员改制，在册职工与厂解除劳动关系，退休人员一次性领取医疗补贴金。厂里保留1名厂长，负责管理剩余资金。2010年，综合厂剩余资产归县供销资产经营管理股负责。

六、白沙县日用杂品公司

1988年，共有职工35人，其中经理1人，副经理1人，会计、出纳、统计各1人。主要经营日用杂品、烟花爆竹等传统业务。1990年后公司经营效益欠佳，所有经营门店全部承包给职工经营。2010年，公司因银行债务官司被法院查封，除承包经营门店的职工外，其余职工自动离岗、自谋出路，职工与公司还保留劳动关系，到龄退休时，自己垫钱补缴养老金，办理退休手续，单据拿回公司挂账，公司有钱时再分期分批返还职工。

七、白沙弘宇再生资源回收有限公司

成立于2006年3月，是供销系统内部企业出资注册成立的一个股份有限公司，注册资金15万元，在册职工3人，其中经理1人（兼），会计1人（兼），出纳1人（兼）。公司主要从事全县再生资源回收管理，经济来源靠收取各个废品收购站的管理费来维持日常开支。2010年，在册职工3人，其中经理1人（兼），会计1人（兼），出纳1人（兼），管理人员全部聘用系统内部工作人员兼职。

至2010年，全县供销系统共有在册职工336人，基层供销社14个，在职职工193人。所属企业18个，其中社属企业4个，分别为农业生产资料公司、日用杂品公司、土产公司和弘宇再生资源回收有限公司。

第四节　外贸体制改革

1986年12月20日，白沙县编制委员会决定恢复县对外贸易机构，履行外贸行政管理职能，核定外贸局人员编制11人。1987年，白沙县对外贸易局下设对外贸易公司，人员由原经济发展公司调配。同年12月，县对外贸易局划归三亚茶叶进出口公司下属单位。

1990年，白沙县对外贸易局划归海南省对外贸易厅下属部门。1991年7月成立白沙县对外贸易海口分公司。1993年11月16日，县政府决定撤销县进出口公司，编制内人员由劳动人事部门安排工作，编制外人员回到原地。1994年撤销商业局、外贸局、二轻局，全部转为经济实体，原行政职能归口贸易局。1995年撤销县外贸公司、县对外经济发展公司海口经理部、县经济技术发展公司，县对外贸易局改为县对外贸易总公司。1999年县食品公司划归县贸易局管理。2004年成立县商务局。2007年3月13日，白沙县委决定关闭县对外贸易经济发展公司。2008年11月，县旅游公司划归县商务局管理，公司实行自主经营，自负盈亏。至2010年，县对外贸易总公司建制不变。

第五章　宏观调控体制改革

第一节　计划体制改革

1990年，白沙县对固定资产投资方式进行改革，以产业政策为导向，投资主体由国家投资向企业投资转变，逐步实现间接管理为主的投资体系。

2000年，白沙县设立统计局、发展和改革局，将统计职能与计划职能分开。2005年，县发展和改革局增加工业发展规划职能，农业、交通、旅游、民政、教育、文化、社会保障等专业规划由各职能部门负责编制。

2009年，白沙县发展和改革委员会对企业使用非政府投资、符合国家产业政策的非重大项目和非限制类项目全面实行登记备案制。减少审批环节，规范审批程序，设定审批时限，提高审批效率和透明度。同时减少微观管理，加强对经济社会发展宏观管理和综合协调，将实行行业管理及中小企业服务、应对气候变化和推进节能减排、盐务管理、新能源与新材料应用和推广等职责划入工业和信息化局，设立规划综合岗和固定资产投资岗，管理固定资产投资和重点项目。固定资产投资岗负责监测分析全社会固定资产投资状况，研究提出固定资产投资的总规模、结构和资金来源，提出全社会固定资产投资调控和投融资体制改革的建议；安排县财政预算内基本建设投资计划和县级重点项目投资计划；指导监督政策性建设贷款使用方向；负责向上级发展和改革部门争取资金与项目；研究提出全县重点建设项目规划和布局，编制全县重点项目计划、月报和专报；实施重点建设项目的跟踪服务；会同有关部门开展重点建设项目的可行性研究，统筹指导全县重点项目建设工作，负责牵头有关部门开展重点建设项目的稽查工作；负责宣传贯彻国家相关招投标法律法规，分析研究全县招投标市场发展形势，协调和解决全县招投标工作中存在的重大问题和事项，按规定指导协调全县招投标工作。政府投资项目的立项、可行性研究报告、初步设计与概算等前期工作程序审批通过设在县政府政务服务中心的工作窗门受理业务，接受各界监督，规范项目审批程序，严格在工作期限内完成审批或给予答复，对全县项目审批工作进行规范化管理。

第二节　物价体制改革

一、放开市场价格

1979年后，国家价格体系从政府统购统销、统一定价，逐步改变为政府定价、政府指导价和市场议价相结合。1988年，海南省在全国率先进行价格改革，规定除69种国计民生关系密切的商品价格实行计划管理外，其余商品价格全部放开实行市场调节价。1990年，白沙县实行民营橡胶价格“双轨制”，1991年粮食实行指导价，1993年实行粮食价格和经营“双放开”。至1997年，93%以上生活资料和生产资料实行市场定价，政府定价和政府指导价的商品占4%。

二、政府调控市场物价

1988年实行价格改革后，白沙县物价局的工作重点转为加强价格宏观调控和管理，对实行政府定价、政府指导价的商品服务价格和行政事业性收费进行监督管理，对已经放开的商品价格进行巡查、检查，对暴涨暴跌的商品价格及时向省价格主管部门报告，采取临时干预措施。对价格违法行为依法实施处罚。1994年，白沙县建立副食品价格调节基金制度，强化对市场物价的经济调控能力，建立物价调控目标责任制和对中小学课本等实行专项价格调节基金制度。2003—2010年，国家发展和改革委员会发文取消收费15项，降低收费18项。

第三节　财税金融体制改革

一、财政体制改革

（一）定额包干　定收定支　1987年底，白沙县建立乡镇级财政。1988年，为保证财政收支的基本平衡，防止铺张浪费现象，县财政局对全县党政机关、事业单位的经费开支实行定额包干，乡镇财政实行“定收定支，收入上缴，支出下拨，超收分成，歉收挂账，结余留用，收入基数，逐年递增，一年三定”的办法，并制订全县统一执行的旅差标准和医疗费包干等制度。1990年，制定三财政包干期市县财政体制调整方案，配合全省粮食购销体制改革，在压销定量、调整粮价的同时，改暗补为明补。加强国有资产管理工作改革，规定境外企业以个人名义注册登记的国有资产，必须补办信托书和股份声明书。

（二）财政工资　统一发放　2001年，白沙县财政局制定《白沙黎族自治县行政事业单位财政供养人员工资统一发放实施方案》，审核纳入财政统一发放工资范围的实有人数、离退休人数和工资标准，确定县工商银行、县农业银行、县建设银行为财政统一发放工资的代发银行，2010年增加县邮政储蓄银行、县农村合作银行为代发银行。从2001年10月开始，财政部门在国库专门设立“工资专户”，县本级行政事业单位和乡镇教师工资均由银行代发，直达个人账户。2003年实行工资统发，并扩大统发范围，县本级从2003年9月起采用全省统一 “财政工资统发系统”进行工资统发，5个乡镇10月起采用全省统一 “财政工资统发系统”进行工资统发。同年底，全县参加工资统发人数3850人，占财政供养人员的64%。2008年，实行财政工资网络统发系统，实现管理模式、网络系统、发放方式、工作流程、发放范围的“五个统一”。2009年，实行推行新版财政工资网络统发系统，实现县级197个行政事业单位、11个乡镇政府及学校的财政供养人员工资通过网络系统统一发放。

（三）惠农补贴　一卡通兑　2009年，白沙县启动财政惠农补贴资金“一卡”通兑付工作，通过同一张银行卡发放所有的财政惠农补贴资金。2010年，全面推进财政惠农补贴资金“一卡（折）通”改革工作：一是贯彻落实全省惠农补贴“一卡通”改革大会精神，按照县政府的工作要求部署“一卡通”改革；二是共举办三期财政惠农补贴资金“一卡通”业务知识培训班；三是做好“一卡通”信息资料收集、录入以及发放工作。至2010年底，全县采集录入“一卡通”管理信息系统人员信息20262人，办理财政惠农补贴资金“一卡通”存折17580张。通过“一卡通”发放在职村干部生活补贴405人，发放金额637681元。发放农作物良种（早稻）补贴152人，发放金额2581元。

（四）非税收入　银行代收　2002年，根据《白沙黎族自治县政府非税收入实行银行代收管理办法》和《白沙黎族自治县政府非税收入征管改革工作方案》，县农业银行、县工商银行、县邮政储蓄银行分别设立一个政府非税收入财政专户并签订代收协议书。2003年9月22日至 12月30日，县财政部门检查组开展非税收入收缴情况及旧票据的清理检查，检查 90个执收执罚单位，共查获历年应缴未缴款149万元，已追缴入库80万元，发出新票据1300本，已用和核销作废票据1100本。2004年，推行“收缴分离”，加大对全县各执收执罚单位的政府非税收入“收支两条线”专项检查力度，从源头上预防和治理腐败，全县非税收入共征缴入库资金1118万元，创历年最高水平。2005年健全非税收入征缴管理办法，扩大非税收入纳入预算管理的范围，建立非税收入责任考核制，全县非税收入1306万元。2006年，县财政非税收入检查组对全县30个单位进行检查，追缴入库税金521万元。2007年，完善非税收入资金上缴、拨款、记账、核算等一整套操作程序，规范票据的领取、使用、核销工作。同时加强收入项目、收入标准、账户的管理和监督，使白沙县非税收入迈上规范化、制度化、科学化的霞性循环管理轨道。2009年深化非税收入管理改革，推广非税收入POR刷卡机电子化收缴，进一步提高非税收入资金的安全性和收入信息的时效性。2010年，推广非税收入管理系统POR机刷卡收费模式，实现非税收入实时监管收费。

（五）国库专户　集中支付　2007年，白沙县根据《海南省国库集中支付改革实施方案》要求，实行国库集中支付改革试点。同年11月，将县财政局、县会计中心、县审计局、县纪委这4家县本级预算单位作为国库支付改革试点，建立以国库单一账户为基础、政府财政管理信息系统（GFMS）为支撑的国库集中支付体系。建立国库单一账户管理体系、预算单位财政性资金全部纳入国库单一账户体系后，预算单位原有的财政账户撤并。2008年，全面推行国库集中支付管理新机制，对全县12家预算单位实行国库集中支付预算管理，形成预算、执行和监督相互制约的“三线运行”管理机制，财政拨款实现根本性转变。2009年，深化国库集中支付范围，增强财政调控能力，减轻国库调度能力，加大财政资金支付的透明度。2010年，在原县本级112家预算单位实行支付的基础上，以工资统发为切入点，不断拓宽支付面，进一步提高财政资金的运行效益。

（六）明确事权　乡财县管　2009年3月，白沙县实行农村综合改革，主要内容包括合理划分县与乡镇事权范围，实行乡镇财政管理。规范财政供养范围，强化机构编制和财政供养人员管理。深化“乡财县管”的财政管理方式改革，优化财政支出结构，加大对农村义务教育、“三农”、医疗卫生、社会保障等民生事业的投入，加大财政对村级补助力度，建立和健全农村“一事一议”公益事业财政奖补政策。加强对转移支付资金的管理使用，严格控制和化解政府债务。合理确定县乡财政部门职责，完善乡镇财政所管理体制。

（七）政府采购　集中管理　2001年，白沙县改革财政经费采购制度，对行政事业单位的大宗用品实行政府招标采购，并将政府采购纳入财政预算和计划管理中，不断加大政府采购透明度。2007年实行政府采购管理和采购行为相分离的“阳光工程”，2008年将政府采购纳入预算管理，扩大采购规模和范围。2009年进一步规范政府采购工作程序，制定政府采购工作流程。2010年建立政府采购重大项目审批制，财政局、纪检监察部门共同监督招标现场，形成审计审查多部门权力制衡、相互约束的机制。

（八）政府委派会计制度　2001年，白沙县实施党政机关、直属事业单位会计人员政府委派制，委派会计须经过统一会计考核，公开招聘，择优录用。2009年，县财政局建立农村“三资”委派代理服务，配备全县各村委会农村“三资”委托代理服务会计人员，同时配合县纪委做好全县农村财务移交工作。2010年，全县实施农村集体资产、资源、资金委托代理服务制度，并在全县11个乡镇成立“三资”委托代理服务站。

二、税务体制改革

1988年，白沙县税务局直属海南省财税厅管理，下辖10个基层税务所。主要税种有产品税、增值税、营业税、集体企业所得税、城乡个体工商业户所得税、个人所得税、车船使用税、房地产税、城镇土地使用税、屠宰税、国营企业奖金税、国营企业工资调节税、集体企业奖金税、事业单位奖金税、建筑税、国营企业所得税等18种，主要采取从额和从量两种办法计征。1990年，白沙县开展“征、管、查”相分离的税收征管模式改革。

2007年9月28日，白沙县地方国有农场实行税费改革。改革后对原实行收取的五项统筹，即九年义教育、计划生育、优抚、民兵训练和乡村道路建设的收缴全部予以免除，地方国有农场面向农工的收费项目统一规范为自身受益费、土地资产营费、农场管理费、社政公共费、一事一议筹资筹劳费等五项。

2010年12月，白沙县地税局征收的税费种类有营业税、企业所得税、个人所得税、土地增值税、城市维护建设税、车船使用税、房产税、资源税、城镇土地使用税、印花税、契税、耕地占用税、教育费附加、文化事业建设费以及五项社会保险费。

三、金融体制改革

1988年海南建省后，撤销中国人民银行海南黎族苗族自治州中心支行，改为中国人民银行白沙县支行，直属海南省分行管辖。1989年，内设人秘股、会计股、发行股、保卫股、资金计划股和金管稽核股。1992年，增设监察室。

1995年3月18日颁布的《中国人民银行银行法》规定，中国人民银行在国务院领导下，制定和实施货币政策，对金融业实施监督管理。1996年，中国农业银行与农村信用社脱离行政隶属关系。1997年7月，人民银行设立农村合作金融管理股。1998年人民银行成立大区分行，全国设立9家大区分行，中国人民银行海南省分行更名为中国人民银行海口中心支行，隶属中国人民银行广州分行，中国人民银行白沙县支行直属海口中心支行管辖。

2003 年成立中国银行业监督管理委员会，银行业监管职能从人民银行分离。白沙支行内设机构调整为监察室、人秘股、会计国库股、综合股、货币发行股和保卫股。

2003 年 12 月 27 日修改颁布《中华人民共和国中国人民银行法》，中国人民银行在国务院领导下，制定和执行货币政策，防范和化解金融风险，维护金融稳定。2005 年 4 月，白沙县支行职能调整，撤销发行库，内设机构仅有监察室、办公室、营业室和综合股。同年中央银行支付清算系统——大额实时支付系统上线，实现跨行资金支付实时到账，提高资金周转速度。2006 年，中央银行支付清算系统——小额批量支付系统运行，为跨行清算和业务创新提供公共平台。2006 年，白沙县支行撤销监察室，内设机构为办公室、会计国库股、货币信贷与统计股。2010 年，白沙县支行网上支付系统跨行清算系统运行，促进电子商务的快速发展。

四、农村信用社改革

2008 年，根据银监会关于推进农村信用社以市（县）为单位统一法人、进一步完善农村信用社法人治理的工作要求，按照《海南省农村信用社改革试点实施方案》，白沙联社在实施统一法人社改革试点基础上开展产权制度改革，引进符合规定的各类资本入股农村信用社，明晰产权关系，增强资本实力，完善法人治理结构，转换经营机制，提高经营管理能力和抗风险能力。2010 年 3 月 30 日，白沙农信社改制为海南白沙农村合作银行，是海南农信社首家实行改革的信用社。

第五编

城乡建设与管理

1988 年，白沙城镇建设和规划开始走向正常轨道，1988 年编制第一轮《海南省白沙黎族自治县城市总体规划》，据此，白沙县城城市陆续向北拓展，同时跨南叉河向南侧发展，2002 年，开始重新编制《白沙黎族自治县城市总体规划》。2005 年和 2008 年，分别对原总体规划进行局部修改调整。2010 年，白沙黎族自治县建设局在对《县城控制性详细规划》进行修编的同时，又编制《白沙县主要街道立面规划》、《七坊镇控制性详细规划》、《邦溪控制性详细规划》、《邦溪工业园区控制性详细规划》、《荣邦乡控制性详细规划》以及邦溪风情小镇的规划设计。

按照《海南省百镇建设计划实施方案》、《白沙黎族自治县城乡体系规划》以及《白沙黎族自治县"十一五"发展规划》的要求，县委县政府加大小城镇建设投资力度。在城镇建设工作中，白沙黎族自治县重点抓好县城的"硬化、净化、亮化、绿化、美化"工作，坚持高起点规划、高质量建设。城市主次干道路网以"一纵一横一环"形式布置。南叉河县城河段防洪堤工程设计标准为 20 年一遇。截至 2010 年，已建好的主要桥梁工程有方亮大桥、牙叉大桥、临高大桥。至 2010 年底，全县 11 个乡镇均安有路灯照明。城镇居民饮用水的水质和水量有保障。至 2010 年，累计完成农网完善工程 10 千伏项目 40 个，线路 60.99 千米；低压项目 72 个，线路 60.41 千米，安装配电变压器 69 台，改造农户 1.8 万户，全县社会供电量 0.9 亿千瓦时，售电量 0.75 亿千瓦时，最大负荷 20.9 兆瓦，综合电压合格率 93.38%，综合线损率 16.69%，供电可靠率 99.79%。截至 2010 年，县城至各乡村的公路均已开通。

1997 年，白沙黎族自治县住房开始实现商品化、社会化，2009 年加大保障性住房建设力度，城乡居民的居住环境得大幅度的改善。1989—2010 年，全社会竣工房屋面积为 216.68 万平方米，竣工住宅面积 148.04 万平方米。白沙县建设局对建设项目执行严格的审批制度，对于不符合规划要求的建筑，一律要拆除或整改。

1988—2010 年，县委县政府不断加快小城镇建设步伐，使各乡镇城市化水平得到进一步提升。在建设文明生态村的过程中，本着尊重自然、顺应自然、保护自然的生态文明理念，因地制宜引导村民调整产业结构，发展各类农业示范基地建设，发展热带高效特色农业，鼓励农民开展多种经营。2010 年，白沙在全省首次提出建设"美丽乡村"的决定，通过美丽乡村建设，农村人居环境得到有效的改善。

2008 年，县委、县政府在加大市政的园林绿化建设的同时，全面启动危旧房改造和卫生环境综合整治工作。至2010年底，县城绿化养护面积已达3万平方米，基本完成县城临街危旧房改造任务。通过狠抓市容市貌建设，建立定人员、定岗位、定职责、定标准的“四定”管理机制，解决城乡环境脏、乱、差问题，实现城乡干净卫生、整洁有序、优美文明的整治目标。

第一章 城乡规划

第一节 机 构

1987年7月成立白沙黎族自治县基建局，配备干部7人。下辖水泥厂、建材厂、建筑社等3个直属单位。

1990年，白沙黎族自治县基建局改为白沙黎族自治县建工站，配备干部职工9人。

1991年12月恢复白沙黎族自治县基建局，配备干部13人。

1994年6月撤销基建局，改称白沙黎族自治县基本建设委员会，配备干部职工15人，建委内设行政秘书组、民房组、基建组、设计室、工程质量监督站，下辖白沙黎族自治县建筑公司、清洁站、园林管理所、建材公司、自来水厂等5个直属单位。

1995年11月，与环保局合并，称建设与环境资源局。

2001年，与国土局合并，称建设与国土环境资源局。

2005年4月撤销建设与国土环境资源局，分别成立建设局和国土环境资源局。建设局内设5个行政岗位，即办公室、城镇规划岗、城市建设岗、城市建筑股（挂房屋拆迁办公室牌子）、防空防震减灾办公室等5个行政股室，下辖城建监察大队、建设工程质量安全监督站、园林管理所、环境卫生管理站、城市照明路灯管理所、设计室等6个事业编制单位和1个建筑工程公司企业。2005年11月28日，中共白沙黎族自治县委员会批复《关于成立县城城乡建设投资有限公司的请示》，同意成立县城乡建设投资有限公司。

2009年12月30日，县建设局更名为住房和城乡建设局（简称“县住建局”），内设机构和下辖单位也作为调整，局机关内设7个行政岗，即办公室、行政审批岗、防空防震减灾办公室、城乡规划岗、城乡建设管理岗、建筑管理岗、科技和工程质量监管岗，下辖生活垃圾处理填埋站、建设工程质量安全监督站、园林管理所、环境卫生管理站、城市照明路灯管理所、设计室6个事业编制单位和1个建筑工程公司企业。

1988—2010年白沙黎族自治县基本建设项目施工及施工企业资产情况

表 5-1-1

年份	1988年	1989年	1990年	1991年	1992年	1993年	1994年	1995年	1996年	1997年	1998年	1999年	2000年	2001年	2002年	2003年	2004年	2005年	2006年	2007年	2008年	2009年	2010年
基本建设施工投产项目个数（个）	3.50	4.60	11.00	30.00	28.00	38.00	25.00	19.00	22.00	14.00	13.00	28.00	34.00	27.00	28.00	22.00	23.00	26.00	26.00	38.00	43.00	53.00	58.00
投产建成项目（个）	2.10	2.10	8.00	19.00	14.00	22.00	19.00	15.00	14.00	9.00	—	17.00	6.00	16.00	—	16.00	11.00	17.00	6.00	19.00	17.00	26.00	14.00
施工企业自有机械设备净值（万元）	—	—	43.00	12.00	49.00	17.30	36.00	28.70	46.90	29.00	—	30.00	41.00	190.00	185.00	—	—	159.00	136.00	5.00	136.00	126.00	126.00

第二节　县城规划

一、规划编制与调整

1988 年，海南建省并成为全国最大的经济特区，不仅给白沙城镇建设带来新的活力和生机，而且使白沙城镇建设和规划走向正常轨道，白沙黎族自治县委托武汉城市设计院编制第一轮《海南省白沙黎族自治县城市总体规划》，据此，白沙县城城市陆续向北拓展，同时跨南叉河向南侧发展。

1993 年，县城牙叉镇人口为 1.33 万人，建成区面积为 1.48 平方千米。1994 年，受国家宏观调控影响，海南整个房地产出现泡沫，白沙城区扩张出现停滞现象。

1998 年后，白沙黎族自治县的经济逐渐恢复增长，城市建设步伐也开始加快。这时期各类用地主要沿牙叉中路、牙叉南路、卫生路、桥南路、桥北路、石油路布置，并且逐步开始向外围环城路分布。

2002 年，开始重新编制《白沙黎族自治县城市总体规划》，2004 年开始实施。

2005 年，对原总体规划进行局部修改调整。2005 年 12 月 21 日，县政府召开省住建厅、省国土环境资源厅、省水务厅、省旅游局、省林业局等有关部门代表和城市规划领域的专家学者参加的评审会，对修改后的总体规划进行评审。

2006 年，修改后的总体规划经海南省人民政府批准实施，规划期限是 2006—2020 年。规划以 2020 年为限，近期 2006—2010 年，中期 2011—2015 年，远期 2016—2020 年。县城规划区总面积 4.2 平方千米，分为三个城区。环城路以内为主城区，主要做升级改造，配套完善基础服务设施；方亮片区为方亮新区，该区主要作为新的党政办公区、公务员居住区以及房地产开发区，新的城市综合体将在这一个片区出现；桥南片区，主要有县城牙叉镇办公地点和县城保障性安居房以及农民宅居地。

2008 年，白沙黎族自治县建设局委托海南津杭设计工程咨询有限公司对《白沙黎族自治县县城总体规划》进行部分调整，调整的重点：（1）将环城路以西牙邦二级公路两边的郊野公园荒地调整为城镇建设用地，用于安排省直系统机关单位的办公用地及部分商业用地，公路两侧的防护景观绿地予以保留；（2）将白沙起义纪念园东北部的文化设施用地向南调整，该处用于建设生态文化公园；（3）调整县人民医院西侧小支路，与石油路相连通；建设商业一条街；（4）县供水厂由牙利村山头移至县二中一旁；（5）污水处理厂由牙叉河南岸移至北岸；（6）县政府办公楼的选址搬迁到方亮；（7）在环城路旁增加建设方亮新区；（8）将城南生态产业园的西部用地调整为生态绿地，弥补相应的公共设施用地，维持建设用地的总量平衡。2008 年 12 月，《白沙黎族自治县县城总体规划调整》方案，通过省建设专家评审。同年，白沙建设局组织编制《白沙黎族自治县控制性详细规划》《白沙县城中心区修建性详细规划》《南湖花园小区修建性详细规划》《方亮新区控制性详细规划》《邦溪农产品加工业控制性详细规划》《白沙县南叉河滨河水地地段总体规划及街道规划》《白沙县南叉河滨水地段重点地段修建性详细规划》，以及 11 个乡镇、8 个国有农场的总体规划以及《白沙黎族自治县 2008—2012 年住房建设规划》、《白沙县十一五建筑节能规划》。

2009 年，完成《方亮新区控制性详细规划》《白沙县城中心城区修建性详细规划》《县城街景立面规划》《白沙县南叉河滨河水地地段总体规划及街道规划》《白沙县南叉河滨水地段重点地段修建性详细规划》。

2010 年，县建设局在对《县城控制性详细规划》进行修编的同时，编制《白沙县主要街道立面规划》、《七坊镇控制性详细规划》、《邦溪控制性详细规划》、《邦溪工业园区控制性详细规划》、《荣邦乡控制性详细规划》及邦溪风情小镇的规划设计。同时配合相关业主单位完成邦溪镇四季春天居住小区，名仕山湖湾，县城滨水地段 6 号、7 号、8 号、26 号地块项目的编制和评审。这些规划的编制为白沙县发展小城镇建设提供科学依据，加快白沙小城镇建设步伐，提升城镇化水平，改变了过去规划随意建设或者“规划随着领导变，规划跟着项目走”的现象，充分发挥规划的龙头作用。

二、白沙县城市总体规划（2008—2020 年）

白沙黎族自治县的城镇发展战略方针是以全面建设小康社会为目标，形成合理的产业布局和各具特色的小城镇及生态文明新农村，促进城乡区域协调发展，落实生态环境保护，建设生态县和生态城镇。其中：（1）西北部丘陵台地区：将城镇化建立在农业产业化发展的基础上，办好特色产业基地，带动本地特色资源开发，实现职能互补、联合发展。（2）中南部山地区：以山区特色生态产业与第三产业为主导，注重水源地保护。

县域城镇体系发展目标是小城镇布局合理、职能明确、城乡协调发展。（1）引导全县城镇空间布局形成以县城牙叉镇为核心的牙叉镇—七坊镇—邦溪镇的“点—轴”发展的城镇体系空间结构；（2）规划期城镇体系空间布局为二级规模结构：县域中心镇：牙叉镇，镇驻地城镇人口 3 万 ~ 3.5 万人；二级城镇：邦溪镇，镇驻地城镇人口 1.5 万 ~ 2 万人；七坊镇，镇驻地（含龙江农场驻地）城镇人口 1 万 ~ 1.5 万人；打安镇，镇驻地城镇人口 0.5 万人左右；（3）县城牙叉镇城市规划区包括牙叉镇驻地、牙叉农场驻地、原白沙镇和白沙农场驻地。县城分期发展规模：2004 年城镇人口约 2 万人，规划至 2010 年城镇人口 2.5 万人，城镇建设用地不超过 3 平方千米；2020 年城镇人口 3 万～3.5 万人，城镇建设用地不超过 4.2 平方千米。人均城镇建设用地控制指标：120 平方米/人。

城镇发展方向 依托现有建成区，主要向南发展，适当向西扩展。

城镇规划原则 坚持可持续发展；突出地域特色；统筹兼顾、协调发展；分期建设。

城镇规划格局 依据白沙黎族自治县现状建设格局和对外交通线路以及南叉河等城镇布局结构的主要决定因素进行分析，确定城镇未来发展的布局为“一核、两片、两轴、三带”的城镇布局结构。

“一核” 县委县政府办公楼等县级行政中心，结合城镇公园、主要商业街、文教设施形成城镇中心。

“两片” 城镇以南叉河绿化带为界，形成南北两大功能片区：城北片区：依托现有建成区主要向西发展居住用地，形成以行政办公、商业贸易和生活居住为主的综合性片区；城南片区：主要沿南叉河向西南部发展居住用地。现白沙农场场部和白沙镇政府所在地作为独立居民点控制发展。

“两轴” 即牙叉中路发展轴线、白沙大道（原牙叉东路）发展轴线。

牙叉中路发展轴线：牙叉中路是进出牙叉镇的主要通道，也是牙叉镇的主要景观大道之一。沿牙叉中路两侧各控制 10 米绿化带，结合街道建设，使城区向西拓展，布置行政办公与商住混合用地，并设置郊野生态公园，树立完美的生态城镇形象。

白沙大道发展轴线：白沙大道（原牙叉东路）是牙叉镇南北方向的综合性主要道路，也是牙叉镇的主要景观大道之一。规划沿白沙大道两侧各控制 10 米设置绿化带，向南跨河延伸至环城路南部段，并结合沿路公共绿地、广场以及公建设施的建设，形成城区未来最主要的发展轴。

“三带” 即南叉河绿化带、小南溪绿化带、小北溪绿化带。这三条生态绿色景观带既梳理不同功能区用地的联系也提供与外围生态圈相互渗透的开敞空间，共同构建牙叉镇特有的生态绿化系统。

第三节 乡镇规划

《白沙黎族自治县人民政府关于南开乡等总体规划的批复》提出《白沙黎族自治县南开乡总体规划》《白沙黎族自治县荣邦乡暨国营芙蓉田农场总体规划》《白沙黎族自治

县青松乡总体规划》《白沙黎族自治县七坊暨国营龙江农场总体规划》《白沙黎族自治县金波乡暨国营金波农场总体规划》《白沙黎族自治县元门乡总体规划》《白沙黎族自治县阜龙乡总体规划》《白沙黎族自治县细水乡总体规划》《白沙黎族自治县打安乡总体规划》等九个总体规划已通过专家评审，经研究，同意规划，要求县建设局会同有关乡镇、国营农场严格按照规划认真组织实施。2010 年，随着海南省国际旅游岛建设上升为国家战略，为了进一步完善城镇体系，优化空间布局，白沙县 11 个乡镇又全部启动规划修编工作。

白沙黎族自治县城镇职能分工规划

县城牙叉镇　要充分发挥县域政治经济文化中心的作用，积极发展文化教育和商贸流通业，重点发展农业科技等实用技术培训的中等专业学校。城镇建设要将山光水色、茶园农田绿地等引入建成区，建设具有竹文化特色和民族风情特色的城镇景观，建设最适宜居住的人居环境。利用紧邻松涛水库的优势，适当发展“松涛湖光水面”周边的生态旅游，配置黎苗文化风情品赏，扩大第三产业服务规模，争创生态园林城镇。

城镇性质：白沙黎族自治县政治、经济、文化中心，海南中部地区以发展生态产业为主的山水小城镇。

邦溪镇　要充分利用邦溪镇的区位优势，发展物流产业及各类加工业。组建运销协会、运销企业和市场信息服务机构，健全产、供、销服务体系；要大力拓展经济合作项目；加快城乡市场设施建设，扩大贸易规模。

要加紧邦溪旧街改造、邦溪消费品综合市场、邦溪糖仓、邦溪垃圾处理场等建设项目，建设邦溪新镇区。

七坊镇　作为白沙黎族自治县中部重要农贸镇。要将龙江农场驻地与七坊镇驻地统一规划，形成协调发展的新城镇。要发挥七坊镇的特有优势，建立竹编培训基地，发展竹文化，发展劳动密集型竹编工业，发展特色观赏旅游业，带动第二、三产业发展。

打安镇　农贸镇。发展农产品加工及其商贸服务业。

第二章　基础设施建设

第一节　道路桥梁建设

一、路网规划

《白沙黎族自治县城市总体规划（2008—2020 年）》指出城区综合交通系统规划目标：（1）对外交通规划提高原有公路的等级标准，完善其相应的配套设施，使邦什公路、牙儋公路的通行能力得到进一步的提高；邦什公路、牙儋公路均按二级公路标准改建，牙细黎母山按三级公路标准修建。扩建原长途汽车客运站，用地扩大至1.4公顷左右；（2）城区道路交通规划，形成“一纵一横一环”相对完善的环型加放射式路网结构。规划城市道路分为主干道、次干道和支路三级。主次干道路网以“一纵一横一环”形式布置。

二、道路建设

1988年，海南省政府拨款80万元扩建白沙县城至邦溪公路，扩建公路里程达53千米，路基为12米。

1989年，邦溪至牙叉公路的加宽改直工程投资80万元。年内已完成工程总量的80%。

1990年，白沙县整治扩建县城街道2.1千米，总投资60多万元，铺设混凝土路面1万多平方米，沥青路面1.8万平方米，新建花池100多个，在街道两旁种花植树，街道面貌有较大改观。完成牙叉至邦溪公路加宽改直工程和地方公路的维修。

1991年，扩建加宽公路2条、1.2千米，改弯降坡0.4千米，新建桥梁1座，累计通车里程921千米。县城新建及拓宽街道1.8千米，增铺水泥、沥青路面2.5千米。

1992年，新建、扩建公路1条，长7.51千米；新建桥梁4座，长89.92米。城镇道路总长4.5千米，其中新建、扩建街道2条，长0.35千米。

1993年，新建牙叉至南辰公路1条，长41千米，已完成16.9千米；铺设牙叉至邦溪柏油路面1条，长52千米，已完成工程量的30%；新建桥梁5座，长99米。投资30万元续建牙叉大桥。

1994年，年末城镇道路总长19千米。

1995年，牙叉至什运公路铺设柏油路面完工；牙叉至儋州市南辰公路完成投资476.6万元（白沙境内段），其中18千米建成通车。全县累计通车里程918千米，城镇道路总长19千米。

1996年，牙叉至儋州南辰公路建成通车，罗任、坡生等乡村道路建设开工。

1997年， 市政建设投资78.2万元。建成南叉河堤工程120米，维修街道路面554米，改造下水道250米，改造供水管道100米。

1998年，牙叉至南辰公路改造工程竣工。该工程总投资800多万元，使县城牙叉镇到海口的里程减少60千米。

2000年，白沙县城连接西线高速公路出口路竣工通车，该出口路长8.22千米，按二级公路标准建设。

2001年，投资30万元修建邦溪镇南牙村公路5千米，投资12万元修建南开乡两座漫水桥及 11 千米路面，解决 892 人的行路难问题。

2002 年，修建 3 条乡村公路，总长 14.5 千米，其中牙叉对俄路 4.5 千米，七坊打金路 1.5 千米（含桥梁 1 座），青松牙扩路 9 千米，共投入资金 49.94 万元。

2004 年，牙叉至南辰至那大公路改建竣工。该公路全长 48. 58 千米，按山区二级公路标准改建，为水泥混凝土路面，总投资 1.05 亿元。

2005 年，白沙黎族自治县固定资产投资 1.98 亿元，主要用于公路、农田水利、市政等基础设施建设，在重点工程建设方面，县城防洪堤 3 期工程全部结束，牙邦公路改造全线完工通车，牙什公路动工兴建，修建乡村公路 7 条。新建改造乡村公路 65 千米。县城环城路基基本完工。

2006 年，全县新建改造的乡村公路 65 千米。

2008 年，道路建设：一是人行道路铺设。在石油路、供销路、粮油路、牙叉中路的人行道铺设花阶砖，铺设总长 800 多米，宽约 3 米，总面积 2400 多平方米，共投入 46 万元。花阶砖铺建好后，改善这 3 条路段的人行道，从而方便了群众居民行走；二是县城道路改造。投入 2300 多万元改造县城石油路（县城环城路北端至牙叉路高杆灯）、牙叉中路（县财政办公楼至县幼儿园）、桥北路（县幼儿园至牙叉大桥）、桥南路（牙叉大桥至县消防中队）、县城环城路（县民族中学大门口至桥南路）。主要改造路面加铺柏油，重设斑线、盲道线、人行道铺火山岩石板，埋设雨污水管等。

2009 年，白沙县城道路工程改造建设共投入资金 2300 多万元，完成县城一期工程桥南路、牙叉中路、桥北路、石油路和环城路（民族中学门口段）等 5 条道路的地下雨水污水管道、人行道路及路面的改造建设，改造道路总长 4031.63 米。此外新建改造 26 条农村公路，其中《关于下达农村公路 2009 年新增中央预算内投资计划的通知》（琼发改交能〔2009〕292 号）文的计划，2009 年通畅工程新增中央投资项目计划投资 9 条农村公路：南洋村到五队、阜途村到岭脚村、打安村至召傲村、探扭村到新安、新村到大村、什邦线 K90 到邦溪村、打松到小村、镇二场至英歌、营盘村至牙阜二队；《关于下达农村公路 2009 年新增预算内投资调整计划的通知》（琼发改交能〔2009〕1473 号），调整合水村至新立村和晚村到红茂 2 条农村公路为 2009 年新增中央投资项目；同时补充 15 条农村公路（什庄村到牙和村、青新村到那堂村、智在村到青松村、庄贺村到方通村、水果场至革新村、七坊镇至高地村、奋步道班至高案村、那来村至苗村 、卫星四队至牙苞村、子雅老村至子雅小村、南宝村至阜才南村、新兴村至士荣村、木棉部队到查英三队、地丙村至牙义村和福妥老村）为 2010 年计划投资项目。项目于 2009 年 3 月开始下达，计划 2010 年完成投资。项目计划总投资 5282.4 万元，其中：中央投资 1320.6 万元，省级配套 3037.38 万元，县财政配套 924.42 万元。

2010 年，白沙黎族自治县政府启动县城二期道路工程牙叉南路、牙叉东路、粮油路和县委路等 5 条道路的地下雨水污水管道、人行道及路面改造建设，改造道路总长 1950 米，投入资金 2800 多万元，除县城之外，其他 10 个乡镇也进行道路改造，投入资金 1000 多万元。

三、 主要桥梁建设

截至 2010 年，白沙黎族自治县已建好的主要桥梁工程。1. 方亮大桥全长 144.84 米，桥梁设计荷载等级：汽车—20 级，挂车—100。桥梁横断面：1.5 米（人行道）+ 净 9 米 + 1.5 米（人行道）。抗震基本烈度 6 度，按 7 度设防。上部构造采用七孔 20 米预应力混凝土空心板，下部构造桥墩采用柱式墩嵌桩基础，桥台采用桩柱或桩基础与盖梁直接连接的结构；2. 牙叉大桥全长 115.7 米，桥梁设计荷载等级：汽—超 20 级桥梁横断面：1.3 米（人行道）+ 净 13 米 + 1.3 米（人行道）。上部构造采用三孔 30 米圬工板拱桥，下部构造采用重力式墩，桥台采用 U 形桥台，基础是扩基形式；3. 临高大桥全长 100.04 米，桥梁面宽度：净 9.0 + 2 + 1.5 米。桥梁上部结构采用四孔 20 米预应力混凝土空心板，下部结构采用柱式墩、U 形台，扩大基础。人工开坑河底以下地层地质为强风化—微风粉砂岩。该桥桥位应视人工河道开坑后和两岸道路位置适当调整，设计荷载等级：公路—II 级，桥址区地震动峰值加速度系数（&）：0.05，构造采用简易设防。

白沙黎族自治县市政主要桥梁建设情况一览表

表 5-2-1

项目	牙叉大桥	方亮大桥	临高大桥
建设单位	白沙县交通局	白沙县发改局	白沙县发改局
设计单位	海南省公路设计院	海南省公路勘察设计院	海南省公路勘察设计院
施工单位	福建工程队	海南省第一建筑工程公司	海南省第六建筑工程公司
监理单位	无	达华监理工程有限公司	达华工程管理（集团）有限公司海南分公司白沙监理部
建桥时间	1993 年 9 月 1 日	2003 年 3 月 1 日	2005 年 3 月 25 日
竣工时间	1994 年 5 月 1 日	2007 年 11 月 22 日	2005 年 7 月 25 日
桥　　址	海南省白沙县城区	海南省白沙县城区	海南省白沙县城区

续表 5-2-1

项目	牙叉大桥	方亮大桥	临高大桥
跨越河流	南叉河	南叉河	南叉河人工河道
桥　　型	拱桥	梁桥	梁桥
造　　价	300 万元	4455615 元	3169280 元
全　　长	115.7 米	144.84 米	100.04 米
备　　注	—	该大桥为白沙县 2002 年以工代赈项目，省发改委下达项目投资 491 万元	该大桥为白沙县 2004 年以工代赈项目，省发改委下达项目投资 352 万元

第二节　防洪工程

南叉河县城河段防洪堤工程，位于南渡江支流南叉河上，牙叉镇境内，防洪堤工程设计标准为 20 年一遇，堤防工程级别为 4 级。21 世纪前，白沙黎族自治县没有防洪工程，每逢遇到降雨集中季节，河道内水流不畅，洪涝就会出现。南叉河内堤防采用直立墙式与斜坡式两种断面形式，左右岸防洪堤长 3.778 千米。该工程已由省水务局审批，工程总投资 3928.11 万元，分四期实施。

2002 年初动工，一、二期工程已完工，共完成左岸桩段长 1275 米，右岸桩段长 1044 米的堤防建设及该段河道治理。完成投资 1280 万元。第三期工程投资 1000 万元，第四期工程投资 350 万元。 南叉河县城河段防洪堤的建成，可保护县商业局生活区、商业车队、县文体局、县一小、牙叉镇政府生活区以及临高村共 4200 人的生命财产安全，保护耕地 2000 亩，新增造地面积 350 亩，对改善环境，合理利用河滩地，保护广大人民生命财产安全发挥作用。

第三节　路灯 排水 排污工程建设

一、路灯建设

1987 年起，城镇路灯建设作为重要的市政建设项目，并投入大量的资金进行修建和改造。截至 1996 年，县城安装的路灯 540 支，城镇路灯安装、维修和正常管理维护的费用由县电力公司先行垫付。

1996 年起，白沙黎族自治县决定设立城镇路灯管理费项目，拟定收费单位为白沙县电业公司，收费范围为县内各类用电户，收费标准：在省规定的各电价的基础上每度增加 0.04 元，所收取的款项，设立专户管理，全部用于城镇路灯建设、维修、管理等费用。2006 年前，除了县城外，乡镇几乎没有路灯，亮化水平极低。

2009 年 12 月 31 日，白沙黎族自治县人民政府就县城路灯等市政建设经费的拨付问题召开专题会议，会议指出，2009 年实施县城市政改造工程，共拆除街道两旁影响施工的陈旧路灯 224 杆、路灯电缆 13072 米。会议同意由县财政列入 2010 年财政预算 196 万元，作为县城街道两旁路灯重新维修安装经费。2010 年，在县城南叉河北岸道路（培训大楼至临高村）新安装路灯杆 30 杆，投入资金 30 万元。同时，根据道路改造进度，对改造道路的路灯及时更新，截至 2010 年底，全县 11 个乡镇都已安有路灯照明，共有 2007 杆、3607 盏，总功率 832.57 千瓦。白沙的城镇亮化水平进一步提高。

二、排水排污建设

2008 年，投入 102.7 万元，主要建设和维修 3 条排污沟。其中：在南湖花园小区投入 50 万元建设排污沟长 1210 米；投入 25 万元从公路局至文明湖的排污沟进行清理维修、加盖板；投入资金 27.7 万元，维修粮油排污沟（市场公厕至牙叉粮所办公楼）长 210 米，宽 1.6 米。

白沙黎族自治县的污水处理项目位于白沙县牙叉镇临高村东侧 500 米处，占地面积 2.07 公顷。2004 年 9 月项目开始启动前期工作，9 月 8 日由项目业主单位白沙黎族自治县水务局与长沙中绿环境工程设计建设有限公司签订编制可行性研究报告、初步设计和施工图设计。2006 年 10 月 30 日，省发改厅批复污水处理项目可行性研究报告，批复估算总投资为 3490.47 万元。2007 年 10 月 10 日，由变更后的业主单位白沙黎族自治县发改局委托海南环境科技经济发展公司编制项目环境影响评价，并由中标单位广州华浩能源环保工程有限公司负责项目设计。

2008 年 2 月 3 日，省国土环境资源厅批复同意环境影响报告表。2008 年 4 月 16 日，省发改委批复白沙黎族自治县县城污水处理厂初步设计与概算，项目总投资 4169.85 万元，2009 年到位资金为 5098 万元，其中中央资金 1111 万元，省财政配套资金 2238 万元，县配套 1749 万元。项目由污水处理厂和污水管网两部分组成，总污水处理能力为 7000 吨/日，整个工程项目分两期进行，第一期为主干管、主管、干管的铺设及截流井的布设，规模为日处理污水 0.7 万吨；第二期工程总规模达日处理污水 1.4 万吨。工程采用改良型氧化沟二级生物处理工艺，污泥采用浓缩脱水一体化处理工艺，污水排放标准为《城镇污水处理厂污染物排放标准》（GB 18918—2002）一级标准中的 A 类标准，项目的实施，有效地保护饮用水源，改善人民饮用水的水质。

2009 年 11 月 3 日，《白沙黎族自治县人民政府关于我县城市污水处理项目通水调试的函》要求广东敦庆建筑工程有限公司，按照省有关部门的要求，务必使白沙黎族自治县污水处理项目通水调试工作在 2009 年 11 月 30 日前完成。

2008 年开工建设的牙叉垃圾处理场，位于县城西北方向，距白沙县城 8 千米的打安镇毛猪岭东侧。该项目日处理垃圾量为 50 吨，采用卫生填埋方式，占地面积约 107 亩。项目总投资额为 2054.97 万元，2009 年实际到位资金为 2290 万元，其中 2009 年中央资金 300 万元，2008 年新增资金 800 万元（中央资金 700 万元，省配套 100 万元），省财资金 1000 万元，县配套 190 万元。项目由土建工程、渗滤液工程、防渗工程三部分组成。

第三章　公共设施建设

第一节　城乡供水

一、机构

1981 年 10 月，白沙黎族自治县自来水公司成立，有员工 14 人，隶属县基建局（现县住建局）。1993 年 3 月，有员工 28 人。2002 年 3 月，县自来水公司归县水务局管理，公司下设有办公室、安装队、抄表收费班、抽水班、制水班、化验室、机修班、园林班、保安队，有员工 52 人。至 2010 年公司名称未变，在岗职工 51 人。

二、水厂及水源

随着县城规划建设和人口不断增长用水要求，县自来水公司在 1987 年建成的日供水量 5000 吨水厂的基础上，1988 年再建造一座容量为 500 吨的清水调节池及配套工程进行二次供水，解决因供水压力不足而导致的附近农村、白沙农场等用水难问题。至 2010 年末，白沙县黎族自治县的供水项目总投资为 4144.65 万元，其中第一期工程资金（净水厂及取水工程）为 2458 万元，第二期工程（管网工程）为 1687 万元。白沙县自来水公司固定资产 622 万元，已铺设口径 75 毫米以上的供水管网 41 千米，县城及附近郊区供水户 4439 户，全年供水量 1495145 吨。

南叉河是县城的主要地表供水水源，该河发源于白沙县南岭，系南渡江支流，河流自西向东流经城区。水源取水点位于南叉河牙叉农场（白沙农场）六队至上游 200 米处。1987 年建成拦水坝后，主要依靠二号、三号井蓄水抽水生产。根据县水文站 2005—2010 年提供的检测资料：该取水河段平均流量 2.16 立方米/秒，最小流量 0.032 立方米/秒，年平均径流量 0.5828 亿立方米。河流水源基本能满足抽水量，水源属二类地表水。

2009 年 2 月 5 日，《白沙黎族自治县人民政府办公室关于印发县南叉河饮用水源保护区环境保护管理规定的通知》《白沙黎族自治县人民政府办公室关于印发县南叉河饮用水源保护区环境保护管理规定》已经县政府同意，其中第九条规定：经省人民政府批准，南叉河饮用水源保护区划定为一级保护区，二级保护区和准保护区，总面积为3.282平方千米，具体范围如下：一级保护区：总面积为0.228平方千米，其中水域面积0.032平方千米，陆域面积0.196平方千米。水域面积：自南叉河取水口下游水坝至上游1100米处，长度为1100米，宽度为整个河道宽，周长2.370千米。陆域范围：由一级保护区水域边界向两侧陆域各扩展50米，同进向上游延伸50米，长度为1150米，周长2.710千米，有防洪堤或规划防洪堤的地方以防洪堤为界，一级保护区水质保护目标为二类；二级保护区：总面积为2.013平方千米，其中水域面积0.037平方千米，陆域面积1.976平方千米。水域面积：由一级保护区水域上边界向上游水域延伸3400米至海旺新村河流断面，宽度为整个河道宽，同时向1号、2号支流水域分别上溯1000米，至牙叉农场3队和阜权村，2条支流水域宽度为整个河道宽，周长4.190千米。陆域范围：由一级保护区水域边界和二级保护区水域边界向两侧陆域各扩展200米，有防洪堤的地方以防洪堤为界，周长9.480千米，二级保护区水质保护目标为三类；准保护区：总面积为1.042平方千米，其中水域面积0.072平方千米，陆域面积0.970平方千米。水域面积：由二级保护区水域南叉河上边界向上游延伸2400米至牙阜村小桥处，周长7.700千米。陆域范围：由准保护区水域边界向两侧陆域各扩展200米，周长5.110千米，准保护区水质保护目标为Ⅲ类。

三、水费

1988—1995年，通过4次调价，白沙黎族自治县水价从每吨0.21元调到0.66元。根据国务院1994年7月19日发布《城市供水条例》（158号）的规定“城市供水价格应当按照生活用水保本微利、生产和经营用水合理计价的原则制定”，1996年7月1日，水价调整为：居民生活用水0.95元/吨，生产（工业）用水1.14元/吨，基建、经营性用水1.42元/吨。1999年9月1日，白沙水价调整为居民生活用水1.10元/吨，生产（工业）用水1.20元/吨，基建、经营性用水1.60元/吨。至2010年，水价一直沿用，未作调整，县自来水公司用水户达4439户，年售水量150万吨，年产值204万元。

第二节　市民健身设施

一、体育设施

白沙黎族自治县传统的民族体育项目有渡水腰舟、竹竿舞、珍珠球、押加、板鞋竞速、陀螺、射弩、高脚竞速、顶棍、赶猪赛跑，猪八戒背媳妇，巧夹槟榔等项目，一直深受广大人民群众的喜爱，受经济发展的制约，至2010年没有建设规范的民族传统体育场馆和设施。

截至2010年底，白沙黎族自治县所有的体育场占地面积为417187平方米。体育场地建筑面积3986平方米，体育场地面积358700平方米。全县的健身路径有37条；县城65%的社区安放健身路径；室内体育场地有羽毛球馆1个，乒乓球馆1个，举重馆1个；室外篮球场288个，羽毛球场22个，乒乓球场发15个，排球场10个，足球场1个，田径场3个，小运动场8个，地掷球场3个，门球场4个，马术场1个。

二、生态文化公园建设

2008年，白沙黎族自治县生态文化公园建设正式启动，2009年2月18日，县长办公会议上同意从文化生态公园项目资金中预借30万元用于开展县文化生态公园项目建设的规划设计、立项报告、制作可研报告、评估报告、环保报告、地质灾害报告和设计方案等前期准备工作。

2009年4月8日，《白沙黎族自治县人民政府关于提请审议县城总体规划调整的议案》指明白沙黎族自治县委托海南津杭设计工程咨询有限公司对《白沙黎族自治县城市总体规划》进行的部分调整，2008年12月通过省建设厅专家评审。调整重点的第2条：将白沙起义纪念园东北部的文化设施用地向南调整，该处用于建设生态文化公园。

第三节　其他公共设施建设

一、公共交通

白沙黎族自治县位于海南岛中部偏西方向，东与琼中黎族自治县毗邻，南与乐东黎族自治县交界，西与昌江黎族自治县接壤，北与儋州市相连。县域南北长约63千米，东西最大宽度约68千米，县域内的主要公共交通运输是以公路运输方式为主。截至2010年，全县辖4个镇、7个乡、77个村（居）委会、421个自然村、493个村民小组，境内有3个国有农场、2个地方农场。2005年，牙邦公路改造全线完工通车，县城环城路路基基本完工。

1988—1997年，白沙共有客车8台，白沙—海口客运班线每天10班，并新增白沙—三亚班线。1998—2005年，海汽白沙分公司收编社会车辆，开通海汽快车。共有车辆34台，白沙—海口客运班线增加到每天17班，并陆续增加广东省广州、深圳、信宜、容县、省内东方市八所、昌江黎族自治县、五指山市、儋州市那大、琼海市、万宁市、琼中黎族苗族自治县等客运班线。2006—2010 年，白沙分公司对部分客运班线进行优化，不断规范客运市场秩序。共有客车 50 台，白沙—海口班线增加到每天 24 班，白沙—那大线每天 18 班，白沙—邦溪线每天 21 班。

2010 年，白沙黎族自治县政府启动县城二期道路工程牙叉南路、牙叉东路、粮油路和县委路等 5 条道路的地下雨水污水管道、人行道及路面改造建设。截至 2010 年，县城至各乡村的公路均已开通。

1997—2010 年白沙黎族自治县公路运输情况一览表

表 5-3-1

年份	1997年	1998年	1999年	2000年	2001年	2002年	2003年	2004年	2005年	2006年	2007年	2008年	2009年	2010年
货物（万吨千米）	102	—	139	49	53	75	—	178	187	—	252	298	347	291
旅客（万人千米）	201	—	179	204	200	212	—	243	292	—	382	455	523	513

二、加油站建设

海南白沙黎族自治县石油公司是白沙黎族自治县商业局的一个下属单位，人事由商业局主管，业务由海南省石油总公司主管。公司基本设备有加油站 3 个：县城加油站（4 台正星加油机，3 个 25 立方米油罐）、七坊加油站（2 台正星加油机，2 个 25 立方米油罐）和邦溪加油站（4 台加油机，3 个 25 立方米油罐）。

1988—1992 年，企业总销售为 8100 吨，其中汽油 5700 吨，柴油 2400 吨。1993—1997 年企业总销售为 9800 吨，其中汽油 6500 吨，柴油 3300 吨。

1998—2002 年，企业总销售为 14000 吨，其中汽油 8400 吨，柴油 5600 吨。2003—2007 年，企业总销售为 34800 吨，其中汽油 16800 吨，柴油 18000 吨。

2008—2010 年，企业总销售为 34560 吨，其中汽油 15380 吨，柴油 19180 吨。

三、市场建设

白沙黎族自治县有牙叉农贸市场、查苗消费品综合市场、七坊农贸市场、光雅农贸市场、卫星农贸市场、邦溪农贸市场、金波农贸市场等规模以上的农贸市场。

1984 年，翻修改造原县二轻木材加工厂而成的牙叉农贸市场，是一个以农副产品为主的多种行业综合性市场，总面积为 3212 平方米，其中建筑面积 1524.9 平方米，安排摊位 120 个，货亭 13 间。市场不但担负疏通白沙黎族自治县的主要农副产品重任，而且又是县城及周围5个乡镇、3个国营农场、5个工厂等5万多人的物资生活提供方便的重要场所。1993年，县委、县政府决定将其改造成一个综合性多功能的，并能容纳900个摊位、5000人同时进入，占地10005平方米，总投资为856.9万元的县级市场。其中县自筹资金111.6万元，向银行贷款400万元，省计划厅给予扶持拨款200万。为了慎重处理牙叉农贸市场拆迁问题，加快农贸市场建设步伐，1996年县政府经过认真研究，决定成立牙叉农贸市场建设领导小组。1997年，在上级政府及有关部门的大力支持下，落实500多万元资金并进行首期工程的项目建设，300万元由县工商局将农贸市场2500平方米房屋的产权作贷款抵押，向县建设银行贷款。2010年，白沙黎族自治县人民政府经研究同意牙叉农贸市场进行升级改造。

1997年，为了繁荣七坊镇农贸市场，白沙黎族自治县计划统计局同意县工商局兴建查苗消费品综合市场，市场北起查苗车站，南至七坊中学围墙；西经查苗公路，东至龙江农场民房；占地面积10963平方米，容纳300个摊位和60间铺面；总投资774.735万元，其中银行贷款300万元，自筹234.735万元，预收租金240万元。

2008年，为加快农贸市场改造步伐，促进白沙黎族自治县经济发展和市场繁荣，根据海南省政府《海南省农贸市场规划建设管理办法》和2008年1月15日召开的全省农贸市场升级改造现场会议精神，白沙黎族自治县人民政府制定《白沙黎族自治县农贸市场改造工作方案》，升级改造时间安排为2008年试点改造牙叉农贸市场，2009年第一期改造七坊农贸市场，2010年第二期改造光雅农贸市场、卫星农贸市场。2010年12月10日，白沙黎族自治县人民政府批复《关于牙叉农贸市场升级改造的请示》，将牙叉农贸市场作为2010年升级改造项目。

2010年9月17日，白沙黎族自治县人民政府批复《关于海南省国营龙江农场建设绿源农贸市场的请示》，市场四至范围：东到七坊至珠碧江公路，南到龙江农场绿源职工住宅小区，西至龙江农场园地，北至龙江农场轩地，面积36.34亩，并将该地农用地转为建设用地指标纳入白沙黎族自治县2010年计划指标。

四、公厕建设

白沙黎族自治县严格按照科学、美观、节俭、实用和方便管理的原则，根据城区人口规模、密度、有公厕数量和建设地点，高标准地启动卫生公厕建设。1999年11月2日，白沙黎族自治县人民政府印发《关于进一步加快农村改水改厕工作的通知》。2010年建设公厕15座，其中县城区新建公厕4座，改造公厕2座，乡镇6座，国有农场3座，总投资266.8万元，全部投入使用。

第四章 市政管理

第一节 城市绿化与街面改造

一、 城市绿化

1988—2010年，白沙县城在牙叉中路、石油路、卫生路、粮油路、桥南路等主要街道及各单位庭院内种植大叶榕、樟树、伊朗紫硬胶、盆架子、桃花心木、长叶马府油、小叶榄仁等树种5600株。县住建局园林管理所承担白沙县城区园林绿化种植养护工作，注重园林绿化花草树木品种的配套比例，加大本地树种的应用，不断扩大县城公共绿地面积。2000年，改造文明湖绿地和桥南绿地。2004年，建设县一小门前绿地。2007年，建设环城路绿化带。2008年，城市园林绿化总投入100万元，其中投入50多万元资金对原有老化的街道树进行更新，完成更新种植各类街道树1250株，其次，投入资金50多万实施环城路道路绿化工程。2009年，县城绿化总投入30万元，新增绿地面积0.21万平方米；对文明湖、桥南等原有绿地增种三角梅、小叶榕、桃花心木等景观花卉600株；绿化县城河堤路，在栏杆花池里种植三角梅213株。此外，园林管理所还加大园林管理设备投入，2009年购置两辆园林工具用车，极大方便花苗、肥料等运输，从而大大提高工作效率。2010年，继续加大园林绿化建设力度，对绿地和绿化树木加强日常养护管理，特别是在春节、博鳌亚洲论坛年会、环岛自行车赛以及环境卫生综合整治活动期间，对县城各街道绿化带内的杂草垃圾进行全面清理；对县城所有绿地苗木施肥、施药，确保生长；投入资金24.5万元，对5条改造道路两侧绿化带进行更新和补种，补种苗木数量达670株；在环城路补种白玉兰90株，伊朗紫硬胶280株，在环城路（县二中路段）种植伊朗紫硬胶48株，小叶龙船、黄金榕、三角梅、大红花一批，投入资金32万元，随着县城不断扩大，绿化养护面积不断增加。至2010年底，县城绿化养护面积已达3万平方米。

二、街面改造

2008年7月23日，白沙黎自治县人民政府印发《白沙黎族自治县城临街危旧房改造实施意见》（简称“意见”），意见提出将县城临街危旧房改造作为当前全县社会经济发展的重要奋斗和民心工程，力争2008年下半年全面启动临街危旧房改造工作，至2010年底，基本完成县城临街危旧房改造任务。县城临街国有土地上的危旧房，主要范围为牙叉中路、牙叉东路、牙叉南路、桥北路、卫生路、石油路、桥南路、牙细公路出口等临街路段，县城临街旧房改造涉及30个单位和49间私人危旧房，总面积约29191.23平方米。改造方式：（1）对符合城市规划的县城临街私人危旧房（瓦房类），结合县城环境综合整治，统一立面设计和县城基础设施建设，在限期内自筹资金按照建设计划实施改造；（2）对符合城市规划的县城临街私人平房和二层楼，并具备开发条件的危旧房，通过自筹资金，在限期内按照设计要求，进行拆迁、维修加固和翻改建等方式改造，达到防震设计要求，消除安全隐患，改善居住条件；（3）对符合城市规划的县城临街私人三层或三层以上楼房，并具备开发条件的危旧房，通过自筹资金，在限期内按照设计要求，采用维修加固和翻改建等方式改造，达到临街建筑立面统一和防震设计要求，消除安全隐患；（4）对改造难度大、不具备自筹资金建设的危旧房，采用独立动作或多地块捆绑的方式，进行安置改造；（5）对符合城市规划要求的县城临街单位企业危旧房的改造程序如下：①按调查结果，由政府下达改造通知书到改造单位；②改造单位收到通知后，组织召开职工大会讨论本单位临街危旧房改造等事宜，并由单位汇总讨论结果，制定危旧房改造方案上报县城临街危旧房改造领导小组；③县城临街危旧房改造工作领导小组确认改造方案后，要求单位召开职工大会，明确利益权责，达成共识后，由改造单位自主运作；④关于县城临街危旧房改造所涉及的住户，由改造单位统一安置；⑤对自筹资金自主改造的单位，要成立专门的监督小组，落实改造全过程的监管工作。自从开始执行街面改造以来，计划共有24个项目，总拆迁面积约79100平方米，涉及被拆迁户约590户。城市沿街立面的改造，进一步提升白沙黎族自治县的城市整体形象，彰显城市魅力。

2010年，基本完成对牙叉粮所、县综合厂、县中学、县一小、县委大院、县修造厂、白沙迎宾馆、县拖拉机站、饮食服务公司、五金交电公司、县食品公司、白沙旅社和牙叉农场等单位的危房旧房改造建设，共拆除危旧房3万多平方米，新建设一批商住楼，解决干部职工和居民的住房问题，活跃县城的商业贸易。

第二节 城建管理

一、环卫管理

1988—2010年，县委、县政府对环卫工作非常重视，投入大量人力、物力和财力，并且逐年增加投入，重点整治县城脏、乱、差现象。经过不断整治，县城面貌焕然一新，大大提高了居民的环境质量，改善白沙的旅游环境。

据南海网2006年8月23日消息：经近2个月的实验，白沙黎族自治县的垃圾堆肥实验项目的成功实施，对环境非常有帮助，既可以减少填埋场50%的垃圾，又有利于减少白沙垃圾污水对松涛水库流域水资源的污染。

2008年，白沙黎族自治县政府加大对环卫硬件设施建设。投入70多万元购置1辆垃圾压缩车、6辆垃圾收集车；投入20多万元在县城街道两旁安装180个垃圾果皮箱；投入16万元对原垃圾处理场200多米的公路进行修建，投入10万元制作100辆保洁手推车。投入2650多万元在县城西北方向、距白沙县城约8千米的打安镇毛猪岭东侧，规划新建一个占地面积约107亩，日处理50吨的垃圾卫生填埋场和相应的配套设施项目，2008年底项目开始施工建设，至2009年底，项目工程已完成总量90%。

2009年，白沙黎族自治县建设局又投入30多万元购置5辆垃圾收集车和1辆皮卡工具车，投入20万元购置200个垃圾果皮箱安装在县城各主要街道，投入10多万元更换一批垃圾手推车。在垃圾处理场建设中，省住建厅通过招标方式拨给两辆垃圾压缩车、一辆垃圾清扫车和一辆洒水车，环卫硬件设施得到进一步充实，确保垃圾收集力度和及时清运。为了补充白沙黎族自治县垃圾处理装备，根据白沙黎族自治县人民政府《关于报送我县集中采购垃圾处理统装设施设备数量及品牌的函》，白沙黎族自治县核定配置设备：推土机、挖掘机、自卸式卡车（5吨）、皮卡车、大型洒水车、小型道路清扫车、垃圾压缩车（8吨）、侧翻压缩车（3吨）以上各1辆，计量电子汽车衡及配套监测设备1套等。

2010年，根据《海南省国际旅游岛建设环境综合整治工作方案》的要求，中共白沙黎族自治县委办公室和白沙黎族自治县人民政府办公室联合印发《白沙县开展海南国际旅游岛建设卫生环境综合整治工作方案》，方案中提出继续推进卫生环境综合整治工作，全面实施城乡清洁工程，解决城乡环境脏、乱、差问题，实现城乡干净卫生、整洁有序、优美文明的整治目标。县爱卫办组织全县干部群众在春节前后、爱国卫生月、春季、秋季开展以整治市容市貌、预防夏季肠道传染病和恶性鼠疫传染为主要内容的群众性爱国卫生4次，共出动8000人次，车辆200辆次，清理卫生死角98处，清运垃圾700吨，清除小广告1500张，拆除违章建筑19处，取缔违章占道摊点18个，处理乱停放车辆58辆次。

二、设施管理

县委、县政府在管理机制、硬件投入等方面持续加大力度。白沙建设局定期组织专人对全市的道路、排水情况进行全面大排查。1990—2010年，累计共排查出破损路面10

万平方米，同时，按照“道路路面平整，路沿石、人行道铺装规格色彩统一，平整无破损”要求，根据排查结果制订逐步改造计划，已进行雅苑雅居小区区外规划道路、桥南路、牙叉中路、石油路、卫生路、粮食路、县委路等街路人行道改造。累计修补城市道路 1.3 万多平方米，罩面 6.3 万平方米，修补人行道 1.9 万平方米，大大改善市民通行条件。定期对城区排水管网清淤，累计清淤 8590 多立方米，更换篦子、井盖 160 多套，确保城市安全度汛。城市主次干道和街巷路面平整，下水道无垃圾堵塞现象，城区、城乡接合部街巷路面普遍硬化，无残垣断壁、乱搭乱建现象。

三、城管执法

2008 年开始，白沙县落实门前“三包”负责制，以治“五乱”（乱停、乱放、乱丢、乱搭建、乱倒）为入手，狠抓市容市貌的整治工作，针对县城不规范户外广告多、整治任务繁重的情况，采取“以点带面，树立样板，全面铺开”的方法进行整治，城监部门在实地测量登记造册的同时，做好业户的思想工作，并采取电话预约、上门服务的方式，积极为业户提供技术支持。对不符合标准的业户下发限期整改通知书，并及时对整改进行检查。对于乱画乱贴现象，城建监察部门采取专项治理，加强对城区巡逻守护，对有碍市容的建筑外观进行拆除。

2008 年，县城已拆除县食品公司、原热作局、白沙旅社、五金交电化公司、迎宾馆北楼等单位的办公楼，并进行重新建设，清洗街道两建筑面积 3500 多平方米；全县共拆除各类违规建筑及乱搭棚 13 起，共 2.7 平方米，取缔无证照废品收购站 2 家，查处噪声污染事件 9 宗，查处网吧 2 家；取缔违章占道摊点 149 个，处理乱停车辆 177 辆次，纠正建筑工地运输车辆污染街道 130 起。

2009 年，全县拆除各类违建筑及乱搭棚 4.37 平方米，取缔无证照废品收购站 1 家，查处噪声污染件 10 宗，查处网吧 1 家。城监部门共取缔违章占道摊点 130 个，处理乱停放车辆 160 多辆次，纠正建筑工地运输车辆污染街道 21 起，查处违法违章建筑 8 起，发放《限期改正违法违章行为通知书》23 份。共拆除过街横幅、彩旗、门头条幅 12 条次；墙体广告 3 块；清理沿街灯箱广告 200 多个；规范店门牌匾 2 块；清洗街道两侧建筑面积 2500 多平方米

2010 年，城监部门共取缔违章占道摊点 149 个，处理乱停放车辆 188 辆次，纠正建筑工地运输车辆污染街道 28 起，查处违法违章建筑 12 起，发放《限期改正违法违章行为通知书》27 份；共拆除过街横幅、彩旗、门头条幅 18 条次；拆除墙体广告 5 块；清理沿街灯箱广告 281 个；规范门头牌匾 5 块；县城拆除县对外贸易总公司、县医药总公司、

县文化馆、县幼儿园等单位办公教学楼，重新进行建设。清洗街道两侧建筑面积 2000 多平方米。

1988—2010 年，白沙黎族自治县县委县政府狠抓市容市貌建设，全县建立定人员、定岗位、定职责、定标准的“四定”管理机制，实行“城市管理网格化+巡查执法直达指挥”管理体系，推行“综合行政执法+属地联运管理”的工作方式。对占道经营行为实行堵疏结合管理，一方面对流量大的主干道上的流动摊点进行严格取缔，另一方面根据白沙山区的气候特点和人们的消费习惯，在不影响交通、不影响市容、不影响群众生活的前提下，采用统一规划定位、统一经营时间的做法，对部分非重点区域和次干道的占道经营摊点进行疏导规范，并将沿街场地开阔的路段进行规划设置临时占道经营区，可容纳 70 多个就业岗位，使以信混乱无序的违规占道经营行业逐步合法规范化。

第五章　乡镇建设

第一节　墟镇公共设施建设

1988—2010 年，白沙黎族自治县所辖的牙叉镇、七坊镇、邦溪镇、打安镇、细水乡、元门乡、南开乡、阜龙乡、青松乡、金波乡、荣邦乡的公共设施建设不断得到完善。

一、牙叉镇

2009—2010 年，按照县委、县政府对城市建设的部署，镇政府配合县有关部门做好白沙县中学新校址和生态文化公园征地工作，做好失地农民的安置、补偿工作，配合县有关部门做好旧城改造、小城镇建设。继续加大投入，解决与农民生产生活息息相关的问题，改善农村基础设施。

道路交通　交通便捷。在城区石油路、供销路、粮油路和牙叉中路 3 条主要道路的人行道上，已铺设 3 米宽的花阶砖，花砖人行道总长 800 多米，宽约 3 米，总面积 2400 多平方米。改造后的道路均埋设雨污水管，路面加铺柏油，重设斑马线和盲道线。在城乡接合部的街巷路面基本硬化建设，消除残垣断壁和乱搭乱建现象。从城区有到各乡镇和其他市县的水泥或柏油公路。牙和新村公路硬化和牙港那凡村至牙叉农场 13 队农村公路修建正在进行，水上客运主要有牙港渡口。

医疗卫生　全镇卫生院 2 所，医护人员 32 人，白沙县人民医院在境内。全面开展医疗保险、新型农村医疗合作，2010 年，新农合参合率 95%以上，城医参合率 90%以上。

其他公共设施　牙叉镇邮政通信十分便捷，固定电话、移动电话已经普及，3G 网络已覆盖全镇。2010 年，全镇建有 15 个农家书屋，图书近 3.7 万册。开通 13 个村委会广播设备和配备 19 台农村文化资源共享电脑。实施“广播电视村村通”，为 13 个村委会发放卫星电视接收器 3500 套。

二、七坊镇

道路交通　七坊镇镇党委、政府办公地点设在查苗墟，距县城 32 千米，镇区距离海榆西线高速 26 千米。310 省道从镇中部东西向经过，西接 225 国道和高速公路邦溪出口，东至白沙县城，成为对外交通的主干道。已完成照明、可好、拥阜、那来、木棉、阜途、长龙、打金等 28 条村级公路的修建。基本实现公路沿线美化、绿化和人行道路硬化。

医疗卫生　全镇有乡镇卫生院 2 所，医护人员 25 名。

其他公共设施　2010 年，镇有邮政网点 1 个，投递点 500 个，乡村通邮率 95%。电信企业 3 家，服务网点 3 个，电话交换机总容量 5000 门。固定电话用户 2426 万户，移动电话用户 1768 户。光缆线路总长达 32 千米，互联网端口总数 3000 个，其中已占用端口总数 576 个，宽带接入用户 576 户。

三、邦溪镇

1995 年，武汉城建学院海南规划设计研究分部在对白沙县邦溪镇总体规划中指出，邦溪镇处在海榆西线交通要道上，交通方便，自然条件好，应充分依托洋浦和八所港，充分利用自然优势，物资基础，大力兴办建材工业，商业、旅游业、农副产品加工业、交通运输业和其服务行业等，逐步把邦溪建设成为现代化的新型城镇。

道路交通　邦溪镇镇政府设在邦溪墟，距县城 53 千米，境内主要道路总长约 25.63 千米，其中，225 国道（海榆西线）约长 13 千米、310 省道（牙邦公路）约长 9 千米、春天大道长 2.4 千米、孟果路长 410 米、商业街一横路 330 米、商业步行街二横路长 410 米。2006 年建成邦溪客运站，日发客运汽车约 30 班次，过路汽车约 50 班次；有 2 个公交车候车亭。境内主要街道共安装 538 杆路灯。2010 年 8 月 27 日邦溪风情小镇总体规划通过专家评审，总体规划编制工作完成。2010 年投入 288 万元改造建设街道主干道，实行绿化和亮化工程。截至 2010 年，邦溪城区道路总长度 12.39 千米，人均拥有道路长度 10.45 米；道路铺装面积 25.05 万平方千米，人均拥有道路面积 211.57 平方千米。

供水供电供气　截至 2010 年，全镇供水厂 1 座，铺设干线水管 6.8 千米，日供水量 1000 吨。新建日供水量 5000 吨的水厂，预计 2012 年 12 月竣工投入使用；拥有 35 千伏及以上变电站 1 座，主变压器 2 台，总容量 9450 兆伏安，高压输电线路 7 条，总长度 326

千米，用电负荷9257954千瓦，供电可靠率98%；城区供气站1个，日平均用量672立方米。

医疗卫生 2010年，全镇各级医疗卫生机构2个，门诊部2个；有床位16张；专业卫生人员9名，其中执业医师4人，化验师1人，注册护士4人。各级医疗卫生机构2个，门诊部2个，有床位16张，专业卫生人员9名，其中执业医师4人，化验师1人，注册护士4人。

文化教育 截至2010年，全镇有文化站1处，有村级文化活动室6处，农家书屋6个，藏书1.2多万册；有幼儿园1所，专任教师7人；小学1所，专任教师95人，小学适龄儿童入学率100%；初中1所，专任教师60人，九年义务教育覆盖率均达100%；

其他商业设施 1994年7月7日，白沙黎族自治县计划计划委员会批复国有牙叉农场《关于申请用地兴建邦溪娱乐城的报告》，同意该农场在邦溪兴建集酒楼、商住、健身、娱乐于一体的占地三十亩的邦溪娱乐城。

四、打安镇

道路交通 镇人民政府驻打安村，距县城14.8千米。打安镇公路交通比较发达，省道从境内穿过，长9千米，连接七坊镇与牙叉镇；县级公路长39千米，镇级公路长22千米。各自然村全部通车。

医疗卫生 全镇现有卫生院2所，村级卫生室9个，医务人员30人。基本实行新型农村合作医疗和新型农村养老保险。

五、细水乡

道路交通 乡政府驻合口村委会马二村，距县城17千米。境内有外出公路1条，乡政府至白沙黎族自治县县城17千米，水泥路面。乡墟内设有公交站点1处，公交汽车2辆，每隔一个小时一班来回往返。已完成乡墟街道两旁行人道绿化、亮化。

医疗卫生 全乡有一所综合性卫生院，具备开展常见病、多发病的诊疗及住院服务、预防保健服务和部分争危重症的服务。2010年，全乡新农合参合率达98%，新农保参保率达71%，参加城镇居民医疗保险完成率100%。

其他公共设施 电信宽带网已覆盖全乡；居民自来水普及率70%；全乡农村用电普及率达100%。全乡有公厕1个，每天对外开放。

六、元门乡

元门乡坚持“靠山、养山、治山、富山”发展战略，围绕“做强老三样，做大新三样，做美小城镇，推进养殖业”的发展方针，推进经济建设、政治建设、文化建设、社会建设全面发展。

道路交通 元门乡人民政府驻南训村，距县城9.6千米。1994年，海榆中西线的邦溪—什运柏油公路建成，从元门乡境内穿过，2007年，在公路两边安装15盏路灯。2008年，投资129万元，完成道顺、罗帅、南训、新兴等村4.5千米公路水泥硬化建设；投资260万元，完成红坎旅游开发区7.8千米的公路建设。2010年11月投入95.4万元建设乡墟人行道，并在人行道两旁安装路灯，全乡6个行政村35个村庄水泥硬化农村公路全部畅通。

医疗卫生 全乡有卫生院1所，乡财政1所。落实农村低保114户、316人。完成60岁以上老年人农村社会养老保险的登记共546人，参保人数1875人。2009年投入资金8500元改善医疗设备；投资20万元新建1栋卫生办公楼，总建设面积220平方米。

文化教育 2008年，完善向民三、四队、道顺、立志、新兴等16个省、乡级文明生态村的科学规划。投资42万元，创建元门村委会和红茂村委会文化活动室，建筑面积280平方米。投资80万元，新建830平方米的向民小学教学楼；投资35万元，新建350平方米中学学生宿舍和食堂。2009年，由政府投资，发动群众投工投劳，不断完善学校基础设施建设，在上级主管部门的支持下，投资50万元为中心学校新建1栋烛光学生宿舍楼，建设面积348平方米；投资50多万元，新建中学生宿舍楼和食堂，建筑面积588平方米。

其他公共设施 2010年，全乡完成64户茅草房改造；建成三级无害化卫生户厕624间，改建公厕，总建筑面积为80平方米。推广使用沼气池573个，改水工程7个， 2个村组实施污水处理项目。投资7.5万元，完成乡政府院内绿化工作，总面积1720平方米。投资1300万元开发建设元门村委会罗帅天涯驿站。

七、南开乡

道路交通 2006—2010年，南开乡共投入资金4000多万元，完成长68千米、宽2米的乡村公路硬化建设，新建水面桥2座（南兰水面桥，什才、什驳水面桥）。截至2010年，除什付、莫好、苗村、萌芽、坡告和道银村等少数村庄外，基本实现水泥公路到村。

除什付、莫好、苗村、萌芽、坡告和道银村等少数村庄外，基本实现水泥公路到村。

医疗卫生 2007年，投入资金50万元新建一栋360平方米门诊大楼，村卫生室5间，村文化室5间。截至2010年，全乡有卫生院1所，村卫生室5间，医护人员20多人。

文化教育 2009年，落实县委、县政府“教育移民”政策，把乡中学和高峰、力乐边远小学校的488名学生合并到县思源学校。2010年8月，把力乐小学、南开小学撤并到乡中心学校。2010年，保留有1所完小和1个教学点（高峰），在校学生360多人。学生巩固率98%，辍学率控制在2%以内。

其他公共设施 2006—2010年，投入1000多万元，先后开通海南移动通讯革新、南开、高峰、牙和、牙佬机站和高峰联通机站，建成高峰村的高压输电工程，联合省电力公司，为高峰道银、坡告两村29户150多人口，安装太阳能光伏照明设备。除了高峰村因山高路远受信号接收制约外，其他4个村委会已实现全覆盖，保证了政令畅通。2009—2010年，投入100多万元，修建南兰村自来水、方远村自来水、方红村和什驳村等村的饮水工程，对年久失修、渗漏严重的莫南村、道大村、牙星村和什付村4村的水管进行维修，新建水利2宗，全乡除了少数村庄有时受季节影响外，生产生活用水已基本解决。

八、阜龙乡

道路交通 全乡共有2条街道（阜龙西路和阜龙北路）。乡内主要干道全部实现路灯全覆盖，共有38盏。那也村公路已建成通车。乡内有公交站2座，其中乡墟1座、天堂村1座。

医疗卫生 全乡有卫生院1所。已参保人员42人，占63.6%，参合人数为4450人，参合率92.9%。

其他公共设施 乡内有公厕1座。完成民房改造农户51户，茅草房改造农户10户，已发放改厕补贴30户。天堂、那也是重点建设文明生态村。

九、青松乡

道路交通 全乡墟道路于2009年实现水泥硬化建设，截至2010年未设置公交站。2010年，青松乡政府投入20万元在乡墟主要道路安装路灯。

医疗卫生 全乡有卫生院一所，职工人数12人，7个床位，1台B超机。专业医师、床位数和医疗设备等距离上级要求还有很大的差距。参加农村合作医疗人员共7280人中，参合率93%；参加城镇合作医疗人员143人，参合率103%。

其他公共设施 全乡建有简易公厕1间。

十、金波乡

道路交通 金波乡距离县政府驻地牙叉镇53千米。2006年修建中心街道，2007年建设金波乡至七坊镇水泥公路20千米和金波乡至青松乡打松村水泥公15千米。2010年完成全乡硬化道路 42 千米，新建硬化浪眉村、红春村入村道路 1.5 千米，环村硬化道路 10 条。

医疗卫生 2010 年末，拥有卫生院 1 所，在职人员 10 人，其中主治医师 1 人，执业医师 1 人，执业助理医师 2 人。医疗设备不断增加，有 X 光机 1 台，B 超机 1 台，心电图 2 台，全乡设有文化站 1 个，建筑面积 300 平方米。5 个村委会有 5 所农家书屋，各类藏书共计 1.2 万册。

其他公共设施 农村安全饮用水普及率 80%，农村卫生厕所普及率 98%。

十一、荣邦乡

道路交通 荣邦乡距县城 67 千米，是全县最偏远县城的一个乡镇，距西线高速公路 13 千米（在海头立交桥出口处）。

第二节 村庄建设

一、乡村建设规划

白沙黎族自治县是海南生态保护核心区，是南渡江、珠碧江、石碌河三大河流的发源地，是松涛水库主要集水区，截至 2010 年，全县森林覆盖率达 77.4%。它承担着海南全省数百万人口的饮水，600 多万亩农田的灌溉。守好白沙的青山绿水，关乎全省生态安全，关乎全省可持续发展的战略布局。因此，白沙黎族自治县绝大部分的乡村位于《白沙黎族治县城市总体规划》及《白沙黎族治县旅游总体规划》生态分区控制规划中的适度建设区、保护控制区。

二、文明生态村建设

文明生态村建设是海南生态文明建设的重要组成部分。白沙黎族自治县在建设文明生态村的过程中，本着尊重自然、顺应自然、保护自然的生态文明理念，在不破坏原有生态环境的原则下，保护环境空间格局。

2001 年，白沙县在打安镇地宝村开展试点，创建第一个文明生态村。

2002 年，县委、县政府作出决定，每个乡镇每年至少创建一个文明生态村，广泛动员党政军机关、社会团体、企事业单位开展城乡、军地、警地、合力共建文明生态村。

2003 年，白沙县以建设生态县和实现可持续发展战略为目标，立足实际，突出山区特色，推进文明生态村建设，截至 2003 年底，白沙黎族自治县经过多方筹集资金已建成文明生态村 67 个。

2004 年 7 月，为了提高创建标准和杜绝重建轻管的现象，县文明委按照省文明委的要求，制定《白沙黎族自治县文明生态村建设标准（试行）》和《白沙黎族自治县文明生态村管理细则（试行）》2 个文件。文件对文明生态村建设提出具体标准及管理规范。《白沙黎族自治县文明生态村建设标准（试行）》将文明生态村标准分为三类，每类三级（即省级、县级、乡镇级），每类（级）包含 5 个一级指标和 22 个二级指标。标准及管理细则从政治建设、经济建设、文化繁荣、社会进步、环境生态等方面对白沙县乡镇文明生态村的建设提出综合考评要求。年底，县文明委组织有关单位及邀请县人大代表、县政协委员对文明生态村进行检查验收。

2006 年，白沙县已建成 110 多个文明生态村，其中省级 30 个，县级 51 个。

2007 年，白沙县已有 115 个老区村庄建成文明生态村，占全县已建村庄的 79.8%。

白沙县生态文明建设中除了因地制宜引导村民调整产业结构之外，还对村容村貌进行整治，整治的措施：（1）统一规划。合理布局与乡镇政府所在地衔接的村庄，防止因规划建设不协调而影响乡容乡貌的发生；（2）制定和完善乡村卫生公约。严格依法施治，使村庄环境卫生综合治理工作走上制度化、规范化、法治化；（3）因地制宜，就地取材，彻底整治环境卫生。做到村道平整、清除房前屋后的杂草，清理疏通环村排水沟、植树种花、垃圾归类、污水归池、禽畜圈养；（4）组织村级义务卫生管理队伍，加强日常环境卫生监督管理。做到重建重管，巩固整治成果；动员拆除影响村容村貌的违章搭建的瓦房、棚舍；治理乱堆乱放乱围乱占现象，保护村庄环境优美。

2010 年，海南国际旅游岛建设上升为国家战略之际，白沙黎族自治县县委县政府以此为契机，坚持规划先行，充分发挥地区优势，致力打造海南风情小镇，实现小城镇建设又好又快发展，先是在县政府的推动下，采取“政府+企业+农户+金融”的合作方式，成功推出罗帅村与天涯择站旅游公司合作的乡村休闲旅游项目，接着又借助其模式推进其他乡村建设。

2010 年，白沙在全省首次提出建设“美丽乡村”的决定，目的是通过美丽乡村建设，改善农村人居环境，丰富农村群众的文化生活，培育乡风文明，逐步让村民群众享受好环境，养成好品行，过上好日子，努力把白沙广大农村建成“村庄美，村民富，村风好”的美丽乡村。2010 年，白沙黎族自治县共 427 个自然村，已有 415 个自然村的公路、村道得到全面硬化，硬化率达到 97%。

2010 年后，县委县政府积极建立并完善森林生态补偿机制，通过生态补偿机制充分调动农民护林积极性，使生态林成为农民发展经济的“绿色银行”。

三、重点村庄介绍

白沙黎族自治县在推进生态文明村建设中，坚持“靠山、养山、治山、富山”的原则，充分利用自然条件，调整农业产业结构，发展生态型山区特色经济。

地宝村　打安镇合水村委会地宝村是九架岭下的小山村，地处偏僻，地势高低起伏，是一个黎族小山村，全村土地面积 66.53 公顷，人少地多，水旱田少，山地多的地方，村民长期生活困难。2001 年以前，地宝村的年轻人娶不到妻子，大部分家庭很贫，200 多人的村子被迫分散住。2001 年开展文明生态村建设后，地方政府因地制宜，鼓励农民种植橡胶，并对种苗给予补贴。村民利用房前屋后的闲置土地，发展林业、果业、畜牧业为主的庭院经济。原先随地放养的猪入了圈，泥泞不堪的土路改建成光洁的水泥路，村里建起沼气池、卫生厕所和太阳能设施，全村都住上新瓦房，普及家庭燃用煤气设备、彩电，家家电灯亮，户户饮上自来水。自此，地宝村从贫困村扶摇直上成为全县的“首富”村。2006 年，地宝村荣获海南省文明生态村建设示范村称号。

文头村　阜龙乡文头村是黎族同胞聚居的革命老区。2003 年前，水、电不通，村民长期住茅草房，该村被确定为文明生态村创建示范村后，地方政府把创建活动与扶贫开发、产业结构调整相结合，引导村民种植果树和养兔、养猪，村民人均年收入得到明显的提高，村庄环境卫生显著改善。

付俄村　牙叉镇付俄村村道宽阔，楼房崭新。全村共 8 排 8 幢，共计 64 幢小洋楼，整幢楼房面积有 128 平方米，楼下自住，楼上则被设为家庭旅馆，设有空调、热水器和席梦思床等，每幢房的总造价 14 万元，村民自筹 9 万元，政府补贴 5 万元，钱不够的农民可以向银行贷款，政府予以贴息。村庄建有文化室、体育场所等。

罗帅村　2010 年 8 月，罗帅村采取“政府+企业+农户+金融”的合作模式，引入海南天涯驿站旅游项目开发有限公司，对罗帅村进行整村改造，不占用一亩农田，不砍村中一棵大树，只拆村民旧宅，每户由政府扶持近 2 万元的砖瓦和水泥，公司给每户扶持 5 万元，不足部分由农户以林权证抵押方式向银行贷款。将所有平房改建成楼房，并对节省出来的宅基地及房前屋后进行合理规划，为完善公共基础设施和发展乡村旅游提供空间。罗帅村改造前使用的宅基地面积约 1.67 公顷，改造后使用的宅基地只有 0.8 公顷，节省出的 0.87 公顷原宅基地，其中 0.67 公顷免费交给投资改造村庄的企业使用 50 年，用于建设汽车旅馆和休闲生态酒店，另 0.2 公顷出租给企业用于建设 100 个停车位的生态停车场。全村 52 户农民全部住进双拼别墅。

第六章　房地产与建筑业

2004 年 10 月，白沙黎族自治县撤并县住房制度改革办公室和县房管所，成立白沙黎族自治县房产管理局，主要负责全县的房产管理工作，加强住房资金的归集管理，开展住房主公积金贷款业务，开发经济适用房，登记房权产籍，房产的测绘。

第一节　住房建设

一、房屋建设

1988 年之前，白沙地区的房屋多数为低矮的砖混结构和砖木结构。1989 年之后，随着白沙黎族自治县经济的发展，城乡居民的居住环境得大幅度的改善。至 2010 年，白沙地区全社会施工房屋面积 30.5 万平方米，竣工房屋面积 13.13 万平方米；全社会施工住宅面积 19.87 万平方米，竣工住宅面积 14.46 万平方米。

二、住房类型

集资住房　1996 年，根据县房改领导小组会议研究决定，年底集资建两幢五层公寓式套房（一幢在县委大院，一幢在政府大院）。具体办法如下：凡是白沙黎族自治县党政机关，群众团体，事业单位职工（财政拨款单位）均可申请参加；县处级干部住房建筑面积 80 ~ 100 平方米，县科级干部住房面积 70 ~ 80 平方米，一般干部住房建筑面积 60 ~ 70 平方米；预予收处级干部 2 万元，科级干部 1.8 万元，一般干部 1.6 万元；名额有限，希既是报名申请和预予交建房费。

1998 年 9 月，白沙黎族自治县建设与环境资源局向白沙黎族自治县计划统计局提交《关于白沙黎族自治县"安居工程"建设项目立项的函》，经研究决定同意在牙叉镇桥南路—县农学校处和七坊镇农贸市场处，建设面积 68000 平方米。该项目总投资 5148 万元，其中县筹 1555.2 万元，通过建设银行国家政策性贷款 3628.8 万元。

截至 2006 年，全县出售公有住房 1977 套，总建筑面积 182439.19 平方米；完成经济适用房建设 2052 套，总建筑面积 336423.9 平方米。

1988—2010年白沙黎族自治县房屋建筑面积一览表

表5-6-1　　单位：万平方米

年份	1988年	1989年	1990年	1991年	1992年	1993年	1994年	1995年	1996年	1997年	1998年	1999年	2000年	2001年	2002年	2003年	2004年	2005年	2006年	2007年	2008年	2009年	2010年
全社会施工房屋面积	3.50	4.60	11.22	9.80	9.80	11.60	8.50	10.60	25.80	11.10	12.20	11.05	12.70	9.50	14.30	8.00	13.90	18.19	15.06	4.74	16.34	31.38	30.54
全社会施工住宅面积	—	—	—	—	—	8.10	8.40	7.40	21.30	5.90	—	7.04	8.50	7.60	10.70	3.50	10.10	13.68	12.08	2.29	14.26	13.11	19.87
竣工房屋面积	2.10	2.10	10.70	8.20	8.70	9.80	8.80	7.90	22.60	7.70	9.10	7.64	8.80	7.00	12.20	5.20	13.00	17.36	12.62	1.68	12.31	8.04	13.13
竣工住宅面积	—	—	—	—	—	7.10	8.10	7.00	21.00	5.50	—	6.71	8.10	6.31	9.80	3.20	9.50	13.35	11.48	0.86	11.90	6.67	11.46

1980—1994年度白沙黎族自治县公有住房售价表

表5-6-2　　单位：元/平方米

年份	混转套房			框架套房		
	标准价	成本价	市场价	标准价	成本价	市场价
1980年	333	390	528	367	420	567
1981年	342	401	542	377	432	583
1982年	351	412	557	388	444	599
1983年	360	423	572	398	456	615
1984年	370	434	586	408	467	630
1985年	379	444	601	418	479	646
1986年	388	455	616	428	491	662
1987年	397	466	630	439	502	678
1988年	407	477	645	449	514	693
1989年	416	488	660	459	526	709
1990年	425	499	674	469	537	725
1991年	434	510	689	476	549	741
1992年	444	521	704	490	561	756
1993年	453	532	718	500	572	772
1994年	462	543	733	510	584	788

保障性住房　2008年起，白沙黎族自治县实施保障性住房建设。2009年，白沙黎族自治县加强房地产市场监管，加大保障性住房力度，构筑多层次住房供应体系。全年全县建设廉租住房4幢共96套，建筑面积4800平方米，建设地点为方亮新区廉租房小区，项目总投资524万元。经济适用房共建255套，建筑面积2.9万平方米，项目共投资3480万元。2009年，白沙黎族自治县人民政府在方亮新区划出一块地作为公务员住房小区，该小区规划总用地面积为3.25万平方米，建筑占地面积6629平方米，总建筑面积为5.18万平方米，共建12幢424套，5种户型。至2009年底，完成该小区规划用地、土地平整、地质勘查、初步设计等前期工作，并已开工建设3幢，完成该小区总工程量10%。2009年，办理房产权属登记556宗，建筑面积12.79万平方米，他项权登记210宗，建筑面积

3.76 万平方米。

截至 2010 年，全县共建设保障性住房 1905 套，其中廉租住房 688 套，经济适用住房 435 套，限价商品住房 4832 套，棚户区改造 300 套。

2010 年，白沙黎族自治县住建局加大保障性住房建设力度，全县建设廉租住房 7 栋共 444 套，建筑面积为 2.22 万平方米，分为 2 个项目，其地点：一是方亮新区和供销社仓库，共建 2 栋 84 套，建筑面积为 4200 平方米，项目总投资 554 万元；二是县医院后小区，共建 5 栋 360 套，建筑面积为 1.8 万平方米，项目总投资 3596 万元。经济适用房共建 7 栋 180 套，建筑面积为 1.49 万平方米，也分 2 个项目，其地点：一是拖拉机站内，共建 3 栋 72 套，建筑面积为 6200 平方米，项目总投资 843 万元；二是南汇湖小区，共建 4 栋 108 套，建筑面积为 8700 平方米，项目总投资 1555 万元。限价商品房共建 21 栋 482 套，建筑面积为 6.55 万平方米，共投资 11000 万元。城市棚房区改造工程共建 12 栋 300 套，建筑面积为 2.4 万平方米，共投资 4082 万元，有效解决全县中低收入家庭的住房问题。

农村住房　1988 年，农民建房总数 593 户，新建竣工面积 66396 平方米。截至 1988 年，全县有 8939 户农民建起瓦房，占农村总户数的 67%。1989 年，农村新建住宅 1935 间，面积 59728 平方米。1990 年，全年农村新建瓦房 988 间，10661 平方米。1991 年，农村私人新建住房竣工面积 2.92 万平方米，人均住房面积 13.8 平方米。1992 年，农村私人建房竣工面积 62705 平方米。1993 年，农村私人建房竣工面积 60879 平方米。1996 年，全县尚有 3083 户农户住茅草房。1998 年，新建、改造农村民房 1307 户，面积 11.11 万平方米，90.3%的农户住上砖瓦房。1999 年，改造农村民房 879 户，新建瓦房 7032 平方米，92.8%的农户住上瓦房。2010 年，完成农村民房改造 900 户（包括茅草房改造 500 户）。

第二节　住房制度改革

一、改革措施

1988—1996 年，实行住房制度改革前，全县干部职工住房实行的是政府、单位统一建设，统一分配，收取租金的住房保障体系。

1994 年 12 月，根据海南省《关于贯彻国务院关于深化城镇住房制度改革的决定的实施意见》精神，白沙黎族自治县制定《白沙黎族自治县城镇住房制度改革实施方案》，明确县住房制度改革的基本内容。基本内容包括把住房建设投资由国家、单位统包的体制改为国家、单位、个人三者合理负担的体制；把各单位建设、分配、维修、管理住房的体制改为社会化、专业化运行体制；把住房实物福利分配的方式改变为以按劳分配为主的货币工资分配方式；建立以中低收入家庭为对象、具有社会保障性质的经济适用住房供应体系和高收入家庭为对象的商品供应体系；建立住房公积金制度，逐步形成国家、集体、个人三者结合的筹资建设住房体制；发展住房金融和住房保险、建立政策性和商业性并存的住房信贷体系；建立规范化房地产交易市场和发展社会化房屋维修、住房市场，逐步实现住房基金投入产出的良性循环，促进房地产业和相关产业的发展。

1996年，根据《白沙黎族自治县城镇住房制度改革实施方案》精神，颁布《白沙黎族自治县公有住房租金改革实施办法》，从1996年7月1日起，城镇公有住房租金提高到双职工家庭平均工资的6%，以后逐年平均递增2%，至2000年公有住房租金应达到占双职工家庭平均工资的15%。

1997年，白沙黎族自治县人民政府结合全县乡镇的实际情况，制定《白沙黎族自治县乡镇住房制度改革实施办法》。乡镇住房制度改革实施办法的颁布，标志着白沙地区住房开始实现商品化、社会化。同时加快乡镇经济适用房的开发建设。

2010年，海南省政府《关于加快保障性住房的意见》精神，白沙黎族自治县居民开始实行保障性住房及商品住房的住房保障体系。

二、住房公积金

1996年6月，县政府下发《关于颁布〈白沙黎族自治县公有住房租金改革实施办法〉、〈白沙黎族自治县住房公积金试行办法〉、〈白沙黎族自治县出售公有住房试行办法〉的通知》，标志着白沙黎族自治县住房制度改革进入全面实施阶段。

1997年，房改工作向规范化迈进，民房改造工作快速发展。全县推行住房公积金制度，参加公积金的单位162个6087人，月归积公积金12.8万元。

2001年11月9日，《白沙黎族自治县人民政府办公室关于加强住房公积金管理工作的通知》对白沙黎族自治县住房公积金管理进行要求：一、所有新增行政、企事业单位的固定职工、劳动合同制职工及三资企业中方员工，均应缴纳住房公积金，离退休职工、临时工以及三资企业外方员工，不缴纳住房公积金。二、职工个人和所在单位各按职工个人当年月工资总额的4%交纳住房公积金，后随着经济发展和职工工资收入水平的提高，可对缴交率进行适当调整。三、职工个人缴纳的住房公积金，从2002年1月1日起，由财政局从职工每月工资中代扣，存入县房改办委托的银行开设的“住房公积金专户”。四、职工个人住房公积金只能用于购买、大修、建造自住房及购买、大修、建造自住房抵押贷款，不能挪作他用。五、职工离退休、离职或调离白沙县、出国定居时，可由本人提取住房公积金本息余额。在职期间去世的职工，由其合法继承人或受遗赠人提取住房公积金本息余额。

2010 年，白沙黎族自治县房产局分离出海南住房公积金管理中心白沙管理所。

第三节　建筑业

一、建筑单位

白沙黎族自治县各建筑项目，均依照规定，通过合法手续，交由具有资质的企业承担建筑，参加白沙县建设的建筑企业不限于本地，许多项目的承建方、监理方都是省内外企业。

白沙县建筑公司，成立于 2001 年，隶属县住建局，曾为白沙建筑业的建设发展做出历史性的贡献。2010 年底，由于体制问题，软硬件均达不到省建设厅的要求，公司无法通过资质年审，落后于时代发展，失去市场竞争力，经营困难，已经无法承担项目建设业务。

1988—2010 年白沙黎族自治县建筑企业从业人员及企业收入一览表

表 5-6-3

年份	企业从业人员（人）			工程结算总收入（万元）	工程结算成本（万元）	工程结算税金及附加（万元）	工程结算利润（万元）
	国有	集体	小计				
1988 年	—	—	—	—	—	—	—
1989 年	—	—	—	—	—	—	—
1990 年	—	—	550	409	—	—	—
1991 年	—	—	296	206	—	—	—
1992 年	—	—	675	289	—	—	—
1993 年	—	—	409	365	268	7	90
1994 年	—	—	362	9	—	2	7
1995 年	—	—	315	416	359	35	22
1996 年	—	—	555	592	518	37	37

续表 5-6-3

年份	企业从业人员（人）			工程结算总收入（万元）	工程结算成本（万元）	工程结算税金及附加（万元）	工程结算利润（万元）
	国有	集体	小计				
1997 年	—	249	249	227	160	52	15
1998 年	—	—	466	699	199	46	34
1999 年	—	—	173	418	373	27	18
2000 年	—	185	185	511	431	46	34
2001 年	3	104	107	560	509	31	20
2002 年	52	137	189	998	695	50	253
2003 年	—	—	—	—	—	—	—
2004 年	—	—	—	—	—	—	—
2005 年	—	298	298	2770	2446	158	139
2006 年	—	181	181	2418	2207	14	124
2007 年	—	180	180	792	622	5	169
2008 年	—	80	80	827	537	95	195
2009 年	—	273	273	2152	1592	162	324
2010 年	—	55	55	297	183	16	65

1988—2010 年白沙黎族自治县建筑企业自有机械设备总台数和装备率一览表

表 5-6-4

年份	总台数（台）	净值（万元）	总功率（千瓦）	技术装备率（千元/人）	动力装备率（千瓦/人）
1988 年	—	—	—	—	—
1989 年	—	—	—	—	—
1990 年	65	43	373	—	0.70
1991 年	40	12	2000	—	6.70
1992 年	46	49	—	—	—
1993 年	202	173	674	0.42	1.60
1994 年	52	36	618	0.10	1.70
1995 年	94	287	1000	0.82	2.80

续表 5-6-4

年份	总台数（台）	净值（万元）	总功率（千瓦）	技术装备率（千元/人）	动力装备率（千瓦/人）
1996 年	103	469	625	0.85	1.10
1997 年	69	29	403	1.17	1.60
1998 年	208	53	1183	1.14	2.50
1999 年	57	30	518	1.73	3.00
2000 年	208	41	1186	2.22	6.40
2001 年	299	190	5630	21.84	64.70
2002 年	192	185	801	9.89	4.30
2003 年	—	—	—	—	—
2004 年	—	—	—	—	—
2005 年	84	159	1802	5.34	6.00
2006 年	84	136	1802	7.51	10.00
2007 年	15	5	160	0.28	0.90
2008 年	84	136	1802	17.00	22.50
2009 年	84	126	1802	4.62	6.60
2010 年	84	126	1802	22.91	32.80

二、项目审批

白沙县建设局对建设项目执行严格的审批制度，对于不符合规划要求的建筑，一律要拆除或整改。

2008 年，共审批建设规划用地许可证 57 本，用地面积 187 万平方米，建设工程规划许可证 50 本，总建筑面积 126 万平方米，《项目用地规划选址意见书》26 本。审批工程项目报建 77 宗，总建筑面积 17 万平方米，总投资约 2.3 亿元。在所报建项目中，住宅类项目占较大比例，建筑总面积 8 万平方米，工程总造价 9000 万元，酒店类项目有较大的增加，新开工酒店类项目建筑总面积 2 万平方米，工程总投资 6000 万元。其他商业类项目建筑面积 7 万平方米。工程总投资 8000 万元。

2009 年，共审批《建设项目选址意见书》26 本，拟选用地面积 9.6 万平方米，拟建规模 22.36 万平方米；审批项目建设用地规划许可证 57 本，规划用地面积 11.2 万平方米，拟建规模 20.19 万平方米。其中：单位项目 37 本，规划用地面积 8.07 万平方米，拟建规模 14.7 万平方米；个人项目 20 本，规划用地面积 3.13 万平方米，拟建规模 5.49 万平方米。全年审批项目建设工程规划许可证 50 本，总建筑面积 18.17 万平方米。其中：单位项目 34 本，建筑面积 13.05 万平方米；个人项目 16 本，建筑面积 5.12 万平方米。

2010 年，共审批《建设项目选址意见书》29 本，拟选用地面积 54 万平方米，拟建规模 31.54 万平方米；审批项目建设用地规划许可证 81 本，规划用地面积 61.22 万平方米，拟建规模 52.61 万平方米，其中单位项目 42 本，规划用地面积 58.39 万平方米，拟建规模 47 万平方米；个人项目 39 本，规划用地面积 2.83 万平方米，拟建规模 5.61 万平方米；审批项目建设工程规划许可证 74 本，总建筑面积 43.12 万平方米，其中单位项目 40 本，建筑面积 39 万平方米；个人项目 34 本，建筑面积 4.12 万平方米。

2010 年，共办理房产权属登记 291 宗，建筑面积为 8.5 万平方米；他项权登记 204 宗，建筑面积 4.13 万平方米。全年共完成房产测绘 14 宗，涉及建筑面积 3.6 万平方米，维护购房者的利益。

三、主要建筑介绍

（一）县政府办公楼

白沙黎族自治县政府旧办公大楼，1988 年建，总建筑面积为 4224 平方米，投入金额 343 万元（按 0.081 万/平方米计）。白沙黎族自治县人民政府为了使县政府综合办公楼早日动工，在《白沙黎族自治县人民政府办公室关于办理县综合办公楼用地使用证的函》中，同意划拨位于牙邦公路北侧的 89.1 亩土地（四至范围为东至方亮新区划规划路，南至牙邦公路，西至国营牙叉农场橡胶园，北至国营牙农场橡胶园），作为县政府综合办公大楼建设用地。为了解决县政府办公楼建设项目工程款，在《白沙黎族自治县人民政府办公室关于要求拨付县政府办公楼项目工程款的函》中，要求县财政局从年初预算安排中拨 500 万元作为项目工程建设资金。

（二）各乡镇办公楼

牙叉镇行政办公楼，1988 年建，总建筑面积为 4224 平方米，投入金额 343 万元（按 0.081 万/平方米计）。

七坊镇镇政府综合办公楼，2009 年 11 月建，大楼为五层砖混结构，总建筑面积 1109.5 平方米，建高 17.6 米，由海南省水利电力建筑勘测设计院设计，湖北宏鑫建设集团有限公司承建，设计合理使用年限为 50 年。

邦溪镇政府办公楼，共有 3 栋楼，总建筑面积为 4891.01 平方米，实际办公使用面积为 731.31 平方米。其中，镇政府办公楼于 2005 年竣工投入使用，楼层为 3 层，建筑面积为 1024.52 平方米；镇政府综合楼楼层为 4 层，建筑面积为 1178.85 平方米。

细水乡政府综合办公大楼，2009 年 6 月 17 日竣工，为框架结构，总高 4 层，总建筑面积为 895 平方米。

元门乡新行政办公楼，2008 年建，投入金额 200 万，建筑面积 1216 平方米，2010 年底竣工投入使用。

阜龙乡乡政府办公楼，2005 年竣工使用。办公楼共 3 层，总建筑面积 691 平方米，共有办公室 14 间、接待室 1 间、会议室 1 间。

青松乡新办公楼，2006 年建，共 3 层，总面积 720 平方米。

金波乡行政办公楼，2007 年建，2010 年投入 50 万建设乡政府庭院绿化工程。

荣邦乡政府综合办公楼，2005 年 9 月建成，大楼为 3 层框架结构，总建筑面积 1100 平方米，建高 16.15 米，由白沙县建筑设计室设计，白沙县建筑工程公司承建，设计合理使用年限为 50 年。

（三）金凯大酒店

金凯大酒店于 2010 年 1 月 3 日开工建设，2011 年 1 月 30 日竣工，位于白沙县县委路文明湖门前。酒店共 16 层、15500 平方米，合同造价 1257 万元。建设单位白沙凯达实业有限公司，勘察单位海南核工业地质工程勘察院，设计单位海南泓景建筑工程设计有限公司，施工单位海南金盛建筑工程有限公司，监理单位海口鲁班建设工程监理有限公司。

第六编

综合经济管理

白沙县资源丰富，自然条件优越，适宜农业生产。1988 年建省后，农业和农村经济稳步增长，消费需求持续扩大，投资建设不断增加，财政金融运行平稳，国民经济呈现增长较快，经济实力显著增强，发展基础不断夯实，城乡居民收入持续增长。综合试点改革成效显著，民族山区经济特色明显。经规划调整，产业布局、经济结构趋于合理，生态保护与经济发展协调。

白沙县经济发展存在不少矛盾和问题，主要表现为经济发展相对滞后，经济总量比较小；农业标准化、产业化水平比较低，农产品竞争力不强；工业“短腿”现象未能得到根本性解决，增长后劲乏力，拉动经济增长作用不强；投资缺乏影响深远、支撑力强、产业关联度高、改善民生成效显著的重大项目；城乡居民收入较低，基尼系数较大；财政收入较低，财政困难局面没有得到根本改变等。

第一章　经济综述

第一节　经济发展

1988 年，白沙县实现生产总值（含农垦）2.1652 亿元，人均完成生产总值 1418 元。从行业产值分布结构看：第一产业完成生产总值 1.5274 亿元，占全部生产总值的 70.5%；第二产业完成生产总值 2425 万元，仅占全部生产总值的 11.2%；第三产业完成生产总值 3953 万元，占全部生产总值的 18.3%。

1990 年全县完成生产总值 2.7036 亿元，人均完成生产总值 1751 元。从行业产值分布结构看：第一产业完成生产总值 1.9171 亿元，第二产业完成生产总值 2779 万元，第三产业完成生产总值 5086 万元。全年完成社会固定资产投资 3980 万元。其中，第一产业投资 12 万元，第二产业投资 2998 万元，第三产业投资 970 万元。全年社会消费品零售总额 5812 万元，其中城镇社会消费品零售额为 2501 万元，乡村社会消费品零售额为 3311 万元。城乡居民储蓄存款余额 8695 万元，居民人均储蓄存款余额 563 元。

1995 年国家“八五”计划执行期末，全县完成生产总值 6.1242 亿元，其中第一产业完成生产总值 4.3028 亿元，第二产业完成生产总值 7275 万元，第三产业完成生产总值 1.0939 亿元，全县人均生产总值 3671 元。

2000 年，白沙县“九五”计划完成，改革试点成果丰硕。全县完成生产总值 6.9361

亿元，其中第一产业完成生产总值4.7796亿元，第二产业完成生产总值6768万元，第三产业完成生产总值1.4797亿元，人均生产总值3921元。工农业总产值4.2789亿元，其中农业总产值2.8996亿元，工业总产值1.3793亿元。国民总收入3.3385亿元，人均国民收入2739元。

2005年，白沙县遵循“十五计划”的指导方针，发挥市场机制的作用，坚持可持续发展方针。全县完成生产总值10.8661亿元，其中第一产业完成生产总值7.4193亿元，第二产业完成生产总值1.0425亿元，第三产业完成生产总值2.4043亿元，全县人均生产总值5864元。全年实现工农业总产值4.6969亿元，其中农业总产值为3.2116亿元，工业总产值为1.4853亿元。

2010年，全县完成生产总值23.2357亿元，其中第一产业完成生产总值15.498亿元，第二产业完成生产总值2.5713亿元，第三产业完成生产总值5.1664亿元。全县社会消费品零售额3.8789亿元，其中城镇社会消费品零售额为2.0745亿元，乡村社会消费品零售额为1.8044亿元。全县城乡居民储蓄存款余额17.1408亿元，居民人均储蓄存款余额8524元。城镇居民人均可支配收入12983元，农民人均纯收入3656元。

部分年份白沙县经济和社会发展主要指标

表6-1-1

项目	单位	1990年	2000年	2005年	2009年	2010年
人口与就业						
年末户籍人口	人	155711	177404	185727	199365	202792
#城镇人口	人	12873	19865	23198	26216	25847
农村人口	人	142838	157539	162529	173149	176945
在岗职工	人	38849	25753	21645	20057	18417
全县生产总值（当年价）	万元	27036	69361	108532	194333	232357
第一产业	万元	19171	47796	74193	126186	154980
第二产业	万元	2779	6768	10080	22933	25713
第三产业	万元	5086	14797	24259	45214	51664
人均国内生产总值	元/人	1751	3921	5857	9840	11603

续表 6-1-1

项目	单位	1990 年	2000 年	2005 年	2009 年	2010 年
农业						
农业总产值（当年价）	万元	30450	82963	102632	163843	217410
粮食	吨	46070	72164	45444	38012	37893
油料	吨	251	912	781	412	376
糖蔗	吨	291797	287549	199143	604508	547579
蔬菜	吨	9309	27503	30421	33311	35912
木薯	吨	45382	122854	80058	136374	140963
水果	吨	7973	19897	29089	48319	50056
橡胶（干胶）	吨	15819	28138	25019	31469	38154
猪牛羊肉	吨	5080	7239	12101	14702	14142
水产品	吨	1635	5177	6901	7721	11743
工业总产值（当年价）	万元	7185	19451	21750	43001	49204
运输邮电						
全社会货物周转量	万吨公里		9986	13443	23875	27262
全社会旅客周转量	万人公里		9413	13042	22972	26393
邮电业务总量	万元	111	2188	4097	8024	8488

说明：数据来源于白沙县统计年鉴

第二节　经济结构

白沙县以农业经济为主，主要种植粮食和热带经济作物，稻米、橡胶生产所占比重较大。工业以热带作物加工、生产为主，蔗糖业、橡胶初加工、水泥业占相当比重。2003年被列为海南省生态核心保护区，对经济结构进行重新调整和规划。确立以种植生态林、适度发展林下经济，发展多种经济，开发乡村旅游的发展方向。系统清理核心保护区、水源地的工厂，淘汰污染重、产能低的产业，发展农产品加工业。

1988 年，白沙县工农业总产值 14696 万元（按当年价格计算），其中农业占 73.9%，工业占 26.1%。全县实现生产总值（不含农垦）11971 万元，其中第一产业 7091 万元，占 59.2%；第二产业 1886 万元，占 15.8%；第三产业 2994 万元，占 25.0%。三次产业对经济增长的贡献率（按可比价格计算，不含农垦），第一产业贡献率 138.%，第二、第三产业贡献率分别为 – 38.6%和 – 0.3%。三次产业对经济增长的拉动率（按可比价格计算，不含农垦），第一产业拉动率 12.5%，第二、第三产业拉动率分别为 – 3.5%和 0.0%。全县生产总值（不含农垦）从行业具体构成上来看，分别为农业 59.2%、工业 11.9%、建筑业 3.9%、运输邮电业 2.2%、商业饮食业 6.4%、金融保险业 5.5%、房地产业 0.5%，其他 10.3%。

1995 年，全县经济总量增长的同时，三次产业结构一定程度上得到优化。全县实现生产总值（不含农垦）31309 万元，其中第一产业 17310 万元，占 55.3%；第二产业 5511 万元，占 17.6%；第三产业 8488 万元，占 27.1%。三次产业对经济增长的贡献率（按可比价格计算，不含农垦），第一产业贡献率 116.4.%，第二、第三产业贡献率分别为 – 32.1%和 – 105.0%。三次产业对经济增长的拉动率（按可比价格计算，不含农垦），第一产业拉动率 7.8%，第二、第三产业拉动率分别为 – 2.2%和 1.1%。全县生产总值（不含农垦）从行业具体构成上来看，分别为农业 55.3%、工业 8.4、建筑业 9.2%、运输邮电业 3.9%、商业饮食业 4.4%、金融保险业 4.0%、房地产业 1.1%其他 13.8%。全社会固定资产投资 40965 万元，按三大产业分，第一产业投资 130 万元，占 0.3%；第二产业 34635 万元，占 84.5%；第三产业 6200 万元，占 15.1%。若以区域分，城镇投资 40229 万元，城乡个人投资 736 万元，其中农村私人投资 710 万元。

2000 年，全县实现生产总值（不含农垦）43297 万元，其中第一产业 26316 万元，占 60.8%；第二产业 5106 万元，占 11.8%；第三产业 11875 万元，占 27.4%。三次产业对经济增长的贡献率（按可比价格计算，不含农垦），第一产业贡献率 65.1.%，第二、第三产业贡献率分别为 20.2%和 14.6%。三次产业对经济增长的拉动率（按可比价格计算，不含农垦），第一产业拉动率 5.2%，第二、第三产业拉动率分别为 1.6%和 2.2%。全县生产总值（不含农垦）从行业具体构成上来看，分别为农业 60.8%、工业 6.9、建筑业 4.9%、运输邮电业 5.3%、商业饮食业 6.3%、金融保险业 – 1.5%、房地产业 2.5%、其他 14.8%。全社会固定资产投资 12664 万元，按三大产业分，第一产业投资 3656 万元，占 28.9%；第二产业 2113 万元，占 16.7%；第三产业 6895 万元，占 54.4%。若以区域分，城镇投资 10739 万元，农村投资 245 万元，城乡个人投资 1680 万元，其中农村私人投资 1370 万元。

2003 年，白沙县以建设生态县和实现可持续发展战略为目标，立足民族山区实际，充分利用自然条件，调整产业结构。围绕“粮食增产、农业增效、农民增收”的基本目标，根据地广人稀的特点发展适合县情的经济，由过去的传统型向规模型、高效型农业发展。2003 年，全县实现生产总值（不含农垦）52370 万元，农业在产业结构上占绝对优势。全县生产总值分行业及构成具体情况如下：农业 33917 万元，占 65.7%；工业 3798 万元，占 6.5%；建筑业 4610 万元，占 6.9%；水利管理业 118 万元，占 0.2%；运输邮电业 2938 万元，占 5.7%；商业饮食业 2973 万元，占 5.3%；房地产业 353 万元，占 0.7%；社会服务业 983 万元，占 1.9%；卫生体育社会福利业 649 万元，占 1.3%；教育文艺广播电影电视业 1956 万元，占 3.8%；科学研究综合技术服务业 75 万元，占 0.1%。

2005 年，三次产业结构得到进一步优化，全县实现生产总值（不含农垦）63714 万元，其中第一产业 36260 万元，占 56.9%；第二产业 8168 万元，占 12.8%；第三产业 19286 万元，占 30.3%。三次产业内部结构也不断得以优化：第一产业方面，农业所占比重由上年的 34.1%下降到 27.2%，林业所占比重由上年的 13.8%上升到 14.8%，畜牧业所占比重由上年的 9.9%上升到 11.4%，渔业所占比重由上年的 2.2%上升到 2.9%；第二产业方面：工业所占比重由上年的 6.1%下降到 5.3%，制造业所占比重由上年的 4.7%下降到 4.3%，建筑业所占比重则由上年的 6.3%上升到 7.6%。第三产业方面，交通运输、仓储和邮政业、信息传输、计算机服务和软件业、住宿和餐饮业等所占比重较上年均有所上升。

2010 年，全县实现生产总值（不含农垦）149349 万元，其中第一产业 80657 万元，占 54.0 %；第二产业 23693 万元，占 15.9%；第三产业 44999 万元，占 30.1%。三次产业对经济增长的贡献率（按可比价格计算，不含农垦），第一产业贡献率达 40.7.%，第二、第三产业贡献率分别为 20.8%和 38.4%。三次产业对经济增长的拉动率（按可比价格计算，不含农垦），第一产业拉动率 4.7%，第二、第三产业拉动率分别为 2.4%和 4.5%。从工农业总产值农轻重比例来看，农轻重所占比例分别为 73.8%、20.2%、6.0%。从农林牧渔业总产值内部比例来看，农林牧渔所占比例分别为 54.3%、30.3%、10.2%、4.7%。从工业总产值中轻重工业比例来看，轻重工业所占比例分别为 77.1%，22.9%。全县农林牧渔业总产值完成 12.89 亿元，完成农业增加值 8.0015 亿元，其中种植业完成 3.69 亿元，林业完成 2.54 亿元，牧业 1.45 亿元，渔业产值 3215 万元。

1988—2010 年白沙县生产总值一览表（按主要行业分）

表 6-1-2　　　　单位：万元

年份	生产总值	农　业	工　业	建筑业	运　输邮电业	商　业饮食业	金　融保险业	房地产业	其　他
1988 年	11971	7091	1425	461	267	769	658	62	1238
1989 年	14352	8144	1899	674	335	767	975	81	1477
1990 年	14767	8676	1639	553	466	608	998	100	1727

续表 6-1-2

年份	生产总值	农　业	工　业	建筑业	运　输邮电业	商　业饮食业	金　融保险业	房地产业	其　他
1991年	16074	8918	1955	768	672	404	1197	128	2032
1992年	17738	9124	2598	550	775	729	1423	152	2387
1993年	24574	10898	5207	1423	1155	911	1963	193	2824
1994年	27258	14425	4417	1365	1134	1139	1076	280	3422
1995年	31309	17310	2629	2882	1224	1373	1241	338	4312
1996年	34722	20405	3067	1962	1243	1806	1610	428	4201
1997年	35349	21289	2845	1955	1600	2033	425	620	4582
1998年	37884	22571	2665	2808	1720	2298	－172	763	5231
1999年	39750	24567	2021	2364	2057	2544	－449	921	5725
2000年	43297	26316	2987	2119	2300	2741	－646	1070	6410
2001年	47536	28501	3433	2340	2660	3001	－838	1247	7192
2002年	51646	30827	3434	2564	2951	3249	－678	1434	7865
2003年	56426	33917	3532	3192	3266	3529	－495	1614	7871
2004年	65438	39688	4002	4126	3574	3860	－370	1825	8733
2005年	64295	36260	3394	4817	3902	4273	－130	1939	9840
2006年	78722	47373	3638	5481	4323	4860	－142	2081	11108
2007年	92753	54072	5822	5697	4907	5673	353	2384	13845
2008年	112995	64350	8512	7310	5687	7013	894	2955	16274
2009年	122468	64242	11225	8661	6340	8112	2630	2987	18271
2010年	149349	80657	11339	12354	6909	9468	3565	3376	21681

说明：表中数据不含农垦系统

1988—2010年白沙县社会经济发展主要指标一览表

表 6-1-3

项目	单位	1988年	1989年	1990年	1991年	1992年	1993年	1994年	1995年	1996年	1997年	1998年	1999年	2000年	2001年	2002年	2003年	2004年	2005年	2006年	2007年	2008年	2009年	2010年
一、年末户籍人口	万人	15.29	15.31	15.54	15.90	16.01	16.35	16.50	16.87	16.79	17.14	17.35	17.64	17.74	17.93	18.04	18.16	18.49	18.57	18.81	19.10	19.56	19.94	20.28
其中非农业户籍人口	万人	2.03	2.09	2.14	2.17	2.20	2.25	2.40	2.58	2.62	2.75	2.86	2.94	3.08	3.16	3.24	3.29	8.20	8.18	8.20	8.37	8.55	8.60	8.46
二、生产总值	万元	21890.00	25222.00	26948.00	28025.00	31473.00	43344.00	52503.00	63792.00	66927.00	60469.00	58173.00	62033.00	67258.00	73046.00	80698.00	92505.00	107019.00	108661.00	128291.00	154466.00	180944.00	194333.00	232357.00
第一产业	万元	16531.00	18770.00	20695.00	20785.00	21957.00	28300.00	36734.00	45944.00	47745.00	42973.00	39656.00	43446.00	47629.00	51424.00	58396.00	68406.00	79407.00	74193.00	91287.00	109369.00	123627.00	126186.00	154980.00
第二产业	万元	2416.00	3094.00	2760.00	3298.00	3893.00	7606.00	7171.00	7323.00	7945.00	6466.00	7179.00	6271.00	6832.00	7302.00	7921.00	8728.00	10135.00	10425.00	10679.00	13626.00	18656.00	22933.00	25713.00
第三产业	万元	2943.00	3358.00	3493.00	3942.00	5623.00	7438.00	8598.00	10525.00	11237.00	11030.00	11338.00	12316.00	12797.00	14320.00	14381.00	15371.00	17477.00	24043.00	26325.00	31471.00	38662.00	45214.00	51664.00
三、人均生产总值	元	1434.00	1648.00	1745.00	1779.00	1971.00	2679.00	3196.00	3824.00	3977.00	3565.00	3374.00	3547.00	3802.00	4069.00	4486.00	5111.00	5841.00	5864.00	6864.00	8148.00	9360.00	9840.00	11556.00
四、农业总产值（当年价）	万元	10862.00	12700.00	14000.00	15607.00	17122.00	17560.00	18375.00	21343.00	23232.00	24559.00	40600.00	43143.00	45863.00	48909.00	52902.00	53806.00	63245.00	57310.00	72099.00	84990.00	101193.00	101033.00	127285.00
五、粮食产量	吨	36020.00	38100.00	44200.00	48565.00	53063.00	52198.00	56700.00	60224.00	64043.00	67623.00	68972.00	70127.00	70231.00	68750.00	66532.00	66812.00	64919.00	43855.00	48702.00	35143.00	34046.00	36040.00	36435.00
六、热带作物年末面积	公顷	—	—	—	—	—	—	—	10166.00	10604.00	11390.00	11841.00	12439.00	12663.00	13122.00	13689.00	14748.00	15502.00	15137.00	16219.00	17305.00	18648.00	20881.00	22857.00
七、橡胶干胶产量	吨	672.00	676.00	—	1226.00	1671.00	2296.00	2921.00	3396.00	3531.00	3686.00	4216.00	4899.00	5318.00	5964.00	6523.00	7290.00	8570.00	7353.00	8063.00	9633.00	10639.00	13151.00	15824.00
八、肉类产量	吨	—	—	—	2513.00	3300.00	3092.00	4226.00	4739.00	5202.00	5157.00	5563.00	4976.00	5758.00	6916.00	7477.00	8160.00	9160.00	9839.00	10421.00	9432.00	9739.00	10332.00	11680.00
九、水产品产量	吨	—	—	—	526.00	843.00	913.00	1024.00	1490.00	1767.00	1776.00	1876.00	2010.00	2200.00	2400.00	2600.00	2876.00	3250.00	3640.00	4186.00	3369.00	3672.00	3806.00	5838.00
十、乡镇企业总产值	万元	1619.00	1900.00	2030.00	2367.00	3003.00	3542.78	5268.00	8979.00	10977.00	5823.00	10551.00	11033.00	11407.00	11305.00	11533.00	10583.00	11249.00	9015.00	9049.00	12172.00	12178.00	12364.00	15164.00
十一、规模以上工业总产值（当年价）	万元	—	3128.00	6333.00	6900.00	13159.00	13169.00	10292.00	9413.00	9591.00	10823.00	14539.00	11339.00	16142.00	16604.00	16576.00	17807.00	20575.00	16847.00	14659.00	25913.00	30788.00	32710.00	36463.00

1988—2010 年白沙县国民生产总值及其同比增长率一览表

表 6-1-4

年份	生产总值（万元）	同比上年增长率（%）
1988 年	21890.00	15.20
1989 年	25222.00	6.80
1990 年	26948.00	－0.40
1991 年	28025.00	2.70
1992 年	31473.00	9.40
1993 年	43344.00	37.72
1994 年	52503.00	0.50
1995 年	63792.00	9.10
1996 年	66927.00	2.70
1997 年	60469.00	－0.60
1998 年	58173.00	7.80
1999 年	62033.00	7.20
2000 年	67258.00	7.50
2001 年	73046.00	9.70
2002 年	80698.00	8.70
2003 年	92505.00	10.80
2004 年	107019.00	10.20
2005 年	108661.00	－5.20
2006 年	128291.00	10.60
2007 年	154466.00	15.90
2008 年	180944.00	9.50
2009 年	194333.00	9.50
2010 年	232357.00	6.20

说明：数据来源于白沙县统计年鉴

第三节　经济发展综合试点

白沙县资源丰富，生产条件较好，是改革开放以来我省农业生产发展较快的县之一，民众生活水平普遍较低，在几个民族自治县中有一定的代表性。1988 年，人均收入 513 元，比少数民族地区平均多 83 元，比汉区少 81 元。1990 年 1 月，省委、省政府决定把白沙县列为海南省综合改革试点，旨在发挥民族山区自然资源的优势进行农业综合开发，内容涵盖农业、工业、科学技术、流通领域、党政建设、财税金融、文教卫生等七个方面。通过一系列改革措施，促进生产发展和人民生活提高：一是改革民族山区的扶贫工作。在县、乡（镇）两级干部中，实行定员、定点、包干负责的扶贫工作责任制，把扶贫作为发展民族山区经济的突破口。二是稳定和完善家庭联产承包经营责任制。同年全县 100%的承包农户与管理区和村委会签订土地承包合同，按期上交“五粮”[公粮、订购粮、水利粮、乡（镇）企业粮、民兵粮]，98%的承包户按合同兑现坡地承包金。三是完善双层经营体制，发展乡（镇）、管理区和自然村三级集体经济。全县有乡（镇）、管理区和自然村集体企业 1010 个，从业人员 4150 人，种植各种作物 12 万多亩，年产值 1500 万元，占全县农业总产值的 25%。

白沙县综合改革试点从实际情况出发，以少数民族地区扶贫为突破口发展经济。1993 年，各项经济指标明显提高，贫困面下降到 7%，摘掉国定贫困县的帽子。社会总产值 3.3 亿元，国内生产总值 2.3 亿元，工农业总产值 3.1 亿元，其中农业总产值 1.8 亿元，工业总产值 1.3 亿元，财政收入 2111 万元，农村人均收入 863 元。全县种植热带经济作物共 46 万多亩，人均 5 亩。其中甘蔗面积 83557 亩，产量 202180 吨；橡胶面积 15 万亩，干胶产量 2296 吨，热带水果 19987 亩。

经济作物的发展，加快了农村脱贫致富的步伐。1993 年，全县热带作物产值达 5650 万元，农民人均年收入 572 元，占农民年人均收入的 66.3%。狮球乡是脱贫致富较早的乡镇之一，有农户 791 户 4720 人，种植橡胶 10804 亩，已开割 4804 亩，干胶产量 130 吨，收入 78 万元；种植甘蔗 6000 亩，产量 18500 吨，收入 120 万元；种植木薯 2000 亩，产量 2000 吨，收入 32 万元；加上其他收入，共 462 万元，人均收入 977 元。打安乡合水村是个革命老区，也是白沙县主要贫困村，1987 年全村人均收入不足 50 元，通过扶贫开发取得显著成效。1993 年，全村共有 45 户 274 人，劳力 112 个。这里坡地面积大，土质肥沃，宜发展各种经济作物。全村每户均种植橡胶 44 亩，干胶产量 35 吨，甘蔗户均

52吨，木薯户均15.1吨，种植槟榔、香蕉、荔枝等373亩，加上其他收入，全村总收入65.7万元，人均收入1535元，年收入超万元的有17户。2010年，全村都住瓦房，饮上清洁卫生水，拉上电灯，有13部手扶拖拉机，6部摩托车，家家户户有单车、收录机、缝纫机，80%农户有电视机，73%的农户有电风扇。元门乡南训村是全县有名的贫困村之一，被列为县、乡重点扶贫对象。1993年初由县扶贫办垫资，农业局提供技术指导，县老区办和乡政府负责组织种苗，发动群众整地开荒，种植高产甘蔗96亩，平均亩产5794公斤，比1992年亩产增加4292公斤，增长286.3%，总产量达556.26吨，总收入58407元，户均收入2246元，单甘蔗一项人均收入达483元。邦溪镇大米管区第四经济合作社是个水库移民村，全村27户128个人口。全村群众在600多亩荒坡地上，靠双手挖渠引水，开荒造田种稻，开荒种蔗种果起家，1993年人均收入达到2300元。

1993年，白沙县工业主要通过抓好糖业生产，以加工带动生产，发展生产促进加工。为了解决农民卖难问题，先后兴建2家糖厂，日榨能力达到2300吨。合资合作，扩大建材业。白翔水泥厂靠改革管理走上市场，年生产水泥8万多吨，创利1213万元，1992年6月又动工兴建一条8万吨生产线；白沙水泥厂年生产水泥3万多吨，盈利300多万元，并在完成5万吨水泥生产线技改的基础上，与海南金盘开发总公司合作，再扩建一条生产8万吨水泥生产线；陶瓷厂生产的产品被北京1993年扶优限劣民用精品博览会推荐为畅销产品，产品销往国内外。扩大邦溪热带水果加工厂的生产规模，开发生产“柳京”牌姜茶、杧果汁、柠檬茶等系列产品被北京1993年“扶优限劣民用精品博览会”推荐为畅销产品。兴建花岗岩板材加工厂，投资500万元创办邦溪碎石厂、邦溪高级凉竹席厂，七坊红砖厂等一批乡镇企业。1993年，全县乡镇企业1754个，其中种植业120个，加工业217个。乡镇企业总产值3543万元，总收入2980万元，实现利润总额574万元。其中农业企业实现产值600万元，销售收入580万元，利润总额110万元；工业企业产值1061万元，销售收入1066万元，利润总额250万元。

为了推动传统农业向现代农业转变，坚持“实际、实用、实效”的原则，采取以乡镇为主，县、乡镇、管区三级相结合的办法，多层次、多渠道、多形式地进行农业技术培训，并做好产前、产中、产后的技术咨询工作。县、乡镇、管区都成立科普机构，全县建立自然科学学会9个，科普协会14个，分会58个，会员1293人。创办1所农民文化技术学校，举办各种培训班1346期，培训农民7万人次。对全县种养加工15类42项和722各专业人员建立档案。1993年，给72位农民评定技术职称，树立“星火”带头人113人，全县共有农民技术员737人。同时还创办农业示范基地，扩大科技成果。全县创办水稻旱育稀植、玉兰笋种植、试管香蕉、杧果、荔枝、甘蔗新良种、水稻新良种等示范基地，树立科技示范户889户，扩大应用科技成果20项。在白沙镇什奋洋建立500亩水稻高产栽培示范点。全面推广杂优良种和新技术，使粮食每亩增产196公斤。在细水乡马一洋改造低产田156亩。应用因地配方施肥新技术，年亩产达772.8公斤，每亩增产39.6公斤。县牧工商公司积极扶持49个养牛家庭牧场，为农民提供种牛2000多产头。他们定期上门跟踪服务，搞好防病治病工作，成畜出栏后由公司收购出售，并根据合同的规定，收入的70%用于偿还借款，30%作为家庭牧场收入。债务还清后，30%作为公司管理费，70%作为家庭牧场报酬。1992年底止，全县创办4个10万亩的农业商品基地，甘蔗生产基地11万亩，水果、南药、木薯等生产基地11万亩，橡胶生产基地14万亩，人工林基地14.5万亩；培育饲养专业户380户，运输专业户707户。1993年，49户中已有20户年均收入超万元，最少的户年均收入也在4000元以上。

2002年，白沙县重新被列为国家扶贫开发工作重点县。2002—2010年，接受国家以工代赈项目资金共15999万元，投资总额居全省五个国定贫困县之首。以工代赈项目实施范围涉及农村经济社会发展各个领域，关乎农民群众生产生活的各个方面。在支援农村建设的同时，也支持乡镇建设，先后建设环城路（一期）工程和南叉河二桥、三桥工程。重点修建小型农田水利工程9宗，恢复和改善农田灌溉面积11150亩；人畜饮水工程118宗，解决39058人饮水难问题；新建、改造乡村道路286.69公里，修建乡村道路、桥梁45条（座）。

2003年，县委、县政府贯彻省委省政府关于白沙县作为“核心生态功能区”的方针，环境资源得到有效保护。为此，大力淘汰小钢铁、小水泥、实心黏土砖等落后耗能企业，积极推进、扶持节能型高效型产业，努力改变经济增长方式，为全省经济发展做出巨大贡献。至2010年，全县工业废水排放达标率为97.5%，比上年提高21.2个百分点，烟尘排放达标率为81.1%，工业固体废物综合利用率100%，城镇生活污水处理率20.2%，生活垃圾基本实现无害化处理。城镇环境空气质量优良，主要污染物二氧化硫、二氧化氮含量符合国家环境空气质量一级标准；全县地表水环境质量总体保持良好，全县地表水环境质量总体保持良好，12个各监测点地表水质量监测均达到国家二至三类标准。全县有省级自然保护区2个，自然保护区面积25349公顷，被列入国家一级野生保护动物有6种；被列入国家二级野生保护动物有12种。被列入国家主要珍贵保护林木有154种。2010年，全县造林面积13950公顷，其中：造林9675公顷；更新造林面积4275公顷。森林总面积17.6万公顷，森林覆盖率达83.1%，活立木蓄积量1396万立方米。

白沙县试点改革坚持保护环境的可持续发展道路，经济发展稳步增长，以农业为主的产业特征明显，城乡人民生活水平逐步提高。1999 年，全县国内生产总值达 3.76 亿元，其中第一产业 2.46 亿元，第二产业 0.45 亿元，第三产业 0.85 亿元。农业总产值现价 43143 万元，粮食总产量 7 万吨。实现财政收入 3478 万元，农民人均纯收入 1538 元。农民人均纯收入与全省农民人均纯收入的 2775 元相比还有很大差距，仅占 55.4% 。2010 年，全县实现生产总值（不含农垦）14.9349 亿元，城镇居民人均可支配收入 12983 元，农民人均纯收入 3656 元。

第四节　固定资产投资

1988 年，白沙县完成社会固定资产投资 1890 万元。其中，第一产业投资 327 万元，占社会固定资产投资总额的 17.3%；第二产业投资 252 万元，占社会固定资产投资总额的 13.3%；第三产业投资 1311 万元，占社会固定资产投资总额的 69.4%。国家投资 175 万元，占投资总额的 9.26%；国内贷款 349 万元，占社会固定资产投资总额的 18.47%；自筹投资 1337 万元，占社会固定资产投资总额的 70.74%；还有其他方面的投资 29 万元，占社会固定资产投资总额的 1.53%。社会基础产业投资方面，全县完成社会基础产业投资 763 万元 ，占社会固定资产总投资的 40.4%。其中，农业投资 327 万元，占基础产业总投资的 42.9%；工业投资（包含能源工业和原材料工业）306 万元，占基础产业总投资的 40.1%；运输邮电业投资 130 万元，占基础产业总投资的 17%。2010 年，完成社会固定资产投资 5.1662 亿元，其中新增固定资产 3.6268 亿元，固定资产交付使用率为 70.2%。按资金来源分，国家预算内资金 2.1324 亿元，占社会固定资产投资总额的 41.3%；国内贷款 2615 万元，占社会固定资产投资总额的 5.1%；自筹投资 1.0067 亿元，占社会固定资产投资总额的 19.5%；企事业单位自有资金 8067 万元，占社会固定资产投资总额的 15.6%；其他投资 1.7656 亿元，占社会固定资产投资总额的 34.2%。按国民经济行业分，农、林、牧、渔业总投资 3889 万元，占社会固定资产投资总额的 7.5%；制造业总投资 4869 万元，占社会固定资产投资总额的 9.4%；电力、煤气及水生产供应业总投资 4737 万元，占社会固定资产投资总额的 9.2%；建筑业总投资 2541 万元，占社会固定资产投资总额的 4.9%；住宿和餐饮业总投资 2630 万元，占社会固定资产投资总额的 5.1%；房地产业总投资 1.6003 亿元，占社会固定资产投资总额的 31%；水利、环境和公共设施管理总投资 7286 万元，占社会固定资产投资总额的 14.1%；交通、教育、文化等其他投资

9307 万元，占社会固定资产投资总额的 18%。社会基础产业投资方面，全县完成社会基础产业投资 2.2697 亿元，占社会固定资产总投资的 43.9%。其中，农业投资 3889 万元，占基础产业总投资的 17.1%；工业投资（包含能源工业和原材料工业）9606 万元，占基础产业总投资的 42.3%；运输邮电业投资 1916 万元，占基础产业总投资的 8.4%；水利及其他投资 7286 万元，占基础产业总投资的 32.1%。

1991—1995 年，全县完成社会固定资产投资 5.9017 亿元，其中全社会新增固定资产 5.1575 亿元，固定资产交付使用率为 87.4%。从产业看，第一产业投资 570 万元，占社会固定资产投资总额的 0.97%；第二产业投资 4.215 亿元，占社会固定资产投资总额的 71.4%；第三产业投资 1.6297 亿元，占社会固定资产投资总额的 27.6%。从资金来源看，国家投资 1396 万元，占社会固定资产投资总额的 2.4%；国内贷款 6236 万元，占社会固定资产投资总额的 10.6%；外资投资 3.3604 亿元，占社会固定资产投资总额的 56.9%；自筹投资 1.6342 亿元，占社会固定资产投资总额的 27.7%；其他投资 1437 万元，占社会固定资产投资总额的 2.4%。在社会基础产业投资方面，完成社会基础产业投资 4.8080 亿元，占社会固定资产投资总额的 81.5%，其中农业基础投资 570 万元，占基础产业总投资的 1.2%；工业基础投资（包含能源工业和原材料工业）3.8381 亿元，占基础产业总投资的 79.8%；运输邮电业基础投资 8233 万元，占基础产业总投资的 17.1%；水利及其他基础投资 896 万元，占基础产业总投资的 1.8%。

1996—2000 年，全县完成社会固定资产投资 5.4236 亿元，其中全社会新增固定资产 3.1232 亿元，固定资产交付使用率为 57.6%。从产业看，第一产业投资 8866 万元，占社会固定资产投资总额的 16.3%；第二产业投资 1.7 亿元，占社会固定资产投资总额的 31.3%；第三产业投资 2.837 亿元，占社会固定资产投资总额的 52.3%。从资金来源看，国家投资 2008 万元，占社会固定资产投资总额的 3.7%；国内贷款 9773 万元，占社会固定资产投资总额的 18%；外资投资 1.1789 亿元，占社会固定资产投资总额的 21.7%；自筹投资 2.4566 亿元，占社会固定资产投资总额的 45.2%；其他投资 6100 万元，占社会固定资产投资总额的 11.2%。在社会基础产业投资方面，完成社会基础产业投资 3.2949 亿元，占社会固定资产投资总额的 60.8%，其中农业基础投资 9121 万元，占基础产业总投资的 27.7%；工业基础投资（包含能源工业和原材料工业）1.6277 亿元，占基础产业总投资的 49.4%；运输邮电业基础投资，6766 万元，占基础产业总投资的 20.5%；水利及其他基础投资 785 万元，占基础产业总投资的 2.4%。

2001—2005 年，全县完成社会固定资产投资 8.3553 亿元，其中全社会新增固定资产 7.5206 亿元，固定资产交付使用率为 90.0%。从产业看，第一产业投资 6034 万元，占社会固定资产投资总额的 7.2%；第二产业投资 1.8036 亿元，占社会固定资产投资总额的 21.6%；第三产业投资 5.9483 亿元，占社会固定资产投资总额的 71.1%。从资金来源看，国家投资 2.8313 亿元，占社会固定资产投资总额的 33.9%；国内贷款 9149 万元，占社会固定资产投资总额的 10.9%；外资投资 30 万元，占社会固定资产投资总额的 0.04%；自筹投资 3.0260 亿元，占社会固定资产投资总额的 36.2%；其他投资 1.5712 亿元，占社会固定资产投资总额的 18.8%。在社会基础产业投资方面，完成社会基础产业投资 4.2372 亿元，占社会固定资产投资总额的 50.7%，其中农业基础投资 6034 万元，占基础产业总投资的 14.2%；工业基础投资（包含能源工业和原材料工业）8144 万元，占基础产业总投资的 19.2%；运输邮电业基础投资 2.1326 亿元，占基础产业总投资的 50.3%；水利及其他基础投资 6868 万元，占基础产业总投资的 16.2%。

2006—2010 年，全县完成社会固定资产投资 17.1681 亿元，其中全社会新增固定资产 11.6166 亿元，固定资产交付使用率为 67.7%。从产业看，第一产业投资 1.5153 亿元，占社会固定资产投资总额的 8.8%；第二产业投资 3.6818 亿元，占社会固定资产投资总额的 21.4%；第三产业投资 11.971 亿元，占社会固定资产投资总额的 69.7%。从资金来源看，国家投资 7.1662 亿元，占社会固定资产投资总额的 41.7%；国内贷款 1.0935 亿元，占社会固定资产投资总额的 6.3%；外资投资 589 万元，占社会固定资产投资总额的 0.3%；自筹投资 3.9954 亿元，占社会固定资产投资总额的 23.2%；其他投资 4.8541 亿元，占社会固定资产投资总额的 28.3%。在社会基础产业投资方面，完成社会基础产业投资 8.41337 亿元，占社会固定资产投资总额的 51.0%，其中农业基础投资 1.6545 亿元，占基础产业总投资的 18.9%；工业基础投资（包含能源工业和原材料工业）2.70747 亿元，占基础产业总投资的 30.9%；运输邮电业基础投资 2.2044 亿元，占基础产业总投资的 25.2%；水利及其他基础投资 1.847 亿元，占基础产业总投资的 21.1%。

2007—2010 年，县重点项目总投资 108065.22 万元，其中 2007 年 12794.74 万元，2008 年 20373.17 万元，2009 年 27159.35 万元，2010 年 47737.96 万元，资金主要用于基础设施、农林水利交通、社会事业等方面建设。县发改委规划综合岗和固定资产投资岗负责对重点投资项目管理。政府投资项目的立项、可行性研究报告、初步设计与概算等前期工作程序审批通过设在县政府政务服务中心的工作窗门受理业务，接受各界监督，规范项目审批程序。

1988—2010 年白沙县全社会固定资产投资表

表 6-1-5　　单位：万元

年份	全社会固定资产投资总额	城镇投资	农村投资	城乡个人投资	城镇私人投资	农村私人投资
1988 年	1890	1214	154	522	—	522
1989 年	2777	2355	—	422	—	422
1990 年	3980	3386	—	594	42	552
1991 年	3055	2741	—	314	3	311
1992 年	2479	1735	—	744	22	722
1993 年	5928	5259	—	669	15	654
1994 年	6590	5798	15	777	39	738
1995 年	40965	40229	—	736	26	710
1996 年	9771	8675	41	1055	39	1016
1997 年	9158	8135	—	1023	278	745
1998 年	12052	11232	35	785	74	711
1999 年	10591	9810	130	651	250	401
2000 年	12664	10739	245	1680	310	1370
2001 年	11671	6614	1900	3157	1557	1600
2002 年	13020	8620	2000	2400	1150	1250
2003 年	16061	11864	1554	2643	1030	1613
2004 年	22954	18394	678	3882	1179	2703
2005 年	19848	14026	2162	3660	554	3106
2006 年	22537	18069	1107	3361	—	3361
2007 年	27094	21164	1900	4030	—	4030
2008 年	32253	26681	772	4800	—	4800
2009 年	38135	30906	629	6600	—	6600
2010 年	51662	42682	—	8980	—	8980
“四五”时期	457	454	3	—	—	—
“五五”时期	917	902	15	—	—	—
“六五”时期	6587	5247	120	1220	82	1138
“七五”时期	11981	9447	248	2286	122	2164

续表 6-1-5

年份	全社会固定资产投资总额	城镇投资	农村投资	城乡个人投资	城镇私人投资	农村私人投资
“八五”时期	59017	55762	15	3240	105	3135
“九五”时期	54236	48591	451	5194	951	4243
“十五”时期	83554	59518	8294	15742	5470	10272
“十一五”时期	171681	139502	4408	27771	—	27771

1988—2010 年白沙县全社会基础产业投资及比重一览表

表 6-1-6

年份	合计（万元）	农业（万元）	能源工业（万元）	原材料工业（万元）	运输邮电业（万元）	其中交通运输（万元）	水利及其他（万元）	基础产业投资占总投资比重（%）
1988 年	763	327	96	210	130	17	—	40.4
1989 年	1634	74	173	1200	187	151	—	58.8
1990 年	952	12	—	900	20	20	20	23.9
1991 年	478	96	353	—	29	—	—	15.6
1992 年	492	93	62	69	268	268	—	19.8
1993 年	3340	135	660	1613	801	755	131	56.3
1994 年	4976	116	—	1800	2915	286	145	75.5
1995 年	38794	130	—	33824	4220	1950	620	94.7
1996 年	7765	753	250	5632	610	118	520	79.5
1997 年	6562	153	—	5679	730	210	—	71.7
1998 年	4669	1814	30	1417	1408	890	—	38.7
1999 年	7365	2490	886	270	3719	3502	—	69.5
2000 年	6588	3911	2113	—	299	200	265	52.0
2001 年	4971	1734	260	240	2301	1250	436	42.6
2002 年	4253	683	1960	450	350	—	810	32.7
2003 年	7373	100	1730	—	2776	2656	2767	45.9
2004 年	11448	1461	3049	—	5898	5750	1040	49.9
2005 年	14327	2056	300	155	10001	9851	1815	72.2
2006 年	13599	904	—	2310	8090	8090	2295	60.3
2007 年	15088	4775	3240	150	5279	5279	1644	55.7

续表 6-1-6

年份	合计（万元）	农业（万元）	能源工业（万元）	原材料工业（万元）	运输邮电业（万元）	其中交通运输（万元）	水利及其他（万元）	基础产业投资占总投资比重（%）
2008 年	12114	3214	590	2120	2581	2581	3609	46.7
2009 年	20635	3763	7633	1425	4178	4178	3636	55.4
2010 年	22697	3889	4737	4869	1916	1916	7286	43.9
“八五”时期	48080	570	1075	37306	8233	3259	896	81.5
“九五”时期	32949	9121	3279	12998	6766	4920	785	60.8
“十五”时期	42372	6034	7299	845	21326	19507	6868	50.7
“十一五”时期	84133	16545	16200	10874	22044	22044	18470	51.0

第二章　计划统计

第一节　机　　构

一、计划机构

1988 年，成立白沙县计划委员会。1995 年，县计划委员会与县统计局合并为县计划统计局。2000 年 12 月，撤销县计划统计局，成立县发展计划局，物价局仍保留在内，统计局分出另外单设。县发展计划局设局长 1 名，副局长 2 名，下设办公室、计划项目股、物价股、物价所、事务所。2003 年 4 月，撤销县发展计划局，成立县发展和改革局，原经济贸易交通局工业职能和人员划拨入该局，设局长1名，副局长 3 名，内设办公室、计划股、工业股、物价股等 4 个股室，下设物价局、物价检查所、价格鉴定中心。

2009 年 12 月，撤销县发展和改革局，成立县发展和改革委员会，内设物价局和 8 个职能岗位：办公室、行政审批岗、规划综合岗、固定资产投资岗、农村经济岗、社会发展和就业岗、地区经济和资源环境保护岗、经贸财政金融岗。至 2010 年不变。

二、统计机构

1988 年 4 月，成立白沙县统计局，1995 年 12 月，与计划委员会合并入县计划统计局。2001 年 6 月，县统计局从计划统计局分开，设立统计局，为县政府正科级部门。2008 年 9 月 9 日，成立白沙黎族自治县统计局普查中心，隶属县统计局副科级财政全额拨款事业单位编制。

2009年12月，设立县统计局，为县政府工作部门行政编制，下辖普查中心。统计局内设八个职能机构：办公室、综合与核算统计岗、固定资产投资统计岗、工业交通岗、贸易旅游服务业统计岗、农村经济统计岗、能源统计岗、人口与社会科技岗。至2010年不变。

第二节　计划管理

发改委主要负责制定年度、中期和长期计划编制以及计划执行。建省后，先后负责制定“八五”（1991—1995）、“九五”（1996—2000）、“十五”（2001—2005）、“十一五”（2006—2010）等四个五年《白沙黎族自治县国民经济和社会发展规划纲要》。2005年部门调整后，工业发展规划也由县发改委负责编制。

2009年，白沙县深化机构改革，发改委内设规划综合岗。主要负责组织拟定全县区域经济发展规划，研究提出全县区域和城乡经济协调发展的政策；协调国土整治、开发、利用和保护政策，参与编制白沙县生态建设和环境整治规划及水资源平衡与节约规划；编制全县以工代赈计划，承担全县中部开发办公室和以工代赈办公室日常工作；综合分析经济社会与资源、环境协调发展的重大问题；提出全县交通运输业发展战略、政策、措施和体制改革的建议，衔接平衡交通运输业重大项目布局，参与有关重点项目的审核；协调各种交通运输方式之间发展计划的衔接；拟订交通发展规划和年度计划，协调能源建设重大问题；参与拟订能源资源节约和综合利用、发展循环经济的规划和政策措施，参与编制环境保护规划，参与审查、上报相关能源建设项目，负责拟订能源发展规划和年度计划；参与环保产业和清洁生产的有关工作；参与重大节能减排示范工程和新产品、新技术，新设备的推广应用工作；综合分析气候变化对经济社会发展的影响，参与拟定应对气候变化战略、规划。

第三节　统计业务

一、统计制度

根据国家、省统计局有关规定和统计局工作职能，白沙黎族自治县统计局统计制度主要以季度统计报表为主，月度统计报表为辅，年度统计报表为重点的统计制度，一直基本没有改变，并不断完善统计制度的内容。列入县统计局统计常规统计的有全县生产总值、工业、农业、贸易业、固定资产、劳动工资、农民人均纯收入，2005年起增加节能降耗和城镇居民人均可支配收入统计，其他统计为各职能部门负责。全县生产总值每季度核算一次、农业统计、劳动工资、农民人均纯收入、城镇居民人均可支配收入、节能减排按季度统计制度，工业、贸易、固定资产投资按月统计制度。

县统计局每个季度按国家规定时间于4月25日前、7月25日前、10月25日前公布季度GDP等主要经济指标完成情况，全年公布全县经济和社会发展统计公报，每个季度对全县经济运行情况进行统计分析，为县委、县政府科学决策提供依据，为社会、公众提供统计信息咨询。

二、统计调查

经济和社会发展统计　经济和社会发展统计主要是生产总值，农业、工业、人口、从业单位人员、固定资产投资、社会消费品零售总额等基本情况的数据统计工作。

专项调查　1998—2010年，白沙黎族自治县统计局共开展以下专项调查：人口变动抽样调查，每年一次（人口普查年份除外）；1%人口抽样调查（5年一次，人口普查年份除外）；瓜菜全面调查，每年10次；规模以上畜禽全面调查，每年4次（2008年起）；农村基本情况调查（3年一次）；规模以下工业抽样调查，每年4次；投入产出调查（2002年、2008年）；限额以下贸易业抽样调查，每年4次；文化产业调查，每年一次（2007年起）；组织工作满意度调查，每年一次（2008年起）；城市环境满意度调查（2008、2009年）；非公经济调查，每年一次；R&D资源清查（2009年）；城乡划分清查（2008年）；纳税人满意度调查（2008年）；老年人生活状况调查（2009年）。

人口普查　1998—2010年期间，白沙黎族自治县开展第四次人口普查（1990年）、第五次人口普查（2000年）、第六次人口普查（2010年）。

第四次人口普查从1990年开始，1991年基本结束；第五次人口普查从2000年开始，2001年基本结束；第六次人口普查从2010年开始，2011年基本结束。3次人口普查分别划分普查区145个、157个和129个，分别选调“两员”（指导员、普查员）843人、877人和1070人。通过普查，分别有常住人口163735人、164492人和167918人，男性人口分别为86597人、89567人和91044人，女性人口分别为77138人、74925人和76874人；男女性别比分别为112.26、119.63和118.43；汉族人口分别为71605人、60730和人57051人，少数民族人口分别为92130人、103762人和110867人；家庭户分别为34585户、39341户和49856户，平均每个家庭户人口分别为4.62人、4.06人和3.29人；0～14岁人口占总人口比重分别为34.31%、28.79%和22.71%，15～64岁人口占总人口比重分别为

63.15%、66.67%和 70.28%，65 岁及以上人口占总人口的比重分别为 2.54%、4.55%和 7.01%；每 10 万人中小学生分别为 37820 人、39930 人和 29078 人，初中生分别为 20515 人、30203 人和 40359 人，高中生分别为 9983 人、9848 人和 11248 人，大专及以上分别为 829 人、1825 人和 4101 人；城镇人口比重分别为 9.84%、20.12%和 25.32%。

经济普查 第一次经济普查从 2004 年开始，2005 年结束；第二次经济普查从 2008 年开始，2009 年结束；两次普查分别划分普查区 76 个和 83 个，抽调普查工作人员 164 人和 160 人；通过普查，全县分别普查法人单位 343 家和 361 家，产业活动单位 612 家和 594 家，个体工商户 2995 户和 3927 户。

农业普查 第一次农业普查从 1996 年开始，1997 年结束；第二次农业普查从 2006 年开始，2007 年结束，全县划分普查区 76 个，普查小区 529 个，抽调“两员”（不包括农垦地区）612 人，共调查农户 20847 户，住户 101945 人，法人单位 148 家，产业活动单位 31 家。

三、统计发布

统计资料发布 坚持“先上后下，先内后外”的原则，预计性统计数据，原则上不对外提供，供县委、县政府参考。上报省统计局的统计资料，未经定案，不得以任何形式提供给用户单位和个人。

统计质量检查 为防止乡镇、企事业单位提供虚假数据，根据《中华人民共和国统计法》相关规定，县统计局每年开展一次对全县基层单位上报的统计数据质量检查工作，坚持杜绝弄虚作假、虚报瞒报或者在办公室随意填报统计数据的歪风，使基层单位做到数出有源，有据可查，对虚报瞒报的单位或者个人，严格按照《中华人民共和国统计法》相关规定给予单位领导和个人相应的处罚。

第三章 审计管理

第一节 机 构

1984 年白沙黎族自治县审计局成立，共有人员 6 人，1993 年扩充至 11 人。2009 年，机构改革调整，县审计局人员编制 13 人，设有 8 个职能岗（股）：办公室、财政金融审计岗（股）、经济责任审计岗（股）、资源环境审计岗（股）、行政事业企业审计岗（股）、政府投资审计岗（股）、社会保障审计岗（股）、教科文卫审计岗（股）。至 2010 年不变。

第二节　项目审计

一、政府投资项目审计

2005—2010年，共完成固定资产投资审计项目186个，审计金额（送审）44511万元，核减金额3537万元。其中，2005年共完成审计固定资产投资工程预决算项目10个，审计金额1256万元，核减金额109万元。2006年，共完成审计固定资产投资工程预决算项30个，审计金额3024万元，核减金额400.3万元。2007年，共完成审计固定资产投资工程预结算项目18个，审计总额4774万元，核减金额125万元。2008年，共完成固定资产投资工程预结算项目24个，审计金额3557万元，核减金额319多万元。2009年，共完成审计固定资产投资工程预结算项目51个,审计金额1.4亿元,核减金额1900万元。2010年，共开展政府投资预结算审计项目72个，其中完成项目53个，在审项目19个。完成预结算审计送审金额1.79亿元，审定1.72亿元，审减684万元。

二、民生重点工程审计

2005—2010年间，每年都对部分民生项目进行审计。其中，2005年开展医疗养老工伤保险基金、住房公积金、社会保障资金3个专项审计项目。2006年，开展城镇居民最低生活保障金、医疗养老工伤保险基金、住房公积金、2005年财政转移支付资金管理使用情况审计4个专项资金审计项目。2007年，开展城镇居民最低生活保障金、医疗养老工伤保险基金、住房公积金、社会保障资金4个专项审计项目。2008年，开展污水及垃圾处理项目跟踪审计。2009年，对白沙县2007—2008年度基本养老基金使用绩效情况、2007—2008年度公益性岗位补贴专项资金使用管理情况进行审计。2010年，为使群众能切实享受到国家的惠民政策，县审计局开展2010年廉租房建设二期项目预决算审计，确保建设资金安全和有效，并对白沙县2008—2009年政府投资保障性住房情况开展专项审计调查。县审计局还积极开展医疗、教育、就业等关系民生利益的审计项目，通过对关系民生的专项资金的审计监督，针对发现的问题，提出审计建议，促进被审单位规范管理，提高民生专资金资金管理、使用规范化。

第三节　财政审计

一、党政机关和事业单位审计

1993年，对全县行政、企事业单位财务大检查，共查出违纪金额177万元，上缴入库 103 万元。1994 年 10 月，对税收财务大检查工作实行“四边”（边检查、边核实、边调账、边入库）和“四包”（包检查户数、包问题处理、包违纪金额入库、包调账）制度，重点检查全县 48 个单位和三个系统，共查出违纪金额 114 万元，已入库 191 万元。1997 年，制定并实施《白沙县预算外资金管理办法》，对白沙县 15 个重点单位进行重点检查。1—7 月，共查出预算外资金收入 777 万元，应上缴财政专户 109 万元，已缴存财政专户 28 万元。在全县范围内开展税收财务物价大检查，共查出违纪金额 327. 7 万元，已入库 217. 8 万元。1998 年 8—12 月，对全县公检法、工商等部门进行重点检查，共查出行政事业性收费 327 万元，已缴存财政专户 131 万元。

1999 年，开展全县行政事业单位资金账户清理检查，共检查 155 个（县级 798 个、乡镇级 77 个）单位，发现存在的主要问题：多设账户、账户设置不合理、会计人员无证上岗。

2000 年上半年，对全县重点行政事业性收费单位开展收支两条线及专项资金清理检查，从 1999 年 1 月至 2000 年 4 月共收入 564 万元，已缴存财政专户 97 万元，缴存省主管部门 160 万元，核准留用 148 万元，应缴未缴 159 万元；检查罚没款收入单位 12 个，从 1999 年 1 月至 2000 年 4 月共收入 22 万元，已缴存国库 13 万元，应缴未缴 9 万元。2000 年，对 2 个乡镇政府开展财政决算和其他财政收支情况审计，发现主要问题 7 个，查出管理不规范金额 73.60 万元，提出审计建议 7 条，有效促进财政管理的规范化。

2001 年，县审计局按照《白沙黎族自治县财政支农资金报账制管理办法》，逐步推行“用、管、查”三分离，确保财政支农项目资金专款专用。2002 年，对全县 27 个企事业单位实行重点检查，共查补税费收入 78 万元。同时开展全县预算单位清产核资工作，共清理资产 6093 万元。2003 年，对全县 47 个单位进行税收财务大检查，共查出应缴未缴款 288 万元，已入库 92 万元。2005 年 11 月 20 日至 12 月 20 日，对全县行政事业企业单位和农场等 17 个单位进行税收财务大检查，查出未缴税金 443 万元，已追缴入库 158. 9 万元。2006 年，在全县范围内开展财经纪律专项检查，共检查 17 个单位和 195 户个体纳税户，查出应缴税金 570.5 万元，已按规定入库税金 211. 3 万元。

2007 年，加强财政监督和审计监督的协同配合，对社保资金、重点工程建设项目资金的使用情况进行重点检查，确保财政资金安全高效运行。

2008 年，县监察、财政、审计等部门对全县各收费单位落实“收支两条线”规定情况进行专项检查；对全县 11 个乡镇 2008 年度财政、财务收支情况进行全面检查，进一步规定财务管理。

2009年，对全县162个党政机关及事业单位进行自查，自查面达100%。自查出违纪单位有7个，其中党政机关2个，事业单位7个，涉及“小金库”资金56.67万元。

2010年，加强对财政资金运行事前、事中和事后的全过程监控，搞好跟踪问效工作，确保财政资金使用的规范性、安全性和有效性，进一步加快建设法制财政的步伐。

二、经济责任审计

2001年，下达对2个党政领导干部经济责任审计项目进行审计。2002年，对党政领导干部经济责任审计项目7个，查出违规金额263万元，其中占用专项资金177万元，欠缴税款53万元，欠缴养老保险基金24万元，以借代支9万元。

2006—2010年，根据县委组织部的提请，共对党政机关38位主要领导干部任期经济责任和离任经济责任进行审计。其中：2006年6位，2007年5位，2008年5位，2009年4位，2010年18位。

2006年，对党政领导干部经济责任审计项目6个，发现问题39个，提出审计建议33条。

2007年，对党政领导干部经济责任审计项目6个，发现问题25个，提出审计建议15条，有效发挥审计监督的作用。

2008年，对党政领导干部经济责任审计项目5个，发现问题30个，提出审计建议30条，为监督制约权力运行，维护民生权益，促进党风廉政建设发挥了重要作用。

2009年，对党政领导干部经济责任审计项目5个，发现问题53个，提出审计建议45条，切实发挥审计在促进社会经济发展和保障民生方面的重要作用。

2010年，对党政领导干部经济责任审计项目16个，发现问题50个，提出审计建议69条，切实发挥审计监督和服务职能。

三、专项资金审计

2002年，开展3个专项审计项目，发现问题9个，提出审计建议4条。

2004年，加大对财政专项资金的监管力度，财政专项资金5440万元进行报账管理，并根据工程款代扣税金54万元。

2005年，开展2个专项审计项目，发现问题10个，查出管理不规范、漏缴税款金额229.55万元，提出审计建议11条，促进部门预算资金规范管理。

四、企业单位审计

2004—2010年，完成各类非政府投资审计项目共212个，查出违规金额1431万元，问题金额27946万元。其中，2004年，审计计划项目21个，实际完成审计项目21个，查出违规行为金额 770 万元，自行纠正金额 475 万元；查补税款 130 万元，上缴财政金额 112 万元。2005 年，完成审计项目 22 个，查出违规金额 16 万元；问题金额 3379 万元，其中管理不规范金额 3166 万元，决定处理处罚金额 9 万元。2006 年，共完成审计项目 49 个，查出违规金额 583 万元，其中应上缴财政 2 万元，应归还原渠道资金 400.3 万元，上缴财政 2 万元。2007 年，共完成审计项目 37 个，审计查出主要问题金额 462 万元，其中收支不实金额 21 万元。2008 年，共完成审计项目 25 个，完成领导交办计划外项目 6 个，查出主要问题金额 20434 万元。2009 年，共完成审计项目 17 个，查出主要问题金额 999 万元，上缴财政 17 万元。2010 年审计项目 30 个。查出违规金额 13 万元，管理不规范金额 1319 万元，上缴财政资金 11 万元。移送司法机关处理案件 1 件，涉案金额 2 万元。

第四章　工商行政管理

第一节　机　　构

1978 年 9 月，国家工商行政管理系统恢复建制，成立广东省白沙县工商行政管理局。1988 年 12 月，更名为海南省白沙黎族自治县工商行政管理局。1998 年 11 月，全国工商行政管理体制改革，工商行政管理系统省级以下机关实行垂直管理和办管脱钩。1999 年 11 月 29 日正式挂牌，更名为海南省白沙工商行政管理局。2008 年 12 月 28 日，再更名为海南省白沙黎族自治县工商行政管理局，沿用至 2010 年不变。内设办公室、人教监察股（挂机关党委、机关工会）、法制股、企业注册股（挂个体私营经济股牌子）、市场规范管理股（挂公平交易消保商广股、合同监督管理股及 12315 指挥中心牌子）等 5 个股室，派出机构有牙叉、桥南、打安、七坊、邦溪 5 个工商所。全系统有干部职工 76 人，工勤人员 1 人。白沙黎族自治县消费者协会、个体私营企业协会办公室设在工商局。

第二节　市场管理

一、市场建设

为促进市场健康发展，县工商局一手抓市场建设，完善市场各种设施和各种管理制度；一手抓市场管理，打击市场上的各种非法活动。改革开放之初，主要是抓集贸市场的管理，随着改革开放的深化，市场管理向深度、广度扩展。

工商体制改革前　1999年工商体制改革前，集贸市场由工商行政管理部门建设和直接管理。1991年，“两费”（个体工商户管理费和农贸市场管理费）收入67.47元。1992年，农村集市商品成交额5467万元，“两费”收入74万元。1993年，农村集市商品成交额5876万元，“两费”收入81万元。1994年，农贸市场商品成交额7205万元，“两费”收入160万元。1995年，农贸市场商品成交额9243万元，“两费”收入227万元。1996年，农贸市场商品成交额9455万元，“两费”收入259万元。1997年，农贸市场商品成交额9677万元。1998年，农贸市场商品成交额9775万元。

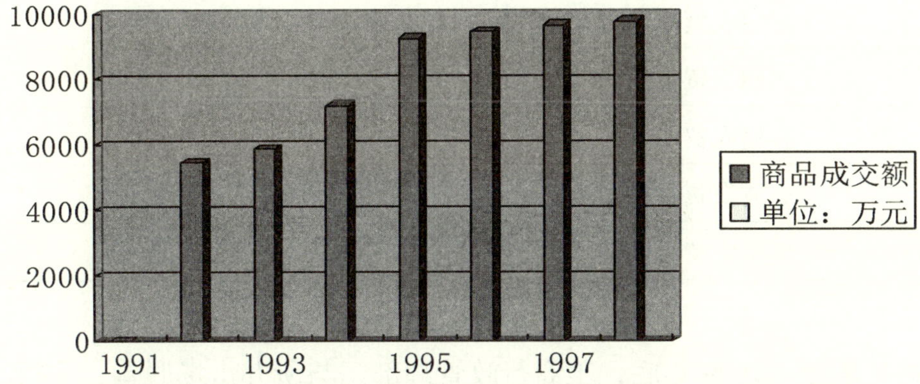

图6-4-1　1991—1998年白沙县农贸市场商品成交额发展趋势图

说明：数据来源于白沙县统计年鉴

1999年前，全县共建设有12个集贸市场，分布在白沙县11个乡镇、12个地点。其中规模较大、功能齐全的综合性市场有2个，即牙叉市场和查苗市场。牙叉市场在原来牙叉市场的基础上，1994年开始筹建、1998年建成并投入使用，建成后占地面积13000平方米，建筑面积10930平方米，投资近千万元，有固定摊位500个，商品房68间，能容纳几千人进行交易。1998年，牙叉市场被海南省工商局评为“三星级文明市场”，是当时全省农副产品市场最高级别的文明市场。查苗消费品综合市场，于1997年开始筹建、1999年建成并投入使用，占地面积10900平方米，建筑面积8000平方米，有固定摊位300个，商品房60套，能容纳几千人进行交易的综合性多功能的大型市场。

1988—1999年白沙县农贸市场分布表

表6-4-1

序号	农贸市场名称	分布地点
1	牙叉农贸市场	白沙县牙叉镇牙叉中路

续表 6-4-1

序号	农贸市场名称	分布地点
2	邦溪农贸市场	白沙县邦溪镇
3	查苗农贸市场	白沙县七坊镇
4	打安农贸市场	白沙县打安镇
5	狮球农贸市场	白沙县打安镇（原狮球乡）
6	阜龙农贸市场	白沙县阜龙乡
7	白沙农贸市场	白沙县牙叉镇（原白沙镇）
8	元门农贸市场	白沙县元门乡
9	木棉农贸市场	白沙县七坊镇
10	青松农贸市场	白沙县青松乡
11	金波农贸市场	白沙县金波乡
12	细水农贸市场	白沙县细水乡

工商体制改革后 1999 年底，工商行政管理部门与所办市场脱钩，实行“收支两条线”。2002—2003 年，县工商局先后将所办市场转让给个人。截至 2010 年，全县共有 18 个商贸市场，均属于企业或个人经营管理。

2004—2010 年工商体制改革后白沙县商贸市场明细表

表 6-4-2

序号	商贸市场名称	经营状态	经营地址（住所）	成立日期
1	向荣市场	正常	牙叉镇桥南路	2007-01-11
2	白沙七坊金波农贸市场	正常	金波乡农贸市场	2004-07-12
3	白沙邦溪消费品综合市场	注销	邦溪镇农贸市场	2004-07-16
4	白沙打安农贸市场	正常	打安镇打安农贸市场	2004-03-22
5	白沙黎族自治县扶贫服务公司光雅农贸市场	正常	七坊镇光雅农贸市场	2007-07-27
6	白沙黎族自治县白沙农场农贸市场	正常	国有白沙农场茶城社区市场	2007-08-22
7	海南省国有珠碧江农场农贸市场	注销	国有珠碧江农场场部	2007-08-03
8	海南省国有大岭农场农贸市场	注销	国有大岭农场场部	2007-10-22

续表 6-4-2

序号	商贸市场名称	经营状态	经营地址（住所）	成立日期
9	白沙打安狮球市场	注销	白沙打安狮球管区	2007-08-17
10	海南省国有芙蓉田农场农贸市场	注销	国有芙蓉田农场场部	2007-10-24
11	白沙元门元训农贸市场	正常	元门乡	2007-09-18
12	白沙黎族自治县青松供销社农贸市场	正常	青松乡（供销社）	2007-10-22
13	白沙细水成雄农贸市场	正常	细水乡细水市场	2007-09-19
14	白沙牙叉元旺农贸市场	注销	元门白沙工作站	2007-09-18
15	海南省国有卫星农场农贸市场	注销	国有卫星农场场部	2007-10-17
16	海南庆庄实业有限公司查苗农贸市场	正常	七坊镇	2008-05-08
17	海南省国有龙江农场珠碧江农贸市场	注销	国有龙江农场珠碧江分场部	2008-10-20
18	海南省国有龙江农场卫星农贸市场	正常	国有龙江农场卫星分场	2010-08-05

停收两费　为减轻个体工商户和私营企业的负担，促进个体、私营等非公有制经济持续健康发展，加强和改进工商行政管理工作，强化市场监管执法，更好地服务经济社会协调发展，工商部门自 2008 年 9 月 1 日起在全县统一停止征收个体工商户管理费和集贸市场管理费。

二、市场监管

1988—2010 年，白沙县工商局监督管理或参与监督管理市场上的各种经济活动，检查处理经济违法违章行为，保护合法经营，取缔非法经营，维护正常的市场秩序，保证社会主义商品经济的健康发展。

加强集贸准入监管　1988—2010 年，县工商局共出动执法人员 986 人次，执法车辆 300 车次，联合县政府有关部门整顿检查全县个体经营户 5365 户。

规范市场主体经营资格　严厉查处取缔无照经营行为，1991 年，共查处 17 家企业，罚款 1480 元。1996 年，依法对超期年检的 4 户企业进行处罚，共罚款 17450 元。1997 年，通过年检依法注销 4 户“三无”（无厂址、无厂名、无营业执照）企业。1999 年，通过年检依法注销 3 家“三无”企业，取缔 6 处无照经营屠宰场。2000—2010 年，加大对食品安全的检查力度，先后对全县上千户食品经营户进行检查，出动执法人员 3542 人次，执法车辆 853 车次，共查处无照经营案件 103 宗，罚没款 12 万元。

维护市场秩序和消费者权益　严厉查处限制竞争、严重扰乱市场秩序，侵害消费者合法权益等各类违法行为，切实维护公平竞争市场环境。1991 年，查处和打击各种扰乱市场秩序的违法经营活动，没收失准称具 115 把，没收放生各种保护动物 310 只，取缔伪证经营 40 户，查处处罚各类投机倒把和短斤少两等违法经营罚款 9750.99 元，查处销毁假酒 40 箱。

1993 年，处理缺斤少两罚款 2400 元。对各种车辆验证盖章 197 辆，其中摩托车 74 辆，其他机动车 123 辆。查处“假捐赠、真买卖”走私进口汽车，开展反走私斗争 8 宗，违法金额 190 多万元。没收假冒伪劣的酒类、饮料、药品、儿童营养品、化妆品、家用电器等 6507 件，价值 73100 元。

1994 年，对在市场上的肉类、鱼类、“三鸟”（鸡、鸭、鹅）等商品做出最高限价和整顿哄抬物价的违法行为，共处罚 45 户，罚款 19500 元，吊销营业执照 5 户，停业整顿 26 户，对短斤少两的罚款 1620 户。依法没收销毁掺杂河豚的海鱼 170 多斤，有效维护群众的生命安全。开展打击假冒伪劣商品 73 件，价值 1520 元。

1996 年，没收日用百货、饮料、酒类、一幅、录像带、黄色书刊、农药等假冒伪劣商品 2177 件，标值 7.5 万元。对短斤少两经营者罚款 534 元。

1997 年，处理病猪 16 头近 2000 市斤、注水“三鸟”108 只 540 市斤、牛 4 头 980 市斤、掺砂食盐 12 吨，罚款 2560 元。没收假冒伪劣商品如酒类、鞋、化妆品、饮料等 4052 件，标值 3.29 万元。

1998 年，处理 7 家未经批准擅自经营的粮食收购点，扣留大米 300 余公斤，标值 7380 元，稻谷 9672 公斤，标值 9672 元。检查饮料经销店和生产单位 54 家，取缔非法生产饮料厂家 4 家，没收 9 个品种共 3502 瓶，标值 1700 多元。县工商与卫生行政部门联合整治医药市场，检查 29 家医疗机构，54 个药店门市部，取缔无证照经营药品 2 家，没收伪劣药品标值 1162 元。对全县经营食盐的 97 家门店进行检查，对 6000 市斤的非典食盐做强制加碘处理。

1999 年，开展红盾打假保健康执法行动，全面清查生产和销售食品饮料的厂家、经营点 50 多家，取缔 3 家无照生产饮料的“窝点”，没收包装封口机 4 台，标值 18600 元，饮料 391 箱，标值 6028 元。检查医疗机构、药店 41 间，没收过期变质药品 1056 个品种，标值 103512 元。开展音像制品专项检查行动，没收盗版光碟 3760 张，标值 19150 元。打击非法收购粮食行为，没收 1350 公斤稻谷，开展打假治劣检查，没收假冒伪劣食品、饮料、药品、盗版光碟、种子、农药、化肥等，标值 1472900 元。

2000 年，查扣非加碘盐 8.5 吨，标值 11810 元。没收各类假冒伪劣过期变质的糕点食品 4906 件，标值 17597 元；饮料 550 件，标值 4400 元；百乐啤酒 320 件，标值 2500

元；白酒 175 公斤，标值 350 元。取缔非法生产食品，饮料、白酒的地下窝点 4 家。没收封口机等生产工具 5 部，标值 30000 元；半成品包装箱 1900 个，标值 2850 元，没收物品标值 95157 元。

2001 年，没收高剧毒农药 114.5 公斤；处理过期菜、豆、瓜种子 5.5 公斤；取缔无照经营农药店 1 家。

2002—2010 年，对全县上千户食品经营户进行检查，出动执法人员 3542 人次，执法车辆 853 车次，共查处无照经营案件 103 宗，罚款 120000 元，没收假冒伪劣产品有 502 包。其中 2002—2007 年，共检查各类经营户 1369 户次，出动执法人员 1568 人次，执法车辆 315 车次；查处假冒伪劣商品案件 38 宗，罚没款 4.04 万元，没收劣质大米 219 包、不合格电线电缆 37 捆、无产品检验报告月饼 649 件、不合格一次性塑料制品 901 件。2008 年，重点清理检查乳制品市场工作，共出动执法人员 223 人次，共检查各类经营主体 343 户，下架封存各类奶粉 1002 公斤，液态奶 5258 公斤，共计 6260 公斤。

第三节　工商登记管理

2001—2006 年，白沙县市场主体注册登记实行“一审一核”负责制，缩短办事时限，符合登记条件的在规定期限内办完。2007 年下半年，实行“注册官”审批制度，受理人员通过注册官考试上岗，实现注册登记“注册官”制改革，符合条件和手续齐全的由“注册官”当场办理完毕。同时实行个体工商户注册权下放到工商所，方便个体工商户注册登记工商执照。2008 年，海南省工商局下放外资公司到注册登记权限到下属市县工商局。2010 年实行市场准入机制，开辟企业登记“绿色通道”，提高办事效率。企业设立登记在注册数量和注册资金上出现新突破，全年共办理各类企业设立登记 59 户，注册资金 24534 万元。企业现存总户数为 383 户。办理农民专业合作社设立登记 33 户，注册资金 2279.5 万元。农民专业合作社现存总户数为 47 户。办理个体工商户设立登记 459 户，个体工商续存总量 3391 户。

截至 2010 年底，白沙县共登记各类企业 383 户，扶持从业人数 1799 人，其中内资企业 206 户，注册资金 59774.58 万元，外资企业 1 户。企业经营的主要行业是批发零售业、租赁和商务服务业、建筑业、农林牧渔业、房地产业、制造业。共办理农民专业合作社登记 153 户，出资总额 11019.55 万元。共有个体工商户 391 家，注册资本 16459.03 万元，从业人数 6027 人，其中城镇 2230 户，注册资金 8882.75 万元；农村 1161 户，注册资金 7576.28 万元。个体工商户经营的主要行业是批发零售业、居民服务和其他服务业、住宿餐饮业、制造业。

1988—2010年，白沙县登记注册的酒行业商场596家，加油站8家，生猪定点屠宰场（点）7家。

1988—2010年白沙县工商局注册各类企业统计表

表6-4-3　　单位：户

时间	内资	私营	外资	个体	农合
1988年	550	—	—	1649	—
1989年	502	—	—	1936	—
1990年	—	4	—	1529	—
1991年	540	5	—	1833	—
1992年	564	5	—	1752	—
1993年	632	7	—	1496	—
1994年	—	7	—	1636	—
1995年	710	10	—	1917	—
1996年	703	14	—	1763	—
1997年	707	11	—	1509	—
1998年	709	15	—	1526	—
1999年	708	21	—	1574	—
2000年	700	23	—	1553	—
2001年	681	24	—	1744	—
2002年	677	37	—	1886	—
2003年	314	49	—	1918	—
2004年	272	67	—	2114	—
2005年	237	85	—	2058	—
2006年	232	93	—	2305	—
2007年	222	107	—	2647	—
2008年	193	120	—	2930	—
2009年	191	139	—	3239	1
2010年	206	177	—	3391	11

1988—2010 年白沙县加油站数量及分布地点一览表

表 6-4-4

序号	企业名称	企业类型	经营地址（住所）	成立日期
1	中国石化销售股份有限公司海南白沙七坊加油站	外商投资企业分支机构（分公司）	七坊镇	2002-05-16
2	中国石化销售股份有限公司海南白沙邦溪加油站	外商投资企业分支机构（分公司）	邦溪镇	2002-05-16
3	白沙牙叉西路加油站	个体工商户	牙叉镇牙叉农场六队	2001-05-09
4	中国石化销售有限公司海南白沙县城加油站	外商投资企业分支机构（分公司）	牙叉镇石油路	2002-05-17
5	海南省国营龙江农场加油站	全民所有制分支机构（非法人）	七坊镇龙江农场商业街	2004-10-27
6	白沙资农金波加油站	个人独资企业	金波乡（原金波农场六队一号林段处）	2009-12-21
7	中国石化销售股份有限公司海南白沙白什加油站	外商投资企业分支机构（分公司）	牙叉镇桥南路什运出口路西侧	2010-09-01
8	中国石油天然气股份有限公司海南白沙白邦加油站	股份有限公司分公司（国有控股）	牙叉镇方亮新区（原牙叉农场六队 6 号胶林区域）	2010-12-13

1988—2010 年白沙县生猪定点屠宰场（点）数量及分布地点一览表

表 6-4-5

序号	企业名称	企业类型	经营地址（住所）	成立日期
1	白沙打安卫星屠宰场	个体工商户	龙江农场卫星作业区	2010-01-18
2	白沙黎族自治县食品公司屠宰场	全民所有制分支机构（非法人）	牙叉镇东路	1990-03-23
3	白沙七坊生猪屠宰场	个体工商户	七坊镇高石村	2009-12-03
4	白沙打安光雅屠宰场	个体工商户	光雅市场后面	2009-10-26
5	白沙邦溪大岭屠宰场	个体工商户	大岭分场场部	2009-12-08
6	白沙邦溪芙蓉田屠宰场	个体工商户	芙蓉田农场场部	2009-12-08
7	白沙七坊金波乡屠宰场	个体工商户	金波乡白打村委会经济场	2010-03-18

第四节　商标广告管理

一、商标管理

商标是地方经济社会发展竞争力的重要标志，反映着企业的竞争力和影响力，体现着一个地区特色产品的知名度和经济发展的程度。白沙县工商局始终坚持立足职能，深入开展商标注册引导和商标专用权保护等工作，促进白沙县经济社会持续健康发展。

1988—2001 年，白沙县商标有效注册量总计 31 件。1991 年，查处假冒、经销、侵犯他人注册商标案 3 宗，收缴销毁假冒商标标识 2288 套。1993 年，引导并成功注册商标 9 个，没收假冒“白沙”牌绿茶 270 公斤。1994 年，没收假冒“皇妹”啤酒 92 支。1997 年，“白沙”牌绿茶商标被认定为海南省首批著名商标，引导商标成功注册 13 个，没收假冒“白沙”牌绿茶 1200 公斤，包装 15000 件。1998 年，注册专用权的商标 15 个，查扣假冒“白沙”牌绿茶包装袋 5 万多个，成品 30 多公斤。1999 年，注册商标 19 个。2001 年，没收假冒“肤阴洁”护肤品 75 支，假冒“鹿回头”肥皂 143 块。2002—2010 年，打击商标侵权行为，立案查处商标侵权案 9 宗；没收侵犯商标专用权的“赖世纲”牌白酒 32 瓶、“新皖”曲酒 40 瓶、“华夏冰红”葡萄酒 84 箱、“百年长城”葡萄酒 58 箱、“华夏长城”葡萄酒 41 箱、“五粮醇”白酒 110 瓶、“青岛青特”纯生态啤酒 46 箱、“红荔”蛤蚧酒 14 瓶、“贵州”茅台酒 3 瓶、“CORDON BLEV” 3 瓶，罚款共计 29399 元；没收假冒“林花”牌商标油锯 21 台，罚款 13000 元。

二、广告监管

为加强对广告形式、内容的监管，白沙县工商局对全县广告形式、内容和户外广告等申请材料进行审查，1988—2010 年共受理广告登记 104 件，审查批准金融、通信、酒类等广告 508 条，登记批准发布广告牌 25 块，条幅广告 297 条，印刷品广告 5900 张。引导广告经营者加入广告协会 6 户，投稿“中视杯”海南省首届公益广告大赛 8 件，制作相关宣传横幅 32 条。

1996 年，集中整治虚假、违法、低俗、不良广告工作，拆除广告牌 105 块（条）。1997 年重点整顿烟酒、药品、食品、医疗、医疗器械、化妆品等行业广告，检查 87 个药店、诊所、商店、饮食店等，拆除没收未经工商局审查登记的烟酒、药品、医疗、食品等横幅广告 46 条，印刷广告 928 条，招牌 12 块。1998 年，清除未经核准的广告牌 12 块，条幅广告 31 条，没收印刷品广告 2149 张。1999 年，拆除户外违法广告 83 条，广告牌 20 块，没收印刷制品广告 2400 张，当场处罚违法广告 8 宗，罚款 400 元。2000 年，清理违章广告牌 61 块、条幅广告 107 条、非法印制的广告 4051 张，办理违章广告案件 9 宗，罚款 250 元。2001 年，拆除违章横幅广告 72 条、招牌广告 13 块，没收违法印刷制品广告 1950 张，立案查处 2 宗违法广告案。2010 年，开展户外广告登记、清理工作，共办理各类广告登记 96 宗。2002—2010 年，查处广告案件 4 宗，拆除违规广告 346 条，罚款金额共计 2.94 万元。

第五节　经济合同管理

为整顿和规范合同市场秩序，加强合同监管，白沙县工商局对全县农商经济合同之间的纠纷进行仲裁。1991 年，监督检查企业合同 116 份。1993 年，监督检查经济合同 46 份，涉及金额 1820 万元；鉴证合同 3 份，涉及金额 583 万元。1996 年，监督检查经济合同 85 份，涉及金额 1293 万元。1998 年，监督检查合同 75 份，涉及金额 120 万元；鉴证合同 10 份，涉及金额 480 万元。1999 年，监督检查合同 259 份，涉及金额 2413 万元。2001 年，监督检查经济合同 169 份，涉及金额 277 万元。2004 年，受理合同行政调解 20 宗。2005 年，全县检查各类合同 84 份，其中旅游合同 2 份，建筑合同 48 份，其他合同 34 份，合同调解 16 宗。2006 年，受理合同行政调解 20 件，检查合同 46 份，合同总额 21 万元。2007 年，检查合同 62 份，涉及金额 28 万元。2010 年，办理各类经济违法案件 194 宗，罚没款 28.4 万元；引导申报注册商标 8 件；处理消费者申述举报 54 宗，为消费者挽回经济损失 4500 元。

第六节　消费权益保护

1994 年，《中华人民共和国消费者权益保护法》颁布。1999 年 3 月 15 日，为切实解决广大消费者“投诉难的”问题，及时、方便、快捷受理消费者诉求，国家工商行政管理总局在原国家信息产业部的大力支持下，在全国统一开通“12315”消费者申诉举报专用电话。白沙县工商局以“12315”热线为依托，为进一步畅通消费者的诉求渠道，及时受理和处理消费者申诉举报，更好地维护消费者权益，严厉打击制售假冒伪劣商品的行为，及时有效地查处各类经济违法违章案件，为维护白沙县市场经济秩序公平、公正，促进经济健康发展，起到积极、有效的作用。1994—2010 年，白沙工商局共处理消费者投诉 184 件，成功协调 184 宗，办结率 100%，为消费者挽回经济损失 12.05 万元。

白沙黎族自治县消费者权益保护委员会挂靠海南省白沙黎族自治县工商行政管理局。为健全我县基层消费维权网络，拓宽消费维权渠道，经消协授权，建立消费维权单位 38 个，其中消费者协会分会 5 个，投诉站 3 个，消费维权联络站 25 个，消费教育基地 5 个。

第五章　物价管理

第一节　机　　构

1988 年海南建省后，白沙县物价局为副科级行政单位，归属县发展和改革委管辖，内设价格股、收费股、农调股，下属机构价格监督检查所（行政机构）、价格认证中心（属事业机构，人员从局、所在编人员调剂解决），三块牌子、两套人员合并办公。

第二节　价格管理

1979 年后，国家对价格体系进行改革，从政府统购统销、统一定价，逐步转为政府定价、政府指导价和市场议价相结合。1988 年，海南省除 69 种国计民生关系密切的商品价格实行计划管理外，其余商品价格全部放开实行市场调节价。1990 年，白沙县实行民营橡胶价格“双轨制”，1991 年粮食实行指导价。至 1997 年，96%的商品价格和服务价格已经实行市场调节价，政府定价和政府指导价的商品只占 4%，包括食盐、水、电、汽柴油、燃气和公办医院医疗药品价格等。农产品价格属于市场调节，在其收购和销售活动要求经营者明码标价。行政事业性收费由省物价局审批，县级物价局权限主要是核定公办幼儿园、出租车综合管理服务、集贸市场设施租赁收费、车辆停放服务等收费。

2003 年，白沙县执行义务教育阶段的学生实行“两免一补”政策。至 2009 年春季入学开始，全面免收农村学校义务教育阶段学生住宿费和作业本收费以及义务教育借读费。

2008 年 10 月 1 日，白沙县开始征收污水处理费，标准为居民生活污水 0.80 元/立方米，其他污水 1.10 元/立方米。2009 年 12 月 1 日起开始征收垃圾处理费用，同年调整液化气销售价。

2010 年，规范与旅游项目有关的市场价格，对县内近 70 家旅店、宾馆、招待所客房价格由明码标价向明码实价，在重要节假日期间，对县内金凯酒店、雅登酒店等七家宾馆客房价格实行价格备案等临时干预措施。对公路客运、公交车、出租车运价，各类级停车场、物业服务收费、私立幼儿园等经营性服务收费由经营单位提出收费申请，县物价局组织人员开展成本监审、核准备案。

2003—2010 年 ，国家发展和改革委员会发文取消收费 15 项，降低收费 18 项，为了减轻企业和群众负担。

1992—1994年白沙县集市贸易价格指数一览表

表 6-5-1

单位：%

	1992年					1993年					1994年				
	全年	一季度	二季度	三季度	四季度	全年	一季度	二季度	三季度	四季度	全年	一季度	二季度	三季度	四季度
集市贸易价格指数	98.6	97.0	96.9	98.7	101.6	131.8	107.0	124.0	142.1	153.9	138.4	156.9	140.3	135.5	133.0
（一）消费品价格指数	99.0	97.1	97.3	99.9	101.6	132.3	106.8	123.5	142.0	156.8	138.4	157.2	140.6	135.3	131.8
粮食类	103.2	99.8	102.3	109.3	101.5	147.5	134.2	112.6	141.1	202.0	154.6	153.4	159.9	145.2	148.2
食用植物油	106.2	107.4	99.7	107.9	109.8	155.6	126.8	143.6	157.2	194.8	141.7	155.9	142.1	130.9	120.6
鲜菜	92.5	94.5	96.8	88.6	90.2	167.2	104.5	109.2	157.5	297.7	132.1	141.5	142.6	143.7	146.1
干菜	101.0	96.8	98.4	103.3	105.6	126.2	106.0	122.4	129.8	146.4	125.2	137.7	132.2	128.8	118.2
肉禽蛋	100.5	97.3	98.1	101.4	105.2	131.4	115.1	127.2	136.9	146.4	140.1	154.1	137.3	136.7	140.2
水产品	100.7	102.6	95.6	101.3	103.3	143.9	122.4	138.5	158.1	156.5	134.3	158.5	147.5	129.4	132.3
鲜果	94.5	98.0	88.1	100.0	91.8	133.5	127.0	120.8	137.9	148.1	128.8	140.0	140.6	127.0	134.2
干果	96.5	93.6	102.6	95.9	93.8	151.4	131.3	156.0	141.5	176.9	131.0	136.2	120.7	122.8	125.0
日用杂品	100.1	102.8	98.1	95.5	104.0	117.7	117.6	123.0	121.2	109.1	139.4	142.4	134.0	144.5	146.6
其他	94.0	103.3	89.6	85.2	97.7	125.0	124.7	108.7	135.2	131.3	127.4	125.9	135.4	116.3	152.7
（二）农业生产资料价格指数	91.6	94.4	89.2	81.8	100.8	129.8	112.6	142.6	146.0	117.8	131.6	155.7	138.1	140.4	126.3
1. 饲料	97.4	79.0	106.1	100.0	104.5	152.9	131.9	134.3	178.6	166.7	158.9	164.9	166.3	159.5	153.1
2. 小农具	102.3	110.6	97.9	102.9	97.8	133.7	92.0	150.0	135.4	157.3	123.2	131.7	116.1	117.9	166.7
3. 幼禽家畜	90.0	96.7	85.6	78.4	99.2	129.5	109.4	148.6	143.9	115.9	148.2	161.3	132.8	143.1	140.0
4. 大牲畜	105.1	104.0	99.0	100.0	117.3	114.1	115.4	115.4	125.5	100.0	136.8	116.7	120.0	133.3	148.8

说明：上年同期价格为100

2000—2010 年白沙县各类物价指数一览表

表 6-5-2　　单位：%

名　　称	2000 年	2005 年	2006 年	2007 年	2008 年	2009 年	2010 年
一、居民消费价格指数	101.4	102.6	103.0	104.1	105.5	99.8	102.5
1. 食品	101.2	103.3	103.5	104.8	109.4	100.5	103.0
其中：粮食类	98.9	104.7	104.0	102.5	105.1	101.6	103.2
油脂类	101.2	104.0	103.8	107.5	109.3	98.8	101.8
肉禽及其制品类	98.8	103.9	103.9	105.5	111.6	100.4	102.2
蛋类	101.5	106.5	108.6	103.2	105.2	100.9	102.0
水产品类	101.6	103.1	102.9	101.7	105.4	100.7	102.0
菜类	101.8	113.1	111.1	106.2	107.3	101.4	104.1
糖类	102.7	102.6	102.7	100.8	103.3	99.9	101.9
烟草类	97.1	101.0	101.5	98.6	98.1	100.9	101.9
酒和饮料类	101.9	101.5	101.3	100.9	104.7	101.8	103.1
干鲜瓜果类	94.4	102.1	103.4	101.6	105.0	98.9	101.4
饮食类	102.1	101.7	101.6	103.5	108.6	101.1	103.0
2. 衣着	97.0	102.7	102.4	99.2	102.3	99.3	101.4
3. 家庭设备及用品	100.7	102.7	102.4	102.2	102.0	100.8	101.1
4. 医疗保健	102.5	101.3	101.7	101.3	96.9	98.8	100.0
5. 交通和通信工具	104.2	101.4	101.9	95.0	100.8	98.6	100.5
6. 娱乐教育文化用品	102.0	101.3	101.3	105.4	103.1	102.1	101.4
7. 居住	102.5	103.3	103.6	103.1	111.3	103.0	103.6
8. 建筑材料	100.5	102.8	102.8	106.5	116.5	102.6	103.8
9. 服务项目	102.2	101.9	102.1	104.7	111.0	103.5	103.1
二、商品零售价格指数	101.0	103.4	104.0	104.6	106.2	100.7	103.1
三、农业生产资料价格指数	102.1	103.3	103.7	103.4	107.6	101.2	102.6

说明：上年同期价格为 100

第三节　价格监督

1988 年普通商品价格放开后，县物价局的工作重点转为加强价格宏观调控和整顿价格秩序。主要工作是对实行政府定价、政府指导价的商品服务价格和行政事业性收费进行监督管理，对已经放开的商品价格进行巡查、检查，对暴涨暴跌的商品价格及时向省价格主管部门报告并采取临时干预措施，对价格违法行为依法实施处罚。

主要价格监督措施 开通“12358”价格举报电话；组织实施各种专项检查工作，查处违反规定，巧立名目，超标准收费、串通涨价格，哄抬价格、囤积居奇、欺客宰客等扰乱市场秩序的价格违法行为；组织巡查监管，实时掌握市场价格变化情况，执行省政府有关规定，监测八大类33种主要居民消费品的上报制度，指定专人负责；每周二深入农贸市场对蔬菜、肉类及鲜活产品等八大类57种价格进行调查；每周四深入各大超市对黄豆、面粉、食用油等13品种商品进行调查，并登记造册，依时向省物价局汇报。

重大专项价格监督 2001年，组织开展商品和服务明码标价、中小学收费、农村电价、农网改造收费、煤气价格、药品价格和医疗服务收费、农村建房收费等专项检查，查处价格违法案件3件，经济制裁金额3.61万元，其中，退还用户3.21万元，罚款0.4万元。2002年，开展教育收费检查，查出有价格违法行为的学校1所。其价格违法行为表现为多收“代收费”，责令该校退还违法所得金额17113元，罚款3500元。同年在全县范围内开展明码标价检查活动，共检查零售企业、个体户500户，查处违法企业（个体户）91户，罚款金额10620元。2003年，检查38所中小学校，个别学校存在擅自设立收费项目收费，如收取“体卫费”“信息技术教育费”“代收费”等的价格违法行为，立案查处收费违法案件3件，违法所得金额30655元，责令全额清退给学生。2004年，根据省局的统一布置，检查液化石油气价格、防止禽流感有关收费、医疗价格和服务收费、教育收费、涉农价格收费和电力价格等6个专项检查。共查处价格违法案件6宗，其中液化石油气价格违法案件2宗，医疗价格和服务收费违法案件2宗，教育收费违法案件2宗；实行经济制裁总金额65487.5元，其中没收违法所得26943.5元，罚款38000元，退还学生544元。2006年，开展涉农价格专项、成品油价格专项、通信行业价格欺诈专项、医疗服务价格专项、电力行业价格专项以及商品明码标价和禁止价格欺诈行为专项等多个专项价格收费检查工作。共查处价格违法案件264宗，共查处价格违法案件264宗，经济制裁总金额139055.94元，其中罚没款41000元，退还用户98055.94元。2008年，检查中小学、医疗服务等收费单位75家，受理和办结价格举报案件价格咨询4件；查处各类价格违法案件10宗，实行经济制裁35200元，其中退还消费者12300元，罚款22900元。2009年，对307种基本药物进行监管监控，实行零差率销售，基层卫生医疗机构的基本药物销售达到70%以上。2009年，开展以“反价格欺诈和不明码标价行为，规范市场价格秩序”为主题的专项行动，对县城市场商品和服务明码标价执行情况和价格欺诈行为进行全面检查。共检查商品经营户650家，发现商品不明码标价的违法行为90宗，其中教育纠正5宗，给予行政处罚85宗，罚款15700元。2010年，检查中小学、医疗服务收费，发现某医院捆绑式检查检验项目违反规定多收26184.00元，对该医院立案查处，将多收违法金额全部没收上缴国库。

第四节 收费许可证

截至2010年12月，白沙县各行政事业单位和经营性单位（站、点）申办行政事业性收费许可证或经营性收费许可证127个，申办率100%。

为了更好规范各执收单位的收费行为，县物价局每年都组织检查组进行检查，着重对收费单位开展收费年审和更换到期收费许可证，及时发现和纠正收费单位越权、超标、自立项目、撤销项目或降低标准仍按原规定收费，甚至是无证收费等各类违规收费的行为。2008年，在县城及各乡镇、居委会和村民委员会设置“涉农价格和收费公示牌”92块，提高收费政策的透明度。对民众关心的医疗收费、学校收费等热点政府定价和政府指导价的收费，严格执行收费公示制度。

1988—2010年白沙黎族自治县物价总指数

表6-5-3　　单位：%

年份	上年=100的指数				1987年=100的指数			
	居民消费价格指数	服务项目指数	商品零售价格指数	农业生产资料价格指数	居民消费价格指数	服务项目指数	商品零售价格指数	农业生产资料价格指数
1988年	123.3	124.6	123.4	109.3	123.3	124.6	123.4	109.3
1989年	116.4	116.2	115.4	109.7	143.5	144.8	142.4	119.9
1990年	104.4	116.4	103.5	107.2	149.8	168.5	147.4	128.5
1991年	104.4	103.6	104.1	101.9	156.4	174.6	153.4	131.0
1992年	103.2	106.5	102.9	105.3	161.4	185.9	157.9	137.9
1993年	138.8	140.6	137.5	127.3	224.1	261.4	217.1	175.6
1994年	134.3	145.3	132.4	130.9	300.9	379.9	287.4	229.8
1995年	117.8	119.5	115.7	116.0	354.5	453.9	332.5	266.6

续表 6-5-3

年份	上年=100 的指数				1987 年=100 的指数			
	居民消费价格指数	服务项目指数	商品零售价格指数	农业生产资料价格指数	居民消费价格指数	服务项目指数	商品零售价格指数	农业生产资料价格指数
1996 年	109.1	111.3	108.3	108.7	386.8	505.2	360.1	289.8
1997 年	104.3	106.1	103.0	103.6	403.4	536.1	371.0	300.2
1998 年	103.0	104.9	102.6	103.1	415.5	562.3	380.6	309.5
1999 年	100.0	103.5	99.7	100.7	415.5	582.0	379.5	311.7
2000 年	101.4	102.0	101.0	102.1	421.3	593.7	383.2	318.2
2001 年	100.8	100.9	100.5	101.5	424.7	599.0	385.2	323.0
2002 年	100.0	101.0	100.0	100.5	424.7	605.0	385.2	324.6
2003 年	100.7	100.9	100.9	100.4	427.6	610.4	388.6	325.9
2004 年	102.1	101.4	102.6	101.8	436.6	619.0	398.7	331.8
2005 年	102.6	101.9	103.4	103.3	448.0	630.7	412.3	342.7
2006 年	103.0	102.1	104.0	103.7	461.4	644.0	428.8	355.4
2007 年	104.1	104.7	104.6	103.4	480.3	674.2	448.5	367.5
2008 年	105.5	111.0	106.2	107.6	506.8	748.4	476.3	395.4
2009 年	99.8	102.3	100.7	101.2	505.7	765.6	479.7	400.2
2010 年	102.5	103.1	103.1	102.6	518.4	789.4	494.5	410.6

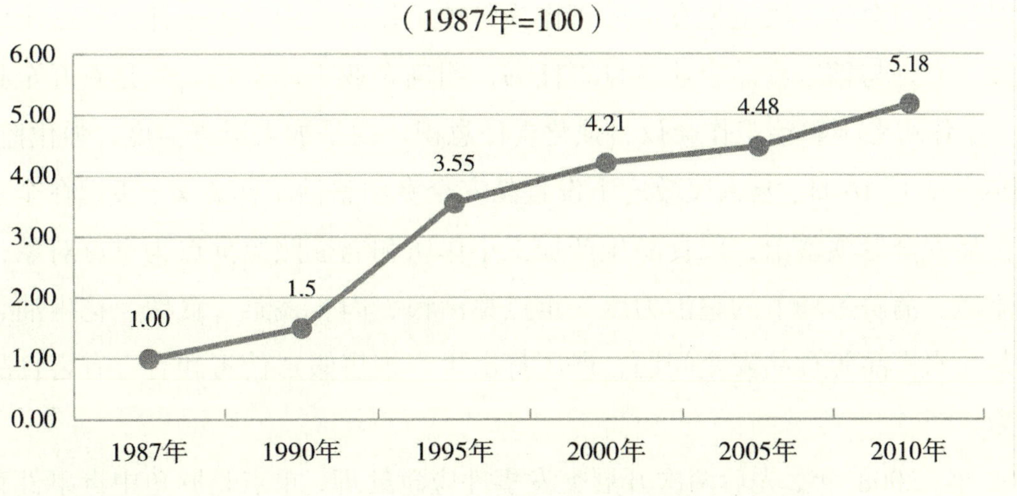

图 6-5-1 1987—2010 年白沙县居民消费价格指数图

第六章　食品药品监督

第一节　机　　构

2002年成立白沙黎族自治县食品药品监督管理局，2004年2月18日更名为海南省白沙黎族自治县食品药品监督管理局，隶属海南省食品药品监督管理局，实行省以下垂直管理体制。同年7月5日，成立县食品安全协调委员会，下设办公室，主任为分管食品安全工作的人民政府副县长兼任，县政府办公室1名副职领导和县食品药品监督管理局局长为副主任，工商、质检、卫生、公安、农业等职能部门为成员单位。

2006年1月18日，成立白沙黎族自治县食品生产加工业整顿工作领导小组，组长由县人民政府副县长担任，副组长由县质量技术监督局长、县食品药品监督局长担任，办公室设质量与技术监督局。

2010年1月，根据国务院行政机构改革要求，正式更名为白沙黎族自治县食品药品监督管理局，隶属白沙黎族自治县人民政府。

第二节　食品安全监管

2002年县食品药品监督管理局成立后，每年对辖区食品生产企业开展日常巡查，并针对重点产品进行监督抽样送检。2004年，县政府成立食品安全整治工作组，制定整治方案，召开专门会议，决定把食品监管作为各项工作的重中之重来抓：一是全面普查，摸清底数。二是与辖区食品企业签订责任书，明确企业主体责任。三是召开全县食品生产企业、小作坊专项整治工作会议，强化责任意识。四是加大巡查力度，强化监督抽样。

2006年6月16日，县人民政府下发食品安全专项整治工作方案，决定在全县范围内开展对食品安全专项整治，以食品生产加工小作坊和老证照黑窝点为重点对象，加大对加工、流通、消费等环节的整治力度，重点整治粮、肉、蔬菜、食糠、花生油、酒、饼干、绿茶、水产品等食品安全问题，严厉打击生产销售假冒伪劣和有毒有害食品的违法犯罪行为。

2005年、2008 年，先后两次开展突发事件应急处理，重点是豚鱼中毒事件和三聚氰胺事件（三鹿奶粉事件）。

2009 年，《中华人民共和国食品安全法》施行，保健食品、化妆品、餐饮服务食品安全的监督管理从县卫生局划转到县食品药品监督管理局，同时将食安办综合协调职能划转到县卫生局，并将县食品药品监督管理局由省垂直管理改为属地管理。

2010 年，开展食品专项整治工作，常态工作主要有元旦、春节、“五一”国际劳动节、国庆、中秋等节假日前食品安全检查。累计出动人员 720 人次，检查旅游景点食品生产、流通、消费、农产品等环节食品安全情况，及时派出食品安全隐患，保障节假日人民群众饮食安全。

第三节　药品管理与稽查

2003 年 3 月，白沙黎族自治县医药行业协会在县民政局注册成立，性质属于受药品监管部门业务指导的民间组织，会员主要是药品经营企业和医疗机构从业人员。主要业务范围包括对县南药资源调查、组织会员交流学习、促进医药行业自律、诚信经营等事业。

2004 年 4 月，白沙县农村药品配送中心挂牌成立，主要为白沙县农村市场配送药品，改善全县农村缺医少药的状况。2008 年全县农村药品配送网覆盖率达 100%。

2005 年，开办药品经营人员职业技术技能培训班，讲解医药基本知识、经营管理规范（GSP）、销售服务等专业内容，全县 74 家药品经营企业代表参加，并通过职业技能考核，领取岗位鉴定证书。2007 年，举办《药品流通监督管理办法》专题培训班，全县 76 家药品经营企业负责人和质量负责人参加学习。

2006 年，白沙县人民政府聘请 11 个乡镇及南平、岭门农场等 24 名农村药品监督协管员和 115 名农村药品监督信息员，组成农村药品安全监督协助监督队伍，由白沙县食品药品监督管理局开展业务培训，农村药品监督网络基本构建。

2007 年，白沙县实施国家基本药物制度，全县 17 家国家基层医疗卫生机构和 4 家国家办社区医疗卫生机构全部实施该制度，实现基本药物网上采购和零差率销售，其他医疗机构、药品经营企业均参照基本药物目录，逐步销售、使用基本药物，促进全县群众的合理用药。

2008 年，全县农村药品监督覆盖率达到 100%，有力地对农村无证经营、制售假劣药品、使用假劣药品的违法现象进行监测，推进全县药品监督工作的全方位发展。

2009 年，白沙县人民政府成立县药品安全专项整治工作领导小组，制定药品安全专项整治工作实施方案，整合县食品药品、工商、卫生、信息产业、公安、邮政等药品安全监督职能部门资源，在非药品冒充药品、邮寄药品、“走票”经营、“挂靠”经营等药品安全监督领域开展合作，从整体上把握全县药品安全监管的重点、难点，联合打击药品违法犯罪行为。累计出动执法人员 370 多人、执法车辆 20 车次，开展非药品冒充药品、特殊药品、互联网销售药品、邮寄渠道邮寄药品、基本药物质量、药品分类管理等专项整治。开展联合执法 12 次，检查药品种类 400 余种，责令 5 家医疗机构整改。促进全县药品质量安全监管责任体系的巩固和健全，建立药品安全监管的长效机制。年度抽检药品累计 200 个品种，不合格品种 10 个，多为中药饮片总灰分超标。监督抽验 50 个品种，没有发现不合格品种。

2005 年、2010 年，分别对全县药品经营企业开展药品经营质量管理规范认证（简称“GSP 认证”）及再认证，全县有 64 家届满换证的药品零售企业通过认证，企业经营软硬件状况在严格的认证标准要求中进一步完善，药品经营市场状况不断改善，企业药品安全第一责任人意识逐步健全，市场秩序逐步规范化。

2010 年，全县共审批药品连锁超市门店 4 家，进一步带动全县药品零售企业经营服务水平的发展。药品种类主要有化学药制剂、抗生素制剂、中成药、血液制品、生化药品、中药饮片、中药材等。

2002—2010 年，白沙县食品药品监管局结合医药市场实际，抓住违法违规多发领域，开展制假售假案件稽查，累计出动药品执法人员 820 人次，执法车辆 52 车次，立案查处 45 起案件，涉及无证经营、无证配制制剂、销售使用假劣药、超范围经营药品、非法渠道购药等违法行为，罚没金额 15.1078 万元。其中，2003 年，查处 2 起超范围经营药品案件，总货值合计 4.1255 万元，罚款总金额合计 8.3050 万元，居历年查处案件之首。

第四节　食品药品安全宣传教育

2004 年起，白沙县食品药品监管局每年举办两期农村药品监督协管员和信息员业务培训班，参加人员计 180 多人。农村协管员信息员的业务能力逐年提高。县食品药品监督管理局首次开展食品安全周宣传，设立宣传点 1 处、发放宣传资料 400 份，悬挂横幅 15 条，巡回宣传 3 天。营造食品安全监管政策宣传声势，打好食品安全监管思想基础。同时开展合理使用抗菌药物宣传，发放合理用药小册子 200 份，宣传画 500 份，广泛宣传国家食品药关于抗菌药物的“限售令”，提高群众合理用药意识。

2005 年，开展以“保障食品安全，促进经济社会发展”为主题的食品安全周宣传活动，创新宣传方式，重点开展假劣食品检查，销毁不合格豆奶 2600 瓶，不合格白酒 15

瓶，共计3000元。同年还开展“拒绝虚假药品、医疗器械、保健食品”主题宣传，联合工商、技术监督、卫生等部门，出动人员15人次，巡回宣传3次，悬挂“关爱生活、关爱健康”主题横幅4条，张贴宣传画30张，清理非法广告牌50块，广告传单60张。

2006年，开展河豚安全宣传，深入沿海各乡镇、村委会、养殖场开展河豚知识宣传，出动人员22人次，发放宣传画700多份，有效预防河豚中毒事故发生。开展无公害农产品品牌知识宣传，由农业局利用广播、电视进行宣传2次，张贴宣传画1024幅。开展“保护粮农利益、维护粮食安全”主题宣传，深入城乡，张贴400多张粮食知识宣传画，发放粮食质量安全常识资料2800多份，接受300多名群众咨询。

2009年，开展《中华人民共和国食品安全法》宣传周活动。设立宣传站点1个、悬挂宣传横幅15条、展示名优食品和假劣食品样本、发放宣传资料800多份。组织培训，开展农村食品监督协管员信息员培训。在电视专栏播放《中华人民共和国食品安全法》等法律法规。出动宣传人员30人，宣传车辆15车次，在各乡镇巡回宣传食品安全监管法律法规。

至2010年，累计出动宣传人员500人次，悬挂宣传横幅150条，设立咨询点50个，大力宣传药品监管相关法律法规50次，群众咨询人数达8000人次，发放法律法规资料3000册。努力普及药物监管法律法规。

第七章　质量技术监督

第一节　机　　构

1987年7月成立白沙县标准计量局、计量测试所。2001年3月2日，根据海南省人民政府关于有关质量技术监督管理体制改革方案，从4月1日起，全省19个市（县）技术监督局全部改制为省质量技术监督局垂直单位，白沙质量技术监督局为正科级建制，不设专职稽查队，只挂质量技术监督稽查队牌子，属技术机构（副科级），与县质量技术监督局合署办公。2010年，白沙质量技术监督局设1个直属事业机构白沙质量技术监督技术所，有公务员5人，其中执法人员3名，行政工勤人员1名，技术机构技术人员3名。

第二节　计量管理

1985年9月，《中华人民共和国计量法》颁布，促进计量工作的规范化管理。

2004年，县质监局在世界计量日采取多种形式开展纪念宣传和计量监督检查活动。全县（含企业）共制作悬挂宣传横幅20条，发放22套共88张“5·20”世界计量日宣传画到各企业。

2005年5月30日，国家质量监督检验检疫总局修订发布《定量包装商品计量监督管理办法》，对生产、经销定量包装商品作出规定，原国家技术监督局发布的《定量包装商品计量监督规定》同时废止。白沙质监局从三方面加强计量监督管理：一是计量器具产品质量。对辖区内的医疗用血压计及贸易用台秤和电子计价秤除每年一次的强检外，还进行不定期抽检，确保计量器具质量不出现问题。二是计量标准，通过计量标准考核工作，提高检定员的业务素质。三是计量器具备案工作，对备案实行动态管理，确保备案数据准确。同年对全县餐饮饭店进行检查，共检查饭店、酒家24家，检定计量器具26台，合格率为70%。

2006年，组织执法人员和技术人员对全县21个民营橡胶收购点使用的21台台秤进行强制检定和监督检查，强检合格率在98%以上，并向社会发布检查结果。

2007年，局技术所的检定人员深入11个乡镇、9个国有农场的农贸市场，对贸易结算强检计量器具进行周期检定，共检定衡器752台，受检率达95%以上。

2010年，白沙县技术和设备质量检查结果，加油机100%达标，压力表合格率99%，台式弹簧度盘秤、台秤、电子秤和电子汽车衡质量合格率97%，白沙县血压计（表）合格率89%。

截至2010年，白沙县共有计量标准4个，分别为加油机、衡器、压力表和血压计。质检部门对用能产品开展专项市场监督检查和抽查，加强重点能耗企业的能源计量器具的管理，对新建、在建企业的能耗设备、压力容器、锅炉等设施进行前期审查。

2001—2010年白沙县加油机质量状况一览表

表6-7-1

年份＼指标	数量（台）	受检率（%）	合格率（%）
2001年	16	100	96
2002年	16	100	98
2003年	16	100	98
2004年	18	100	97
2005年	18	100	99

续表 6-7-1

指标 年份	数量（台）	受检率（%）	合格率（%）
2006 年	18	100	100
2007 年	18	100	100
2008 年	18	100	98
2009 年	18	100	99
2010 年	22	100	100

2001—2010 年白沙县台式弹簧度盘秤、台秤、电子秤和电子汽车衡质量状况一览表

表 6-7-2

指标 年份	数量（台）	受检率（%）	合格率（%）
2001 年	616	93	91
2002 年	621	91	92
2003 年	634	91	92
2004 年	651	93	94
2005 年	739	95	93
2006 年	758	97	93
2007 年	867	96	92
2008 年	896	98	96
2009 年	1268	98	96
2010 年	1768	97	97

2006—2010 年白沙县压力表质量状况一览表

表 6-7-3

指标 年份	数量（台）	受检率（%）	合格率（%）
2006 年	56	100	96
2007 年	71	100	98
2008 年	83	100	98
2009 年	97	100	97
2010 年	136	100	99

2005—2010 年白沙县血压计（表）质量状况一览表

表 6-7-4

年份 \ 指标	数量（台）	受检率（%）	合格率（%）
2005 年	89	100	83
2006 年	101	100	87
2007 年	103	100	90
2008 年	113	100	91
2009 年	121	100	90
2010 年	368	100	89

第三节 标准化管理

一、消灭无标生产

1989 年，海南省人民政府颁布《海南省食糖质量监替管理办法》，实行产品出厂检验制度，未经检验合格的产品不许出厂，批号产品出厂要有质检员签发的产品合格证。出台建省以来第一个生产标准，规定白砂糖执行 GB 317—84 标准，赤砂糖执行 QB 532—67 标准。

至 2001 年，白沙县 37 个企业全部制定产品生产执行标准，实现标准登记、备案 58 个，标准覆盖率达 98%。2004 年，白沙县开展消灭无标生产活动，各项工作进展顺利。

二、地方标准与农业标准化

2006 年 4 月，白沙县质监局制定的《糖蔗栽培技术规程》通过专家评审会，经省质监局审查备案予以发布实施。这是白沙县制定的第一项地方性标准，填补白沙县农业标准化的空白，实现白沙农业地方标准零的突破。

白沙绿茶标准化示范区被列为第五批国家级农业标准示范区。2005—2008 年，在省局有关处室和白沙局的协助下，白沙绿茶标准示范区制定《原产地域产品白沙绿茶》《白沙绿茶种苗标准》《白沙绿茶栽培技术规程》《白沙绿茶鲜叶质量分级标准》《白沙绿茶加工规程》等五项标准。根据标准，从源头抓质量，从茶园、车间抓落实，严格执行原产地域产品标准和栽培技术规程及无公害要求，加强对白沙绿茶的产前、产中、产后实行标准化管理，从茶树种植、茶叶采摘、茶叶加工等环节采取措施，层层把好产品质量关，实现终端产品生产全部过程的控制，使白沙绿茶的产品质量及产量更上一台阶。

第四节　质量管理

一、质量兴县

2004年，县质监局按照《海南省质量兴省工作方案》及省局的要求，成立白沙县质量兴县工作协调小组，启动质量兴县工作。经县政府同意，协调小组办公室设在县质监局，具体组织协调指导监督工作。负责起草《白沙黎族自治县质量兴县工作方案》和《白沙黎族自治县质量兴县工作责任制》由县政府行文印发至各有关单位。由每个相关部门根据质量兴县的工作目标和工作职责，具体抓落实，建议县政府召开质量兴县动员大会。参加会议的有县政府领导、县质量兴县工作协调小组成员、县府直属单位、省属各部门主要领导及各乡镇、国有农场、厂矿企业负责人共90多人。

二、名牌产品培育

2006年6月9日，白沙县推广应用产品质量电子监管网，白沙绿茶、白糖、淀粉、重点食品、农资、建材等入网监管。2007年，白沙七坊高地淀粉厂和白沙茶厂严格按ISO质量管理体系模式进行管理，建立健全管理制度，提高产品检测能力，逐步完善企业内部管理。当年，2家企业都通过ISO质量管理体系认证。2010年，白沙县白沙茶厂生产的白沙绿茶、七坊高地淀粉厂生产的“海鲤”牌淀粉荣获“海南省名牌产品”荣誉称号。

第五节　代码　许可证管理

一、组织机构代码

2001年9月24日，海南省质量技术监督局、海南省经济贸易厅联合签发《关于在全省经济贸易管理工作中强制使用组织机构代码的通知》。同年10月1日，按照《中华人民共和国机动车登记办法》规定，各单位在机动车注册、过户、转出、转入、变更、抵押、停驶、复驶、临时入境和注销等10项登记时，必须提供组织机构代码证。同年，新办16家，变更16家，无废置，年检1家，换证12家。至2010年，新办177家，变更61家，无废置，年检71家，换证154家。

2001—2010 年白沙质监局受理组织机构代码证办理情况一览表

表 6-7-5　　　　单位：家

年份	办证数量
2001 年	45
2002 年	75
2003 年	196
2004 年	91
2005 年	115
2006 年	448
2007 年	203
2008 年	353
2009 年	350
2010 年	463

二、特种设备许可证

白沙县地处山区、工业基础薄弱。2007 年，白沙县安装第 1 部电梯。截至 2010 年 12 月 31 日，全县拥有在用锅炉 22 台，压力容器 70 台，电梯 2 部，起重机械 8 台，压力管道 8 条。2001—2010 年，白沙县特种设备种类和数量虽然发展快速，但和省内其他县市相比始终保持较低水平，涉及特种设备主要为锅炉、压力容器、气瓶、压力管道、电梯、起重机械、厂内机动车辆。

2001—2010 年，白沙县特种设备安全事故率为零。2006 年、2007 年、2009 年、2010 年，县质监局被评为“白沙县安全生产工作先进单位”。

第六节　行政执法

2001—2010 年，白沙质监局共计出动执法人员 2000 余人次，重点加强对建材、食品、农资、橡胶等产品的执法打假。

2003 年，质监局出动执法人员 300 多人次，立案 23 起，罚款 16.2 万元。全年查获黑心棉产品 84 个，假冒白沙绿茶 200 包、假冒青岛啤酒 123 箱（为白沙县境内历年来最大的假冒饮料案）、假冒名牌服装 62 件、假冒五粮液酒 9 瓶，涉案货值 1 万多元。2005

年出动执法人员150人，检查企业93家，立案查处14起，罚款3.97万元。

2006年，质监局共监督抽样19个，包括白砂糖2个、淀粉1个、螺纹钢6个、花生油5个、米酒1个，其中合格产品16个，合格率84%。不合格产品是白砂糖，不合格项目为色值超标，1份标准橡胶为杂质超标。质监局对不合格企业罚款处理，处罚款项7.1万元。

2007年，质监局和农业局、工商局、畜牧中心等4个单位组成联合执法小组，对辖区内的农资市场进行专项打假行动。共出动30人次，分别对辖区内的9个国有农场、11个乡镇的40多家农资店进行检查。查获不合格农药19种50多公斤。

2010年，对农用产品、加工食品和饮料、建材、冶金产品和金属制品等进行质量检查，抽检20家生产企业，其中不合格企业1家，产品合格率95%；抽检15家商业企业商品，合格率46.7%。

2004—2010年白沙县监督抽查产品质量情况一览表

表6-7-6

年份	抽查企业（个）	无不合格品企业数（个）	抽查产品		合格产品（个）	样品合格率（%）
			类数（类）	种数（种）		
2004年	87	42	3	11	42	48.3
2005年	16	6	4	4	6	37.5
2006年	9	5	1	4	5	55.6
2007年	13	9	4	8	9	69.2
2008年	25	10	4	8	10	40.0
2009年	63	10	3	8	53	84.1
2010年	20	19	3	7	19	95.0

2010年白沙县产品、商品质量监督检查情况一览表

表6-7-7

项目	产品质量				商品质量	
	监督检验企业数（个）	有不合格品企业数（个）	有不合格产品企业所占比例（%）	批次合格率（%）	检查商业企业数（个）	批次合格率（%）
总　计	20	1	5	95	15	46.7
农用产品类	—	—	—	—	6	66.7

续表 6-7-7

项目	产品质量				商品质量	
	监督检验企业数（个）	有不合格品企业数（个）	有不合格产品企业所占比例（%）	批次合格率（%）	检查商业企业数（个）	批次合格率（%）
#农用化肥	—	—	—	—	6.00	66.7
农林产品类	4	—	—	100	—	—
#颗粒胶	4	—	—	100	—	—
加工食品和饮料类	12	—	—	100	—	—
#白砂糖	2	—	—	100	—	—
淀粉	2	—	—	100	—	—
食用植物油	7	—	—	100	—	—
面条	—	—	—	—	—	—
米酒	1	—	—	100	—	—
饮料	—	—	—	—	—	—
轻工产品类	—	—	—	—	—	—
建材产品	4	1	25	75	—	—
水泥	2	—	—	100	—	—
环保砖	2	1	50	50	—	—
冶金产品及金属制品类	—	—	—	—	9	33.3
#线材	—	—	—	—	—	—
型材	—	—	—	—	9	33.3
其他产品	—	—	—	—	—	—

第七编

财政　税务　金融　保险

1988年，海南省财税机构改革，在全国率先实行分税制和成立征税中心，征税中心负责统一征收国税、地税财政局，实行县、乡两级财政管理。白沙县从1988年实行财政收支包干办法，2009年改为乡财县管。县财政部门依照统收统支原则，编制财政收支预算，不断完善财政管理制度，提高财政资金运行效益。2001年，实施政府招标采购制，并把政府采购纳入财政预算和计划管理中。2004年实现财政资金拨款管理系统网络化。2005年预算执行系统实行网络，2007年实行一个单位一本预算。2009年，优化政府预算和部门预算，细化预算编制政府收支分类功能支出科目。2010年引入项目绩效考核机制，加强预算编制的科学性和严谨性。同年成立白沙县财政国库支付局，与财政局国库股合署办公，实现国库地方、中央管理一体化。2001年实行会计人员政府委派制，2005年行政事业单位银行账户实行“统一管理、分户开设”的会计核算制，2010年实行农村集体资产、资源、资金“三资”委托代理服务制。2004年成立国资办，对全县国有资产进行清产核资，处理关停并购国有企业和撤并的行政事业单位的资产处置问题。

1994年，白沙县国税、地税分设，国税部门管理税种4项，地方税务机构管理14项。至2010年，县地税局征收税种14项及5项社会保险费。县税务部门不断改进管理办法，简化办税程序，优化纳税服务。2001年采用机打发票代替手工开票，推行纳税人自行申报纳税的模式。2004年，县国税、地税部门推行联合办理税务登记，实现共管户税务登记信息共享。2006年，县国税、地税统一换发和启用新税务登记证。2009年8月起全面使用新版机打防伪税控专用发票，2010年实行按户籍由税源管理分局办理纳税。

1988年，白沙县金融保险业机构全民所有制单位5个，即县人民银行、县农业银行、县建设银行、县工商银行和县保险公司，全部职工247人。城镇集体所有制单位（不包括乡镇）1个，即县信用联合社，全部职工60人。

2010年，白沙县金融业机构23个，其中国家银行13个，农村信用社10个。有6家银行，白沙人行是管理银行，其余为商业银行。白沙县金融业以国家银行占主导地位，经过调整改制，向市场化、商业化发展，不断完善服务，提高经济效益。白沙人保公司是白沙县唯一保险公司，2003年完成股份化改革挂牌上市成为商业保险机构。主要经营产险寿险，通过不断地开发，公司业务稳健发展。

第一章 财　　政

第一节 机　　构

1988年，海南省进行的财税机构改革，在全国率先实行分税制和成立征税中心，征税中心负责统一征收国税、地税财政局，实行县、乡两级财政管理。

1994 年 8 月 8 日，成立县财政税务局和县征税中心。县财政税务局为正局级建制，县征税中心为副局级建制。各乡镇同时设立财政税务所和征税站，为县财政税务局和征税中心的派出机构，属股级事业单位，人员和编制原定不变。县征税中心为具有独立法人资格的事业机构，统一负责征税，并按中央和地方财权划分的税种收入自动划分、分级入库等工作。

1995 年 11 月，财政局更名为财政税务局，内设地方税务局和国有资产管理局，乡镇财政所同时更名为财政税务所。1996 年 6 月 17 日，成立下属 16 个乡镇税务所，即南开税务所、元门税务所、白沙税务所、南叉税务所、细水税务所、牙叉税务所、打安税务所、狮球税务所、阜龙税务所、光雅税务所、青松税务所、七坊税务所、金波税务所、邦溪税务所、荣邦税务所和县城税务所。以上各税务所相对应挂牌在各乡镇（或县城）征税站内，实行两块牌子、一套人员的管理，人员编制不变，工作分工由县地方税务局从各征税站现有人员中调剂解决。

1998 年 6 月 10 日，县财政税务局分设为财政局、地方税务局，为科级编制的政府机构。1999 年 4 月 8 日，白沙黎族自治县财税局更名为白沙黎族自治县财政局，原农税人员划转到地方税务部门，划转编制人数 65 人，由县财政局、地方税务局、人劳局负责办理划转有关手续。同年 10 月 25 日，白沙黎族自治县地方税务局正式更名为海南省白沙地方税务局。白沙地方税务局内设办公室、计划财务股、人事教育监察股（与纪检组合署办公）、征收管理股、税政法规股、税得税管理股和农业税收管理分局。白沙地方税务局下设稽查分局，不设内部机构，参照省局确定内部职责分工。县农业税征收管理分局局长由市、县地方税务局一名副局长兼任，乡镇农业税征收管理工作由地方税务所统一承担。

2000 年 12 月 6 日，海南省社会保险费改由地方税务机关征收。2001 年 4 月 16 日，成立白沙县农业税收征收管理局，挂靠县财政局。正科级事业单位，参照执行国家公务员制度，业务上受省地税局指导。乡镇农税所实行县农税局和乡镇政府双重管理机制。县农业税收征收管理局机关编制 10 名，基层农税所编制 55 名。

2000 年，国有资产管理局更名为国有资产管理委员会，在财政局设立国有资产管理办公室。同年 11 月 3 日，成立县会计事务管理服务中心，隶属县财政局。2004 年 9 月，国有资产管理委员会撤销，重新组建县有国资产管理办公室，由原来隶属县财政局改为隶属县人民政府。2008 年开始，行政事业单位国有资产归财政局资产股管理。

2010 年 1 月 20 日，设立县财政国库支付局，与财政局国库股合署办公。

第二节 财政收支

一、财政收入

1988 年，县地方财政一般预算收入 726 万元，同年获得国家补助收入 1264 万元。全县税收收入 910 万元，其中工商税收入 571 万元，农业四税（农业税、农林特产税、耕地占用税、契税）收入 264 万元元，企业所得税收入 75 万元。由于国有企业亏损补贴额较大，全县的非税收入为 - 184 万元。

1991 年，白沙县财税部门实行《农林特产税超收奖励办法》，提出“既抓西瓜又捡芝麻”的发展思路，在抓好大宗税源的同时，也抓好零星税源的征管，全县财政收入出现新的突破。县地方财政一般预算收入 1540 万元，同年获得国家补助收入 1896 万元。全县税收收入 1488 万元，其中工商税收 951 万元，占全县税收总收入的 63.9%；农业四税收入 497 万元，占全县税收总收入的 33.4%；企业所得税收入 40 万元，占全县税收总收入的 2.7%。部分国有企业扭亏增盈，全县的非税收入 52 万元，首次呈正值。

1995 年，县地方财政一般预算收入 3132 万元，同年获得国家补助收入 2952 万元。全县税收收入 3096 万元，其中工商税收入 610 万元，企业所得税收入 17 万元，农业四税收入 2469 万元元；非税收入 36 万元。

2000 年，县地方一般预算收入 3774 万元，同年获得国家补助收入 6126 万元。全县税收收入 3200 万元，其中工商税收入 1099 万元，企业所得税收入 18 万元，农业四税收入 2083 万元；非税收入 574 万元。

2005 年，县地方财政一般预算收入 3031 万元，同年获得国家补助收入 21942 万元。全县税收总收入 1725 万元，其中工商税收入 1648 万元，农业四税收入 58 万元，企业所得税收入 19 万元；非税收入 1306 万元。

2010 年，县地方财政一般预算收入 8595 万元，完成年度预算的 116.3%，比 2009 年同期增长 33.6%，同年获得国家补助收入 101627 万元。全县税收总收入 6255 万元，较上年同期增长 53.3%，其中工商税收收入 4726 万元，同比增长 32%；农业税收入 938 万元，同比增长达 216%；企业所得税收入 591 万元，同比增长 189.7%。全县非税收入 2340 万元，与上年同期基本持平。

1988—2010 年白沙县地方财政一般预算收入一览表

表 7-1-2　　单位：万元

年份	一般预算收入合计	税收收入	其中			非税收入
			工商税收	农业四税	企业所得税	
1988 年	726	910	571	264	75	－184
1989 年	840	1014	685	309	20	－174
1990 年	1214	1292	775	500	17	－78
1991 年	1540	1488	951	497	40	52
1992 年	1778	1764	1062	659	43	14
1993 年	2111	2042	1329	651	62	69
1994 年	2466	2526	646	1845	35	－60
1995 年	3132	3096	610	2469	17	36
1996 年	3365	3211	832	2358	21	154
1997 年	3020	2718	821	1875	22	302
1998 年	3219	3101	1182	1900	19	118
1999 年	3478	3305	1089	2209	7	173
2000 年	3774	3200	1099	2083	18	574
2001 年	3375	3007	1240	1749	18	368
2002 年	3541	3191	1121	2056	14	350
2003 年	4245	3619	1282	2328	9	626
2004 年	3418	2299	1459	774	66	1119
2005 年	3031	1725	1648	58	19	1306
2006 年	3420	2191	2099	38	54	1229
2007 年	3824	2695	2584	38	73	1129
2008 年	4959	3233	2862	283	88	1726
2009 年	6425	4081	3581	296	204	2344
2010 年	8595	6255	4726	938	591	2340

2010 年白沙县地方财政一般预算收入明细表

表 7-1-3　　　　单位：万元

项　目	2010 年	项　目	2010 年
一般预算收入合计	8595	二、非税收入	2340
一、各项税收	6255	1. 专项收入	238
1. 增值税	893	排污费收入	8
国有企业增值税	38	#排污费收入	8
集体企业增值税	—	水资源费收入	2
股份制企业增值税	509	教育费附加收入	192
私营企业增值税	20	矿产资源补偿费收入	11
其他增值税	325	探矿权、采矿权使用费及价款收入	22
增值税税款滞纳金、罚款收入	1	探矿权、采矿权使用费收入	1
2. 营业税	2271	探矿权、采矿权价款收入	21
一般营业税	2271	2. 行政性收费收入	307
营业税款滞纳金罚款收入	—	公安行政事业性收费收入	143
3. 企业所得税	591	法院行政事业性收费收入	16
国有农垦企业所得税	-5	司法行政事业性收费收入	—
其他国有企业所得税	13	财政行政事业性收费收入	1
集体企业所得税	22	人口和计划生育行政事业收费收入	18
股份制企业所得税	93	人事部门行政事业性收费收入	—
私营企业所得税	—	档案行政事业性收费收入	1
其他企业所得税	—	文化行政事业性收费收入	—
4、企业 所得税退税	—	发展与改革（物价）行政事业性收费收入	—
5. 个人所得税（其他个人所得税）	425	统计行政事业性收费收入	2
6. 资源税	82	国土资源行政事业性收费收入	30
7. 固定资产投资方向调节税	—	建设行政事业性收费收入	24
8. 城市维护建设税	300	交通行政事业性收费收入	3
国有企业城市维护建设税	52	农业行政事业性收费收入	2

续表 7-1-3

项　目	2010 年	项　目	2010 年
集体企业城市维护建设税	13	林业行政事业性收费收入	7
股份制企业城市维护建设税	64	水利行政事业性收费收入	16
联营企业城市维护建设税	—	卫生行政事业性收费收入	24
私营企业城市维护建设税	8	民政行政事业性收费收入	1
其他企业城市维护建设税	163	人力资源和社会保障行政事业性收费	19
9. 房产税	246	4. 罚没收入	130
国有企业房产税	50	一般罚没收入	130
集体企业房产税	—	公安罚没收入	70
股份制企业房产税	83	法院罚没收入	3
其他企业房产税	102	税务罚没收入	1
房产税款滞纳金罚款收入	11	交通罚没收入	45
10. 印花税	43	其他一般罚没收入	11
11. 城镇土地使用税	425	5. 国有资本经营收入	231
国有企业城镇上土地使用税	99	利润收入	—
股份制企业土地使用税	55	#其他企业利润收入	—
私营企业土地使用税	1	国有资本投资收益	—
其他城镇土地使用税	267	#其他国有资本投资收益	—
城镇上使用 税款滞纳金罚款收入	3	产权转让收入	12
12. 土地增值税	64	其他国有资本经营收入	219
国有企业土地增值税	8	6. 国有资源（资产）有偿使用收入	1434
联营企业土地增值税	17	利息收入	39
私营企业土地增值税	—	#国库存款利息收入	39
其他土地增值税	39	非经营性国有资产收入	788
13. 车船税	30	其他国有资源（资产）有偿使用收入	607
14. 耕地占用税	722	7. 其他收入	—
15. 契税	163	其他收入	—

二、财政支出

1988年，全县地方财政支出（含上级补贴）1787万元，收支差额为-1061万元，地方财政自给率为40%。财政一般预算主要支出项目：一般公共服务支出410万元、公共安全支出82万元、教育支出351万元、科学技术支出6万元、文化教育与传媒支出42万元，社会保障和就业支出146万元、医疗卫生支出81万元、城乡社区事务支出18万元、支农支出363万元、工交流通部分事业费支出156万元。地方财政一般预算按功能性质分类支出及构成：经济建设543万元，占30.4%；文教卫生471万元，占26.5%；行政管理和公共安全596万元，占33.4%；其他支出合计174万元，占9.7%。

1991年，全县地方财政支出（含上级补贴） 3561万元，其中社会保障和支出279万元，科学技术支出24万元。其他支出项目中，所占财政支出比例较大项目：一般公共服务支出785万元，占21.4%；教育支出641万元，占17.5%；支农支出728万元，占19.8%。地方财政一般预算按功能性质分类支出及构成：经济建设1006万元，占27.4%；文教卫生884万元，占24.1%；行政管理和公共安全1017万元，占27.7%；其他支出合计765万元，占20.8%。

1995年，全县地方财政支出（含上级补贴）6147万元，较八五计划初期增长72.6%。财政一般预算主要支出项目：一般公共服务支出1718万元、公共安全支出318万元、教育支出1139万元、科学技术支出35万元、文化教育与传媒支出134万元、社会保障和就业支出721万元、医疗卫生支出340万元、城乡社区事务支出87万元、支农支出1018万元、工交流通部分事业费支出99万元。地方财政一般预算按功能性质分类支出及构成：经济建设1239万元，占20.2%；文教卫生1613万元，占26.2%；行政管理和公共安全2116万元，占34.4%；其他支出合计1179万元，占19.2%。

2000年，全县地方财政支出（含上级补贴） 9290万元。主要支出项目方面，一般公共服务支出2174万元，教育支出1280万元，社会保障和就业支出1055万元，支农支出1815万元。地方财政一般预算按功能性质分类支出及构成：经济建设3018万元，占32.5%；文教卫生1896万元，占20.4%；行政管理和公共安全2629万元，占28.3%；其他支出合计1747万元，占18.8%。

2005年，全县财政总支出28903万元，一般预算总支出28433万元。主要支出项目方面，一般公共服务支出6108万元，教育支出3535万元，社会保障和就业支出4265万元，支农支出1815万元，公共安全支出1791万元。地方财政一般预算按功能性质分类支出及构成：经济建设7011万元，占29.1%；文教卫生4539万元，占18.9%；行政管理和公共安全7899万元，占32.8%；其他支出合计4626万元，占19.2%。

2010年，全县政府性支出合计116411万元，其中一般预算支出合计110801万元，首次突破10亿元。支出的主要项目中，一般公共服务支出17390万元，公共安全支出6932万元，教育支出19830万元，科学技术支出1506万元，文化体育与传媒支出1176万元，社会保障和就业支出16752万元，医疗卫生支出6517万元，城乡社区事务支出15197万元，支农支出18019万元，工交流通部分事业费1926万元。地方财政一般预算按功能性质分类支出及构成：经济建设36648万元，占33.1%；文教卫生27523万元，占24.8%；行政管理和公共安全24322万元，占22.0%；其他支出合计22308万元，占20.1%。

1988—2010年白沙县地方财政一般预算主要支出项目一览表

表7-1-4　　单位：万元

年份	一般预算支出合计	其中										
		一般公共服务	公共安全	教育	科学技术	文化体育与传媒	社会保障和就业	医疗卫生	国土资源及环境保护	城乡社区事务	支农支出	工交流通部门事业费
1988年	1787	410	82	351	6	42	146	81	—	18	363	156
1989年	2770	536	105	664	5	45	170	146	—	23	686	166
1990年	2861	700	138	532	9	74	190	123	—	74	639	224
1991年	3672	785	149	641	24	95	279	148	—	33	728	221
1992年	4087	997	259	966	31	85	289	159	—	55	800	264
1993年	4567	1241	256	818	33	102	350	265	—	43	937	151
1994年	5264	1399	262	944	28	137	531	274	—	58	906	119
1995年	6147	1718	318	1139	35	134	721	340	—	87	1018	99
1996年	6420	1893	291	1181	27	119	749	280	—	139	1020	346
1997年	6211	1679	251	1033	17	116	742	296	—	129	943	435
1998年	7450	2010	238	1223	29	98	824	290	—	89	1662	332
1999年	7278	2677	321	1216	27	97	891	250	—	102	957	234
2000年	9290	2174	455	1280	37	305	1055	311	—	125	1815	1041
2001年	9513	2627	417	1433	12	94	1314	318	—	148	2689	134
2002年	12931	2967	510	2105	10	76	1667	422	—	872	3654	290
2003年	14543	4296	746	1947	2	87	3328	532	—	263	2752	154
2004年	21106	4369	933	3400	28	198	3613	767	—	696	6708	135

续表 7-1-4

年份	一般预算支出合计	其中										
		一般公共服务	公共安全	教育	科学技术	文化体育与传媒	社会保障和就业	医疗卫生	国土资源及环境保护	城乡社区事务	支农支出	工交流通部门事业费
2005 年	24075	6108	1791	3535	41	272	4265	732	—	615	6180	175
2006 年	28111	6522	1825	5246	98	330	5052	990	—	858	6503	167
2007 年	35510	8510	2354	5644	672	457	6671	1550	—	1199	6558	921
2008 年	59442	11216	3531	10026	640	609	6765	2870	—	9624	9792	1601
2009 年	86809	13616	6630	13311	886	1459	14024	5300	—	7353	16476	1047
2010 年	110801	17390	6932	19830	1506	1176	16752	6517	2348	15197	18019	1926

1988—2010 年白沙县地方财政一般预算主要支出项目明细表

表 7-1-5　　　　单位：万元

项目/年度	一般预算支出合计	其中										
		一般公共服务	公共安全	教育	科学技术	文化体育与传媒	社会保障和就业	医疗卫生	国土资源及环境保护	城乡社区事务	支农支出	公交流通部门事业费
1988 年	1787	4100	82	351	6	42	146	81	—	18	363	156
1989 年	2770	536	105	664	5	45	170	146	—	23	686	166
1990 年	2861	700	138	532	9	74	190	123	—	74	639	224
1991 年	3672	785	149	641	24	95	279	148	—	33	728	221
1992 年	4087	997	259	966	31	85	289	159	—	55	800	264
1993 年	4567	1241	256	818	33	102	350	265	—	43	937	151
1994 年	5264	1399	262	944	28	137	531	274	—	58	906	119
1995 年	6147	1718	318	1139	35	134	721	340	—	98	1018	99
1996 年	6420	1893	291	1181	27	119	749	280	—	139	1020	346
1997 年	6211	1679	251	1033	17	116	742	296	—	129	943	435
1998 年	7450	2010	238	1223	29	98	824	290	—	89	1662	332
1999 年	7278	2677	321	1216	27	97	891	250	—	102	957	234
2000 年	9290	2174	455	1280	37	305	1055	311	—	125	1815	1041
2001 年	9513	2627	417	1433	12	94	1314	318	—	148	2689	134

续表 7-1-5

项目 年度	一般预算支出合计	其中										
		一般公共服务	公共安全	教育	科学技术	文化体育与传媒	社会保障和就业	医疗卫生	国土资源及环境保护	城乡社区事务	支农支出	公交流通部门事业费
2002 年	12931	2967	510	2105	10	76	1667	422	—	872	3654	290
2003 年	14543	4296	746	1947	2	87	3328	532	—	263	2752	154
2004 年	21106	4369	933	3400	28	198	3613	767	—	696	6708	135
2005 年	24075	6108	1791	3535	41	272	4265	732	—	615	6180	175
2006 年	28111	6522	1825	5246	98	330	5052	990	—	858	6503	167
2007 年	35510	8510	2354	5644	672	457	6671	1550	—	15197	6558	921
2008 年	59442	11216	3531	10026	640	609	6765	2870	—	9624	9792	1601
2009 年	86809	13616	6630	13311	886	1459	14024	5300	—	7353	16476	1047
2010 年	110801	17390	6932	19830	1506	1176	16752	6517	2348	15197	18019	1926

第三节　财政资金管理

一、财政预算管理

1988—2000 年，财政预算管理工作按照“量入而出”的要求编制财政收支预算，坚持统收统支的财政体制。2001 年，县财政局制定并实施《白沙黎族自治县财政资金拨付管理办法》，严格执行“先有预算，后有拨款”制度，进一步规范财政资金批拨的管理程序，改变以往家底不清，自上而下的资金审批做法。部门预算追加的财政资金审批基本做到先由财政部门审核，在财力许可的情况下，再按《资金拨付管理办法》的规定上报审批。既强化财政预算管理，又压缩不必要的财政开支。

2002 年，调整规范财政供养范围，理顺部门财务隶属关系，县本级全面编制部门预算，强化预算约束，实行刚性预算。2003 年，以部门预算为基础，在编制内容上实行综合预算，保证部门预算的完整性和财政管理的统一性；在编制时间上实行早编细编预算，逐步提高预算编制的精确性；在编制方法上实行“零基预算”，提高预算的科学性。同时，合理界定财政供给范围，优化财政支出结构。

2004 年，县财政局制定并实施《白沙黎族自治县本级财政资金管理暂行办法》，实行财政资金拨款管理系统网络化，严格执行预算，不搞无预算拨款、超预算拨款和乱拨款；

对预算外资金的拨付，经县财政局审核后报县政府审批，坚决控制支出，确保财政供养人员工资、城镇居民低保、社会保险以及各项专项资金按时足额拨付。2005 年，预算执行系统实行网络化管理，进一步健全财政资金审批拨款工作流程管理制度，强化资金拨付流程上的控制，实行资金拨付流水作业，核销、复审、追查环环相扣、相互制约的内控管理，由县财政局预算股总预算会计对局内部业务股室提出的拨款或退库业务进行审查和核拨登记，使每一笔财政拨款都有严格的预算、正式的文件和完备的手续，严格把好资金拨付关。

2007 年，按照“保稳定、保发展、保重点”的要求，实行一个单位一本预算，增强预算编制的科学性，提高预算管理水平，较好地完成全县 89 个部门 155 个单位的部门预算编制工作。2008 年，加强规范化管理。规范预算编制，进一步完善定额管理体系，严格控制预算调整和追加，实现预算编制由粗放型向规范管理的转变。规范资金拨付程序，初步形成预算编制、批复、指标审核和下达、资金支付各环节紧密衔接的资金管理体制。

2009 年，优化政府预算和部门预算，细化预算编制政府收支分类功能支出科目，使政府预算和部门预算编制管理更精细化。2010 年，进一步完善预算编制，逐步形成有机衔接、完整的政府预算体系。同时，积极引入项目绩效考核机制，强化预算编制的科学性和严谨性，不断提高财政资金运行效益。

二、乡镇财政管理

1988—1989 年，按照“收支包干，定额补助，一定五年”的收支包干基数对各乡镇财政所进行包干。1990—1998 年，调整为“一定三年”的收支包干基数。1999—2002 年，实行“统一领导，分级管理”的原则和“定额包干、结余留用、超支不补、一定一年”的包干办法，继续对 11 个乡镇财政所实行收支包干。2003—2005 年，调整为“一定三年”的收支包干基数。

从 2009 年起，停止乡镇财政收支包干，实行乡财县管，在保持乡镇财政资金所有权、使用权和财务审批权不变的前提下，实行“预算统编、账户统设、集中收付、采购统办、票据统管、县乡联网”的管理方式。县级财政部门对乡镇财政进行管理和监督，乡镇政府在县级财政部门的指导下，组织本级预算的执行。

三、政府采购管理

2001 年，制定实施《白沙县政府采购管理暂行办法》，对行政事业单位的大宗用品实行政府招标采购。进一步完善政府采购办法，把政府采购纳入财政预算和计划管理，不断扩大政府采购项目和范围，促进采购工作有计划有组织实施。2003 年，全县共组织采购 8 批次、214 万元，节约资金 23 万元，节约率达 14%。2004 年，全年共采购 5 次、56 万元，节约资金 2 万元，资金节约率 4%。

2005 年，初步形成公开透明的政府采购运行机制，共组织采购金额 558 万元，为财政和单位解决一定的资金，提高财政资金的使用效益。2007 年，政府采购管理和采购行为相分离，实行“阳光工程”初见成效。

2008 年，把政府采购纳入预算管理，不断扩大采购规模和范围，组织采购办公设备、交通工具、救济粮食、民房改造砖瓦等，采购金额 758.14 万元。2009 年，政府采购总支出 2111 万元，比上年增加 1257.44 万元，增长 147.3%。制定并公布采购程序，加强政府采购透明度，根据政府采购公平公正竞争原则，规范政府采购程序和监督方法，建立县政府采购领导小组研究审批政府采购重大事项，财政局、纪检监察部门共同监督招标现场，审计审查多部门权力制衡、相互约束机制。

2010 年，进一步增强政府采购工作管理力度，规范政府采购工作程序，制定政府采购工作流程，加大政府采购透明度，采购项目 128 个，采购金额 5796.5 万元，资金节约率 4.95%。

四、国库管理

2010 年 1 月 20 日白沙县财政国库支付局成立，与财政局国库股合署办公。截至 2010 年底，共办理各级预算收入累计金额达 16503 万元。其中：中央级预算收入 5856 万元，省级预算收入 2052 万元，地方级 8595 万元。预算支出累计金额达 106344 万元。同时，加强国库电子化管理，改进服务手段，按时完成国库 TMIS 系统安装、升级上线运行，做好国库国债兑付管理系统安装及相关参数设置，维护大、小额支付系统以及财、税、库、银横向联网系统的正常运行。

1988—2010 年白沙县地方财政一般预算收支决算总表

表 7-1-6　　　　单位：万元

年度	收入总计	其中			支出总计	其中	
		本年收入	补助收入	调入资金		本年支出	上解支出
1988 年	2107	726	1264	80	2107	1787	14
1989 年	2916	840	1669	70	2916	2770	2
1990 年	3066	1214	1631	66	3066	2861	1

续表 7-1-6

年度	收入总计	其中			支出总计	其中	
		本年收入	补助收入	调入资金		本年支出	上解支出
1991 年	3754	1540	1896	60	3754	3672	—
1992 年	4430	1778	2249	25	4430	4087	—
1993 年	5074	2111	2509	—	5074	4567	—
1994 年	5893	2466	2859	—	5893	5264	—
1995 年	6858	3132	2952	—	6858	6147	—
1996 年	7060	3365	2948	53	7060	6420	—
1997 年	7065	3020	3405	2	7065	6211	101
1998 年	7886	3219	3088	854	7886	7450	142
1999 年	7872	3478	4100	—	7872	7278	99
2000 年	10403	3774	6126	8	10403	9290	346
2001 年	11372	3375	7230	—	11372	9513	790
2002 年	13776	3541	9198	—	13776	12931	653
2003 年	17645	4245	13198	—	17645	14543	483
2004 年	24877	3418	18840	—	24877	21106	311
2005 年	28433	3031	21942	—	28433	24075	190
2006 年	38082	3420	30494	—	38082	28111	103
2007 年	49870	3824	36178	—	49870	35510	132
2008 年	74648	4959	55161	—	74648	59442	240
2009 年	100880	6425	78588	70	100880	86809	414
2010 年	132076	8595	101627	—	132076	110801	635

第四节　国有资产管理

一、机构设置

2004 年 9 月，白沙县将县国有资产管理委员会办公室撤销，重新组建县国有资产管理办公室（简称“县国资办”）。县国资办由原来隶属县财政局的二级局提升为隶属县人民政府特设的正科级事业单位，参照公务员管理单位，代表县人民政府履行出资人职责。

核定编制数为 9 人，内设办公室、统计评价和业绩考核岗和产权监督管理岗三个机构。县国资办监管范围是国有企业和行政事业单位国有资产。2008 年后，行政事业单位国有资产归县财政局管理。

国资办成立后，对全县国有资产进行清产核资，处理关停并国有企业的遗留问题。截至 2010 年，全县国有企业 47 家，其中工业企业 8 家，商贸企业 9 家，粮食企业 10 家，其他企业 20 家。正常生产的企业有 7 家：自来水公司、打安热作场、青年农场、邦溪林场、兴林林业股份有限公司、牧工商公司、白沙县建材公司，停产停业的有 19 家。基本完成企业改革的有 21 家，得到妥善安置的职工人数为 1375 人（含退休人员），重新再就业的人员为 476 人，尚未实施改革的 26 家企业职工人数 1984 人（含离退休人员）。

二、国有资产管理

2004 年国资办成立后，县人民政府根据《中华人民共和国企业法人登记管理条例》和《海南省经济特区企业法人登记管理条例》相关规定，9 月 15 日宣布关闭县陶瓷厂、包装厂、农机修造厂等 3 家企业。原因是这 3 家工厂企业经营不善，严重亏损，且停工停产多年。同年 12 月 21 日，县人民政府决定从当年 12 月至 2005 年 7 月对全县国有企业进行清产核资，清查的对象是工厂、商业和粮食企业。

2005 年 2 月 3 日，县委、县政府出台行政事业单位国有资产管理暂行规定，3 月 1 日起施行。同年 5 月 13 日，白沙县实施农村土地权属纠纷排查。主要是落实纠纷范围和界线，查请纠纷宗数、面积、当事人及有关事实，建立纠纷案件档案，依据国家土地法进行处理，维护国有土地和农村集体土地的法定配给制度。

2006 年 8 月 9 日，县委、县政府成立县企业国有产权转让监督检查小组。9 月 1 日，县政府决定公开拍卖县农机修造厂沿街 4 间铺面、现存机械设备、厂区土地等资产，责成县国资办具体办理。

2007 年 11 月 26 日，县政府决定挂牌出让部分国有土地使用权，地块分别位于桥南路小区面积 540 平方米、桥南原外经公司面积 3592.8 平方米、桥南原拖拉机站面积 1140 平方米、石油路原热作局面积 5708.84 平方米、白什出口路西侧面积 2150 平方米、环城路方亮桥头面积 1680 平方米、邦溪高速公路出口北侧面积 3760 平方米、邦溪高速路出口面积 10000 平方米。

2007 年 11 月 30 日，海南中力信资评估公司应白沙黎族自治县邀请，对县粮食企业资产进行评估。2008 年 1 月 21 日，县人民政府根据县国资办推荐，决定委托海南物资拍卖有限公司对县国有粮食企业资产公开拍卖。同年 7 月 11 日，县人民政府决定出让县国有建设用土地使用权二宗。其中位于方亮大桥的桥头东面150米处环城路北侧，面积1455平方米；另一宗位于移动公司综合楼东侧白邦公路北侧，面积2913.5平方米。县国土局负责出让事宜。7月28日，县人民政府决定将位于粮食街的牙叉粮食管理所商业铺面（四间三层），无偿划拨给县粮食储备库两间（三层）。

2008年8月4日，县人民政府批准县国资办设立县国有企业破产关闭清算专户，以统一核算、管理县国有企业倒闭的资产拍卖或转让资金到户。12月12日，受县人民政府委托的海南瑞衡资产评估有限公司对县种子公司倒闭资产评估结束。种子公司资产评估确定为：168236元，包括沿街7间铺面，仓库、晒场等物件。

截至2010年12月，白沙县共完成21家企业的改革工作，国有企业产权交易额6000万元。同年启动已停产停业多年的5家国有企业：县水泥厂、县热带水果加工厂、县包装厂、县饮食服务公司、县物资总公司等执行关闭破产程序。

第五节　会计管理

一、政府委派制

2001年，白沙县实施《白沙黎族自治县党政机关及直属事业单位第一批实行会计人员政府委派制实施办法》，经过严格的会计考核、考试，择优录用18人为白沙县第一批委派会计，委派单位48个。2002年，县财政局制定《委派会计人员工作岗位责任制》、《委派会计人员业务考核工作方案》，分为会计账簿、会计核算、会计报表、会计档案、工作职责等五方面的内容，对委派会计人员分半年和年终两次综合考核。

2005年，县财政局在完善第一批政府委派会计队伍管理机制的基础上，抓好第二批政府委派会计人员的招聘考试录用工作，招聘和选调会计人员33名，委派县级行政事业单位、乡镇政府和乡镇中小学校115个，全面完成政府委派会计工作任务。

2006年，县财政局利用电信虚拟专用拨号网（VPDN）专线与财政服务器联网，将政府委派会计的单位全部实行会计电算化管理，规范预算会计基础工作。

2009年，县财政局建立农村“三资”（资金、资产、资源）委派代理服务，促进农村集体资金、资产、管理规范运作。配备全县各村委会农村“三资”委托代理服务会计人员，同时配合县纪委做好全县农村财务移交工作。

2010年，全县正式实施农村集体资产、资源、资金委托代理服务制度，成立县“三资”委托代理服务站具体负责村（居）委会的财务集中核算。全县设有11个乡镇“三资”

委托代理服务站，由县财政局负责管理，为解决财务管理难题提供先进的经验。

二、集中核算

2005 年，为加强行政事业单位财务管理，规范会计行为，根据《中华人民共和国会计法》和有关财务规章制度，白沙县开始实施《白沙黎族自治县行政事业单位会计集中核算暂行办法》。全县设置 15 个会计核算站，其中县级 5 个、乡镇 10 个。在单位资金所有权和使用权不变的前提下，对全县行政事业单位银行账户实行“统一管理、分户开设”，单位不再设会计人员，由会计核算站集中办理资金结算，集中进行会计核算，集中管理会计档案，对单位的财务活动和财务资金实施有效的管理和监督。

2007 年，进一步完善会计核算制度改革，在加强会计集中核算工作的基础上，加强会计队伍建设，抓好会计人员的轮岗和培训，全面提高会计人员的综合素质并使会计人员的理财潜能充分发挥出来，从体制上加强财政资金的监控。

三、质量检查

2002 年开始在全县范围开展会计行业整改，同年重点检查县医疗卫生机构，针对会计基础和会计核算工作中存在的问题，及时帮助纠正和整改，有效整顿和规范会计行为。

为进一步提高全县会计信息质量，2003—2004 年，对 4 个乡镇政府、4 家国有企业、1 家股份制公司、1 家外商企业的会计账簿、会计凭证、会计报表以及有关会计资料进行检查。

2007 年，重点对县自来水厂、县新华书店、县食品公司等 6 家企业开展会计信息质量检查。

2010 年，将会计信息质量纳入会计人员年终业务考核指标之中，减少会计信息失真的行为发生。

第二章　税　　务

第一节　国家税务

一、机构

1994 年，根据《海南省人民政府关于海南省财税机构改革的决定》精神，设置国税机构、地方税机构和征税中心事业机构。县税务局机关人员中主管地方税业务的人员合并到财政局，成立财政税务局（同时挂地方税务局的牌子）；各乡（镇）财政所与税务所合并成立财政税务所。白沙黎族自治县财政税务局为科级；各乡（镇）财政税务所为股级。征税中心机构设置。征税中心是不以营利为目的、具有独立法人资格的事业机构，主要职能是统一负责征税，并按中央和地方财权划分的税种收入自动划分、分级入库。县设征税中心，名称为白沙黎族自治县征税中心；乡（镇）设征税站。

1998 年，根据《海南省人民政府关于地方税务机构管理体制问题的通知》文件要求，县地方税务局为正科级。2001 年，白沙黎族自治县国家税务局机关股室共有 7 个，分别为办公室、税政审理股、管理服务分局、人事教育股、监察室、征收分局；还有 1 个直属分局——稽查局、1 个事业单位——信息中心和 6 个派出机构——白沙税务所、打安税务所、光雅税务所、七坊税务所、邦溪税务所、芙蓉税务所。

2003 年 12 月，将征收分局与计财股合并，设立计征股。撤销管理服务分局，成立征收管理股。调整税政审理股职能，设立法规税政股，其他股室保持不变。撤销白沙税务所，辖区划入城区，由县局直接管理；撤销光雅税务所、打安税务所，辖区划入七坊税务所管理。撤销芙蓉税务所，辖区划入邦溪税务所管理。

2005 年 10 月，设立 6 个行政股室，分别是办公室、计划征收股（办税服务厅）、征收管理股、综合业务股、人事教育股、监察室；还有 1 个直属单位——稽查局、1 个事业单位——信息中心和 3 个派出机构——七坊税务分局（副科级）、邦溪税务分局（副科级）、牙叉税务所。撤销法规税政股和车辆购置税征收办公室，并对机构职能进行相应的调整。

2008 年 5 月，内设机构 7 个，分别是办公室、计划统计股、征收管理股、综合业务股、人事教育股、监察室、办税服务中心；1 个事业单位——信息中心和 3 个派出机构七坊税务分局（副科级）、邦溪税务分局（副科级）、牙叉税务所。撤销稽查局，其职能调整至新成立的海南省国家税务局直属稽查局，人员分流至各股室或调往海南省国税局。

2010 年 2 月，对内设和派出机构进行重新调整，县国家税务局内设机构由 8 个减少到 6 个，派出机构由 3 个增加到 4 个，实行属地管理基础上的分类管理。内设机构设 6 个，级别为正股级，内设机构对外称“科”。分别为办公室、政策法规科（税政科）、收入核算科（征收管理科）、纳税服务中心（信息中心）、人事教育科（机关党委办公室）、监察室。还有 4 个派出机构，级别为副科级，分别是第一税务分局，负责纳税评估职能；第二税务分局，负责企业税源管理；第三税务分局，负责牙叉镇、南开乡、元门乡、细水乡、阜龙乡、白沙农场个体双定户税源管理；第四税务分局，负责七坊镇、打安镇、邦溪镇、青松乡、金波乡、荣邦乡、国营龙江农场、国营邦溪农场个体双定户税源管理。

二、税法宣传

2001—2010年，白沙黎族自治县国家税务局在抓好组织收入的同时，积极开展税收宣传，营造良好的治税氛围。一是结合税收工作实际，寓税收宣传于税收征管，充分利用办税大厅、网站等宣传阵地及媒介，积极做好税收政策的宣传解释工作。二是抓住有利时机，融宣传于活动，在节日庆祝和庆典活动中，根据活动的特点，搞好税法宣传。三是积极搞好每年的税收宣传月活动，围绕税收宣传主题，精心策划和组织开展形式多样的税收宣传活动。如“宣传月启动日活动”“税法进企业”“税法进学校”“税法知识竞赛”“召开纳税人座谈会”等，通过税收宣传，大大改善税收环境。

三、税务征收管理

税务登记 1994年国税、地税分设后，纳税人税务登记需要在国、地税办理。2004年6月，为了进一步强化户籍管理，简化办税程序，优化纳税服务，根据《海南省国家税务局、海南省地方税务局联合办理税务登记暂行办法》，白沙黎族自治县国、地税部门推进联合办理税务登记，从而实现共管户税务登记信息共享。2006年8月，为了全面掌握全县纳税人户籍底数，整合信息，统一管理，白沙黎族自治县国、地税统一换发、启用新税务登记证。截至2010年，在县国税局办理税务登记的纳税人共有1334户。纳税人户籍分别由3个税源管理分局管理。

2001—2010年白沙县国税税务登记情况表

表7-2-1　　单位：户

年份	当年年底总户数	当年登记户数		当年注销户数	
		企业	个体户	企业	个体户
2001年	1191	0	2	0	6
2002年	986	40	127	56	768
2003年	1082	8	40	8	93
2004年	1183	8	35	17	100
2005年	1298	10	67	12	105
2006年	1178	18	486	20	181
2007年	1285	21	73	8	70
2008年	1334	36	57	12	73
2009年	1519	29	317	9	127
2010年	1594	40	184	10	60

纳税申报 1993年12月25日,国务院发布《关于实行分税制财政管理体制的决定》,从1994年1月1日起在全国实行。为适应分税制的要求，全国税务机关分为国家税务局和地方税务局，负责征收不同的税种。国家税务局主要负责征收中央税、中央与地方共享税，地方税务局主要负责征收地方税，他们之间的征收管理分工一般划分如下：

国家税务局系统。增值税，消费税，车辆购置税，铁道部门、各银行总行、各保险总公司集中缴纳的营业税、所得税、城市建设维护税，中央企业缴纳的所得税，中央与地方所属企业、事业单位组成的联营企业、股份制企业缴纳的所得税，地方银行、非银行金融企业缴纳的所得税，海洋石油企业缴纳的所得税、资源税，外商投资企业和外国企业所得税，证券交易税（开征之前为对证券交易征收的印花税），个人所得税中对储蓄存款利息所得征收的部分，中央税的滞纳金、补税、罚款。

地方税务局系统。营业税、城市维护建设税（不包括上述由国家税务局系统负责征收管理的部分），地方国有企业、集体企业、私营企业缴纳的所得税、个人所得税（不包括对银行储蓄存款利息所得征收的部分），资源税，城镇土地使用税，耕地占用税，土地增值税，房产税，城市房地产税，车船使用税，车船使用牌照税，印花税，契税，屠宰税，筵席税，农业税、牧业税及其地方附加，地方税的滞纳金、补税、罚款。

2003年1月前，纳税申报采用的仍是半计算机半手工的方式，申报情况难于实时掌握，不利于税务机关催报催缴，经常发生纳税人不按时申报现象。2003年1月，全县国税纳税申报数据实行省级大集中，开始网络化管理纳税人，税收管理员能够实时掌握纳税人的申报情况，及时对未按时申报的纳税人进行提示，纳税人不按时申报的现象逐渐减少，工作由管理型向管理和服务型逐步转变。从2007年起，白沙黎族自治县国家税务局大力推行多元化申报方式，全面推广应用网上办税，纳税人可以在办公室或在家里通过互联网办理纳税申报，不再报送纸质申报表。

自2009年1月1日起,《国家税务总局关于调整新增企业所得税征管范围问题的通知》(国税发〔2008〕120号）正式执行。以2008年为基年，2008年底之前国家税务局、地方税务局各自管理的企业所得税纳税人不做调整。2009年起新增企业所得税纳税人中，应缴纳增值税的企业，其企业所得税由国家税务局管理；应缴纳营业税的企业，其企业所得税由地方税务局管理。同时，2009年起下列新增企业的所得税征管范围实行以下规定：（1）企业所得税全额为中央收入的企业和在国家税务局缴纳营业税的企业，其企业所得税由国家税务局管理。（2）银行（信用社）、保险公司的企业所得税由国家税务局管理，除上述规定外的其他各类金融企业的企业所得税由地方税务局管理。（3）外商投资企业和外国企业常驻代表机构的企业所得税仍由国家税务局管理。

发票管理 国税发票分增值税专用发票和普通发票两种。增值税专用发票只限于增值税一般纳税人领购使用，可以用于抵扣税款，管理上区别于普通发票，实行专门管理。1991年12月2日，海南省政府发布《海南省发票管理实施办法》。1993年12月23日，财政部发布《中华人民共和国发票管理办法》。1996年11月22日，海南省地方税务局发布《海南省地方税务局关于印发海南省地方税务局发票管理暂行规定的通知》。1997年10月8日，海南省政府修正《海南省发票管理实施办法》。

2004年2月26日，海南省政府废止《海南省发票管理实施办法》。

2010年前，国税使用的是1993年版的普通发票，该版发票种类繁多，式样各异、规格不一。2010年8月，根据《海南省国家税务局关于贯彻落实〈国家税务总局普通发票简并票种统一式样工作实施方案〉的通知》，县国税局推行普通发票改革，简并票种统一式样，全面取消了手工发票，推行定额发票和电脑开票（含税控开票）。

税费税种 1994年实行分税制财政管理体制改革，主要内容：（1）以推行增值税为核心，相应设置消费税、营业税，建立起新的三税并列的流转税制格局，统一适用于内外资企业，取消原来设置的产品税、增值税、营业税、特别消费税、工商统一税。（2）内资企业实行统一的企业所得税。取消原来设置的国有企业所得税、国有企业调节税、集体企业所得税和私营企业所得税，同时不再执行企业承包上缴所得税的办法。（3）对个人收入和个体工商业户的生产经营所得税统一实行修改后的个人所得税法。取消个人收入调节税和城乡个体工商业户所得税。个人所得税主要对收入较高者征收，对中低收入者少征或不征。（4）调整、撤并和开征其他一些税种。对原有资源税和盐税合并为资源税，扩大征收范围，简并税率，适当调整税负，进一步完善计征办法；对原有城市维护建设税扩大税基，调整税率结构，适当调整税负；原“三税”（产品税、增值税、营业税）中的产品税，改为消费税；对原有筵席税、烧油特别税、集市交易税、牲畜交易税、国有企业奖金税、集体企业奖金税、事业单位奖金税、国有企业工资调节税等采取或并或停或撤的办法；对外商投资企业和外籍人员，统一实行房产税和车船使用税，不再征收城市房地产税、车船使用牌照税；开征土地增值税，是在房地产交易环节，对开发经营房地产的增值部分征收，实行超额累进税率。同时，还准备开征证券交易税、遗产与赠予税。

改革后新的税制体系共有5个大类18个税种（由税务部门直接征收的）：一为流转税类3个，即增值税、消费税、营业税；二为所得税类3个，即企业所得税、外商投资企业与外国企业所得税、个人所得税；三为特定目的税类2个，即固定资产投资方向调节税、城市维护建设税；四为资源税类2个，即资源税、城镇土地使用税；五为财产及行为税类8个，即车船使用税、房产税、印花税、屠宰税、筵席税、土地增值税、证券交易税、遗产与赠予税。

增值税的转型。2001年7月1日起，国家在东北地区实施增值税转型试点，对装备制造、石油化工等八大重点行业购进、租赁固定资产等所含增值税实行抵扣。2007年7月1日起，增值税转型试点延伸到中部6个省26个市。2009年1月1日起，全面推进增值税转型，实现增值税由生产型向消费型的转变。同时，对小规模纳税人的征收率由6%和4%统一下调至3%。

所得税的改革。2007年3月16日，十届全国人大五次会议审议通过《中华人民共和国企业所得税法》，统一内外资企业所得税，税率由33%降为25%。

其他税种的改革。（1）强化消费税功能。2008年9月1日，大幅度提高大排气量乘用车消费税税率，同时降低小排气量乘用车消费税税率。2009年1月1日，提高成品油消费税税率，取消公路养路费等6项收费。2009年5月1日，提高卷烟生产环节消费税税率，同时加征一道批发环节从价税。2009年8月1日，开始实行白酒消费税最低计税价格核定。（2）2001年1月1日，开征车辆购置税，取消购置附加费。（3）2008年10月9日，对储蓄存款利息暂免征收个人所得税。

征管范围　1994年分税制改革后，国税部门主要负责对增值税、消费税、企业所得税、储蓄存款利息个人所得税等税种进行管理。其间，企业所得税征管范围经历几次调整，从分税制改革到2001年12月，国税部门主要负责中央企业所得税的征收；从2002年1月起，国税部门对新增企业所得税负责征收管理。2005年1月1日，《中华人民共和国车辆购置税暂行条例》，颁布实施，国税部门负责对车辆购置税征收管理。2008年12月，国家税务总局《关于调整新增企业所得税征管范围问题的通知》规定，从2009年起，新增企业所得税纳税人中应缴纳增值税的企业所得税由国家税务局管理，应缴纳营业税的企业所得税由地方税务局管理。

税源控管　强化重点税源分析监控，切实掌握年纳税额30万元以上重点税源企业的经营动态。加强民营橡胶、制糖等重点行业的税收管理。定期到企业了解产销情况，积极开展评估，比较收购和产销的配比关系，分析其收购数量是否异常，检查出入库、结存情况，严格审核收购往来凭证、收购台账、过磅单等资料。全面推行差异化管理，积极探索开展风险评估应对的有效方法。划分企业和个体商户，开展户籍管理基础上的分类管理，实现专业化管理。对税负长期偏低、纳税增长幅度明显低于销售增长幅度、生产规模与销售收入不匹配、投入与产出不成比例、进项长期大于销项等风险较大、疑点较多的企业开展重点纳税评估，充分发挥纳税评估职能，切实提高税收管理质效。

国税收入 2001年，白沙县国税收入1505万元。2010年，白沙县国家税务局共组织税收收入5326万元，同比增长58.3%，增收756万元，税收收入总量和增量均创历史新高，为白沙县国税系统自1994年成立以来的最好水平，其中增量部分与1994年的税收收入总量持平，收入总量首次超5000万元，超额完成海南省国家税务局和白沙县委、县政府下达的年度收入计划，为服务白沙县经济社会发展提供坚实的财力保障。

2001—2010年白沙县国税税收收入情况表

表7-2-2 单位：万元

税种年度	增值税	消费税	营业税	企业所得税	储蓄存款利息个人所得税	车辆购置税	合计
2001年	1317	1	28	5	154	—	1505
2002年	959	2	12	8	151	—	1132
2003年	1336	14	3	8	145	—	1506
2004年	1611	34	—	29	160	—	1834
2005年	1832	35	—	6	186	38	2097
2006年	1945	50	—	11	216	37	2259
2007年	2234	52	—	42	246	91	2665
2008年	2878	33	—	58	166	73	3208
2009年	4234	43	—	139	76	78	4570
2010年	4768	12	—	304	23	219	5326

税款入库 在税库银横向联网改革前，税款通过手工收缴或银行单方面扣款后由税务部门集中汇总上缴国库，其中涉及多个中间环节，存在影响税款及时足额入库的潜在因素。2007年10月1日，全省国税系统推行税库银横向联网，白沙县国家税务局成为全省推行税库银联网的单位。税库银横向联网涉及申报缴款、电话扣款、定期定额批量扣款等联网流程，为税款的征缴、入库、退库、更正、对账等业务提供安全、准确、快捷的电子处理手段，为纳税人提供便利、高效的纳税服务，实现税款资金快速划缴、高效对账、全程监控。现国税纳税人只需正常的纳税申报，便能实现税款及时足额入库。

纳税服务　白沙县国家税务局切实从纳税人的需求出发，不断改进和优化纳税服务，着力提升纳税服务水平。一是不断强化服务意识，通过开展学习培训和换位体验等系列活动，教育引导广大税务工作人员树立服务意识，把为纳税人提供优质服务作为日常工作的自觉行动。二是不断简化办税程序，大力推行“统一受理、内部流转、限时办结、窗口出件、信息共享”的“一窗式”服务模式，在实现税收执法目标的前提下，尽可能提高效率，方便纳税人办税。三是不断优化办税服，开设综合服务窗口，将原来多个窗口的办税事项调整到一个窗口办理，为纳税人提供税法咨询、申报纳税导航、疑难问题解答等服务。四是推进办税服务厅标准化建设，完办税服务设施，合理布局功能区域，为纳税人创造一个舒适的办税环境。

四、税务稽查

1998 年，根据《海南省地方税务局关于县（市）地方税务局内设机构及其职能配置问题的通知》精神，海南省地方税务局下设稽查局（处级），其主要职责是：拟定各项税务稽查制度、办法并组织实施；办理重大案件的立案和调查有关事项并提出审理意见；领导和协调全省地税系统的税务稽查工作，日常检查、专项检查和重点稽查。

2001 年，白沙县稽查局按照省国税局的统一部署开展稽查工作。一是开展税务检查，全面落实税务专项检查计划。二是加强内部管理和基础建设，严格执行稽查“选案、检查、审理、执行”环节“四分离”制度，积极推行执法责任制和责任追究制度。三是着力建设稽查信息平台，努力提高稽查信息化应用能力。综合利用金税工程、CTAIS、协查系统和举报管理系统，为稽查选案、检查等提供信息服务，提高案件查处的准确度。四是拓展部门协作深度和广度，县国税局主动加强与公安、检察院、法院、银行、工商等部门的沟通和联系，积极开展业务交流，建立起良好协作关系，共同打击涉税违法范围活动。2001—2007 年，白沙县国通过加强对涉税违法案件的监控，做到及时发现线索和及时通报案情，多部门联手行动，从而促成案件的成功查处，避免国家税款的流失。

2008 年 7 月，海南省国家税务局发函改革全省国税系统稽查体制，白沙县国家税务局稽查局在这次改革中被撤销，稽查职能移交给新成立的海南省国家税务局直属稽查局。

第二节　地方税务

一、机构

1988 年，海南省征税中心成立，负责统一征收国税、地税财政局。1994 年 8 月 8 日，成立白沙县财政税务局和县征税中心，县征税中心为副局级建制，各乡镇同时设立财政税务所和征税站，为县财政税务局和征税中心的派出机构。县征税中心下辖16个乡镇税务所，即南开税务所、元门税务所、白沙税务所、南叉税务所、细水税务所、牙叉税务所、打安税务所、狮球税务所、阜龙税务所、光雅税务所、青松税务所、七坊税务所、金波税务所、邦溪税务所、荣邦税务所和县城税务所。各税务所相对应挂牌在各乡镇（或县城）征税站内，实行两块牌子、一套人员的管理，人员编制不变。

1999年10月25日，白沙县地方税务局正式更名为海南省白沙地方税务局。内设办公室、计划财务股、人事教育监察股（与纪检组合署办公）、征收管理股、税政法规股、税得税管理股和农业税收管理分局。下设稽查分局，不设内部机构，但参照省局确定内部职责分工，镇农业税征收管理工作由地方税务所统一承担。

2000年12月6日，海南省社会保险费改由地方税务机关征收。2001年4月16日，成立白沙县农业税收征收管理局，挂靠县财政局，业务上受省地税局指导，局机关编制10名，基层农税所编制55名。乡镇农税所实行县农税局和乡镇政府双重管理机制。

二、征收管理

税费种类 1994年，根据省人民政府《海南省人民政府关于海南省财税机构改革的决定》，地方税务机构负责管理下列各税：营业税、个人所得税、土地增值税、城市维护建设税、车船使用税、房产税、屠宰税、资源税、城镇土地使用税、固定资产投资方向调节税、地方企业所得税、印花税、筵席税、教育费附加等14项。

2003年7月8日起，根据《海南省农村税费改革试点方案》的规定，取消屠宰税。

2007年11月2日，白沙黎族自治县对城镇土地使用税的征收等级及级距税额进行确定和调整。征收城镇土地使用税的土地划分为三个等级，县城（县人民政府所在地）为一等每平方米2.00元；建制镇（镇人民政府所在地）二等，每平方米1.80元；镇辖区内已转为建设用的区域及国有农场场部（除龙江农场外）为三等，每平方米1.60元。

2008年4月1日起代征工会经费。

2010年6月17日起，原由县农税局征管的契税、耕地占用税划入县地税局征管。

至2010年12月，白沙地税局征收的税费种类有：营业税、企业所得税、个人所得税、土地增值税、城市维护建设税、车船使用税、房产税、资源税、城镇土地使用税、印花税、契税、耕地占用税、教育费附加、文化事业建设费以及五项社会保险费。

地方税收 1988年，全县地方税收910万元。2010年，累计组织工商税收收入7412万元，增收2743万元，同比增长58.75%，累计完成省局核定全年计划5540万元的133.8%，其中：中央级收入 1849 万元，增收 852 万元，同比增长 85.5%，完成年度计划的 179.51%；省级收入 1183 万元，增收 382 万元，同比增长 47.7%，完成年度计划的 97.77%；市县级收入 4380 万元，增收 1509 万元，同比增长 52.6%，完成年度计划的 132.73%。累计完成县核定全年计划 6034 万元的 122.84%，其中：中央级完成 104.69%，省级完成 117.71%，市县级完成 112.34%。全年各项社会保险费累计征收 13276 万元，增收 416 万元，同比增长 3.23%，其中：地方各项社保费收入 7466 万元，农垦系统各项社保费收入 5810 万元。

申报征收　2001 年前，对税收管理实行税收征管员模式。2001 年底，采用单机版华兴软件作为税收征收管理系统，代替手工开票，逐步推行纳税人自行申报纳税的征管模式。2004 年 4 月 1 日起，使用博思征收管理软件，取消手工开票征收税款，统一由计算机开票征税。2008 年 5 月 1 日起，开通发票月报网上申报系统，凡向地方税务机关申报发票月报表的纳税人均可采取网上申报。2009 年 1 月 1 日起，营业税纳税申报期限从 10 日延长至 15 日。同年 7 月，启用建安和房地产业闭环式开票系统，纳税人可在机构办公场所进行开票、网上申报，也可通过三方协议委托税务局或银行进行税款自动扣缴及电子委托缴纳。2010 年底，地方税务局税费征管信息系统正式投入使用，新系统包括 1027 个功能模块的业务操作，覆盖所有征管业务及工作环节，标志着地税征管信息化建设迈上一个新台阶。

发票管理　2004 年 9 月 1 日前，地税局使用的是 1993 年版发票，发票必须套印全国统一发票监制章。根据《国家税务总局关于统一全国普通发票分类代码和发票号码的通知》的要求，2004 年 9 月 1 日起，县地税局开始启用新版发发票。新版发票按照行业划分为九类，分别为海南省交通运输业专用发票、海南省建筑业专用发票、海南省金融保险业专用发票、海南省邮电业专用发票、海南省娱乐业专用发票、海南省服务业专用发票、海南省转让无形资产专用发票、海南省销售不动产专用发票、其他专用发票。2009 年 8 月起，全面使用新版机打防伪税控专用发票，停止使用手填房地产专用发票。

1988—2010年白沙县地方财政分主要税收收入表

表 7-2-3 单位：万元

年份	税收收入合计	增值税	营业税	企业所得税	个人所得税	资源税	城市维护建设税	房产税	印花税	城镇土地使用说	土地增值税	车船使用税	屠宰税	农业税	农业特产税	耕地占用税	契税
1988年	910	192	242	75	—	—	18	8	5	—	—	11	6	22	238	4	—
1989年	1014	358	223	20	—	—	25	9	4	—	—	10	5	13	293	3	—
1990年	1292	421	251	17	—	—	21	9	1	5	—	11	6	22	478	—	—
1991年	1488	615	253	40	—	—	17	12	4	1	—	12	7	33	464	—	—
1992年	1764	689	270	43	—	—	18	16	2	2	—	9	8	32	625	2	—
1993年	2042	818	349	62	—	—	21	25	2	2	—	11	9	22	627	2	—
1994年	2526	189	276	35	76	24	30	19	1	4	—	13	9	32	1809	4	—
1995年	3096	176	252	17	91	13	30	21	1	3	—	11	10	34	2432	3	—
1996年	3211	195	332	21	163	19	32	37	17	5	—	16	13	63	2284	10	1
1997年	2718	178	314	22	156	32	31	43	3	10	9	15	25	59	1810	4	2
1998年	3101	186	450	19	393	31	26	38	1	7	1	19	30	58	1840	—	2
1999年	3305	121	225	7	527	33	31	57	5	7	17	25	41	76	1928	201	4
2000年	3200	180	270	18	399	36	47	82	4	8	3	27	43	54	2025	3	1
2001年	3007	227	329	18	358	46	85	93	23	9	—	29	41	52	1675	17	5
2002年	3191	179	448	14	152	62	77	97	19	10	5	27	45	59	1994	—	3
2003年	3619	249	553	9	147	66	88	73	28	10	—	22	46	51	2272	—	5

续表 7-2-3

年份	税收收入合计	增值税	营业税	企业所得税	个人所得税	资源税	城市维护建设税	房产税	印花税	城镇土地使用说	土地增值税	车船使用税	屠宰税	农业税	农业特产税	耕地占用税	契税
2004年	2299	300	612	66	152	73	104	114	32	61	2	9	—	71	680	11	12
2005年	1725	341	734	19	178	83	116	105	15	64	7	5	—	22	—	17	19
2006年	2191	363	1090	54	210	49	141	125	19	78	14	10	—	—	—	16	22
2007年	2695	419	1451	73	222	51	181	130	36	80	5	9	—	—	—	9	29
2008年	3233	539	1165	88	314	59	190	140	23	335	78	19	—	—	—	254	29
2009年	4081	794	1504	204	336	54	303	129	25	238	88	32	—	—	—	288	86
2010年	6255	893	2271	591	425	82	300	246	43	425	64	30	—	—	—	722	163

1995—2001 年白沙县税务部门各类税收完成情况一览表

表 7-2-4　　　　单位：万元

项目＼年份	1995 年	1996 年	1997 年	1998 年	1999 年	2000 年	2001 年
合 计	3354	3191	2613	2675	2942	4358	4469
中央级收入	0	0	0	0	0	934	1176
地方级收入	3354	3191	2613	2675	2942	3424	3293
省级	0	0	0	0	0	271	314
县级	3354	3191	2613	2675	2942	3153	2979
一、国税部门税收收入	885	833	738	775	733	1149	1477
中央级收入	—	—	—	—	—	934	1176
地方级收入	—	—	—	—	—	262	329
省级	—	—	—	—	—	82	103
县级	—	—	—	—	—	180	226
1. 国内增值税	806	766	707	752	711	1047	1317
#商业增值税	—	—	—	—	—	404	461
工业增值税	—	—	—	—	—	643	856
（1）糖	—	—	—	—	—	577	807
（2）电力	—	—	—	—	—	—	—
（3）水泥	—	—	—	—	—	—	—
（4）其他	—	—	—	—	—	66	49
2. 国内消费税	15	3	7	5	20	2	1
3. 企业所得税	64	64	24	18	9	4	5
4. 利息个人所得税	—	—	—	—	3	96	154
5. 车辆购置税	—	—	—	—	—	—	—
二、地税部门税收收入	—	—	—	—	—	1126	1243
中央级	—	—	—	—	—	—	—
省级	—	—	—	—	—	189	211
县级	—	—	—	—	—	937	1032
（1）营业税	—	—	—	—	—	451	533

续表 7-2-4

项目 \ 年份	1995 年	1996 年	1997 年	1998 年	1999 年	2000 年	2001 年
（2）企业所得税	—	—	—	—	—	26	26
（3）个人所得税	—	—	—	—	—	399	358
（4）资源税	—	—	—	—	—	36	46
（5）土地使用税	—	—	—	—	—	8	9
（6)城市维护建设税	—	—	—	—	—	47	84
（7）印花税	—	—	—	—	—	4	24
（8）土地增值税	—	—	—	—	—	4	1
（9）房产税	—	—	—	—	—	82	93
（10）车船使用税	—	—	—	—	—	27	28
（11）屠宰税	—	—	—	—	—	42	41
三、农税部门税收收入	2469	2358	1875	1900	2209	2083	1749
县级收入	—	—	—	—	—	1664	1356
乡镇级收入	—	—	—	—	—	419	393
1. 农业税	34	63	59	58	76	54	52
2. 农业特产税	2432	2284	1810	1840	1928	2025	1675
3. 耕地占用税	3	10	4		201	3	17
4. 契税	—	1	2	2	4	1	5

2000—2010 年白沙县税务部门各类税收完成情况一览表

表 7-2-5　　　　单位：万元

项 目	2000 年	2002 年	2003 年	2004 年	2005 年	2006 年	2007 年	2008 年	2009 年	2010 年
合计	4358	4595	5472	4552	4218	5111	6134	7249	9642	14202
中央级收入	934	1019	1418	1777	1954	2206	2555	3172	4422	5852
地方级收入	3424	3576	4054	2775	2264	2905	3579	4077	5220	8350
省级	271	397	435	476	537	714	884	844	1139	5095
县级	3153	3179	3619	2299	1727	2191	2695	3233	4081	3255
一、国税部门税收收入	1149	1120	1506	1834	2097	2259	2665	3208	4570	5325
中央级收入	934	813	1110	1356	1562	1683	1991	2400	3425	4003

续表 7-2-5

项 目	2000年	2002年	2003年	2004年	2005年	2006年	2007年	2008年	2009年	2010年
地方级收入	262	319	396	478	535	576	674	808	1145	1323
省级	82	155	148	168	193	209	240	267	310	338
县级	180	164	248	310	342	367	434	541	835	985
1. 国内增值税	1047	959	1336	1611	1832	1955	2334	2878	4234	4768
#商业增值税	404	437	322	353	369	390	685	1159	1883	1813
工业增值税	643	522	1014	1258	1463	1555	1549	1719	2351	2493
2. 国内消费税	2	2	14	34	35	50	52	33	43	12
3. 企业所得税	4	8	8	29	6	11	42	58	139	304
4. 利息所得税	96	151	145	160	186	216	246	166	76	23
5. 车辆购置税	—	—	—	—	38	37	91	73	78	219
二、地税部门税收收入	1126	1419	1637	1944	2063	2814	3431	3750	4669	7412
中央级	—	206	308	421	392	523	564	772	997	1849
地方级收入	1126	—	—	—	1670	2291	2867	2978	3672	5563
省级	189	242	287	308	344	505	644	577	801	1183
县级	937	971	1042	1215	1326	1786	2223	2401	2871	4380
（1）营业税	451	665	789	849	1014	1508	2000	1595	2110	3123
（2）企业所得税	26	29	24	193	60	170	201	238	543	1664
（3）个人所得税	399	384	490	508	594	702	739	1048	1119	1417
（4）资源税	36	62	66	73	83	49	51	59	54	0
（5）城市维护建设税	47	10	10	61	116	141	180	189	303	300
（6）房产税	82	77	88	104	105	124	130	140	128	246
（7）印花税	4	19	28	31	15	18	36	23	25	43
（8）土地使用税	8	5	—	2	64	78	80	335	238	425
（9）土地增值税	4	96	73	114	7	14	5	104	117	82
（10）车船使用税	27	27	23	9	5	10	9	19	32	30
（11）其他税	—	—	—	—	—	—	—	—	—	82
（11）屠宰税	42	45	46	—	—	—	—	—	—	—

续表 7-2-5

项　目	2000年	2002年	2003年	2004年	2005年	2006年	2007年	2008年	2009年	2010年
三、农税部门税收收入	2083	2056	2329	774	58	38	38	291	403	938
#地方收入	2083	—	—	—	58	38	38	291	403	938
省级收入	—	—	—	—	—	—	—	—	—	53
县级收入	2083	1581	1776	538	58	38	38	291	403	885
1. 农业税	54	59	51	71	22	—	—	—	—	—
2. 农业特产税	2025	1994	2272	680	—	—	—	—	—	—
3. 耕地占用税	3	—	—	11	17	16	9	254	288	722
4. 契税	1	3	6	12	19	22	29	37	115	216

三、税务登记

税务登记是从事生产经营的纳税人，自领取营业执照之日起 30 日内，持有关证件向税务机关申请办理税务登记，税务机关审核后发经税务登记证件的行为，税务登记证件每年验证一次。2003 年 12 月 1 日，按照《海南省地方税务局外出经营税务报验登记管理办法》的规定，对从事生产、经营的纳税人到外县、市临时从事生产、经营活动的，经予开具外出经营活动税收证明。2004 年 2 月 1 日，白沙地税以《税务登记管理办法》的规定为依据，办理设立登记、变更登记、注销登记和税务登记证验证、换证以及非正常户处理、报验登记等有关事项。2004 年 6 月 1 日，按照《海南省国家税务局、海南省地方税务局联合办理税务登记暂行办法》的精神，进一步强化户籍管理，简化办税程序，实现国、地税部门税务登记信息共享。2006 年 8 月 1 日起，统一换发、启用新税务登记证件，明确国、地税联合办理税务登记，为纳税人共同核发一个税务登记证。2006 年 9 月 15 日起执行海南省发展与改革厅、海南省财政厅制定的税务登记证工本费收费标准，对从事个体经营的下岗失业人员和高校毕业生免收税务登记证工本费。自 2010 年 12 月 31 日以后，免收纳税人办理设立登记、变更登记、补办税务登记、扣缴义务人办理扣缴税款登记证件的工本费。

四、地税稽查

1998 年，设立县稽查分局（稽查分局原为稽查队），内设机构为综合股、审理股和稽查队。

1996—2010年白沙县地方税务局稽查收入情况

表7-2-6

时间（年）	稽查收入（万元）	时间（年）	稽查收入（万元）
1996年	86	2004年	205
1997年	34	2005年	24
1998年	337	2006年	70
1999年	84	2007年	28
2000年	25	2008年	60
2001年	—	2009年	16
2002年	36	2010年	348
2003年	111		

第三章　金　　融

第一节　金融机构

1988年，白沙县有五家金融机构，即中国人民银行白沙黎族自治县支行、中国农业银行白沙黎族自治县支行、工商银行白沙黎族自治县支行、海南白沙黎族自治县农村信用合作社、中国人民建设银行广东省白沙黎族自治县支行。经过多次调整改制，至2010年，白沙县共有六家金融机构，即中国人民银行白沙黎族自治县支行、中国农业银行白沙县支行、中国工商银行股份有限公司白沙支行、海南白沙农村合作银行、中国建设银行股份有限公司白沙支行、中国邮政储蓄银行股份有限公司白沙黎族自治县支行。

一、中国人民银行白沙县支行

简称白沙人行，1985年人民银行白沙县支行与工商银行白沙支行合署办公，一套人员、两块牌子，由县工商银行代理人民银行白沙县支行业务。1986年6月与工商银行分离。1988年海南建省后，中国人民银行白沙县支行直属海南省分行管辖，内设人秘股、会计股、发行股、保卫股、资金计划股和金管稽核股。1992年，增设监察室。1997年7月，增设农村合作金融管理股。1998年12月，中国人民银行进行重大体制改革，撤销中国人民银行海南省分行，成立中国人民银行海口中心支行，直接受中国人民银行海口中心支行管辖，内设监察室、人秘股、会计国库股、货币发行股、金管稽核股、资金计划股、农村合作金融管理股和保卫股。2003 年，中国银行业监督管理委员会成立，白沙县支行内设机构调整为人秘股、会计国库股、货币发行股、综合股、保卫股。2004 年，人秘股更名为办公室，国库会计股更名为营业室，综合股更名为货币信贷与统计股。2005 年 4 月，白沙县支行职能调整，撤销发行库房，内设监察室、办公室、营业室和货币信贷与统计股。2006 年，撤销监察室，内设办公室、营业室和货币信贷与统计股。

二、中国工商银行股份有限公司白沙县支行

简称白沙工行，1985 年 1 月成立，与人民银行白沙县支行合署办公，一套人员、两块牌子，由县工商银行代理人民银行白沙县支行业务。1986 年 6 月，工商银行与人民银行白沙县支行分离，设立工商银行白沙县支行。1988 年海南建省后，中国工商银行白沙县支行隶属海南省分行管辖。1989 年，增设监察室、稽核股（后改为省分行派驻）、科技股（后改为电脑股）和职教股。1991 年，支行营业所和牙叉储蓄所开办电脑联网储蓄业务，并发展与全省通存通兑业务关系，成为白沙县第一家电脑化银行。1997 年，支行进行机构精简和人员分流，将原有的 13 个股（室）撤并成立“两部一室”（业务部、营业部与办公室），同时各部（室）、储蓄所、分理处人员实行“双向选择的聘用制”。1999 年 9 月，白沙县支行进行机构改革，收缩网点，机构级别为分理处，内设综合组、业务组。2003 年 9 月，升格为中国工商银行白沙县支行，内设市场部、业务部两个部门。2005 年 10 月，中国工商银行进行股份制改革并挂牌营运，更名为中国工商银行股份有限公司白沙支行，内设业务发展部、业务管理部和办公室，并设立在职党支部、离退休党支部和基层工会组织。2006 年 10 月 1 日，白沙支行挂靠儋州支行管理，取消内设机构，保留党支部。

三、中国农业银行白沙县支行

简称白沙农行，1979 年，中国农业银行白沙县支行成立，接管人民银行基层机构的营业所，并管辖农村信用合作社。1988 年，海南建省后，白沙县支行由农业银行海南省分行直接领导。1989 年增设保卫股和教育股，1990 年增设政治思想工作办公室。1992 年 10 月，成为全省首家实现电脑全省联网的县级金融机构。1994 年 7 月 1 日开始全面代理农业发展银行的业务。1996 年 11 月，白沙县农行与农村信用合作社业务脱钩。1999 年更名为中国农业银行白沙黎族自治县支行。2009 年中国农业银行实行股份制改革，更名为中国农业银行股份有限公司白沙县支行，内设综合管理部/工会委员会办公室、客户部 2 个部门，下辖支行营业部、牙叉分理处、七坊分理处和芙蓉田分理处 4 个营业网点（含支行营业部）。

四、中国建设银行股份有限公司白沙支行

简称白沙建行，1988 年海南建省后，中国建设银行白沙县支行隶属于海南省分行管辖。1989 年更名为中国人民建设银行海南省白沙黎族自治县支行，内设办公室、业务股、筹资股，下设中路储蓄所和桥北储蓄所 2 个网点。1995 年，内设机构调整为办公室、保卫股、财务股、计划股、业务股、筹资股、房地产信贷股和监审室，下设中路储蓄所、桥北储蓄所、储蓄专柜、邦溪办事处 4 个网点。1997 年，建行由国家专业银行转轨为国家商业银行，名称由原中国人民建设银行海南省白沙黎族自治县支行变更为中国建设银行海南省白沙黎族自治县支行。内设办公室、计划股、筹资股、信贷股、委代股、房地产信贷部、电脑股、会计股、保卫股、监审室和工会 11 个部室，下设储蓄专柜、中路储蓄所、桥北储蓄所、七坊储蓄所和邦溪储蓄所 5 个储蓄网点。1995—1997 年，连续三年被评为海南省金融系统安全达标先进单位。1998 年 12 月，建行进行人事制度改革，由原支行降格为分理处，名称变更为中国建设银行白沙黎族自治县分理处，所有股室、网点全部撤并，保留综合管理部、市场营销部、营业部和一个储蓄专柜。2004 年，建行由国有独资商业银行改制为国家控股股份制商业银行，名称变更为中国建设银行股份有限公司白沙分理处。2009 年，白沙分理处升格为中国建设银行股份有限公司白沙支行，内设办公室、客户部和营业部。

五、中国邮政储蓄银行白沙县支行

简称白沙邮政储蓄支行，2008 年 5 月 23 日挂牌成立，全行 27 名员工全部从白沙县邮政局整建制划转。同时成立二级支行县卫星农场支行、牙叉镇东路支行、邦溪镇支行、芙蓉田农场支行、七坊镇支行。邮政储蓄白沙支行内设综合管理部、综合业务部、会计核算部和信贷业务部 4 个职能部门，县支行营业部和卫星农场支行 2 个自营网点，9 个邮政代理网点。

六、海南省白沙县农村合作银行

简称白沙农合行。1996 年 11 月，农村信用社与中国农业银行脱钩，成立白沙黎族自治县信用合作社联合社和乡镇农村信用社，形成二级法人管理体系，归人民银行管理。2004 年，归中国银行业监督管理委员会管理。2007 年 8 月 10 日，海南省农村信用社联合社挂牌成立。2009 年底，由白沙黎族自治县信用合作社联合社与辖内 6 家农村信用社合并组建海南白沙农村合作银行，2010 年 3 月正式揭牌营业。

1988—2010 年白沙县金融保险业机构数

表 7-3-1 单位：个

年份	金融业合计	国家银行					农村信用社	保险业
		合计	银行	其中				
				县级	办事处分理处	储蓄所营业所		
1988 年	37	36	22	4	1	17	14	1
1989 年	37	36	22	4	1	17	14	1
1990 年	38	37	23	4	1	18	14	1
1991 年	39	38	24	4	1	19	14	1
1992 年	39	38	24	4	1	19	14	1
1993 年	41	40	26	4	2	20	14	1
1994 年	41	40	26	4	2	20	14	1
1995 年	41	40	26	4	2	20	14	1
1996 年	42	41	26	4	2	20	15	1
1997 年	40	39	24	4	1	19	15	1
1998 年	35	34	20	4	1	15	14	1
1999 年	31	30	16	4	—	12	14	1
2000 年	31	30	16	4	—	12	14	1
2001 年	28	27	17	4	—	13	10	1
2002 年	23	22	12	4	—	8	10	1
2003 年	21	20	10	4	—	6	10	1
2004 年	23	20	10	4	—	6	10	2
2005 年	21	18	9	4	—	5	9	2
2006 年	20	17	8	4	—	4	9	2
2007 年	19	16	7	4	—	3	9	2
2008 年	24	21	13	5	—	8	8	2
2009 年	23	20	13	5	—	8	7	2
2010 年	25	22	13	5	—	8	9	2

第二节 金融业务

一、存款贷款

1988年，白沙县金融业机构36个，总就业人数297人，其中国家银行22个，就业人数237人；农村信用社14个，就业人数60人。年末各项存款余额为8099万元。年末各项贷款余额为10375万元。人民银行存款合计8166万元，其中企业存款1854万元，财政存款175万元，机关团体部队存款236万元，城镇储蓄5323万元，农村存款255万元，其他存款323万元；贷款合计9723万元，其中流动资金贷款4596万元，农业贷款2900万元，固定资产贷款2227万元。工商银行存款合计2629万元，其中企业存款627万元，城镇储蓄存款1565万元，信托存款15万元，代理财政存款223万元，其他存款199万元；贷款合计4491万元，其中流动资金贷款2492万元，固定资产贷款1930万元，信托贷款69万元。建设银行存款合计814万元，其中企业存款791万元，城镇储蓄存款14万元，信托存款9万元；贷款合计830万元，其中流动资金贷款346万元，固定资产贷款162万元，其他贷款322万元。1988年，农行存款合计4489万元，其中企业存款436万元，城镇储蓄存款3650万元，农村存款255万元，代理财政存款23万元，其他存款125万元；贷款合计5010万元，其中流动资金贷款1758万元，农业贷款2900万元，固定资产贷款107万元,信托贷款245万元。现金累计收入7884万元,现金累计支出13861万元，净投放5977万元，实现利润67万元。

1992年，金融业机构38个，总就业人数347人，其中国家银行24个，就业人数283人；农村信用社14个，就业人数64人。年末各项存款余额18685万元，其中包含企业存款2912万元，财政存款68万元，机关团体部队存款644万元，城镇储蓄存款13305万元，农村存款1756万元；年末各项贷款余额23764万元，其中包含短期贷款17829万元，中长期贷款5678万元，信托贷款257万元。

1995年，金融业机构40个，总就业人数369人，其中国家银行26个，就业人数304人；农村信用社14个，就业人数65人。年末各项存款余额34449万元，年末各项贷款余额33735万元。全年现金收入合计76524万元，全年现金支出合计101082万元。

2000年，金融业机构30个，总就业人数288人，其中国家银行16个，就业人数205人；农村信用社14个，就业人数83人。年末各项存款余额51341万元，年末各项贷款余额40700万元。全年现金收入合计128533万元，全年现金支出合计150557万元。

2005 年，金融业机构 19 个，总就业人数 192 人，其中国家银行 9 个，就业人数 141 人；农村信用社 10 个，就业人数 51 人。年末各项存款余额 106700 万元，年末各项贷款余额 31308 万元。全年现金收入合计 146405 万元，全年现金支出合计 175063 万元。

2010 年，金融业机构 23 个，总就业人数 215 人，其中国家银行 13 个，就业人数 150 人；农村信用社 10 个，就业人数 65 人。年末各项存款余额 327736 万元，其中企业存款 7.16 亿元，机关团体存款 4.8 亿元，财政存款 1.66 亿元，储蓄存款 17.14 亿元，农业存款 1.83 亿元。年末各项贷款余额 36945 万元，其中短期贷款 2.55 亿元，中长期贷款 1.14 亿元。金融企业营业收入总计 83274 万元，金融企业营业支出总计 69985 万元，年营业收入（不含工行下同）8.33 亿元，实现利润 1.27 亿元，完成增加值 3565 万元。全年金融机构营业收入合计 8327.4 万元,其中利息收入 4102.2 万元,金融机构往来收入 3850.6 万元；营业利润 1237.3 万元，利润总额 1267.9 万元。国家银行（农行、建行、邮政储蓄银行）营业收入合计 5861.1 万元，其中利息收入 2230.2 万元，金融机构往来收入 3309.1 万元；营业利润 817.4 万元，利润总额 856.1 万元。农行营业收入 2328.2 万元，其中利息收入 98.4 万元，金融机构往来收入 2062.5 万元；营业利润 163.5 万元，利润总额 164.2 万元。建行营业收入 1362.1 万元，其中利息收入 54.8 万元，金融机构往来收入 1246.6 万元；营业利润 577.4 万元，利润总额 615.4 万元。邮政储蓄银行营业收入 2170.8 万元，其中利息收入 2077 万元，无金融机构往来收入；营业利润 76.5 万元，利润总额 76.5 万元。农村合作银行营业收入合计 2466.3 万元，其中利息收入 1872 万元，金融机构往来收入 541.5 万元；营业利润 419.9 万元，利润总额 411.8 万元。

二、主要银行业务

白沙工行 中国工商银行白沙支行成立于 1985 年 12 月，经国务院批准，于 2005 年实行股份制改造为国家财政部控股的股份制商业银行，2005 年 10 月挂牌，是白沙黎族自治县资金实力雄厚、金融产品齐全、服务手段先进、形象好、信誉高的国有商业银行。白沙工行成立后，本着生存、发展的原则，实施追赶全行计划的目标、“精服务，细管理，创价值，控风险”的企业经营理念和“系统小而优，同业小而强”的工作目标，为广大客户提供优质高效的服务，各项业务增长迅速，人民币传统业务得到巩固，银证通、网上银行业务、电子银行业务、汇款直通车业务、理财金账户、银行卡业务及中间代理业务得到进一步发展。截至 2010 年 12 月，白沙工行开办的金融业务产品有人民币活期储蓄存款、外币活期储蓄存款、整存整取定期储蓄存款、零存整取储蓄存款、教育储蓄、定期一本通、活期一本通、银证通业务、汇款直通车；单位活期存款、单位定期存款；

个人住房贷款、个人住房加按揭贷款、个人住房公积金贷款；实时清算系统、支付密码系统、支票、委托收款；牡丹国际卡、牡丹国际借记卡、牡丹贷记卡、牡丹信用卡、牡丹灵通卡；个人网上银行、企业网上银行、电话银行、个人理财金账户业务、代理发行国债、代理柜台记账式债券、代理保险业务、代理开放式基金业务、国内人民币资信服务业务、个人结售汇业务等。1988—1998 年，白沙工行与白沙糖厂、木棉糖厂、淀粉厂、陶瓷厂，以及商业流通企业、粮食储存企业、书店零售企业和个体工商业等发生信贷业务。1999 年 9 月，为了实行集约化经营，白沙工行进行机构改革、人员分流，网点大量收缩，不良信贷资产剥离、核销，信贷业务萎缩、停滞。1999—2010 年，因机构改革、人员分流，人员少、业务量大，同业竞争激烈，业务被瓜分，导致流失。2006 年 10 月 1 日，为加强管理，降低成本，提高效率，构建精简、高效的分支机构管理体制，白沙支行挂靠经营规模大、经营状况和经营环境较好的儋州市支行管理，主抓城镇居民个人存款、个人小额贷款、住房贷款、基金、理财、保险等传统个人业务，人民币境内结算、财政国库代理等对公传统业务。随着白沙地区经济环境的不断改善，城镇居民生活的不断提高，白沙工行解放思想，更新观念，改善服务态度、创新服务手段、提高服务质量，为促进白沙经济社会发展贡献力量。

白沙农行 1989 年，各项存款余额达 5552 万元，累计收回各项贷款 2474 万元，累计发放各项贷款 3385 万元。各项贷款余额 6542 万元，其中，农业投入占 3385 万元。现金总收入 7265 万元，现金总支出 13861 万元，净投放 6596 万元，同年农行白沙支行储蓄专柜开办外币存款业务，当年存 17.9 万元。1990 年，各项存款余额 7175 万元，其中储蓄存款余额 5884 万元。1991 年，各项存款余额为 9020 万元，各项贷款余额达 9965 万元，累计发放各项贷款 4536 万元，累计收回贷款 3698 万元。非正常贷款金额为 2000 万元，账面盈余 227 万元。各项存款余额为 800 万元，各项贷款余额达 619 万元，累计发放贷款 158 万元，累计收回贷款 193 万元，非正常贷款金额为 460 万元。1992 年，各项存款余额 10681 万元，其中，储蓄存款余额 8244 万元。各项贷款余额 11100 万元。信用社各项存款余额 1154 万元，其中，社员储蓄存款余额 869 万元。各项贷款余额 612 万元。1993 年，各项存款余额 10933 万元，其中储蓄存款余额 9409 万元。各项贷款余额 12717 万元。信用社各项存款余额 1297 万元，其中储蓄存款余额 1110.3 万元。全年现金净投放 12812 万元，其中银行现金净投放 12238 万元，银行经营亏损 198 万元。信用社盈余社 12 个，盈余金额 21.65 万元，亏损社 2 个，亏损金额 10.35 万元，盈亏相抵，全县信用社盈余 11.3 万元。

1994年，白沙农行全面代理农业发展银行的业务。当年，农村各项存款余额131143万元，其中储蓄存款余额10912万元，累计发放贷款6441万元，贷款余额达12145万元。农村信用社各项存款余额1474万元，其中储蓄存款余额1282万元。累计发放各项贷款332万元，贷款余额达968万元。行社现金净投放9686万元，银行经营亏损400万元。同年七坊营业所、龙江储蓄所两个网点上电脑，我行电子计算机处理业务覆盖率达30%，实行审、贷分离制度。1995年各项存款余额达17242万元，其中储蓄存款余额14369万元。各项贷款余额14080万元，累计收回各项贷款7414万元，实收利息1828万元。经营亏损197万元。累计代理农发行发放贷款478万元，累收贷款201万元。1996年，各项存款余额达17813万元，其中，储蓄存款余额16557万元。全行贷款余额15832万元，其中农业贷款余额11216万元。同年推出信用卡、爱心储蓄、储蓄定期一本通、通知存款、房改基金等新业务。并先后投资20万元，在七坊所、龙江所、金波所、芙蓉田所安装电脑微机设备，实现储蓄业务电脑化；在牙叉所、营业部完成AS/400新一代电脑更新和全省储蓄联网建设；白沙农行成为全国电子汇兑系统网点之一，实现资金汇划一日抵用，省辖、县辖联行对账实现电脑化，全行电脑覆盖率达43%。

1997年是白沙农行与农村信用社业务脱钩后实行独立核算第一年。当年，各项存款余额达19055万元，其中，储蓄存款余额16641万元。各项贷款余额16579万元，其中，正常贷款9386万元，占贷款总额的56.6%，不良贷款7194万元，占贷款总额的43.4%。全行累计发放贷款2890万元，累计收回到逾期贷款2143万元，实收利息1316万元，综合收息率达57.86%。全行经营收入3745万元，各项支出4144万元，其中，业务管理费支出631万元，经营亏损399万元，亏损额限在省行下达的指标内。现金净投放量为16573万元。同年开通全省电子汇兑业务，所有异地汇兑业务全部实现24小时到账抵用，并相继在大岭、卫星、珠碧江、芙蓉田4个网点安装电脑微机，全行储蓄电脑覆盖率达69.2%。1998年，各项存款余额达19999万元，储蓄存款余额达17000万元。其中，正常贷款9023万元，占贷款总额的49.6%，不良贷款9162万元，占贷款总额的50.4%。全行累计发放贷款3797万元，投放重点突出支持以国有农场为主的一批“双优客户”及“兴农富岛工程”企业。全行经营收入1860万元，其中利息收入1294万元，实收利息838万元。各项支出3084万元，其中业务管理费539万元。全行现金净投放量为16576万元，其中支持高速公路现金需求1200万元。

1999年，白沙农行更名中国农业银行白沙支行。同年，各项存余额达22284万元，储蓄存款余额达17892万元。其中，正常贷款8696万元，占贷款总额的47.72%，不良贷款 9879 万元，占贷款总额的 53.18%。全行累放贷款 4769 万元，累收贷款 4169 万元，投放重点突出支持以国有农场为主的一批“双优客户”企业。全行经营收入 1704 万元，实收利息收入 1025 万元，财务账面亏损 753 万元。同年，12 个网点全部实现 AS/400 全省储蓄电脑联网，通存通兑，网络覆盖率达 100%。往来公文实现电子传送，支行机关管理部门实现电脑化管理。2000 年，各项存款余额达 20697 万元，其中储蓄存款余额达 18315 万元。各项贷款余额为 17688 万元，其中正常贷款 7875 万元，占贷款总额的 44.52%；不良贷款 9813 万元，占贷款总额的 55.48%。累放贷款 7661 万元，累收贷款 8545 万元（其中剥离 2655 万元），投放重点突出支持以国有企业为主的“双优客户”企业。全行经营收入 1021 万元，利息收入 1017 万元，累放贷款 75661 万元。同年，共剥离不良贷款本息合计 3630 万元，其中，呆账贷款本金 1016 万元，呆滞贷款本金 1639 万元，表内利息 975 万元。全面实行 AS/400 储蓄事后监督，对全辖 12 个网点储蓄业务实行集中式监控，创造性实现 POS 机刷卡缴费业务，实现对公 AS/400 联网和在牙叉营业所安装 ATM 自动存款机，使不良贷款占比下降 5.8 个百分比。2001 年，各项存款余额 20808 万元，其中企业存款 2198 万元，农业存款 1446 万元，储蓄存款 17164 万元。各项贷款余额（全口径）22984 万元，其中正常贷款 9307 万元，不良贷款总额为 13677 万元；综合收息率为 91.84%，其中常规 98.31%，专项 59.66%；财务账面亏损 1201 万元；发卡量净增 5517 张，卡存款净增 265 万元。同业存放款净增 645 万元。完成对公手工网点和单机网点向 AS/400 网络数据移植工作，实现全省营业网点联网作业和信用卡联机作业，增加外币通存通兑功能；将国际业务系统数据主机纳入网络中心管理，并将 IBS 系统升级到 2001 版。2002 年，各项人民币存款余额 20006 万元，各项贷款余额 23201 万元。财务账面亏损 −828 万元，实际利润 −821 万元。清收不良贷款 771 万元，保全不良贷款 1381 万元。银行卡发卡量 4555 张，卡存款增量 434 万元。同年，撤销光雅、珠碧江、金波 3 个网点，龙江储蓄所并入七坊营业所。2003 年，各项存款余额 24830 万元，其中，储蓄存款余额 16804 万元。对公存款余额为 8026 万元，中间业务收入 28 万元。完成“新一代”业务系统切换工作。2004 年，各项存款（本外币合并）余额 24622 万元，各项贷款余额 21963 万元，其中不良贷款 15582 万元，占贷款总额的 70.95%，中间业务收入 21 万元，全年账面利润完成 −620 万元，账面利润实现减亏 246 万元。同年，完成 ACBS 系统、资产业务系统、现金管理系统、新联行系统的切换工作，在支行营业部安装 1 部 ATM，实现全行办公自动化。2005 年，各项人民币存款余额 28713 万元，其中，对公存款余额 8644 万元，储蓄存款余额 20069 万元。中间业务收入 35 万元，账面利润完成 −765 万元。

营业部增设1部ATM自助柜员机，完成个人负债业务系统、资产业务系统、反洗钱等上线工作。2006年，各项人民币存款余额为33660万元，其中，对公存款余额12823万元，储蓄存款余额20763万元，外币存款余额7万元，中间收入67万元。各项贷款余额15425万元，清收不良贷款本息641.4万元。七坊所安装1部自助取款机，完成FMIS系统推广。2007年，各项存款30390万元（全口径），其中，储蓄存款23185万元，财务增损130万元。共清收不良贷款520万元，其中贷款本金380万元、利息140万元，全年中间业务收入达到171万元（年终入账数据）。2008年，各项存款36476万元，其中：储蓄存款27563万元，对公存款8913万元；人民币同业存款241万元。清收不良贷款本息311万元，其中贷款本金170万元，利息24万元，中间业务收入117万元（含外汇买卖净收入）。提前完成牙叉营业所公用房、七坊营业所干部周转房、芙蓉田营业所职工宿舍等3宗房地产确权办证工作，按规定将以上3宗国有划拨用地转为国有出让地。提前完成全行共5宗土地的评估初审工作。在省行规定时间内完成原光雅营业所、大岭营业所、龙江储蓄所等3宗闲置房地产的对外拍卖处置工作。全面完成闲置固定资产的处置，为顺利推进股改打好基础。在省行规定的时间内完成不良资产剥离工作，将不良资产（包括非信贷资产）129户，贷款余额15587万元进行剥离。顺利移交可疑类不良资产档案资料186卷、借据157笔、权证40份；损失类不良资产档案资料660卷、借据379笔、权证41份；非信贷资产11户档案资料8卷、借据28笔。

2009年，白沙农行完成股份制改革。同年，各项存款余额44255万元，其中，对公存款14896万元，储蓄存款余额29359万元。公司类存款、机构类存款分别比年初增长1243万元、5001万元。各项贷款余额525万元，拨备前利润亏损214万元，拨备后利润亏损215万元。全年累计新增惠农卡发卡14157张，授信1637户。全年银行类及代理个人理财产品销售额1588万元，其中代销国债904万元，基金销售684万元。第三方存款新增81户，企业银行网上注册户16户，企业电话银行注册26户，个人网上银行注册户数398，个人电话银行注册户数6415户，手机银行128个，ATM金融交易笔数14.87万笔，有效收单户10户，消息服务687户，借记卡发卡6755张。个人中高端客户金融资产占比61.1%，个人中高端客户增量751户，个人动户率49.41%。在牙叉营业所安装1部自动存取款机，成为白沙县首家安装自动存取款机的银行。在芙蓉田营业所安装1部ATM，成为该地区第一家拥有ATM的银行。2010年，实现年度拨备前利润171万元，年度拨备后利润164万元。各项人民币存款余额63145万元，其中，储蓄存款余额40518万元。各项贷款余额2360万元，其中公司类贷款500万元，为不良贷款剥离后首笔公司类贷款；个人贷款增长1335.32万元，其中农户小额贷款1118.62万元。全行“惠农卡”发卡量19367张，农户小额贷款增长1118.62万元，个人贷款增量1333.62万元，惠农卡授信户数2210户。全年实现中间业务收入191万元。推广应用风险管理报告系统、柜员指纹认证系统。实行守押业务市场化，将守押业务移交给海南警锐金融护卫押运有限公司，金融护卫队人员的妥善分流安置。

1988—2010年农行白沙支行存款贷款情况一览表

表7-3-2　　单位：万元

年度	各项存款余额	各项人民币贷款余额
1988年	5099	5630
1989年	5552	6542
1990年	7175	8044
1991年	9559	10285
1992年	10681	11100
1993年	10933	12717
1994年	13200	12084
1995年	17242	14080
1996年	17811	15832
1997年	19055	16579
1998年	21061	17974
1999年	22284	18575
2000年	22690	17551
2001年	20808	18111
2002年	20006	18879
2003年	24830	22285
2004年	24622	21962
2005年	28763	21742
2006年	33643	15425
2007年	30418	15028
2008年	36475	18

续表 7-3-2

年度	各项存款余额	各项人民币贷款余额
2009 年	44276	525
2010 年	61924	2360

白沙建行 2010 年，全口径存款余额为 70670 万元，其中企业存款余额 58307 万元，储蓄存款余额 12363 万元。全行各项贷款余额为 1122 万元，委托公积金个人住房贷款余额 368 万元。贷款利息实收率 100%，按信贷资产质量五级分类，不良贷款率保持为零。全行中间业务毛收入为 66.71 万元，净收入为 60.8 万元。新发放贷记卡 61 张，发放个人住房贷款 1122 万元，全年“百易安”托管业务为 690 万元。

白沙邮政储蓄银行 2008 年成立，全县为民服务网点有 11 个，有网点柜台、电话银行、个人网上银行、自助查询终端和 ATM 等等，其中服务农村的网点占 81%。充分依托覆盖城乡的网络优势，坚持服务“三农”、服务中小企业的理念，自觉承担起“普之城乡惠之于民”的社会责任，走出一条“普惠金融”的发展道路。至 2010 年，已开办的业务品种有储蓄存款、短信业务、信用卡、国内外汇兑业务、人民币理财、基金、保险、贵金属、POS 业务、商易通业务、资产托管、公司存款、公司信贷、票据业务、企业网上银行、个人网上银行、手机银行、电话银行和信贷业务。中间业务有国内国际汇兑、代理保险业务、代理基金业务和代收代付。资产业务有个人商务贷款、小额贷款、住房按揭贷款、综合消费贷款、小企业贷款、协议存款、质押贷款和银团贷款。公司业务有对公存款、对公结算和企业网银。发放的银行卡名称有绿卡、福农卡、绿卡通卡、淘宝卡、绿卡生肖卡等，信用卡品种有普卡、金卡、自邮一族联名卡、游中国-海南国际旅游卡等。信贷业务品种有小额贷款、个人商务贷款、个人住房贷款、个人综合消费贷款、个人汽车消费贷款、小企业法人贷款等。其中，小额贷款业务根据客户对象的不同分为农户小额贷款和商户小额贷款，农户小额贷款最高贷款 5 万元，商户小额贷款最高贷款 10 万元。

2008—2010 年中国邮政储蓄银行白沙县支行主要业务经营情况一览表

表 7-3-3

年度	资产（亿元）	负债（亿元）	吸收存款（亿元）	发放贷款（亿元）	经营收入（万元）	利润（万元）
2008 年	5.07	5.07	4.86	0.0360	35	－45.00

续表 7-3-3

年度	资产（亿元）	负债（亿元）	吸收存款（亿元）	发放贷款（亿元）	经营收入（万元）	利润（万元）
2009 年	6.03	6.02	5.58	0.1416	369	44.00
2010 年	7.95	7.94	7.33	0.2712	599	76.54

白沙农合行　2002 年，各项存款余额 10112.89 万元，其中储蓄存款余额 976856 万元，对公存款 344.32 万元；各项贷款余额 4939.96 万元。2003 年，各项存款余额 12433.57 万元，其中储蓄存款余额 11399.91 万元，对公存款 1033.66 万元；各项贷款余额 8091.82 万元。2004 年，各项存款余额 13404.94 万元，其中储蓄存款余额 12570.98 万元，对公存款 833.95 万元；各项贷款余额 8316.26 万元。2005 年，各项存款余额 13852.80 万元，其中储蓄存款余额 13205.27 万元，对公存款 647.52 万元；各项贷款余额 8704.17 万元。2006 年各项存款余额 14832.63 万元，其中储蓄存款余额 13949.93 万元，对公存款 882.69 万元；各项贷款余额 9499.44 万元。2007 年，各项存款余额 17606.51 万元，其中储蓄存款余额 16750.12 万元，对公存款 856.38 万元；各项贷款余额 10686.44 万元。2008 年，各项存款余额 21087.41 万元，其中储蓄存款余额 19304.73 万元，对公存款 1782.67 万元；各项贷款余额 9750.23 万元。2009 年，各项存款余额 30031.92 万元，其中储蓄存款余额 25306.20 万元，对公存款 4725.71 万元；各项贷款余额 22490.44 万元。2010 年，各项存款余额 62156.88 万元，其中储蓄存款余额 42159.17 万元，对公存款 19642.69 万元；各项贷款余额 30444.40 万元。

农合行坚持“以农为本、服务三农”的宗旨，贷款投放倾向于支持“三农”、小微企业，推行“阳光”贷款。从 2007 年 11 月 1 日起，重点选择为个体工商户“量身订做”的“一抵通”贷款，向领取财政工资的工薪层推出“个人工资担保贷款”业务品种作为发展资产业务的重点，向小微企业推出房产抵押贷款、现金流信用贷款、保证贷款、授信贷款、商户联保贷款等贷款产品。2010 年，向中小微企业累计发放贷款 22828 万元，累计发放下岗职工再就业贷款 110 万元，投放扶贫贴息小额贷款 29.32 万元，“助学贷款”共扶持 50 余名大中专学生 20 余万元，“巾帼致富工程贷款”共发放贷款 30 余万元。2010 年，贷款余额 30444 万元，其中涉农贷款余额 24950 万元，占 81.95%。

白沙农合行主要金融系列产品有大海借记卡、抵（质）押贷款、个人“一抵通”贷款、个人工资担保贷款、农垦职工“安居乐”住房贷款、农户联保贷款、林权抵押贷款、琼中小额信贷项目、格莱珉模式小额信贷项目等。2010 年，全县投放使用 ATM 机 1 台、安装自助转账终端16台、EPOS机105台，全面覆盖所有金融服务空白乡镇及具备安装条件的村委会，农民足不出户就可以办理金融结算业务。

1988—2010年白沙县金融机构存款余额一览表

表7-3-4　　单位：万元

年份	各项存款年末余额	机构存款余额							其他存款
		企业存款	财政存款	机关团体存款	储蓄存款	农业存款	信托存款	委托存款	
1988年	8099	1622	175	236	5232	487	—	—	347
1989年	9640	1802	358	367	6071	624	23	—	395
1990年	12622	1927	448	291	8695	830	7	—	424
1991年	16471	2710	467	347	10802	1505	11	—	629
1992年	19134	2912	68	644	13305	1756	—	—	449
1993年	22048	2687	311	869	16705	978	16	—	482
1994年	23530	3339	-635	685	18438	1684	19	—	—
1995年	34449	4316	-670	916	27978	1866	43	—	—
1996年	38424	4628	-689	724	33243	446	72	—	—
1997年	40316	3291	128	744	34609	1372	1	—	171
1998年	47391	3466	294	1423	39793	1883	—	54	478
1999年	49714	3521	297	1102	41349	3212	—	85	148
2000年	51341	3439	495	1252	42796	2830	—	—	529
2001年	54157	2729	1194	2860	43779	1821	—	-217	1991
2002年	61443	5550	708	3489	47626	2739	—	-282	1613
2003年	78274	7656	3154	2940	56836	4402	—	-287	3573
2004年	88638	12906	1563	5407	64088	4659	—	-260	275
2005年	106700	13409	2737	9093	74097	5948	—	—	1416
2006年	128382	24325	3243	13675	84143	615	—	19	2362
2007年	145060	22665	8289	15728	96782	787	—	—	809
2008年	184020	35898	14431	20428	111961	1302	—	—	849
2009年	233683	50037	11237	41466	126686	3059	—	—	1198
2010年	327735	71577	16575	48011	171408	18296	—	—	1868

1988—2010年白沙县金融机构贷款余额一览表

表 7-3-5　　　　　　　　　　　　　　　　　　　　　　　　单位：万元

年份	各项贷款年末余额	短期贷款	其中			中长期贷款	其中		信托贷款	委托贷款	其他贷款
			工业贷款	商业贷款	农业贷款		基本建设贷款	技术改造贷款			
1988年	10375	7512	1658	2675	2900	2227	302	1897	314	—	322
1989年	13083	9621	2038	3232	4037	2796	—	2770	272	—	394
1990年	18154	12821	2453	3927	6127	4687	—	4313	252	—	394
1991年	22270	15539	4063	4186	6991	6043	258	4771	293	—	395
1992年	24128	17829	5018	4878	1190	5678	258	4366	257	—	364
1993年	27735	21325	6901	5719	8317	5677	220	4149	243	—	490
1994年	28438	18676	8762	2124	5940	9313	520	3829	—	—	449
1995年	33735	22651	10878	2394	5928	9711	520	3664	—	—	1373
1996年	37168	23776	12172	4301	6903	12014	520	6065	—	—	1378
1997年	39998	28898	14849	4476	10254	11100	520	5324	—	—	—
1998年	49702	31913	14893	6842	8158	17492	520	5307	—	297	—
1999年	45646	35220	13274	4326	8185	10122	24	5004	—	304	—
2000年	40700	33077	11386	2180	15701	7623	649	3655	—	—	—
2001年	41357	34053	11005	3348	16643	7304	648	3656	—	—	—
2002年	42795	35600	11497	3302	18256	7195	647	3647	—	—	—
2003年	45184	37259	11319	3312	18342	7925	625	3647	—	—	—
2004年	41059	33324	7383	3189	19462	7735	4201	—	—	—	—
2005年	31932	26676	1091	3122	19185	4632	624	—	—	—	—
2006年	25667	14254	1482	1154	7600	11413	—	—	—	—	—
2007年	26535	14886	1482	1090	7725	11649	—	—	—	—	—
2008年	10837	7312	—	—	4736	3525	—	—	—	—	—
2009年	25768	16926	—	—	10275	8842	—	—	—	—	—
2010年	36945	25498	—	—	—	11447	—	—	—	—	—

1988—2010 年白沙县金融业务发展情况统计表

表 7-3-6　　　　单位：万元

年度	类别	
	储蓄存款	贷款
1988 年	5232	10375
1989 年	6071	13083
1990 年	8695	18154
1991 年	10802	22270
1992 年	13305	24128
1993 年	16705	27735
1994 年	18438	28438
1995 年	27978	33735
1996 年	33243	37168
1997 年	34609	39998
1998 年	39793	49702
1999 年	41349	45646
2000 年	42796	40700
2001 年	43779	41357
2002 年	47626	42795
2003 年	56836	45184
2004 年	64088	41059
2005 年	74097	31308
2006 年	84143	25667
2007 年	96782	26535
2008 年	111961	10867
2009 年	126686	25768
2010 年	171408	36945

1988—2010年白沙县城乡居民储蓄存款余额

表 7-3-7

年份	城乡居民储蓄存款			城乡居民人均储蓄存款			全县平均人口	全县总人口	城镇	农村
	年末余额（万元）	指数（%）		年末余额（元）	指数（%）					
		上年=100	78年=100		上年=100	78年=100				
1988年	5232	112.8	1624.8	343	112.0	1973.0	181	107.7	—	16
1989年	6071	116.0	1885.4	397	115.8	1974.0	291	160.8	—	24
1990年	8695	143.2	2700.3	563	141.9	1975.0	268	92.1	—	22
1991年	10801	124.2	3354.3	686	121.8	1976.0	274	102.2	—	22
1992年	13305	123.2	4132.0	833	121.5	1977.0	282	102.9	—	22
1993年	16705	125.6	5187.9	1032	123.9	1978.0	322	114.2	100.0	24
1994年	18438	110.4	5726.1	1122	108.7	1979.0	402	124.8	109.3	30
1995年	27978	151.7	8688.8	1677	149.4	1980.0	566	140.8	175.8	41
1996年	33243	118.8	10323.9	1975	117.8	1981.0	807	142.6	250.6	58
1997年	34609	104.1	10748.1	2040	103.3	1982.0	1156	143.2	359.0	82
1998年	39793	115.0	12358.1	2308	113.1	1983.0	1485	128.5	461.2	103
1999年	41349	103.9	12841.3	2364	102.4	9849.7	174916	176377.0	19783.0	156594
2000年	42796	103.5	13290.7	2419	102.3	10080.6	176891	177404.0	19865.0	157539
2001年	43619	101.9	13546.3	2445	101.1	10189.1	178373	179342.0	20597.0	158745
2002年	47465	108.8	14740.7	2639	107.9	10995.5	179865	180388.0	21343.0	159045
2003年	56836	119.7	17650.9	3140	119.0	13085.0	180983	181578.0	—	—
2004年	64088	112.8	19903.1	3498	111.4	14573.5	183232	184886.0	—	—
2005年	74097	115.6	23011.5	3999	114.3	16660.9	185307	185727.0	—	—
2006年	84143	113.6	26131.4	4502	112.6	18757.0	186915	188102.0	—	—
2007年	96782	115.0	30056.5	5105	113.4	21272.0	189572	191042.0	—	—
2008年	111961	115.7	34770.5	5791	113.4	24130.1	193329	195610.0	—	—
2009年	126686	113.2	39343.5	6415	110.8	26728.6	197488	199365.0	—	—
2010年	171408	135.3	53232.3	8524	132.9	35518.4	201079	202792.0	—	—

第三节　金融监管

1995年3月18日颁布的《中华人民共和国中国人民银行法》，规定中国人民银行的主要职能是制定和实施货币政策，保持货币的稳定，对金融机构实行严格的监管，保证金融体系安全、有效地运行。1996年，为加强对农村信用社监管，中国农业银行与农村信用社脱离行政隶属关系。1997年7月，人民银行设立农村合作金融管理股。2005年，县人行职能调整，撤销发行库，内设机构只保留监察室、办公室、营业室和货币信贷与统计股。

2007年初，全国金融工作会议上确立农业银行改革“面向三农、整体改制、商业运作、择机上市”总体改革方向，县人行在省行党委的统一部署下，开展不良资产处置的有关准备工作，取得不良资产处置有关准备工作的阶段性成果：

一是完成可疑类、部分损失类不良贷款档案清理、债务确权、客户尽职调查、资产评估和资料的补充、录入工作。二是完成特殊资产的处置工作，对自办实体白沙黎族自治县金星实业有限公司办理注销手续。三是按照《不良贷款责任追究内部掌握尺度》的原则和标准，完成对120户形成不良贷款的责任人的责任认定工作，共对33人次提出处理意见，其中罚款处理12人，通报批评12人，严重警告5人，记大过3人，撤职1人。3000万元以上形成不良的责任人的处理待省行批复后再落实到位。四是全力配合做好外审工作。向中华、国地、西门、德勤4家外部审计机构上报白沙人民银行固定资产、房地产、动产的相关资料和实物图片。五是完成有关股改法律尽职调查工作，将文字资料及电子文档上报省行汇总。六是完成固定资产清理的阶段性工作，完成拟带入股份制公司的房地产的房屋、土地确权工作，重新办理房产证共13本。在固定资产清理的基础上，按照相关法律法规，共对9宗房地产进行处置，其中七坊营业所宿舍楼12套、原珠碧江营业所综合楼2套房产以房改方式处置给内部职工；牙叉营业所二层楼12套、芙蓉田营业所综合楼4套房地产以出售方式向内部职工进行处置；对原珠碧江营业所综合楼（不含房改处置给内部职工2套）、原卫星营业所综合楼以协议处置的方式处置给信用社；对原大岭营业所综合楼、原光雅营业所综合楼、原金波营业所综合楼、原龙江储蓄所综合楼等4宗房地产向社会公开拍卖，其中拍卖成功1宗，2宗流拍、1宗则由于竞得拍卖权的拍卖公司未履行与白沙人民银行签约手续而需重新拍卖；七是完成对闲置固定资产的清理和处置工作。对历年亏损挂账进行清理，对盘盈、盘亏资产进行入账处理；对报废的车辆、空调、电子设备等固定资产进行处置。

2010 年，白沙人民银行共清收不良贷款 520 万元，其中贷款本金 380 万元，利息 140 万元，完成任务的 104%。全年中间业务收入 171 万元（年终入账数据），中间业务收入首次超过传统的贷款利息收入。各项存款 30390 万元（全口径），其中，储蓄存款 23185 万元，比年初净增 2422 万元，完成任务 83.52%。财务增损 130 万元。全年共审核单位银行结算账户 533 户，其中开户 292 户，销户 119 户，变更 122 户。共办理各级预算收入累计金额 16503 万元。其中中央级预算收入 5856 万元，省级预算收入 2052 万元，地方级 8595 万元。预算支出累计金额达 106344 万元。办理贷款卡年审 26 家，申办 4 家。共收缴假人民币 21145 元。

第四章 保　　险

第一节 机　　构

1985 年 1 月成立，原名为中国人民保险公司白沙支公司。1996 年，产险寿险分业经营，更名为中国人民财产保险股份有限公司白沙支公司，简称人保白沙支公司，内设总经理室、综合管理部、销售管理部。2003 年 7 月，总公司实行股份改制上市。

第二节 保险业务

中国人民保险公司白沙支公司主要业务是财产损失保险、货物运输保险、责任保险、农业保险、工程保险、信用保险、保证保险、机动车辆保险、短期意外健康保险等保险业务。公司在全县 11 个乡镇设立保险服务站及“交警便民服务点”，通过“95518”24 小时专线服务，并开通 e-picc 电子商务平台，向客户提供“快、优、全、广”的咨询、投诉、回访、救援、预约等保险服务。

1985 年，保费收入 48 万元年。2003 年公司上市后，以“做人民满意的保险公司”为愿景，秉承中国人民保险公司的光荣传统和优良作风，倡导“稳健经营、效益为先；不惧市场、勇于开拓；外树形象、内强素质；改善民生、建强我司”的经营理念。通过不断的开发，公司业务长足、稳健发展。至 2010 年，实现保费收入 834 万元，增长 76.7%，其中，财险收入 584 万元，增长 49%；寿险收入 250 万元，增长 2.13 倍。全年赔款及给付金额 308 万元，增长 33.3%。其中，财险赔付 258 万元，增长 14.2%；寿险赔付 50 万元，增长 9 倍。

2005—2010 年白沙县各项保险业务总量统计表

表 7-4-1　　　　单位：万元

指　标	2005 年	2006 年	2007 年	2008 年	2009 年	2010 年
一、保险金额	99289	112623	67553	91007	310466	213456
企事业财产保险	10197	3013	6432	6109	1128	1427
家庭财产保险	6017	2607	458	459	1064	928
工程、责任、其他保险	—	4883	1448	31819	207064	14548
机动车辆保险	73099	87465	50398	42270	54393	136336
船舶保险	—	—	—	—	—	—
货物运输保险	—	—	—	—	—	—
能源保险	—	—	—	—	—	—
农业保险	9876	4730	5440	4950	130	303
其他保险	100	9925	3377	5400	46687	59914
二、保费收入	330	107	363	300	392	584
企事业财产保险	44	13	20	10	3	1
家庭财产保险	3	1	2	1	3	3
工程、责任、其他保险	4	8	3	9	6	10
机动车辆保险	201	27	280	234	295	451
船舶保险	—	—	—	—	—	—
货物运输保险	—	—	—	—	—	—
能源保险	—	—	—	—	—	—
农业保险	38	18	27	22	30	47
其他保险	40	40	31	24	55	72
三、赔款及给付	205	92	159	211	226	258
企事业财产保险	22	10	5	15	6	—
家庭财产保险	—	—	—	—	—	—
工程、责任、其他保险	3	—	0	—	—	1
机动车辆保险	90	71	147	181	134	192
船舶保险	—	—	—	—	—	—
货物运输保险	—	—	—	—	—	—
能源保险	—	—	—	—	—	—
农业保险	89	—	1	4	71	37
其他保险	1	11	6	11	15	28

1988—2010年中国人民保险公司白沙支公司保险业务发展情况一览表

表7-4-2　　单位：万元

年　份	保险金额	保费收入	赔款及给付
1988年	5882	81	20
1989年	7200	92	56
1990年	14670	174	87
1991年	17034	188	113
1992年	19170	230	129
1993年	21136	177	227
1994年	20743	275	200
1995年	44561	333	200
1996年	12642	404	252
1997年	37393	312	153
1998年	38818	322	125
1999年	40927	323	100
2000年	47589	325	202
2001年	48781	325	150
2002年	47157	324	150
2003年	106515	316	178
2004年	107693	384	132
2005年	97489	330	200
2006年	102797	348	93
2007年	62657	363	123
2008年	91007	300	211
2009年	310466	392	226
2010年	213456	584	258

第八编　农　　业

白沙县气候条件好，土地资源丰富，劳动力富足，农业生产条件优越。1990—2010年，白沙县根据自然条件和区域特点，合理规划农业分区，大力进行农业综合开发，通过田洋整治工程、农业机械化、病虫害防治等举措，农业发展取得显著成就，农户收入大幅增加。白沙县种植业以橡胶、甘蔗、木薯、竹为主，同时积极发展绿茶、南药和热带水果产业。白沙的绿茶因生产区位于县内陨石坑范围内，吸收陨石带来的特殊微元素，营养成分丰富，味道独具特色，成为驰名全国的白沙绿茶品牌。白沙县地处山区，林业资源丰富多样，1990—2010年白沙县在林业管理和保护上多管齐下，通过植树造林、封山育林、退耕还林、发展林下种养殖经济等方式，有效地保护森林资源，同时拓宽农民的收入来源。白沙县水源丰富，天然植被多样，有不少优良牧草，大片草场为畜牧业的发展提供条件，1988—2010年白沙县的畜牧业各项生产指标全面增长。白沙县虽不临海，但境内河溪纵横，水质优良，适合发展淡水养殖业。1988—2010年全县淡水养殖面积和产量不断增加，淡水养殖成为白沙经济内容的重要组成部分。

第一章 农业综述

第一节 机 构

1988—1995年，白沙黎族自治县主管农业的职能部门为白沙黎族自治县农业委员会，1995年11月白沙黎族自治县农业委员会改称白沙黎族自治县农业局，属正科级公务员管理单位，内设办公室、行政审批岗、政策法规岗、农村经营管理岗、科技教育岗（培训）、乡镇企业岗、种植业管理岗、信息岗、沼气办、农业重点项目管理办等10个股级机构；下设县农业执法大队和县农业科学研究所。至2010年止，县农业局机构不变。

1989年，白沙县成立农业综合开发领导小组办公室，工作人员从县属机关单位选调，隶属县政府，挂靠县农业局管理。2002年11月6日，白沙县委将农业综合开发办公室职能挂入县财政局，为正科级事业单位。2004年8月30日，县编委实施事业单位机构改革。

第二节 生产布局

白沙县东南部是山地，中部是盆地，中北部是丘陵，西北部是台地，气候属于东南亚季风暖湿气候，日照和降水充足，发展农业条件优越。1990年，白沙县委、县政府制定《白沙黎族自治县综合改革方案》，根据白沙县土质、气候和农业资源分布情况，在确保粮食生产稳定增长的基础上，按照“宜林则林、宜果则果、宜蔗则蔗、宜牧则牧”的原则，将全县划分成五大特色农业区域。东部山地多，牧草资源丰富，以发展畜牧业、糖蔗为主；中东部为县城近郊，重点发展蔬菜、淡水养殖等城郊型农业；中部广大地区土地肥沃，以发展糖蔗、木薯、橡胶、水果等作物为主；西部光热条件充足，重点以杧果、糖蔗、橡胶及饲养为主；南部边远地区，以畜牧、林业（包括藤、竹）等产业为主，实行区域化规模经营，形成具有海南省中部山区特色的规模农业。

根据五大区域特色农业的总体规划和种养并举农业结构的要求，1990—2010 年，白沙县在稳定和适度发展粮食、甘蔗、橡胶、木薯优势产业的同时，积极发展热带水果、畜牧、渔业、林业、乡镇企业，培育白沙县支柱产业，形成长期作物以橡皎、人工林为主，中期作物以热带水果为主，短期作物以甘蔗、木薯为主；饲养业以畜牧、渔业为主的多元化区域性支柱产业。

1988—2010 年白沙黎族自治县农林牧渔业总产值及构成表

表 8-1-1　　单位：万元

年份	总产值	农业	林业	牧业	渔业	农业服务业
1988 年	9235	6942	882	1162	249	—
1989 年	10831	7274	917	2393	247	—
1990 年	12009	8187	1081	2487	254	—
1991 年	13799	8816	2169	2504	310	—
1992 年	14981	9651	2421	2587	322	—
1993 年	19101	12011	3174	3455	461	—
1994 年	26015	16111	4937	4094	873	—
1995 年	31741	19257	6053	5090	1341	—
1996 年	37615	23360	6680	5967	1608	—
1997 年	38268	24136	6717	5994	1421	—
1998 年	40600	25854	7108	6325	1313	—
1999 年	43143	27097	7737	6902	1407	—
2000 年	45864	28468	8364	7492	1540	—
2001 年	48909	30494	8089	8646	1680	—

续表 8-1-1

年份	总产值	农业	林业	牧业	渔业	农业服务业
2002 年	49261	28623	9806	8365	1820	647
2003 年	52995	29673	11446	9185	2013	678
2004 年	62402	33820	13820	11655	2275	832
2005 年	57311	26285	14318	13073	2769	866
2006 年	74177	35279	19218	16128	2269	1283
2007 年	84990	39749	20380	20784	2607	1470
2008 年	101193	46329	25188	24875	3011	1790
2009 年	101032	48856	24709	23036	2468	1963
2010 年	127284	57627	35751	26561	5068	2277

说明：2002 年开始按新口径计算，即加上农业服务业

第三节　综合开发

1989—1993 年，白沙县农业综合开发重点是土地治理，通过山水田林路综合治理，进行大面积的中低产田改造，同时依法酌量开垦宜农荒地，确保粮油等主要农产品的产量稳定增长，共投入财政资金 622.9 万元，改造中低产田 1 万亩，新增粮食生产能力 400 万公斤、油料生产能力 150 万公斤、糖料生产能力 900 万公斤。

1994—1998 年，白沙县农业综合开发将农业增产和农民增收有机结合起来，在坚持以改造中低产田为重点、适量开垦宜农荒地、提高农业综合生产能力的同时，加大对优质高效经济作物的扶持力度，提高农业种植效益。5 年间投入资金 1826.44 万元，其中财政资金 1441.44 万元，自筹资金 385 万元。改造中低产田 1.2 万亩，同时实施多种经营项目，建设经济林、水果、蔬菜等种植业基地及发展水产养殖基地。

1999—2004 年，白沙县农业综合开发适应农业发展新阶段的要求，由过去改造中低产田和开垦宜农荒地相结合，转到以改造中低产田为主，把提高农业综合生产能力与保护生态环境有机结合起来；由以往追求增加主要农产品产量为主，转到积极调整结构，依靠科技进步，努力发展优质高产高效农业上来。共投入资金 2834 万元，其中财政资金 2548 万元，自筹资金 286 万元。重点整治农田面积 2.2 万亩，造林 1.2 万亩，发展优质粮食基地和优质饲料粮基地 2 万亩，建设经济林、蔬菜等种植业基地 1.5 万亩。

2005—2010 年，按照发挥现代农业、建设社会主义新农村的总体部署，白沙县农业综合开发在坚持基本任务不变的前提下，调整完善政策，改革创新机制，注重支持粮食主产区，注重支持现代农业产业体系建设，努力提高土地产出率、资源利用率和农业劳动生产率，努力提高农业整体素质、效益和竞争力，促进农业可持续发展。共投入资金 5360.8 万元，其中财政资金 4720.8 万元（产业化经营项目投入财政资金 657 万元），自筹资金 640 万元；水利措施重点整治农田面积 3.7 万亩；对农民实施农业科技培训 1.59 万人次，补贴农民购置农机具 1261 台，发展优质粮食基地和优质饲料粮基地 1 万亩，产业化经营项目建设经济林、竹林、蔬菜等种植业基地 2.3 万亩，兴建藤艺加工厂 1 家，建设竹制品加工厂 1 家。

1989—2010 年，白沙县农业综合开发累计改造中低产田 7.9 万亩，新增和改善灌溉面积 3 万亩，新增和改善除涝面积 2 万亩，经改造的中低产田，基本上都成为高产稳产、旱涝保收的高标准农田。累计新增粮食生产能力 1500 万公斤、油料生产能力 500 万公斤、糖料生产能力 2000 万公斤，实现由“藏粮于库”向“藏粮于田”和“藏粮于库”相结合的转变。

白沙县农业综合开发的一个重点是对田洋的整治，至 2010 年，已整治的田洋有头峰田洋、木棉田洋、营盘田洋、白打田洋、草头坡田洋、打炳坡田洋、新兴田洋、牙加田洋、福门田洋等。

一、头峰田洋整治工程

头峰田洋位于荣邦乡，耕地面积 10420 亩，水田面积 6265 亩，其中水利有效灌溉面积为 4070 亩。由于水利基础设施薄弱，灌区渠道建筑物配套不完善，渗漏淤积严重，水资源未能得到充分利用，旱涝保收的能力低。为此，县委、县政府决定把头峰田洋的整治列入 1998 年白沙县农业综合开发的主要项目。

1998 年 10 月，头峰田洋整治工程开始。先后投资 300 万元，群众投工投劳 6.9 万个工日，共完成渠道 44.7 千米，其中配套 U 形槽 8.7 千米，砼预制衬砌 10.3 千米，配套建筑物 208 宗。此外还完成机耕路 36.8 千米，排水渠 4.6 千米，批挡 3900 平方米，种草皮 2.4 万平方米。头峰田洋整治完成后，新增灌溉面积 2500 亩，改善灌溉面积 4100 亩。

二、木棉田洋整治工程

木棉田洋在七坊镇境内，位于邦牙公路两侧，面积 6000 亩，其中水田 2500 亩，坡园地 3500 亩。木棉田洋灌区由于配套建筑物不完善，造成渗漏淤积严重，灌溉面积偏低，有效灌溉的水田面积1500亩，坡园地有效灌溉面积2500亩。为切实发挥发挥木棉田洋的灌溉条件，提高水资源的利用率，县委、县政府决定把木棉田洋整治列入1999年度全县农业综合开发主要的水利项目。

1999年11月15日，木棉田洋整治动工，2000年1月18日竣工。共投入395万元，群众投工投劳17.7万个工日，完成砼预制块渠道防渗4.4千米，U形槽农渠防渗7.9千米，U形槽渠道防渗7.8千米，配套建筑物545宗，坡改梯1000亩，批挡1003平方米，种草皮3.8万平方米。木棉田洋整治完成后，新增灌溉面积1800亩，恢复灌溉面积500亩，改善灌溉面积3700亩。

三、营盘田洋整治工程

营盘田洋地处南叉乡营盘村委会，水田面积4711亩，其中水利灌溉面积3355亩。2000年，县委、县政府开始对营盘田洋整治，共投资255万元，群众投工投劳8.7万个工日。完成农渠4700米，其中U形槽防渗措施4500米，标准土渠200米；完成排洪沟砼预制块衬砌2630米，斗渠4条；完成毛渠8500米，其中U形槽防渗长1000米，标准土渠7500米；完成农排沟U形槽防崩措施2570米，支渠2000米，机耕路5000米，渠系配套建筑物708宗。营盘田洋整治完成后，新增灌溉面积600亩，改善灌溉面积1800亩。

四、白打田洋整治工程

白打田洋位于金波乡白打村委会，水田面积3248亩，其中水利灌溉面积2632亩，山泉水自然灌溉面积269亩。2000年，县委、县政府启动对白打田洋的整治工作。先后投入205万元，投工9.7万个工日，完成农渠29条，其中U形槽防渗措施9200米，农排沟砼预制块防崩衬砌2400米，毛渠U形槽防渗9800米，机耕路7900米，牙表干渠防崩加固1000米，砼预制块防渗2000米。渠系配套建筑物446宗。白打田洋整治完成后，新增灌溉面积350亩，改善湘溉面积2250亩。

五、草头坡田洋整治工程

草头坡田洋地处邦溪镇，总耕地面积3.5万亩，共中水旱田面积2.5万亩。2001年9月，县委、县政府启动对草头坡田洋的整治工作，先后投资329.3万元，投工48.25万个工日，开挖疏浚渠道53.9千米，衬砌防渗渠道30.38千米，修筑完成机耕路8条8.08千米及配套渠系各种建筑物460座。草头坡田洋工程整治完成后，新增灌溉面积490亩，改善灌溉面积1.7万亩，新增除涝面积0.3万亩，改善除涝面积0.3万亩，新增节水面积0.3万亩。

六、打炳坡田洋整治工程

打炳坡田洋位于打安镇，耕地面积1.8万亩，其中水旱面积1.5万亩。2002年10月，县委、县政府启动对打炳坡田洋的整治工作，投入资金398.45万元，开挖疏浚渠道27.64千米，衬砌防渗渠道27.85千米，修筑完成机耕路3条7.14千米及配套渠系各种建筑物867座。打炳坡田洋整治完成后，新增灌溉面积0.06万亩，改善灌溉面积1.07万亩，新增除涝面积0.2万亩，改善除涝面积0.3万亩，新增节水灌溉面积0.2万亩。

七、新兴田洋整治工程

新兴田洋位于牙叉镇，总耕地面积2.1万亩。有中低产田1.8万亩。由于水利设施严重不足，灌区渠系年久失修，渗露淤积严重，完好率不到35%，遇旱不能灌，遇涝不能排，农业生产基础条件很差，严重制约了农业的发展。2003年，县委、县政府决定把新兴田洋整治列入2003 年度农业综合开发。

2003年10月，新兴田洋整治工程启动，整个工程先后投资568.15万元，群众投劳9.8万个工日，开挖疏浚渠道15.68千米，衬砌渠道34.7千米，配套渠系建筑物712宗，修筑机耕路8.08千米。新兴田洋工程整治完成后，新增灌溉面积0.1万亩，改善灌溉面积1万亩，新增除涝面积0.1万亩，改善除涝灌溉面积0.2万亩，新增节水灌溉面积0.2万亩，年节水量60万立方米。

八、牙加田洋整治工程

牙加田洋位于金波乡，整治工程于2005年10月开工，2006年1月竣工。整个牙加田洋整治工程总投资250万元，整治后灌溉面积达3000亩。其中，完成硬化灌渠40条17.4千米，硬化排沟20条5.2千米，机耕路7条4.8千米。

第四节　土壤检测

白沙县土壤类型多样，分布较为复杂。垂直分布方面，随着海拔由低到高，自然土壤的分布依次为砖红壤（400米以下）、赤红壤（400～800米）、山地黄壤（800米以上）。水平分布上，呈组合复区结构：西北部台地和中北部丘陵是砖红壤、麻赤土田、页赤土田、麻赤土地、页赤土地；中部南高岭山脉是砖红壤、赤红壤、山地黄壤；南高岭以东是白沙盆地是紫色土、紫土田、紫土地；东南部山区是砖红壤、赤红壤、山地黄壤、麻赤土田、页赤土田、页赤土地。全区土壤划分为山地黄壤、赤红壤、砖红壤、紫色土、河流冲积土和水稻土共 6 个土类、11 个亚类、32 个土属、56 个土种。

1988—2010 年，白沙县每年施用在水稻上的有机肥料施用量不平衡，有机肥使用量很少，基本上都是化学肥料，其中平均尿素 22.0 公斤/亩，过磷酸钙 28 公斤/亩，氯化钾 12 公斤/亩，氮、磷肥、钾配比不太平衡，磷偏高钾偏低。

土壤养分是土壤肥力的核心部分，1988—2010 年白沙县土壤有机质平均含量在 19.6 克/千克，变化范围为 3.2～21.8 克/千克，全县约 85%的土壤有机质含量在 10～20 克/千克之间，土壤有机质含量稍低。总体上较缺磷素，有效磷含量范围在 5～10 毫克/千克的土壤分布面积最广，约占全县总耕地面积的 84.61%，严重缺钾，速效钾含量处于低水平，而土壤碱解氮含量水平则相对较高。

白沙黎族自治县土壤养分状况统计表

表 8-1-2

指标	样品数	最大值	最小值	平均值	标准差
有机质（克/千克）	2116	21.80	3.20	1.96	1.17
有效磷（毫克/千克）	2116	42.00	0.80	8.03	17.90
速效钾（毫克/千克）	2116	216.54	12.00	48.70	55.95
碱解氮（毫克/千克）	2116	275.11	23.00	88.71	62.13
全氮（克/千克）	2116	5.36	0.10	0.70	1.55
pH 酸碱度	2116	198.16	13.00	52.06	28.76

白沙黎族自治县耕地土壤有机质等级面积统计表

表 8-1-3

等级	范围（克/千克）	面积（亩）	占全县土地总面积的比例（%）
1	≥40	—	—
2	30～40	—	—
3	20～30	473292.9	14.9
4	10～20	2702692.7	85.1
5	6～10	—	—
6	<6	—	—

白沙黎族自治县耕地土壤有效磷等级面积统计表

表 8-1-4

等级	范围（毫克/千克）	面积（亩）	占全县土地总面积的比例（%）
1	≥40	—	—
2	20～40	—	—
3	10～20	214402.4	6.75
4	5～10	2687225.0	84.61
5	3～5	274358.3	8.64
6	<3	—	—

白沙黎族自治县耕地土壤速效钾等级面积统计表

表 8-1-5

等级	范围（毫克/千克）	面积（亩）	占全县土地总面积的比例（%）
1	≥200	—	—
2	150～200	—	—
3	100～150	—	—
4	50～100	1301466.9	40.98
5	30～50	1874518.7	59.02
6	<30	—	—

白沙黎族自治县耕地土壤碱解氮等级面积统计表

表 8-1-6

等级	范围（毫克/千克）	面积（亩）	占全县土地总面积的比例（%）
1	≥150	—	—
2	120～150	445073.9	14.01
3	90～120	2160036.2	68.01
4	60～90	570875.7	17.97
5	30～60	—	—
6	<30	—	—

第五节　农业病虫害防治

1988年以后，白沙县在合理利用自然天敌为重点的基础上，科学使用化学农药，使农业病虫防治有更加明显效果，同时大力推广抗病力较强的优良品种并加强管理，有效降低农作物的发病率。

2008年初春，因遭受长时间低温阴雨天气影响，白沙县一部分橡胶受冻后并受小蠹虫为害。县政府及时组织技术人员深入乡镇农户橡胶地调查，并及时采取措施开展应对小蠹虫防治技术，邀请省植保站等单位的专家到受害胶地指导防治，进行小蠹虫防治技术培训，共举办培训班18期，培训1300多人次，印发小蠹虫防治技术资料1600多份，发放光盘120个。2009年，白沙县科技局技术人员深入进行病虫害调查，进行东亚飞蝗、螺旋粉虱、香蕉枯萎病、橡胶黄蜘蛛、橡胶小蠹虫、柑橘小实蝇、三叶草斑潜蝇等监测，对已发生病虫害的农作物采取有效防治措施。

2000—2010年，白沙县发生重大农业病虫害6种，发生面积共225600亩，防治面积205550亩。

2000—2010年白沙黎族自治县农业病虫害发生情况统计表

表8-1-7　　　　单位：亩

年度	病虫害名称	发生乡镇	发生面积	防治面积
2000年	东亚飞蝗	荣邦乡	1000	950
2002年	稻飞虱	南开乡	500	500
2005年	香蕉枯萎病	龙江农场三十二队	100	100
2006年	东亚飞蝗	邦溪镇	18000	13000
2008年	橡胶小蠹虫	全县11个乡镇	110000	106000
2009年	橡胶六点始叶螨	全县11个乡镇	96000	85000

第六节　农业机械化

1986年，白沙县农机局并入县农委农机组。2004年，成立白沙黎族自治县农业机械服务中心，隶属县农业局。县农机中心内设办公室、农机监理股、农机管理股、农机培训股、农机推广股5个股室。2010年，县农机中心有职员10人，其中行政编制2人，管理人员3人，技术工人5人。

1988年以后，白沙县农业机械化发展水平不断加快。1997年，白沙全县拥有农业机械动力1573千瓦，有耕整机345台，大中型拖拉机12台，小型拖拉机699台，农用载重汽车43辆。2004年，白沙全县农业机械总动力19158千瓦；有机动脱粒机572台，基本上实现脱粒机械化；农用运输三轮车有130辆，总动力1310千瓦，农用运输四轮车198辆，总动力2876千瓦。当年，白沙购进1台4LZ-0.8型联合收割机在营盘田洋进行试验推广，取得较好的效果。2005年，全县联合收割机增加到13台。

2008年，白沙县农机总动力达4.5万千瓦，农机原值达40万元。有大中型作业拖拉机19部，农用运输拖拉机1400多辆，中小型联合收割机40台，小型耕整机6100台。机耕总面积达4.9万亩，机收总面积10800亩。同年，白沙县农机部门利用广播、电视、标语横幅等舆论工具，广泛、深入宣传《中华人民共和国农业机械化促进法》《中华人民共和国安全生产法》《中华人民共和国道路交通安全法》等国家法律法规；组织技术人员165人次到各乡镇村委会进行农机化宣传；全年共举办农机培训班5期，培训农机手416人。

2009年，全县农机总动力达5.5万千瓦，农机原值4037万元；农用运输型拖拉机注册入户达1402辆，有大中型作业拖拉机20部，中小型联合收割机40台，小型割灌机356台，大中型配套机具102部，小型配套机具4118部，小型耕整机6300多台；农业机械运输210万公里，粮食加工1.8万吨，农业机械脱粒1030吨，农业机械耕地面积4.9万亩，机收水稻面积1.85万亩。2009年，县农机中心举办维修技能培训3期，农机驾驶员培训4期，全年共培训农机维修操作人员156人。

2010年，全县农机达到7.5万千瓦，农机原值6284万元；农用拖拉机注册入户达1507辆，有大型作业拖拉机35部，中小型联合收割机40台，小型割灌机556台，大中型配套机具102部，小型配套机具5118部，小型耕整机7200多台。农业机械运输320万公里，粮食加工1.8万吨，农业机械脱粒3530吨，农业机械耕地面积5.2万亩，机收水稻面积3.5万亩。当年，全县开展农机技能、农机维修、农机驾驶员培训12期，共820人参加，其中农机技能培训220人、农机维修培训350人、农机驾驶员培训250人。

第二章 种 植 业

白沙县主要经济作物有橡胶、木薯、甘蔗；粮食生产主要有稻谷、番薯、花生、玉米，其中“老三样”（橡胶、甘蔗、木薯）和“新三样”（竹、南药、养殖业）是主导产业；此外，白沙县充分利用热带山区资源优势，主要生产的水果有香蕉、菠萝、荔枝、龙眼、杧果等。2010年，全县民营橡胶达33万亩，甘蔗10.5万亩，木薯4.7万亩，竹子9万多亩，南药1.5万亩，生姜0.2万亩。

1988—2010年白沙黎族自治县耕地面积统计表

表8-2-1

年份	年末耕地总面积（亩）	水田（亩）	旱田（亩）	旱地（亩）	农业人口人均耕地（亩/人）
1988年	111782.00	56509	14618	40655	1.30
1989年	111554.00	56836	14436	40282	1.29
1990年	111672.00	56946	14444	40282	1.27
1991年	120795.00	56026	13960	50809	4.48
1992年	120725.00	55951	13900	50874	2.21
1993年	119549.00	55691	13981	49877	2.10
1994年	120701.00	55569	13893	51239	2.01
1995年	120801.00	55430	14032	51339	1.92
1996年	120868.00	55908	13802	51158	1.86
1997年	120740.00	55673	13783	51284	1.80
1998年	120384.00	55398	13722	51264	1.73
1999年	123081.00	55130	13901	54050	1.71
2000年	127522.00	55865	13934	57723	1.72
2001年	129025.00	55598	14087	59340	1.70
2002年	133378.00	55517	14084	63777	1.72
2003年	132242.00	54089	14831	63322	1.67
2004年	138856.00	54735	13927	70194	1.71
2005年	132271.00	46921	14916	70434	1.60
2006年	128172.00	47181	14848	66143	1.54
2007年	131881.00	47131	14932	69818	1.57
2008年	134073.00	48238	15099	70736	1.57
2009年	140004.00	47443	13937	78624	1.63
2010年	141335.00	46584	14793	79958	1.63

1988—2010 年白沙黎族自治县部分农作物播种面积产量表

表 8-2-2

年份	粮食作物		油料		甘蔗		瓜菜类		木薯	
	播种面积（亩）	产量（吨）	播种面积（亩）	产量（吨）	播种面积（亩）	产量（吨）	播种面积（亩）	产量（吨）	播种面积（亩）	产量（吨）
1988 年	167700	36106	2614	136	61745	151794	9920	3751	36697	49247
1989 年	174512	38212	3750	215	78072	167209	14457	5943	30293	39472
1990 年	187833	44305	3525	223	90126	198608	16436	7543	24694	35312
1991 年	201361	48641	3360	249	94130	222646	18457	6735	24601	31373
1992 年	211363	53142	2947	348	89289	227946	19400	7311	23665	31285
1993 年	213977	52339	4662	451	62834	152180	30080	10557	26583	37721
1994 年	218739	56739	3968	585	54155	143377	29352	12304	30667	41217
1995 年	241848	60430	5000	696	59215	161914	32304	14297	42632	60751
1996 年	247725	64303	5976	953	64022	162168	35808	17029	50245	73559
1997 年	245432	67623	4626	632	61208	173022	37748	17331	51476	75361
1998 年	246700	68974	3096	403	68820	196954	37804	17938	61258	90539
1999 年	247762	70127	3458	521	73694	214467	43701	22083	72547	102083
2000 年	246177	70231	4251	660	76675	223447	44298	26603	75958	108960
2001 年	239899	68750	4787	815	78838	232106	48855	29049	72602	105878
2002 年	225923	66532	4934	828	82975	255190	49331	30506	70537	103453
2003 年	220251	66812	4504	769	89319	279380	49816	32607	69257	101490
2004 年	211302	64919	3924	717	92924	299568	47257	32880	68778	100604
2005 年	165374	43855	3821	681	60835	149759	39024	25155	51502	67692
2006 年	155892	42467	2420	440	91625	242805	39434	25330	60691	84652
2007 年	115549	35143	2480	448	110001	446365	39717	27609	44076	86896
2008 年	113292	34046	2015	352	110231	511416	40680	27843	52932	108710
2009 年	119151	36040	2038	347	109409	546586	42398	28713	47791	115084
2010 年	121767	36435	1913	332	105331	506702	44787	30327	46730	116856

第一节　粮食作物

一、稻谷

白沙地处山区地区，稻谷主要有水稻（早造、晚造）和山兰两种，其中水稻种植的早造杂交品种主要是“博优 15”“博优 961”，晚造品种主要为“博优 312”“博优 138”。

1988 年，白沙县水稻种植面积 116687 亩，总产量 30884 吨。1995 年，种植面积 119749 亩，总产量 40936 吨。2000 年，种植面积 117323 亩，总产量 45484 吨。2010 年，种植面积 54736 亩，总产量 19580 吨。1988 年，山兰的种植面积为 2427 亩，总产量 197 吨。2004 年，扩种到 5898 亩，总产量 867 吨。2005 年开始，由于其他新型作物的兴起，山兰种植面积逐年减少。至 2010 年，种植面积 800 亩，总产量 130 吨。

1988—2010 年白沙黎族自治县稻谷生产统计表

表 8-2-3

年份	稻谷		水稻		早造		晚造		山兰	
	播种面积（亩）	总产量（吨）	播种面积（亩）	总产量（吨）	播种面积（亩）	总产量（吨）	播种面积（亩）	总产量（吨）	播种面积（亩）	总产量（吨）
1988 年	119114	31081	116687	30884	53418	16502	63269	14382	2427	197
1989 年	121582	32830	119262	32654	55011	17649	64251	15005	2320	176
1990 年	124894	36880	122874	36661	57140	18245	65734	18416	2020	219
1991 年	125501	38799	122481	38497	56848	18421	65633	20076	3020	302
1992 年	124061	40718	121702	40472	56210	19185	65492	21287	2359	246
1993 年	113868	36517	109993	36082	50749	16731	59244	19351	3875	435
1994 年	124004	40685	119674	40187	55278	18708	64396	21479	4330	498
1995 年	124967	41658	119749	40936	54839	17616	64910	23320	5218	722
1996 年	125911	43309	120337	42593	55460	18760	64877	23833	5574	716
1997 年	126150	45619	120488	44710	55523	19949	64965	24761	5662	909
1998 年	121328	45421	114970	44465	54826	20421	60144	24044	6358	956
1999 年	125985	46602	119593	45618	54915	20927	64678	24691	6392	984
2000 年	123612	46452	117323	45484	54611	20952	62712	24532	6289	968

续表 8-2-3

年份	稻谷		水稻		早造		晚造		山兰	
	播种面积（亩）	总产量（吨）	播种面积（亩）	总产量（吨）	播种面积（亩）	总产量（吨）	播种面积（亩）	总产量（吨）	播种面积（亩）	总产量（吨）
2001 年	120014	44534	114299	43668	53006	20272	61293	23396	5715	866
2002 年	121568	44581	116310	43782	53040	20335	63270	23447	5258	799
2003 年	121700	45092	116048	44229	52737	20491	63311	23738	5652	863
2004 年	118557	44183	112659	43316	49870	19943	62789	23373	5898	867
2005 年	89077	27563	86810	27258	36417	13905	50393	13353	2267	305
2006 年	93260	29624	93260	29624	51865	14614	41395	15010	—	—
2007 年	48679	18026	48543	18006	25595	9875	22948	8131	136	20
2008 年	46571	17152	45836	16994	21561	8310	24275	8684	735	158
2009 年	52577	19251	51859	19132	24871	9538	26988	9594	718	119
2010 年	55536	19710	54736	19580	27106	10291	27630	9289	800	130

二、番薯

番薯又名甘薯、地瓜等，是高蛋白、低脂肪、富含淀粉的粮食作物，也是重要的蔬菜、饲料。番薯适应性广，抗灾能力强，耐旱、耐贫瘠，易于种植，在其他粮食作物较难生产的地方也能获得较好的收成。1988 年，白沙县番薯种植面积 28351 亩，总产量 2997 吨。1995 年，种植面积 69048 亩，总产量 11670 吨。2000 年，种植面积 74952 亩，总产量 15122 吨。2010 年，种植面积减少到 34551 亩，总产量 9593 吨。

1988—2010 年白沙黎族自治县番薯生产统计表

表 8-2-4

年份	番薯	
	播种面积（亩）	总产量（吨）
1988 年	28351	2997
1989 年	33482	3364
1990 年	40211	4974
1991 年	46811	6109

续表 8-2-4

年份	番薯	
	播种面积（亩）	总产量（吨）
1992 年	53033	7319
1993 年	62937	9930
1994 年	60585	10536
1995 年	69048	11670
1996 年	72257	13522
1997 年	71909	13887
1998 年	75505	14865
1999 年	74759	15127
2000 年	74952	15122
2001 年	72140	14848
2002 年	63909	13810
2003 年	61240	13994
2004 年	55596	13047
2005 年	44267	9859
2006 年	30716	6131
2007 年	34756	9883
2008 年	34716	9733
2009 年	34693	9665
2010 年	34551	9593

三、花生、玉米

1965 年后，白沙县开始引进“狮头企”“白油 1 号”“汕油 27 号”等优良花生品种。1988 年，白沙县花生种植面积 1846 亩，总产量 111 吨。1995 年，种植面积 4451 亩，总产量 668 吨。2000 年，种植面积 4104 亩，总产量 650 吨。2010 年，种植面积减少到 1913 亩，总产量 332 吨。

玉米是白沙地区的主要杂粮作物之一，品种主要有“本地红”“白米”两种，亩产 40～50 千克。群众习惯种植于山坡及低洼地，多数为冬种春收，也有少量秋种冬收，主要分布于牙叉、细水、元门、白沙。打安、青松、南开、邦溪、七坊等地。1988年，全县玉米种植面积19247亩，总产量1942吨。1995年，种植面积45882亩，总产量6896吨。2000年，种植面积43969亩，总产量8201吨。2010年，种植面积30582亩，总产量7001吨。

1988—2010年白沙黎族自治县花生、玉米生产统计表

表8-2-5

年份	花生		玉米	
	播种面积（亩）	总产量（吨）	播种面积（亩）	总产量（吨）
1988年	1846	111	19247	1942
1989年	2012	152	18689	1940
1990年	2423	174	21546	2336
1991年	2401	224	28366	3657
1992年	2302	328	33474	5016
1993年	3467	419	35565	5751
1994年	3383	560	33472	5450
1995年	4451	668	45882	6896
1996年	5443	921	47151	7212
1997年	4130	601	44778	7831
1998年	2706	376	45874	8274
1999年	3327	512	44121	8096
2000年	4104	650	43969	8201
2001年	4730	807	43917	8860
2002年	4851	816	37115	7678
2003年	4423	758	33704	7220
2004年	3924	717	33645	7209
2005年	3821	681	28943	5972
2006年	421	409	31686	6683
2007年	2448	446	31544	7162
2008年	2015	352	31150	7067
2009年	2038	347	30958	7019
2010年	1913	332	30582	7001

第二节　主要经济作物

一、橡胶

1978年改革开放后，随着产业结构的调整，白沙县农民开始大面积种植橡胶。1988年，全县种植橡胶112330亩，年干胶产量672吨。至2004年，全县种植橡胶223623亩，收获面积11747亩，年干胶产量8570吨，年总产值8592.28万元，占全县农林畜渔业总产值的13.8%。

2010年，全县橡胶种植面积达332348亩，已开割面积26.9万亩，干胶产量15824吨，种植面积及干胶产量分别是1979年的27.9倍和235倍；全县农村94%农户都种植橡胶，人均（农业人口）拥有橡胶面积3.24亩，不少农村农户人均橡胶种植面积达10亩以上，70%以上农村农户家庭主要经济收入来源于橡胶。

白沙现已是海南省橡胶种植大县，橡胶种植业也成为白沙县农村经济支柱产业。

1988—2010年白沙黎族自治县橡胶生产统计表

表8-2-6

年份	播种面积（亩）	总产量（吨）
1988年	112330	672
1989年	119310	676
1990年	125627	880
1991年	133053	1226
1992年	139931	1671
1993年	143364	2296
1994年	142126	2921
1995年	149636	3396
1996年	156223	3531
1997年	168194	3686
1998年	175657	4216
1999年	186341	4899
2000年	187126	5318
2001年	193324	5964

续表 8-2-6

年份	播种面积（亩）	总产量（吨）
2002 年	200552	6523
2003 年	216445	7353
2004 年	223623	8570
2005 年	216445	7353
2006 年	231947	8063
2007 年	248269	9633
2008 年	268588	10639
2009 年	301875	13151
2010 年	332348	15824

二、热带水果

1988 年，白沙县委、县政府提出“二三二”方针，即以甘蔗、木薯两项短期作物为突破口，以咖啡、南药、水果 3 项中期作物为主轴，以橡胶、速生丰产林为后劲的经济开发方针。自此，水果生产开始进入快速发展阶段，至 1990 年，白沙县水果种植面积达 19557 亩。1990 年，白沙县制定《白沙黎族自治县综合改革方案》，再次把水果列为“7 个发展”重点来抓，水果生产有进一步发展。

1992 年，白沙开始引进良种荔枝龙眼试种，1994 年开始结果。1994 年新植 4150.5 亩，1995 年新种 2680.5 亩，1996 年新植 2899.5 亩，分别增长 15.2%、9.8%、9.7%。2000 年，荔枝、龙眼价格上涨，白沙县水果种植面积在几年徘徊后又加快发展步伐，2001 年新种龙眼 1630.5 亩、荔枝 1216.5 亩。2002 年，新种龙眼 5112 亩、荔枝 3088.5 亩。2005 年，全县水果总面积达 35653 亩，水果生产初具规模。

2003 年，橡胶价格开始攀升，水果种植热骤然降温。随后几年，龙眼、荔枝等新植水果很少，甚至有人砍掉龙眼、荔枝种植橡胶。2010 年，全县水果总面积仅为 20526 亩，比 2005 年下降 41%，其中荔枝面积 3334.5 亩，收获面积 2926.5 亩；龙眼面积 7407 亩，收获面积 5071.5；香蕉面积 8217 亩，收获面积 7564.5 亩；杧果面积 1567.5 亩，收获面积 1411.5 亩。

三、其他经济作物

木薯 木薯是白沙地区农民种植的传统作物之一。1978 年，引进“华南 205 号”良种木薯。1995 年，引进“华南 5 号”良种木薯。至 2004 年，全县种植 66778 亩，平均亩产 1463 千克，总产 100604 吨，年总产值 2816.91 万元，占全县农林畜渔业总产值的 4.5%。2010 年，全县种植面积 46730 亩，总产量 116856 吨。

1988—2010 年白沙黎族自治县木薯生产统计表

表 8-2-7

年份	播种面积（亩）	总产量（吨）
1988 年	36697	49247
1989 年	30293	39472
1990 年	24694	35312
1991 年	24601	31373
1992 年	23665	31285
1993 年	26583	37721
1994 年	30667	41217
1995 年	42632	60751
1996 年	50245	73559
1997 年	51476	75361
1998 年	61258	90539
1999 年	72547	102083
2000 年	75958	108960
2001 年	72602	105878
2002 年	70537	103453
2003 年	69257	101490
2004 年	68778	100604
2005 年	51502	67692
2006 年	60691	84652
2007 年	44076	86896
2008 年	52932	108710
2009 年	47791	115084
2010 年	46730	116856

甘蔗 1956年，白沙县开始种植甘蔗，1984年白沙县成立糖蔗良种繁育推广中心，建立高产示范基地1000亩。20世纪90年代初，引进、培育和推广“粤糖93159”“新台糖22、25”等高产高糖品种。至2004年，全县糖蔗种植面积达92146亩，亩产3224千克，总产299568吨，年总产值5242.44万元，占全县农林畜渔业总产值的8.4%。2010年，全县种植甘蔗面积105331亩，总产量506702吨。

1988—2010年白沙黎族自治县甘蔗生产统计表

表8-2-8

年份	播种面积（亩）	总产量（吨）
1988年	61745	151794
1989年	78072	167209
1990年	90126	198608
1991年	94130	222646
1992年	89289	227946
1993年	62834	152180
1994年	54155	143377
1995年	59215	161914
1996年	64022	162168
1997年	61208	173022
1998年	68820	196954
1999年	73694	214467
2000年	76675	223447
2001年	78838	232106
2002年	82975	255190
2003年	89319	279380
2004年	92924	299568
2005年	60835	149759
2006年	91625	242805
2007年	110001	446365
2008年	110231	511416
2009年	109409	546586
2010年	105331	506702

竹子 竹产业是白沙县的新兴产业之一，受到县委、县政府的高度重视，通过采取“政府+龙头企业+基地+种植户（农户）”“政府+基地+农户”等多种形式，不断加大白沙县种竹面积，提高种竹技术，以增加农民收入，农民种竹积极性高，竹产业发展态势良好。

20世纪90年代中期，县林业局在邦溪镇建立笋竹基地400亩，在阜龙乡建立青麻竹基地200亩，2002年在元门翁村兴建粉单竹基地157亩，使白沙竹业初具规模。2003年底，白沙被确定为海南省竹产业发展试点县。至2005年，全县竹子种植专业村共有65个，专业户共5630户，竹林总面积达4.23万亩。2008年，白沙县竹子产量452.2万根，同比增长8.9%。2009年，县农业局联合科技局、林业局、扶贫办、百富源公司等单位，重点抓好11个乡镇24个竹子种植示范点工作，完成竹子种植面积2600亩。其中，元门那吉示范基地、牙叉什奋示范基地、细水合口示范基地等，给当地农民群众起到很好的带头示范作用，带动广大农民群众种竹的积极性。同年，全县竹林面积达8.9万亩，其中笋竹收获面积2.4万亩，年产量3.6万吨，年产值5760万元；材竹收获面积达4.6万亩，年产量6900万根，年产值达1.035亿元。2010年，全县竹林总面积达9万多亩，其中材竹5万多亩，笋竹4万多亩（其中四季竹2万多亩，麻竹2万多亩）。材竹可产出成竹的有3万亩，年产量达7000万根，按1.5元/根计算，年产值达1亿元；笋竹收获2.4万亩，年产量3.6吨，年产值0.6亿元；县内设有粗加工点2家（芳香、细水粗加工点），笋竹加工企业1家，产品远销日本、韩国等国家。

第三节 南 药

白沙县种植中药材的自然条件优越，药材资源十分丰富，有槟榔、草扣、益智等中药材约200多种。白沙县的南药生产有广阔的市场前景，较高的经济效益，较大的辐射带动力，有利于促进农民增收和农业增效。2000年后，白沙县的南药种植逐渐兴起。2010年，白沙县南药种植面积达15060亩，总产量1798吨。

2005—2010年白沙黎族自治县南药生产统计表

表8-2-9

年份	槟榔		草扣		益智	
	种植面积（亩）	总产量（吨）	种植面积（亩）	总产量（吨）	种植面积（亩）	总产量（吨）
2005年	9796	709	4210	229	1168	46

续表 8-2-9

年份	槟榔		草扣		益智	
	种植面积（亩）	总产量（吨）	种植面积（亩）	总产量（吨）	种植面积（亩）	总产量（吨）
2006 年	10552	603	3181	207	1078	63
2007 年	10573	743	3734	276	1268	104
2008 年	10429	790	3166	269	2821	246
2009 年	10640	940	1530	171	2615	317
2010 年	9789	1198	1723	207	3548	393

第四节　白沙绿茶

一、白沙绿茶生产区域

白沙绿茶产自白沙黎族自治县因而得名。白沙绿茶产茶区主要位于鹦哥岭北侧南渡江上游河畔，地形南高北低，系盆地丘陵地形。最高山岭海拔 545.55 米，四周群山环绕，森林成片，溪流纵横，云雾弥漫，空气清幽，生态环境保护好。

白沙绿茶植茶区内有世界上保存最完整的 70 万年前陨石撞击形成的方圆 10 公里的陨石坑。陨石撞击地球激发和诱导的热能在一定区域范围对地质、土壤等产生很大的影响，植茶区内的最高坡鹅剑岭是陨石着陆时溅射覆盖层堆积最厚的地方。经科学家采用 x 衍射方法测定，陨石坑中冲击角砾岩岩石的矿物质相当丰富，一块数平方厘米的样品居然检测出 48 种矿物质。茶区土壤总计已测出矿物类 50 多种，有的矿物十分罕见。经检测，同样的中草药，陨石坑范围内采的药效比别的地方好；同样品种的甘蔗，这里的含糖量比其他地方的高；同样的水果，出自这里的果肉果质比其他地方的好；同样品种的茶树，离开此范围种植的，茶叶的色、香、味等质量明显降低。陨石的撞击改变陨石坑范围的地质及自然环境，独特的地质、磁场等自然条件孕育白沙绿茶独有的质量品质及独特的品味。

白沙绿茶主产在海拔 190～251 米陨石坑范围内的丘陵坡地。土壤类型主要为砖红壤和紫色土。由于土壤中许多植被残留物日益堆积，表层腐殖质层深厚，表土层 40～60 厘米左右，排水和透气性良好，生物活性较强，有机质、矿物质含量高，营养丰富，土层有机质含量>2.07%，pH 酸碱度 5～6，非常适宜茶树的生长。

白沙绿茶以其生产区优良独特、无污染的自然地理生态环境和自身纯正优异的绿茶品质行销全国各地，成为海南省农产品中具有典型海岛热带地域地理特征及海岛地方特色的产品之一。

二、白沙绿茶种植历史

关于白沙绿茶，白沙流传这样一个传说：从前，黎族人民上山打猎或垦荒耕种时，口渴了常常在山坡上采摘一种长势葱翠的小树（野生茶树）上的嫩叶含在嘴里咀嚼，这种叶子吃在嘴里能生津止渴，消除疲劳。后来，有一位精明的小伙子看到这种树的嫩叶有这样神奇的作用，就采摘回去，烘焙、揉搓、烤干后储存起来，以备平时食用。经过加工的树叶（茶叶）用热水冲泡后饮用，不仅清醇爽口，还具有消除腹胀、治愈消化不良和祛火降燥之神奇功效。从此，当地的黎族同胞便把这种树当成神树加以保护并移种到所居住的山寨周围。后来，经简单加工的树叶（茶叶）逐渐成为当地黎族同胞赠送外地亲朋好友的珍品。黎族“鹿回头”传说中，作为主人公的小伙子，曾为了寻药治疗心爱的姑娘常年腹胀消化不良的病症， 不辞劳苦，从天涯海角翻山越岭到白沙，便是寻求这种“神药”（茶叶），小伙子带回“神药”（茶叶）给姑娘冲泡饮用，最终治愈了姑娘的顽疾。

白沙种植茶叶的历史虽然悠久，但形成产业的白沙绿茶种植加工史，则起始于二十世纪五六十年代。20 世纪 50 年代中期，白沙农场建立后就垦荒种茶，种植的茶树品种主要为海南本地品种。后来陆续从云南、福建等地引进“云南大叶”“水仙”“乌龙”“奇兰”“福鼎”“福云 6 号”等优良品种在陨石坑种植，引种的优良品种长势旺盛，芽芯粗壮，叶片鲜嫩肥厚。经过多年的培育和繁殖，引进的优良茶叶种苗在白沙陨石坑范围内的独特自然条件下，逐步形成独特的白沙绿茶品种。1963 年，广东省外经贸茶叶进出口公司的考察团到白沙产茶区考察时，发现这里的茶树长势特别好，制出的茶叶品质优良， 浓醇清香，因而建议大面积栽培生产。由此时开始，白沙绿茶开始成规模生产。

白沙农场开始种植茶叶后，几年内种植面积达到 1200 多亩，后来减到 600 亩。20 世纪 70 年代开始，白沙农场制定创立“白沙绿茶”品牌战略，对“白沙绿茶”中远期的发展做了规划。20 世纪 80 年代是白沙绿茶发展的又一个黄金时期，白沙农场茶叶种植面积达 5600 多亩，新建年加工 500 吨干茶的加工厂， 年产干茶达到 300 吨，年产值 1180 万元。1990 年以后，由于缺乏资金进行茶园改造和更新，白沙农场大量茶园老化严重，至 1999 年时剩 2300 亩。进入 21 世纪，海南省在农业产业结构调整规划中，把“白沙绿茶”作为名优产品加以保护并重点扶持发展，并以国有白沙农场作为龙头企业带动周边乡镇发展茶业经济，促进区域经济的发展，增加农民的收入，使茶叶经济真正成为白沙农业经济的重要支柱。2004 年以后，白沙农场以茶园产权拍卖为契机，以标准化生产、产业化经营为突破，白沙绿茶再次焕发生机。2006 年，茶园年产值 1261 万元，亩产值达 4735 元。2007 年，白沙农场茶叶种植面积达 3000 多亩。2010 年，白沙绿茶销售收入达到 2560 万元。

三、白沙绿茶工艺与特点

“白沙绿茶”以“水仙”“乌龙”“奇兰”“福鼎”“福云 6 号”等 7 个茶树品种的一芽一叶、一芽二叶初展芯叶制作而成，主要制作工艺流程：鲜叶摊青—杀青—揉—烘干。“白沙绿茶”的生产加工严格按照农业部“绿色食品”的安全卫生规定标准做好产品安全卫生工作。在茶园园地的选择与建设、茶树品种选择与种植、茶园的管理（施肥、病虫害防治、杂草控制等）、鲜叶采摘、加工等各道工序的操作管理上，都要严格按照“绿色食品”的各项要求层层把关，确保产品安全卫生。按质量，“白沙绿茶”分为特级、一级、二级、三级成品茶。

随着“白沙绿茶”产品规模的不断扩大，除少量精制的白沙手工茶外，“白沙绿茶”茶叶加工配备蒸汽杀青机和滚筒杀青机、揉捻机、干燥机、炒干机等先进的机械设备，并建设产品恒温储存仓库。

白沙绿茶种植过程采用无公害处理，加工工艺科学合理，被农业部命名为无公害“绿色食品”。

“白沙绿茶”成品集海南、云南大叶种之浓醇，水仙、奇兰等小叶种之清香而形成独特优异的内在品质。“白沙绿茶”成茶紧结细直，色泽绿润有光，汤色黄绿明亮，具有清香爽口、持久而耐冲泡的特点。经华南农业大学生化室和农业部食品质量监督检验测试中心（湛江）检测分析，“白沙绿茶”含有丰富的对人体有益的氨基酸、酶类、芳香物质和各种有益人体健康的多酚类和生物碱，含量指标均大大超过国家规定的标准指标。

“白沙绿茶”具有生津止渴，提神益思，利尿导滞，敌烟醒酒的功效，长期饮用甚至还能提高人体免疫力，起到防癌抗痛之效果。

四、白沙绿茶所获荣誉

白沙绿茶因质量上乘，具有“色、味、香”耐冲泡的特点，饮誉海内外。20 世纪 60 年代起，白沙绿茶开始风靡海南、广东等中南五省区以及中国香港、台湾地区和泰国。在广东省惠州地区，甚至家家户户都把白沙绿茶作为茶之上品，作为逢年过节的时兴礼品赠送亲朋好友。白沙绿茶在台湾也得享盛誉。泰国许多地区把白沙绿茶列为王牌茶叶而家家必备。

白沙农场生产的“白沙绿茶”，屡次获得殊荣。1990 年，“白沙绿茶”被指定为第十一届亚运会“绿色饮料”，1991 年被认定为无公害的绿色食品。“白沙绿茶”商标已被编入“中国知名商标”和“海南著名商标”，选入《中国当代名特优新产品大辞典》《中国茶文化今古大观》等权威刊物。1998 年，“白沙绿茶”荣获“第五届全国食品博览会金奖”。2003 年，被中国品牌与市场战略促进会评为“中国市场知名品牌”。同年，经国家测检中心测检，被评为“国家权威测检达标——国家质量测检合格产品”。2004 年，“白沙绿茶”在四大绿茶评比中力压信阳毛尖、西湖龙井、黄山毛峰，名列第一。当年 10 月，“白沙绿茶”通过国家原产地地域产品申请审查，获得原产地地域产品保护。2006 年“白沙绿茶”获全国用户满意产品。2007 年，“白沙绿茶”通过国家 ISO 9001 质量验证。2008 年，“白沙绿茶”被农业部评为中国名牌农产品。2010 年 6 月，白沙绿茶种植栽培标准化示范区被国家标准化管理委员会批准为第七批全国农业标准化示范区。

第三章　林　　业

第一节　机构与资源

一、机构

1961 年，白沙县林业局成立。1988 年 8 月更名为白沙黎族自治县林业局，1995 年 11 月县机构改革时改为白沙黎族自治县林业服务中心，1997 年恢复白沙黎族自治县林业局。县林业局属事业单位，内设行政办、营林股、林政股、绿委办、防火办、森林植物检疫站、森林公安局 7 个机构，其下属单位有 14 个林业站，4 个木材检查站、2 个林场和邦溪省级自然保护区。另有兴林林业开发有限公司、邦溪苗圃基地管理站、南美岭林业经济基地管理站、鹦哥岭林业经济基地管理站。

二、林业资源

白沙县高温多雨，光热充足，湿度大，风速小，有利于热带林木生长发育。1989 年，白沙县林地面积 109063.81 公顷，1996 年全县林地面积 130241.25 公顷。2010 年，白沙县林地面积 180807.33 公顷，其中有林地面积 175689.67 公顷，占林地面积的 97.17%；疏林地面积 21.67 公顷，占林地面积的 0.01%；灌木林地面积 439.87 公顷，占林地面积的 0.24%；未成林造林地面积 3600.12 公顷，占林地面积的 2.00%；苗圃地面积 64.53 公顷，占林地面积的 0.04%；无立木林地面积 764.33 公顷，占林地面积的 0.42%；宜林地面积 227.14 公顷，占林地面积的 0.12%。2010 年，白沙县林业总收入 4 亿多元，比 1988 年的总收入 70 多万元翻了 500 多倍。

2010 年白沙黎族自治县林业用地面积林权属分统计表

表 8-3-1

权属	面积（公顷）	占比（%）
国有	100270.96	55.46
集体	22724.21	12.57
个人	44358.92	24.53
其他	13453.25	7.44
合计	180807.34	100.00

2010 年白沙县乡镇和省属农（林）场、保护区林地状况一览表

表 8-3-2

统计单位	林业用地（亩）							非林地（亩）	森林覆盖率（%）
	合计	有林地	灌木林地	未成林造林地	苗圃地	无立木林地	宜林地		
霸王自然保护区	173460.0	172454.0	0	1006.0	0	0	0.0	1718.0	98.45
邦溪坡鹿自然保护区	4501.0	4383.0	0	118.0	0	0	0.0	1083.0	78.49
邦溪镇	95714.0	92648.0	0	2909.0	115	42	0.0	59855.0	59.55
打安镇	99625.0	98563.0	33	801.0	6	222	0.0	26626.0	78.10
地方国营青年农场	34389.0	34351.0	3	35.0	0	0	0.0	1910.0	94.64
地方国营热作场	7201.0	7075.0	60	66.0	0	0	0.0	1102.0	85.93
阜龙乡	71809.0	67757.0	0	4050.0	0	2	0.0	15071.0	77.99
国有白沙农场	131964.0	121223.0	5171	3634.0	26	1910	0.0	14358.0	86.32
国有邦溪农场	116846.0	115052.0	144	1087.0	234	329	0.0	29024.0	78.97
国有龙江农场	353369.0	347223.0	0	1855.0	567	3724	0.0	94615.0	77.51
金波乡	32046.0	31987.0	0	0.0	0	59	0.0	8041.0	79.79
黎母山自然保护区	15481.0	15481.0	0	0.0	0	0	0.0	0.0	100.00
南高岭林场	99667.0	98994.0	0	673.0	0	0	0.0	540.0	98.79
南开乡	179420.0	168023.0	0	9684.0	0	1713	0.0	10384.0	88.52

续表 8-3-2

统计单位	林业用地（亩）							非林地（亩）	森林覆盖率（%）
	合计	有林地	灌木林地	未成林造林地	苗圃地	无立木林地	宜林地		
七坊镇	156012.0	149445.0	143	6413.0	0	11	0.0	46198.0	73.86
青松乡	114737.0	109368.0	0	5369.0	0	0	0.0	6846.0	89.95
荣邦乡	33774.0	33481.0	0	274.0	0	19	0.0	27257.0	54.86
细水乡	277394.0	266022.0	74	8811.0	0	2487	0.0	34751.0	85.25
牙叉镇	200219.0	196831.0	939	2208.0	20	221	0.0	66582.2	73.93
鹦哥岭省级自然保护区	363940.4	357712.5	0	2820.8	0	0	3407.1	3868.6	97.25
元门乡	150216.0	147271.0	31	2188.0	0	726	0.0	13860.0	89.78

2010 年，全县生态公益林 90236.27 公顷，占林地总面积的 49.91%；商品林（地）90571.07 公顷，占林地总面积的 50.09%。

生态公益林（地）　按地类分，有林地面积 88905.9 公顷，占公益林（地）98.59%，其中乔木纯林面积 21247.6 公顷，占公益林有林地面积 23.88%；乔木混交林面积 67523.04 公顷，占公益林有林地面积 75.90%；竹林面积 193.4 公顷，占公益林有林地面积 0.22%；灌木林地面积 41.86 公顷，占公益林（地）0.04%，全部为一般灌木林地。未成林造林地面积 981.55 公顷，占公益林（地）面积 1.08%，其中人工未成林造林地面积 818.95 公顷，占公益林未成林造林地面积 83.43%；封育未成林地 162.60 公顷，占公益林未成林造林地面积 16.57%。宜林地面积 248.81 公顷，占公益林（地）面积 0.29%，全部为宜林荒山荒地。

按事权等级分，国家公益林面积 86589.8 公顷，占生态公益林面积的 95.96%；地方公益林面积 3646.47 公顷，占生态公益林面积的 4.04%。

按保护等级分，特殊公益林面积 43621.01 公顷，占公益林面积 48.34%；重点公益林面积 46271.26 公顷，占公益林面积 51.28%；一般公益林面积 344 公顷，占公益林面积 0.38%。

商品林（地）　按地类分，有林地面积 87123.64 公顷，占商品林（地）面积 95.75%，其中乔木纯林 85886.51 公顷，占商品林有林地面积 99.03%；竹林面积 839.13 公顷，占商品林有林地面积 0.07%；灌木林地 398 公顷，占商品林有林地面积 0.45%，都是国家特别规定灌木林。未成林造林地 2618.57 公顷，占商品林有林地面积 3.02%；无立木林地面积 764.33 公顷，占商品林有林地面积 0.88%。

按林种分，商品林中有林地面积86725.64公顷，其中用材林面积22150.03公顷，占商品林有林地面积25.54%；经济林面积64575.61公顷，占商品林有林地面积74.46%。

2010年，全县乔木面积174657.15公顷，总蓄积量13962769立方米，其中防护林面积56536.66公顷，占乔木林面积32.37%，防护林蓄积量4949513立方米，占乔木林蓄积量35.45%；特用林面积32233.98公顷，占乔木林面积18.45%，特用林蓄积量3461814立方米，占乔木林蓄积量24.79%；用材林面积21310.89公顷，占乔木林面积12.20%，用材林蓄积量1212593立方米，占乔木林蓄积量8.68%；经济林面积64575.61公顷，占乔木林面积36.97%，经济林蓄积量4338849立方米，占乔木林蓄积量31.07%。

林木类型 全县活立木总蓄积量13967694立方米，其中乔木林蓄积13962769立方米，占活立木总蓄积的99.96%；散生木蓄积246立方米，比重非常小，占0.001%；四旁树蓄积4679立方米，占0.039%。按林木使用权属分，国有林蓄积量9929460立方米，占活立木总蓄积的71.08%；集体林蓄积量1668095立方米，占活立木总蓄积的11.95%；个人蓄积量1518915立方米，占活立木总蓄积的10.88%；其他蓄积量851271立方米，占活立木总蓄积的6.09%。

2010年，全县竹林面积1161.5公顷，448.50万株，其中用材竹85.67公顷，笋用竹193.40公顷，笋材两用竹753.26公顷，都是人工种植。另有散生竹129.17公顷。

2010年白沙黎族自治县各乡镇活立木蓄积量统计表

表8-3-3

单位	蓄积量（立方米）	乔木林地		散生木
		面积（亩）	蓄积（立方米）	蓄积（立方米）
霸王自然保护区	780144	172454.0	780144	0
邦溪坡鹿自然保护区	3959	4393.0	3959	0
邦溪镇	421490	92648.0	421490	0
打安镇	399144	98563.0	399144	0
地方国有青年农场	204558	34351.0	204558	0
地方国有热作场	42923	7075.0	42923	0
阜龙乡	165292	67757.0	165292	0
国有白沙农场	636662	121223.0	636662	0
国有邦溪农场	499903	115052.0	499903	0

续表 8-3-3

单位	蓄积量（立方米）	乔木林地		散生木
		面积（亩）	蓄积（立方米）	蓄积（立方米）
国有龙江农场	2527202	347223.0	2527202	0
金波乡	163284	31987.0	163284	0
黎母山自然保护区	173063	15481.0	173063	0
南高岭林场	644445	98994.0	644445	0
南开乡	783495	168023.0	783495	0
七坊镇	580911	149445.0	580911	0
青松乡	170684	109368.8	170445	239
荣邦乡	67166	33481.0	67166	0
细水乡	1363653	266022.0	1363653	0
牙叉镇	936816	196831.0	936809	7
鹦哥岭省级自然保护区	2776973	357712.5	2776973	0
元门乡	621295	147271.0	621295	0

第二节　林政管理

1988年后，白沙县根据《中华人民共和国森林法》，在对原有森林资源采取“封、管、护”措施的同时，在森林防火、禁止毁林开垦乱砍滥发、封山育林、保护野生动物资源等方面做大量工作，重点实施林业天然林保护工程、退耕还林工程、生态环境建设综合治理工程、自然保护区建设工程、浆纸林工程、小型公益林工程等六大工程，有力保障白沙县的生态安全。林政管理工作在林业普法宣传，林业行政执法木材运输管理、林地林权管理等方面做大量工作，取得较好的成绩。建立林业行政执法公示制、责任制，成立林业法制工作机构、行政复议机构，设立林业行政执法监督台举报电话，依法办理林业行政执法机关委托手续，严格执行“罚缴分离”制度，实行行政处罚重大案件备案审查，规范性文件备案审查制度，制定行政执法工作规划，推行错案责任追究制度。

1988年以后，白沙县展开一系列林政宣传教育活动。一是加强领导，做到“六个落实”，即领导落实、任务落实、队伍落实、经费落实、时间落实、奖罚落实，各项宣传措施落到实处，收到实效。二是采取召开会议、上门讲解和电影、电视、录像、广播、标语等多种形式开展广泛、深入、持久的林业宣传教育，大力宣传《中华人民共和国森林法》和《海南省森林保护管理条例》等有关林业政策、法规及讲解林的各种生态效益和植树造林、种果、种胶的重要意义。

1988—1996年，白沙全县每年组织召开各种林业宣传大小会议150次以上，电影、录像宣传45场以上，书写各类宣传标语3000多条，宣传车、宣传队伍走遍全县乡村，使广大群众逐步懂得森林的生态作用和保护森林的意义，懂得有林才有水、有林才有粮、有林才有钱，造林致富的道理，不断增强群众自觉造林、护林的积极性及守法意识。另一方面，依据《中华人民共和国森林法》和《海南省森林保护条例》等林业政策法规，严厉打击各种盗伐、盗运、毁林开荒、放火烧山、捕杀销售国家保护野生动物等违法犯罪行为。1988—1996年，白沙县共处理各类违法案件361起，处理各类违法人数663人，抓获各类盗运木材车辆25辆次，没收违法木材6714立方米，收缴各类被捕野生动物2620头（只），罚款及收赔偿损失22.4万元，补交各项林业税款36万多元，严厉打击各类违法分子。

白沙县林政管理成效显著，多次荣获各级各类奖励，1989年被评为海南省森林防火先进县，1990年被评为“全国造林绿化先进县”，1990—1992年被评为“海南省完成和超额完成造林责任先进县”，1993年南美飞播区被评为“海南省森林防火先进单位”，1994年被评为“全国发展经济林先进县”“全国林业宣传先进县”，1995年县林业局被评为“全国林业系统‘二五’普法先进单位”，1995年被评为“海南省消灭荒山先进县”，1997年被评为“海南省森林防火先进县”，1999年被评为“全国森林资源林政管理先进单位”“全国林业生态建设先进县”，2000年被评为“全国生态环境建设综合治理示范县和发展经济林示范县”“全国林业生态建设先进县”，同年6月被国家计委列入全国第二批123个全国生态环境建设综合治理示范县，2004年被评为“全国森林资源林政管理先进单位”。

2007年11月，白沙县被列为全省林改试点县，坚持以“群众得实惠和生态受保护”作为林改工作的落脚点，严格按照“先行试点、逐步推开”的要求，选择具有代表性的细水乡、金波乡和牙叉镇、七坊镇各一个村委会率先开展林改试点工作。2008年，在总结林改试点经验基础上，白沙县全面铺开林改工作，全县制定各级林改方案576个，组织实施外业踏查测量488个村民小组，测量林地面积3.5万公顷（其中规划林地3.3万公顷，非规划林地0.2万公顷），林权证发证面积3.5万公顷（其中规划林地发证面积3.2万公顷，非规划林地发证面积0.3万公顷），规划林地林权证发证率98%，集体林权制度改革主体改革工程已完成并通过省林改办的检查验收。

第三节　森林保护

一、林木病虫害防治

白沙县的森林病虫害防治，主要是以预防为主、结合治理的方针，定期对重点林区定期检查，做到早发现、早预防。

1998 年成立县森林植物检疫站以来，全县已经设立森林植物预测预报点 10 个，其中在南美岭松树林基地设立国家级预测预报点，采取宣传、设卡、普查、防治等措施，开展森林病虫害的防控工作。

2001 年 8 月，荣邦乡发生蝗虫灾害。蝗灾面积达 3000 亩，虫口密度为每平方米 10～20 只，最高密度达每平方米 90～100 只。蝗灾发生后，县委、县政府及时组织有关部门和当地干部群众赶赴蝗灾现场喷洒农药进行防治，同时，采取堆火、烟熏进行灭蝗驱蝗，有效保护 80%以上的农作物不受蝗害。

2002 年 6 月，全省大部分市县发现椰心叶甲危险性虫害。县林业局采取切实可行的措施予以预防，在邦溪、元门、阜龙等地设立 3 个检疫检查点进行监控，严禁棕榈科植物及其种子、苗木进入白沙县；开展普查工作，根据省林业厅的工作部署，派出森林植物检疫人员对全县森林植物进行普查；广泛宣传，开展以防治椰心叶甲危险性虫害为主要内容的“森防宣传月”活动，大量发放宣传资料到广大群众手中以进行群防群治。整个预防工作取得良好效果。

2009 年，全县完成森林病虫害监测面积 101 万亩，放蜂 936.36 万只，完成鹦哥岭松树褐斑病防治 150 亩，清理有桉树枝瘿姬小蜂的苗木 40 多万株。

二、森林防火

机构队伍　1988 年以来，白沙县逐渐健全森林防火机构，加大宣传力度和强化火源管理，使全县森林火灾得到较好的控制。1990 年，成立县森林防火办公室；为切实抓好重点林区的森林防火工作，1996 年白沙县成立一支由 20 人组成的专业森林消防队，驻扎在南美播区，为随时扑灭山火做好准备，县四套班子成员轮流值班，一旦发现火情及时组织扑灭。2005 年，在县城成立一支森林防火专业扑火队，队员主要从退伍军人中招聘，共计 20 人。

防火宣传　每年 11 月至次年 6 月是白沙县干旱季节，也是特定的森林防火期。1988 年后，每年森林防火期间，由县防火办和县林业局骨干组成宣传小组，采取多种形式深入乡村广泛宣传，反复向群众讲解森林的生态作用及森林防火的重要意义。一是利用标语宣传。在路边石头、石壁、电线杆、大树干、桥梁石墩等书写张贴标语。1991年，借鉴广西经验利用铁皮制作标语悬挂在主要路段。1996年，在各重点路口建永久性水泥板宣传牌，进一步增强标语宣传的力度。二是利用电影、电视宣传。专门组织电影放映队和宣传小组利用电影、录像到重点村庄播放《森林防火条例》及教育片《中华人民共和国森林法》《绿色风波》《白丁香开的时候》等。三是利用县广播电台、电视台的力量宣传。录制《森林防火条例》和《海南省生产用火管理规定》及县领导关于加强森林防火工作的重要讲话等森林防火广播电视节目，在县广播电台、电视台的“黄金时间”播放，进行防火宣传。四是利用森林防火宣传车巡回宣传。1990年，专门配备一辆“森林防火”标志的北京吉普车，增加利用森林防火宣传车巡回宣传的方式。

火源管理　1988年，白沙县在重点防火村庄严格实行轮户值日制，制作值日牌，轮流执牌值日，做到出现火情及时发现、及时报告，此做法后被各市县借鉴。从1990年起，白沙县在森林防火期组织人员在各重点路口24小时轮流值班，对上山人员进行登记、检查、拍照，严禁群众带火种进入林区。同时认真抓好防火责任状、责任书的签订。林业部门带头发动群众开设好防火隔离带，全县森林防火工作一级抓一级，事事有人抓，处处有人管，保证森林防火各项工作的顺利开展，有效地抑制森林火灾的发生。1996年，全省开始发放防火传令牌。

第四节　绿化造林

白沙是海南省典型的热带季雨林区和生物富集区，被誉为不可多得的动植物物种基因库和中国南药生产基地，是海南森林资源保护较好、发展较快和森林覆盖率较高的市县之一。

1988年海南建省后，白沙县委、县政府不断加大对生态环境建设力度狠抓植树造林，封山育林和退耕还林，严厉打击破坏生态环境的不法行为，使白沙的森林资源得到较好的保护和迅速发展。全县生态环境建设取得显著成效，水土流失明显缓解，抗洪、抗旱能力显著提高，特别是南渡江源头河流水位逐年回升，为松涛水库提供充沛的水资源，生态环境得到不断改善。促进农村产业结构调整，合理利用土地资源，提高农业产值，增加农民收入，加快脱贫致富步伐。林区群众通过退耕还林，植树造林和发展藤及南药产业取得良好的经济效益。实现森林面积、森林蓄积量双增长。

一、植树造林

1989年后，为了加快白沙的绿化步伐，白沙县委、县政府狠抓荒山造林绿化。通过贷款，农综等项目多方筹集资金，不断增加对造林绿化的投入，采取有力措施，选择桉树、马占相思和加勒比松等树种，以造林条件较好的邦溪、七坊、荣邦、阜龙等乡镇作为突破点，以点带面，在全县范围内铺开造林绿化工作。1992年，在南美岭一带飞播造林12万亩。1988—1995年，白沙全县累计营造各类经济林51.75万亩。至1995年，基本实现消灭荒山荒地的奋斗目标。1988—1997年，白沙县每年参加义务植树均在3万人次以上，累计义务植树90多万株以上。2000年，白沙全县抚育中幼林面积6.3万亩。2003年8月18日，县四套班子领导及县委办、人大办、政府办、政协办、林业局、邦溪镇、国有邦溪农场等单位共300多名干部、职工参加绿化宝岛义务植树活动，同日在西线高速公路邦溪出口路段共种植马占相思5000株，印度紫檀300株。2004年，全县培育树苗253万株，完成造林面积7200亩。

白沙县本着“求自己发展、让别人发财”的指导思想，不断完善土地使用流转制度，稳定山林权属，坚持谁造林谁受益的原则，大力支持和鼓励全社会利用多种形式投资造林绿化，创造全社会办林业的氛围，引进公司投资造林。1998年，海南福莱斯林业有限公司在白沙县租赁土地种植马占相思经济树林，地块位于白沙县城西南部、约40公里的南开乡和青松乡交界处，总面积约50000亩。至2005年，白沙全县桉树种植面积达到13.3万亩，马占相思达到8.3万亩。1995—2010年，在南妹岭成功营造加勒比松9万亩。至2010年，已有绿屏公司、金华林业有限公司、美国福莱斯林业有限公司等39家外来公司到白沙投资造林，加快白沙的造林绿化步伐。

至2010年底，全县人工造林面积的10.06万公顷，与1989年的3.13万公顷相比，平均每年以2000公顷的速度递增。

1988—2010年白沙黎族自治县人工造林及森林覆盖率统计表

表8-4-1

年度	造林面积（公顷）	森林覆盖率（%）
1988年	101.67	50.80
1989年	389.00	51.50
1990年	731.00	53.20
1991年	769.40	55.00

续表 8-4-1

年度	造林面积（公顷）	森林覆盖率（%）
1992 年	837.46	56.90
1993 年	828.60	58.00
1994 年	1219.53	58.90
1994 年	1901.20	60.20
1996 年	1693.67	61.50
1997 年	2727.73	62.70
1998 年	1420.00	63.50
1999 年	3797.47	68.00
2000 年	5398.13	68.50
2001 年	4913.60	70.60
2002 年	2454.00	71.60
2003 年	3463.40	72.60
2004 年	2247.13	74.60
2005 年	1381.73	75.00
2006 年	984.33	76.00
2007 年	25.17	76.00
2008 年	387.81	77.43
2009 年	1580.93	81.30
2010 年	314.37	83.17

二、封山育林

白沙县天然林树种种类繁多，天然更新能力强，山区气候、土壤条件优越，封山育林是不造林的大造林，具有投资成本少、成林快的优点。1988 年后，县委、县政府继续高度重视封山育林工作，将其作为加快全县绿化步伐的一项重要任务来抓。1990 年，县委县政府主要领导与各乡镇委书记、乡长签订第一期封山育林、护林责任状，对封山育林、护林提出具体管护目标，确定奖罚办法，增强各级领导的责任感，使全县形成封山育林、护林工作一级抓一级，层层有人管，事事有人抓的良性管理机制。

1998 年，南高岭被列入国家重点国有林区天然林资源保护工程。1999 年，白沙县全面实施保护天然森林资源和生态环境的“天保工程”，在南高岭、南美岭等林区完成首批“天保工程”建设项目，森林覆盖率达63.5%。

2001年起，白沙县为了充分利用丰富的天然林土地资源，促进藤、南药产业的发展，在不破坏原有森林资源的前提下，把部分封山育林区承包给群众管理，在林下发展藤及南药产业，直接参与封山育林、封山护林区的管护，达到既有利于农民增收、又有利于天然林的恢复、发展的双赢目标。截至2004年，全县实行封山育林、护林面积89万亩。2010年，白沙县天然林面积7.6万公顷，比1989年增加0.4万公顷，加快全县的绿化步伐，提高森林覆盖率。

三、退耕还林

2002年，白沙县开始实施退耕还林工程建设。2006年，白沙县被评为“全国实施退耕还林工程管理先进单位”和“全国经济林建设示范县”。至2008年共完成退耕还林8633公顷，其中生态林8389公顷，经济林244公顷，全部完成退耕还林任务，森林覆盖率增加5.83个百分点，土地资源得到合理的优化配置，土地生产力得到充分的发挥和利用。白沙县把群众退耕还林与扶贫及农村产业结构调整有机地结合起来，以政策引导、发动群众开展以“林＋藤”“林＋药”“林＋竹”“林＋畜”等综合经营模式，提高群众退耕还林积极性，广大群众自愿把原来耕作的木薯、甘蔗、山兰等部分耕地改种橡胶、果树等经济林和马占、竹子等用材林；县林业局加强对退耕还林技术指导，确保“退一片、管理一片、成效一片”，促进生态环境建设。同时，促进农村产业结构的调整，发展地方特色经济，增加农民经济收入。

第五节　林下经济

一、林下种植

从2009年开始，白沙县充分利用林下空间大力发展以林下种植为主的特色农业。2010年，全县竹林总面积由2009年的4000公顷扩大到6666公顷，元门乡一地的麻竹种植面积就达到100公顷，并且形成以竹笋、橡胶等经济林木为主，生姜、南药等绿色无公害作物为辅的林下种植格局，两年内农民纯收入提升近50%。

2010年，白沙县投入近2000万元，扶持农民在竹林间距、橡胶小苗间距等林下推广生姜种植460多公顷，生姜产量9127吨，产值5400多万元；投入1000万元发展扶持资金，种植生姜678公顷。

2010年，白沙南药种植面积累计达2000公顷，预计总产量达17万吨，总产值达2亿多元。特别是特色南药裸花紫珠已成农民“摇钱树”，如细水乡裸花紫珠种植面积已达到453公顷，可收获面积为266公顷，预计年产裸花紫珠7000吨，以每公斤2元的市场价格估算，总产值可达1400万元，使该乡人均收入增加2000多元。

二、林下养殖

1998年后，白沙县利用林下空间，大力发展养鸡、养猪、养蛇、养蜂等林下养殖，一些农户、造林大户和企业因此取得可观的收益。

2010年，全县发展林下养鸡户5000多户，发展出栏商品鸡1000只以上的林下养鸡专业户100多户，预计全县出栏商品鸡100多万只，林下养鸡可促进农民人均增收100多元。白沙县在推进开展“技能型乡镇政府”建设中，通过开展林下养蛇技术培训，林下养蛇实际操作，带领农民发展林下养蛇增收。至2010年，全县发展养蛇专业户10户，养殖5000多条，主要品种有眼镜蛇和灰蛇2种。每条蛇出栏需2年，重约2~2.5公斤，每斤售价120~150元，每条蛇可以卖到480~750元，剔除成本纯收入每条有300~600元，可促进养蛇农户增收3000~5000元。

第六节　林场基地

一、邦溪林场

邦溪林场前身为1960年建立的邦溪苗圃，1962年改名为邦溪公路林场。1964年11月，公路林场与果树林场合并为地方国营邦溪林场。林场原属县财政差额拨款事业单位，即县财政拨付人员工资，办公和其他经费自筹，2002年改制为经费自筹的事业单位，有职工16人，退休人员46人。

邦溪林场原规划土地使用面积562.5公顷，其中规划前周边群众已使用的土地面积165.5公顷、林场实际利用面积396.9公顷（原杧果基地面积198.3公顷、职工经营和合作经营面积198.5公顷）。

二、南高岭林场

南高岭林场位于白沙县中部距县城21公里处，属中山地区，地势东南高西北低，由多条山岭相连组成，大部分山岭海拔在400~800米之间、其他山岭较为低矮，各山峰海拔均在1000米以上，地形急斜、坡度在40~60度之间，平均坡度在28度。左右，地势不平缓。受地貌形态影响，形成复杂多变、差异的垂直山地气候，常年日照偏少，云雾偏多。年初至 4 月普遍为旱季，5—10 月为雨季，雨量充沛，在高山地区、温差悬殊，长年迷雾茫茫，30 米外视线不清。南高岭林场水系分布主要由二条主河流组成，一条是石碌河的上游，另一条是南渡江上游水源头；地质结构有花岗岩，砂石岩，土壤类型为山地黄壤、赤红壤、黄色砖红壤等。

1970 年建立的南高岭采伐场，1999 年改为南高岭林场，人事隶属白沙县林业局，业务归口省林业局，行政级别为股级，属于双重管理单位，单位机构性质为国有企业，内设行政办公室、财务办、管护办、资源规划办、车队、护林队（下设 6 个管护站）等。

2010 年，南高岭林场总人口 219 人；在册职工 47 人，其中在岗职工 38 人，退休职工 9 人；在岗人员当中，管理人员 15 人，从事森林管护 22 人，卫生员 1 人。

南高岭林场森林管护面积 3982.6 公顷（即南高岭林场权属面积），有林地面积 3982.6 公顷，人工林面积 980.3 公顷（含加勒比松、粉竹）；非林业用地 12.6 公顷（含农业用地、交通用地、水域等）。

南高岭林场野生动植物资源丰富，有国家级保护动植物穿山甲、水鹿，还有果子狸、野猪、豪猪、原鸡、海南山鹧鸪等等以及母生树、油丹树、毛丹树、油楠树、野生荔枝等多种珍贵树种。

三、南美岭林业基地

南美岭地处白沙县南部山区，距牙叉镇大约 8 公里，地处南开、青松、牙叉三乡交界处，是南渡江上游及松涛水库主要集水区。南美岭林业基地的建设，对提高白沙县森林覆盖率、恢复森林植被、保护和改善南渡江上游及松涛水库的生态环境，起到涵养水源、保持水土和保护生物多样性的作用；对南渡江下游地区的生态平衡和经济发展具有举足轻重的作用；为下游的海口、儋州、澄迈、临高、琼山、定安等地区的工农业生产用水和生活用水提供有力的保障。

1992 年，南美岭林业基地始建，由县林业局统一管理，下设南美林区管理站。林区面积 6000 公顷，其中人工林 4000 公顷，天然林 2000 公顷。林区与南高岭林场天保造林基地、福莱斯林业有限公司造林基地和金华林业有限公司造林基地连成一片，面积达 10000 公顷，为全省连片人工造林面积最大的造林基地。

成立之初，南美岭林业基地主要采取飞机播种造林，由于各种原因影响，飞播造林未获成功。1995 年，基地开始进行人工造林和封山育林，通过实施世行项目造林、天然林保护人工造林、农综造林项目共造林 4000 公顷，总投资 1671 万元，并投资 20 万元建造 2 座瞭望台，投资 118 万元开设林区公路 23 公里。

1995 年，白沙县林业部门作出绿化南美岭、保护南渡江的决定，开始种植加勒比松。1999 年底，南美岭加勒比松的面积已达 3334 公顷。

2000 年，南美岭林业基地开始实施林下综合开发，发展饲养业，至 2010 年已牧养黄牛 100 多头，在林中间种南药（草扣）200 公顷、棕榈藤 1317 公顷。2003 年，基地开始割松脂，进入正常投产期后，年产值达 5000 多万元，每年为地方财政提供税金 800 万元以上。

第四章　畜牧业与渔业

第一节　畜　牧　业

一、机构

1979 年，白沙县畜牧局成立。1995 年，白沙黎族自治县畜牧局更名为白沙黎族自治县畜牧服务中心，从原来的行政单位转为事业单位。2007 年 10 月，撤销白沙县畜牧服务中心，成立白沙黎族自治县畜牧兽医局，属正科级事业单位。2010 年 6 月，县畜牧兽医局成为参照公务员法管理单位，下属单位有白沙黎族自治县动物卫生监督所、白沙黎族自治县动物疫病预防控制中心。

1993 年，全县 14 个乡镇畜牧兽医站进行整顿和调整，全部定为事业性单位，并招录聘任制干部和职工 51 人。

1994 年 9 月，白沙县兽医卫生监督检验所成立（挂靠白沙县畜牧局），畜禽及其产品的检疫工作纳入法制管理轨道。2006 年 2 月，县畜牧科学研究所撤销。2007 年，白沙县招聘录用全县各村级动物防疫员，负责各村委会动物防疫等各项工作。2008 年 8 月，成立白沙黎族自治县动物卫生监督所（由原白沙县动物防疫检疫站更名成立），属股级事业单位。2010 年 4 月，乡镇机构体制改革时，乡镇畜牧兽医站并入乡镇农业服务中心。

二、牧场资源

白沙县地势陡峭，东南高、西北低，山脉以鹦哥岭为主，从东南向西北延伸，形成六分山地、三分丘陵、一分台地和河流谷地。县内地形复杂，水源丰富，天然植被多样，有森林、灌丛和大片草场，具有发展畜牧业的优越自然条件。

草场面积和分布　白沙县有天然草场 84.6 万亩，灌木林地 11.4 万亩，疏林地 12.9 万亩，共 108.9 万亩，占全县总面积 34.28%，主要集中在东南部山地乡镇。

按草场的连片面积大小统计，白沙县万亩以上的大草场 14 块，共 541894 亩，占全县天然草场总面积的64%；8000～10000亩的草场2块，共18198亩，占2.2%；5000～8000亩的草场8块，共51348亩，占6.1%；3000～5000亩的草场21块，共81172亩，占9.6%；1000～3000亩的53块，101821亩，占12%；千亩以下的96块，52194亩，占6.2%。

草场植被组成　白沙县的草场植被，大部分由森林经过人为反复砍伐，刀耕火种，连年烧山或撂荒逐步演变而形成。植被随季节变化，每年5—10月为雨季，水分充足，山青草茂，是盛草期；11月至翌年4月为旱季，水干草枯，是枯草期。

草丛草场。以草本植物为主，常散生有稀疏乔木和灌木。按植被的优势种，有芒+白茅草群落、白茅划+青香茅（或纤毛鸭嘴草）群落、白茅草+扭黄茅群落、灌丛草场、山芝麻（或油甘子）+白茅草群落等，其中以前3个群落为主。

芒草+白茅草群落。分布在东面部山地乡镇，包括牙和、龙村、黎坡、鹦歌等草场。生境条件多在地势较高（海拔高度500～800米）的山地，即靠近森林地或山坡上部，云雾多，湿度大，地形复杂，坡度在10～40度之间，土壤为山地黄壤或赤红壤，有机质含量丰富。草本植被以芒草和白茅草为主，野古草、石芒草、管草、拟高粱等次之。草被层高90～140厘米，覆盖度80%～90%，属高草草地。

白茅草+青香茅（或纤毛鸭嘴草）群落。分布在南妹、南岗、新村、黎班、长塘等地区。多为轻度放牧地，海拔高度300～800米的高丘或低山地带，土壤为砖红壤或山地赤红壤，土层较深厚，有机质含量较高，水热条件良好。植被组成，灌丛很少，散生林木有木棉、厚皮树、枫香、菲律宾合欢、黑墨等，以草本植物的白茅草和青香茅或纤毛鸭嘴草为优势，混生芒、狗尾草、雀稗、黄背草等。草被层高60～90厘米，覆盖度85%～95%，属中草草地。

白茅草+扭黄茅群落。分布在西北部的荣邦、邦溪和七坊乡镇的部分地区。这类草场地势平坦，坡度小于10度，海拔高度在200米以下的台地，人为干扰较大，一部分是撂荒迹地，气候酷热干燥，雨量少，日照强，季风大，蒸发量大于降雨量，土壤为沙壤土，土层浅薄而瘦瘠。草本植物以白茅草和扭黄茅为主，并多有具刺（刺葵）灌丛、伴生牧草有鹧鸪草、蜈蚣草、龙爪茅、狗尾草、羽芒菊等。草层矮而疏，草被层高20～40厘米，覆盖度50%～70%，属低草草地。

山芝麻（或油甘子）+白茅草群落。分布较广，主要有江排、志针、新开田、那来、南达等草场，多为常年放牧的重牧地。海拔高度250～500米的丘陵地带，土壤为砖红壤，土层厚薄不一，有机质含量较低，常有石头裸露，气候燥热。灌木种类较多，主要有山芝麻、油甘子、野牡丹、桃金娘、黄牛木、布渣叶、算盘子等，呈丛状分布，一般高1.5

米左右。草本植物以白茅草为主，常有竹节草、纤毛鸭嘴草、狗尾草、雀稗、地胆草、莎草、飞机草、野葛藤等。飞机草时有成片覆盖，野葛藤常缠绕于灌丛上。草被层高40～70厘米，覆盖度70%～80%。

此外，还有以草本植物为主而混生一定数量灌木的草场和村旁地边分散草地。村旁地边分散草地受到人为频繁活动的影响，土层较深厚，土壤较肥沃，水热充足，青草嫩绿，常见牧草有马唐草、二耳草、水蔗草、蟋蟀草、龙须草等，草被层高20厘米左右，覆盖度95%以上。

牧草种类 白沙县草场牧草种类繁多，个体发达，具有热带草原的特征。草质优良，有发展前途的牧草有以下几种：

纤毛鸭嘴草（禾本科），多年生、簇生匍匐状或蔓延，秆斜绮，茎淡紫红色，节上被毛。夏秋抽穗，初抽穗时两个花序紧贴成圆柱状，成熟时叉开，草高30～60厘米；其养分丰富，适口性好，牛羊极喜食。

竹节草（禾本科），多年生，平卧草本，有匍匐茎，秋季抽穗，抽穗时高30～60厘米，耐践踏，牲畜喜食。

雀稗（禾本科），多年生，疏丛草本，叶片大长柔软，秋季抽穗，草被层高20～40厘米，牲畜喜食，为良好放牧草。

野葛藤（蝶形花科），多年生，粗壮草质藤本，匍匐地面或缠绕灌木而生，全身被毛叶大，分三片小叶，纸质。9月开花，11月果熟，茎、叶可作饲料。

异果山绿豆（蝶形花科），多年生，亚灌木，高30～90厘米，小叶三片，侧生二叶较小，顶生叶大，叶背有疏毛，果期10—12月。多生于疏林或灌丛间，牛食，可作饲料。

假木豆（蝶形花科），灌木，高1～2米，三出复叶，顶生小叶，植株直立，果期冬月，花序腋生，紧缩成堆呈头状。多生于疏林灌丛中，幼嫩枝叶牛羊吃，可放牧和作饲料。

白沙县优良牧草不少，但是组成草场的草种主要是禾本科牧草，占全县牧草的60%以上，豆科牧草数量不多。白茅草占的分量较大，分布最广，成为决定草场质量优劣的重要因素。白茅草是多年生禾本科直立草本牧草，粗生易长，适应多种土壤，地下茎发达，再生力很强，生长速度较快，有盛草期和枯草期之分，耐践踏，侵占性强，秋季抽穗。粗纤维多，草质较差，牛采食率以幼嫩期为高，8—9月牛采食草尾，10月后牛基本不采食，恰和产草量成反比例，属于中等牧草。

三、畜禽品种

水牛 白沙县水牛品种为海南水牛，属中型役肉兼用牛，是白沙县的主要役畜。白沙县从未引进其他品种水牛，因而其品种单一。

适应性好，耐粗饲，抗病力强。成年牛耐力较大，公牛 1 天可犁田 2 亩，母牛可犁田 1.5 亩以上。母牛一般 2.5 岁开始发情，3 岁可以配种，以发秋配为主，一般三年二胎。初生牛犊 20 ~ 25 公斤，成年公牛 396 公斤，母牛 381 公斤。其遗传性较稳定，但由于长期没有对水牛群进行选育及提高纯种繁育等工作，而仍然采用近亲方式交配，致使水牛品种有一定的退化，体型变小，免疫率下降，现 1 头水牛的产肉量多数在 90 ~ 95 公斤。

2000 年，全县水牛存栏量 32176 头，年末占牛头数的 87.8%，其中劳役牛 15000 头，占水牛存栏头数的 46.6%。当年出栏量 9706 头。

黄牛　白沙县黄牛品种为海南黄牛属本地型肉牛。自 20 世纪 60 年代后，白沙县曾陆续从省内澄迈县、定安县等县引进海南高峰黄牛，1979 年从东方县牛改站引进辛地红公牛一头，开展过短暂的杂交改良黄牛品种工作，由于杂交后代数量少，仅 5 头，对白沙县黄牛群的影响甚微。

优点是耐湿热，合群性较大，善爬山路，行动敏捷；缺点是体型过小，野性较大。成年牛一般体重 180 公斤，屠宰率 40%、净肉量约 30% ~ 35%。其品种系水牛群杂，遗传性亦不如水牛稳定，特别由于近亲繁育，品种退化更为严重，至 2010 年存栏的大多数黄牛品种质量很差，体型过小、生长慢、繁育率亦低，一头黄牛的产肉量仅 70 公斤左右，经济效益十分低下。

2000 年，黄牛存栏量 4474 头，年末占牛头数的 12.2%。其中，劳役牛 3800 头，占黄牛存栏数的 84.9%。能繁育母牛 1648 头，出栏量 1540 头。

生猪　白沙县的原始土种猪品种是五指山猪，属小型猪种。头小而尖、嘴尖、耳小直立、背直、皮毛乌黑、毛长粗而密、皮肉紧凑。具有耐粗饲、抗病力强、瘦肉率高的优点，但个体小、生长慢、野性大，成年体重 30 ~ 50 公斤，一般要饲养 20 个月龄才可出栏。因该猪外貌形似老鼠，加之生长慢，个体小，故黎族称其为“老鼠猪”，被当作劣种进行淘汰，至 2010 年存量很少。

白沙县曾先后引进“临高猪”“陆川猪”“黄塘猪”“大花白猪”“屯昌猪”“文昌猪”“内江猪”“长白猪”“约克猪”“盘克猪”“洛克猪”等十几个品种。长期以来，由于对这些引进的品种缺乏统一集中管理，随其在群众的养猪生产中自相杂交，而逐步形成多种品的杂交后代。这些杂种猪的外貌特征和生产性能大同小异，毛色多为黑色或白色两色，嘴短、额宽、肚腹大、体短、四肢矫，皮紧肉实，青似脂肉兼用型，比较耐粗饲，觅食能力强，但抗病力较弱，前期生长很慢，后期生长略快，一般饲养 1 年，体重可达 60 公斤左右；其品种不纯，遗传性能不稳定，饲养表现生长慢，个体小，繁殖低，年饲养报酬低。

山羊　白沙县的山羊品种为海南一般黑山羊，品种主要从儋州、昌江等地引进，繁殖后代的生产性能比较稳定，但其个体小、生长慢、屠宰率较低。

家禽　白沙县的家禽品种主要是本地土种家禽，均属小种蛋肉兼用型品种。现存栏家禽以鸡居多，而鸭、鹅的数量较少。

白沙县对良种鸡品种的引进比较重视，先后引进陆岛红、卢花鸡、白洛克、星布罗、金慧星、来般鸡、石岐杂、福建鸡、AA鸡、临高鸡等外来良种高品鸡苗，一度掀起笼养鸡的高潮，由于主要集中饲养在城区，对本地土鸡的影响不大，因此，现存栏鸡均保持原土种鸡的特性。其外貌特征和生产性能：羽毛有黄、黑、白和麻花等，头小脚细，体型紧凑，耐粗饲。觅食力强，抗病力强，宜于放养、皮薄骨细，肉质滑嫩，但个体小，成年公鸡1.6～2.3公斤，母鸡1.3～1.8公斤，年产蛋量约160枚；其遗传性能稳定，具有独特的生产性能，市场销售价格看好，但个体小、生长慢。

四、畜牧业发展

1987年，农牧渔业部、海南黎族苗族自治州和白沙县政府联合投资600万元，建立细水牧场，实施“开发热带山区草地养牛综合技术推广”项目，先后引进澳大利亚等国的优良牧草7000亩，人工草场围栏28公里。1988年底，白沙县农民家庭饲养牛、养猪、养羊已分别存栏总数的28613头、20335头、6751只。至1993年，牧场牛群发展到2023头，向社会提供肉牛702头。南开乡浪九村民小组在党的富民政策鼓舞下，充分利用本地丰富的水草资源发展养牛业，1993年全村18户，养牛140头，户均7.8头，成为全县有名的“养牛村”。2000年末，全县水牛存栏数39618头，黄牛存栏数5757头，合计45375头。2010年，全县牛肉产量121.5吨，出栏数6000头，存栏数2.2万头。

养猪业方面　1988年后，白沙县采取推广快速养猪法，以改进饲养技术、提高春秋两季防治注射密度、实行生猪统筹防疫，完善畜禽及其畜产品的检疫检验工作等，以加强疫病防治；并采取实行品种改良，提高猪苗覆盖率等一系列的综合措施，一大批省外的优良猪种纷纷涌入白沙县，基本淘汰品种低劣、饲养周期长、个体瘦小的本地“老鼠猪”。1993年，为了充分利用白沙县丰富的木薯、番薯、玉米等饲料，白沙县在七坊镇建成高峰良种猪场。推行“模式化快速养猪配套技术”，同时开办“白沙县快速养猪培训中心”，向全县群众传授快速养猪专业技术。1995年，在海南省林业厅的大力扶持下，白沙县开始建立“二级良种猪苗繁育基地”，逐步解决白沙长期依靠从外地调运良种猪苗的问题，充分调动群众的养猪积极性。同年，全县生猪饲养量86742头，出栏量为40017头，年末存栏46725头。

至2010年，白沙全县生猪的良种覆盖率从1988年的30%提高到90%以上，生猪出栏率从1988年的30%提高到90%以上，大大提高养猪的经济效益，生猪年末存栏量、出栏量也随年提高，从1988年的存栏2861头、出栏6751头提高到存栏71897头、出栏114964头，分别增长25.13倍和17.03倍。累计全县生猪标准化养殖小区11个，生猪存栏100头以上的养殖场46个，其中生猪出栏千头以上的规模场26个，养猪专业户年出栏20头以上602户，农民自发成立养猪专业合作社31家。

养羊方面 白沙县养羊业在改革开放新形势下有着保持稳定增长，但也曾因为体制改革，解散羊场，同时山羊放牧破坏农作物严重而一度出现滑坡，1985年全县养羊业下降至200只。1986年后，白沙县重新制订养羊生产计划，对适宜养羊的山坡、灌木地实行围栏牧，鼓励和扶持农民发展养羊业，至1988年山羊总饲养量回升到1108只。1994年，县委、县政府提出在邦溪镇和荣邦乡建立山羊生产基地，1995年邦溪镇政府筹集资金23万元，采取“机关+农民”的管理方式，扶持养羊专业户32户，共饲养山羊802只，使全县的山羊饲养量提高到4002只，出栏1108只。2010年，白沙县山羊存栏6981只、出栏6525只，比1988年的存栏1108只、出栏2561只，分别增长5.3倍和1.55倍。

畜禽方面 1988年以来，白沙县家禽饲养业发展较为平稳，其中家禽的饲养量都有所提高。1992年全县掀起笼养鸡高潮，大量购进白洛克、红布罗、来航鸡、石砝杂鸡等外来良种鸡苗，对改良本地鸡起着良好的作用，同时家禽的饲养范围得到拓宽，由传统的“三鸟”（鸡、鸭、鹅）生产发展为饲养特种经济家禽（如鹌鹑、鸽子、珍珠鸡、火鸡等）。

1994年，白沙县出栏鸡、鸭、鹅共13万多只，数量可观。1999年，全县家禽存栏量79万只，出栏量64万只。2000年，全县家禽存栏量102万只，出栏量74万只。2004年，全县家禽饲养量达到102万只。至2010年，全县家禽（“三鸟”）饲养量达到172.73万只，比1988年的26.4万只增长5.54倍；全县林下养鸡专业户年出栏千只以上138户，塘上养鹅专业户年出栏20只以上15户，养禽专业合作社17家，初步形成“种养”结合一体化，并逐步走上区域化布局、基地化生产、规模化经营、产业化发展的道路。

2000年后，白沙县委、县政府把发展畜牧业生产作为发展山区经济的一项主要任务来抓，广大农民和科技人员克服重重困难，努力发展畜牧业，取得巨大成就，积累丰富的经验。特别是改革开放30多年来，在党中央、国务院出台的一系列方针、政策以及《无规定动物疫病区》建设的贯彻实施，白沙县畜牧业同其他事业一样以前所未有的速度蓬勃发展，各项生产指标全面增长。2010 年，畜牧业产值 22000 万元，比 1988 年的 2571 万元增长 755.7%，年递增 34.35%。2010 年，肉类总产量 10832 吨，比 1988 年的 2884 吨增长 275.6%，年递增 12.52%。

2001—2010 年白沙黎族自治县畜牧业生产情况统计表

表 8-4-1

年份	牛（黄牛、水牛）（头）			生猪（头）			山羊（只）		三鸟饲养量（只）	全年肉类总产量（吨）
	年末头数	出栏肉牛	全年饲养	年末存栏	当年出栏	全年饲养	年末存栏	当年出栏		
2001 年	40764	6965	47729	61053	64526	125579	8103	5580	851919	6804
2002 年	44313	7571	51884	66383	70138	136501	8808	6066	851920	7317
2003 年	47907	8158	56065	71766	75825	147593	9574	6594	926000	7953
2004 年	45696	8831	54527	76199	87727	163926	13870	8674	992000	8905
2005 年	44875	44300	89175	77806	49200	127006	9313	4503	1447700	10009
2006 年	39012	12203	51215	67110	95120	162230	7613	8725	1020550	10082
2007 年	37500	10200	47700	70182	98000	168182	8400	8600	1090000	10140
2008 年	25000	12000	37000	71200	107000	179000	7500	8000	1330000	10524
2009 年	23000	6500	29500	71500	104000	175500	6800	6555	1360000	10233
2010 年	21865	5987	27852	71897	114964	185861	6981	6525	1727300	10832

第二节 畜牧疫病防治

1988 年以后，白沙县在畜牧业快速发展的同时，进一步加强畜牧疫病防治，采取防治畜禽病疫的有效手段和科学管理方法，减少各种畜禽病疫流行造成的损失。特别是 2000 年以后，白沙县在无规定动物疫病区建设方面成果显著，2005 年 10 月高致病性禽流感防控爆发，白沙县加强防控，至 2010 年无高致病性禽流感疫情出现。

一、无规定动物疫病区建设

2000 年，海南无规定动物疫病区始建，是全国唯一在全省区域建设无规定动物疫病示范区的省份。白沙县是该项目建设的一个有机组成部分。

2000 年后，白沙县政府出台《白沙黎族自治县重大动物疫情应急预案》《白沙黎族自治县高致病性禽流感应急预案》《白沙黎族自治县口蹄疫疫情应急预案》《白沙黎族自治县染疫动物扑杀补偿方案》，强化政府职能部门和社会各方的职责和义务，为无疫区管理和有效预防、控制和扑灭动物疫病，促进畜牧业健康快速发展，保障公共卫生安全提供坚强的法律保障。

2003 年，白沙县全面完成无规定动物疫病区项目建设计划和指标，完成项目总投资 128 万元，建成县、乡镇二级实验室 362 平方米，其中县级实验室 200 平方米，乡镇级实验室 162 平方米，购置仪器设备 421 台（套），其中贵重仪器设备 65 台（套）。

2008 年 8 月，白沙县动物卫生监督所成立，配备动物卫生监督工作的设施设备，保证产地检疫、屠宰检疫和防疫监督的顺利开展，以做到动物及动物产品的饲养、生产、加工、储藏、运输、销售等环节的全程监管。

白沙县制定重大动物疫病监测工作计划及高致病性禽流感和口蹄疫等主要动物疫病监测实施方案，建立由县动物疫病预防控制中心和各乡镇畜牧站、村级防治员组成的三级动物疫情报告网络，实行月报和零报告制度。认真开展对主要动物疫病的监测工作。监测范围主要为禽流感、口蹄疫、猪瘟、鸡新城疫、高致病性猪蓝耳病、布鲁氏杆菌、狂犬病等；监测对象主要有猪、牛、羊、犬、鸡、鸭、鹅以及候鸟等；监测方法采取日常监测和春秋两季重点监测相结合。

县畜牧兽医局在建设无疫区过程中，不断建立起完善的动物防疫屏障体系。建立候鸟监测屏障。每年秋末冬初，大量候鸟进入时，进行不间断跟踪监测，在候鸟栖息地进行消毒，对死亡的候鸟进行解剖、诊断，做好监测记录；加强检疫屏障建设，加大产地检疫、屠宰检疫力度，严格把住检疫关，确保杜绝染病动物及产品进入流通市场；对出入境动物及其产品实行报检制度，对出入境动物及其产品严格查验证照、证物、运载工具消毒等，对疑有染疫的动物实行隔离观察等措施，对出境动物实施申报检疫、出证。

随着无疫区建设的顺利实施，白沙县开展微生物学、细菌学、血清学和寄生虫学诊断和监测工作，有效地提高动物防病治病水平、饲养水平和产业开发能力；完善动物疫病防疫体系建设，落实动物防疫、检疫工作，确保白沙县畜牧业稳定健康发展。

二、高致病性禽流感防控

2005 年 10 月开始，部分国家和地区相继发生高致病性禽流感疫情，中国许多城市和地区也相继爆发高致病性禽流感疫情。白沙县委、县政府及时召开一系列工作会议部署，先后制定《白沙县高致病性禽流感应急预案》《白沙县关于成立防控高致病性禽流感领导小组的通知》《白沙县关于组建高致病性禽流感应急队伍的通知》《白沙县关于做好高致病性禽流感防控工作的紧急通知》《白沙县关于防控高致病性禽流感应急实施方案》等规范性文件，并以县政府正式文件发至各级党委、政府和有关部门以及国有农场，进一步明确责任，全面推行三级防疫工作责任制，把防疫各项工作落实到各部门、各单位，责任制落实到个人。县政府与乡镇政府、各国有农场、县属有关单位，县畜牧中心与乡镇畜牧兽医站，乡镇畜牧兽医站与养殖场，乡镇政府与村委会，签订防疫工作责任状，落实一级抓一级，层层抓落实的长效工作机制。县畜牧部门以全体畜牧技术人员为骨干，组成检测组、检疫监督组、检查组、值班组 4 个工作组，明确分工，各司其职，短时间内深入全县 11 个乡镇和个别国有农场展开拉网式的大检查，重点检查养禽场 7 家，农贸市场禽类交易点 21 个，养禽专业户 4 户，农村散养户 18261 户，在检查工作过程中均无发现疫情。

县畜牧部门加强对禽类调运、交易和屠宰场所的监督检查，实行封县管理，分别在阜龙、元门、邦溪、卫星农场、金波设禽流感检查站，严格执行检查制度，对活禽、车辆等把关检疫和消毒方可进入白沙县境内交易，对省外活禽及产品流通，跟踪检查到位，防止一切外来活禽和禽类携带疫情进入白沙县，确保万无一失，确保动物源性食品的安全。2005 年 12 月 5 日止，白沙县动物防疫部门依法查扣并销毁禽类产品 2 批共 42.5 箱约 450 千克；在全县范围内深入开展一次性消毒大行动，动物防疫部门及时发送消毒药品 2000 多斤分送到个个养殖场，农村散养户、屠宰户、农贸市场，进行全面彻底的消毒，累计场地消毒 12860 平方米。县畜牧部门还组织由中心骨干和当地乡镇畜牧兽医站人员组成培训工作组，分赴各乡镇举办村一级干部和防疫员培训班共 40 期，受训人数高达 690 人次。

2005 年，白沙县委、县政府将高致病性禽流感防控经费纳入县级财政预算，并从 2005 年起每年拨出一笔资金作为高致病性禽流感防控工作经费，并把高致病性禽流感防控工作列入每年的“春秋”两防，高致病性禽流感免疫密度年均达到 98%以上，杜绝高致病性禽流感疫情的发生。至 2010 年，白沙县没有发生过一例高致病性禽流感疫情，确保养禽业稳定健康发展。

第三节 渔　　业

一、机构

2008 年，成立白沙黎族自治县渔业局，其前身是白沙黎族自治县水产中心。县渔业局内设办公室、渔政站、技术股，负责白沙县的水产养殖苗种管理、渔业生态环境保护、技术推广、信息管理及其他有关渔业方面的工作。

二、渔业用水资源

白沙县地处山区，四面皆不临海，但境内河溪纵横，河溪中有自然繁殖的各种鱼类。白沙县雨量充沛，光照充足，一年四季都可以发展渔业。南渡江发源于白沙县境内，发源于县境或流经县境内的各条河流均无污染。据海南环境监测部门水质监测分析，白沙境内的水质都在国家渔业用水标准的第二类水质标准以上。

1996 年，白沙县鱼塘面积 6350 亩。2000 年，白沙全县淡水养鱼面积 6650 亩。2005 年，白沙县已开发利用的鱼塘养殖面积为 1.4 万多亩（其中农垦养殖面积 7257 亩，农村养殖面积 6930 亩），待开发利用的鱼塘面积 1 万多亩；全县共有水库 34 宗，养殖水体面积 2.3 万亩，为白沙发展淡水养殖的最佳水域。

三、渔业生产

20 世纪 80 年代后，白沙县政府为增加农民收入和改善城乡人民的生活，号召群众发展淡水养鱼，提出“以养为主，养捕结合”的方针。白沙县的淡水养殖业得到较快发展，涌现出一批养鱼专业村和养鱼专业户。

1987 年，白沙县农村水产品总产量为 838 吨，产值 335.2 万元。1992 年和 1995 年，白沙县淡水养殖产量分别为 55 吨、1490 吨。1996 年，白沙县水产品总产量 1767 吨，比上年增长 18.6%，分别比 1987 年和 1992 年增长 1.1 倍、31.1 倍。2000 年，全县淡水养鱼总产 2200 吨，总产值 1420 万元。随着养鱼面积的不断扩大，放养的鱼类品种不断增多，主要有草鱼、鲢鱼、鲤鱼、福寿鱼、鲶鱼、鳙鱼、罗非鱼等。2005 年，全县淡水种苗培育基地有 3 家。水产养殖品种主要为罗非鱼、鳙鱼、鲤鱼、草鱼、鲢鱼、巴西雕和中华鳖等，重点以罗非鱼养殖为主。2005 年，全县（农村与农垦）罗非鱼精养基地面积达 5700 亩，养殖户为 225 户，从事水产行业（包括淡水捕捞）人员达 4500 人。

2005 年，全县农村水产品总产量为 3640 吨，与 1987 年同期相比，产量增加 2802 吨，增长 334%；总产值 2548 万元，与 1987 年同期相比，产值增加 2212.8 万元，增长 660%。2005 年，全县农村与农垦系统的水产品总产量共 1.5 万吨，其中罗非鱼 9710 吨，“四大家鱼”（鳙鱼、鲤鱼、草鱼、鲢鱼）5100 吨，中华鳖 190 吨。

2008 年，白沙县水产养殖面积 3315 亩，总产量 3672 吨，其中养殖产量 2737 吨，捕捞产量达 935 吨。总产值达 2643.8 万元，总产量同比增长 9.02%，总产值同比增长 12.14%。2009 年，白沙县水产养殖面积达 3855 亩，总产量达 4116.2 吨，其中养殖产量达 3128.2 吨，捕捞产量 988 吨。总产值 2963.5 万元，产量同比增长 12.09%，产值增长 12%。

第九编

商贸　服务　旅游

1988—2010年，白沙县商品贸易、服务、旅游行业有较大发展，市场繁荣，商业规模扩大，档次不断提高。2010年，全县商业总产值（含农垦）11953万元，比1988年增加10943万元。社会消费品零售总额31724万元，比1988年增加25930万元。县商业系统不断改革创新，鼓励多种经营方式，个体经济数量迅速增加。私营商业在零售业超过国有商业，在大宗商品批发领域，国有商业和供销合作社依然发挥主导地位。

白沙县服务业主要是住宿、餐饮和居民日常生活服务，住宿和餐饮业主要分布在县城、邦溪镇和七坊镇。建省初期以全民和集体所有制为主，1990年后个体户发展迅速，2010年个体户成为主体，经营规模不断扩大。

白沙县的旅游业起步比较晚，2005年设立白沙黎族自治县旅游局。2010年，白沙县接待旅游人数为11.2万人，游客以商务、汽车越野、登山探险、考察者居多，客源主要来自岛内，岛外客源较少。

第一章　商　　贸

第一节　机　　构

一、白沙黎族自治县商务局

2004年，由县财贸办公室、县贸易局、县交通局改制成立县商务局，作为县商业贸易主管部门，主要负责指导县外商投资工作和外贸进出口工作，定期向省商务厅、县委、县政府报送有关商务动态信息，参与县招商引资工作。

二、白沙黎族自治县供销合作联社　白沙黎族自治县供销开发总公司

1948年10月成立县供销合作联社，1988年组建县供销开发总公司，实行一套人员、两块牌子，内设行政、人保、基层、业务、财务、统计6个股室，在职人员16人，设主任1人，副主任3人，各股室配有正股长1人。下辖农业生产资料、土产棉麻（废旧物资回收）、日用杂品、果品副食品（盐业）、供销贸易和供销综合加工6个专业公司（厂），有牙叉、白沙、细水、元门、南开、南叉、打安、阜龙、狮球、光雅、青松、七坊、金波、邦溪、荣邦15个基层供销社，以及1个海口采购站（县供销社驻省城办事处）。

2010年，全县供销系统共有在册职工336人，内设办公室、经济发展股、财务资产股3个股室，在职人员12人，设主任1人，副主任2人。所属企业18个，其中社属企业4个：农业生产资料公司、日用杂品公司、土产公司、弘宇再生资源回收有限公司。

基层供销社职工 193 人，有牙叉、白沙、细水、元门、南开、打安、阜龙、狮球、光雅、青松、七坊、金波、邦溪、荣邦 14 个基层供销社。再生资源收购网点 12 个，农业生产资料配送中心 1 个，农业生产资料经营网点 30 个，日用品经营点 54 个，烟花爆竹固定经营网 25 个。2010 年，实施新农村现代流通服务网络工程建设，在七坊供销社新建日用品超市 1 个、农资直销店 2 个，成立 5 个农民专业合作社。

三、白沙黎族自治县农业生产资料公司

1988 年，共有在职职工 45 人，其中经理 1 人，副经理 2 人，办公室人员 8 人，其余职工 34 人。公司主要负责经营化肥、农药、各种中小农具等农业生产资料等传统业务。1998 年后，因市场放开竞争激烈，公司缺少资金投入经营，公司基本处于半停业状况。公司除办公室管理人员个，其余职工还保留劳动关系，自谋出路。2010 年，县农业生产资料公司在职职工 22 人，其中公司经理 1 人，副经理 1 人，会计、出纳各 1 人。

四、白沙黎族自治县土产棉麻公司

1988 年，共有职工 48 人，其中经理 1 人，副经理 2 人，办公室 8 人，其余职工 37 人。主要经营农副产品收购，市场经济后，因经营不善造成大量亏损，加之没有资金再投入，1995 年后，公司基本处于停业状态，没有经营效益，唯一收入靠几间铺面出租，收取租金维持生存。公司除管理人员外，其余职工都自动离岗、自谋出路，但仍与公司保留劳动关系。2002 年后，部分职工与单位解除劳动关系，没解除劳动关系的职工，也因公司没钱缴交养老金，到龄退休时自己拿钱垫交养老金办理退休手续，公司方面给予挂账，分期分批返还。2010 年，有职工 6 人，其中经理 1 人，会计、出纳、业务各 1 人，2 名待岗人员。

五、白沙黎族自治县果品副食品（盐业）公司

1988 年，在职职工共 36 人，其中经理 1 人，副经理 2 人，会计、出纳、统计各 1 人，其余为职工 30 人，主要经营食盐及各种副食品。2002 年 12 月 20 日，公司因历史债务官司纠纷，公司经理办公会议决定处置资产偿还债务的同时妥善安置职工，所有公司在册职工包括离退休人员一律与公司办理解除劳动关系手续，离退休人员领取一次性医疗补贴，公司改制只保留 1 名经理，负责剩余资产的管理。

六、白沙黎族自治县供销贸易公司

1988 年，共有职工 42 人，其中经理 1 人，副经理 1 人。主要经营日用消费品、百货、各类副食品批发零售，经营铺面全部由职工承包经营。2004 年，公司因银行债务官司纠纷，经公司召开全体大会同意处置资产偿还银行债务安置职工，公司职工全员与单位解除劳动关系，退休人员一次性领取医疗补助金，公司关闭。

七、白沙黎族自治县供销综合加工厂

1988年，共有职工22人，其中厂长1人，副厂长1人，会计、出纳各1人。主要生产经营酱油、糖果、饼干等。1990年后，没资金投入再生产，加上经营亏损，处于半停产停业状态，大部分职工自动离厂自谋职业。2004年，因长期没有经营收入，没钱开展任何业务，为此经厂长办公室召开厂全体会决定关闭综合厂。厂里职工住的瓦房都是20世纪70年代建造的瓦房，比较破旧，加上厂里没有资金改制，只能以现有厂房和职工住房进行改制。综合厂实行全员改制，在册职工与厂解除劳动关系，退休人员一次性领取医疗补贴金。厂里保留1名厂长，负责管理剩余资金。2010年，综合厂剩余资产归县供销资产经营管理股负责。

八、白沙黎族自治县日用杂品公司

1988年，共有职工35人，其中经理1人，副经理1人，会计、出纳、统计各1人。主要经营日用杂品、烟花爆竹等传统业务。1990年后，公司经营效益欠佳，所有经营门店全部承包给职工经营。2010年，公司因银行债务官司被法院查封，除承包经营门店的职工外，其余职工自动离岗、自谋出路。职工与公司还保留劳动关系，到龄退休时，自己垫钱补缴养老金，办理退休手续，单据拿回公司挂账，公司有钱时再分期分批返还职工。

九、白沙弘宇再生资源回收有限公司

2006年3月成立，是供销系统内部企业出资注册成立的股份有限公司，注册资金15万元，在册职工3人，其中经理1人（兼），会计1人（兼），出纳1人（兼）。主要从事全县再生资源回收管理，经济来源靠收取各个废品收购站的管理费维持日常开支。2010年，公司在册职工3人，其中经理1人（兼），会计1人（兼），出纳1人（兼）。公司管理人员全部聘用系统内部工作人员兼职。

十、白沙黎族自治县商业局　白沙黎族自治县商业贸易总公司

1988年海南建省初期，县商业局管辖百货公司、烟酒公司、五金公司、石油公司、食品公司、饮食公司、商业车队、七坊商店、海口山花酒楼和海口裕华酒楼，职工共509人，其中商业局20人。1997年，县商业局改为县商业贸易总公司（2008年改为县商业总公司），为海南省商业贸易总公司直属企业。2006年改制后，县商品贸易总公司拥有职工39人，总资产875万元，净资产855万元。县百货公司拥有职工81人，总资产426万元，净资产236万元。县五交化公司拥有职工46人，总资产100万元，净资产47万元。县烟酒公司拥有职工72人，总资产273万元，净资产273万元。县饮食公司拥有职

工 94 人，总资产 152 万元，净资产 138 万元。七坊商店拥有职工 12 人，总资产 39 万元，净资产 31 万元。县商品输运公司拥有职工 11 人，总资产 35 万元，净资产 31 万元。2010 年，白沙县商业系统企业有商业总公司、百货公司、烟酒公司、五金化工公司、储运公司、七坊商店和海口山花酒楼，职工共 263 人，其中总公司 8 人。全县农贸市场共 13 家，各类酒行业有 310 家（含农垦），成品油加油站 6 座，生猪定屠宰场（点）9 家。

十一、白沙黎族自治县物资总公司

1989 年 3 月，白沙县物资局改为白沙县物资总公司，下辖 5 个专业公司：物资开发公司（包括汽车贸易部、海口经理部）、金属公司、化工建材燃料公司、机电公司、知青服务公司。邦开物资站和七坊物资站分别并入化建燃料公司和金属公司，原物资局的行政管理职能移交物资总公司负责。

十二、白沙黎族自治县粮食局 白沙县粮油贸易总公司

1993 年，设立贸易局，挂粮食局牌子。1994 年，组建粮油贸易总公司，归口贸易局管理，粮食局和粮油贸易总公司合署办公。1998 年，粮食局和粮油贸易总公司分设，粮油贸易总公司为企业单位，粮食局为县事业编制单位，实行公务员管理。2004 年 8 月，县粮食局划归县发展和改革局管辖，为正科级事业单位，核定编制数 8 名。2007 年，关闭 7 个粮所和 2 个粮食企业，新组建国有独资粮食企业白沙县粮食储备库（含军供站）和查苗粮食储备库，完成粮食系统改制。

十三、白沙黎族自治县烟草专卖局、海南省烟草公司白沙公司

1989 年，白沙县糖烟酒公司改制成立白沙县烟草专卖局、海南省烟草公司白沙公司，设立县局（公司）办公室、烟草专卖办公室、业务股和计财股 4 个股级机构。1990 年，在县城设立综合门市部。1992 年，增设生产股（正股级），在七坊镇增设 1 个卷烟批发点。1993 年，在邦溪镇增设 1 个卷烟批发点。2000 年，经省烟草专卖局批准，设立牙叉、七坊和邦溪 3 个烟草专卖管理所。2010 年，县烟草专卖局（公司）下设综合办公室、客户部和专卖监督管理办公室（兼任稽查大队）3 个部门。2004 年 1 月 1 日取消海南省烟草公司白沙县公司法人资格，成立海南省烟草公司儋州公司白沙营销部，隶属海南省儋州市烟草专卖局（公司）管理，白沙县烟草专卖局（公司）行使白沙县范围内的烟草专卖行政管理职权，受海南省儋州市烟草专卖局（公司）和县政府的双重领导。

十四、白沙黎族自治县对外贸易总公司

1987 年成立，人员由经济发展公司调配。同年 12 月，县对外贸易局划归三亚茶叶进出口公司下属单位。1990 年，县对外经济委员会改为对外贸易局，县对外贸易局划归海南省对外贸易厅下属部门。1991 年成立县对外贸易海口分公司。1995 年，先后撤销县外贸公司、县对外经济发展公司海口经理部、县经济技术发展公司，县对外贸易局改为县对外贸易总公司，定编 11 人，下设子公司，员工 10 人。2007 年 3 月，关闭县对外贸易经济发展公司。

第二节　商业发展

1988 年，白沙县全年商业生产总值（含农垦）1010 万元，较建省前增长 24.8%。全年社会消费品零售总额达 5794 万元，较建省前增长 24.0%。按分行业划分，批发和零售业 4473 万元，餐饮业 372 万元，制造业 162 万元，其他消费品 787 万元。在商业就业方面，同当年全县共有批发零售贸易业机构 1419 个，批发零售贸易业机构人员 3187 人；商业网点 1357 个，商业网点人员 2356 人；批发零售及餐饮业职工共计 1711 人，工资总额 236.5 万元。

1993 年，白沙县全年商业生产总值（含农垦）1060 万元，较上年同期增长 25.9%。全县社会消费品零售总额 8108 万元，比上年增长 37.42%；农业生产资料零售额 350 万元，增长 1.74%。社会消费品零售总额中，城镇消费品零售额 6447 万元，乡村消费品零售额 1661 万元。城乡集市贸易成交额 8414 万元，增长 53.91%。国营商业销售收入 5318 万元，增长 37.88%；上缴税金 60.1 万元，减少 61.23%。集体商业销售收入 801 万元，减少 16.13%；上缴税金 14.2 万元，减少 16.47%。国营商业亏损 1276 万元，集体商业亏损 107 万元。农副产品收购额 5794 万元，增长 32.1%。城乡集市贸易市场 22 个、8807.6 平方米。全年国内商业商品购进总额 4054.8 万元。全年商品销售总额 4969.4 万元，其中批发业 2325.6 万元,所占比例较大的是食品、饮料、烟草和家庭用品批发业,零售业 2183.7 万元，所占比例较大的是食品、饮料、烟草零售业。

1995 年“八五”计划末，白沙县全年商业生产总值（含农垦）2020 万元，社会消费品零售总额 9024 万元。其中，国有商业 2846 万元，集体商业 533 万元，合营企业 198 万元，个体商业 5447 万元。城乡集市贸易成交额 9243 万元，农民对非农业居民零售额 1211 万元，农副产品收购额 226 万元。城乡集贸市场 15 个，共 9794 平方米。全年商品购进总额 5356.4 万元，年末库存总额 1061.5 万元。全年商品销售总额 6024.9 万元，批发业销售总额 3585.9 万元，其中食品、饮料、烟草和家庭日用品批发业销售总额就达 2989.0 万元，占 83.4%；零售业销售总额 2229.2 万元，其中食品、饮料、烟草和家庭日用品零售业销售总额 658.7 万元，日用百货零售业销售总额 911.1 万元，日用杂品零售业销售总额 82.2 万元，五金、交电、化工零售业销售总额 36.0 万元，药品用医疗器械零售业销售总额 230.8 万元，图书报刊零售业销售总额 310.4 万元。

2000 年“九五”计划末，全年商业生产总值（含农垦）3581 万元。社会消费品零售总额 12158 万元，集市贸易成交额 7782 万元。批发零售贸易业销售总额 15616 万元，其中批发业销售总额 2702 万元，零售业销售总额 12914 万元。商业机构和就业人员方面，全县食品、饮料、烟草批发业网点 21 个，网点人员 64 人；烟草及其制品批发业网点 9 个，人员 39 人；农业生产资料批发业网点 8 个，人员 56 人；食品、饮料、烟草零售业网点 425 个，人员 725 人；副食品零售业网点 270 个，人员 515 人；日用百货零售业网点 145 个，人员 253 人；百货零售业网点 108 个，人员 209 人；纺织品、服装和鞋帽零售业网点 256 个，人员 340 人；五金、交电、化工零售业网点 25 个，人员 52 人；文化体育用品零售业网点 37 个，人员 44 人；餐饮业网点 106 个，餐饮业网点人员 544 人。

2005 年“十五”计划末，白沙县全年商业生产总值（含农垦）5719 万元。社会消费品零售总额 13871 万元,其中批发零售贸易业销售总额 11685 万元,餐饮业销售总额 1525 万元，其他行业零售额 661 万元。全年城镇零售额 8669 万元，农村零售额 5202 万元。

2010 年，白沙县商业的发展进入一个新时期，商业规模扩大，商业饱和度日益增强，业态层次鲜明，档次不断提高。同年，全县商业总产值（含农垦）达到 11953 万元。社会消费品零售总额 31724 万元，其中批发零售贸易业销售总额 26848 万元，餐饮业销售总额 4876 万元。商品批发业销售总额 2757 万元，商品零售业销售总额 31294 万元，住宿业营业额总计 547 万元，餐饮业营业额总计 5419 万元。

1988—2010 年白沙县社会消费品零售总额一览表

表 9-1-1　　单位：万元

年 份	社会消费品零售总额	按销售地区分		按行业分			
		县	县以下	批发和零售业	餐饮业	制造业	其他行业
1988 年	5794	2859	2935	4473	372	162	787
1989 年	4865	2234	2631	3378	429	306	752
1990 年	4715	2501	2214	3516	303	358	540
1991 年	5374	3195	2179	3933	358	514	569
1992 年	5900	3715	2185	4179	355	862	504

续表 9-1-1

年 份	社会消费品零售总额	按销售地区分		按行业分			
		县	县以下	批发和零售业	餐饮业	制造业	其他行业
1993 年	8108	6929	1179	6791	282	46	989
1994 年	9010	6906	2104	5845	357	1707	1101
1995 年	9024	6666	2358	6255	380	1002	1387
1996 年	10143	7237	2906	7393	385	528	1837
1997 年	10147	6542	3605	7531	411	324	1881
1998 年	10745	7115	3630	7411	548	350	2436
1999 年	11408	7611	3797	8256	476	112	2564
2000 年	12158	7891	4267	8157	478	1149	2374
2001 年	13053	8191	4862	8600	524	1168	2761
2002 年	13979	8320	5659	8682	569	2049	2679
2003 年	13129	8820	4309	11234	990	—	905
2004 年	14403	9670	4733	12353	1137	—	913
2005 年	13871	8669	5202	11685	1525	—	661
2006 年	15508	9681	5827	13126	1707	—	675
2007 年	17937	11206	6731	15172	2059	—	706
2008 年	21840	13580	8260	18501	2469	—	770
2009 年	25752	16016	9736	21943	2969	—	840
2010 年	31724	20745	10979	26848	4876	—	—

说明：社会消费品零售总额，2003 年后不计算制造业零售，2005 年后不含石油和烟草公司的零售

第三节　国营（有）商业和供销社

白沙县国营（有）商业、供销社在流通领域依然发挥主渠道作用，鼓励农民进入流通领域，通过合同形式对大宗主要农产品开展交易，实现产供销一条龙以及最低保护价，促进生产发展和农民增收。

1988 年至 20 世纪 90 年代初，白沙县国营商业经济数量下降，个体经济数量已经超

过国营经济。在大宗商品批发领域，国营商业和供销合作社依然发挥主导地位。1992 年，全县全民所有制商业 139 个，集体所有制商业 138 个（其中供销合作社主 137 个），个体有证商业 1181 个。商品销售总额 14807 万元，其中商业局 362 万元，供销社 942 万元，粮食局 861 万元，医药公司 343 万元，烟草公司 11080 万元，石油公司 387 万元，农机公司 32 万元。

由于亏损严重，经济效益低下，白沙县国营商业系统进行改制，鼓励多种经营方式。20 世纪 90 年代末，国有商业和基层供销门店实行承包经营，私营商业发展迅速，在零售业已经超过国有商业。2004 年，白沙县国内贸易批发零售业，国有经济和私营经济各占优势。全县批发业经营机构共 26 个，其中国有企业 12 个，销售额 119.5 万元，批发额 116 万元，零售额 3.5 万元；私营企业 1 个，批发额 105 万元。全县零售业经营机构共 14 个，其中国有企业 5 个，销售额 616.6 万元；私营 3 个，销售额 924.1 万元。2010 年，按照工商登记注册统计，国有企业 204 个，私营企业 91 个。

基层供销合作社是以农民群众为主体的合作经济组织，基层供销合作社作为一级法人实体，是全县供销社的基础，是为“三农”服务的前沿阵地，基层供销社在保障全县农业生产资料供应、搞活农产品流通、推进农业结构调整、促进农业产业化经营、活跃农村市场等方面发挥重大的作用。

全县设有农业生产资料配送中心 1 个，农业生产资料经营网点 30 个，年销售化肥 5644 吨，农药 33 吨。2010 年，供销系统商品购进为 2396 万元，其中：生活资料购进 1430 万元，生产资料购进 966 万元。商品总销售为 2803 万元，其中：生活资料销售 1731 万元，生产资料销售 1072 万元，全系统经营利润 10.8 万元。全县设立供销日用品经营点 54 个，经营场所面积达 2825 平方米，年销售总额为 823 万元。在各乡镇和农场设置烟花爆竹固定经营网 25 个，年销售烟花爆竹总额为 80 万元，没有出现安全事故。

2010 年，县供销社着力推进新农村现代流通服务网络工程建设，在七坊供销社新建日用品超市 1 个，农资直销店 2 个，5 个农资加盟店也已进入筹备阶段。同年登记注册的农民专业合作社 31 个，入社农户 200 人，带动毗邻农民 5000 余户，组织销售农产品 560 万元。

第四节　私营经济

1988 年 4 月 12 日，第七届全国人大第一次会议通过宪法修正案，增入“国家允许私营经济在法律规定的范围内存在和发展”条款。白沙县个体商贩不断涌现，民营商业、个体商业成为是公有商业的有益补充。

1992 年，白沙县共有个体批发贸易业网点 25 个，从业人员 31 人；个体零售贸易业网点 1069 个，从业人员 1341 人。当年，个体经济社会消费品零售总额 2880 万元；个体商业商品购进总额 3869 万元，其中国内纯购进 3851 万元；个体商业商品销售总额 4047 万元，其中国内纯销售 3041 万元。个体商业经营的领域涉及食品、饮料和烟草批发零售业，日用百货批发零售业，纺织品、服装和鞋帽批发零售业，日用杂品批发零售业，五金、交电、化工批发零售业，图书报刊批发零售业等。

1995 年，全县民营商业共有个体批发贸易业网点 24 个，从业人员 26 人；零售贸易业网点 1176 个，从业人员 1446 人；个体经济社会消费品零售总额 5447 万元。

2000 年，随着商品经济的不断发展，民营商业和个体商业成为活跃商品市场的主要因素。无论是商业机构、从业人员，还是社会消费品零售总额、商品购进和销售总额，民营商业都超过国有商业。是年，全县批发零售贸易业销售总额 15616 万元，其中小型企业及个体户销售总额 13013 万元，占销售总额的 83.3%。

2005 年，全县社会消费品零售总额 13871 万元，其中限额以下及个体户社会消费品零售总额 11685 万元，占社会消费品零售总额的 84.2%。限额以下及个体户社会消费品分月份零售额分别为 1 月 945 万元、2 月 1207 万元、3 月 931 万元、4 月 963 万元、5 月 1016 万元、6 月 919 万元、7 月 914 万元、8 月 946 万元、9 月 947 万元、10 月 1012 万元、11 月 948 万元、12 月 941 万元。

2010 年，全县社会消费品零售总额 31724 万元，其中限额以下及个体户社会消费品零售总额 30545 万元，占社会消费品零售总额的 96.3%。其中批发业限额以下及个体户社会消费品零售额为 1265 万元，零售业批发业限额以下及个体户社会消费品零售额为 25583 万元。表 9-1-2 是白沙县主要年份商业发展指标统计。

1992 年白沙县商业机构、人员统计表

表 9-1-2

	机构（个）	人员（人）
总　计	1458	2899
一、全民所有制商业	139	898
1. 企业管理机构	15	146

续表 9-1-2

	机构（个）	人员（人）
2. 企业经营机构	122	731
农副产品采购（供应）机构	15	97
工业品批发机构	11	193
零售机构	94	410
其他经营机构	2	31
3. 仓储运输机构	2	21
二、集体所有制商业	138	572
1. 供销合作社	137	565
A、企业管理机构	19	121
B、企业经营机构	118	444
农副产品采购（供应）机构	19	39
工业品批发机构	6	30
零售机构	93	375
2. 其他集体商业	1	7
#企业经营机构（零售机构）	1	7
三、个体有证商业	1181	1429

2010 年白沙县登记注册的法人单位数一览表

表 9-1-3　　单位：个

项　目	法人单位数			
	合　计	单产业法人单位	多产业法人单位	规模、资质或限额以上单位
内资企业	479	397	61	21
国有	204	154	50	—
集体	29	24	5	—
股份合作	3	2	1	—
联营	1	1	—	—
#国有联营	1	1	—	—

续表 9-1-3

项　目	法人单位数			
	合　计	单产业法人单位	多产业法人单位	规模、资质或限额以上单位
有限责任公司	17	17	—	—
#其他有限责任公司	17	17	—	—
股份有限公司	4	4	—	—
私营	91	87	4	—
私营独资企业	26	25	1	—
私营合伙企业	11	11	—	—
私营有限责任公司	40	37	3	—
私营股份有限公司	14	14	—	—
其他企业	111	110	1	—
外商投资企业	—	—	—	—
港澳台企业	1	1	—	—

第五节　粮油贸易

1985 年，全县农村粮食实行合同定购政策。1988 年，实行公粮征收、统购粮收购和议购粮。1990 年，海南省粮食购销价格改国家定价为国家指导价，并实行购销同价。1991 年，在海南省范围内进行适度压销平价口粮供应和放开食油、食糖价格 20%。1998 年，恢复粮食收购保护价，加强对粮食市场的管理。2002 年，实行“放开收购、放开市场、放开价格”，粮食收购和流通全面市场化。

2005 年 6 月 21 日，县 11 家粮食企业改制，保留 2 家承担储备粮和军粮供应，关闭 9 家粮食企业。2006 年，实行粮食收购许可证管理，2008 年，全县共发放粮食收购许可证 4 份，其中国有粮食企业发放 2 份，私营粮食企业发放 2 份。改制后，县粮食局主要做好储备粮、军粮供应、粮食市场监管、服务“三农”等方面工作。至 2010 年，按规定轮换省、县两级粮 857.5 吨，推陈储新，保证粮食质量，共检查 6 座仓库 15 个粮堆的账实情况，清查粮食库存 1166 吨。

1992 年粮油产品收购总额和收购量一览表

表 9-1-4

	单位	总计			其他	集体合营个体商业生产者购进	饮食业直接从生产者收购量	工业和其他部门直接收购量	非农业居民向农民购买
		数量	混合平均单价（元）	金额（万元）	国有商业				
收购总额	万元	—	—	8429	513	3415	557	3481	463
粮食	吨	849	920	78	—	664	—	—	185
食用植物油	吨	152	4300	65	—	152	—	—	—

1992 年粮食食油食糖商品购、销、存数量一览表

表 9-1-5　　单位：吨

	国内纯购进	其中外贸购进	国内纯销售	其中零售	对国内商业批发销售	期末库存	其中外贸
粮食	683	—	664	664	100	2	—
食用植物油	154	—	152	152	20	6	—
食糖	40	—	41	41	5	4	—

1992 年粮食食油食糖零售量一览表

表 9-1-6

	零售量（吨）							混合平均单价（元）	金额（万元）
	合计	国合商业	其他全民商业	集体合营个体商业零售量	饮食业及其他部门零售量	工业部门零售量（含乡镇企业）	农民对非农业居民零售量		
粮食	852	—	—	664	15	—	173	1180	100
食用植物油	155	—	—	152	3	—	—	5700	88
食糖	111	—	—	41	5	65	—	2400	27

1998 年粮油批发零售贸易商品销售总额一览表

表 9-1-7　　单位：万元

指标名称	商品销售总额		
	合计	批发	零售
一、批发业	3019	2828	191
#粮食、食用油批发业	—	—	—

续表 9-1-7

指　标　名　称	商品销售总额		
	合计	批发	零售
二、零售业	7876	714	7162
#粮油食品零售业	1805	213	1592

第六节　烟草专卖

一、证件管理

1989 年，先后换发烟草许可证 188 户，其中国营集体 62 户，个体商贩 126 户。清理违章违法，无证商贩和经营走私烟 82 户。1991 年，换发烟草零售许可证 54 份，基本完成成立专卖局以来的换发证件初步工作。1994 年，办理换发烟草专卖许可证个体户 159 个，集体户 32 个。2000 年，将全县的卷烟经营零售户登记造册，实行户籍化管理，同时本着合理化，科学化的原则加强零售许可证的发放和管理。2002 年，为了进一步加强市场规范化，县烟草专卖局以“三率”（卷烟零售户持证经营率、卷烟零售户规范经营率、卷烟市场占有率）为目标，细化零售户的户籍化管理，冻结办理零售许可证，严格审核，重新分类，细化工作。2004 年，全省行业实行商业企业改革，全国统一换发卷烟零售许可证。截至 2010 年，白沙县辖区共有卷烟持证户 462 户。

二、市场管理

1992 年，颁布《中华人民共和国烟草专卖法》。2000 年，县烟草专卖局全面实行“正规化管理，程序化办案”，建立目标责任制。

1989 年，查获违法卷烟数量 357.1 条，案值 13690 元。1995 年，查获违法卷烟数量 1819.5 条，其中假冒卷烟 592 条、走私卷烟 741.5 条、非渠道烟 486 条，案值 70212 元。1996 年，查获违法卷烟数量 790 条，其中假冒卷烟 250 条、走私卷烟 310 条、非渠道烟 230 条，案值 13600 元。1997 年，查获违法卷烟数量 2202 条，其中走私烟 126 条、非渠道烟 1036 条、假烟 1040 条，案值 136000 元。1998 年，查获违法卷烟数量 1473 条，其中假冒卷烟 51 条、走私卷烟 30 条、非渠道烟 1392 条，案值 30000 元。2000 年，查获违法卷烟数量 89.3 条，其中假冒卷烟 35 条、走私卷烟 27.3 条、非渠道烟 27 条，案值 4000 元。2002 年，省局开展“四大战役”长期卷烟打私打假打非活动。2010 年，全年共查获违法违规销售卷烟案件 26 宗，查获“三烟”数量为 1277 条，总案值 47279 元，查获烟丝 60 公斤，罚没款 1.38 万元。

2005—2010 年白沙县查货违法经营卷烟情况统计表

表 9-1-8

年份	案件数量（件）	违法卷烟数量（条）	其中			案值（元）	烟叶收缴（公斤）	烟丝收缴（公斤）
			走私烟（条）	非渠道烟（条）	假烟（条）			
2010 年	26	1673.2	8.9	1619.6	44.7	73788.6	43.25	60.0
2009 年	17	302.6	6.6	287.3	8.7	15071.6	13.00	—
2008 年	9	106.0	0.0	51.0	55.0	5224.2	—	—
2007 年	10	73.1	3.7	14.0	55.4	3214.9	—	—
2006 年	8	34.7	0.0	22.2	12.5	1583.0	—	—
2005 年	8	107.8	1.0	56.0	50.8	3565.0	—	48.5

三、卷烟销售

1990 年，白沙县烟草专卖局于县城内建立综合门市部，主要业务为卷烟零售业务。1992 年 5 月开始在七坊镇自办第一个卷烟批发点，并于次年在邦溪镇增设一个卷烟批发点。1993 年，白沙县烟草专卖局以地产烟、主渠道、立足当地“三个为主”的经营方针，开展经营购销活动。1995 年，为了拓展农村市场，县局成立送货下乡组，合理规划配送路线，大大提高卷烟销售配送工作的效率。1996 年，为了进一步加强卷烟市场经营规范化，县局于 3 月召开全县卷烟经营个体户会议，与全县的卷烟经营个体户签订销售协议书，确保个体户都能照章办事，依法经营。1998 年，全国卷烟市场产大于销，白沙县烟草专卖局坚持“五条标准”，规范卷烟经营，分片经营卷烟，加强网络建设以四大片区为据点，以此辐射覆盖全县。2000 年，白沙县初步形成卷烟销售网络的雏形，三个批发部全面覆盖全县的卷烟销售。2004 年 1 月，白沙县烟草公司隶属海南省烟草公司儋州公司管理，撤销白沙配送中心和下面乡镇的各个批发点。至此，白沙县卷烟销售配送工作全部由海南省儋州公司统一调配，白沙县烟草专卖局不再负责配送工作。2010 年，县局开始着手电子营销摸底，开展网上订货项目调查。

1992 年，销售 5620 箱，销售额 483 万元。2002 年，销售 19962.4 箱，销售额 2565 万元。2010 年，全年销售卷烟 24066.14 万支，卷烟销售金额达 926.24 万元，当年烟草制品批发税收入 174 万元。

2004—2010 年白沙县卷烟销售情况统计表

表 9-1-9

年份	销量（万支）	销额（万元）
2004 年	23310.00	4050.00
2005 年	23800.00	4598.00
2006 年	20397.00	4313.00
2007 年	21208.00	5060.00
2008 年	22673.08	5783.53
2009 年	23898.52	6480.68
2010 年	25780.74	7854.34

2008 年，全县销售卷烟 22673 万支，销额 5783.53 万元。2009 年，全县销售卷烟 23898.52 万支，其中一、二类烟销量同比上涨 23.57%、128.79%，三类烟销量同比下降 3.35%，四、五类烟销量同比上涨 17.76%和 2.31%。

2010 年，全县销售卷烟 25780.74 万支，其中一、二、三、四类同比上涨 33.54%、658.28%、9.11%和 7.53%，五类烟同比下降 4.31%。二类烟销量上涨趋势尤为明显。

2008—2010 年白沙县五类卷烟销售情况统计表

表 9-1-10

年份 类别名称	2008 年		2009 年		2010 年	
	销量（万支）	销额（万元）	销量（万支）	销额（万元）	销量（万支）	销额（万元）
一类	875.02	956.19	1081.22	1208.07	1443.84	1661.18
二类	22.02	14.38	50.38	32.67	382.02	256.61
三类	9564.14	1771.02	9243.60	1727.44	10085.34	3735.52
四类	6662.42	2423.26	7845.56	2875.49	8436.54	1592.42
五类	5549.48	618.68	5677.76	637.01	5433.00	608.61
合计	22673.08	5783.53	23898.52	6480.68	25780.74	7854.34

四、烟叶种植

1989 年，县烟草专卖局与县供销社签订 400 亩种植香料烟叶的合同，开始烟叶种植。

1991 年，建立 4 个烟草种植点，共种植 44 亩，实收 34 亩。其中收购白肋烟 1817.5 公斤，香料烟 358.8 公斤。1992 年，先后建立 7 个烟草种植点，共种植 132 亩，实收 83 亩。其中白肋烟 48 亩，香料烟 35 亩。后因收益问题不再种植烟草。

第七节　对外贸易

白沙县对外贸易局实行政商合一体制，1987 年 12 月，海南建省前，外贸局的行政管理人员的经费、工资、福利由海南黎族苗族自治州外贸局拨款，对外贸易公司实行自主经营、自负盈亏、财政补贴、人员工资与企业效益挂钩，上不封顶，下不保底。1994 年停止进出口贸易后，转为自营经商。1995 年，外贸局改为白沙黎族自治县对外贸易总公司后，由省外贸厅拨予行政管理人员的经费工资、福利改为单一拨行政经费。同年，子公司职工全员下岗自谋职业。

出口贸易　1988 年之前出口品种有红、白藤、木棉、茶叶、红藤子、土药材、香茅油等，因货源不足，出口品种供不应求，出口额 2.36 万元。1988 年起，增加出口品种：活水牛、黄牛、活蛇、猪肠衣、淡水杂鱼，以及牛皮、狗皮、羊皮、猪毛、鸡毛、鹅毛、鸭毛、陶瓷、藤竹制品等，因民间经济实体参与对外经济贸易市场竞争，外贸局在市场经济竞争中每况愈下，出口品种逐年减少，年年负盈利，至 1994 年底，流动资产已负债 55 万元。1995 年初基本停止出口业务。

进口贸易　1988 年之前进口的商品为日产 70c、100c、125c 雅马哈，本田摩托车，电冰箱，乐生牌、日立牌彩色电视机，日产面包车、轿车、布匹等，与日本签订贸易合同。1988 年后，国内同类商品大量进入市场，从境外进口额逐年减少。

第二章　服　务　业

第一节　发展概况

白沙县服务业主要集中在饮食服务和居民日常服务方面，1988 年建省后，个体服务机构和从业人员增加较快。2005 年后，租赁和商务服务业有一定发展。

1988 年，白沙县社会服务业从业人数共 318 人，其中全民所有制服务业 26 人，供销社服务业 5 人，集体所有制服务业 11 人，个体有证服务业 276 人。

1992年，白沙全县有饮食服务机构370个，从业人数782人。其中饮食经营机构135个，从业人数422人，全民、集体和供销饮食经营机构合计14个，个体有证饮食经营机构124个；其他服务机构235个，从业人数360人，全民、集体和供销服务经营机构合计10个，个体有证服务机构227个。餐饮业完成生产总值200万元，行业的生产总值增加值125万元。社会服务业完成生产总值185万元，行业的生产总值增加值163万元。

1995年“八五”计划末，白沙县全县餐饮业完成生产总值320万元，相对上年同期下降4.5%。社会服务业完成生产总值1315万元，相对上年同期增长52.7%。

2000年“九五”计划末，白沙县全县餐饮业完成生产总值671万元，相对上年同期增长31.3%。社会服务业完成生产总值1886万元，相对上年同期下降12.1%。

2005年“十五”计划末，白沙县全县餐饮业完成生产总值671万元，相对上年同期增长4.9%；住宿业完成生产总值223万元，相对上年同期增长4.5%。租赁和商务服务业完成生产总值566万元，相对上年同期增长6.8%；居民服务和其他服务业完成生产总值445万元，相对上年同期增长2.1%；文化、体育和娱乐业完成生产总值293万元，相对上年同期下降1.0%　。

2010年“十一五”规划末，白沙县全县餐饮业完成生产总值1434万元，相对上年同期增长1.3%。住宿业完成生产总值675万元，相对上年同期增长6.4%。租赁和商务服务业完成生产总值722万元，相对上年同期增长4.2%；居民服务和其他服务业完成生产总值1375万元，相对上年同期增长62.5%；文化、体育和娱乐业完成生产总值470万元，相对上年同期下降5.8%。在行业总产出方面，餐饮业全年总产出3081万元，租赁和商务服务业全年总产出2322万元，居民服务和其他服务业全年总产出615万元，文化、体育和娱乐业全年总产出967万元。

第二节　住宿和餐饮业

白沙县住宿和餐饮业主要分布在白沙县城牙叉镇、邦溪镇、七坊镇，企业经济性质以全民或集体所有制为主。1988年，住宿和餐饮业企业3户。20世纪90年代后，个体户发展迅速。1997年22户，2010年4户。1988年，住宿和餐饮业个体经营者81户，2010年419户。

1988年，餐饮业销售额372万元。2000年，餐饮业网点106个，餐饮业网点人员544人。2010年，餐饮业销售总额4876万元，较上年同期增长64.2%；住宿业营业额总计547万元，较上年同期增长18.4%；餐饮业营业额总计5419万元，较上年同期增长17.1%。

1988—2010 年白沙县住宿和餐饮业户数登记表

表 9-2-1　　单位：户

年份	企业户	个体户
1988 年	3	81
1989 年	3	103
1990 年	1	166
1991 年	11	132
1992 年	19	127
1993 年	18	142
1994 年	19	164
1995 年	19	164
1996 年	18	166
1997 年	19	145
1998 年	19	106
1999 年	19	281
2000 年	19	281
2001 年	19	145
2002 年	19	152
2003 年	11	139
2004 年	6	138
2005 年	7	194
2006 年	6	233
2007 年	5	303
2008 年	5	343
2009 年	4	386
2010 年	4	419

2009 年，随着海南国际旅游岛规划建设实施，白沙县的住宿和餐饮有了新的发展。2010 年，住宿营业额 547 万元，比上年同期增加 18.4%；餐饮营业额 5419 万元，比上年同期增长 17.1 万元。

2009—2010 年白沙县住宿和餐饮业经营情况一览表

表 9-2-2

项目	住宿业（万元）		餐饮业（万元）		比去年同期增加（%）	
	2010 年	2009 年	2010 年	2009 年	住宿业	餐饮业
营业额总计	547.00	462.00	5418.00	4628.00	18.40	17.10
一、 限额以上营业额	—	—	213.00	190.00	—	12.10
客房收入	—	—	—	—	—	—
餐费收入	—	—	213.00	190.00	—	12.10
商品销售额	—	—	—	—	—	—
其他收入	—	—	—	—	—	—
二、限额以下营业额	547.00	462.00	5205.00	4439.00	18.40	17.30
#餐费收入和商品销售额	161.00	139.00	4501.00	3870.00	15.80	16.30

第三节　租赁和商务服务业

白沙县租赁和商务服务业起步较晚，2003 年租赁和商务服务业从业人数 76 人，2010 年为 388 人。2006 年，首家大型租赁企业海南庆庄实业有限公司（注册资本 1000 万元）落户白沙县城。至 2010 年，全县租赁和商务服务业 11 家、个体户 2 家，主要分布在牙叉镇和七坊镇，以农贸市场管理及摊位出租为主。

2003—2010 年白沙县租赁和商务服务业从业人数一览表

表 9-2-3　　单位：人

项　目	2003 年	2004 年	2005 年	2006 年	2007 年	2008 年	2009 年	2010 年
租赁和商务服务业	76	98	93	159	286	296	409	388

2006—2010年白沙县租赁和商务服务业户数登记表

表9-2-4　　单位：家

年份	企业户	个体户
2006年	1	0
2007年	11	2
2008年	10	2
2009年	10	2
2010年	11	2

第四节　居民服务

1988年，白沙县登记在案的居民服务和其他服务业109家，主要是一些小型的理发、照相馆、日用品修理等。至2010年，居民服务和其他服务业500家。

1988—2010年白沙县居民服务、其他服务业数量登记表

表9-2-5　　单位：家

年份	数量	年份	数量
1988年	109	2000年	277
1989年	136	2001年	349
1990年	86	2002年	362
1991年	129	2003年	198
1992年	142	2004年	81
1993年	123	2005年	307
1994年	166	2006年	308
1995年	297	2007年	363
1996年	324	2008年	375
1997年	226	2009年	—
1998年	279	2010年	—
1999年	242		

第五节　娱乐服务业

白沙县娱乐服务业集中在牙叉镇、邦溪镇和七坊镇。1992 年，牙叉镇和七坊镇有娱乐场所 13 家，主要是小型卡拉 OK 唱厅，大中型量贩式 KTV 有牙叉阳光地带歌厅和牙叉金夜星光娱乐城。至 2010 年，共有 61 家文化体育和娱乐业场所，其中 3 家较大规模的影视娱乐企业：中国有线电视网络有限公司白沙分公司、中国有线电视网络有限公司白沙七坊营业厅和白沙县电影公司。个体经营的娱乐场所有 58 家，主要是歌舞厅、酒吧、KTV、饮茶。

1988—2010 年白沙县文化体育和娱乐业数量登记表

表 9-2-6　　单位：家

年份	数量	年份	数量
1988 年	0	2000 年	25
1989 年	0	2001 年	20
1990 年	0	2002 年	18
1991 年	0	2003 年	25
1992 年	13	2004 年	30
1993 年	13	2005 年	32
1994 年	16	2006 年	41
1995 年	214	2007 年	55
1996 年	200	2008 年	65
1997 年	142	2009 年	59
1998 年	32	2010 年	61
1999 年	29		

第三章　旅　游　业

第一节　机　　构

2005 年 9 月 13 日，经白沙黎族自治县编委会讨论，决定设立白沙黎族自治县旅游局，隶属白沙黎族自治县商务局，属副科级事业。2009 年 9 月，旅游局由原来隶属县商务局的副科级事业单位调整为隶属白沙黎族自治县人民政府的正科级事业单位，内设机构为办公室、行业管理岗、资源与市场开发岗。

第二节　旅游资源及景区景点

白沙县的旅游资源以热带山地自然景观为主，素有“宝岛绿洲”之美誉，特别是原始森林景观与珍稀动植物资源更有特色。有红坎、青松、细水、京排、金波等地的热带自然风光，青松仙婆岭一带罕见的热带原始森林和种类繁多的热带动植物群，邦溪地区与县东南山地的珍奇热带野生动物坡鹿、水鹿、金钱龟与野生植物。除此之外尚有部分历史人文旅游资源。

一、自然环境资源

地质旅游资源　有位于县东南 9 千米处白沙农场境内的陨石坑，位于县东部细水乡境内的细水石灰岩溶洞，洞内钟乳累累，摹景状物妙趣横生，洞内还栖息着万千只蝙蝠。此外还有位于县城 20 千米南伟水库上游南开乡什富村的南开石壁，石壁长 100 米，高约 30 米，由风化岩组成，形似一幢用石块垒起的 6 层楼石屋，石壁顶上林木葱茏，林中常有猴子在石壁与壁洞里活动，石壁长年有泉水流出，泉边有红色螃蟹栖息繁衍，石壁下面流水淙淙，清澈见底，有各种鱼游弋其中，溪边巨石起伏，山色宜人，利于壁螺等生物生长繁殖。

天象旅游资源　白沙黎族自治县位天海南中部，山高云雾多，九架岭、鹦哥岭等地为云雾多发区，清晨站在岭顶可欣赏到雾绕青峰的景象。

山林生态旅游资源　白沙黎族自治县林地面积 913.90 平方千米，占全县土地面积的 43.15%，全县有大小山峰 440 座，其中海拔千米经上的山峰就有 20 多座，山地和丘陵地区覆盖有茂密的原始热带雨林、大面积的次生林和大片的人工林，构成良好的生态环境，是一个开发森林生态旅游的绝佳之地。

野生动植物资源　白沙黎族自治县野生动植物资源类型丰富，品种繁多。其中鹦哥岭自然保护区记录有鹦哥树蛙、彩色半隆露螽等 14 种动植物科学新种，已正式发表 1 新属 5 新种；记录有轮叶三棱栎、鹦哥大蚕蛾等 25 个中国新记录种，海南新记录种包括伯东树、龙眼润楠、大杜鹃等 174 种；区内记录到兰花、淡水鱼类、鸟类、两栖类、爬行类、蝴蝶类的物种数量都为海南省各保护区之冠；区内保存着华南地区原生性最强、连片面积最大的热带雨林，是国内热带雨林生态系统保存最完整的自然保护区之一。白沙热带森林资源丰富，以阔叶乔森树种为主，约有800多种，主要珍贵林木有花梨、母生、子京坡垒、石梓、青梅、红椎、油丹、绿楠等。白沙是海南的动物王国，野生动物种类繁多，被列为国家重点保护的一类动特有坡鹿、黑冠长臂猿、云豹、小爪水獭、斑嘴鹈鹕、游隼6种，二类动物有猕猴、穿山甲、巨松鼠、水獭、大灵猫、水鹿、猛禽、白鹇、孔雀雉、山瑞、蟒蛇等。

水域风光旅游资源 白沙黎族自治县拥有大量江河湖泊旅游资源，全县有大小河流30条，其中流经境内的南开河、石碌河、珠碧江为海南有名的三大河流，海南最大的水库——松涛水库水源河的上游也位于白沙境内，水库70%的水域面积在白沙县境内。这里有落差达145米的红坎瀑布，还有富含各种矿物质成分的光雅温泉、阜喜温泉、木棉温泉、邦溪温泉，还有位于牙叉农场4队辖区内的冷泉，该冷泉常年平均水温在23～24℃。

二、历史人文资源

新村台地遗址 位于阜龙乡新村南约800米，遗址面积500平方米，东面为盆地，西面为丘陵，南靠官甫岭，北临小河，四周山峦环绕。1986年3月15日，原中央民族学院副教授王恒杰和县文物普查队在该遗址勘察时，发现地表散有新石器时代灰砂红褐陶片，印纹硬陶片64件和磨光石斧等，经鉴定为新石器时期古人类生活遗址，距今大约4000年，在该遗址还采集到有肩石斧、肩石锛、肩石凿、肩石铲和唐代酱彩陶罐、宋代影青瓷片等。

什才村遗址 位于南开乡什才村西50多米处，南木佬河南岸边的台地上，面积约200平方米，地面灌木丛生，间夹果树。1984年2月，县文物普查队根据群众平时拾到的斧、石材等对该地进行实地勘查，从村里征集到9件石斧，这些石斧器形简单、粗糙，是用火山岩石料打制后磨光而成。1986年3月12日，中央民族学院副教授王恒杰和县文化局有关人员再次到该遗址踏勘，又采集到盘形石材、长方形石材各1件和磨光的有肩型敲砸器1个，其中长形石材是用来制作石铲的，四周有明显的加工痕，可用于制作凿类器物，敲砸器有明显的使用痕；经初步鉴定，该村为新石器时代聚落遗址。

印妹岭遗址 位元门乡印妹村东北边南开河南岸约100米的台地上。1986年3月13日，中央民族学院副教授王恒杰和县文化局有关人员组成普查组，在该址实地勘查发现地表散落大量印纹硬陶残片。器片有水波纹、弦纹等，器物多为钵、碗、罐一类，经初步鉴定为汉代遗物，台地为汉代聚落遗址。

“薄沙营”遗址 位于牙叉镇道阜村西北部约800米处（现已成水田），属清代遗址；据《清史稿·地理志》记载“儋州有薄沙巡司”。据传，清代琼州府设薄沙巡司率兵800人驻在什阳的什空坡（今道阜村附近）主持各黎地的土地划分，立地界，并将辖下的黎峒统称“薄沙”。

白沙起义遗址 发生在民国 32 年（1943 年）的海南黎族白沙起义，是黎族地区规模最大的一次暴动，为中国共产党海南地方组织在五指山区创建革命根据地、坚持海南革命斗争、抗击日本侵略者、配合中国人民解放军胜利解放海南岛做出很大贡献。

白沙起义胜地 位于鹦哥岭山腰，为民国 32 年（1943 年）8 月白沙起义军退守深山老林坚持斗争的驻点，岭上遗址仍有“三脚灶”石头等物件，在岭西北半山腰间遗留的 4 根草屋柱子收藏于县文化馆。

琼崖党政军机关驻地 位于阜龙乡文头村东北面约 1 千米的山地。民国 33 年（1944 年）12 月至民国 34 年（1945 年）1 月，琼崖党政军机关从澄迈的六芹山经临高迁至此地，在此领导开辟白沙革命根据地的工作。

保加战斗遗址 位于白沙黎族自治县距阜龙乡 8 千米处的保加村边北面的一片丘陵坡地处，距白石岭东北角 1000 余米。位于白沙黎族自治县距阜龙乡 8 千米处的保加村边北面的一片丘陵坡地处，距白石岭东北角 1000 余米。1949 年 5 月 28 日至 6 月 2 日，琼纵第三支队在南丰至那大的交通线一带攻打敌油麻窝、茶头村据点，大获全胜。

中国人民解放军渡海先锋营集结地纪念碑 位于白沙黎族自治县阜龙乡芭蕉村与新村交接的一片丘陵坡地处。1950 年 3 月 6 日下午，担负解放海南岛主攻部队之一的中国人民解放军第 40 军 118 师 352 团的渡海先锋营，在白马井以南 4 千米处登陆后，与前往接应的琼崖纵队第一总队汇合一起，随后在 118 师参谋长荀在松、琼崖纵队政治部副主任陈青山、琼纵第一总队队长陈球光的指挥下向白沙革命根据地的阜龙乡集结，同日午夜到达阜龙乡芭蕉村，部队驻扎在芭蕉村与新村交接间的坡地处。3 月 12 日，白沙县民主政府在部队的驻地召开热烈欢迎中国人民解放军渡海先锋营大会，118 师参谋长荀在松、琼纵政治部副主任陈青山、第一总队队长陈球光分别在大会上讲话，县长王茂松代表白沙县委、县政府把“人民救星”红旗赠给渡海先锋营。

白沙抗日民主政府驻地 位于阜龙乡新开新村西面约 1.5 千米的山地里，三面环山，地势险要，原村已搬迁，原驻地之低险处已建成新开水库。1983 年 2 月，县文物普查队到此地考查时，在原白沙抗日民主政府驻地看到当年的多处石灶和一口水井遗迹。1945 年，抗日民主政府驻地定在白沙乡儋州村，后迁到牙叉墟（现为白沙县城驻地）。

琼崖革命公学所在地 位于阜乡新开新村西面约 1 千米处的原打道安村，民国 34 年（1945 年）琼崖特委指派史丹在此办革命公学堂，专门培养党政军革命骨干。

三、民俗风情资源

白沙黎自治县为少数民族集聚地区，人口 19.7 万人，其中少数民族 10 万人，包括黎族、苗族等 11 个少数民族。各种少数民族生产习俗包括牛踩田、凿穴点种、轮荒、掺插、捕鱼、狩猎、手捻稻、砍山种山兰等，体现在语言、服饰、饮食、住宅、宗教信仰、节日、婚俗、禁忌等方面。民间文艺包括民间故事、民歌民谣、民乐民舞、民间谚语等。民间工艺包括木作与编织、织绣、制作树皮衣、手工制陶、刻制骨头簪等，民间体育包括跳竿、射箭、粉枪射击、顶膝盖、抛石子、水中格斗、赛牛、荡秋千等。民间节庆活动有黎族三月三节，该节庆活动已入选第一批国家级非物质文化遗产名录，它是黎族生产、生活、娱乐等整体民俗风貌的集中体现，是世人了解黎族文化和历史的窗口。

白沙黎族自治县参与申报，并获得国家非物质文化遗产作为旅游资源的有纺织染绣技艺；获省级非物质文化遗产的有黎族骨器制作、黎族文身、黎族渡水腰舟。

四、主要景区、景点

陨石坑 位于牙叉镇东南9千米白沙农场境内，中心地理坐标：北纬190° 12′ 、东经109° 30′ ，据考证，陨石坑是大约70万年前，一枚直径约380米的陨石坠落时与地面剧烈撞击形成，陨石坑直径3.5千米，该坑1992年被科学家发现，是中国发现的第一个陨石坑，陨石坑的形成年代比美国著名的亚利桑那巴林杰坑的形成年代久，是距今70万年前一颗小行星坠落此处爆炸形成。

科学家在陨石坑内寻获的多种冲击形成物，经室内初步鉴定，有冲击变质岩、冲击角砾岩、击变玻璃、继形玻璃、矿物冲击纹理（微页理）及镶嵌结构和大颗粒的“玻璃陨石”（雷公墨）等，采用X衍射方法测定，陨石坑中冲击角砾岩岩石的矿物质相当丰富，有48种矿物质。在陨石坑内俄剑南侧玄武溪至飞鹰崖一带，科学家还发现形成于1亿年前的大型花岗斑岩柱状节理群地貌，国内外玄武岩地区，常见柱状节理地质地貌景观，但花岗斑岩柱状节理极为罕见。2010年，国内除了海南省白沙，仅在广西岑溪有局部地区出现。陨石坑里面还有一个泉眼，无论多么干旱，泉眼都长期有水。

陨石坑的地质条件及地貌景观具备建立国家地质公园的必要条件。海南著名的白沙绿茶便产于此地。“白沙绿茶”含有丰富氨基酸、酶类、芳香特质、多酚类和生物碱等物质。

红坎瀑布 位于白沙黎族自治县元门乡东南部，距县城24千米处。红坎瀑布总落差145米。瀑布源于海拔1101米的红坎岭，两岸峰峦矗立，绝壁横陈，溶岩密布。雨季山洪暴发，瀑布声若雷鸣，震撼群山，气势雄伟壮观。瀑布下面有近千亩水面的红坎水库。瀑布所在地区森林茂密，植被多样，生态环境优美，瀑布周边空气中负氧离子每立方米含量8万个，既是天然的森林沐场，又是探险、休闲、垂钓和度假的好去处。2008年，由县政府投资修建的从白什公路24千米处进入红坎原生态休闲度假区的9千米山路已全面通车。2009年，再次投资280万元进行道路硬化改造，并对山体排水沟的进行建设。

白沙冷泉 位于牙叉农场4队辖区内，北距儋州那大60千米，南距县城牙叉7千米，从牙叉到冷泉出处约15分钟的路程。白沙冷泉出处在牙叉农场4队队部西侧300米远的小溪旁，周围被橡胶林和其他农作物所环绕，泉水出口已建一个小水池，池里头浸泡着许多花岗岩碎片，泉水流量不大，清澈甘甜，缓缓地冒出地面，向低处流去。

根据勘查评价资料，白沙冷泉含有丰富的矿物质，多年平均水温为23～24℃。白沙氡的含量高，约300埃曼/升。1994年6月，海南省饮用天然矿泉水技术评审组对白沙冷泉进行评审，最后鉴定为："白沙冷泉属偏硅酸重碳酸钙型低矿化低钠饮用天然矿泉水，氡含量高，水中还含有锶、锌、溴、碘等多种对人体健康有益的微量元素……符合国家饮用天然矿泉水（GB 8537—87）标准，可作为饮用天然矿泉水开发。"水文地质专家李福认为，尽管白沙冷泉的氡含量高，但如果作为"含氡的"矿泉水来开发，它并不具备优势，因为放射性氡元素的半衰变期为3.825天，30天后则全部衰变，所以含氡的矿泉水贮存期一旦超过这个时间，氡元素便不复存在。因此，将冷泉用来洗浴用途应该比开发为矿泉水更有优势。

阜许温泉 又名光雅温泉。位于七坊镇光雅片阜许村边，光雅至青松3千米处，距县城28千米。阜许温泉的出处有一个天然的小石潭可以蓄水，此处水温40℃，温泉富含氯、钠、溴、砷、硫化氢等各种矿物质，具有较高的医疗价值，对风湿性关节炎、皮肤病等症均有较好的疗效。

九架岭 位于牙叉镇境内，是条分界线，东南边是千山万壑的五指山区，西北面为丘陵起伏的岛西山地和平原。在九架岭可赏木棉、赏云雾。

红山外 因民国26年（1937年）美国特工拍摄一部无声黑白电影《海南红山之外》而蜚声的白沙黎族自治县美女峰位于白沙县西南部，距牙叉镇13千米的仙婆岭下。现又以其片名冠名，建"红山之外"休闲度假山庄，打造一处独具黎族文化和生态文化的休闲度假山庄。

南美岭 地处白沙黎族自县南部山区，距牙叉镇大约8千米，南开、青松、牙叉三镇交界处，是南渡江上游及松涛水库主要集水区。1992年，南美岭林区始建，林区面积6000公顷，其中人工林4000公顷，天然林2000公顷。林区与南高岭林场天保造林基地，福莱斯林业有限公司造林基地和金华林业有限公司造林基地连成一片，面积达10000公顷，是全省连片人工造林面积最大的造林基地。

1995年，白沙林业部门作出绿化南美岭、保护南渡江的决定，同时选择适宜这一地方生长的加勒比松作为优势树种。至1999年底，加勒比松的种植面积已达3333.33公顷，为了使南渡江上游的生态平衡和生物的多样性得到更有力的保护，白沙黎族自治县计划将南美岭建成全省最大，连片集中的，集科研、示范、参观旅游、养殖为一体的综合性林业基地。

罗帅天涯驿站　位于海南省白沙黎族自治县元门乡，北纬 18° 56′ ～19° 29′ ，东经 109° 02′ ～109° 42′ 。东与琼中黎族苗族自治县为依，东南与五指山市交界，南与乐东黎族自治县相连，西与昌江黎族自治县接壤，北与儋州市毗邻。紧邻黎村罗帅仙女溪，空气清新，每立方分米负氧离子高达万个，是名副其实的热带天然大氧吧。

2010 年 5 月，白沙黎族自治县委、县政府与海南天涯驿站旅游项目开发有限公司签署协议，首选罗帅村作为乡村田园森林生态游系列的首个驿站试点。“罗帅模式”的核心在于在农民住房改造中采取“企业+农业+政府+金融机构”的投资结构，即天涯驿站不征地，只利用农户宅基地进行建设。由政府、企业、农民三方共建，企业为每个农户提供安置补助约 5 万元，政府补贴建材 2 万多元，其余部分由农户拿林权证作抵押向银行申请贷款解决。

罗帅驿站预计投资 1300 万元，根据当地山、水森林等资源，规划设计村民居住区、自驾车驿站区、房车区、集中接待住宿区、民俗风情表演区、集中活动区、竹林步行区、生态果园区、橡胶林爬山区等多个功能区域，村民住房也统一规划建设，并设计 1～2 间客房由村民自主经营。

2010 年 8 月 25 日，白沙黎族自治县首个天涯驿站在元门乡罗帅村开工建设。截至 2010 年底，白沙罗帅天涯驿站项目民房改造工程已完成 60%。

仙婆岭　坐落在松涛水库上游白沙境内。位于牙叉南端约 6 千米的南渡江上南叉河旁。方圆十余里，海拔 1347 米，因其形状如仙女仰卧，故称仙婆岭。

据 2010 年白沙黎族自治县年鉴资料显示，截至 2009 年 12 月，由政府投资修建的从县城进入仙婆岭休闲度假区的水泥道路，共投资 200 多万元，从南叉路口到志道村委会的道路还未通水泥路，从志道村委会到景区的道路正在实施道路硬化中，2009 年 6 月底通车。景区已建成八幢休闲度假木屋及一个服务中心，已铺就一条登山水泥阶梯；已建成一处野餐烧烤园，并开通一条 4 千米长的原生态瀑流河道，开辟一处滑草场；开辟一处天然浴场，开发一条 4 千米长的原始漂流线路。

邦溪坡鹿保护区　省级保护区位于白沙黎族自治县邦溪镇西北部，距县城牙叉镇约 53 千米，距海南省西线高速公路约 2 千米。1976 年 10 月保护区建立，面积 357.8 公顷，海拔 127～170 米之间。有驯养基地 120 亩。邦溪地区是海南坡鹿的原生地。

保护区内高温多雨，日照时间长且强，旱季长，光照充足。年平均气温 23～24℃，1 月平均气温 16.9℃，7 月平均气温为 28.3℃。极端低温 3℃，极端高温 37.5℃，年平均雨日为 135.9 天，降雨量为 1417.8 毫米。5～10 月为雨季，雨季集中在八九月。雨量占全年的 85%。年平均强风有 3.1 次，年平均风速达 3.5 米/秒。因地处岛西北部受台风影响较小。土壤为褐色砖红壤。保护区北边有珠碧江流过，区内有 2 条小水溪，流入珠碧江。

邦溪坡鹿自然保护区内有维管束植物有 101 科 284 属 374 种，其中 151 种为坡鹿喜食植物，是坡鹿生殖繁衍的理想之地。20 世纪 70 年代末尚有坡鹿群在境内生活，至 20 世纪 80 年代初，由于捕捉和滥杀全部灭绝。20 世纪 90 年代初，海南邦溪省级自然保护区重新恢复，从东方大田野外捕捉 18 头坡鹿回来驯养。经过 13 年来的努力，坡鹿已从原来 18 头增加到几百头。

鹦哥岭保护区　2004 年 7 月省级自然保护区，经省人民政府批准成立，位于海南省中南部，南北宽约 33 千米，东西长约 39 千米，跨白沙黎族自治县、五指山市、乐东黎族自治县、琼中黎族苗族自治县等 4 个市县，鹦哥岭地区是华南地区面积最大且连片的以热带雨林为主体的天然林分布区，据调查，这里有维管束植物 2000 种以上，其中国家其中有国家一级重点保护植物 5 种，二级 17 种，海南特有种植物 132 种，陆栖脊椎动物 27 9 种，其中国家一级重点保护动物 4 种，二级 36 种，有 31 种列 CITES 公约，51 种列入中国濒危动物红皮书，有 15 种动物为海南岛特有种（占海南岛的 65.2%），有 64 种是海南岛的特有亚种（占海南岛的 68.8%），昆虫有 15 目 99 科 456 种。专家所记录到的动植物种数量非常丰富，特别是首次发现伯乐树种等海南新纪录，鹦哥岭树蛙等 10 多种新种，中科院植物研究所的蕨类专家估计鹦哥岭地区的蕨类物种数绝不少于 200 种，在鹦哥岭很可能还存在着大量未认识的物种。据调查研究，专家发现鹦哥岭保存着中国面积最大的、连片的原始热带雨林，面积有 25000 多公顷。

2004 年 7 月，根据省政府批准的规划图，海南省森林资源监测中心利用 GIS 得出鹦哥岭保护区在各市县的分布面积。

鹦哥岭保护区在各市县内的面积

表 9-3-1

市县	面积（公顷）	占比（%）
白沙县	24672.14	48.93
五指山市	12291.57	24.38

续表 9-3-1

市县	面积（公顷）	占比（%）
乐东县	11358.53	22.53
琼中县	2096.60	4.16
合计	50464.00	100.00

第三节　旅游规划

一、总体规划

2009—2010 年是白沙黎族自治县旅游规划年。

《白沙黎族自治县旅游发展总体规划》　2010 年 5 月，专家评审通过《白沙黎族自治县旅游发展总体规划》，2010 年 10 月通过白沙县人大审议。2010 年 11 月，《白沙黎族自治县旅游发展总体规划》呈报海南省旅游发展委员会，2011 年 4 月 6 日，省旅游委下文批复同意《白沙黎族自治县旅游发展总体规划》。

《海南白沙生态百里长廊（旅游带状公园）总体规划》　2011 年 10 月 23 日，专家评审通过《海南白沙生态百里长廊（旅游带状公园）总体规划》。

《牙叉风情小镇、帮溪风情小镇、七坊风情小镇规划》　完成白沙县陨石坑生态地质公园旅游项目的概念性规划。

二、罗师驿站项目开发规划

2010 年 8 月 10 日，海南天涯驿站旅游项目开发有限公司成立，注册资本 1000 万元整，主营乡村、森林生态游（即天涯驿站）项目开发，着力将海南国际旅游岛打造成为中外游客的度假天堂和海南百姓的幸福家园。在白沙黎族自治县委、县政府的指导下，充分尊重当地的自然生态，充分尊重当地老百姓意愿，确定“保护性开发，发展与保护并重”“互助性开发，企业与农户共赢”的开发模式（简称“白沙模式”）。

根据对市场需求的调查，将项目开发分为功能定位与主题定位两大块。

六大功能定位　集农家小憩、民俗体验、徒步远足、科考探险、创作写生、乡村露营于一体。

农家小憩。踏青赏花、田园采摘、垂钓捕捞、篝火烧烤，享自然情趣；认领一亩地、一片林，栽种蔬果、圈养家禽，归隐田园，体验劳作快乐、享受收获喜悦；摘绿色果蔬、品农家菜肴、购生态农产品，做健康一族。

民俗体验。体验周边丰富的地方传统礼仪、生产方式、生活习俗、岁时节庆、文体游艺等各类活动，如“三月三”、军坡节、嬉水节、文灯节等民间节庆，黎族歌舞、崖州民歌、木偶戏、调声等国家非物质文化遗产，琼剧、鼻萧、八音乐舞、哩咧、树叶演奏等特有民间艺术，黎家婚礼等民俗活动，黎族织锦等传统技艺等等。

徒步远足。三五成群或单枪匹马背包自助旅行，从一个驿站徒步、汽车或自驾到另一个驿站，或者从某个驿站到周边区域，登山、攀岩、漂流、探险，游历热带秀美山水，探寻宝岛神秘传奇，挑战生命体能极限。

科考修学。考察周边丰富的野生动植物资源，徜徉于热带动植物王国，求证热带植物物种，探寻野生动物踪迹；考察海南极具科考探险价值的地质奇观，温泉冷泉、石林溶洞、陨石火山，感叹大自然造物之神奇；考察海南本土文化、艺术、风俗、语言、宗教以及独特非物质文化遗产，寓教于乐，满足国内外青年儿童的求知欲望和专家学者的研究需求。

创作写生。为旅琼艺术家量身定做集居住、写生、采风、创作乃至展览、研习、交易等各类服务。无论是书法、绘画、歌曲、舞蹈，还是摄影、摄像、写小说，在这里都能获取素材、捕捉灵感、迸发激情，让艺术家远离城市喧嚣的宁静、远离矫揉造作的世俗，让艺术家更专注地思考，更投入地创作，更轻松地收获。

乡村露营。无论是徒步的背包客，还是自行车、自驾车、房车游客，在驿站都可以找到理想的宿营地。无论是个人、团队，还是家庭都可以获得热情服务。这里不仅仅提供居住、补给、车辆停靠服务，还提供各类野外生活的资讯、用品和各类娱乐休闲服务。

主题定位目标　依托资源特色和市场需求进行产品定位，实施差异化开发，所有驿站在企业文化、经营模式等方面既保持一定共性，又能突出个性特色，实现“一站一品、特色荟萃”。

特色主题主要集中在文化内涵、建筑风格、体验参与、饮食菜肴、扶持周边农民发展产业的类型等五大方面。

突出文化特色，一个驿站彰显一种文化内涵、演绎一个故事。比如，海南本土的爱情故事、神话故事、民间故事、革命故事等等。

突出建筑特色，一个驿站展示一种建筑风格。比如，京派四合院、徽派建筑、岭南建筑以及各类海派建筑，尤其是具有海南特色的黎族船型屋、苗族金字形屋、回族伊斯兰建筑、南洋风格的骑楼、以火山石为材料的建筑等等。

突出活动特色，一个驿站主推一种参与性强的互动活动。比如，中国传统的吐纳气功、风靡全球的瑜伽，具有群众基础的琼剧，独具特色的黎族织锦、树皮衣、钻木取火、酿酒等技艺，攀岩、探险、垂钓、穿越等野外拓展项目。

突出饮食特色，一个驿站主打一个特色菜肴。比如，文昌鸡系列、嘉积鸭系列、和乐蟹系列、东山羊系列、白莲鹅系列、黄流老母鸭系列、五指山小黄牛系列、儋州狗肉系列、屯昌黑猪系列等等。

突出产业特色，一个驿站主要发展一种主要农产品。比如，白沙绿茶、澄迈的咖啡、琼中的绿澄、乐东的香蕉、昌江的杧果等水果，槟榔、益智、砂仁和巴戟等南药，玫瑰、郁金香等花卉。

白沙黎族自治县县委、县政府把天涯驿站的建设模式称之为“白沙模式”，探索了一个既解决国际旅游岛建设当中企业的用地问题，又解决当地农民的人居条件的改善及长远增收的问题，做到天地人和促发展。企业积极配合政府，不追求一时之得失，不追求利益最大化，将利益均衡化作为开发原则，真正做到与地方政府经济的发展、与自然的保护、与村民的发展共生、共存、共赢。

第四节　旅游开发

白沙黎族自治县旅游业起步比较晚。2009 年 9 月，白沙黎族自治县旅游局由原来隶属于白沙黎族自治县商务局下属的一个副科级事业单位调整为隶属白沙黎族自治县人民政府的正科级事业单位之后，完成全县旅游发展规划编制前期基础性工作，加快红坎观光度假区、红山外乡村、陨石坑生态地质公园、江排游览区、罗帅雨林等旅游项目招商，加大旅游宣传力度，加强民族风情文化的挖掘、整理，推出丰富民族旅游文化内涵等特色的旅游产品，完善旅游交通、宾馆、酒店、通讯等基础设施，到白沙旅游、探险的游客人呈逐年上升的趋势。

一、旅游宣传

2009 年 5 月下旬，白沙黎族自治县旅游局赶制出精美的《白沙旅游指南》等介绍白沙优质生态旅游环境的宣传资料，6 月 3 日在上海市举行的“海南、上海百家市场（超市）联销海南农产品、百家旅游企业联销海南旅游产品”宣传促销活动。6 月 9 日，在广西南宁举行的第五届泛珠三角区域经贸合作洽谈会上免费发放给旅游者。通过《白沙旅游指南》图册让更多的人了解海南最新生态热点——白沙。11 月 18 日，第十届海南岛欢乐节期间，县旅游局组织县歌舞团出席在儋州举行的大型方阵巡游，扩大旅游影响力。11 月

19—21 日，县旅游局配合协助省旅游委组织的专业采编、摄影团队在白沙县举办、拍摄、采访和文案编辑等活动，2009 年底出版发行中文、英文、俄文、韩文、日文五种语种的《玩转海南岛》宣传资料，提升白沙的旅游形象。

二、旅游服务设施及特色产品

2009 年起，白沙黎族自治县全面推进旅游服务设施建设。2009 年，建成旅游宾馆 3 家。在重点抓好红山外、细水竹林别墅等酒店建设的同时，着力从卫生、服务等方面加强宾馆酒店的管理，突出服务质量，大力发展具有地方和民族特色的旅游项目。

特色乡村旅游　以元门乡罗帅为典型代表的特色乡村旅游产品，2010 年已打造完成，总投入 2000 万元，工程完成 100%，元门乡那吉村总投入 1000 万元，工程完成 80%，阜龙乡阜龙村计划总投入 1000 万元，工程已完成 10%。

农家乐　以元门乡三好农家乐、细水乡周三老村农家乐、七坊镇南洋水库农家乐为代表的“农家乐”已开业迎客。这些农家乐，虽然起步层次较低，经营管理有待改善，但为白沙“农家乐”的发展起带头作用。

风情小镇建设　牙叉风情小镇一河两岸 26 个项目，2010 年已完成招标，有的已初建完成，有的正在建设当中，有的已完成策划。白沙文化广场、邦溪风情小镇、芭蕉水库旅游功能区正在建设中，从西线高速至元门乡沿途的邦溪镇、七坊镇、打安镇、牙叉镇、元门乡乡镇步行道已建设完成。

特色旅游商品　白沙地区的特色旅游商品有白沙绿茶、双面绣、黎锦、鱼茶、肉茶等。

第四章　招商引资与对外合作

第一节　招商引资

一、招商活动

1988 年 4 月，白沙县与江苏省启东县结为友好县，组织有关人员到北京、上海、江苏、广东、香港等地参观考察，寻求合作项目。同年 8 月，县政府制定关于引进外资和技术的优惠规定，欢迎国内外客商到白沙开展多种形式的经济技术合作项目。先后同国防科工委、中国科学院及江苏、广西、浙江、香港等 19 个省市和地区的客户洽谈合作项目 37 个，达成意向协议项目 19 个，正式签订经济技术合作项目 18 个，投入资金 1000 多万元。

1993 年是省政府确定的“海南国际招商年”。省政府举办第二届国际椰子节暨建省办经济特区 5 周年庆祝活动、中国（香港）海南介绍会、第三次世界海南乡团联谊会、海交会等 15 个大型对外招商活动。白沙县利用省政府各种招商平台，同时立足白沙县特色。同年 8 月 29 日，白沙隆重举行纪念“白沙起义”50 周年大会暨招商引资活动。部分市县领导以及来自北京、四川、广州、台湾等地的 200 名嘉宾出席纪念大会和招商引资活动。同年，县委、县政府发布一批招商项目，涉及食品药品加工生产、农产品综合加工生产、房地产、工业、旅游开发等行业领域。

1993 年“海南国际招商年”活动白沙县招商项目表

表 9-4-1　　　　单位：万美元

项目名称	建设规模	建设条件	投资总额	投资方式	联系单位
药用葡萄糖厂	年产 3000 吨	已有一条年生产 3000 吨木薯淀粉生产线，供水、供电设备具备，有厂房 3000 平方米	425	合资或合作	县二轻局
邦溪镇土地开发	4 平方公里	邦溪镇地处海榆公路中段，距八所港 62 公里，距洋浦港 110 公里，即将铺设的八所至洋浦西环铁路从该镇经过，并设有火车站，是白沙县的重点开发区	500	独资或合作	县土地管理局
新建邦溪陶瓷厂	年产 120 万彩釉锦砖和瓷质耐磨砖	厂址在邦溪镇，交通方便，水电供应充足，生产的主要原料黏土，距厂址仅 10 公里，取料方便	630	合资	县陶瓷厂
生姜食品加工	年加工生姜 5000 吨，生产速溶姜茶 3000 吨，活力钙姜糖片 2000 吨	属白沙县热带水果加工厂的扩建项目，该厂利用本地丰富的生姜资源，生产出国内首创产品姜茶、活力钙姜糖片，投入市场后深受消费者欢迎	200	合资或合作	县热带水果加工厂
果汁饮料易拉罐装封口生产线	年产杧果汁、西番莲果汁、各种易拉罐饮料 2750 吨	项目利用白沙县热带水果加工厂现有生产设备进行改造，该项目所在地邦溪镇	45	合资或合作	县热带水果加工厂
邦溪美术工艺陶瓷厂	年产美陶 50 万件	厂址邦溪镇，黏土距厂址 2 公里	15	独资、合资或合作	县乡镇企业局
橡胶制品厂	年产橡胶制品 400 吨	全县年产干胶 2000 吨，厂址邦溪镇	25	独资、合资或合作	县乡镇企业局
松涛水库京排水庄	水上游乐场、中高档宾馆、民族游乐宫共占地 66.67 公顷	水庄位于距县城 8 公里的松涛水库区内，水资源丰富，风景优美，地价优惠	130	独资、合资或合作	牙叉镇政府
光雅温泉旅游度假村	中型宾馆，游泳池，共占地 6.67 公顷	温泉距光雅镇 1 公里，水温 50℃，日流量 1000 立方米，水资源丰富	25	独资、合资或合作	光雅镇政府

续表 9-4-1

项目名称	建设规模	建设条件	投资总额	投资方式	联系单位
光雅镇大理石加工厂	年产大理石 1000 立方米	该镇有三个大理石石场，蕴藏量约 20 万立方米，石场距镇政府 3 公里，交通方便	15	独资、合资或合作	光雅镇政府
光雅镇酒精、淀粉加工厂	年产酒精 50 吨，淀粉 1000 吨	该镇每年木薯产量约 8000 吨，玉米产量约 540 吨，可满足原料供应	20	独资、合资或合作	光雅镇政府
花岗岩开采加工	年开采量 2000 ~ 5000 立方米	全县花岗岩资源丰富，仅牙叉镇九架岭和白沙镇仙婆岭的黑色花岗岩，按本项目的开采量计算可开采 50 年，光雅、邦溪、打安、青松、金波等乡镇的其他颜色花岗岩储量也非常丰富	50	合资或合作	光雅镇政府
七坊镇保柴岭旅游农业	中型宾馆、游泳池和种植各类水果，共利用土地 266.67 公顷	保柴岭位于七坊镇保王沟村，距镇政府 8 公里，交通方便，气候宜人。境内有一块面积约 266.67 公顷的盆地，地平土肥，是成片种植热带水果的理想基地	150	独资、合资或合作	县农委
热带水果综合开发	面积 1333.33 公顷，主要种植荔枝、龙眼、杧果、香蕉、黄皮等	白沙县气候有利于荔枝、龙眼、黄皮、香蕉等作物的生长，特别是邦溪、荣邦、七坊、光雅、狮球、金波、打安、牙叉等乡镇冬春季温度较低，雨量少，气候干燥，有利于荔枝、龙眼的花芽分化	300	合资或合作	县扶贫办

2001 年 12 月，白沙县共组织 30 余种农产品参加海南“冬交会”展览活动。参展期间，白沙县生产的夏威夷小木瓜，反季节龙眼、山区特产木棉、农家小种鸡、食用菌、南药、红藤、四季笋、野菜及姜茶、赛春雷酒系列产品等产品广受客商的青睐。即时签订正式购销合同 3 份，还有 6 名客商同白沙县签订长期购销意向书。

2006 年 12 月 1—3 日，白沙黎族自治县组团参加 2006 年中国（海南）国际热带农产品物冬季交易会，参展的实物产品有白沙绿茶、姜茶系列产品、竹制工艺品、四季笋活植株、黎族织锦、双面绣，图片展为橡胶、蔗糖、木薯（淀粉）、竹藤。参会人员为县委、县政府、人大、政协领导，乡镇书记，企业代表，县直单位领导共 63 人。

2009 年，县委、县政府加大白沙县优势资源宣传推介力度，积极搭建招商平台，完善各项招商服务体系，充分利用海交会、中小企业博览会、泛珠三角投资洽谈会等传统招商平台。

二、招商项目

1988 年已建成投产的项目：县农机站从花县引进技术设备，兴办水泥包装袋厂；元门乡引进技术兴办免燃砖厂；荣邦乡合资兴建年产 750 万块红砖厂；县供销社投资 53.5 万元进口先进设备兴办竹木加工厂。兴建的项目还有同国防科工委后勤部合办年产 8 万吨水泥生产线，与华南热作学院八达热带开发公司合作兴办 300 亩“中心苗圃”，香港曾兴国投资 15 万元在南开乡开发种植经济作物 1200 亩。

2009 年，与投资企业签订 7 项合作框架协议，协议投资总额达 40.32 亿元，主要项目：松涛水库旅游度假休闲项目、大盛产业园项目、高密度纤维板厂、3 万吨松香厂、竹笋加工厂、邦溪蟒蛇养殖基地和旅游房地产开发项目等。

2010 年，以国际旅游岛建设为契机，围绕白沙县资源优势和产业特色，加大招商引资力度，狠抓项目跟踪服务，努力营造“爱商、亲商、富商”氛围，项目的落户与实际运作率较以往有实质性提升。天涯驿站旅游开发公司、福安集团、海南春天地产双博集团、海南名仕地产、大陆新希望集团、海南颐和文化发展有限公司等已落户白沙。已明确投资意向的项目：一是海南红色旅游主题公园。投资方为海南宏海天基投资发展有限公司，计划总投资 30 亿元。项目着眼于挖掘白沙丰富深厚的历史文化资源，打造融历史文化遗址、军事主题公园等为一体的红色文化产业集群，形成与自然景观旅游协调发展的旅游业发展格局。二是中华养生苑。项目计划总投资 200 亿元，投资方为中战蓝盟投资有限公司。该项目以产业园区的模式来开发建设，实行园区招商的方式来吸纳与园区功能定位相符合的企业和项目入驻。三是名仕山湖城。项目计划总投资 8.8 亿元，投资方为海南名仕房地产开发有限公司。

2010 年 11 月，共有 27 个企业投资项目在县发改委备案，计划总投资额超过 10 亿元，投资方向主要涉及新型环保建材、橡胶以及木薯等农产品加工、旅游房地产、旅游服务设施等行业。

至 2010 年，由海南亚创林业化工有限公司投资建设的 3 万吨松香厂，2010 年 4 月建成并正式投产，累计完成投资 3000 万元，年产 1 万吨日用松香，年产值达 2 亿元；由金凯实业有限公司投资建设的金凯制胶厂，2010 年 10 月建成试产，总投资达 4500 万元，将于 2011 年 1 月正式投产，投产后年产 2 万吨干胶合乳胶；总投资 7000 万元的金凯大酒店的基建工程 12 月底竣工，填补白沙县没有星级酒店的空白，改善白沙县商务、旅游和接待条件。

2010 年，开工建设的岚山清镜旅游度假大酒店，投资方为海南合生创利有限公司，总投资为 4 亿元，建设标准为四星级，功能定位为旅游休闲度假酒店，引进高端的服务设施和管理团队，切实提升白沙酒店行业的运营水平；白沙天涯驿站，项目总投资 1300 万元，由地方政府和海南天涯驿站旅游开发有限公司共同开发建设。项目的开发模式是结合移民搬迁以及民房改造等项目来进行操作，建设家庭汽车旅馆，主要为自驾游游客提供服务，并准备在元门乡试点的基础上逐渐在全县范围内推广；白沙农林产品研发生产交易基地，项目总投资 1 亿元，投资方为海南鑫雨科技投资有限公司，主要建设内容为竹笋加工厂以及其他竹制品生产线；蔗渣人造板项目，项目总投资 1173 万元，由海南申洲实业有限公司投资开发建设，借助白沙丰富的糖蔗资源，走循环经济发展道路，利用蔗渣来生产人造板，提高资源使用效率；芭蕉水库旅游度假村项目，项目计划总投资 12.3 亿元，由海南春天房地产开发有限公司投资兴建，建设内容主要包括五星级宾馆、康体中心、水上娱乐等设施。

第二节　外商投资与对外技术合作

1990 年，白沙县尚无外商投资项目。1991 年，外商投资项目实现零突破。新签协议外资合同项目 1 宗，协议规定客商投资额为 25 万美元（其中客商直接投资 25 万美元）；实际利用外资 25 万美元，全部为外商直接投资（1991 年海南农垦数含在各市县中）。

1992 年，外引内联有较大进展。新签协议外资合同 7 宗，协议规定客商投资额 2714 万美元（其中客商直接投资 2714 万美元）；实际利用外资 49 万美元（其中客商直接投资 49 万美元，农垦系统实际利用外资计入全省合计中）。

1993 年，计划引进外资 150 万美元，实际引进外资 2499 万美元；外资企业和“三来一补”项目计划出口 10 万美元，实际出口 90 万美元。同年，外商投资 800 万美元。其中 1993 年 3 月，外资独资企业木棉花絮加工公司通过县计委立项，该公司在牙叉镇开办藤竹工艺厂，项目共投资 400 万港元，70%出口外销，外汇自行平衡。

1994 年，外商计划投资 1500 万美元，实际投资 1153 万美元。外商企业和“三来一补”项目计划出口 100 万美元，实际出口 34 万美元。客商当年实际投资金额为 1080 万美元，全部为客商直接投资。利用外资协议新签约数 2 宗，有“三资”企业 2 家；协议规定总投资额为 110 万美元，协议规定客商投资 110 万美元，外商直接投资 10 万美元，实际利用外资 1153 万美元，外商直接投资额 1153 万美元。“三资”企业实有 3 家，建成投产开业 2 家；实际投资总额 1153 万美元，其中外商直接投资 1153 万美元（现金），无企业境外借款情况。项目进出口总额 34 万美元，其中出口总额 34 万美元；全部业务总收入 107 万元，主营业务收入 107 万元，利润总额 – 76 万元；企业全部从业人员 184 人，从业人员劳动报酬 103 万元。

1995 年，白沙县外引内联进展缓慢，项目少，规模小，资金到位率低。签订协议 2 宗，合同总投资金额 90 万美元，合同外商国内投资额 90 万美元，外商直接投资 90 万美元；实际利用外资 743 万美元，外商直接投资 743 万美元。

1997 年，“三资”企业共 2 家，外资企业 2 个。

1998 年，共签订协议 3 宗（外商直接投资 3 宗）；协议（合同）外商国内投资额 104 万美元，外商直接投资 104 万美元；实际利用外资 208 万美元，外商直接投资 208 万美元。

1999 年，新签订协议 1 宗（外商直接投资 1 宗）；协议（合同）外商国内投资额 6 万美元，外商直接投资 6 万美元；实际利用外资 89 万美元，外商直接投资 89 万美元。同年，经全国综合评比，海南省获 1999 年度外资审计工作优秀奖。白沙县审计局参与对世界银行贷款第 4 个贫困地区基础教育项目执行单位的审计，取得较好成绩。

2000 年，实际利用外资 144 万美元，均为外商直接投资。

2001 年，实际利用外资 62 万美元，均为外商直接投资。

2002 年，签订协议 1 宗（外商直接投资 1 宗）；协议（合同）外商国内投资额 20 万美元，外商直接投资 20 万美元；实际利用外资 110 万美元，外商直接投资 110 万美元。

2010 年，荣邦乡引进外资 8303 元，在福英村附近河段兴建珠碧江金源水电站，装机容量 4 组共 960 千瓦。

第十编

工业　交通　邮政　电信

白沙县工业起步较晚，基础薄弱，结构单一。海南建省初期，企业规模普遍比较小，技术含量和经济效益比较低。通过深化体制改革，促进企业逐渐向规模化、市场化、现代股份制方向发展，不断增强企业活力。通过优化产业格局，引导企业向“培育特色、突出重点、壮大优势”的方向发展，不断增强企业竞争力。从地域分布看，全县工业主要集中于牙叉、打安、七坊、邦溪四个镇，其中邦溪规模以下企业发展较快。从主要产值比例看，轻工业所占比重较大，轻重工业发展不平衡，全县工业以制糖业、水泥制造业为主，其中制糖业占全县工业产值 55%。2003 年开始，白沙县淘汰产能低的企业，整顿环保不达标的企业，关闭水源地保护区的企业，鼓励技术革新，推动企业和产品转型升级。至 2010 年，经关停并撤，减少乡镇企业数量，扩大企业规模，水泥产量大幅度下降，制糖业比重下降而产量提高。

白沙县交通运输以公路陆运为主，水路运输主要通过内河在县内及儋州市之间往来。有通往省城海口、其他市县、县城以及各乡镇的各级公路，环岛高速公路接口邦溪镇，环岛高铁经临高站与白沙交接，国道、省道、县道、乡道公路、桥梁构成四通八达的交通网络。

1988—2010 年，白沙县邮政电信业务紧跟先进技术不断发展，实现邮政通信服务全域覆盖。1997 年，邮政、电信分设，业务分家，邮政、电信在巩固发展传统业务的基础上，适应社会变化，不断开拓新业务，适时提供便捷高效的通信服务，成为推动白沙县社会经济发展的领跑者。

第一章 工 业

第一节 机 构

1984 年，白沙县工业局、二轻局、农机局并入县经济委员会，经济委员会管辖建材厂（1988 年移交建委管辖）、白沙糖厂、木棉糖厂、白沙水泥厂、陶瓷厂、印刷厂、木具厂、农具修造厂、二轻厂、藤竹厂、服装厂等企业。1995 年 11 月，撤销县经济委员会和县交通局，设立工业交通局，工业交通局管辖白沙糖厂、木棉糖厂、白沙水泥厂、白翔水泥厂、陶瓷厂、纸箱包装制品厂、印刷厂、农机修造厂等八家企业。同年，根据全省体制改革要求，白沙县乡镇企业局改为乡镇企业服务中心。

第二节　工业类型与产值

1988年，全部工业企业合计327个，其中轻工业267个，重工业60个；规模以上16个，规模以下311个；国营企业16个，集体企业31个，其他类型企业280个。工业总产值（按1980年不变价格计算）2951万元，其中轻工业总产值2118万元，重工业总产值833万元；规模以上企业工业总产值2448万元，规模以下企业工业总产值503万元；国营企业工业总产值2448万元，集体企业工业总产值254万元，其他类型企业工业总产值249万元。

城镇街道和乡办以上工业合计48个，工业总产值2708.54万元。城（镇）个体工业企业合计13个，工业总产值10.13万元。农村村办工业企业合计27个，工业总产值108.88万元。农村合作经营工业企业合计8个，工业总产值17.55万元。农村个体工业企业合计231个，工业总产值1105.78万元。全民所有制各企业年度总产值：白沙糖厂693.52万元，木棉糖厂945.74万元，印刷厂28.00万元，牙叉粮油加工厂72.20万元，七坊粮油加工厂62.21万元，自来水公司17.10万元，煤炭公司（包制订厂）27.20万元，农机厂40.40万元，陶瓷厂380.00万元，水泥厂49.74万元，建材厂21.21万元，小水电专业公司68.78万元，水泥构件预制厂2.68万元，林业局6.78万元，南高岭采伐场6.52万元，青年农场胶厂26.00万元。县属工业总产值合计150.38万元，其中县服装工业公司8.0万元，县藤竹加工厂19.27万元，县供销食品综合厂11.35万元，县淀粉厂105.3万元，县二青农具厂5.6万元，县交通修理厂0.86万元。乡镇办工业总产值合计103.38万元，其中牙叉镇31.4万元，白沙镇12.5万元，南开乡0.88万元，元门乡1.88万元，阜龙乡0.35万元，狮球乡0.24万元，光雅镇20.0万元，青松乡2.6万元，金波乡5.13万元，七坊镇13.6万元，邦溪镇为14.6万元，细水乡、荣邦乡无统计数据，打安乡0.2万元。主要工业产品产量：砂糖14696吨，发电量1239万千瓦时（其中水电937万千瓦时），水泥8600.0吨，日用陶瓷0.77万件，淀粉1118.0吨。

1991年，全部工业企业合计350个，其中轻工业327个，重工业23个；规模以上21个，规模以下329个；国营企业21个，集体企业18个，其他类型企业311个。工业总产值（按1990年不变价格计算）6905万元，其中轻工业总产值4505万元，重工业总产值2400万元；规模以上企业工业总产值6457万元，规模以下企业工业总产值448万元；国营企业工业总产值6457万元，集体企业工业总产值99万元，其他类型企业工业总产值 349 万元。县属工业企业固定资产值 10458 万元，固定资产净值 8818 万元。县属工业销售收入 5646 万元，上缴税金 384. 8 万元。工业主要产品产量：水泥 53441 吨，陶瓷锦 36.3 万平方米，琉璃瓦 32.6 万片，无光釉墙地砖 18.32 万平方米，机制糖 15284 吨。县属工业企业固定资产完成投资 1130 万元，新增固定资产 2940 万元。当年新增生产能力：白翔水泥厂年生产水泥 8 万吨，白吴预制厂年生产电线杆 1500 根，木棉糖厂日榨糖蔗 800 吨。新建翁村至琼中 35 千伏输电线路 16.5 公里，新建 1 座 35 千伏、扩建 1 座 110 千伏、容量 630 千伏安的变电站，累计装机容量 4585 千瓦。年发电量 1309 万千瓦时，电网覆盖率 85%。县水泥厂产值 411 万元，陶瓷产值 1080 万元。

1995 年，全部工业企业合计 433 个，其中轻工业 389 个，重工业 44 个；规模以上 18 个，规模以下 415 个；国有企业 19 个，集体企业 12 个，其他类型企业 402 个。工业总产值（按 1990 年不变价格新规定计算）9413 万元，其中轻工业总产值 5963 万元，重工业总产值 3450 万元；规模以上企业工业总产值 7387 万元，规模以下企业工业总产值 2026 万元；国有企业工业总产值 7387 万元，集体企业工业总产值 170 万元，其他类型企业工业总产值 1856 万元。主要工业产品产量：糖 12226 吨，水泥 75467 吨，墙地砖 47.55 万平方米，饮料 201 吨，发电量 1051 万千瓦时，木材 1.37 万立方米，自来水 150.62 万吨。县属工业企业固定资产原值 1.67 亿元，净值 1.24 亿元，销售收入 1.03 亿元，上缴税金 721 万元。

2000 年，全部工业企业合计 523 个，其中轻工业 495 个，重工业 28 个；规模以上 16 个，规模以下 507 个；国有企业 16 个，无集体企业，其他类型企业 507 个。工业总产值（按 1990 年不变价格新规定计算）13793 万元，其中轻工业总产值 11418 万元，重工业总产值 2375 万元；规模以上企业工业总产值 12684 万元，规模以下企业工业总产值 1109 万元；国有企业工业总产值 12684 万元，集体企业工业总产值无统计数据，其他类型企业工业总产值 1109 万元。主要工业产品产量：木材 1.32 万立方米，发电量 1129 万千瓦时，糖 3.93 万吨，水泥 7.77 万吨，淀粉 2050 吨。

2005 年，白沙县实施生态核心保护区产业转型政策后，关停并撤一批污染重、影响生态环境的工业，工业企业数量和工业总产值均有所下降。全部工业企业合计 351 个，其中轻工业 305 个，重工业 46 个；规模以上 10 个，规模以下 341 个；国有企业 9 个，集体企业 4 个，其他类型企业 338 个。工业总产值（按 1990 年不变价格新规定计算）14853 万元，其中轻工业总产值 12750 万元，重工业总产值 2103 万元；规模以上企业工业总产值 13051 万元，规模以下企业工业总产值 1802 万元；国有企业工业总产值 9090

万元，集体企业工业总产值 142 万元，其他类型企业工业总产值 5621 万元。主要工业产品产量：发酵酒精 254 万升，发电量 918 万千瓦时，糖 33039 吨，水泥 95200 吨，淀粉 1333 吨，印刷品 1631 令，自来水 123.5 万吨。

2010 年，全部工业企业合计 270 个，其中轻工业 184 个，重工业 86 个；规模以上 6 个，规模以下 264 个；国有企业 5 个，集体企业 3 个，其他类型企业 262 个。工业总产值（按 1990 年不变价格新规定计算）26007 万元，其中轻工业总产值 23715 万元，重工业总产值 2286 万元；规模以上企业工业总产值 20265 万元，规模以下企业工业总产值 5802 万元；国有企业工业总产值 3967 万元，集体企业工业总产值 194 万元，其他类型企业工业总产值 21840 万元。邦溪农林产品加工与交易基地已入驻白沙亚创林业化工有限公司、白沙县环保砖厂、金鹿集团、白沙县酒精厂、海南申洲实业有限公司、高密度板材厂、甘蔗渣压缩板厂、白福源竹笋加工厂、木炭加工厂、姜茶厂等一批企业。主要工业产品产量：成品糖 49010 吨，水泥 4758 吨，淀粉 4464 吨，酒精 208.7 万升，发电量 1117 万千瓦时。各工业行业规模以上工业总产值及销售产值：制造业全年总产值 31980 万元，全年销售产值 2.57 亿元，其中制糖业全年总产值 2.63 亿元，淀粉及淀粉制品的制造全年总产值 2054 万元，酒精制造业全年总产值 1156 万元，化学原料及化学制品制造业全年总产值 2470 万元；电力、燃气及水的生产和供应业全年总产值 5364 万元，全年销售产值 5364 万元。规模以下工业总产值按乡镇区分，牙叉、七坊、邦溪 4 个乡镇工业产值分别为 1882 万元、1065 万元、3667 万元。全年实现利润总额为 1191 万元，利税总额 3233 万元。

1988—2010 年白沙县全部工业企业个数一览表

表 10-1-1　　　　单位：个

年 份	合 计	按轻重工业分		按规模分		按经济类型分		
		轻工业	重工业	规模以上	规模以下	国有	集体	其他
1988 年	327	267	60	16	311	16	31	280
1989 年	313	259	54	16	297	16	27	270
1990 年	150	124	26	17	133	17	20	113
1991 年	350	327	23	21	329	21	18	311
1992 年	347	299	48	23	324	23	16	308
1993 年	278	256	22	21	257	23	15	240

续表 10-1-1

年份	合计	按轻重工业分		按规模分		按经济类型分		
		轻工业	重工业	规模以上	规模以下	国有	集体	其他
1994年	338	308	30	17	321	18	10	310
1995年	433	389	44	18	415	19	12	402
1996年	462	421	41	19	443	19	10	433
1997年	449	409	40	19	430	19	10	420
1998年	526	504	22	16	510	16	—	510
1999年	524	494	30	13	511	13	—	511
2000年	523	495	28	16	507	16	—	507
2001年	615	572	43	14	601	14	—	601
2002年	628	586	42	12	616	12	—	616
2003年	625	590	41	9	616	9	—	616
2004年	362	300	62	10	352	10	5	347
2005年	351	305	46	10	341	9	4	338
2006年	349	305	44	9	340	5	3	341
2007年	213	168	45	6	207	4	1	208
2008年	257	184	73	7	250	5	3	249
2009年	265	184	81	6	259	5	3	257
2010年	270	184	86	6	264	5	3	262

1988—2010年白沙县全部工业总产值（按不变价计算）

表 10-1-2　　单位：万元

年份	工业总产值	按轻重工业分		按规模分		按经济类型分		
		轻工业	重工业	规模以上	规模以下	国有	集体	其他
（按1980年不变价格计算）								
1988年	2951	2118	833	2448	503	2448	254	249
1989年	3128	2201	927	2717	411	2717	282	129
1990年	3067	2209	858	2787	280	2787	144	136

续表 10-1-2

年份	工业总产值	按轻重工业分		按规模分		按经济类型分		
		轻工业	重工业	规模以上	规模以下	国有	集体	其他
（按 1990 年不变价格计）								
1990 年	6530	5142	1388	6038	492	6038	303	189
1991 年	6905	4505	2400	6457	448	6457	99	349
1992 年	13159	9669	3490	12661	498	12661	187	311
1993 年	13169	9102	4067	12029	1140	12029	135	1005
1994 年	10293	6134	4159	9170	1123	9170	170	953
1995 年	9398	5963	3435	7372	2026	7372	170	1856
（按 1990 不变价格新规定计算）								
1995 年	9413	5963	3450	7387	2026	7387	170	1856
1996 年	9591	6485	3106	7625	1966	7625	237	1729
1997 年	10823	8394	2429	9727	1096	9727	126	970
1998 年	10254	9127	1127	9368	886	9368		886
1999 年	9351	7144	2207	8255	1096	8255		1096
2000 年	13793	11418	2375	12684	1109	12684		1109
2001 年	12815	9999	2816	11784	1031	11784		1031
2002 年	14767	11666	3101	13451	1316	13451		1316
2003 年	18159	15042	3117	16668	1491	16668		1491
2004 年	19466	16904	2562	18051	1415	15166	109	4191
2005 年	14853	12750	2103	13051	1802	9090	142	5621
2006 年	11511	10634	877	9358	2153	2375	129	9007
2007 年	19546	18030	1516	16179	3367	2600	50	16896
2008 年	23592	22073	1519	19722	3870	3153	157	20282
2009 年	25975	24324	1650	21536	4438	3468	162	22345
2010 年	26001	23715	2286	20265	5802	3967	194	21840

1988—2010 年白沙县全部工业总产值（按当年价计算）

表 10-1-3 单位：万元

年份	工业	按轻重工业分		按规模分		按经济类型分		
	总产值	轻工业	重工业	规模以上	规模以下	国有	集体	其他
1988 年	3834	2460	1374	3198	636	3198	305	331
1989 年	5786	3862	1924	5213	573	5213	357	216
1990 年	6209	4329	1880	5754	455	5754	113	342
1991 年	6741	3960	2781	6271	470	6271	111	359
1992 年	12330	7182	5148	11840	490	11840	211	279
1993 年	16599	8403	8196	15115	1484	15115	118	1366
1994 年	16341	8761	7580	14850	1491	14850	263	1228
1995 年	16571	9935	6636	13404	3167	13404	671	2496
（按新规定计算）								
1995 年	15145	8835	6310	12323	2822	12323	596	2226
1996 年	15511	9815	5696	13377	2134	13377	510	1624
1997 年	15643	11838	3805	14148	1495	14148	216	1279
1998 年	14415	12297	2118	13134	1281	13134	—	1281
1999 年	11175	7414	3761	9692	1483	9692	—	1483
2000 年	16142	12142	4000	14774	1368	14774	—	1368
2001 年	17828	12591	5237	16604	1224	16604	—	1224
2002 年	18081	12674	5407	16567	1514	16567	—	1514
2003 年	19522	14024	5498	17807	1715	17807	—	1715
2004 年	24048	17435	6613	22288	1760	17330	134	6584
2005 年	19199	13753	5446	16847	2352	10863	182	8154
2006 年	17467	13826	3641	14659	2808	3446	166	13855
2007 年	30230	21914	8316	25913	4317	4193	62	25975
2008 年	35692	27517	8175	30788	4904	4973	196	30523
2009 年	39282	30284	8998	33613	5669	5473	202	33607
2010 年	45240	34877	10363	37528	7712	6303	242	38695

说明：当年价工业总产值 1985 年前为推算数

1988—2010年白沙县主要工业产品产量一览表

表 10-1-4

年份	糖（吨）	水泥（吨）	发电量（万千瓦时）	水电（万千瓦时）	自来水（万吨）
1988年	14695.7	8600	1239.11	937.05	—
1989年	16954	17100	2050	1614	197
1990年	16106	16800	1376	1376	132
1991年	14544	53441	1140	1140	128
1992年	30986	103385	1260	1260	124
1993年	24577	117430	816	816	138
1994年	17679	111200	962	962	142
1995年	12226	75467	1051	1051	170
1996年	16002	60900	1016	1016	147
1997年	26179	57423	1447	1447	198
1998年	27806	39500	1206	1206	129
1999年	21888	85400	1182	1182	119
2000年	39272	77700	1129	1129	113
2001年	33401	140100	1199	1199	108
2002年	39812	163800	1266	1266	116
2003年	51829	173300	1210	1210	121
2004年	56591	183300	697	697	121
2005年	33039	95200	918	918	124
2006年	24419	3400	1303	1303	120
2007年	46787	14000	1424	1424	129
2008年	62248	31046	1294	1294	155
2009年	66447	31210	1710	1710	158
2010年	49010	4758	1117	1117	170

第三节　乡镇企业

1988 年，白沙县共有乡镇企业共 1208 家，年末有从业人员 4494 人。乡镇企业年度完成总产值 1666 万元。按行业划分，各行业乡镇企业实现产值如下：农业 463 万元，工业 461 万元，建筑业 159 万元，交通运输业 213 万元，批发零售业 289 万元，住宿及餐饮业 81 万元。从地域分布上看，牙叉、打安、七坊、邦溪 4 个镇乡镇企业发展较好，其中牙叉镇乡镇企业全年产值 588 万元，占全县乡镇企业总产值的 35.3%；打安镇乡镇企业全年产值 204 万元，占全县乡镇企业总产值的 12.3%；七坊镇乡镇企业全年产值 430 万元，占全县乡镇企业总产值的 25.8%；邦溪镇乡镇企业全年产值 154 万元，占全县乡镇企业总产值的 9.2%。

1992 年，白沙县进一步实行工业体制改革，乡镇经济有所发展。同年，全县乡镇企业数量由上年的 1375 家增加到 1642 家，从业人员由上年的 4761 人增长到 5112 人。乡镇企业全年总产值 3004 万元，较上年同期增长 27.1%，其中农业 907 万元，工业 654 万元，建筑业 121 万元，交通运输业 401 万元，批发零售业 546 万元，住宿及餐饮业 375 万元，增长相对较快的是农业和住宿餐饮业。

1995 年，白沙县共有乡镇企业 1557 家，年末拥有从业人员 5960 人，乡镇企业全年实现总产值 9015 万元。按行业划分，各行业乡镇企业实现产值如下：农业 1682 万元、工业 3097 万元，建筑业 226 万元，交通运输业 1464 万元，批发零售业 1473 万元，住宿及餐饮业 1073 万元。其中增长较快的是工业、交通运输业、住宿及餐饮业。

2000 年，白沙县共有乡镇企业 1898 家，年末拥有从业人员 6587 人，全年完成总产值 11288 万元，企业规模有所。2000 年，按行业划分，各行业乡镇企业实现产值如下：农业 2724 万元，工业 3205 万元，建筑业 368 万元，交通运输业 1344 万元，批发零售业 2721 万元，住宿及餐饮业 926 万元。农业、工业、建筑业、批发零售业较上年有所增长，交通运输业、住宿及餐饮业较上年有所下降。

2005 年，因产业转型和淘汰落后产能，白沙县乡镇企业下降至 881 家，年末拥有从业人员减少至 4467 人，乡镇企业全年总产值 8203 万元。按行业划分，各行业乡镇企业实现产值如下：农业 3887 万元，工业 1593 万元，建筑业 96 万元，交通运输业 770 万元，批发零售业 1265 万元，住宿及餐饮业 592 万元。除农业方面有所增长外，其他各行业均呈下降趋势。

2010 年，白沙县共有乡镇企业 112 家，年末拥有从业人员 1542 人。乡镇企业年度完成总产值 9788 万元，其中营业收入 8704 万元，利润总额 711 万元，上缴税金 373 万元。按行业划分，各行业乡镇企业实现产值如下：农业 4096 万元，工业 4022 万元，建筑业 39 万元，批发零售业 201 万元，住宿及餐饮业 584 万元，其他新增行业 69 万元。从地域分布上看，牙叉镇、七坊镇、邦溪镇及细水乡乡镇企业产值较高，其中牙叉镇乡镇企业全年产值 1515 万元，占全县乡镇企业总产值的 16.8%；七坊镇乡镇企业全年产值 3529 万元，占全县乡镇企业总产值的 39.2%；邦溪镇乡镇企业全年产值 1252 万元，占全县乡镇企业总产值的 13.9%；细水乡乡镇企业全年产值 2008 万元，占全县乡镇企业总产值的 22.3%。

1988—2010 年白沙县乡镇企业个数、人员和总产值统计表

表 10-1-5

年份	企业个数（个）	从业人员年末数（人）	增加值（万元）	总产值（万元）	农业（万元）	工业（万元）	建筑业（万元）	交通运输（万元）	批发零售业（万元）	住宿及餐饮业（万元）	其他社会服务业（万元）
1988 年	1208	4494	—	1666	463	461	159	213	289	81	—
1989 年	1064	4125	—	1537	507	438	79	210	215	88	—
1990 年	1231	4502	—	2030	634	413	121	288	460	114	—
1991 年	1375	4761	—	2363	576	574	104	353	597	159	—
1992 年	1642	5112	—	3004	907	654	121	401	546	375	—
1993 年	1754	5057	—	3543	606	712	206	640	808	571	—
1994 年	1753	5499	1934	6043	1041	1435	244	1083	1617	623	—
1995 年	1898	5960	2434	8979	1682	3097	226	1464	1473	1037	—
1996 年	1986	6041	3220	10977	2056	3384	328	1615	2512	1082	—
1997 年	2449	6385	3598	12155	3065	3429	313	1601	2474	1133	140
1998 年	1618	6980	2371	10551	2592	2789	255	1395	2501	887	132
1999 年	1680	6546	2917	11033	2670	3119	247	1362	2624	895	116
2000 年	1557	6587	2965	11407	2724	3205	368	1344	2721	926	119
2001 年	1524	6592	2803	11305	2711	2972	373	1332	2768	991	158
2002 年	1213	6133	3268	11533	3190	2997	268	1304	2574	933	267
2003 年	927	4776	3330	10583	4390	1987	139	1198	1664	768	537
2004 年	937	4578	3676	11249	3607	1995	135	1027	2861	731	893

续表 10-1-5

年份	企业个数（个）	从业人员年末数（人）	增加值（万元）	总产值（万元）	农业（万元）	工业（万元）	建筑业（万元）	交通运输（万元）	批发零售业（万元）	住宿及餐饮业（万元）	其他社会服务业（万元）
2005 年	881	4467	3231	9015	3887	1593	96	770	1265	592	812
2006 年	883	4500	3352	9049	3610	1712	127	807	1050	916	827
2007 年	133	1573	1961	6547	2401	3731	—	—	135	280	—
2008 年	109	1454	2005	7104	3484	3086	—	—	147	387	—
2009 年	112	1565	2828	8851	4259	3719	39	—	197	569	68
2010 年	112	1542	2830	9011	4096	4022	39	—	201	584	69

1990—2010 年白沙县分乡镇规模以下工业总产值（当年价格）

表 10-1-6　　单位：万元

年份	合计	牙叉镇	打安镇	七坊镇	邦溪镇	细水乡	元门乡	阜龙乡	南开乡	金波乡	青松乡	荣邦乡
1990 年	455	170	13	192	31	6	6	5	6	3	9	14
1991 年	470	172	16	172	42	7	8	8	8	7	12	18
1992 年	490	201	18	175	44	4	4	4	4	4	13	19
1993 年	1484	414	84	363	270	50	37	34	53	20	63	96
1994 年	1491	488	45	473	308	18	20	19	20	11	36	53
1995 年	2822	904	123	947	395	57	58	54	58	32	60	134
1996 年	2134	557	119	703	301	51	55	49	54	30	87	128
1997 年	1495	478	81	359	236	48	36	32	52	18	61	94
1998 年	1281	347	68	349	195	50	31	33	48	16	57	87
1999 年	1483	457	57	479	192	36	32	33	38	15	59	85
2000 年	1368	369	60	450	192	33	37	32	36	15	59	85
2001 年	1224	336	77	385	198	27	31	27	30	13	43	57
2002 年	1514	458	82	511	213	29	33	29	32	14	46	67
2003 年	1715	544	86	599	223	30	36	30	34	15	48	70
2004 年	1760	665	54	462	386	16	31	104		13	10	19
2005 年	2353	692	9	301	1324		4	12		6	3	2
2006 年	2808	826	11	359	1580	—	7	14	—	6	3	2

续表 10-1-6

年份	合计	牙叉镇	打安镇	七坊镇	邦溪镇	细水乡	元门乡	阜龙乡	南开乡	金波乡	青松乡	荣邦乡
2007 年	4317	1054	12	596	2053	12	564	5	1	7	7	6
2008 年	4904	1197	14	677	2332	13	640	6	1	8	7	9
2009 年	5669	1384	16	783	2696	15	740	7	1	9	8	10
2010 年	7696	1882	22	1065	3667	20	1006	9	1	8	7	9

第四节　工业转型升级

根据白沙县发展规划目标要求，2003 年开始，白沙县采取措施，一方面加速淘汰产能低、环保不达标的企业，一方面通过技术革新推动企业和产品转型升级。

一、淘汰产能低、污染大的乡镇工业

先后关闭保护区内几家水泥厂、糖厂、陶瓷产和淀粉加工厂，并做好企业、职工安置问题。2010 年，白沙水泥厂、大荣水泥厂完成淘汰落后产能 16 万吨，获得奖励款 200 万元。

二、推广节能产品和技术

相关部门多次深入各乡镇、企业、商场及大型超市开展宣传节约能源、保护环境，实现企业社会双赢。在制酒精、建筑、制胶等传统行业企业中，推广一批潜力大、应用面广的重大节能减排技术，如海南申州公司利用废甘蔗渣制低密度人造板、南大洋公司利用酒精废液进行发电。先后共投入经费 7350 元，抓好节能灯推广工作，2010 年推广节能灯具 2.1 万支。

三、节能评估审查

根据《海南省固定资产投资项目节能评估和审查管理暂行办法》的规定，审查各工程项目的能源消耗指标，对节能评估审查不过关的项目不予审批或备案，从源头上控制全县能源消耗总量的增长。

在科技创新发明发明，获得国家知识产权局专利授权的如下：2000 年 7 月 12 日，白沙县南开乡符日洪的两项发明“环保型易拉罐”“环保型塑料饮料瓶”均获得实用新型专利授权，专利号分别为 99218243.3、99242333.3。2007 年 11 月 21 日，白沙县龙江农场陈小鹏发明的“蒸发式水冷柴油机水箱水量报警器”获得实用新型专利授权，专利号为 200620063946.3。2008 年 3 月 26 日，白沙县牙叉农场周怀胜发明的“一种新型内燃机”获得实用新型专利授权，专利号 ZL 200720006713.4。

2005—2010年白沙县单位GDP、工业增加值能耗（不含农垦）情况一览表

表10-1-7

项 目	单位	2005年	2006年	2007年	2008年	2009年	2010年
地区能源消费总量（等价值）	吨标准煤	36957	37014	43413	47845	51455	56030
地区能源消费总量（当量值）	吨标准煤	28671	28689	28621	36954	40021	43399
GDP（2005年可比价）	万元	63714	72036	82221	93777	103248	115119
规模以上工业综合能耗（当量值）	吨标准煤	30988	6999	13068	5038	5360	3350
规模以上工业增加值（2005年可比价）	万元	2601	2466	4443	5510	6061	5770
单位GDP能耗（等价值）	吨标准煤/万元	0.58	0.51	0.53	0.51	0.50	0.49
单位GDP能耗（当量值）	吨标准煤/万元	0.45	0.40	0.35	0.39	0.39	0.38
单位工业增加值能耗（规模以上，当量值）	吨标准煤/万元	11.91	2.84	2.94	0.91	0.88	0.59
单位GDP电耗	千瓦时/万元	556.0	677.6	686.1	606.1	586.8	607.7

说明：1. 地区能源消费总量（等价值）：（地区各种能源消费实物量×各种能源标准煤折算系数）之和，其中电力的标准煤折算系数根据地区实际各年度均有调整。2. 地区能源消费总量（当量值）：（地区各种能源消费实物量×各种能源标准煤折算系数）之和，其中电力的标准煤折算系数采用固定值1.229。3. 单位GDP能耗：地区能源消费总量（等价值）或（当量价）/GDP（2005年可比价）。4. 单位工业增加值能耗（当量值）：规模以上工业综合能耗（当量值）/规模以上工业增加值（2005年可比价）。5. 单位GDP电耗：地区电力消费实物量/GDP（2005年可比价）。6. 2005—2008年能耗数据，根据第二次经济普查GDP数据进行调整

第五节 主要工厂企业

白沙县主要工厂有白沙糖厂、合水糖厂（合水糖业有限公司）、木棉糖厂、白沙水泥厂 、白翔水泥厂、海南华联水泥厂、陶瓷厂、包装制品厂、印刷厂、建材厂、农机制造厂、服装工业厂、淀粉厂、热带水果加工厂、咖啡厂等。

一、白沙糖厂

厂址离县城3公里，占地面积40110平方米。1971年兴建的全民所有制工业企业，

1972年建成投产。1989年，完成总产值880万元，上缴税金70万元，实现利润114万元。1995年，被评为“全国经营之光500强企业特别金奖”和“海南省工业50强企业”称号。1996年，产品白砂糖获得“1996中国（海南）国际糖烟酒食品博览会金奖”，并被海南省税务局评为全省纳税大户。建厂初期日榨蔗能力50吨，经过几次扩建，2003年日榨蔗能力达1300吨，有职工523人，年上缴税金约400万元。

由于建厂规划、设计不合理，环境污染处理不当，经营管理不善，违反库区管理规定，成为松涛水库库区的主要污染源之一。2003年6月26日，白沙县政府党组向白沙县委请示，对白沙糖厂依法实施破产，并按国家有关规定妥善安置职工。2004年2月24日，白沙糖厂职工代表大会通过《白沙糖厂破产职工安置方案》，成立县白沙糖厂破产安置工作领导小组。2004年4月23日，白沙糖厂全体职工向县人大常委会递交《关于尽快解决白沙糖厂破产后职工待遇问题的意见书》。2004年12月20日，白沙县人民政府同意将白沙糖厂房屋建筑物（评估价值5377563元）、土地面积40110平方米（评估价值1559477元）以及白沙糖厂破产清算组资料档案移交县国有资产管理办公室接管。

2005年4月20日，海南省发展与改革厅复函同意白沙县政府的申请，将白沙糖厂制糖生产线迁移到打安镇合水村，兴建非公有制合水糖厂，成立白沙合水糖业有限公司。

2009年，白沙县委常务会议决定将白沙糖厂原厂区40亩闲置土地转让给海南大荣水泥有限公司进行开发建设，县国资办向县人民政府请示将原白沙糖厂工业用地性质变更为住宅用地。同年5月12日，县人民政府同意将原白沙糖厂40亩工业用地性质变更为住宅用地。

二、合水糖厂（合水糖业有限公司）

位于打安镇合水村，为非公有制企业。2003年，因白沙糖厂破产，白沙县政府同意在打安镇另兴建合水糖厂，并将原白沙糖厂制糖生产线迁移至合水糖厂，成立白沙合水糖业有限公司。

三、木棉糖厂

1983年筹建，1984年建成并投产，初建规模日榨量为500吨，1990年扩建后日榨量达到1500吨。后来企业连年亏损，严重资不抵债。2000年7月23日，白沙县人民政府要求对海南省地方国有木棉糖厂实行破产，原有资产由破产清算组进行清算封存。

2001年10月31日，海南省地方国有木棉糖厂承包给红棉糖业有限公司经营，承包期至2009年10月31日止。

2006年8月23日，白沙县政府对木棉糖厂违反《中华人民共和国劳动法》等问题做出相关处理决定。同年10月开始实施改制，与原承包方红棉糖业有限公司达成终止承包合同的协议，同时同意2006年跨2007年榨季由洋浦南华糖业集团有限公司承包（该公司拥有海南省地方国有木棉糖厂的1.7亿元债权，为木棉糖厂的最大债权人）生产经营，承包期限为1年。承包期间依照《海南省省属国有企业改制工作规程》的有关规定，聘请有资质的中介机构进行清算核资、财务审计及资产评估工作。

2007年8月，县委、县政府同意，海南省地方国有木棉糖厂整体产权委托海南省产权交易所进行公开挂牌转让。2007年8月10日至2007年9月7日，在《海南日报》及海南省产权教育所网站上发布挂牌转让公告。截至公告期满，正式报名的仅有洋浦南华糖业集团有限公司一家公司，根据《海南产权交易所交易规则（试行）》及《海南产权交易规则实施细则（试行）》的规定，可以采取协议的方式进行交易。

2007年9月20日，白沙县政府经研究，同意县国有资产管理办公室与洋浦南华糖业集团有限公司签订《海南省地方国营木棉糖厂整体产权转让合同》。至此，海南省地方国营木棉糖厂改制工作基本完成。

四、白沙水泥厂

建于1970年5月，厂址在元门乡南训村西边，距县城11公里，占地面积29614平方米。 1971年，全厂职工43人，年产量300～400吨。1979年进行技术改造与扩建，产量增至2000吨。1983年，国家投资48万元进行第二次扩建，年生产成品水泥2253吨，工业总产值11.49万元，盈利600元，摘掉年年亏损的帽子。1984年第三次扩建，年产规模2万吨，水泥逐步提高到525标号。1993年，再扩建1条年产8万吨水泥生产线。1997年，白沙水泥厂停产。1999年改制，2000年8月3日，由双龙实业有限公司进行经营管理。2007年，根据《国家发展改革委办公厅关于做好淘汰落后水泥生产能力有关工作的通知》和《海南省人民政府关于印发海南省节能减排综合性工作方案的通知》精神，白沙县政府白沙县人民政府批准关闭白沙水泥厂。

五、白翔水泥厂

系白沙县与某企业合办的企业。1989年始建，1990年建成并投产，计划生产规模年产水泥8.8万吨。1993年，技术改造后有两条生产线、年产量16万吨。1995年起，由于企业经营体制、市场供求关系等原因，生产经营活动陷入困境。1998年11月1日，经县政府批准，改为租赁经营，以年租金135万元租赁给白沙县凯达实业有限公司。租赁后公司进行设备大修和技术改造，经营状况有所好转，依然不能扭转企业亏损局面。2002年，白翔水泥厂负债累累，资不抵债，因无法偿还银行的贷款本息及其他债务而被起诉，2002年8月海南省中级人民法院拟按法定程序对企业资产进行拍卖抵债。白翔水泥厂向白沙县经济贸易交通局及白沙县政府申请立案申报破产，得到白沙县政府的同意。2002年11月14日，海南白翔水泥厂向白沙县人民法院申请破产，经法院核准受理，2006年进入破产程序。工厂的资产清算、债务纠纷、破产后的职工安置等善后问题，由县政府组织破产清算组，在县法院的监督和指导下完成各项破产清算，《职工安置方案》也在职代会审议通过，并报县人事劳动局审核批准实施。

2007年，白沙县政府对泥海南白翔水厂及原海南华联水泥有限公司资产捆绑进行改制，由嘉年华（天津）国际有限公司出资8500万元并购，并购后更名海南大荣水泥公司。2007年12月18日，公司向县发改局提交《关于要求审核原白翔水泥厂不属于淘汰落后水泥生产能力范围的报告》，提出原白翔水泥厂不属于淘汰落后水泥生产能力范围。县发改局向县政府做出请示，因为原白翔水泥厂生产线的生产能力、环保和水泥质量均达标，县政府做出《关于同意申报白翔水泥厂不列于淘汰落后水泥生产能力范围的批复》，同意推迟淘汰原白翔水泥厂立窖生产线。2007年，厂生产线一度恢复试产，因复产与白沙县长远发展规划不符，最后停产。

六、海南华联水泥厂 海南大荣水泥公司

位于邦溪镇邦溪开发区内，1992年8月5日在白沙工商局注册成立的台资企业，注册资本为5000万美元，年产30万吨高强度特种水泥。2007年改制，由嘉年华（天津）国际有限公司并购后更名海南大荣水泥公司，因不符合白沙县发展规划而停产。

七、白沙陶瓷厂

1985年1月，白沙陶瓷厂同广东恩平县陶瓷厂签订5年技术联营合同，恩平方派出技术员2名、技术干部1名（担任副厂长）、技术工人56名，并投入少部分生产设备。合同实施后，全厂投入琉璃瓦、马赛克生产，1985年被评为广东省建材行业先进单位和海南黎族苗族自治州“两个文明”建设先进单位。

1989年，白沙陶瓷厂投入资金500万元，建成一条年产量40万平方米的墙地砖生产线，并于1990年完成技术改造成功投产。工业产值逐年上升，连获荣誉。1990年获海南工业产品“金马奖”，1993年获中国新科技成果博览会“银奖”，1994年获莫斯科博览会“国际金奖”，并于1991—1994年被省组织部、省宣传部、省总工会授予“优秀企业”等7项荣誉。1996年，投入资金2200万元（其中1672万元为县工商银行贷款），兴建1条年产80万平方米的高级印花釉面砖生产线。

1998年10月，因资金短缺致使该项目收尾工程没有完成，造成企业巨额投资的损失。1997—2000年，白沙陶瓷厂陆续停产。

2004年8月，县工商银行向白沙县委、县政府发函，经县委、县政府同意，同年12月，白沙县政府办公室发出《关于关闭县陶瓷厂等3家企业的通知》，决定关闭县陶瓷厂，要求有关单位严格按照相关法律规定程序，做好资产登记、财务审计等工作。2005年9月，因中国工商银行海南分行将陶瓷厂债权转让于中国信达资产管理公司海口办事处，向海南中级人民法院起诉要求县陶瓷厂偿还贷款本金与利息。由于不具备偿还该笔贷款及本金的能力，2007年6月，海南中级人民法院发出公告，拟对已查封的陶瓷厂旧厂区及新厂区的土地及地上的建筑物进行拍卖。因涉及企业关闭、职工安置及建筑物产权问题，白沙县政府向海南省中级人民法院发函要求终止拍卖县陶瓷厂资产。2008年，县政府同意免除县陶瓷厂从2008年1月1日以后到龄办理退休人员拖欠的社会保费滞纳金。

八、白沙县包装制品厂

白沙县包装制品厂前身为木具厂、煤炭公司，主要经营简单农具、铁钉、蜂窝煤，1988年开始开拓包装业市场，1990年新增水泥袋生产线，1993年新建一条纸箱生产线。1996年，投资100万元新建一条细纹瓦楞纸生产线，增加强度包装箱品种，扩充产品规格，扩大产品销路。1998年，在海南省民族宗教事务厅支持下，贷款200万元，新增一条彩印箱生产线，使纸箱产品增加到上百种，提高经济效益。

2000年后，县包装制品厂基本处于停产停业状态。2004年8月，因该厂所欠县工商银行贷款无法偿还，县工商银行向白沙县委、县政府发函，经县委、县政府的同意。同年12月，白沙县政府办公室发出《关于关闭县陶瓷厂等3家企业的通知》，决定关闭包装制品。2010年7月19日，白沙县政府批复县国资办《关于依法处置县包装厂废旧机械设备的有关请示》，同意将县包装厂存放于厂房的废旧机械及包装箱废品进行公开拍卖，所得资金用于职工安置和企业清算所涉及的清产核资、财务审计和资产评估费用。

九、白沙县印刷厂

创办于1969年，厂址原在县总工会办公楼下，面积约400平方米，另有职工住房100平方米。1975年迁至原县纺织厂旧址（当年纺织厂撤销），厂房面积700多平方米，拥有排版、印刷、装订、切纸等4个车间，全厂职工30多人。1983年实行厂长负责制改革，实行计件工资。受市场经济影响，于1997年停产。

十、白沙县建材厂

1955年，在原砖瓦灶基础上组建县砖瓦厂，1956年正式投产。后又撤销砖瓦厂改作砖瓦车间并入县联合厂。1961年，联合厂解散，砖瓦车间改为陶瓷厂。1963年改为陶器砖瓦厂。1966年，陶器砖瓦厂陶器生产同砖瓦生产分开。1970年，砖瓦车间组建为县建材厂。1973 年，从山西购进 1 台 350 型制砖机，改进砖瓦生产技术。1978 年，因原料紧缺，将烧柴灶改为烧煤灶。1984 年，因原料问题，从牙叉镇迁至压差真牙利新村什南阜的新厂址。新厂使用半机械立窑，生产生砖坯采用全套制砖机操作，工效提高，年均生产红砖 321 万块。1984—1987 年连续 4 年无亏损，共盈利 2.43 万元。1987 年，有职 180 人，月均工资 111.5 元，有固定资产 60.22 万元。1988 年，该厂由县经委移交县建委管辖，同年底企业停产，职工下岗。

十一、白沙县农机制造厂

白沙县农机修造厂前身为牙叉铁木社。1955 年创办牙叉农具厂后，铁木社并入农具厂。1958 年，转为地方国营企业，更名为县农械厂。1971 年改名为县农机修造厂并迁至桥南路的新址。农机修造厂为自负盈亏的国营小型工业企业，注册资本 129 万元，主要生产农业小型工具机械设备，如脚踏脱粒机、手摇压胶机、农机半成品等农机产品。

1975 年，扩建机修车间、机电车间，增添磨床、车床、铣床、高压油泵试验台等，使农机维修率和工业总产值有较大提高。1984 年经济体制改革，实行厂长负责制，生产上实行联产计酬包产制，工资实行按劳分配，调动工人的生产积极性。

自 1998 年起，所生产的小型机械在市场竞争中逐渐被淘汰，工厂连年亏损，2000 年后基本处于停产情况。2004 年 8 月，因农机修造厂所欠贷款无法偿还，县工商银行向白沙县委、县政府发函，经县委县政府的同意，同年 12 月，白沙县政府办公室发出《关于关闭县陶瓷厂等 3 家企业的通知》，决定关闭县农机修造厂。

2006 年 5 月，白沙县政府根据《海南省国有企业改革和资产重组工作方案》和《海南省改制关闭破产国有企业职工安置办法》精神，结合白沙县实际情况，制定《白沙黎族自治县农机修造厂关闭实施方案》，报县委、县人大审议，并成立白沙农机修造厂关闭工作领导小组。同年 7 月 23 日，县国资办向县政府发出《关于县农机修造厂资产处置的请示》，拟将农机修造厂沿街四间铺面、机械设备进行公开拍卖，将 30 亩土地（划拨地）变为商用地，采取分块公开拍卖的方式进行变现。2006 年 9 月 1 日，县政府做出批复，同意县国资办依此方式处理。县政府先后发文同意将农机修造厂国有划拨地处置所得和农机修造厂土地处置，所得扣除应缴部分后用于安置职工，同意核销农机修造厂职工部分社保费。

十二、白沙县服装工业公司

1964 年，县缝纫生产合作组增加棉胎加工业务，改为县被服厂。1985 年业务扩大，增设商场，经营成衣、布料等，又改称县服装工业公司。公司占地面积 4752 平方米，房屋建筑面积 2488 平方米，其中生产用房 1482 平方米。固定资产原值 25 万元，工业设备 5.5 万元。1990 年，受到市场冲击自行解散。

十三、白沙淀粉厂

建于 1958 年，国家投资 14 万元，计划规模年产淀粉 300 吨，因施工造成厂房倒塌，工厂未竣工即流产。1987 年，白沙县委、县政府根据白沙县适宜种植木薯的有利条件，决定重建淀粉厂，于同年 11 月正式投产。工厂占地面积 5000 平方米，固定资产达 135 万元，日产淀粉 10 吨，有职工 128 人。1988 年，收购农民的鲜木薯 3385.5 吨，干木薯 83.7 吨，共制出淀粉 855.8 吨。1990 年，投入 300 万元进行技术改造，工厂年生产能力达到 3000 吨。1993 年改制由厂长承包经营，承包经营期限为 1994—1997 年，承包期间每年产量约 600 吨。1998 年后，工厂停产，职工下岗。

十四、高地淀粉厂

位于七坊镇，1979 年成立，是一家木薯加工、热带高效水果种植、生猪养殖为一体的综合性民营企业。2010 年，年生产淀粉 1.5 万吨，资产总额 3000 万元。2006 年，被评为“海南省农业产业化重点龙头企业”。

十五、白沙热带水果加工厂

位于邦溪经济开发区，1992 年由国家农业投资公司和海南省计划厅安排“拨改贷”近 600 万元兴建的全民所有制企业。2002 年，职工自发筹集资金，组建白沙县琦盛食品有限公司，承包租赁公司的姜茶车间。2003 年，海南椰国食品有限公司投资 20 万元帮助修复水果原料果浆车间，当年收购杧果、木瓜 72 吨，加工生产杧果原浆和木瓜原浆 30 多吨。

十六、白沙咖啡厂

位于白沙县木棉乡，1988 年建设，1990 年投产，以加工咖啡鲜果为主。总投资 1820 万元，计划年产咖啡粉 325 吨。

第二章　交　　通

第一节　机　　构

一、白沙县交通运输局

前身为 1955 年成立的白沙县交通科，1961 年成立白沙县交通运输委员会，1963 年改称白沙县交通局。1995 年，白沙县交通局与县经济委员会合并为县工业交通局。2001 年，县工业交通局与贸易局合并为县经济贸易交通局。2004 年，县经济贸易交通局职能拆分，恢复县交通局名称。2005 年，交通部更名为交通运输部，2009 年白沙县交通局更名为白沙县交通运输局，管辖的下属单位有白沙县交通管理总站、白沙县地方公路管理站、白沙县航务管理所、白沙县机动车驾驶员培训管理办公室。内设办公室、交通运输岗、建设管理岗、安全监督岗、路政管理岗、行政审批岗，管辖交通管理总站、地方公路管理站、航务管理所和机动车驾驶员培训管理办公室，至 2010 年体制职能不变。

二、白沙县公路分局

1988 年，海南省公路局成立，主要负责省公路养护管理工作。1989 年，海南省公路局撤销全省各市县的公路工区，白沙县公路分局成立。2010 年，白沙县公路分局设有行政办公室、计财股、生产技术股、路政股、机料股和工会等 6 个部门，下辖 4 个项目部，18 个道班，1 个维修队，共有干部职工 213 人。

三、白沙县交通规费征稽所

1994 年 1 月 1 日，海南省开始施行《海南经济特区机动车辆燃油附加费征收管理办法》。同年 12 月，成立海南省交通规费征稽局白沙县交通规费征稽所，实行垂直领导。白沙县交通规费征稽所内设行政办公室、规费征收股、财务股、稽查股、工会、党支部办公室。

第二节　公路　桥梁　渡口

一、国道

海榆西线（国道 225 线）白沙段全长 24 千米，经过芙蓉田农场、邦溪乡镇和邦溪农场。1953 年建成通车后，历经 3 次较大规模的改造：第一次 1973 年的路面改造，由广东省委、省政府和海南行政区人民政府投资改造工程，将原来的砂性土路面改造成沥青路面。第二次 1980 年改造，由广东省海南行政区和海南黎族苗族自治州公路局投资建设，对当时的路基路面进行全线的扩建，路面为沥青表处次高级路面。第三次 2010 年改造，由海南省交通厅投资建设，主要是对桥梁及路面进行改造，过乡镇路段为水泥混凝土其余为沥青混凝土，路面等级提高为高级。

二、省道

1990 年前，白沙县境内的省道公路共有 3 条共 99.7 千米，均为 1950 年海南解放初期修建的，即什运至邦溪的什邦线、雅星至查苗的雅查线、那大至白沙的那白线。

公路路面等级低，承载力能力差。1993 年，什邦线由省计划厅、交通厅投资，按二级公路标准进行沥青表处路面改造，使其路面达到次高级路面，九架岭段铺筑水泥砼路面，达到高级路面。1994 年，白洋线由交通厅投资按二级公路标准全级改造，改造后的白洋线公路路面达到次高级路面水平。1995 年，海南省公路局对全省的省道公路线路进行调整，将白沙县境内原定为省道的雅查线、那白线变更为县道，归属白沙县公路分局管养至 2010 年。2000 年，由交通厅投资对省道什邦线和白洋线进行全线改造，改造后的省道什邦线、白洋线路面均达到高级路面水平。至 2005 年，白沙县境内的省道公路有 2 条共 115.9 千米，比 1990 年的里程增加 16.2 千米。2 条省道贯穿白沙东西南北，连接昌江黎族自治县、儋州市、五指山市等周边市县，是全县干线公路网络的重要组成部分。经过 15 年的管养、多次的改道、取直及硬化改造，调整后的省道均已达到二级公路标准，公路等级和承载能力明显提高，公路生态建设初具规模。

白沙县境内主要省道线路有 9 条：

什邦线 S310（原称邦南线，即邦溪—南训）　什运至邦溪，后增加连接西线高速公路出口路的 8.2 千米，全长 99.9 千米里，里程桩号为 K0+000 ~ K99+900。其中白沙县公路分局 2010 年管养的路段为海南牧场至西线高速公路出口路，里程桩号为 K12+000 ~ K99+900，长 87.9 千米，经过几次改道取直和降坡，于 2001 年 5 月第二次全国公路普查后修建而成。根据修建时间划分，海南牧场至西线高速公路出口路又可分为五段，分别为海南牧场—南训、牙叉—南训、打安—牙叉、邦溪—打安和西线高速公路出口路。

邦溪—打安　长 37 公里，其中邦溪至查苗 1950 年海南解放初期修建海榆西线时已修有便道，1959 年在此便道的基础上重新测量、设计、施工，1961 年竣工通车。查苗—打安是在原牛车路的基础上修建的，1957 年初动工，1961 年竣工。

打安—牙叉　长 35 千米，1960 年初动工，1961 年竣工通车。连接邦溪至打安段，即此邦溪至牙叉全线贯通，长 72 千米。因可情水库建成并蓄水，部分路段被水淹没后被中断，无法通车。1965 年第二次重新选线测量，改道走九架岭到牙叉。1966 年动工，1968 年底竣工通车。第二次修建打安至牙叉段，长 18 千米，邦溪-牙叉长 55 千米，比原来缩短 17 千米。

牙叉—南训　白沙县人民政府发动民工，以民办公助的形式修建的。1959 年动工，1961 年竣工，长 12 千米。最初连接邦溪至牙叉段，长 84 千米，打安至牙叉改线后里程长度缩短为 67 千米。1969—1978 年，分别对邦溪至南训路段进行局部改道取直，公路里程缩短为 62 千米，里程桩号为 K0+000 ~ K62+000（邦溪—南训）。路基宽度为 6.5 ~ 7.5 米不等，路面宽度为 3.5 米，路面等级为低级，路面类型为砂土，公路技术等级为等外路。

南训—海南牧场（原称白什线） 长 22 千米，1978 年上半年动工，1986 年全部竣工通车。里程桩号为 K62+000 ~ K84+200，路基宽度 7.5 ~ 8 米，路面宽度 5.5 米。路面等级为低级，路面类型为砂土。线路等级为四级及等外路，其中四级 7 千米，等外路 15 千米。此路段修通后，邦溪至海南牧场段全线贯通，全长 84 千米。

西线高速公路邦溪出口 里程桩号为 K91+700 ~ K99+900 ，长 8.2 千米，1999 年 10 月动工，2000 年 4 月全部竣工通车。路基宽 17 米 ，路面宽 14 米 ，四车道。公路技术等级为二级，路面等级为高级，路面类型为水泥混凝土。

邦溪至海南牧场里程桩号后来调整为从什运算起至邦溪，里程桩号为 K11+900 ~ K95+900。1985 年，海南行政区公路局拨款，白沙县公路工区组织施工队，对九架岭路段的路面进行改造。里程桩号为 K47+100 ~ K53+800，长 6.7 千米，路面宽度为 7 米，路面类型为沥青表处。1987 年由自治州公路局投资，对 K93+000 ~ K94+700 的路基按二级路的标准进行测量、加宽，加宽后的路基为 12 米，对 K36 ~ K37 进行改线，路基宽度为 8 米。

1988—1990 年，海南省公路局分期分段投资，分局组织队伍对什邦线（除九架岭外）43 千米、按山区二级路的标准进行测量施工，1992 年竣工。其中改线取直 4 段 2.8 千米，降坡 7 处，运走土方 5 万立方米，建设桥梁 6 座 84 延米，路基加宽到 12 米，路面加宽 7 米，路面类型为砂土。

1993 年由省计划厅、交通厅投资 2500 万元，分局组织施工队对 K45 ~ K94+700（除九架岭 K47+100 ~ K53+800 外）按二级路的标准进行路面改造。1993 年动工，1994 年竣工。路面等级提高为次高级，路面类型为沥青表处。九架岭路面提高为高级路面，路面类型为水泥混凝土。

1994 年，对什邦线 K11+900 ~ K45 段按二级路的标准进行路基路面改造，1995 年竣工。路面等级提高为次高级，路面类型为沥青表处，路基宽 10 ~ 12 米不等，路面宽 7 米。

2004 年 12 月，对什邦线牙叉至邦溪段（K43+000 ~ K91+700）进行改造。路面等级提高为高级，路面类型为沥青混凝土，路基宽 9 米，路面宽 7.5 米。其中九架岭（K47+100 ~ K53+800）路面类型为水泥混凝土，路面等级为高级，路基宽 8 米，路面宽 7 米；经过的打安、光雅、查苗镇等街道也分别为水泥混凝土路面，路基宽 12 米，路面宽 9 米。

2005 年 10 月，对什邦线海南牧场至牙叉段（K12+000 ~ K43+000）进行改造，2006 年底竣工通车。路基宽 8.5 米，路面宽 7.5 米，路面等级为高级，路面类型为沥青混凝土。

那白线（那大至白沙县城） 民国政府曾修建的一条便道式公路，是当时白沙县通往境外唯一一条公路，即白沙县城至儋县那大镇，全长67千米，其中白沙境内45千米。由于长期缺乏维修，至1950年已经无法通车。1953年，国家下拨100余万元，海南行政区政府组织技术力量进行维修。1954年8月23日开工，1955年5月竣工通车，为砂土路面的等外路。1962年，松涛水库建成并蓄水，大部分路段被淹没，剩下牙港至牙叉段3.2千米，即今牙牙线。1995年2月，全省公路养护体制改革，那白线更改为县道。后因无法通车而终止报废，改用船从牙港至南丰的水陆联运。

雅查线（雅星至查苗） 里程桩号K7+500～K20+000，全长12.5千米，系1939年日本侵略军占领时期修建的战用公路。因年久失修，1953年修建海榆西线时作为海榆西线物资供应运输迂回道路复修，起点儋县南辰，经白沙县茶山河、查苗、木棉到邦溪。1957年上半年，上级拨款和龙江农场投资5.6万元，由龙江农场负责修复，同年9月竣工通车。公路等级为等外路，路基宽7米，路面宽度4.5 米，路面类型为砂土。1961年邦白（邦溪—白沙县城）公路建成后，雅查线改为支线，公路等级为四级，路面类型为砂土，路基平均宽7米，路面平均宽3.5米，桥梁3座。1995年2月，全省公路养护体制改革，改为县道至2010年。2005年进行改造，2006年2月18日开工，2006年9月30日竣工。

白洋线S315 原称白南线，即白沙县城至洋浦开发区，途径白沙县阜龙乡、儋州市培瑞、南辰、白马井等，桩号为K0+000～K28+600。2001年5月，第二次公路普查后改为白洋线，里程桩号调整为K0+000～K28+000，比原来缩短0.6千米。1984年，由自治州公路局拨款41万元进行测量施工，没有修建桥梁和涵洞。1987年，由交通厅拨款1200万元修建永久性桥梁9座，总长218.85延米；永久性涵洞101道，总长1015.4米，同时新修建公路3.5公里。建成后从白沙县城牙叉镇至海口的里程将比原来缩短60千米，长28.6千米，技术等级低，大部分路段为等外路，路面类型为砂土。1991年初，对大部分的路段进行重新走线、测量，同年开工，1994年4月竣工。1996年移交给县公路分局管养，1997年继续加宽，路基宽度为7.5米，路面宽度为6米，公路技术等级达到三-四级，其中三级1.6千米，四级27千米，路面类型仍为砂土。1996年底，对其中26公里不符合要求的路基进行加宽和路面改造，1999年竣工。改造后路面等级提高为次高级，路基宽度为7.6 ～8.5米，路面宽度为7米。2003年6月再次对牙叉至儋州段进行改造，同年6月23日开工，2004年7月竣工。路面等级提高为高级，路面类型为水泥混凝土，路基宽度为8.5米，路面宽度为7.5米。

三、县道

1990 年，白沙县境内的县道公路共有 10 条，长 124.1 千米，分别为芙水线、白南线、牙细线、牙牙线、六福线、打可线、牙营线、埠金线、光青线、雅查线等，连接全县各乡镇和部分行政村，均属等外公路，路面等级为低级路面。在公路养护管理体制尚未改革前，这些县道都由县地方公路管理站管养。1995 年，海南省公路局对全省公路养护体制进行改革，10 条线路移交公路分局管养。经过多次的改线、路线取直后，技术等级依然是等外路，路面等级还是低级路面。2001 年 5 月全国公路普查，白沙县境内的县道由 1990 年前的 8 条 124.1 千米，增加到 12 条 156.83 千米，其中公路分局管养 10 条 139.33 千米，地方公路管理站管养 2 条 17.5 千米，均为砂土路面。2006 年，省交通厅于分别对白沙公路分局管养的 9 条县道投资改造，路面等级均提升为高级、次高级。

1990—2010 年白沙县境内县道公路一览表（地方公路站管养）

表 10-2-1　　单位：公里

编号	线路名称	起点	讫点	养护里程
1	卫和线	卫星	和盛	8.5
2	猛方线	猛冲	方平	9.0

白沙县境内主要县道线路有 10 条：

芙水线 X540（芙蓉田至水尾）　经过荣邦乡，里程桩号 K0+000 ~ K11+900，长 11.9 千米，1956 年修建。2001 年 5 月全国公路普查后，里程桩号 K0+000 ~ K11+230，长 11.23 千米，路基宽 6.4 ~ 7.8 米不等，路面宽 5.4 ~ 6.8 米不等。

埠金线 X547（埠途至金波乡）　里程桩号 K0+000 ~ K13+800 长 13.8 千米，1962 年 7 月修建。2001 年 5 月全国公路普查后，里程桩号 K0+000 ~ K14+000，长 14 千米，路基宽 8.5 米，路面宽 7.5 米。

光青线 X549（光雅至青松乡）　经过光雅镇，里程桩号 K0+000 ~ K24+300 长 24.3 千米，1958 年动工，1960 年竣工。

打可线 X545（打安至可任）　经过卫星农场和可任乡里程桩号 K0+000 ~ K17+200 长 17.2 千米，1960 年建成。

六福线 X545（六连至福妥乡）　经过福妥乡，里程桩号 K0+000 ~ K9+100，长 9.1 千米，1965 年 2 月竣工。

牙细线X542（牙叉至细水） 经过细水乡，里程桩号K0+000 ~ K18+000，长18千米，1975年建成。

白南线X541（白沙镇至南开乡） 里程桩号K0+000 ~ K23+800，长23.8千米，1966年建成。

牙牙线X543（牙叉镇至牙港） 里程桩号K0+000 ~ K3+200，长3.2千米，1954年8月23动工，1955年5月竣工。原为省道，1995年2月全省公路养护体制现改革后，更改为县道至今。

牙营线X543（牙叉镇至营盘） 里程桩号K0+000 ~ K6+000，长6千米，1966动工，1967年竣工。

雅查线X551（雅星镇至查苗镇） 里程桩号K0+000 ~ K12+500，长12.5千米，1956年6月动工，1957年9月竣工。

四、桥梁

截至2010年，白沙县有各类桥梁134座，总长度4135.6米。其中位于国道6座，省道38座，县道40座，乡道50座。

五、渡口

白沙县境内主要有牙港渡口，2006年修建。位于白沙县松涛水库（水域）上游，距离白沙县城约3公里。渡口为自然河岸船舶停靠点，2010年，牙港渡口基础设施尚在建设中。

1988—2010年白沙黎族自治县农村公路桥梁一览表

表10-2-2　　　　单位：米

序号	桥梁名称	跨越地物名称	桥梁全长	建成时间
1	浪九桥	浪九河	20.00	2004年
2	牙和一桥	浪九河	13.00	2005年
3	牙和二桥	浪九河	18.00	2005年
4	牙和三桥	南妹河	15.00	2005年
5	牙和四桥	浪九河	15.00	2005年
6	庄贺桥	南妹河	13.00	2000年
7	方通桥	高峰河	21.00	2004年
8	方佬漫水桥	南渡江	18.00	2005年

续表 10-2-2

序号	桥梁名称	跨越地物名称	桥梁全长	建成时间
9	白水港漫水桥	罗任河	41.00	2003 年
10	金波八队桥	牙加河	20.00	1994 年
11	罗帅漫水桥	罗任河	42.00	2005 年
12	百花桥	那来河	13.30	2002 年
13	志口漫水桥	罗任河	12.00	2003 年
14	牙旺桥	沟壑	20.00	2008 年
15	新安桥	探扭河	15.00	2005 年
16	那放漫水桥	小河	39.00	1999 年
17	海旺老村桥	牙和河	21.10	2003 年
18	启托漫水二桥	红茂河	16.00	1999 年
19	启托漫水三桥	红茂河	17.80	1999 年
20	启托漫水一桥	红茂河	13.50	1988 年
21	道友麦桥	红茂河	19.95	2006 年
22	打金新村漫水桥	岭脚河	22.00	2002 年
23	芭蕉桥	西环铁路	19.00	2007 年
24	红岭桥	沟壑	16.00	2007 年
25	什清阳桥	小河	10.00	1999 年
26	光代桥	小河	13.00	1999 年
27	合水经济场桥	小河	17.00	1999 年
28	苗村桥	治保河	14.50	2006 年
29	新建桥	小河	38.00	1999 年
30	南耐一桥	小河	39.00	1999 年
31	南耐二桥	小河	14.00	1999 年
32	南耐三桥	小河	12.50	1999 年
33	南耐四桥	小河	13.00	1999 年
34	道银二桥	小河	55.00	1999 年
35	道银三桥	小河	38.00	1999 年
36	牙港桥	小河	35.00	1999 年

续表 10-2-2

序号	桥梁名称	跨越地物名称	桥梁全长	建成时间
37	牙叉 18 队 1 桥	小河	9.00	1999 年
38	牙叉 18 队 2 桥	小河	9.00	1999 年
39	牙叉 18 队 3 桥	小河	8.00	1999 年
40	牙叉 19 队桥	小河	5.00	1999 年
41	大岭农场十四队高速路桥	不详	55.00	1999 年
42	大岭农场大岭桥	大岭河	55.00	1999 年
43	龙江二十二队小桥	二十二队河	13.00	1989 年
44	龙江二十五队小桥	二十五队河	13.00	1992 年
45	金波 17 队 1 桥	小河	9.00	1999 年
46	金波 17 队 2 桥	小河	9.00	1999 年
47	牙叉 16 队桥	小河	15.00	1999 年
48	大岭十八队桥	大岭河	54.00	2008 年
49	白沙农场老十三队桥	十三队河	12.00	2008 年
50	茶厂后门桥	小河	5.50	1999 年
51	白沙 2 队 1 桥	小河	8.50	1999 年
52	白沙 2 队 2 桥	小河	9.00	1999 年
53	白沙 2 队 3 桥	小河	12.00	1999 年
54	牙叉农场一队桥	一队河	7.00	2007 年
55	华联大桥	沟壑	44.00	1994 年
56	南兰漫水桥	河流	49.50	2006 年
57	莫好漫水一桥	河流	40.00	2006 年
58	翁村桥	苗村河	39.00	1994 年
59	牙和桥	牙和河	14.00	2003 年
60	莱赛桥	河流	16.80	2005 年
61	致富桥	不详	20.00	2003 年
62	大米铁路桥	沟壑	32.00	2003 年
63	打巴桥	高看河	16.00	2003 年
64	福才漫水桥	河流	87.00	2001 年

续表 10-2-2

序号	桥梁名称	跨越地物名称	桥梁全长	建成时间
65	什席桥	小河	40.02	1999 年
66	卫星四队桥	四队河	46.00	1999 年
67	道旺桥	道旺河	12.00	1985 年
68	东山一桥	东山桥	22.00	2004 年
69	志道桥	志道河	15.00	2000 年
70	牙琼桥	牙琼河	12.00	2001 年
71	光村小桥	沟壑	14.00	2006 年
72	付俄漫水桥	付俄小河	30.00	1996 年
73	牙加桥	石碌水库	72.00	2003 年
74	如翁一桥	牙加河	7.60	2006 年
75	如翁二桥	牙加河	20.00	2000 年
76	金波老村漫水桥	如翁河	22.60	2006 年
77	牙扩一桥	牙护河	11.00	2003 年
78	牙扩二桥	南妹河	12.00	2002 年
79	南针桥	南针河	12.00	2003 年
80	什庄一桥	南妹河	70.04	2005 年
81	什庄二桥	南妹河	70.04	2005 年
82	益条桥	智在河	69.00	2003 年
83	拥处新村桥	拥处河	16.00	2003 年
84	拥处老村桥	拥处河	14.30	2003 年
85	智在桥	智在河	49.04	2006 年
86	红兵桥	南针河	16.00	2006 年
87	青新桥	沟壑	10.50	2011 年
88	合水桥	合水河	51.00	2005 年
89	类托漫水桥	南达河	18.00	2004 年
90	罗任石拱桥	罗任河	18.00	2004 年
91	合口漫水桥	罗任河	48.00	2002 年
92	罗任新村漫水桥	罗任河	48.00	2003 年

续表 10-2-2

序号	桥梁名称	跨越地物名称	桥梁全长	建成时间
93	向民桥	向民河	95.00	2004 年
94	莫好漫水三桥	沟壑	12.00	2006 年
95	莫好漫水二桥	沟壑	16.00	2006 年
96	牙南桥	河流	48.00	2005 年
97	金波二桥	牙加河	12.00	1990 年
98	和巷桥	和巷河	45.50	1999 年
99	芙蓉田十九队桥	珠碧江支流	33.00	2003 年
100	卫星九队桥	浪烈河	18.00	1997 年
101	珠碧江水库（1）桥	珠碧江支流	17.60	2007 年
102	珠碧江八队桥	珠碧江	9.60	2007 年
103	北干渠小桥	无名	9.00	1998 年
104	新荣村小桥	无名小溪	13.00	1990 年
105	白鱼塘村桥	无名小溪	7.00	1990 年
106	邦溪大米小桥	大石河	25.50	1989 年
107	深沟水利小桥	水渠	13.00	1993 年
108	大岭农场五队桥	大岭河	57.00	1999 年
109	东西湖桥	小河	36.00	1999 年

2010 年白沙县公路、桥梁里程一览表

表 10-2-3

项　　目	单位	总计	国道	省道	县道	乡村道
一、公路通车里程	公里	924.4	24.0	115.9	154.4	630.1
#晴雨通车	公里	712.4	24.0	115.9	154.4	418.1
按公路等级分	—	—	—	—	—	—
（一）等级公路	公里	662.2	24.0	115.9	47.8	474.5
一级公路	公里	—	—	—	—	—
二级公路	公里	141.1	24.0	115.9	1.2	—
三级公路	公里	12.7	—	—	12.7	—
四级公路	公里	508.3	—	—	33.9	474.4

续表 10-2-3

项　　目	单位	总计	国道	省道	县道	乡村道
（二）等外公路	公里	262.3	—	—	106.6	155.7
按公路有无路面分	—	—	—	—	—	—
（一）有路面里程	公里	712.4	24.0	115.9	154.4	418.1
高级及次高级	公里	559.2	24.0	115.9	1.2	418.1
中级	公里	—	—	—	—	—
低级	公里	153.2	—	—	153.2	—
（二）无路面里程	公里	212.0	—	—	—	212.0
二、绿化里程	公里	790.7	20.0	100.0	117.2	553.5
三、养护里程	公里	768.8	24.0	115.9	154.4	474.5
四、桥梁座数	座	134.0	6.0	38.0	40.0	50.0
#永久性	座	134.0	6.0	38.0	40.0	50.0
桥梁长度	米	4135.6	273.9	1320.3	1111.7	1429.7
#永久性	米	4135.6	273.9	1320.3	1111.7	1429.7

第三节　交通运输

一、机构

1988 年，海南汽车运输公司划归海南省管理，广东省汽车运输公司白沙车站更名为海南省汽车运输总公司白沙车站。同年 8 月，成立海南省汽车运输总公司，管理各市县运输公司。1996 年，海南省汽车运输总公司白沙车站更名为海南汽车运输总公司白沙分公司。2007 年，白沙分公司更名为海南海汽运输集团有限公司白沙分公司。海汽白沙分公司设立综合办公室、物业站、计财部、站务部、快递部、经营发展部、车队、维修厂和治安办公室，公司下属 1 个车队，1 个二级客运站，1 个四级客运分站，4 个补票点。2010 年，在岗员工 56 人，劳务派遣人员 14 人，营运车辆 56 辆，其中海汽快车 12 辆，责任车 44 辆。

二、公路运输

1988 年，白沙县公路通车里程 925 千米，其中国道 24 千米，省道 83 千米，县道 121 千米，乡村道路 697 千米。同年，全县民用汽车拥有量 519 辆，其中载客汽车 33 辆，载客总客位 1436 个，载货汽车 334 辆，载货总吨位 1577 吨，另有其他汽车 152 辆。该年度完成货物运输总量 37 万吨，较建省前增长 12.1%，货物周转量 2711 万吨千米，较建省前增长 12.2%；完成旅客运输量 90 万人，较建省前增长 12.5%，旅客周转量 2866 万人千米，较建省前增长 15.1%。1990 年，全县公路通车里程 905 千米，其中国道、省道及县道里程保持不变，乡村道路较 1988 年略有减少。当年全县民用汽车拥有量 581 辆，其中载客汽车 32 辆，载客总客位 1462 个，载货汽车 296 辆，载货总吨位 1317 吨，另还有其他汽车 253 辆。该年度完成货物运输总量 61 万吨，较 1988 年增长 64.9%，货物周转量 4471 万吨千米，较 1988 年增长 64.9%；完成旅客运输量 95 万人，较 1988 年增长 5.6%，旅客周转量 4981 万人千米，较建省前增长 73.8%。

1995 年“八五”计划末，全县公路通车里程 923 千米，其中国道里程数保持不变，省道由原有的 87 千米增加到 112 千米，县道由原有 145 千米增加到 156 千米，乡村道路则由原有的 676 千米减少到 631 千米。同年，全县民用汽车拥有量 847 辆，其中载客汽车 313 辆，载客总客位 3688 个，载货汽车 517 辆，载货总吨位 2190 吨，另还有其他专用汽车 17 辆。该年度完成货物运输总量 165 万吨，较上年同期下降 9.3%，货物周转量 10752 万吨千米，较上年同期下降 8.1%；完成旅客运输量 182 万人，较上年同期增长 1.1%，旅客周转量 8660 万人千米，较上年同期增长 1.9%。

2000 年“九五”计划末，全县公路通车里程 903 千米，其中国道 24 千米，省道 120 千米，县道 156 千米，乡村道路 603 千米。同年，全县民用汽车拥有量 583 辆，其中载客汽车 241 辆，载客总客位 2673 个，载货汽车 354 辆，载货总吨位 1560 吨，另还有其他汽车 18 辆。该年度完成货物运输总量 149 万吨，较上年同期增长 7.2%，货物周转量 9833 万吨千米，较上年同期增长 5.6%；完成旅客运输量 204 万人，较上年同期增长 2.5%，旅客周转量 9159 万人千米，较上年同期下降 11.3%。

2005 年“十五”计划末，全县公路通车里程 912 千米，其中国道 24 千米，省道 116 千米，县道 156 千米，乡村道路 616 千米。年度完成货物运输总量 187 万吨，较上年同期增长 5.1%，货物周转量 12653 万吨千米，较上年同期增长 5.9%；完成旅客运输量 293 万人，较上年同期增长 20.2%；旅客周转量 12616 万人千米，较上年同期增长 7.8%。县客运部门营运汽车营运总车日 14898 日，总车客位日 358795 日，总行程 387 万车千米，总行程载重量 10101 万客位千米。

2010 年“十一五”计划末，全县公路通车里程 924.4 千米，其中国道 24 千米，省道 115.9 千米，县道 154.4 千米，乡村道路 630.1 千米。年度完成货物运输总量 397 万吨，较上年同期增长 14.4%，货物周转量 27118 万吨千米，较上年同期增长 14.1%；完成旅客运输量 605 万人，较上年同期增长 15.7%；旅客周转量 26337 万人千米，较上年同期增长 15.4%。县客运部门营运汽车营运总车日 13525 日，总车客位日 28576 日，总行程 388 万车千米，总行程载重量 9287 万客位千米。

白沙县主要年份交通运输情况见表 10-2-4。

1992—1997 年白沙县各类交通运输情况一览表

表 10-2-4

	单位	1992 年	1993 年	1994 年	1995 年	1996 年	1997 年
一、公路通车里程	千米	930	932	932	923	918	904
国道	千米	24	24	24	24	24	24
省道	千米	87	87	87	112	112	112
县道	千米	130	145	145	156	156	156
乡村道路	千米	689	676	676	631	626	612
二、全社会客货运输量							
客运量	万人	125	156	180	182	183	201
旅客周转量	万人千米	7103	8025	8502	8660	8776	9045
货运量	万吨	101	143	182	165	140	122
货物周转量	万吨千米	7391	9103	11705	10752	9232	8245
三、全社会民用车辆拥有量							
（一）民用汽车总计	辆	733	820	845	847	829	704
#公路运输部门	辆	14	16	16	16	19	16
私人	辆	183	221	273	373	461	484
1. 载客汽车	辆	269	320	329	313	307	263
#公路运输部门	辆	14	16	16	16	19	16
客位	个	2852	3240	3545	3688	3556	3227
#公路运输部门	个	621	723	700	684	842	684
2. 普通载货汽车	辆	446	482	499	517	512	429
吨位	吨	1959	2129	2184	2190	2048	1824
3. 其他专用汽车	辆	18	18	17	17	10	12

续表 10-2-4

	单位	1992 年	1993 年	1994 年	1995 年	1996 年	1997 年
（二）其他民用车辆							
1. 轮胎式拖拉机	辆	1121	1166	1201	1201	1023	1023
#手扶拖拉机	辆	960	1005	1009	985	818	839
2. 摩托车	辆	521	644	810	1070	1971	3145
3. 其他机动车	辆	28	21	27	25	38	56
四、汽车驾驶员	人	1885	2069	2800	3547	4229	4193
五、机动运输客船	艘	1	1	1	1	1	1
客位	个	72	72	72	72	72	72

1988—2004 年白沙县各类公路线路里程一览表

表 10-2-5　　单位：千米

年　份	公路通车里程	其中			
		国道	省道	县道	乡村道
1988 年	924	24	83	121	697
1989 年	912	24	83	121	685
1990 年	905	24	83	121	678
1991 年	898	24	83	121	671
1992 年	930	24	87	130	689
1993 年	932	24	87	145	676
1994 年	932	24	87	145	676
1995 年	923	24	112	156	631
1996 年	918	24	112	156	626
1997 年	904	24	112	156	612
1998 年	895	24	112	156	603
1999 年	895	24	112	156	603
2000 年	903	24	120	156	603
2001 年	897	24	116	154	603
2002 年	897	24	116	154	603
2003 年	924	24	115.9	154	630

2010 年白沙县各类公路线路里程

表 10-2-6

项　目	单位	总计	国道	省道	县道	乡村道
一、公路通车里程	千米	924.4	24.0	115.9	154.4	630.1
#晴雨通车	千米	712.4	24.0	115.9	154.4	418.1
按公路等级分	—	—	—	—	—	—
（一）等级公路	千米	662.2	24.0	115.9	47.8	474.5
一级公路	千米	—	—	—	—	—
二级公路	千米	141.1	24.0	115.9	1.2	—
三级公路	千米	12.7	—	—	12.7	—
四级公路	千米	508.3	—	—	33.9	474.4
（二）等外公路	千米	262.3	—	—	106.6	155.7
按公路有无路面分	—	—	—	—	—	—
（一）有路面里程	千米	712.4	24.0	115.9	154.4	418.1
高级及次高级	千米	559.2	24.0	115.9	1.2	418.1
中级	千米	—	—	—	—	—
低级	千米	153.2	—	—	153.2	—
（二）无路面里程	千米	212.0	—	—	—	212.0
二、绿化里程	千米	790.7	20.0	100	117.2	553.5
三、养护里程	千米	768.8	24.0	115.9	154.4	474.5
四、桥梁座数	座	134	6	38	40.0	50
#永久性	座	134	6	38	40.0	50
桥梁长度	米	4135.6	273.9	1320.3	1111.7	1429.7
#永久性	米	4135.6	273.9	1320.3	1111.7	1429.7

三、客运、货运

客运　客运是白沙分公司的主营业务，货运以车辆小件行李（货物）托运为主。至 2010 年，未开展汽车租赁业务和公交车辆。

1988 年，白沙客运旅客运输量 90 万人，旅客周转量 2866 万人千米。2010 年，旅客运输量 605 万人，同比增长 15.7%；周转量 26337 万人千米，同比增长 15.4%。共有客运班线 16 条，辐射广东、广西、海口、三亚、琼海、儋州等市县，其中省际客运班线 3 条、市际班线 3 条、县际班线 6 条、县内区间班线 4 条。

省、市、县际客运车辆行驶路线 13 条：

白沙—海口，途经查苗、邦溪、临高口、福山口，全程 227.8 千米。

金波—海口，途经邦溪、八一、那大、多文、福山，全程 241 千米。

白沙—三亚，途经邦溪、叉河、九所，全程 280 千米。

白沙—琼海，途经元门、什运、琼中、屯昌，全程 207 千米。

白沙—万宁，途经元门、什运、琼中，全程 179 千米。

白沙—五指山，途经元门、什运、毛阳，全程 95 千米。

白沙—八所，途经查苗、邦溪、大坡、昌江，全程 111 千米。

白沙—石碌，途经查苗、邦溪，全程 66 千米。

白沙—那大，途经可任、天堂、西培，全程 56 千米。

查苗—那大，途经珠碧江、八一，全程 55 千米。

白沙—金江，途经可任、西培、那大、多文、福山，全程 200 千米。

白沙—邦溪，途经打安、光雅、查苗，全程 51 千米。

白沙—青松，途经打安、光雅、阜喜、打炳，全程 47 千米。

1988—1997 年，白沙车站归海南省汽车运输总公司管理期间，根据市场经济的变化，实行自负盈亏。公司客车 8 台，白沙—海口客运班线增加到每天 10 班，新增白沙—三亚班线。由于私营客车、货车、黑车无序竞争，县内一些企业（如白沙糖厂）成立车队，原有货运机制已不适应市场需求，因此白沙车站不再经营货运业务，货车作报废处理，油库也停业。

1998—2005 年，海汽白沙分公司收编社会车辆，开通海汽快车。共有车辆 34 台，白沙—海口客运班线增加到每天 17 班，陆续增加广东省广州、深圳、信宜，广西壮族自治区容县，海南省八所、昌江、五指山、那大、琼海、万宁、琼中等客运班线。

2006—2010 年，白沙分公司对部分客运班线进行优化，不断规范客运市场秩序。共有客车 50 台，白沙—海口班线增加到每天 24 班，白沙—那大线每天 18 班，白沙—邦溪线每天 21 班。

货运 1988 年，白沙县社会货运量 37 万吨，货运周转量 2711 万吨千米。2010 年，全年货物量 397 万吨，同比增长 14.4%；货物周转量 27118 万吨千米，同比增长 14.1%。

1988—2010 年白沙县社会客货运输量一览表

表 10-2-7

年　份	货物运输量（万吨）	货物周转量（万吨千米）	旅客运输量（万人）	旅客周转量（万人千米）
1988 年	37	2711	90	2866
1989 年	42	3078	92	3039
1990 年	61	4471	95	4981
1991 年	82	6001	110	5840
1992 年	101	7391	125	7103
1993 年	143	9103	156	8025
1994 年	182	11705	180	8502
1995 年	165	10752	182	8660
1996 年	140	9232	183	8776
1997 年	122	8245	201	9045
1998 年	116	7939	207	10821
1999 年	139	9313	199	10327
2000 年	149	9833	204	9159
2001 年	153	9996	200	9379
2002 年	165	10766	212	9693
2003 年	171	11250	224	10468
2004 年	178	11948	243	11703
2005 年	187	12653	292	12616
2006 年	223	15236	338	14733
2007 年	252	17216	382	16649
2008 年	298	20349	455	19829
2009 年	347	23767	523	22823
2010 年	397	27118	605	26337

二、水路运输

白沙县内水路运输仅有旅客，主要为了沿河周边群众日常生产生活出行，日平均过渡人次达 0.1 万人。1992—1999 年，牙港渡口经营渡运的机动运输客船一艘，客位 72 个。2001—2006 年，渡运船舶一艘，客位 50 个。2007 年，渡船 2 艘，客位 24 个。2008—2010 年，渡船 3 艘，客位 36 座。2010 年，水路运输旅客运输量 10.8 万人次，旅客周转量 41.5 万人千米。

2001—2010 年白沙县牙港渡口运输情况一览表

表 10-2-8

年份	船舶（艘）	客位（个）	新增船舶（艘）	客运量（万人次）	同比增长率（%）
2001 年	1	50	—	—	—
2002 年	—	—	—	—	—
2003 年	—	—	—	—	—
2004 年	—	—	—	—	—
2005 年	—	—	—	—	—
2006 年	—	—	—	—	—
2007 年	2	24	2	7.2	—
2008 年	3	36	1	7.2	—
2009 年	3	36	—	10.8	30
2010 年	3	36	—	10.8	—

第四节　交通管理

一、道路交通运输管理

白沙县交通管理总站主要职责是依法承担道路旅客运输、货物运输、站场运营、汽车出入境运输、机动车维修与综合性能检测、机动车驾驶员培训，以及城市公共交通、城市地铁和轨道交通运营，出租汽车、汽车租赁、物流市场有关管理、车辆超限运输源头治理等行政管理职能。同时，为维护道路运输市场秩序提供管理保障，道路运输经营许可与资质管理，道路运输从业人员资质管理，道路运输经营监督与违章处罚，道路运输质量纠纷调解，道路运输业户调查与统计。

道路运输市场管理主要是维护经营者的合法权益，打击非法经营，规范县道路运输市场秩序，建立“统一、开放、竞争、有序”的道路运输市场体系。主要管理措施：一是对非法从事道路运输经营的车辆进行稽查。重点查处非法运营的“黑车”、私自揽团的旅游车、伪造运营证照的小客车、驻点运营的异地出租汽车以及非法从事营运的摩托车、客货两用车和其他私家车辆等非法经营行为，以及未按规定进行年度审验和换证而继续从事非法经营活动行为。二是查处无证非法从事汽车维修经营或超越经营范围的机动车维修企业。三是查处无证无照非法从事驾培业务，或者无教练员证从事教练工作以及“黑教练车”行为。四是改善县客运市场营运环境，建立健全长效工作机制，促进白沙客运行业稳定、健康发展。五是严把营运车辆准入关，淘汰能耗高、排放超标的车型。六是实施客运企业、驾驶员培训企业和机动车维修企业质量信誉考核。

经过考核，海汽白沙分公司达到 AAA 级。白沙县机动车驾驶学校达到 AA 级。有 4 家县二类汽车维修企业达到 AA 级。

二、驾培市场管理

机动车驾驶员培训行业管理站主要管理驾培市场，一是规范动车驾驶培训市场，提高培训质量，预防和减少道路交通安全事故的发生。二是加强机动车驾驶员培训的管理，切实抓好驾校培训质量关。1992 年，汽车驾驶员 1885 人。2002 年，机动车驾驶员 4945 人，其中汽车驾驶员 4472 人。

三、交通规费征稽

县交通规费征稽所主要职责是宣传贯彻执行国家交通规费征收政策、法规、规章，依法征收管理机动车辆通行附加费、稽查机动车辆通行附加费缴讫情况、处理违反交通规费征收行为、受理交通征稽行政复议案件，对违反交通规费征收政策、法规、规章、滥用职权、徇私舞弊等违纪行为进行处理。1994 年 1 月 1 日开始，海南省率先在全国实行公路规费征收制度改革，把公路养路费、过桥费、过桥费和公路运输管理费“四费合一”，统一征收燃油附加费，体现“用路者付费，多用路者多用费”合理收费原则。全省撤销所有公路上的收费站、卡，成为全国第一个没有公路收费站、卡的省份。1997 年 7 月，全省实现电脑联网征收交通规费。

四、油量计量稽查

1996 年，全省加油站、油库安装启用油量和进油口流量计量表监控装置，各燃油批发企业油库安装进出口油量计量表。

五、航务管理

2003年成立白沙县航务管理所，负责全县水路运输、渡口的行业管理。航务管理所日常管理措施：一是协同安监、渔业、海事部门及沿河乡镇政府，对渡船经营单位的运输船舶进行安全检查，确保辖区水上交通安全，维护正常水上生产秩序。二是稽查县内水路运输服务业，管理水运企业的经营资质，强化水运市场监管，打击非法经营，保护合法经营者利益，维护水运市场秩序。三是开展安全生产检查工作开展，消除安全隐患。

六、交通安全管理

白沙县开展道路运输行业安全生产和隐患排查综合治理工作，督促运输企业认真履行安全生产主体责任，严格执行“三不进站，五不出站”（易燃、易爆、易腐蚀物品不进站，无关人员不进站，无关车辆不进站；行驶证、驾驶证、从业资格证、道路运输证、客运线路标志牌、超长客运派车通知单不全或不符合规定不出站）制度，落实安全生产责任制和安全生产措施，深入开展安全生产隐患排查与整治。开展节假日期间的安全生产宣传工作，加强对从业人员进行安全生产宣传教育，加强对“三品”（易燃品、易爆品、危险品）进行监督检查。严格路面监控管理，每天派出稽查人员在牙叉—邦溪、牙叉—南辰路段进行流动性稽查，对违规车辆和非法经营车辆进行严厉打击，规范客运经营秩序。对参加春运客车的安全技术状况进行全面检查，确保参运车辆符合安全技术标准且技术性能良好。在安全生产月期间设立咨询点，宣传安全生产法律法规，散发宣传资料和解答道路运输安全法律、法规、安全知识。

2006年，全县道路交通事故发生79起，死亡人数8人，直接经济损失14.8万元。2010年，全县道路交通事故发生共305起，其中一般程序处理88起，简易程序处理217起，死亡人数10人，直接经济损失18.4万元。

2006—2010年白沙县交通事故情况一览表

表10-2-9

年份、项目	发生数（起）	死亡人数（人）	受伤人数（人）	损失折款（万元）
2006年	79	8	74	14.80
2007年	94	20	92	12.14
2008年	111	7	119	37.16
2009年	204	7	233	39.61
2010年	305	10	379	62.36

2010年白沙县交通事故分类情况表

表10-2-10

交通事故类别	发生数（起）	死亡人数（人）	受伤人数（人）	损失折款（万元）
一、一般程序处理交通事故	88	10	190	18.41
1. 机动车	79	9	173	17.95
汽车	33	6	63	10.01
摩托车	44	3	108	7.74
拖拉机	2	—	2	0.20
2. 非机动车	1	—	3	0.02
#自行车	1	—	3	—
3. 行人乘车人	1	—	1	0.05
4. 其他	7	1	13	0.39
二、简易程序处理交通事故	217	—	189	43.95
三、其他交通事故	—	—	—	—

说明：损失折款指直接损失

第五节　公路管理

一、公路养护

白沙县公路管理部门工作是组织实施上级主管部门制定的地方公路建设、养护、管理规划、年度计划和管养政策办法，管理辖区内地方公路路政，处理违章，保护路产，维护公路养护施工的正常秩序，负责地方公路现代化养护、现代化管理技术开发、交通情况调查和路况登记，以及地方公路有关信息资料的收集、统计、分析和汇总上报工作，组织应急、抢救战备情况下的公路、桥梁。

1987年，白沙公路工区养护里程115.5千米，其中国道24千米，省道91.5千米，路面硬化24千米，砂土路面91.5千米。下设道班12个，其中国道道班2个。工区拥有各类小型养护机械39台，工程汽车3台、压路机2台、行政小车1台、路政巡查车1台。

1988年，海南省公路局成立。1989年成立白沙县公路分局，下辖12个道班：国道的邦溪、芙蓉田道班，省道的邦南、木棉、查苗、光雅、打安、方亮、白沙、元门、奋步、莺歌道班。有1个机械修理班、1个车队。全县养护里程115.5千米，其中国道24

千米，省道 91.5 千米。

1994 年，养征站分设分局。1995 年，海南省实行公路养护体制改革，海南省公路局对省养公路和地养公路重新调整。将原县地方道路管理站管养的白洋线、芙水线、埠金线、光青线、打可线、六福线、牙细线、白南线、牙营线等 9 条线划拨给白沙公路分局管养，原来白洋线升级为省道。县公路分局管养的线路 13 条（包括海榆西线、什邦线、雅查线、牙牙线）合计 281.6 千米，其中国道 1 条 24 千米，省道 2 条 115.9 千米，县道 10 条 141.7 千米。其中水泥混凝土路面 45.2 千米，沥青混凝土路面 71.5 千米。拥有道班 17 个，1 个公路维修队。

2007 年，为了使农村公路养护管理规范化，白沙县政府打破以往由各乡镇政府管养的常规模式，采取将部分农村公路进行分段承包给沿线农民或个人的模式进行养护，通过与个人或农户签订合同，落实养护责任和质量目标。实行弹性养护制，忙时干农活，闲时养村道，不拘形式养好路，促进农民就业和增加收入。地方公路管理站共管养农村公路里面程 502.71 千米，其中县道养护 15.13 千米，乡道 215.2 千米，村道 272.38 千米。

2010 年，白沙县公路分局管养公路总里程 768.8 千米，其中国道 24 千米，省道 115.9 千米，县道 154.4 千米，乡道 474.5 千米。路况指标全年平均优良路率 89.93%，年末优良路率 90.03%，其中国省道年末优良路率 85.6%，县道年末优良路率 100%。同时对沿线公路实施绿化和美化工作，累计完成沥青罩面 7.14 万平方米，路面裂缝修复 4942 米，使用沥青 186.4 吨。在白洋线、什邦线等线路补种各类花卉 3.46 万株、树苗 1200 株，草皮绿化 3062 平方米，利用自然景观打造具有山区公路特色的生态公路品牌。全年共出动车辆 150 台次和 573 人次，查处违章车辆 273 辆，收回 10.34 万元赔偿款，罚款 6.74 万元。共处理违法案件 8 宗，结案率 100%，收回赔偿 1.42 万元，收回临时占用费 5.49 万元，收取埋设缆线赔偿款 36.77 万元，增设交叉道口赔偿款 21 万元，维护白沙公路的路产路权。路况指标全年平均优良路率 89.93%，年末优良路率 90.03%，其中国省道年末优良路率 85.6%，县道年末优良路率 100%。

二、桥涵养护

白沙县公路分局重视桥涵的日常养护，加强台风和雨水季节的巡查，及时疏通排水，确保桥涵安全，制定《桥梁突发事件的应急预案》和《白沙公路分局桥梁养护工程师制度》，明确分局桥梁养护管理小组及养护责任，对管辖范围内的国道、省道、县道桥梁进行全面检查，填写桥梁定期检查记录表，建立相应的病害图片资料，共检查桥梁 78 座，特别加强对技术状况为三、四类桥梁的养护和维修工作，及时采取限速限行等有效的安全措施，并认真做好定期观测和检测的工作。共投入资金 297 万元，对光雅桥、岭脚小桥和光荣桥进行危桥改建，同时认真、及时、准确地做好工程质量、竣工验收、工程决算及技术档案管理的收集和整理工作。1988—2010 年，由白沙县地方公路管养的各类桥梁 15 座。

1988—2010 年白沙县地方公路管理站管养的桥梁分布表

表 10-2-11

序号	路线	桥梁名称	中心桩号	桥梁总长（米）	桥孔数（个）	桥梁跨径总长（米）	上部结构	部结构材料	通车时间
1	卫和线	卫星四队桥	3.659	34.0	3	18.0	石拱	石	1999 年
2	卫和线	东山一桥	7.400	22.0	2	20.0	板梁	钢筋混凝土	2004 年
3	猛方线	志道桥	1.779	15.0	1	6.0	板梁	混凝土	2000 年
4	猛方线	牙琼桥	5.527	12.0	1	—	板梁	钢筋混凝土	2001 年
5	大岭农场场部十字路口—大岭六队	大岭农场五队桥	3.122	57.0	1	36.0	T 形梁	钢筋混凝土	1999 年
6	邦溪三区路口—邦溪三队	邦溪农场三队铁路桥	6.394	40.0	1	12.0	T 形梁	钢筋混凝土	1995 年
7	邦溪三区路口—邦溪三队	深沟水利小桥	6.113	13.0	1	6.0	板梁	混凝土	1993 年
8	邦溪三区路口—邦溪三队	邦溪大米小桥	0.549	25.5	1	12.0	板拱	钢筋混凝土	1989 年
9	芙蓉田招待所—白鱼塘村	白鱼塘村桥	5.896	7.0	1	5.0	板梁	钢筋混凝土	1990 年
10	芙蓉田招待所—白鱼塘村	新荣村小桥	4.593	13.0	1	6.0	板梁	钢筋混凝土	1990 年
11	芙蓉田招待所—白鱼塘村	北干渠小桥	0.985	9.0	1	6.0	板梁	钢筋混凝土	1998 年
12	珠碧江场部十字路口—八队	珠碧江八队桥	5.219	9.6	1	6.0	板梁	钢筋混凝土	2007 年
13	珠碧江场部十字路口—八队	珠碧江水库（1）桥	1.341	17.6	1	6.0	板梁	钢筋混凝土	2007 年
14	卫星五区路口—卫星十队路口	卫星九队桥	5.208	18.0	1	7.3	板梁	钢筋混凝土	1997 年
15	三十二队入口—芙蓉田中学	芙蓉田十九队桥	12.950	33.0	1	20.0	板拱	石	2003 年

第三章 邮 政

第一节 机 构

1988 年，白沙县邮电局设有政工股、业务股、统计股，下设 8 个班组，下辖 4 个支局，8 个邮电所。2010 年，内设综合部、市场部、设备维护中心、安保中心、邮件处理中心和邮政营业中心，下设 9 个自办支局所（其中隶属于邮政企业的二类支行 4 个），8 个委代办所。有合同工 30 人，劳务派遣人员 42 人，退休 28 人，内退 12 人，管理干部、专业技术人员 8 人（其中 5 人有专业技术职称）。

1990 年，在牙叉县城开办邮政储蓄网点，同年新增设七坊、邦溪 2 个邮政储蓄网点。1991 年增设卫星邮政储蓄网点。1992 年，增设光雅邮政储蓄网点和芙蓉田邮政储蓄网点，1993 年增设大岭邮政储蓄网点。1993 年，县人民政府批复同意成立县邮电服务公司，隶属县邮电局，实行独立核算，自主经营，自负盈亏。1994 年，增设珠碧江邮政储蓄网点和白沙农场邮政储蓄网点。1995 年，增设白沙县牙叉东路邮政储蓄营业网点。1996 年，增设金波邮政储蓄营业网点。

1997 年，按照海南省邮电管理局的统一工作部署，邮政、电信分开独立营业，分别设立白沙县邮政局和白沙县电信局，并分别成立中共白沙县邮政局党组、中共白沙县电信局党组。邮政局设邮政运营部、综合办公室，下辖 3 个邮政支局、2 个邮电支局、14 个邮电所。1998 年，白沙县邮政局承接邦溪建设银行分理处为邮政储蓄代办点，将元门、青松、可任、和荣、荣邦、打安、细水、南开等 8 个年收入不足 5000 元的亏损邮电所改为代办或承包经营，增开大岭、牙叉东路、芙蓉田、卫星、七所、光雅等 6 个邮购网点。1999 年，将邦溪邮政支局与邦溪邮政储蓄代办点合并。2000 年，成立邮购公司，增开七坊邮购网点。2001 年，开办县城邮政网吧、邮政广告公司、邮购家电商场、邮政宾馆。2002 年，开办邮政娱乐城。

2008 年，成立中国邮政储蓄银行白沙县支行。同年，中国邮政储蓄银行白沙县牙叉镇东路支行、中国邮政储蓄银行白沙县七坊镇支行、中国邮政储蓄银行白沙县邦溪镇支行和中国邮政储蓄银行白沙县芙蓉田农场支行等 4 个支行挂牌成立。

2009 年，成立海南省邮政速递物流公司。2010 年，成立海南省邮政速递物流股份有限公司，白沙县邮政相应开通速递业务点。

第二节　邮政设施

一、营业场所

1988—1997 年，白沙县邮电局及各个邮电所均修建独立的综合大楼，服务设施和办事环境不断改善。1988 年完成打安邮电所生产综合大楼 298 平方米和卫星邮政所生产楼

260 平方米的工程建设并交付使用。1989 年，完成邦溪生产综合楼 460 平方米的工程建设。1990 年，完成七坊生产综合楼 1050 平方米的工程建设并交付使用。1992 年，完成光雅邮电支局综合通信楼 680 平方米、青松邮电所生产楼 240 平方米、可任邮电所生产场地 180 平方米和荣邦邮电所生产场所 206 平方米的工程建设。1993 年，完成白沙农场邮政所生产综合楼 616 平方米、珠碧江邮政所生产综合楼 616 平方米的工程建设并交付使用。1994 年，完成白沙县牙叉桥南邮电所综合生产楼 1700 平方米的工程建设并交付使用。1995 年，完成金波邮电支局综合生产楼 800 平方米的工程建设并交付使用。1996 年，完成元门邮电所综合楼 800 平方米工程建设并交付使用。

1997 年，白沙县邮政、电信分营。白沙邮政局土地面积 2.35 万平方米，自有房屋面积 1.73 万平方米，其中生产用房达 3579 平方米。全年完成固定资产投资达 300 万元。1998 年 7 月 27 日，白沙县邮政综合大楼工程交付使用。同年对县城储汇中心、牙叉东路所、邦溪、七坊等邮政储蓄网点进行装修改造，新建金库 1 个，并于县城储汇中心、邮购中心安装监控装置。1999 年完成邦溪邮政支局邮件处理中心工程，并对邮购中心、牙叉东、七坊、金波、光雅、芙蓉田、大岭、卫星、七所等网点进行装修改造。2000 年装修改造七坊支局营业厅，2001 年装修改造光雅支局营业厅，2002 年装修改造七坊邮政局支局和七所邮政所营业厅，在七坊建设白沙邮政第一家防弹玻璃营业窗口及标准化库房。2003 年装修改造县局、大岭所和邦溪支局的网点营业厅和库房。2005 年自筹资金装修改造县局行政两部一室和业务档案室以及卫星邮政所，并按标准工作间进行分隔，全局集中调整到综合办公楼三楼办公。2006 年，自筹资金改造金波支局，在海南省邮政局的支持下标准化改造储汇中心和七坊邮政支局。2007 年，自筹资金改造邮政营业中心，并在海南省邮政公司的支持下改造牙叉东路邮政所、芙蓉田邮政所和邦溪邮政支局。2008 年改造珠碧江所、芙蓉田所和光雅支局的库房值班室，对县局行政办公室进行合并改造。2010 年，完成对大岭邮政所和七所邮政所的营业柜台以及七坊邮政支局和七所邮政所的支局长办公室、投递室改造。

二、邮政网点、邮路、设备

1988 年，白沙县邮电局所 19 处，其中农村 17 处，邮路及农村投递路线总长 499 公里，邮运汽车 1 辆，摩托车 4 辆，自行车 42 辆。1989 年，开通牙叉县城至邦溪的自办汽车邮运邮路，全程 104 公里。1993 年，开办牙叉县城至元门、牙叉县城至白沙农场、打安至卫星农场等 3 条自办邮运邮路共 48 公里。1994 年，开通邦溪至珠碧江的自办邮运邮路 35.7 公里。1995 年，调整珠碧江、卫星、白沙农场、元门、和荣邮车路由，全县邮路总长达到 292 单程公里，农村投递路线总长 949 单程公里，全局有邮运汽车 8 辆、摩托车 3 辆。

1997 年，白沙县邮电局所总数 21 处，自办局所总数 20 处，设在农村的 18 处，提供邮政全功能服务的 1 处。邮电局 1 处，邮电支局 4 处，邮电所（设在农村的）14 处，邮政所（设在农村的）5 处，代办所（邮电代办所、在农村的）1 处。集邮品销售点 1 处。邮政储蓄点 11 处。信筒信箱 40 个，设在农村的 36 个。农村信报站 9 个。公用电话点 117 处。邮路总条数 9 条，邮路总长度 344 公里，农村投递路线总长度 766 公里。有汽车 7 辆，邮运汽车 5 辆，摩托车 6 辆，邮运摩托车 2 辆。

1998 年，白沙县邮政局邮政营销网点 19 处，邮政局所总数 19 处，设在农村的局所 18 处，提供邮政全功能服务的邮政局所 1 处，邮政局 1 处，邮政支局 4 处，自办邮政所 11 处。邮路总条数 9 条，邮路总长度 344 公里，农村投递路线总长度 766 公里。邮政汽车 5 辆，邮政摩托车 2 辆。

2000 年，白沙县邮政局将原自办邮路调整为 1 条，县城和七坊 6 条乡邮路改为 4 条。全局有邮运车辆 3 辆，行政用车 2 辆，直运车 3 辆，摩托车 10 辆。

2010 年，白沙县邮政局所、服务网点合计 29 处，邮政支局所总数 20 处，其中邮政支局 5 处，自办邮政所 6 处，代办邮政所 9 处。邮政支局所总数中设在农村的局所 18 处，电子化局所 11 处，联网电子化局所 11 处。邮政报刊图书销售点 2 处。集邮品销售点 1 处。邮政储蓄点 9 处，投递部门 19 处，邮政信报箱群 32 处，邮政信筒信箱 12 个，邮局用户信箱 96 个，信报箱格口数 166 个。邮路总条数 1 条，城市投递段道条数 3 条，农村投递路线条数 24 条。邮路总长度（单程）105 公里，城市投递段道长度（单程） 36 公里，农村投递路线总长度（单程）896 公里。自有房屋建筑面积 20400 平方米，邮政生产用房面积 6444 平方米。邮政汽车 11 辆，邮运汽车 2 辆，邮政储蓄专用汽车 2 辆，速递业务专用汽车 2 辆，其他生产用车 3 辆，邮政摩托车 4 辆。自动柜员机 1 台，计算机总数 46 台，网络交换机 6 台，网络路由器 2 台。

三、电子网络建设

1993 年，白沙县邮电局完成报刊发行要数计算机处理和邮政储蓄事后监督微机处理。1995 年完成县局与牙叉东路邮政储蓄所的绿卡工程上线与全省邮政储蓄联网，实现微机营业，人事管理实现微机处理。1996 年，养老保险、教育办公实现微机处理。

1998 年，除大岭和芙蓉田外，白沙县邮政局所有邮政储蓄网点都实现窗口电子化，其中绿卡网点 2 个，中创网点 5 个。全局微机台数 14 台，人事、教育、劳资、养老保险、统计、财务、汇兑会计、事后监督、监控中心、储蓄会计等都实现办公自动化。1999 年，七坊、邦溪、大岭、芙蓉田等 4 个邮政储蓄网点先后完成绿卡上线实现全国联网，全局 11 个邮政储蓄网点全部实现微机化。2000 年，卫星邮政储蓄网点完成绿卡上线实现全国联网，全局绿卡网点达到 7 个，中创网点 4 个。2002 年，在白沙县邮购中心商场、白沙县医院、白沙县药材公司分别安装 POS 机。2006 年，自筹资金 6 万多元改造金波、大岭、珠碧江、芙蓉田、卫星、七所、光雅等 7 个自办手工电子汇兑网点，使全局所有自办网点均可实现电子化营业和网点—后台支撑—管理部门之间的联网互通。2007 年，实现全局网点监控设备配备率 100%。

第三节　邮政业务

1988 年，白沙县邮电业务总量 41.9 万元。1990 年，白沙县邮电局开办邮政储蓄业务，邮政储蓄年末余额 68 万元，邮政储蓄平均余额 24 万元。函件总量 71.2 万件，包裹总量 0.6 万件，汇票总量 8.0 万张。订销报纸累计份数 157.2 万份，订销杂志累计份数 12.8 万份。

1997 年，白沙县邮政、电信分营。当年邮电业务总量 1011.3 万元，函件 54 万件，包裹 0.6 万件，汇票 6.1 万张。邮政储蓄年末余额 5182 万元，邮政储蓄平均余额 4970 万元。订销报纸累计份数 184.5 万份，订销杂志累计份数 9.3 万份。1998 年，邮电业务总量 1251.7 万元，函件 39.3 万件，包裹 0.5 万件，汇票 5.8 万张。邮政储蓄年末余额 6797 万元，邮政储蓄平均余额 7257 万元。订销报纸累计份数 154.1 万份，订销杂志累计份数 8.7 万份。集邮业务量 45.19 万枚。

2010 年，白沙邮政业务总量 8488.2 万元，函件 3.99 万件，包裹 0.29 万件，汇票 3.7 万张。邮政储蓄年末余额 46886 万元，邮政储蓄平均余额 43088 万元。订销报纸累计份数 203.3 万份，订销杂志累计份数 7.2 万份。

截至 2010 年，白沙县设有邮电局所的乡镇共 11 个，设有邮电局所的乡镇比重 100%，已通邮的行政村比重 100%，平均每一邮局所服务人口数 10140 人，平均每一人口每年发函件份数 0.27 件，平均每百人口订阅报刊累计份数 1115 份。开办邮电储蓄业务的乡镇 9 个。按固定班期投递邮件的乡镇 11 个，城区每日平均投递次数 1 次，农村每周平均投递次数 6 次。开办特快专递的市县 1 个，开办邮购业务的市县 1 个，邮件时限逾限率 0.00%，邮件处理不合格率 2.30%。白沙县邮政局荣获多项省级以上奖励，主要有全省“用户满意明星单位”、全省“邮政安全生产工作先进单位”等荣誉称号，邦溪邮政支局荣获“海南省质量信得过班组”称号、全省邮政“‘双文明’建设先进集体”称号，七坊邮政支局荣获全省邮政系统“先进职工小家”称号，孙运武荣获全省“邮政安全生产工作先进个人”称号，林庆荣获全省邮政系统“‘双文明’建设先进个人”称号。

1988—2010年白沙县邮电业务总量和电话总户数一览表

表10-3-1

年份	邮电业务总量（万元）	电话总用户（户）	固定电话用户	其中有线固定电话	按城镇和农村分		移动电话用户
					城镇	农村	
1988年	41.9	450	450	450	264	186	0
1989年	46.0	592	592	592	394	198	0
1990年	110.9	669	669	669	465	204	0
1991年	126.7	715	715	715	518	197	0
1992年	152.8	868	868	868	632	236	0
1993年	213.4	1038	1038	1038	782	256	0
1994年	342.3	1648	1636	1636	904	732	12
1995年	567.2	2124	2040	2040	1222	818	84
1996年	806.7	2998	2839	2839	1648	1191	159
1997年	1011.3	4297	3931	3931	2068	1863	366
1998年	1251.7	9680	4985	4985	2523	2462	4695
1999年	1734.3	12182	6802	6802	3163	3639	5380
2000年	2187.6	15732	9318	9318	3792	5526	6414
2001年	2613.0	21875	13688	13688	4819	8869	8187
2002年	2864.1	28825	18249	18249	7247	11002	10576
2003年	3154.9	34725	21515	21515	8496	13019	13210
2004年	3501.9	40075	24487	24487	10221	14266	15588
2005年	4097.2	44321	26862	26861	11700	15162	17459
2006年	5010.1	52222	29525	29525	11897	17628	22697
2007年	6110.6	56686	28769	28769	10324	18445	27917
2008年	6978.0	57479	25375	25357	7441	17934	32104
2009年	8023.7	58567	17711	17711	4836	12875	40856
2010年	8488.2	66355	17128	14148	2547	11601	49227

一、函件业务

1987 年，白沙县函件业务量 66.21 万件。1997 年，国内平常函件 46.79 万件，国际平常函件 0.19 万件，邮政快件 6.95 万件，机要邮件 0.04 万件，国内特快专递 0.04 万件。1998 年，函件 39.3 万件，国内平常函件 38.96 万件，国际平常函件 0.19 万件，国内异地特快专递信件 0.09 万件，机要邮件 0.02 万件。

1997 年开通义务兵免费平常函件，1997—1998 年连续两年年业务完成量均为 0.17 万件。2001 年完成 0.07 万件，2005 年完成 0.01 万件。2006 年后，无该项业务。

2006 年，国家发展改革委、国家邮政总局对国内函件业务中的信函和明信片资费进行调整，信函资费首重 100 克以内，每重 20 克本埠由 0.6 元调整为 0.8 元，外埠由 0.8 元调整为 1.2 元，100 克以上的续重资费维持每重 100 克本埠 1.2 克，外埠 2.0 元不变，明信片资费由每件 0.6 元调整为 0.8 元。

2010 年，国内平常信件 19.0 千件，国内挂号信件 4500 件，机要邮件 300 件。

二、包裹业务

1987 年，白沙县包裹业务量 0.78 万件。1997 年国内包裹 0.61 万件，1998 年国内包裹 0.5 万件。2006 年，国家发展改革委、国家邮政总局对包裹业务资费进行调整，每 500 克为一个计算单位，按照寄递里程分区核定资费。2010 年，国内包裹 0.29 万件，其中：国内快递包裹 0.2 万件，国内普通包裹 0.09 万件。

三、快递业务

1988 年，白沙县开办邮政快件业务，同年全县邮政快件业务量 0.2195 万件。1993 年开办特快专递业务，当年全县邮政特快专递业务量 44 件。1997 年，邮政快件 6.95 万件，机要邮件 0.04 万件，国内特快专递 0.04 万件。1998 年，在邦溪、卫星、芙蓉田、大岭、珠碧东、七坊等沿途支局所增办特快专递业务，同年全县国内异地特快专递信件 0.09 万件，机要邮件 0.02 万件。2009 年，海南省邮政公司将速递包裹局和物流公司合并，成立海南省邮政速递物流公司。2010 年，成立海南省邮政速递物流股份有限公司，速递业务经营由海南省邮政速递物流公司与邮政信业局代理结算。2010 年，国内异地特快专递信件 1.6 万件，其中：省际特快专递信件 1.09 万件，省内特快专递信件 0.51 万件，国内同城特快专递信件 0.01 万件。国内异地特快专递物品 0.16 万件，其中省际特快专递物品 0.14 万件，省内特快专递物品 0.02 万件。

四、汇兑业务

1987 年，白沙县汇票业务量 8.90 万笔。1996 年开办回音卡业务，1997 年国内汇票

61.3 千张，1998 年国内汇票 5.81 万张。2001 年，县局储汇中心开通电子汇兑业务，逐步在全县开通邮政电子汇兑业务。2010 年，国内汇票 3.65 万笔，兑付汇票 0.15 万笔。

五、报刊发行业务

1987 年，白沙县报纸累计份数 264.6 万份，杂志累计份数 14.84 万份。1997 年，报纸期发份数 1.01 万份，报纸累计份数 184.52 万份，杂志期发份数 0.51 万份，杂志累计份数 9.27 万份。1998 年，订阅报纸累计份数 154.13 万份，订阅杂志累计份数 8.73 万份。2010 年，报纸累计份数 21709.6 万份，杂志累计份数 7.16 万份，报纸期发份数 0.72 万份，杂志期发份数 0.38 万份。

六、集邮业务

1989 年，白沙县邮电局开办集邮业务，同年全县集邮业务量为 1.92 万枚。1997 年集邮业务量 30.26 万枚。1998 年集邮业务量 45.19 万枚。1999 年，在大岭、牙叉东路所增办集邮业务。2003 年 8 月 12 日是白沙起义 60 周年纪念日，白沙县邮政局开发《白沙起义 彪炳千秋》个性化邮票 3000 册。2010 年，集邮业务量 2 万枚，集邮品册数 0.08 万册。

七、机要通信业务

1988—2010 年，白沙县年机要通信业务量维持在 0.02 万～0.05 万件之间。1997 年机要邮件 0.04 万件，1998 年机要邮件 0.02 万件，2010 年机要邮件 0.03 万件。

机要邮件类资费：首重 100 克内每重 20 克（不足 20 克按 20 克计算）本埠 0.60 元，外埠 0.80 元；续重 101～2000 克，每重 100 克（不足 100 克按 100 克计算），本埠 1.2 元，外埠 2.00 元。刊物类首重 100 克（不足 100 克按 100 克计算）本埠 0.30 元，外埠 0.60 元；续重 101～5000 克，每重 100 克（不足 100 克按 100 克计算），本埠 1.2 元，外埠 2.00 元。

八、邮政储蓄业务

1990 年，白沙县邮电局开办邮政储蓄业务，有县城、七坊和邦溪 3 个储蓄网点，当年邮政储蓄年末余额 68 万元，邮政储蓄平均余额 24 万元。1995 年，增办异地存取款业务。1996 年，开通省内通存通兑业务。1997 年，邮政储蓄平均余额 4970 万元，邮政储蓄期末余额 5182 万元。1998 年，县城储汇中心、牙叉东路、七坊和邦溪 4 个邮政储蓄网点开通全国通存通兑业务，同年全县邮政储蓄平均余额 7257 万元，邮政储蓄期末余额 6797 万元。2001 年，金波、珠碧江、光雅、七所等 4 个邮政储蓄网点开通全国通存通兑业务。2003 年，开办海南省第一个代发医疗保险卡业务。2007 年，邮政储蓄余额达 42135.52 万元。2008 年是邮银分营第一年，代理邮政储蓄余额达 48251 万元。2009 年 8 月 7 日，邮银双方代表正式签订白沙邮政金融业务委托代理协议。2010 年，邮政储蓄平均余额43088万元，邮政储蓄期末余额46886万元，其中定期储蓄期末余额20605万元，活期储蓄期末余额26281万元。

九、电子商务业务（机票、短信）

2003年4月，白沙县开办"185登机易"业务。2006年，开办邮政短信业务。2007年，全局短信业务收入完成15万元。2010年，全局电子商务业务收入完成57.8万元，其中，短信业务收入完成51.3万元（储蓄短信业务收入46.7万元，汇兑短信收入4.6万元），全年储蓄短信累计净增用户4793户，年末储蓄短信在网用户数达2.3万户。2010年，机票业务收入完成6.5万元，全局累计销售机票1621张。

十、保险业务

2000年，白沙县开办保险业务，主要代理太平洋人寿保险公司的"红利来"两全保险A款（分红型）和新华人寿保险股份有限公司红双喜两全保险等保险产品。至2010年，共代理中国人寿保险公司的新鸿泰两全保险（分红型）和鸿丰趸交五年期保险、太平洋人寿保险公司的红利发两全保险（分红型）、中国人民人寿保险公司的金鼎富贵两全保险（分红型）等保险产品，当年共销售保险产品552.2万元。

1988—2010年白沙县邮政主要业务量一览表

表10-3-2

年份	函件（万件）	包裹（万件）	汇票（万张）	邮政储蓄年末余额（万元）	邮政储蓄平均余额（万元）	订销报纸累计份数（万份）	订销杂志累计份数（万份）
1988年	69.30	0.70	10.1	—	—	374.9	23.9
1989年	83.30	0.60	9.0	—	—	150.6	12.7
1990年	71.20	0.60	8.0	68.2	23.8	157.8	12.8
1991年	63.70	0.60	8.0	292.7	144.0	183.4	15.4
1992年	73.90	0.50	7.9	794.4	447.1	199.4	17.8
1993年	85.50	0.50	13.7	1577.7	1118.2	190.2	5.0
1994年	91.20	0.50	7.2	2446.0	1882.0	161.5	13.7
1995年	80.60	0.60	7.5	4086.0	2938.0	164.1	12.2
1996年	71.40	0.60	6.9	4552.0	4279.0	182.4	10.7
1997年	54.00	0.60	6.1	5182.0	4970.0	184.5	9.3
1998年	39.30	0.50	5.8	6797.0	7257.0	154.1	8.7

续表 10-3-2

年份	函件（万件）	包裹（万件）	汇票（万张）	邮政储蓄年末余额（万元）	邮政储蓄平均余额（万元）	订销报纸累计份数（万份）	订销杂志累计份数（万份）
1999 年	27.30	0.50	5.3	9119.0	8220.0	162.0	6.0
2000 年	56.50	0.50	4.9	9763.0	9723.0	162.0	8.1
2001 年	23.90	0.50	4.2	10855.0	10413.0	181.0	8.5
2002 年	16.60	0.50	4.1	13604.0	12199.0	184.9	8.3
2003 年	18.90	0.50	3.3	16207.0	18044.0	165.4	6.5
2004 年	13.60	0.40	2.3	20515.0	22458.0	169.8	6.6
2005 年	10.70	0.40	1.9	27606.0	25442.0	194.1	6.1
2006 年	10.60	0.40	2.1	31197.0	35004.0	203.8	6.2
2007 年	5.80	0.40	4.6	42136.0	40208.0	223.7	6.2
2008 年	7.30	0.20	5.0	47170.0	48232.0	221.6	7.9
2009 年	5.50	0.30	5.2	51725.0	51972.0	212.2	8.0
2010 年	3.99	0.29	3.7	46886.0	43088.0	203.3	7.2

第四章　电　　信

第一节　机　　构

一、中国电信白沙分公司

中国电信股份有限公司海南分公司白沙县分公司的前身为白沙县邮电局，1997 年邮政、电信分营，设立白沙县电信局。1999 年，移动业务剥离，成立电信、移动、联通、铁通 4 个通信企业。2000 年，电信政企分开改革，中国电信集团海南省电信公司注册成立，白沙县电信局成为新组建的中国电信集团海南省电信公司的下属单位，同年设立白沙县电信营销公司，将 20 位人员划归营销公司，与县电信局并行运作。2001 年，全局共有在职职工 31 人，内设 3 个职能部室，1 个营销公司。2002 年，撤销电信营销公司，将 20 位人员重新划归电信局管理，同年进行机构兼并和全员竞争上岗改革，办理员工退养 10 人，协议解除合同 3 人。改革前，共有员工 51 人，改革后仅有 38 人。

2004 年，中国电信集团对属下海南省电信公司的电信业务资产进行重组改制，在保留原有公司的基础上，新设立海南省电信有限公司，同年设立海南省电信有限公司白沙县分公司，在职员工40人。2006年电信管理体制改革，建立儋州区域中心管理，白沙电信划归儋州区域中心管理。2008年，海南省电信有限公司注销，新设立中国电信股份有限公司海南分公司，原下属单位海南省电信有限公司白沙县分公司变更为中国电信股份有限公司白沙分公司。2009年，儋州区域中心撤销，白沙电信重新归口省电信公司管理。2010年，中国电信股份有限公司白沙分公司七坊支局成立，在职员工39人，设有3个部室和5个生产单位。

二、中国移动通信集团海南有限公司白沙分公司

中国移动通信集团海南有限公司白沙分公司于1999年从白沙电信局分营正式成立。成立之初，分公司不设内部机构，仅设业务主管、稽核员、卡管员、报账员、渠道督导员、催缴员、营业班长、营业员等岗位。2001年，撤除催缴员岗位，2002年，增设大客户经理岗位。2006 年，更名为中国移动通信集团海南有限公司白沙分公司，内设综合部、市场经营部、重点客户中心和合作渠道管理中心。

第二节　通信设施

一、固定电话网络

1988年，白沙县正式开通纵横制自动交换机，结束电话摇把子的历史，同年增加载波设备。1993年，增开白沙至通什、白沙至那大载波机两套，增设自动拨号设备，有长途电话37条。电报机械设备更新为中英文电传机。1991—1993年进行农村电话改造，将各墟镇线路改成架空电缆；开通县城至七坊镇，七坊镇至金波农场，打安乡至国营卫星农场的特高频设备，提高农村电话的传输质量。

1994年，引入程控交换机首期工程3000门开通，相继开通七坊、邦溪、金波、芙蓉田、珠碧江、卫星、元门等农村程控电话交换点，农村程控电话交换机容量3000门，农村电话中继线路和墟镇内用户线路人部实现电缆化。完成白沙县城至黎母山的小容量数字微波工程，完成海口至白沙的数字微波长途通信干线工程。长途电路发展至127条，长途直拨功能日益健全，长途电话日夜畅通，无线寻呼、移动电话快速发展，长途通信传输基本实现全县与全省联网。

1996年实施撤点并网，撤去小交换点办大交换点，撤去附近乡镇交换点并入国有农场交换点，撤去电力供应不可靠的交换点并入电力供应有保证的交换点。改变电信电路旧框架，重新组建农村电话网络，初步实现线路传输地下化。完成芙蓉田、邦溪、金波、七坊、打安、元门油机房建设及电源安装。七坊支局安装2200门程控电话集装箱。开通七坊至珠碧江数字微波机一套。开通县城至打安、县城至元门480路光环路。经过网络组建，完成撤点并网，全县11个交换点并成3个电话网，即元门、细水、白沙、打安、卫星并入县城电话网，青松、光雅、珠碧江、龙江、金波并入七坊电话网，芙蓉田、荣邦、大岭并入邦溪电话网。

1997年，完成邦溪镇交换机更换为集装箱式程控交换工程，开通大岭农场至邦溪、芙蓉田农场至邦溪、牙叉至元门、卫星至七坊共1440路光环路设备。开通福妥至七坊、细水至牙叉共72路特高频设备。建成一个以数字交换、光缆传输为主，数字微波和特高频为辅的农村通信网络。市话程控交换机容量3000门，农话程控交换机容量6600门、移动基站3个。

1998年，实现银行托收、邮储联网代交、营业柜台受理用户交费服务。提供多种话费查询功能的同时，做到每月给用户使用电信业务费用清单以书面形式通知用户。完善“112”查询台服务，实现全县在修机服务集中受理、统一调度。建立举报信箱、举报电话、聘请社会监督员和散发用户意见征询函制度和办好投诉热线服务。

1999年，完成光雅至青松、县城至白沙农场、白沙农场生产队、县城至白沙糖厂、县城至可任、白沙农场至细水埋地光缆82.2公里。完成县局通信大楼消防工程；完成卫星农场512门、可任256门、元门256门光纤接入网设备安装工程。

2001年，割接开通芙蓉田接入网工程，卫星农场接入网工程，木棉糖厂接入网工程、龙江五区接入网工程。采取联合建设、农场出人力等各种方式，共完成配线工程15500对公里。利用县局交换容量富余，将芙蓉田、金波、大岭数字光环设备和卫星朗讯接入网全部换为华为接入网设备，接入至县局，由县局提供号源与集中监控。完成邦溪集装箱、细水两个农话点的电源改造，解决因电源不稳定影响这2个地区的用户正常使用电信业务的问题。

2002年完成小灵通工程建设，共计安装基站23个，市内基站2个，室外基站6个，大基站1个。

2003年新建七坊油机房，并完成搬迁工作。新建青松和细水接入网机房，完成对青松、细水最后2个光环点的改造，使全县农话全部实现光纤接入。敷设龙江五区至芙蓉田光缆，使传输网络有迂回能力。

2004年，新增主干、配线电缆5271对公里，新增宽带线，新增光纤到户6个点，端口 24 个，新增接入网 512 线，新增接入网点小灵通系统容量 600 门，新增主干环光缆和 2 条新链路合计 5.609 条公里（335 芯公里），新增通信管道 1.037 公里。

2008 年，实施光进铜退工程建设。2010 年，完成室外综合接入网设备工程等共 60 个项目建设，新建综合接入 EPON 设备 86 套，新增一体化 AG 设备 5 个点，完成 20 个接入网设备新建。

截至 2010 年，白沙县全部乡镇、农场、村（居）委会和自然村开通程控电话。光缆 100%覆盖 11 个乡镇和 3 个农场，74 个行政村已覆盖 63 个，覆盖率 85.14%。形成 3 个 SDH 骨干传输环、2 个 CWDM 骨干传输环及牙叉镇内东西 2 个光缆环组成的光缆及传输系统。开通海口、三亚和儋州 3 个方面的电路及数据出口，通信网络稳定性有充分保障。建成以光缆通信为主，数字微波和卫星通信为辅的大容量、高速率、与国内/国际联网、安全、可靠的通信传输网和相应的业务网、支撑网。

二、移动电话网络

1993 年，白沙县建设移动电话网络。1994 年，开通模拟移动电话（俗称大哥大），容量为 600 门。1995 年，开通数字移动电话，容量为 24 信道。1997 年，对模拟移动信道进行扩容，信道增加 8 个。1999 年，电信实行移动、固话分营。

2008 年，中国电信并购联通 CDMA 业务，成为可经营移动业务的 3 家运营商之一。2009 年，中国电信获 CDMA2000 牌照，标志着中国电信正式进入 3G 时代。

截至2010年，白沙县有C网基站53个，可用率达99.58%，C网基站断站率小于0.19%。

第三节　电信业务

1988 年，白沙县邮电业务总量 41.9 万元，电话总用户 450 户，固定电话用户 450 户，有线固定电话 450 户。按城镇和农村分户，城镇 264 户，农村 186 户，无移动电话用户。

1997 年白沙县邮政、电信分营后，电信主要业务是固定电话（含传真）、移动电话、无线传呼、小灵通和宽带。服务领域从基础业务拓展到系统集成、网络安全、视频会议、视频监控及网络维护外包、网络管理、综合信息咨询等方面，推动信息化与工业化融合。1997 年，邮电业务总量 1011.3 万元，电话总用户 4297 户，固定电话用户 3931 户，有线固定电话 3931 户（按城镇和农村分，城镇 2068 户，农村 1863 户），移动电话用户 366 户。1998 年，电话总用户 9680 户，其中固定电话用户 4985 户，有线固定电话 4985 户。（按城镇和农村分，城镇 2523 户，农村 2462 户），移动电话用户 4695 户。1998 年，全县新增电缆皮长155.77公里，光缆皮长60.9公里。

2010年，电话总用户66355户，其中固定电话用户17128户，有线固定电话15122户（按城镇和农村分，城镇2547户，农村11601户），移动电话用户49227户。2010年，已通固定电话的乡镇比重100%，已通固定电话的村委会比重78.0%。长途电话电路可用率96.5%，长途自动来话接通用率99.3%，长途自动去话接通用率99.3%。每百人拥有电话数33.00部，其中：每百人拥有固定电话数8.52部，每百人拥有移动电话数24.48部。

一、固定（有线）电话

1988年，电话总用户450户，固定电话用户450户。1997年，固定电话用户3931户，1998年，固定电话用户4985户。2000年，全县固定电话放号2800户，期末用户数突破5000户。2010年，有线固定电话15122户，开设“我的E家”、商务领航、固话添翼、全家福等多种融合套餐服务。

二、无线寻呼、无线市话

1990年，开通无线寻呼（BB机）业务，当年用户400户。1997年，无线寻呼用户5357户。1998年，无线寻呼用户6552户。2000年，中国电信独立经营“999”寻呼机，当年全县无线寻呼机用户2000户。2002年，开设无线市话（小灵通）业务，用户1854户。2005年，小灵通用户数5052户。2010年，小灵通843户。

三、移动电话

1994年，开通移动电话业务，当年用户12户。1997年，移动电话用户366户。1998年，移动电话用户4695户。2010年，移动电话用户49227户。

第四节　宽带业务

2002年前，白沙县城和所有乡镇安装窄带设备，计算机互联网（Internet）主要采用“163/169”拨号方式接入。

2002年，在县城建设双平面宽城域网网络，开通市内ADSL宽带业务。2003年，在牙叉、七坊、帮溪等3个接入网安装ADSL上行DSLAM宽带设备，容量共计486线。2007年，全县各乡镇有24个接入网点安装6套设备、21套宽带设备，比上年增加1248个ADSL端口，镇上居民都可以使用宽带上网。2008年，ADSL已覆盖全县100%的乡镇和50%以上的行政村。

2008 年，使用 14 年的分组交换设备全部退网。同年，中国电信白沙分公司开始启动让光纤靠近用户的“光进铜退”项目。2009 年，增加 ADSL 端口 2784 线，重点保障县城牙叉镇。2009 年设备开始退网，2010 年市区设备完全退网，全部采用 IP DSLAM 设备代替。

2009 年，中国电信白沙分公司开通 C 网基站的 EVDO 业务，正式开办无线上网 3G 业务。同年启动光网城市建设工作，推进光网城市任务的落地实施，以 FTTH 光接入技术为基础，开始进行光纤到户（FTTH）小区建设，初期覆盖牙叉农场小区、电信新小区、牙叉东路检察院小区、桥南地税小区等，共 296 户小区住户。

截至 2010 年，无线互联网基本实现全县覆盖，满足随时随地宽带上网需求，有线网络覆盖 63 个行政村。牙叉地区的电话用户的接入铜缆基本上实现小于 1.0 公里，乡镇地区小于 3.0 公里，极大程度地改善 ADSL 上网用户的上网质量，全县 ADSL 宽带用户 9216 户。当年投资 1000 多万元用于网络能力建设，主要用于县城设备改造和农村地区接入，移动通信、宽带接入、光进铜退和传输网络优化。网络的稳定性能大大提高，县城和农村地区的突发性通信需求均能按时保质提供。全县 C 网信号覆盖率达 98%，各主要网络运行质量指标均完成目标值。县电信公司正式启动集团公司制定的“宽带中国光网城市”战略，在各重要开发区、高端住宅小区提供光纤到家（FTTH）服务，为进一步打造白沙的城市光网提供基础平台。

第五节 信 息 化

一、企业信息化建设

中国电信白沙分公司承担当地经济、社会信息化、企业信息化基础建设、运营保障、信息服务及应用开发等信息化建设重任。白沙电信面向广大企业客户推出“商务领航”品牌，全力支持企业的信息化应用，以全业务综合信息服务解决方案，满足客户需求，培育新的业务增长点，调整业务发展结构。2010 年已覆盖本地区的银行、保险、石油石化等 10 多个行业领域。服务领域已从基础通信拓展到网络、灾备、网络建设集成、外包服务、网络管理及安全专家服务、电视电话会议服务、宽带互联网上网及综合信息应用等方面。

二、政务信息化建设

中国电信白沙分公司全业务通信优势，支持全县各级政府搭建电子政务应用服务平台，实现公文流转、行政审批、电子监管、门户网站、便民综合服务热线等信息化应用，提升当地社会管理和公共服务水平。参与白沙县公安局“平安城市”、全县报警与监控技术系统、鹦哥岭保护区和林业公安手机对讲及监控系统建设，同时为全县各乡镇提供应急联动应用服务，满足政府机构对突发公共事件的检测监控、预测预警、信息报告、指挥调度等需求，辅助政府机构有效防范和应对公共突发事件。支持警务、工商、质检、卫生监督等行政管理部门提高监管执法效能和服务水平，推广移动监管执法应用。同时参与税务、工商、劳动保障、公安等部门电子政务外网应用服务建设，提高网上信息报送、审批、处理等服务，广泛应用于纳税审批、商品（食品）安全信息监控、劳动社保信息审批、公安治安管理等领域。为客户打造固移融合、运维与应用融合的全业务解决方案，服务于政府信息化、行业信息化和社会信息化。

三、社会信息化建设

为适应社会公众对号码信息查询的个性化、多样化需求，白沙电信在充分挖掘和整合用户号码信息的基础上，延伸和拓展传统的查询业务，打造综合信息服务号码百事通（“118114”），为公众提供衣、食、住、行等日常生活相关的便民信息服务。

为全面提升农村信息化水平，白沙电信提供农村信息化解决方案，打造“信息田园”综合信息服务平台，建设农村党员远程教育系统、建立农村信息站和网上农技站，让信息技术进步的成果真正惠及广大农村。

白沙电信与农垦系统就办公自动化信息网、远程教育通信网、视频会议通信网等项目达成合作协议，采用最新的光纤传输、IP 技术，使农垦企业管理、企业统计、胶园管理、精确农业管理实现光纤化、数字化、IP 化。

白沙电信开展“百千万”信息应用拓展工程，推进教育信息化、医疗信息化、旅游信息化等行业信息化建设，电信业务总量成倍增长。截至 2010 年，电信业务总量 6989.5 万元，电话用户总户数 66355 户，其中固定电话用户 17128 户，移动电话用户 49227 户；互联网用户 5983 户。

2005—2010 年白沙县电信业务总量和电话用户总户数一览表

表 10-4-1

项　　　　目	2005 年	2006 年	2007 年	2008 年	2009 年	2010 年
一、电信业务总量（万元）	3185	3918	4701	5379	6278	6989.5
二、电话用户总户数（户）	44321	52222	56686	57479	58567	66355

续表 10-4-1

项　　目	2005 年	2006 年	2007 年	2008 年	2009 年	2010 年
（一）固定电话用户	26862	29525	28769	25375	17711	17128
城市用户	11700	11897	10324	7441	4836	2547
农村用户	15162	17628	18445	17934	12875	11601
按有线和无线分						
1. 有线固定电话用户	20869	20260	18534	18383	14879	15122
城市用户	5707	5461	4929	5050	4353	5527
农村用户	15162	14799	13605	13333	10526	9595
2. 无线固定电话用户	5993	9265	10235	6992	2832	2006
城市用户	5993	6436	5395	2391	483	
农村用户		2829	4840	4601	2349	2006
按单位和住宅分						
1. 单位电话用户	1452	1512	1211	1417	1579	2113
城市用户	1059	1123	807	1032	1285	1203
农村用户	393	389	404	385	294	910
2. 住宅电话用户	24592	27112	26437	22795	14692	13735
城市用户	10263	10365	9004	5872	3103	3642
农村用户	14329	16747	17433	16923	11589	10093
3. 公用电话用户	818	901	1121	1163	1440	1280
城市用户	378	409	513	537	448	682
农村用户	440	492	608	626	992	598
（二）移动电话用户	17459	22697	27917	32104	40856	49227
三、互联网用户户数（户）	1290	1549	2146	3345	4057	5983

第十一编

水务　电力

白沙县地处海南中部山区水源地，20 世纪 50 年代以来，利用丰富的水力资源大力兴修水利和开发水电。至 2010 年，建成中小型蓄水工程 136 宗，完成境内 2 座中型、22 宗小型水库除险加固工程，有效灌溉面积占耕地面积提高到 70%以上，农村大部分地区基本实现饮水安全，县城污水处理厂通过环保监测预验收，出水水质达到城镇一级 A 标准。

1988 年，全县已有 4 座小型水力发电站和 1 座火力发电站。至 2010 年，电网经过不断的改造建设，已形成电网较坚强的电网供电结构，自然村通电率达到 100%，城市供电可靠率 99.9%，农村供电可靠率 99.68%，成为海南电网首个智能光伏发电系统启用地。

第一章　水　　务

第一节　机　　构

1950 年，白沙县人民政府设农林科，1955 年设水利科。1958 年成立水电局，同年 11 月并入东方县，设农业部，兼管水电工作。1969 年，白沙县革委会成立农林水战线革委会，下设水利组和水电规划办公室。1973 年恢复县水电局，设秘书、工程、电力、工管等 4 个股。1981 年成立县自来水公司，1987 年增设水产股和设计室。1993 年成立水政监察大队，2000 年将三防服务中心及水电服务中心合并为水利局。2002 年，县水利局更名为县水务局，实行城乡供水、排水、水资源保护、污水处理及回用等涉水事务的一体化管理。县水务局是隶属县政府的事业单位，内设办公室、工程规划股、工程建设与管理股、水资源水土保持股、农电股等 5 个股室和县防汛防风防旱指挥部办公室。 在编人员 21 人（不包含三防办），其中局领导 3 人，工程技术员 10 人，水电技术员 2 人，其他工作人员 6 人。2010 年，县政府审批通过《水利工程管理和投融资体制改革实施方案》，完成珠碧江、南伟、坡生和木棉 4 个县水管单位的体制改革。

第二节　水利建设

20 世纪 50 年代开始，白沙县发动群众兴修水利，先后修复、兴建 41 座水库，以及灌区配套工程和水库续建工程。除碧波江水库（总库容 7973 立方米）和坡生水库（总库容 1715 立方米）是中型水库外，其余均为小型水库。2010 年，已建成中小型蓄水工程 136 宗，其中中型水库 2 宗，小（1）型水库 12 宗，小（2）型水库 27 宗，山塘水坝 44 宗，小拦水坝 51 宗。总库容 13908 万立方米，设计有效库容 7328 万立方米，设计灌溉面积7233.33公顷，实际灌溉面积4626.67公顷。小水电站10座，装机容量9460千瓦。全县渠道总长470.11千米，其中干渠112.45千米，支渠33.1千米，斗农渠324.56千米。原来大部分水利工程灌区渠道只开挖干渠、支渠等两级渠道，斗渠、农渠少量配套，整个灌区不配套排洪闸和节制闸，洪水期客水流进渠道冲垮下游渠堤。不配套节制闸用水难调节长期串灌，特别是珠碧江水库、坡生水库、南伟水库等大灌区，渠系配套不完整，建筑物老化，带病运行，水利用率在40%以下，灌溉能力逐年下降，而且旱涝不得保证。全县已配套防渗总长为470.1千米，配套建筑物3181宗，建筑物平均完好率27%。完成维修渠道522条，长608千米，配套建筑物1696座，完成工程量64.67万立方米。当年荣获“全省农田水利基本建设三等奖”。

1988年，有效灌溉面积3128.80公顷，占耕地面积41.99%；旱涝保收面积2724公顷，占有效耕地面积36.55%。2010年，有效灌溉面积2727.40公顷，旱涝保收面积1863.87公顷。项目配套完善后，有效灌溉面积提高到6413.33公顷，有效灌溉面积占耕地面积提高到71.7%。节水灌溉面积提高到3726.67公顷，其中高效节水灌溉面积新增53.33公顷。

2010年白沙黎族自治县水库情况统计表

表11-1-1　　　　单位：万平方米

序号	水库名称	所在地（地市、区县、乡镇）	规模	总库容
1	珠碧江水库	荣邦乡	中型	7973.00
2	坡生水库	细水乡	中型	1715.00
3	金波水库	国有龙江农场	小（1）	474.00
4	黄沟岭水库	国有邦溪农场	小（1）	784.00
5	龙尾水库	国有龙江农场	小（1）	712.80
6	南伟水库	白沙县元门乡	小（1）	987.00
7	查苗水库	白沙县七坊镇	小（1）	385.80
8	荣邦水库	白沙县荣邦乡	小（1）	780.00
9	芭蕉水库	白沙县邦溪镇	小（1）	232.35
10	尔信水库	白沙县七坊镇	小（1）	214.99
11	木棉水库	白沙县七坊镇	小（1）	570.00
12	新开水库	白沙县阜龙乡	小（1）	124.74
13	可情水库	白沙县打安镇	小（1）	455.00
14	红坎水库	白沙县元门乡	小（1）	443.20

续表 11-1-1

序号	水库名称	所在地（地市、区县、乡镇）	规模	总库容
15	草头水库	白沙县邦溪镇	小（2）	17.00
16	保旺水库	白沙县打安镇	小（2）	19.00
17	大村水库	白沙县阜龙乡	小（2）	15.00
18	龙凤水库	白沙县打安镇	小（2）	12.00
19	福安水库	白沙县打安镇	小（2）	73.00
20	道拉水库	白沙县阜龙乡	小（2）	25.40
21	力婆水库	白沙县打安镇	小（2）	16.50
22	莫妈水库	白沙县牙叉镇	小（2）	30.00
23	南班水库	白沙县邦溪镇	小（2）	37.50
24	保柴水库	白沙县七坊镇	小（2）	29.80
25	牙和水库	白沙县牙叉镇	小（2）	7.20
26	长岭水库	国有龙江农场	小（2）	78.30
27	红湖水库	国有邦溪农场	小（2）	37.60
28	大岭二队水库	国有邦溪农场	小（2）	16.00
29	大岭七队水库	国有邦溪农场	小（2）	10.20
30	白沙水库	国有白沙农场	小（2）	18.20
31	岭尾水库	白沙县荣邦乡	小（2）	64.00
32	天堂水库	白沙县阜龙乡	小（2）	34.70
33	志针水库	白沙县牙叉镇	小（2）	43.00
34	可雅水库	白沙县打安镇	小（2）	31.50
35	孔头水库	白沙县邦溪镇	小（2）	30.49
36	方香水库	白沙县牙叉镇	小（2）	18.97
37	合流水库	白沙县打安镇	小（2）	62.00
38	苗村水库	白沙县牙叉镇	小（2）	27.34
39	什坡阶水库	白沙县牙叉镇	小（2）	34.00
40	干村水库	白沙县邦溪镇	小（2）	37.83
41	什坡裕水库	白沙县牙叉镇	小（2）	18.80

说明：除碧波江水库和坡生水库是中型水库外，其余水库均为小型水库

2010 年白沙县农田水利情况一览表

表 11-1-2　　单位：亩

单位名称	有效灌溉面积	其中			旱涝保收面积
		机灌面积	电灌面积	当年实灌	
合计	40862	850	—	24554	27958
牙叉镇	8027	—	—	7973	9005
细水乡	2565	—	—	—	193
元门乡	3326	—	—	—	3061
南开乡	1635	—	—	1635	1635
阜龙乡	1886	—	—	1886	1886
打安镇	5460	—	—	3220	4326
青松乡	6005	—	—	—	—
金波乡	1164	—	—	1164	
七坊镇	5676	—	—	5676	5676
邦溪镇	3222	—	—	2150	1896
荣邦乡	1896	850	—	850	280

第三节　水库除险加固

白沙县的水库大多数是在 20 世纪 60—70 年代靠群众人挑肩扛修建的，工程建设标准低，工程质量差，隐患多。除珠碧江水库及南伟水库溢流坝是混凝土和重力坝外，其他大都是均质土坝。灌区大小渠道经过每年的放水运行，特别是台风暴雨的袭击，会出现不同程度的淤积、塌损、杂草丛生等现象的发生，影响灌溉效益。灌区正常维护，由水管单位负责管理的干支渠和用水户管理的支、斗、农渠等放水渠道。管理人员与放水员都进行日常巡视、巡查，问题较大的向相关单位反映，组织修复。2002 年，中央资金给予专项资金，先后完成坡生、珠碧江、南伟、木棉、查苗、新开、荣邦、芭蕉、尔信等一批中小型水库除险加固工程，其余 32 宗小型水库除险加固工作计划将在 2014 年全部完成。

2010 年，白沙县投入农田水利基本建设资金 5816.68 万元，完成重点水利工程建设、水毁工程修复、乡镇渠道硬化、乡镇面上水利工程维修和田洋整治工程。同年，完成查苗、尔信、木棉、新开、荣邦、芭蕉6宗小（1）型病险水库除险加固工程建设，工程总投资2100万元。水库加固后可恢复和改善灌溉面积706.67公顷，另22宗小（2）型水库也完成安全鉴定。境内2宗中型水库珠碧江水库和坡生水库完成除险加固工程。

一、珠碧江水库

位于珠碧江荣邦乡段。1970年开工建设，1972年竣工。水库坝址以上集雨面积为492平方千米，河流长度52.13千米。总库容7973万立方米，正常库容1475万立方米，是一宗具有灌溉、防洪、发电、养殖等综合效益的中型水库。设计灌溉面积1667公顷，现达灌溉面积800公顷。2002年，被国家水利部门鉴定为病险三类水库。2004年，中央拨款1000万元对珠碧江水库进行除险加固，2005年竣工。水库除险加固后恢复灌溉面积200公顷，增加灌溉面积667公顷，年发电量500万千瓦时。

二、坡生水库

位于细水乡，南渡江流域什龙河上。1977年开工建设，1979年竣工。坝址以上集雨面积44平方千米，总库容1715万立方米，正常库容1140万立方米。是一宗具有灌溉、防洪、养殖等综合效益的中型水库。设计灌溉面积667公顷，现达灌溉面积100公顷。2001年被国家水利部门鉴定为病险三类水库。2002年，中央拨款1285万元对珠碧江水库进行除险加固，2003年8月竣工，水库除险加固后可增加灌溉面积200公顷。

2010年汛期，白沙县遭受3个热带气旋的影响，境内出现暴雨到特大暴雨。全县11个乡镇全部受灾，受灾人口1.42万人，农作物受灾面积686.67公顷，直接经济损失2204万元。县水务局采取措施完善防汛抗洪预案，对各类防汛通信设备进行全面维修养护，积极储备防汛物资，对全县小型三类病险水库进行检查。同年，按照国家扶持标准（每人每年600元）及扶持期限和方法，完成全县水库移民国家扶持资金387.3万元的发放工作。并对水库移民区进行实地调查研究，完成中小型水库库区、移民安置区的基础设施和经济发展规划编制工作。

第四节 水务管理

一、供水排水

1987年，县自来水公司建成一座供水量5000吨/日的水厂，1988年建一座容量500吨的二次供水池。2009年新建牙叉水厂，供水设计规模1万立方米/日。2010年，自来水厂供水管道总长41千米，为县城及附近郊区4439户居民提供1495145吨/年净水。全县总用水量年460万立方米，其中县城年用水量150万立方米，农村年用水量140万立方米，乡镇机关年用水量170万立方米。

2010年，城市供水总量134万立方米。城市污水排放量617.58万吨，城镇生活污水处理率20.2%。工业废水排放量189.56万吨，工业废水排放达标量184.89万吨，工业废水排放达标率97.54%。

二、污水处理

2008年，白沙黎族自治县城乡建设投资有限公司投资建设县城污水处理厂，这是海南省“十一五”重点环保项目，是白沙县第一座污水处理厂。设计规模0.7万立方米/日，远期规划规模1.4万立方米/日，工程占地面积35.41亩。一期工程投资5526.37万元，配套管网4.2千米，工程服务范围主要为白沙县城，服务2.5万人。污水处理工艺采用氧化沟工艺，污泥处理工艺为带式压滤机，采用氯化钠消毒。2009年，海南桑德水务有限公司进行通水试车。2010年通过环保监测预验收，同年进行生物调试，出水水质达到《城镇污水处理厂污染物排放标准》（GB 18918—2002）一级A标准。

三、农村人畜饮水安全

1989年，白沙县启动农村人畜饮水安全工程。1992年，白沙黎族自治县饮水办公室被水利部评为全国农村供水工作先进单位。2010年，全县425个村庄中列入饮水规划的有223个，需要解决饮水安全人口64415人；已建成饮水安全项目的村庄有148个，解决50971 人饮水安全问题。还有75个村庄、13444人饮水安全问题亟待解决。经水质监测，枯水期检测结果合格率91.7%，丰水期检测结果合格率83.3%，总监测合格率87.5%。完成邦溪镇农村饮水安全管网延伸工程，主要是邦溪镇及周边29个村庄的管网延伸，总投资625万元，解决邦溪地区1.72万人的饮水安全问题。

第二章　电　　力

第一节　机　　构

白沙黎族自治县供电局的前身是1969年创建的白沙县电厂，属于县水利局下属电力企业，主要担负县城地区的发供电任务，发电设备仅有2台柴油发电机组。县电厂后改为县小水电专业公司、县电力公司，下辖红坎、深沟、道隆、珠碧江坝后等四个小水电站。1995年，海南省电力体制改革，白沙县电力公司成为海南电业股份有限公司的子公司，更名为白沙电业公司。1999年，海南电业股份有限公司改组，白沙电业公司改为海南省电力公司的子公司，更名为白沙供电公司。2002年5月，改为海南省电力股份有限公司白沙供电公司，实行收支两条线管理。2004年，国家电力体制改革，海南电网加入中国南方电网公司，改为海南电网白沙供电公司。2010年，按照南方电网公司一体化管理要求，改为海南电网公司白沙供电局，设5个机关职能部门，即综合办公室、安生部、市场营销部、财务部和党群工作部，管辖1个调度所、1个变电运行管理所、1个输配电管理所、5个供电营业所和7个35千伏变电站，固定资产总值1.8 9亿元。

第二节　发　电　站

白沙黎族自治县水力资源蕴藏量为7.49万千瓦，其中南渡江5.18万千瓦，珠碧江1.83万千瓦，石碌河0.48万千瓦。总开发装机容量1.2万千瓦，其中南渡江可开发8015千瓦，珠碧江可开发3185千瓦，石碌河可开发800千瓦，年发电量平均可达4000万千瓦时。1970—1995年，白沙县先后兴建道隆电站、红坎电站、金波波峰电站、金波农场电站、大岭农场电站、南域电站、白沙农场电站、深沟电站以及珠碧江等9座电站。

一、向民电站

位于南伟水库干渠6+700桩号处河对面的向民村，自1970年运行，至2010年已有40年的运行历史。电站装机2台，容量为400千瓦，设计年发电量为299万千瓦时。由于电子电气设备均为60年生产，故设备严重老化，多年平均发电量仅为80万千瓦时。

二、道隆电站

位于南春河中游，属南春河开发第二级电站。1976年起运行，至2010已有34年的运行历史。电站装机2台，容量为400千瓦，设计年发电量为170万千瓦时，实际年发电量为90万千瓦时。

三、红坎电站

位于南渡江支流南清河上游，1987年开始运行。电站装机4台，容量为1600千瓦，设计年发电量为600万千瓦时。

四、深沟电站

亦称珠碧江一级电站，1981年起运行，至2010已有29年历史。总装机容量为1600千瓦，设计年发电量为770万千瓦时。由于来水不足，设备老化，主变损耗较大，调速器不能动作等原因，多年发电量仅为480千瓦时。

五、珠碧江电站

建于1995年，电站装机容量为320千瓦，设计年发电量为145万千瓦时。由于没有按设计要求加高2米珠碧江大坝，机组经常处于低水头运行，不能在最优工况区内运行，年发电量仅为70万千瓦时。

第三节　供电用电

一、供电

1988年，全县已有4座小型水力发电站和1座火力发电站，装机容量5569千瓦，年总发电量1506万千瓦时。

1989年，全县发电总量2047万千瓦时，解决全县城镇工业用电和照明用电，全县有64.5%的农户安上电灯。1994年，全县日供电量346.3万千瓦时，累计通电的自然村340个，占自然村总数的80.8%。2008年，全县城乡电网同网同价，完成售电量6740.87万千瓦时，售电单价完成0.68664元/千瓦时。2010年，全县10个电站总装机容量9460千瓦，年发电量为2300万千瓦时，总发电量1117万千瓦时（全部为水电），总供电量9016万千瓦时。同年，售电量7511.10万千瓦时。城市供电可靠率99.9%，农村供电可靠率99.68%，形成电网较坚强的电网供电结构，在海南率先推广应用智能光伏发电系统（道银村、坡告村），全县自然村通电率100%。

二、用电

1999—2004年，白沙黎族自治县开展“两改一同价”工作，即农村电力体制改革和农村电网改造，农村照明用电全面实行省物价局核定的目录电价0.6元/千瓦时。2005年，全面接收白沙9个国有农场和2个地方农场的供电资产。2007年完成农场电网改造任务，实现城乡用电同网同价。

2010年，县供电局变电站总容量61.535万千伏安，担负着全县11个乡镇、76个行政村、417个自然村、9个国有农场和2个地方农场共18.57万人口的城乡工农业生产和生活供电任务，总用电4.437万户，年售电量约7000万千瓦时。

第十二编

党政　社会团体

1988—2010 年，白沙黎族自治县先后召开过 5 次党员代表大会，选举产生中共白沙黎族自治县第七至第十一届委员会。在此期间，在中国共产党白沙县委的领导下，白沙县开展粮食创高产活动、绿色革命运动、“建设美好家园”活动、“三级联创”活动、技能型乡镇政府建设等活动，做出“四破除、四树立”（即破除“左”的思想影响，树立实事求是的科学态度；破除自然经济观念，树立商品经济观念；破除安于现状思想，树立开拓进取精神；破除轻视科学意识，树立科技兴农思想）方针、积极开展外引内联工作、推动综合改革、进行“两个文明”建设表彰、百里文化长廊建设、全面实施“天保工程”、引资造林、乡镇行政区划调整及林权改革等重要决策。

1988—2010 年间，白沙县选举产生六届人民代表大会，共召集 28 次人民代表大会会议，举行过 139 次人大常委会会议，听取和审议县人民政府、县人民法院、县人民检察院的工作报告，对全县性重大问题先后作出 200 多次决议和决定。

1988—2010 年间，白沙县人民政府逐步推进并实行重要会议制度，即全体会议、常务会议和县长办公会议，作出建立特色少数民族地区区域经济发展新体制、实施白沙黎族自治县第三次全国文物普查、立足地区优势调整产业结构及制定《白沙黎族自治县推进海南国际旅游岛建设环境综合整治工作方案》等重大决策。

1988—2010 年，历经第三至第八届政协委员会，通过委员公益活动、调研考察、提案办理及文史资料征集等工作推动白沙县的发展。

1988—2010 年，白沙黎族自治县主要社会团体包括白沙黎族自治县总工会、共青团白沙黎族自治县委、白沙黎族自治县妇女联合会、白沙黎族自治县科学技术协会、白沙黎族自治县残疾人联合会及白沙黎族自治县工商联合会等通过开展专业性的活动推动白沙黎族自治县的发展。

第一章　中国共产党白沙黎族自治县委员会

第一节　历次代表大会

1988—2010 年，白沙黎族自治县先后召开过 5 次党员代表大会，选举产生中共白沙黎族自治县第七至第十一届委员会。

一、第七次代表大会

1990 年 3 月 20—22 日，中国共产党白沙黎族自治县第七次代表大会在牙叉镇召开。

县委书记符桂谦在会上作以《加强党的建设，提高战斗力，为建设繁荣富强的新白沙而奋斗》为题的工作报告。大会选举产生第七届中共白沙黎族自治县委员会与纪委会，符桂谦当选县委书记，刘文清、赵龙元当选县委副书记，符桂谦、刘文清、赵龙元、陈德基、王德荣、符跃兰、龙文、符儒定、黄大文 9 人当选县委常委，陈德基当选纪委书记。

二、第八次代表大会

1993 年 5 月 3—4 日，中国共产党白沙黎族自治县第八次代表大会在牙叉镇召开。县委书记龙文在会上作以《坚持改革开放，抓住有利时机，加快我县开发建设步伐》为题的工作报告。大会选举产生第八届白沙黎族自治县委员会与纪委会，龙文当选县委书记，王德荣、赵龙元、吴井光当选县委副书记，龙文、王德荣、赵龙元、吴井光、符跃兰、王亚金、黄云昌、董元培、严昌良、符儒定 10 人当选县委常委，吴井光当选纪委书记。

三、第九次代表大会

1998 年 3 月 25—26 日，中国共产党白沙黎族自治县第九次代表大会在牙叉镇召开。县委书记陈志荣在会上作以《团结奋进，继往开来，不负重托，努力把文明、民主、繁荣、富裕的新白沙带入二十一世纪》为题的工作报告。大会选举产生第九届白沙黎族自治县委员会与纪委会，陈志荣当选县委书记，唐卓高、周云、黄大文当选县委副书记，陈志荣、唐卓高、周云、黄大文、严昌良、麦辉、黄运昌、董元培、付国新 9 人当选县委常委，严昌良当选纪委书记。

四、第十次代表大会

2003 年 3 月 20—22 日，中国共产党白沙黎族自治县第十次代表大会在牙叉镇召开。县委书记彭晓新在会上作以《认真实践“三个代表”重要思想，加快白沙脱贫致富和全面小康步伐》为题的工作报告。大会选举产生第十届白沙黎族自治县委员会与纪委会，彭晓新当选县委书记，吉明江、陈纯英、卢德光当选县委副书记，彭晓新、吉明江、陈纯英、卢德光、陈钦强、符海斌、符秀容、符建群 8 人当选县委常委，卢德光当选纪委书记。

五、第十一次代表大会

2007 年 1 月 10 日，中国共产党白沙黎族自治县第十一次代表大会在牙叉镇召开。县委书记王积权在会上作以《坚持以人为本，立足科学发展，为建设富裕文明生态和谐新白沙而努力奋斗》为题的工作报告。大会选举产生第十一届白沙黎族自治县委员会与纪委会，王积权当选县委书记，王应才、符海斌当选县委副书记，王积权、王应才、符海斌、陈鸿亮、符秀容、谭正科、盛小卫、唐春秋、王小飞 9 人当选县委常委，王小飞当选纪委书记。

1988—2010年中共白沙黎族自治县委书记、副书记一览表

表12-1-1

届次时间	机构名称	职务	姓名	性别	民族	任职时间
第七届 1990年3月至1993年5月	县委	县委书记	符桂谦	男	黎族	1990年3月至1993年5月
		副书记	刘文清	男	黎族	1990年3月至1993年5月
		副书记	赵龙元	男	汉族	1990年3月至1993年5月
第八届 1993年5月至1998年3月	县委	县委书记	龙文	男	汉族	1993年5月至1998年3月
		副书记	王德荣	男	黎族	1993年5月至1998年3月
		副书记	赵龙元	男	黎族	1993年5月至1998年3月
		副县长	吴井光	男	汉族	1993年5月至1998年3月
第九届 1998年3月至2003年3月	县委	县委书记	陈志荣	男	黎族	1998年3月至2003年3月
		副书记	唐卓高	男	黎族	1998年3月至2003年3月
		副书记	周云	男	黎族	1998年3月至2003年3月
		副书记	黄大文	男	黎族	1998年3月至2003年3月
第十届 2003年3月至2007年1月	县委	县委书记	彭晓新	男	黎族	2003年3月至2007年1月
		副书记	吉明江	男	黎族	2003年3月至2007年1月
		副书记	陈纯英	男	黎族	2003年3月至2007年1月
		副书记	卢德光	男	汉族	2003年3月至2007年1月
第十一届 2007年1月起	县委	县委书记	王积权	男	黎族	2007年1月起
		副书记	王应才	男	黎族	2007年1月起
		副书记	符海斌	男	黎族	2007年1月起

第二节　重大决策及主要活动

一、重大决策

“四破除、四树立”方针　1988年4月，为加快发展步伐，抓住海南建省办经济大特区的机遇，提出“四破除、四树立”方针。在经济建设上，一要提高对农业基础地位的认识，把农业产量提上去，以稳定政治；二要利用本地资源，发挥好中央给予的优惠政策，以提高经济效益为中心，稳步发展山区工业生产；三要加快基础设施建设；四是

切实抓好扶贫工作。这一方针对全县人民起到思想解放的作用，白沙黎族自治县经济获得较快发展。

开展外引内联工作 1988年8月，白沙黎族自治县委、县政府出台关于引进外资和技术的优惠规定，欢迎国内外商客到白沙黎族自治县开展多种形式的经济技术合作项目。先后同国防工科委、中国科学院及江苏、浙江、广西、香港等19个省市和地区的商客洽谈合作项目37个，达成意向协议项目19个，正式签订经济技术合作项目18个，投入资金1000多万元。

综合改革 1990年，白沙黎族自治县作为海南省综合改革试点县，县委、县政府制定《白沙黎族自治县综合改革方案》，开展县级综合改革。农业方面，在大力发展粮食生产的基础上，打造4个区域化生产区；工业方面，立足山区优势，大力发展以农副产品加工为主题的山区工业；在科技、流通、党政建设、财税金融、文件卫生等方面都提出相应的措施。

两个文明建设的表彰 1994年11月，白沙黎族自治县对1993年"两个文明"建设先进单位与先进个人进行表彰。1993年以来，全县各族人民在邓小平建设有中国特色社会主义理论的指导下，认真贯彻执行党的路线、方针、政策，大胆探索，开拓创新，艰苦奋斗，涌现出许多先进集体和先进个人。县委、县政府对细水乡、县委组织部等92个先进单位（其中乡镇1个、管理区13个、经济社47个、县直局级单位21、股级单位10个），王桂文、麦辉等143名先进个人（其中乡镇98名，县机关及企事业单位45名）进行表彰。

百里文化长廊建设 1996年，百里文化长廊建设以七坊镇为中心，以元门至荣邦公路为纽带，在公路沿线的8个乡镇建设各种文化设施。建设总投资141万元，沿线乡镇修建一批文化室、图书馆、篮球场、台球场、歌舞厅，改善当地农民的文化生活条件，带动其他乡镇的文化事业的发展。同年，白沙黎族自治县被评为"全国文化先进县"。

全面实施"天保工程" 1999年，白沙黎族自治县全面实施旨在保护天然森林资源和生态环境的"天保工程"，在南高岭、南美岭等林区完成首批"天保工程"建设项目，森林覆盖率达到63.5%。同时，县委、县政府组织人员深入乡镇、国有农场、重点林区进行宣传，增强群众的森林保护意识；组织林政、林业公安部门深入原始森林清山，清除盗伐分子的落脚点；在林区重要路口设卡埋伏，拦截偷运木材的车辆；对征用林地严格把关，清查非法占用的林地，以有效地制止乱砍滥伐现象。

引资造林 2000年，县委、县政府出台山区造林在土地使用、税收等方面的优惠政策，为企业提供征地、办证、林地规划等配套服务，改变过去主要由政府投入造林的做法，发挥山区土地集中连片、适宜规模开发的优势，拓展林业投资渠道，走投资造林的新路子，坚持“谁建设，谁受益”的原则，鼓励社会各界投资开发荒山。同年，白沙县被评为“全国林业生态建设先进县”，先林业局被评为“全国营造林工作先进单位”。至2001年，在白沙从事林业开发的企业有39家，如碧盈林业有限公司、东伟农业公司、鑫丰林业公司、海南绿屏天然林保护公司等，投入资金4250万元，营造速生丰产林1.67万公顷，使一度荒芜的南美岭、鹦哥岭、望爸岭等6座山的植被覆盖率大大提高。

乡镇行政区划调整　2002年，按照省委、省政府的部署，白沙黎族自治县委、县政府开展乡镇行政区划调整工作，将牙叉镇、白沙镇南叉乡合并，设立牙叉镇；光雅镇、七坊镇合并，设立七坊镇；打安乡、狮球乡合并，设立打安镇。乡镇撤并后，全县由原来15个乡镇减少为11个乡镇（牙叉镇、七坊镇、打安镇、邦溪镇、荣邦乡、金波乡、元门乡、细水乡、南开乡、青松乡、阜龙乡）。牙叉镇、七坊镇、打安镇、邦溪镇4个乡镇下设6个综合办事机构（党政办公室、社会事务办公室、农业发展办公室、计划生育办公室、财经办公室、文教文委办公室），其余7个乡镇设置4个综合办事机构（党政办公室、社会事务办公室、农业发展办公室、计划生育办公室）。

林权改革　2007年11月，白沙黎族自治县作为全省4个林改试点市县开始林权改革工作。改革的主要内容包括调整完善林业经营管理体制、承包新的集体林地、建立林权流转机制和推进综合配套改革，改革的范围为农村集体商品林地。截至2008年，全县实施外业踏查测量的村民小组有488个，测量林地面积3.597万公顷，其中规划林地3.35万公顷，非规划林地2470公顷；林权证发放面积3.477万公顷，其中规划林地发证面积3.27万公顷，非规划林地发证面积2070公顷，规划林地林权发证率97.6%，基本完成林改主题工程。

二、主要活动

粮食创高产活动　1989年，根据全国农村工作会议精神，县委、县政府开展粮食创高产活动，为发展粮食生产，加快脱贫致富步伐，促进经济稳定发展，稳定社会治安秩序打下良好的基础。

绿色革命运动　1992年，白沙黎族自治县委、县政府制定以甘蔗、木薯为龙头，咖啡、南药、水果为主轴，橡胶、造林为后劲的“二三二”农业综合开发方针，即“三二三”绿色革命运动。创办商品生产基地5个，其中粮食14000公顷，橡胶8667公顷，甘蔗7200公顷，人工造林8867公顷，咖啡、南药、水果和其他作物7200公顷。1993—1996年，连续掀起第二、第三次绿色革命运动，以种植水果、营造速生丰产林为主，大搞农业综合开发。截至1996年，共开发各类成片高产、高效、优质生产基地123个，其中粮食高产示范基地29个，甘蔗基地31个，木薯基地25个，橡胶生产基地30个，热带优质水果基地8个，种植粮食作物2.98万亩，橡胶15万亩，热带水果3万亩，人工林16.8万亩；农村户均有经济作物35亩，人均占有6亩，还有淡水养殖6000亩，天然草场养牛4.68万头，养猪8.67万头。

“建设美好家园”活动 2002年，县委、县政府以创建园林城市为突破口，以开展“建设美好家园”活动为载体，突出“绿化、美化、亮化、净化”的主题，加快县城建设步伐。全年筹措资金近千万元，加大旧城区改造力度，改造县城主要街道8条，人行道铺设花砖，新建一批绿色景点，使县城的人居环境质量明显提高。

“三级联创”活动 2003年，白沙黎族自治县委开展“三级联创”活动。该活动的指导思想是切实增强农村基层组织建设，切实提高基层党员干部队伍的整体素质，切实增强农村基层组织的凝聚力和战斗力，为推动白沙经济快速发展和社会各项事业的全面进步提供坚实的组织保证。主要措施包括充分发挥县委统揽全局的作用，充分发挥乡镇党委龙头作用，充分发挥党支部战斗堡垒作用，充分发挥基层组织建设联席会议成员单位的促进作用，充分发挥县委组织部作为基层组织建设联席会议牵头单位的作用，充分发挥扶贫联手单位和部门包村单位的帮扶作用，充分发挥宣传部门对“三级联创”活动的宣传促进作用，充分发挥县委督查部门的职能作用。

技能型乡镇政府建设 2009年11月开始，根据省委五届五次全会提出“以服务群众为导向，以培养技能型、服务型干部为着眼点，加强技能型乡镇政府建设”的要求，县委、县政府提出在全县开展“技能型乡镇政府”建设活动。制定出台《白沙黎族自治县关于推进“技能乡镇政府”建设的意见》，成立“技能型乡镇政府”建设领导小组，县委书记任组长，领导小组下设办公室，由县委组织部部长任办公室主任，形成组织部门牵头，负责协调指导考核，宣传部门做好培训宣传工作，农业、林业、科技、科协等部门各司其职，各乡镇具体实施的协调机制。11月10日，召开全县动员大会，对全面实施“技能型乡镇政府”建设工作进行动员和部署。

2010年，县委组织部组织编写《技能型乡镇政府干部读本》和《推进技能型乡镇政府科技丛书》，组建技能型乡镇政府建设“专业技能讲师团”和邀请农科院校的专家学者进行辅导，到各乡镇巡回举办干部技能培训班。共举办各类培训班217期，培训人数14000人次。组织开展罗非鱼鉴别性别技能大赛、农作物品种鉴定竞赛、农业技能实用知识竞赛、拖拉机耕作技能竞赛、橡胶割胶技能竞赛等竞赛活动，激发广大干部群众学习技能的热情。实行“半月一课”“一技一考”的方法，全县通过技能认证考试取得技能合格证书的乡镇干部有376名。同时，将调解纠纷，特别是土地纠纷作为乡镇干部技能培训的重点内容，全县共调处各类矛盾纠纷964宗，调解成功901宗，调查处率和调解成功率分别为100%和93.5%。积极创办种养殖示范点、农业生产示范基地，加快农业结构调整增加农民群众收入，在邦溪镇创办高产甘蔗基地1100亩，在打安镇创办香蕉示范基地800亩、橡胶种植示范基地210亩。全年，乡镇干部为民提供各种服务2100多次，为民办好事实事400多件，各乡镇本级财政累计投入资金128.5万元，制作宣传简报18期，新闻报道200多期。

第三节　纪检监察

一、机构

1990年12月，成立白沙黎族自治县纠正行业不正之风领导小组。下设办公室，具体负责协调、指导纠正行业不正之风和制止“三乱”工作，办公室设在县政府办公室。

1994年3月14日，成立白沙黎族自治县纠正行业不正之风办公室。撤销原设置的非常设机构白沙黎族自治县纠正行业不正之风领导小组、白沙黎族自治县纠正行业不正之风领导小组办公室，成立白沙黎族自治县纠正行业不正之风办公室，挂靠县委和县监察局合署办公所设置的党风廉政建设室，一套人马二块牌子，不增加编制。白沙黎族自治县纠正行业不正之风办公室的主要任务是在县委、县政府的领导下，负责检查、监督、指导全县的纠正行业不正之风工作，具有对县委、县政府负责的双重体制性质。

2000年，白沙县设置纪律检查委员会机关，内设办公室、信访室（举报中心）、纪检监察室、案件审理室、执法监察室、党风廉政建设室（宣教）。核定行政编制5名，财政预算拨款事业编制2名，领导职数一正两副，非领导职数3名。

2009年，设置白沙黎族自治县监察局，为主管全县监察工作的县政府工作部门，与县纪委合署办公。内设办公室、信访室（举报中心）、纪检监察室、案件审理室、执法监察室、党风廉政建设室（宣教、调研）、派驻纪检监察组。县监察局行政编制21名。

二、案件检查与监察

1989年，白沙黎族自治县共查处各种违纪违法案件22宗。其中经济案件19宗，党员干部违纪案件15宗，结案10宗，结案率45.5%，判刑3人，逮捕4人，党纪处分6人，批评教育，免予纪律处分1人，使有经济问题的13人认错，追回赃款13万元。同时，查处乡镇企业局长吴某贪腐受贿问题，县农业局长王某以权谋私问题，原县外经倒卖进口旧汽车开假发票报销问题，原白台联合贸易公司会计兼出纳员刘某挪用公款的问题。

三、党风廉政建设

1989 年，白沙黎族自治县先后制定《关于廉洁从政的规定》《关于改进领导作风的规定》和《县级领导廉政公约》。各单位都从实际出发，制定“两公开一监督”（办事制度公开、办事结果公开、接受群众监督）制度，用制度和教育来约束党员的思想与行动。全年全县有 10 名副局级以上干部拒收贿款 8180 元。下半年，基本上刹住吃喝风，县委县政府下半年接待费开支比上半年减少 75%。并以光雅镇和县供销社为处置不合格党员工作试点，取得经验后全面铺开，至年底，全县共处置 66 名党员。其中，党内警告 10 名，严重警告 2 名，留党察看 3 名，限期改正 32 名，开除党籍 5 名，劝退 6 名，取消预备资格 8 名。

1992 年，按照省委、省政府的要求，抓好清风纠风工作。共查处案件 44 宗，结案 28 宗，处理违纪人员 25 人，采取措施收回干部职工拖欠“三款”（公款、贷款、土地承包款）115 万元。同时，抓好整章建制工作，共清理废止规章制度 98 项，修改完善制度 201 项。

1994 年，把党的作风建设同反腐败斗争结合起来，坚持反腐倡廉。全年共组织 3 次四套领导班子成员和 2 次副局级以上领导干部分别学习中纪委二、三全会提出和重申的《五条规定》，省委、省政府制定的《关于海南省县（处）级以上领导干部廉洁自律的六条规定》等。在开展党风廉政建设中，充分调动纪检、监察、检察等职能部门的积极性，共查处违法违纪案件 30 宗，涉及人员 31 人，其中开除党籍 2 人，取消预备党员资格 1 人，留党察看 5 人，党内严重警告和警告各 1 人，撤销行政职务 4 人。在被查处人员中，局级干部 7 人。

第四节　组织工作

一、机构

2000 年，设置中共白沙黎族自治县委组织部，内设办公室、组织组、干部组、调研室、干部监督审查组 5 个职能机构。内设老干部局。核定行政编制人员 10 人。2005 年，为加强白沙县人才工作，建立健全人才工作机构，在县委组织部内设人才工作办公室，相应增加 2 名行政编制。2009 年，为加强白沙县干部教育培训工作，在县委组织部增设培训组，作为县委组织部的内设岗位，配备1名专职人员，人员编制从县委组织部内部调剂。2010年，为加快推进“大组工网”网络建设，在县委组织部增设网络信息办公室，为县委组织部的内设机构，配备1名专职人员，人员编制从县委组织部内部调剂。同年，中共白沙黎族自治县委党建工作巡回检查办公室为挂靠县委组织部的正科级行政机构，内设综合组、调研信息组、第一巡回检查组、第二巡回检查组。截至2010年，白沙县委组织部内设7个副科级机构，分别为办公室（挂信访办公室牌子）、研究室、组织科、干部科（挂公务员管理科牌子）、干部监督科（挂举报中心牌子）、干部培训科、人才工作科[挂人才工作领导（协调）小组办公室牌子]。各室、科设室主任、科长1名。县委组织部下属2个副科级事业单位，分别是干部信息管理办公室、县委组织部党员电化教育中心（挂农村党员干部现代远程教育工作领导协调小组办公室牌子）。撤销县委组织部电教中心，其职责、人员和编制划归县委组织部党员电化教育中心。

二、党员队伍

1989年，白沙黎族自治县贯彻积极慎重的方针，经过认真培养和考察，共吸收82名具备入党条件的先进分子参加党组织。1994年，大胆培养有一定文化程度的优秀青年、退伍军人、专业户和机关与厂矿企业的优秀知识分子、青年干部、工人入党。全年全县共有173人入党，其中农村79人，机关、厂矿企业94人。

1998年，全县发展新党员282人，其中农村党员120人，初中文化程度254人，妇女党员61人，知识分子党员126人，企业、农村、教学第一线党员184人，35岁以下新党员199人。1999年，全县发展新党员230人，其中农村党员150人。2000年，全县发展农村党员376名。2001年，全县共培养入党积极分子477人，发展新党员361人，其中农村党员245人。2002年，全县共举办党课76期，培养入党积极分子834名，发展新党员422人，其中农村党员287人。

2003年，全县共发展新党员427人，其中女党员94人，35岁以下党员266人，高中以上文化程度187人，生产一线工人、农民294人，专业技术人员44人。2004年，全县共发展新党员337人，其中35岁以下的220人，高中以上文化的133人，妇女党员76人。2005年，培养入党积极分子543人，发展新党员342人。2006年，全县发展新党员314人。2007年，全县共发展党员299人。2008年，全县共发展党员310人。2009年，全县共发展党员325人。2010年，全县共发展党员274人，其中女党员76人。

三、干部队伍建设

1989年，白沙黎族自治县为充实和加强各级领导班子，调整和健全73个农村基层党支部，同时按照“四化”（革命化、年轻化、知识化、专业化）要求，提拔56名党员干部进入各级领导班子。

1994年，继续坚持德才兼备，任人唯贤的原则，努力做好后备干部和黎族、苗族干部、妇女干部的培养。全年，从党员干部中提拔副局级以上领导干部35人，其中黎族、苗族干部14人，妇女干部2人，优化各级领导班子的年龄结构和文化结构。各级领导班子的民族结构趋于合理。黎族、苗族干部1438人，占全县总干部的46.4%。在县四套领导班子的21名成员中，黎族、苗族干部12人，占总数的57.14%，在县直机关的249名局级领导干部中，黎族、苗族干部125人，占50.2%；在14个乡镇党委领导班子的83名正副职中，黎族、苗族干部69人，占83.13%。同时，建立领导干部人才库，派出4名副局级以上领导干部到省内外挂职学习，从机关优秀干部中选派34名到基层挂职锻炼。并对农村党支部进行整顿，撤换支部书记15名，调整充实支部班子74个。

1998年，加大培养和选拔任用年轻干部工作力度，选派到基层驻村和挂职的年轻干部有45名，提拔任用年轻科级干部59名。1999年，推进乡镇换届选举工作，选出乡镇党代会代表1224名。出台《中共白沙黎族自治县委关于乡镇干部管理的规定》，对政治业务学习、领导例会、工作、组织纪律、财务管理、督查和处罚等方面作了规定。2000年，制定领导干部竞岗工作方案和竞岗意见，县法院2名副院长、县人民医院1名院长、县水电服务中心1名副主任、县公安局4名基层派出所所长等8个单位科级领导岗位进行公开竞岗。2001年，制定《白沙黎族自治县推行公开选拔竞争上岗办法》，对县委宣传部等6个科级领导职位和县民族中学校长、县第一小学校长进行公开选拔。2002年，依法做好乡镇领导班子换届选举工作，注重结构与整体素质的优化组合，选拔55名懂经济、会管理、业务强的同志充实进乡镇领导班子，13名机关干部到乡镇任职，对8名工作不称职的就地免职待岗处理。

2003年，修订完善《白沙黎族自治县推行公开选拔竞争上岗办法》《白沙黎族自治县股级（科员）干部管理办法》《白沙黎族自治县领导干部辞职办法（试行）》等一系列干部选拔任用、管理工作规定。对全县351名科级干部的学历学位进行全面检查清理，经核查后确认的科级干部学历大专以上的有280人。2004年，制定完善《白沙黎族自治县党政干部交流暂行规定》《白沙黎族自治县干部考察（考核）预告暂行规定》《白沙黎族自治县科级干部待岗办法》《白沙黎族自治县干部任期公示制度》，出台《白沙黎族自治县2004年干部挂职工作意见》。2005年，全年备案审批县财政局、人劳局、林业局、文体系统等部门的82名股级干部，向县委提请科级领导干部任免8批102人次，交流40

人，提拔 33 人，对 22 个党政领导班子作了调整。

2008 年，加强干部的交流和使用，配强县直机关、事业单位领导班子，共调整任用干部 120 人，其中提拔干部 75 名，交流 15 人。配合做好市县领导班子后备干部的推荐工作，确定党政领导班子后备干部建议人选 15 名。公开选拔县建设局、县团委、县农综办等 3 个部门的副职领导干部。2009 年，制定出台《县委常委会议事规则》《县委常委会无记名投票表决实施办法（试行）》《县委常委会任用干部投票表决实施办法（试行）》，对参与县团委书记职位公开选拔的人选首次实施县委常委会和全委会差额票决。2010 年，制定出台《贯彻落实 2010 年—2020 年深化干部人事制度改革规划纲要实施细则》，不断深化干部人事制度改革，公开选拔副科级领导干部 6 名和副科级后备干部 23 名。

四、基层党组织建设

1988 年，县委召开纪念中国共产党诞生 67 周年，会议总结了加强党的基层组织建设工作情况，表彰先进党支部 25 个，优秀党员 57 名。1994 年，县委召开纪念中国共产党诞生 73 周年大会，大会举行新党员入党宣誓仪式，表彰县机关党委党支部等先进党组织 23 个，授予吴理文等 10 人为优秀农村党支部标兵。1996 年，县委发文表彰全县先进农村党支部 15 个，优秀农村党员 10 名，优秀乡镇党委书记 3 名，优秀党务工作者 29 名，优秀党员 147 名。1997 年，县委发文表彰牙叉镇方香村党支部等 31 个先进基层党支部，吴理文等 8 名优秀农村党支部书记，王庆周等 2 名优秀乡镇党委书记。1999 年，“七一”表彰乡镇党委书记 3 名，优秀共产党员 147 名，授予 32 名 50 年党龄老党员称号，对全县 6 个不稳定村党支部进行整顿，相继建成红旗、子雅、翁村、罗任村等一批档次较高的党员活动室。

2000 年，制定《白沙黎族自治县农村基层党组织建设“三级联创”活动实施方案》，实行乡镇党建目标管理责任制，强化联席会的职能，保证党建工作的落实。村务公开、民主管理由村级向村民小组一级普及，全县建立村务公开栏的村委会有 75 个，实行村务公开的村民小组 478 个。2001 年，县委表彰七坊镇党委等基层党组织 44 个，符元生等优秀党务工作者 41 名，梁永浩等优秀党员先进单位和先进个人 110 名。2002 年，创新调整基层党组织设置，增设财政局、教科局、建环局、卫生局、工交局、农业局等 6 个机关党委，重新设立税务局党总支、征稽所党支部等，把 12 个省属单位及县内 3 家国有企业的党组织归属县直工委直接管辖。全县有县直属机关党委 11 个，下设党总支 14 个，党支部 136 个。2003 年，召开“七一”座谈会，表彰在防治“非典”期间做出优异成绩的先进基层党组织 44 个、优秀共产党员 87 名、优秀党务工作者 28 名。

2004年，全县开展机关支部与农村支部“互助共建”活动，表彰先进基层党组织37个、优秀共产党员93名、优秀党务工作者33名、优秀农村党支部书记标兵5名。2005年，开展保持党员先进性教育活动，继续推进“互助共建”活动，全县机关支部与农村支部结成73个对子，共捐赠钱物38万元。2006年，召开纪念中国共产党建党85周年，迎“七一”暨保持党员先进性教育和基层党建工作表彰大会。评选表彰先进基层党组织50个，优秀共产党员100名，优秀党务工作者40名，互助共建先进单位20个，下乡挂职锻炼先进个人25名。

2008年，开展“抓党建促平安促发展促和谐”活动，发挥先进典型支部的示范带动作用，配制创业支部37个，带富支部24个，为民支部77个，平安支部45个。2009年，完善农村基层党建工作责任制、巡回检查制和乡镇、村干部联合“驻村、坐班”制。出台《农村基层党建工作巡回检查制度》，成立农村基层党建工作巡回检查组，通过听取汇报、查阅资料和村干部个别谈话的方式，对农村基层党建进行巡回检查。2010年，制定《关于进一步加强“创先争优”基层党建示范点的实施意见》，激发和调动基层党组织与党员干部的积极性、创造性，打造基层党建工作品牌，创建省县乡级基层党建示范点21个。

五、干部培训工作

1992年，县委先后举办全县各乡镇、县直机关副科级以上领导干部理论学习班2期，主要学习邓小平视察上海等4个经济特区的重要讲话。1996年，制定组织实施《1996—2000年干部教育培训规划》，在领导干部中开展“讲学习、讲政治、讲正气”为主要内容的党性党风教育。1998年，制定《中共白沙黎族自治县组织部关于领导干部教育培训方案》，举办副科级领导干部培训班5期，培训735人次，举办农村党支部书记学习班1期，学习人数90人。1999年，《中共白沙黎族自治县委办公室关于印发县1999年干部法律知识考试实施方案的通知》，经县委常委扩大会议讨论同意通过，要求各单位遵照执行。2000年，继续在党员干部中开展以“讲学习、讲政治、讲正气”为主要内容的党性党风教育活动，制定《白沙黎族自治县培训选拔年轻干部工作规划》《白沙黎族自治县“十五”期间干部教育培训规划》，举办科级干部学习9期，聘请名专家授课，组织领导干部到县外省外参观学习215人次，组织152名领导干部到两院进行45天的学习培训。组织举办国家公务员电脑培训12期，培训人数460人。

2001—2002年，根据县委、县政府中心工作，认真抓好农村党员干部实用技术培训工作，促进农村积极发展，在七坊职业技术学校建立白沙黎族自治县农村党员干部培训基地，举办培训班4期，培训学员223人。与科协等部门联合举办农村党员干部各类农业实用技术短期培训班337期，培训党员干部6600多人。加大对机关干部的培训，选送31名年轻干部赴东北财经大学进修，选派31名农村党员到广东高州学习果树种植技术。2003年，结合干部队伍实际，全年分层次、分类别进行培训，举办中青年干部班、妇女干部班、党外干部班、团干培训班等各类培训班共5期，受训干部467人；举办县级、县直部门和乡镇的理论骨干学习班、理论专题学习班共12期，专题学习61场次，专题辅导54场次；在“农村党员干部培训基地”举办中专学历培训班2期，培训学员12名，举办各类实用技术培训班123期，受训党员群众人数12035人次，对副科级以上领导干部进行培训5次，受训人数1264人。

2004—2005年，开展“专业人才骨干学历培训”教育活动，投入100万元用于干部在职学历教育培训，与江西财经大学、华南农业大学等高校联合，举办会计、农林经济管理专升本函授班，全县有150名学员参与学习，举办4场专题讲座，参加听讲人数6000人次。组织全县340名科级领导干部分6批次进行为期3天的集中封闭培训，重点学习两个条例；举办有150名领导干部参加的干部任前培训班和下乡镇工作机关干部培训班。举办农村实用技术培训51期，培训农村基层人才5000人次，培训乡镇干部、村干部5385人次，农村党员12000人次，选派58名领导干部到香港、内地培训考察，选派2名后备干部到省直机关跟班学习。2006年，举办社会主义新农村建设、贮存帮扶、乡镇党务、股级干部任免等工作专题培训班，入党积极分子和预备党员培训班4期，治安管理处罚法专题讲座1期，共培训干部1000人次，选派35名副处级、科级领导干部到省里参加培训，选派7名农村党支部干部参加省里社会主义新农村建设专题培训。

2007年，制定《乡镇领导干部能力培训方案》，组织举办乡镇领导干部培训班2期，全县11个乡镇99名乡镇领导干部到省内外党校培训。2008年，完善干部培训工作机制，制定《白沙黎族自治县贯彻〈干部教育培训工作条例（试行）〉实施办法》《白沙黎族自治县2008年干部教育培训方案》。组织全县400名科级领导干部分批次参加3期学习中共十七大精神专题轮训班，举办电子政务培训班，参加电子政务培训的公务员1014人；联合有关部门开展培训，受训党员5700人次；组织领导干部收看清华大学远程教育专题讲座5期，人数600人次。

2009年，选派72名党员干部到苏州、青岛等沿海发达地区进行培训学习；选派238名村（社）书记、主任到省、县委参加中共十七届四中全会精神学习培训班；组织领导干部参加清华大学远程网络专题讲座培训班3期，全县参加人数180名。2010年，通过在党校轮训、邀请专家作专题报告，组织外出参观学习、开展“送教下乡”等方式，多途径对干部队伍深入开展各类教育培训班 217 期，培训人数 14000 多人次；举办“技能型乡镇政府”建设专题培训班、村“两委”干部培训班、妇女干部骨干培训班等 11 期，培训各类干部 757 人。

六、人才招聘工作

2005 年 5 月，县编委会决定县组织部内设人才工作办公室，增加 2 个人员编制，配备专职干部。制定出台《白沙黎族自治县人才工作协调领导小组职责》、《白沙黎族自治县人才工作协调领导小组成员单位分工职责》、《白沙黎族自治县人才工作协调领导小组议事规则》、《白沙黎族自治县人才工作协调领导小组办公室职责》及《白沙黎族自治县人才工作办公室制度》等规定，积极做好引才引智工作。针对白沙黎族自治县各类人才紧缺的情况，通过公开招考，招聘各科中小学教师共 74 名；组织审核考察紧缺专业技术人员 7 名，其中报县委同意吸收 3 名。2006 年，公开招聘电子公交交换站等 10 家事业单位的专业技术人员 19 名，接收挂职锻炼、顶岗支教人员 28 人，有针对性的选派人员到岗位跟班学习 7 人，选派到海南师范学院脱产进修的中小学教师 44 名。

2007 年，协调人劳局、编办、文体局、卫生局等单位，先后到县歌舞团和县人民医院等单位审核、考察了解需专业技术人员 43 名。引进舞蹈专业技术人员 2 名，聘用医疗卫生专业技术人员 20 名。选派 3 名医务人员和 1 名卫生局副局长到省会医院跟班学习、挂职锻炼；选派 20 名中学教师到海南师范大学脱产进修，选派 2 名教育行政干部、3 名中学教师分别到三亚市教育局和三亚五中跟班学习。2008 年，制定出台《白沙黎族自治县人才引进工作暂行办法》，创新引进模式，提出优惠政策，吸引优秀人才到白沙黎族自治县工作。招录公务员 14 名，顶岗支教大学生 43 名。建立完善党政人才库、企业经营管理人才库、专业技术人才库、技能人才库、乡土人才库等 5 类人才数据库，全县共有党政人才 944 人，企业经营管理人才 54 人，专业技术人才 1882 人，技能人才 244 人，农村实用人才 1289 人。

2009 年，制定下发《2009 年—2020 年白沙黎族自治县人才队伍建设中长期规划纲要编制工作方案》，推进白沙黎族自治县人才发展规划编制工作。公开招聘特岗教师 35 名，招收 3 年制的“村干部中专学历班”学历教育 180 人，接受挂职锻炼人员 7 名，外派跟班学习 4 人。2010 年，制定出台《白沙黎族自治县县委县政府直接联系优秀人才暂行办法》，营造良好的人才工作生活环境，为各类人才创业搭建平台。通过公开选拔的方式，在党政机关队伍中选出 20 名优秀干部列入县科级后备干部人才库。向全省公开招录公务员 29 名，招聘特岗教师 28 名，引进专职密码员 1 名，外派挂职锻炼、跟班学习 4 人。

七、党员教育

思想教育　1989年，白沙黎族自治县坚持“三会一课”制度。全年县城机关和各乡镇机关共上党课58场次，参加听课的党员3725人次。举办1期农村党支部书记学习班和一期副局级以上党员干部学习班，参加学习人数分别为78人和284人。组织7场电视录像教育，参加人数1292人次。通过各种形式的教育，使广大党员提高了思想觉悟。

1991年6月，白沙黎族自治县委决定成立农村社会主义思想教育办公室。负责对全县社会主义思想教育进行督促检查，了解情况，掌握动态，总结和推广典型经验。办公室设在县委办公室。同年6月，白沙黎族自治县委举办1期农村社会主义思想教育骨干培训班。培训对象是各乡镇党委书记、分管政工的副书记或副乡镇长，县“社会主义思想教育”工作人员。培训时间4天，地点在县委六楼会议室。

1994年，在坚持办班培训和“三会一课”制度的同时，开始树立典型和建章立制。全年组织县委学习中心组理论学习6次，召开理论研讨会2次；举办副局级以上党员干部理论学习班4期，厂长、经理、财会人员学习班2期，乡镇委书记、乡镇长理论学习班4期。全县副局级以上领导干部及厂长、经理参加培训人数665人次。全县共组织党员干部观看教育影视42场，人数达4800次。成功的树立方香管区的吴理文、合水管区的马道芳等10名优秀党员标兵，白沙中学的胡祥云等3名优秀党员标兵。并从制度上保障支部生活的正常化，建立和完善《党日制度》《会议制度》《报告工作制度》《民主生活会制度》《党员汇报制度》《评议党员制度》《评议党支部工作制度》等。

电化教育　1993年，组织党员干部观看影片《新中国第一大案》，观看人数3600人次。1998年，根据省组织部的通知精神，购买“两机”（影碟机、电视机）38台，全县农村电教普及率80%。1999年，继续做好“两机一室”（影碟机、电视机，电教室）工作，全县共有电教网点24个，播放党员电教片164场，观看党员人数7218人次。录制电教片《纤夫》，获得海南省第一届党员电教片观摩评比三等奖。2000年，增加电教网点30个，播放党员电教片183场次，观看的党员人数8462人次，摄制电教片《共产党员——吴理文》，和省电教中心联合摄制党员电教专题片《黎家贴心人》参加2001年全国优秀共产党员评比活动。

2001年，全县共有电教网点31个，全年播放党员电教片187场次，党员观看8562人次。与县广播电视台联合摄制《致富之路》《公仆之歌》等2部党员电教片。2002年，在完成“县、乡镇、村”三级党员电教网络建设的基础上，率先在全省把电教网点建到村民小组，全县建有党员电教网点559个，播放党员电教片600多场次，党员观看10000

多人次。2003年，与县电视台联合拍摄党员电教专题片《涅槃》，全年共播放党员电教片183场次，受教育的党员8462人次。2005年，以先进性教育活动为契机，把党员电教工作纳入先进性教育活动的目标管理，创新先进性教育活动载体，促进机关党员电教网络建设，拓宽电教渠道。全年共组织播放党员电教片200场次，党员观看3000多人次。

2006年，与县电视台联合拍摄党员电教片《金盾汉子》，在全省党员电教化教育电视片观摩评比中获三等奖，全年播放党员电教片100场次，党员观看8000多人次。2008年。县委成立远程教育领导小组，按照“结合实际、整合资源、科学规划、逐步推进”的原则，把农村党员干部现代远程教育与新农村建设结合起来，全年新建示范点20个。2009年，先后录制和拍摄全省第四届党员电教参评片《大山胸怀》以及第二批学习实践科学发展观先进典型电教片，投入25.8万元资金推进农村党员干部现代化远程教育站点建设。2010年，投入资金28万元，完成远程教育站点建设85个。

第五节　宣传工作

一、机构

2000年，设置中共白沙黎族自治县委宣传部。内设办公室、理论组、社会宣传组、精神文明办公室和新闻报道组5个职能机构。2010年，将精神文明办公室调整为县委宣传部的挂牌机构，其他保持不变。同年，撤销记者站，设立白沙黎族自治县网络信息管理中心，为隶属县委宣传部的副科级事业单位。

二、理论宣传

2002年，县委理论学习中心组认真学习“三个代表”重要思想，开展理论培训。全县共举办副科级以上领导干部理论培训班4期，远程教学理论学习班、形势报告会等10期（场），受教育党员干部1200人次。同时，开展理论下乡活动，成立中共十六大精神宣讲团，在全县各乡镇和企业单位给基层的广大党员干部及农村群众讲解省党代会和中共十六大精神内涵，学习国家在农村的方针政策、法律法规、农业科技等方面的知识。全县11个乡镇举办理论下乡培训班3期，受训人数30000多人。2004年，贯彻落实《关于在全党兴起学习“三个代表”重要思想新高潮的通知》《中国共产党党内监督条例》《中国共产党党内纪律处分条例》，以及中共十六届四中全会、县十次党代会的精神。举办副科级领导干部理论学习班1期，全封闭的2个条例培训班6期。举办中共十六届四中全会理论培训班14期（场），发放学习资料1000多册，参加培训人数2600人次。

2006年，县委中心组专题学习保持共产党员先进性教育的有关论述、中央领导下海南视察的讲话、《中国共产党章程》等内容，集中学习8次。以开展保持共产动员先进性教育活动为契机和载体，继续兴起学习贯彻“三个代表”重要思想和社会主义荣辱观新高潮，组织和协调有关单位开展“三个代表”重要思想理论宣讲活动4场次，参与学习人数2000人次；共开展社会主义荣辱观学习100多场次，制作宣传牌300个，悬挂宣传标语近200条，开设学习宣传栏40多个，全县各中小学校均把社会主义荣辱观列为思想政治课。同时，组织开展“爱国主义思想宣传教育”“保护生态环境宣讲教育进农村”“法律法规法制宣传”“广场文化电影周”“广场文化月月演”“百部农业科教电影巡影万村”等活动，向中小学校赠送爱国主义教育书籍2000册，光碟4000套；进行形式宣讲100多场次，电影放映120场次，文化下乡演出10多场次。

2007年，县委中心组围绕“改革发展稳定”“树立和落实科学发展观”“以人为本，建设和谐白沙”等主题，通过集中学习、专家辅导、党课、专题学习讨论等形式，组织学习15次。健全基层理论学习制度，加强对基层理论学习的组织引导，举办中共十七大和省第五次党代会精神宣讲报告会，组织讲师团深入基层宣讲，举办宣讲活动30多场次，受教育人数7000多人次。2008年，继续深入推进中共十七大精神学习宣传贯彻工作。以“新农村理论之星”读书活动为载体，举办乡镇干部学习中共十七大精神知识竞赛、演讲比赛，选送5名选手参加省理论之星演讲比赛；启动“白沙黎族自治县读书月”活动，制定《“白沙黎族自治县第一届读书月”活动方案》，让白沙的每个人都有书可读。2009年，认真贯彻落实《中共白沙黎族自治县委关于进一步加强和改进党委（党组）中心组学习意见》，以学习实践科学发展观为主线，配合县委理论中心组认真学习落实科学发展观、民族团结、中共十七届四中全会精神等7个专题，提供学习资料100多份，参加人数1500人次。

2010年，以建设学习型党组织为根本目标制定《2010年全县各级党委（党组）中心组理论学习计划》，组织中心组成员重点围绕中共十七届五中全会、《国务院关于推进海南国际旅游岛建设发展的若干意见》等专题，集中学习6次。继续推进“技能型乡镇政府”建设，组织县“技能型乡镇政府”建设宣讲团下乡镇开展农业知识和技能培训55场次，邀请省高校专家到白沙黎族自治县给全县乡镇副科级以上领导进行农业实用技术培训3场次，组织全县农业实用技能知识竞赛1场，举办农业知识考试15场。

三、新闻宣传

2002年，专门成立白沙黎族自治县记者站，从社会公开招考2名记者充实县新闻报道队伍。加强对内对外宣传，在《人民日报》、《人民日报·华南新闻篇》、《海南日报》、《今日海南》、海南电视台、海南人民广播电台等刊物、电台发表新闻稿件200多篇（则）；以县人民广播电台、电视台为载体，从不同角度报道县各条战线所取得的新成就，共播出各类新闻1000多条。

2004年，统筹兼顾加大新闻宣传力度。结合县委、县政府的中心工作，以全县各行各业先进事迹、先进人物、新经验、新做法作为新闻报道的主题，对符育壮、王志铮、羊海辉等先进个人和农业、林业、扶贫、文明生态村、劳务输出等行业的新经验、新做法进行专门报道。全年，在广播方面共举办1个新闻、4个社教专题，播发新闻稿件1013篇，其中被省电台采用90多篇。电视方面播发新闻稿件891条，被省电台采用47条。新闻报道组在《人民日报·华南新闻篇》、《海南日报》以及省广播电台等媒体发稿326篇，采稿238篇。

2006年，充分挖掘先进典型，弘扬社会正气，树立先进典型人物吴理文、陈德基、王小飞等。多渠道、宽领域加强党的执法能力建设和保持共产党员先进性教育宣传活动，共悬挂标语100多条，版宣传栏24期，编印《简报》138期，县级媒体刊播新闻56条，省级以上媒体刊播新闻6条。2007年，继续大力宣传以吴理文、李学谷、符育壮等一批创业典型。同时，以白沙秀丽的自然风光为依托，淳朴的民风民俗为特色，多层次多角度强势宣传和塑造白沙新形象，让更多的人了解白沙，认识白沙。全年，向省级媒体发稿524件，其中电视台新闻152件，广播稿168件，报刊稿204件。

2008年，邀请人民日报、新华社、经济日报、海南日报、海南广播电视台等中央新闻媒体和12家省级媒体前来报道白沙黎族自治县举办的“海南建省办经济特区暨白沙黎族自治县成立20周年”成就图片展、美术展、书法展、摄影展，展现白沙20年来的成就与辉煌。海南广播电视台新闻频道直播县庆开幕式，《海南日报》刊发纪念海南建省办特区20周年白沙专版，协助海南电视台在白沙黎族自治县举办的庆祝建省办经济特区20周年大型电视特别节目《飞扬20》现场直播活动。大力宣传县委“富裕、文明、生态、和谐新白沙”的发展思路，在县电视台、《海南日报》等媒体分别作专题系列报道。全年共接待省内外各大媒体200余人次，在各级新闻单位发表稿件共计5034件，其中县广播电台2562件，县电视台1830件；文字稿件中，中央级媒体151篇，省级媒体491篇。

2009年，加大对外宣传力度，在《人民日报》、人民网、新华网、《海南日报》等省内外媒体发稿200多篇（件），特别是《人民日报》刊发的全国道德模范人物赵红亮在白沙黎族自治县的事迹、人民网刊发的《水如碧玉 山如黛》、《海南日报》刊发的《绿水青山自风流》《白沙发展竹产业　户户种竹子　月月有收入》等稿件在社会反响较大。同时，组织开展白沙黎族自治县诗歌大赛一系列中华人民共和国成立 60 周年纪念活动，共收到稿件 40 件，获奖作品 6 篇。全年接待省内外记者 200 多人次，提供文字材料 10 万字，图片 100 多幅；共送省新闻媒体播出新闻片子及稿件 308 篇，其中海南电视台 88 篇，海南广播电台 220 篇。

2010 年，精心策划组织国际旅游岛建设宣传工作，在县城显要位置和省道出口处设立多个宣传牌匾。同时，重点宣传白沙黎族自治县开展推进技能型乡镇政府建设工作、社会主义新农村、旧房改造，推出白沙黎族自治县获评全省勤政廉政典型九架村支书符育壮事迹等稿件。全年共接待省外记者 80 多人次，提供文字资料 20 多万字，图片 40 多幅；在省级以上主流媒体发稿 230 篇，其中视频稿件 104 篇，广播稿件 110 多篇。县广播电视台先后荣获海南省人大新闻专题三等奖、海南省广播电视新闻奖三等奖，并被选送参加全国新闻奖。

四、精神文明建设

1997 年，为贯彻落实中共第十四届六中全会精神和海南省委第二届第五次全体（扩大）会议精神，推进白沙黎族自治县社会主义精神文明建设，经县委讨论决定成立白沙黎族自治县精神文明领导小组，加强对精神文明建设的组织领导。办公室设在宣传部。同年，《中共白沙黎族自治县委办公室白沙黎族自治县人民政府办公室关于印发庆祝白沙黎族自治县建县十周年活动方案的通知》经县委常委会讨论同意通过，要求有关部门认真贯彻实施。

1999 年，为了迎接澳门回归，《中共白沙黎族自治县委办公室关于庆祝“’99 澳门回归”悬挂国旗、区旗和张贴宣传画等有关事项的通知》，县委、县政府按照省委、省政府的通知精神，决定在全县范围内开展悬挂国旗区旗和张贴宣传画活动来迎接澳门回归。《中共白沙黎族自治县委办公室白沙黎族自治县人民政府办公室关于印发〈关于举办“喜迎澳门回归文艺晚会的工作方案”〉的通知》《中共白沙黎族自治县委办公室关于召开迎接澳门回归形势报告会的通知》，通过各种方式来喜迎澳门回归。同年，《中共白沙黎族自治县委办公室白沙黎族自治县人民政府办公室关于印发白沙黎族自治县参加“海南五指山文化艺术节”活动项目方案的通知》，海南五指山文化艺术节于 1999 年 12 月 31 日至 2000 年 1 月 5 日在通什市举办。同年，《中共白沙黎族自治县委办公室、白沙黎族自治县人民政府办公室关于印发〈白沙黎族自治县“塑造白沙新形象”活动总体方案〉的通知》，“塑造白沙新形象”活动是一项社会性大工程。

2002年，推动公民思想道德建设，开展“诚实守信”“爱岗敬业”“人民满意好公仆”等形式多样的道德实践活动，使“爱国守法，明礼诚信，团结友善，勤俭自强，敬业奉献”的公民道德规范深入人心，发放宣传挂图1000份，书籍2000多册。同时，协调各部门，多方帮助、支持地宝村、金阳村等文明生态村庄的创建活动，全年全县共新建文明生态村庄30个。2004年，以开展创建生态文明村活动为载体，促进农村精神文明建设，共新建文明生态村33个，其中省级10个，县乡级3个。同时，开展“告别陋习，珍爱健康，保护家园”群众性万人签名活动。2005年，为了弘扬社会主义先进文化，推动白沙黎族自治县文化事业健康发展，满足人民群众不断增长的精神文明需求，《中共白沙黎族自治县委办公室、白沙黎族自治县人民政府办公室关于印发开展广场文化活动的实施方案的通知》，决定从2006年起在全县范围内广泛开展广场文化活动，力求“年年有安排、月月有活动”。为加强“广场文化活动”的领导，成立文化活动领导小组。

2006年，广泛开展“树立新观念、弘扬新精神、建设新白沙”主题活动，形成健康向上的精神风貌和文明和谐的社会氛围，深入学习《公民道德实施纲要》，强化教育，突出创建，营造良好的社会局面。继续开展创建文明单位、文明生态村、文明社区、“改陋习、树新风”、“文明户”等活动，创建乡镇级文明生态村33个、县级文明单位6个、省级文明单位2个；获得2005年度国家级文明村庄1个、省级文明单位1个、省级文明生态村建设先进乡镇1个、省级文明生态村建设先进村6个、省级文明生态村建设先进村个人6个、县级文明村5个。同时，开展群众性广场文化月月演活动10场次，电影周周放53场次，百部农业科教电影巡影乡镇农村16场次，丰富和发展群众文化生活。

2007年，根据中央、省委《关于进一步加强和改进未成年人思想道德建设》文件精神，县文明办明确责任，宣传、教育、文体、公安、共青团、妇联等部门协调配合，充分利用节庆、纪念日等活动，积极开展系列宣传活动。同时，深入开展创建文明单位、文明诚信企业、精神文明建设工作先进个人和文明生态村建设活动，全年有省级文明单位5个，省级文明诚信企业1个；创建省、县、乡（镇）三级文明村36个，巩固提高8个。

2008年，推动群众性精神文明创建活动向广度和深度发展。组织评选全县第三批文明村镇、文明单位、诚信企业，地宝村和公路局白沙分局分别获得全国文明村和文明单位的称号。白沙黎族自治县为进一步加强娱乐场所的管理，构建文明娱乐环境，推动和谐社会建设开始娱乐场所阳光工程的工作。主要内容包括加强舆论宣传，创建阳光娱乐氛围，2008年开始，将每年的5月11—17日确定为“阳光娱乐宣传周”；评选阳光金曲和阳光场所，打造阳光娱乐品牌；推动娱乐场所标准化服务、特色化经营，引导娱乐业转型升级；各有关部门分工协调，建立阳光管理长效机制。开展捐资助学，共资助优秀贫困大学生 18 名、高中“宏志班”新生 3 名。为营造好的未成年人成长环境，对文化市场进行集中整治，出动执法人员 258 人次，收缴盗版音像制品 7005 张和书刊 17 册。全年新建文明生态村 36 个，全县文明生态村总数 206 个，占全县自然村总数的 49.5%。

2009 年，继续加强公民道德建设、未成年人思想道德建设、文明道德建设和和谐社会主义新农村建设工作。参加省道德模范评选的有 12 人，获全县道德模范的有 16 人，新建文明生态村 30 个，提升文明生态村 7 个。2010 年，贯彻落实《中共海南省委办公厅、海南省人民政府办公厅关于提高公民文明素质营造国际旅游岛良好人文环境的实施意见》，与县委组织部、县团委联合举办领导干部文明礼仪知识培训班，全县参加培训的副科级以上领导干部近 400 人。加强未成年人思想道德建设，制发《白沙黎族自治县未成年人思想道德建设 2010 年上半年专项整治方案》，集中力量开展网吧集中整治、互联网低俗之风整治、出版物及校园周边环境整治三项专项行动。加强文明生态村、镇建设规划和指导，全年新建县级文明村生态村 20 个、文明生态镇 4 个，提升文明生态村档次的有 15 个。

第六节　统战工作

一、机构

1990 年 9 月，成立中共白沙黎族自治县委统一战线工作领导小组。主要对全县统战工作进行领导和统筹。1996 年，白沙黎族自治县委统战部更名为白沙黎族自治县委统一战线工作部。县委统一战线工作部内设办公室、台湾工作办公室（台湾事务办公室）、党派宗教股和工商联络股 4 个机构。2000 年，中共白沙黎族自治县委统一战线工作部内设办公室、台湾工作办公室（台湾事务办公室）、党宗教岗、工商联络岗 4 个职能机构。2005 年，从民族宗教事务局的 9 名行政编制中调剂 1 名行政编制和从县机关预留行政编制中调剂 1 名编制给县委统战部。调整后县委统战部行政编制 5 名，县民族宗教事务局行政编制 8 名。

二、党外人士统战工作

2003 年，在县委统战部、组织部、县委党校 3 个部门的密切配合下，白沙县首期党外干部理论培训班于 5 月 13—17 日在县委党校举办，26 名党外干部骨干分子参加培训。在当年的政协换届选举中，县统战部共推荐非党干部为政协委员 45 人，常委 6 人。此外，统战部还在9月28日与县总商会联合举办白沙县非公有制经济人士理论培训班，有50多名非公有制经济人士参加。

2004年，为改变白沙县统战宣传的薄弱状况，统战部确定每年4月为白沙县“爱国统一战线宣传活动月”，并按计划开展宣传活动，使统战宣传做到经常化、制度化。4月，统战部利用广播电视、墙报、横幅进行宣传的同时，还利用宣传车深入到青松乡、南开乡、元门乡、细水乡、牙叉镇、打安镇、七坊镇、金波乡、帮溪镇以及白沙农场、牙叉农场、龙江农场、金波农场等机关、学校进行为期7天的统战宣传活动。8月26日，举办全县统战干部培训班，乡镇统战委员、县委统战干部共18人参加学习培训。省委统战部研究室梁生彬主任亲临指导并作专题辅导。

2006年，县统战部推荐县政协委员131人，其中党外人士77人，占58.8%，比上届增加8%；非公有制经济人士19人，占14.5%，比上届增加0.9%。2007年，县统战部组织理论学习10次，派员参加省部学习2次，与党外人士、非公有制经济人士学习座谈4次。

2008年，根据全省无党派人士主题教育活动工作会议精神，县统战部确定7—12月在白沙县无党派人士中开展主题教育活动。经讨论确定参加主题教育活动的无党派人士22人。通过无党派人士主题教育活动动员会、举办无党派人士主题教育活动培训班、举办无党派人士“自觉接受中国共产党的领导，坚持走中国特色社会主义道路”的讲座、学习袁隆平等先进事迹经验介绍、组织观看录像、召开座谈会、组织参观考察县文明生态和农业生产示范点，使无党派人士准确把握我国处于社会主义初级阶段的基本国情，充分认识经济社会发展的辉煌成就，正确对待改革开放发展面临的形势和任务，从而增强热爱白沙、建设白沙、发展白沙的责任感和使命感。

三、涉台工作

1987年2月，台湾当局开放群众到大陆探亲的规定后，白沙黎族自治县台胞台属纷纷来县委统战部和台办，要求帮助寻找在台亲人。1988—2010年，在省委统战部和省台办的大力协助下，先后帮助台胞台属8人寻找到在台亲人。在此期间台胞王荣是（元门乡红茂人）、符元春（牙叉镇牙炳人）、许宗民（广东信宜人，现打安镇远征村人），还有荣邦乡平原村台属叶举昌、福英村台属卢士荣、牙叉镇海旺台属李建成等去台亲人，先后回到离别40多年的家乡与大陆亲人团聚。1989年，帮助荣邦乡福英村台属卢士荣的儿子从地方学校转到国营芙蓉田农场小学就读。同年，帮助台属许崇楠儿子考海南师范学院录取中存在的问题。1990年，认真协调原狮球政府解决台属许宗乃建房用地的问题。同年8月与国营邦溪农场疏通关系解决台属许宗爱一家五口人落户问题等。1995年6月，做好荣邦乡平原村台属叶举昌之父叶先生回大陆定居的安居工作，并不定时到他家中了解其生活和健康情况，使叶先生安度晚年。帮助农村台胞台属发展家庭经济，提高生活水平。

1988—1990 年是白沙黎族自治县农村经济发展稳步向前推进的阶段，统战部组织全体工作人员深入农村台胞台属家中详细了解他们的家庭生产生活情况，发现部分台属发展家庭经济存在资金和种苗难的问题，部领导到农行和信用社与两部门的领导商量，恳求两部门帮助台属解决小额贷款购买橡胶和甘蔗种苗。县农行给海旺村台属李建成小额贷款 3000 元购买橡胶和甘蔗，共种植橡胶 30 亩、甘蔗 8 亩。1990 年，荣邦乡福英村台属卢士荣来信要求帮助联系橡胶种苗，经部领导与芙蓉田农场联系，解决 1000 株橡胶苗。1988—2000 年，先后帮助农村台属解决运蔗票 65 张（车）。做好台胞台属和起义投诚人员节日慰问。白沙黎族自治县有台胞 5 人，台属 16 人，投诚起义人员 2 人。县统战部每年都对台胞台属进行慰问，做好台胞台属台商的接待服务工作。1988—2010 年，统战部台办工商联（总商会）先后接待台胞探亲 6 批 11 人次，接待台商 6 人次，接待台湾少数民族参观团 32 人。共引进台资项目 8 个，利用台资 188 万港元和 2060 万美元，合同项目资金 959 万元人民币。

第七节　政法工作

一、机构

2000 年，设置中共白沙黎族自治县委政法委员会，内设政法委办公室（挂防范和处理邪教办公室牌子）和社会综合治理办公室（挂国家安全领导小组办公室牌子）两个股级职能岗位。2002 年 3 月，成立白沙黎族自治县政法队伍教育整顿工作领导小组。领导小组下设办公室，办公室设在县政法委，负责日常工作。2003 年 4 月，成立县政法工作领导小组。小组下设办公室，办公室设在县政法委，负责日常工作。截至 2010 年，白沙黎族自治县政法委内设有办公室、社会治安综合治理委员会办公室、中共白沙黎族自治县委防范和处理邪教问题领导小组办公室、国家安全人民防线领导小组办公室、县处理土地纠纷领导小组办公室、涉军维权办 6 个机构。

二、社会治安综合管理

1989 年，白沙黎族自治县采取多种措施维持社会治安的稳定。重点打击杀人犯、抢劫犯、抢劫犯、大盗窃、敲诈勒索、爬车越货以及各种严重犯罪分子，重点打击区是县城、交通沿线和治安突出的内部单位、村庄。坚持执行“从重从快”，从实际出发，组织专项斗争的原则，严厉打击聚众斗殴、盗窃电线等社会丑恶现象。加强场乡联防，做好护林保胶、护林防火和制止乱砍滥伐的工作。1991 年，白沙黎族自治县决定正式聘请县律师事务所赖昆林、谭家宇、王亮担任县政府常年法律顾问。主要是为了进一步加强县政府的法制建设，促进政府依法行政，实现依法治县。此后，凡有关县政府的法律事务，均由法律顾问办理。

1992 年，白沙黎族自治县社会治安明显好转。建立治安会、调解会 473 个，人员 2441 名；成立治安巡逻队、护胶队、护村队、护厂队等各种群防群治组织 564 个，人员 9624 名，签订社会治安责任书 272 份。全年发生刑事案件 63 宗，破案 50 宗，破案率 79.4%；发生重大案件 35 宗，破案 28 宗，破案率 80%。

1993 年 12 月，白沙黎族自治县开展全县政法系统 1993 年执法检查。本着落实全省政法委书记会议的部署，真正做到“有法必依、执法必严、违法必究”，有针对性、有重点地解决执法中存在的主要问题。检查的内容是 1993 年以来，全县各级公安、检察、法院和行政执法部门执行法律、法规和行政规章的情况以及执法中的廉政问题。执法检查由县委政法委员会具体组织实施，并联合人大、政协、纪检、检察等部门同志参加。执法检查主要采取部门自查和检查组检查相结合的办法进行。

1994 年，全县社会秩序基本保持稳定。继续按七项责任目标开展整治工作，坚持打防并举，标本兼治，狠抓群防群治，强化“严打”斗争，刑事案件和治安案件比上一年下降 10%，南开、打安、金波、阜龙等乡镇无刑事案件发生。

2000 年，《中共白沙黎族自治县委办公室、白沙黎族自治县人民政府办公室关于印发〈白沙黎族自治县 2000 年依法治县工作方案〉的通知》，对 2000 年全县依法治县工作提出具体任务和措施：一是把促进依法行政放在全年依法治县工作的重要位置。二是完善和落实司法改革各项措施，切实推进公正司法。三是综合整治投资环境和经济秩序。四是综合整治社会生活秩序，创造文明有序的生活环境。五是基层、行业、地方依法治理“三大工程”起步实施。六是切实加强对执法权力的监督。七是加强依法治县的宣传和普法教育。八是切实加强对依法治县的组织领导。

2001 年，深入开展“严打”和禁毒专项行动，坚决扫除“黄、赌、毒”等社会丑恶现象。全年共受理各类刑事案件 158 起，破获 80 起；受理各类治安案件 261 起，查处 242 起。在开展禁毒专项行动中，白沙黎族自治县共有 22 个单位被评为全省“禁毒优秀社区”。同时，加强场乡联防，搞好护林保胶综合治理。

2005—2009 年，坚持“严打”方针不动摇，始终保持对刑事犯罪的高压态势，维护白沙黎族自治县社会治安的持续稳定。全县共立各种刑事案件 434 起，破获刑事案件 287 起，破案率 66.1%，抓获犯罪嫌疑人 192 人；受理各类治安案件 835 起，查处 802 起，查处率 96.0%，查处违法人员 738 名；其中查处赌博治安案件 45 起，抓获涉赌人员 180 人。

2010 年，不断推进社会治安防控体系建设，进一步加强基层综治网络建设。全县有基层调解中心 20 个，基层调解会 99 个，成员 2900 人；治保会 220 个，成员 895 人；联防队 501 个，成员 3347 人；治安中心户长 2638 人，治安信息员 4870 人。配合公安机关建立起点、线、面、片、块的网络，形成横贯到底，纵向到边的治安防范网。同时，强力推进打黑除恶及“两抢一盗”（抢劫、抢夺，盗窃）、禁毒、缉枪禁赌专项行动。全年打掉盗窃犯罪团伙 3 个，抓获犯罪嫌疑人 9 人，破获盗窃案件 60 起，破获销赃案件 20 起，追缴被盗摩托车 53 起；破获贩毒案件 9 起，抓获犯罪嫌疑人 9 人，抓获吸毒人员 43 人，其中强制隔离戒毒 15 人；查处赌博治安案件 9 起，抓获涉赌人员 36 人，收缴火药枪、气枪等枪支 142 支，破获非法持枪案件 26 起，查处犯罪嫌疑人 26 人。

第八节　老干部工作

一、组织机构

1982 年 6 月 21 日，中共白沙黎族自治县委组织部老干部局成立，为县委组织部内设机构，单列开展老干部工作，设局长 1 名，副局长 2 名，干部 2 名。2004 年，成立白沙黎族自治县老年人活动中心，挂白沙黎族自治县老干部活动中心和白沙黎族自治县残疾人康复服务中心牌子，实行三块牌子、一套人员。隶属县民政局、老干局、残联会协管。2008 年 12 月 25 日，白沙黎族自治县机构编委会下发《关于理顺县委老干部局管理体制的批复》文件，批准把县委组织部内设老干部局调整为挂靠县委组织部的正科级机构，并更名为中共白沙黎族自治县委老干部局，设局长 1 名，副局长 1 名，科员 1 名。白沙黎族自治县委老干部局挂靠机构有县老体协、县关工委、县老年大学、县老促会，同时与县民政局共同管理县老干部、老年人活动中心。

1996 年，中共白沙黎族自治县委、白沙黎族自治县政府决定把原服装厂厂房主楼 1206.6 平方米改为营业性质的活动中心，由县老干局和县妇联联合经营，利益共享。主楼以外的二楼平房及庭院（其中一栋 156 平方米，一栋 406 平方米）按 50%分别划给老干局和妇联会，作为老干部活动中心和妇女儿童活动中心场地。

二、老干部管理与服务工作

老干部政治思想建设 每年，县委老干部局会召开老干部学习会、座谈会、专题报告会和通报会形式，组织老干部及时学习领会党中央、省委和县委的重要会议精神和文件精神，让老干部及时了解国际国内政治形势，了解党和国家的大政方针，了解本地区本部门改革开放和现代化建设的新成果。1998—1999 年，组织老干部开展“三讲”教育学习活动。2009 年，组织老干部开展科学发展观教育学习活动。2010 年，组织老干部集中学习《国务院关于推进海南国际旅游岛建设发展的若干意见》《中共海南省委、海南省人民政府贯彻落实〈国务院关于推进海南国际旅游岛建设发展的若干意见〉的决定》等文件精神。集中召开老干部座谈会 2 次、报告会 3 次、集中学习 6 次，参加的离退休老干部 370 人次，向老干部发放学习资料 210 多套；组织老干部在县内外参观考察工农业重大项目建设活动 2 次，分别到邦溪镇、七坊镇、元门镇和县城等地区参观考察，参加的离退休老干部 90 多人次；召开老干部通报会 2 次，参加的离退休老干部 160 人次。

老干部党支部建设 1997 年，中共中央组织部印发《关于加强离退休干部党支部建设的意见》文件提出，加强离退休干部党支部建设。截至 2010 年，全县先后在县政协办、县纪委、县农业局、县老干部局、县商务局、牙叉镇成立 6 个离退休党支部；按照“支部班子好、党员队伍好、工作机制好、工作业绩好、群众反映好”的目标要求，在全县 6 个离退休党支部中创建“五好支部”活动，推动离退休干部党支部建设工作的提高。同时，向全县 6 个离退休党支部订阅全国先进离退休党支部和离退休干部先进个人事迹选编《金秋红枫》6 册，学习全国先进离退休干部先进个人先进事迹，激发各离休干部党员“学、比 、赶、超”的工作积极性。

重大节日走访慰问老干部 县委老干部局成立以来，在元旦、春节和中秋节等重大节日，县委老干部局都会积极协调资金，采取分层负责形式，通过上门走访慰问的方式，走访慰问老干部，突出对困难企业离休干部和居住在农村的离休干部及离休干部遗属的看望，积极帮助解决生活中遇到的困难和问题，切实把党和政府的温暖送到老同志身边。2010 年，县委、县政府下拨重大节日走访慰问老干部经费 10 万元，分别走访慰问离退休老干部 144 人，走访看望老干部遗属 19 人；县委老干部局还在平时积极走访看望在省级、县级医院生病住院老干部 50 人次。

离休干部的移交安置工作 2005 年，白沙黎族自治县委下发《关于我县企业离休干部归属管理的通知》，进行国有改制和破产企业离休干部安置管理工作，国有改制和破产企业离休干部移交县委老干部局管理的有 18 名。2010 年，完成农场教育系统离休干部移交安置管理工作，龙江农场教育系统的林造、江天明、傅致君3位离休干部归属白沙黎族自治县委老干部局。

离休干部生活费和医疗费　2003年5月，县委、县政府下发《关于进一步完善落实县离休干部“三个机制”的通知》和《白沙黎族自治县离休干部医药管理实施办法》，离休干部的“三个机制”保障机制正常运转，离休干部的离休费按时按规定得到调整，离休干部离休费按时全额通过银行发放，离休干部医药费及时得到实报实销，不存在拖欠医疗费现象。同时，每年离休干部医疗费节余奖励金标准为4800元。2010年，实行离休干部的“阳光”补贴增资政策，全县49名离休干部月均增资409元，最低增资311元，最高增资616元。

老干部参与社会监督工作　2004年8月，白沙黎族自治县文体局召开全县各网吧业主和20个白沙黎族自治县关工委委员会议，学习国务院关于互联网上网营业场所管理条例，县文体局领导给20名关工委员和“五老”（老党员、老干部、老专家、老教师、老战士）颁发白沙黎族自治县电子游戏、网吧市场义务监督员证书、义务监督员证和袖章。每年，老干部网吧义务监督员队伍定期和不定期到全县网吧进行监督，对存在向未成年人开放的网吧，及时向有关监督部门反映，保护青少年健康成长。2010年，全县有“五老”义务网吧监督员29名，其中乡镇11名，县城18名。

老干部参与革命老区建设　2010年上半年，白沙黎族自治县革命老区促进会挂靠老干部局，白沙黎族自治县革命老区促进会主动配合阜龙乡，积极开展走访和调研工作，筹措资金，建成保加村革命斗争遗址纪念碑和芭蕉村渡海先锋营联欢大会旧址纪念碑。下半年，白沙黎族自治县革命老区促进会、白沙黎族自治县关工委、白沙黎族自治县老干部局及相关县直单位领导一同调研筹建中共琼崖特委牙叉会议旧址纪念雕像，向全县各单位和个人发放倡议书，为筹建纪念雕像捐款。2010年，县革命老区促进会获得“全国老区建设促进会先进促进会”荣誉称号和海南省老区宣传工作三等奖。

老干部再学习　2009年5月，创办白沙黎族自治县老年大学。县老年大学挂靠县老干部局并设办公室，县委老干部局局长任办公室主任。白沙黎族自治县老年大学的办学宗旨是组织离退休老干部再学习，通过学习达到增长知识、丰富生活、陶冶情操、促进健康、服务社会的目的，落实老有所教、老有所养、老有所学、老有所乐、老有所医、老有所为的工作目标，充分发挥老年大学在社会主义精神文明建设中的积极作用。县老年大学完善制度建设，制定《白沙黎族自治县老年大学章程》《县老年大学办公室工作职责》《县老年大学教务工作职责》《班长工作职责》《学员守则》等工作制度。同时，通过多种途径筹资2万元，购置学习桌椅80套、电视机1台、音响1套、教学设施1批；有专业教师22名，学员144名。

老年人文体活动 1989年5月，成立白沙黎族自治县老年人体育协会。2002年以来，组织白沙黎族自治县老年人体育代表队参加全省老年人体育运动会4次，组织举办两届白沙黎族自治县老年人体育运动会。每年，在"三月三"、"五一"国际劳动节、"十一"国庆节、重阳节等重要节日都组织老年人开展丰富多彩的文体活动。截至2010年，白沙黎族自治县老年人体育协会组织已有下属工委15个，全县11个乡镇和83个村（居）委会成立了老年人体育协会。

老干部活动中心建设 2003年6月，县委、县政府同意筹建白沙黎族自治县老干部局、老年人活动中心，拨付建设用地4.5亩，建设资金144.8万元。2004年12月，建成一幢三层建筑面积1361平方米的老干部、老年人活动中心大楼，同时新建1个门球场、2个地掷球场、1个羽毛球场。中心内设值班室、会议室、中心办公室、关工委、老体协办公室、乒乓球室、台球室、象棋室、阅览室、音乐室、健身室等。学习、工作、健身器材包括乒乓球桌4张、台球桌2张、象棋桌10张、课桌50套、电脑2部、电视机3部、空调机2部、健身器7套、音响1套、书柜9个、外设体育器材5套，基本满足老年人学习、工作、文艺、体育健身的需要。2009年2月，县老干部局筹资26万元，对县老干部活动中心的门球场和地掷球场加盖顶棚，满足老年人在雨天、晚上锻炼身体的需求。

第九节 机关党务工作

一、组织机构

1982年6月，成立广东省海南黎族苗族自治州白沙黎族自治县机关与企事业单位工作委员会。1994年，健全机关党支部领导班子135个，成立机关党支部8个，其中离退休老干部支部3个。同年6月23日，开始组建离退休干部党支部。2001年6月，成立白沙黎族自治县教育与科学技术局直属机关委员会。2003年6月，更名为中共白沙黎族自治县直属单位工作委员会，简称"县直工委"。县直工委编制3名，设书记1名，副书记1名，工作人员1名，下设机构有办公室。截至2010年，县直工委管辖机关局党委9个，党总支13个，其中工委直属总支3个；党支部146个，其中直属12个；党员2342名。

二、机关党务活动

开展创先争优学习活动，进行推优宣传先进 各单位订购书籍《广东省先进党员事迹》《海南省优秀共产党员事迹》等书，全县机关党员广泛开展学习先进事迹。先后推进县国税局等120个党组织评为“全县先进基层党组织”，优秀基层党务工作者120名，全县优秀共产党员220名。每年“七一”中国共产党建党日期间组织召开“一先两优”表彰大会，表彰先进基层党组织41个，优秀共产党员56名，优秀党务工作者23名，在县直机关各单位形成学先进、赶先进的良好氛围。

开展妇女儿童发展和党员慰问活动 每年春节和国庆期间，走访慰问困难党员和老党员，发动各党组织先后募捐30万元慰问困难党员，县直工委先后开支8万元慰问特困党员400名。做好妇女儿童发展规划要求，积极发展女党员和参与社会管理、决策等方面工作，先后发展女党员135名。

举办入党和党务干部培训班工作 每年6月举办3期入党人员培训班共2500人，每年举办党务干部培训班2期，党县直机关单位共受训1200人次。同时，开展党风廉政教育，认真贯彻《建立健全教育、制度监督并重的惩罚和预防腐败体系实施纲要》，制定党风廉政建设和反腐败工作实施细则，把教育、制度监督贯穿于反腐倡廉工作的各个环节。

严格认真做好党费缴纳、党员发展和党组织关系的接转工作 对不缴纳或不按规定缴纳党费的党员，进行督促限期缴纳党费。严格按照“坚持标准、保证质量、改善结构、慎重发展”和成熟1个发展1个的要求，高质量的做好发展党员工作，先后有235个党支部发展党员1023名，有406个支部办理预备党员转正手续821名。先后办理党组织关系转入1340名，转出460名。

第十节 史志工作

1995年11月，白沙黎族自治县实施党政机关机构改革，将原白沙黎族自治县委党史研究室与白沙黎族自治县人民政府地方志办公室合并为一个单位，即中共白沙黎族自治县委史志办公室。下设办公室、资料征集股，单位设置为二级正科单位，定编名额7人，配置主任1名，副主任2名，普通工作人员4名。隶属县委部门，实行县委、县政府双重领导。

一、党史工作

1981年6月，县委党史研究室成立后，1983年开始编写党史专题著作。至1995年11月底，共发出征集资料信件186封，走访老党员、老干部、革命退伍老军人132人次，征集、整理回忆录、文献资料189份39万字，其中文献资料12份4.2万字，征集到的历史相片127张，历史文献2件。先后编写《中共白沙黎族自治县党史（民主革命时期

1937—1945 年）大事记》48 万字、《白沙黎族自治县黎族人民驱逐国民党县长邱海云的斗争》回忆录 1.2 万字、《中共广东省白沙黎族自治县组织史资料（1938—1987 年）》40 万字、《五指山风雷》16 万字。1995 年 11 月，县党史办和地方志合并后，编写党史专题工作进一步扩展。1996 年 1 月至 2015 年底，先后发出征集党史资料信件函 235 份，县委办和县政府办联合印发征集党史资料文件 428 份，走访老党员、老干部、退伍革命老军人，历史见证老人 168 人次，征集、整理采访资料 3012 份 415 万字档案资料 502 份 26 万字，文献资料 36 份 1.8 万字，拍摄历史遗址，照片 62 张，历史见证人照片 18 张。编撰完成《白沙新时期农村、农场的变革》30 万字、《中共海南省白沙黎族自治县组织史资料》续编 13 万字、《白沙英烈谱》1.6 万字、《中共白沙黎族自治县历史（1950—2002 年）大事记》1.1 万字、《抗战时期白沙黎族自治县人员伤亡和财产损失调研汇集》4.2 万字、《白沙革命旧址资料汇编》4.8 万字、《白沙黎族自治县人物集》24.6 万字、《中共白沙黎族自治县党史》（一卷）26 万字。还收集整理 1995—2012 年中共白沙黎族自治县组织史资料 3.6 万字。

二、地方志工作

1985 年 1 月，白沙黎族自治县地方志编纂委员会成立。下设办公室，定编 5 人。初期 3 人，主任 1 名，副主任 1 名，办事员 1 名。1986 年 10 月配到 5 名。1985 年 9 月第一轮《白沙黎族自治县志》着手编纂，隶属单位 92 个，368 人参加搜集资料，115 人主笔，编纂内容除了概述和大事记外，主要有地理、经济、政治、军事、文化、民族、人物七方面，辅于图、表、照片，以图文并茂的形式记载 1935 年至 1987 年底白沙黎族自治县的历史与现状及社会发展过程。1990 年 2 月 15 日，召开白沙黎族自治县县志编委会议。主要是讨论部署第三次修改补充工作，以尽快全面完成第三修改稿的任务。5 月 6 日，召开县志工作会议，对一些单位、部门的专志资料进行补充。6 月 13 日，对县志编委会领导成员进行调整。6 月 28 日，召开县志编委审稿会，为及时集中各方意见，进行再修改。8 月 18 日，召开第二次县志审稿会，重点审查政治编和人物编，同时兼顾其他编。9 月 18 日，成立县志审稿小组，县长刘文清为主审，副县长王安国、县志办副主任为副主审。负责对县志稿的初审、复审工作。1991 年 6 月 4 日，召开县志资料工作会议，对各乡、镇、国营农场的专志资料进行核实、补充。历时 8 年，1992 年 5 月出版面世，全书共 64.3 万字。1993 年 9 月 10 日，在县政府六楼会议室召开第一部《白沙黎族自治县志》首次发行仪式大会。各乡镇、各国营农场、县部委办局及各分管宣传工作的领导参加会议。

2007 年 10 月 30 日，确定白沙黎族自治县第二轮地方志书编纂工作方案。第二轮志书上限为 1988 年 1 月，衔接第一轮县志的下限（第一轮县志的下限为 1987 年 12 月），下限至 2010 年 12 月。名称为《白沙黎族自治县志》(1988 年 1 月至 2010 年 12 月），约 60 万字。修志经费（包括审稿费用）由委员会办公室（县史志办）逐年作出预算，报县财政局核拨。为确保第二轮地方志书编纂工作顺利进行，成立第二轮地方志书编纂委员会。委员会下设办公室，办公室设在县史志办，负责日常具体工作。各部门也相应成立部门志领导小组，部门领导担任领导小组组长。第二轮地方志书计划出版《白沙黎族自治县志》1 部，由各部门（行业）志组成。

三、地方年鉴

地方年鉴编撰原由县政府办公室承编。2008 年始，海南省人民政府把这项工作交史志部门操作。2009 年，着手编辑，年鉴的内容为：概况、政治、经济、军事、法制、社会事业等 6 项，附于图片、以图文并茂的格式记载当年的经济与社会发展的状况。至 2015 年底，共出版 7 部地方年鉴，每部 48.5 ~ 59.6 万字，共约 370 万字。

第十一节　党校工作

1962 年，白沙黎族自治县委党校始建，位于南叉河南岸，占地约 15 亩。县党校内设有办公室、培训室、教研室，主要职责是培训轮训科级党员领导干部、后备干部、乡镇一般干部、行政村（社区）党组织负责人、村民委主任等；承办县委、县政府和县有关部门举办的专题研讨班；围绕党的中心工作，积极开展科学研究，承担县委、县政府下达的调研任务，推进理论创新；开展党的路线、方针、政策的宣传。2000 年，中共白沙黎族自治县委党校内设机构为办公室、学员管理岗、函授站，均为股级建置。

2004 年，县委为了整合资源，对县委党校、民族干部学校、教师进修学校实行“一套人员、三块牌子，对应承担培训任务”的管理模式。整合后的校址迁到原教师进修学校，校园占地 3.33 公顷。

2005 年以后，县委党校按照中央提出的“大规模培训干部、大幅度提高干部素质”的要求，贯彻落实《中国共产党党校工作条例》，逐渐由学历教育过渡到专题理论、技能培训班的举办，不断探索干部教育培训工作新路径，加大干部培训力度，开展理论调研活动，发挥“主阵地”“主渠道”的作用。

2010 年，县委学校内设办公室、教研室、函授站，有教职员工 20 人，由县委副书记兼任校长。同年，投入 100 多万元装修学员宿舍楼和多媒体教室 ，修建水沟、挡土墙，改善教学条件和校园环境。

一、干部培训

2003年，白沙黎族自治县共举办干部教育培训班322期。投资培训经费190万元，其中由县财政拨款35.33万元，联手扶贫单位（国家海洋局、省教育厅等）资助152万元，其余各单位自筹解决。通过挂职锻炼、跟班学习、脱产进修、自学、集中培训等方式，对各机关、乡镇领导班子成员，党外干部骨干、妇女干部、少数民族中的优秀分子，农村党员干部、从事农业科技的专职人员，部分应届初中毕业生、退伍军人、下岗职工以及各单位的相关业务人员进行培训。成立干部教育培训小组，组长由县委书记彭晓新担任，副组长由县委副书记、县长和县委副书记、县委组织部部长担任。2005年，白沙黎族自治县共举办各种干部教育培训班504期，共3.3万人次。培训经费共183.89万元，其与不足部分各主办单位自筹解决。2007年，党校联合县纪委、县委组织部、县直工委等举办全县纪检干部理论培训班、村"两委"干部培训班、党务工作者培训班，预备党员、入党积极分子培训班，文明生态建设培训班等各类培训班8期，培训人数达600多人次。协助县科协、县妇联、县扶贫办、县教育局、县司法局、县电力公司等单位举办各类业务知识培训班6期，受训人员约为800人次。配合县委组织部，分别到省委党校、厦门思明党校举办2期乡镇领导干部理论培训班。2008年，围绕中共十七大精神，构建和谐社会、科学发展观、新农村建设，县委党校举办各类培训班20多期，共培训各级各类干部2000多人次。其中举办科级领导干部学习贯彻中共十七大精神的集中轮训4期，人数约为300多名；举办新当选的村党支部书记（副书记）、村主任（副主任）培训班3期200多人。成立干部培训工作领导小组，组长由县委书记王积权担任，副组长由县委副书记、县长王应才，县委副书记符海斌，县委常委、常务副县长陈鸿亮，县委常委、组织部部长盛小卫担任。2009年，县委党校与县委组织部、县民政局联合举办6个专题培训班，共10期，受训人员约为1300名。2010年，县委党校与县委组织部、县委宣传部举办"技能型乡镇政府"建设农业技术培训班2期，培训人数约为200多人。

二、巡回宣讲

2007年至2010年，县委党校积极开展理论下乡工作，每年都选派若干名骨干教师到各个乡镇进行关于"技能乡镇政府建设农业技术"等课程的宣讲，年均授课人数为300多人次；配合县委宣传部组成的理论宣讲团，到全县各单位进行中共十七大和省委五届二次全会精神的宣讲。

三、远程培训

2007年，清华大学教育扶贫远程教学站落户县委党校，拓宽白沙黎族自治县干部教育培训的渠道，进一步扩大干部培训的规模。2007—2010年，县委党校充分利用清华大学教育扶贫远程教学站这个平台，先后组织机关党员领导干部参加各类培训班 16 期，共培训 800 多人次。

四、教师培训

2005 年，组织全县中学教师开展“师德教育”和“教育新观念”培训，培训人数 400 多人；组织全县小学教师开展“师德教育”和“新课程的深化与反思”培训，培训人数约 900 多人。2008 年，组织全县中小学班主任参加培训，并认真做好测试工作。2006—2010 年，举办“英特尔未来教育”项目培训班 20 期，共培训中小学教师 500 人次。2009 年，组织全县中学教师开展“问题学生教育”课程培训，培训人数约为 500 多人。2010 年，组织全县中小学教师参加基本技能测试，开展农村小学教师素质提升培训和初中教师教材研习培训和备课技能培训等。2010 年 9 月至 2010 年 12 月，白沙黎族自治县启动实施“国培计划”——海南省中小学教师远程培训项目，中学参加教师 382 人，小学参加教师 402 人。

五、学历教育

2010 年，根据“一村一名大学生计划”，县委党校配合县委组织部、海南广播电视大学举办农村干部大、中专学历班等学历教育。

第十二节　关心下一代工作

1992 年 6 月，成立白沙黎族自治县关心下一代工作委员会（简称“县关工委”）。2002 年 10 月，白沙黎族自治县关工委成员进行调整，设顾问 2 人，主任 1 人，常务副主任 1 名，副主任 5 名，秘书长（兼）1 人，成员 37 人。全县县直单位关工委组织 8 个，成员 57 人，乡镇关工委组织 11 个，成员 126 人。县关工委同时成立“三团一组”领导小组，即爱国主义教育团、法制教育团、科技教育团和家庭教育组。2003 年，共有关工委组织 20 个，成员 226 人，其中离休干部 35 人，退休干部 120 人，在职干部 71 人。同年 12 月，在县委六楼会议室召开全县关心下一代工作总结表彰大会。出席会议的人员有县关工委全体成员，各乡镇关工委、县直有关单位关工委主任及常务副主任，受到表彰的先进集体、先进个人代表，共有 70 人。受表彰的先进集体 7 个，先进个人 23 名。2007 年，全县共有关工委组织 191 个，其中乡、镇 88 个，学校 96 个，机关 7 个；共有关工委成员 1458 人。截至 2010 年，全县共有关工委组织 125 个，成员 918 人。

2008 年 10 月至 2009 年 5 月，关工委会同县教育局、县文明办、县妇联、团县委、县司法局在全县中小学校开展以“学英雄少年，树时代新风，做一个有道德的人”为主题的教育活动。具体活动内容：一是举行《学习抗震救灾英雄少年，弘扬伟大抗震救灾精神》报告会，全县中小学校举行的报告会31场次，老干部作报告的有15场次；二是组织中小学生学习《中小学生守则》和《中小学生日常为范例》；三是利用各种形式广泛深入学习宣传抗震救灾英雄少年先进事迹；四是组织开展法律进学校工程，全县共举行法律讲座70多场次，参加听法律讲座的师生21337人次；五是组织开展“五个一”活动，即观看一部爱国主义教育影片或一部思想道德教育影片，教唱一首思想道德的歌曲，为特困家庭同学献爱心捐助一元钱，倡导为学校、家庭和社会做一件好事，组织一次绿化美化校园活动。全县各学校组织观看教育影片103部119场次，参加献爱心捐款13495人，共捐款19771元；学生做各类好事2478件，整治校园面积74928平方米，共植树31951株，校容校貌大为改观；六是举办专题征文和演讲比赛活动，全县各学校学生撰写征文共计2355篇，举行演讲比赛20多场次，参加听演讲的师生13169人次。县关工委、县教育局从中精选115篇汇编白沙县中小学生“学英雄少年，树时代新风，做一个有道德的人”征文与演讲，征文题目为“走英雄路”。

配合司法部门，开展法制教育和禁毒宣传活动。各级关工委成员和“五老”每年进行数十场次做法制教育，县关工委还于2009年选择牙叉镇牙利新老村作为法制教育联系点，进行思想教育，协调建设一些设施。县关工委法制教育团2009年曾2次在全省关心下一代工作会上作专题交流发言，受到省关工委和县委领导的好评。

主动配合教育部门和学校，办家长学校开展家庭教育。2003年，着手创办家长学校，并成立由8位老教师组成的讲师团。2005年，县关工委、县教育局联合发布《关于进一步办好家长学校的工作意见》，其间编印家教讲稿汇编，多次举办家长学校培训班。截至2010年，全县中小学校普遍能按规定要求开展教学活动，已举办家长学校的66间，占73%。

组织“五老”义务监督员，开展对网吧、电子游戏机监督活动。为了进一步净化社会文化环境，促进未成年人健康成长，县关工委于2006年起组织20名离退休干部担任县城网吧义务监督员。2009年，组织“五老”网吧义务监督员25名。其中县城18名，乡镇关工委7名，并经县文体局组织学习培训后发给聘任书和上岗证的。县城有6间网吧店（含电子游戏机），县关工委把18名义务监督员编为3个小组，每组负责2个网吧店，每组都有正副组长，还规定每月坚持2次督查或不定期的暗查。

开展关爱活动、为青少年健康成长办实事。2004年，县关工委成立“爱心基金”，最多时有228人次老干部慷慨解囊捐款计11000多元。

配合农业科技部门，开展科技教育活动。县关工委科技教育团副团长、助理农艺师唐上炎，副团长、农艺师陈经国，邦溪镇关工委科技教育团副团长、助理农艺师关锡桂等主动配合农业科技部门深入农村与学校开展科技教育活动，举办各种实用技术培训班，辅导农村青年学习掌握使用沼气的技能，培训学习橡胶、甘蔗、木薯等经济作物的栽培、管理技术、推广水稻、木薯良种良苗。1988—2010 年，举办各类培训班 16 期，受训人数达 3808 人次，使农村青年与在校学生学会掌握使用 2～3 门实用技术，为发展农村经济打下良好基础。

牵头筹资建立中共琼崖特委牙叉会议旧址等 4 处永久性革命历史纪念设施。2010 年，在开展纪念海南解放 60 周年教育活动中，县关工委倡议建立 4 处永久性革命历史纪念设施，积极承担各种具体事宜，保加村战斗旧址和渡海先锋营军民联欢大会旧址纪念设施，于 2010 年 6 月 3 日完工，举行揭牌仪式

1988—2010 年白沙黎族自治县出席省党代会代表名单一览表

表 12-1-1

出席省党代会名称	代表姓名	代表性别	代表民族
海南省第一次党代会	王　爽	男	汉族
	林明蛟	男	汉族
	符桂谦	男	黎族
	符炳信	男	黎族
	符跃兰	女	黎族
	符儒定	男	黎族
	符彩花	女	黎族
	魏荣顺	男	汉族
	马道芳	男	汉族
海南省第二次党代会	马道芳	男	汉族
	龙　文	男	汉族
	王德荣	男	黎族
	吴井光	男	汉族
	吴振均	男	汉族
	胡祥云	男	汉族
	黄运昌	男	汉族
	符跃兰	女	黎族

续表 12-1-1

出席省党代会名称	代表姓名	代表性别	代表民族
海南省第三次党代会	陈志荣	男	黎族
	王家贤	男	黎族
	黄大文	男	黎族
	吴井光	男	汉族
	符彩花	女	黎族
	黄运昌	男	汉族
	王梅英	女	黎族
	胡祥云	男	汉族
海南省第四次党代会	吉明江	男	黎族
	严昌良	男	汉族
	陈纯英	男	汉族
	符永光	男	汉族
	符彩花	女	黎族
	韩志中	男	汉族
	彭晓新	男	汉族
	符元生	男	黎族
	符秀容	女	黎族
海南省第五次党代会	王小飞	男	汉族
	王亚保	男	黎族
	王应才	男	黎族
	王积权	男	黎族
	李美荣	女	黎族
	杨亚香	男	黎族
	林 明	男	黎族
	盛小卫	男	汉族
	符秀容	女	黎族
	符海斌	男	汉族

第二章　白沙黎族自治县人民代表大会

第一节　人大代表选举产生

第八届人民代表大会代表的选举产生及构成　白沙县第八届人民代表大会代表选举从1986年12月5日开始，至1987年4月25日结束，历时141天。全县划分114个选区，总人口150791人，登记选民82096人。全县人大代表名额165名。提名推荐代表初步候选人1233名，最终确定正式代表候选人312名。选举日（4月25日）当天各选区召开选举大会，以无记名的方式进行差额选举，选出县人大代表165名，经县代表资格审查委员会审查，1名代表的代表资格被取消，实有代表164名。在164名代表中，党员代表108名，占65.9%；妇女代表29名，占17.7%；黎族代表94名，占57.3%；汉族代表60名，占36.6%；苗族代表7名，占4.3%；畲族、壮族、瑶族代表各1名，合占1.8%；干部代表48名，占29.3%；工人代表16名，占9.8%；农民代表65名，占39.6%；知识分子代表33名，占20.1%；军队代表2名，占1.2%。

1987年11月20日，国务院批准撤销白沙县，成立白沙黎族自治县。白沙县第八届人民代表大会代表顺延为白沙黎族自治县第八届人民代表大会代表。

第八届人民代表大会代表名单（164名，按姓氏笔画排列）

马道芳	马金妹（女）	方瑞娥（女）	韦春英（女）	王华昌
王玉芳（女）	王玉花（女）	王玉梅（女）	王亚文	王青蓬
王安深	王秀富（女）	王国权	王忠明	王永清
王炳金	王　德	王桂兴	王养蛟	王政权
王永革	王世华	王　诚	王栋刚	邓文福
邓令娴（女）	卢战资	龙　文	叶干财	兰佩卿（女）
刘志勇	刘文莲（女）	刘甫青	刘志忠	刘亚刚
刘启明	刘福祥	刘新贵	刘扬权	刘济斌
刘筑华	李成华	李大万	李连英（女）	李　俊
李亚主	李忠林	李文安	李茂庭	李英葵（女）
池哲平	羊敬福	羊亚也	羊亚最	羊少花（女）
吴记旁	吴　扬	张作信	张美兰（女）	张莲芳（女）

张金安	张小平	张天佑	麦文章	苏柱南
何启超	陆家洪	陆锦洪	陈　晓	陈桂番
陈昌荣	陈友光	陈镇标	陈林诚	陈金莲（女）
陈文鸭	陈大洲	陈家琴	陈开鹏	陈时颜
陈锡钟	陈贻安	陈德基	陈旋芹（女）	范会恒
官学武	郑家乾	房　光	柳其位	周祥鹏
周亚才	周陈南	周开诚	周文智	郑灶炳
林尤才	林达山	林维纲	林明蛟	洪德常
罗天来	赵秀燕（女）	姜维章	钟　武	唐亚令
夏武华	黄大文	黄守辉	黄忠宣	黄国玺
黄宏强	符玉英（女）	符桂元	符桂步	符文光
符春英（女）	符照清	符育厂	符亚林	符玉琼（女）
符桂谦	符炳信	符文方	符秀芳（女）	符建新
符建贤	符文理	符三女（女）	符强新	符亚芳
符建明	符少颜（女）	符进国	符家梓	符焕林
符秀英	符亚类	符亚深	符敬荣	符亚从
符发朝	符元生	符和令	符秀芳（女）	符国光
梁居丰	曾万胜	曾株翠（女）	曾冠红	曾巨克
曾荣光	曾　夫	曾政忠	董元培	董金祥
董小爱（女）	蒋建明	蒋新利	黎恺美	赖朝瑞
谭尤理	谭亚娇	蔡亲群	魏荣顺	

其间，周文智、刘筑华、林维纲、范会桓、兰佩卿等5位代表因工作需要调离白沙，其代表资格自行终止；周开城代表因车祸不幸去世，其代表资格自行终止。

第九届人民代表大会代表的选举产生及构成　白沙黎族自治县第九届人民代表大会152名代表由全县120个选区的86378人选民根据《中华人民共和国地方各级人民代表大会和地方各级人民政府组织法》和《中华人民共和国全国人民代表大会和地方各级人民代表大会选举法》的规定于1990年3月21日直接选举产生。在152名代表中，性别的结构是：男性代表126名，占代表总数的82.9%；妇女代表26名，占代表总数的17.1%。代表的民族结构：黎族代表103名，占代表总数的67.8%；汉族代表44名，占代表总数的28.9%；苗族和其他民族代表5名，占代表总数的3.3%。代表的文化结构：大专文化程度 31 名，占代表总数的 20.4%；中专文化程度 18 名，占代表总数的 11.8%；高中文化程度 35 名，占代表总数的 23%；初中文化程度 46 名，占代表总数的 30.3%；高小以下文化程度 22 名，占代表总数的 14.5%。代表的年龄结构：35 岁以下 37 名，占代表总数的 24.3%；36～55 岁 106 名，占代表总数的 69.7%；56 岁以上 9 名，占代表总数的 5.9%；年龄最大的 61 岁，年龄最小的 20 岁。在代表中，干部代表 50 名，占代表总数的 32.9%；工人代表 12 名，占代表总数的 7.9%；农民代表 74 名，占代表总数的 48.7%；知识分子代表 16 名，占代表总数的 10.5%。代表中，党员代表 121 名，占代表总数的 79.6%；非党代表 31 名，占代表总数的 20.4%。

第九届人民代表大会代表名单（152 名，按姓氏笔画排列）

马振兴	马桂源	韦日皇	王　勇	王栋刚	王华昌	王亚兴	王照理
王忠明	王明代	王荣倍	王亚间	王其群	王桂文	王秀荣	王安深
王家坤	王玉梅	王德荣	王桂春	王正经	王健保	王照清	王玉娟
王玉端	王康浩	龙　文	叶亚最	卢杰干	朱达荣	朱丽翔	羊壮超
羊敬福	池哲平	扬大贵	刘圣儒	刘甫清	刘金兰	刘利英	刘文清
刘亚也	李文英	李　俊	李文安	吴丁平	吴玉兰	吴　辉	何永胜
何楚芬	邹崇义	严昌良	张亚姣	张元明	张瑞芳	苏桂权	陆春英
陆小保	陆锦洪	陈德基	陈开鹏	陈贵堂	陈昌荣	陈金连	陈有光
陈益候	陈加积	陈有丹	陈彩章	陈文鸭	陈少雄	陈永强	陈永清
陈时颜	陈亚亮	陈修儒	周亚才	周文珍	林德彬	林翠英	林明蛟
罗世楷	罗天来	柳其位	赵龙元	赵顺专	胡祥云	钟　武	钟敬义
姜维章	高文亲	唐保加	黄坚昌	黄宏强	黄进彬	黄忠宣	黄克豪
符有平	符桂元	符文光	符梅兰	符昌明	符亚客	符育厂	符昌形
符丽琴	符焕龙	符玉莲	符亚苗	符有进	符小美	符梅花	符亚育
符明荣	符文新	符国光	符桂谦	符儒华	符红菊	符焕林	符亚坤
符秀兰	符亚怕	符亚孟	符班路	符家梓	符玉青	符秀芳	符亚湾
符忠平	符亚玉	符有居	符亚类	符和泰	符元生	符亚深	董元培
董金祥	曾　夫	曾福兴	曾金莲	曾万胜	曾冠红	曾以教	曾广达
曾志云	蒋建明	蒋新利	梁居丰	蓝启瑞	赖德民	谭有理	蔡芝梅

其间，第一次会议后黄忠宣、林明蛟、黄克豪等 3 位代表因工作需要调离白沙，其代表资格自行终止；董元培、陈昌荣、王忠明等 3 位代表辞去代表职务；陈永清等代表

去世。补选罗水雄、池豪耀、陈斯禄、王炳金、符和锋、符国庆、朱兴琼为县九届人民代表大会代表。第二次会议后又调离5名代表，辞职代表1名，去世代表1名，补选代表2名。

第十届人民代表大会代表的选举产生及构成 白沙黎族自治县第十届人民代表大会代表选举从1992年12月26日开始，至1993年3月20日结束，历时85天。根据海南省人大常委会《关于海南省市、县人民代表大会代表大会代表名额问题的决定》，全县人大代表名额167名。全县划分118个选区，提名推荐代表初步候选人164名，最终确定正式代表候选人164名。选举日（3月20日）当天选出县人大代表164名。因工作需要，5月13日再次补选代表3名，至此该届代表满额。经县代表资格审查委员会审查，4名代表的代表资格被取消，1名代表在县十届人大一次会议召开前因工作需要调离白沙，代表资格自行终止，县十届人民代表大会实有代表162名。在162名代表中，少数民族代表109名，占代表总数的67.3%；汉族代表53名，占代表总数的32.7%；工人代表9名，占代表总数的5.6%；农民代表72名，占代表总数的44.4%；干部代表67名，占代表总数的41.4%；知识分子代表12名，占代表总数的7.4%；军人代表1名，占代表总数的0.6%；个体劳动者代表1名，占代表总数的0.6%；妇女代表38名，占代表总数的23.5%；党员代表115名，占代表总数的71%；非党代表47名，占代表总数的29%。

第十届人民代表大会代表名单（162名，不按姓氏笔画排列）

龙　文	赵龙元	王华昌	陆春英（女）	曾福兴
陈美玉（女）	李中林	钟亚水	马　丽（女）	谭文成
符政洪	刘庆山	王桂春	符亚育	何国农
唐仁忠	李小花（女）	符彩令（女）	吴理文	符进元
王宗仁	王亚文	陈德基	李洪涛	符小红
唐亚福	符拜最（女）	王德荣	符儒定	李文安
麦　辉	李　勇	高小莉（女）	何永胜	邢玉花（女）
高亚域	叶小忠	王照理	符有智	符月花（女）
邓文福	符文理	符国光	符云青	黄坚昌
郑珠禹	徐明光	符育状	符元基	符进和
王成忠	符媄琼（女）	符梅英（女）	符丽花（女）	符文清
符跃兰（女）	曾造团	符云清	王月珍（女）	王其群

李德群	练常友	符国统	符秀莲（女）	林枝桁
庄芝和	符泽光	符彩花（女）	符家梅	刘亚向
符玉花（女）	符国新	曾　夫	符文新	林少玲（女）
符加伦	刘有荣	刘进英（女）	苏美念（女）	陈有光
王　海	孙文前	盘玉莲（女）	李开成	符永钦
陈益好	符儒华	黄运昌	符国庆	符亚坤
符亚怕	符秀兰（女）	周亚才	刘菊梅（女）	刘泽坚
王亚金	王开英	王天充	王安深	王家坤
王玉妹（女）	姜维章	王明秀	蓝金平	符进国
韦日皇	周桂花（女）	唐保加	谭宜文	王正经
陆家洪	黄有莲（女）	吴井光	董元培	严昌良
苻美花（女）	苻云汉	柳其位	胡祥云	符进光
符元生	韦云臻	黎明亮	王军炬	符家梓
陈时颜	王文荣	符和泰	黄宏强	陈家荣
蔡积富	张金安	符祥兴	符玉荣（女）	邓梁惠（女）
冯惠兰（女）	王玉娟（女）	王康浩	罗世楷	马桂源
郭海成	王永革	蔡惠梅（女）	林丽辉（女）	卢木生
钟敬义	曾祥琼	雷爱莲（女）	陈斯禄	曹旺馨（女）
陈文鸭	刘国雄	黄进彬	刘秀莲（女）	曾珍山
赖淑莲（女）	梁居丰	唐济民	彭素卿（女）	符仕光
符国光	普启锦			

其间，第一次会议后，唐保加、林枝桁、唐济民、邓梁惠、黄进彬、普启锦等 6 名代表因工作需要调离白沙，其代表资格自行终止，马丽因违反计划生育政策被取消代表资格。根据《中华人民共和国全国人民代表大会和地方各级人民代表大会选举法》规定补选韦月花、符亚万、朱达文为代表，代表总数实有 158 名。第二次会议后，李洪涛、蔡泽富调离白沙，其代表资格自行终止，补选王庆周、符进明、林江群为代表，代表总数实有 159 名。第三次会议后，又有部分代表调离白沙，代表缺额，此时县十届人大常委会十九次会议决定再补选 10 名代表，实际补选 9 名，他们是刘德荣、符永光、李汉生、王文彬、符善、陈少雄、赖伟、杨本鹏、曾政忠，使代表总数实有 166 名。第四次会议后，符跃兰代表调离白沙，其代表资格自行终止，至第五次会议召开时实有代表 164 名。

第十一届人民代表大会代表的选举产生及构成 白沙黎族自治县第十一届人民代表大会代表选举从1997年12月28日开始，至1998年3月10日结束，历时73天。全县划分109个选区，共登记选民92354人。根据海南省人大常委会《关于海南省市、县人民代表大会代表大会代表名额问题的决定》，全县人大代表名额162名，最终确定正式代表候选人159名。选举日（3月10日）当天选出县人大代表159名，经县代表资格审查委员会审查，4名代表的代表资格被取消，县十届人大常委会第三十二次会议审议确认，县十一届人民代表大会实有代表155名。在155名代表中，少数民族代表109名，占代表总数的70.3%；汉族代表46名，占代表总数的29.7%；工人代表8名，占代表总数的5.2%；农民代表68名，占代表总数的43.9%；干部代表73名，占代表总数的47.1%；知识分子代表5名，占代表总数的3.2%；军人代表1名，占代表总数的0.65%；妇女代表40名，占代表总数的25.8%；党员代表110名，占代表总数的71%；非党代表46名，占代表总数的29.7%。

第十一届人民代表大会代表名单（155名，不按姓氏笔画排列）：

赖　伟	符建文	董元培	李祝群	马春花（女）
包青云	羊亮女（女）	符作查	符田瑞	陈琼花（女）
韦进全	李　勇	王明秀	黄大文	符建明
符建忠	吴理文	王小春（女）	何玉华（女）	符亚卖
符妹莲（女）	符国来	陈德基	王照理	符成忠
符广汉	符明荣	符爱英（女）	符亚大	王洪流
符秀容	唐卓高	麦　辉	刘朝荣	唐琼女（女）
谭秀江（女）	刘永清	陆小保	王小兰（女）	黄坚昌
田有校	马亚礼	符焕拉	符玉番（女）	王庆周
苏　江	符炳信	符永胜	符育平	王小女（女）
符育壮	符玉香（女）	符梅兰（女）	符照光	王玉兰（女）
刘德荣	符家梅	黄运昌	李永铭	王文胜
王宏高	王其群	王嫫练（女）	符明清	符永光
王文彬	符小清	陈志坚	刘玉英（女）	符加伦
刘新光	符儒定	符彩花（女）	符春英（女）	李积才
刘俊清	羊忠德	刘有荣	赵龙元	李文安
符定江	陈益好	符亚线（女）	符芙容（女）	刘国传

邓均超	陈志荣	符亚从	高金元	周吉英
潘桂花（女）	高明洪	王亚金	周　云	王天充
王有娟（女）	王清富	符有信	王开英	徐明光
符国新	王亚元	韦亚兴	韦冠元	余梅英（女）
林丽容（女）	李桂文	王文荣	王桂春	王美花（女）
陆家洪	羊敬福	符国昌	符　善	林少玲（女）
谭宜文	符元生	韦云臻	符仁海	张文胜
吴清萍（女）	符秀英（女）	林德彬	符文伍	王国清
曾造团	陈少雄	肖外香（女）	符建群	符　江（女）
黄志铮	黄明瑞（女）	吕洪财	郑俊茂	陈斯禄
刘希蓉	马桂源	宋丽卿（女）	陈所豪	黄琼玉（女）
罗水雄	林方明	周学军	朱红光	雷爱莲（女）
王秀兰（女）	黄建南	邹自华	黄丽玲（女）	曾珍山
陈梅英（女）	梁居丰	欧恒志（女）	严昌良	

说明：1名细水乡县人大代表姓名不详

第十二届人民代表大会代表的选举产生及构成　白沙黎族自治县第十二届人民代表大会代表选举从2002年12月15日开始，至2003年3月19日结束。全县划分105个选区，总人口164801人，登记选民98582人。根据海南省人大常委会《关于海南省市、县人民代表大会代表大会代表名额问题的决定》，全县人大代表名额162名。提名推荐代表初步候选人318名，最终确定正式代表候选人268名。选举日（3月19日）当天选出县人大代表162名，经县代表资格审查委员会审查，县十二届人大常委会第三十五次会议审议确认，所选出的162名代表的代表资格有效，县十二届人民代表大会实有代表162名。在162名代表中，性别的结构：男性代表123名，占代表总数的75.9%；妇女代表39名，占代表总数的24.1%。代表的民族结构：少数民族代表110名，占代表总数的67.9%；汉族代表52名，占代表总数的32.1%。代表的文化结构：大学以上文化程度39名，占24.1%；大专文化程度35名，占代表总数的21.6%；中专及高中文化程度53名，占代表总数的32.7%；初中以下文化程度35名，占代表总数的21.6%。代表的年龄结构是：35岁以下27名，占代表总数的16.7%；36～55岁132名，占代表总数的81.4%；56岁以上3名，占代表总数的1.9%。在代表中，干部代表74名，占代表总数的45.7%；工人代表7名，占代表总数的4.3%；农民代表74名，占代表总数的45.7%；知识分子代表4名，占代表总数的2.5%；军队代表1名，占代表总数的0.6%；专业技术员代表2名，占代表总数的1.2%。代表中，党员代表132名，占代表总数的81.5%；非党代表30名，占代表总数的18.5%。

第十二届人民代表大会代表名单（162名，不按姓氏笔画排列）

陈纯英	符海斌	刘　辉	王明秀	符建忠
苏　攀	王小女（女）	张　钘	符小春（女）	符圣卖
符文光	符育壮	符国亲	符国春	陈杨洲
盆小明	吴理文	王常花（女）	符焕刚	符妹莲（女）
王宗仁	符永光	林斯胜	郑俊茂	梁皓昭
张志群（女）	王焕龙	符儒炳	张琼英（女）	高丽珍（女）
刘勇进	董中认	麦亚门	莫世儒	杨亚香
篮海丽（女）	符仕洪	李开成	符作然	陈益好
李金花（女）	王志铮	马玉山	唐春秋	覃业山
符秀容（女）	符国新	符小青	陈志坚	董元培
刘富琼（女）	符友进	王文胜	符安全	王其常
邓小花（女）	王兰凤（女）	王宏高	王文荣	谢　强
符桂程	符金女（女）	符亚非	符国光	符亚大
符炳信	林世欣	陈少雄	王秀持	符大育
何丽英（女）	刘文忠	谭英梅（女）	麦文华	高忠诚
麦小红（女）	彭晓新	符彩花（女）	罗旋翱	莫泽忠
王桂生	简艳春（女）	黄　奋	高有才	朱达文
符美祝（女）	陈有龙	羊海辉	羊凤极	符乾命
符儒定	李永铭	王桂厅	陈明奇	符永伟
韦亚兴	李桂文	刘文海	符召庆	韦美金（女）
陈凤莲（女）	吉明江	吴　强	任为民	刘作元
林桂玲（女）	符　志	陈新华	洪明荣	卢德光
王　京	符会从	王太安	王清富	符海荣（女）
王家伦	王桂春	刘建科	罗育忠	周吉英
韦金光	符美妮（女）	符亚海	符月华（女）	黄建南
李学忠	李　荣	黎社云（女）	周学军	石英霞（女）

陈尚生	周梅花（女）	钟景青	邱仕林	陈梅英（女）
邢贻标	林　英（女）	吴桃青（女）	黄　飞	王秋珍（女）
罗水雄	王进丹（女）	陈钦强	刘德荣	符　能
王洪流	黄　坚	黄金碧	李克坚	陈庆荣（女）
欧冠荣	王凤群（女）	符建群	刘玉梅（女）	文成理
王　陵（女）	陈汉基	林　卫	符春花（女）	符建鹏
李圣廉	翟所仪			

其间，第二次会议后，李学忠、刘建科、李圣廉、黄坚、符能调离白沙，其代表资格自行终止；刘德荣提出辞职请求被接受，其代表资格终止；补选郭全茂、伍学云、陈亮、王小飞、符英兰为县十二届人大代表。此时县十二届人大代表实有 161 名。第三次会议后，彭晓新、邱仕林调离白沙，其代表资格自行终止；补选王积权为县十二届人大代表。此时县十二届人大代表实有 160 名。第四次会议后，吉明江、陈纯英、郭全茂、伍学云、林卫、黄飞调离白沙，其代表资格自行终止；周吉英代表病逝，其代表资格终止。此时县十二届人大代表实有 153 名。

第十三届人民代表大会代表的选举产生及构成　白沙黎族自治县第十三届人民代表大会代表选举从 2006 年 8 月 15 日开始，至 2007 年 1 月 19 日结束，历时 157 天。全县划分 118 个选区，总人口 185727 人，登记选民 128685 人。根据海南省人大常委会办公厅《关于白沙黎族自治县新一届人民代表大会代表大会代表名额和常务委员会组成人员名额的通知》（明传〔2006〕28 号）精神，县十三届人大代表名额为 162 名。提名推荐代表初步候选人 266 名，最终确定正式代表候选人 266 名。选举日（1 月 19 日）当天选出县人大代表 159 名，经县代表资格审查委员会审查，所选出的 159 名代表的代表资格有效，县十三届人大一次会议召开前，何东升代表因工作需要调离白沙，其代表资格自行终止，至此，县十三届人民代表大会实有代表 159 名。在 158 名代表中，性别的结构：男性代表 114 名，占代表总数的 72%；妇女代表 45 名，占代表总数的 28%。代表的民族结构是：少数民族代表 104 名，占代表总数的 65%；汉族代表 55 名，占代表总数的 35%。代表的文化结构：大学本科及以上文化程度 51 名，占 32%；大专及高职文化程度 24 名，占代表总数的 15%；中专、职高及高中文化程度 50 名，占代表总数的 31%；初中以下文化程度 34 名，占代表总数的 22%。代表的年龄结构：35 岁以下 24 名，占代表总数的 16%；36 ~ 55 岁 132 名，占代表总数的 83%；56 岁以上 3 名，占代表总数的 1%。在代表中，干部代表 62 名，占代表总数的 39.24%；工人代表 7 名，占代表总数的 4.43%；农民代表

76 名，占代表总数的 48.1%；知识分子代表 5 名，占代表总数的 3.16%；军队代表 3 名，占代表总数的 1.89%；专业技术员代表 5 名，占代表总数的 3.16%。代表中，党员代表 65 名，占代表总数的 56%；非党代表 22 名，占代表总数的 20%。

第十三届人民代表大会代表名单（158 名，不按姓名笔画排列）

王小女（女）	王亚周	王宗仁	王明秀	刘　辉
张文冲	吴理文	陈小英（女）	陈鸿亮	符玉荣（女）
符玉荣（女）	符文凯	符仁忠	符有希	符昌明
符秀容（女）	符国春	符育壮	符爱梅（女）	符晓敏（女）
符焕刚	王志铮	叶亚烈（女）	冯秀芳（女）	孙小旧
张天阳	张亚康	李开成	李必代	李照明
杨亚香	胡　杏（女）	高忠庆	高丽珍（女）	符永光
符建忠	符作然	董中认	曾繁荣（女）	谭政科
谭健全	云　若	王积权	王继江	羊凤极
郑炳壮	罗旋翱	高有才	符美祝（女）	符爱应（女）
符焕明	韩育荣	曾春石（女）	韦志贤	叶　慧（女）
陈　强	林　明	林世欣	练昌金	高忠诚
欧冠荣	符英兰（女）	符海斌	符敬程	谭英梅（女）
文成理	韦美金（女）	刘文海	吴玉萍（女）	李永铭
李桂文	陈扬洲	符友进	符召庆	符儒定
王文荣	刘　雄	李广清	符志权	符金女（女）
符桂理	符桂程	符海深	符瑞莲（女）	王文胜
王宏高	王雪香（女）	邓小花（女）	韦岳真	林恩荣
符安全	梁庆佑	董元培	简艳春（女）	王小雄
王安深	王家伦	王梅香（女）	史群耀	盛小卫
符彩花（女）	符海荣（女）	王丽洁（女）	王桂春	刘富琼（女）
陈　亮	吴亚尾	符焕南	蓝金山	薛开璧
王应才	张志群（女）	陈金莲（女）	陈荣海	洪明荣
唐春秋	徐辉冠	符　志	黎梅珍（女）	王　京
李天文	陈志坚	张耸勇	符花女（女）	符国新
覃业山	王建浩	王朝坚	石英霞（女）	邢贻标

李　荣	李小玲（女）	何立任	何明丽（女）	张永北
陈奕雄	林　英（女）	罗水雄	郭应雄	徐玉珍（女）
符月华（女）	符桂芬（女）	卿付全	黄君桂（女）	黄建南
王　静（女）	王小飞	王桂厅	邢　武	刘志坚
汤红权	吴世群（女）	陈汉基	陈大巍	李绚丽（女）
符伯捍	黄绍鹏	黄慧雄		

其间，第一次会议后，符月华、陈奕雄、符文凯因工作需要调离白沙，其代表资格自行终止；补选符秀琼为县十三届人大代表；第三次会议后，史群耀、黄慧雄、邢贻标、张永北因工作需要调离白沙，其代表资格自行终止，补选涂明辉为县十三届人大代表；第四次会议后，刘辉、覃业山、罗水雄、何立任因工作需要调离白沙，其代表资格自行终止，补选梁寿松、方建华为县十三届人大代表；第五次会议后，王积权、谭政科、唐春秋因工作需要调离白沙，其代表资格自行终止，补选严正、张小军、蔡永宏、张素琼、陈吉明、何秋香、欧阳平、林龙雄为县十三届人大代表，符晓敏因涉嫌经济犯罪被判刑，暂停其执行代表职务；第六次会议后，欧阳平、黄建南因工作需要调离白沙，其代表资格自行终止，补选邢贻仪、王秀程、王国理为县十三届人大代表。至本届最后一次会议即第七次会议止，县十三届人大代表实有 156 名。

第二节　历届县人民代表大会

一、第八届人民代表大会

第二次会议　1988 年 8 月 5—6 日，县第八届人民代表大会第二次会议在白沙黎族自治县城牙叉镇召开。出席代表 135 人，列席人员 128 名。会议听取、审议并通过《县人民政府工作报告》《白沙黎族自治县 1988 年国民经济和社会发展计划（草案）的报告》《白沙黎族自治县 1987 年财政结算和 1988 年财政预算（草案）的报告》《县人大常委会工作报告》《县人民法院工作报告》《县人民检察院工作报告》。选举符桂谦、王栋刚、符炳信、刘新贵、陈旋芹（女）、陆元亮、曾志云（女）为出席海南省人民代表会议代表。会议期间，与会代表共提交议案及建议 36 件。

第三次会议　1989 年 5 月 17—19 日，县第八届人民代表大会第三次会议在县城牙叉镇召开。出席代表 138 人，列席人员 66 人。会议听取白沙黎族自治县人大常委会主任传达海南省人民代表大会二次会议精神，会议听取、审议并通过《县人民政府工作报告》

《白沙黎族自治县1988年国民经济和社会发展计划完成情况1989年国民经济和社会发展计划（草案）的报告》《白沙黎族自治县1988年财政预算执行情况和1989年财政预算（草案）的报告》《县第八届人大常委会工作报告》《县人民法院工作报告》《县人民检察院工作报告》。会议共收到与会代表提出的议案、建议、批评和意见76件。

二、第九届人民代表大会

第一次会议 1990年5月15—17日，县第九届人民代表大会第一次会议在白沙黎族自治县城牙叉镇召开。出席代表152人，列席人员76人。会议听取《海南省人民代表大会第四次会议精神的传达报告 》，会议听取、审议并通过《县人民政府工作报告》、《白沙黎族自治县1989年国民经济和社会发展计划完成情况1990年国民经济和社会发展计划（草案）的报告》《白沙黎族自治县1989年财政预算执行情况和1990年财政预算（草案）的报告》《县人大常委会工作报告》《县人民法院工作报告》《县人民检察院工作报告》。选举县第九届人大常务委员会主任、副主任和委员。主任周文珍，副主任陈时颜、陈永清、王照理，委员姜维章、符亚育、王康浩、陈少雄、符亚类、陈彩章、王玉娟。选举产生县人民政府县长刘文清，副县长王国安、龙文、池哲平、李文安、符家梓。选举产生县人民法院院长李秀淦。选举产生县人民检察院检察长刘之新。会议期间，与会代表共提交议案及建议44件。

第二次会议 1991年5月28—30日，县第九届人民代表大会第二次会议在县城牙叉镇召开。出席代表143人，列席人员99人。会议听取《海南省人民代表大会第五次会议精神的传达报告 》，会议听取、审议并通过《县人民政府工作报告》《白沙黎族自治县国民经济和社会发展“八五”计划和十年计划》《白沙黎族自治县1990年国民经济和社会发展计划执行情况与1991年国民经济和社会发展计划（草案）的报告》《白沙黎族自治县1990年财政预算执行情况和1991年财政预算（草案）的报告》《县人大常委会工作报告》《县人民法院工作报告》《县人民检察院工作报告》。会议补选出白沙黎族自治县第九届人大常委会副主任和委员，副主任黄坚昌，委员朱兴琼。会议期间，与会代表共提交议案及建议35件。

第三次会议 1992年4月15—17日，县第九届人民代表大会第三次会议在县城牙叉镇召开。出席代表147人，列席人员105人。会议听取、审议并通过《县人民政府工作报告》《白沙黎族自治县1991年国民经济和社会发展计划执行情况与1992年国民经济和社会发展计划（草案）的报告》《白沙黎族自治县1991年财政预算执行情况和1992年财政预算（草案）的报告》《县人大常委会工作报告》《县人民法院工作报告》《县人民检察院工作报告》《县第九届人民代表大会第二次会议代表议案办理的情况报告》。会议补选出白沙黎族自治县人民政府县长和人民检察院检察长，县长符桂谦，检察长庄芝和。会议期间，与会代表共提交议案及建议 69 件。

三、第十届人民代表大会

第一次会议　1993 年 5 月 17—19 日，县第十届人民代表大会第一次会议在县城牙叉镇召开。出席代表 162 人，列席人员 99 人。会议听取、审议并通过《县人民政府工作报告》《白沙黎族自治县 1992 年国民经济和社会发展计划完成情况与 1993 年国民经济和社会发展计划（草案）的报告》《白沙黎族自治县 1992 年财政预算执行情况和 1993 年财政预算（草案）的报告》《县人大常委会工作报告》《县人民法院工作报告》《县人民检察院工作报告》《县第九届人民代表大会第二次会议代表议案办理的情况报告》。选举县第十届人大常务委员会主任、副主任和委员。主任赵龙元，副主任王桂春、黄坚昌、符彩花、王照理，委员姜维章、符亚育、王永革、林少玲、符祥兴、符云汉、韦云臻。选举产生县人民政府县长王德荣，副县长王亚金、符儒定、李文安、王文荣、符泽光。选举产生县人民法院院长黎明亮。选举产生县人民检察院检察长庄芝和。会议期间，与会代表共提交议案及建议 59 件。

第二次会议　1994 年 5 月 30—31 日，县第十届人民代表大会第二次会议在县城牙叉镇召开。出席代表 158 人，列席人员 95 人。会议听取、审议并通过《县人民政府工作报告》《白沙黎族自治县 1993 年国民经济和社会发展计划完成情况与 1994 年国民经济和社会发展计划（草案）的报告》《白沙黎族自治县 1993 年财政预算执行情况和 1994 年财政预算（草案）的报告》《县人大常委会工作报告》《县人民法院工作报告》《县人民检察院工作报告》。会议期间，与会代表共提交议案及建议 60 件。

第三次会议　1995 年 3 月 21—22 日，县第十届人民代表大会第三次会议在县城牙叉镇召开。出席代表 159 人，列席人员 101 人。会议听取、审议并通过《县人民政府工作报告》《白沙黎族自治县 1994 年国民经济和社会发展计划完成情况与 1995 年国民经济和社会发展计划（草案）的报告》《白沙黎族自治县 1994 年财政预算执行情况和 1995 年财政预算（草案）的报告》《县人大常委会工作报告》《县人民法院工作报告》《县人民检察院工作报告》《县第十届人民代表大会第二次会议代表议案办理的情况报告》。会议期间，与会代表共提交议案及建议 42 件。

第四次会议　1996 年 4 月 7—9 日，县第十届人民代表大会第四次会议在县城牙叉镇召开。出席代表 166 人，列席人员 100 人。会议听取、审议并通过《县人民政府工作报告》《白沙黎族自治县国民经济和社会发展“九五”计划和2010年规划纲要（草案）》《白沙黎族自治县1995年国民经济和社会发展计划完成情况与1996年国民经济和社会发展计划（草案）的报告》《白沙黎族自治县1995年财政预算执行情况和1996年财政预算（草案）的报告》《县人大常委会工作报告》《县人民法院工作报告》《县人民检察院工作报告》《县第十届人民代表大会第三次会议代表议案办理的情况报告》。会议期间，与会代表共提交议案及建议46件。

第五次会议 1997年2月27日至3月1日，县第十届人民代表大会第五次会议在县城牙叉镇召开。出席代表164人，列席人员108人。会议听取、审议并通过《县人民政府工作报告》《白沙黎族自治县1996年国民经济和社会发展计划完成情况与1997年国民经济和社会发展计划（草案）的报告》《白沙黎族自治县1996年财政预算执行情况和1997年财政预算（草案）的报告》《县人大常委会工作报告》《县人民法院工作报告》《县人民检察院工作报告》《白沙黎族自治县自治条例（草案）》。选举产生白沙黎族自治县人民政府副县长何玉华。会议期间，与会代表共提交议案及建议63件。

四、第十一届人民代表大会

第一次会议 1998年3月17—19日，县第十一届人民代表大会第一次会议在县城牙叉镇召开。出席代表155人，列席人员106人。会议听取、审议并通过《县人民政府工作报告》《白沙黎族自治县1997年国民经济和社会发展计划完成情况与1998年国民经济和社会发展计划（草案）的报告》《县人民政府关于调整白沙黎族自治县“九五”计划部分指标的建议》《白沙黎族自治县1997年财政预算执行情况和1998年财政预算（草案）的报告》《县人大常委会工作报告》《县人民法院工作报告》《县人民检察院工作报告》《县第十届人民代表大会第五次会议代表议案办理的情况报告》。选举县第十一届人大常务委员会主任、副主任和委员。主任符炳信，副主任王桂春、黄坚昌、符彩花、王亚金，委员王文彬、符亚从、陈少雄、林少玲、刘德荣、韦云臻。选举产生县人民政府县长唐卓高，副县长黄大文、王文荣、李文安、符永光、何玉华、麦辉。选举产生县人民法院院长黎明亮。选举产生县人民检察院检察长唐宜文。会议选举产生海南省第二届人民代表大会代表王学萍、符鸿合、陈峰、陈志荣、唐卓高、符炳信、李永铭、李学忠、符元生、林少玲、黄琼玉、王桂厅、王小女。会议期间，与会代表共提交议案及建议76件。

第二次会议 1999年3月21—22日，县第十一届人民代表大会第二次会议在县城牙叉镇召开。出席代表159人，列席人员127人。会议听取、审议并通过《县人民政府工作报告》《白沙黎族自治县1998年国民经济和社会发展计划完成情况与1999年国民经济和社会发展计划（草案）的报告》《白沙黎族自治县 1998 年财政预算执行情况和 1999 年财政预算（草案）的报告》《县人大常委会工作报告》《县人民法院工作报告》《县人民检察院工作报告》《县第十一届人民代表大会第一次会议代表议案办理的情况报告》。会议补选出白沙黎族自治县第十一届人民代表大会常务委员委员孙唐寿、符加伦、王永革。会议选举产生海南省第二届人民代表大会代表潘家君。会议期间，与会代表共提交议案及建议 61 件。

第三次会议　2000 年 3 月 29—30 日，县第十一届人民代表大会第三次会议在县城牙叉镇召开。出席代表 151 人，列席人员 132 人。会议听取、审议并通过《县人民政府工作报告》《白沙黎族自治县 1999 年国民经济和社会发展计划执行情况与 2000 年国民经济和社会发展计划（草案）的报告》《白沙黎族自治县 1999 年财政预算执行情况和 2000 年财政预算（草案）的报告》《县人大常委会工作报告》《县人民法院工作报告》《县人民检察院工作报告》。会议期间，与会代表共提交议案及建议 138 件。

第四次会议　2001 年 3 月 30 日—31 日，县第十一届人民代表大会第四次会议在县城牙叉镇召开。出席代表 161 人，列席人员 132 人。会议听取、审议并通过《县人民政府工作报告》《白沙黎族自治县国民经济和社会发展“十五”计划纲要的报告》《白沙黎族自治县 2000 年国民经济和社会发展计划执行情况与 2001 年国民经济和社会发展计划（草案）的报告》《白沙黎族自治县 2000 年财政预算执行情况和 2001 年财政预算（草案）的报告》《县人大常委会工作报告》《县人民法院工作报告》《县人民检察院工作报告》《白沙黎族自治县水资源保护管理条例（草案）》。会议期间，与会代表共提交议案及建议 93 件。

第五次会议　2001 年 10 月 10 日，县第十一届人民代表大会第五次会议在县城牙叉镇召开。出席代表 160 人，列席人员 115 人。会议听取和审议代县长吉明江作《与时俱进，奋力冲刺，努力完成今年政府的各项工作任务》的政府工作报告，审议通过了《白沙黎族自治县第十一届人大五次会议选举办法（草案）》。选举吉明江为白沙黎族自治县人民政府县长。

第六次会议　2002 年 3 月 19—20 日，县第十一届人民代表大会第六次会议在县城牙叉镇召开。出席代表 157 人，列席人员 124 人。会议听取、审议并通过《县人民政府工作报告》《白沙黎族自治县 2001 年国民经济和社会发展计划执行情况与 2002 年国民经济和社会发展计划（草案）的报告》《白沙黎族自治县 2001 年财政预算执行情况和 2002 年财政预算（草案）的报告》《县人大常委会工作报告》《县人民法院工作报告》《县人民检察院工作报告》。会议期间，与会代表共提交议案及建议 65 件。

第七次会议 2002年12月2—3日，县第十一届人民代表大会第七次会议在县城牙叉镇召开。出席代表137人。会议表决通过《白沙黎族自治县第十一届人民代表大会第七次会议选举海南省人民代表大会代表办法》，选举江泽林、肖若海、李执勇、钱倚剑、刘连莲、彭晓新、符炳信、吉明江、符月华、王小女、刘德荣、林少玲、王秀持、肖外香、梁浩昭为白沙黎族自治县出席海南省第三届人民代表大会代表。

五、第十二届人民代表大会

白沙黎族自治县第十二届人民代表大会2003年3月产生，2006年10月届满，历时4年，共召开5次会议。

第一次会议 2003年3月26日—28日，县第十二届人民代表大会第一次会议在县城牙叉镇召开。出席代表162人，列席人员39人。会议听取、审议并通过《县人民政府工作报告》《白沙黎族自治县2002年国民经济和社会发展计划执行情况与2003年国民经济和社会发展计划（草案）的报告》《白沙黎族自治县2002年财政预算执行情况和2003年财政预算（草案）的报告》《县人大常委会工作报告》《县人民法院工作报告》《县人民检察院工作报告》。选举县第十二届人大常务委员会主任、副主任和委员。主任符永光，副主任王桂春、董元培、林世欣、王文荣，委员王京、王桂厅、文成理、刘富琼、苏攀、罗旋翱、郑俊茂、符建忠、谢强、简艳春。选举产生县人民政府县长吉明江，副县长刘德荣、唐春秋、李永铭。选举产生县人民法院院长刘辉。选举产生县人民检察院检察长覃业山。会议期间，与会代表共提交议案及建议171件。

第二次会议 2004年3月17—19日，县第十二届人民代表大会第二次会议在县城牙叉镇召开。出席代表162人，列席人员80人。会议听取、审议并通过《县人民政府工作报告》《白沙黎族自治县2003年国民经济和社会发展计划执行情况与2004年国民经济和社会发展计划（草案）的报告》《白沙黎族自治县2003年财政预算执行情况和2004年财政预算（草案）的报告》《县人大常委会工作报告》《县人民法院工作报告》《县人民检察院工作报告》《白沙黎族自治县城市总体规划》。会议期间，与会代表共提交议案及建议170件。

第三次会议 2005年3月2—4日，县第十二届人民代表大会第三次会议在县城牙叉镇召开。出席代表161人，列席人员82人。会议听取、审议并通过《县人民政府工作报告》《白沙黎族自治县2004年国民经济和社会发展计划执行情况与2005年国民经济和社会发展计划（草案）的报告》《白沙黎族自治县2004年财政预算执行情况和2005年财政预算（草案）的报告》《县人大常委会工作报告》《县人民法院工作报告》《县人民检察院工作报告》。会议补选出白沙黎族自治县第十二届代表大会常务委员会委员符英兰。会议期间，与会代表共提交议案及建议 60 件。

第四次会议　2006 年 2 月 22—24 日，县第十二届人民代表大会第四次会议在县城牙叉镇召开。出席代表 160 人，列席人员 101 人。会议听取、审议并通过《县人民政府工作报告》《白沙黎族自治县国民经济和社会发展“十一五”计划纲要的报告》《白沙黎族自治县 2005 年国民经济和社会发展计划执行情况与 2006 年国民经济和社会发展计划（草案）的报告》《白沙黎族自治县 2005 年财政预算执行情况和 2006 年财政预算（草案）的报告》《县人大常委会工作报告》《县人民法院工作报告》《县人民检察院工作报告》。会议期间，与会代表共提交议案及建议 123 件。

第五次会议　2006 年 10 月 17—18 日，县第十二届人民代表大会第五次会议在县城牙叉镇召开。应出席代表 153 人，实出席代表 153 人，列席人员 62 人。会议审议通过《白沙黎族自治县第十三届人大五次会议选举办法（草案）》，选举王应才为白沙黎族自治县人民政府县长。

六、第十三届人民代表大会

第一次会议　2007 年 1 月 17—19 日，县第十三届人民代表大会第一次会议在县城牙叉镇召开。出席代表 158 人，列席人员 81 人。会议听取、审议并通过《县人民政府工作报告》《白沙黎族自治县 2006 年国民经济和社会发展计划执行情况与 2007 年国民经济和社会发展计划（草案）的报告》《白沙黎族自治县 2006 年财政预算执行情况和 2007 年财政预算（草案）的报告》《县人大常委会工作报告》《县人民法院工作报告》《县人民检察院工作报告》。选举县第十三届人大常务委员会主任、副主任和委员。主任符永光，副主任符英兰、王志铮、林世欣、王文荣，委员云若、王京、王小雄、王明秀、文成理、韦岳真、刘雄、刘富琼、李天文、李照明、练昌金、罗旋翱、符建忠、韩育荣、简艳春。选举产生县人民政府县长王应才，副县长陈鸿亮、陈亮、林恩荣、王桂厅、张志群、李永铭。选举产生县人民法院院长刘辉。选举产生县人民检察院检察长覃业山。会议期间，与会代表共提交议案及建议 124 件。

第二次会议　2007 年 11 月 27—28 日，县第十三届人民代表大会第二次会议在县城牙叉镇召开。出席代表 156 人，会议没有安排列席人员参加。根据提名，会议分组酝酿选举候选人名单，听取和审议了县人大常委会副主任、大会秘书长王文荣作《关于〈白沙黎族自治县第十三届人民会代表大会第二次会议选举办法（草案）〉的说明》，通过选举办法，补选符秀琼为白沙黎族自治县第十三届人民代表大会常务委员会委员，选举肖若海、叶保存、王一新、周群杰、周凡、陈志荣、符永光、王应才、陈鸿亮、郭应雄、符秀琼、孙小旧、符国锋、王小女、李小玲为白沙黎族自治县出席海南省第四届人民代表大会代表。

第三次会议 2008年2月27—28日，县第十三届人民代表大会第三次会议在县城牙叉镇召开。出席代表156人，列席人员87人。会议听取、审议并通过《县人民政府工作报告》《白沙黎族自治县2007年国民经济和社会发展计划执行情况与2008年国民经济和社会发展计划（草案）的报告》《白沙黎族自治县2007年财政预算执行情况和2008年财政预算（草案）的报告》《县人大常委会工作报告》《县人民法院工作报告》《县人民检察院工作报告》。会议期间，与会代表共提交议案及建议115件。

第四次会议 2009年2月23—25日，县第十三届人民代表大会第四次会议在县城牙叉镇召开。出席代表153人，列席人员91人。会议听取、审议并通过《县人民政府工作报告》《白沙黎族自治县2008年国民经济和社会发展计划执行情况与2009年国民经济和社会发展计划（草案）的报告》《白沙黎族自治县2008年财政预算执行情况和2009年财政预算（草案）的报告》《县人大常委会工作报告》《县人民法院工作报告》《县人民检察院工作报告》。会议期间，与会代表共提交议案及建议122件。

第五次会议 2009年4月13—14日，县第十三届人民代表大会第五次会议在县城牙叉镇召开。出席代表151人，会议没有安排列席人员参加。根据提名，会议分组酝酿选举候选人名单，听取和审议县人大常委会副主任、大会秘书长王文荣作《关于〈白沙黎族自治县第十三届人民会代表大会第五次会议选举办法（草案）〉的说明》，通过选举办法，选举梁寿松为白沙黎族自治县人民法院院长；选举方建华为白沙黎族自治县人民检察院检察长，报海南省人民代表大会常务委员会批准。分别对县十三届人大常务委员会第十二次会议接受刘辉辞去白沙黎族自治县人民法院院长职务和覃业山辞去白沙黎族自治县人民检察院检察长职务进行备案。

第六次会议 2010年2月3—4日，县第十三届人民代表大会第六次会议在县城牙叉镇召开。出席代表155人，列席人员92人。会议听取、审议并通过《县人民政府工作报告》《白沙黎族自治县2009年国民经济和社会发展计划执行情况与2010年国民经济和社会发展计划（草案）的报告》《白沙黎族自治县2009年财政预算执行情况和2010年财政预算（草案）的报告》《县人大常委会工作报告》《县人民法院工作报告》《县人民检察院工作报告》《白沙黎族自治县非物质文化遗产保护条例（草案）》。会议补选出白沙黎族自治县第十三届代表大会常务委员会委员何秋香。会议期间，与会代表共提交议案及建议128件。

第三节　县人大常委会

一、机构

白沙黎族自治县人大常委会从 1987—2010 年共选举产生六届常委会及领导人。

县第八届人大常委会产生于海南建省前的 1987 年 5 月，设办公室，并内设行政秘书组、组织联络组和调查研究组，全权负责常委会日常工作。

1990 年 6 月 6 日，县人大常委会主任会议决定，报县编制委员会批准，县人大常委会下设办公室、第一工作委员会（法制、科教文卫、侨务外事、民族宗教）和第二工作委员会（农村、财政经济）。办公室内设行政秘书组和组织联络组。

1998 年，县委《关于同意县人大机关机构改革方案的批复》规定：县人大常委会下设办公室、法制工作委员会、农村财经工作委员会、教科文卫工作委员会。办公室内设秘书股、行政股、信访联络股。

截至 2010 年，县人大常委会设有办公室、法制工作委员会、农村财经工作委员会、民族宗教与科教文卫委员会机构。

二、常务会会议

县人大常务委员会会议是县人大常委会行使职权的基本形式。《白沙黎族自治县人民代表大会常务委员会议事规则》规定："常务委员会会议一般每两个月举行一次。必要时，经主任会议讨论，可以临时召集会议。""常务委员会会议由主任召集并主持。主任可以委托副主任主持会议。""常务委员会会议必须有常务委员会全体组成人员过半数出席，始得举行。""常务委员会开会日期由主任会议决定；会议议程草案由主任会议拟定，并提请常务委员会会议决定。会议期间需要调整会议议程的，由主任会议讨论，并提请会议审议决定。""常务委员会举行会议的时候，下列人员列席会议：（一）县人民政府县长或副县长，县人民法院院长和县人民检察院检察长；（二）县人民政府有关办、局的负责人；（三）不是常务委员会组成人员的常务委员会各办事机构的主任、副主任；（四）主任会议认为需要列席的其他人员。"

第八届人大常委会 1987 年 5 月选举产生，由 13 人组成，至 1989 年 5 月，两年任期共召开 18 次会议，听取和审议"一府两院"工作报告 23 个，作出决议决定 68 项，任命国家机关工作人员 30 人次。

第九届人大常委会 1990 年 5 月选举产生，由 13 人组成，至 1992 年 4 月，两年任期共召开22次会议，听取和审议“一府两院”工作报告22个，作出决议决定14项，任命国家机关工作人员105人次。

第十届人大常委会 1993年5月选举产生，由12人组成，至1997年3月，四年任期共召开32次会议，听取和审议“一府两院”工作报告40个，作出决议决定5项，任命国家机关工作人员756人次。

第十一届人大常委会 1998年3月选举产生，由11人组成，至2002年12月，四年任期共召开35次会议，听取和审议“一府两院”工作报告37个，作出决议决定13项，任命国家机关工作人员154人次。

第十二届人大常委会 2003年3月选举产生，由15人组成，至2006年10月，四年任期共召开25次会议，听取和审议“一府两院”工作报告28个，作出决议决定30项，任命国家机关工作人员142人次。

第十三届人大常委会 2007年1月选举产生，由20人组成，至2010年12月，共召开28次会议，听取和审议“一府两院”工作报告24个，任命国家机关工作人员148人次。

第四节　主要工作

一、宣传贯彻国家法律法规

县第八届、九届、十届、十一届、十二届、十三届人大常委会，每届常委会的第一次会议都组织委员学习《中华人民共和国宪法》《中华人民共和国全国人民代表大会和地方各级人民代表大会选举法》《中华人民共和国地方各级人民代表大会和地方各级人民政府组织法》。1992年《中华人民共和国全国人民代表大会和地方各级人民代表大会代表法》和2007年《中华人民共和国各级人民代表大会常务委员会监督法》相继出台后，常委会将其列入常委会第一次会议的议事日程加强学习。因而，每届常委会都明确工作职责，为依法履职打下基础。

1993年10月13日，县十届人大常委会第四次会议听取和审议县司法局的工作报告。会议认为，普法工作是一项宏大的教育工程，为了进一步提高全县人民的法律意识和民主意识，确保县“八五”计划和十年规划的顺利实施，会议作出《关于进一步加强法制宣传教育工作的决议》，全面部署白沙县的“二五普法规划”：一是要继续学习《中华人民共和国宪法》、《中华人民共和国行政诉讼法》、《中华人民共和国全国人民代表大会和地方各级人民代表大会选举法》、《中华人民共和国地方各级人民代表大会和地方各级人民政府组织法》、《中华人民共和国全国人民代表大会和地方各级人民代表大会代表法》、《中华人民共和国义务教育法》、《中华人民共和国民族区域自治法》、《中华人民共和国土地管理法》、《中华人民共和国森林法》、《中华人民共和国经济合同法》、《中华人民共和国环境保护法》、《中华人民共和国食品卫生法》、《中华人民共和国矿产资源法》、《中华人民共和国婚姻法》、《中华人民共和国合伙企业法》、《中华人民共和国国家安全法》、《全民所有制工业企业转换经营机制条例》和国务院关于减轻农民负担的有关规定。学习海南省计划生育条例、海南省保护妇女儿童权益的规定、海南省禁止赌博的规定、海南省取缔卖淫嫖宿暗娼的规定、海南省天然橡胶保护管理暂行条例等地方性法规，学习廉政建设的法律法规。二是要继续组织干部、工人、农民、学生、个体劳动者等一切有接受教育能力的公民学习法律。三是法制教育要理论联系实际，坚持学用结合的原则，注重效果。四是县人民政府要加强对法制宣传教育的领导，把它列入议事日程，作为一项任期目标，组织干部、职工、特别是领导干部带头学习，坚定不移、善始善终地全面完成“二五”普法任务。县人大常委会及各乡镇人大主席团要加强对宣传教育规划实施的检查和监督，保障“二五”普法教育的顺利实施。

1996 年 10 月 25 日，为了适应白沙黎族自治县建立和完善社会主义市场经济体制的需要，促进国民经济和社会发展“九五”计划和 2010 年远景目标纲要的实施，县十届人大常委会第二十四次会议作出《关于继续深入开展法制宣传教育的决议》：一是从 1996 年起实施第三个法制宣传教育五年规划，继续深入学习宪法、基本法律、社会主义市场经济法律法规和海南省的地方性法规。二是一切有接受教育能力的公民都应当接受法制宣传教育。重点对象是各级领导干部、司法人员、行政执法人员、企业经营管理人员、青少年。三是法制宣传教育的形式要灵活多样，注重实效。四是法制宣传教育应当与经济建设、精神文明建设相结合，与推行执法责任制相结合，促进各项事业的依法治理，逐步实现依法治厂，依法治村，依法治县及依法治理行业、部门工作。五是各级人民政府和各部门应当将法制宣传教育工作列入重要议事日程，加强领导，制订规划和年度工作计划，层层建立法制宣传工作责任制，明确职责，抓好普法和执法情况的检查，促使普法工作的落实。县人大常委会和各乡镇人大主席团应当加强对实施规划的监督检查，保障白沙县“三五”普法规划的顺利实现。

2000 年 8 月 14 日，为了进一步贯彻落实依法治国基本方略，保证宪法和法律在白沙县的有效实施，推动经济、政治、文化和各项事业在新世纪全面发展，根据《中共海南省委关于全面推进依法治省的决定》、《海南省人民代表大会关于依法治省的决议》和《中共白沙黎族自治县委关于全面推进依法治县的决定》，县十一届人大常委会第十四次会议作出《关于依法治县的决议》，要求从2000年起，用10年左右的时间，通过开展法制宣传教育、增强全社会的法治观念；大力推行依法行政和公正司法，强化人大对执法和司法职权的依法监督；依法治理经济环境，促进经济持续、快速、健康发展；依法治理社会环境，促进社会安定、和谐、文明向上；坚持和完善人民代表大会制度，在推进依法治县中加强社会主义民主法制建设，基本达到建设"法治县"的目标。

2002年1月22日，根据九届全国人大常委会第二十次会议《关于修改〈中华人民共和国民族区域自治法〉的决定》，县人大常委会召开县十一届人大常委会第二十七次会议，作出《关于贯彻实施〈中华人民共和国民族区域自治法〉的决议》，号召全县各级国家机关要把学习、宣传《中华人民共和国民族区域自治法》作为一项重要任务，纳入"四五"普法规划，在全县形成学法、知法、守法、用法的良好氛围，为白沙县贯彻《中华人民共和国民族区域自治法》打下坚实基础。

2002年4月3日是《中华人民共和国全国人民代表大会和地方各级人民代表大会代表法》颁布实施10周年的日子。根据海南省人大常委会办公厅的通知精神，3月21日，县人大常委会办公室发出通知，要求县直各有关单位、各乡镇人大、各国有农场组织开展一次由省、县及乡镇人大代表参加的接待选民、走访选民的"代表活动日"活动。同天，县人大常委会组织6名人大代表（省代表3名、县代表3名）在县人大接待室接待选民来访，回答选民提出的各种问题，并带着问题下到乡镇走访选民，现场接受选民意见建议批评。活动日之前，各单位、各乡镇、各国有农场挂出横额、出版墙报进行宣传，真正起到宣传代表法、落实代表法的作用。

2002年10月是《中华人民共和国妇女权益保障法》颁布实施10周年。为了进一步学习宣传贯彻《中华人民共和国妇女权益保障法》，根据省人大常委会监督室妇女儿童工作委员会《关于开展〈中华人民共和国妇女权益保障法〉10周年宣传月活动的通知》精神，县人大常委会决定2002年10月在全县开展实施《中华人民共和国妇女权益保障法》10周年宣传月活动。活动由县人大常委会法制工作委员会和妇女儿童工作委员会牵头组织，县政府办、法院、司法局、公安局、教科局、卫生局、文化广电体育局、人事劳动保障局、经济贸易交通局、总工会、团县委、残联会等部门共同参与，经过一个月的法律宣传、法律服务，为广大妇女群众提供法律帮助，维护广大妇女的合法权益。

2004年5月17日，白沙黎族自治县第十届人大常委会第七次会议以中心发言的形式学习《中华人民共和国宪法》和《中华人民共和国宪法修正案》。

2004年6月25日上午,为了进一步提高县人大代表的理论水平和管理国家事务的能力，县人大在政府六楼会议室举办海南省、白沙县人大代表《中华人民共和国宪法》知识培训班。符永光、符儒定、陈纯英、卢德光、陈钦强、符秀容、符建群等县四套班子领导以及驻白沙县的全国、省和县各条战线的人大代表参加培训班的学习。培训班邀请省人大常委会副秘书长王经伟主讲。他在授课中结合人大工作的实际，为代表们讲解人大常委会的各项职能，并就人大代表如何提高自己的地位作用，如何履行职责，在工作中如何与时俱进，开创人大工作新局面等深入浅出地提出自己的见解。培训班还采取电教方式进行授课。观看和听取全国人大法律委员会主任委员杨景宇同志《认真学习宪法，增强宪政意识》的电视辅导讲座。

2006年9月8日，为了适应构建社会主义和谐社会和全面建设小康社会的新形势的需要，县十二届人大常委会第二十一次会议作出《关于加强法制宣传教育的决议》，要求“五五普法”期间：一要根据国民经济和社会发展第十一个五年规划纲要提出的目标要求，确定法制宣传教育的内容；二要突出重点，区别不同对象提出法制宣传教育的要求，增强法制宣传教育的针对性；三要坚持法制宣传教育和法治实践相结合，提高全社会法治化管理水平；四要创新和丰富法制宣传形式，强化大众传播媒体和新闻通讯单位的社会责任；五要加强法制宣传教育的组织领导，动员和依靠全社会力量共同参与；六要加强对法制宣传教育工作的监督检查，保证本决议得到切实执行。

2007年4月18日,《白沙黎族自治县自治条例(修订)》公布实施后，县十三届人大常委会第一次会议作出《关于学习宣传贯彻实施〈白沙黎族自治县自治条例(修订)〉的决定》，要求全县各级党政机关要广泛深入地开展学习宣传自治条例的活动，充分运用自治条例规定的各项职权，努力把白沙县建设成为民族团结、文化繁荣、经济发展、社会进步、人民富裕的民族自治地方；切实遵守和执行自治条例，对一切违反自治条例规定的行为都必须坚决纠正。同时,要求司法行政部门要把学习宣传自治条例列入白沙县“五五”普法工作计划，制定学习方案，组织人力，深入基层，深入群众，广泛深入地开展学习宣传自治条例活动，把宣传学习的情况列入各乡镇、各部门、各行业普法工作年终考核的内容，切实加强检查。

《中华人民共和国各级人民代表大会常务委员监督法》颁布实施当年(即2007年)，县人大常委会多次组织机关干部职工认真学习和观看全国人大法律委员会主任委员杨景宇作的《认真学习、深刻领会、严格执行监督法》的专题辅导报告录像讲座。为了深入学习、宣传和贯彻《中华人民共和国各级人民代表大会常务委员会监督法》，2008年9月18日，县人大常委会在县政府六楼会议举办有驻县的省四届人大代表、县十三届人大代表、县人大机关干部，县委政府直属部门、人民团体主要负责人，各乡镇人大副主席，驻县农垦办事处、国有农场、省属单位主要负责人参加的《中华人民共和国各级人民代表大会常务委员会监督法》培训班，通过集中学习培训，统一思想，明确任务，推动全县各项工作不断上新台阶。

2010 年 3 月 14 日，第十一届全国人民代表大会第三次会议通过全国人民代表大会关于修改《中华人民共和国全国人民代表大会和地方各级人民代表大会选举法》的决定，常委会非常重视，2011 年是换届选举年，下半年白沙县将同时进行县、乡（镇）人大换届选举。为加强对选举法的学习宣传，根据县人大常委会领导的意见，制作《中华人民共和国全国人民代表大会和地方各级人民代表大会选举法》相关知识学习园地，方便机关干部职工学习使用。

二、制定自治条例和单行条例

1988—2010 年，县人大常委会共制定 1 部自治条例和 2 部单行条例。

《白沙黎族自治县自治条例》由白沙黎族自治县第十届人民代表大会常务委员会制定，提请 1997 年 3 月 1 日白沙黎族自治县第十届人民代表大会第五次会议通过，报请 1997 年 5 月 28 日海南省第一届人民代表大会常务委员会第二十九次会议批准，自 1997 年 7 月 10 日白沙黎族自治县人民代表大会常务委员会公布之日起施行，经 2006 年 2 月 24 日白沙黎族自治县第十二届人民代表大会第四次会议修订，再报请 2006 年 12 月 29 日海南省第三届人民代表大会常务委员会第二十七次会议批准，自 2007 年 1 月 12 日白沙黎族自治县人民代表大会常务委员会公布之日日起施行。

《白沙黎族自治县水资源保护管理条例》由白沙黎族自治县第十一届人民代表大常务委员会制定，提请 2001 年 3 月 31 日白沙黎族自治县第十一届人民代表大会第四次会议通过，报请 2001 年 5 月 31 日海南省第二届人民代表大会常务委员会第二十次会议批准，自 2001 年 8 月 1 日白沙黎族自治县人民代表大会常务委员会公布之日起施行。

《白沙黎族自治县非物质文化遗产保护条例》由白沙黎族自治县第十三届人民代表大常务委员会第十九次会议制定，提请 2010 年 2 月 4 日白沙黎族自治县第十三届人民代表大会第六次会议通过，报请 2011 年 5 月 31 日海南省第四届人民代表大会常务委员会第二十二次会议批准，自 2011 年 6 月 18 日白沙黎族自治县人民代表大会常务委员会公布之日起施行。

三、审议通过全县重大事项

1988—2010 年，县人大常委会共召集 28 次县人民代表大会会议，举行过 139 次人大常委会会议，听取和审议县人民政府，县人民法院、县人民检察院的工作报告，对全县性重大问题先后作出200多次决议和决定。

1991年5月30日,白沙黎族自治县第九届人民代表大会第二次会议审议县政府提出的白沙黎族自治县国民经济和社会发展“八五”计划和十年规划，审议县长刘文清代表县政府所作的《关于白沙黎族自治县国民经济和社会发展“八五”计划和十年规划的报告》(简称“报告”)。会议认为，报告总结白沙县“七五”期间社会经济发展所取得的成就，提出“八五”计划和十年规划的指导思想、战略目标和行业发展计划和规划设想，并提出实现规划的基本措施。规划反映全县人民的共同愿望，是符合白沙实际的，在县委、县政府的领导下，经过全县各族人民的努力，是可以实现的。会议作出《关于〈白沙黎族自治县国民经济和社会发展“八五”计划和十年规划的报告〉的决议》。

1993年10月12日，白沙黎族自治县第十届人大常委会第四次会议审议通过《关于进一步加强法制宣传教育的决议》。

1996年4月9日，白沙黎族自治县第十届人民代表大会第四次会议审议县政府提出的《白沙黎族自治县国民经济和社会发展“九五”计划和2010年远景目标纲要(草案)》(简称“纲要”)，审议王德荣县长代表县政府所作的《关于白沙黎族自治县国民经济和社会发展“九五”计划和2010年远景目标纲要的报告》。会议认为，纲要和报告在总结白沙“八五”成就和经验的基础上，提出之后5年的奋斗目标和指导方针，国民经济和社会发展的主要任务和主要措施，是符合中共十四届五中全会和中央经济工作会议精神和符合白沙县实际的，反映全县人民的共同愿望和根本利益，经过全县各族人民的艰苦努力是能够实现的。会议作出《关于白沙黎族自治县国民经济和社会发展“九五”计划和2010年远景目标纲要及关于〈纲要〉报告的决议》。

1996年10月24日,白沙黎族自治县第十届人大常委会第二十四次会议审议通过《关于进一步宣传学习法制教育第三个五年计划的决议》。

1997年3月1日，白沙黎族自治县第十届人民代表大会第五次会议认真审议《白沙黎族自治县自治条例(草案)》。会议认为，该条例草案既遵循立法的原则，又结合白沙实际，充分体现中央统一领导权和民族自治县地方自治权的辩证、协调关系，反映白沙各族人民的共同愿望。大会作出《关于〈白沙黎族自治县自治条例(草案)〉的决议》，报省人大常委会批准实施。

1999年8月17日,白沙黎族自治县第十一届人大常委会第八次会议通过《关于调整我县1999年国民经济和社会发展计划部分主要指标的决议》。

2000年8月14日,白沙黎族自治县第十一届人大常委会第十四次会议审议通过《关于依法治县的决定》。

2001 年 3 月 31 日，白沙黎族自治县第十一届人民代表大会第四次会议审议县政府提出的《白沙黎族自治县国民经济和社会发展第十个五年计划纲要（草案）》（简称“纲要”），审议县长唐卓高代表县政府所作的《关于白沙黎族自治县国民经济和社会发展第十个五年规划纲要的报告》。会议认为，纲要和报告在总结白沙“九五”成就和经验的基础上，提出的之后五年的奋斗目标和指导方针，国民经济和社会发展的重点任务和主要措施，体现中共十五届五中全会和县委九届二次全会精神，反映全县各族人民的根本利益和共同愿望，经过努力是能够实现的。会议作出《关于白沙黎族自治县国民经济和社会发展第十个五年计划纲要及关于〈纲要〉报告的决议》。

2001 年 12 月 3 日，白沙黎族自治县第十一届人大常委会第二十六次会议审议通过《关于调整 2001 年财政预算的决议》。

2002 年 1 月 21 日，白沙黎族自治县第十一届人大常委会第二十七次会议审议通过《关于开展法制宣传教育的决议》。

2003 年 8 月 29 日，白沙黎族自治县第十二届人大常委会第四次会议审议通过《关于王某金同志行政记大过处分的决定》。

2004 年 2 月 13 日，白沙黎族自治县第十二届人大常委会第六次会议审议通过《白沙黎族自治县县城总体规划》，提交县十二届人大二次会议审议。

2005 年 11 月 9 日，白沙黎族自治县第十二届人大常委会第十四次会议根据海南省人大常委会办公厅《关于建议依法罢免刘某琏海南省三届人大代表职务的函》和白沙黎族自治县人大常委会《关于罢免刘某琏海南省三届人大代表职务的议案》及有关材料，决定罢免刘某海南省三届人大代表职务，报请海南省人大常委会备案。

2006 年 2 月 24 日，白沙黎族自治县第十二届人民代表大会第四次会议认真审议《白沙黎族自治县国民经济和社会发展第十一个五年规划纲要》（简称“纲要”）和县长吉明江代表县政府所作的《关于白沙黎族自治县国民经济和社会发展第十一个五年规划纲要的报告》（简称“报告”）。会议认为，纲要和报告对白沙县“十五”时期的工作总结实事求是，提出之后五年经济和社会发展的奋斗目标、指导思想和主要任务，符合全县各族人民的根本利益和共同愿望，经过努力是能够实现。会议作出《关于白沙黎族自治县国民经济和社会发展第十一个五年规划纲要及关于纲要报告的决议》。

2006 年 2 月 24 日，白沙黎族自治县第十二届人民代表大会第四次会议，认真审议《白沙黎族自治县自治条例（修订草案）》。会议认为，修订后的自治条例，符合宪法、民族区域自治法和有关法律法规的规定，体现自治县的实际。会议表决通过《关于〈白沙黎族自治县自治条例（修订草案）〉的决议》。根据《中华人民共和国宪法》第一百一十六条和《中华人民共和国立法法》第六十六条的规定，报海南省人民代表大会常务委员会批准后公布实施。

2006 年 7 月 25 日，白沙黎族自治县第十二届人民代表大会常务委员会第二十次会议听取和审议县审计局局长王盛达受县人民政府委托所作的《关于 2005 年度白沙黎族自治县本级预算执行和其他财政收支审计工作的报告》，并作出关于 2005 年度县本级财政预算执行和其他财政收支审计工作报告的决议。

2006 年 9 月 8 日，白沙黎族自治县第十二届人民代表大会常务委员会第二十一次会议通过《关于加强法制宣传教育的决议》，决定从 2006—2010 年在全县公民中组织实施法制宣传教育第五年规划。

2006 年 12 月 1 日，白沙黎族自治县人大常委会第二十三次会议审议《白沙黎族自治县自治条例（修订）》。会议认为，修改后的自治条例更加符合宪法、民族区域自治法和有关法律法规的精神，更加贴近白沙的实际。会议作出《关于〈白沙黎族自治县自治条例（修订）〉的决议》，再次报请海南省人大常委会审查批准。

《白沙黎族自治县自治条例（修订）》经县十二届人民代表大会第四次会议修订通过，海南省第三届人民代表大会常务委员会第二十七次会议审议批准，县人大常委会于 2007 年 1 月 12 日公布实施。为使自治条例在县内得于很好地贯彻实施，2007 年 4 月 18 日，白沙黎族自治县第十三届人大常委会第一次会议作出《关于学习宣传贯彻实施《白沙黎族自治县自治条例（修订）》的决定》。

2007 年 1 月 12 日，《白沙黎族自治县自治条例（修订）》正式公布施行。为使《白沙黎族自治县自治条例（修订）》在该行政区域内得于很好的贯彻实施，根据《中华人民共和国立法法》和《白沙黎族自治县自治条例（修订）》第五十二条的规定，2008 年 2 月 18 日，白沙黎族自治县第十三届人民代表大会常务委员会第五次会议作出关于制定《白沙黎族自治县贯彻实施〈白沙黎族自治县自治条例（修订）〉实施细则》的决定。

2009 年 5 月 26 日，白沙黎族自治县第十三届人民代表大会常务委员会第十三次会议，听取县人民政府副县长林恩荣所作的《关于提请审议县城市总体规划调整的议案》及县建设局局长符加伦受县人民政府委托所作的《关于白沙黎族自治县城市总体规划调整的说明》，审查县人民政府提出的白沙黎族自治县城市总体规划调整方案，同意县人大常委会农村财经工委在审查报告中提出的建议，作出《关于批准白沙黎族自治县城市总体规划调整的决议》。

2010年2月4日，白沙黎族自治县第十三届人民代表大会第六次会议认真审议《白沙黎族自治县非物质文化遗产保护条例（草案）》。会议认为，该条例草案遵循立法原则，符合白沙县实际，对加强白沙县非物质文化遗产保护具有现实的、深远的历史意义。大会决定通过《关于〈白沙黎族自治县非物质文化遗产保护条例（草案）〉的决议（草案）》，并报省人大常委会审查批准。

2010年4月14日，白沙黎族自治县第十三届人大常委会第二十一次会议审议县人民政府提出的《关于提请审议县财政回购海南省白沙黎族自治县邦溪农林产品加工与交易基地基础设施一期项目并列入年度财政预算的议案》和《关于提请审议县财政回购海南省白沙黎族自治县环城路市政工程项目并列入年度财政预算的议案》（简称“议案”），会议同意县人大常委会农村财经工作委员会会前对议案的审查意见，作出《关于批准白沙黎族自治县人民政府关于提请审议县财政回购邦溪农林产品加工与交易基地设施一期项目并列入年度财政预算的决议》和《关于批准白沙黎族自治县人民政府关于提请审议县财政回购海南省白沙黎族自治县环城路市政工程项目并列入年度财政预算的决议》。

2010年10月13日，白沙黎族自治县第十三届人民代表大会常务委员会第26次会议审议县人民政府提交的2010年白沙黎族自治县和县本级一般预算调整方案（草案）。会议认为，省下达的2010年中央代理发行地方政府债券投资计划，对增强地方政府融资能力，保持经济平稳较快发展，具有十分重要的意义，同意县人大常委会农村财经工作委员会提出的《关于2010年白沙黎族自治县和县本级一般预算调整方案的审查报告》，作出《关于批准2010年白沙黎族自治县和县本级一般预算调整方案的决议》。审议县人民政府所提交的《关于提请审议〈白沙黎族自治县旅游发展总体规划〉的议案》，审查《白沙黎族自治县旅游发展总体规划》。会议认为，该规划编制结合当前海南建设国际旅游岛和白沙工作实际，定位准确，空间布局合理，凸显白沙民族风情和文化特色，所提白沙近期和中远期旅游发展目标明确，具有很强的前瞻性、指导性和可操作性，内容比较完善，文本比较成熟。会议同意县人大常委会农村财经工作委员会提出的审查报告。

四、监督“一府两院”工作

常委会通过听取和审议“一府两院”的工作报告和专题汇报、开展述职评议、进行执法检查、组织代表视察检查、督办议案和建议批评意见、受理来信来访和组织工作调研等形式，对“一府两院”实行法律监督和工作监督。

（一）法律监督　对法律法规在白沙的贯彻实施情况，县人大常委会每年都开展执法检查，督促“一府两院”依法行政、公正司法。1988—2010年，县人大常委会共组织

18次执法检查活动，对32部法律法规的贯彻实施情况进行执法检查。执法检查的方法：一是听取被检查部门执法情况汇报；二是深入执法单位实地检查、了解执法情况；三是形成检查报告反馈执法单位整改存在问题；四是跟踪督查，落实整改情况。主要执法检查活动如下：

1996—2010年，县人大常委会结合白沙实际，连续15年配合省人大常委会搞好以各项主题为内容的海南环保世纪行活动，通过电视、广播等新闻媒体和多种宣传方式，广泛进行环保宣传，同时组织执法检查组深入各乡镇和工厂企业，宣传环保基本国策和可持续发展战略，增强广大干部群众的环保意识和法律意识，进一步促进环境资源保护法律法规的贯彻实施，督促县政府及其部门采取强有力措施，进行退耕还林，植树造林，保护南渡江水源林，治理松涛水库污染源，搬迁白沙糖厂，停产农场胶厂等，有效保护生态环境，创造“山清水秀，养生天堂”新白沙，受到省环保世纪行组委会的表彰，1998年获海南环保世纪行活动优秀组织奖。

2003年初，广东省首先发生传染性非典型肺炎流行。随后，广西、山西、北京等省（自治区、直辖市）也陆续发生非典疫情。这场突如其来的疫情灾害，严重威胁人民群众的身体健康和生命安全，也影响国家的经济发展、社会稳定和国际往来。面对严峻的非典疫情，党中央、国务院审时度势，果断决策，明确提出“沉着应对，措施果断；依靠科学，有效防治；加强合作，完善机制”的工作方针。县人大常委会和全国各地一样，为了防治非典，将它列为各项工作的重中之重，迅速行动起来。5月9日，县人大常委会主任会议学习《中华人民共和国传染病防治法》。5月12日至13日，组织4个执法检查组对本县防治和控制非典型肺炎疫情工作进行执法检查，有针对性提出防控意见，层层成立机构，落实责任，做到人员到位，工作到位，使白沙县在防控期无一非典病例和疑似病例，有效遏制非典疫情的蔓延。

2004年6月2—3日，县人大常委会组织县十二届人大部分代表组成3个执法检查组，分别由县人大常委会主任符永光，副主任王桂春、王文荣和林世欣带队，对白沙县贯彻实施《中华人民共和国森林法》情况进行执法检查。6月15日，县人大常委会主任符永光主持召开《中华人民共和国森林法》执法检查情况反馈会议，指出有部分乡镇的个别农民私自毁林开垦，屡禁不止。特别是元门、南开2个乡镇，一些外出干部回乡毁林开垦，造成很坏影响等问题。县政府高度重视，开展声势浩大的打击破坏森林资源专项行动，打击处罚一批毁林开垦、盗伐、偷运林木、烧蜂取蜜违规用火等违法犯罪行为。共查处刑事案件5宗，各类林业行政案件23宗，扣留没收木材24车次，共计101立方米，没收古树、风景树 11 株，折 25000 元，打击处理 53 人。其中，刑事拘留 7 人，行政拘留 4 人，罚款 21 人，罚款 4500 元，收缴猎枪 6 支。并在 2005 年 6 月 16—17 日召开全县毁林开垦公捕公判大会，极大地震慑不法分子的气焰，教育警示广大干部群众。

2007 年 9 月 11—14 日，县人大常委会组织常委会委员、县人大代表组成 4 个小组，分别由常委会主任符永光，副主任王文荣、林世欣、符英兰等带队，对县政府及其部门贯彻实施《中华人民共和国人民警察法》《中华人民共和国治安管理处罚法》《中华人民共和国公路法》《中华人民共和国森林法》《中华人民共和国食品卫生安全法》等 5 部法律法规情况进行为期 4 天的执法检查。10 月 31 日，召开白沙黎族自治县第十三届人大常委会第三次会议听取和审议各执法检查组的检查报告，指出存在问题，要求县政府及其执法部门进行整改。

2008 年 9 月 23—26 日，县人大常委会组织部分县人大代表组成四个小组，分别由县人大常委会副主任王文荣、林世欣、王志铮及县人大常委会调研员董元培等带队，对县政府及其人事劳动局、国土环境资源局、建设局、教育局贯彻实施《中华人民共和国就业促进法》《中华人民共和国土地管理法》《中华人民共和国城乡规划法》《中华人民共和国义务教育法》的情况，开展执法检查。10 月 16 日，县十三届人大常委会第九次会议听取和审议各执法检查组的报告，指出存在问题，要求县政府及其执法部门进行整改。但整改情况如何，最终没有反馈。

2009 年 5 月 20—21 日，县人大常委会组织部分县人大代表组成 3 个执法检查小组，分别由常委会主任符永光，副主任王文荣、林世欣等带队，对县政府及其县教育局、公安局、文体局、农业局、国土环境资源局、林业局，妇联会，团县委，县法院，各有关乡镇等贯彻实施《中华人民共和国农村土地承包法》《海南省实施〈中华人民共和国农村土地承包法〉办法》《中华人民共和国未成年人保护法》《中华人民共和国森林法》等情况开展为期 3 天的执法检查。5 月 26 日，县十三届人大常委会第十三次会议听取和审议各执法检查组的报告，指出存在问题，要求县政府及其执法部门进行整改。县政府及其执法部门认真整改后于 8 月 25 日向县十三届人大常委会第十五次会议报告整改落实情况。

2010 年 5 月 20—24 日，县人大常委会组织三个执法检查组，分别由县人大常委会副主任王文荣、林世欣、符英兰带队，深入到各乡镇、县直有关单位对《中华人民共和国农产品质量安全法》、《中华人民共和国科技进步法》和《中华人民共和国妇女权益保障法》开展为期 4 天的执法检查。6 月 18 日，县十三届人大常委会第二十三次会议听取和审议各执法检查组的报告，指出存在问题，要求县政府及其执法部门进行整改。县政府及其执法部门认真整改后于10月13日向县十三届人大常委会第二十六次会议报告整改落实情况。

（二）工作监督 围绕县委的中心工作，县人大常委会每年都选择若干个关系全县工作大局和群众切身利益、社会普遍关注的重大问题进行工作监督检查，听取和审议“一府两院”工作报告和专题汇报，对任命干部开展述职评议，对被监督单位进行工作评议，组织代表进行视察调查，处理代表提出的议案及建议、批评和意见，受理代表和群众的来信来访。1988—2010年，县人大常委会共听取和审议“一府两院”工作报告、专题汇报122项，开展工作评议6次、述职评议41人次，进行工作监督检查14次，组织代表视察调查77次，处理议案及建议、批评和意见837件。主要工作监督活动如下：

（三）督促检查 1994年4月底，国有牙叉农场医院职工董洁上诉关于3名鱼贩违法出售河豚，致使5人中毒、3人死亡的事故。常委会高度重视，召开有县政府、公安、检察、法院、司法、工商、卫生等部门有关领导参加的会议，专题研究，责成县人民检察院重新受理案件，依法将犯罪嫌疑人捉拿归案，经省高院批复，“以制售有毒河豚鱼的危险方法，过失致人伤亡”的罪名定罪。

1997年11月10—30日，组织人大代表、政协委员、广播电视台记者对环保世纪行活动进行检查采访。

1998年8月18—21日，组织调查组，对南开乡、细水乡、青松乡、邦溪镇等4个乡镇1994—1997年财政对农业资金投入和农业专项资金的管理使用情况进行调查。

2000年6月23—29日，组织农村财经工委、县农业局和部分县人大代表组成调查组深入8个乡镇和2个国有农场对农业产业结构调整进行调查。发现3个问题，提出4点整改建议。

2003年5月12—13日，县人大常委代组织部分常委会委员和县人大代表共12人分别由县人大常委会主任符永光、副主任王桂春、王文荣、董元培带队，深入南开乡、元门乡、青松乡、牙叉镇、细水乡、阜龙乡、打安镇、牙叉农场、七坊镇、金波乡、帮溪镇、荣帮乡、金波农场、芙蓉田农场、县中、一小、市场、医院、车站以及娱乐场所等对白沙县开展预防控制非典型肺炎疫情工作进行检查。

2006年3月下旬，为了全面了解白沙县各级政府贯彻落实防震减灾执法检查整改情况，根据省人大常委会办公厅《关于开展防震减灾执法检查整改情况督查的通知》（琼常办发〔2006〕14号）的精神，县人大常委会主任会议决定，对县各级政府贯彻落实防震减灾执法检查整改情况进行督查。

2006 年 4 月 26—28 日，组织部分县人大代表共 22 人对白沙县重点工程项目、“三农”工作、教育问题以及社会治安等进行工作监督检查。

2007 年 4 月 24—25 日，组织县人大常委会委员和县人大代表共 22 人分成五个组，分别由常委会主任符永光，副主任王文荣、林世欣、王志铮、符英兰等带队，深入到各乡镇对农村饮水、民房改造、乡村道路建设、甘蔗下水田和抗旱、生态工程和封山育林、木材加工厂设立等工作进行监督检查。并于 5 月 24 日召开汇报会，向县政府及有关部门通报和反馈 38 条意见建议，要求认真研究并制定整改方案有针对性地进行整改，3 个月后报告县人大常委会。

2008 年 5 月 14—25 日，县人大常委会组织 4 个专项工作监督检查小组，分别由常委会副主任王文荣、林世欣、王志铮、符英兰带队，深入邦溪、七坊、打安、牙叉等有关镇派出所、林权改革试点、扶贫基地、乡村公路建设路段及农村低保户等，对白沙县社会治安防控体系建设、林权改革、扶贫培训和种苗发放、发改乡村公路建设及农村低保、养老和“五保户”转移支付等情况进行专项工作监督检查。并于 5 月 22 日召开白沙黎族自治县 2008 年专项工作监督检查反馈会议，向县政府通报和反馈意见建议 17 条，要求县政府及相关部门认真研究处理，3 个月后将研究处理情况报告县人大常委会。

2009 年 10 月 19—23 日，组织部分县人大代表重点围绕 2009 年全县工作中心落实情况和本着服务全局，对县政府 2009 年度为民办实事落实情况和重大工程项目建设情况等进行工作监督检查。10 月 29 日，县十三届人大常委会第十六次会议听取和审议各工作监督检查小组的汇报，向县政府及其有关部门提出建议意见 24 条，要求县政府组织有关部门认真研究，并采取切实有效措施加以整改，于 2009 年 12 月底前将整改落实情况报告县人大常委会。

2010 年 7 月 13—22 日，县人大常委会组织部分县人大代表组成 4 个小组分别由符永光王文荣、林世欣、王志铮带队对 2010 年县委中心工作开展工作监督检查。2010 年 8 月 18 日，白沙黎族自治县第十三届人民代表大会常务委员会第 25 次会议听取和审议县人大常委会第一、第二、第三、第四工作监督检查小组关于对县保障性住房工作开展监督检查情况的报告、关于县旅游规划和环境卫生治理工作监督检查情况的报告、关于县惠农资金管理使用及农民增收情况的监督检查报告和关于对县重大工程项目实施情况开展监督检查的报告。

（四）述职评议 1994 年 2 月 21—22 日，召开县十届人大常委会第六次会议，首次听取和审议廖玉巩、邓青克、符载职 3 人的述职报告，开展述职评议。

1994年7月中至9月，组织30名县、镇人民代表，用1个多月时间，以县人民法院、牙叉镇粮所、牙叉派出所、牙叉学区等4个基层单位为试点，首次进行以严肃执法和勤政廉政为重点的工作评议。共召开各种会议87次，有3000多人次参加，走访选民122人，收集意见建议106条，查阅案卷材料85件，制定制度措施137条。评议取得预期效果。

1999年5月13日，县十一届人大常委会第六次会议通过《评议县公安局工作整改方案》。5月25日，召开评议公安工作整改动员大会。随后组成督改领导小组深入15件乡镇、9个国有农场，召开有部分个体户、老干部、县直机关负责人、省县人大代表参加的座谈会，对公安系统近年来在班子建设、队伍建设、廉政勤政建设、依法办事、公正司法、组织纪律、工作作风以及经济等方面存在的问题进行了调查。提出六个大方面、76个小方面的意见建议给公安部门整改。7月13日召开评议公安整改工作总结大会。

1999年9月27—28日，召开县十一届人大常委会第九次会议，听取和审议县人民政府关于1999年上半年本级预算执行和其他财政收支的审计工作报告、关于1999年上半年财政预算执行情况的报告。听取常务副县长黄大文、副县长王文荣、建环局局长王庆周、卫生局局长符家梅的述职报告。

2001年6月13—14日，召开县十一届人大常委会二十一次会议，听取和审议县长唐卓高、副县长麦辉、司法局局长何国农、民政局局长符国昌的述职报告。

2002年7月30—31日，召开县十一届人大常委会31次会议，听取和审议副县长李文安、法院院长黎明亮、监察局局长符云汉、民宗局局长符桂明、文化广电体育局局长吴江妹的述职报告。

2002年10—11月，组织部分省二届人大代表和县十一届人大代表对副县长卢德光、检察长谭宜文、公安局局长王和平、农业局局长陈少雄、教科局局长符善等开展述职评议。

2004年6—8月，组织驻白沙县的省三届人大代表和部分县十二届人大代表对县政府及其部门部分组成人员（县人民政府副县长唐春秋、县卫生局局长史光雄、农业局局长陈少雄、县人口与计划生育局局长罗人雍）开展述职评议工作。

2005年10—12月，将组织驻白沙县的省三届人大代表和部分县十二届人大代表对县政府及其部门部分组成人员（县政府副县长陈亮、县人民法院院长刘辉、县文体局局长吴江妹、县民政局局长王洪流）开展述职评议工作。

2006年5月中旬至7月底，组织驻白沙县的省三届人大代表和部分县十二届人大代表对“一府两院”部分组成人员（县政府副县长郭全茂、县人民检察院检察长覃业山、县建设局局长符加伦、县司法局局长吴强）开展述职评议工作。

（五）听取和审议报告 县人大常委会对白沙县国民经济计划和财政收支预决算执行情况，每年听取1～2次的汇报，检查监督政府及时采取措施，努力完成当年国民经济计划和财政预决算任务。

1991年10月22—23日，召开九届人大常委会八次会议，听取县纠风办作关于全县纠风工作汇报，作出《关于组织县人大代表视察纠正行业不正之风情况的决定》，对群众意见较大、反映较强烈的县师范进修学校弄虚作假、乱发中师函授毕业证书29本的行为建议有关部门进行严肃处理。

1991年12月27—28日，召开九届人大常委会九次会议，听取县政府预算调整报告，批准县政府对1991年财政预算调增调减支出指标的报告，听取环保局工作报告，对环保局截留挪用排污费专款和领导班子不团结问题，责成县政府依法处理。

2000年8月14日，召开县十一届人大常委会第十四次会议，听取和审议县计统局2000年上半年国民经济和社会发展计划执行情况报告、县财政局关于2000年上半年全县财政预算执行情况的报告、县财政局关于1998年以来“收支两条线”和专项资金清理情况以及上级下拨专项资金占用归还情况的报告、县审计局关于1999年县本级财政预算执行情况和其他财政收支情况的审计工作报告。

2002年7月30—31日，召开县十一届人大常委会三十一次会议，听取和审议发展计划局关于2002年上半年国民经济和社会发展计划执行情况报告、财政局关于2001年财政决算和2002年上半年财政预算执行情况的报告、审计局关于2001年县本级预算执行和其他财政收支的审计工作报告。

2008年12月25日，县十三届人大常委会第十次会议听取和审议县政府陈亮、林恩荣、张志群3位副县长受县政府委托所作的关于全县乡镇卫生院建设情况的报告、关于全县土地规划管理使用情况的报告和关于全县民房改造情况的报告。在充分肯定成效的前提下，提出14条建议要求县政府整改。

（六）考察调研 县人大常委会每年组织部分委员、代表对经济建设、科技、教育体制改革、城镇建设、社会治安、食品卫生等方面的情况作专题性的调研和考察。

1990年1月5—8日，县人大常委会组织海南省人民代表会议代表王栋刚、符桂谦、陈旋芹、曾志云、陆元亮和全国人大代表符儒海集中考察七坊镇、牙叉镇、国营龙江农场、白沙水泥厂、白沙糖厂、白沙陶瓷厂，并听取县政府、农委、计委、财政局、监察局、工商局的工作汇报。了解白沙县1989年国民经济计划完成情况、财政预算执行情况、农业生产和经济发展情况以及惩治腐败、惩治“官倒”和廉政建设情况。

1992年1月4—8日，县人大常委会组织县人大代表分成2个小组，分别由县人大常委会副主任陈时颜、王照理、黄坚昌带队，深入粮食局、税务局、工商局、农委、教育局、公安局、计生委及青年农场、打安热作、县进修学校等对县纠正行业不正之风的情况进行为期5天的考察。1993年12月20—24日，组织省人大代表对国民经济和财政预算执行情况、农业生产和减轻农民负担情况、全民所有制工业企业转换经营机制条例执行情况、打击犯罪分子和社会治安情况和反腐败斗争情况进行为期5天的考察。

1995年1月3—8日，组织县的省一届人大代表对1994年国民经济计划和财政预算执行、农业生产和农村经济发展、民族区域自治法实施情况进行视察。12月11日至15日，组织省一届人大代表共14人对白沙县1995年国民经济和社会发展计划、财政预算执行情况、农业法、教育法、税收征收管理法实施情况、“二五”普法教育、社会治安综合治理和“菜篮子”和“米袋子”工程实施情况进行为期5天的考察。

1996年11月，配合全国人大民族委员会考察组对白沙县扶贫情况、民族干部队伍建设情况、民族法规制定和实施情况，进行考察。1997年1月6日至10日，组织白沙县的省一届人大代表共14人对县1996年国民经济和社会发展计划、财政预算执行情况、加强精神文明建设、开展依法治理活动情况、遭受自然灾害比较严重地方的抗灾救灾、恢复生产、安排好群众生活情况、人民群众关心的热点问题和代表们认为需要考察的问题等进行为期5天的考察。

1999年1月11—15日，组织白沙县的九届全国、省二届和部分县十一届人大代表对1998年国民经济和社会发展计划、财政预算执行、农业和农村工作以及扶贫工作进行为期5天的考察。12月13日至17日，组织白沙县的九届全国人大代表、省二届人大代表和部分县十一届人大代表进行集中考察。

2000年12月4—8日，组织白沙县的省二届人大代表和部分县十一届人大代表进行联合考察。2001年12月18—20日，组织白沙县的省二届人大代表和部分县十一届人大代表进行联合考察。2003年11月24—28日，组织驻白沙县的省三届人大代表和部分县十二届人大代表共23人对省三届人大一次会议和县十二届人大一次会议的有关决议执行情况，如国民经济和社会发展计划、财政预算的执行情况，生态文明村建设情况，退耕还林情况，社会治安综合治理情况，企业改革情况，普九教育情况等进行联合考察。

（七）议案处理　1988—2010年，第八至第十三届人民代表大会的三十次会议，收到人民代表提出的议案800多件。这些议案及建议、批评和意见由县人大常委会办公室交县人民政府或县人民法院，县人民检察院承办。县人大常委会监督、检查办理情况。

各承办单位要在3个月内把处理意见和结果，向各议案代表作出书面答复，同时报告县人大常委会。每次会议议案大多在半年内办结。在召开代表大会时，由县人大常委会向会议报告上一次会议的议案处理情况。

五、任免国家机关工作人员

县第八、第九、第十、第十一、第十二、第十三届人大常委会在本级人民代表大会闭会期间，依法决定任免“一府两院”工作人员843人次。其中决定代理县人民政府县长4人次、任免副县长52人次，任免县政府委、办、局主任和局长407人次；决定代理县人民法院院长2人次，任免副院长、庭长、副庭长、审判委员会委员、审判员、人民陪审员180人次；决定代理县人民检察院检察长2人次，任免副检察长、检察委员会委员、检察员108人次。任免县人大常委会委、办主任和副主任88人次。

六、信访工作

2007年，县人大共受理群众来信来访150多件次，其中接访200多人次，领导亲自接访200多人次。受理来信78件，其中涉法涉诉27件，土地纠纷与确权15件，国企改制职工安置及劳动和社会保障问题10件，村委会换届选举违纪违法问题6件，党政领导干部违纪违法行为2件，其他18件。转交办78件，其中省人大信件7件，转交办率100%。已反馈52件，反馈率67%，未反馈26件。

2008年，县人大共受理群众来信来访49件，173人次，与上一年同期155件相比，下降73%。其中来访16件，来信26件，集体来信来访10件，省人大交办来信4件，匿名2件。接待受理的信访案件全部给予及时的交办、转办和督办，信访案件办结率得到很大的提高。从分类上看，一是涉法涉诉类17件，占总量的40.5%，主要反映公安部门对案件查处不及时和要求督促公安机关尽快依法办案等。二是要求改善民生类10件，占总量的23.8%。三是土地纠纷与确权类8件，占总量的19%，反映农村土地纠纷问题突出类7件。四是经济纠纷类4件，占总量的9.5%。五是反映其他方面的3件，占总量的7.1%。从受理范围上看，年内没有属于人大信访受理范围的信访件，全部都是反映“一府两院”职能部门具体工作的问题。从信访规模上看，集体信访件较多，共14件，占全年信访总量的33%。

2009年，县人大信访办公受理人民群众来信来访56件，180人次，其中来信34件次，来访12件，5人以上集体访8件。与上年同期相比，略上升25%。全年受理的信访信件都及时给予交办、转办和督办，转办率100%。群众反映的问题，一是涉法涉诉问题，有18件，占总量的32.1%。二是农村土地纠纷与确权问题，有13件，占总量的23.2%。

三是要求改善民生问题，有9件，占总量的16.1%。四是反映其他问题有16件，占总量的28.6%。

1988—2010年白沙黎族自治县历届人大常委会领导人名单一览表

表12-2-1

届次时间	机构名称	职位	姓名	性别	任期
第八届 1987年5月至1990年5月	县人大常委会	主　任	王栋刚	男	1987年5月至1990年5月
		副主任	王玉梅	女	1987年5月至1990年5月
		副主任	房　光	男	1987年5月至1990年5月
		副主任	曾　夫	男	1987年5月至1990年5月
		副主任	陈时颜	男	1987年5月至1990年5月
第九届 1990年5月至1993年5月	县人大常委会	主　任	周文珍	男	1990年5月至1993年5月
		副主任	陈时颜	男	1990年5月至1993年5月
		副主任	陈永清	男	1990年5月至1993年5月
		副主任	王照理	男	1990年5月至1993年5月
		副主任	黄坚昌	男	1991年5月至1993年5月
第十届 1993年5月至1998年3月	县人大常委会	主　任	赵龙元	男	1993年5月至1998年3月
		副主任	王照理	男	1993年5月至1998年3月
		副主任	王桂春	男	1993年5月至1998年3月
		副主任	黄坚昌	男	1993年5月至1998年3月
		副主任	符彩花	女	1993年5月至1998年3月
第十一届 1998年3月至2000年3月	县人大常委会	主　任	符炳信	男	1998年3月至2003年3月
		副主任	王桂春	男	1998年3月至2003年3月
		副主任	王亚金	男	1998年3月至2003年3月
		副主任	符彩花	女	1998年3月至2003年3月
		副主任	黄坚昌	男	1998年3月至2003年3月
第十二届 2003年3月至2007年1月	县人大常委会	主　任	符永光	男	2003年3月至2007年1月
		副主任	王桂春	男	2003年3月至2007年1月
		副主任	董元培	男	2003年3月至2007年1月
		副主任	王文荣	男	2003年3月至2007年1月
		副主任	林世欣	男	2003年3月至2007年1月

续表 12-2-1

届次时间	机构名称	职位	姓名	性别	任期
第十三届 2007 年 1 月至 2012 年 1 月	县人大常委会	主　任	符永光	男	2007 年 1 月至 2011 年 1 月
		副主任	王文荣	男	2007 年 1 月至 2012 年 1 月
		副主任	林世欣	男	2007 年 1 月至 2012 年 1 月
		副主任	王志铮	男	2007 年 1 月至 2012 年 1 月
		副主任	符英兰	男	2007 年 1 月至 2012 年 1 月

白沙黎族自治县出席省代表大会名单一览表

表 12-2-2

代表大会名称	代表姓名	代表性别
海南省第一届人民代表大会	符桂谦	男
	王栋刚	男
	符炳信	男
	刘新贵	男
	陈旋芹	女
	陆元亮	男
	曾志云	女
海南省第二届人民代表大会	王学萍	女
	符鸿合	男
	陈　峰	男
	陈志荣	男
	唐卓高	男
	符炳信	男
	李永铭	男
	李学忠	男
	符元生	男
	林少玲	女
	黄琼玉	男
	王桂厅	男
	王小女	女
	潘家君	男

续表 12-2-2

代表大会名称	代表姓名	代表性别
海南省第三届人民代表大会	江泽林	男
	肖若海	男
	李执勇	男
	钱倚剑	男
	刘连琏	男
	彭晓新	男
	符炳信	男
	吉明江	男
	符月华	女
	王小女	女
	刘德荣	男
	林少玲	女
	王秀持	男
	肖外香	女
	梁浩昭	男
海南省第四届人民代表大会	肖若海	男
	王一新	男
	叶宝存	男
	周群杰	男
	周　凡	男
	严　正	男
	王应才	男
	符永光	男
	陈鸿亮	男
	郭应雄	男
	孙小旧	男
	符秀琼	男
	符国锋	男
	李小女	女
	李小玲	女

第三章 白沙黎族自治县人民政府

第一节 县政府组成部门

1988年4月，海南建省办经济特区。白沙黎族自治县按照国务院的决定，成立白沙黎族自治县，直接受海南省委、海南省政府领导。县政府工作机构分为政府系统、公交系统、财贸系统、农林水系统、科教文卫系统、计委系统、政法系统等七大系统。其中政府系统由政府办公室、外事侨务办、人事局、监察局、档案局、基本建设委员会、环境资源局、老区建设办公室、地方志编纂办公室等11个单位组成。

1995年，县委、县政府对县级党政机构实行全面改革，将业务重叠、接近或隶属的单位撤并组合。精简后的县政府工作部门共分为政府系统、公交系统、财贸系统、农林水系统、科教文卫系统、计委系统、民政系统等七大系统。其中，政府系统由5类单位组成，分别是政府办公室、政府办内设机构（包含行政复议办公室、信访室、外事侨务办公室、接待室、档案馆）、人事劳动局、建设与环境资源局、民族宗教事务局。

2001年，县政府工作部门共有18个，分别是办公室、发展计划局、经济贸易交通局、教育与科学技术局、民族宗教事务局、公安局、监察局、民政局、司法局、财政局、人事劳动保障局、建设与国土环境资源局、农业局、文化广电体育局、卫生局、审计局、统计局、计划生育局。其中，政府办公室内设信访局，挂外事侨务办公室、法制办公室牌子；发展计划局内设物价局，挂经济动员办公室牌子；经济贸易交通局挂交通战备办公室牌子；民族宗教事务局与县委统一战线工作部合署办公；监察局与纪律检查委员会合署办公；国有资产管理委员会办公室挂靠财政局；建设与国土环境资源局挂人民防空办公室牌子。合署办公室机构列入县政府工作机构序列，不计政府机构个数。

2003—2004年，将发展局更名为发展和改革局；撤销经济贸易交通局，设立商务局和交通局；计划生育局更名为人口与计划生育局；设立安全生产监督管理局，牌子挂在县人事劳动保障局；县教育与科学技术局改名为县教育局。

2009年，县发展和改革局更名为县发展和改革委员会，内设物价局，挂经济动员办公室牌子；设立县工业和信息化局，挂靠发展和改革委员会；县民族宗教事务局更名为县民族宗教事务委员会，与县委统一战线工作部合署办公，列入政府工作部门序列；县人事劳动保障局更名为县人力资源和社会保障局；县安全生产监督管理局改挂靠县人力资源和社会保障局；县建设局更名为县住房和城乡建设局：县交通局更名为县交通运输局；县人口和计划生育局更名为县人口和计划生育委员会；海南白沙食品药品监督管理局更名为白沙黎族自治县食品药品监督管理局（正科级），挂靠县卫生局。

第二节　重要会议制度

1993年7月30日，白沙黎族自治县人民政府下发《关于印发白沙黎族自治县人民政府会议制度等四项制度的通知》，文件对县政府全体会议、县政府常务会议、县长办公会议、主任办公会议、全县乡镇长会议、县政府工作会议等6项会议制度做了具体明确的规定。

2005年，白沙黎族自治县人民政府重新修订和制定白沙黎族自治县的重要会议制度，明确县政府全体会议、县政府常务会议、县长办公会议、县长碰头会议、县政府党组会议、县政府办主任办公会议、全县性工作会议等7项会议制度。

2008年7月21日，县政府常务会议讨论并通过《白沙黎族自治县人民政府工作细则》，并于会后向全县印发《白沙黎族自治县人民政府办公室关于印发白沙黎族自治县人民政府工作规则的通知》，文件规定县政府实行全体会议、常务会议和县长办公会议。

一、县政府全体会议

1999年3月10日上午，第十一次县政府全体会议在县政府召开，参加会议的有县政府领导和政府组成部门的主要负责人，会议主要讨论《政府工作报告》、春耕工作及其他事项。

2003年3月9日，县政府全体会议第一次会议在县政府召开，参加会议的有县政府领导和政府组成部门的主要负责人，唐卓高县长就《政府工作报告》的起草过程进行说明，参加会议人员就《政府工作报告》提出修改意见。

2004年5月8日，县政府县长在县政府主持召开县政府全体会议暨廉政工作会议，参加会议的有县政府领导和政府组成部门的主要负责人，会议总结回顾上一年政府工作，部署同年工作任务，并就加强政府廉政建设工作提出要求。县委书记彭晓新出席会议并做重要讲话。

二、县政府常务会议

2005年1月，县政府常务会议讨论与决定议题主要有乡镇卫生院上划县卫生行政部门管理、政府领导分工、审议县政府经济工作报告、农村教育十年（2004—2013）发展规划、储备粮管理办法等，通过《关于乡镇卫生院上划县卫生行政部门管理的请示》、《白沙县农村教育十年（2004—2013）发展规划》等。3月，讨论《白沙县抗旱工作应急预案》、《白沙县农村医疗救助实施办法》、研究设立县劳务输出服务中心、对农村已婚育龄妇女住院分娩发放补助、制定2005年度征收机关组织财政收入奖励办法以及有关经费拨付问题，通过《白沙黎族自治县农村医疗救助实施办法》、《白沙县抗旱工作应急预案》、《关于对农村已婚育龄妇女住院分娩发放补助的请示》及《关于要求拨款建设南湖花园小区安居工程设施的请示》等。4月，讨论《白沙黎族自治县重大灾害事故抢险救援预案》、审定表彰民族团结与农村致富标兵人选、研究预借财政资金给木棉糖厂偿还白沙工商银行到期债权以及有关经费拨付、研究推荐申报"全国小康建设明星乡镇（村）及模范带头人"、公开招聘中小学教师等问题，通过《关于白沙县重大灾害事故抢险救援预案的请示》、《关于帮助白沙地方国营木棉糖厂预借财政资金偿还银行到期债权的请示》、《关于要求解决南叉河改道用地拆迁、房屋拆迁及青苗补偿经费的请示》、《白沙黎族自治县人民政府会议制度》、《白沙黎族自治县行政首长问责暂行规定》和《加强行政效能建设提高工作效率的暂行规定》等。5月，研究县"十一五"规划编制、县国有粮食企业改革、乡镇财政所机构改革、白沙陶瓷厂企业关闭、讨论支持青松与荣邦等乡镇基层政权建设、县人大办工作用车购置以及有关经费的拨付等问题，通过《白沙黎族自治县"十一五"规划编制工作实施方案》《白沙黎族自治县国有粮食企业改革实施方案》《白沙陶瓷厂企业关闭工作方案》《关于我县乡镇政权建设资金安排的请示》等。6月，研究县政府党组先进性教育活动第三阶段整改方案、县2005年学习培训计划、讨论解决牙叉农场环城路建设搬迁安置以及有关经费拨付等问题，通过《关于解决农场环城路搬迁安置工程的请示》及《关于要求拨款解决七坊中等职业技术学校建设多媒体网络教室的请示》等。9月，研究2005—2006年度农田水利基本建设实施方案、讨论将什岸干渠配套工程款余额用于南伟干渠配套工程建设、聘用李畅华同志为我县驻广州劳务输出联络处主任、将县工商行政管理局离休干部医疗纳入县医疗统筹、聘用县广播电视台记者播音员以及教师补聘等问题，通过《关于将什岸干渠道配套工程款余额用于南伟干渠道配套工程建设的请示》《关于将离休干部医疗纳入县医疗统筹管理的请示》《关于增加编制录用新教师的请示》等。

2006年2月，县政府常务会议讨论的议题主要有审议《白沙黎族自治县"十一五"期间人口与计划生育工作目标管理责任制考核奖惩办法》、审定2005年人口与计划生育目标管理先进单位和农村各项工作先进单位、讨论林权证的发放等问题，通过《白沙黎族自治县“十一五”期间人口与计划生育工作目标管理责任制考核奖惩办法》《关于审定2005年度农村各项工作先进单位的请示》《关于表彰2005年度县护林保胶先进单位及先进个人的请示》《关于要求核发林权证的请示》等。4月，研究《白沙县妇女发展规划（2001—2010年）》《白沙县儿童发展规划（2001—2010年）》监测评估方案》《白沙县农机修造厂企业关闭实施方案》《白沙县开展治理商业贿赂专项工作实施方案》《白沙县2006年开发公益性岗位工作方案》,审议白沙县2006年学习培训计划和2006年为民办实事事项及责任分解托问题，通过《关于预借海南白翔水泥厂破产清算工作经费的请示》《白沙县农机修造厂企业关闭实施方案》《白沙县开展治理商业贿赂专项工作实施方案》《关于拨付农村罗非鱼精养示范基地创办资金的请示》《关于解决农业科技服务“110”建设经费的请示》《关于预借海南白翔水泥厂破产清算工作经费的请示》等。6月，审议白沙黎族自治县突发性地质灾害应急预案和白沙黎族自治县2006年地质灾害防治预案、讨论公开招聘县旅游局等10个单位工作人员、车辆购置及有关经费的拨付等问题，通过《关于白沙县突发性地质灾害应急预案和白沙县2006年地质灾害防治预案》《白沙黎族自治县公开招聘县旅游局等10个单位工作人员工作方案》等。8月，审议白沙县《2006年奖教奖学实施方案》、《科技工作报告》、《关于贯彻海南省科学技术大会精神的实施意见》、2003—2006年度科学技术先进单位和先进个人、讨论白沙县百岁老人“长寿保健补助金”发放标准、县农机修造厂资产处置及有关经费的拨付等问题，通过《2006年奖教奖学实施方案》《关于确定我县百岁老人“长寿保健补助金”发放标准的请示》《关于审定白沙县2003—2006年度科技工作先进单位和先进个人的请示》《关于县农机修造厂资产处置的请示》等。

2007年3月，县政府常务会议讨论的议题主要有讨论白沙县《规范机关公务员津贴补贴实施方案》会议认真听取县财政局关于制定白沙县规范机关公务员津贴补贴实施方案的情况汇报，审议2006年度人口与计划生育目标管理先进单位和农村工作先进单位，讨论将县印刷厂租赁给海南茂强竹木制品有限公司、将县陶瓷厂部分闲置厂房租赁给海南中环果业有限责任公司等问题，通过《规范机关公务员津贴补贴实施方案》《关于表彰2006年度人口与计划生育目标管理先进单位的请示》《关于将县印刷厂厂房租赁给海南茂强竹木制品有限公司的请示》《关于将县陶瓷厂部分闲置厂房租赁给海南中环果业有限责任公司的请示》等。

2008年7月，县政府常务会议讨论的议题主要有研究粮食企业、木棉糖厂、白翔水泥厂等企业的改革问题，讨论农村合作医疗管理实施办法、县政府工作规则、土地开发及出让等问题，通过《关于兴建县国有粮食企业资产处置中职工搬迁安置楼的请示》《关于免除木棉糖厂历年拖欠职工社保费滞纳金的请示》《关于依法核销海南白翔水泥厂拖欠部分社保费的请示》《白沙黎族自治县新型农村合作医疗管理实施办法》《关于要求出让南湖小区部分建设用地土地使用权的请示》等。8 月，讨论白沙县部分机关事业单位工勤人员和技术人员招聘方案、白沙县印刷厂厂区土地及产权转让、白翔水泥厂厂区土地转让、白沙县农村饮水工程“十一五”规划、2008—2009 年广场文化活动实施方案及有关经费的拨付等问题，通过《关于审批白沙县农村饮水工程“十一五”规划的请示》《关于要求确定 2005 年以工代赈林业示范种苗工程项目业主的请示》《关于依法转让县印刷厂厂房及土地给海南茂强竹制品有限公司的请示》《关于依法转让原白翔水泥厂国有划拨地给海南大荣水泥有限公司的请示》《关于原白沙糖厂土地开发事宜的意见》等。

2009 年 2 月，县政府常务会议讨论的议题主要有讨论市政道路改造、方亮新区供水主管道建设、征地补偿及土地平整等经费的拨付问题，通过《关于要求拨款改造县城四条市政道路的请示》《关于县生态文化公园建设项目征地事宜的请示》《关于临高村集体征地事宜的请示》《关于拨付邦溪秸秆热电厂项目部分征地补偿款及征地工作经费的请示》。4 月，全面学习传达海南省落实新增中央投资暨推进重点项目建设工作会议精神，听取白沙县 2008 年新增中央投资项目建设进展情况汇报，研究 2009 年新增中央投资项目资金配套和我县安委会成员调整，审议《白沙黎族自治县 2009 年跨 2010 年民营橡胶收购加工管理工作方案》等问题，通过《白沙县新型农村合作医疗管理办法调整补偿方案》与《白沙黎族自治县 2009 年跨 2010 年民营橡胶收购加工管理工作方案》等。7 月，审议政府机构改革方案，讨论县城污水处理项目工程概算增资问题，通过《白沙黎族自治县人民政府机构改革方案》《关于县城污水处理项目工程概算投资增加资金的意见》等。8 月，讨论白沙县《2009 年行政效能监察工作实施方案》《2009 年度就业再就业资金支出预算方案》《白沙中学高中教师招聘方案》《思源学校学科带头人招聘方案》重点龙头企业认定以及有关经费的拨付等问题，通过《2009 年开展行政效能监察工作实施方案》《关于发放我县商业总公司、供销及原乡镇企业管理局退休人员“阳光津贴”的请示》《2009 年度就业再就业资金支出预算方案》《关于认定我县农业产业化重点龙头企业的请示》《关于申报续建县民族文艺培训基地附属工程及篮球场的请示》《白沙县高中教师招聘工作实施方案》《白沙思源学校“学科带头人”招聘工作实施方案》等。11 月，讨论白沙县失业保障金标准调整、项目资金变更捆绑使用、五指山公司承包经营林木间伐抚育、项目建设用地，审议白沙县深化集体林权制度改革促进大林业发展意见、白沙县《第一期廉租住房分配方案》和《廉租住房入住管理办法》，通过《白沙县义务教育学校绩效工资实施方案》与《关于报批白沙黎族自治县城市总体规划调整的请示》等。12 月，讨论白沙邦溪运动休闲及旅游地产项目开发和《白沙县国有建设用地出让和土地开发建设的管理意见》等问题，通过《白沙县关于进一步加强国有建设用地出让和土地开发建设的管理意见》，同意将原白沙镇政府办公大楼及其他建筑物固定资产无偿划拨给海南省鹦哥岭省级自然保护区管理站。

2010 年 1 月，县政府常务会议讨论的议题主要有讨论南美岭世行林承包经营方变更、县乡镇企业热作产品供销公司部分拖欠社保费核销、牙叉镇卫生院建设用地、白沙县中小学校舍安全工程拆除重建维修年度计划、邦溪竹笋加工厂建设用地价格、城镇生活垃圾处理费征收及生态文化公园和白沙中学搬迁征地补偿经费拨付、讨论白沙邦溪农林产品加工与交易基地基础设施一期项目筹资方案、县城环城路市政工程（石油公司至牙叉三桥）项目筹资方案，以及讨论将国有储备地的使用权作为项目贷款抵押担保问题，会议讨论并一致同意将南美岭世行林承包经营方五指山亚热带林业综合开发有限公司变更为海南亚创林业股份有限公司，通过《白沙黎族自治县中小学校舍安全工程拆除重建及维修年度计划》《关于海南省白沙黎族自治县（邦溪）农林产品加工与交易基地基础设施（一期）项目筹资方案的请示》《关于海南省白沙黎族自治县环城路市政工程（石油公司至牙叉三桥段）项目筹资方案的请示》《关于要求将部分国有土地纳入县土地储备的请示》《关于同意将部分国有储备地的使用权作为项目贷款抵押担保的请示》等。3 月，讨论白沙县城镇限价商品住房管理暂行办法、城镇低收入家庭认定标准等问题，通过《白沙黎族自治县城镇限价商品住房管理暂行办法》与《关于城镇低收入家庭认定标准的请示》等。7 月，会议通报方亮新区 A 号建设用地土地出让金 2370 万元和南开乡浪九村至庄贺村公路项目配套资金 638 万元的拨付情况，并对县政府新综合办公大楼项目重新选址预算、协勤人员招聘、城市基础设施配套费征收标准调整等问题进行讨论，会议原则通过县政府办上报的政府新综合办公大楼项目造价初步预算，即 22043319.68 元，通过《招聘协警人员工作方案》《关于调整城市基础设施配套费征收标准的请示》《关于印发实施白沙黎族自治县生育保险实施办法的请示》《关于 2010 年秋季中小学布局调整的请示》等。10 月，讨论小城镇建设资金分配方案，审议《县城控制性详细规划》《白沙县南叉河滨水地段规划设计》《白沙县（邦溪）农林产品加工与贸易基地控制性详细规划》《白沙县邦溪风情小镇总体规划》《白沙县邦溪风情小镇控制性详细规划》等问题，通过《关于小城镇建设资金分配方案的请示》《白沙县卫生局办公楼拆迁和重建实施方案》《县城控制性详细规划》《白沙县南叉河滨水地段规划设计》《白沙县（邦溪）农林产品加工与贸易基地控制性详细规划》《白沙县邦溪风情小镇总体规划》《白沙县邦溪风情小镇控制性详细规划》等。

三、县长办公会议

2002年8月，县长办公会议就县政府近期工作、项目资金安排等有关问题进行研究。

2005年，县长办公会议讨论与通过的主要议题：会议就如何贯彻落实县人大十二届三次会议通过的政府工作报告内容的有关问题进行讨论研究，研究县春种甘蔗生产的有关问题，会议听取农业部门关于当前甘蔗种植面积、备地、种苗落实等生产情况，以及合水与木棉两家糖厂对今春甘蔗生产的意见及建议；研究处理县生产资料公司库存农药泄漏的有关事宜，会议听取生产资料公司有关库存农药泄漏的情况汇报，征求农业、建环、公路等与会单位领导对此事处理的意见及建议；研究原细水乡林场与牙叉镇志针村土地权属纠纷有关事宜，会议听取县联合调查组《关于细水乡原细水林场与牙叉镇志针村土地权属纠纷的调查报告》；研究省下拨100万元救灾专款的安排使用与解决细水乡福门村委会与原细水乡林场土地纠纷问题。

2006年，县长办公会议讨论与通过的主要议题：预借县财政资金偿还2005年甘蔗种苗款的问题，研究解决牙叉镇卫生院附近居民区排水系统建设资金的有关问题、县政府副县长唐春秋在县粮食局仓库现场主持召开县长办公会议，研究县粮食局仓库消防安全通道建设的有关事宜、研究民营橡胶“三统一”及护林保胶工作与县城交通秩序整治的有关事宜，研究七坊至珠碧江公路改建工程的有关问题与县城环城路建设用地的有关问题，研究木棉糖厂职工集体上访的有关事宜，研究白洋公路K12路段改建的有关问题、研究解决县民族中学教学大楼拖欠工程款问题并决定当年秋季将牙叉镇南叉中学与民族中学进行合并、对白翔与白沙二家水泥厂职工反映的有关问题予以研究，对农机修造厂关闭的有关问题予以研究，对县国资办呈送的《关于从县陶瓷厂资产处置资金中支付该厂已退休和接近退休职工所欠社保金的请示》有关问题予以研究，研究白沙地税局关于机动车辆税收管理工作方案的问题，讨论研究实施养免项目的有关工作。

2007年，县长办公会议讨论与通过的主要议题：研究甘蔗种植生产的有关问题，研究水库移民后期扶贫工作的有关问题，研究乡镇卫生院退休人员退休金的发放问题，研究2007年民营橡胶收购加工管理工作方案，研究橡胶木材加工厂的创办问题，讨论粮食企业改革有关问题，研究有关征收县城环城路周边土地的补偿安置等问题，研究防范打击偷盗铁路和电力电讯设施犯罪行为有关事宜，讨论白沙县国有粮食企业改革职工安置问题，研究县城环城路两旁牙叉农场国有土地收回问题，研究邦溪林场土地收回问题，对县 2007—2008 年榨季甘蔗砍运榨工作的有关问题予以研究。

2008 年，县长办公会议讨论与通过的主要议题：讨论方亮新区土地平整及排水沟修建工程规划设计等前期工作费用的拨付问题，研究南开乡高峰村委会民房改造资金的拨付问题，讨论并原则通过县民宗局呈报的《关于要求划拨南开乡高峰村委会民房改造资金的请示》，研究方亮新区拆除拆迁补偿安置工作，研究白沙县 2008—2009 年榨季糖蔗收购定价问题，研究新建县政府办公楼建设项目用地问题、研究部署中央新增投资计划工作，研究盘活阜龙乡中心小学闲置土地的有关问题、研究白沙县 2008—2009 年度向国家开发银行申请贷款的建设项目，划拨土地安置南叉河北岸河堤路和白沙中学搬迁等建设项目拆迁户，出让方亮新区和南叉河南岸部分国有建设用地使用权等问题，研究“福彩快 2”发行的有关问题，研究县社保部门关于启动国家公务员医疗补助实施办法，调整社会补充医疗保险最高支付限额及起付标准等问题，研究调整公益性岗位工作人员工资补贴等问题。

2009 年，县长办公会议讨论与通过的主要议题：研究县文化生态公园项目前期准备工作经费拨付问题，会议同意从文化生态公园项目资金中预借 30 万元用于开展县文化生态公园项目建设的规划设计、立项报告、制作可研报告、评估报告、环保报告、地质灾害报告和设计方案等前期准备工作；研究金波乡和原国营金波农场人工湿地项目建设问题，研究县城污水处理设施工程进度推进及项目进度资金拨付问题，研究以工代赈项目工程咨询审核费拨付问题，研究县生活污水处理项目建设存在问题整改事宜，研究原县乡镇企业局职工安置及偿还债务所需资金的拨付问题，专题研究白沙县生态文化公园前期项目工作经费，会议同意由县财政从生态文化公园预算资金中拨付 75 万元，作为环境评估报告、地质灾害评估报告、可研报告、可研报告评估、工程项目设计、预算编制、预算审核、图纸评审、初步设计和概算结算审核、工程招标、建设单位管理费等前期项目建设经费；讨论建设县公安局“110”指挥中心综合楼及民警合作建房问题、研究农村宅基地确权登记发证工作经费的拨付问题、研究民族特色墙砖订购问题；为修复受强热带风暴“天鹅”影响的珠碧江南北渠水毁工程，会议同意从县财政拨付 70 万元用于修复珠碧江南北渠水毁工程；研究珠碧江、木棉、南伟、坡生等四个水库管理所在编人员定补工资问题，讨论 2009 年“冬交会”、邦溪林场部分种植户征地补偿、南美岭世行林区原有基础设施建设和护林管理补偿、公务员小区配套工程设计等经费的拨付问题，研究牙叉供水厂项目征地补偿问题、研究南美岭世行林承包经营方变更事宜，会议同意在不改变原与五指山亚热带林业综合开发有限公司签订的承包合同和补充协议所约定条款的前提下，同意将五指山亚热带林业综合开发有限公司所承包我县南美岭世行林经营方变更为海南亚创林业股份有限公司；讨论县人民医院综合大楼建设项目招标代理公司问题，会议同意委托海南亚联工程招标代理有限公司负责县人民医院综合大楼建设项目招标工作；研究将县城建监察大队纳入县财政全额管理单位问题，研究公务员小区土地挂牌出让问题，研究县检察院办案用房和专业技术用房拖欠工程款拨付问题，研究县食品药品监督管理局纳入县财政预算管理单位问题，研究县城乡建设投资有限公司预拨注册资本金问题。

2010年，县长办公会议讨论与通过的主要议题：研究县城市政道路改造工作，讨论牙叉市场道路建设经费的拨付问题；为加快县城市场基础设施建设，改善投资环境，提升城镇服务功能，会议同意由县财政从2009年县城道路建设资金中拨付48.5万元，用于牙叉市场道路建设，包括硬化、绿化和路灯安装等建设项目；讨论白沙县高中教师绩效工资的发放问题，会议同意参照义务教育学校绩效工资发放办法，发放高中教师绩效工资；讨论邦溪农林产品加工与交易基地控制性详细规划编制经费的拨付问题，讨论元门乡向民小学建设工程款支付问题，讨论白沙县2010年农村公路通畅工程项目配套资金的拨付问题，讨论接待茶叶统一安排问题，研究佳兴商城建设问题，讨论白沙县政风行风热线栏目设备购置经费和公益性公墓建设征地青苗赔偿经费的拨付问题，研究白沙中学整体搬迁拆迁户和环城路建设拆迁户安置工作有关问题，研究处理南湖小区部分土地收回遗留问题，讨论县饮食公司危旧房（原白沙旅社）改造、饮食公司职工安置楼建设、七坊供销社危险旧房改造、县法院干部职工宿舍楼选址等问题，研究蔗渣人造板项目建设问题，研究邦溪镇芭蕉水库、南班水库及其周边地区开发问题，研究白沙县参加第六届泛珠大会会议经费拨付问题，讨论解除与海南世纪祥光投资有限公司秸秆热电厂项目合作事宜，研究牙打线35千伏高压线路南湖小区段线路改造问题，研究白沙县保障性住房建设问题，研究邦溪客运站建设用地征地补偿款拨付问题，会议一致同意拨付216070元，给县国土环境资源局作为邦溪客运站建设用地征地补偿款。

第三节　施政纪要及成果

一、建立少数民族区域经济发展新体制

改革开放以来，特别是白沙成立自治县以来，全县人民凭借大特区的政策优势和民

族区域自治优势，致力于摆脱旧体制的约束，从当地实际出发，遵照中央提出的“以市场调节为主”的新体制精神，大胆地进行体制改革的尝试；建立“小政府、大社会”新体制，增强少数民族地区政府运用经济和法律手段宏观调控经济的能力；进行市场体制改革，建立一些民族山区生产、生活资源市场；深化企业体制改革，实行政企分开，取消政府主管部门对经理（厂长）的行政委任制，推行公开聘任制；实行养老、工伤、待业等保险条例，实行国家、企业、个人三者合理分担，扩大保险的社会化程度；颁布《白沙黎族自治县自治条例》，建立起依法行政、依法治县的县体制，通过一系列体制的改革，初步构建起切合民族地区和山区实际的社会主义市场经济框架。

加强农业基础地位，振兴白沙农村经济。白沙黎族自治县是一个农业县，粮食是白沙黎族自治县农业生产的基础，是种植业中面积大、分布广的作物，是全县农村经济收入的主要来源之一。白沙黎族自治县充分利用本地资源，紧紧围绕“山”字，做好发展热带高效农业的文章，全面实施“山内办基地、山外办工厂、田里求温饱、坡上奔小康”的开发战略，积极推行短期作物，以甘蔗、木薯为龙头，中期作物以水果为主轴，长期作物以橡胶和速生经济丰产林为后劲的“二一二”热带高效农业的开发方针，从根本上打破了自给自足传统农业的生产结构，构筑代表海南中部地区、具有白沙特色的农村经济多元化产业新格局，促进白沙黎族自治县农村经济增长方式的转变。

二、实施白沙黎族自治县第三次全国文物普查

为了适应新形势文物工作的需要，充实文物的内涵，完整规范文物档案管理，白沙黎族自治县制定《白沙黎族自治县第三次全国文物普查实施方案》，部署全县文物普查工作。

2008 年 9 月 4 日，县政府专门成立白沙县第三次全国文物普查工作领导小组，组长由县委常委、宣传部部长符秀蓉担任，副组长由县政府办主任、县文体局局长担任，成员由宣传部、发改局、财政局、教育局、公安局、民宗局、交通局、建设局、国土局、林业局、统计局、商务局、文体局等有关部局副职组成。主要负责第三次全国文物普查的组织协调工作，领导小组下设办公室。

根据《白沙黎族自治县第三次文物普查的实施方案》，第三次全国文物普查从 2007 年 4 月开始到 2011 年 12 月结束，海南省从 2008 年 4 月开始开展普查，白沙县文物普查从 2008 年 10 月正式展开。

普查的实施步骤分为三个阶段，第一阶段（2007 年 4 月至 2008 年 4 月），主要任务是制定普查实施方案，组织培训和试点，组建普查队伍，对普查队伍进行相关的法律、法规及普查规范标准和文物普查知识进行业务培训。第二阶段（2008 年 5 月至 2009 年

12 月），主要任务是以乡镇区域为基本单元，实地展开文物调查和信息数据整理登记工作。第三阶段（2010 年 1 月至 2011 年 12 月），主要任务是进行调查资料后整理、汇总、数据库建设和公布普查成果。

2008 年 8 月，白沙县从文体局、县文化馆、县博物馆抽调 8 名主要业务骨干，建立普查队伍，以各乡镇、农场文化站为中心，各村居委会，场队队长共计 15 人作为普查工作点的联络员，全县形成县、乡镇、村委会的三级文物普查网络。同年 9 月 11 日上午，在县委办公大楼会议室召开白沙县第三次全国文物普查动员会暨培训班。对全县各乡镇分管文化工作的领导和各乡镇文化站站长及业务骨干进行培训。同年 10 月，白沙县正式启动第三次全国文物普查试点工作。试点单位选取阜龙乡工作站。

2008 年 10 月至 2009 年 12 月，白沙县开展文物普查的实地调查。为了达到发现一处，普查一处，记录一处，确保不漏的工作要求，县普查队采取“以乡镇到自然村”进行普查的办法，“以点带面，重点走访，全面拉网”的工作方式，对全县 11 个乡镇、74 个村委会、433 个自然村（队）进行全面的调查。基本摸清普查区域内文物保护单位的数量和文物所处的历史地理、自然、人文环境和保护现状，覆盖率达到 100%。

2009 年 12 月至 2010 年 4 月，白沙县进入基本单元文物验收阶段。在数据审核过程中，普查队对各类文物登记表的文字表述情况，核对 GPS 的数据与登记表的数据是否一致。期间，省文物专家郝思德到白沙县进行 35 天的业务指导。专家对白沙县登记的不可移动文物登记表中的年代、类别、数据进行审核，纠正错误的描述，并对全县的文物点做了部分的删除和合并。白沙县实地调查所登记文物点有 112 处。经普查队的讨论和专家指导，删除实地登记的文物点 6 处。

2010 年 4 月 28 日，海南省三普办对白沙县的三普实地调查阶段工作进行整体验收，检查组查阅白沙县三普各种文档和电子资料，抽查印妹遗址、新村遗址、可任遗址 3 个文物点，进行现场复核，各项数据准确无误。

白沙县第三次全国文物普查共登记文物单位 106 处，其中新发现文物 28 处，复查文物 78 处，消失文物 8 处，图片 106 张，相片 358 张，标本表格 6 张。

从类别统计来看，古遗址 64 处，古墓葬 3 处，古建筑 2 处，近现代重要史迹及代表性建筑 2 处，其他 2 处。从文物保存的状况来看，保存较好的 12 处，一般的 87 处，差的 3 处，较差的 4 处。从年代统计来看，新石器时代 80 处，唐代 1 处，清代 3 处，中华民国 14 处，中华人民共和国 7 处。从所有权统计来看，所有权属于国家的 95 处，集体的 11 处。

据第三次全国文物普查的成果来看，白沙县新石器时代遗址占登录不可移动文物总量的75%，大部分遗址分布在南渡江、珠碧江等河流的台地上及近旁的丘陵山地上。一般遗址分布的面积不是很大，仅采集到部分石器文物，较少见到陶器。文物普查中发现少量分布面积很大的新石器时代遗址，其中，青松乡打麦遗址就是一处很重要的古代文化遗存。当地村民在遗址上曾经采集到上百件石器，普查队在实地调查中征集到十几件，石器的加工方法以磨制为主，另有少量打制的。石器的器形主要有梯形石斧、有肩石斧、梯形石锛、有肩石锛、小石锛、石凿、砺石等，都是当时的生产工具。另有部分石器半成品和石料。

三、立足地区优势调整产业结构

2003年，白沙黎族自治县坚持发展为第一要务，以发展为主题，以调整产业为主线，以增加人民收入为目的，以科技创新和改革开放为动力，加快经济结构调整，立足优势，靠山、养山、治山、富山，培育特色经济，大力推进新型工业化，加快发展现代服务业。取消农业税、农业特产税，捆绑使用扶贫资金1.15亿元，集中建设教育、卫生、道路等，以改善贫困地区群众的生产生活水平。至2006年底，全县通车公路293.59公里，全县农业总产值4.06亿元，全县工业总产值1.64亿元。2007年，白沙黎族自治县确定全力推进“一产立县、二产强县、三产活县、生态兴县”的发展战略，紧紧围绕“做强老三样（橡胶、甘蔗、木薯），做大新三样（竹、藤、南药），做新小城镇，发展加工业、推进养殖业、突破旅游业”的产业发展方针，做强县城经济，加快社会事业发展，努力建设富裕、文明、生态、和谐的新白沙。至2010年，全县生产总值14.8亿元，比上年增长10.3%；全县工业生产总值4.46亿元，比2005年增长71%；农业总产值8.9亿元，比2005年增长71%，年均递增11.3%；三个产业比重由2005年的56.4∶12.8∶30.8变为53.5∶16.7∶29.8。同时，生态资源型加工业加快发展，完成邦溪农林产品加工及交易基地规划编制工作，启动基地水、电、路等基础设施建设，酒精厂、环保砖厂、松脂加工厂、竹笋加工厂等一批生态工业项目投产、启动建设，淀粉加工厂、糖厂等企业提质增效，工业经济效益明显提升；抓住海南建设国际旅游岛的重大机遇，以“高端养生”为目标，加快发展特色旅游业，编制完成《白沙旅游发展总体规划》，罗帅乡村休闲旅游项目动工建设，乡村旅游开发取得突破，服务业发展加快，以特色农业、资源型加工业和生态旅游业为支撑的特色产业发展体系初步形成，白沙经济进入稳定较快发展的新时期。

四、推进环境综合整治

2010年，为深入贯彻落实国务院《关于推进海南国际旅游岛建设发展到的若干意见》

和省委、省政府《贯彻实施〈国务院关于推进海南国际旅游岛建设发展的若干意见〉的决定》，确保国际旅游岛建设开好局、起好步，省委、省政府特与市（县）党委、政府签订海南国际旅游岛建设责任书。中共白沙黎族自治县委书记 严正、白沙黎族自治县人民政府县长王应才代表白沙黎族自治县在责任书上签字。2010 年，经县委、县政府同意，将《白沙黎族自治县推进海南国际旅游岛建设环境综合整治工作方案》印发，要求各乡镇党委、人民政府，县委各部门，县级国家机关各部门，省属各单位，各国有农场、人民团体、企事业单位认真组织实施。该方案对环境综合整治工作进行具体部署，并成立环境综合整治工作领导小组，下设办公室。

第四节　县政府办公室事务

一、政府内设机构

2000 年，白沙黎族自治县人民政府办公室内设秘书组、综合组、县信访局、县外事侨务办公室、县法制办公室、行政组和保密室。2009 年，政府办公室内设机构有县信访局（副科级）、督察室（副科级）、应急管理办公室、总值班室、综合组、秘书组和保卫室等 7 个职能机构。县人民政府办公室挂人民政府外事侨务办公室和县人民政府法制办公室两块牌子。县人民政府办公室行政编制 25 名（含县政府领导编制），其中县政府办公室主任 1 名，副主任 1 名；县信访局局长 1 名，副局长 2 名；县督查室主任 1 名，副主任 1 名。机关工勤人员财政预算事业编制 3 名。

白沙黎族自治县人民政府办公室负责县政府会议的准备工作，协调县政府领导组织实施会议决定事项；协助县政府领导组织起草或审批以县政府、县政府办公室名义发布的公文；研究各乡（镇）人民政府和县政府各部门请示县政府的事项，提出审批意见，报县政府领导批准；督促检查各乡镇人民政府和县政府各部门对县政府决定事项及县政府领导指示的贯彻落实情况，及时向县领导报告；负责县政府值班工作，及时报告重要情况，传达和督促落实县政府领导指示，协助处理各乡（镇）人民政府和县政府各部门向县政府反映的重要问题；负责协调、指导全县应急管理工作，协助县政府领导组织处理需要由县政府处理的突发事件的应急处置工作；负责省人大、省政协和县人大、县政协交办县政府的有关议案、提案的办理工作；负责县政府新闻事务工作，负责全县政务信息的采编、分析、上报；管理县政府部门网站；负责全县政务公开日常工作，负责指导、监督全县政府信息公开工作；负责县政府和县政府办公室电子政务系统的建设运行和电子政务工作；协助县长办理法制工作事项；负责县委、县政府信访工作，办理县委、县政府领导交办的有关信访事项；负责对所属单位贯彻落实执行党和国家法律、法规、规章、方针政策的情况进行检查监督；办理上级部门和县政府领导交办的其他事项。

2008年，县政府办完成《2008年政府工作报告》的起草工作，完成全县性会议的报告和县政府领导在各种场合的讲话稿等大型材料50多篇，各类汇报、总结、方案材料80多篇；草拟、转发政府办公室文件112件，办函件30件，县政府文件42件，府函件183件，县政府任免文件5件，党组文件7件，县政府常务会议、县长办公会议纪要及办公室主任会议纪要23期，实现无差错率达100%。同时，强化保密措施，杜绝泄密事件的发生。

同年，县政府办共编发《白沙信息》17期，被省政府《政府要情》《海南信息》采用多条。举办会议300多场次。接待群众来信来访170件次，来访517人次，没有发生进京非正常集体上访，维护社会的和谐稳定。全年共接待归侨侨眷来访18人次，办理出国出境（同意函）9人次，办理赴香港考察2批6人，完成1户归侨安居工程改造。共办理人大议案（建议）125件，政协委员提案10件。收到行政复议申请2件，其中，1件不属于行政复议范围，未予受理；维持1件。行政诉讼上诉案件4件，其中胜诉1件，败诉1件，2件尚未审结。

二、法制工作

1995年，行政复议办公室牌子挂靠县政府办公室。2001年，法制办公室牌子挂靠县政府办公室。

县人民政府法制办公室负责推进全县依法行政工作规划、年度计划和专项工作安排；负责县政府规章报告工作；负责县政府、县政府办规范性文件审核和县政府各部门、乡镇政府规范性文件备案审查工作；负责县政府规章和规范性文件的清理工作；负责法制宣传培训工作；负责政府法制信息网络的建设和管理；编辑出版白沙地方性法规、政府规章汇编；负责法制办内部事务；负责政府部门报送县政府审议的地方性法规、规章草案的审查工作；组织起草重要的地方性法规、规章草案；承办法规、规章立法听证、立法成本效益分析和立法后评估工作；负责行政执法协调工作，指导行政执法责任制的建立和实行，研究行政处罚、行政许可、行政收费、行政执行等涉及政府行为及行政执法中带有普遍性的问题，向县政府提出完善制度和解决问题的意见；审核以政府名义作出的行政处罚决定；负责全县有关行政执法人员培训。

2003年8月底，在省法制办的支持下，县政府法制办举办1期行政执法人员培训班，对来自全县各执法单位的执法人员及各乡镇政府乡镇长共 210 人进行为期 3 天的培训，主要学习行政诉讼法、行政处罚法、行政复议法、国家赔偿法。通过培训和考试考核，210 名学员均取得由省法制办统一核发的行政执法证。此外，县人民政府法制办还会同县普法依法治理办公室，先后为全县副科级以上领导干部举办 4 期专题法制讲座，参加人数 600 多人次。

2003 年底，县政府法制办召开全县贯彻实施行政许可法工作会议，传达贯彻全省会议精神，制定全县贯彻实施行政许可法治和“双清”工作方案，统一部署白沙黎族自治县贯彻执行实施行政许可法的有关工作。县政府法制办邀请省法制办立法专家为县政府组成人员、县府直属单位副科级以上干部和各乡镇政府乡镇长举办贯彻实施行政许可法专题讲座，帮助广大干部特别是领导干部准确理解、正确把握、深刻领会这部法律的精神实质，进一步统一思想，为贯彻实施行政许可法，开展“双清”工作做好思想上的准备。12 月上旬，县政府法制办举办 1 期贯彻实施行政许可法暨“双清”工作培训班，对县府直属各单位和各乡镇政府的办公室负责人进行培训，使其掌握“双清”的具体操作方法。此外，县政府法制办还以“12·4”全国法制宣传日为契机，会同县普法依法治理办公室，采取各种生动有效的形式，向广大人民群众广泛深入地宣传行政许可法，使人民群众了解、熟悉这部法律，为贯彻实施行政许可法营造良好的舆论氛围。

2003 年全年，县政府法制办共收到行政复议申请 12 件，其中有 5 件或因不属于行政复议法规定的受理范围，或因已超过法定期限，决定不予受理。在受理的 7 件行政复议案件中，属于行政确权 6 件，属于其他类型的 1 件。7 件行政复议案件均已审结，其中决定维持的 4 件，占 57.1%；决定撤销的 2 件，占 28.6%；1 件因作为行政复议被申请人的行政机关自行变更了其已作出的具体行政行为，决定终止审理，占 14.3%。

三、外事侨务工作

1983—1993 年，外事侨务办公室为县政府办公室内设机构。1990 年，经县编委同意，设立白沙黎族自治县侨务办公室和外事办公室。两个牌子、一套人员，二级局建制，人员编制 2 人。1992 年，挂牌成立，属县政府职能部门。1993—2009 年，设县外事侨务办公室，属正科级单位，编制人员 2 名，其中主任 1 名，科员 1 名。2010 年，县外事侨务办公室属县政府办公室，挂县政府外事侨务办公室牌子，人员编制属县政府办公室编制，主任由政府办公室主任兼任，专职工作人员 1 名。

出国管理 1994 年 7 月，县外贸局付建群等 3 人组成赴俄罗斯业务考察团赴俄罗斯考察并进行合作谈判。2001 年，县政府副县长何玉华赴泰国参加第七届世界海南乡团友谊大会。

2002 年 7 月，县政府副县长麦辉随省组织部等部门组织的林业管理人员赴瑞典培训学习。同年 9 月，县政府副县长李文安随省经济贸易厅赴美国、加拿大、巴西、智利等国家参观访问和考察研讨活动。

2004 年 2 月，全省外事侨务主任会议在白沙黎族自治县召开，与会人员有各市县、省农垦总局、洋浦管理局、海南师范学院、华南热带农业大学、琼州大学外事侨务主任和华侨农场、省外事侨务办各处（局）负责人。会议总结全省 2003 年外事侨务工作，部署和安排 2004 年工作，交流外事侨务工作调研成果。同年 4 月，县纪委书记卢德光赴新加坡考察学习。同年 5 月，县委书记彭晓新随省地方税务局与农业局组织赴澳大利亚参加考察；县政府副县长唐春秋赴澳大利亚考察培训。

2005 年 7 月，县人大常委会副主任王桂春随省人大常委会组织赴意大利、圣马力诺的考察团参加考察。同年 11 月，县委常委符海斌参加出访省政法委组织的赴欧洲 9 个国家的考察。

1998—2005 年，外事侨务办共受理审核因公出国（境）59 批 61 人次；拒办理 3 批 6 人员。

2006 年 6 月，县政府县长随省发展与改革厅赴美国参加“循环经济与可持续发展战略”高级研讨培训班的考察学习。同年 8 月，县政府副县长唐春秋赴巴西、阿根廷进行环境保护与生态建设考察。同年 11 月，县委副书记陈纯英为团长的白沙黎族自治县商业代表团赴泰国考察学习。

2007 年 6 月，县委书记王炽权赴德国、法国考察学习。同年 7 月，县政府副县长张志群赴文莱参加第 10 届世界海南乡团联谊会，并访问马来西亚、新加坡等；县政府副县长陈鸿亮赴美国参加“区域（县城）经济发展研讨班”。同年 8 月，县委书记王小飞赴芬兰参加培训；县委宣传部部长符秀容赴美国、加拿大考察学习。同年 10 月，县政府副县长林恩荣赴澳大利亚考察。同年 11 月，县委副书记符海斌为团长的商业代表团赴新加坡、马来西亚、泰国三国考察。

2008 年 3 月，县政府副县长王桂厅赴美国、加拿大进行商务考察。2009 年 10 月，白沙黎族自治县外事侨务办公室接待德国驻广州总领事馆一行 3 人的考察，并检查 2008 年白沙黎族自治县获德国小额援助项目。2010 年 5 月，县政府副县长林恩荣赴瑞士考察学习。同年 10 月，县政协副主席符彩花赴马来西亚参加世界海南乡团联谊会第十一届三次会议。

至2010年，白沙黎族自治县外事侨务办公室把申报“利民工程”项目作为加强贫困地区部分基础设施建设，白沙黎族自治县共获得外国4个利民项目，项目投资约189.3万元人民币。其中1998年2月9日，争取到日本“利民工程”项目资金61.9万元援助建设南开桥，南开桥顺利通车后，受益自然村28个，受益人口4719人，为改善贫困地区生产、生活条件、发展农村经济做出了新贡献。2001年，争取到日本“利民工程”项目资金37.2万元，用于青松乡青松小学教学楼的建设，解决250名学生的教室和8位教师住房等生活条件。2005年，争取到日本“利民工程”项目资金29.2万元，给县人民医院购买X光机的医疗设备。2008年，争取到日本“利民工程”项目资金61万元，给元门乡卫生院购买救护车。

侨务工作 1998—2005年，共受理归侨、侨眷来信来访154人次，受理率达100%，处理结案率达80%以上。2009年，外事侨务办共接待归侨侨眷、难侨来访12人次，对于归侨提出的问题按照相关规定得到解决，办理归侨退休职工生活补贴审批7人，办理回国归侨职工生活困难情况表等8件送省外侨办。

据2008年归侨、侨眷的侨情调查，全县有归侨侨眷2040人，有66名为中国共产党党员，科级干部以上有12人。地方归侨大多为汉族同胞，在20世纪50—60年代从新加坡、泰国等国家到白沙县参加建设，主要在各机关单位、工厂、学校等工作，为发展白沙经济建设做了不少的贡献，2010年多数归侨已退休还乡。农场归侨分别在9个国家农场，主要经济收入有橡胶、木薯、甘蔗、杧果等农作物。越南难侨在1978—1979年间到白沙县的卫星农场17队，龙江农场的38队、39队两个队，金波农场的2队等。归难侨们在党和政府的关怀下，他们的生活过得稳定，富有健康和安居乐业。

2010年，外事侨务办公室共接待归侨侨眷、难侨来访12人次，对于归侨提出的问题按照相关规定得到解决，办理归侨退休职工生活补贴审批14人，办理报考高等学校的“三侨”考生登记卡3人报省外办。向省外侨办申报2个归侨安居工程改造项目。为支持白沙县“侨爱工程”建设，新加坡海南商会捐赠给海南省5万元用于帮助海南省初中升高中的20名困难家庭学生，每生2500元，其中白沙县白沙中学高一学生梁关旺获得捐助。

四、信访工作

1984年，县政府机关进行机构改革，县信访办公室划归政府序列，属政府办公室的内设机构，设主任1名，副主任2名，工作人员2人。1991年4月，白沙黎族自治县信访工作领导小组成员进行调整。2001年，县信访办公室改名为县信访局，行政编制5人，设局长1人，工作人员4人。2004年，县信访局设局长1人，副局长1人，工作人员3人。

1988—2010年，白沙黎族自治县信访局共接待人民群众来信来访4942件（人）次，其中来信1014件，来访3928人次。

1988—2010年白沙黎族自治县接待群众来信来访统计表

表12-3-1

年度	来信数（件）	来访人数（次）
1988年	42	34
1989年	38	59
1990年	32	62
1991年	45	49
1992年	49	64
1993年	34	43
1994年	26	71
1995年	34	56
1996年	43	48
1997年	39	57
1998年	66	63
1999年	67	190
2000年	81	187
2001年	80	381
2002年	49	192
2003年	20	86
2004年	14	324
2005年	33	231
2006年	19	423
2007年	76	91
2008年	71	292
2009年	25	743
2010年	31	182

县四套班子领导实行接待日制度，协调相关部门解决群众来信来访反应的焦点、难点问题。1994 年 3 月，确定县四套班子领导成员接访日为每周的星期三。2002 年确定领导接访日为每周三上午，地点设在信访局办公室。1988—2010 年，县四套班子领导成员共开展领导接访日 372 天次，接访群众反映民生问题、社会治安问题、文化卫生问题等 584 件，现场解决 132 件次，协调有关部门统筹解决 208 件次，指示定期解决 201 件次。

第五节　政务服务

2009 年 10 月 19 日，根据《白沙黎族自治县人民政府政务服务中心建设运行管理监督实施方案》的通知，各单位窗口所选派的都是“素质高、能力强、业务精、服务优、熟练电脑操作”的工作人员。同时，定期不定期地对工作人员进行培训，每周五工作人员进行规章制度、行为规范以及电脑业务操作等方面的学习培训。先后聘请安徽胜利公司技术人员到中心就政务服务业务、政务服务系统软件操作进行系统培训。

2009 年 10 月 22 日，经白沙黎族自治县机构编委会同意，正式设立白沙黎族自治县人民政府政务服务中心，县政务服务中心属正科级单位，隶属人民政府，受其委托依法从事政府政务服务工作。内设办公室、招投标管理服务岗和协调管理岗 3 个股级机构，编制 11 人，其中主任 1 名（兼任），常务副主任 1 名（兼任），专职副主任 1 名，其他管理人员 6 名，工勤人员 1 名。截至 2010 年，进驻中心的窗口单位有 9 个，其中包括住房与城乡建设局、国土环境资源局、住房保障与房产管理局、工商行政管理局、食品药品监督管理局、农业局、卫生局、发展和改革委员会、公安消防大队，各进驻中心的单位为服务窗口配备 1～2 名专门工作人员负责窗口工作，共计 13 名。同时，县纪委监察局在政务服务中心派驻效能监察室，负责监督政务服务中心各窗口单位的工作作风和纪律问题。

2009 年 12 月 21 日，县政务中心制定并出台《县政务中心行政审批专用章管理办法》《县政务中心行政审批事项办理程序及管理办法》《县政务中心服务项目管理办法》《县政务服务中心考勤管理暂行办法》等工作制度，明确窗口工作人员职责，规范窗口的办事程序及工作人员行为。

2009 年 12 月，先后进行大型的项目清理 2 次，将编订成册的《白沙黎族自治县行政许可审批事项办事指南》下发到各窗口，各窗口单位将审批项目的名称、法律依据、办事程序、申报材料、承诺时限、收费项目、收费标准和收费依据上墙公开。同时，县政务中心建立行政审批电子监察系统和党务政务公开栏以及 LED，将每月的行政审批受理办理情况以及社会承诺制度（即首问责任制度、一次性告知制度、限时办结制度）予以公开，极大地推进了工作的规范化、程序化、制度化。

2010 年 3 月 3 日，县政务中心实行接办件情况日报、月报制，及时通过《政务服务动态》及政务服务中心公众网反映窗口工作人员精神面貌、工作作风、服务态度、服务质量、公众评价等工作情况。同时，实行指纹考勤，规范上下班行为。县政务中心成立之初就通过指纹考勤机，对服务大厅 9 个窗口单位的工作人员和中心工作人员实行指纹考勤。

截至 2010 年，县政务服务中心集中受理和办理许可审批项目 155 项，包括省下放的行政审批事项 3 项，其中住房和城乡建设局 14 项；国土环境资源局 36 项；住房保障与房产管理局 9 项；食品药品监督管理局 3 项；农业局 15 项；卫生局 21 项；发展和改革委员会 6 项，包括省下放 1 项；工商行政管理局 46 项，包括省下放 1 项；公安消防大队 5 项，包括省下放 1 项。截至 2010 年 12 月，县政务服务中心窗口单位共受理事项 2001 件，办结 1976 件，办结率 98.8%。

1988—2010 年白沙黎族自治县人民政府正副职一览表

表 12-3-2

届次时间	机构名称	职务	姓名	性别	民族	任职时间	备注
第八届（1987 年 5 月至 1990 年 5 月）	县人民政府	县长	符炳信	男	黎族	1987 年 5 月至 1987 年 12 月	—
		副县长	池哲平	男	汉族	1987 年 5 月至 1987 年 12 月	—
		副县长	龙　文	男	汉族	1987 年 5 月至 1987 年 12 月	—
		副县长	张作信	男	汉族	1987 年 5 月至 1987 年 12 月	—
		县长	符炳信	男	黎族	1987 年 12 月至 1989 年 8 月	1987 年 12 月，国务院决定撤白沙黎族自治县，成立白沙黎族自治县
		代县长	刘文清	男	黎族	1989 年 8 月至 1990 年 5 月	
		副县长	池哲平	男	汉族	1987 年 5 月至 1990 年 5 月	
		副县长	龙　文	男	汉族	1987 年 12 月至 1990 年 5 月	
		副县长	张作信	男	汉族	1987 年 12 月至 1989 年 8 月	
		副县长	吴井光	男	汉族	1988 年 6 月至 1990 年 5 月	
		副县长	王国安	男	黎族	1989 年 8 月至 1990 年 5 月	
		副县长	李文安	男	苗族	1989 年 12 月至 1990 年 5 月	

续表 12-3-2

届次时间	机构名称	职务	姓名	性别	民族	任职时间	备注
第九届（1990年5月至1993年5月）	县人民政府	县长	刘文清	男	黎族	1990年5月至1992年4月	—
		县长	符桂谦	男	黎族	1992年4月至1993年2月	—
		县长	王德荣	男	黎族	1993年2月至1993年5月	—
		副县长	王国安	男	黎族	1990年5月至1992年5月	—
		副县长	龙 文	男	汉族	1990年5月至1991年10月	—
		副县长	吴井光	男	汉族	1990年5月至1993年3月	—
		副县长	池哲平	男	汉族	1990年5月至1992年2月	—
		副县长	李文安	男	苗族	1990年5月至1992年1月	—
		副县长	符家梓	男	汉族	1990年5月至1993年5月	—
		副县长	王亚金	男	黎族	1991年10月至1993年5月	—
		副县长	符泽光	男	黎族	1992年1月至1993年5月	—
		副县长	王文荣	男	黎族	1992年2月至1993年5月	—
		副县长	李文安	男	苗族	1992年2月至1993年5月	—
第十届（1993年5月至1998年3月）	县人民政府	县长	王德荣	男	黎族	1993年5月至1998年2月	—
		县长	唐卓高	男	黎族	1998年2月至1998年3月	—
		副县长	王亚金	男	黎族	1993年5月至1998年3月	—
		副县长	符儒定	男	黎族	1993年5月至1998年3月	—
		副县长	李文安	男	苗族	1993年5月至1998年3月	—
		副县长	王文荣	男	黎族	1993年5月至1998年3月	—
		副县长	符泽光	男	黎族	1993年5月至1995年11月	—
		副县长	杨本彭	男	汉族	1994年11月至1998年2月	挂职
		副县长	吴井光	男	汉族	1995年11月至1998年3月	—
		副县长	符永光	男	汉族	1995年12月至1998年3月	—
		副县长	许达民	男	汉族	1995年12月至1996年12月	挂职

续表 12-3-2

届次时间	机构名称	职务	姓名	性别	民族	任职时间	备注
第十一届（1998 年 3 月至 2003 年 3 月）	县人民政府	县长	唐卓高	男	黎族	1998 年 3 月至 2001 年 7 月	—
		县长	吉明江	男	黎族	2001 年 10 月至 2003 年 3 月	—
		副县长	黄大文	男	黎族	1998 年 3 月至 2000 年 8 月	—
		副县长	李文安	男	苗族	1998 年 3 月至 2000 年 8 月	—
		副县长	符永光	男	黎族	1998 年 3 月至 2003 年 3 月	—
		副县长	麦辉	男	汉族	1998 年 3 月至 2002 年 1 月	—
		副县长	何玉华	女	汉族	1998 年 3 月至 2001 年 9 月	—
		副县长	孙岐志	男	汉族	1998 年 10 月至 2000 年 11 月	挂职
		副县长	王川吉	男	汉族	1999 年 8 月至 2000 年 10 月	—
		副县长	吴清贵	男	汉族	2000 年 1 月至 2001 年 4 月	—
		副县长	卢德光	男	汉族	2000 年 8 月至 2002 年 10 月	—
		副县长	李兰芝	女	汉族	2001 年 1 月至 2002 年 5 月	挂职
		副县长	闫天池	男	汉族	2001 年 1 月至 2003 年 7 月	挂职
		副县长	吉明江	男	黎族	2001 年 4 月至 2001 年 10 月	—
		副县长	李永铭	男	黎族	2002 年 1 月至 2003 年 3 月	—
		副县长	唐春秋	男	汉族	2002 年 10 月至 2003 年 3 月	—
第十二届（2003 年 3 月至 2007 年 1 月）	县人民政府	县长	吉明江	男	黎族	2003 年 3 月至 2006 年 9 月	—
		县长	王应才	男	黎族	2006 年 9 月至 2007 年 1 月	—
		副县长	王德荣	男	黎族	2003 年 3 月至 2003 年 6 月	—
		副县长	唐春秋	男	汉族	2003 年 3 月至 2007 年 1 月	—
		副县长	李永铭	男	黎族	2003 年 3 月至 2007 年 1 月	—
		副县长	陈 亮	男	汉族	2003 年 9 月至 2007 年 1 月	—
		副县长	郭全茂	男	汉族	2004 年 10 月至 2006 年 8 月	—
		副县长	陈益君	男	汉族	2006 年 3 月至 2006 年 12 月	挂职
		副县长	盛小卫	男	汉族	2006 年 9 月至 2006 年 12 月	—

续表 12-3-2

届次时间	机构名称	职务	姓名	性别	民族	任职时间	备注
第十三届（2007年1月起）	县人民政府	县长	王应才	男	黎族	2007年1月起	—
		副县长	陈鸿亮	男	汉族	2007年1月起	—
		副县长	李永铭	男	黎族	2007年1月起	—
		副县长	陈 亮	男	汉族	2007年1月起	—
		副县长	林恩荣	男	汉族	2007年1月起	—
		副县长	王桂厅	男	黎族	2007年1月起	—
		副县长	张志群	女	汉族	2007年1月起	—

第四章　政协白沙黎族自治县委员会

第一节　组织机构

1988年至2010年底，历经三届、四届、五届、六届、七届、八届县政协委员会。

第三届县政协委员会 第三届委员会共有委员102名，常务委员17名，设主席1名，副主席7名，内设机构有办公室，设主任1名，副主任1名。

第四届县政协委员会 第四届委员会共有委员97名，常务委员17名，正副主席5名，办公室正副主任2名。

第五届县政协委员会 第五届委员会共有委员131名，常务委员26名，正副主席6名，办公室正副主任7名。

第六届县政协委员会 第六届委员会共有委员116名，常务委员23名，正副主席4名，办公室正副主任4名。委员中的中共党员77名，占委员总数66.4%；党外人士39名，占委员总数33.6%；少数民族57名，占49.1%；妇女16名，占13.8%。机构设置有办公室、提案与法制委员会、学习与文史资料委员会、民族宗教与经济委员会、科教文卫体委员会。

第七届县政协委员会 第七届委员会共有委员132名，常务委员30名，正副主席3名，办公室正副主任3名。中共党员中的委员65名，占委员总数49.2%；党外人士67名，占委员总数50.8%；少数民族61名，占46.2%；妇女37名，占28.0%。机构设置有办公室、提案与法制委员会、文史资料委员会、民族宗教与经济委员会、教科文卫体委员会。

第八届县政协委员会 第八届委员会共有委员131名，常务委员21名，设主席1名，副主席4名，秘书长1名。内设机构有办公室和4个专门委员会。办公室设主任1名，副主任3名，主任科员1名。提案与法制委员会、民族宗教与经济委员会和科教文体委员会均设专职主任1名、专职副主任1名，文史资料委员会设专职主任1名。

1988—2010年政协白沙黎族自治县委员会历任主席、副主席一览表

表12-4-1

届次时间	职务	姓名	性别	民族	任职时间
第三届（1987年5月至1990年5月）	主　席	李　俊	男	汉族	1987年5月至1990年5月
	副主席	蔡亲群	男	汉族	1987年5月至1990年5月
	副主席	陈永清	男	黎族	1987年5月至1990年5月
	副主席	陈金英	女	黎族	1987年5月至1990年5月
	副主席	陈展凌	男	汉族	1987年5月至1990年5月
	副主席	郭连安	男	汉族	1987年5月至1990年5月
	副主席	黄坚昌	男	汉族	1987年5月至1990年5月
第四届（1990年5月至1993年5月）	主　席	曾　夫	男	汉族	1990年5月至1993年5月
	副主席	蔡亲群	男	汉族	1990年5月至1993年5月
	副主席	陈金英	女	黎族	1990年5月至1993年5月
	副主席	陈展凌	男	汉族	1990年5月至1993年5月
	副主席	唐保加	男	黎族	1990年5月至1993年5月
第五届（1993年5月至1998年3月）	主　席	陈德基	男	汉族	1993年5月至1998年3月
	副主席	唐保加	男	黎族	1993年5月至1998年3月
	副主席	陈展凌	男	汉族	1993年5月至1998年3月
	副主席	何玉华	女	汉族	1993年5月至1998年3月
	副主席	李永铭	男	汉族	1993年5月至1998年3月
	副主席	林世欣	男	汉族	2002年3月至2003年3月
第六届（1998年3月至2003年3月）	主　席	符儒定	男	黎族	1998年3月至2003年3月
	副主席	王照理	男	黎族	1998年3月至2003年3月
	副主席	李永铭	男	汉族	1998年3月至2002年1月
	副主席	林世欣	男	汉族	2002年3月至2003年3月

续表 12-4-1

届次时间	职务	姓名	性别	民族	任职时间
第七届（2003年3月至2007年1月）	主　席	符儒定	男	黎族	2003年3月至2007年1月
	副主席	符彩花	女	黎族	2003年3月至2007年1月
	副主席	冯少波	男	汉族	2003年3月至2007年1月
	秘书长	符耀坚	男	汉族	2003年3月至2007年1月
第八届（2007年1月至2012年1月）	主　席	符儒定	男	黎族	2007年1月至2012年1月
	副主席	王桂春	男	黎族	2007年1月至2012年1月
	副主席	符彩花	女	黎族	2007年1月至2012年1月
	副主席	冯少波	男	汉族	2007年1月至2012年1月
	副主席	符健友	男	黎族	2007年1月至2012年1月
	秘书长	叶开福	男	汉族	2007年1月至2012年1月

第二节　政协委员会全体会议

一、政协白沙黎族自治县第三届委员会全体会议

1988年8月4—6日，县政协三届二次会议在县城召开。出席会议的有政协委员102人，常务委员17人。会议听取和审议副主席蔡亲群所作的常务委员会报告，听取和讨论县长符炳信所作的政府工作报告，通过常委会工作报告决议和政治决议。共收到委员提案25件。

1989年5月16—18日，县政协三届三次会议在县城召开。会议听取和审议副主席蔡亲群所作的常务委员会报告，听取和讨论副主席陈永清所作的关于二次会议以来提案工作情况的报告，听取和讨论县长符炳信所作的政府工作报告和其他报告，通过常委会工作报告决议和政治决议。共收到委员提案26件。

二、政协白沙黎族自治县第四届委员会全体会议

1990年5月14—16日，县政协四届一次会议在县城召开。出席会议政协委员97人，常务委员17人。会议听取和审议蔡亲群副主席所作的常务委员会报告；听取和讨论陈金英副主席所作的关于三届一次会议以来提案工作情况的报告；听取和讨论代县长曾夫所作的政府工作报告和其他报告；选举产生县政协第四届委员会领导成员，曾夫为主席，蔡亲群、陈金英（女）、陈展凌、唐保加为副主席。共收到委员提案42件。

1991 年 5 月 27—29 日，县政协四届二次会议在县城召开。会议听取和审议副主席唐保加所作的常务委员会报告，听取和讨论副主席陈金英所作的关于四届一次会议以来提案工作情况的报告，听取和讨论县长刘文清所作的政府工作报告和其他报告，通过常委会工作报告决议和政治决议。共收到委员提案 36 件。

1992 年 4 月 13—16 日，县政协四届三次会议在县城召开。政协委员 97 人，实到 84 人。会议听取和审议县政协常务委员会工作报告和四届二次会议以来提案工作情况的报告，听取和讨论县政府工作报告和其他报告，通过县政协四届三次会议的各项决议。共收到委员提案 36 件。

三、政协白沙黎族自治县第五届委员会全体会议

1993 年 5 月 16—18 日，县政协五届一次会议在县城召开。会议听取和审议主席曾夫代表第四届委员会所作的常务委员会工作报告；听取和讨论副主席蔡亲群所作的关于四届一次会议以来提案工作情况的报告；听取和讨论代县长王德荣所作的政府工作报告和其他报告；选举产生县政协第五届委员会领导成员，陈德基为主席，唐保加、陈展凌、何玉华（女）、李永铭为副主席。共收到委员提案 79 件，立案 48 件。

1994 年 3 月 29—30 日，县政协五届二次会议在县城召开。会议听取和审议主席陈德基所作的常务委员会工作报告和副主席李永铭所作的提案工作情况的报告，听取和讨论副县长王亚金所作的政府工作报告和其他报告，听取省政协办公厅副秘书长王信才讲话、县委书记龙文讲话。补选符家梓为第五届委员会副主席。共收到委员提案 39 件，立案 29 件。

1995 年 3 月 20—21 日，县政协五届三次会议在县城召开。会议听取和审议主席陈德基所作的常务委员会工作报告，副主席李永铭所作的提案工作情况的报告，听取和讨论县长王德荣所作的政府工作报告和其他报告，八位委员作专题发言。共收到委员提案 43 件，立案 41 件。

1996 年 4 月 6—7 日，县政协五届四次会议在县城召开。会议听取和审议主席陈德基所作的常务委员会工作报告，听取和审议副主席何玉华所作的提案工作情况的报告；听取和讨论县长王德荣所作的政府工作报告和其他报告，增选吴理文、符栈和、王树峰、吴永静为第五届常务委员。增补庄平、陆明健等 21 人为政协委员。共收到委员提案 59 件，立案 56 件。

1997 年 2 月 26—27 日，县政协五届五次会议在县城召开。会议听取和审议主席陈德基所作的常务委员会工作报告，听取和审议副主席李永铭所作的提案工作情况的报告；听取和讨论县长王德荣所作的政府工作报告和其他报告，听取省政协办公厅副秘书长范基民讲话、县委副书记黄大文讲话。共收到委员提案 43 件，立案 41 件。

县政协五届委员会共召开主席会议25次，常委会议26次，全体委员会议5次。

四、政协白沙黎族自治县第六届委员会全体会议

1998年3月16—18日，县政协六届一次会议在县城召开。省政协办公厅副秘书长王信才、县委书记陈志荣在会上讲话；听取和审议主席陈德基所作的常务委员会报告和副主席符家梓所作的关于五届一次会议以来提案工作情况的报告。选举产生县政协第六届委员会领导成员，符儒定为主席，王照理、李永铭为副主席。

1999年3月20—21日，县政协六届二次会议在县城召开。省政协办公厅副秘书长张超致辞，听取和审议主席符儒定所作的常务委员会工作报告和副主席王照理所作的提案工作情况的报告；听取和讨论县长唐卓高所作的政府工作报告和其他报告，增选符桂和、林康宁为第六届委员会常务委员。县委书记陈志荣作重要讲话。共收到委员提案36件，立案24件。

2000年3月28—29日，县政协六届三次会议在县城召开。省政协文史资料委员会副主任斐行荣到会致辞，听取和审议主席符儒定所作的常务委员会工作报告和副主席王照理、李永铭所作的提案工作情况的报告，听取和讨论县长唐卓高所作的政府工作报告和其他报告，增选龙三妹、黄良生等5人为第六届委员会常务委员。共收到委员提案46件，立案46件。

2001年3月29—30日，县政协六届四次会议在县城召开。省政协办公厅副秘书长张超致辞，听取和审议主席符儒定所作的常务委员会工作报告和副主席王照理所作的提案工作情况的报告，听取和讨论县长唐卓高所作的政府工作报告和其他报告。书记彭晓新作重要讲话。共收到委员提案27件，立案23件。

2002年3月18—19日，县政协六届五次会议在县城召开。会议议程：省政协经济委员会专职副主任李运才到会致辞，听取和审议主席符儒定所作的常务委员会工作报告和常委符美荣所作的提案工作情况的报告，听取和讨论县长吉明江所作的政府工作报告和其他报告，补选林世欣为县政协六届委员会副主席。县委副书记符永光在闭幕会上作重要讲话。共收到委员提案37件，立案32件。

五、政协白沙黎族自治县第七届委员会全体会议

2003年3月25—27日，县政协七届一次会议在县城召开。省政协人口资源环境委员会专职副主任杨文平到会致辞。听取和审议主席符儒定代表第六届委员会所作的常务委员会工作报告和副主席冯少波所作的提案工作情况的报告；听取和讨论县长吉明江所作的政府工作报告和其他报告；选举产生县政协第七届委员会主席1名，副主席2名，常务委员 27 名；县委书记彭晓新在闭幕会上作重要讲话。共收到委员提案 56 件，立案 55 件。

2004 年 3 月 16—17 日，县政协七届二次会议在县城召开。省政协副主席在开幕式上致辞。听取和审议主席符儒定所作的常务委员会工作报告和副主席符彩花所作的提案工作情况的报告，听取和讨论县长吉明江所作的政府工作报告和其他报告。县委书记彭晓新在闭幕会上作重要讲话。共收到委员提案 37 件，立案 35 件。

2005 年 3 月 1—3 日，县政协七届三次会议在县城召开。听取和审议主席符儒定所作的常务委员会工作报告和副主席符彩花所作的提案工作情况的报告，听取和讨论县长吉明江所作的政府工作报告和其他报告，县委书记彭晓新在闭幕会上作重要讲话。共收到委员提案 37 件，立案 35 件。

2006 年 6 月 21—23 日，县政协七届四次会议在县城召开。听取和审议主席符儒定所作的常务委员会工作报告和副主席符彩花所作的提案工作情况的报告，听取和讨论县长吉明江所作的政府工作报告和其他报告。8 位委员在会上作专题发言并通过各项决议，县委书记王积权在闭幕会上作重要讲话。共收到委员提案 27 件，立案 25 件。

六、政协白沙黎族自治县第八届委员会全体会议

2007 年 1 月 16—18 日，县政协八届一次会议在县城召开。省政协办公厅副秘书长到会致辞。听取和审议主席符儒定所作的常务委员会工作报告和副主席符彩花所作的提案工作情况的报告；听取和讨论县长王应才所作的政府工作报告和其他报告；选举产生县政协第七届委员会主席 1 名，副主席 4 名，秘书长 1 名，常务委员 21 名；县委书记王积权在闭幕会上作重要讲话。共收到委员提案 51 件，立案 49 件。

2008 年 2 月 26—27 日，县政协八届二次会议在县城召开。省政协办公厅巡视员周庆民到会致辞。听取和审议主席符儒定所作的常务委员会工作报告和副主席王桂春所作的提案工作情况的报告；听取和讨论副县长陈鸿亮所作的政府工作报告和其他报告。5 位政协委员在会上作专题发言，县委书记王积权在闭幕会上作重要讲话。

2009 年 2 月 23—24 日，县政协八届三次会议在县城召开。省政协港澳台侨外事务委员会专职副主任符全奕到会致辞。听取和审议主席符儒定所作的常务委员会工作报告和副主席王桂春所作的提案工作情况的报告，听取和讨论常务副县长陈鸿亮所作的政府工作报告和其他报告。符加伦、符春风等 6 位委员在会上发言并通过各项决议，县委副书记符海斌在闭幕会上作重要讲话。共收到委员提案 30 件，立案 29 件。

2010 年 2 月 1—3 日，县政协八届四次会议在县城召开。听取和审议主席符儒定所作的常务委员会工作报告和副主席王桂春所作的提案工作情况的报告，听取和讨论常务副县长陈鸿亮所作的政府工作报告和其他报告。沈少琼、杨琼等4位委员在会上作专题发言，县委书记严正在闭幕会上作重要讲话。共收到委员提案44件，立案44件。

第三节　主要工作

一、公益活动

1993年6月，组织医疗卫生界委员深入革命老区阜龙乡、狮球乡进行义诊活动，共诊治病人483例。1995年4月，组织医疗卫生界委员28人，深入革命老区南开乡南开村委会、青松乡打炳村委会，开展2天的义诊活动，共诊治病人417例。1996年5月，组织部分政协常委和委员深入南开乡高峰村委会了解儿童入学失学情况，常委林康宁心系山区教育，捐款1万元。1997年6月，陈德基带领政协委员、省县医疗人员23人，深入细水乡为群众义诊，共诊治病人333例。1998—2003年，县政协发动委员为乡镇民房改造、修桥修路、改水改厕等捐款捐物35万元，政协常委林康宁出资20万元为邦溪镇黄竹村11户黎族群众建造平顶房。

2003—2006年，政协委员为全县扶贫济困、抗洪救灾、捐资助学等社会公益事业捐资捐物68万元。其中委员林康宁捐资捐物21万元，委员李学谷捐资捐物13万元，委员陆明健捐资捐物5万元，委员梁浩昭捐资捐物4.3万元。2006年，县政协将细水乡周三老村列为民房改造重点村庄，动员政协常委和扶贫挂钩单位为该村农户建房捐款7.9万元。2008年5月，四川汶川地区发生8.0级强烈地震，给当地群众生命财产带来重大损失，政协委员和机关干部向灾区捐款13.6万元。同时为“爱心助学”捐款2.3万元，为患病委员家属捐款1.2万元。2009年，政协委员和机关干部职工为白沙黎族自治县“爱心助学”捐款2.5万元。其中李学谷、陆明健各捐款5000元。2010年，发动政协委员和机关干部为青海玉树灾区、牙叉会议旧址纪念碑、茅房改造、“爱心助学”等共捐款24.1万元。其中陆建明捐资19.5万元。

二、调研考察

1988—1990年，县政协先后组织委员共5批34人次，深入七坊、打安、荣邦、青松、细水等乡镇，参观考察农业发展、教育卫生、科技扶贫等工作及农村群众生活情况。1991年11月，组织政协委员考察南开、阜龙、牙叉等乡镇教育卫生扶贫等工作情况，组织农民委员到省内琼海、文昌、琼山等县考察农业生产开发和发展农村商品经济。1992年9月，组织4个委员考察组，分赴金波乡、金波农场、邦溪镇、荣邦乡、芙蓉田农场、县陶瓷厂、白沙水泥厂等地进行考察，全面了解社会治安综合治理、护林保胶、工厂生产及经营情况。1993 年 7 月，组织部分委员深入金波、邦溪、青松、木棉糖厂调查了解《中华人民共和国妇女权益保障法》等法规宣传贯彻的情况。1994 年 7 月，组织调查组深入牙叉镇浪崖、方亮、临高、牙利等村庄，调查了解城郊农村因地制宜发展农村商品经济情况。1998 年至 2003 年 3 月，县政协组织各专委会和政协委员开展各类调研考察活动 38 次，参加活动的委员和有关人士 185 人次。先后调研、考察松涛水库白沙水浸区群众生产生活、民营橡胶税收、农村用电收费、农民增效增收、乡镇文化建设等，形成调研、考察报告 36 篇。

2003—2007 年，组织专委会和政协委员深入乡镇村庄，先后就松涛库区水体污染、老区村庄饮水、退耕还林、民营橡胶查株定产、农村医疗卫生、下岗再就业、保护区土地占有、农村沼气、城乡教育、残疾人生产生活等问题进行调研考察，形成专题报告 32 份。2008 年，组织专委会和部分委员深入乡镇，对加工业发展、小城镇建设、基层文化站建设等问题进行专题调研，形成《关于我县小城镇建设的调查报告》等 8 份调查报告。2009 年，组织专委会和部分委员深入有关乡镇，对中小工业企业发展、农机购置补贴政策实施、地方小水电站管理、非物质文化遗产挖掘与保护等问题进行调研，形成调查报告 4 份。2010 年，组织调查组对农村生活饮用水、民房改造、教师队伍建设、革命旧址建设等问题进行调研，形成《关于我县革命旧址建设的调查报告》等 4 份调查报告。

三、提案办理

1987 年 5 月至 1990 年 5 月，政协白沙黎族自治县第三届委员提案 61 件，其中农林水方面 16 件，工业方面 6 件，科学教育文化方面 13 件，医疗卫生方面 9 件，体育方面 1 件，交通安全方面 2 件，社会治安方面 6 件，物价方面 3 件，其他 5 件。经审查立案 59 件，办复 54 件，办复率 91.5%。

1990 年 5 月至 1993 年 5 月，政协白沙黎族自治县第四届委员提案 129 件，参与提出提案的委员 83 人次。经审查立案 106 件，其中农林水方面 27 件，工业交通方面 7 件，科学教育文化方面 15 件，医疗卫生方面 26 件，社会治安方面 13 件，其他 18 件。办复 102 件，办复率 91%。

1993 年 5 月至 1998 年 5 月，政协白沙黎族自治县第五届委员提案 265 件，参与提出提案的委员 89 人次，其中 2 名以上联名提案 5 件。经审查立案 215 件，其中农林水方面 42 件，工业交通方面 26 件，科教文卫医疗方面 62 件，社会治安方面 15 件，人事福利方面 9 件，财贸方面 18 件，城建环保方面 24 件，其他 19 件。办复 213 件，办复率 98%。

1998年5月至2003年3月，政协白沙黎族自治县第六届委员提案228件，经审查立案225件，转为委员来信处理22件，转为民意反映8件，自行撤案2件，参与提出提案的委员79人次。立案提案中，农林水方面64件，工业交通方面41件，科教文卫医疗方面39件，社会治安方面12件，人事福利方面27件，财贸金融方面23件，城建环保方面10件，其他12件。办复122件，办复率54%。

2003年3月至2007年1月，政协白沙黎族自治县第七届委员提案209件，经审查立案182件，其中委员个人提案153件，委员联名提案21件，政协专委会提案8件，参与提出提案的委员128人次。立案提案中，农林水方面34件，工业 、旅游、生态文明、城建方面38件，科教文卫医疗方面34件，其他20件。办复146件，办复率80.2%。

2007年1月至2010年12月，政协白沙黎族自治县第八届委员提案118件，经审查立案117件。所有立案提案已全部办复，其中已经解决或基本解决的有42件，正在解决和列入计划解决的有45件，因条件限制或其他原因暂不能解决的有21件。

四、文史资料征集

1986年，政协白沙黎族自治县开始文史资料征集工作。1988—2010年，共征集出版《白沙文史》17辑（第3—20辑），其中第3、第4、第5、第6、第7、第9、第10、第11辑为综合史料，其他为专辑史料。其中专辑史料有《日军侵白暴行史料》（第8辑，1995年）；《土地改革史料》（第12辑，2000年）；《政协委员风采》（第13辑，2002年）；《鹦哥岭民歌》（第14辑，2003年）；《农业合作社与人民公社》（第15辑，2005年）；《白沙风物》（第16辑，2006年）；《苗乡歌谣》（第17辑，2007年），收集苗族流传歌谣5首；《建言集》（第18辑，2008年）收集县政协调查、考察报告及提案等材料65篇；《白沙政协史》（第19辑，2009年）收集县政协各界委员会情况、领导人员名录、大事记及文献资料约13万字；《白沙非物质文化遗产》（第20辑，2010年）收集传统技艺、舞蹈、民俗、民间文学音乐等传统文化史料，约6.8万字。

第五章　社会团体

第一节　白沙黎族自治县总工会

一、机构

1957年7月，白沙黎族自治县总工会成立。1974年1月，白沙黎族自治县总工会逐步恢复工作。2001年，县总工会内设机构有办公室、组织部、宣传部、经济部（挂牌经审委员会)、维护部(挂牌女工部)。截至2010年，白沙黎族自治县总工会内设机构有办公室、组织部、经费审查委员会办公室、宣传教育部、经济技术部、民主管理部、法律保障工作部、财务管理部、女职工部、资产监督管理部、困难帮扶中心等11个职能机构。行政编制7名，事业编制2名，下属机构文化宫工作人员5名。

白沙黎族自治县总工会贯彻落实“组织起来，切实维权”的工作方针，扩大工会组织覆盖面，增强基层工会组织活力，推动基层工会组织的创新发展。2010年，白沙黎族自治县总工会共有工作人员18名，其中行政编制人员6名，事业编制2名，协管员5名，其他工作人员5名；已建工会的企事业单位184家，覆盖职工7519人，其中女职工人数3151人。

二、代表大会

1999年12月，白沙黎族自治县总工会召开第六次代表大会，通过差额选举出白沙黎族自治县总工会第六届委员会委员13名，委员会常委9名，主席1名，副主席3名，经费审查委员会委员5名，经费审查委员会主任1名，经费审查委员会副主任1名。

2010年12月，白沙黎族自治县总工会召开第七次代表大会，通过差额选举出白沙黎族自治县总工会第七届委员会委员20名，委员会常委4名，主席1名，副主席2名，经费审查委员会委员5名，经费审查委员会主任1名，经费审查委员会副主任1名。

三、维护职工权益

维权工作　维护职工合法权益是工会的基本职责。为使广大职工、农民工进一步增强法律意识和维权意识，白沙黎族自治县总工会利用多种渠道、多种形式加大宣传力度，发放《中华人民共和国劳动法》《中华人民共和国工会法》《中华人民共和国劳动合同法》《中华人民共和国妇女权益保障法》等法律法规4700多册，《中华人民共和国社会保险法》《工伤保险条例》《生育保险条例》《城镇居民基本医疗保险条例》等法律法规3400多本，并在发放法律法规、维权资料现场接受职工和农民工的咨询。同时，建立健全厂(院、校)务公开制度和职代会制度，在参与白沙黎族自治县国有企业白砂糖厂、木棉糖厂在破产、改制过程中坚持厂务公开民主管理，维护广大职工群众的合法权益。

工资集体协商工作　截至2010年，职工与企业共签订工资集体协商合同51份，覆盖企业173家，其中已建工会国有、集体企业30家，已建工会非公企业113家，未建工会企业30家，覆盖职工2592人，其中已建工会国有、集体企业单独签订工资集体协商合同30份，覆盖企业30家，覆盖职工1468人。已建工会规模25人以上非公企业单独签订工资集体协商合同15份，覆盖已建工会非公企业15家，覆盖职工543人；签订酒店及餐饮行业性合同3份，覆盖企业35家，其中已建工会非公企业8家，未建工会非公有制企业27家，覆盖职工116人；签订区域性工资集体协议合同3份，覆盖企业93家，其中已建工会企业90家，未建工会企业3家，覆盖职工465人。

劳动保护工作 白沙黎族自治县总工会为保障劳动者在生产工程中的安全与健康，努力从法律、制度、组织管理、教育培训、技术、设备等方面采取有效措施，督促企业健全安全生产责任制，改善劳动安全卫生条件，落实职工休息休假权利，深入开展“安康杯”竞赛活动，减少伤亡事故和职业病的发生，努力保证职工群众生命安全和身体健康。

四、职工活动

帮扶活动 从2008年11月成立帮扶中心以来，截至2010年10月，白沙黎族自治县总工会共建立困难职工档案1149户，覆盖困难职工5300多人。2008—2010年，在元旦、春节“两节”期间开展“送温暖”活动，日常帮扶生活贫困、大病医疗救助、劳模慰问等共计1700多人次，总共发放贫困职工生活救助金34万元；开展“金秋助学”活动，共资助贫困学生234名，发放助学金234000元；开展“千万农民工援助行动”“家政服务工程”“困难职工家庭高校毕业生阳光就业行动”等活动，帮助256人下岗职工成功再就业。

劳动竞赛活动 白沙黎族自治县总工会以“工人先锋号”创建活动为主体，在企事业单位中广泛开展劳动竞赛活动。截至2010年，全县建基层工会的企事业单位有184家，以不同形式开展劳动竞赛的单位有31家，覆盖率为16.8%；参与竞赛活动的职工1580名，职工参与率为21%。

技能培训活动 白沙黎族自治县总工会集中力量组织开展在岗干部职工、下岗职工、失业人员和农民工等人员业务及职业技能的培训活动。截至2010年，白沙黎族自治县总工会共举办基层工会干部培训班18期，参加人员1350人次，职工、农民工培训班32期，培训人数2870人。

劳动模范评选活动 劳模是对劳动模范、先进工作者、先进集体的一种荣誉称号。截至2010年，白沙黎族自治县共有全国劳模5人，全国五一劳动奖章2人，省劳模8人。

1988—2010年白沙黎族自治县获全国、省级劳模和先进工作者名单一览表

表13-5-1

姓　名	性别	出生年月	荣获称号（时间）	备注
陆元亮	男	—	全国劳模（1989年）	已病逝
吴理文	男	1946年8月	全国劳模（1995年）	—
符照帮	男	1947年10月	全国劳模（2000年）	—

续表 13-5-1

姓　名	性别	出生年月	荣获称号（时间）	备注
罗人雍	男	1957 年 7 月	全国劳模（2005 年）	—
付焕明	男	1955 年 8 月	全国劳模（2010 年）	—
胡祥云	男	1938 年	全国五一劳动奖章（1991 年）	已病逝
梁玉芳	女	1952 年 11 月	全国五一劳动奖章（1985 年）	—
马道芳	男	1961 年	省劳动模范（1990 年）	—
羊冠的	男	1954 年	省劳动模范（1995 年）	—
付焕明	男	1955 年 8 月	省劳动模范（2009 年）	—
黄能明	男	1954 年 6 月	省劳动模范（2000 年）	—
羊海辉	男	1955 年 7 月	省劳动模范（2000 年）	—
符育壮	男	1954 年 11 月	省劳动模范（2000 年）	—
符元生	男	1952 年 12 月	省先进工作者（1995 年）	—
容智林	男	1965 年 6 月	省先进工作者（2009 年）	—

第二节　共青团白沙黎族自治县委

一、机构

1988 年 8 月，县组织部批准共青团白沙黎族自治县委设立七坊职业中学团委和民族中学团委。2001 年，团县委下设 4 个职能机构，即办公室、组织部、宣传部、学少部（挂牌县少工委办公室）。团县委核定参照公务员事业编制 5 名。

二、代表大会

1990 年 8 月，召开共青团白沙黎族自治县第八次代表大会，与会正式代表 117 名，实到 108 名，大会选举委员 19 名，常委 5 名，书记 1 名，副书记 1 名。1993 年 7 月，召开共青团白沙黎族自治县第九次代表大会，与会正式代表 135 名，实到 118 名，大会选举委员 19 名，常委 5 名，书记 1 名，副书记 2 名。1996 年 9 月，召开共青团白沙黎族自治县第十次代表大会，与会正式代表 135 名，实到 118 名，大会选举委员 23 名，候补委员 4 名，常委 5 名，书记 1 名，副书记 2 名。1999 年 12 月，召开共青团白沙黎族自治县第十一次代表大会，与会正式代表 139 名，实到 119 名，大会选举委员 23 名，候补委员 4 名，常委 5 名，书记 1 名，副书记 2 名。2003 年 3 月，召开共青团白沙黎族自治县第十二次代表大会，与会正式代表 112 名，实到 107 名，大会选举委员 23 名，候补委员 4 名，常委 5 名，书记 1 名，副书记 2 名。2006 年 3 月，召开共青团白沙黎族自治县第十三次代表大会，与会正式代表 114 名，实到 109 名，大会选举委员 17 名，候补委员 6 名，常委 5 名，书记 1 名，副书记 2 名。2009 年 12 月，召开共青团白沙黎族自治县第十四次代表大会，与会正式代表 114 名，实到 109 名，大会选举委员 20 名，候补委员 5 名，常委 7 名，书记 1 名，副书记 2 名。历次会议议题是通过上一届共青团白沙黎族自治县委员会的工作报告，并通过相关决议，选举产生下一届共青团白沙黎族自治县委员会。

三、青少年工作

1988 年，团县委以宣传学习中共十三大精神为主线，加强改进共青团的政治思想工作，举办 4 期普法学习班，参加青少年 300 多人。做好青少年帮教工作，先后组织帮教小组 158 个，人员 361 人，帮教对象 247 人。同时，各学校团委组织开展“创优”达标活动，积极开展多种形式校内教育活动，多次组织学生深入工厂、农村开展社会调查。1989 年，全县 14～28 岁青年总数为 28452 人，各基层团委 17 个，团员 4721 人。团县委举办全县青少年美术书法摄影艺术作品展，共收集作品 240 幅，展出 60 多幅美术书法摄影作品。1991 年，全县 91 所中小学校都建立少先队，大、中、小队组织，各中小学配齐少先队辅导员。6 月，团县委举行“大型文艺晚会”和“大型队形队列舞蹈艺术大检阅”，同时表彰 8 名优秀少儿教育工作者、17 名先进中队、73 名红花少年、16 名优秀辅导员。全年共吸收新团员 879 名，推优入党 79 人，吸收为预备团员 20 人。青松乡团委创建第一个基层团校。

1992 年，团县委学习贯彻落实邓小平南方谈话的精髓以及中共十四大会议精神，积极引导广大团员青年提高对加快改革开放步伐的认识。全县各级团组织共举办学习班、报告会、座谈会等 78 期，参加团员青年 242 人次。1994 年，深入开展建设有中国特色社会主义理论学习，召开团县委九届二次全委扩大会议，传达团省委二次全委扩大会议精神，认真学习《邓小平文选》第三卷，各级团组织举办集中学习 120 多次，团员青少年参与 3200 人次。国庆期间，举办“莺歌杯我爱白沙”国庆征文比赛，激发青少年热爱祖国、爱人民、爱家乡的热情。12 月，召开少先队白沙黎族自治县第一次代表大会，正式成立白沙黎族自治县第一届少先队工作委员会。组织开展“五自”（自强、自学、自律、自护、自理）知识学习竞赛活动。1995 年，在县委组织部支持下，成立全县团建工作领导小组，配齐全县 14 个乡镇团委、75 个村级团支部领导班子。以宣传《海南省实施〈中华人民共和国未成年人保护法〉办法》为契机，扩大“保护明天行动”的社会影响，订购《中华人民共和国未成年人保护法》学习资料10000多册，发放到全县学生手中。“五四”青年节期间举办“五四”青年足球赛、“五四”文艺晚会，5所学校、机关团委各支部400多人参加活动。并对全县88名优秀团干、团员，73名先进青年进行表彰。全年全县共发展团员2031人，开展团干培训总计756人次。向党组织推荐153名优秀团员作为党的发展对象，65名被吸收为预备党员。

2000年，县少工委以“手拉手”互助活动为牵动，推进“中国少年雏鹰行动”，不断提高白沙黎族自治县少年儿童的整体素质。坚持做到“七个结对”，通过优势互补全方位的开创白沙黎族自治县“手拉手”互动活动的新局面。实现40所学校，87位辅导员，3487名少先队员结对。2001年，团县委以中国共产党建党80周年为契机，深入开展革命传统教育。“七一”中国共产党建党节期间，开展“永远跟党走”系列教育活动：一是组织各基层团组织开展“党在我心中”读书知识竞赛；二是组织团员开展“红色之旅”实践活动。同时，团县委开展“拒接邪教进校园”活动。在各中小学举办“崇尚科学，抵制邪教”宣誓和签名活动。各中小学团组织和社区团组织也纷纷以广播、宣传栏、演讲和主题班会、团日、队日活动等形式，深入揭批“法轮功”邪教组织的本质，提高青少年分辨是非的能力。2003年，县团委联合县禁毒办、宣传部等单位在县影剧院举办一场“6·26”禁毒知识竞赛，组织1000多名团员到现场观看，引导大家树立“珍爱生命，拒接毒品”的意识。2004年，团县委与海南移动白沙分公司举办为贫困山区儿童献爱心的活动，为高峰小学的同学赠送学习用品，并在县一小发动学生为高峰小学学生捐赠700本课外辅导书；在县中学举行青少年健康知识读本赠送仪式，向17个乡镇和学校代表免费赠送《海南省青少年健康知识读本》1200多册，组织全县青少年进行接力阅读。

2009年，团县委切实重视《中华人民共和国未成年人保护法》的学习和宣传，把贯彻落实《中华人民共和国未成年人保护法》作为深入学习实践科学发展观的重要举措，组织各基层团组织学习《中华人民共和国未成年人保护法》，充分认识未成年人保护工作的重要性和必要性。2010年，团县委开展以“建功国际旅游岛，展现青年新风采”为主题的“五四”系列活动。举办“动感地带”杯青年篮球赛，吸引20多支代表队参赛。二是联合文体局、国税局在县政府广场共同举办以“唱响海南旅游，唱美白沙绿洲”主题的“国税”青少年歌手比赛，共有12名选手参加。同时，在县中、民族、思源、县一小等学校开展科普知识及安全知识宣传活动，部分学校还开展预防地震演练、消防演练等校园安全活动。

四、青年志愿者服务工作

1988年，团县委组织开展“青年致富能手”活动，着重开展以“两水一牧”（水产、水果，牧业）为内容的青年小庄园活动，全县 10851 人参加，种植各类经济作物 61277 亩。全年帮助致富青年解决资金 82 万元，组织 4700 名青年参加各项技能培训，获荣誉证书的青年达 27 名。1990 年，县团委开展“为残疾人捐献一元钱”活动，共募集捐款 2500。同年，为国家部分地区的水灾募集捐款 2900 元。1991 年，县团委开展“学雷锋、学赖宁”活动。全县青年志愿者兴修水利 400 多公里，土方 2 万多立方米，参与植树造林 8000 多亩，参加人数达 1 万多人次。还组织团员青年学生为当地“五保户”、敬老院拾柴、挑水、打扫卫生等，给他们送去温暖。1992 年，县委成立学雷锋活动领导小组，全县有学雷锋小组 348 个、义务服务队 32 个，文明示范班 4 个。同时，团县委积极配合“希望工程”一百万爱心行动，认真做好救助失学对象的落实工作，将全县两批救助名额 700 人全部分配到位。

1994 年，团县委以“青年志愿者活动”为契机，启动文明工程，制定《白沙黎族自治县青年志愿者活动方案》，组织 80 名热心公益事业的青年志愿者组成义务服务小组，进行医疗、法律、金融、电器维修、理发、缝纫、自行车维修等方面的志愿服务活动。1995 年，县医院团支部派出志愿者服务小队为老干部检查身体、送医送药；学雷锋月组织机关、学校 4500 多名青年团员、学生在县城开展便民服务活动；全县各级团组织也通过活动招募和成立志愿者服务队，有护林保胶服务队、科技阵地服务队、校园绿化突击队、村民志愿者工程队等。至 1995 年，全县有“一助一”服务队 38 支，已建档志愿者 300 人。2000 年，组织 200 名青年志愿者到白沙镇方香村开展一系列便民活动，3 月开展为期一周的“三月春风暖万家”为主题的青年志愿者奉献周活动，共为市民服务 500 多人次。同年 10 月，海南省遭受百年罕见的洪涝灾害，团县委在全县开展“情系灾区，奉献爱心”活动，共募集捐款 6546.5 元，捐物 2481 件。

2002 年，团县委组织 50 名青年志愿者，成立“消防安全志愿者宣传队”，协助县消防大队开展“119”消防宣传活动。2003 年，团县委组织一支青年志愿者服务队伍到七坊镇、邦溪镇设点开展以“你我同心，抗击非典”为主题的咨询宣传和义诊活动，志愿者们把宣传资料送到村、校一级，确保各村村委会、中心小学都有 1 套防治“非典”宣传资料。

2008—2010 年，团县委联合妇联、县总工会、县教育局和县工商联等单位开展“爱心助学 · 阳光行动”活动，动员全县广大热心人士行动起来，献出爱心和真情帮助家庭贫困而品学兼优的寒门学子能顺利完成学业。共募集到资金 46 万元，共收到 100 多份自助申请，150 多名特困大学生得到资助。

第三节　白沙黎族自治县妇女联合会

一、机构

1988年，全县有乡镇妇联14个，村委会妇代会63个，县直机关、企事业单位妇委会7个。1991年，白沙县妇联设立办公室、儿少部、妇女工作部、维权部。1993年，全县有乡镇妇联14个，74个管区妇代会，党、政、科教文卫事业单位妇委会11个，486个自然村配有妇代小组长450人。1998年，全县有乡镇妇联15个，村委会妇代会75个，县直机关、企事业单位妇委会24个。2001年，县妇联内设办公室、组织部、宣传部、儿童部（挂牌妇女儿童工作委员会办公室）。2003年3月，完成乡镇妇联、机关企事业妇委会换届选举工作，全县11各乡镇有专兼职妇女干部25名，其中主席11名，副主席14名，委员61名，机关妇委会主任26名，副主任19名，委员73名，75个妇代会主任。2010年，新成立中国移动海南公司白沙分公司、县法院、县检察院妇委会，全县共有11个乡镇妇联，27个妇委会，77个村（居）委会，488个妇女小组。

二、 代表大会

1988年4月12日，白沙黎族自治县妇女联合会第五次代表大会在县城召开，与会正式代表122人。会议审议并通过县妇联工作报告，选举王梅花等25人为白沙黎族自治县妇女联合会第五届执行委员会委员，选举王梅花7人为常委。选举王梅花为主任，邓玉珍、周亚孟为副主任。

1993年12月27日，白沙黎族自治县妇女联合会第六次代表大会在白沙县城召开，与会正式代表107人。大会议题为“解放思想 开拓创新 努力把我县妇女运动推向新台阶”，会议审议并通过县妇联工作报告，选举王丽香等27人为白沙黎族自治县妇女联合会第六届执行委员会委员，选举王梅花、王丽香、陈霞丽、陈英晓、符彩妹、吴江妹、李美荣7人为常委。选举王梅花为主席，王丽香、陈霞丽为副主席。

1998年12月16日，白沙黎族自治县妇女联合会第七次代表大会在白沙县城召开白沙县妇女，与会正式代表131人。大会议题为“高举旗帜、开创未来 致力描绘跨世纪白沙巾帼事业新蓝图”，会议审议并通过县妇联工作报告，选举王兰仙等29人为白沙黎族自治县妇女联合会第七届执行委员会委员，选举刘玉梅、李美荣、吴江妹、吴桂英、陈英晓、陆明健、符美花、符爱菊、符彩妹9人为常委。选举符美花为主席，刘玉梅、吴桂英、符爱菊为副主席。

2005年9月13日，白沙黎族自治县妇女联合会第八次代表大会在白沙县城召开，与会正式代表122人，列席代表61人。大会议题为“认真实践‘三个代表’重要思想，努力开创白沙妇女工作新局面”，会议审议并通过县妇联工作报告，选举王清贞等31人为白沙黎族自治县妇女联合会第八届执行委员会委员，选举朱绮绮、张志群、王清贞、许云宇、符江玲、李美荣、吴桂英、符英兰、符锦云、刘玉梅、刘福琼11人为常委。选举张志群为主席，朱绮绮为副主席。

三、主要活动

农村妇女“双学双比”活动 1988年，县妇联在农村深化“双学双比”活动，围绕大力调整产业结构这个中心任务，协助科技部门举办田间管理、甘蔗栽培和咖啡种植等农村妇女实用技术培训班18期，共有4335名妇女参加学习。

1989年，县妇联共举办各种农村妇女实用技术培训21期，参加学习的农村妇女有2570名，有些妇女还获得县科协颁发的农民技术员职称。

1990年，县妇联举办各种实用技术培训班，同时协助县科协、县农委举办水稻、橡胶、造林种果农业技术培训班共196期，参加学习的妇女7334人。县妇联还协助县畜牧局分别在狮球、白沙举办快速养猪学习班，有47名妇女参加学习。

1991年，县妇联表彰“双学双比”先进女能手274人。同时，县妇联充分发挥沟通桥梁作用，协调部门对农村“双学双比”工作的关心和支持。县农业银行、县扶贫公司全年共投放资金330万元，扶持各乡镇发展种植、购买杂优种子、农药、工具等。县林业局共投资80.8万元到各乡镇造林12366亩，其中妇女造林5100亩。县水电公司投资24.5万元支援各乡镇搞冬修水利。县民宗委投放资金14万元扶持贫困地区发展生产。县农委抓好884亩妇女高产试田的指导工作外。县热作局、畜牧局还举办割胶、制胶、养鸡等培训班34期，参加学习妇女1247人。县妇联联合科协、农委等举办各类农村实用技术培训班，共有1367妇女参加。

1992年，在“双学双比”（学文化、学技术，比成绩、比贡献）中，县妇联采取学文化带动技术，以技术促进学文化进行重点培训，全县办起44个扫盲班，有1840名文盲妇女参加扫盲学习。

1993年，县妇联把学习、宣传、贯彻落实中共十四大精神，学习《邓小平文选》第三卷和“两会”精神，当作一项重要任务来抓紧抓好，全县共举办培训班16期，参加学习的妇联干部有483人次，其中县妇联举办4期，培训宣传骨干182人次。10月，举办一期管区妇代会主任岗位培训班，共有58人参加。县妇联积极配合科协、农委等部门，举办各类型农业技术培训班26期，参加学习妇女862名。截至1993年，全县有10823名妇女掌握一至两门以上农科技术，184名获女农民技术职称。县妇联还把“双学双比”竞赛活动和开展“三八”绿色工程林结合起来，全县共有1806名妇女投入植树造林活动，造林面积有6万多亩。在“三八”国际妇女节期间，召开表彰大会，表彰“双学双比”先进女能手47人，先进协调组织4个。

1994年，县妇联把“双学双比”活动不断引向深入，围绕发展“两高一优”农业为中心任务，以提高农村妇女文化素质为重点，以增加农村妇女收入为目标，开展扫盲教育活动，共有1587名妇女参加；举办农村妇女实用技术培训班138期，受训妇女1748人次；组织农村妇女开展以种植水稻、甘蔗、橡胶为主，养猪、养牛、养鸡为辅的各种竞赛活动；树立典型，表彰先进。“三八”国际妇女节期间，县妇联表彰4个“双学双比”先进协调小组，47名女能手。当年获得省政府表彰的农村妇女“双学双比”竞赛活动先进协调组织是白沙县七坊镇“双学双比”竞赛活动小协调组。获得农村妇女“双学双比”竞赛活动女能手的有七坊镇高石管区的韦梅珍、荣邦乡光村管区的叶京华、牙叉南仲管区的王小女。在领导农村妇女“双学双比”竞赛活动中做出突出贡献的领导干部有符跃兰（县常委）、王梅花（县妇联主席）。“三八绿色”工程先进个人是阜龙乡可任村的符杏常。

1995年，“双学双比活动”开展扫盲教育活动，共有510名妇女参加扫盲学习，410名妇女脱盲。举办农村妇女实用技术培训班185期，受训妇女3542人次，获农民技术职称的妇女有125人。同年“三八”国际妇女节期间，县妇联表彰七坊镇4个“双学双比”先进协调小组，49名“双学双比”女能手。李金珍（打安乡芝冉小学教师）被海南省教育厅、海南省妇联表彰为海南省女扫盲先进工作者，吴美祝（打安乡农民）被海南省教育厅、海南省妇联表彰为海南省识字女状元。

1996年，县妇联组织学习省新一轮“双学双比”竞赛活动五年规划，举办橡胶、水稻木薯、水果、玉兰竹、蔬菜等高产栽培技术培训班167期，培训妇女4818人次，印发学习资料5146份。当年“三八”国际妇女节期间，各级妇联表彰“双学双比”先进女能手177名，先进集体18个。其中，县妇联表彰“双学双比”先进女能手39名，先进集体4个。

1997年，县妇联开展农村妇女文化科学培训和结对子扶贫帮扶工作促进“双学双比”活动深入开展。举办农村妇女实用技术培训班145期，受训妇女4472人次，获农民技术职称的妇女有48人，结对子289对。县妇联表彰2个“双学双比”先进协调小组，34名“双学双比”女能手。

1998 年，县妇联共办各种政治理论学习班 58 期，参加学习妇女 1983 人次，召开各种会议学习 73 次，参加学习妇女有 2804 人次，出宣传栏 31 期，广播宣传 14 次，听众达 7.2 万人次。

1999 年，县妇联在“科技月”活动期间共举办各类农科实用技术培训班 27 期，受训妇女 1391 人次，设活动点 15 个，开展“科技巡回讲座”18 场，听众 2095 人次。县妇联被省政府授予海南省农村妇女“双学双比”竞赛活动 10 年先进协调成员单位，王清梅等 9 名妇女被省政府授予海南省农村妇女“双学双比”竞赛活动 10 年先进女能手。

2000 年，县妇联共举办各类农科实用技术培训班 38 期，受训妇女 1066 人次，获农民技术职称的妇女有 366 人。在七坊职业中学举办为期三个月的“妇女小康班”，共组织妇女 150 多人次到县内外种养专业户、示范户学习取经。县妇联表彰“双学双比”先进女能手 13 名，先进集体 3 个。

2001 年，县妇联结合县第二批“三个代表”学习教育活动的方案要求，开展一系列的学习活动。结合工会、团委举办学习“七一”重要讲话精神，深入基层了解指导妇女学习的积极性和重要性。全年，县妇联共举办各种理论培训班 12 期，共有 1495 名妇女参加学习。

2002 年，县妇联结合白沙县第六届“科技周活动”，深入乡镇村庄组织妇女开展科技活动月，先后到南开、七坊、细水等各个乡镇举办种养和畜贪防病治培训班 3 期，受训妇女 70 人，发宣传资料 1500 份。

2003 年，围绕“三农”问题，深入开展“双学双比”活动。结合第七届农村妇女科技月活动，以“三下乡”为主要形式，加强对农村妇女的培训。在县委组织部的支持下，在七坊职业中心举办第六届为期 3 个月的妇女科技培训班，共有 47 名妇女参加培训，并通过“传帮带”将技术传授给她人。全县妇女掌握 3 门以上实用技术的有 1375 人，占农村妇女总数 2%。有女农民技术员 567 人，女助理农技师 23 人，女农技师 1 人，以妇女为主种养专业户 4672 人。结合生态县建设，落实“巾帼少生快富工程”，促进农村“一池三改”工程建设，全县共建“三联通”沼气池 1980 个，受益人数 54905 人。打安镇曾春月被评为“海南省‘双学双比’女能手”；县协调小组被评为“海南省‘双学双比’先进集体”。

2004 年，结合农村妇女求新、求知、求富、求发展的迫切需要，组织农村妇女开展“十项能手”竞赛活动。利用“三下乡”服务活动，对农村妇女进行农村实用技术培训和科技服务。配合科协做好农村推广高产木薯培训及推广工作。成立白沙县“双学双比”

培训基地和农村妇女科技示范基地。联合举办为期3个月的“9+1”农村妇女农业职业教育培训班、白沙县饲养技术提高培训班、竹子种植技术培训班等。共发放种养资料802份，光碟350个，共有630名妇女参加培训。此外，县妇联还争取中国妇女发展基金会小额循环资金扶贫项目资金10万元，扶贫贫困户100户。

2005年，联合县扶贫办在县委党校举办3期农村妇女为主的农村实用技术培训班，参加妇女167人。5月是科技活动月，县妇联、县科协、县农技中心联合开展白沙县科技活动月活动，累计派出专业技术人员143人，举办各类培训16期，受训妇女982人。发送技术材料3000多份，邀请省生态文化研究会到白沙县举办以“生态科技、绿色产品”为主题的科技下乡活动。县妇联组织两批基层妇女17人，赴上海、云南等地学习培训，提高基层妇女的业务素质。当年，白沙县有1人被评为海南省种养女能手。在“三八”表彰会上，白沙县有16人被评为“种养女能手”。

2006年，加大对农村妇女实用技术的培训，与县扶贫办、县农业局配合，各级妇联共举办培训班12期，培训妇女620多名。“三八”国际妇女节期间，县妇联积极争取县总工会、县热作场和青年农场的支持，在县热作场举办全县“巧胶刀”女子割胶比赛。全县有10个乡镇、2个县农场共30名农村妇女参赛，评选出10名“巧胶刀”割胶女能手，树立县农村妇女科学割胶的典范。

2007年4—12月，县妇联配合县扶贫办、县人事劳动局举办实用技术、岗前培训、劳务输出培训班10期，培训妇女600多人次。通过培训，有序地组织458名农村妇女劳动力转移。

2008年，县妇联与县扶贫办、县农业局、县科协、县计生局、县人劳局等单位联合分别在牙叉、七坊、金波、邦溪等乡镇举办8期实用技术培训班，共培训农村技术骨干820人次。当年，白沙县出现近一个月的低温小雨天气，大部分农作物发生灾害，为帮助农民抗灾救灾重建工作，县妇联配合县农业局举办6期450人（妇女360人）橡胶灾后管理、割胶技术培训班。印发各类宣传、技术资料20多种4000多份，科技图书500册，接受咨询群众达700余人次。获得海南省“双学双比”女能手2人，海南省“双学双比”先进工作者1人，全国“双学双比”先进工作者1人。白沙县妇联荣获“海南省‘双学双比’先进集体”。

2009年，“双学双比”活动紧紧围绕科技兴农和农业农村现代化的要求，引导帮助农村妇女转变观念。县妇联举办6期以农村青年妇女为主的橡胶生产管理技术提高培训班，共培训620人。联合有关部门举办养殖技术、竹子种植等实用技术培训班3期，培训妇女300人，涌现出一批妇女典型。

2010年，为进一步助推县“技能型乡镇政府建设”工作的开展，县妇联加强与技术及扶贫部门的沟通联系，通过专业技术人员、乡土专家授课及实地参观培训等方式举办各类农村实用技术培训班共3期，培训妇女335人，提高广大农村妇女依靠科技致富的能力。同时，在全县11个乡镇大力推行“妇女+银行+技能型乡镇”的模式，通过对各项支农、惠农政策的宣传，在全县范围内进行小额贷款的宣传、发动工作，对全县农村妇女骨干进行小额贷款专题培训。当年，全县共为549名农村妇女次发放小额贷款4318500元。获得全国“双学双比”活动女能手1名，白沙县七坊镇木棉村被评为“全国妇联基层组织建设示范村”。

城镇妇女“巾帼建功”活动 1990年，第十一届亚运会在中国国举行，县妇联发出“关于动员全县妇女开展迎亚运爱中华的爱国主义宣传教育活动”，发动妇女为南端点火台捐款。据统计，全县共有56110名妇女为南端点火台捐款，捐款总数有8756000元。

1991年，全县表彰“三八红旗手”348人，“三八红旗集体”12人，在县城机关、厂矿、企业的妇女中开展做四有四自女性，为“八五”计划（简称“巾帼建功”）竞赛活动。

1994年，在开展行业竞赛活动中，县陶瓷厂被省妇联表彰为“巾帼建功活动先进单位”，吴金玉（县水泥厂）、王玉娟（县电力公司）被同时授予“巾帼建功活动先进个人”和“海南省三八红旗手”称号。县妇联表彰4个先进“巾帼建功”协调小组，32名行业标兵。

1995年，继续在城镇妇女中开展“学政治、学文化、学技术、学科学、学管理”的竞赛活动，共有1861名妇女参加。县一小等6个单位被评为“巾帼建功先进单位”，何玉华等43人被评为“巾帼建功先进个人”，光雅镇等3个乡镇被评为“先进妇联组织”，县医院等2个单位被评为“先进机关妇委会”，陈小英等11人被评为“先进妇女干部”。

1996年，县妇联表彰县医院等2个“巾帼建功”先进单位，22名“巾帼建功”先进个人。

1997年，县妇联表彰县幼儿园等2个“巾帼建功”先进单位，32名“巾帼建功”先进个人，8名先进妇联干部。

1999年，县妇联继续在城镇妇女中开展“巾帼建功”竞赛活动，创建“文明示范岗”14个，“文明窗口”6个，评选“巾帼建功”标兵15名。

2000年，县妇联实施巾帼社区服务工程和巾帼科技致富工程，表彰5个“巾帼建功”先进单位，10名“巾帼建功”标兵，76名“巾帼建功”先进个人。

2001年，县妇联组织全体干部观看“七一”讲话，响应县委号召在80周年的庆祝活动中，机关妇女60人的“巾帼演唱队”和“巾帼篮球队”参加县纪念中国共产党建党80周年的庆祝活动。

2002年，县妇联共举办业务岗前培训8期，受训妇女325人，表彰“巾帼建功”标兵49人，其中县工商局的黄叶飞获得海南省“巾帼建功”标兵。

2003年，按照妇女干部培训计划和县委2003年干部培训计划安排，联合组织部在县委党校举办一期为期6天的全县妇女干部理论培训班，共举办各种理论培训班16期，参加妇女680人次。配合县人劳局、县劳动服务就业中心，举办妇女上岗就业培训班4期，培训妇女196人，实现再就业的下岗失业妇女职工39人；县个体劳动者龙三妹被评为海南省“十佳女杰”，县农税局李美荣、七坊镇蔡新惠被评为“海南省三八红旗手”，县迎宾馆陈小舒海南省“巾帼建功”标兵，县邮政局女工委员会被评为“海南省三八红旗集体”，县建设与国土环境资源局被评为“海南省巾帼建功先进单位”，县邮政局被评为“海南省巾帼文明示范岗”，县邮政局女工委获得“全国巾帼文明示范岗”。

2004年，为贯彻落实中央1号文件，推动城镇妇女就业和再就业工作，县妇联与广东省中山市三家有限公司联系，先后为公司输送70名农村青年到中山市务工，与扶贫办举办1期劳务输出培训班。同年，县农行支行营业部梁芳琼获得“海南农行十佳女性”暨海南省“巾帼建功”标兵，县包装厂陆明健获得“全国‘三八’红旗手”，县文体局妇委会获得“全国‘三八’红旗集体”荣誉称号，县巾帼健身队获得全国妇联的表彰。

2005年，表彰巾帼文明示范岗先进单位10个，“三八红旗集体”11个，白沙县有1人获得“海南省三八红旗手”，1人获得海南省巾帼再就业带头人。

2006年，大力开展“巾帼文明岗”创先争优活动，发挥典型示范作用。县会计事务管理服务中心获得“全国三八红旗集体”称号。

2007年，县妇联引导城镇妇女岗位建功，岗位立业，积极参与“巾帼文明岗”争创。对1997年以来挂牌的单位实行考核验收，全县已有省级“巾帼文明岗”7个，全国“巾帼文明岗”3个。全县有6对开展对接活动，推进城乡妇女共同发展。启动“岗村共建”活动。组织11个乡镇妇联主席、省级巾帼文明示范岗主要负责人共30人到海口龙华区、琼山区立本村、保亭文明生态村参观考察，学习和借鉴先进市县妇联组织开展创建“巾帼文明示村”、“百岗联百村共建新农村”和妇女参与社会主义新农村建设的好经验。联合县计生局、县计划生育服务站（全国巾帼文明示范岗）在牙叉镇儋州村开展“岗村共建”实施新农村新家庭人口健康咨询、义诊活动，免费为已婚育龄妇女做妇科检查、发放避孕药具及药品，发放宣传资料1000多册，药品价值5000元，县人口与计划生育局服务站获得全省及全国“巾帼文明岗”的荣誉称号，有3人获得“海南省巾帼建功标兵”，有1人获得“海南省三八红旗手”称号，有2人荣获“海南省三八红旗手标兵”称号，县妇联获得海南省百万家庭读书知识竞赛活动组织奖，县文化广电出版体育局健身队获得“全国亿万妇女健身活动巾帼文明健身队”称号，国有龙江农场工会女职工委员会获得“全国亿万妇女健身活动先进集体”称号。

2008年，县妇联积极开展“转变观念，重上岗位”行动。组织全县下岗失业妇女参加公益性岗位培训，培训妇女144人，为56名困难家庭下岗失业女工解决再就业问题。县劳动就业服务中心举办3期为期15天的竹编工艺品培训班,共有妇女102名参加培训。县计生局妇委会在牙叉、帮溪举办2期“生殖保健知识”讲座，共有200多名妇女参加。县医院妇委会举办业务技能培训，共有67名妇女参加学习。全县有1人被评为“全国三八红旗手”。

2009年，县医院妇委会被全国妇联评为全国巾帼文明岗，县国税局吴阳春先后被海南省妇联、全国劳动模范妇联授予省、全国“三八红旗手”荣誉称号，县会计事务管理服务中心被海南省妇联授予“海南省三八红旗集体”荣誉称号。

2010年，县妇联以“巾帼建功”创建活动为平台，引导各领域职业女性提高思想品德、职业道德和技能水平，为白沙经济发展建功立业。配合人设局、总工会开展以“送岗位，送文化”为主题的“春风送岗位”活动，重点针对零就业家庭、失业人员与“4050”人员进行援助。此外，还举办各类培训班9期，其中农村富余劳动力转移培训人数543名，职业技能培训110人，获得补贴110人，提供就业岗位650人，组织劳务输出妇女人数870人。同时，加大对《中华人民共和国就业促进法》《就业服务和就业管理规定》《中华人民共和国劳动合同法》《中华人民共和国婚姻法》等法律、规章的宣传力度，扩大就业、再就业政策的普及率。共发放《面向21世纪的海南人力资源开发》《农民工就业创业维权指南》等宣传资料、手册1200份（册），悬挂宣传横幅16条，宣传墙报5期。有3名女性被评为“海南省三八红旗手”，1个单位被评为“海南省三八红旗集体”。

文明家庭建设活动 1989年“三八”国际妇女节活动，召开先进集体、五好家庭先进妇女经验交流会，表彰一批1988年度各条战线涌现出的先进女能人150人，五好家庭50户，先进集体20个。1991年，全县表彰五好家庭65户。1994年，围绕“国际家庭年”作好宣传工作，县妇联表彰陈达春等10人为家庭文化建设中的“好丈夫”，王玉娟家庭（县电力公司）被授予“海南省五好家庭”称号。1995年，在“三八”国际妇女节期间，县妇联表彰“文明家庭”28户。1996年，在“三八”国际妇女节期间，县妇联表彰“文明家庭”31户。1997年，在“三八”国际妇女节期间，县妇联表彰“文明家庭”65户。好丈夫30名，好媳妇20名。1998年，县妇联组织利用广播宣传6次，出宣传车2次，挂横额130幅，张贴标语15010张，印发各种宣传资料2307份，表彰文明乡镇6个，文明村委会83个，文明村民小组138个，文明单位57个，“五好文明家庭”113户，好丈夫30名，好妯娌30名。1999年，共评选出“五好文明家庭”120户，文明村民小组138个，文明单位57个。陈海芳等4个家庭被授予“海南省五好文明家庭”称号。2000年，县妇联实施“家庭文明工程”，开展“文明进万家”活动，表彰“五好文明家庭”471户（其中机关6户，乡镇465户），授予叶连珍等10户家庭为“十佳五好文明家庭”。

2001年，县妇联根据《县政府开展建设美好家园活动方案》，以创建“五好文明家庭”为重点，扎实推进“家庭文明”建设，认真贯彻中共中央思想政治工作会议精神，用正确的理论武装妇女，用科学的知识教育妇女，“三八”国际妇女节期间，组织共有70人参加白沙县妇女崇尚科学、揭批邪教组织座谈会。

2002年，县妇联积极协调发挥各成员单位的作用，深入到青松乡、南开、细水等开展家庭美德宣传活动，张贴《我的绿色家园》《文明生活知识》《崇尚科学、反对邪教》等宣传画160套。

2003年，县妇联充分利用广播、墙报、标语、召开会议和举办家政培训班等，广泛进行家庭美德教育，带动全县广大家庭参与。赵振尧（邦溪镇中心小学）、符秀花（牙叉镇儋州二队）、符代侬（七坊镇财政所）被评为海南省五好文明家庭，七坊镇长龙村委会被评为海南省“三八”绿色优质工程，牙叉镇王美莲获得海南省“三八”绿色奖章。

2004年，配合县禁毒委开展“6·26”国际禁毒日活动，启动“不让毒品进我家”活动，联合县禁毒委、县公安局、县司法局在牙叉镇举办“不让毒品进我家”培训班，共有123名妇女参加。开展白沙县“争做合格父母，培养合格人才”巡回教育讲座，发放100多册资料；联合县宣传部开展“未成年人思想道德建设”活动；结合文明生态村建设，县妇联积极开展“告别陋习、珍爱健康、保护家园”活动和启动“美德在农家”活动，并在打安镇地保村、牙叉镇儋州二队开展“美德在农家”活动，发放宣传资料236份。牙叉镇儋州二队、打安镇地保村被评为海南省美德在农家活动示范点。

2005年，县妇联以“美德在我家”为主题，在农村，以卫生为重点，在城镇，以环保为重点，以践行家庭美德为目标，开展各项活动。同时，继续深入开展“不让毒品进我家”活动，与县禁毒委成立“不让毒品进我家”机构，还在11个乡镇成立农村妇女禁毒委员会。联合县关工委、县教育局在县中、民中、县一小、县二小举办家庭教育讲座，共有300多家长参加。县教育获得“海南省双合格家庭教育先进集体”称号，县中学获得省双合格优秀家长学校，胡祥云、王成文获得“海南省双合格家庭教育工作先进个人”称号，在县表彰大会上，有43户家庭获得“五好文明家庭”称号。

2006年，为进一步深化“五好文明家庭”创建活动，县妇联在原来11个妇女禁毒会的基础上，成立37个农村妇女禁毒会，妇女禁毒小组已成为活跃在“禁毒防艾”战线上的一支重要力量。牙叉镇方香村委会获得海南省“平安家庭”创建活动示范点荣誉称号；杨记清（七坊木棉二队）、刘新（七坊木棉三队）、符美萍（牙叉镇方香村委会方香村）获得海南省“平安家庭”创建活动示范户称号。

2007年，在街道繁华地段设点，开展禁毒宣传活动，向群众发放2000多份“不让毒品进我家”倡议书，县妇联还在全县禁毒动员大会上作《毒品犯罪，人民痛恨，国法不容，不让毒品进我家》的宣誓。邀请县党风廉政建设办主任林明同志作有关干部作风建设的讲座。继续开展以“家”为主题的活动。将社会主义荣辱观教育、反腐倡廉教育与各类特色家庭创建活动相互融合，倡导“爱国守法、明礼诚信、团结友善、勤俭自强、敬业奉献”的基本道德规范，使创建活动更加切合和谐社会的目标要求。以“读书的女人最时尚，读书的家庭最和谐”知识竞赛为载体，推动百万家庭读书活动的深入开展，开展中国妇女网“绿色家庭”网页DIY展示作品阅读学习活动和网上投票活动。符秀容家庭被评为“全国五好文明家庭”，符秀容家庭、符丽芳家庭、符永兰家庭被评为“海南省五好文明家庭”，李信海家庭被评为“海南省绿色家庭”。县妇联获得海南省创建“绿色家庭”活动组织奖及百万家庭读书知识竞赛活动组织奖，白沙县中学被评为“全国优秀家长学校”，县关心下一代工作委员会胡祥云被评为“全国家庭教育工作先进工作者”。

2008年，县妇联大力开展“平安家庭”创建活动，把“平安家庭”创建列入社会治安综合治理检查，以提高社会各界对“平安家庭”创建工作的重视和支持。县妇联成立以县妇联主席为组长，副主席为副组长，县纪委、县委组织部、县文明办、县直机关工委有关人员组成的家庭助廉教育工作领导小组，以“倡廉洁风尚，建和谐家庭”为主题，开展形式多样的廉政文化进家庭活动。配合县政法委、综治办、教育局等有关单位，在县民族中学召开全县平安校园创建工作现场会，共有1400多人参加。县妇联联合县妇儿工委、县国土环境资源局、县文明办等单位以节能环保进家庭为主题，在全县广大妇女、家庭、单位中开展“南国食品”环保购物袋大赠送公益活动，并发放《保护绿色宝岛爱我美好家园向白色污染宣战》环保宣传倡议书。活动悬挂横幅30条，张贴标语、口号500

张，环保倡议书、宣传资料3000多份，环保购物袋1000个。组织各村委会妇女主任、各村妇女小组长学习《中华人民共和国妇女权益保障法》，让广大妇女了解自己的权益，共同推进“平安家庭”活动。当年，海南省细水乡合村委会方伦村获“全国平安家庭先进示范社区（村）”荣誉称号，符海荣家庭获“全国平安家庭示范户荣誉”称号，叶慧获“海南省妇女禁毒工作先进个人”称号，邦溪镇邦溪村委会妇女禁毒会获海南省先进妇女禁毒会。此外，县妇联联合县综治办表彰县级“平安家庭”580户，推动“平安家庭”创建活动深入开展。

2009年，县妇联积极响应省妇联和县委、县政府关于开展环境卫生整治大行动的号召，结合工作实际，在全县广大妇女中开展主题为万名妇女——“爱家乡·美家园”环境卫生整治巾帼行动的环境卫生整治活动，发放1500多份倡议书。在庆祝中华人民共和国成立60周年活动期间，组织广大妇女儿童和家庭参加“读书的女人最时尚，读书的家庭最和谐”读书征文活动，共选送31篇文章报省妇联，有18篇获奖，荣获优秀组织奖。5月28—29日，在全县开展“心系碧水蓝天”环保知识少儿绘画比赛，活动共收到学生作品126幅；在县文明湖举行2009年“节能减排”宣传周活动启动仪式，参加启动仪式活动的1000多名机关干部及中小学生在绿色条幅上签名，百名中小学生现场绘画“节能减排、绿色白沙、和谐家园”比赛把活动推向高潮。活动进一步提高学生“节约资源、保护环境、做保护地球小主人”的环境意识，深入领会“节能减排”的精神实质，并通过他们带动家庭、推动全社会参与环境保护，共建美好家园。“节能减排”宣传周活动期间，发放《节能减排、科学发展》倡议书2000份，“节能减排”宣传贴画2000张，悬挂横幅18条。举行“颂祖国、赞家乡”少儿诗歌朗诵大赛，来自全县15个乡镇妇联及县直属中小学生25人参加比赛，县民族中学妇委会和县一小妇委会的选手分别获中、小学一等奖；继续组织群众登录网络平台2008.h863.com参与“平安健康家庭大行动”活动。共有200户家庭踊跃参与。

2010年，将“平安家庭”创建活动与“文明家庭”“不让毒品进我家”紧密结合，在全县77个村委会已全部成立妇女禁毒会，并统一制作妇女禁毒会牌、妇女禁毒会机构牌、妇女禁毒会职责牌、禁毒宣传栏，做到“四上墙”（妇女禁毒会牌、妇女禁毒机构牌、妇女禁毒会职责牌、禁毒宣传栏）。举办白沙县科级女干部培训班，制定廉政文化进家庭工作实施方案，以创建“文明家庭”活动为载体，通过开展向全县家庭发放倡议书、向领导干部家属发送助廉读本、张贴“家庭助廉警示格言”、组织领导干部家属观看反腐倡廉图片展、警示教育片等活动，引导广大家庭模范遵守党纪国法，自觉筑牢家庭防线。当年，县妇联被县纪委、县文明办评为“白沙县廉政文化进家庭示范点”，白沙县老年民间艺术团被评为“全国妇女健身示范点”，白沙县七坊镇木棉村成为首批全国妇联基层组织建设示范村（社区）。

妇女儿童关爱工程 1988年“六一”国际儿童节期间，表彰先进幼师25名，优秀保育员25名，优秀家长25名。全县办家长学校3间，召开家长讲座会4次，共有1362名家长参加。同时开展家庭教育咨询活动，接待来咨询家长2405人次，并为1981名妇女和3710名儿童（其中3004名是农村儿童免费检查）进行健康检查和诊病。“六一”国际儿童节当天，为幼儿园300名儿童进行健康检查。对毕业女生进行“四自”和“四有”教育，共上18节课，有485名女毕业生参加。

1989年“六一”国际儿童节期间，县妇联配合有关部门组织县幼儿园、县中、县小学儿童少年的书画展览，并进行评比奖励。共收集184幅书画作品，从中筛选100幅书画作品在县文化馆展出，其中美术作品80幅，书法60幅。评比结果：获得一等奖的书画10幅，获二等奖的15幅，获三等奖的25幅，获鼓励奖的50幅。对获奖者，县妇联给予物资奖励。

1990年3月，县妇联举办《海南省保护妇女儿童合法权益规定》答题竞赛，参加答题竞赛的妇女有68人，并给考得95分以上的12名妇女颁发奖金。

1991年5月，举办一期妇联干部培训班，学习人员共有18人，主要学习《亚热带地区儿童保健知识》。如近亲结婚的危害、优生保护、新生保健等内容。共举办各种培训18期受训人数218人。利用广播、宣传栏和放映电影进行宣传，共出宣传栏17期，广播每周三次，收听人数达21800人次。协同县保健站、县工会女工部为妇女儿童防病治病，共免费为儿童做健康检查87人，给幼儿治病32人，给妇女打破伤风预防针510人。

1992年，县妇联协调有关部门做好儿童保健工作，积极配合县妇保健站做好儿童保健和“三优”（优生、优育、优教）宣传工作。一是配合县妇幼保健站深入工厂托儿所、幼儿园和各乡镇免费为0～6岁儿童健康检查876人；二是协助好幼保健站搞好农村接生员的培训工作，同时协助县妇幼保健站办接生员培训员培训班5期，受训人员132人；三是开展“三优”知识咨询活动。

1994年“三八”国际妇女节，县妇联举办白沙县首届妇女健美操比赛活动，共有16个代表队参加。县妇联做好“优生、优育、优教”知识及《九十年代中国儿童发展规划纲要》、《海南省少年儿童事业“八五”计划和十年规划》的宣传，共办班24期，参加学习328人，出墙报34期，播广播201次，挂横幅18幅，贴标语1020张。举办各种家庭培训班、研讨班6期，参加人数248人，收到论文13篇。“六一”国际儿童节期间，县妇联举办少年儿童书画比赛，共有72名孩子参加，并表彰儿童工作先进集体6个，儿童工作先进个人40名。县妇联被评为“海南省儿童工作先进集体”，云曼曼（县幼儿园）、王丽香（县妇联）被评为“优秀儿童工作者”。

1995年“三八”国际妇女节，县妇联举办以“歌颂海南妇女，迎接世界妇女大会”为主题的歌咏比赛，共有13个代表队参加。“六一”国际儿童节期间，县妇联开展“庆六一，迎四大”征文比赛。共有3500多名中小学生参加，其中1篇获全省比赛三等奖，9篇获优秀奖，县妇联获全省征文组织奖。并表彰儿童工作先进集体25个，儿童工作先进个人84名。8月，开展“迎四大，捐一元钱活动”，全县共有118个单位捐款2万多元。

1996年“三八”国际妇女节，县妇联举办“巾帼书画赛”活动。“六一”国际儿童节期间，县妇联组织县妇幼保健人员到光雅等部分乡镇为887名儿童做健康检查，以各学校为网点开展家庭教育活动，表彰儿童工作先进集体3个，儿童工作先进个人40名，好孩子67名。7月，共举办2期《九十年代中国儿童发展规划纲要》培训班，参训妇女200多人。

1997年“三八”国际妇女节，县妇联举办“庆三八，迎香港回归”卡拉OK比赛，共有15个乡镇20多个机关单位46名选手参加。“六一”国际儿童节期间，县妇联举办“庆六一迎回归”幼儿绘画比赛，共有300名孩子参加，并表彰儿童工作先进集体2个，儿童工作先进个人20名，优秀家长20名，好孩子50名。

1998年“六一”国际儿童节、母亲节期间，县妇联、县团委、县工委联合举办“白沙县少年儿童向母亲写书信，献红花”活动，参加活动的少年儿童有4820多人。

1999年“三八”国际妇女节，县妇联举办“三八”中老年妇女健身操比赛，共有3618名妇女参加活动。1月，开展“尊老爱幼”送温暖活动，组织机关干部、学生一起慰问老妇女干部、老革命军人，联合开展医疗下乡工作，全年共为870名妇女免费检查身体。

2000“三八”国际妇女节，县妇联举办“巾帼杯”篮球比赛，开展健康文体活动引导妇女彻底与“法轮功”邪教组织作斗争。实施“女性素质工程”。同年向组织部推荐26名女干部作为培养对象。2000年新春座谈会邀请退休女老干参加，关心女老干部生活。协助县妇幼保健站为478名妇女免费检查身体，使179名患有严重妇女疾病妇女得到及时医治。2000年，成立县妇女儿童工作委员会。“六一”国际儿童节县妇联走向广大儿童中，与儿童一起庆祝节日。同年，白沙县一小荣获“海南省儿童工作先进集体”称号，吴永静（县幼儿园），张葱花（金波农场幼儿园）荣获“海南省儿童工作先进工作者”称号，吴桂英（县妇联）荣获“海南省妇联系统先进个人”称号。

2001年，县妇联积极配合政府制定新“两纲”（《中国妇女发展纲要》《中国儿童纲要》）、“两规”（《白沙黎族自治县妇女发展规划》《白沙黎族自治县儿童发展规划》）工作，县妇女儿童工作委员会在人手少、经费困难的情况下，编制《2001—2002年白沙县儿童发展规划》征求意见稿。的发布和实施，并举行学习“两纲”培训班，促进县儿童的健康成长和儿童事业的持续发展。

2003年，县妇联广泛宣传《中国儿童发展纲要》《海南省儿童发展规划》《白沙黎族自治县儿童发展规划》《小公民道德教育》等。全县组织学习13次，参加学习人数2985人。举办家庭教育学习班（家长会）13期，家长参加学习人数235人。

2004年6月，举办“两规”“两纲”，以及《中华人民共和国婚姻法》《中华人民共和国妇女权益保障法》等专题讲座。县妇联、司法局、计生局、残联做好“医疗下乡、维权下乡、法律下乡”活动，做好农村妇女妇科病普查普治工作。

2005年1月，县妇联联合团县委、县文体局开展“尊重生命尊重爱-婚前医学检查”知识宣传周活动，宣传活动以现场咨询及图文并茂的图片宣传为主，参加咨询人数近200人，发放宣传资料手册300份，药品50多份。3月，省海航客舱与地面服务部乘务员一行33人，到县细水乡中心小学开展“先进性见行动”结对子献爱心助学活动，向学校捐赠价值4000元的两部电视、两部DVD和一批学校用具，资助20名贫困学生上学。9月份，“达维”热带风暴袭击白沙县，县妇联组织干部职工为灾区群众捐款，共捐出710元和一批衣物。组织元门乡10名春蕾儿童参加“六一”海口一日行活动。

2006年4月，省海航客舱与地面服务中心部分乘务员到细水乡中心小学开展“献爱心”活动。为30名学生购买学习用具。省妇联、省儿基会继续实施“春蕾计划”。上半年有26名贫困学生获得资助资金共计3900元。6月，县妇联积极配合省妇联一行在“六一”国际儿童节期间，对白沙县75名孤儿进行慰问，慰问资金共计3750元。同月，县妇联配合省现代女子医院对全县300多名妇女进行较为全面的检查，为贫困妇女免费妇检提供较好的保障。

2007年4月，县妇联配合海航客舱与地面服务部乘务员到牙叉镇芳香小学开展献爱心助学“结对子”活动。向学校捐赠价值17000多元的学习文具、体育器具和一批书籍。由20名空姐以“一助一”的方式资助20名贫困学生，并访问2名特困学生的家庭，详细了解他们的学习、生活、家庭经济收入情况并给予价值400元慰问品。联合县总工会、团县委开展“共享阳光，共建和谐”——为留守儿童献爱心活动。共筹集爱心捐款15288.4

元。6 月，到县人民医院、牙叉镇牙利老村、方香村分别慰问“留守儿童”，给他们送去1000 元慰问金和学习用具。此外，县妇联还经常组织干部职工看望留守儿童，并赠送慰问金及学习用品，鼓励他们自强不息、努力学习，长大做有用之人。

2008 年，四川汶川地震，县妇联号召全县各级妇联参与抗灾救灾活动，为灾区妇女儿童捐款 5148.4 元。同时，县妇联还发出 1000 多份倡议书，号召广大干部群众及爱心人士为四川灾区捐款，在“幸福工程救助贫困母亲赈灾义演——爱在人间”文艺晚会上，积极配合县委、县政府组织募捐活动，晚会现场募捐活动中当场募捐 178053.80 元。其中各级妇联组织募捐 21479 元。据统计，为灾区妇女儿童捐款 183202.2 元。白沙县女企业家李军捐赠价值 2000 元的学习用品，龙三妹捐赠价值 500 元的学习用品以及县中学、县民族中学、县二小、七坊职业中学、七坊镇妇联、阜龙乡妇联、金波乡妇联、荣邦乡妇联、牙叉镇妇联等各级妇联组织捐赠的学习用品 10529 件，慰问信 675 封。联合县计生局妇委会开展“三查”工作，免费为 700 名农村妇女体检、查环、查孕、妇科病普查防治等，配合省妇联、现代女子医院、县计生局开展 23 期“母婴健康快车”、“关爱妇女生殖健康”免费普查活动，为当地 2500 多名妇女免费提供妇科普查和健康咨询服务。

2009 年，在“六一”国际儿童节期间分别赴牙叉、邦溪、七坊、打安等乡镇慰问留守儿童（孤儿、特困、单亲儿童）共 32 人，并送上学习用品、慰问金 4500 多元。输送17 名贫困女青年到海口经济技术学校就读海南省巾帼励志班。

2010 年 5 月，为进一步落实《白沙县妇女儿童发展规划》，县妇联配合县计生委开展“关注健康，共享和谐”，为母亲送健康活动。着重针对《计生法律法规》《流动人口计划生育工作条例》《生殖健康》《关爱女孩》等内容的进行宣传。发送计生宣传围裙 3000 条、发放避孕药具和妇科保健用品近 700 盒、接受群众咨询约 1600 多人次、查病治病 1300 多人次。8 月，县妇联、县妇儿工委积极配合海南省妇联、海南省现代妇婴医院开展“海南母婴健康快车”送健康公益活动，为 206 名妇女免费提供妇科检查。联合县计生委、县教育局在白沙中学、民族中学、七坊职业中学等地举办青春期健康知识讲座，参加青春期健康教育的学生达 5000 多人，接受学生咨询约 1600 多人次。活动共悬挂横额 120 条、张贴标语 850 张、刷写墙报 15 期、发放关爱女孩宣传材料近 5700 份。联合县委宣传部、白沙新华书店有限公司、海南鹦哥岭自然保护区在白沙革命老区元门中心学校举行“六一”爱心书籍捐赠活动，此次活动共捐赠价值 3000 多元的学习用品。国税局妇委会深入到偏僻的青松乡什松小学开展扶贫助困志愿活动，并为什松小学捐赠价值 3000 元的文体用品。开展“阳光行动 · 爱心助学”活动，发动基层妇联组织为 28 名贫困女大学生捐款，共捐款5175元。在打安镇创建留守儿童流动书屋，并向海南省经济技术学校输送36名贫困女学生就读海南省经济技术学校“巾帼励志”中专班，组织开展白沙县“第三期中国妇女社会地位调查”，是继1990年（第一期）、2000年（第二期）之后，全国妇联和国家统计局在全国范围内开展的具有广泛性、权威性和跟踪性的重要国情、妇情调查。全县有3个乡镇共5个村（居）委会被抽取作为省级兼全国样本，县妇联组织调查员历时20天时间完成入户调查工作，并做好调查问卷的复核和编码工作，高质量地完成调查工作任务。县妇联办公室主任周春花被评为海南省优秀指导员。

四、妇女维权工作

1988年，全县共办普法学习班21期，共有44761名妇女参加。全县自1981年《婚姻法》颁布以来，还有1553对男女青年结婚不登记，通过普法动员，共有760对不登记的补办登记。接待来信来访96宗，已解决82宗。开展反拐活动。有18名女青年被拐到安徽怀远县，县妇联配合公安局开展调查，救出3名女青年，抓捕2名犯罪嫌疑人。

1990年，为解决邦溪农村妇女外流问题。调查组于5月23日到邦溪镇对农村妇女的外流问题进行全面调查和综合治理，至6月23日止，外出的23名农村妇女已回到农村安心搞生产。

1991年，全县各级妇联组织共接待来信来访62宗，其中信访43件，来访21次，已处理51宗。解救被拐卖妇女7人。联合司法局举办5期法律知识培训班，参加学习妇女132人。

1992年，县妇联认真处理妇女群众的来信来访，各级妇联共接待妇女群众来信来访案件56宗，已解决33宗，转去有关单位3宗，余下15宗继续调查解决。

1993年，全县共办各种法律知识培训班16期，参加学习的妇女有563人次。

1994年，县妇联共举办《中华人民共和国妇女权益保障法》培训班56期，受训人数2800人，并组织《中华人民共和国妇女权益保障法》实施2周年检查工作，到乡镇、企业检查《女职工保健工作规定》落实情况。全年共接来信来访67宗，解决34宗，转办21宗，处理率为83%，切实维护妇女合法权益。王梅花（县妇联）、黄荣秀（邦溪镇）被评为海南省宣传《中华人民共和国妇女权益保障法》先进个人。

1995年，继续做好《中华人民共和国妇女权益保障法》和《海南省实施〈中华人民共和国妇女权益保障法〉办法》的宣传贯彻工作，举办普法学习班8期，有1873人参加。努力提高妇女参政水平。当年共提拔副局级以上女领导17名，完成省妇联下达的每个乡镇领导班子中至少有1名女领导的目标和党政机关女领导占15%左右的目标。做好群众来信来访工作。全年共接来信来访38宗，解决23宗，转办15宗。

1996年，县妇联组织宣传车到8个乡镇5个国有农场及4家工厂巡回宣传《妇女权益保障法》和《海南省妇女发展规划》，并推进《白沙县妇女发展规划》的出台。做好群众来信来访工作，全年共接来信来访34宗，解决32宗，转办2宗。

1997年，县妇联继续加大对《中华人民共和国妇女权益保障法》和《中华人民共和国未成年人保护法》的宣传力度，共举办培训班63期，播放录像58场。全年共接来信来访16宗，解决11宗，转办5宗。

1998年，县各级妇联，因地制宜，开展形式多样的“三八”庆祝活动。3月6日晚上，县妇联、县建环局联合举办庆“三八”暨“妇女家园、环境、宣传座谈晚会”。据统计，全县参加“三八”活动的妇女有15800人次。

1999年，县妇联组织宣传车到15个乡镇9个国有农场进行巡回宣传《中华人民共和国妇女权益保障法》和《海南省实施〈中华人民共和国妇女权益保障法〉办法》15次，举办法律培训班23期，共有926名妇女参加。全年共接来信来访27宗，解决25宗，转办2宗。

2000年，县妇联开展“三五”普法实施工作，举办法律学习班23期，参加人数2700多人次。开展禁毒宣传活动15期，出宣传车巡回宣传18次。开展“148”妇女维权周活动。当年表彰“妇女权益保障工作”先进单位4个，“妇女权益保障工作”先进个人7名。全年共接来信来访10宗，解决10宗。

2001年，宣传、贯彻新《中华人民共和国婚姻法》，切实抓好维权工作，县妇联还采取办班和印发新《中华人民共和国婚姻法》小册子的形式进行宣传，县妇联邀请海南大学法学院的讲师叶英萍做新《中华人民共和国婚姻法》专题讲座，共有260人参加，印发新《中华人民共和国婚姻法》小册5000本。

2002年，县妇联与各个单位、乡镇开展“妇女维权”医疗下乡活动，开通“148”维权热线，在活动周期举办各类培训学习班16期，设主咨询点15个，共有760人次参加咨询活动，为4名受害妇女提供法律援助，为15名妇女提供法律服务，发放宣传资料1500份、挂横额18条，张贴标语1000张，图片宣传展104幅，受教育群众达5800多人次。

2003年，县各级妇联组织继续进行《中华人民共和国妇女权益保障法》《中华人民共和国婚姻法》，以及各种法律法规的宣传和普及工作和“四五”普法教育，组织广大农村妇女学习《中华人民共和国婚姻法》《中华人民共和国妇女权益保障法》等各种法律法规，让农村妇女改变结婚不登记的习俗。县妇联邀请省妇联维权部的领导来为妇女做《中华人民共和国婚姻法》专题讲座，还邀请省普法讲师团到白沙县进行普法讲座，全县共举办法律知识学习班15期，参加学习人数875人，全年共接待来信来访44宗，处理38宗，转办4宗。

2004年4月，与各成员单位开展“为实现公平和正义、法律援助在白沙”大型公益活动，并做好妇女来信来访活动，全年共接待来信来访10件。

2005年，全县共接待来信来访6宗，处理6宗，表彰维权先进集体13个，维权工作先进个人23名，金波乡妇联主席符国莉获得“海南省妇联系统信访工作先进个人”荣誉称号，县妇联获得“海南省妇联系统信访工作先进集体”荣誉称号。

2006年是全国妇联系统的“法制宣传年”和白沙县“五五”普法开局之年，也是《中华人民共和国妇女权益保障法》修改后正式实施及《海南省预防和制止家庭暴力规定》正式实施的一年。县妇联建立维护妇女儿童权益联席会议制度、陪审制度、“110”家庭暴力报警中心，完善信访制度，开展法律援助工作，开通维权热线等，逐步形成适应形势发展需要的维权工作平台。在开展“三八”妇女维权周活动期间，县妇联积极联系县农行印发2000册《中华人民共和国妇女权益保障法》和《海南省预防和制止家庭暴力规定》汇编，并联合县检察院、县法院、县司法局开展妇女维权法律服务活动。活动共有100多人参询，发放资料1000多册。共接待来信来访7件、7人次，基本做到事事有回音、件件有回复。县妇联获评海南省《中华人民共和国妇女权益保障法》《海南省预防和制止家庭暴力规定》电视知识竞赛组织奖。

2007年9月中旬，联合政法委在牙叉镇、打安镇开展法律进校园活动，符秀琼主席作题为《和谐催生关爱，孕育智慧，创造奇迹》的讲座。12月初，在全县农村（社区）党组织书记、副书记和村（居）委会主任、副主任培训班上，符秀琼主席应邀为学员们讲授《中华人民共和国婚姻法》和《农村家庭婚姻纠纷调处》。“三八”维权周及法制宣传日，联合县司法局等13个相关单位上街开展法制宣传、法律咨询、法律图片展等活动，共发放法制宣传资料10370份，悬挂语100多条，接受法律咨询472人次，张贴挂图150张。联合县公安局、县一小举办“关心下一代健康成长、交通法规进校园”活动。还邀请县公安局交警队的吴警官为全体学生作一次生动的交通安全知识讲座。王雷局长代表公安局向县一小赠送交通法规光盘。共有师生1734人观看图片展。8月31日县法院民庭副庭长黄茂忠为科干班的学员作题为《男女平等基本国策》《婚姻家庭纠纷》等知识讲座。全县各级妇联组织接到来信来访44件，办结37件，办结率84.1%，结余7件。充分利用“三八”国际妇女节、“六一”国际儿童节、“12·4”全国法制宣传日等活动契机，采取多种形式，开展《中华人民共和国宪法》、《中华人民共和国妇女权益保障法》、《中华人民共和国未成年人保护法》、《中华人民共和国婚姻法》、《海南省预防和制止家庭暴力》和《白沙县妇女儿童发展规划》宣传。当年，荣邦乡妇联主席戴艳荣获“全国妇联系统信访工作先进工作者”荣誉称号。

2008 年 3 月，县妇联、县医院妇委会，在县医院举办妇女维权讲座，县妇联副主席林金妹作《中华人民共和国婚姻法》的专题讲座，100 多名妇女参加学习。联合县政法委、县司法局在七坊、帮溪开展白沙县妇女维权法制宣传讲座。县妇联主席符秀琼、副主席林金妹分别作《中华人民共和国妇女权益保障法》《海南省预防和制止家庭暴力规定》《中华人民共和国婚姻法》的专题讲座，参加讲座学习妇女近 200 余人。同时，在七坊中学开展白沙县“法律进学校”工程法制讲座，县公安局交警大队副队长吴明伍，针对中小学生交通安全防范意识，作《中华人民共和国道路交通安全法》讲座，约 1700 多人参加讲座。县妇联配合县劳动仲裁成功处理一起违反《女职工劳动保护规定》侵害女职工合法权益的案件，切实维护妇女的合法权益。全县各级妇联组织共接待来信来访 57 件、办结 50 件、转办 7 件。

2009 年，“三八”国际妇女节、“六一”国际儿童节来临之即，积极开展《中华人民共和国妇女权益保障法》《中华人民共和国未成年人保护法》《中华人民共和国预防未成年人犯罪法》等政策、法规宣传。3 月 1—9 日，在全县开展为期一周的“三八”维权周活动。5 月，组织基层妇女骨干 42 人，参加全国妇联主办的“亿万妇女学法律.家庭平安促和谐”法律知识竞赛。开展“关注民生 · 共创和谐‘紫竹药业杯’妇女健康知识竞赛”活动，共有 943 名妇女参加。6 月，与县公安局在繁华的街道设立咨询点，开展“关爱妇女儿童，反对拐卖”宣传活动，向过往群众发放反对拐卖妇女儿童宣传资料 1000 多份。加大来信来访的调处力度，共受理来信来访 37 件，结案率 100%。

2010 年初，征订 500 份《南国都市报》，组织广大妇女群众参与“与法同行 · 共创平安家庭”法律知识竞赛活动。3 月，开通“12338”妇女维权热线，通过在户外 LED 显示屏流动播出、印制宣传资料等方式进行广泛宣传，确保妇女维权绿色通道的畅通。同时与相关部门开展“三八”维权周法制宣传活动，发放《中华人民共和国妇女权益保障法》《海南省预防和制止家庭暴力规定》等有关资料，并加强与法院、公安、司法等部门的联系。5 月，与公安局联合开展“关爱儿童，反对拐卖”活动，共发放宣传资料 2000 份，并组织 100 多名妇女骨干走进法院，与法院想换沟通，促进妇女维权工作的开展。共接待来信来访 22 件，处结率 100%。

第四节　白沙黎族自治县科学技术协会

一、科普组织

县科协　1981年1月，成立县科学技术协会（简称“科协”），与县科委合署办公，实行一套人马两块牌子的体制。1986年1月，县科协与县科委分开，独立建制，成为一个群众团体。2002年3月机构改革，科协保持不变，内设办公室、普及学会股、农村科技服务中心股，参照公务员管理编制5名，工勤人员1名，设正副主席各1名。主要负责全县科学技术普及、青少年科技辅导、反映和维护科技工作者合法权益和全县各类学会、科普协会的领导与组织协调工作。

区、乡科协　1986年共成立区级科普协会14个。1998年，全县15个乡镇都有科普协会，75个村委会也建立科普小组。2005年6月，中共白沙黎族自治县委员会、白沙黎族自治县人民政府印发《关于加强和完善乡镇科普协会组织建设的工作方案》，县科协周密部署、精心准备，深入各乡镇进行指导，协助做好乡镇科普协会的会员吸收登记、协会章程草案制定、科普协会新的领导班子选配以及协会成立大会筹备等，完成全县11个乡镇科普协会的充实、完善、加强和优化工作。各乡镇新组建的科普协会基本上由分管科技或农业的副乡镇长任科普协会主席，乡镇团委书记和妇联主席任副主席，并由一名副主席兼任秘书长，具体负责科普协会的日常工作。新的科普协会会员具有更广泛的代表性，会员中妇女、共青团员和科技人员或科技示范户与种养专业户各占1/3，而且基本上每个自然村都有科普协会会员。新的科普协会成立后已开始运作，利用各种社会科普资源，把科技扶贫、技术培训、技术推广、科技示范、妇女工作、共青团活动融合到科普工作中，增强科普协会的吸引力和凝聚力，正逐步成为“弘扬科学精神的阵地，服务农村经济的载体，培训实用技术的课堂，传播科技信息的纽带”。

科普服务队　2008年1月，成立白沙黎族自治县科普工作队，聘请15名热心科普事业的专业技术人员、农业科研院校专家、农场割胶辅导员以及富有实践经验的农民能工巧匠，采取兼职形式组成科普工作队，深入农村，按农民的不同需求、不同时节、不同地域，采取技术培训、科技咨询、科技示范和科普宣传等多种形式，开展科普惠农服务。为改善科普设施，增强培训效果，县科协购置投影机、视展平台、音响等先进的移动多媒体教学设备。

二、科普活动

科普宣传　1990年，县科普领导小组组织科技人员编写《农村实用技术》教材，发行1.5万册。1996年，编写《橡胶栽培》等10种专业实用技术教材5万册。2003年4月完成《白沙黎族自治县农村党员干部读本—农村实用新技术》的编辑印刷工作。同年，4—5月“非典”疫情期间，县科协多次组织医疗科技人员深入乡村和学校，发放张贴防治“非典”科普图片，发放科普图书。同时组织白沙黎族自治县“非典”防治专业人员前往七坊中学、县民族中学、元门乡等，以讲座形式，介绍“非典”防治知识，讲解“非典”防治措施。这一系列活动，在一定程度上坚定群众依靠科学战胜疫情的信心，在维护社会正常秩序、安定人心方面起到应有作用。2004年，县科协在县电视台开设《农村科技》电视栏目，每周六周日晚上播出，节目内容围绕农民群众急需掌握的农村实用技术，主要有种植业、养殖业、农产品加工、农机使用和保养、沼气池建设等内容，成为广大农民群众获取科技信息、学习实用技术的便利途径。同年，建立白沙黎族自治县首家多媒体科技培训室，提供一个声像并茂、直观亲切的培训场所，使科普培训生动活泼、形式多样，扩大培训效果。2009年12月，协会被中国科协科普活动中心评为Ⅳ型科普大篷车试点单位，获得一部设备先进，功能齐全的科普大篷车，该车的投入使用，对白沙黎族自治县的科普宣传工作具有重要意义。

大力开展科技活动月、活动周活动。每年的科技活动月、活动周、科普日，科协都周密部署，邀请专家进行现场咨询活动，发放宣传画册和科技资料，以及开展各种科技下乡活动，使干部群众的科技意识进一步增强，科技兴农水平得到明显提高。并发动社会各界参加《中华人民共和国科学技术普及法》知识竞赛活动，在白沙各地营造宣传《中华人民共和国科学技术普及法》、学习《中华人民共和国科学技术普及法》、依据《中华人民共和国科学技术普及法》开展科普活动的社会氛围。

科技培训　开展实用技术培训，是科普工作的重要形式。县科协每年都举办各类科技培训班近百期，参加人数上万人次。据统计，2001—2010年，共举办培训班1776期，培训人次达130000多人次，一大批农民掌握1～2门技术。如2010年8月，县科协启动科普惠农兴村计划“四送一训”（送资料、送科技、送项目、送成果，开展农业实用技术培训）活动。组建由30名农业专业技术人员组成的“科普惠农讲师团”，组织20辆“科普惠农直通车”，深入乡镇农村开展为期20多天“四送一训”活动，开展农业实用技术培训，送新信息新技术新品种到基层，免费发放农业科技报刊、光盘和技术资料，深入到40个自然村为农民提供技术服务，做到“知识进农户，服务到田头”。

新技术推广 白沙黎族自治县农村科普重点是新技术、新品种、新成果的推广普及。从1988年以来，共引进和推广科技成果58项。如推广水稻抛秧或免耕抛秧技术，免除了稻田翻犁耙和弯腰插秧的艰苦劳动，解放了劳力，节约成本，增加了产量。推广了橡胶低频刺激割胶技术。割胶由原来每2天1刀改为3天1刀或4天1刀，不仅大大降低工作量而且节省树皮，延长割胶年限。推广荔枝龙眼丰产栽培新技术，使全县水果产量大幅增加。推广木薯新品种"华南5号、8号"等，每亩增产30%~50%。引进推广良种黄皮、无胶波罗蜜、马来西亚水晶蜜柚等新品种，丰富白沙黎族自治县水果优良品种资源。推广应用高能抗旱保水剂，用于橡胶、槟榔、水果、甘蔗、木薯等作物保水抗旱，效果良好。在引进试验推广新技术、新品种时，采用"农民参与式"的方法开展科普试验推广工作，提高科技成果向现实生产力转化的速度，推动农业产业的发展，带动农民群众科技致富。如在开展木薯优良品种试验示范种植时，组织农民和农业生产第一线的技术员参与种植试验，并取得成功。

基地建设 为了加快农业科技技术的示范应用和推广普及，县各部门根据县农业产业发展需要，创建一批各具特色的科普示范基地、示范户，作为乡镇干部和农村农民学习技能培训实践基地，达到"学习、示范、实践"三结合。县里从技术、培训、市场、资金等方面为基地建设提供实实在在的服务，提高科普示范水平，达到建一个基地，推广一项技术，促进一个产业发展，带动群众增收致富的目的。2010年，白沙黎族自治县创建凤凰山热带水果、橡胶综合管理、科学养猪、优良笋用竹科普、木薯选育、种植技术、甜玉米栽培技术、甘蔗健康种苗生产等科技科普示范基地。2010年11月，省科协陈民副主席在白沙进行科普工作调研时，对县科协系统积极围绕地方传统产业创办科普示范基地，通过基地建设引导农民推广应用现代农业生产技术的做法给予充分的肯定。

青少年科技活动 为了提高青少年科学素质，县科协每年都在县中学、县民族中学各举办1期初中毕业生农业科普知识讲座，每年组织农业技术人员分别深入各乡镇中学，给即将离校的初中毕业生讲授果树、蔬菜、水稻、甘蔗、木薯、橡胶等农作物栽培知识，让他们了解县情、了解农业技术知识。2001年9月，县科协开展青少年"科普小先生"演讲比赛活动，并在县一小、县中选出3 名学生代表参加省"科普小先生"演讲比赛，获得小组第三名。2006年4月，县科协与县中学、青松中小学合作，组队参加海南省青少年科技创新大赛，3个参赛项目《海南长臂猿种群数量剧减的原因及保护对策初探》、《保护农乡的海南黑冠长臂猿》《保护野蜂资源，维护生态平衡》均获得大赛一等奖，并被推荐参加全国青少年科技创新大赛。其中《海南长臂猿种群数量剧减的原因及保护对策初探》获得全国青少年科技创新大赛十佳。

三、农村科技协会建设

农技协组织建设。白沙黎族自治县从1987年开始有计划培养农民技术人员，到2003年止，先后评定6批，共颁发农民技术人员证书1324人，其中技师13人，助理农技师428人，农民技术员883人。2004年，白沙黎族自治县农民技术人员职称评定不再进行。

截至2010年底，白沙黎族自治县已成立县果蔬协会、县糖业协会、县橡胶协会、县水产协会、县畜牧协会、县农机协会、县水稻协会等7个县级农技协和七坊镇孔八村木薯协会等乡镇、村级农技协，并加强农技协的指导工作，充分发挥农技协作用，引导农民把农业生产向专业化、组织化方向发展，不断提升农业生产技术水平和效率。果蔬协会成立后，先后邀请省荔枝协会专家和本地生产能手开展23场次的水果生产技术交流会，为会员推销荔枝龙眼产品等。2009年9月，白沙黎族自治县果蔬协会被中国科协评为“科普惠农”兴村项目先进专业技术协会。

第五节　白沙黎族自治县工商联合会

一、机构

白沙黎族自治县工商联的前身为白沙黎族自治县商会。1992年10月5日，成立白沙黎族自治县工商联合会筹备领导小组。1993年9月4日，白沙黎族自治县机构编制委员会设立白沙黎族自治县商会（工商联），级别为副局级单位，核定人员编制3人，其中2人经费自筹，工商联隶属统战部管理。2001年7月17日，白沙黎族自治县商会（工商联）更名为白沙黎族自治县总商会（工商联）。2007年1月17日，更名为白沙黎族自治县工商业联合会（县总商会）。

二、代表大会

1994年4月21日上午8时30分，白沙黎族自治县商会（工商联）第一届会员代表大会在县政府六楼召开。出席会议的有省委统战部、省商会（工商联）、县委、县人大、县政府、县政协的领导和县委统战部等有关部门的领导。会议听取《团结全体工商界人士、促进白沙经济发展》的筹备工作报告。县委常委董元培被推选为名誉会长，并在会上作讲话。会议选举产生白沙黎族自治县商会（工商联）第一届执行委员会。

1998年12月25日，白沙黎族自治县商会（工商联）第二届会员代表大会召开，会议通过《努力开创商会工作新局面为白沙经济发展做贡献》的报告，会议表决通过县商会章程修正案。大会选举产生第二届理事会。1999 年，白沙黎族自治县共为公益事业捐赠资金 150 多万元，理事张梅燕捐资 40 万元为青松乡、细水乡修建公路 43 公里；胡文德投入 1.8 万元为南班和南北沟架照明电线；李学谷捐 40 万元为驻地村拉电和整治田洋；吴理文捐 50 万元支持公益事业。

2001 年 12 月 31 日下午，白沙黎族自县总商会（工商联）第三届会员代表大会在县政府召开。会议听取第二届理事会做的《充分发挥总商会的职能作用促进经济持续健康发展》的报告、听取和审议白沙黎族自县总商会（工商联）章程，大会选举产生第三届理事会班子。

2006 年 12 月 7 日，白沙黎族自治县工商联（总商会）第四届会员代表大会在县政府召开。县四套领导班子成员、各部委办局领导及人民团体领导和乡镇书记 150 人参加会议，第三届理事会作《与时俱进，发挥优势，为又快又好构建和谐白沙做出积极贡献》的工作报告，会上县委书记王积权、县委常委符建群分别作讲话，大会选举产生第四届执行委员会。2008 年 4 月，县工商联（总商会）领导班子职务称谓由会长（副会长）变更为主席（副主席）。

三、工商联活动

1994 年 5 月 22 日，白沙黎族自治县商会向县计委呈报《关于兴办赛春雷滋补酒厂的立项报告》，6 月 4 日，白沙黎族自治县计委同意立项兴建赛春雷酒厂。是年 7 月 24 日，和湖南省鹤峰县药植物资源开发研究所签订合同引进赛春雷酒厂专利技术，创办赛春雷酒厂。11 月 2 日，县商会与海南省贫困地区工业贸易实业公司签订合作经营酒厂的合同书，借款 2000 万元。1995 年投入生产，年产 48 万瓶半成品酒。1996 年 10 月 17 日上午，县委副书记、副县长吴井光在县政府招待所宾二楼会议室主持召开解决赛春雷酒厂存在问题会议。会议成立酒厂 3 人领导机构。1998 年，县工商联积极搞好招商引资工作，促成海南荣丰实业有限公司与金波乡政府联合开发高科技医用蛋白缝合合线及獭狸养殖项目。

1999 年 10 月 30 日，林康宁会长积极响应县委、县政府关于“决不把贫困带进 21 世纪”的号召，林康宁会长向邦溪镇黄竹村捐 20 多万元，为全村 11 户黎族同胞进行民房改造，完成 1331 平方米，被当地群众称为“康宁文明村”。白沙黎族自治县商会积极服务企业，2000 年度为七坊高地淀粉厂解决 20 公顷土地种植木薯，发展淀粉产业的问题。

2002 年，县商会组织企业参加在泰国举办的第一届海南乡团联谊会商品展销会参展的有“白沙绿茶产品系列”、龙江木材厂的“橡胶木改性产品系列”，在展会上，参展人员介绍白沙的风土人情，产品优势 让白沙走向世界，让世界了解白沙。8月上旬，林康宁会长带队，由胡文德和4名国有企业代表参加在广西南宁和横县举办的“第三届茉莉花茶交易会”和产品展销会，展现县“白沙绿茶系列”，使白沙绿茶名声远扬。并得到全国工商联副主席严克强的亲自会见。

2003年 4月22日，县总商会首次与地税联合开展对国有企业、民营企业和个体户进行依法诚信纳税表彰活动，受表彰的企业有木棉糖业有限公司、国营金波农场等19个单位。2003年7月，县总商会加大对金秋助学的工作力度，拍摄《优秀特困大学生感谢党和政府、感谢捐助他们的广大非公经济人士》的新闻纪录片。2003年8月15日，县委出台《中共白沙黎族自治县关于非公有制经济发展的若干意见》。2003年，副会长梁浩召筹款7000万元兴建合水糖厂，实现由国有向非公转型 ，解决200多个就业岗位。

2005年5月，白沙黎族自治县受到特大旱灾，县商会主动向省委统战部、省总商会汇报情况，争取省总商会组织企业家支持64台价值15万元的抽水机；林康宁心系山区教育，赠100套高低床给县中学和50套餐桌椅给残疾人，价值近50万；木棉糖厂向农民扶持甘蔗种苗3万吨，价值240万元。全年开展公益事业投入1537万元。

2006年5月24日，应泰国海南商会的邀请，县委组织党政领导干部和企业人士13名出访泰国、新加坡、马来西亚等在泰国中华总商会并与泰国华人企业界名流33人召开推介白沙会。会上，县委副书记陈纯英代表县委邀请泰华九委会访问白沙。泰国《世界日报》《星暹日报》等5家报社报道这次活动，加强与泰国华人社团的联系。11月9日，泰华九属会25位名誉会长回访白沙黎族自治县。12月10日，县总商会（工商联）与县公安局联合开展共创“平安企业”活动，搞好社区联防，维护社会稳定。2008年1月3—16日，县工商联组织企业人士18人到新加坡、马来西亚、泰国三国进交流访问，访问泰国中华总商会，增进对东南亚国家的了解，加深友谊。2008年，县工商联成员为建县20周年活动组织捐资9.5万元；向汶川地震捐款113855元；参与“爱心助学 · 阳光行动”，捐款257800元；各企业参与光彩事业投资919万元。

白沙黎族自治县工商联荣誉一览表

表12-5-1

获得者	荣誉名称	颁发单位
白沙黎族自治县总商会	1999—2000年度先进商会	海南省总商会
白沙黎族自治县总商会	2001年度全省先进单位	海南省总商会

续表 12-5-1

获得者	荣誉名称	颁发单位
县总商会（工商联）	全省总商会（工商联）系统 2002—2004 年度经济服务奖	海南省总商会（工商联）
高玉才	2005—2006 年度全省市县工商联 （总商会）系统“先进工作者”称号	海南省工商联（总商会）
县工商联（总商会）	2009—2010 年度工作创新优秀奖	海南省工商联（总商会）
县工商联（总商会）	2011—2012 年度先进单位	海南省工商联（总商会）
白沙黎族自治县工商联	2011—2012 年度党建工作优秀奖	海南省工商联（总商会）
白沙黎族自治县工商联	全国“五好”县级工商联建设示范点 （2013 年 9 月 25 日湖北宜昌）	中华全国工商业联合会
廖勇锋 （县工商主席）	2011—2012 年度先进个人	海南省工商联（总商会）
王建和 （县工商联专职副主席）	2011—2012 年度先进个人	海南省工商联（总商会）
李少华 （木棉南华糖业有限公司总经理）	2013 年度党建之友	省非公党工委
郑文 （合水糖业有限公司副总经理）	2013 年度优秀共产党员	省非公党工委

第六节　白沙黎族自治县残疾人联合会

一、机构

1988—1994 年，白沙黎族自治县残疾人联合会属于县民政局的一个内设机构，时为股级建制，由县民政局的副局长兼任残联理事长，同县民政局合署办公。1995 年 5 月，成立白沙黎族自治县残疾人联合会（简称“县残联”）。升格为正科级单位，实行计划单列、财政专户、理事长专职，归口政府领导，参照公务员管理，设理事长 1 名，副理事长 2 名，工作人员 2 名。

1997 年，进行第一次换届选举。2002 年 1 月，县编制委员会印发《关于印发县人大、政协、总工会等单位职能配置、内设机构（岗位）和人员编制规定的通知》，明确县残联主要职责、内设机构及人员编制和领导职数。2003 年和 2008 年分别进行第二、三次换届选举，理事长、副理事长也进行调整。

1995—2008 年，乡镇残联工作由残联助理代管。2009 年起，全县 11 个乡镇重新组建乡镇残疾人联合会，残联主席由分管领导兼任，乡镇残联工作有理事长承担。同时，

77 个村全部村级残疾人协会，由村主任兼任协会主席，专职委员承担日常工作。

2010 年，县残联共有理事长 1 人，副理事长 1 人，理事 1 人，科级以上干部 2 人，工作人员 4 人，退休人员 1 人，下设残疾人专门协会 5 个。

二、代表大会

1993 年 6 月，在县政府大楼会议室召开县残疾人联合会第二届代表大会，会期为 1 天。参加会议人员有第二届残联代表大会的代表、列席的代表和特邀的代表。

1998 年 7 月 3 日，在县政府办公楼六楼会议室召开县残疾人联合会第三届代表大会，会议代表总人数 83 名。会议的主要任务有听取和审议第二届主席团工作报告，确定下一个时期残疾人事业发展战略、工作方针和主要任务；选举产生新一届主席团；选举产生出席省残联第四次全省代表大会的代表，推荐省残联第四届主席团委员人选；通过其他重大事项决议。

2002 年 12 月，召开县残疾人联合会第四届代表大会。成立县残疾人联合会第四次代表大会领导小组。领导小组下设办公室、办公室设在县残联。参加代表大会的代表为 69 人，代表中，五类残疾人（含残疾人亲友）占代表总数的 60%以上，黎族代表占代表总数的 60%左右。代表名额的分配方面，乡镇代表 39 名，企事业单位代表 14 名，县直机关代表 16 名。代表中残疾 15 名，听力语言残疾 13 名，视力残疾 8 名，智残亲友 6 名。残疾人及残疾人亲友占代表总的 60%。参加会议总人数 79 人，其中代表 69 人，工作人员 10 人。

2007 年 11 月，召开县残疾人联合会第五届代表大会。成立县残疾人联合会第五次代表大会领导小组。领导小组下设办公室、办公室设在县残联，由符。参加会议总人数 114 人，其中正式代表 85 人，特邀代表 16 人，列席代表 13 人。85 名正式代表中，残疾人（含智力和精神残疾人亲友）占代表总数的 60%以上，黎族代表占代表总数的 60%左右，同时残疾人妇女和农村残疾人占有一定数量的代表。代表名额的分配方面，乡镇代表 49 名，企事业单位代表 9 名，县直机关代表 23 名，省属单位代表 4 名，部队系统代表 1 名。代表中肢残 25 名，听力语言残疾 11 名，视力残疾 6 名，智残亲友 5 名，精神残疾人亲友 4 名。残疾人及残疾人亲友占总人数 51 人，占总代表的 63%。

历次代表大会的基本内容包括听取和审议上一届主席团工作报告，确定之后一个时期的工作方针和任务；选举产生新一届主席团；提出《中国残疾人联合会章程》的修改意见；选举产生下一届海南省残疾人联合会代表大会的代表，推荐海南省残联下一届主席团委员人选；并通过其他重大事项决议。

三、助残工作

截至2010年，白沙黎族自治县共有各类持证残疾人1511人，其中：视力残疾278人，占18.4%；听力残疾40人，占2.6%；言语残疾22人，占1.5%；肢体残疾783人，占51.8%；智力残疾48人，占3.2%；精神残疾128人，占8.5%；多重残疾212人，占14%。全县重度残疾357人，占23.6%。残疾人是弱势群体，绝大多数在农村，很多残疾人在生产和生活上都存在不同程度的苦难和问题，县残联通过调查登记颁发残疾人证分类来推荐帮助残疾人上岗就业。

残疾人康复工作 1988年10月，成立白沙黎族自治县残疾人三项康复工作领导小组，对白沙县的残疾人3项康复工作进行统筹领导。领导小组下设办公室，由民政局局长兼任主任，办公室设在民政局。

1988—2010年，县残联积极配合省残联，协同省眼科医院实施“复明一号”项目以及省政府实施“亮睛工程”项目，为747名白内障患者免费实施复明手术，脱盲率达100%；为10名肢体残疾儿童实施矫治手术；为17名残疾人大小腿假肢进行免费安装，为26名听力语言、智力残疾儿童及其家长进行培训和康复训练，扩大全县残疾人康复受益面；免费为45名精神病患者服药，发放辅助器具9个品种65件，其中赠送轮椅29张，盲杖6副，拐杖13副，配赠助听器5个及其他器材。

培训就业 1988—2010年，县残联推荐15名外出分散就业、个体从业10人，通过协调，在电力部门安排10名残疾人就业；扶持学有所长的残疾人就业，设盲人按摩店1家，安排3名盲人就业，组织和帮助10名盲人按摩培训。举办11期农作物栽培技术、家电维修班，共培训800多人次，并选送100多名残疾人参加省残联举办的各种实用技术培训。

扶贫解困 2005年，白沙黎族自治县对50户农村贫困残疾人危房进行改造。被危房改造的家庭，每户补贴6000元。并成立农村贫困残疾人危房改造工作领导小组。

截至2010年，县残联在全县11个乡镇共扶持25户农村残疾人发展种养业，投入资金11.3万元，完成630户农村贫困残疾人危房改造。向230户残疾人家庭发放“阳光家园计划”家庭补贴金274.5万元。是年，由县残联协调县财政局、县农村合作银行，向第一批312名重度残疾人发放生活补贴金的“一卡通”，共发放资金37.44万元。

残疾人信访工作 成立维护残疾人合法权益的县法律援助中心，根据《法律援助条例》及相关规定开展法律援助工作，为残疾人提供法律咨询与“优质、优先、优惠”的服务，切实维护残疾人合法权益。建立信访专项制度，由专人负责接待和处理残疾人的来信来访。1988—2010年，共接待残疾人来信来访1100人次，对来信来访来电的残疾人，信访接待员都热情接待，耐心解答，对上访对象所提出的有关解决生产、生活困难、子女读书、从事个体经营减免相关税费等问题，都积极主动地与相关主管单位协调。

教育工作 2010年，白沙黎族自治县适龄残疾儿童入学82人，占适龄残疾儿童的62%。截至2010年，经县残联积极协调教育部门，把接收残疾儿童入学与“普九义务教育”结合起来，全县在报名、交学杂费方面得到减免照顾的适龄入学残疾儿童共有312名。同时，实施“中国残联国家专项彩票公益金助学项目”，共资助九年义务教育阶段的残疾学生15人次，辅助金额为19000元；救助贫困残疾大学生和纳入低保的残疾人家庭子女、未纳入低保的重度残疾人子女入学，对符合条件的5名大学生共资助9500元；资助义务教育阶段贫困残疾学生和残疾人子女学生73名，共资助资金54750元。

助残日活动 1991年5月19日是中国第一个法定“全国助残日”。之后每年5月的第二个星期天为法定的“全国助残日”，县残联积极开展“访残助残”活动。1996年5月19日，白沙县民政局等13个单位开展第六次“全国助残日”活动。活动的主题是“预防残疾，增进健康”。2008年5月，白沙黎族自治县开展第十八次全国助残日的活动。活动的主题是“牵手残疾人，走进残奥会”，增强全社会扶残助弱意识，促进残疾人事业与社会同步发展。第十八次“全国助残日”活动由县残联牵头，县政府协调，县宣传部、文明办、民政局、司法局、教育局、卫生局、人事劳动保障局、公安局、文化广电体育局、建设局、交通局等11个单位承办，县总工会、妇联会、团委、武装部等4个单位协办。各相关部门都从本部门的实际出发，开展多种多样的助残活动。

1991年，根据《中华人民共和国残疾人保障法》和《关于开展“全国助残日”活动的通知》精神，白沙黎族自治县以此为契机，组织全县民众学习《中华人民共和国残疾人保障法》，增强执法、守法的自觉性。同时，举办残疾人座谈会，解决存在的问题，感受残疾人的人生价值；各部门、各单位通过广播、电视 、墙报、黑板报、宣传画、横幅、标语、宣传车等形式进行大力宣传《中华人民共和国残疾人保障法》。1992年，成立白沙黎族自治县残疾人福利基金会。主要为广泛筹集残疾人福利基金，推进县残疾人福利事业的发展。由王亚金（县政府副县长）任主任基金会下设办公室，负责日常工作，办公室主任由县民政局局长兼任，办公室设在县残联会。2001年4月，县残联举办《中华人民共和国残疾人保障法》颁布实施10周年系列纪念活动。活动的内容有，一是召开残疾人保证法颁布实施10周年纪念座谈会；二是开展“助残”一条街活动；三是广泛开展“送温暖”“青年志愿者助残”“手拉手红领巾助残”“军民共建”等活动。同时，通过各种形式进行大力组织宣传。11—12月，白沙黎族自治县还专门组织了社会助残募捐活动。

截至2010年，共为570多个残疾人义诊，悬挂及张贴标语170多条，发放《中华人民共和国义务教育法》《中华人民共和国残疾人保障法》《残疾人就业条例》《残疾人权利公约》《公众应急知识手册》共计101册。发放宣传单450多张。共走访慰问80人次，发放慰问金5万多元。

第十三编

政法　军事

1988年4月，设立白沙黎族自治县公安局。截至2010年，白沙黎族自治县公安局内设机构有15个，负责全县的治安管理、户籍及出入境管理、案件侦查与看守所工作、交通管理及消防管理。1988—2010年，白沙黎族自治县共受理公安机关的移送审查批准逮捕案件1250件2013人，受理公安机关和本院自侦部门移送审查起诉案件1219件1912人。1988—2010年，白沙黎族自治县反贪污贿赂局共受理线索271件315人，初查258件297人，立案侦查107件121人，共计为国家挽回经济损失1016.34万元。1988—2010年，控申部门共受理来信来访1880件，其中来信1094件，来访786件。控申部门不断规范和完善举报保密、检察长接待日等相关制度。1988—2010年，白沙黎族自治县法院共受理刑事案件1152件，审结1152件，判处1668人；共受理民商案件6738件，审结5576件；共受理行政案件143件，审结142件；执行案件受理1474件，执结1258件。1988—2010年，白沙黎族自治县司法局在全县范围内积极开展普法工作；县公证处共办理公证业务4509件；县律师业务办理案件总数621件；人民调解委员会办理调解案件6501件，调解成功6242件。1988—2010年，白沙黎族自治县人武部除抓好民兵部队的组建与教育、做好兵役工作及人防国防教育外，通过双拥共建、富岛强兵活动、兴肯强军活动、双拥模范县城创建及抢险救灾等方面积极参与白沙黎族自治县的地方社会发展。

第一章　公　　安

第一节　机构　队伍

一、机构

1988年4月，设立白沙黎族自治县公安局，内设机构有秘书股、政保股、政工办、治安股、预审股、刑警股、内保股、交警股、消防股、看守所和拘留所。下辖牙叉、白沙、元门、南开、细水、打安、阜龙、狮球、光雅、青松、查苗、金波、邦溪、荣溪等14个派出所。行政编制95名。

1990年11月，设立邦溪公安局。1993年9月，秘书股改为办公室，增设法制股、通讯股、户政股。1996年9月，设立桥南和南叉2个派出所。同年12月，设立“110”指挥中心。1998年，撤销内保股，职能并入治安股。 2001年9月，成立白沙黎族自治县公安局治安大队。2003年，撤销预审股，职能并入法制股。同年，撤销南叉、白沙、光雅、狮球4个派出所和邦溪公安局，南叉、白沙派出所撤兵到桥南派出所，光雅派出所该设警务区，狮球派出所该设警务区。将县刑警大队大队部更名为刑警大队办公室。2004年，办公室合并指挥中心，增设装备财务办公室和信访办公室。同年，将禁毒大队单列，副科级建制，挂县禁毒委员会办公室的牌子。2005年，设立白沙黎族自治县公安局强制戒毒所。2008年，白沙黎族自治县公安局强制戒毒所更名为白沙黎族自治县公安局强制隔离戒毒所。2009年，装备财务办公室更名为警务保障室。2010年10月，撤销户政中队，设立行政审批中心，户政中队职能并入行政审批中心。同年，增设刑事侦查大队基础中队。

截至2010年，白沙黎族自治县公安局内设机构有“110”指挥中心、思想政治工作办公室、警务督察大队、警务保障室、法制办公室（信访办）、刑事侦查大队（内设一中队、二中队、基础中队、技术室）、经济侦查大队、治安管理大队（内设治安管理中队、行动中队）、国内安全保卫大队（出入境办公室）、禁毒中队、特巡警大队、交通管理大队（内设车辆管理所、事故中队、秩序中队、龙江中队、县城中队、邦溪中队）、看守所、行政拘留中心和强制隔离戒毒所等15个职能部门，下辖牙叉、桥南、元门、南开、细水、打安、阜龙、青松、查苗、金波、邦溪、荣溪等12个派出所。

二、队伍建设

1988年，为了适应海南建省形势需要，全县公安机关开展一次警容风纪、思想纪律作风整顿活动，学习《公安人员八大纪律、事项注意》和《政法公安人员八条守则》等人民警察条令条例，加强思想工作、职业道德教育。1992年—2000年，每年都选派民警到警校晋升警衔培训学习。1996年，刑警、预审、查苗、细水等单位被省委省政府授予“严打”先进集体称号。2004—2010年，进行公安机关信息化建设，局机关每年都举办信息员、法制员计算机技能操作警务综合应用平台等培训，共有730人次参加培训学习。2007年，阜龙乡派出所被公安部授予“全国爱民实践先进模范集体”，金波乡派出所所长陈如林被公安部授予“全国爱民实践先进模范个人”称号。2009—2010年，公安局派出30名副科级领导干部参加县组织部举办的干部培训班学习，提升执政党的执法理念水平。2010年，县公安局荣获“全省优秀公安局”称号，荣立集体二等功2次，荣立集体三等功3次，被政法委和省公安厅评为“一打双整先进单位”和“积压命案标兵单位”。1988—2010年，刑警、查苗等10个单位先后被评为全省优秀基层单位，8名民警评为全省优秀人民警察，1名民警荣立个人一等功，66个单位荣立集体三等功，132名民警荣立个人三等功。

第二节　治安管理

一、联防群治

随着社会治安与经济发展的需要，在全县社区、居委会、村委会都设立群防群治的联防队和护村队，采取以县公安局下辖派出所为主、治安队和联防队为辅的方式，为白沙社会治安秩序稳定和经济发展保驾护航。

1988年，全县共有治安巡逻队34个，成员123人，治安承包队25个，成员757人，护林保胶队15个，成员346人。共协助公安机关破获治安案件25起，抓获盗窃嫌疑人3名，抓获赌博违法人员10名，缴获赌具2副，赃款1201.95元。

1990年，县公安局治安股、内保股和各派出所建立健全各种群防群治组织，全县共建立护厂队13支34人，护林保胶队14支102人，护院队10支23人。治安巡逻队36支431人，保安队42支670人。

1991年，全县共有乡镇治保队17支成员53人，护村队150支成员370人，护院队14支成员48人，护校队37支成员110人，护厂队40支成员908人，治安联队79支成员1342人，派出所治安队9支成员84人。

1992年，全县建立各种群防群治组织1729个，成员共10887人。

1994年，全县共成立治保会498个成员1879人，治保小组882个成员2734人，调解会458个成员458人。

1996年，全县共有护村队258支成员692人。乡镇保安队39支成员98人，护厂队169支成员1038人，护院队25支成员64人，治安联队128支成员1329人。共制止各类案件156起，提供线索162条，协助查破各类案件98起，其中刑事案件6起、治安案件92起，协助抓获违法犯罪嫌疑人208人。

1997年，全县组建24个保卫股（含5支经警队）和4支保安队，对县委、县政府首脑机关和重点部位进行安全防范和保卫工作。

2003年，全县共有治保会311个成员1590人，治保小组442个成员1962人。共调解民事纠纷86起，提供线索92条，协助查处治安案件16起，协助抓获违法犯罪嫌疑人14人。

截至2010年，全县共建立联防队1675个，治保小组4696个，保卫人员27674人，配备兼职干部210人，开展治安巡逻活动。1988—2010年，全县共受理治安案件8522起，结案8072起。

二、枪支弹药、危爆物品管理

公务用枪管理 1992年，通过检查清查，共收缴废旧枪支60支。1998年，白沙县公安局组织警力，对全县所有使用枪支的单位、个人进行逐一清理重新登记，对使用枪支的人员共进行学习培训3次，收缴不符合规定配发的枪支11支。1999年，根据公安部《关于公务用枪配备办法及贯彻执行有关事项的通知》要求，对使用枪支单位、个人逐一进行清查，重新登记造册，收缴不符合佩带枪支条件的单位、个人枪支。2000年，白沙县公安局结合实际制定《公务枪支管理规定》，规范民警佩带、使用枪支标准，对超范围、超标准配给单位、民警的枪支一律回收入库。2001年，治安部门对民警佩带的枪支进行全面检查，收缴31支超范围发放的枪支。2003年1月22日，为了维护公安队伍铁的纪律，公安部颁布实施"五条禁令"（一、严禁违反枪支管理使用规定，违者予以纪律处分；造成严重后果的，予以辞退或开除。二、严禁携带枪支饮酒，违者予以辞退；造成严重后果的，予以开除。三、严禁酒后驾驶机动车，违者予以辞退；造成严重后果的，予以开除。四、严禁工作时间饮酒，违者予以纪律处分；造成严重后果的，予以辞退或开除。五、严禁参与赌博，违者予以辞退；情节严重的，予以开除），对民警使用枪支进行严格管理。为此，白沙县公安局对118名民警进行资格考核培训，办理合格证118人，配枪民警78人，办理持枪证96人，办理枪证的枪支72支。2004年，白沙县公安局公务用枪进行登记管理。枪支、弹药配备审批、领取、归还、使用、消耗等登记齐全。

民用枪支管理 1989年，收缴黑枪231支、炸药15公斤。1990年，收缴黑枪234支（其中手枪219支、长管粉枪15支），查获非法贩卖黑枪点1个，抓获违法犯罪分子4名。1992年，收缴黑枪32支、子弹56发、炸药96公斤、雷管82枚、导火线56米。1993年，收缴黑枪16支、炸药384公斤、雷管3900枚、导火线900米。1994年，侦破非法贩卖枪支案1宗，收缴黑枪101支（其中仿造军用枪4支、短火药枪52支、长火药枪38支、其他枪7支）、子弹26发、炸药18公斤、雷管160枚、导火线200米。1995年，收缴黑枪18支。1996年，收缴黑枪40支、子弹45发。1997年，收缴黑枪12支。1998年，收缴民用枪支6支、炸药470公斤、雷管674枚、导火线340米。2001年，收缴民用枪支3211支、炸药11.6吨、雷管521枚、军用子弹63发、导火线64023米。2002年，县局收缴民用枪支92支，林业公安局收缴猎枪2支，垦区牙城分局收缴仿制"六四"式手枪1支、长管火药枪147支、子弹4发、炸药136公斤、雷管500枚、导火索250米。

危爆物品管理 1989年，全县共清理整顿危爆物品储存单位31个、销售单位114个、使用单位135个，取缔个体经营烟花爆竹150家，登记办理烟花爆竹销售许可证125

份。1990 年，全县共检查销售、储存单位 135 个，发现隐患 24 处，均责令进行整改。1994 年，全县共清理整顿危爆物品储存单位 10 个、销售单位 1 个、使用单位 145 个，发现隐患 12 处，均责令进行整改。1998 年，根据公安部《关于加强民用爆炸物品安全监督管理的通知》要求，全县共清理整顿危爆物品储存单位 10 个、销售单位 1 个、使用单位 23 个，取缔不符合规定条件储存的单位 2 个。1999 年，全县共清理整顿危爆物品储存单位 10 个、销售单位 2 个、使用单位 21 个，取缔不符合规定条件储存的单位 3 个。2002 年，清查民爆物品使用单位 11 个、储存单位 9 个、销售单位 1 个，发现隐患 3 处，均责令进行整改。

2006 年，根据省公安厅部署要求，白沙县公安局启用“枪支管理信息系统”和“全省民用爆炸物品管理信息系统”2 个系统，从而实现对枪支和民用爆炸物品的数字化管理。

三、特种行业管理

1989 年，清理整顿招待所 19 间（其中国营 13 间、集体 6 间）、旧货业 25 家、刻字业 2 家、印刷厂 3 家（其中国营 1 家、集体 1 家、个体 1 家），发现隐患 12 处，全部责令进行整改。开展旅馆业清查行动查获偷盗行为 2 起，抓获违法人员 4 名。1998 年，对全县的特种行业进行清理整顿共 4 次，清查旅店和招待所 18 间、废旧收购站 32 家、个体流动收购点 28 家、印刷业 5 家、刻字业 4 家，发现隐患 15 处，全部责令进行整改。开展清查行动抓获盗窃人员 5 人、吸毒人员 6 人、打架斗殴人员 3 人。1999 年，清理整顿旅馆 10 间、废旧收购业 25 家、个体流动收购点 18 家、印刷业 15 家、刻字业 3 间、修理业 27 家，发现隐患 8 处，全部责令进行整改。开展清查行动查获偷盗行为 2 起，抓获违法人员 4 名。2000 年，对 6 家复印、打字行业和 5 家印刷业进行调查摸底，要求各复印、打字行业对受理的材料进行登记台账。2004 年，共清查全县旅馆业 13 间、复印业 10 家、废旧收购业 4 家、刻字业 2 家、印刷业 5 家、修理行业 83 家，清查发现隐患 6 处，抓获违法人员 3 人。

1988—2009 年，白沙县公安机关对旅馆业的管理实行传统人工登记。2010 年，白沙县公安机关根据《海南省公安机关旅馆业治安管理信息系统管理规定（试行）》要求，对全县旅馆业全部安装旅馆业信息管理系统，覆盖率 100%，上传旅客住宿信息达 99%以上，利用系统比对抓获省内外逃犯 6 人，破获刑事案件 3 宗，抓获吸毒人员 3 人。

四、打击黄、赌、毒管理

1988 年，海南建省办经济特区，县域经济日益发展，部分地区出现黄赌毒等违法犯罪现象，并很快呈蔓延趋势。1989 年，白沙黎族自治县严抓“扫黄”工作，先后清理和毁没一批淫秽录像带和黄色书刊，取缔4个录像播放点，罚款1.4万元。1993年3月成立“扫黄”工作领导小组。下设办公室，由文化局局长任主任。1995年，白沙黎族自治县发现第一个吸毒者。1998年，强制戒毒75人次。至2000年，抓获贩毒者1人，吸毒者28人。

1997年5月上旬至9月底，白沙黎族自治县委县政府成立禁毒领导小组，在全县范围内开展禁毒专项斗争。通过禁吸、禁种、禁贩“三禁”并举，重点打击走私、贩卖、运输、制造毒品案件；强迫、引诱、教唆、欺骗、容留他人吸食、注射毒品案件；为毒品违法犯罪活动提供各种便利条件的人员、场所或单位；非法经营贩卖麻醉药品、精神药品的人员、药店、诊所；经营掺有罂粟壳火锅的饭店和作为吸毒人员“避风港”的所谓“自愿戒毒医疗机构”。

1999年 8月25日至9月25日，全县开展为期1个月左右的群众性禁赌禁娼专项斗争。查处一批聚众赌博的重大案件；捣毁一批影响坏、危害严重的赌场；严惩一批赌场老板和幕后操纵、保护者；铲除一批组织、强迫、介绍、容留、引诱他人卖淫及嫖宿、组织淫秽表演的犯罪团伙。县综治委直接组织协调和指挥，县综治办具体组织实施，公安局、文体局为主要骨干力量，组织具体行动。县综治委成员各单位、宣传部、公安局、文体局、卫生局、纪检监察、工商管理局、县妇联等部门全力配合，合力齐抓共管。宣传工作由县综治委和宣传部牵头，利用电视、广播、宣传车、横幅等宣传媒介和宣传工具，组织发动强大的禁赌禁娼宣传活动。设立公布禁赌禁娼举报电话（县禁赌禁娼举报电话设在县综治办，为“0890-7723166”）。县综治办组织全县禁赌禁娼工作的检查验收。

2001年4月，成立白沙黎族自治县禁毒委员会领导小组，以加强对全县禁毒工作的领导。2002年，在县委、县政府和“扫黄”“打非”领导小组的组织部署协调下，共查处违法违规的经营单位9家，收缴非法音像制品9060盒，没收非法赌博器材（落币机）12台，有力地打击县城及乡镇、国有农场所在地的非法彩票赌博活动。2001—2006年，全县共组织6次大规模治安整顿。2008—2010年，开展扫黄、禁毒、禁毒突击行动5次。

第三节　户籍、出入境及往来港澳台管理

一、户籍管理

1988—2000年，共办理新生婴儿入户29065人，办理死亡登记27327人，办理常住人口登记179634人，办理第一代身份证132135件。2001—2010年，全县共办理新生婴

儿入户 29065 人，办理死亡登记 6467 人，办理常住人口登记 202792 人，办理第二代身份证 131292 件，共录人口数据 202792 条。

二、流动人口服务管理

1988—1995 年，白沙黎族自治县公安机关根据《海南省暂住人口管理暂行规定》加强对外来人口的管理。全县 14 个乡镇派出所和 9 个农场派出所都指定 1 名专职户口管理人员，对外来人员及时登记、办证，人走及时注销。1996—2010 年，白沙黎族自治县公安机关根据《海南省流动人员管理规定》加强对流动人口、暂住人口的管理，做到来人登记、人走注销。1988—2009 年，白沙黎族自治县公安机关对流动人员管理实行手工登记为主。2010 年，省公安厅在全省各市县推广海南省警务住处综合应用平台，全县登记流动人口 5388 人，改变“人管人”“证管证”的传统管理模式，实现流动人员的数字化管理，达到流动人员信息资源部门共享、动态管理的目的。

三、出入境及往来港澳台管理

1988 年，白沙黎族自治县公安局设政治保卫股，负责公民出境和外国人入境以及港澳台同胞往白沙的管理工作。2002 年 4 月，并入国保大队管理（出入境办公室）。1988—2000 年，每年平均办证 50 个左右。2001 年以后，由于政策放宽，个人出国游或赴港澳台游增多，平均每年出入境服务窗口接待受理公民出国（境）及往来港澳台申请 850 人次。其中包括受理因私出国申请，受理赴港赴澳探亲申请、赴港赴澳团队旅游，受理赴台团聚、居留。2008—2010 年，县公安局根据公安部的部署，开展对涉及人员出入境及往来港澳台管理“三非”（非法入境、非法居留、非法就业）的专项行动，共查处滞留在白沙黎族自治县的“三非”外国人 5 人。对“三非”外国人，已根据有关规定陆续遣返。

第四节 案件侦查与看守所工作

一、刑事侦查

1989 年，白沙黎族自治县组织 4 次专项行动打击各种刑事犯罪活动，共破获刑事案件 66 宗，抓获各类违法犯罪分子 453 名，追缴黑枪 232 支，弹药 170 公斤，各种赃物赃款计 12.96 万元。1988—2010 年，县公安机关共立刑事案件 3369 宗，侦破各类刑事案件 2300 宗。共抓获各类违法犯罪嫌疑人 2865 名，刑事拘留 2165 人，呈捕 2113 宗、2100 人，批捕 2101 宗、1971 人，移送起诉 2112 宗、2105 人，抓获网上在逃人员 129 人，打击各类犯罪团伙 141 人。

1988—2010 年白沙黎族自治县各类刑事案件破案情况表

表 13-1-1

案件名称	案件数（宗）	破案件数（宗）	破案率（%）
故意杀人	51	45	88
故意伤害	423	267	63
盗窃	1622	878	54
抢劫	318	216	67
抢夺	31	11	35
贩卖毒品	50	50	100
强奸	69	48	69
诈骗	82	45	54
敲诈勒索	51	45	88
故意毁坏财物	61	58	95

二、经济侦查

随着白沙县经济日益发展，各类经济犯罪现象也相应增多。2004 年 11 月，白沙县公安局在刑警大队成立经济犯罪侦查中队，编制为正式民警 3 名。2004 年，共立经济犯罪案件 4 宗，破案 2 宗。2009 年 10 月，单独设立经济犯罪侦查大队，编制为正式民警 4 名。通过加强经济犯罪侦查队伍力量，经济犯罪侦查工作全面展开，全力打击经济犯罪分子，有力地打击经济领域的违法犯罪活动。2001—2007 年，共立经济犯罪案件 12 宗，破获 12 宗，抓获经济犯罪嫌疑人 15 名。2008 年，未立经济犯罪案件。2009—2010 年，全县共立经济犯罪案件 6 宗，破获 6 宗。

三、看守所工作

1988—2010 年，白沙县设有看守所，为白沙县公安局内设股级基层单位。主要职能为负责对被羁押的犯罪嫌疑人、罪犯实行看守；负责对犯罪嫌疑人、罪犯进行政治及思想教育；管理和保障罪嫌疑人、罪犯的生活、身体健康等。2000 年，白沙县看守所被海南省公安厅评为三级看守所。设有看守房室 10 间，面积 200 平方米。2003 年，看守所月均关押案犯 81 人。2004 年，看守所月均关押案犯 76 人。2005 年，看守所月均关押案犯 87 人。2006 年，看守所月均关押案犯 58 人。2007 年，看守所月均关押案犯 54 人。2008

年，看守所月均关押案犯 74 人。2009 年，看守所月均关押案犯 128 人。2010 年，看守所月均关押案犯 120 人。

第五节 交通管理

一、交通管理工作

1988—2004 年，白沙黎族自治县交通警察大队隶属省公安厅交警总队和白沙公安局双重领导的正股级单位。2004 年，县交通警察大队的人、财、物交白沙黎族自治县公安局直接管理，更名为白沙黎族自治县公安局交通管理大队，属县公安局副科级单位，内设机构有办公室、车管所、秩序中队、县城中队、事故中队、龙江中队和邦溪中队，民警编制 15 人。2010 年，白沙黎族自治县交通警察大队设有大队长 1 名，教导员 1 名，民警编制 15 名，协警 29 人。

1988—2000 年，全县共办理驾驶证 3245 本，全县拥有机动车 1245 辆。2001—2010 年，县公安局交警管理大队出动警力 14540 人次，检查纠正各类交通违章 31600 辆次，暂扣各类机动车辆 9610 辆次，行政拘留 138 人次，共处理交通事故 686 宗，因交通事故死亡 48 人，受伤 872 人，经济损失 1541350 元。其中，2006 年，共发生道路交通事故 49 起，死亡 9 人，受伤 62 人，直接经济财产损失 4.12 万元，未发生一次死亡 3 人以上的道路交通事故。2007 年，共发生道路交通事故 60 起，死亡 21 人，受伤 89 人，直接经济财产损失 7.14 万元，未发生一次死亡 3 人以上的道路交通事故。2008 年，共发生道路交通事故 91 起，死亡 11 人，受伤 132 人，直接经济财产损失 392351 万元，未发生一次死亡 3 人以上的道路交通事故。2009 年，共发生道路交通事故 218 起，其中适用一般程序处理的交通事故 99 起，死亡 12 人，受伤 171 人，直接经济财产损失 15.04 万元，与上年同期相比分别上升 8.79%，上升 9.09%，上升 29.55%，下降 99.996%。适用简易程序处理 119 起，受伤 82 人，直接财产损失 23.75 万元，与上年同期相比分别上升 1090.0%，上升 925.0%，上升 719.7%，未发生一次死亡 3 人以上的道路交通事故。2010 年，共发生道路交通事故 310 起，其中适用一般程序处理的交通事故 96 起，死亡 13 人，受伤 203 人，直接经济财产损失 19.01 万元，与上年同期相比分别下降 3.03%，上升 8.33%，上升 18.71%，下降 26.40%。适用简易程序处理 214 起，受伤 187 人，直接财产损失 16.39 万元，与上年同期相比分别上升 79.83%，上升 128.05%，下降 13.78%，未发生一次死亡 3 人以上的道路交通事故。

截至2010年，全县共拥有机动车17741辆，摩托车15741辆。

二、"110"指挥工作

1988年，设通讯股，负责全县公安机关的应急指挥和上传下达的通信工作。1996年12月，根据公安部和省公安厅的要求，成立白沙黎族自治县公安局"110"报警服务台，负责接处警的指挥工作；刚成立时，只有2部接警报警电话，以手工记录为主。1996—2000年，平均每天接报警和救助电话8次。2001年以后，平均每天接报警和救助电话10次。

2006年，全县实现"三台合一"（"110""119""122"），即接警号码整统一为"110"报警号码。"110"指挥中心除接报警电话之外，每年还参与县或省厅重要警务活动安保工作的指挥工作。每年的1月10日作为"110"指挥中心的宣传日活动，指挥中心民警积极主动走上街，向群众宣传"110"报警服务台的接处警工作。2010年，在县城主要路段安装视频监控摄像头，"110"报警服务台由手工接警升级为"三合一"接处警系统，全年共接报警电话3847次。

第六节　消防管理

一、机构

1989年，海南省消防总队成立后，在原白沙黎族自治县公安局消防股的基础上成立白沙黎族自治县公安局消防大队，地址位于白沙黎族自治县牙叉镇桥南路南湖校区。

2002年3月，下辖1个基层消防中队。2010年，贯彻落实省消防总队关于"大中队一体化"的要求，大队部从原公安局院内搬回消防中队营区，实现办公管理一体化。有官兵32人、消防车5辆，大队营区占地1.07公顷。

二、装备设施

2003年，建成白沙黎族自治县消防中队，大队有基本的营房装备，结束白沙黎族自治县公安消防大队没有中队营房的历史。在此基础上，白沙黎族自治县政府筹集资金购买水罐消防车1辆，省消防总队配发大功率的消防车1辆，使消防车数量达到2辆。2005年，白沙黎族自治县政府配套4.3万元资金购买消防员的个人防护装备，其中包括空气呼吸器、呼救器和防护服，使消防员的装备得到进一步改善。2009年，配备一些消防装备，购买多功能救援消防车1辆。截至2010年，大队有2辆执法业务车，3辆消防车，1辆后勤保障车。

三、消防工作

1989年大队成立后，深入贯彻《中华人民共和国消防法》、《海南省消防条例》和《机关、团体、企业、事业单位消防安全管理规定》，努力践行“责任重于泰山、防范胜于救灾、隐患险于明火”的指示精神，以加强消防监督规范为突破口，狠抓业务建设和队伍建设，充分发挥大队基层的作用，开展一系列卓有成效的工作。2009年，以强化火灾隐患整治为抓手，开展“铁拳行动”和“利剑行动”，集中消除一批火灾隐患。2010年，认真贯彻部署构筑“防火墙”工程，以雅登大酒店为试点，在全县重点单位人员密集场所推广消防安全“四个能力”建设，包括发现火灾隐患的能力、组织扑救初期火灾的能力、组织人员疏散逃生的能力、组织消防培训的能力，并利用“11·9”全国消防日和“5·12”全国防灾减灾日进行消防知识宣传。

典型案例纪实

2003年3月4日14时30分,白沙黎族自治县距县城42公里处的七坊镇海南地方国有木棉糖厂露天堆放的甘蔗渣堆垛发生火灾，使整个厂生产中断。火灾烧毁甘蔗渣2500吨，1条电缆线，2条传送带，直接经济损失3.7万元。2007年3月9日17时14分，白沙黎族自治县公安消防中队接县公安局指挥中心火警指令，白沙黎族自治县粮食储备库发生火灾。白沙黎族自治县消防中队立即出动2辆消防车，8名消防指战员赶赴火场。17时19分，消防队到达火场出水救火，当时火势已突破仓库外壳，呈猛烈燃烧的状态，过火面积大、可燃物多、热辐射大，且与相邻库房相距不足7米，对火灾扑救造成很大苦难。21时10分，历时近4小时，将火扑灭，全体参战官兵发扬不顾疲劳、英勇奋战的精神，科学运用灭火技术和战术，成功控制火势并最终消灭火灾，防止火灾向邻库的蔓延。

第二章 检　察

第一节 机　构

一、白沙黎族自治县人民检察院

1988年，白沙黎族自治县检察院内设机构有办公室、经济检察股、法纪检察股、刑事检察股、监所检察股、控告申诉检察股、政工人事股等7个职能部门。1989年增设税务检察室。1990年，刑事检察股分开设立刑事检察一股和刑事检察二股。刑事检察一股的主要职能是对刑事案件进行审查，作出是否批准逮捕的决定；刑事检察二股的主要职能是刑事案件进行审查起诉。1998年，内设机构的变更主要有以下4个方面：一是内设机构的名称由“股”变更为“室”；二是设立反贪污贿赂局，其前身是经济检察股；三是设立民事行政检察室；四是刑事检察一股更名为审查批捕室，刑事检察二股更名为审查起诉室；五是取消设立税务检察室。2002 年，内设机构的变更主要有以下 3 个方面：一是内设机构的名称由“室”变更为“科”；二是设立反渎职侵权科，其前身是法纪检察股；三是审查批捕室更名为侦查监督科，审查起诉室更名为公诉科。2005 年，“渎职侵权科”更名为“反渎职侵权局”。2009 年，设立七坊检察室。2010 年，设立职务犯罪预防科和司法警察大队。

截至 2010 年，白沙黎族自治县人民检察院内设机构有办公室、政工科、反贪污贿赂局、反渎职侵权局、职务犯罪预防科、侦查监督检察科、公诉科、控告申诉检察科、监所检察科、民事行政检察科、业务监督管理中心、司法警察大队、七坊检察室等 13 个职能部门。

二、乡镇检察室

2008 年 11 月 28 日，县检察院在七坊镇挂牌成立七坊检察室。七坊检察室辖区包括七坊镇、打安镇、邦溪镇、金波乡、荣邦乡、阜龙乡、青松乡及国营邦溪农场和白沙黎族自治县打安热作场。有 46 个村委会，282 个自然村，163 个生产队，面积 1381 平方公里，人口约 12 万人，是以黎族为主的少数民族聚居地区。

七坊检察室立足检察职能，深入推进社会矛盾化解、社会管理创新、公正廉洁执法三项重点工作和治安环境综合治理工作，延伸法律监督触角，服务“三农”，着力解决影响社会和谐稳定的源头性、根本性和基础性问题。七坊检察室自成立至 2010 年 12 月，通过“定点加巡回”的工作模式深入走访 7 个乡镇、46 个村委会、2 个国有农场，共计 550 余次，发放各种宣传资料共计 14000 余份，受理各类来信来访 67 件，接待群众来访 89 人次。收集各类职务犯罪线索共计 34 件，其中由县检察院自侦部门立案侦查 19 件 33 人，主动介入并成功化解矛盾纠纷 50 余件，帮助 600 多名群众解决实际困难，成功督促 7 名犯罪嫌疑人投案自首。

第二节　侦查监督与民事行政检察

一、侦查监督

1988—2010 年，县检察院共受理公安机关的移送审查批准逮捕案件 1250 件 2013 人，经审查批准逮捕 1193 件 1920 人，批准逮捕人数占受理人数的 95%；对应当逮捕而未提请逮捕的，依法追加逮捕犯罪嫌疑人 81 人，纠正漏捕 58 人；监督公安机关立案 57 件，监督公安机关依法撤销案件 11 件。

1988—2010 年，白沙黎族自治县检察院共受理公安机关和院自侦部门移送审查起诉案件 1219 件 1912 人，经审查提起公诉 1069 件 1603 人，占受理人数的 83.8%，作出不起诉决定 60 件 97 人。建议公安机关撤回移送审查起诉 2 件 2 人，提起抗诉 1 件 1 人。白沙黎族自治县检察院在认真履行指控犯罪和诉讼监督职能的同时，注重提高办案效果和质量，以实现法律效果和社会效果的有机统一。

二、民事行政检察

1998 年，为加强对人民法院的民事审判、行政诉讼活动的法律监督，白沙黎族自治县人民检察院成立民事行政检察室，依法行使民事行政检察权，对违法情形和生效判决进行法律监督，纠正诉讼违法行为和裁判不公问题，维护司法公正。

1998—2010 年，县检察院民事行政监察部门共受理民事、行政申诉案件 2 件，经立案调查后作出不提请抗诉决定 2 件。受理民事督促起诉案件 99 件，经立案调查后发出《民事督促起诉书》80 份，涉案金额 696 万多元，挽回经济损失 102 万多元，有效地避免国有资产的流失。向行政机关或企事业单位发出《检察建议书》10 份，有关单位采纳 10 份，取得良好的社会效果和法律效果。

第三节 反贪污贿赂检察

一、反贪机构

1980 年白沙黎族自治县人民检察院设立经济检察股（反贪污贿赂局前身），专门办理经济犯罪案件。1998 年，县检察院成立反贪污贿赂局，局长 1 名，副局长 1 名，工作人员 3 名，负责办理由本院直接立案侦查的全县有影响的贪污贿赂等案件；上级机关交办、督办的案件；本院辖区职务犯罪预防工作；研究、总结辖区内职务犯罪的特点和规律，提出贪污贿赂职务犯罪的预防对策；负责开展辖区监察环节中其他社会治安综合治理工作和职务犯罪预防工作的法制宣传。

二、反贪检察

1988-2010 年，县检察院反贪局及其前身经济监察股充分发挥反贪污贿赂法律监督职能，采取切实可行的措施，重点查办国家机关、国有企业、农村基层组织等多层次人员、国土规划、教育医疗、金融税务、支农惠农等多个领域里的贪污贿赂犯罪案件。在此期间，反贪污贿赂局共受理线索 271 件 315 人，初查 258 件 297 人，立案侦查 107 件 121 人，共计为国家挽回经济损失 1016.34 万元。

第四节　控告申诉检察

1988—2010年，控申部门共受理来信来访1880件，其中来信1094件，来访786件（其中集体访12件），受理的线索除直接答复外，均已按规定及时审查分流至相关部门办理。1988年以来，控申部门不断规范和完善举报保密、检察长接待日等相关制度，强化线索初核工作、举报有功人员奖励工作和刑事申诉案件、刑事被害人救助案件办理力度。同时，坚持开展举报宣传周（月）活动，定期通过大接访活动、“12·4”全国法制宣传日活动以及和院其他部门联合开展送法下乡、职务犯罪预防工作宣传等工作，利用上街设点、发放宣传资料、接受法律咨询等方式，开展举报宣传、警示教育和法制宣传，畅通信访渠道，提高人民群众的法律意识，激发群众举报的热情和参与反腐败的勇气。

2010年3月30日上午，海南省检察院第二分院副检察长、控告处处长等一行7人到白沙黎族自治县七坊镇开展检察长接访活动。白沙黎族自治县检察院副检察长及控申科、七坊镇检察室干警参加接访活动。此次接访活动共接待辖区群众40余人，涉及案件35宗，来访诉求的内容涉及行政机关不作为、土地纠纷等，包括部分涉农案件及民事纠纷。接访期间，共散发《举报宣传知识手册》等宣传资料600余份。

此外，县检察院积极开展举报有功人员奖励，激发群众举报热情。2010年底，县检察院接到举报人来信举报称，荣邦乡岭尾村原村委会党支部书记洪某利用职务之便私自编造假证明，冒领国家退耕还林补助款。后经县检察院反贪局调查证实，荣邦乡岭尾村原村委会书记洪某和村委会委员兼出纳陈某私自编造假证明并办理“谭国来”的虚假身份户口，冒领国家退耕还林补助款共计人民币3万多元。县检察院依法提起公诉，白沙县人民法院对洪某和陈某作出有罪判决。县检察院根据《人民检察院举报工作规定》《白沙县检察院职务犯罪举报奖励暂行办法》，对提供线索的举报人给予物质奖励3500元，激发群众举报热情，扩大举报线索来源。

第三章　法　　院

第一节　机　　构

1988年，白沙黎族自治县人民法院下设机构有办公室、刑事审判庭、民事审判庭、经济审判庭、人事股、牙叉法庭、查苗法庭、光雅法庭、白沙法庭。

1989 年 4 月 20 日，正式更名为白沙黎族自治县人民法院，并启用新印章。

1989 年 8 月，增设告诉申诉庭。1991 年 1 月，增设行政审判庭和政工室。1992 年初，增设执行庭。1993 年 11 月 19 日，撤销白沙法庭并设立邦溪法庭。1994 年 6 月 22 日，增设司法警察大队。1996 年，撤销牙叉法庭。1998 年，增设立案庭和审判监督庭，撤销告诉申诉庭。1999 年，撤销光雅法庭，查苗法庭更名为七坊法庭。2002 年，县人民法院内设机构统称谓统一为"庭（室、科）"。2003 年，撤并民事审判庭、行政审判庭为民事行政审判庭，设立纪检监督监察室，撤销经济审判庭、邦溪法庭和审判监督庭。2008 年 12 月，执行庭更名为执行局。2010 年 3 月，增设研究室，恢复审判监督庭，民事行政审判庭分设为民事审判庭、行政审判庭；12 月，恢复邦溪人民法庭。

截至 2010 年底，全院共有 13 个部门，即办公室、政工室、纪检监督监察室、研究室、立案庭、刑事审判庭、民事审判庭、行政审判庭、审判监督庭、执行局、司法警察大队、七坊人民法庭、邦溪人民法庭。全院成立第一党支部、第二党支部、团支部、妇委会、工会等党群组织。

第二节 案件审判

一、刑事案件审判

1988 年，县法院贯彻执行"严打"斗争，先后在县城、荣邦、芙蓉田农场等地召开宣判大会五场，判处罪犯 22 人。

1996 年，县法院根据县委、县政府的统一部署，成立"严打"斗争领导小组，制定"严打"斗争方案，并组成 2 个"严打"刑事审判合议庭和 1 个"严打"工作组，审判检察机关起诉的案件和协助公安机关对重点地区的整治工作。同年，共受理刑事案件 59 宗 95 人。此外，分别在县城、邦溪镇、白沙镇和国有龙江农场等地召开 6 次宣判大会。

2003 年，县法院继续深入开展"严打"整治斗争，坚决贯彻依法从重从快的"严打"方针和"稳、准、狠"的刑事政策，重点打击抢劫、强奸、伤害等严重危害社会治安的暴力犯罪和盗窃、抢夺等严重影响人民群众安全感的多发性犯罪；严厉打击毁林开垦、非法占有农用地和破坏生产经营等破坏环境资源，以及"坑农""害农"的犯罪活动；依法严惩贪污、挪用公款和妨害作证等职务犯罪。同时，积极参与社会治安综合治理，抓好未成年人犯罪案件的审判，预防和减少违法犯罪。当年共受理各类刑事案件 55 宗 69 人，审结 55 宗 69 人。

2008—2010 年，县法院认真贯彻落实“宽严相济”的刑事政策，一方面保持“严打”高压态势，对各类严重刑事犯罪坚决严厉打击，做到“该严则严”，另一方面，从犯罪的主体、主观、种类、情节上区别对待，特别是未成年人犯罪，轻微刑事犯罪，交通肇事等过失犯罪，被告人积极赔偿并得到被害人谅解的，具有自首、立功表现的，中止犯、从犯等构成犯罪，依法从轻或者减轻处罚，做到“以宽济严”。同时，认真贯彻“疑罪从无”的原则，积极推行量刑规范化审判改革。此外，推出刑事审判巡回法庭，选取发生在人民群众身边、具有广泛代表性和深刻警示意义的典型案例，在乡镇或者案发地，进行就地审理或现场宣判，在方便案件当事人的同时，也为广大人民群众送去生动、直观的法律教育。如针对白沙黎族自治县农村村民爱喝酒，且酒后多有打架斗殴的现象，2010 年 7 月，刑事审判巡回法庭选取被告人洪某康、洪某尾兄弟俩酒后打架造成两人相互重伤的故意伤害案件，到兄弟俩所居住的村里面公开开庭审理，通过庭审，告诫村民喝酒要适量，要把精力放在生产经营上。加大适用简易程序审理案件的力度，进一步提高办案的效率。2010 年，共受理各类刑事案件 112 宗 149 人（公诉案件 111 宗 148 人，自诉案件 1 宗 1 人），结案 112 宗 149 人。其中，审理经济犯罪案件 7 宗，为国家挽回经济损失 75 万元。适用简易程序审理 53 宗，占刑事案件受理总数的 47.32%。

1988—2010 年白沙黎族自治县刑事案件审结情况一览表

表 13-3-1

年度	受理件数（件）	审结件数（件 ）	判处人数（人）
1988 年	36	36	76
1989 年	29	29	56
1990 年	63	63	85
1991 年	46	46	58
1992 年	41	41	66
1993 年	15	15	29
1994 年	37	37	55
1995 年	18	18	36
1996 年	59	59	95
1997 年	46	46	87
1998 年	51	51	67

续表 13-3-1

年度	受理件数（件）	审结件数（件 ）	判处人数（人）
1999 年	38	38	57
2000 年	39	39	68
2001 年	52	52	73
2002 年	52	52	65
2003 年	55	55	69
2004 年	58	58	83
2005 年	62	62	79
2006 年	50	50	63
2007 年	47	47	61
2008 年	46	46	61
2009 年	100	100	130
2010 年	112	112	149

二、民事案件审判

1988 年，民事审判与经济审判分立，民事审判主要以审理婚姻、家庭等传统案件为主，经济审判主要以买卖合同为主。全年共受理各类民事案件 163 件，审结 144 件；受理经济纠纷案件 40 件，审结 40 件。在民事纠纷中，婚姻纠纷 122 件，占 84.7%，居民事案件总数的首位；在经济纠纷案件中，购销合同居第一位，占总数的 27%。

2003 年，形成大民事审判格局，民事纠纷和经济纠纷不再分立，共受理各类民事纠纷案件 161 宗、结案 156 宗，结案率 99%。

2006 年，县法院加强对社会主义新农村建设中出现的各类案件的审理，特别重视农村土地承包经营权纠纷案件的审理，对涉及农业、农村和农民经济发展的林地、土地等承包合同纠纷案件，严格按照《中华人民共和国合同法》、《中华人民共和国土地承包法》和相关司法解释的规定进行审理，依法维护当事人的合法权益，保障农村土地承包经营权的正常流转。

2009 年，县法院按照省高院的统一部署，依法清收农村信用社不良贷款工作，成立工作小组深入农村、农场连队，采用重点清收和拉网式的方式，通过依法调解和判决审结大批不良贷款案件，共受理清收案件 452 宗，收案标的 1203.97 万元，结案 452 宗，结案标的 1126.46 万元，结案率 100%。在清收工作的震慑下，当事人主动到信用社还款共 900 余万元。在审理婚姻家庭、抚养赡养、人身损害赔偿等案件中，注重保护妇女、儿童、老人等弱势群体的合法权益，在民事审判庭内设立妇女维权合议庭。此外，重视涉军及军属案件的审理，成立涉军案件合议庭，专门审理涉军案件。

2009—2010 年，设立“胶林法庭”“田间法庭”“夜间法庭”“电话法庭”，在各乡镇、农场设立办案点，深入农村、连队巡回办案。2010 年，开展巡回法庭就地办案 501 件次。

1988—2010 年白沙黎族自治县民商案件审结情况一览表

表 13-3-2　　单位：件

年度	受理	审结	调撤
1988 年	203	184	145
1989 年	172	151	103
1990 年	205	192	140
1991 年	237	221	159
1992 年	227	216	146
1993 年	210	200	152
1994 年	174	167	127
1995 年	326	323	101
1996 年	203	194	140
1997 年	217	212	136
1998 年	172	170	103
1999 年	171	169	130
2000 年	190	185	131
2001 年	223	221	135
2002 年	182	180	95
2003 年	161	156	98
2004 年	260	255	131
2005 年	208	199	117
2006 年	164	160	103
2007 年	177	171	99
2008 年	223	221	137

续表 13-3-2

年度	受理	审结	调撤
2009 年	671	667	579
2010 年	762	762	677

三、行政案件审判

1991 年之前，行政案件由民事审判庭或经济审判庭审理。1991 年初，县法院成立行政审判庭。2003 年，县法院内部改革，行政审判庭被撤销，与民事审判庭合并为民事行政审判庭。2010 年，恢复行政审判庭。

1988—2010 年白沙黎族自治县行政案件审结情况一览表

表 13-3-3

年度	受理（件）	审结（件）	结案率（%）
1988 年	3	3	100
1989 年	0	0	0
1990 年	4	4	100
1991 年	10	9	90
1992 年	12	12	100
1993 年	3	3	100
1994 年	4	4	100
1995 年	4	4	100
1996 年	2	1	50
1997 年	1	1	100
1998 年	1	1	100
1999 年	9	9	100
2000 年	13	13	100
2001 年	4	4	100
2002 年	17	17	100
2003 年	4	4	100
2004 年	4	4	100
2005 年	6	6	100

续表 13-3-3

年度	受理（件）	审结（件）	结案率（%）
2006 年	20	20	100
2007 年	8	8	100
2008 年	1	1	100
2009 年	11	1	100
2010 年	2	2	100

1988—2010 年，行政申讼案件主要是不服行政处罚和土地确权案件。县法院坚持对行政案件合法性进行审查的办案原则，依法审理行政案件，既保护公民、法人和其他组织的合法权益，监督和支持行政机关依法行政，维护行政机关依法行使职权的权威；妥善处理涉及“三农”问题的农村土地确权案件，及时纠正不当的具体行政行为，充分体现行政诉讼的救济职能和监督职能。

四、审判监督

1998 年，按照最高法院提出的再审案件立案和审判、审判与执行两分立的改革要求，县法院撤销告诉申诉审判庭，设立立案庭和审判监督庭。2003 年，审判监督庭撤销后，由纪检监督监察室行使审判监督职能。2010 年，审判监督庭恢复。

1998 年以来，共受理申诉复查申请案件 27 件，再审案件 4 件。通过对法官的监督与保障当事人充分行使诉权，以及对错判的补救，达到纠错防错的目的，从而保障裁判的正确性，提高司法质量，实现司法公正。一是案件质量评查。评查的主要内容是：诉讼程序是否合法；认定事实是否清楚；适用法律是否正确；是否超审限；庭审职能是否体现；当事人的诉讼权利是否得到保护；强制措施的运用是否恰当等。二是司法质量考核评议。每季度对法官所结案件的调解率、判决率、上诉率、发回重审率、执行标的到位率等指数予以通报、讲评并进行全面分析，找出存在问题，研究整改措施，促进司法质量和司法水平的提高。三是违法审判的责任追究。县法院建立健全审判过错责任追究制度，坚持对二审发回重审改判案件进行评查，对审判过错责任人员予以通报批评，严肃办案纪律，增强办案人员工作责任心。

五、案件执行

1992 年以前，执行工作主要由经济庭负责。1992 年初，县法院按照上级法院审执分立、审执并重的模式要求，成立执行庭，配备专职执行人员，专门负责执行工作。

1992—2010年白沙黎族自治县执行案件执结情况表

表13-3-4

年度	受理（件）	执结（件）	结案标的（万元）
1992年	11	6	14.00
1993年	108	85	231.20
1994年	89	82	152.30
1995年	19	15	43.88
1996年	29	23	24.95
1997年	29	25	125.06
1998年	107	63	45.44
1999年	168	127	533.81
2000年	52	45	929.70
2001年	139	118	1203.67
2002年	89	77	868.67
2003年	71	63	756.80
2004年	69	62	434.10
2005年	96	91	517.06
2006年	54	51	149.14
2007年	63	57	264.41
2008年	54	51	547.57
2009年	94	89	287.81
2010年	133	128	507.75

1992年，共受理执行案件11宗（包括外地委托执行5宗），完全执行6宗，部分执行5宗，总执行标的为14万多元。

1999年，县法院贯彻海南省委政法委的会议精神，成立“执法年”活动领导小组，利用双休日组织全院干警上街头开展案件执行宣传活动，张榜公布不自动履行生效判决文书所确定义务的被执行人名单，共有 8 个“老赖”自动履行义务。共受理各类执行案件 168 宗，标的 1597.89 万元，执结 127 宗，执结率为 75.6%。

2008—2009 年，开展为期 11 个月的清理执行积案工作，成立白沙黎族自治县集中清理人民法院执行积案活动领导小组。由县委常委、政法委书记唐春秋任组长、刘辉院长和县政法委副书记刘批任副组长。在清理执行积案工作中，严格执行中央政法委文件精神，充分发挥联动威慑机制作用，加大清理执行积案力度，共清理有财产执行的积案 18 宗，总标的 153.2179 万元，结案 18 宗，结案率 100%，已执标的 104.3919 万元；重点案件积案 21 宗，其中有财产可供执行的 9 宗，无财产可供执行的 12 宗，结案 21 宗，结案标的 191.5508 万元（其中执行到位标的 97.2185 万元），结案率为 100%。

200—2010 年，按照海南省集中清理执行积案领导小组《关于进一步推动涉政府和特困群体执行积案清理工作的通知》和琼清案组《关于解决涉政府和特困群体执行积案的报告》的规定，为困难当事人分别发放司法救助金，共计 23.4451 万元。

2010 年，严格执行中央政法委文件精神，充分发挥联动威慑机制作用个，加大执行工作力度，共受理执行案件 133 宗，标的 374.4286 万元；执结 128 宗，结案标的 507.7491 万元，执结率 93.24%，执行和解 101 宗，和解率 78.9%。

专记：全省法院系统白沙现场会工作

2010 年 9 月 1—2 日，全省法院纪检监察工作座谈会在白沙法院召开。省委常委、政法委书记肖若海，省高院党组书记、院长董治良，省纪委第一派驻组组长段先龙，省高院党组成员、纪检组长张甲天，省高院专职委员吴剑平，二中院党组书记、院长林荣，白沙黎族自治县委书记严正，白沙黎族自治县委副书记符海斌，白沙黎族自治县委常委、县政法委、县公安局局长张小军等领导出席会议并讲话。全省三级法院纪检监察干部共 70 多人参加会议。

会议强调要狠抓廉政建设，大力推行防腐廉政措施，促进审判任务的顺利完成。会上，海口中院、白沙法院、澄迈法院分别做经验交流发言。白沙法院党组书记、院长梁寿松代表白沙法院作《创新法院反腐机制 促进公正廉洁司法》经验交流发言。

9 月 2 日晚，在县法院办公楼门前举行一场由县政法委主办、县人民法院承办的廉政文艺晚会。

此次会议是海南省高院第一次在白沙黎族自治县召开的全省性工作会议。县各部门积极配合，县法院协助做好会议场地、住宿、用餐、文艺晚会等工作，确保会议顺利进行。

第四章　司法行政

第一节　机　　构

一、行政机构

白沙黎族自治县司法局是白沙黎族自治县主管司法行政工作的县政府工作部门。1988年，县司法局内设办公室、基层股、宣教股。2005年，县司法局对政法专项编制进行收编，收编的乡镇司法所助理员列入县司法局行政编制管理范畴。内设4个职能岗位（办公室、宣教股、基层股和法律援助岗）及下设11个基层司法所。县司法局下设公证处、律师事务所、法律援助中心。县普法办在司法局挂牌办公。

二、派出机构

1989年，县司法局设立乡镇法律服务所。2001年，设立15个乡镇司法所，属县司法局派出机构，与原乡镇法律服务所并存，实行两块牌子、一套人员。 2002年，把15个乡镇法律服务所撤并为11个。2005年，基层司法所政法专项编制实行垂直管理体制，由县司法局统一人员调配。乡镇的法制宣传教育、人民调解、“两劳”（劳改、劳教）人员的刑释解教、安置帮教、社区矫正人员的监督、法律服务等是基层司法所的主要任务。由于体制改革，2006年11月20日，法律服务所仅保留牙叉、七坊2个，并变更为合作体制。据统计，基层法律服务所和法律服务工作者办理各类案件总数为1470件。

第二节　普法工作

一、“一五”普法

1988—1990年是第一个普法规划的后3年，全面实施“一五”普法规划所确定的任务。“一五”普法期间，全县普法对象117619人，参加学法115640人，占98.3%，共培训普法骨干200多期8000余人。

在国营农场、县城机关开展关于1988年完成“十法一例”（《中华人民共和国宪法》《中华人民共和国刑法》《中华人民共和国刑事诉讼法》《中华人民共和国民法通则》《中华人民共和国民事诉讼法》《中华人民共和国婚姻法》《中华人民共和国经济合同法》《中华人民共和国继承法》《中华人民共和国森森法》《中华人民共和国兵役法》《中华人民共和国治安管理处罚条例》）教育。根据白沙黎族自治县农民基础差的实际，1990年，通过编印通俗易懂的学习资料2700份，使广大农民按预定时间完成“十法一例”的普及教育工作。

结合“严打”活动进行法制宣传帮教工作。1988—1990年，全县共召开各种会议36场，与会1008人，上法制课120次，个别谈话8次计16人，举办法制图片展（同时录音广播）10场，广播宣传312场，制作宣传栏74期，出动宣传车106次，张贴标语1500条，发放法制宣传资料82541份。

二、“二五”普法

1991—1995年，白沙黎族自治县全面实施“二五”普法规划所确定的任务。全县130个单位相继成立“二五”普法机构，并建立健全11个法律服务所。所开展的普法活动有：为纪念《中华人民共和国宪法》颁布10周年举办“宪法在我心中”演讲比赛，参赛单位12个；举办“税法之声”文艺晚会；结合企业转制，对县陶瓷厂集体怠工破坏劳动工具的现象，采取举办法制夜校的形式，组织职工学习《全民所有制工业企业法转换经营机制条例》等法律法规；组织广大农民学习《中华人民共和国农业法》《中华人民共和国农业技术推广法》，全县建立自然科学学会9个，科普协会14个，分会58个，会员1293名，开办农民文化技术学校16所，举办各类培训班1873期，受训农民达8万人次，投入经费1.35万元。

三、“三五”普法

1996—2000年，白沙黎族自治县全面实施“三五”普法规划所确定的任务。“三五”期间，全县举办普法培训班31期，讲座195场，受教育人数3万多人；法制宣传145场，受教育人数104232人；张贴标语15338条；挂宣传横幅137副；出动宣传车48辆；举办电视讲话56场；巡回播放录像录音415场；印发宣传资料7870册；创建安全文明小区287个。此外，配齐15个乡镇的司法助理员，举办法律知识竞赛18场，参加竞赛人数266人。

四、“四五”普法

2001—2005年，白沙黎族自治县全面实施“四五”普法规划所确定的任务。全县以各种纪念日和节假日为契机开展法制宣传活动。县禁毒办为了推动白沙黎族自治县创建“无毒县”，在每年“6·26”国际禁毒日期间开展禁毒宣传。县国税局在每年4月的税收宣传月活动中，利用广播电台长期开设“税务之声”宣传专栏，与县中学开展共建宣传活动，并向纳税人和群众发放各类税法宣传资料800余本。此外，针对农村土地纠纷引起的矛盾和农村毁林开荒的问题，县普法办派出讲师团深入乡镇与村委开展《中华人民共和国土地管理法》《中华人民共和国森林法》等相关法律法规，受教育人数达2万人次。组织全县公务员学习《中华人民共和国行政许可法》，全县共举办培训班450期，受训人数4万多人次。

五、“五五”普法

2006—2010年，白沙黎族自治县全面实施“五五”普法规划所确定的任务。县委、县政府印发“五五”普法规划，县人大作《关于加强法制宣传教育的决议》，县法宣办抽调各职能部门人员组成“法制教育讲师团”，如县关工委成立法制宣讲团，县法院成立青年法律服务队，各学校配备法制副校长、法制辅导员、学生法制宣传员，各村委会配备法律顾问和联络员。“五五”普法期间，白沙黎族自治县加大普法经费投入，年平均投入普法经费达10万元以上。“五五”普法期间，以“法律六进”活动为主要载体，深入开展法律进乡村、进机关、进学校、进企业、进社区、进单位活动，组织形式多样的法制宣传教育活动，公民法制宣传教育普及率提高到90%以上，其中领导干部和公务员普及率达98%以上，青少年普及率达95%以上。

第三节 公证工作

2005年5月，县公证处实行脱钩改制，由原来全额事业单位转为自筹经费事业单位，隶属县司法局，股级建制。核定自筹事业编制3名，其中主任1名，人员实行全员聘用制。2007年，白沙黎族自治县公证处更名为海南省白沙黎族自治县公证处。更名后，其机构人员编制等保持不变。

1988—2010年，公证处编写、印发各种宣传材料和开展法律咨询服务，逐步开展继承、确认产权、收养、遗嘱、房屋买卖、经济合同、工程项目招投标、听证、农村产权制度改革等。

1988—2010年白沙黎族自治县公证业务情况表

表13-4-1　　单位：件

年度	合计	国内经济	国内民事	涉外公证
1988年	2967	2942	1	24
1989年	49	32	2	15
1990年	28	25	3	—
1991年	32	25	7	—

续表 13-4-3-1

年度	合计	国内经济	国内民事	涉外公证
1992 年	120	105	15	—
1993 年	46	37	9	—
1994 年	44	39	5	—
1995 年	68	59	9	—
1996 年	81	81	—	—
1997 年	26	24	2	—
1998 年	38	38	—	—
1999 年	25	25	—	—
2000 年	100	100	—	—
2001 年	66	50	16	—
2002 年	65	40	25	—
2003 年	124	55	69	—
2004 年	142	31	111	—
2005 年	82	—	82	—
2006—2010 年	468	—	—	—
合计	4571	3708	356	39

第四节　律师事务与法律援助

1988 年，白沙黎族自治县成立牙叉律师事务所，律师所秉承“服务、高效、诚信”的原则为当事人提供如下法律服务：接受国家机关、公民、法人和其他组织的聘请，担任法律顾问；接受民事、行政案件当事人的委托，担任代理人，参加诉讼；代理各类诉讼案件的申诉；接受当事人的委托，参加调解、仲裁活动；接受非诉讼法律事务当事人委托，提供法律服务；解答法律咨询，代写诉讼文书、合同和其他有关法律文书；对符合法律条件的当事人提供法律援助等。2002 年，撤销律师事务所，原律师事务所工作人员划归法律援助中心。据统计，该所自成立之日起至撤销时日止，累计担任法律顾问 353 处，挽回经济损失 1093.4 万元。办理民事代理 261 件，刑事代理 72 件，非诉讼代理 225 件，解答法律咨询 14650 人次，代写各类法律文书 459 件。

1998 年，白沙黎族自治县成立法律援助处，副科级建制。1999 年，在县司法局正式挂牌成立法律援助中心，配备 4 名工作人员，其中 2 人具有律师资格。中心下设 20 个法律援助工作站，联络员 330 人，分布在各乡镇、国有农场、工会、团委、妇联、残联等，形成直接面向群众的法律援助工作网络，方便广大求助对象，确保法律援助工作有序进行。2005 年 5 月，改建法律援助中心，隶属白沙黎族自治县司法局，股级建制，财政全额预算管理事业单位，编制 4 个，设中心主任 1 名，原律师事务所工作人员划归该中心。此外，白沙黎族自治县还成立 18 个法律援助工作站（联络点），配专职工作人员 36 名。

1998—2010 年，法律援助中心共承办各类法律援助案件 264 件，无偿代写法律文书 251 件，解答各类法律咨询 2535 人次。1999 年开通“12348”法律服务专线，其间共接访 1752 人次，共办理各类法律服务案件 747 件，挽回经济损失 46.25 万元。

1988—2010 年白沙黎族自治县律师业务情况一览表

表 13-4-2

年份	办理案件总数（件）	民事诉讼代理（件）	刑事诉讼代理（件）	经济诉讼（件）	非诉讼代理（件）	代写法律文书（件）	解答法律咨询（人次）	担任法律顾问（处）	挽回经济损失（万元）
1988 年	15	10	5	—	—	4	—	2	21.0
1989 年	21	10	4	—	7	13	40	3	166.3
1990 年	27	14	8	5	—	3	46	4	188.1
1991 年	20	13	7	—	—	20	25	3	136.0
1992 年	23	13	10	—	—	28	42	5	23.0
1993 年	117	8	8	—	101	—	—	1	—
1994 年	79	15	3	4	57	—	—	51	—
1995 年	41	9	6	9	17	11	8100	7	—
1996 年	11	—	4	7	—	—	30	6	120.0
1997 年	34	4	14	4	12	—	708	7	29.0
1998 年	23	23	—	—	—	61	2917	113	32.0
1999 年	114	64	—	33	17	67	242	66	180.0
2000 年	10	10	—	—	—	—	1384	—	120.0
2001 年	6	2	3	1	—	—	58	45	28.0

续表 13-4-2

年份	办理案件总数（件）	民事诉讼代理（件）	刑事诉讼代理（件）	经济诉讼（件）	非诉讼代理（件）	代写法律文书（件）	解答法律咨询（人次）	担任法律顾问（处）	挽回经济损失（万元）
2002 年	44	37	—	—	7	45	58	45	50.0
2003 年	20	13	—	—	7	100	—	—	—
2004 年	—	—	—	—	—	35	800	—	—
2005 年	—	—	—	—	—	72	200	—	—
2006—2010 年	16	16	—	—	—	—	—	—	—
合计	621	261	72	63	225	459	14650	358	1093.4

第五节　民事调解

1987 年之前的矛盾纠纷，并无专员进行调解，也无专职的人民调解组织，民众之间发生纠纷一般由村队长进行调解。1987 年后，矛盾纠纷调解工作由法律服务工作者负责，法律服务工作者也称为司法助理员，由乡镇聘用，工资和人事归乡镇统一管理，县司法局办公室只负责业务指导和任务下达。

1991 年开始，乡镇法律服务工作站正式挂牌，主管乡镇辖区内的矛盾纠纷工作，法律服务工作站的工作人员就是法律服务工作者。同年，乡镇和村居一级进行两委班子的选举，在村一级由治保主任兼管村里的矛盾纠纷调处工作，乡镇一级则由综治办管理法律服务工作站的矛盾纠纷调处业务。

2002 年，法律服务工作站更名为司法所，挂乡镇司法所和人民调解委员会两个牌，同时村居一级也挂人民调解委员会牌，各级（县、乡镇、村居一级）人民调解委员会正式成立。司法所的人事、工资、经费等仍由乡镇政府统一管理。2006 年，县人民调解工作委员会成立。

2007 年始，司法所收归县司法局主管，县司法局从人员管理、工资发放到经费拨付等方面，统一进行管理。县司法局基层股对基层司法所的人民调解工作进行指导并定期举办业务培训。

截至 2010 年底，全县共建立人民调解委员会 102 个，其中行政村 86 个，居委会、企业调委会 16 个，共有调解员 1174 个。调解纠纷案件 6501 宗，成功 6242 宗，成功率 96%。

1988—2010年白沙黎族自治县人民调解业务情况一览表

表13-4-3

年份	调解案件数（宗）	调解成功案件数（宗）	成功率（%）	防止激化案件数（宗）	防止可能非正常死亡案件	
					数量（宗）	人数（人）
1988年	239	203	84.9	—	—	—
1989年	484	406	83.9	—	17	73
1990年	724	622	85.9	2	29	170
1991年	3216	3129	97.3	13	—	83
1992年	430	430	100.0	3	7	45
1993年	394	376	95.4	34	—	18
1994年	397	387	97.5	31	—	32
1995年	349	335	96.0	96	9	18
1996年	226	217	96.0	5	—	8
1997年	178	176	98.9	3	—	10
1998年	181	172	96.6	6	—	12
1999年	178	173	97.2	7	—	8
2000年	228	225	98.7	7	—	7
2001年	221	220	99.5	2	—	2
2002年	196	194	99.0	—	—	—
2003年	194	192	99.0	—	—	—
2004年	187	185	98.9	3	2	—
2005年	141	128	90.8	—	—	—
2006—2010年	2998	2855	95.2	6	6	26
合计	11161	10625	95.2	218	70	512

第六节 安置帮教与社区矫正

一、安置帮教

为对刑满释放和对被接触劳动教养释放回家的人员进行妥善安置和帮助教育，防止

“两劳人员”重新犯罪的维护社会稳定的工作，司法局基层股统一建立排查制度、登记制度、档案管理制度和回访制度。安置帮教工作实行一人一卡和电脑管理，做到跟踪帮教，大大降低重新犯罪率。截至2010年，累计接收的刑满释放及解除劳动教养人员共209人。

二、社区矫正

开展社区矫正工作落实宽严相济刑事政策，是司法行政系统工作的一项新任务。按照《关于在全国试行社区矫正工作的意见》，白沙县社区矫正对象适用于具有该辖区正式户口、长期固定居住在该辖区的以下五类人员：被判处管制的罪犯；被宣告缓刑的罪犯；被裁定假释的罪犯；被剥夺政治权利并在社会上服刑的罪犯；被决定暂予监外执行的罪犯（有严重疾病需要保外就医的、怀孕或者正在哺乳自己婴儿的妇女、生活不能自理，适用暂予监外执行不致再危害社会的）。2007年，县司法局开始开展社区矫正业务，截至2010年，累计接管社区矫正对象111人，设立个人档案，定人员、定时间进行矫正工作，已解除28人。

第五章　军　　事

第一节　人民武装

一、机构

白沙黎族自治县人民武装委员会　1998年，白沙黎族自治县委决定成立县委人民武装委员会。县委人民武装委员会下设办公室（设在县人武部）。县人民武装部为县武委会的办事机关。吸收组织、宣传、劳动、民政、公安、粮食、卫生、体委、共青团、妇联等有关部门主要领导干部参加。武委会主要职责是研究贯彻中央、军委和上级有关民兵建设的方针、政策，适时解决民兵预备役建设中的重大问题。

白沙黎族自治县人民武装部　1986年6月，县人民武装部由部队建制改归地方建制，定为副县级单位。其名称、性质、任务和双重领导的制度都不改变。1996年4月1日，县人民武装部收归军队建制，归属海南军区管辖。2004年后，名称、性质、任务和双重领导的制度不变动。

白沙黎族自治县人民武装部是白沙黎族自治县军事领导指挥机关，是中共白沙黎族自治县委员会的军事工作部、白沙黎族自治县人民政府的兵役机关。受海南省军区和中共白沙黎族自治县委员会、县人民政府双重领导。白沙黎族自治县人武部又是白沙黎族自治县国防动员委员会（人民武装委员会）的办事机关，负责承办白沙黎族自治县国防动员委员会（人民武装委员会）的日常工作。主要任务负责民兵、兵役动员工作。

基层人民武装部　1987 年 12 月至 2010 年 12 月，设有牙叉镇、打安镇、青松乡、阜龙乡、荣邦乡、七坊镇、元门乡、南开乡、细水乡、金波乡、邦溪镇武装部。

1960 年 5 月至 2005 年 12 月，全县有大岭、芙蓉田、金波、龙江、卫星、白沙、牙叉、珠碧江、邦溪九个国营（有）农场武装部。2007—2010 年国有农场改制后，全县农场合并为白沙农场、龙江农场和邦溪农场，设置各农场武装部。乡镇、国有农场基层人民武装部，受同级党委、政府和县武装部双重领导。

二、民兵

民兵条件　入队民兵，本人必须政治历史清楚，拥护中国共产党，热爱社会主义制度，热爱劳动，遵守纪律。

1980 年以前，对普通民兵的体格要求只要身体没有残废和严重疾病，都可以参加民兵组织。1981 年以后基干民兵的身体条件，都按照《应征青年体格评选条件》执行。

参加民兵的年龄，1981 年，《民兵工作条例》规定，男性 18~35 岁，女性 18~30 岁，其中基干民兵的年龄不分男女，均定为 18~28 岁。除个别干部的年龄可以适当放宽外，一般都要符合年龄规定。

民兵组织　1986—1990 年，区、乡、村改为管理区后，民兵组织按人数和需要编制。县厂矿企事业单位根据大小和人数多少编制。民兵编组要与生产行政组织相适应，便于组织落实和管理。1988 年 5 月 16 日至 6 月 3 日，白沙县分别在国营珠碧江农场，光雅公社进行调整民兵组织试点工作。1990—2010 年，贯彻平战结合的原则，挑选思想进步，年纪较轻，军事素质较高，有一定组织指挥能力的人担任各级民兵干部。

1996 年 8 月 27 日至 9 月 23 日开展民兵、预备役部队整组工作。重点是青年民兵的出入队、转队和干部的调整配备工作。乡镇或村办企业，凡是人员比较稳定，符合民兵条件，要建立民兵组织。不能建立民兵组织的，要将符合条件人员编入户籍所在地民兵组织。凡适应建立民兵组织的厂矿企业都要建立民兵组织，乡镇厂矿企业的民兵隶属乡镇武装部领导。

1997 年，白沙县民兵、预备役整组工作从 8 月 18 日开始至 9 月 20 日止。在巩固民兵制度的基础上，突出重点，优化组织结构和布局。原则上，各单位基干民兵的组建任务基本保持不变。普通民兵的编组仍按照规定执行，基干民兵的编组按照交通便利的多编、交通不便利且偏远少编；富裕地区的多编、贫困地区的少编；有预备役部队的地区少编，以及组训一致、有利于领导、有利于活动、有利于执行、有利于平衡负担的原则，调整好基干民兵的布局。

2000年，白沙黎族自治县人民政府、白沙黎族自治县人民武装部开展预备役部队整组工作，力图改变以往复退军人比例偏低、专业对口率偏低、分队编组布局不够合理等状况。

民兵政治教育 县人武部着重抓好民兵预备役的季课教育，采取集中与分片的授课方法，组织民兵干部和预备役官兵学习党的十四届六中全会精神、“发扬爱国主义精神，自觉维护祖国统一和社会稳定”、进行“严打斗争形势”、普法教育等。据统计，全县授课面达91%，到课率达85%。在“八一”中国人民解放军建军节，县人武部开展双拥活动，组织召开“八一”军地座谈会，举办全县国防知识竞赛活动。

2000年，县人武部依据总政治部颁发的《参训民兵政治教育纲目》和海南军区编印的《参训民兵政治教育教材》为主要内容。在教育时间上，除了落实季课教育“一堂课”外，在每个月抽出1~2天时间进行。同时，利用节假日、农闲时节和各种会议进行党的路线、方针、政策，国防、形势战备和民兵的光荣传统教育。

同年，县人武部开展好民兵政治教育。1. 制定计划，做好准备。为了保证民兵政治教育经常持续，年初，县人武部按照军区的年度政治工作教育要点，搞好民兵政治教育的年教育计划，使政治教育规范化、经常化、统一化。县人武部制定民兵政治教育计划，以《中国民兵杂志上的课程》和《参训民兵政治教育教材》为主，对基干民兵进行法律、法规、军事知识、国内国外形势等内容的教育。教员坚持做到备课示教，按时按量抓好每次政治教育。2. 分片包干，注重实效。为了搞好民兵政治教育、县人武部对各乡镇，国营农场的民兵政治教育采取分片包干，即每个县人武部干部负责抓二至三个单位的政治教育，人人备课示教、教育内容、人员落实、时间落实、教育质量都给予检查指导。以确保民兵参加教育面达到90%。基干民兵参加教育面达到98%。3. 严格检查，狠抓落实。为了落实教育质量，部领导带领工作组，逐个单位进行检查验收，发现教育面、教育时间、教育效果不达到要求的，进行批评教育，限期补课，确保质量。

2001—2005年，县人武部根据民兵的文化基础与实际接受能力，主要进行邓小平理论、“三个代表”重要思想、党管武装、人民战争思想、民兵的性质任务、形势战备和国防教育。同时，进行爱国奉献、革命人生观、艰苦奋斗、法制和纪律等教育。

民兵军事训练 专职武装干部训练。1998年3月，在县民兵训练基地举办一期专武干部业务培训班，有31名专武干部参加，对专武干部进行民兵季课教育的方法步骤、“四会”（会讲、会做、会教、会做思想工作）教学、整组方法、征兵方法，新闻报道等业务的学习。7月20日，县武装部又选调25名专武干部集训。在5天的集训过程中，系统地学习民兵思想政治工作、民兵组织法规、整组、训练、征兵等人武工作业务，同时进行新条令、队列、射击训练，均取得较好的成绩，其中队列动作、队列指挥考核的优良率达到70%以上。2000年3月1—20日，县人武部在民兵训练基地进行民兵军事训练。在训练中，认真贯彻训练大纲，严密组织，严格训练，取得较好成绩。其中半自动步枪第一练习实弹射击及格率95%、良好率90%、优秀率60%，总评优秀；实用射击及格率90%、优秀率45%、总评优秀；投弹、爆破课目及格率100%、优秀率50%、总评优秀。专业分队，优良率75%；成绩优秀。各项课目总评成绩优秀；训练合格率100%。2005—2010年，县人武部每年组织一期专武干部、民兵干部集训，以军事高科技知识和战训法为主要内容，专武干部累计参训138人次，每年15天，基础课目考试合格率95%，本级指挥合格率82%。

民兵干部训练。训练时间一年一次（15天）或两年一次（30天），训练以射击、投弹、战术为主。1997年，县人武部利用21天的时间，对预备役官兵进行队列、投弹、射击、爆破、战场救护、班排战术等科目的训练。训练结束时，进行全面严格考核，考核成绩总评均在良好以上。培训民兵干部的经费，采取“三个一点”，即县从民兵专业费中开支一点，社、场、厂矿企业单位拿出一点，大队、村自筹一点的办法统筹解决。1998年5月，白沙县举办一期民兵培训，训练30天（含政治教育3天）。2010年，县人武部组织全县125名民兵干部集训，集训15天，学习警盾操、轻武器使用和擒拿格斗等项目，组织进行林下作物种植、割胶技术等农业技能培训。

基干民兵训练。1981年，白沙黎族自治县民兵的军事训练，在挑选训练对象时，一般选当年18岁者为主，再依次吸收19岁和20岁的民兵参训。主要挑选现实表现好、文化程度高、接受能力强、家庭劳力充裕，参加民兵活动的青年参加训练。1996—2000年，参训对象主要以专武干部、基干民兵和预备役官兵为主。2001—2010年，参训对象主要以专武干部、基干民兵和预备役官兵为主。同时组织民兵专业技术分队（炮兵、通信、侦察、计算）的训练。

农村民兵的军事训练，一般都安排在春种后或和秋收后进行；国营农场民兵的训练选择在冬季橡胶停割期进行；城镇企事业的民兵军事训练，主要安排在季度任务完成，年度停机检修、企业停产、停电、整顿的时机。此外，还利用民兵传统纪念日和重大节日，开展军事竞赛活动。

白沙黎族自治县人武部在民兵军事训练中，步兵分队重点是搞好射击、投弹、单兵战术的训练。使民兵会使用各种武器，会利用地形地物，会执行战斗勤务。

1988—2010年，县人武部在组织民兵训练时，坚持考核验收制度，对参训民兵逐人逐项进行考核。在完成每项课目训练后，即对民兵进行边训边考核，对不合格者，组织补课，边补边考。在训完各个科目之后，对民兵进行一次综合性的考核，采取缺什么补什么，尽量使每个参训民兵达到合格。

1999年“八一”中国人民解放军建军节期间，县人武部举行全县民兵“八一”射击大比赛。经过紧张有序的一天比赛，牙叉镇、七坊镇获得总分第一名和第二名。2000年3月，县人武部组织民兵在县训练基地进行军事训练，在训练中，开展人与人，班与班，排与排之间进行竞赛活动，形成一个你追我赶，争创第一的训练热潮。在训练结束时，县人武部对参训民兵全面考核，对训练成绩突出的10人和牙叉镇、光雅镇、邦溪镇、青松乡、金波农场、邦溪农场6个基层武装部，给予表彰，宣传其先进事迹，从而提高训练质量。

维护社会治安 1987年，在“严打”的同时，广大民兵积极主动配合公安部门，深入开展社会治安综合治理工作，加强治安防范，积极开展对违法青少年的帮教工作。在重大节日，各级民兵组织积极配合，派出所加强治安巡逻，保护重点部位，维护公共秩序；协助各国营农场搞好护林保胶工作。使全县刑事案件发案率下降71%，其中重大案件下降34.5%，14个乡镇、65个村民委员会，有12个乡镇的社会治安达到中央规定的二类标准，占85.7%。全县118个内部单位，达到一、二类标准的有11个，占9.3%。白沙黎族自治县连续九年获得省社会治安、综合先进单位。

在2005年的治安工作中，各级民兵协助公安部门开展严打整治行动，严厉打击卖淫嫖娼、赌博、制黄贩黄、吸毒贩毒等违法犯罪活动；进一步加强对刑满释放和解除劳教人员、吸毒人员、闲散青少年和可能危害社会治安人员的管理和帮教工作，积极参与社会治安防范，落实人防、物防、技防措施、确保全县各项工作顺利持续的发展，全县20个基层单位组织成立民兵小分队，参加本单位的社会治安巡逻、护林保胶等工作，共抓获打架斗殴人员130多人，制止违法犯罪行为40多起，抓获偷胶分子60多人次。

三、兵役

兵役机构 1959—2005年由县人民武装部负责，具体承办兵役工作。每年征兵期间，在县人民武装部委员会的领导下，组成征兵领导小组（1957年前为征兵委员会），一般由县长兼任组长，副组长由县人武部及有关主要领导兼任。领导成员由县政府、县人武部、县公安、县民政局、县财政局、县卫生局、县纪检、监察等有关单位主要领导组成。征兵领导小组下设征兵办公室，负责实施征兵各项工作。征兵办公室由兵役机关和宣传、公安、卫生、民政、教育、妇联、团委等有关部门派人组成，下设宣传、政审、体检、后勤4个组，具体承办征兵业务。乡（镇）、管区（大队）成立征兵领导小组，具体工作由武装部长和民兵营连长办理。

征兵办公室根据国务院、中央军委的征兵命令和上级指示，制定征兵工作计划，分配征兵任务，掌握进度，指导全县征兵工作正常开展。

征兵办公室是负责办理征集兵员日常工作的机构。征兵办公室以兵役机关为主，吸收民政、公安、卫生、交通等有关部门人员组成。办公室主任和副主任通常由同级兵役机关的部门领导担任，并设有宣传、政审、体检、后勤4个组。

兵役登记　1995年，按《中华人民共和国兵役法》进行兵役登记工作，建立兵役登记制度，以摸清和掌握白沙县应征公民的数量、素质和分布情况，定期了解掌握白沙县应征公民的现实状况、就业状况、去向等基本情况，建立档案。

2005年10月15—30日，白沙县全面开展兵役登记工作。凡当年12月31日前年满18～22周岁的男性公民，部分民族、种族、职业、家庭出身、宗教信仰和教育程度均应进行兵役登记（退伍军人已进行预备役登记的和女性公民不登记）。年满17周岁的男性应届高中毕业生、中专（技）生以及在校大学生，本人自愿的，也可进行兵役登记。公民被羁押正在受侦查、起诉、审判的，被判处徒刑、拘役、管制正在服刑的，依法被剥夺政治权利以及正在被劳动教养的，暂不登记。各乡镇和国有农场、企业单位相应成立兵役登记领导小组，由县兵役机关、乡镇、农场专职武装干部和民兵干部负责办理兵役登记工作。设有民兵组织的企业单位由人事、保卫干部负责登记。登记之前，各单位通过查户口册和民兵花名册，摸清登记对象的人数、身体素质，政治表现等情况，填好兵役登记摸底表，为实现年度兵役登记提供依据。经过登记的适龄公民，由基层单位依据兵役法和征兵工作条例进行初审，确定应服兵役应征对象，免服兵役和不得服兵役的人员。从应服兵役的青年中挑选条件较好的作为当年征集对象，让其单位、家长、本人都知道。征兵工作开始后，送县体检站体检。对经过兵役登记的应征青年，未被征集兵役的，可编入民兵组织服预备役。

宣传发动　广泛深入地向人民群众和适龄青年讲清征兵政策和为什么要当兵、为谁当兵的道理，使广大适龄青年树立服兵役的光荣感、责任感和积极性，自觉自愿地为保卫祖国报名应征。在宣传发动工作中，开展《中华人民共和国兵役法》的宣传教育，提高广大青年的爱国主义觉悟和国防观念，明确服兵役的重大意义，把参军当作保卫祖国应尽的光荣义务和神圣职责。同时结合群众思想实际，讲明个人利益与国家利益、个人利益与整体利益、生产与国防、个人志愿与国家需要的关系，对应征青年进行“一颗红心，两种准备”和“当解放军光荣、当民兵同样光荣”等教育，端正青年入伍动机。在宣传教育活动中，充分利用广播、电视、墙报、黑板报、标语、横额和宣传车等形式，使宣传教育工作既轰轰烈烈又扎扎实实，激发广大适龄青年的爱国主义、革命英雄主义和伟大的民族主义精神。

体格检查。为了保证新兵身体素质达标，白沙黎族自治县着重抓了四个环节：一是抓好目测。二是搞好病史调查。三是抓好体检。四是搞好复查。

政治审查。为了确保新兵政治素质，加大政审力度，白沙黎族自治县征兵工作领导小组，每年都派出20多个组次，对每一应征对象进行全面审查。政审中，主要采取“七访”和“十查”的方法进行。“七访”，即访本人、访家庭、访学校、访邻居、访所在单位、访政法机关、访同事同学；“十查”，即查户口、查文化、查简历、查现实表现、查接触人员、查行踪、查是否参与团伙作案、查言论、查家庭成员和查社会关系。在访和查过程中，对带有疑点问题的应征对象，都进行重新调查审核，直到弄清楚为止。1995年，群众反映一名应征青年毕业证有假，征兵办立即派人重新调查核实，证实群众反映的情况属实，及时将这位青年从已定的名单中更换下来。

审定新兵　为了准确把优质兵员送到部队去，征兵办制定“五优先”的原则。即党团员及表现好的优先，文化程度高的优先，身体素质好的优先，家庭劳力充裕的优先，多年体检合格的优先。定兵中，按照这五个优先的条件，把体检、政审双合格的青年逐一地进行比较，优先条件多的优先选定，然后张榜公布。再把定兵原则，优先条件和每个征集青年的情况公之于众，接受社会舆论和群众的监督。如果群众有意见的，就进行认真审核，并把理由向群众做细致的解释。这样，既保证兵员的质量，又做到“四个”满意，即：领导满意、接兵干部满意、家长满意、群众满意。

交接新兵。每年的新兵交接工作，由接兵部队与县征兵办公室共同进行。采取集中交接，交接手续在新兵起运前一天办理，由县征兵办公室统一编造《新兵花名册》一式两份，一份交给接兵部队，一份留给县征兵办公室保存。交接时按照花名册当面点交清楚，交接双方在《新兵花名册》上签名盖章，新兵的档案材料和其他资料一并转交接兵干部。在新兵起运前，县征兵办公室和接兵部队对新兵进行全面的观察，加强管理和进行思想政治教育以及乘车（船）纪律教育等。新兵离县时，县里组织机关干部、学生夹道欢送，燃放鞭炮，新兵都戴上“参军光荣”的大红花。县委书记或县长、县人武部领导、接兵部队首长和新兵代表、家长分别在欢送仪式上讲话，鼓励新兵在部队安心服现役，服从分配，好好学习军事、政治、文化科学，努力完成部队交给的一切任务，为保卫祖国做出巨大的贡献。同时，县人民政府向其家庭赠送“光荣军属”牌，以示褒扬，体现“一人参军全家光荣”。使新兵入伍者，“走者愉快、家长安心”。

“一人当兵，全家光荣”。白沙黎族自治县广大青年把当兵看成是保家卫国应尽的义务，踊跃报名应征入伍。至2010年，创造39年征兵无退兵、受到国务院、民政部、国防部、广州军区、海南省政府、海南省军区的表彰奖励。

四、人防国防教育

人防组织　白沙黎族自治县组成战时防空指挥部，总指挥由时任县长担任，副总指挥由时任县人武部部长担任。指挥部设县人防办，主任由县地震局局长兼，成员由县人武部、县地震局派人员担任，负责日常工作。人防办共有干部3个，维护管理人员3人。人防办已制定和完善必要的人防工作计划和方案。即《白沙黎族自治县防空袭预案》《白沙黎族自治县临战人口疏散预案》《白沙黎族自治县应急防空袭计划》《白沙黎族自治县人防办年度工作目标》《白沙黎族自治县人防工作意见》《白沙黎族自治县人防工作基本情况和存在问题及打算》。

2004年，白沙县组建人防专业队伍，内设抢险抢救连、医疗救护连、消防连、运输连、通信连、防化排和治安连。专业队伍由人防部门和军事部门按平战结合、专业对口和便于指挥的原则提出组建计划，报市县人民政府批准，由主管部门组织落实。城建部门组建建筑、道路、桥梁的抢险抢修队伍，水电部门组建水电设施的抢险抢修队伍，卫生医药部门组建医疗救护队伍，公安部门组建消防和治安队伍，卫生、化工、环保等部门组建防化队伍，交通部门组建运输队伍。

防空专业队伍的业务训练由市人民防空委员会根据国家发布的训练大纲，由人防部门、军事部门和组建单位共同拟制训练计划，由组建单位组织实施，人防部门负责检查指导。

白沙黎族自治县战时从县公安、消防、环卫、电讯、水电等部门抽调人员组成应急人防专业分队集中待命；准备随时执行对破坏目标和伤员进行抢修和救护任务，确保遭受空袭后把损失减轻到最低水平。

人防工程　从20世纪60年代后期到70年代末，白沙县构筑人防工事，组织起数千人的防空专业队伍，使人民防空形成一个能防能打的体系。进入20世纪80年代后，人防工程逐步收缩，20世纪80年代末，人防工程已基本停止，并将已构筑的人防工事逐步开发利用，为经济建设服务。1990年7月，人防机构作出调整、充实，人防工作转入正常的检查维护和管理，并把人防工作纳入城市建设之中。

2000年，在牙叉县城、七坊镇、邦溪镇建立和完善人防警报网，其他乡镇暂不安排。以城市警报音响高于当地环境噪声5分贝为标准，使用单台平均声压级的电动音响警报器，有效覆盖半径参考值进行布设。

2004年，白沙黎族自治县政府开展防空警报试鸣演练。试鸣时间是10月29日上午9时30分至10时30分，牙叉镇城区警报器将先后发出“预先警报”、“空袭警报”和“解除警报”等三种防空警报信号，每种信号重复两次，第一次和第二次试鸣间隔15分钟，整个过程约60分钟。

2006年，白沙县黎族自治县人民政府办公室印发县防空预习预案。对白沙县防空可能遇到的威胁及采取的具体措施进行详细的分析与安排。指挥体制以县人防办组成人员为基础，组成战时防空的指挥部，总指挥由县长担任，副总指挥由县人武部部长担任。指挥部设在县人防办，由县人防办主任负责日常工作。平时和战时通讯指挥由县电讯局具体负责。

防空教育　人民防空教育的组织实施，按照机关、团体、学校、企事业单位和人民群众分别组织。除中、小学校的防空教育训练，由教育部门统一组织外，其余皆由各单位自行组织。当地人防部门负责督促检查和指导。白沙黎族自治县人防部门对人民防空宣传教育的主要方法有发简报、办宣传栏、出黑板报、组织展览、播放人防内容的电视，组织有关人员学习“三防”（防原子、防化学、防生物武器）知识，进行战备教育和爱国主义教育。并把能够开放的人防工事，向社会开放，组织干部、群众、学生参观，介结人防工事的用途和开发利用人防工程为国民经济建设服务做法，使人民群众了解人民防空的常识、做法，从而积极参与人民防空工作。

白沙黎族自治县加大力度对社会宣传教育。充分利用报纸、电视、广播、网络等媒体和橱窗、标语、板报、文艺演出、咨询台、宣传资料、国防知识竞赛等多种形式对《中华人民共和国人民防空法》《海南省实施〈中华人民共和国人民防空法〉办法》进行宣传教育。人防办出动宣传车到各乡镇、国营农场宣传教育多次；举办宣传栏、板报各一期，发放宣传单3800张，开展人防知识竞赛等形式。使人防法规家喻户晓，深入人心。在宣传时，并注意做到“三个结合”，即在宣传对象上，向全社会宣传与向领导层宣传相结合；

在宣传内容上，人防宣传与党委宣传、法制宣传、国防宣传相结合；在方式上，采取走出去与请进来宣传相结合。通过宣传教育，使广大干部群众增强战备观念，提高搞好人防工作的自觉性。

五、拥政爱民

双拥共建 县武装部每年都参加县里组织的乡镇文明点建设，支持乡镇文明点建设。2002 年，挂钩青松乡进行扶贫，为搞好这项工作，武装部先后派出 4 人次参加县扶贫工作组，下到扶贫点开展工作，并且投入 20 吨水泥帮扶；每年为贫困学生、病残群众捐款 1.6 万元。在每次发生重大洪涝灾害时，县武装部派出干部参加抢险救灾，扶贫解困，组织青年民兵积极生产自救，重建家园，为受灾群众捐款捐物。1998 年以来，县武装、县武警中队与白沙中学、白沙民族中学开展军民共建活动。县武装部每年派干部到民族中学开展军训，经常到校给学生进行爱国主义、国际形势教育，与学生开展文娱体育活动；县武装中队经常到白沙中学进行法制教育，协助学校进行治安巡逻，维护学校教学秩序，受到师生的赞扬。1998 年 7 月，县武装部、县武警中队、白沙中学、县民族中学被海南省委室传部、海南军区政治部授予军民共建社会主义精神文明先进单位。

富岛强兵活动 白沙黎族自治县人武部根据海南军区的部署与要求，从 1986 年起开展“富岛强兵”活动，开展的主要内容：1. 教育和引导民兵解放思想、转变观念，积极勤劳致富。县人武部积极引导民兵从解决温饱生产转向致富性生产，从单一的种粮生产转向以粮为主多种经营全面发展的养殖畜牧、种植热带经济作物等多种经营中去，逐步使产业结构从内向型转向外向型发展，加快脱贫致富的步伐。2. 组织带领民兵开展科技兴农，发展经济。1999—2001 年，县人武部积极配合县科协在全县创办科普示范基地 112 个，总面积 6886 公顷，举办各种培训班 400 期，培训 28000 多人次，一大批青年民兵掌握 1～2 门技术。2001—2005 年，累计举办各类农业技术培训班 1100 期，培训青年民兵 10 万人次。2005 年，全县种橡胶 21.7 万亩，开割面积达 10.9 万亩，干胶产量达 7375 吨。全县 90%以上的青年民兵种植橡胶，橡胶已成为青年民兵的支柱产业。全县种植甘蔗 101145 亩，亩产 2679 公斤，总产 270968 吨；种植木薯 41106 亩，亩产 1380 公斤，总产 56726 吨。2005 年，全县人均收入 1999 元。3. 组织和发动民兵学法守法，积极配合公安部门维护社会稳定。县人武部根据各时期民兵的任务和要求，组织民兵学习《中华人民共和国刑法》《中华人民共和国刑事诉讼法》《中华人民共和国经济合同法》等法律、法规，教育民兵学遵法守法，积极配合公安部门打击犯罪，维护社会秩序，促进社会和谐稳定。4. 积极发动民兵参与建设文明生态村建设。根据海南省一系列关于创建文明生态村的指示，县人武部积极发动广大民兵投入文明生态村的建设。2003 年，县人武部投入 3000 多元、水泥 20 吨，用于九架老村的文明生态村建设。全县被评为省级文明生态村 10 个，县级文明生态村 6 个，先进个人 5 人。通过建设文明生态村活动，使农村发生了翻天覆地的深刻变化。2006 年，县人武部出资、出物（文件柜、办公桌椅、书刊、篮球架等）共计人民币近万元，用于支持细水乡的文明生态村、公路整治、村委会党员活动室和文体设施的建设。5. 教育各组织民兵积极完成急、难、险、重任务。1998 年 4 月，县人武部在部长符国新的组织领导下，组织全体武装部干部职工和近 1000 名青年民兵，参加阜龙乡 3000 亩橡胶扶贫基地的开发，经过 10 多天的艰苦奋战，终于把 3000 亩荒山荒坡，改造成标准优质的橡胶园，为老区人民脱贫致富奠定坚实的基础。2002 年，组织各乡镇武装部动员民兵有组织地参加水利攻坚战，组织全部 16 名干部职工参加县统一组织的水利大会战。

1989 年 10 月 22 日，县委、县政府、县武装部通报表彰农垦系统开展“富岛强兵”活动先进单位和先进个人；表彰国营芙蓉田农场等 7 个先进集体和黄生等 8 个先进个人；表扬国营珠碧江农场等 5 个单位和覃绍德等 4 人。

开展“兴垦强军”活动 2003—2010 年，海南农垦总局和海南预备役师在国有农场开展“兴垦强军”活动。县人武部把以劳养武，劳武结合，作为民兵预备役建设的一条基本方针。为了不断深化“兴垦强军”活动，县人武部领导经常深入辖县各国有农场调查研究，与省农垦总局支持部队完成各预备役营连组建点的调整改革任务，并广泛深入开展各种宣传教育活动，使“兴垦强军”活动取得显著的成绩。

2003—2007 年，国有龙江农场高度重视“兴垦强军”活动，把促进农场生产力和提高民兵预备役部队战斗力相结合，把参建用兵和练兵强兵相结合，促进农场的“三个文明”建设持续、稳定、快速发展。

为适应农场经济建设形势发展的需要，农场组建以预备役官兵为骨干的应急分队。应急分队发挥预备役部门集结行动快、执行任务强的特点，为维护农场的稳定和经济利益作出了重要贡献。

农场利用应急分队配合农场派出所到偷胶现象严重的生产队蹲点、埋伏，在交通要道实施堵截，共抓获偷胶不法分子 481 人，缴获杂胶 16 吨，为农场挽回经济损失 30 多万元；农场奉上级的指示先后派出 170 人次以预备役官兵为骨干的维稳队伍到儋州市一带驻守，协助当地公安机关维护治安，时间长达半年之久。预编官兵严守纪律、令行禁止、冲锋在前、敢管敢拼，多次受到上级的好评，并被评为先进单位。

2005 年 9 月，农场遭受建场以来最大强台风的袭击，橡胶三级受害率达 45%以上，民兵预备役官兵挺身而出，连夜转移住在瓦房和危房的居地 1000 多人；风后又及时投入清路、扶树和维护社会治安，共拦截橡胶原木 350 立方米，挽回经济损失 21 万元。

2007 年来，农场周边的一些农村，乘农场橡胶更新之机，意欲强占农场土地，严重扰乱农场的正常生产秩序。农场在地方政府的支持下，多次动用民兵应急分队制止村民肆意闹事等突发事件，取得很好的效果。

2007 年 9 月 14 日，省农垦总局和海南陆军预备师在国有龙江农场举行“兴垦强军”大演练。

副省长符桂花、省军区副司令员刘峻嶂少将及省农垦总局、海南陆军预备役师领导观摩演练。海南部分市县、全省各农场领导及当地群众上千人。

支援地方经济建设 白沙黎族自治县人武部发动民兵参加“两个文明”建设。金波乡是个偏僻贫困的深山黎乡，自 1985 年起，在县人武部和县委宣传部的指导下，一边发动民兵带头种橡胶、甘蔗、南药、木薯，发展生产，增加收入，改善生活；一边大办公益事业，建学校、图书馆、电影队、卫生站、敬老院、舞厅、球场，把当代的新知识、新风尚、新生活引进黎村，使全乡人民的物质文化生活和精神风貌发生巨大的变化，成为全岛有影响的文明乡。

白沙黎族自治县阜龙乡是琼崖纵队司令部曾经驻地，是革命老区。因种种原因，阜龙革命老区大部分人民群众还未脱贫，那里上万亩肥沃荒山荒坡未得到合理的开发利用。1998 年 4 月初，为了使阜龙乡革命老区人民尽快脱贫致富，在白沙黎族自治县委、县政府的组织领导下，县武装部积极组织本部全体干部职工和近千名民兵，参加阜龙乡千亩橡胶扶贫基地的开发。经过 10 多天的艰苦奋战，和老区人民一道，终于把 3000 多亩荒山荒坡，改造成标准优质的橡胶园，为老区人民脱贫致富奠定坚实的基础。

居住在海南五指山区的黎族同胞，由于受风俗习惯的影响，历代都没有修建厕所，大小便都到荒坡上或房前房后树丛中，既影响村庄的文明建设，又容易诱发各种传染疾病。为了改变黎族同胞不良习俗，1998 年 5 月，白沙黎族自治县人武部积极响应县委县政府“关于争创文明村庄”号召，干部职工又捐款近万元，并由部领导出面，县水泥厂无偿支援水泥 5 吨，建厕中，人武部又派车运送建厕材料到离县城 70 公里的青松乡黎胞家中，并请技术人员帮助设计，规划，指导施工，武装部的领导到施工现场进行指导，排解建厕难题，与黎族同胞一起搬水泥，筑墙，拌泥浆。干部职工与黎族同胞经过近 1 个月共同努力，20 个水泥钢筋结构，布局合理，整洁实用的家用厕所，全部交付使用，结束了该乡黎族同胞没有厕所的历史，受到地方领导和群众的称赞。

2001年，县委、县政府开展的“建设美好家园”活动中，县人武部出动人员120人次，捐款3000多元。6月，部里积极引进推广“军中百日养猪技术”，在县委彭书记的亲自关心过问下，这项技术在全县15个乡镇和9个国有农场推广，深受群众的欢迎。在12月份县组织荣邦乡水利大会战中，部里所有干部出动，铺种草皮187平方米，高标准完成任务。2002年，县人武部挂钩青松乡扶贫点，部里先后派出4名干部参加县扶贫工作组，下到扶贫点开展工作，并在资金十分紧张的情况下，投入20吨水泥帮助扶贫点村道建设。2003年，县人武部投入资金3000多元、水泥20吨，用于牙叉镇九架老村的文明生态村建设，投资2000多元改造6户民房，投资1500元修建6个沼气池，投资2000元维修水利设施。2004年，为细水乡，投入帮扶资金1800元修建6个沼气池，使6户老百姓直接受益。2007年4月，出资3000元支持阜龙乡村道硬化建设。2008年，先后出资4000元，筹集资金50000元，完成扶贫挂钩单位阜龙乡道路硬化建设。在历年扶贫助学的基础上再次加大力度，实施“一帮二、一帮一、二帮一”即部首长每人资助2名贫困学生，其他干部每人资助1名贫困学生，职工2人资助1名贫困学生，共投入资金2000多元，支持20名贫困生重返校园。2005—2010年前后，县人武部干部职工已扶助特困生120人次，捐赠助学金8万多元，图书、学习用具价值9000多元，使黎族同胞亲切地感受到人民子弟兵的爱心。

双拥模范县城创建　白沙黎族自治县是个革命老区，每年“八一”中国人民解放军建军节，县党政领导机关在县城召开拥军慰问大会和各种形式的座谈会，同驻军和军烈属促膝谈心，征求意见，改进工作。1998年7月，县武装部、县武警中队、白沙中学、县民族中学被海南省委宣传部、海南军区政治部授予“军民共建社会主义精神文明先进单位”称号。2005年7月，王积权任白沙黎族自治县委书记兼县人武部党委第一书记。

抢险救灾　在2003年抗击“非典”行动中，民兵应急分队，在主要交通要道上设立检查站点，为白沙黎族自治县“非典”防治工作做出积极的贡献。2005年抗击“达维”台风期间，全县各基层单位成立民兵突击队22个共1260人，共出动民兵预备役官兵16000多人次，抢修民房1630间、道路25000多米长，扶救橡胶树80多万株，挽回经济损失3000多万元。2007年3月，县人武部拿出经费支持细水乡抗旱保苗工作。2008年汶川“5·12”特大地震发生后，县人武部干部职工主动参加地方组织的捐款捐物活动。2009年，开展向汶川灾区学生捐献爱心包裹活动，捐献受心包裹10个。8月初，台风“凯萨娜”袭击白沙黎族自治县，县人武部及时组织七坊镇、邦溪镇、金波乡、南开乡、龙江农场等单位基干民兵开展救灾行动，出动民兵684人次，完成通信、电力线路和道路以及部分民房的抢修任务，解救被围困群众18人，抢运物资25吨。2010年4月7日，元门乡向民村和南训村交界处一山岭突发森林火灾。县人武部组织正在集训的民兵和森林防火分队，在20分钟内赶赴火灾现场，部领导亲临一线指挥扑救。经过3个多小时的努力奋战，保住国家200多亩森林及周边群众生命财产安全。10月初，白沙黎族自治县遭强降雨袭击，及时组织民兵对全县水库、水坝开展险情排查、抢险救灾和灾后重建工作，解救被围困群众3人，抢运各类物资7吨，避免重大险情发生，受到地方政府的充分肯定。

第二节　武　　警

一、机构

中国人民武装警察部队白沙黎族自治县中队是一支维护地方安全稳定的现役部队。白沙黎族自治县武警中队主要负责维护驻地安全稳定、处置各类突发事件、反恐和抢险救灾等任务，中队多次被各级部门评为优秀单位，其中1999年、2006—2010年、2014年先后被海南省总队评为“基层建设先进中队”。

二、部队建设

2012年中队执勤智能化系统改造，建设全省最先进信息化系统用于执勤安全，被武警海南总队评为“信息化建设先进单位”。2013年10月，中队营区硬化绿化工程完工，新营房建设基本完成。2014年，中队根据反恐形势新要求，成立“反恐应急班”，担负白沙黎族自治县城武装巡逻、反恐维稳等任务，成为白沙黎族自治县反恐维稳“尖刀”。

三、军事训练

2001—2010年，中队军事训练稳步发展成绩突出，中队成立教学组织机构，对教学进行分工，并结合中队实际，制定军事训练奖惩措施。新兵下连前，中队针对弱项、漏训科目，组织开展复训、补训。新兵下连后，突出抓好新兵“学、熟、练、考”四个环节的训练中队坚持每周组织一次军事训练会操，并对在会操中获得第一名的班级颁发流动红旗，适时表彰训练中表现优异的士兵，较好地促进训练“四落实”（落实训练项目、落实时间、落实人员、落实效果）。同时以支队月考为契机，狠抓干部、士官的训练，两官队伍训练水平得到较大提高。在历年参加支队军事会操中，取得较好的成绩。

2007年，海南省总队组织千名士官轮训，县中队派出5名士官参加轮训，通过轮训提高士官的带兵能力。2008年，为了提高部队执勤、处突和反恐作战能力，武警海南省总队第二支队紧贴任务实际，大力开展军事训练比武活动。县中队派出1名干部和4名战士参加军事训练会操，这次会操共设置擒敌拳、警棍盾牌操、应急棍术、400米障碍、五公里武装越野等10个科目。训练会操有效地检验部队训练成果，促进部队战斗力的提高。2009年，中队班长张青松在总队组织的践行当代革命军人核心价值观任务评选中被总队评为"十佳学用之星"。2008年4月被国际奥委会评选为第29届北京奥运会火炬手。原副中队长崔海涛，2007年5月6日，在广东省中山市探亲期间，勇敢救出落水群众，不留姓名而去，被海南省团委授予"海南青年五四奖章标兵"称号，荣立二等功一次，荣获全国"见义勇为道德模范"提名奖，受到胡锦涛主席亲切接见。在中队任职期间荣立三等功2次。

四、执勤执法

2007年6月，白沙黎族自治县中队出动警力20余人次，协助白沙黎族自治县公安干警，成功处置一起因土地纠纷引起的近百人参与的群体性事件，平息了事态。

2008年4月，县中队出动10名警力担负海南黎苗族"三月三"文化活动现场警卫；4月13日，县中队出动10名警力进行博鳌亚洲论坛三亚凤凰机场机动任务；10月29日，中队出动5名警力协助参加东方市维稳工作。1年来，先后多次成功处置犯罪嫌疑人传递物品、喊话、打架斗殴、电路起火等事件；执行临时性押解勤务多起，押解犯人80余名。

2009年2月，武警白沙黎族自治县中队出动5名警力担负春节城市武装巡逻勤务，抓获盗贼3名，制止斗殴事件4起。4月，武警白沙黎族自治县中队出动11名警力参与博鳌亚洲论坛警卫任务。7月，武警白沙黎族自治县中队出动5名警力协助县公安局打击"两抢一盗"城市武装巡逻。

2010年5月1日，武警白沙黎族自治县中队出动10名警力协助东方市感城镇交通事故处置期间的机动备勤。2011年，中队共完成执勤处突等各类临时勤务21起，出动兵力150余人次，其中武装押解11次，转移犯人152名，公审保卫勤务1起，武装抓捕1次。完成白沙黎族自治县"两会"安全保卫勤务、国庆、春节等节日期间的县城武装巡逻等任务。

五、军民共建

2008年，县中队党支部共出动警力约90人次为县中学、公安民警、民兵、保安约1500人实施军训。共出动警力约200人次为县城打扫卫生街道，共出动警力100余人次参加县组织的植树活动。县中队官兵参加无偿献血60多人次。

2010年，与县友邻单位开展多次篮球友谊比赛，共创精神文明，宣传警营文化。配合地方执勤、处突、维稳和维护秩序抗风抢险，共计出动警力500余人次。定期安排时间派出干部、士官到学校为中学生军训，受训人数达800多人。多次组织官兵到学校进行国防教育，举行国防知识讲座，受教育人数到1200余人。先后数次请共建单位到中队参观，共接待689人次，安排他们参观中队荣誉室，观看军事表演，学校部队内务管理，了解警营一日生活秩序。

第十四编

民政　人劳　民生

民政、人劳和民生是人民群众生活的基本需求，1988—2010年，白沙黎族自治县民政局主要从优抚安置、老龄工作、赈灾救济、群众自治组织和社区建设、殡葬等方面为白沙人民服务。

在人劳方面，1996年，白沙黎族自治县逐步推行公务员制度。1992年，成立白沙黎族自治县社会保障委员会，领导与推动全县的劳动就业保险、生育保障、城乡医疗保障农村医疗保险等工作。2002年，原白沙黎族自治县社会保障局更名为社会保险事业局，推动四项保险制度改革。

在扶贫方面，1988年，成立白沙黎族自治县扶贫经济贸易公司，负责全县扶贫开发工作。2001年，开始制定五年扶贫开发规划，通过产业扶贫、整村扶贫、专项扶贫、老区建设、民房改造及农村饮水、沼气建设等方式实施。

在民生方面，主要是重视抓好与人民日常生活密切相关的基础设施架设。为改善教育基本设施建设，2008年开始推进县中学整体搬迁、白沙思源学校建设和11所农村初中学校危房改造。为加强文化设施建设，2006年总投资665万元的白沙九架岭广播电视发射台落成使用。2010年，海南电网首个智能光伏发电系统在南开乡高峰村委会道银村和坡告村正式运行送电，使白沙黎族自治县自然村通电率达到100%。

1988—2010年，农村居民家庭人均纯收入从362元增加到3656元，在岗职工平均工资从1515元增加到27111元。1998年，农村家挺人均生活消费支出823元，支出前三项分别为食品、文教服务、交通通信。2010年，农村家庭人均生活消费支出2372元，支出前三项分别为食品、居住和交通通信。1996年，白沙黎族自治县开始实行住房制度改革。

第一章　民　　政

第一节　机　　构

1988年设立民政局。1989年6月，成立白沙黎族自治县残疾人联合会，为副局级事业单位，由县民政局代管。1992年8月，成立白沙黎族自治县农村社会养老保障办公室，为股级事业单位，隶属县民政局管理。

1995年5月，从县民政局划分出残疾人联合会独立办公，归口政府管理和领导，由政府领导同意联系，业务上接受政府有关部门对口指导。6月， 白沙黎族自治县社会养老保险办公室改为白沙黎族自治县农村社会养老保险局，为副局级单位，隶属县民政局领导，业务上接受省民政厅的指导。

1996年12月，白沙黎族自治县民政局内设行政秘书、优抚安置、救灾救济、农村社会养老保险、老区建设、殡葬管理等6个职能机构。2005年，增设最低生活保障岗。增设岗位后，民政局内设岗位为6个，即办公室、救灾救济岗、优抚安置岗、基层政权和区划地名岗、老年工作办公室、最低生活保障岗。2008年3月4日，设立县民政局婚姻登记处和七坊婚姻登记处。县民政局婚姻登记处和七坊镇婚姻登记处分别隶属于县民政局和七坊镇政府，股级事业单位。

2009年4月10日，县民政局承担革命老区工作的有关职能划归县扶贫开发办公室，由县扶贫开发办公室负责组织、协调和指导革命老区建设工作，联系县革命老区建设促进会。同年7月，设立县民政局低保办公室。至12月，县民政局内设7个职能岗位，办公室、救灾与社会福利岗、政权社区建设与区划地名岗、优抚安置岗、社会救助岗、老龄办公室、行政审批岗。

第二节　优抚安置

一、优抚

1988年，全县评定优待证11户，发放2420元；评定烈属16户，发放2674元；评定义务兵家属67户，发放14550元；评定残疾军人5户，发放759元。

2003年，全县共有重点优抚对象434人，其中，在乡复员军人388人，带病回乡退伍军人22人，烈属、病故军属16人，在乡伤残8人。下拨2002年第四季度及2003年第一、二、三季度的优抚款。在乡老复员定期定量补助提高标准补助金24万元、在乡老复员军人死亡一次性抚恤金共33.3万元。为复员军人、烈军属解决生活难、治病难等问题，给予他们一定的物质补助，款计4.9万元。

2004年，全县共有重点优抚对象434人，其中，在乡复员军人388人，带病回乡退伍军人22人，烈属、病故军属16人，在乡伤残8人。现役军人有312人。下拨第一、二、三季度的优抚款36万元，在乡老复员军人死亡一次性抚恤金共0.67万元。为复员军人、烈军属解决生活难、治病难等问题，给予他们一定的物质补助，款计2.99万元；帮助伤残复员、退伍人员更换证件；经过调查，给予韦亚胶和符金利两人老人补办享受复员军人待遇手续。

2005年，税费改革后，义务兵优待金已列入县财政预算，有的乡镇因种种原因不按规定全额兑现。为此，县民政局履行监督职能，局领导分头到各乡镇调查和协调，要求各乡镇引起重视，从维护国防和军人军属权益的高度去认识和抓落实。经协商，各乡镇领导表示，8月以前将按规定的标准予以落实。为弘扬优良革命传统，激励后人奋进精神，县委、县政府决定在白沙县境内建一座烈士纪念园，作为县革命传统和爱国主义教育基地。民政局担起调查的任务，在全县范围内对参加白沙起义、抗日战争和解放战争中牺牲的埋葬在白沙县境内的革命烈士的墓址展开调查。此外，民政局还对白沙县的军烈属进行重新调查登记，为其制作“光荣烈属”牌匾。

2006年，经县政府同意，提高城镇义务兵家属优待金标准。落实县财政配套资金，及时足额将在乡的复员军人的定期定量补助金拨给各乡镇发放，保障在乡优抚对象的晚年生活，拨到各乡镇的定期定量补助金共63万元。春节期间走访慰问部分在乡老复员军人。做好军休干部资金管理并如期发放其工资和医疗费。

2007年，县民政局及时足额将在乡的复员军人的定期定量补助拨给各乡镇发放，保障在乡重点优抚对象的晚年生活。截至10月，民政局已经拨到各乡镇的定期定量生活补助金共55.69万元。发放医疗款和医疗救助款医疗门诊费1.28万元。除了为农村重点优抚对象解决生活和医疗难外，还筹措资金，为住茅房、简易房和危房的20名重点优抚对象修建住房。如期发放军休干部工资和医疗费，并做好军休干部住房调查工作和管理好革命烈士纪念建筑物。

2008年，及时足额将在乡的复员军人的定期定量补助拨给各乡镇发放，保障在乡重点优抚对象的晚年生活。截至11月，县民政局已经拨到各乡镇的定期定量生活补助金共87.7092万元。发放医疗款和医疗救助款医疗门诊费5599元。发放优抚对象一次性抚恤金9200元。除了为农村重点优抚对象解决生活和医疗难外，还筹措资金36万元，为住茅房、简易房和危房的20名重点优抚对象修建住房。对上年遗留的参战退役军人的确认工作进行调查认定，并与农村合作社签订代发参战人员生活补助金的协议，实行社会代发减少中间环节。做好军休干部资金管理并如期发放其工资和医疗费，并做好军休干部住房调查工作和管理好革命烈士纪念建筑物。

2009年，及时足额将在乡的复员军人的定期定量补助金拨给各乡镇发放，保障在乡优抚对象的晚年生活。拨到各乡镇的定期定量补助金共120万元。 发放参战人员补助金28.08万元，并做好军队离休干部资金管理并如期发放其工资和医疗费。

2010年，及时足额将在乡的复员军人和参战人员的定期定量补助金拨给各乡镇发放，保障在乡优抚对象的晚年生活。拨到各乡镇的定期定量补助金193.3万元，并做好军队离休干部资金管理并如期发放其工资和医疗费。

二、退伍军人安置

2003年，县政府拨给退役士兵自谋职业一次性补助金24万元，安置从1995—2001年退役未安置的退役士兵，已有48名退役士兵与县民政局签订自谋职业协议，领取补助金，减轻政府安置负担。民政局还积极与县科协协调，拟举办城乡退役士兵岗前技术技能培训，组织城乡退伍兵学习水果种植、水产养殖、禽畜饲养等实用技术，以提高他们就业或自谋职业的能力，切实解决白沙县退伍安置难问题。

2004年，县民政局请求政府将2003年度退伍兵一次性安置补助金标准上调到2000元每服役年，将2004年度政府一次性扶助金标准提高到3000元每服役年，得到政府的批准。4—5月，县政府拨给退役士兵自谋职业一次性补助金16.2万元，安置从2001—2003年退役的士兵，有28名退役士兵已经与民政局签订自谋职业协议书，领取补助金，减轻政府的安排就业的压力。

2005年，发放一次性自谋职业补助金已成为白沙县安置退役士兵的主渠道。上半年通过此方式，白沙县已安置多名退役士兵，占安置任务的72%，共发放一次性自谋职业补助金10.5万元。

2006年，按照“安置就业、自谋职业、扶持就业”的安置政策，妥善安置城镇退役士兵，以发放一次性自谋职业补助金的形式，完成白沙县2005年冬季退役的城镇士兵的安置任务，共发放一次性自谋职业补助金24.4万元。

2007年，按照“安置就业、自谋、扶持就业”的安置政策，妥善安置退役士兵，白沙县以发一次性自谋职业补助金的形式，安置白沙县2006年冬季退役的城镇退役士兵，共发放城镇退役士兵一次性自谋职业补助金17.2万元。

2008年，按照“安置就业、自谋、扶持就业”的安置政策，妥善安置退役士兵，白沙县以发一次性自谋职业补助金的形式，安置县2007年冬季退役的城镇退役士兵，共发放城镇退役士兵一次性自谋职业补助金3.6万元。协调安置退役士官符文京到县安全生产监督局就业，并做好2008退伍士兵报到工作。

2009年，按照“安置就业、自谋职业、扶持就业”的安置政策，妥善安置退役士兵。至11月，民政局以发放一次性自谋职业补助金的形式，安置白沙县2006年冬季退役城镇退役士兵，共发放一次性自谋职业补助金15万元。

2010年11月，白沙县完成农垦系统民政职能移交工作，其中接收优抚对象62人。

第三节　赈灾救济

1989年，白沙黎族自治县遭受旱灾，受灾面积大，持续时间长。6月，又受到第5号强台风袭击，全县受灾面积达15273亩。其中倒伏8910亩，水冲沙压300亩，失收839亩，橡胶、胡椒、咖啡、水果、甘蔗、木薯等经济作物损失5224亩。倒塌民房173间，损坏628间。台风给白沙黎族自治县造成损失3060万元。下半年，白沙黎族自治县又连续遭受25号、26号、28号、29号强台风的袭击。据民政局和相关单位的调查，白沙黎族自治县共有305个自然村，7486户50394人受灾。水稻受灾面积达33243亩，成灾面积1799亩，失收面积305亩，损失粮食158万公斤；番薯受灾面积达4903亩，成灾面积3464亩，损失48万公斤；倒塌民房53间，损坏民房748间。灾情发生后，民政局积极会同粮食部门，派出人员深入灾区开展查灾、核灾、报灾和救灾工作，当好党委政府的参谋，组织发动灾民开展生产自救，并及时上报灾情，以争取上级的支援。1989年，由于受春荒的影响，全县有3436户23773人缺粮。其中双缺户1245户9506人，缺粮量为67.5万公斤。县委、县政府极为重视缺粮群众的生活，并采取积极有效的补救措施，向省政府打报告要回返销粮48.5万公斤。拨口粮救灾款170526元，帮助2049户8139位灾民。全县没有因为灾荒而出现水肿、逃荒、饿死人等不正常现象。

1990年，白沙黎族自治县遭受三次台风，两次热带低压的袭击，风力8~9级，阵风11级。特别是第16号台风，全县普遍降大暴雨到特大暴雨。金波、青松、南开、元门、细水、七坊等乡镇日降雨量达310~369毫米，其他地区也达200毫米以上。全县房屋倒塌39间，损坏瓦房212间，倒塌茅房209间，耕牛被水冲失2头，水稻受灾面积3039亩，其中水冲水淹受损失1077亩。甘蔗受灾面积44034亩，热带作物受灾面积3692亩，受灾橡胶16413株、林木13562株、果树25748株，此外山塘、水库、涵洞、渗槽等受到损害，损失经济价值234万多元。灾情发生后，民政局积极会同粮食等有关部门，派出人员深入灾区开展查灾、核灾、报灾和救灾工作，组织发动灾民开展生产自救，并及时发放11.5万元维修民房救济款和2.8万元衣服穿盖救济款。由于受春、秋荒的影响，造成白沙黎族自治县2414户15325人缺粮，其中春荒缺粮有2236户14393人，秋荒缺粮178户932人。县委、县政府极为重视缺粮群众的生活，并采取积极有效的补救措施，安排返销粮29.955万公斤。民政局下拨口粮救济款10万元。

1991年，第11号台风袭击白沙黎族自治县，历时8个小时，风力8~12级，全县普降特大暴雨，降雨量达 292 ~ 359 毫米。全县 14 个乡镇、351 个自然村受灾，受灾农户有 4055 户 35600 人，成灾人口有 25000 人，倒塌民房 355 间，损坏民房 1072 间，全县农作物受灾面积 78600 亩，死亡大牲畜 13 头，因灾造成经济作物损失 1426 万元，损失粮食 259 吨，因灾造成群众缺粮量 36.5 万公斤，缺粮人口 6372 人。灾情发生后，按照省委、省政府的指示，并紧紧依靠各级党政和广大基层干部，采取有效措施。及时发放自然灾害生活救济款 2 万元、维修民房专款 3 万元，协助有关部门组织和发动灾民开展生产自救活动。全县共投入人力 39120 人次，其中干部 1000 人次，群众 38120 人次。同时，在民政局的组织下，全县共收到社会各界捐赠款 55743 元，衣物 88 件，粮票 53 公斤。这批捐赠款物，均按照民政部、省政府、民政厅的指示进行管理和使用。

1992 年 6 月 28 日，白沙黎族自治县遭受第 4 号台风袭击，风力 8 ~ 9 级，阵风 11 级，全县各地普降大雨至暴雨，降雨量最高的是南开地区达 175 毫米，其他地区降雨量也达 90 ~ 100 毫米。全县 14 个乡镇都遭受不同程度的损失，其中较为严重的有细水、南开、元门、青松、金波、光雅等 6 个乡镇。全县倒塌瓦房 75 间，损坏 522 间，17910 平方米，损失价值 775980 元；倒塌茅房 25 间，损坏 97 间，3660 平方米，损失 65880 元；玉米、木薯等旱粮作物受灾面积 11650 亩，折合人民币 419400 元；损坏橡胶 192400 株，折合人民币 920000 元；输电线路、公路桥涵及通信设备等也受到不同程度的破坏。灾情发生后，民政局发放自然灾害生活救济款 8.4 万元，拨放维修民房专用款 4 万元。由于遭受旱、风、水灾的影响，造成白沙黎族自治县 2506 户缺粮，其中春荒缺粮 1350 户，缺粮量 35000 公斤；秋荒缺粮 1156 户，缺粮量 43000 公斤。县委、县政府给缺粮群众发放返销粮 78000 公斤，民政局拨出口粮救济款 5.5 万元，用于缺粮群众购买粮食。

1993 年 8 月 20—21 日，白沙黎族自治县受第 9 号台风环流天气的影响，普降特大暴雨，降雨量最多的是县城地区，达 329.6 毫米，光雅地区达 300.6 毫米，除金波、邦溪地区不足 200 毫米外，其余地区均 230 毫米以上。全县 14 个乡镇、413 个村庄受灾，人数达 32480 人，成灾人数 21151 人，其中轻灾民 11078 人，重灾民 9750 人，特重灾民 323 人。台风给白沙黎族自治县的工农业生产和人民群众的财产带来严重损失，达 694.87 万元。据统计，被洪水包围的村庄 9 个，人口有 2410 人；洪水造成 2 人死亡，一人是菜农，另一人是拉电线的青年；牛死 8 头，倒塌民房 26 间，面积 2017 平方米，损坏民房 78 间，面积 475 平方米，折合损失 15.5 万元。全县水稻受灾面积 18300 亩，占插秧面积 1/3，成灾面积 9150 亩，水冲毁农田造成失收面积 2350 亩，经济作物损失 810 亩，折合损失 400 多万元。全县冲毁桥梁 5 座，路面损坏 105 公里，鹦哥岭、九架岭公路崩方 8000 多立方米，造成公路中断通车 7 条次，冲坏水陡 56 座，涵闸 18 座，渡槽 6 座，崩决渠道 68 处，损失灌溉效益面积 2341 亩，折合损失 288 万元。灾情发生后，民政局发放自然灾害救助款 6.2 万元，拨放民房维修款 6 万元。

1993 年白沙黎族自治县遭受旱、风、水灾的影响，造成 1994 年白沙黎族自治县 40730 人缺粮，其中，春荒缺粮 21800 人 38 万公斤，秋荒缺粮 18930 人 27 万公斤。民政局拨下口粮救济款 20.5 万元。春季，拨下冬冷救济物品，其中，棉被 800 床、蚊帐 500 张、棉衣 500 件。10 月，省拨下的 36000 件捐助物品，都已及时拨到各乡镇应救济的户数人手中。冬冷救济工作，拨出 10 多万元，采购衣服 1200 件、棉被 1000 床，发放给各乡镇五保户、军烈属、复员军人和特困户。

1995 年春、夏两季，有 1081 户 5875 人缺粮 53 万公斤。县民政局派员深入到各乡镇调查了解，及时向县主管领导反映，并积极向省厅申报要求拨下救济粮款。上半年，在省厅和县政府的关心和帮助下，共拨下返销粮 67 万公斤。县民政局也拨下口粮救济款 14.7 万元。

1996 年，县民政局重点抓好县负担的灾粮差价补贴和“217”（自然灾害救济费）科目的落实兑现 3 月，县政府以文件的形式，决定从 1996 年开始，每年从地财中拨付 10 万元作为救灾口粮补贴款，并列入当年财政预算。上半年旱灾比较严重，下半年台风和水灾又比较频繁，特别是 8—9 月的第 12 号强热带风暴和第 18 号强台风，给白沙黎族自治县工农业生产和人民群众生活造成巨大损失。据统计，白沙黎族自治县各项受灾情况分别如下（含农垦）：农作物受灾面积 11577 公顷，成灾面积 6047 公顷，绝收面积 1758 公顷，受灾人口 10.62 万人次，成灾人口 8.09 万人次，因灾伤病人口 177 人，因灾死亡 1 人，共倒塌房屋 732 间，其中居民住房 589 间，损失粮食 2923 吨，减产粮食 4590 吨，因灾死亡大牲畜 475 头，全县因灾直接经济损失 1.98 亿元。在自然灾害面前，民政局组织工作组，深入到 15 个乡镇查灾、核灾，并将受灾情况及时向县政府和省民政厅汇报，省民政厅先后下拨给白沙县救灾救济款 164 万元。县民政局根据调查和各乡镇报来的灾情，先后安排救济款 62.3 万元，共救济灾民 6227 人，其中安排口粮救济款 27.4 万元，安排恢复灾民住房款 24.5 万元，安排治病救济款 0.3 万元，安排衣被救济款 8.1 万元，安排转移安置款 2 万元。同时县委、县政府还从县地财投入救灾资金 12 万元，救灾物资一批，折款 19.5 万元，并组织救灾人员 10.17 万人次投入救灾，组织 10.94 万人次开展生产自救，灾民参加生产自救收入 118.5 万元。

1997 年，在救灾救济方面，根据民政部和省民政厅“九五”规划以及省民政厅布置的 1997 年救灾救济工作要点，县民政局重点抓救灾工作分级管理，救灾款分级负担的体制改革。白沙黎族自治县已将 1996 年灾粮差价补贴款 10 万元列入县地财预算，1997 年上半年，县民政局又将“217”科目预算报告送交县政府，争取县政府将“217”科目列入地财预算，以拓宽白沙黎族自治县救灾资金的来源渠道，提高灾民生活保障水平和民政部门救灾工作的时效性。其次，抓好春荒期间群众的生活安排，确保灾民的基本生活。1996 年，白沙黎族自治县遭受 12 号和 18 号强热带风暴袭击，晚种粮食生产受到严重的破坏，全县因灾损失粮食 678.8 吨，比较严重的有七坊、邦溪、荣邦、光雅、白沙、元门、牙叉等乡镇。根据各乡镇的申报和县民政局的深入调查，全县 3—6 月有 3200 户 16000 人在春荒期间缺粮 32 万公斤，其中缺粮又缺钱需要救济的双缺户有 1420 户 9600 人，共缺粮 38.5 万公斤，缺钱 77 万元。县民政局下拨春荒救济款 14 万元。

1998 年，白沙黎族自治县遭受到十年不遇的严重干旱，早种和晚种的粮食生产遭受巨大的损失，全年约有 3.58 万人需口粮救济数量 791 吨。省政府共下拨给白沙县救灾救济款 62 万元。县民政局下拨灾民口粮款 45 万元。在救灾救济款分配问题上，县民政局立足事实，专款专用，不平均发放救灾救济款。例如打安乡召傲村，位于可程水库上游的库浸区，由于人多地少，又没有什么其他经济收入，全村 32 户 218 人就有 80%在春荒期间需要口粮救济。细水乡的什席村，由于水利设施长年失修，水田基本无水插秧，全村在夏荒期间有 17 户 138 人缺粮。为此，县民政局分别拨给召傲村 1 万元，什席村 4000 元救济款购买粮食。

1999 年，白沙黎族自治县遭受较为严重的干旱和洪涝。全年农作物受灾面积 11338.9 公顷，成灾 6096 公顷，受灾人口共 7.78 万人次，成灾 5.08 万人次，3 个荒期共有 32750 名困难灾民缺粮，缺粮量 1215 吨。为了掌握好全县受灾的情况，保障灾民的基本生活，维护灾区的生活稳定，县民政局坚持查灾、核灾、报灾制度，每个荒期或突发灾情，民政局都组织工作人员深入到各乡镇和灾民家中调查了解情况，以便及时准确地上报灾区，争取省民政厅等有关部门的支持好帮助。此外，民政局还积极协助乡镇政府做好防灾救灾，发动和组织灾民进行生产自救，并下拨 26.2 万元救灾救济款和购买 15 万元的冬令救济衣被等救济物资。

2000 年，白沙黎族自治县遭受较为严重的干旱和台风及洪涝灾害的影响。全年农作物受灾面积 2592 公顷，成灾面积 1025 公顷，受灾人口 4.78 万人，成灾人口 3.46 万人，损坏民房 257 间，倒塌 19 间，因灾直接经济损失达 1481 万元。共接受省厅拨给捐赠款衣物 15300 件，食品 431 箱，大米 5 吨，食油 3 箱；接受县捐款 26132.82 元，衣物 2736

件，水泥50吨，并在县委、县政府的统一安排下，严格按照救灾款物管理使用的有关规定，及时从接受的捐赠物资中支援给澄迈县大米4吨、食品328箱、衣物11800件、水泥50吨、衣物5700件、食品103箱、大米1000公斤、食油3箱，这些物资被送往受灾较严重的青松、南开、细水、南叉、元门等乡镇。此外，民政局全年还安排下拨救济款75万元，共救济灾民和困难户8151人，其中口粮救济款53.9万元，救济人口5765人；伤病救济款2.4万元，救济人口286人；房屋倒塌救济款2.7万元，维修房屋9间；衣被救济款16万元，救济人口2100人。

2001年，白沙县的15个乡镇中有14个为老区乡镇，大多数老区人民群众的生活还不富裕，因此每年申请生活、医疗困难补助的人为数不少。加上同年白沙县遭受严重的旱灾和洪涝灾害，民房损坏14间，倒塌50间，粮食减产达2894吨。为把有限的救助救济资金用作真正需要救济的人身上，民政局组织力量深入到困难户和灾民家中了解情况，并根据实际下拨救灾救济款帮助民政救济对象和灾民解决生活、治病困难问题和维修因灾受损的房屋。

2001年12月至2002年3月，白沙黎族自治县与全省各地一样也遭受较长时间的旱灾。9月，受到"米克拉"热带风暴的影响，邦溪、金波、元门、打安、牙叉、南开、细水等乡镇部分村民的粮食生产不同程度地受到损失。据统计，有1.09万名村民缺粮，缺粮量为160万公斤，折合人民币288万元。民政局共下拨救灾救济补助款88.7万元，购买23.9万元的衣被等冬令物资发给缺衣少被的4500名困难群众。

2003年春季，由于降雨较少，田地干旱严重，7月、8月连连受台风袭击，白沙县普遍受灾。至11月止，已拨发救灾救济款164.9万元，为3.231万名困难群众解决生活、穿衣、治病及维修房屋等困难。其中生活困难补助资金87.3元，解决1.8万人生活难问题；购买冬令物资24.4万元，解决1.3万人穿衣盖被问题；治病困难补助资金13.1万元，解决0.021万人治病难问题；维修房屋难补助资金40.1万元，解决0.11万人维修房屋难问题。

2004年，由于降雨较少，旱情较往年严重，农业生产受到影响，粮食大量减产，缺粮的群众人数较多。据统计，春荒期间有21000人缺粮，冬令期间有7162人缺粮，4042人缺衣少被。民政局下拨春荒款21万元、冬令款29.8万元救灾救济款。同时，根据各乡镇的申报、群众的申请和民政局调查的实际情况，拨给困难群众临时救济款16.29万元，解决他们的生活、治病、维修房屋等困难。拨给各乡镇和新开田医院4500件冬令物资发放到缺衣少被的贫困户手中。

2005年上半年，白沙县旱灾依然延续，由于持续高温少雨，许多乡镇缺水情况严重，农业生产受到严重影响，农民群众的生活也受到不小的影响，七坊镇、邦溪镇、荣邦乡等乡镇的村庄还出现人畜饮水困难。虽然5月初受雷阵雨和人工降雨的作用，旱情有所缓解，但全县旱情还处在轻度干旱状态。为了解具体灾情，民政局领导多次率队深入到乡镇、村庄，调查了解受灾情况，并及时上报省民政厅备案。至5月11日止，全县农作物受灾面积有65748亩，其中水稻受旱面积6547亩，饮水困难人口有12053人，饮水困难牲畜1800头。全县投入抗旱资金281.7万元。编制《春荒救济人口台账》，并及时与省民政厅联系沟通，落实救灾救济款。自4月20日起，民政局先后拨给各乡镇春荒救灾救济款30万元。

2006年，县民政局下拨救灾救济款240.12万元和80吨大米，救济灾民和困难群众4.42万人次。其中，170.42万元用于生活方面，69.7万元用于因灾倒塌房屋恢复重建。从10月28日起，民政局开始发放2006年的价值39.69万元冬令物资。共发放冬令物资6680件（套），其中大衣450件，男毛衣690件，女毛衣670件，男服 1390套，女服1340套，棉被1350床，蚊帐450张，毛毯340床。并将收到的2.5万件捐赠衣被发放到各乡镇需要衣被的困难群众手中。下拨2万元，补助29名中华人民共和国成立前入党的农村老党员的生活。

2007年，县民政局根据各乡镇上半年旱灾，下半年风灾等灾害情况，下拨春、夏荒救灾款31.6万元。下拨口粮40吨，发放临时救济款14.0382万元，购买35万元的冬令物资，发放冬令物资4600件。还对“利奇马”台风造成的损失及时调查核实和上报，同时拟出灾后恢复重建方案并付诸实施，下拨救灾款20.85万元帮助群众维修房屋。

2008年，县民政局下拨春、夏荒救灾款55.4万元。下拨口粮120吨，发放临时救济款32.43万元。购买43.27万元的冬令物资，并发放冬令物资6450件，还对“黑比格”等台风及南海热带低压影响造成的损失及时调查核实和上报，同时拟出灾后恢复重建方案并付诸实施，下拨救灾款33.4万元帮助群众维修倒损的房屋。在下拨救灾资金的同时，加强对专项资金使用的监督检查。同年，民政局与县财政局出台《关于开展对2007年以来救灾资金管理使用情况专项资金检查的通知》，成立3个检查小组对各乡镇的救灾资金和救灾物资使用进行全面的检查。根据存在的问题提出整改意见，确保救灾资金和救灾物资使用的使用规范化、合法化。此外，在抗震救灾支援汶川地震灾区的工作中，民政局充分发挥民政职能，通过电视、手机短信等方式向社会宣传发动捐款捐物，并做好抗震救灾的款物接收工作，共接收捐款47.5万元。

2009年，民政局下拨春荒救灾款57.2万元，购买20吨大米，发放到生活困难群众手中。在第一个全国防灾减灾日期间，民政局充分利用横幅、宣传单，在全县各乡镇、学校等大力做好防灾、救灾、减灾宣传活动，并与县地震局等有关部门到乡镇进行讲解。此外，民政局与县气象局联合举办2期灾害信息员培训班。

2010年，为提高灾害应急救助能力，白沙黎族自治县11个乡镇、77个村（居）委会全部完成《自然灾害救助应急预案》的编制和修订，为以后的各种灾害救助提供可行的指导。结合各乡镇春荒期间的受灾情况，民政局下拨自然灾害补助资金17万元，结合个别群众的困难情况发放临时补助金65520元。国庆期间，白沙黎族自治县受到持续强降雨影响，洪涝灾害给白沙黎族自治县人民群众造成严重的财产损失，特别是造成民房倒塌147间。民政局组成2个工作组对灾害进行核查，上报省民政厅救灾处。为做好因灾倒房恢复重建工作，民政局拟定《白沙黎族自治县因灾倒房补助方案》，并报县政府印发。根据省民政厅救灾处和县政府下拨的因灾倒房重建资金情况，民政局及时将倒房情况报县政府等有关部门，拟定补助方案，下拨174.2万元恢复重建资金，发放救济大米172吨。在做好救灾工作的同时，及时了解民政特困对象的住房情况，下拨26万元解决50户民政特困对象住房困难情况。

第四节　群众自治组织和社区建设

一、群众自治组织建设

1987年，白沙黎族自治县原设的14个区公所撤销改建为9个乡和5个镇，撤销原63个乡建立63个村民委员会，新设9个居委会。即撤销福妥区公所，设立狮球乡人民政府，下设子雅、田表、福妥等3个村民委员会；撤销金波区公所，设立金波乡人民政府，下设金波、牙加、白打等3个村民委员会；撤销荣邦区公所，建立荣邦乡人民政府，下设岭尾、俄朗、光村等3个村民委员会；撤销青松区公所，建议青松乡人民政府，下设益条、拥处、青松、打炳、打松、牙扩等6个村民委员会；撤销牙叉区公所，建立牙叉镇人民政府，下设牙叉、牙港、南仲、牙架、牙炳等5个村民委员会和浪崖、临高、桥南、桥北、中路等5个居民委员会；撤销白沙区公所，建立白沙镇人民政府，下设白沙、道阜、方平、营盘、方香、志道等6个村民委员会和白沙居民委员会；撤销七坊区公所，建立七坊镇人民政府，下设查苗（后改为高石）、阜途、长龙、英歌、打金、木棉、高地等7个村民委员会和七坊居民委员会；撤销光雅区公所，建立光雅镇人民政府，下设那来、拥阜、可好、照明等4个村民委员会和光雅居民委呐支；撤销邦溪区公所，建立邦溪镇人民政府，下设孟果、南班、邦溪、邦新、大米等5个村民委员会和孟东居民委员会；撤销细水区公所，建立细水乡人民政府，下设合口、罗任、福门、白水港等4个村民委员会；撤销打安区公所，建立打安乡人民政府，下设打安、可程、合水、南达等4个村民委员会；撤销南开区公所，建立南开乡人民政府，下设牙佬、牙和、南开、高峰等4个村民委员会；撤销可任区公所，建立阜龙乡人民政府；下设可任、那查、天堂、新村等4个村民委员会；撤销元门区公所，建立元门乡人民政府，下设南训、向民、红旗、元门、红茂等5个村民委员会。

1989年9月6日，将1987年所设的村民委员会改为管理区，此后在原来的73个村民委员会的基础上增设11个管理区，即将七坊镇的高石村民委员会分为高石管理区和南洋管理区，木棉村民委员会划分为木棉管理区和查英管理区；将邦溪镇的南班村民委员会划分为南班管理区和地积（后改为地质）管理区；将牙叉镇的南仲村委会划分为南仲管理区和志针管理区，九架村民委员会划分为九架管理区和对俄管理区，牙炳村民委员会划分为牙炳管理区和探纽管理区；将光雅镇那来村民委员会划分为那来管理区和牙旺管理区；将荣邦乡俄朗村民委员会划分为俄朗管理区和福英管理区，光村村民委员会划分为光村管理区和高峰管理区；将元门乡元门村民委员会划分为元新（后改为元门）管理区和翁村管理区；将南开乡牙佬村民委员会划分为牙佬管理区和革新管理区。至1989年10月，全县共设74个管理区。1995年，改管理区为村民委员会。同年，牙叉增浪崖村民委员会，至此，全县共有75年村民委员会。2001年，牙叉镇经政府批准，将牙叉村民委员会和浪崖村民委员会撤销，改设居民委员会，全县的村民委员会由原来的75个变为73个，下设483个村民小组。2007年12月，由于农垦改革，经省政府批准原国有卫星农场的浪烈村、力孝村、朝庆新村、朝庆老村、可情村和长流村划归打安镇政府管理，并在这个6个村辖区内村设立1个村民委员会，命名为朝安村民委员会，全县村民委员会数由73个增加为74个，下设490个村民小组。2010年，村民小组增加到493个。

村民委员会设立后，村民依据《中华人民共和国地方各级人民代表大会和地方各级人民政府组织法》开展自治活动，改变生产队领导班子处于瘫痪与半瘫痪状态，在农村生产生活中发挥出新的作用。

1995—1998年期间，白沙黎族自治县第1～2届村民委员会的选举工作，候选人的提名都是推荐产生，不是直接投票产生，村民委员会选举工作比较简单，群众参与意识也不强。

随着《中华人民共和国村民委员会组织法》颁布，村民委员会的选举工作有进一步要求，从原来的候选人提名由推荐产生，转变为直接投票产生。2001 年，白沙黎族自治县进行第三届村民委员会的换届选举。邦溪镇的邦新村民委员会，被选为县与省的换届选举工作试点单位。第三届村民委员会的选举是第一次采用选民直接投票产生候选人，并且通过召开选民大会直投票选举产生新一届的村民委员会成员，要求同天投票，同天当众开箱计票，同天公布选举结果。由于没有经验，试点工作难度很大，村民对选票的填写了解不全，致使填写的选票中出现比较多的废票、局部有效票，从而导致一次选举成功的村民委员会数量并不多。此次选举共有 73 个村民委员会参加选举，一次选举成功的村民委员会有 54 个，占总数的 74%，有 18 个村民委员会进行另行选举。虽然另行选举的现象比较多，但没有发生重新选举的现象，整个选举过程还是比较成功的。

2003—2010 年，白沙黎族自治县村民委员会进行第四届、第五届、第六届共三届村民委员会的换届选举工作，选举工作是越做越好，村民的参与意识一届比一届强，竞争意识逐届加强 ，选举工作也一届比一届规范，女性参与民主自治活动的人数也在逐届增加。至 2010 年第六届村民委员会选举时，全县 64226 人参加选举的选民中就有女性选民 36214 人，占参加投票人数的 56.4%。同时，从 2001 年起，白沙黎族自治县每个村民委员会成员中至少有 1 名女性村民委员会成员。村民委员会成员中主任兼书记的比率也很高，第四届至第六届村民委员会成员主任兼书记的比率都超过 97%，村民委员会成员与村委会支部成员之间的交叉任职也超过 80%。

二、社区管理建设

1992 年，牙叉镇政府为了方便牙叉镇城区的居民管理，曾向县政府申请设立居民委员会，下辖桥南、中路和桥北三个居民小组，县政府于 1992 年 10 月 8 日，同意设立居民委员会。居民委员会的职能主要是负责辖区内的治安、绿化、卫生、计划生育及经济和社会发展等各项工作，居民委员会归属牙叉镇管理，办公地点设在牙叉镇，这时的居民委员会只相当于牙叉镇的办事处，并没有成为真正的自治组织。此后，随着机构的改革，居民委员会随着功能被相关部门取代。随着牙叉镇城区的外来人口的涌入和部门的改制，很多过去的单位人变成的社会人。1994 年，白沙县民政局在全县范围内开展街道门牌整顿工作。2001 年，为了规范牙叉镇城区居民生产生活，牙叉镇政府向县人民政府申请设立桥南、城东和城西三个居民委员会。 同年 11 月 14 日，县人民政府批复同意牙叉镇设立三个居民委员会。从此居民委员会开始逐渐在宣传宪法、法律、法规和国家政策，维护居民的合法权益，教育居民履行义务，爱护公共财产，开展多种形式的社会主义精神文明建设活动，办理本居住的居民公共事务和公益事业，调解民间纠纷，协助政府做好与居民利益有关的公共卫生、计划生育、优抚救济和青少年教育等项工作中发挥出应有的作用，在很大程度上实现自我教育、自我管理和自我服务。

第五节　老龄工作与殡葬

一、老龄工作

2002年6月，成立白沙黎族自治县老龄工作委员会，由县委副书记和县政府分管民政工作的副县长分别担任正副主任，老龄办设在县民政局，由局长担任办公室主任，兼职人员2人，负责老龄办公室日常工作。县老龄工作委员会下设办公室，办公室设在民政局，负责日常具体工作。县民政局老龄办利用重阳节、敬老月以走访的方式走访慰问低保、五保、特困等老年人，给他们送去节日的祝福，让老年人感受到党和政府的关怀。

2004年，县民政局在县委、县政府和省民政厅的大力支持和帮助下，筹集资金167.5万元（其中省民政厅拨款61.8万元，县地方财政投入44万元，社会筹资61.7万元），建成1361平方米集文体娱乐保健和老年教育于一体的多功能老年人活动中心大楼和门球场、地掷球场等室外活动设施，同时发动社会各界捐赠设备、器械等。驻县省属各单位积极配合，出资或资助电视机、空调机、乒乓球桌等价值约12万元的设备，丰富县老年人的文娱生活。

2005年元旦期间，县老龄委、老干局、文体局、老体协等联合，成功举办第一届老年人运动会，共有190名老年人参加门球、乒乓球、地掷球、台球、羽毛球、象棋、射击、钓鱼等项目的比赛，丰富县老年人的精神生活。

2006年，海南省举办“九九”重阳节“红叶风采”文艺晚会，白沙黎族自治县老龄工作委员会协同其他相关部门组织2个舞蹈参加，其中演员30人，工作人员6人。2006年起，县政府把老年人健身活动经费列入财政年度预算，保证老年人活动的正常开展。每年敬老月、重阳节，县委、县政府连同其他部门单位都组织下乡下村走访慰问。

2005年，全县60岁以上老年人口达到1.54万人，占总人口的8.6%。在这部分人中，有70%居住在农村或农场，其生活来源都由家庭其他成员供养。全县离休干部61人，月人均工资2753元；国家退休人员989人，人均月工资1204元；由保障局发放退休金的有1618人，人均月工资593元。截至2010年末，白沙黎族自治县60岁以上老年人口数为17830人，65岁以上老年人口数为11090人，80岁以上老年人口数为498人，人口结构已进入老龄化社会。全县参加城镇从业人员基本养老保险 28549 人，其中离退休参保人员 13745 人。2010 年，新型农村社会养老保险正式在全省实施，全县 41469 名农民纳入新农保制度，8195 名 60 周岁以上的农民直接受益。2010 年末，包括 60 岁以上老年人在内有 98709 人参加新型农村合作医疗，参合率达 98.19%。

老龄办主要受理的工作有老年人优待证和百岁老人。根据《海南省实施中华人民共和国老年人权益保障法若干规定》和《关于印发海南省老年人优待证制发工作方案的通知》的文件要求，2007—2010 年，老龄办共为全县 60 岁以上的老人办理优待证 3496 张，为老年人乘车、乘船、乘机、就医等提供优待服务。

2007—2010 年白沙黎族自治县历年优待证统计一览表

表 14-1-1

年度	第一批	第二批	第三批	第四批	第五批	合计
2007 年	532	488	353	367	561	2301
2008 年	156	279	251	0	0	686
2009 年	0	66	0	50	0	116
2010 年	0	0	56	37	0	93
合计	688	833	660	454	561	3496

2009 年 2 月，根据省老龄工作委员会第三次全体会议精神，省民政厅和财政厅联合下发《关于提高长寿补助金发放标准的通知》，将长寿补助标准从原来的每人每月 150 元提高到 200 元，从 2009 年 1 月起计发。2010 年，百岁老人从原先的长寿补助每月 150 元提升到 200 元。截至 2010 年 12 月 31 日，累计发放长寿补助金额 92400 元。

2007—2010 年白沙县百岁老年人补助统计表

表 14-1-2

年份	百岁老人（人）	省补助（元/月）	县补助（元/月）	全年发放金额（元）
2007 年	2	150	150	7200
2008 年	5	150	150	18000
2009 年	5	200	150	21000
2010 年	11	200	150	46200

截至2010年，全县建有敬老院4所，其中七坊敬老院和邦溪敬老院已投入使用，青松乡和荣邦乡正在建设中。其中两所敬老院入住人数共22人。

二、殡葬

1985年，成立白沙黎族自治县殡葬管理所。该所的工作内容主要提供殡葬服务，殡仪礼仪服务，遗体处理服务，遗体安葬，丧葬用品服务；负责处罚违反殡葬管理法规行为；负责对生产、销售丧葬用品单位和个人实行行业性管理等。2010年10月12日，县人民政府同意收回县新开田医院麻风战354.14亩果园划拨土地使用权作为县公益性公墓园地建设项目用地，要求民政局要认真做好地上附着物的清点工作，争取县公益性公墓园地建设项目早日动工兴建。

第二章　人事管理和劳动就业

第一节　机构编制管理

一、机构编制

2000年，设置白沙黎族自治县机构编制委员会办公室，为县机构编制委员会的常设正科级办事机构，在县机构编制委员会的领导下，负责全县行政管理体制、事业单位管理体制和机构改革以及机构编制的日常管理工作。即是县委的工作机构，又是县政府的工作机构，列入县委工作机构序列，挂靠县委组织部，不计县委机构个数。县事业单位登记管理局与县编委办合署办公，实行两块牌子、一套人员。内设机关机构管理岗和事业单位登记管理两个职能岗位。2009年，将白沙黎族自治县机构编制委员会办公室由挂靠机构调整为单独设置的机构，列入党委机构序列。内设综合岗、机关编制管理岗、事业编制管理岗、事业单位登记管理岗、机构编制监督岗。2002年，县各级党政机关、财政全额和差额拨款事业单位的机构设立和调整（撤销、更名、合并、升格），部门职能配置和调整，内设机构（岗位）设置和调整等，由有关单位提出申请，经县编委审议后，报县委批准。县人大、县政协、县人民医院、县人民检察院机构设立、调整以及职能配置，经县编委审核后，依照有关规定报请上级有关部门批准。县各级党委机关，人大机关，政协机关，审判机关，检察机关，群众团体的行政编制或专项编制，由县编委提出方案，报上级有关部门批准。县属事业（财政全额和差额拨款）单位人员编制的确定和调整，由县编委提出方案，报县委审批。各单位领导职数与非领导职数的调整，由县编委会提出方案，报县委审批。实行单位工资总额登记管理制度，进行编制总量控制。各单位每年末需到县编委办办理工资总额管理登记和年审，否则财政部门不予拨付工资经费。单位因人事变动有调出、辞退、退休、病退、开除等情况时，在办理相关手续后1个月内，到县编办办理工资总额变动登记及编制注销手续。

二、人员调配

人员调动实行空岗卡管理制度，由用人单位提出申请，经编办核编同意后，报组织人事部门审批。组织人事部门办理人事调动手续，须凭编办空岗通知卡办理；财政部门办理工资，须凭组织人事部门的调令和编制部门的空岗卡办理。县、乡镇党政机关、事业单位人员调动审核，必须坚持以下规定和原则：调入党政机关人员只能从党政机关公务员队伍中选调，背的从企业、事业单位中调入；事业单位人员调动只能从事业单位人员中选调；不得超编进人；不得超职数配备领导干部；事业单位技术岗位人员调配，必须具备所在岗位应具备的相关专业资格证书；调入法院、检察院人员必须具备法官、检察官资格证书及司法警察相关证书；机关、事业单位录用人员必须坚持凡进必考原则，一律向社会公开考试录用。

责任追究。县党政机关、事业单位机构编制的管理必须严格按照本规定的各项规定执行，并遵守下列纪律：单位满编不得调配人员；不得突破职数配备领导干部；没有编制部门的空港卡，组织人事部门不得办理人事调动手续；没有组织人事部门的调令和编制部门的空港卡，财政部门不得办理工资手续；组织人事、编制、财政部门工作人员必须严格遵守工作纪律，不得徇私舞弊，擅自办理人员调动手续。

第二节　人事管理

一、公务员管理

1996年，逐步推行公务员制度，做好行政机关工作人员的过渡工作。在完成培训、考试、考核的基础上，注意抓好行政单位职位设置、职位说明书的编写、非领导职务职数的确定以及竞争任岗的试点工作，保证干部的管理向公务员管理过渡工作的顺利进行。1998—2003年，白沙县根据海南省人事劳动厅有关文件精神，将17个行政机关212名现有工作人员、15个乡镇政府机关211名现有工作人员过渡为国家公务员，将白沙县公安局76人过渡为国家公务员。

2005年公务员法实施后，至2007年白沙县816人予以公务员登记。2006年，实施事业单位参照公务员法管理。白沙县将43家事业单位列入参照公务员法管理单位。将县财政所、县国土环境资源所列入参照公务员法管理。白沙县的171名同志予以参照公务员法管理事业单位工作人员登记。

公务员法实施后，按照“凡进必考”原则，1999年录用15人，2002年录用22人，2004年录用27人，2005年录用15人，2007年录用6人，2008年录用5人，2010年录用42人。

二、专业技术人员管理

按照上级对口部门下设人事职称组，属股级单位，负责专业技术任职资格的确认、评审、专家选拔、人才结构调查摸底等工作。

1995年，开展晋升专业技术职务的报名工作。对教育系列上报的初级专业技术职务资格84人进行审核，批准83人初级专业职务资格。确认35名大、中专毕业生的专业技术职务资格。为118人办理职称资格证书，其中高级5人，中级31人，初级82人。

1996年，专业技术职务评聘、管理工作有序开展。一是对专业技术人员1995年年度的考核，全县285个事业单位2780名专业技术人员参加考核，占应考核人数的95%；二是落实166名专业技术人员的职称评聘，其中高级6人，中级37人，初级123人，推荐2名省优专家人选。

1997年，组织人员参加职称外语考试61人，经济专业资格考试50人，审计专业资格考试2人。推荐评审晋升高级职务12人，中级职务94人，评聘初级职务156人，确认大中专毕业生专业技术任职资格74人。

1998年，组织县专业技术人员的年度专业考核工作，考核115个单位，参加考核2190人，其中高级62人，中级726人，初级1402人。1999年，在职称评聘中，向省推荐评定高级任职资格16人，中级任职资格58人，组织评定初级任职资格116人。2000—2010年，全县事业单位27184人次参加年度考核。

三、职称管理

1989年，白沙黎族自治县职称改革领导小组成员进行调整。领导小组下设办公室，负责处理日常工作，办公室设在县科委，由县科委主任兼任主任、科委技术干部股股长任副主任。1990年，白沙黎族自治县职称改革领导小组成员进行调整。领导小组下设办公室，办公室设在人事劳动保障局，负责全县职称改革全面工作。

四、人才引进

1991年，依据海南省中高等学校毕业生分配计划的通知，白沙黎族自治县共引进农、林、医等专业人才35名。

2000年，县委、县政府决定创办以进修学校为基地，以县委党校为核心的白沙黎族自治县人才培训中心。并成立白沙黎族自治县人才培训中心筹备工作小组，筹备工作小组办公室设在县教科局，负责日常工作。

2008年4月，确定白沙黎族自治县人才引进工作暂行办法。人才引进工作的基本原则是根据县总体发展目标，紧紧围绕“科技兴县”的战略目标；坚持培养与引进并重的原则；坚持“按需引进，择优录取”的原则；坚持人尽其才，才尽其用的原则；坚持“不求所有，但求有用”的原则。

引进对象范围及条件。范围是享受政府特殊津贴或国家、省（部）“有突出贡献中青年专家”称号的人才；获省科技进步、技术改造、科技成果三等奖以上，或重点学科（学术）带头人；在学术科技领域处于领先水平的学术技术带头人，懂技术、善经营、会管理的复合型人才；携带高新技术到白沙黎族自治县创办、合办、领办、承包、租赁高新技术企业，或以科技入股等形式，研究合作生产高新技术产品，有较好经济效益的人才；具有普通高等院校全日制硕士研究生以上学历并确有一技之长的紧缺人才；县急需的其他专业人才。条件是符合人才招聘的基本要求。

引进方式分为刚性引进和柔性引进两种。对于引进的人才实行优惠政策和待遇。一是确定引进的人才，尊重个人意愿，其配偶及子女可以随调随迁。县政府将根据实际情况，负责安排配偶工作，帮助解决子女入学、入托等问题。二是县政府设立引进人才专项基金，向引进人才提供一定的科研启动经费或工作经费、相应的安家费、发放岗位津贴和住房补贴等。三是引进人才到白沙县工作以后，享受原专业技术职务级别待遇。亦可根据本人业务水平申报相应的专业技术职务，县政府视本人情况，优先帮助上岗位条件的评聘高一级专业技术职务岗位。四是在白沙黎族自治县工作的服务期为5年，期满后可以续约。五是所引进人才的知识产权问题，参照《海南省吸引高层次人才来琼工作暂行办法》和《海南省鼓励人才到中国西部和少数民族地区工作的若干条件》等相关规定实行。六是对引进的人才，用人单位提供过渡住房。

2008年6月，白沙黎族自治县开展公开招聘白沙中学高中教师和县中等职业技术学校专业教师的工作。主要是为改变白沙中学和县中等职业技术学校教师不足的问题，做大做强白沙中学和县中等职业技术学校。白沙中学招聘教师18名，其中政治、物理、化学、地理、历史、音乐、美术、计算机教师各1名，语文、生物教师各2名，数学、英语教师各3名。县中等职业技术学校招聘教师5名，其中酒店服务与管理2名，汽车运用与维修1名，计算机与运用1名，运用电子技术1名。同年8月，白沙黎族自治县开展公开招聘小学教师的工作。主要是为解决白沙黎族自治县部分遗留师范类毕业生的就业问题。招聘教师人数为132名，其中语文35名，数学35名，英语18名，音乐12名，体育11名，美术11名，计算机10名。招聘的程序严格按照：宣传发动，公开报名，面试，聘任4个阶段执行。

2010年，制发《中共白沙黎族自治县委办公室白沙黎族自治县人民政府办公室关于印发〈白沙黎族自治县委县政府直接联系优秀人才暂行办法〉的通知》与《中共白沙黎族自治县委办公室白沙黎族自治县人民政府办公室关于印发〈白沙黎族自治县中长期人才发展规划纲要（2010—2020年）〉的通知》，对2010—2020年如何推动全县整体人才资源开发，建设一支适应经济和社会发展要求的高素质人才队伍，为白沙实现全面建设小康社会提供强有力的人才支撑，做出整体规划。

第三节　工资福利

一、机关事业单位工资福利

1991年，继续实行六类区工资，即国家机关事业单位工作人员均以职务工资为主要内容的结构工资制，按照工资的不同职能，分为基础工资、职务工资、工龄津贴、奖励工资4个组成部分。1991年7月1日起，县国家机关、事业单位工作人员的奖励工资标准从月15元调整为25元，月人均增加10元。

1993年10月，实施机关事业单位工作人员工资改革，建立正常增资制度，发放原地区津贴和物价补贴。

机关工作人员（除工勤人员外）实行职务级别工资制（简称“职级工资制”），由职务工资、级别工资、基础工资和工龄工资等4个部分组成。并对机关工人工资进行改革，技术工人实行岗位技术等级工资制，由岗位工资、技术等级（职务）工资和奖金三部分组成，普通工人实行岗位工资，其工资由岗位工资和奖金两部分组成。在此基础上，实行统一加浮动70%工资。

事业单位工作人员工资建立新的分类管理制度，对全额拨款、差额拨款、自收自支3种不同类型的事业单位实行不同的管理办法，工资构成上主要分为职务工资和津贴两部分。在此基础上，实行统一加浮动70%工资。

离休人员按所在单位在职人员作法进行套改增加离休费。退休人员按所在单位在职人员作法进行套改，按相应的退休比例折算后作为增加退休费。

2006年7月1日起，机关事业单位工作人员工资重新进行套改，停止执行浮动工资政策，将机关事业单位工作人员原执行的浮动工资转为特区津贴和特区生活补贴，建立正常增资制度。公务员（含参照公务员法管理工作人员）实行统一的职务和级别相结合的工资制度，同一级职务人员实行统一的职务工资，级别工资按简历重新给予套改。完善机关工人工资制度，由技术等级（职务）工资和岗位工资两项构成，按初级工、中级工、高级工、技师、高级技师等五个技术等级设置。事业单位实施岗位绩效工资制度，岗位绩效工资由岗位工资、薪级工资、绩效工资和津贴补贴四部分组成。离退休人员按职务层次增加相对应的离退休费。

2006年12月，取消各项违规的津贴补贴，统一划分为工作性津贴和生活性补贴，按公务员职务层次发放公务员津贴补贴，参照白沙黎族自治县经济发展水平，建立正常调整（晋升）机制，离退休人员相适应发放生活补贴。

从2009年1月1日起，参照公务员津贴补贴水平，义务教育学校教职工实施绩效工资。从2010年1月1日起，除义务教育学校外的其他事业单位按义务教育学校工资总额水平的95%实施绩效工资。建立全县事业单位绩效工资水平随公务员津贴补贴标准调整（晋升）而相适应的调整制度。

二、机关事业单位工作人员工资调整（浮动）

1991—1997年工资无调整。从1997年7月1日起，调整机关事业单位工作人员工资标准。机关工作人员的基础工资标准，从原每人每月155元提高到189元；事业单位工作人员工资标准相应调整。

从1999年7月1日起，机关工作人员的基础工资标准由原每人每月189元提高到308元，级别工资统一标准，由十五级至一级每人每月55～470元提高至85～720元。同时，适当调整机关工人的岗位工资和技术等级（职务）工资，事业单位工作人员工资标准相应调整。

2001年，机关事业单位工作人员（含退休人员）工资标准由原统一加浮动70%调整为海南省统一工资标准，并兑现历次调整（晋升）的工资，从2001年1月1日起执行。离休人员继续执行统一加浮70%工资。从2001年1月1日起，机关工作人员的基础工资标准由原来的每人每月308元提高到391元，级别工资统一标准，由十五级至一级每人每月85～720元提高至115～903元。同时，适当调整机关工人的岗位工资和技术等级（职务）工资，事业单位工作人员工资构成中固定部分工资标准相应调整。

2003年7月1日起，公务员（含参照公务员制度管理的人员）各职务层次工资起点标准由最低100元至最高850元提高到130～1150元，并在此基础上浮动10%。同时，适当调整机关工人的岗位工资和技术等级（职务）工资，事业单位工作人员工资构成中固定部分工资标准相应调整。10月1日起，机关事业单位工作人员工资标准由原海南省统一标准调整为统一加浮动10%标准，退休人员同样相适应增加退休费。

2004年5月，机关事业单位工作人员工资标准由原统一加浮动10%标准调整为统一加浮动20%标准，退休人员同样相适应增加退休费。2004—2005年，白沙黎族自治县分两次对机关事业单位工作人员工资浮动标准进行调整，从2004年10月1日起浮动50%，从2005年10月1日起浮动70%，全县机关事业单位工作人员（含离退休人员）工资收入达到全省水平。2006—2010年工资无调整。

第四节　劳动及再就业管理

一、劳动合同签证与争议仲裁

（一）劳动仲裁　白沙黎族自治县设立劳动争议仲裁委员会，主要处理白沙辖区内的用人单位与劳动者之间的劳动争议案件。仲裁委员会下设仲裁办处理人事劳动仲裁日常事务。

在劳动争议仲裁工作中，改进服务，强化细节，以多种措施实践“仲裁为民”的理念，从小事、从细节做起，采取多种措施方便当事人，彰显以人为本的服务态度。同进完善各项内部工作制度，并落实到人，规范办案程序，统一告知用语，强化证据质证程序，严格依法办案。在仲裁活动中实行“阳光工程”，制作政务公开栏挂上墙，将各项办案程序、收费标准、办案纪律、开庭时间、开庭场所、仲裁庭组成人员，既方便群众，又接受监督，进一步提高工作透明度。

至2010年，共处理劳动争议案件51件，主要涉及确认劳动关系、经济补偿、社会保险、工伤赔偿、双侍工资等，涉及人数62人，涉案金额94万元。

（二）劳动监察　1997年5月，白沙黎族自治县劳动监察大队成立。成立之初属于白沙黎族自治县人事劳动局内设机构，核定事业编制5人。2004年8月，经县政府批准更名为白沙黎族自治县劳动保障监察大队，核定事业编制5人。主要职能是宣传劳动保障法律、法规和规章，督促用人单位贯彻执行；检查用人单位遵守劳动保障法律、法规和规章的情况；受理对违反劳动保障法律、法规或者规章的行为的举报、投诉；依法纠正和查处违反劳动保障法律、法规或者规章的行为。

1997—2010年，白沙黎族自治县劳动保障监察大队开展农民工工资支付情况专项检查活动、规范劳务派遣专项行动、用人单位遵守劳动用工和社会保险法律法规情况专项检查等4个专项活动。发放宣传资料3815份，排查用人单位126户，涉及劳动者人数3260人。立案处理劳动保障案件42起，涉及劳动者207人，总计追发工资和清退押金98743元。维护劳动者的合法权益，改善劳动就业环境，为构建和谐劳动关系、促进社会稳定发挥重要作用。

二、再就业管理

2003年1月，召开全县外出务工人员代表座谈会。各乡镇推选2~3名外出务工优秀人员参加全县的座谈会。主要是为了全面的了解外出务工人员的工作生活情况和用工信息，征求他们对白沙黎族自治县各项工作的意见和建议，调动外出务工人员的积极性，充分发挥他们信息灵、消息广的优势，促进白沙黎族自治县经济建设等各项事业发展。

全面落实就业政策。白沙黎族自治县切实保证已经出台的各项就业和再就业政策得到落实，努力为就业和再就业创造更为宽松的环境。包括加快落实税费减免、社保补贴、岗位补贴、小额贷款、就业服务、工商登记、场地安排等各项再就业扶持政策；各乡镇根据就业和再就业工作的实际需要，调整财政支出结构，落实再就业资金，并按时足额拨付到款；县财政局、中国农业银行白沙分行、白沙信用社等各商业银行抓紧制定下岗失业人员小额担保贷款实施细则，并督促各经办银行按要求加大贷款发放力度，简化贷款手续，提高经办效率。同时，大力开发就业岗位，多渠道拓宽就业门路；强化就业服务，建立就业和再就业援助制度。

2003年，白沙黎族自治县新增就业岗位200个，下岗失业人员再就业150人（其中“4050”人员50人），培训下岗失业人员300人，城镇登记失业率控制在4%以内。

三、技能培训

1989年，白沙黎族自治县坚持“面向农村、面向基层、面向千家万户”的科普工作方针，按照“实际、实用、实效”的原则，全县共举办科技培训班143期，培训人数11443人次。给147名农民评定技术职称，使90%的农村劳动力接受科技培训。1992年，全县共举办农村人才和农民技术培训班211期，参加人数14672人，建立科技示范村31个，科技示范户1367户，科技联系户1105户。有235位农民评定技术职称。1994年，实行“农科教”三结合的方式对农村人才和农民实用技术进行培训，不断提高劳动者的素质。全年增拨科技培训费10万元，举办培训班177期，培训人数8566人次。建立较有影响力的农业科技示范基地 6 个，饲养业科技示范场 2 个和一批科技示范户。2001 年，举办各类培训班 60 期，培训农民 5200 人次。

2002 年，全县共举办各种实用技术培训班 283 期，18615 人次，印发科技书刊 6700 多份，开展科技咨询 4 次，参加人员 2395 人。培训对象是县领导干部，各类农业技术员及机关干部，乡镇干部及农村党员干部，各科技协会及农村专业户，农村妇女及农民骨干、应届初中毕业生。2003 年共举办各种科技培训班 25 期，培训 6000 人次。

第三章　社会保障

第一节　机　　构

1985 年 4 月，白沙黎族自治县社会保障事业局（简称“社保局”）成立，原名白沙黎族自治县社会劳动保险公司。1994 年更名为白沙黎族自治县社会保障局，副科级事业编制单位。2002 年 9 月 17 日更名为社会保险事业局，此名沿用至 2010 年。2003 年 8 月 30 日，县社会保障事业局副科级别升格为正科。

白沙黎族自治县社会保险事业局建局 25 年，经历 2 次搬迁。1985 年 4 月，原办公地址在县劳动服务中心，1992 年迁址县社会保障局职工宿舍大楼，2001 年迁址县财政局老办公二楼。

白沙黎族自治县社会保险事业局主要负责全县机关事业、工矿企业、个体工商户、灵活就业者、农垦系统近 20 万人次社会保险事务，开展社会保险缴费基数核定、城镇从业人员基本养老保险、城镇从业人员基本医疗补助保险、城镇居民基本医疗保险、工伤保险、生育保险、公务员医疗补助和离退休干部医药费审核等业务工作。

2004 年，白沙黎族自治县社会保险事业局机构编制进行调整。单位名称为白沙黎族自治县社会保险事业局，隶属白沙黎族自治县人事劳动保障局，正科级事业单位，挂农村社会养老保险局牌子。内设机构有办公室、保险关系管理股、基金预算股、养老保险股、医疗保险股、工伤生育保险股和信息统计股 7 个机构，均为股级建制。主要职责为贯彻执行国家、海南省和白沙黎族自治县有关社会保险的法律、法规和政策，负责全县养老、医疗、工伤、生育保险业务管理工作。

2008 年，县社会保险事业局增设退休人员社会化管理股。2009 年，社会保险事业局增设城镇居民基本医疗保险办公室。

第二节 基本养老保险

2005年，确保养老金及时足额发放，社会化发放率100%。全县参加基本养老保险的人员7245人，缴费人数4412人，缴纳基本养老保险费725万元，参加基本养老保险的退休人员1640人，其中企业单位1255人，机关事业单位385人，养老保险基金征缴收入861万元，养老保险基金共支出1004万元。2006年，对基本养老保险社会化管理服务。进行指纹登记建档的退休人员1578名，尚未进行指纹采集的退休人员127名，对56名退休人员生存状态随时跟踪协查，重点监控对象8名，督促14名死者家属及时报告，制止养老金冒领现象的发生。新接管退休人员人事档案375份，档案库总库存为1215份。全县基本养老保险参保人数7441人，缴费人数5255人，退休人数1704人。基本养老保险基金收入1661万元，支出1227.3万元，缺口部分由中央财政转移支付资金予以支付。

2007年，继续加强养老保险扩面工作。全县增加参保人数541人，参加养老保险总人数7982人，其中企业3105人，机关事业单位4753人，个人身份参保124人。按时足额发放退休人员养老金。全县共有机关企事业单位离退休人员1799人，其中机关事业单位487名，企业1312名，月平均发放退休金165.67万元。调整企业退休（职）干部养老金待遇1239名，增发养老金26.11万元。

2009年，继续扩大基本养老保险的受益面积。基本养老保险参保人数27954人，基本养老保险基金收入8850.2万元。录入养老保险参保人的缴费信息，完成11个乡镇，66个农口事业单位，共177名人员的历年欠费催缴。核定基本养老保险待遇。核定新退休人员804人，核定养老金59.1万元。全年全县企、事业单位退休人员13025人，发放养老金1.31亿元，养老保险基金累计支出1.36亿元。积极开展退休人员领取基本养老金资格认证工作，敦促4名死者家属及时办理退休人员死亡登记，暂停发放7名未能提供有效生存证明的退休人员养老金，档案总库存为1298份。完成全县3家国有农场、9家分场9601名农垦离退休人员指纹采集，发放白沙黎族自治县离退休（退职）人员领取基本养老金资格证书10765本。

2010年，继续扩大基本养老保险的受益面积。全县参加基本养老保险的共有281个单位28549人。其中，企业参保人数为22334人（其中国有企业参保人数为21305人，集体企业参保人数为827人，其他企业参保人数为202人）；事业单位参保人数为4794人；机关单位参保人数为682人；个人身份参保739人。全县缴费人数为22023人，其中企业单位缴费人数为16139人，事业单位缴费人数为4592人，机关单位缴费人数为658人，个人身份参保缴费人数为634人。当期缴纳基本养老保险费8375万元，其中单位缴费5946万元，个人缴费2429万元。按时足额的发放基本养老金。全县共有享受基本养老保险待遇的离退休人员13694人，基本养老金全部实行社会化发放，其中发放企业单位退休人员12802人，事业单位退休人员762人，机关单位退休人员16人，个人身份退休人员114人。办理退休申领养老保险待遇82人，核定养老金79.5万元；办理在职死亡支付待遇82人、退休人员死亡支付待遇231人。全年基本养老保险基金共支出16919万元，其中发放养老金16128万元，退保93万元，丧葬抚恤补助698万元。月人均养老金为企业退休人员1041元、行政事业退休人员2020元。同时，建立规范、完整、准确的退休人员指纹信息数据库。全年完成林区养老金资格认证的企事业退休人员有13616名，协助省本级或外省社保经办机构办理认证手续550人次，离退休人员指纹等相关信息采集14362名，敦促15名死者家属及时办理退休人员死亡登记，暂停发放104名未能提供有效生存证明的退休人员养老金，追回已发放的养老金10.7万元。全面展开退休人员收集管理，共收集档案909份，其中企业581份，事业单位328份，档案总存量为2303份。

第三节　城乡基本医疗保险

一、城镇医疗保险

2001年7月1日，白沙黎族自治县启动城镇从业人员基本医疗保险制度。同年，白沙黎族自治县人民政府决定成立县医疗保险改革工作领导小组。领导小组下设办公室，办公室设在县社会保障局，负责医疗保险改革的具体工作。

2001年，全县城镇职工医疗保险参保人数4887人，基本医疗保险统筹基金收入21.93万元，基本医疗保险统筹基金支出17.02万元。医疗保险个人账户基金收入1.21万元。

2002年，全县城镇职工医疗保险参保人数15237人，基本医疗保险统筹基金收入58.80万元，基本医疗保险统筹基金支出67.77万元。医疗保险个人账户基金收入57.36万元，个人账户基金支出0.20万元；离休人员医疗保障基金收入33.27万元，离休人员医疗保障基金收入33.25万元。

2003年，全县城镇职工医疗保险参保人数27832人，基本医疗保险统筹基金收入191万元，基本医疗保险统筹基金支出132万元。医疗保险个人账户基金收入167万元。

2004年，全县城镇职工医疗保险参保人数28384人，基本医疗保险统筹基金收入318

万元，比上年同期191万元增加119万元，增长66.5%；基本医疗保险统筹基金支出178万元，比上年同期133万元增加45万元，增长33.8%；医疗保险个人账户基金收入231万元，比上年同期167万元增加64万元，增长38.3%；补充医疗保险基金收入34万元；补充医疗保险支出13万元。

2005年，全县城镇职工医疗保险参保人数29359人，基本医疗保险统筹基金收入356万元，比上年同期318万元增加38万元，增长11.9%；基本医疗保险统筹基金支出281万元，比上年同期178万元增加103万元，增长57.9%，享受待遇人数9116人；医疗保险个人账户基金收入304万元，比上年同期231万元增加73万元，增长31.6%；医疗保险个人账户支出235万元，比上年同期223万元增加12万元，增长5.4%；补充医疗保险基金收入38万元，比上年同期增加4万元，增长11.8%；补充医疗保险支出47万元，比上年同期增加34万元，增加261.5%。

2006年，全县城镇职工医疗保险参保人数7923人，基本医疗保险统筹基金收入363万元，比上年同期356万元增加7万元，增长2%；基本医疗保险统筹基金支出336万元，比上年同期281万元增加55万元，增长19.6%；医疗保险个人账户基金收入326万元；比上年同期304万元增加22万元，增长7.2%；医疗保险个人账户支出203万元，比上年同期235万元减少32万元，减少13.6%；医疗保险基金收入39万元，比上年同期增加1万元，增长2.6%，补充医疗保险支出21万元；比上年同期减少26万元，减少55.3%。

2007年，全县城镇职工医疗保险参保人数6413人，基本医疗保险统筹基金收入616万元，比上年同期363万元增加253万元，增长69.7%；基本医疗保险统筹基金支出252万元，比上年同期336万元减少84万元，减少25%；医疗保险个人账户基金收入374万元，比上年同期326万元增加48万元，增长14.7%；医疗保险个人账户支出398万元，比上年同期203万元增加195万元，增长96.1%；补充医疗保险基金收入51万元，比上年同期39万元增加12万元，增长30.8%；补充医疗保险支出14万元，比上年同期21万元减少7万元，减少33.3%。

2008年，全县城镇职工医疗保险参保人数8695人，基本医疗保险统筹基金收入571万元，比上年同期616万元减少45万元，减少7.3%；基本医疗保险统筹基金支出437万元，比上年同期252万元增加185万元，增长73.4%；医疗保险个人账户基金收入454万元，比上年同期374万元增加80万元，增长21.4%；医疗保险个人账户支出527万元，比上年同期398万元增加129万元，增长32.4%；补充医疗保险基金收入45万元，比上年同期51万元减少6万元，减少11.8%；补充医疗保险支出26万元，比上年同期14万元增加 12 万元，增加 85.7%。同年底，白沙黎族自治县参加医疗保险在职职工 6903 人，比上年同期增长 7.6%；共有 1792 名退休人员享受医疗保险，比上年同期增长 3.4%。当期应缴医疗保险费 983 万元，实际缴纳 983 万元，征缴率 100%。

2009 年，全县城镇职工医疗保险参保人数 40754 人，基本医疗保险统筹基金收入 6803 万元，比上年同期 571 万元增加 6232 万元，增加 1091.4%；基本医疗保险统筹基金支出 1305 万元，比上年同期 437 万元增加 868 万元，增长 198.6%，享受待遇人数 2744 人；医疗保险个人账户基金收入 1042 万元，比上年同期 454 万元增加 588 万元，增长 129.5%；医疗保险个人账户支出 1124 万元，比上年同期 527 万元增加 597 万元，增长 113.3%。

2010 年，全县城镇职工医疗保险参保人数 27386 人，基本医疗保险基金收入 5491 万元，比上年同期 6803 万元减少 1312 万元，减少 19.3%；基本医疗保险统筹基金支出 4142 万元，比上年同期 1305 万元增加 2837 万元，增长 217.4%。医疗保险个人账户基金收入 1574 万元，比上年同期 1124 万元增加 450 万元，增长 40%。

2010 年启动公务员医疗补助，由县财政列入当年财政预算，按公务员工资总额的 2% 筹资，公务员医疗补助基金收入 70 万元，公务员医疗补助基金支出 46 万元。

二、农村合作医疗

2006 年 5 月 24 日，白沙黎族自治县颁布《白沙黎族自治县新型农村合作医疗实施方案》。同月，成立白沙黎族自治县新型农村合作医疗管理委员会办公室，是全额拨款股级事业单位。其职责为新农合基金的征收、管理、监督等。县农合办编制 4 名，其中专职副主任 1 名，管理人员 3 名，主任由县卫生局局长兼任。

2006 年 7 月，白沙黎族自治县正式推行新型农村合作医疗保险制度。新型农村合作医疗制实行个人缴费，集体扶持和政府资助相结合的筹资机制。同年，全县有 79356 名农民参合，参合率达 83.24%；全县医疗报销人数 9340 人，报销金额 129.16 万元。截至同年 12 月 31 日，共筹集资金 267.69 万元，其中中央财政对参合农民的补助标准为每人每年 20 元，到位资金共 80.6 万元；省财政补助每人每年 20 元，到位资金共 87.89 万元；县政府配套 5 元，到位资金共 19.84 万元；农民以户为单位，按每人每年 10 元的标准缴费，缴纳资金共 79.38 万元。农民每人每年最高住院补偿限额为 1 万元。

2007 年，全县有 86897 名农民参合，参合率达 91.26%。全县医疗报销人数 13823 人，报销金额 334.44 万元。筹集资金共 509.36 万元，其中，中央财政对参合农民的补助标准为每人每年 20 元，到位资金共 137 万元；省财政补助每人每年 20 元，到位资金为

187.56 万元；县政府配套每人每年 5 元，到位资金共 43.45 万元；农民以户为单位，按每人每年 10 元的标准缴费，缴纳资金共 141.35 万元。农民每人每年最高住院补偿限额为 1 万元。

2008 年，全县有 94438 名农民参合，参合率达 99.29%。全县医疗报销人数 18613 人，报销金额 732.37 万元。其中，二次补偿的费用为 187.43 万元。共筹集资金 877.02 万元，中央财政对参合农民的补助标准为每人每年 20 元，到位资金共 429.4 万元；省财政每人每年补助 20 元，到位资金共 302.21 万元；县政府配套每人每年 5 元，到位资金共 50.97 万元；农民以户为单位，按每人每年 10 元的标准缴费，缴纳资金共 94.44 万元。农民每人每年最高住院补偿限额为 3 万元。

2009 年，全县参加新型农村合作医疗的有 95905 人，参合率 97.10%。全县有 74641 人次受益，补偿金额共计 969.96 万元。筹集资金共 1150.46 万元，其中，中央财政补助每人每年 40 元，到位资金共 383.55 万元；省财政补助每人每年 32 元，到位资金共 460.08 万元；县财政补助每人每年 12 元，到位资金共 115.02 万元；农民个人每人每年缴纳 20 元，到位资金共 191.81 万元。农民每人每年最高住院补偿限额为 5 万元。

2010 年 4 月，为加快农村基本医疗保障体系建设，推动国家基本药物制度的实施，根据《卫生部关于调整和制订新型农村合作医疗报销药物目录的意见》和海南省医改办《关于印发海南省扎实推进国家基本药物制度的意见的通知》要求，白沙黎族自治县调整新型农村合作医疗药品目录报销比例。同时，将国家基本药物目录（基层部分）全部纳入县新型农村合作医疗药品目录，不另行设定个人自付比例，其药品费用全额计入新农合范围，报销比例按全县新农合的规定给付。要求使用国家基本药物目录之外的甲、乙类药物，药品费用先个人自付 10%，其余部分（90%）计入新农合报销补偿范围，报销比例按全县新农合的规定给付。并且要求全县各医疗机构及时做好信息系统中新农合报销药品目录的调整，将国家基本药物目录（基层部分）品种及剂型逐个调整至新农合报销药品目录中，分类标注为“基本药物”，确保在各自系统中实现就医参合农民“基本药物累计费用”自动统计与生存。是年，全县参合人数 98709 人，参合率 98.19%，共有 108600 人次获得受益，补偿金额共计 1362.70 万元。共筹集资金 1382.49 万元，其中，中央财政补助每人每年 60 元，到位资金共 592.26 万元；省财政补贴每人每年 48 元，到位资金共 473.80 万元；县财政补贴每人每年 18 元，到位资金共 119.01 万元；农民个人缴纳每人每年 20 元，缴纳资金共 197.42 万元。农民每人每年最高住院补偿限额为 5 万元。

第四节　工伤保险

2005年，全县参加工伤保险人员6326人，其中农民工参保195人，工伤保险基金收入33万元，缴纳工伤保险费28万元，补缴3万元，享受伤残待遇人数4人，支付工伤医疗费4人，供养亲属人数3人，共支付22万元。2006年，工伤保险参保人数6419人，工伤保险费收入44万元，支出15.9万元。2007年，全县工伤参保人数6518人，工伤保险收入371万元，支出10.97万元。

2009年，开展工伤认定勘查和预防宣传。先后向人民群众宣传讲解防止职业病和工伤事故发生的有关知识60人次，派发宣传单3000份，悬挂宣传横幅200条。全县共有248个单位27356人参加工伤保险，其中农民工245人，工伤保险征缴收入317.82万元。享受工伤保险待遇的人数为4人次，支付医疗费及一次性伤残补助金13人，供养亲属人数2人，工伤保险基金共支出33.76万元。

2010年，先后向人民群众宣传讲解防止职业病和工伤事故发生的有关知识51人次，派发宣传单2000份，悬挂宣传横幅20条。全县共有261个单位27274人参加工伤保险，其中农民工964人，工伤保险征缴收入188万元。享受工伤保险待遇的人数为35人次，支付医疗费及一次性伤残补助金27人，供养亲属人数8人，工伤保险基金共支出68万元。

1992—2010年白沙黎族自治县工伤保险情况表

表14-3-1

年份	全县参加职工工伤保险人数（人）	职工工伤保险收入（万元）	职工工伤保险支出（万元）	享受工伤人数（人）
1992年	—	5.23	0.25	—
1993年	4120	6.67	3.24	—
1994年	5679	8.07	2.96	—
1995年	5538	8.73	1.30	—
1996年	5491	7.19	14.70	—
1997年	4672	4.95	19.13	—
1998年	4870	3.96	7.21	—
1999年	4867	1.78	0.22	—
2000年	4556	2.00	5.10	9
2001年	4097	14.83	0.85	3

续表 14-3-1

年份	全县参加职工工伤保险人数（人）	职工工伤保险收入（万元）	职工工伤保险支出（万元）	享受工伤人数（人）
2002 年	4110	6.63	0.17	4
2003 年	4105	26.00	20.00	2
2004 年	4695	42.00	9.00	6
2005 年	6326	41.00	34.00	15
2006 年	6419	44.00	15.90	14
2007 年	6518	371.00	14.00	21
2008 年	7162	81.00	15.00	9
2009 年	27356	317.82	29.00	14
2010 年	27274	192.00	82.00	39

第五节　生育保险

一、生育保障措施

1989 年，白沙黎族自治县全县出生婴儿 1960 个，比上年少生 198 个。人口自然增长率比上年下降 9.18%。全县人口出生率为 22.05‰，自然增长率为 16.75‰，有效控制人口增长。

二、生育保险

2005 年，参加生育保险人员 5893 人，其中女性 1227 人，缴纳生育保险费 20 万元，享受生育保险待遇人数 33 人，支出 10 万元。

2006 年，生育保险参保人数 5853 人，其中女性 1227 人，生育保险费收入 33.6 万元，支出 8.7 万元。

2007 年，增加参保人数 17 人，全县生育参保人数 5870 人，生育保险收入 25 万元，支出 9.17 万元。

2009 年，全县共有 235 个单位 27019 人参加生育保险，其中女性 9581 人。生育保险征缴收入 161.85 万元，城镇从业人员生育保险共发生医疗个案 96 例，统筹基金共支付 19.84 万元。

2010 年，全县共有 261 个单位 26837 人参加生育保险，其中女性 10529 人。生育保险征缴收入 108 万元，城镇从业人员生育保险共发生医疗个案 132 例，统筹基金共支付 32 万元。

2003—2010年白沙黎族自治县生育保险情况表

表14-3-2

年份	全县参加生育保险人数（人）	生育保险基金收入（万元）	生育保险基金支出（万元）	享受待遇人数（人）
2003年	3215	19.00	4.00	18
2004年	5016	25.00	6.00	46
2005年	5893	29.00	10.00	33
2006年	5853	33.60	8.70	65
2007年	5870	25.00	9.17	69
2008年	6341	48.00	13.00	68
2009年	27019	161.85	19.84	96
2010年	26837	108.00	32.00	132

第六节　农村社会养老保险

一、养老保障

1992年，白沙黎族自治县成立农村社会养老保险基金管理委员会。主要是加强对全县农村社会养老保险试点工作的领导，促进农村社会经济发展和社会稳定。委员会下设办公室，负责日常工作。办公室主任由县民政局局长兼任，办公室设在县民政局。2010年，设立白沙黎族自治县农村社会养老保险局，是隶属县人力资源和社会保障局的副科级事业单位。内设办公室、业务综合室、财务基金管理室和档案管理室。

农村养老保险　1998年，白沙黎族自治县农村社会养老工作取得一定进展。到1998年9月，全县参加投保的农村人口3032人，农村基金积累总额达77万元。其中当年投保329人，收取保险金81895元。光雅、七坊、牙叉等乡镇工作成绩比较显著，已分别完成全年农保工作任务的93.27%、60%和38.62%，县政府办对光雅镇给予通报表彰，并由县民政局给予光雅镇、七坊镇物质奖励。

2005年，全县参加农村养老保险的人员5484人，其中新增养老人员34人，农村养老保险基金共支出5641元，农村养老保险基金累计结存156.04万元。2006年，农村养老保险参保人数5484人，养老人数64人，农村退休养老金支出73049.77元。2007年，全县农村养老保险参保人数5031人。

2009 年，参加农村社会化养老保险的农村人口有 5014 人，农村养老保险基金 153.26 万元。养老人数 97 人，领取养老金 11753 元。新增养老人数 7 人，支付金额 1929.6 元；退保人数 1 人，支付金额 1069.4 元；死亡人数 6 人，支付金额 2411.18 元。

2010 年，白沙黎族自治县被确定为海南省新型农村社会养老保险工作试点县，10 月 1 日起全面实施新型农村社会养老保险制度，11 月 25 日成立农村社会养老保险局。树立"送政策上门、送服务到家"的新思路，制定"四个抓"（县级领导组织抓、乡镇领导亲自抓、各级经办机构具体抓、村组干部现场抓）制度，采取"三级联动"（县包乡、乡包村、村包组）、"四级把关"（参保登记、信息录入、资料审核、缴费票据）措施。全年，新农保参保人数 33274 人，收缴保费 4420600 元；60 周岁以上领取基础养老金人数 8195 人，发放养老金 1305315 元。是年，白沙黎族自治县农保局获得全省新型农村社会养老保险工作二等奖。

二、最低生活保障

1998 年 12 月 28 日，确定白沙黎族自治县农村村民最低生活保障线实施办法。保障范围和对象为居住在白沙黎族自治县 15 个乡镇，除暂住人口，违反计划生育政策超生的村民不属于保障对象外，有常住户口且家庭人均收入低于县制定的最低生活保障标准的人员均属于享受农村最低生活保障的对象。保障标准。农村村民家庭月人均最低生活保障标准 1999 年为 50 元，敬老院孤老人员保障标准为 70 元；每年的生活保障标准，随经济发展和物价指数等情况进行调整。

最低生活保障金的落实、拨付、使用、管理和监督。最低生活保障金的落实，采取三级负担，县财政负担 20%、乡财政负担 75%、村委会负担 5%。最低生活保障金的拨付，每年年底前由县财政局提出下年的用款计划，经县财政局审核后列入预算，由县财政局按季度拨付给县民政局。年终编制决算，送县财政审批。农村村民保障金"三级承担"中村委会承担部分，应先上缴财政，然后下拨。最低生活保障金的使用、管理和监督，要严格按照专款专用、公开公平、落实到位的原则。

2001 年，白沙黎族自治县加强城乡社会保障工作，保障困难群众生活。全县近 99 户困难户中的特困户 209 户 369 人纳入最低生活保障范围，其中农村 193 户 300 人，城镇 16 户 69 人，全年共发放低保金 3.96 万元。

2008 年上半年，全面落实社会保障政策，扩大"低保"面，提高"低保"标准，保证困难群众的基本生活，将 3318 户 10242 人（其中城镇 2288 户 7567 人，农村 1030 户 2675 人）纳入城乡和农村低保范围，发放低保补助金 305.07。

第七节 退休人员医疗费管理

1996年，《白沙黎族自治县人民政府办公室关于印发县公费医疗管理暂行办法的通知》。为加快白沙黎族自治县公费医疗的管理，《白沙黎族自治县公费医疗管理暂行办法》经9月25日由县政府常务会议讨论同意通过。具体内容如下：

门诊医疗费管理。乡、镇干部、职工门诊医疗费由乡、镇按财政拨给的门诊医疗费实行包干管理。县城干部、职工和退休人员的门诊医疗费由享受公费医疗单位根据实际报销金额（指在定额范围内报销的门诊医疗费），上报县公费医疗管理办公室审核后方才拨款。门诊医疗费按每人每月定额予以报销。

白沙黎族自治县门诊医疗费按年龄档次每月报销额度表

表14-3-3　　单位：元

年龄档次	月定额
35岁以下	7
36～45岁	8
46～55岁（女）	10
60（男）	10

离休干部门诊医疗费按每人每月35元定额实报实销，超额部分自付。住院医疗费由县公费医疗管理办公室统一管理和使用，节余留用，超支部分经县财政局审核后补足。住院医疗费用由个人按如下比例负担：退休人员个人负担6%，离休干部个人负担4%。在职干部、职工住院医疗费个人承担按工龄档次负担。

在职干部、职工住院医疗费个人承担按工龄档次负担比例表

表14-3-4　　单位：%

工龄档次	个人负担比例
20年以下	20
21～30年	15
31年以上	10

因患危重疾病或长期慢性病、精神病、各种传染病、癌症、计划生育手术后遗症患者，经本人申请，县公费医疗管理办公室审核（按病情用药的），个人负担部门可酌情减免，经财政局批准从公费医疗经费中支付。住院医疗费超过5000元以上者，由县长审批。老红军和二等乙级以上革命残废军人其个人负担部分从公费医疗经费中支付（含门诊和住院）。高新仪器的检查、治疗费（指一次100元以上的检查、治疗费，部分门诊和住院）在职干部、职工个人负担25%；退休人员个人负担15%，离休干部个人负担10%。挂号住院而没有住在医院病床的（指在门诊治疗登记住院帐的病人），经县公费医疗管理办公室检查发现，其住院的医疗费用全部由个人负担。住院病人，如不在医院住宿超过总住院时间的1/3，只报销住院治疗费50%；超过1/2，只报销40%；超过2/3，医疗费自理。住院医疗费采取记账付款（指在本县范围内公费医疗定点医疗单位住院治疗的）方式，即个人只交应负担的医疗费，其余的由医院开列清单，送县公费医疗管理办公室审核后付款。县行政、事业单位公费医疗的定点医疗机构是县人民政府和牙叉镇卫生院；各乡、镇的定点医疗机构是所在地乡、镇卫生院。定点医疗单位应根据病情需要进行合理的检查治疗和用药，不准开药和开大处方。否则县财政将扣除医院工资总额10%的拨款，并对当事人进行通报批评教育，严重者调离工作岗位。要把好转诊转院关，已明确诊断的疾病，不得随意转诊，违者，按规定处罚当事医务人员。高新仪器的检查和转院，应根据病情需要，由主治医师以上人员申请，经科主任或分管院长签名同意并加盖医院公章，报县公费医疗办批准（如病情危急，可先检查或转院，三天内补办手续）。违者，其医药费不予报销。进口药品的使用，除了抢救危重病人和确属治疗所必须使用的而当时又尚无代替的药品外，在一般情况下，不准使用进口药品。如有意违反者，除医药费不给予报销外，还要按规定对乱开处方的医务人员按情节轻重进行处罚。自费药品不得混在公费医疗药品中记账或开收据，违者对医院处以药价十倍的罚款；对当事的医务人员分别处以药价五倍的罚款。凡享受公费医疗人员都要按公费医疗办指定的医疗单位就医，凡未经公费医疗办批准而擅自到省级医院或各市（县）医院治疗者，其医疗费由个人自理。住院者，入院押金由个人缴纳。

第四章 扶贫开发

1988年，成立白沙黎族自治县扶贫经济贸易公司，负责全县扶贫开发工作。1990年4月26日，成立白沙黎族自治县贫困地区经济开发领导小组办公室，二级局建制，隶属县政府职能部门。1997年，县机构改革，白沙黎族自治县贫困地区经济开发领导小组办公室更名为白沙黎族自治县扶贫服务中心。2004年，白沙黎族自治县扶贫服务中心更名为白沙黎族自治县扶贫开发办公室，正科级事业单位。内设办公室、项目计划股、科技培训股、社会扶贫股。2008年4月1日起，白沙黎族自治县扶贫开发办公室参照公务员法管理。

第一节 扶贫规划与实施

一、扶贫规划

2001年，县政府制定《白沙黎族自治县扶贫开发规划（2001—2005年）》，成立规划领导小组。首先确定扶贫规划行政村，全县53个；其次进行贫困状况分析，为扶贫开发提供充分的证据；再次制定规划的奋斗目标和扶贫开发项目及实施时间。扶贫开发规划的对象，一是尚未解决温饱问题的贫困人口，即至2000年底户年均人收入不足800元的贫困人口（全县2.9万人）；二是初步解决温饱但还不稳定的低收入贫困人口，即到2000年底户年均人收入不足1000元的贫困人口（全县约1万人）。2006年，县政府制定《白沙黎族自治县“十一五”扶贫开发规划（2006—2010年）》。

二、扶贫实施

1992年，白沙黎族自治县推广“统一规划、成片开发、分户管理、专业服务”的开发形式，扶贫工作取得一定成绩。农村人均收入850元，比上年增长10.1%；人均收入300元以上的农户达96.5%，实现基本脱贫，并有部分农民向小康迈进。全县已有94%的村庄饮上洁净水，85%以上的村庄通汽车，84%村庄通电，80%村庄通广播，80.5%的农户住上瓦房。

1994年，海南省政府有关部门共同安排扶贫资金424万元，重点建设项目有：牙南公路续建、南仲公路改造、智在水利渠道建设，拉电30公里，解决12个村庄3345人的生产用电，打井7宗、解决7个村庄2665人的饮水困难。改造民房1400户，农村居住条件得到改善。此外，在两边远贫困乡镇建立起经济作物生产基地300亩。

1996年，白沙黎族自治县继续总结扶贫工作经验，不断探索开发新路子，采取“统一规划，成片开发，分户管理，专业服务，国家扶持，群众自筹，社会捐款，重点突破”的扶贫开发形式。立足本地自然资源，以市场为导向，合理引导资金流向，做到“低投入，高产出”。此外，改变扶贫工作方法，把原来仅在经济方面扶贫扩大到在水、电、路、文化教育、卫生等全方位扶贫，扶出实效，扶上富路，力求全县经济平衡发展。同时，继续按照“九五扶南开，九六助青松，九七帮细水”的3年扶贫工作重点，对青松乡实施重点扶贫。成立青松乡扶贫开发领导小组，扶贫办负责开发实施，乡村也成立相应机构。为了增加开发资金的投入，除了县地财划拨外，还动员社会各界捐助、群众自筹，共筹集61万元，连片开发基地9100亩，已种上橡胶4430亩，户均3.7亩，为青松乡今后脱贫致富打下坚实的基础。除了突出重点对青松乡加以扶持外，还加强对其他乡镇的扶贫工作，以免“贫困反弹”。

1997年，综合扶贫工作有新的突破。白沙黎族自治县按照“重点突破，全面开发”的综合扶贫开发方针，共投入扶贫资金121.7万元，种植橡胶1.05万亩，甘蔗4277亩，水果300多亩等，受益农民6870人。在巩固提高南开、青松等乡镇扶贫成效的基础上，按照“一年扶贫一个乡镇”的计划，集中人力、物力和财力对细水乡进行综合扶贫。全年共投入扶贫资金（含实物折款）119.77万元，种植橡胶2305亩，甘蔗4100亩，推广水稻旱育稀植技术1140亩等。县直机关203名副局级以上领导干部做好“攀穷结亲、挂钩联系、帮扶到户”工作。对口扶贫165户，无偿扶助资金7340元，还有化肥7.8吨、滤泥肥10吨、水泥14.87吨、橡胶苗4857株、甘蔗种26吨、修路1.3公里等。1997年，全县共完成扶贫基地定标规划8500亩，重点扶持青松乡和细水乡，新植橡胶8261亩。

1998年上半年，在巩固南开、细水、青松3个乡镇扶贫成效的基础上，集中人力、物力和财力对阜龙乡进行重点扶持。在阜龙乡开发扶贫基地5010亩，种植橡胶1200亩。同时，强化原有3.6万扶贫基地的管理，管理扶贫开发成效。扶贫资金290万元全部到位。全年完成扶贫橡胶开发基地3483.5亩。在省统战部、省商会、省残联等单位的指导下，对阜龙乡进行联手扶贫。香港光彩事业促进会和中国“两院”院士先后到阜龙乡指导联手扶贫工作。共筹集联手扶贫资金270万元，建立阜龙良种橡胶基地3000亩、良种甘蔗基地1050亩，造林500亩，建成律师希望小学，修通新村至文头村6公里的路面。

1999年，扶贫注重新科技成果广泛应用于推广。加强对农民进行科技培训，每年举办各类培训班280期，受训农民18155人次，有1075位农民获得技术职称。截至1999年，全县共建起扶贫综合开发基地79个，面积33189亩，其中橡胶30059亩，杧果19250亩，龙眼、荔枝1210亩等，受益群众3918户，共25152人。建有糖厂2家、水果加工厂1家、橡胶颗粒加工厂4家等。全县有脱贫农户13381户，共79386人，脱贫率达87.4%。扶贫设施日益完善。在海南省有关部门的支持下，完成41公里长的牙什柏油路改造工程和42公里长的牙南公路工程；投资1亿多元，修建总长86公里的8条乡村公路；投资

415 万元架设 140 公里高压输电线路，并建成 3 座变电站；加强通信基础设施建设，开通 60000 门程控电话，移动电话和无线电寻呼机等通信。有 62316 个村民饮上清洁水，占 69%；有 42 个村委会通了电，已用上电灯人数达到 70874 人，占 78.4%；已通路的自然村 349 个，占 73%。集中资金 162 万元，改成户厕 1624 间。新建乡村校舍面积 15091 平方米，危房率下降到 1%以下。有 11227 户群众告别茅草房，住上瓦房，占总户数的 74%。

2001 年，白沙黎族自治县坚持把扶贫的工作落实到村、帮扶到户，引导和扶持农民大力发展“短、平、快”的种养项目。已解决 38.2 万人饮上清洁水，7.3 万人用上照明电，8 万人解决行路难的问题。共投入扶贫资金 919 万元，创办 32 个橡胶园地，面积 3.4 万亩，扶贫农户 3630 户 18150 人，水果 1480 亩。主要是杧果、荔枝、龙眼。建立 6 座漫水桥，修建 4 条 20 公里长的公路。截至 2001 年，全县仍有 3 个乡镇（邦溪、南开、阜龙）是省定的贫困乡镇，贫困村 53 个，贫困户 6896 户，贫困人口有 41005 人。其中，约 900 个农户，有 45 个村委会，153 个自然村 12410 人未饮上清洁水，34 个村委会，114 个自然村 20718 人未用上电照明，28 个村委会，76 个自然村 13614 人未通路，有 10000 多人口（约 2600 农户）仍住茅草屋。

2003 年，紧紧围绕“脱贫致富，全面小康”的奋斗目标，从大林产业、大水果业、生态县的方向出发，以开发“短，平、快”种养项目为重点，集中资金、集中对象、集中解决制约农民发展生产的突出问题。国家人大民族工委、省政协以及省有关单位的领导考察白沙黎族自治县扶贫工作也给予肯定和好评。2003 年，在全省扶贫系统中，被省评为“全省扶贫开发工作先进单位”。

2004 年，白沙黎族自治县广泛筹集各方面资金，全年共完成扶贫投入 868.7 万元。其中：财政扶贫资金 753.43 万元，联手扶贫资金 115.27 万元（省联手扶贫单位投入 45.53 万元，县联手扶贫单位投入 69.74 万元）。通过扶贫开发，白沙黎族自治县贫困人口已从 5687 户 31185 人减少到 4785 户 26125 人，有 5060 人已基本脱贫，脱贫人口的人均收入达 1200 元以上。种植业方面，投入 280 万元，扶持全县 11 个乡镇农民种植橡胶 23575 亩、槟榔 4176 亩，受益农户 3186 户 17520 人。养殖业方面，投入 164 万元，配套文明生态村沼气池建设，扶持 47 个村庄养殖优质三元仔猪 4690 头，受益农户 2345 户 12896 人。投入 256 万元，在牙叉、元门、细水、阜龙、荣邦、青松等乡镇修建桥 3 座，涵洞 38 道，修路 12.5 公里，建设农村人畜饮水工程 4 宗，建设硬化村道 1478 米。全年先后在 11 个乡镇举办培训班 20 批 51 期，受训人数 6600 人次。全年共组织 243 名副科级以上领导干部和 1200 多名干部职工深入邦溪、阜龙、青松、南开 4 个省级贫困乡镇，通过

“攀穷亲、结对子”等方式，开展联手扶贫工作，挂钩扶持1335户3003人。派驻扶贫工作队进驻邦溪、南开、青松、阜龙4个重点贫困乡指导扶贫工作。全年省、县联手扶贫单位共投入扶贫资金225.67万元，帮助贫困乡镇建文明生态村水泥硬化主村道380米，排水沟1200米，猪场1个1200平方米，沼气池773个，文化室2间200平方米，中学食堂1间，篮球场1座；捐赠电脑、电视机各1台，衣物2500件，书籍500册，椰子树26棵，大王棕14株及花草一批；扶持特困生学费4796元；捐助干部外出考察费20520元。全年共向计划生育户倾斜种植槟榔213000株，橡胶203000株，养猪2300头。

2005年，白沙县投入各类扶贫资金1067.41万元，集中用于贫困地区道路、饮水工程建设和民房改造，开展科技扶贫，扶持农民种植橡胶、槟榔和养猪等项目，使贫困地区农民生产生活条件有所改善，收入有所提高。为进一步增加贫困农民的收入，加大劳务输出力度，县成立外出务工领导小组和劳务输出服务中心，加强组织领导，举办农民就业培训班，提高外出务工人员素质，建立白沙县驻广州劳务输出联络站，加强与用工单位的联系，提供就业信息。全年新增外出务工人员1300多人，外出务工人员累计达到8000多人，占农村劳动力的15%，每年打工经济收入4200多万元。当年，全县有5000多人基本脱贫。

2006年，全县共投入扶贫资金13983.6万元，建设一批基础建设、农业产业发展项目，对贫困农民进行农村实用技术培训和实施“雨露计划”。截至2010年，全县人均收入6124元，比1988年的513元增加5611元；贫困人口从2000年的41005人减少到38620，减少2385人。2007—2010年，县扶贫办连续被海南省扶贫办授予“全省扶贫宣传工作先进单位”称号。

第二节　扶贫项目

一、产业扶贫

白沙黎族自治县把产业建设作为全县扶贫开发工作的重点，牢固树立产业脱贫理念，不断优化产业结构，加大对贫困村农业发展的扶持，结合全县产业发展规划，进一步调整产业结构，转变经济增长方式，为贫困村培植橡胶、甘蔗、木薯、生姜、竹子、南药、养殖业为主的一大批优势产业，促进贫困村特色经济发展。1992年，白沙黎族自治县共投资158.9万元，扶持农民种植橡胶、甘蔗等作物7747亩。新建橡胶高产示范基地7个，种植面积4200亩；甘蔗高产示范基地5个，种植面积797亩。截至2010年，全县有民营橡胶41万亩、甘蔗11万亩、木薯4.7万亩；生姜种植面积10164万亩，竹子种植面积11.5万亩，南药种植面积4.3万亩。

二、整村扶贫

从2001年起，白沙黎族自治县对全县53个贫困村实施整村推进工作，加大对贫困村基础设施建设的投入，有效的促进贫困村各项基础设施建设，贫困村村容村貌日益改观，人居环境质量逐步提高，农民生产生活条件明显改善。2003年，白沙黎族自治县首批选择15个重点村的500个贫困户，实施扶贫开发项目，作为重点村整村推进示范扶持。截至2010年，农村基本饮上安全用水达68.8%，农村村庄100%通电，农村村路通路达99.9%，农村水泥硬化道路达75%，46个行政村通广播电视。

白沙黎族自治县坚持“互动性培训”和“引导性培训”相结合，采取集中培训、现场授课、入户培训、现代远程教育、农家书屋等多种形式对贫困农民进行培训，切实提高贫困群众的技能和素质。围绕橡胶种植 、生姜种植、水产养殖、禽畜养殖等优势主导产业进行培训，发挥农业专业合作社的种、养能手作用，通过他们言传身教，向当地农户传授种养经验，带领一方群众共同致富。截至2010年，共举办农村实用技术培训班162期，参加人数13150人次。

联手扶贫工作。2001年12月，正式启动千名干部下乡联手扶贫活动。主要采取“1+1、2+1、3+1”的形式，即1名科级干部帮扶1户农户，2名股级干部帮扶1户农户，3名一般干部职工帮助1户农户，力争使邦溪、阜龙、南开3个乡镇在2003年贫困户人均收入达到1200元以上，贫困村人均收入达到1100元以上，确保全县完成扶贫任务。千名干部下村联手扶贫活动启动以后，每到双休日，机关干部都忙着下乡到“穷亲戚”家里坐坐，帮助他们发展生产。

三、专项扶贫

1992年10月，为了帮助民族地区发展经济，民族宗教事务委员会于拨出专款250万元，计划创办万亩烤烟基地。根据白沙黎族自治县的自然环境、气候条件和土壤结构的情况，县政府认为烤烟技术要求高，管理比较困难，经济效益低，结合实际情况，用120万元种植杧果，剩余130万元资金，要求更改兴办日产200吨石灰厂的民族工业项目。

1999年，《邦溪镇综合扶贫发展计划实施方案》经县委、县政府讨论通过。根据邦溪镇的实际情况，重点实施开发创办示范基地项目、水电路建设项目和民房改造项目。

创办示范基地项目。在芭蕉、地质2个村种植橡胶2000亩，9个国有农场分别扶持橡胶苗2万株，具体由扶贫服务中心负责实施；在大米村种植甘蔗500亩，具体由县农业局负责实施；在加兴村种植椰子1000亩，具体由县林业服务中心负责实施；在南班村实施水稻旱育稀植500亩，具体由县农业局负责。

水电路建设项目。在王琴、干村投资4万元，实施饮水工程，打大口井，具体由县水电服务中心实施；在南班、南北沟投资12万元，实施电项目，具体由县水电服务中心负责；在南牙、加兴投资30万元，建设漫水桥2座，具体由县公交局实施；在芭蕉村修建2.5公里路，具体由县扶贫服务中心负责实施。

民房改造项目。重点改造孟果等15个村211户贫困户的民房，该项目实施由民宗局具体负责。

1999年邦溪镇综合扶贫民房改造任务分配表

表14-4-1

民房改造任务					改造负责单位	包点县领导
村委会	村	农户（户）	人口（人）	建筑面积（平方米）		
孟果	孟果	14	71	840	县委办、机要室、保密局、审计局、气象局、人行	书记陈志荣
地质	干一	10	50	600	人大、人大办、一、二工委、邮政局	主任符炳信、副主任王亚金
地质	地质一	13	48	780	政府办、信访办、档案馆、房改办、接待办、保险公司、车站、农行	县长唐卓高
地质	地质二	6	22	360	政协、政协办、统战部、工行	主席符儒定、副主席王照理
大米	石皮	16	73	960	党校、工会、团委、妇联、史志办、科协、电信局	副书记周云
邦新	南丁	22	93	1320	及同居、建环局、工商局、国土局、供销社、牧工商、农业中心、水产中心、乡企中心、畜牧中心、三防中心、热作场、青年场	副书记黄大文
地质	王琴	4	12	240	纪委、监察局、国税局	常委严昌良
邦新	都竹1队	11	50	660	组织部、老干局、人劳局、机关工委、保障局、电力公司	部长黄运昌
邦新	力秀	9	51	540	宣传部、文体局、电影公司、新华书店、文化馆、图书馆	常委董元培
大米	大米	34	146	2040	政法委、法院、检察院、公安局、司法局、民政局、残联、交警大队、消防大队、武装警察中队、各派出所、烟草专卖局	副县长麦辉

续表 14-4-1

民房改造任务					改造负责单位	包点县领导
村委会	村	农户（户）	人口（人）	建筑面积（平方米）		
邦新	都竹二队	9	39	540	人武部、预备役、木棉部队、建行	部长符国新、副主任王桂春
地质	干二	7	41	420	财政局、地税局、贸易局、粮食局、外贸、粮油、商业石油、二轻、物资等公司	副县长李文安、副主任符彩花
南班	芭蕉	42	219	2520	白沙糖厂、木棉糖厂、县水泥厂、白翔水泥厂、技术监督局、纸箱厂、印刷厂、修造厂、地道站、交管站、公路分局、交通规费征稽所	副县长王文荣、副县长孙岐志
南班	南班下	8	28	408	教科局、县中、民中、牙叉职中、七坊职中、进修学校、一小、二小	副县长何玉花、副主席李永铭

2000 年，海南省农业厅同意《关于白沙黎族自治县扶贫养牛项目实施方案》，同意种牛场设在细水乡。白沙黎族自治县畜牧服务中心和海南善达农林有限公司组成的白沙善达农林股份有限公司为种牛场业主。种牛场基础母牛 1000 头。

2003 年，基础设施计划投入 275.4 万元。在南开、青松、细水、邦溪、打安、阜龙等乡镇修建桥 4 座，筑路 7.5 公里，建设 11 宗饮水工程，建沼气池 192 个，炉灶 192 套，猪舍 192 间，厕所 192 间，受益贫困村庄 19 个农户 2159 户 12469 人。种植方面投入 215 万元。扶持全县 11 个乡镇农民种植橡胶、槟榔、草扣等经济作物 18024 亩（槟榔 6318 亩、橡胶 6956 亩、草扣 4750 亩），受益农户 2252 户 14001 人。养殖方面计划投入 144.6 万元。养殖业结合生态村沼气池建设，扶持全县 11 个乡镇大部分村庄农户养猪 4884 头，受益农户 2442 户 12248 人。农村实用技术培训和新技术推广方面投入 30 万元。举办各类实用科技技术培训班 18 批 45 期，受到的基层干部与农民达 6100 人次，绝大多数参加培训人员掌握 1～2 门实用技术。扶贫中心通过多方筹措资金 200 万元，完成 150 亩邦溪热带经济作物苗圃基地建设。苗圃基地的建设能大大提高扶持白沙黎族自治县农民及周边市县农民种植热带经济作物力度，并在种苗品质和扶贫供应上有明确的保证。全年，通过积极发动农村富余劳力进行劳务输出，通过各种途径到县外，劳务输出打工的农村剩余劳力近 6500 人。

2006 年，驻村帮扶工作本着总体稳定，个别调整的原则，大体上与“互助共建”活动的部署一致，特殊情况做个别调整，原则上安排在共建村，原机关选派的农村支部兼职副书记职务不变。驻村工作组成员从县直机关、省属单位选派，“一村一组，每组2-3人”，选派到村。多个单位合驻的，一般不少于3人，其中科级干部1名。驻村帮扶工作从2006年7月中旬开始，至2007年7月中旬结束。

2009—2010年，省联手扶贫单位共投入帮扶资金432.45万元，其中直接投入资金427.71万元，物资折算资金4.74万元。协调引进资金1386万元。扶持农民种植农作物350亩，养猪350头，建设乡村公路12.5公里，建设饮水工程17宗，民房改造30户。

第三节　其他扶贫项目

一、老区建设

1991年2月，成立白沙黎族自治县老区建设促进委员会。主要是为加快县老区建设步伐。县老促会下设办公室，办公室设在县老区办。同年，白沙黎族自治县投资近10万元，一定程度上缓解10个老区村庄、1所小学和1个卫生院的交通难、饮水难、无电照明、住房紧张等实际困难。

1999年，根据海南省民政厅《关于颁布解放战争时期革命根据地村庄的通知》精神，白沙黎族自治县人民政府办公室颁布省政府批准的白沙黎族自治县9个乡镇53个解放战争时期革命根据地村庄名单。

白沙黎族自治县解放战争时期革命根据地村庄名单

表14-4-2

南开乡	坡高村、道银村、方红村、方通村、方佬村、埠本村、道友麦村、新村村、方远村、壮贺村
元门乡	印妹一队、印妹二队、印妹三队、翁村二队、翁村一队、翁村四队、罗帅村、新村村、新兴村
牙叉镇	牙利新村、牙利老村、浪崖村、临高村
白沙镇	什清阳村、什坡阶村
南叉乡	力吉村、旺巴村、麦阳村、营盘村、坡权村
细水乡	什好村、罗帅一村、罗帅二村、福马一村、福马二村
打安乡	长岭村
青松乡	那堂村、南针村、打松新村、打松老村、打松小村、牙佬村、新丰村、新青村、苗村
荣邦乡	福英村、光代村、坡告村、方佬村、方红村、岭尾村、七水村

2004—2008 年，白沙黎族自治县大力发展老区建设。共投资 360 万元，新建村路 19.2 公里，受益人数 4308 人；投资 161 万元，新建教室、文化室 1800 平方米，受益人数 1423 人；投资 62 万元，新建饮水工程，打井 3 口，受益人数 1360 人；投资 26 万元，新建水利设施，收益面积 1500 亩。

2009 年，根据《海南省机构编制委员会关于省革命老区建设职能调整的批复》和海南省扶贫开发领导小组办公室、海南省民政厅《关于革命老区建设职能调整的通知》文件精神，老区建设工作由民政局转移到扶贫办。2009—2010 年，共投入老区建设资金 2797 万元，建设农村公路 29.39 公里，解决 9102 人行路难问题；建设农村饮水工程 15 宗，解决 3657 人饮水问题；建设篮球场及配套设施 5 个，建设污水处理设施 1 个；扶持农户养殖母猪 561 头，三元杂猪苗 5344 头，中华蜂 889 箱，鹅苗 16786 只，文昌鸡 9091 只，养羊 76 只。

二、民房改造

1998 年，全年共改造农村茅草房 1307 户，新建瓦房面积 111095 平方米，受益农民 7204 人。2001 年，白沙黎族自治县民房改造 1289 户。2002 年，全县民房改造 903 户，改厕 1110 户。2003 年，全县民房改造 500 户。

2009 年，《白沙黎族自治县 2009 年农村贫困残疾人危房改造项目实施方案》经县政府同意开始执行。全县计划完成 55 户农村贫困残疾人危房改造任务，其中 45 户纳入国家和省级补助任务，10 户为县自行组织完成。经费来源于国家彩票公益金和配套资金 22.5 万元，完成危房改造 45 户，每户补贴建房材料款 5000 元。民宗局补贴每户建房材料款 2500 元，合计 2.5 万元；民政局补贴每户建房材料款 2500 元，合计 2.5 万元。残疾人危房改造具体实施时间为 9 月 29 日前完成筛查工作，10 月 21 日至 12 月施工建房，12 月底对项目进行全面检查验收。

三、农村饮水、沼气建设

1999 年，牙叉镇政府芭蕉村自来水安装工程在县自来水公司的努力下，牙叉镇政府、芭蕉村、饮水办、白沙糖厂、工交局、民政局、财政局等单位的支持下，筹集资金 9.98 万元，经过九天的紧张工作，全程达 2.7 公里长的芭蕉村自来水主管道安装工程竣工。该村 37 户群众也安上支管，于 10 月 26 日下午全线通水，解决全村 330 人饮水难问题。

2001 年，白沙黎族自治县投资 20 万元，修建七坊镇打不村饮水工程，解决 227 人的饮水难问题，全年改水受益人口 7089 人。建立沼气池 494 个，投入使用 238 个。

2002 年，改水村庄 4 个，受益人口 1132 人。建立沼气池示范村 8 个，建立沼气池 1905 户。

2003年的改水工程解决65个自然村的饮水问题，受益人口1.7万人。以“三结合”（圈、厕、沼）方式建设沼气池2500个。

第五章　居民生活

第一节　城乡基本设施建设

一、城乡交通设施建设

海南白沙黎族自治县石油公司是白沙黎族自治县商业局的一个下属单位，人事由商业局主管，业务由海南省石油总公司主管。该公司基本设备有加油站3个：县城加油站（4台正星加油机，3个25立方米油罐）、七坊加油站（2台正星加油机，2个25立方米油罐）和邦溪加油站（4台加油机，3个25立方米油罐）。1988—1992年，企业总销售为8100吨，其中汽油5700吨，柴油2400吨。1993—1997年，企业总销售为9800吨，其中汽油6500吨，柴油3300吨。1998—2002年，企业总销售为14000吨，其中汽油8400吨，柴油5600吨。2003—2007年，企业总销售为34800吨，其中汽油16800吨，柴油18000吨。2008—2010年，企业总销售为34560吨，其中汽油15380吨，柴油19180吨。

1992年，白沙黎族自治县投资192万元，建造牙叉大桥，新建牙叉至南辰公路第一期工程7公里的公路。1998年，投资800万元铺设牙南柏油公路，交通条件大大改善。2001年，投资30万元修建邦溪镇南牙村公路5公里，投资12万元修建南开乡两座漫水桥及11公里路面，解决892人的行路难问题。2002年修建3条乡村公路，总长14.5公里，其中牙叉对俄路4.5公里，七坊打金路1.5公里（含桥梁1座），青松牙扩路9公里，共投入资金49.94万元。2010年，投入7145.4万元（含中央以工代赈资金、扶贫资金、省奖补资金和县配套资金），完成农村公路通畅工程126.15公里，具体由县交通运输局、县发展和改革委、县扶贫办、县财政局，各乡镇政府负责。

二、城乡电网建设

1989年，全县投资320万元兴办电力事业。全县总装机容量达到3600千瓦。有64.5%的农户安上电灯。1991年，完成南丰至打安的输电线路架设工程，建成打安和元门2个变电站。1994年，白沙黎族自治县架设4条总长138.7公里的高压输电线路，建设3座变电站，电网覆盖全县87.5%的村庄。

1999—2004 年，完成白沙农村电力体制改革和农村电网改造，即“两改一同价”的工作任务，白沙农村照明用电全面实行省物价局核定的目录电价，每千瓦时 0.6 元，实现省委、省政府向全省人民的承诺。

2005—2007 年，海南电网公司全面接收白沙 9 个国有农场和 2 个地方农场的供电资产，并完成农场电网改造任务，实现城乡用电同网同价，为白沙黎族自治县经济建设和社会各项事业的发展提供电力保障。

2006 年，在海南电网公司的大力支持下，白沙供电局主动承担社会责任，投资 100 多万元建设南开乡高峰村委会 10 千伏输配电线路。当年 11 月 8 日，线路建成投产，被称为南渡江上游第一村的“高峰村”从此结束无电的历史，108 户黎族同胞终于通上电。

2009 年上半年，海南电网公司尹炼总经理带领调研组，跋山涉水来到白沙黎族自治县最偏远的自然村庄——南开乡高峰村委会道银村和坡告村实地调研，完成《海南省无电自然村电力建设工程——应用智能户用光伏发电系统解决白沙黎族自治县道银和坡告 2 个无电村通电问题可行性研究报告》。白沙供电局艰苦奋战，克服重重困难，2009 年 12 月底，顺利完成道银村、坡告村智能光伏发电系统建设任务。2010 年 1 月 3 日，海南电网首个智能光伏发电系统在这两个自然村正式运行送电，标志着海南智能光伏发电探索迈出成功第一步。同时，使白沙黎族自治县自然村通电率达到 100%。

第二节　城镇居民收入与消费

白沙建县初期至 20 世纪 50 年代，尚未有真正的城镇。进入 20 世纪 60 年代以后，随着山区的开发建设，白沙县各项事业有快速发展。外来干部职工逐年增加，城镇建设规模不断扩大，白沙的城镇（含乡镇）建设才进入发展时期。1988 年，海南建省办经济大特区以来，白沙的经济社会有很大的发展，干部职工的工资逐年增长，城镇居民的生活水平不断提高，全县机关、企事业单位普遍实行劳动保险制度和公费医疗制度，干部职工的工资、社会福利等得到保障。随着经济的发展，城镇居民可支配收入和农村居民人均可支配收入有大幅提高，消费水平和结构也发生变化。

2005 年，白沙县人均可支配收入 5938 元，人均家庭总收入 7201 元，人均消费性支出 4508 元，消费支出前三项分别为食品、教育、居住。2010 年，人均可支配收 12983 元，人均家庭总收入 14157 元，人均消费性支出 7768 元，消费支出前三项分别为食品、杂项商品与服务、居住。

工资 1987年，全县共有全民所有制职工8712人。年工资总额1149万元，年人均工资收入1318.87元，月人均收入109.91元；城镇集体所有制职工1107人，年工资总额176.6万元，年人均收入1595.30元，月人均收入132.94元。2000年，全民所有制职工年人均工资达6647元，月人均工资为554元；干部年人均工资7230元，月人均工资603元。2005年，全民所有制职工年人均工资11785元，月均工资1065元；干部年人均工资14520元，月均工资1210元。2010年，在岗职工年平均工资27111元，比1987年增加1903.9元。

2000年，全县国有企业职工3293人，工资总额2130.9万元，人均6471元，月薪539.3元。全县国有企业职工人均工资最高者为邮电通信业，其在职职工140人，工资总额199.3万元，人均年薪14236元，月薪1186.3元；其次为金融业，其在职职工204人，工资总额282.2万元，人均年薪13833元、月薪1152.8元；人均工资最低者为餐饮业，全县唯一的国有餐馆，职工15人，年工资总额2.5万元，人均年薪1667元、月薪138.9元，为邮电通信业人均工资的八点五分之一。

消费 1987年，县城的职工住房人均7平方米，乡镇的机关干部职工也住进了平房或楼房。1997年，国家实行住房制度改革，县委、县政府出台相关政策，扶持和鼓励干部职工集资建房或购买商品房，由此县城牙叉镇兴起集资建房热，一些单位还和投资商合作，将本单位沿街低矮破旧的房子拆除，建起五六层高的商住楼，底层作为商品铺面出售，既满足城镇居民购买住房的需求，保持市容的整洁美观。1998年，干部职工的生活由吃得饱向吃得好转变，逐步向小康迈进。由于实行改革开放，县市场物品丰富，服装的样式日趋丰富多彩，直接从商店购买成衣成裤已是城镇居民穿戴的主流，青年人还喜欢随季节流行时尚购买服装。

1988—2010年白沙黎族自治县城乡居民家庭人均收入及指数一览表

表14-5-1

年份	农村居民家庭人均纯收入（元）	指数（%）			在岗职工平均工资（元）	指数（%）		
		上年=100	78年=100	87年=100		上年=100	78年=100	87年=100
1988年	362	111.4	670.4	111.4	1515	106.4	251.2	106.4
1989年	508	140.3	940.7	156.3	1895	125.1	314.3	133.1
1990年	660	129.9	1222.2	203.1	2400	126.6	398.0	168.5
1991年	781	118.3	1446.3	240.3	2369	98.7	392.9	166.4

续表 14-5-1

年份	农村居民家庭人均纯收入（元）	指数（%）			在岗职工平均工资（元）	指数（%）		
		上年=100	78年=100	87年=100		上年=100	78年=100	87年=100
1992年	878	112.4	1625.9	270.2	2920	123.3	484.2	205.1
1993年	918	104.6	1700.0	282.5	3857	132.1	639.6	270.9
1994年	1129	123.0	2090.7	347.4	4725	122.5	783.6	331.8
1995年	1231	109.0	2279.6	378.8	5275	111.6	874.8	370.4
1996年	1373	111.5	2542.6	422.5	5256	99.6	871.6	369.1
1997年	1394	101.5	2581.5	428.9	5028	95.7	833.8	353.1
1998年	1437	103.1	2661.1	442.2	5266	104.7	873.3	369.8
1999年	1617	112.5	2994.4	497.5	5707	108.4	946.4	400.8
2000年	1700	105.1	3148.1	523.1	6326	110.8	1049.1	444.2
2001年	1769	104.1	3275.9	544.3	7141	112.9	1184.2	501.5
2002年	1839	104.0	3405.6	565.8	7882	110.4	1307.1	553.5
2003年	1919	104.4	3553.7	590.5	8286	105.1	1374.1	581.9
2004年	1999	104.2	3701.9	615.1	10472	126.4	1736.7	735.4
2005年	1760	88.0	3259.3	541.5	12403	118.4	2056.9	871.0
2006年	1982	112.6	3670.4	609.8	13673	110.2	2267.5	960.2
2007年	2313	116.7	4283.3	711.7	16623	121.6	2756.7	1167.3
2008年	2742	118.5	5077.8	843.7	18981	114.2	3147.8	1332.9
2009年	3079	112.3	5701.9	947.4	21391	112.7	3547.4	1502.2
2010年	3656	118.7	6770.4	1124.9	27111	126.7	4496.0	1903.9

2005—2010年白沙黎族自治县城镇居民收入与消费

表 14-5-2　　单位：元

项　　目	2005年	2006年	2007年	2008年	2009年	2010年
一、人均可支配收入	5938	6781	8027	9240	10461	12983
二、人均家庭总收入	7201	6363	8516	10084	11684	14157
1. 工薪收入	5788	5127	6775	7572	8616	10682
#工资及补贴收入	5389	4724	6328	7428	8440	10496
其他劳动收入	399	403	447	144	176	186

续表 14-5-2

项　　目	2005 年	2006 年	2007 年	2008 年	2009 年	2010 年
2. 经营净收入	368	303	377	1278	1341	1459
3. 财产性收入	51	37	77	222	252	349
4. 转移性收入	995	896	1287	1013	1475	1666
三、人均消费性支出	4508	5150	5610	7124	6588	7768
1. 食品	2187	2149	2705	3626	3706	3760
2. 衣着	217	204	267	327	406	420
3. 家庭设备用品及服务	212	174	283	363	401	488
4. 医疗保健	165	134	339	462	296	207
5. 交通与通信	403	784	582	584	583	575
6. 教育文化娱乐服务	649	887	802	876	438	440
7. 居住	606	669	477	785	676	843
8. 杂项商品与服务	69	149	155	101	82	1035

第三节　农村居民收入与消费

白沙黎族自治县农村全年人均纯收入 1988 年为 362 元，1998 年为 1437 元，2010 年为 3656 元。1998 年，农村家庭人均生活消费支出 823 元，支出前三项分别为食品、文教服务、交通通信。2010 年，农村家庭人均生活消费支出 2372 元，支出前三项分别为食品、居住、交通通信。

20 世纪 80 年代后期起，县委、县政府结合白沙实际，在全县范围内深入开展农业综合开发， 发挥山区优势，走以木薯、甘蔗起家和橡胶、造林发家的路子。扶持农民发展庭院经济，种植荔枝、龙眼、南药等经济作物，发展淡水养殖业。发展乡镇企业，鼓励发展个体企业，农村经济得到快速发展，农民收入明显提高。随着农村经济的繁荣发展，农民收入的显著提高，农民的衣、食、住、行等发生根本性的转变，大部分农村家庭购买了摩托车、彩电，相当部分农民有移动电话、小型汽车，小部分农民已开始由温饱型生活逐步向小康迈进。

在发展农村经济、提高农民生活中，加大贫困农村的扶持，提高贫困农民的生活水平。1996—2000 年“九五”期间。全县投入 820 万元扶持青松、南开、细水、阜龙、邦溪等5个贫困乡发展生产，改善农民生活。采取集中力量一年扶持一个乡的步骤，1995年扶持南开乡，1996年扶持青松乡，1997年扶持细水乡，1998年扶持阜龙乡，1999年扶持邦溪乡，取得相应的效果。1997年细水乡农民人均纯收入由原来不足千元提高到1160元，1998年阜龙乡农民收入提高到1005元，贫困乡村农民收入的提高，成为全县农民收入稳步提高的一个铺成因素。

随着经济社会的发展，农民收入的增加，白沙县农民的劳动生产工具也有进一步的改进，农业机械在生产中使用的范围不断扩大。1987年，全县农用载重汽车28辆，总吨位405批，总动力为936马力。2000年，全县共有农用载重汽车31辆，总动力2349千瓦；大、中型拖拉机6台。2005年，全县共有农用运输汽车328辆，总动力4186千瓦；大、中型拖拉机17台。在农村，各种小型轻便的耕作机械、排灌机械、农运机械等工具在农业生产各个领域得到广泛推广应用，既减轻了农民的劳动强度，又使生产效率得到提高。一些富裕起来的农民还投资购买小型客车、载重汽车等工具，跑市场、搞运输，家庭经济收入大幅提高，他们成为农村致富的带头人。

1988—2010年白沙黎族自治县农村家庭人均纯收入

表14-5-3　　单位：元

项目 年份	全年人均纯收入	（一）工资性收入	（二）家庭经营收入			（三）财产性收入	（四）转移性收入
			小计	第一产业收入	非农产业收入		
1988年	362	—	—	—	—	—	—
1989年	508	—	—	—	—	—	—
1990年	660	—	—	—	—	—	—
1991年	781	—	—	—	—	—	—
1992年	878	—	—	—	—	—	—
1993年	918	—	—	—	—	—	—
1994年	1129	—	—	—	—	—	—
1995年	1231	—	—	—	—	—	—
1996年	1373	—	—	—	—	—	—
1997年	1394	—	—	—	—	—	—
1998年	1437	—	—	—	—	—	—
1999年	1617	—	—	—	—	—	—

续表 14-5-3

年份＼项目	全年人均纯收入	（一）工资性收入	（二）家庭经营收入			（三）财产性收入	（四）转移性收入
			小计	第一产业收入	非农产业收入		
2000 年	1700	—	—	—	—	—	—
2001 年	1769	—	—	—	—	—	—
2002 年	1839	—	—	—	—	—	—
2003 年	1919	130	1687	1640	46	1	101
2004 年	1999	134	1788	1760	28	4	73
2005 年	1970	198	1466	1434	32	10	86
2006 年	1982	219	1670	1658	12	5	88
2007 年	2313	233	1955	1946	9	1	123
2008 年	2742	261	2215	2214	1	1	265
2009 年	3079	372	2484	2167	317	31	192
2010 年	3656	439	2948	2573	375	38	231

说明：1988—2002 年农村家庭人均纯收入并未细分到工资性收入、家庭经营收入、财产性收入和转移性收入

1998—2010 年白沙黎族自治县农村家庭人均生活消费支出一览表

表 14-5-3　　单位：元

年份＼项目	生活消费支出							
	小计	食品	衣着	居住	家庭设备及服务	医疗保健	文教娱乐及服务	交通通信及其他
1998 年	823	504	41	38	47	31	115	47
1999 年	831	474	43	91	43	13	121	46
2000 年	893	502	57	115	49	41	106	23
2001 年	944	532	68	114	62	48	91	29
2002 年	780	364	44	55	66	50	103	98
2003 年	918	383	49	105	54	64	122	141
2004 年	1270	457	56	292	76	56	165	168
2005 年	1501	695	60	322	84	60	134	146
2006 年	1482	770	66	149	63	87	177	170

续表 14-5-3

项目 年份	生活消费支出							
	小计	食品	衣着	居住	家庭设备及服务	医疗保健	文教娱乐及服务	交通通信及其他
2007 年	1667	773	88	269	73	98	190	176
2008 年	2304	1070	92	147	85	414	265	231
2009 年	1802	858	99	124	65	147	270	239
2010 年	2372	1156	110	442	90	83	195	296

说明：农村家庭人均生活消费支出于 1998 年开始统计

第四节　城乡居民住房

一、干部房改

1988—1996 年，实行住房制度改革前，全县干部职工住房实行的是政府、单位统一建设，统一分配，收取租金的住房保障体系。1994 年 12 月，白沙黎族自治县制定《白沙黎族自治县城镇住房制度改革实施方案》。1996 年 6 月，县政府颁布《白沙黎族自治县公有住房租金改革实施方案》《白沙黎族自治县住房公积金试行方案》《〈白沙黎族自治县出售公有住房试行办法〉的通知》，全县干部住房实行国家、单位、个人三者合理负担，建设建立职工住房公积金，建设经济适用房及集资建设等住房保障体系。

二、保障性住房

2008 年起，白沙黎族自治县实施保障性住房建设。2010 年，国务院办公厅《关于促进房地产市平稳健康发展的通知》以及海南省政府《关于加快保障性住房的意见》精神，全县居民实行保障性住房及商品住房的住房保障体系。截至 2010 年，全县共建设保障性住房 6255 套，其中廉租住房 688 套，经济适用住房 435 套，限价商品住房 4832 套，棚户区改造 300 套。

三、乡镇干部住房

2010 年,《白沙黎族自治县 2010 年为民办事十大工程》，其中提到十大工程之一的保障性住房工程。1. 开工新建廉租房 500 套、经济适用房 180 套、限价商品房（干部保障性住房）300 套、棚户区改造 300 套。具体由县住房和城乡建设局、县发展和改革委、县财政局、县国土环境资源局，各乡镇政府负责实施。2. 完成农村民房改造 900 户（包括茅草房改造 500 户）；采取建材下乡等有效措施，支持农民建设自用住房。具体由县住房和城乡建设局、县发展和改革委、县财政局、县国土环境资源局、县民宗委、各乡镇政府负责实施。

四、乡村住房

1988年，农民建房总数593户，新建竣工面积66396平方米。截至1988年，全县有8939户农民建起瓦房，占农村总户数的67%。1989年，农村新建住宅1935间，面积59728平方米。1990年，全年农村新建瓦房988间，10661平方米。1991年，农村私人新建住房竣工面积2.92万平方米，人均住房面积13.8平方米。1992年，农村私人建房竣工面积62705平方米。1993年，农村私人建房竣工面积60879平方米。1996年，全县尚有3083户农户住茅草房。1998年，新建、改造农村民房1307户，面积11.11万平方米，90.3%的农户住上砖瓦房。1999年，改造农村民房879户，新建瓦房7032平方米，92.8%的农户住上瓦房。

第五节　住房制度改革

一、改革措施

1994年12月，根据国务院《关于深化城镇住房制度改革的决定》和海南省《关于贯彻国务院关于深化城镇住房制度改革的决定的实施意见》精神，白沙黎族自治县制定《白沙黎族自治县城镇住房制度改革实施方案》，明确县住房制度改革的基本内容。基本内容包括把住房建设投资由国家、单位统包的体制改为国家、单位、个人三者合理负担的体制；把各单位建设、分配、维修、管理住房的体制改为社会化、专业化运行体制；把住房实物福利分配的方式改变为以按劳分配为主的货币工资分配方式；建立以中低收入家庭为对象、具有社会保障性质的经济适用住房供应体系和高收入家庭为对象的商品供应体系；建立住房公积金制度，逐步形成国家、集体、个人三者结合的筹资建设住房体制；发展住房金融和住房保险、建立政策性和商业性并存的住房信贷体系；建立规范化房地产交易市场和发展社会化房屋维修、住房市场，逐步实现住房基金投入产出的良性循环，促进房地产业和相关产业的发展。

1996年6月，县政府下发《关于颁布〈白沙黎族自治县公有住房租金改革实施办法〉、〈白沙黎族自治县住房公积金试行办法〉、〈白沙黎族自治县出售公有住房试行办法〉的通知》，标志着白沙黎族自治县住房制度改革进入全面实施阶段。截至2006年，全县出售公有住房1977套，总建筑面积182439.19平方米；完成经济适用房建设2052套，总建筑面积336423.9平方米。

二、集资建房

1996年，根据县房改领导小组会议研究决定，年底集资建两幢五层公寓式套房（一幢在县委大院，一幢在政府大院）。具体办法如下：凡是白沙黎族自治县党政机关，群众团体，事业单位职工（财政拨款单位）均可申请参加；县处级干部住房建筑面积80～100㎡，县科级干部住房面积70～80平方米，一般干部住房建筑面积60～70平方米；预予收处级干部2万元，科级干部1.8万元，一般干部1.6万元；名额有限，希既是报名申请和预予交建房费。

1998年9月，白沙黎族自治县建设与环境资源局向白沙黎族自治县计划统计局提交《关于白沙黎族自治县"安居工程"建设项目立项的函》，经研究决定同意在牙叉镇桥南路——县农学校处和七坊镇农贸市场处，建设面积68000平方米。该项目总投资5148万元，其中县筹1555.2万元，通过建设银行国家政策性贷款3628.8万元。

1994年度白沙黎族自治县公有住房售价表

表14-5-1　　单位：元/平方米

年限	混转套房			框架套房		
	标准价	成本价	市场价	标准价	成本价	市场价
1994年	462	543	733	510	584	788
1993年	453	532	718	500	572	772
1992年	444	521	704	490	561	756
1991年	434	510	689	476	549	741
1990年	425	499	674	469	537	725
1989年	416	488	660	459	526	709
1988年	407	477	645	449	514	693
1987年	397	466	630	439	502	678
1986年	388	455	616	428	491	662
1985年	379	444	601	418	479	646
1984年	370	434	586	408	467	630
1983年	360	423	572	398	456	615
1982年	351	412	557	388	444	599
1981年	342	401	542	377	432	583
1980年	333	390	528	367	420	567

三、 房租改革

1996年，根据《白沙黎族自治县城镇住房制度改革实施方案》精神，颁布《白沙黎族自治县公有住房租金改革实施办法》，从1996年7月1日起，城镇公有住房租金提高到双职工家庭平均工资的6%，以后逐年平均递增2%，至2000年公有住房租金应达到占双职工家庭平均工资的15%。

四、住房公积金

1997年，房改工作向规范化迈进，民房改造工作快速发展。全县推行住房公积金制度，参加公积金的单位162个6087人，月归积公积金12.8万元。

2001年11月9日，《白沙黎族自治县人民政府办公室关于加强住房公积金管理工作的通知》对白沙黎族自治县住房公积金管理进行要求：一、所有新增行政、企事业单位的固定职工、劳动合同制职工及三资企业中方员工，均应缴纳住房公积金，离退休职工、临时工以及“三资”企业外方员工，不缴纳住房公积金。二、职工个人和所在单位各按职工个人当年月工资总额的4%交纳住房公积金，后随着经济发展和职工工资收入水平的提高，可对缴交率进行适当调整。三、职工个人缴纳的住房公积金，从2002年1月1日起，由财政局从职工每月工资中代扣，存入县房改办委托的银行开设的“住房公积金专户”。四、职工个人住房公积金只能用于购买、大修、建造自住房及购买、大修、建造自住房抵押贷款，不能挪作他用。五、职工离退休、离职或调离本县、出国定居时，可由本人提取住房公积金本息余额。在职期间去世的职工，由其合法继承人或受遗赠人提取住房公积金本息余额。

2010年，白沙黎族自治县房产局分离出海南住房公积金管理中心白沙管理所。2011年12月，海南住房公积金管理中心白沙管理所更名为白沙住房公积金管理局。

第十五编

教育　科技　文化　卫生

1988—2010 年，白沙县教育科技文体卫生事业发展迅速，不断满足人民群众的需求。建省后，白沙县不断加强教育经费投入和教师队伍建设，学前教育、义务教育、高中教育、职业教育稳步发展，学生入学率逐步提升，成人教育也取得长足进步，基本实现扫除青壮年文盲的目标。1988—2010 年，白沙县科技事业蓬勃发展，科技管理和服务成绩突出，每年都举办多期水稻、木薯、甘蔗、橡胶、水果、蔬菜、养猪、养鱼等各种技术培训班，对经济增长和运行质量起到巨大的作用。1988—2010 年，白沙县文化生活日益丰富多彩，文化设施渐趋完善，群众文化活动多样发展，文化市场也不断繁荣。文化部门重视挖掘民间传统文化与技艺，积极进行非物质文化遗产和文物的调查和保护工作，成功申请多个非遗项目。1988—2010 年，白沙县卫生事业不断发展，医疗条件得到很大改善，医疗机构逐年健全，医疗器械日趋完备，公共卫生管理不断加强，为白沙人民群众的生命健康提供切实的保障。1988—2010 年，白沙县的群众性体育运动日趋活跃，逢年过节都举办球类、棋类、田径、竹竿舞、渡水腰舟等形式多样的体育运动，竞技性体育获得长足进步，多次组织队伍参加全省青少年田径、举重、游泳、乒乓球等比赛，屡获奖项。

第一章　教　　育

第一节　机　　构

1973 年，白沙县教育局成立。1995 年，白沙黎族自治县教育局和县科学技术委员会合并为白沙黎族自治县教育与科学技术局。2003 年，县教科局分离成县教育局和县科学技术局。至 2010 年止，县教育局内设 5 个职能机构，即办公室、人事股、普教股、职成教股和体卫股；3 个事业股级单位，即招生办、学生资助管理中心、教育工会；下属事业单位有教育研究培训中心、青少年学生校外活动中心。2004 年，成立白沙黎族自治县人民政府教育督导室，挂靠县教育局进行管理。

第二节　教育基本设施建设

一、学校危房改造

1989 年，白沙县经多方筹资共拨专款 103.5 万元，为各中小学校修建一批校舍。1991

年，全县新建校舍面积 6769.8 平方米，改造学校危房面积 6769.8，占学校危房总面积的 31.2%。1992 年，全县新建校舍面积 2225 平方米，学校危房占学校总面积的 18%。1993 年，新建校舍 12 幢 2647 平方米，改造教学危房 3502 平方米。1994 年，新建校舍 16 幢 2507 平方米，改造中小学危房校舍 3380 平方米。1995 年，中小学危房校舍 3370 平方米。1996 年，新建和维修校舍 8206 平方米。1997 年，教育投入 800 万元，整治 11 所学校的校容校貌，新建和维修 4 所学校的教师宿舍。1998 年，多方筹措资金 784.7 万元，改建、新建校舍面积 15091 平方米，中小学校舍危房率从上年的 4%下降到 1%以下。改造浪九小学危房 400 平方米。2004 年，对 12 个小学的危房进行改造，完成改造面积 3620 平方米。2006 年，加快中小学危房改造，改造 D 级危房 4590 平方米，新建校舍 8075 平方米。2007 年，投入 1742 万元建设县第一小学和第二小学校舍 1.49 万平方米。2008 年，推进县中学整体搬迁、白沙思源实验学校建设和 11 所农村初中学校危房改造。2009 年，白沙中学整体搬迁项目开始实施。2010 年，启动白沙中学整体搬迁二期工程。

二、新学校建设

新县中 1994 年 2 月 1 日，根据白沙县和县内各农场教育发展落后，适龄少年入学水平低的实际情况，白沙县决定与农场联合办好县高级中学。联合办学的教师工资、学校的办公费用由县财政通过教育预算列支。增加的设备费、建校费由 9 个国有农场 3 年内按人口平均分摊。县中学需建教学楼 1 栋，约需 100 万元，科学馆 1 栋 200 万元，学生宿舍 1 栋 100 万元，教学设施 100 万元，共需投入 500 万元。按农场人口 5 万人计算，每人负担 100 元。

2001 年，为了配合中小学危房改造工程的顺利实施，帮助白沙中学解决学生住宿房严重不足的困难，为确保白沙中学学生宿舍楼建设项目的顺利实施，经县人民政府研究，同意为该项目提供配套资金人民币 10 万元。

2008 年，为加强对白沙中学整体搬迁工作的组织领导，确保整体搬迁工作的顺利实施，经县政府同意，决定成立白沙中学整体搬迁工作领导小组，负责白沙中学搬迁建设项目的土地征用、拆迁安置、项目实施和指导协调等工作。领导小组下设办公室，办公室设在县教育局，负责日常具体工作。

2009 年 12 月底，完成 52 亩土地征用及 30 户（居民 24 户、农村 6 户）拆迁安置工作。按省政府出台的征地补偿标准即每亩 41101 元（附着物除外）进行补偿。因征地造成本人和家庭生活困难，且符合城镇军民最低生活保障条件的人员，全部纳入低保范围，享受城镇低保待遇。根据《海南省征地农民基本养老保险暂行办法》规定，凡被征第二轮土地承包权的土地面积达50%及以上的农村家庭，其家庭成员中的在册农业户口可纳入被征地农民基本养老保险范围。基本养老费用由政府、农村集体经济组织和个人分别按50%、20%、30%承担。2009年，白沙县教育局同意易地新建白沙中学，新校园规划用地176.6亩，办学规模为70个教学班级，在校学生3500人。

民族中学　1994年9月，经县政府同意，白沙县开始创办少数民族高中寄宿班。寄宿班每年招收少数民族学生50人。1996年发展到3个班，在校学生150人。寄宿班学生在校学习期间的生活、学习费用，由县财政按每年每人600元给予补助。

为了做好白沙县2001年中小学校的危房改造工作，白沙县民族中学计划新建一幢图书馆，县第二小学计划建一幢民族寄宿班学生宿舍，两项建设项目计划总投资人民币54万元，其中由中央预算内专项资金拨款人民币37万元，学校自筹资金人民币4万元。为了确保县民族中学、县第二小学拟建项目的顺利实施，经县人民政府研究，同意为两项拟建项目提供配套资金人民币13万元。

截至2001年，白沙县民族中学在校学生近800人，有校舍面积1000多平方米，但校舍已不能满足现实需要。为了改善学校的办学条件，县民族中学计划新建教学楼一幢，面积3208平方米，项目计划总投资230万元，已筹措资金80万元，民族中学自筹资金20万元，邵逸夫捐款50万港元。为了确保县民族中学拟建项目的顺利实施，经县人民政府研究，同意为该拟建项目提供配套资金50万元。资金以物抵款。即从县水泥厂中调拨1600吨水泥给民族中学。

思源实验学校建设　白沙思源学校的前身是白沙县第二实验小学。2007年，香港邢李嫄先生捐资1340万元建设10700平方米的校舍及购置部分教学设备。县委、县政府在原来的基础上无偿划拨土地约20亩，用于白沙思源实验学校初中部建设，实施白沙县初中“教育移民”（扶贫）工程。2008年4月20日已完成征地平整工作，5月完成项目建设规划和地址钻探，7月30日委托海南华建招标代理有限公司在海府一横路美舍大厦十一楼会议室完成项目招投标，8月27日项目图纸设计通过审核。

2009年秋季，在原白沙县第二小学的基础上合并细水、南开等中学，通过统一规划、集中财力、整合资源、良性发展，形成办学规模，更名为白沙思源实验学校。

白沙思源实验学校将按省级九年一贯制学校要求规划，办学总规模为在校学生2500人，其中小学部1～6年级1600人，教学班36个，初中部900人，教学班级20个（按每班45人计算）。扩建的白沙思源实验学校初中部，每年有300个初中学位，确保白沙县每年在“教育移民（扶贫）”乡镇的青松、南开、细水等乡镇在内的800名（即从小学三年级开始每个班级200人）家庭贫困学生到县二小就读，毕业后将升入白沙思源实验学校初中部，再接纳“教育移民（扶贫）”乡镇的部分小学毕业生100人到白沙九年制民族寄宿生学校初中部就读，3年后人数达到900人。学校建成后，县政府按编制足额配套具有师范本科或相应学历的教师到校任教，进一步充实学校的师资力量。

第三节 学前教育

1988年，白沙县幼儿园实行幼儿教育改革：一是实行保教分工；二是改革小学化的教学方法，发展幼儿智力，培养幼儿口语表达能力；三是把家庭汇报单改为使用《幼儿手册》；四是开展教育综合结构主题活动等教育改革。

1988年，白沙县机关幼儿园在园幼儿240人，开设6个班级，教职工23人。1990年，白沙县机关幼儿园在园幼儿253人，开设6个班级，教职工28人。1995年，白沙县机关幼儿园在园幼儿302人，开设6个班级，教职工34人。

1997年，白沙县教育局制定《白沙黎族自治县幼儿教育事业“九五”发展目标实施意见》（简称“意见”）。意见要求幼儿教育工作要以小平的“教育要面向现代化、面向世界、面向来来”为指导思想，多种形式发展幼儿教育事业，为更多的幼儿提供前教育的机会。2001年，白沙县对全县各乡镇幼儿教育（学前教育）进行评估。全县各乡镇教育办、中心小学都建立健全学前教育领导机构，学前教育工作由副校长或教导主任负，办学条件有所改善，幼儿教师质量有所提高。全县25所幼园（学前班）开设语言、识字、计算、美术、常识、体育、音乐、游戏等课程。

2001年，白沙县除了县机关幼儿园，农垦系统幼儿园有9所。全县3~6岁幼儿共7738人，在园教学班67个，在园人数2091人。学前三年入园（班）率 27%。2001年，全县学前一年（5~6岁）适龄幼儿 3307 人，接受学前一年教育人数1488人，学前一年入园率45%。

2003年后，白沙县民办幼儿教育迅速发展，社会力量先后办起4所私立幼儿园：七坊爱心幼儿园、大拇指幼儿园、桥南实验、向日葵幼儿园。2005年，全县有幼儿园11所，其中私立幼儿园10所，学前班38个班，进园（班）幼儿人数2749人。2005年，全县学前一年（5~6岁）适龄幼儿 2256 人，接受学前一年教育人数1170人，学前一年入园率52%。

2006年，白沙县一共有15所幼儿园，其中公办1所，农垦系统办园9所、私立幼儿园5所。在园教学班92 个（包括园内学前班），在园人数 2814 人（含园内学前班 246 人）。10 所幼儿园基本上达到县二级幼儿园，其中 2 所达到县一级幼儿园，初步形成以政府办园为骨干，农垦系统和社会力量办园为主体，公办、民办相结合的幼儿教育发展格局。2006 年，全县适龄幼儿 6442 人，学前三年入园（班）率 43.2 %。

2010 年，白沙县学前教育有了新的发展。全县共有 26 所幼儿园，其中公立幼儿园 1 所，农垦系统幼儿园 9 所、私立幼儿园 16 所（其中 3 所因在办园过程中没有根据要求进行相应的整改，年检不合格而被取缔）。至 2010 年 9 月，全县实际获得许可办园的幼儿园共有 23 所。2010 年，公办幼儿园教职工 21 人。2010 年，全县适龄幼儿 7507 人，在园幼儿 5067 人，学前三年入园（班）率 67.4 %；全县接受学前一年教育人数 2693 人，学前一年入园率 54%。

2001—2010 年白沙黎族自治县幼儿园教育基本情况表

表 15-1-1

年份	幼儿园数（个）	学前班数（个）	班级数（个）	在园人数（人）	教职工数（人）
2001 年	10	34	67	2091	138
2002 年	10	46	77	2171	130
2003 年	14	39	82	2059	154
2004 年	15	37	88	2440	179
2005 年	14	46	88	2749	157
2006 年	15	44	92	2814	174
2007 年	15	42	93	3130	193
2008 年	15	35	92	3222	201
2009 年	15	41	101	3608	192
2010 年	23	30	147	5067	293

第四节　义务教育

一、九年制义务教育

1988 年，全县有小学 159 所，在校小学生 19092 人，适龄儿童入学率 96.6%，年巩固率 96.8%，毕业率 92.9%。1988 年，全县初级中学 15 所，在校中学生 4889 人。

1989年后，白沙县为提高普及小学教育成果，做好适龄儿童学工作，采取分片包干定点、深入发动、检查落实等措施，确保小学教育普及。与此同时，坚定不移地把德育教育放在学校工作的首位，认真贯彻《中共中央关于改革和加强中小学德育工作的通知》、国家教委制定的《中小学德育工作纲要》和《中小学生日常行为规范》精神，开展“五爱”（爱祖国、爱人民、爱劳动、爱科学、爱社会主义）教育，全县各级学校相继成立以党团支部、少先队、班主任、校长负责的德育工作领导机构。

1991年，白沙县开始实施九年义务教育，县一小、县二小和4个乡镇小学的五年制改为六年制，并成立学科教研会，探讨小学教学方法。1991年，全县有小学117所，教职工955人，在校小学生19499人，适龄儿童入学率98.5%，毕业率97%，巩固率和普及率分别达到98.5%和97%。1991年，全县有中等学校16所，其中，普通中学14所，职业中学2所，教职工470人，在校生5142人，初中毕业生升学率62.8%。在校初中生3952人。

1993年，白沙县在巩固提高初等教育的同时，对基础薄弱的初级中学，特别是偏僻乡镇的南开、青松、细水、阜龙、金波等初级中学加强领导。1995年，县教育局和县科学技术局合并，称为教育与科学技术局。合并后，县教育与科学技术局把基本普及九年义务教育当作教育工作的重中之重来抓。至同年年底，七坊、光雅、打安、狮球4个乡镇通过县评估验收，首批实现“普九”。1995年，全县在校小学生20958人，适龄儿童入学率98.8%，巩固率99%。1995年，全县在校初中生4529人，入学率85%。

1997年，白沙县召开近10年来规模最大的教育工作会议，县四套班子成员出席会议，会议号召全县上下团结一致，把“普九”工作抓扎抓实，在不断巩固提高七坊、邦溪、牙叉、白沙、光雅、元门、打安、狮球、荣邦乡镇的“普九”“扫盲”成果的基础上，抓好金波、青松、阜龙、细水、南开5个乡的普及工作。1998年，全县在校小学生18592人，适龄儿童入学率99.5%。1998年，全县在校初中生6956人，初中阶段入学率95.4%。

1999年，全县推行素质教育，由应试教育向素质教育转轨，并取消小学升初中考试，实行划片、附近、免试入学。白沙中学、民族中学、县一小对实施素质教育进行积极的探讨，取得一定的效果，使学生德、智、体、美诸方面全面发展。县教师进修学校、县一小、民族中学还办起美术培训班、管乐队和民族乐队，丰富中小学的课外文体娱乐活动。

1998年11月，海南省教育厅受省政府的委托，组织对白沙县“普九”工作进行评估验收，确认白沙县基本实现普及九年义务教育。同年9月，全县在校小学生18592人，适龄儿童入学率99.5%；在校初中生6956人，初中阶段入学率95.4%。

2001—2003年，白沙县进行中小学第一轮布局调整工作，全县中小学校总数从2001年初的123所，调整撤并到102所，全县中小学教育资源初步得到优化。2003年，白沙县再次通过海南省“两基”巩固提高年检复查，适龄儿童少年入学率分别达到99.7%和96.6%。2003年，全县在校小学生17064人，适龄儿童入学率99.7%。2003年，全县在校初中生6027人，初中阶段入学率96.6%。

2004—2008年，白沙县进行中小学第二轮布局调整工作，全县中小学校总数从102所调整到91所，进一步优化县中小学教育资源。2008年，全县在校小学生13822人，适龄儿童入学率99.8%。2008年，全县在校初中生7029人，初中阶段入学率98.1%。

2009年9月，白沙县农垦27所中小学校全部移交地方管理。移交的农场中小学校土地共575.09亩，移交人员638名，其中教师513名，职员和工勤人员125名。

2010年，白沙县结合第三轮中小学布局调整等工作，加快农村寄宿制中小学建设，不断改善中小学办学条件，逐步缩小城乡学校办学差距。同时，推进义务教育经费保障机制改革，贯彻落实有关文件精神，确保义务教育经费专项用于义务教育。同年9月，全县有完全小学38所，教学点26个；初级中学8所；九年一贯制学校12所，完全中学1所，中等职业学校1所。全县在校小学生15931人，适龄儿童入学率99.8%；在校初中生8334人，初中阶段毛入学率98.3%。2010年，全县“两免一补”资金共1621万元。

1988—2010年白沙县初中基本情况统计表

表15-1-1

年份	学校数（所）	毕业生数（人）	招生人数（人）	在校生数（人）	教职工数（人）
1988年	16	2216	2216	6959	808
1989年	16	2326	2326	6353	787
1990年	15	2192	2192	6321	761
1991年	17	2224	2224	6193	806
1992年	17	2108	2108	6008	818
1993年	20	2150	2150	5780	759
1994年	22	2394	2394	5977	645
1995年	22	2662	2662	6416	672

续表 15-1-1

年份	学校数（所）	毕业生数（人）	招生人数（人）	在校生数（人）	教职工数（人）
1996 年	22	2753	2753	6896	697
1997 年	23	3060	3060	7663	729
1998 年	23	3255	3255	8155	773
1999 年	23	2987	2987	8183	757
2000 年	23	2977	2977	7961	725
2001 年	23	3061	3061	7569	763
2002 年	23	3248	3248	8166	743
2003 年	23	3335	3335	8546	698
2004 年	24	3455	3455	8973	686
2005 年	24	3557	3557	9590	742
2006 年	22	3723	3723	10048	783
2007 年	22	3640	3640	10162	790
2008 年	22	3274	3274	9771	793
2009 年	20	2952	2952	9110	806
2010 年	19	2434	2434	8354	775

二、农场学校划归地方管理

2009 年，按照《海南省人民政府办公厅关于印发海南省农垦中小学移交地方管理实施方案》《海南省人民政府办公厅关于农垦中小学校教职工移交地方管理有关问题的通知》《白沙黎族自治县人民政府办公室关于印发白沙黎族自治县国有农场中小学校移交地方管理工作实施方案》的要求和相关政策规定，白沙全县移交农场中小学校土地 576.02 亩，价值 2544.7 万元，其中龙江农场学校 324.3 亩，邦溪农场学校 178.82 亩，白沙农场学校 72.9 亩。全县移交农场中小学财产 7858.8 万元（不含在建工程 579.6 万元），其中，邦溪农场学校 2571.1 万元，白沙农场学校 1194.8 万元，龙江农场学校 4092.9 万元。

全县第一批移交农场中小学教职工 610 名，其中白沙农场 104 人，邦溪农场 157 人，龙江农场 349 人。第二批移交遗留教职工 28 名。2009 年秋季开学初，全县 27 所农场中小学全部移交地方管理。

2009 年白沙黎族自治县农场学校校名更改一览表

表 15-1-2

序号	原学校名称	更　名
1	牙叉农场学校	牙叉实验学校
2	白沙农场学校	白沙学校
3	卫星农场学校	卫星学校
4	金波农场学校	金波实验学校
5	龙江农场中学	龙江中学
6	龙江农场小学	龙江小学
7	邦溪农场学校	邦溪实验学校
8	芙蓉田农场学校	芙蓉田学校
9	大岭农场学校	大岭学校

第五节　高中教育

1988 年，白沙全县普通高中学校 10 所，职业高中学校 1 所，高中阶段受教育学生 2147 人。1994 年，乡镇高中撤销，只保留白沙中学。1994 年，白沙县委、县政府决定每年由县财政出资 10.5 万元，在白沙中学创办少数民族高中寄宿班，每年招生 50 人，从而在白沙县教育系统形成小学（白沙工小）、初中（白沙民族中学）、高中（白沙中学）一条龙培养少数民族人才的格局。2000 年，牙叉职业中学撤并，保留七坊职业中学。白沙县为了扩大高中阶段的发展规模，逐年提高高中教育入学率，在县委、县政府的号召下，加大白沙中学的办学规模，逐步加大力度发展教育。2010 年，白沙中学在校高中生 2358 人。

1988—2010 年，高中都是 3 年制，实行文理分科。2004 年，白沙县高中开始新课改，新课改最大的变化之一是实行学分制。新的高中课程最核心的转变，是从应试教育向素质教育转变。

1988—2010 年白沙黎族自治县高中教育基本情况表（含农垦）

表 15-1-3

年份	学校数（所）	毕业生数（人）	招生人数（人）	在校人数（人）	教职工数（人）
1988 年	11	513	938	2147	825

续表 15-1-3

年份	学校数（所）	毕业生数（人）	招生人数（人）	在校人数（人）	教职工数（人）
1989 年	11	457	843	2024	815
1990 年	13	401	787	2047	805
1991 年	10	392	738	1908	861
1992 年	10	506	583	1611	845
1993 年	6	470	444	1371	805
1994 年	3	350	359	950	694
1995 年	3	260	321	858	731
1996 年	3	285	277	710	757
1997 年	3	276	229	632	785
1998 年	3	169	263	596	827
1999 年	3	136	397	744	795
2000 年	3	141	361	848	763
2001 年	3	194	420	975	781
2002 年	3	250	471	1133	757
2003 年	2	300	321	1102	710
2004 年	2	345	396	1129	701
2005 年	2	349	684	1389	757
2006 年	2	365	757	1743	804
2007 年	2	451	913	2058	812
2008 年	2	599	804	2270	820
2009 年	2	781	904	2365	833
2010 年	2	796	830	2358	802

第六节　职业教育与成人教育

一、职业教育

1988 年白沙县教育改革后，对大量不能进入高一的初中生和高三成绩较一般的学生进行职业教育，形成初中的初三试办“分岔班”或“3+1 班”，即读完初三再进行一年职业技术教育；高中举办高三“分岔班”，即从高中三年级开始，把学习成绩好的编在一个班，进行常规教学，迎接高考，对其余的学生则进行职业教育，传授生产知识，训练劳动技能。这一教育改革举措，使大量初中生、高中生毕业后即能迅速进入社会，参加社会建设，对当地经济发展起到促进作用。

1989 年，七坊职业中学把教育、生产、服务一条龙运用在教学中，校办的肉鸡饲养项目获得成功。1990 年，白沙县职业学校课程的设置除了原开设的作物栽培、动物饲养、家用电器外，增设果林、牧医、土木和家庭综合经营专业。1991 年，白沙县政府把“牙叉初级中学”改为“牙叉职业中学”，扩大招生规模，增加实用专业课程设置。1993 年 12 月，海南省教育厅在白沙县召开全省养蜂经验交流会，总结和推广白沙县职业教育的成功经验。1997 年秋，为适应教育发展的新需要，经海南省教育厅批准，七坊职业中学初中部复名为七坊中学，七坊职业中学高中部改制为白沙黎族自治县中等职业技术学校。2003 年 11 月，牙叉职业中学停止办学，与县民族中学合并。

2005 年 8 月，县中等职业技术学校采取“1+2”（1 是指县中等职业技术学校，2 是指海口市旅游职业技术学校、海南省机电工程学校）模式与海口市旅游职业技术学校、海南省机电工程学校进行联合办学，开设酒店服务与管理、中餐烹饪、汽车运用与维修和电工电子等专业。2006 年 5 月，县中等职业技术学校与广州市化工中等技术学校采取“1+2”（1 是指县中等职业技术学校，2 是指海口市旅游职业技术学校、海南省机电工程学校）模式进行联合办学，开设精细化工和分析化工专业。2006 年 8 月，县中等职业技术学校与海南省工业学校进行联合办学，开设汽车运用与维修、计算机应用和数控专业。2007 年 7 月，省政府在白沙县中等职业技术学校建立海南省残疾人农村实用技术白沙培训基地，对全省农村有一定自理能力的残疾人进行农业生产技能培训，举办三期培训班，共培训学员 300 名。2008 年 8 月，为加强白沙县医护专业人才的培养力度，县中等职业技术学校与海南省第二卫生学校采取“0.5+2.5”［初三最后一学期（0.5）学生在合作中学就读，主要开设中职文化基础课程，教学过程由合作办学的试点中学组织实施，白沙职业中学定期指派人员到合作学校指导教学工作。学生初中毕业后，学校可对试点班的学生发放初中毕业证。从第二学期起直到中职毕业（即 2.5）学生转到白沙职业中学就读，主要进行专业课程的学习。学生毕业实习与就业由白沙职业中学负责，中专毕业证由白沙职业中学发放］的模式进行联合办学，开设护理、农村医学、药剂和助产专业。2009 年 8 月，为提升白沙县农村干部服务“三农”的能力，县中等职业技术学校和海南省农业学校采取“1+2”模式进行联合办学，举办村干部班，开设农村经济管理、观光农业经营和园林技术等专业。首期村干部班招收三年制村干部班学生 187 名。

2010年，县中等职业技术学校校园占地面积4.4公顷，建筑面积12465平方米。设有模拟酒店、电脑实训室、绿色网吧、电子电工实训室、机械制图实训室、餐饮实训室、客房实训室、汽车发动机实训室、汽车整车实训室、钳工实训室、电焊实训室、中餐烹饪实训室、土壤测土配方实训室、植保实训室等。在充分调查研究的基础上，学校把黎族传统技艺黎锦的制作，竹竿舞、泥片制陶等乡土文化作为特色校本课程开进课堂，真正实现白沙职业教育宽领域、多层次的办学模式。

二、成人教育

1988年，白沙县办起14间乡镇农民文化技术学校和2个村农民文化技术学校，利用三级农民教育阵地，在农村广泛开展文化教育和实用技术培训。为了适应全县开展职业技术教育，白沙县成人教育中心还组织编写种植、养殖等农村实用技术乡土教材，供全县进行技术培训使用。1989—2005年，在农民中举办各种培训班3112期，受训农民23万人次。在扫盲工作中，为了发挥全日制学校的作用，白沙县实行“日校带夜校，一长管两校，一师任两教”的方法，全县每个行政村都有兼职教师直接承担扫盲任务。

1991年，全县总人口106104人，12～40周岁青壮年人数45273，文盲半文盲人数1887人，青壮年非文盲率达95.8%，同年扫除文盲479人。1993年，全县文盲、半文盲452个青壮年已脱盲，半文盲从3.1%下降到2.1%。1995年，全县15～45周岁的青壮年52636人，文盲、半文盲597人，文盲率1.2%，非文盲率达98.8%。

1998年，全县共建立乡镇农民文化技术学校15所，村级农民文化技术学校74所，各级文化技术学校举办短期培训班135次，参加培训人员近16634人次。全县仅剩余154个文盲，非文盲率达到99.7%，基本实现国家规定的扫除青壮年文盲目标。

2008年，成人高考报名人数337人，其中专科127人，本科210人。2009年，成人高考报名人数309人，其中专科191人，本科118人。2010年，成人高考报名人数234人，其中专科94人，本科140人。

第七节　社会办学

1988—2003年，白沙县没有民办学校。2003年《中华人民共和国民办教育促进法》颁布实施后，白沙县社会办学得到发展，至 2005年全县已有私立幼儿园10所。至2010年底，白沙全县经教育行政部门审批的民办学校和幼儿园共25所，其中民办学校2所，即白沙实验学校和白沙海之南实验学校，民办幼儿园共23所。

一、白沙实验学校

白沙实验学校是2004年由海南省少儿教育学会会同海之南教育集团创办的一所九年一贯制寄宿学校。学校坐落在白沙县牙叉镇牙叉东路（原白沙陶瓷厂内），学校占地面积41000平方米，校舍面积5800平方米，其中教学用房2300平方米，教辅用房300平方米，生活用房3200平方米，绿化面积8600平方米。学校累计总投资350多万元，教学设施齐全，有专用的电脑教室，多媒体报告厅，电视录像播放室，物理教室，化学教室，音乐教室，风雨体育室，3个篮球场，1个足球场，2个排球场，2个羽毛球场等。

白沙实验学校创办以来，办学规模不断扩大，管理规范，教学质量逐年提高。2004年，学校在校生276人，其中学前班21人，小学159人，初中96人。2010年，学校在校生909人，其中学前班73人，小学493人，初中343人。学校拥有一支思想素质高，业务能力硬，敬业精神强的教工队伍。有专任教师52人，行政人员2人，后勤员工34人。教师中具有本科学历的21人，专科学历的25人；具有高级职称的5人，中级职称的12人，初级职称的29人。教师先后有7人被县教育局评为“优秀教研工作者”。

白沙实验学校坚持质量立校，严格执行课程计划，开齐课程，上足课时；运用新理念，课内求达标，课外求发展，坚持以提高教学质量为目标的可持续发展观；严格执行课表，作息时间表，师生值日表；严格教学过程管理，坚持教学常规周查和月查，坚持周周清检测、单元考、月考、期中、期末考试制度；重视学生体质素养，坚持“三操”（早操、课间操、眼保健操）、“两课”（体育课、活动课）、“一评价”（学生体育评价）；重视学生艺术能力培养，以美育智，育德，育才；坚持学生劳动教养，狠抓自我服务劳动，公益劳动兴趣培养。

白沙实验学校办学以来，历届六年级学生参加全县小学毕业班能力测试团体总分保持前三名；历届中小学毕业班考试成绩均列全县前茅；各年级期中、期末各科成绩（均分、及格率、优秀率）均居全县前列。学校毕业生考取海南中学8人，考取海南华侨中学3人，考取国兴中学7人，考取海师附中2人，考取农垦中学6人，考取嘉积中学5人，其他省级重点中学130余人，中招高中录取率达80%以上。学校学生参加全国初中英语、数学、物理、化学能力竞赛，获一等奖3人次，获二等奖8人次，获三等奖27人次；参加省、县举办的各类竞赛活动，获省级奖19人次，获县级奖93人次。2007年、2009年，学校被县教育局评为“教研工作先进单位”。

二、白沙海之南实验学校

白沙海之南实验学校是2010年由海南省少儿教育学会会同海之南教育集团创办的一

所以英语教学为特色寄宿制学校。学校坐落于邦溪镇，占地面积16500平方米，校舍使用面积3800平方米，其中教学面积1200平方米，教辅用房800平方米，生活用房1800平方米，绿化面积1345平方米。学校拥有独立的电脑室，美术室，音乐室和中文图书阅览室，教室配备独立的音响系统网络，多媒体教学设施。学校室外活动场地约6730平方米，其中拥有标准篮球场1个，羽毛球场2个，大型组合玩具1座，塑胶活动场地1000平方米，舞蹈训练场1100平方米。教室和宿舍皆安装空调，宿舍带有独立的卫生间。学校开通校园局域网，实现全校数字化办公；安装独立的监控报警系统，实现与公安系统的联防联动。

2010年，白沙海之南实验学校现有专任教师18人，行政人员5人，后勤员工13人。教师中具有本科学历的7人，专科学历的11人；具有高级职称的3人，中级职称的8人，初级职称的7人。学校有学生207人，其中学前班21人，小学186人。

第八节　教师队伍

一、教师结构

1988年，白沙县小学教师学历达标率41.3%，初中教师学历达标率43.9%。全年有10人被评为中学高级教师，125人被评为小学高级教师和中学一级教师。

2002年，白沙全县中小学教职工1785人，其中专任教师1505人。高中专任教师50人，其中本科学历34人，高中教师学历达标率68%；初中专任教师374人，其中专科以上学历338人，初中教师学历达标率90.4%，南叉中学、金波中学初中教师学历达标率100%；小学专任教师1081人，其中大专毕业121人，中师毕业940人，小学教师学历达标率98.1%。

2005年，白沙全县中小学教职工1424人，其中专任教师1324人（中学专任教师376人，小学专任教师948人），工勤人员100人。中学教师中具有本科学历的有104人，占27.7%；小学教师中具有中师以上学历的有945人，占99.7%。中小学教师中具有高级职称的有17人，占教师总数1.3%；具有中级职称的有385人，占教师总数29.1%；具有初级职称的有901人，占教师总数68.1%。

2006年，白沙全县教职工1422人，其中小学专任教师965人，初中专任教师352人，高中专任教师105人。小学教师学历达标率99.9%，初中教师学历达标率98%，高中教师学历达标率85%。高中教师中，高级职称的教师占23%，中级职称的教师占27%。

小学教师中，中级职称的教师占 41.3%。

2007 年，白沙全县教职工 1264 人，其中小学专任教师 841 人，初中专任教师 334 人，高中专任教师 89 人。小学教师学历达标率 99.8%，初中教师学历达标率 96.4%，高中教师学历达标率 87%。高中教师中，高级职称教师占 23%，中级职称占 36.8%。初中教师中，高级职称占 2.2%，中级职称占 27%。小学教师中，中级职称占 41.3%。

2008 年，全县小学教师学历达标率 99.8%，初中教师学历达标率 96.4%，高中教师学历达标率 87%。高中教师中高级职称的教师占 23%，中级职称的占 36.8%；初中教师中，高级职称的占 2.2%，中级职称的占 27%；小学教师中级职称的占 41.3%。

2009 年，全县有教职工 1400 人，其中小学专任教师 977 人，中学专任教师 334 人，高中专任教师 89 人。小学教师学历达标率 99.8%，初中教师学历达标率 96.4%，高中教师学历达标率 87%。高中教师中高级职称的教师占 23%，中级职称的占 36.8%；初中教师中，高级职称的占 2.2%，中级职称的占 27%；小学教师中级职称占 41.3%。

2010 年，全县中师以上学历的小学教师 1514 人，占小学专任教师的 99.2%；初中教师大专以上学历 431 人，占初中专任教师的 97.4%；高中教师本科率 100%。全县特级教师 1 人，高级教师 77 人，中级教师 1028 人，初级教师 781 人，未评职称 282 人。

二、人事管理及教师招聘

1988 年，白沙县深化教育管理体制改革，下放三权，全县 14 个乡（镇）都成立教育管理委员会。在县职改办的指导下，开展首批教师职务评定工作，全县获得各级教师职务任职资格的教师有 793 人，其中有 10 人被评为中学高级教师，有 125 人被评为小学高级教师和中学一级教师。1988 年，白沙县利用海南建省的机遇，积极引进人才，充实教师队伍。同年共有大中专毕业生 39 人分配到白沙。1988 年至 1998 年，每年都有大中专学校毕业生分配到白沙县。

2002 年，县教育局制定出台《白沙黎族自治县教育系统股级干部任免和教师调配规定》，明确县教育局管理的权限，规定县民族中学、县一小、县二小、县进修学校副校长、县职业技术学校副校长、县机关幼儿园园长以及乡镇中学校长经教育局考查推荐，征求乡镇党委意见，报县委组织部审批任免；教育局股室股长以及各乡镇中学副校长、县机关幼儿园园长由教育局考察审批任免，报县委组织部备案。各学校（园）的中层干部（管理人员）和乡镇完全小学正副校长、教导主任，一般由学校（教育办）党组织推荐、考察、任免和管理，报教育局党委备案。新录用的中小学教师，必须由教育主管部门按有关规定提出具体方案，报县编委审批后，由县政府分管领导牵头协调教育主管部门与人事部门共同实施，公开考试，择优录用，教育主管部门按有关规定和程序办理手续。县直属中小学校因缺编需要调配教师，必须在全县教师队伍中公开选聘，由县教育局组织评审委员会，经过调教或试教并进行考核，教育局在征求县政府分管领导意见后讨论确定人选，报县人劳局、编办核编后，教育主管部门才办理调动手续。其他各中小学教师的调配，原则上由县教育局负责。调配前，须征求分管县领导意见，报县编办核编后方可调配。

2004年，白沙县深化人事制度改革，加强教师队伍建设。县城中小学校长全部实行公开选拔，竞争上岗。以县民族中学作为实施中小学教师竞争上岗制度的突破口，进行教师全员竞争上岗，并完成民族中学15名教师的分流工作。经县政府常务会议讨论同意，面向全省公开招聘10名高中教师。

2005年，经县政府同意，县教育局制订教师招聘的实施细则，按公平、公开、公正的原则组织招聘工作。经过报名、资格审查、文化考试、说课、考核、综合评价等环节，招聘录用74名中小学教师。新招聘的教师经过岗前培训后，全部分配到乡镇农村学校，充实农村教师队伍。

2006年，县教育局按公开、公平、公正，择优录用的原则，组织招聘9名普通高中教师和3名职业高中教师。在全县中学教师队伍中实行公开竞岗，选聘13名教师到民族中学和6名教师到白沙中学任教，确保民中、县中教师的质量和数量。

2007年，县教育局配合省教育厅做好白沙县特色岗位教师的招聘工作，组织有关人员参加海南师范大学和琼州学院召开的毕业生就业推荐会，招聘31名优秀毕业生。按照“公开、公平、公正”的原则招聘8名教师，为白沙县教师队伍充实新的教学力量。

2008年，县教育局制定《白沙黎族自治县公开招聘高中教师工作实施方案》和《白沙黎族自治县公开招聘中等职业技术学校教师工作实施方案》，联合纪检、人劳、财政、编办、公安等部门，通过宣传发动、公开报名和资格审查、体检、考试、成绩公示、录用、培训一系列环节，招聘13名普通高中教师、5名中等职业技术学校教师、29名特岗教师。妥善处理白沙县中等师范学校部分师范类毕业生遗留问题。同年，县教育局制定《白沙黎族自治县妥善处理师范类毕业生遗留问题的方案》《白沙黎族自治县公开招聘小学教师工作实施细则》《白沙黎族自治县公开招聘小学教师工作实施方案》，根据方案和细则内容，招聘127名符合条件的毕业生，新教师参加岗前培训后，全部分配到农村学校任教师。

2009年，根据办学规模配足教职工编制，县教育局制定《白沙思源实验学校教职工定岗聘用方案》和《招聘白沙思源实验学校“学科带头人”工作方案》，并严格组织实施，为白沙思源实验学校配备教职工共 122 人，其中专任教师 119 人，职工 3 人，协助省教育厅招聘白沙思源学校校长。此外，县教育局按照县政府批复的《解决师范类毕业生遗留的方案》及方案的补充通知精神，通过考试录用 96 名新教师，全部分配到各个乡村小学，充实农村小学教师队伍。同年，全县 27 所农场中小学全部移交地方管理，638 名教职工归口县教育局管理。

2010 年，县教育局依据县城各学校的岗位需求，本着公开、公正、公平的原则，通过全程监督、资格审查、竞聘择优的形式共调整 31 名教师充实到白沙中学、民族中学、白沙思源实验学、县一小校，优化县城中小学教师队伍；根据全县各乡镇农村中小学的实际需求，共招聘特色岗位教师 29 人，充实各乡镇中小学校教师队伍。

第九节　教育经费与培训科研

一、教育经费

1988 年以后，白沙县进一步加大对教育的经费投入。1991 年，白沙县投入教育经费 677.6 万元，1992 年白沙全县教育经费投资 751.7 万元。1997—1999 年，白沙县教育事业费占地方财政支出的比例均在 20%以上。

2005 年，白沙县各类教育投入 5415 万元，其中国家、省财政性教育经费 4984 万元，其他教育经费 431 万元。各类教育总支出 4759 万元，其中预算内教育经费支出 4393 万元。县政府从财政预算中安排 26 万元，资助小学、初中、高中贫困寄宿生。2005 年，白沙县开始实行“两免一补”政策，全县 16573 名小学生和 6659 名初中生免除学杂费入学；有 14059 名小学生享受免费提供教科书，占在校小学生人数的 84.1%，有 4441 名初中生享受免费提供教科书，占在校初中生人数的 72.2%；县教育基金会安排 120900 元，资助贫困大学生。2008 年，全县教育总投入 7205.7 万元，其中国家财政性教育经费 6499.9 万元（含预算内教育经费 6340.5 万元，各级政府税收用于教育的税费 139.4 万元，校办产业、勤工俭学和社会服务收用于教育的经费 20 万元），社会捐集资办学经费 350.6 万元，事业收入 335.2 万元（含学杂费 158.8 万元），其他收入 38 万元。

2010 年，白沙全县教育资金总投入 15197 万元，其中国家财政教育经费资金 13085 万元（含预算内教育经费 13045 万元，各级政府税收用于教育的税费 34 万元，校办企业、勤工俭学和社会服务收入用于教育的经费 6 万元），社会捐、集资办学经费 83 万元，事业收入 373 万元（含学杂费 276 万元），其他收入 28 万元。

二、培训科研

1988 年以后，白沙县进一步加强教师脱产进修、岗位培训工作。教师队伍中部分是民师和代课老师转正过来的，白沙县教育局采取多种措施，鼓励他们继续深造，提高自身知识水平和教育水平。1989 年，有 62 人参加函授、脱产进修。

白沙县有教师进修学校一所，20 世纪 90 年代以后，县教师进修学校一般以短期培训为主，一年开办 3 ~ 5 期，培训对象是全县小学教师，采取灵活多样的在岗培训方式，通过开办全县小学校长培训班、一级教师晋级培训班，青年教师教学基本功培训班等，切实开展在职教师的补偿教育。

1999—2000 年，有约 40%的教师接受过电脑培训，同时小学教师基本功全员培训全部结束。2000 年，中小学校长接受岗位培训并获得合格证书的占 96%以上。2002 年，白沙县举办骨干教师培训班，组织教研员深入邦溪、七坊、牙叉、元门、县中、一小、二小等学校听课、上示范课，组织教师 100 人到儋州、海口、三亚听课学习，通过多种渠道和形式，提高教师的业务水平。

2004 年，邀请省课改专家 40 人到对全县中小学教师进行基础教育课程改革培训；组织部分校长、教师和局领导干部到北京、广西、安徽、江苏培训，选派两名中学骨干教师和两名小学骨干教师到山东、济南和上海跟班学习；安排教研室 3 人到先进省份考察学习；安排 2 人随省政府和教育厅的考察团到日本和西欧七国考察职业教育和国情教育。从 2004 年开始，白沙县义务教育阶段起始年级进入基础教育课程改革实验，县教育局制定《白沙黎族自治县中小学校教学常规管理实施方案》。县教育局组织人员深入学校开展课题研究，抓好教师基本功训练，制定训练计划，明确训练措施，使教师整体素质逐步提高，小学教师基本功顺利通过省级的评估验收，中学的“三笔一画”（粉笔、钢笔、毛笔，简笔画）训练经考查，大多数教师符合要求。2004 年，白沙县小学数学课题研究“主体性教学对数学能力培养的促进作用”获省教育厅的充分肯定；省小学数学教学课题研究现场会在白沙县举办；县一小教师韩伯卿代表海南省参加“全国八省区小学教学优质课评比”获一等奖，这是白沙县教师参加全国性比赛首次获得大奖；县一小教师符秀美参加全省优质课比赛获得一等奖。2004 年，白沙县中小学生参加全国及全省各科各类学艺比赛，获一等奖的 11 人，二等奖的 47 人，三等奖的 36 人；参加全省第十二届中学生田径运动会，获总分第八名，这是历届最好的成绩，并获体育道德风尚奖；学生参加全省中小学生歌手比赛和舞蹈比赛获得 1 个一等奖，3 个二等奖和 2 个三等奖。

2005年，县教育局加大对教师的培训力度，培训工作以抓骨干、抓学科带头人为主，以点带面。一是学习外地先进的教学经验，组织部分教师和教研员到广东、安徽、山东、河南、上海等地考察学习；二是组织小学语文、数学学科带头人到海口拜师学习，学习先进的课改经验，科学的班级管理，良好的教学方法；三是认真抓好毕业班的教学管理和复习备考工作；四是教研室组织精干力量，编写中小学部分科目课堂同步练习，加强巩固提高训练，促进教学质量提高；五是组织中小学教师参加各级各类比赛，比赛的项目有优质课评比、论文比赛、教学设计、教学案例、美术书法比赛、说课比赛等，以赛代训，提高教师专业水平。2005年，白沙县教师获国家级一等奖1人，二等奖1 人，省级一等奖7人，二等奖20人，三等奖28人，县级一等奖46人，二等奖68人，三等奖92人；中小学生的学艺竞赛取得一等奖9人，二等奖29人，三等奖4人。

2006年，根据省有关部门要求，白沙县各乡镇均成立中心校教研室，加强对各校教研室的领导和管理，制定《教研室工作职责》《教研室主任工作职责》《教研员工作职责》，明确教研工作的要点和职责，充分发挥各学校教研室的职能作用。为了缩小乡镇和乡镇之间，学校和学校之间的差距，确定对基础比较薄弱的乡镇学校进行帮扶，开展一系列的帮扶活动，如送教下乡，请被帮扶学校的老师到帮扶学校跟班学习，帮助被帮扶学校教师的专业成长。同时，组织开展一对一的结对子活动，各结对子学校都开展形式多样内容丰富的教研活动，如开展优质课评比活动、专题讲座等等。县教育局还选派各学科的骨干教师和学科带头共有200多人次到五指山和海口等地进行跟班培训学习。同年，有750人次参加基础教育课程教师培训。这一系列的教研活动，对提高白沙县的教育教学质量起到积极的推动作用。2006年，白沙县中小学教师和学生参加各级各类比赛活动，教师获国家级一等奖1人次，二等奖1人次，三等奖1人次，省级一等奖18人次，二等奖33人次，三等奖58人次；学生学艺竞赛获一等奖63人次，二等奖58人次，三等奖97人次。

2007年，全县各中小学校因地制宜，以校为本，开展形式多样，内容丰富的研训活动。县二小利用假期安排老师完成“三三一”（观看三个名师课堂教学课例，写三篇看课心得，读一本教育名家名著）的学习任务，开学初在校内进行教师的理论学习和专题讲座，提高教师思想认识和理论水平；县一小落实教学常规管理新、高、细、严、实，积极开展各种形式的教研活动，促使教师人人参与教研活动，达到共同提高目的；牙叉中心校每学期开展全镇的教学视导活动；七坊中心校举行执教新课程教师人人都上研讨课的活动，增强教师研究意识，提高专业化水平；元门乡开展利用远程教育资源进行辅助教学的优质课评比活动；白沙中学、县一小开展以教师为本，以提高教师专业化水平为目的的“师带徒工程”活动，充分发挥骨干教师和学科带头人的作用。同年，全县中小学校长、副校长、教导主任参加德育教育、教育教学管理、计算机的应用与管理维护等培训。同年，举办3期中小学教师信息技术教育设备培训班，培训120人；对全县105名中小学校长、副校长、教导主任进行学校教育教学管理培训。同年，白沙县教师参加各级各类比赛，获国家级一等奖5人次，二等奖8人次，三等奖20人次，省级一等奖9人次，二等奖30人次，三等奖40人次；学生参加学艺竞赛获一等奖13人次，二等奖16人次，三等奖20人次。

2008年，县教育局教研员深入课堂了解教学情况，广泛听取教师和学生的意见，和师生们一起共同研究，解决教学中的实际问题。组织中学语文、数学、英语、体育等学科的优质课评比和说课活动。说课活动对参赛教师提出更高的要求，要求每一位参赛教师制作课件，运用多媒体授课。通过比赛，促使教师们加强学习，熟练运用多媒体授课。各学校都十分重视年轻教师的培养工作，充分发挥老教师的作用，让富有教学经验的老教师做好“传、帮、带”工作，使年轻教师迅速成长起来。白沙中学实施的“青蓝工程”效果十分显著，规定年轻教师拜一位教学经验丰富的老师为师，年轻教师每周至少听指导老师1节课，每学期听课次数不少于20节，并邀请指导老师听课和指导。指导老师指导年轻教师的教学工作，如备课、说课和上公开课等，使新教师尽快“站稳讲台”。同时开展“青年教师过关课”活动，让青年教师参与学艺竞赛，提高教学能力。七坊中学坚持“青年教师导师制”，制定青年教师培养目标，“三年成为学校骨干、五年成为县级骨干”。民族中学选派年轻教师到海口、三亚等地考察学习，提高业务水平。2008年，白沙县大部分学校都配置电脑室，多媒体教室，能够充分利用网络优质教育资源，为教育教学服务。白沙中学建立校园网，电子备课室，电子阅览室等现代化教学设施。民族中学充分开发、有效利用教学资源，学校建成“教学资料库”， 教师利用现有条件学习网页制作和计算机技术及课件制作。七坊中学充分利用现代信息教育技术，创建学校网站，充实教研活动。开设教育信息、校园快讯、教学成果展等栏目，促进学校教育教研手段现代化。其他学校也不同程度地使用网络，共享优质教育资源，提高教育教学质量。

2009年，农场学校移交地方管理，给白沙教育注入新的活力。县教育局立足课堂，开展提高课堂教学效率的研究。全县各中小学都认真研究课堂教学，学习先进的教学经验，把外地先进教学理念引入课堂，结合本校的实际，进行课堂教学改革实验。白沙中学的“三位一体”课堂教学改革实验在全校全面实施。白沙实验学校学习杜郎口“三三六”自主学习模式，取得良好的课堂教学效果。同年，县教育局组织教师参加海南省和山东省共同举办普通高中教师新课程远程研修活动，教师学习认真，按时、按质、按量完成研修任务，得到海南省课改办的表彰。其中，1 名被评为优秀指导指教师，3 名被评为明星学员，有 13 名教师被评为优秀学员。2009 年，白沙中学教师刘世林参加全国中小学英语教师基本功大赛获一等奖。同年，邀请 2 名骨干教师到白沙县，为骨干教师上示范交流课，共 256 人参加培训；并组织白沙的 5 名省级骨干教师到河南考察观摩学习。

2010 年，白沙县各学校组织和参与校本课程的研究与开发，取得一定的成果。县一小、元门中心校、龙江中心校等分别组织编写《快乐英语》《快乐体育》《我的家乡——莺歌岭》《安全伴我行，平安走一生》等高质量的校本教材，并正式使用。2010 年，白沙县组织普通高中全体教师和初中部分学科骨干教师参加新课程远程研修，其中 4 名老师被评为优秀指导教师，5 名老师被评为明星学员，13 名老师被评为优秀学员。

第十节　教育督导

2004 年，白沙黎族自治县人民政府教育督导室成立。同年，白沙县中小学办学水平督导评估领导小组对县城中小学及牙叉、七方镇所有完小以上学校（35 所）开展办学水平评估，被认定规范学校的有 3 所，被认定为合格学校的有 8 所。2005 年，组织有关部门的精干力量对牙叉、七坊、青松等 7 个乡镇的 25 所学校开展“两基”巩固提高年检查督导评估，并对邦溪、打安等 4 个乡镇的 11 所中小学校进行办学水平督导评估。

2007 年，对青松、南开等 10 所中小学办学水平开展评估。会同物价、人大等部门组织开展中小学收费督导检查。2007 年，配合有关部门进行收费专项督导检查，扼制中小学乱收费，规范中小学收费行为；组织对县中、民中、一小、七坊中学、七坊中心校、金波中心校等办学水平等级评估。

2008 年，对白沙中学、县民族中学、县一小、县二小、七坊中学、七坊镇中心学校创建县级规范化学校进行督导评估，并授予这 6 所学校“县级规范化学校”称号。

2009 年，对邦溪初级中学、打安中学、阜龙中心校、元门中学、元门中心学校、育新中学、牙叉镇中心学校创建县级规范化学校进行督导评估，并授予这 7 所学校“县级规范化学校”称号。同年，会同县纪委、物价、审计部门深入各学校督导检查收费情况，规范学校收费行为；贯彻落实县委关于清理“小金库”精神。

2010 年，对龙江中学、牙叉实验学校、金波实验学校、荣邦乡中心学校、细水乡中心学校创建县级规范化学校进行督导评估，并授予这 5 所学校“县级规范化学校”称号。

第二章 科 技

第一节 机构 队伍

一、机构

1981年，白沙县科学技术委员会成立。1995年，白沙黎族自治县科学技术委员会与县教育局合并，成立白沙黎族自治县教育与科学技术局，设立科技股。1995年11月，白沙黎族自治县农业局更名为白沙黎族自治县农业技术推广服务中心（挂科技管理服务中心牌子）。2005年5月，县农业技术推广服务中心改名为白沙黎族自治县科学信息和农业技术局，负责管理全县农业技术推广以及科学技术和知识产权工作，内设办公室、科技管理岗、农业技术推广岗、植保岗和土肥岗。2005年，县科技局编制13人，设局长1名，副局长2名。2006年5月，白沙黎族自治县农业技术学校撤销，其职能、正式人员和3个编制划归县科技局。

1981年1月，白沙县科学技术协会成立，与县科委合署办公，实行一套人员、两块牌子体制。1986年1月，县科协与县科委分开，独立建制，成为一个群众团体。2002年3月机构改革，县科协保持不变，内设办公室、普及学会股、农村科技服务中心股，参照公务员管理编制5名，工勤人员1名，设正副主席各1名；负责全县科学技术普及、青少年科技辅导、反映和维护科技工作者合法权益和全县各类学会、科普协会的领导与组织协调工作。

1961年，白沙县农业科学研究所成立。1999年机构改革时，县农科所机构保留，成为自筹资金事业单位。2010年，经县政府审核机构编制调整批准，县农科所设有编制3人，承担全县种植业的研究和开发任务。县科技局、农机服务中心、畜牧兽医局分别负责种植、农机、畜牧的技术推广任务。2004年4月，县科技局根据海南省科技厅和县委、县政府关于科技创新的精神，建立新型的私营技术推广机构——白沙县农业科技“110”。县科技局设立农业科技“110”指挥中心。2007年5月，牙叉镇、七坊镇和邦溪镇设立3个农业科技“110”服务站，负担农业、畜牧等产业技术的推广任务。2008年，打安镇农业科技“110”服务站建立。2009年，白沙县建立9个服务站（其中农垦2个），完成农业科技“110”服务站覆盖全县11个乡镇。2010年，白沙县建立2个服务点。

二、科技队伍

至 1987 年底止，白沙全县被评为高级职称 9 名，中级职称 111 名、初级职称 1015 名。至 1997 年止，白沙县已培养出农村技术人员 1600 多人，其中已获得农民技术职称的有 936 人。2005 年，全县共有专业技术人员 1825 名，其中高级职称 37 名，中级职称 577 名、初级职称 1184 名。2010 年，白沙县事业单位专业技术人员共有 2384 名，其中高级职称 68 名，中级职称 1012 名，初级职称 1304 名；按技术类别分，其中农业技术人员 58 名，卫生技术人员 213 名，教学人员 2099 名，经济人员 1 名，会计人员 9 名，图书档案、文博人员 1 人，体育人员 3 名。

2005 年白沙黎族自治县各类技术人员分布表情况表

表 15-2-1　　单位：人

项目	职称				学历			
	高级	中级	初级	未聘	大学	大专	中专	高中以下
卫生技术人员	7	42	139	61	23	53	151	22
教学人员	30	526	738	111	149	610	637	9
农业技术人员	0	7	47	14	6	18	46	3
其他	0	1	260	6	0	8	94	1

第二节　科技管理

一、科技推广

1988 年，白沙县推广杂交水稻栽培技术，推广良种甘蔗栽培技术，推广良种橡胶栽培技术，推广良种木薯栽培技术，推广良种香蕉栽培技术，推广槟榔、益智、草豆蔻等栽培技术。

1993 年，白沙县推广旱育秧技术，1994 年开始推广水稻旱育秧稀植技术，同年即见成效，1997 年通过省农业专家现场验收。旱育秧稀植田亩产量比常规种植田平均高出 48.9%。这项技术成果推广后，全县中低产田得到大面积的改造，水稻生产的经济效益明显提高。1995—2000 年，白沙县开展“山地旱稻优良品种引进”“山区陆稻栽培技术示范推广”“中低产田技术改造”等稻作生产项目，并大面积推广，进一步提高稻作的生产技术。1995 年，白沙县推广塑料软盘育秧技术，1996 年又推广塑料软盘旱育秧技术。

1988年，白沙县推广杂交水稻品种（三系）："博优"和"特优"系列品种；2000年，又推广超级水稻品种（二系）："64S/E32"、"64S/39311"和"64S/559"。2001年，县农技中心等单位从湖南引进"培矮64S/E32"超级杂交水稻品种进行示范推广，先后在9个乡镇设立9个示范区，晚造种植超级杂交水稻面积2500亩，平均亩产407.6千克，最高单产633千克，达到预期经济技术指标。2003年，县农技中心引进常规水稻新品种"奇特占28号"，试种获得成功。2004—2006年，县科技局承担"海南优质超级稻示范推广"项目，推广"P88S/0389"超级杂交水稻面积3400亩。

1988年，县农业局引进推广甘蔗"新台糖10、12、20、22"品种。1998年后，又推广"粤糖93-168""粤糖93-159""新台糖22""新台糖25""新台糖27"等甘蔗品种；2009年，推广甘蔗"粤糖95168号"和脱毒健康种苗"新台糖22号"品种。1988年，白沙县推广木薯马来红（面包木薯）"华南5、6、8号"等品种。1995年，七坊镇与中国热带农业科学院合作，在孔八村建立优良木薯新品种繁育基地，引进"华南5号""华南6号""华南8号"等31个品种进行试验推广，获得成功。

1988年，白沙县推广橡胶"RRIM600号"、"PR107号"和"热研7-33-97号"等品种。1989年，引进耐风高产橡胶新品种"热研88-13""7-33-97"等，并大面积推广。在割胶技术上也加以改进，从以往的"两天一刀"改为"四天一刀"。1996年，白沙县试验推广橡胶低频刺激割胶技术，此项技术有利于橡胶树皮的保护和胶水产量的提高，应用面积达7万多亩。

1988年推广香蕉"泰国蕉""巴西蕉""高脚顿地雷""皇帝蕉"等品种。1993年，白沙县从广东、广西等地引进优质水果品种，在光雅镇试种成功，其中龙眼新品种有"储良""石硖"等，荔枝新品种有"妃子笑""白腊"等。这些水果新品种后来逐步在其他乡镇普遍推广。从1994年开始，白沙县与中国热带农业科学院作物品种资源研究所合作，对17个木薯新品种做对比试验，并从中选出优良高产品种进行推广，促进白沙县木薯产业的发展。

1988年，白沙县推广槟榔（本地品种）及益智、草豆蔻等品种。1998年，推广平菇等品种。2009年，推广生姜"大种""小种"品种。2000年，推广笋用竹四季竹品种。2009年，推广笋用竹"四季竹"品种、"大叶麻竹"品种。

2001年，白沙县培养"白平1号"菌种，先后建立4个栽培料灭菌锅，引进高温型香菇、草菇、茶树菇等名优菌种。2002年4月，白沙县实施"山区食用菌种的研究及产业化开发”项目。2003 年 4 月，白沙县“优良笋用竹种苗繁育及产业化开发”项目被列入国家级星火计划。2005 年，白沙县“四季竹种苗繁育技术培训推广”被列入海南省科技厅重点科技计划项目，是海南省科技厅“十五”期间重点支持的科技扶贫项目。

2003 年，白沙县科协与中国热带农业科学研究院作物品种资源所合作，争取国务院扶贫办支持，把“海南省白沙县木薯优良新品种推广与农民增收技术”项目列入 2003 年海南省科技扶贫计划，通过成功实施该项目，加速“华南 5 号”良种木薯的推广，2003 年，“华南 5 号”占全县木薯种植面积 80%以上。

2006 年，白沙县制定县“十一五”科技发展规划，确定橡胶、甘蔗、木薯、农村生态养猪项目，白沙县农业科技“110”示范基地、“中国农村科技扶贫创新与长效机制探索项目”（简称“UNDP”）为重点建设项目，其中农村生态养猪项目 2008 年度通过海南省科技厅评审，成为星火科技计划项目。

2008 年 2 月，白沙县“海南农村生态养猪综合利用技术开发与示范”被列入国家科技部重点支持的国家级星火科技计划项目。2008 年，白沙县“热带山区优良生猪生产配套技术研究与示范”被列入海南省科技厅重点支持的科技扶贫项目（即星火项目）。项目总投入资金 222 万元完成种猪苗繁育场改造扩建 5000 平方米。2009 年 1 月，县科技局承担海南省星火产业项目“甘蔗高产栽培技术示范与推广”，项目示范推广甘蔗新品种“新台糖 22 号”“新台糖 25 号”“新台糖 28 号”“粤糖 93159 号”“粤糖 95168 号”等。

2009 年，白沙县推广笋用竹大叶麻竹栽培技术，推广生姜栽培技术，推广甘蔗脱毒健康种苗配套高产栽培技术。2010 年，白沙县制定县“十二五”科技发展规划，确定白沙县农业科技“110”技术市场、测土配方等项目为白沙县“十二五”科技重点建设项目。2010 年，白沙县创建凤凰山热带水果、橡胶综合管理、科学养猪、优良笋用竹种植、木薯选育种植技术、甜玉米栽培技术、甘蔗健康种苗生产等科技科普示范基地。

1988—2010 年，白沙县在全县 11 个乡镇实施施肥技术，组织专家和技术人员，采取面对面培训、设立配方信息公示牌、创建示范区等有效推广模式，深入农户与田间，广泛开展施肥技术指导，免费为农户提供技术服务。1988 年，推广杂交水稻、木薯、甘蔗、橡胶、香蕉、南药（草豆蔻、益智）等作物施肥技术。1999 年，推广龙眼、荔枝施肥技术。2000 年，推广笋用竹（四季竹、大叶麻竹）施肥技术。2009 年，推广生姜施肥技术。

2004—2010 年，县科技局建立 14 个农业科技“110”示范基地，示范推广生姜、益智、绿橙、养猪、反季节龙眼等高产栽培技术。

2004—2010 年白沙县农业科技“110”示范基地一览表

表 15-2-2　　　　单位：亩

名称	示 范 基 地	面积	建立年限
农业科技“110”牙叉服务站	四季竹科技示范基地	82	2005 年
	香蕉科技示范基地	90	2007 年
	牙叉镇东风养猪示范基地	200	2007 年
	甘蔗健康种苗（“新台糖 22 号”）及配套技术示范基	400	2008 年
农业科技“110”七坊服务站	反季节龙眼栽培技术示范基地	50	2007 年
	七坊镇巧牙绿橙示范基地	120	2007 年
	甘蔗健康种苗（“新台糖 22 号”）及配套技术示范基	150	2009 年
农业科技“110”邦溪服务站	幼龄胶地套种生姜高产栽培示范基地	100	2007 年
	南班田洋甘蔗脱毒健康种苗（“新台糖 22 号”）及配套技术示范基地	1000	2009 年
	水稻测土配方施肥示范基地	50	2009 年
农业科技“110”青松服务站	南药益智种植高效高产示范基地	200	2009 年
农业科技“110”阜龙服务站	甘蔗脱毒健康种苗及配套技术示范基地	75	2009 年
农业科技“110”细水服务站	龙村麻竹示范基地	21	2009 年
	河口村四季竹示范基地	120	2009 年

二、科技服务

1988—2010 年，白沙县每年由农业技术人员组成的农学、热作、植保等专业骨干，围绕新品种技术、橡胶、甘蔗、水稻栽培管理技术、农作物病虫害防治等方面，到各乡镇开展巡回咨询服务活动，累计接受咨询 2.2 万人次。

2005 年以后，白沙县每年 5 月初在全县开展科技活动月活动，以科技咨询、科技下乡、科技图片展等形式，传播科技知识；县农业技术骨干每年都到各乡镇开展杂交水稻高产栽培、病虫害防治、生姜技术指导等技术咨询服务和讲座，为农民解答有关栽培技术、管理技术问题；并在不同农事季节时间对种植户进行技术指导和咨询服务，传授栽培技术，至 2010 年止共接受咨询 8000 多人次。

白沙县从 1987 年开始有计划培养农民技术人员，至 2003 年止，先后评定 6 批，共颁发农民技术人员证书1324人，其中技师13人，助理农技师428人，农民技术员883人。2004年起，白沙县农民技术人员职称评定不再进行。

至2010年底止，白沙县已成立县果蔬协会、县糖业协会、县橡胶协会、县水产协会、县畜牧协会、县农机协会、县水稻协会等7个县级农村专业技术协会和七坊镇孔八村木薯协会等乡镇、村级农村专业技术协会，并加强对农技协的指导，充分发挥农技协作用，引导农民把农业生产转向专业化、组织化方向发展，不断提升农业生产技术水平和效率。县果蔬协会自成立至2010年，先后邀请省荔枝协会专家和本地生产能手开展23场次水果生产技术交流会。2009年9月，县果蔬协会被中国科协评为“科普惠农”兴村项目先进专业技术协会。

白沙县科协以开展实用技术培训为工作的一项重要内容，1988年以来，每年都举办各类科技培训班近百期，参加人数上万人次。2001—2010年，县科协共举办培训班1776期，培训人次达130000多人次，使一大批农民掌握1~2门技术。

1988年以来，白沙县科技局充分发挥各个学会的技术优势，通过乡镇科普网络组织，开展农作物栽培、反季节瓜菜栽培、橡胶和南药栽培等、测土配方施肥、植保等各种实用技术的培训，利用各种场所举办技术讲座和经验交流。1988—2010年，县科技局举办各种科技培训1541期，参加培训131520人次；举办技术讲座31次，参加讲座1700人次；举办经验交流16次，参加经验交流人员815人次。

1988—2010年白沙黎族自治县科技局组织农村实用技术培训一览表

表15-2-3

年度	技术培训		技术讲座		经验交流	
	期数（期）	人数（人）	次数（次）	参加人数（人）	次数（次）	人数（人）
1988年	30	2400	—	—	—	—
1989年	35	2800	—	—	—	—
1990年	36	2880	—	—	—	—
1991年	38	3040	—	—	—	—
1992年	42	3360	—	—	—	—
1993年	46	3680	—	—	—	—
1994年	49	3920	—	—	—	—
1995年	55	4400	—	—	—	—

续表 15-2-3

年度	技术培训		技术讲座		经验交流	
	期数（期）	人数（人）	次数（次）	参加人数（人）	次数（次）	人数（人）
1996 年	60	4800	—	—	—	—
1997 年	62	4960	—	—	—	—
1998 年	65	5200	—	—	—	—
1999 年	71	5680	—	—	—	—
2000 年	76	6080	—	—	—	—
2001 年	80	6400	—	—	—	—
2002 年	83	6640	—	—	—	—
2003 年	84	6720	2	160	—	—
2004 年	86	6880	2	180	—	—
2005 年	88	7040	3	190	—	—
2006 年	89	7120	4	210	—	—
2007 年	90	7200	4	230	—	—
2008 年	91	8920	5	240	5	255
2009 年	90	8900	6	240	6	300
2010 年	95	12500	5	250	5	260

2005 年，县科技局为了改变科技人才的专业性严重不足和城乡、执行机构分布比例结构不合理的现状，进一步提高科技人才队伍的质量，进行科技机制创新，采用科技与市场挂钩的激励机制和人才评价体系，引入科技部在全国推广的科技特派员制度。

2005—2010 年白沙黎族自治县科技特派员一览表

表 15-2-4　　单位：人

年 度	选派科特派	县级	乡镇
2006 年	12	10	2
2007 年	26	14	12
2008 年	35	20	15
2009 年	78	48	34
合计	151	92	63

县科技局将科技特派员工作与农业科技“110”紧密结合起来，以农业科技“110”服务站为科技特派员工作站，以农业科技“110”专家团、服务站技术人员、科技致富能人和农村乡土人才等作为科技特派员，以 UNDP 项目、国家星火计划项目和农业科技“110”示范基地等作为科技特派员创业基地，以促进农民增收为切入点，结合“老三样”、“新三样”等支柱产业形成科技特派员创业链。

2004—2010 年，县科技局多次开展农业科技“110”服务，共举办技术培训 252 期，参加培训 10467 次，科技咨询 63 次，咨询人数 3330 人次；印发《四季竹栽培与管理技术》《南药益智栽培与管理技术》《甘蔗高产栽培管理技术》《红火蚁识别与监控》《测土配方施肥实用技术》等宣传资料 8090 册；展出挂图 314 张；广播、电视宣传 163 次。

2004—2010 年白沙黎族自治县农业科技“110”服务情况一览表

表 15-2-5

年度	技术培训		科技咨询		印发资料（册）	展出图片（张）	广播、电视宣传（次）
	期数（期）	人数（人）	项数（项）	人数（人）			
2004 年	22	82	5	250	800	25	18
2005 年	23	85	7	350	1000	25	19
2006 年	33	1320	8	420	1100	50	18
2007 年	35	1350	8	430	1250	52	20
2008 年	46	2350	10	520	1280	52	28
2009 年	45	2400	12	610	1300	50	29
2010 年	48	2880	13	750	1360	60	31

三、科普活动

1988 年，白沙县成立科学技术普及推广领导小组，各乡镇相应成立科普领导小组，全县 74 个行政村和 479 个村民小组也分别建立科普小组，全县形成较为完整的科技普及推广网络。1986 年，白沙县共成立区级科普协会 14 个。1998 年，全县 15 个乡镇均有科普协会，75 个村委会建立科普小组。2005 年 6 月，县委、县政府印发《关于加强和完善乡镇科普协会组织建设的工作方案》，县科协周密部署、精心准备，深入各乡镇进行指导，协助做好乡镇科普协会的会员吸收登记、协会章程草案制定、科普协会新的领导班子选配以及协会成立大会筹备等，完成全县 11 个乡镇科普协会的充实、完善、加强和优化工作。

1990年，县科普领导小组组织科技人员编写《农村实用技术》教材，发行1.5万册。1996年，编写《橡胶栽培》等10种专业实用技术教材5万册。2003年4月，完成《白沙黎族自治县农村党员干部读本——农村实用新技术》的编辑印刷工作。2004年，县科协创新思路，在县电视台开设《农村科技》栏目，每周六周日晚上播出围绕农民群众急需掌握的农村实用技术专题节目，包括种植业、养殖业、农产品加工、农机使用和保养、沼气池建设等内容。《农村科技》栏目成为广大农民群众获取科技信息、学习实用技术的便利途径，丰富科普宣传的形式，为加快白沙县农村实用技术推广应用、提高农业科技含量起到促进作用。

1988年以来，县科协广泛、深入、长期地进行科普宣传，反对封建迷信，强化科技意识。针对白沙县历史、地理、文化、经济等因素造成的社会公众科技意识不强的状况，县科协采取有力举措，多渠道、多形式地开展以"学科学、用科学、反封建、破迷信"为主题的各种科普宣传活动。如在2003年"非典"疫情期间，县科协多次组织医疗科技人员深入乡村和学校，张贴防治"非典"科普图片，发放科普图书。同时组织县"非典"防治专业人员前往七坊中学、县民族中学、元门乡等，以讲座形式，介绍"非典"防治知识，讲解"非典"防治措施。这一系列活动，一定程度上坚定了群众依靠科学战胜疫情的信心，在维护社会正常秩序、安定人心方面起到应有作用。

2007年7月，县科协制定印发《全民科学素质工作实施方案》《全民科学素质领导小组工作规则》，并围绕实施科学素质纲要主题，立足实际，扎扎实实开展科普工作。

2008年1月，白沙县科普工作队成立，县委印发《关于成立白沙县科普工作队的通知》，聘请15名热心科普事业的专业技术人员、农业科研院校专家、农场割胶辅导员以及富有实践经验的农民能工巧匠，采取兼职形式组成科普工作队，深入农村，按农民的不同需求、不同时节、不同地域，采取技术培训、科技咨询、科技示范和科普宣传等多种形式，开展科普惠农服务。为改善科普设施，增强培训效果，县科协购置投影机、视展平台、音响等先进的移动多媒体教学设备。2004年，白沙县首家多媒体科技培训室建立，使科普培训生动活泼、形式多样，扩大培训效果。

2009年12月，县科协被中国科协科普活动中心评为"IV型科普大篷车试点单位"，获得一部设备先进，功能齐全的科普大篷车，这部车的投入使用，有利于科普宣传工作和科技推广培训。在引进试验推广新技术、新品种时，县科协采用"农民参与式"的方法开展科普试验推广工作，提高科技成果向现实生产力转化的速度。如在开展木薯优良品种试验示范种植时，县科协组织农民和农业生产第一线的技术员参与种植试验，取得良好效果。

1988 年以来，为了提高青少年科学素质，县科协每年都在县中学、县民族中学各举办 1 期初中毕业生农业科普知识讲座。每年组织农业技术人员分别深入各乡镇中学，给即将离校的初中毕业生讲授果树、蔬菜、水稻、甘蔗、木薯、橡胶等农作物栽培知识。2001 年 9 月，县科协开展青少年"科普小先生"演讲比赛活动，并在县一小、县中选出 3 名学生代表参加省"科普小先生"演讲比赛，获得小组第三名。2006 年 4 月，县科协与县中学、青松中小学合作，组队参加海南省青少年科技创新大赛，3 个参赛项目"海南长臂猿种群数量剧减的原因及保护对策初探""保护农乡的海南黑冠长臂猿""保护野蜂资源，维护生态平衡"都获得大赛一等奖，并被推荐参加全国青少年科技创新大赛，其中"海南长臂猿种群数量剧减的原因及保护对策初探"获取全国青少年科技创新大赛十佳。

1998 年 7 月，白沙县被中国科协定为全国首批"科普示范县"。2001 年，白沙县被中国科协评为"1998—2000 年度全国科普示范县"。2008 年 3 月，白沙县被中国科协评为"2008—2009 年度全国科普示范县"。

四、科技成果

1987—2002 年，全县获奖的科技成果主要有县牧工商公司"优良牧草引进推广"项目，获农业部科技进步三等奖；县农业局"木薯丰产技术"及县畜科所"快速养猪技术"，均获海南省和农业部农业丰收二等奖。2004 年，县科技局实施的国家、省级重点支持的科技星火项目"药用长春花规模化种植及产业化开发"，通过省科技厅专家组验收，获海南省科技成果转化奖三等奖。2008 年 2 月，白沙县实施的"海南龙眼高产栽培综合技术推广"项目，获得海南省科学技术奖一等奖。

2010 年，全县专利申请 1 项（其中无发明专利、实用新型专利、和外观设计专利），专利授权 3 项（其中无发明专利，实用新型 3 项，无外观设计）。至 2010 年 12 月 31 日止，白沙县专利申请总累计 41 项，专利授权总累计 63 项。

1988—2010 年白沙黎族自治县专利情况一览表

表 15-2-6　　单位：项

年度	专利申请数	发明专利申请数	授权专利数	授权发明专利数
1988 年	—	—	—	—
1989 年	—	—	—	—
1990 年	—	—	2	0

续表 15-2-6

年度	专利申请数	发明专利申请数	授权专利数	授权发明专利数
1991 年	—	—	—	—
1992 年	—	—	—	—
1993 年	—	—	—	—
1994 年	—	—	1	0
1995 年	—	—	1	0
1996 年	—	—	2	0
1997 年	—	—	3	0
1998 年	—	—	3	0
1999 年	—	—	5	0
2000 年	—	—	10	0
2001 年	—	—	2	0
2002 年	—	—	—	—
2003 年	—	—	—	—
2004 年	—	—	—	—
2005 年	11	0	11	0
2006 年	3	1	4	0
2007 年	6	0	3	0
2008 年	18	0	3	0
2009 年	2	0	10	0
2010 年	1	0	3	0

1988—2010 年白沙县专利授权统计表

表 15-2-7　　　　单位：项

年度	年度合计	发明	实用新型	外观设计	个人	大专院校	科研单位	工矿企业	机关团体
1990 年	2	1	1	0	0	0	0	0	0
1991 年	1	0	0	0	1	0	0	0	0
1994 年	1	0	0	1	0	0	0	0	0
1995 年	1	0	0	1	0	0	0	0	0

续表 15-2-7

年度	年度合计	发明	实用新型	外观设计	个人	大专院校	科研单位	工矿企业	机关团体
1996 年	2	0	0	2	0	0	0	0	0
1997 年	3	0	1	2	0	0	0	0	0
1998 年	3	0	0	3	0	0	0	0	0
1999 年	5	2	2	1	0	0	0	0	0
2000 年	10	0	1	9	0	0	0	0	0
2001 年	2	0	0	2	0	0	0	0	0
2005 年	11	0	3	8	0	0	0	0	0
2006 年	4	1	1	2	0	0	0	0	0
2007 年	3	1	2	0	0	0	0	0	0
2008 年	3	0	3	0	0	0	0	0	0
2009 年	10	0	1	9	0	0	0	0	0
2010 年	3	0	3	0	0	0	0	0	0

第三节 气象服务

1958 年 12 月白沙县气象站成立，1981 年改为白沙县气象局。1997 年，县气象局与县电信局合作开通天气预报自动咨询电话“12121”。2006—2008 年，先后在南开、阜龙、青松、细水、元门、打安、龙江、大岭、邦溪、金波、珠碧江、芙蓉田等 12 个乡镇、农场建成四要素（温度、降水、风向、风速）的区域中尺度自动站。2007 年初，县气象局门户网站建成后，短期天气预报开始通过网站滚动实时显示，中、长期天气预报通过邮局寄往县政府有关部门和各乡（镇）政府、农场，作为领导安排生产的依据。2008 年 6 月，县气象局开始制作电视天气预报节目，通过县电视台播出。

人工影响天气主要是基于农业抗旱而实施的人工增雨作业。20 世纪 60 年代至 70 年代后期，白沙县曾用飞机进行人工增雨作业。1980 年以后，白沙县多次采用“三七”高炮进行增雨作业。1997 年，白沙县春夏连旱，旱情严重，全县农作物处于干枯状态，县政府在牙叉镇、七坊镇、金波乡开展 2 个月的人工增雨作业，由县气象局派技术人员到现场指挥，大大地缓解了旱情。2003 年以后，白沙县改为实施火箭人工增雨作业。2004—2007 年，白沙县气象局连续 4 年开展火箭增雨作业，共投入经费约 12 万元。2010 年，由于白沙县春夏连旱，水库蓄水严重不足，全县大部分塘堰都已干涸，4—11月成功实施68次增雨作业，及时有效缓解全县旱情。

气象局坚持“预防为主，防治结合”的原则，为确保公共安全，加强防雷安全管理，要求在本行政区域内的大型工程、重点工程、爆炸危险环境以及雷电特别易发地区的工程等建设项目需进行雷电风险评估，评估结果作为建设工程防雷设施设计、整改的重要依据。1995年4月，白沙县防雷技术所成立，开展防雷装置设计、安装、检测和整改等业务，2002年底，海南祥云雷电防护有限公司驻白沙工程部成立后，将防雷装置安装、整改等业务划公司管理。防雷技术所从事防雷装置检测工作。

2008年，县气象局共受理防雷设计审核57项、防雷工程竣工验收17项，为78个单位提供防雷检测服务，为11个单位安装避雷装置。2009年，共受理防雷设计审核57项、防雷装置竣工验收17项。2010年，共审核建筑工程防雷设计25项、防雷装置竣工验收2项。

1988—2010年，县气象局每年充分利用各种媒介大力宣传气象防灾减灾主题，在“3·23”世界气象日，防灾减灾日以及安全生产月、全国科普日，面向群众讲解气象科普知识和气象法律法规，发放宣传材料，使防雷安全知识不断为群众掌握，并能够有效地预防气象灾害，减少灾害损失。

第四节　地震监防

2005年12月26日，白沙县机构编制委员会印发《关于在县建设局增挂“白沙黎族自治县地震局”牌子的通知》，由县建设局内设岗位防空防震减灾办公室行使其职能。

2004年省地震局在白沙县金波乡境内建立无人操作监测台，白沙县地震局设立后，大力协助省地震局对监测台进行管理，经常派人到现场查看仪器设备的工作情况，保证监测台的正常运行，为省地震预报提供可靠数据。2005年9月“达维”台风一过，县地震局立即指派专门人员到现场查看监测台是否遭到破坏，监测仪器是否工作正常，并将情况向省地震局汇报。2006年，地震前兆观测台（地下水）建设项目、地震信息反馈系统建设项目列入白沙县“十一五”规划。

防震减灾工作最重要的内容是保证人的生命安全，为了解决好这个问题，白沙县在县城规划和建设时，充分考虑到地震发生时城区人群紧急疏散和避险的需要，预留通道和一定数量的绿地、广场和空地。2005年，县城共划分3个地震应急疏散区，即城东区、城西区和桥南区。城东区居民往县一小大门前的公共绿地、文明湖绿地疏散；城西区居民往文明湖绿地和牙叉农场办公楼前的广场绿地疏散；桥南区居民往桥头处（原预制厂、电影公司旧址）公共绿地、县二中操场疏散，并且在地震避难场所设置明显标志。应急疏散区设置水、电等基础设施，以在紧急时启用，并在适当的地方预先设置排污管道，可以搭建临时厕所，还设置搭建帐篷的空地与底脚平台等，以供人群在露天生活若干天的需要。2007 年 4 月 23 日，《白沙黎族自治县破坏性地震应急预案》（简称“预案”）印发，预案的颁布实施将保证白沙县地震应急能够协调、有序和高效进行。

2005 年，县地震局把地震安全农居工程纳入召傲、红岭等生态文明村的规划建设，将这 2 个村作为县地震安全农居工程的试点。2005 年，白沙县成立农村房屋抗震设防情况调查工作领导小组，制定农村房屋抗震设防情况调查实施方案，对打安镇 7 个村委会、77 个自然村、2082 户农户进行调查。2008 年，县地震局从全县 10 个乡镇 20 个村委会 25 个村庄中选定 40 户新建农居作为典型示范户加以指导。2009 年，县地震局已指导全县 400 余户农户修建抗震安居房，从中挑选出具有示范效应的地震安全农居作为典型示范户重点加以指导，并已组织人员深入各乡镇对典型示范户进行全面的检查验收，完成省下达的 73 户典型示范户的指标任务。

2006 年，为充分发挥地震群测群防在防震减灾工作中的重要作用，全县 11 个乡镇都指定 1 名干部兼任防震减灾助理员，73 个村委会都指派 1 名副主任兼任防震减灾群测群防联络员，并明确其工作职责。同时，将每名防震减灾助理员和群测群防联络员的基本情况、联络方式登记备案。至此，白沙县地震群测群防“三合一”联络网已基本建立。2007 年，白沙县 11 个乡镇均设立 1 名村镇建设助理员，形成“四网两员”（地震宏观观测网、震情灾情速报网、防震减灾知识宣传网、农村民居地震安全工程服务网，村防震减灾群测群防联络员和村镇建设助理员）网络体系。

2007 年 12 月 8 日，白沙县举行地震应急救援演练，共 400 多人参加演练。这次演练以模拟 12 月 8 日上午 8 时 10 分在牙叉镇境内发生 6.8 级“地震”为背景，分为地震应急救援桌面演练和实战演练两部分。此次演练对白沙县破坏性地震应急预案启动程序，各部门应急处置与协同配合能力，政府应急救援能力进行检验，是地震应急救援工作的一次大练兵。

2009 年 1 月 4 日，白沙县组建地震灾害紧急救援队。救援队由消防官兵、地震技术人员、工程结构技术人员、危险品技术人员、通信技术人员、急救医疗人员等组成，共 40 人。

2010年，白沙县各乡镇村委会换届选举，县地震局及时调整充实防震减灾群测群防联络员队伍，确保群测群防工作正常开展。同时加强对乡镇助理员、群测群防联络员、农户和农民工匠的培训，全年共举办培训班4期，培训人员400余人，培训内容为群测群防工作、农居抗震技术等。

县地震局设立以来，为了切实做好“5·12”全国防灾减灾日、“防震减灾科普宣传周”和“7·28”唐山地震纪念日及防震减灾系列科普宣传教育工作，通过县电视台在黄金时段播放《科学解读日本大地震》《地震灾害预防》2部科普影片；还联合白沙消防大队不定期开展防震减灾和消防安全街头宣传活动。活动现场采取图片展览、资料宣传、现场咨询等形式，向群众宣传防震减灾和消防安全等防灾减灾知识；张挂地震科普与农居抗震知识图片展板和宣传条幅，向群众发放《防震减灾》《农村民居地震安全知识》《地震知识百问百答》《学生防震减灾常识》等宣传材料，并接受群众咨询，这对全面提高群众防震减灾应急能力、维护社会稳定具有重要意义。

第三章　文　　化

第一节　机　　构

1973年，白沙县成立文化局，下辖文化馆、电影站和文艺演出队。1995年县机构改革时，县文化局、县广播电视台、县体育委员会3个单位合并成白沙黎族自治县文化广电体育出版局。县文体局主管全县文化艺术和文物、广播电视电影、新闻出版和版权、体育运动工作，内设有办公室、行政审批岗、群众艺术岗、群众体育岗、广播电视管理岗、文化市场管理岗、新闻出版印刷管理岗、文化市场行政执法大队等8个股级机构；下属单位有县广播电视台、县文化馆、县图书馆、县民族博物馆、县业余体校、县电影公司。至2010年止，文化广电体育出版局机构设置和职能未变。

第二节　文化设施建设

1990年，成立白沙黎族自治县民族歌舞团。1991年，国家民委拨款8万元，用于县民族歌舞团购买音响、灯光等设备。同年，白沙县兴建民族文化大楼。以民族博物馆、白沙起义纪念馆为主体，规模为建筑框架结构5层，总面积1573平方米。共投资55万元，县自筹 20 万元，省民委拨款 35 万元。

1993 年，白沙县筹建康乐活动中心。共投资 184 万元，资金由省税务厅从公共建设基金中心中拨款。康乐活动中心的兴建，丰富县各族人民的生活，满足人民文化生活的需要。同年，白沙黎族自治县在县城筹建白沙起义纪念公园。共投资 65 万元，县自筹 35 万元，省财税厅拨款 30 万元。纪念公园内建有白沙起义纪念塑像、白沙起义纪念馆等。白沙起义纪念公园的兴建能够让后辈世世代代缅怀革命先烈的英雄事迹，继续发扬光荣的革命传统。

1998 年，白沙县人民政府同意县文体局有线电视广播网建设规划。2000 年，成立白沙县村村通广播电视工作领导小组，并对村村通广播电视工作做出具体的方案。投入 70 多万元，在 11 个乡镇的 29 个村委会建 55 个卫星电视地面接收站，使 8000 多农民解决了看电视难的问题。

2002 年，县政府投资 4 万元用于购置县歌舞团音响设备，资金从省中部发展资金的机动部分拨付。同年，白沙黎族自治县改善了电视接收工程。筹资 2 万元购买电视转播微波设备并安装调试，使全县 91%的电视用户可以收看《白沙新闻》和中央电视台农业节目。同年，更换县广播电视台九架岭发射台铁塔。因原 45 米高的发射铁塔已成危塔，便换成 70 米高的发射铁塔，提高县广播发电视送的质量和覆盖率。更换该塔共花费资金 97 万元（含基地建设费和安装费），县自筹 30 万元，其余 67 万元由省文体厅拨付。同年，白沙县图书馆的软硬件设备进行了更新。共花费资金 15 万元，县财政配套资金 4.5 万元，县图书馆自筹 0.5 万元，其余 10 万元由省文体厅拨付。县图书馆设备的更新，使图书馆有现代技术的管理，为读者提供更优质的服务，提高图书利用率。

2004 年，白沙九架岭广播电视发射塔建设工程，建设 500 平方米的机房、安装 118 米高的发射架和 5 套电视信号发射设备。2006 年，总投资 665 万元的白沙九架岭广播电视发射台落成使用。

第三节 文艺创作

1988 年以后，白沙县的文艺得到更好的发展，文艺行业工作者及文艺爱好者，在文艺创作上获得较好的成绩。以白沙县民族歌舞团为龙头的创作主体克服经费缺乏、排练条件极差等困难，坚持排练高质量的文艺节目，在县内及省内外进行演出，并多次获奖，成为白沙县的一个重要文艺创作组织和对外文化窗口。

1999年，在全省文艺调演中，白沙参演节目《荡起竹鼓庆回归》获得表演三等奖、音乐奖和导编奖。

进入2000年以后，随着文化设施建设的不断完善，白沙县的文艺创作进入一个发展新时期。2000年，白沙县组队参加省政府在通什市举办的“海南省首届五指山文化艺术节”和在东方市举办的“龙文化艺术节”均获得良好成绩。在首届五指山文化艺术节参演节目中，白沙县的舞蹈《竹鼓祝千年》获得金奖，舞蹈《鼻箫恋》《婚礼舞》《竹竿舞》，女声独唱《白沙好》获银奖，鼻箫演奏《约会》获得铜奖，民间舞《花灯舞》《喜抒千年情》获优秀奖。在东方龙文化艺术节表演赛中，白沙获得黎苗族服饰团体表演二等奖，民族服饰最佳组织奖，黎苗族传统体育比赛优秀奖，民歌对唱优秀奖等，共有7人获优秀演员奖。2007年11月，县民族歌舞团代表省出席参加全国第八届少数民族运动会表演项目比赛，所参赛的项目《跳竹竿》获金奖，《动感黎山》《抛泥球》获银奖。

2008年1月，庆祝白沙黎族自治县成立20周年“美术、书法、摄影”展举办，众多作品参展，其中，美术作品一等奖：叶运昌《秋果》，二等奖：林江《统领群芳》、陈玉全《树》，三等奖：叶运昌《鸡》、盛广雄《油画》、符丽娜《树林》，孙开菲、周晰扬、孙小晴、孙桂凤、韦盈先等人获得优秀奖；书法作品获奖者，一等奖：陈琼俊，二等奖：董元培、符世春，三等奖：丁永梁、黄绍鹏、李伟景，优秀奖：丁永梁、邱赐明、蔡运开、张任芳、黄绍鹏、叶运昌、李芳耀、李正强、陈琼俊（2副）、符云汉（2副）、董元培（2副）；周文汉（2副）、赵志明（2副）、史光雄（2副）；摄影作品获奖者，一等奖：曾桂仁，二等奖：李芳耀、吴亚玲，三等奖：林昌华、李清、王启敏，优秀奖：史光雄、孙承龙、李芳耀、罗丽、李咏。

2008年，白沙县文学界爱好者创作小说《血色玫瑰》《慈爱与宽容》《秋天，那片遗落的树叶》；散文《鹰翱白沙》《小城牙叉》《红坎风光》《永远的背景》《白沙人的潇洒》《珠碧江景醉游人》《白沙绿茶赞》《行·乐》《思念》，以及《感谢您，我们的老师》（散文诗）；诗歌《李孟伦诗歌八首》《一剪梅睡美人峰》《采桑子·清明感怀——和韩国强〈感怀〉诗》《题赠白沙县2008年新招聘小学教师》《致美女峰》《秋天，我遇见一位诗人》《〈蝶恋花·众志成城》《过龙门》；文学评论《对古老山谷的人文关怀——读唐崛散文集〈南渡江源〉》；校园文学《我和书》《含羞草》《战胜自我》《我喜欢写作》；歌词《白沙美女，你在等谁》《南渡江上源美丽的家园》《神奇的鹦哥岭》《五月槟榔青莹莹》。

2009年，白沙县文学创作主要有小说《小说二题》《这样的相遇》《冬天的阳光》《我的表叔郑家茂》《代价》；诗歌《中国！我爱你！》《你是我的野菊花》《树皮布》《等》《实用的五指山》《空瓶子》《成长》《北飞的候鸟》《怀念》；散文《南渡江源头第一集释》《大漠型二篇》《外婆》《挥不去的思念》《喜欢夕阳》《寻找陨石坑》《最寒冷的日子》《小城之夜》《我们村中的那棵老椰树》《青青野刺竹》《游清澜港印记》《朋友，别放弃生活》《乡村的乞丐》；校园文学《因为有梦》《我就是我》《父亲的一碗面》《那些人，那些事》《梦》。音乐创作作品有《南渡江上游美丽的家园》《五月槟榔青莹莹》。

2010 年，白沙县文学创作成果主要有小说《戒指》《查苗的传说》《同床异梦》《秋风辞》；诗歌《莲菊情思》《心灵浪花》《与树对语》《母校恋歌》《为你》《故地重游》《一纸吓退十万多》《与一棵果核无关》《人要活得有意义》；散文《白沙行两侧》《夜醉天池》《那清凉凉的南叉河哟，白亮亮的稻米香》《碧草渐远》《给孩子犯错误的机会》《山寨的女人》《村口老榕树》《海口印象》《今年的春天，我们过得特别愉快》《红坎瀑布观光散记》《母校情思》《我屋后那棵香樟树》；校园文学《处世经》《其实你很幸福》《妈妈的教育》《自己的命运自己掌握》《静静的夜晚》《我爱南开的山》《我爱家乡的冬天》；人物记事《壮志未酬身先死，留得正气在人间》；文学评论《一首诗的醇香》等。

2010 年 5 月 10—16 日，县民族歌舞团参加由国家文化部在广东省举办的第十五届“群星奖”节目决赛，白沙县组织编排的海南省首部黎族山歌剧《黎山恋歌》获全国第十五届“群星奖”节目最高奖项优秀“作品奖”。2010 年 9 月，在昌江县举办的省 2010 年东西南北中广场文艺会演，白沙县山歌剧《黎山恋歌》获一等奖，舞蹈《快乐的晒谷场》《图腾迎新舞》获二等奖，润妹子小组唱获三等奖。2010 年 10 月 26 日，县黎族原生态艺术合唱团代表海南省赴重庆市参加首届全国“中华红歌会”比赛，以参赛歌曲《斗牛调》《捡螺歌》获银奖（长江杯）。

第四节　民间文艺

白沙县民间文艺资源丰富，这些长期流传在白沙地区的民间文艺，是白沙人民在生产生活创作出来的精神产品，它在广大人民群众中流传，反映了人民大众的生活和思想感情，凝聚着集体的智慧，表现独特的审美观念和艺术情趣，并包含着丰富深刻的社会历史信息。1988—2010 年，随着新时代娱乐手段的多样化，白沙的民间故事、民间音乐、民间舞蹈等民间文艺出现式微，懂得民间文艺者越来越少，受众范围也越来越窄。

一、民间故事

白沙县的民间故事源远流长，广泛流传于各个乡村。这些民间故事有叙述宇宙万物和人类起源的神话，有反映现实生活的传说，有讽刺贪官、财主的寓言，有反映人民反抗斗争和英雄人物的故事等。

神话主要叙述宇宙和人类的起源，如《伟代造万物》《人类起源》。传说以特定的人物、事件、自然物和人工物等为对象，题材十分广泛。有人物传说，如黎族领袖王国兴的传说，符南蛇的传说等；有地方传说，如《马岭的传说》《仙婆岭的传说》《流乳岭》《白石仙婆》等；有动植物传说，如《山兰稻的传说》《木棉花的传说》等；有风俗传说，如《文身的传说》《三月三的传说》等。

《聪明的奥娃》 从前，有一对穷兄弟，过着困苦的日子。因生活所迫，老大去给财主当奥娃。这个财主很狡猾，对他说："你给我做工，一年满三百六十天，我就给你三百六十斤谷。但你绝对得听从我使唤，不准违命，也不得向我发牢骚，如果你违反这一规定，我将随时把你赶走，并且一斤谷子也不给你。如果我骂了你，我就加倍给你谷子。"

正直的老大在财主家拼死拼活地做工，累得只剩皮包骨。老大连续做了三百五十九天工，除夕那天早晨，那个财主把老大叫到跟前，说："你能把这个大水缸装进小水缸里，就算你完成了全年的工作。"

老大听了这话，知道财主故意给自己出难题了。于是，大发牢骚地说："世间哪里有谁能把大水缸装进小水缸里的呢？"

财主横蛮地说："我已有话说在前，你不能对我发牢骚，现在你发牢骚了，我一斤谷子也不给你，你马上滚出我的家！"

老大就这样一年辛苦变成空，被财主赶出家门，一斤谷子也没得到。他回到家里，把情况告诉老二。

老二听了十分气愤，他举起拳头狠狠地往桌面上砸了一拳，宣誓似的说："我明年去要这个财主加倍的谷子！"

第二年，老二到这个财主家里做工来了。财主见老大跑了，又来老二，认为又有便宜捞了，便笑嘻嘻地对老二提出了同样的条件，老二都一一答应。末了，老二补充了一句："你什么时候骂我，你就要什么时候给我加倍谷子。"

财主听了，点点头，表示同意。

老二给财主做了几天工。这天，财主家里恰巧来了一位客人，财主便叫老二抓羊宰杀来做菜款待客人。

老二问："宰哪只羊？"

财主说："抓到哪一只就宰哪一只吧。"

老二磨好刀，来到羊栏里，把全栏三十几只羊都杀死了。

财主在家里等了半天，不见老二担羊肉回来，焦急极了，便要去羊栏看个究竟。

他才跨脚出门，便见老二挑着几只杀死的羊回来，并告诉财主说："还有许多没挑回来。"

财主听了，大发雷霆地骂道："为什么把全部羊杀了？"

老二却理直气壮地回答说："你不是交代我，抓到哪只就杀哪只吗？我全部都抓到了，当然就全部杀了。你为什么骂我？你得给我加倍的谷子了。"

财主这时一句话也说不出来，只好乖乖地打开谷仓，让老二进去一担担地把谷子挑走。

《马岭的传说》 在白沙县西南面和昌江县交界处，有两座山岭，偏东边那座叫三盆岭，偏西边那座叫马岭。

传说马岭起初并不叫马岭，而称无名岭。后来，因为住在这两座岭上的神仙都自夸自己箭法高超，谁也不愿向对方示弱。于是，双方进行射箭比赛。结果，三盆岭的神仙获胜，无名岭的神仙认输了。从此，双方结拜兄弟，三盆岭的神仙为兄，无名岭的神仙为弟。

无名岭上的神仙，由于射箭失败，觉得面子难过，便决定逃向别处。有一夜，月白风清，四处沉寂。那位神仙手执锦扇，扇起旋风，乘风而去。在他住过的地方，留下一间屋子，屋子前边立着一匹骏马和两个仙女。

传说，那两个仙女因为长年累月哭泣，她们的眼泪汇成山泉，日夜流淌不息，那屋子、骏马和仙女后来都变为石头，马岭因此得名。

二、民间音乐

民歌 白沙人民爱唱民歌，特别是在喜庆的日子里，唱歌成为必不可少的娱乐活动。白沙的民歌题材广泛，内容丰富，主要有劳动歌、情歌、革命歌、生活歌、故事歌。

劳动创造世界，劳动也是产生民歌的源泉。在白沙人民的日常生活中，各行各业、各种生产劳动，如砍山、耕田、种植、放牧、捕鱼、打猎、织绣等都有民歌咏唱。这些民歌有的描绘劳动的情景，如"看见黄獠开箭射，发现兔子放狗捉，遇上蟒蛇用藤缚，碰到山猪猎枪打"；有的反映劳动的艰辛，如"今年砍山无处砍，龙潭水又旱已干，砍山近嘛难赶鸟，砍山远哟难除草"，"砍园近，我赶鸡难，砍园远，我赶猴难，我是单身汉，没人送我竹筒饭"；有的赞美劳动的美好，如"阿妹织桶有样相，穿出门外众人看，穿去牛坡牛赞赏，穿去山林彩雀躲"；有的唱农时，如《十二月农作歌》数说一年十二个月的农事活动，是白沙人民对大自然客观规律的认识和生活经验的总结。

劳动歌中最为可贵的是通过劳动抒发内心思想感情，如"星伴月娘在半天，哥妹捕鱼在海边，星伴月娘不时止，哥妹恩情死不离”，这是在劳动中触景生情，现实与想象结合，构思出美好的意境。

十二月农作歌

正月来到买钩刀，谁欲砍山谁去号[①]。
高山低山都砍了，年年砍山好山无。
二月来到二月二，买把锄头锄坡地。
锄好坡地好点种．懒做饿肚怨已迟。
三月来到砍树倒，手里不离斧和刀。
回到半路相碰伴，问伴砍了亚是无。
四月到来人烧山，不等下雨沤树烂。
沤了树烂烧不着，公也搬来婆也搬。
五月来到人播种，种子出叶层到层。
回到半路相见伴，问伴今年穷不穷。
六月来到人除草，双手拔草单手抛。
斗起镰刀割草尾，欲想稻好除草头。
七月来到稻发青．有收没收看这下。
欲想有收看山园，管好山园不做假。
八月来到稻抽穗，欲住山来助威。
园圮园角都砍光，不给山猪吃园。
九月来到人赶鸟，鸟儿成群不开交。
西边赶走东又来，快快做间看鸟寮。
十月来到人割稻，三支二条都歉收。
人讲今年年景歹，农村无粮人心游。
十一月到谷晒干，谷都晒干心安。
冬天出日相当少，好天快晒勿用等。
十二月到人舂米，把米缸装满满。
父欲去市母去街，办齐年货过大年。

① “号”是占领的意思

爱情歌在白沙民歌中内容最为丰富，从思慕约会、求婚探情、嘲讽戏谑、爱情盟誓，到离别思念、成亲逗趣、逃婚私奔、离婚丧偶等等，均有咏唱。

爱情歌最常见的内容是表现男女之间相互爱慕的恋情，如“挂哥挂得多，挂哥好比鱼挂溪，挂哥好比针挂线，挂哥好比脚挂鞋”，反映思念的深切；再如“妹在这坡哥那坡，中间隔着一条河，河水几清心几清，河水几长情几长”，反映爱情的纯洁真诚；又如“跟妹交情不变心，不怕山高与水深，山高就用刀来砍，海深就来担土填”，“俩人出生时，脐带早连在一起，多般配啊！天生的好伴侣”，反映爱情的炽热。

爱情歌的另一个重要内容是倾诉爱情的波折和离别痛苦，如“看见天上云黑黑，不见妹人苦心头，久不见哥眼汁滴，眼汁湿透九层土”，“送哥送到那边村，越送越远心越乱；脚踏蚁窝不知痛，手捻树叶飞满村；送哥送到大山堆，越送越远心越闷，站在路边捻草尾，看风扬土填脚痕”。有一首民歌《长相忆》表达婚姻变故之后的痛楚十分感人：“阿妹刚长成，忽然要分离，山鹿恋野草，我怎能忘你。阿妹出嫁去，成了别人妻，手挽藤袋去，我站空叹息。……不求来相认，只求长相忆。”

爱情歌还有一重大主题是反抗封建势力对爱情的阻挠和破坏，如青年男女为了追求爱情的自由，相互鼓励：“劝郎神定不用慌，妹子敢恋也敢当，哪怕锋刀白过霜，就是砍头也恋郎”，“生也恋来死来恋，哥妹都如树与藤，树死藤生缠到死，藤死树生死也缠”。民歌《悲欢共与尝》反映了在封建势力的重压下，爱情坚贞的男女逃婚七年后归来时的景物全非：“离家七年整，今日归故乡，屋破山鸟聚，父母全双亡。房中树木高，灶前茅草长，白蚁蛀柱烂，山猪拱墙崩，流罢伤人泪，满目是凄凉……”，有力地控诉封建婚姻制度。

十二相思

一欲相思在水边，水底蓝丝是真丝。
水底蓝丝青绿绿，好花好情存长期。
二欲相思蚕虫茧，蚕虫吐茧生丝新。
蚕虫吐茧生丝好，客人买绸到村乡。
三欲相思黄蜂来，蜂巢做高没风台。
蜂子筑巢断桑叶，金叶肥蚕生丝茧。
四欲相思龙蚜丝，龙蚜结丝多苦思。
前边结好又结后，哥妹情意不分离。
五欲相思杏花枝，相思杏花花青鲜。

相思杏花断肚肠，相思杏花怨俙迟。
六欲相思南溪河，忆侬话言在当初。
水干石烂不丢伴，苦命多长情多长。
七欲相思侬丝散，侬的布丝乱难挂。
布丝散乱侬难结，侬心乱如布丝麻。
八欲相思　毛白，头毛变白还没家。
头毛多白还没娘，头毛染黑还是假。
九欲相思北斗星，方向不明多看下。
行到天边俙不怕，侬心挂哥日和夜。
十欲相思侬的村，十人进村路行光。
个个问侬侬不肯，个个都检财礼回。
十一相思侬定定，与哥做吃侬勿怕。
哥村无路俙人挖，俩人修路分人行。
相思相思再相思，从小等侬到今天。
哥都等老毛变白，还叫哥人等处年。

时政歌是白沙人民表明对时局政治态度的歌曲。这些民歌的内容有的反映过去饥寒交迫的生活，有的控诉剥削阶级的罪恶，有的反映白沙人民可歌可泣的革命斗争，有的反映白沙人民改革开放的精神面貌。

旧社会，在封建统治者的残酷压迫下，白沙人民住在深山老林，过着饥寒交迫的生活，苦难深重，民歌深刻地反映了这一现实，如“早已断餐，日子多艰难，饿得躺在地，遍体尘土沾，草屋尽是洞，猪入拱我胸，屋中长野菜，食它聊当饭，都是穷兄弟，谁救我生还”，这是在垂死挣扎中的呼号；“条衣条裤只单单，竹竿穿湿我穿干，洗了又穿穿又洗，你见苦寒不苦寒？”多么形象地诉说穷人的窘迫。

白沙人民勤劳勇敢，富有斗争精神。日本军队的铁蹄践踏白沙之时，白沙人民奋起反抗，唱出“抗日救亡”的最强音：“地是人的地．田是人的田，那容日本鬼子来侵占，大家快快团结起，有箭的拿箭，有枪的拿枪，把日本鬼子消灭光。”为了反抗国民党统治者的残酷剥削和屠杀，在王国兴等人的领导下，民国 32 年（1943 年）黎族、苗族人民举行史上有名的“白沙起义”。有一首《白沙起义歌》真实地记录这一壮举。

生活歌内容涉及白沙人民日常生活的方方面面，有反映风土特色的风土歌，有反映本地独特风俗的风俗歌，有祭祀祖先、鬼神的祭俗歌，有悼念先人的丧俗歌，还有传播知识的知识歌以及逗趣游戏的娱乐歌等。

问亲歌

亲家啊！
有很多人家的子女，
但我不去问，
只想来问你的子女。
你的子女聪明伶俐，
人生良相真合我的心意了。
如你亲家同意的话，
你想要什么，
我都可以给你。
等到成家后，
要牛钱银都可给你。

啊！亲家，亲家！
许多美女我不去问，
我想去问你的子女，
想要你的子女做媳妇。
因你的子女聪明又伶俐，
真会理料家务，
脚手勤快、饭菜香美，
节衣省吃勤俭持家。
家畜兴旺、五谷丰盛，
这全靠你的子女勤劳。

拒亲歌

亲家啊！
有很多的人家子女，

你却不合意，
却想我的子女，
连你家的一切，
你家的财产都出卖完，
来娶我这个笨女儿。
熊在深山你也想捉，
只想追求我这个笨子女，
成家后她不识孝敬老人。

啊！亲家啊！亲家！
有很多人家的子女，
你都不去谈，
却来问我的子女笨。
我的子女现在还是小，
不懂得料理家务，
不懂得接待客人，
脚手笨不懂养禽畜，
请你另去别处问吧。

故事歌是民歌发展到一定水平的产物。故事歌不仅有歌，而且有故事，没有较高水平的歌手是唱不出故事歌的。唱故事歌者要有丰富的学识和高超的表达能力。故事歌的产生．反映白沙人民的民歌水平已达到一定的高度。白沙的故事歌有近百种，既有汉族传入的故事歌，也有黎苗族人民创作的故事歌，其中黎族人民创作并流传的故事歌有10多部。

《吞桃洞》《甘工鸟》《龙子》《蛇女婿》《抗婚歌》《巴定》等故事歌类似弹词，效仿章回小说分回分目，长者多达万句，少的也有数百句，往往是几天几夜断断续续方能把它唱完。

白沙的民歌（俗称“唱调”）有砍山调、吞晓香（思情）调、摇篮调、隆闺调、歪歪调、少中娃调、呼亚调、通呃调、额呃调、嗯呃调、呼啦调、元门调、南开调、牙叉调等黎语曲调，还有罗尼、四亲、喂格罗等海南方言的曲调。

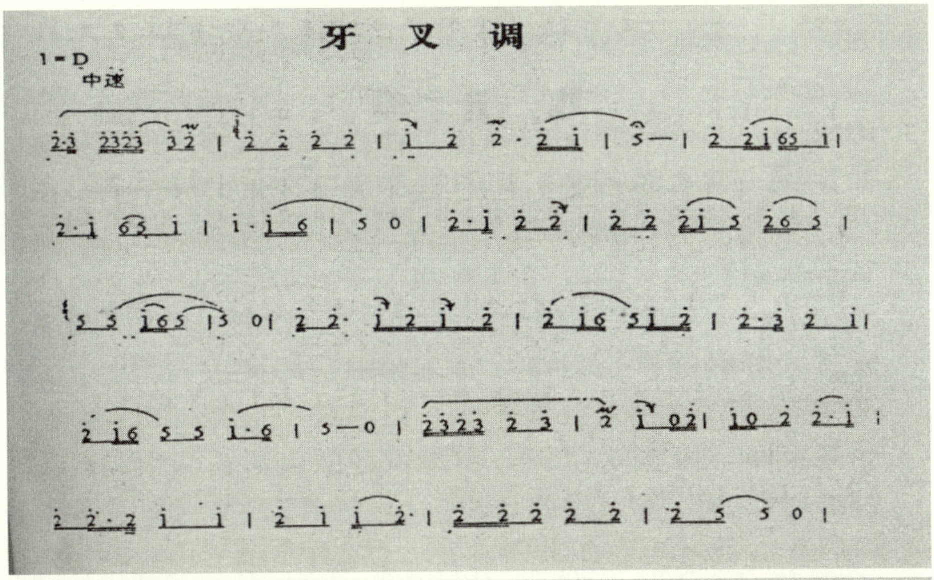
牙 叉 调
1=D
中速

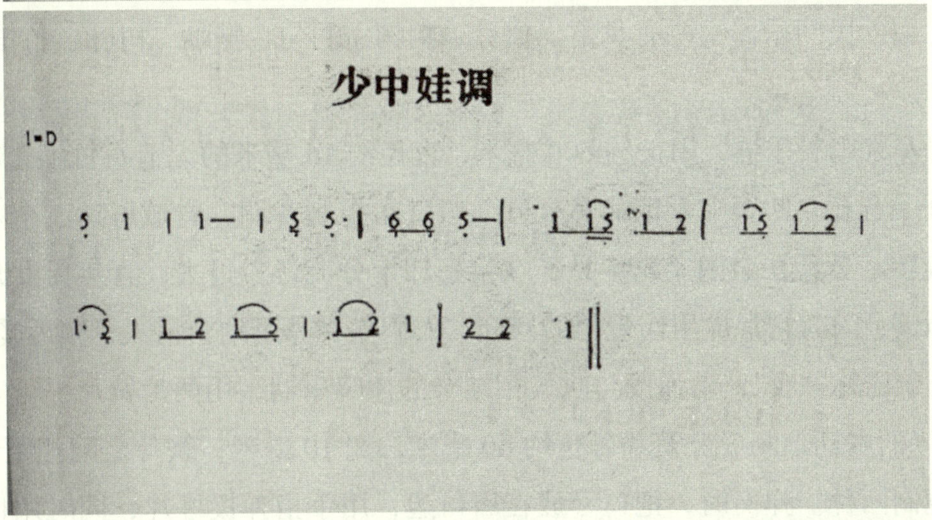
少中娃调
1=D

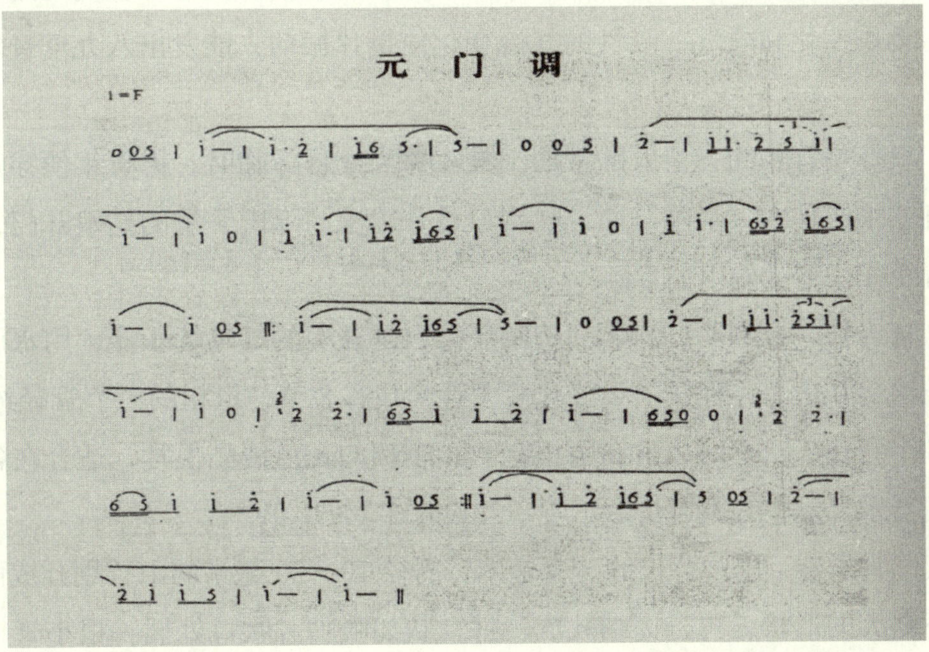
元 门 调
1=F

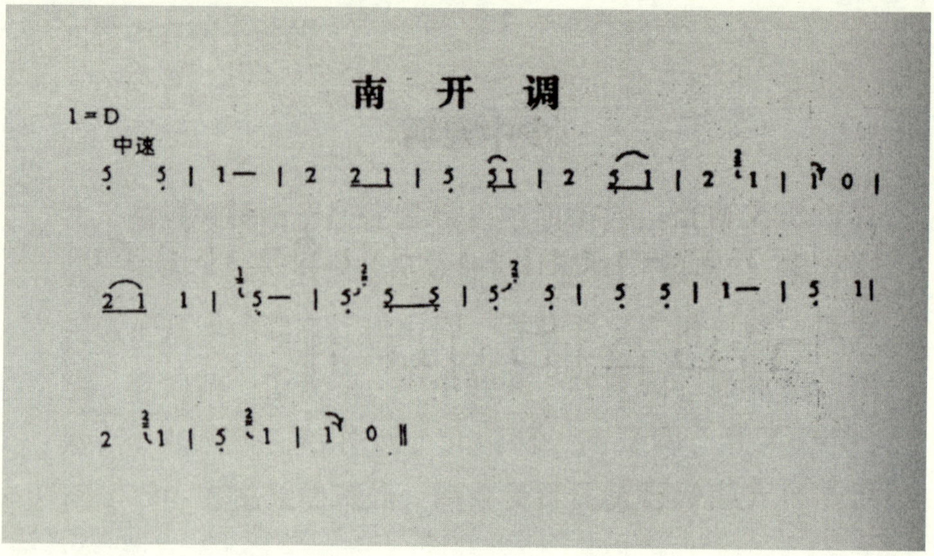

乐器 白沙民间乐器主要有鼻箫、口弓、唎咧、洞勺、哔哒、树叶、竹笛、独木鼓、叮咚等。

鼻箫是鼻气鸣管乐器，用长约600毫米，直径约16毫米的无节石竹细管制成。箫身头、尾各开一音孔。吹奏完全依靠鼻孔吐、吸气来控制音调，音域可达三个八度左右，音色清幽婉转。鼻箫在全国实属罕见，在黎寨却十分流行。过去，青年男女几乎人人会自制自用鼻箫，因为它常被用作爱情的媒介，人们吹奏鼻箫约会情人，倾诉爱情的心声。

口弓，黎语称“改”，是弹拨与吹气相结合的体鸣乐器，用两片簧片平行安装在一根长约20毫米的木柄上制成。簧片各长约60毫米，宽10毫米，簧片之间相距约5毫米，有竹制和铜制两种。弹奏时，把口弓放在唇口边，用手指弹拨弓片，同时用口腔送气，通过唇、舌动作变化和吐气、吸气的气流变化使簧片振动，能发出八九度音域，音色细长柔和。

过去，口弓是青年约会情人的常用工具。每当夜幕降临时，男青年便穿戴整齐，三三两两来到姑娘居住的“隆闺”前，吹奏口弓，以求“隆闺”里的姑娘开门，吹奏技巧高超的男青年往往最受姑娘们青睐。

唎咧，黎语称“曹咧”“追咧”“咧喽”等，是独奏的气鸣管乐器，用水尾竹细管制成，一般长约230毫米，管杆以小管套接大管，共有8节，最粗的一节管径约15毫米，管身开有7个音孔，吹奏时，含在嘴里竖吹。唎咧的音色清亮悦耳，适合在各种场合吹奏，在民间器乐合奏中必不可少。

唝是气鸣管乐器，用一节长约350毫米，内径10～20毫米的山竹剔开成两块，各修成上略小下略大的形状，再合拢结扎成一件，状如唢呐。吹口处插一根小管，含在口中吹奏。管身开有 9 个按音孔（前面 8 个后部 1 个），音域一般为 2 个八度。表现力很强，能表现出喜、怒、哀、乐等各种感情。

洞勺亦称洞箫、伦，是管乐器，用山上的藤竹竿制作，长短不一，有的长 1200 毫米，粗 30 毫米。洞勺的头部保留原竹节，尾端挖通，管杆上方开 1 个吹气孔，管声上方开 3 音孔，吹奏方法多为竖吹。音阶有七声，低音区的音色深沉，音量比较小；中音区的音色宽厚、圆润、优美。

哔哒俗称排箫，是管乐器，用 2 支长短大小相同的竹管并排捆绑组成。管身各长 220 毫米，内径 3 毫米，顶端留节，节下削出管道，嵌竹制簧片，簧片长 20 毫米、宽 2 毫米，簧舌朝上，根部与管身相连，每条管身正面开 7 个音孔，背面开 1 个音孔，孔口含簧片，吹气时簧片发音，音色清脆明亮。

竹笛是边棱气鸣乐器，用细竹制成。有长短两种，长的约 650 毫米，直径约 20 毫米；短的约 500 毫米，直径约 20 毫米。正面有音孔 6 个，左右各有 3 个。吹奏方法为竖吹，用嘴唇送气，可发出 7 个音调。竹笛的长短决定音的高低，短的音高，长的音低。竹笛的表现力丰满，音调刚健有力、华丽流畅；其曲调旋律变化大，多跳跃，节奏轻快。因此，它受到广泛使用，常见于贺寿、祭祀等场合。牧童放牧时也喜欢随身携带竹笛，在空旷的山野上吹奏以解寂寞。

树叶是白沙人民使用的天然乐器。吹树叶，要选优良的树种之叶，通常用橘、柚、杨、冬青等无毒的树叶，叶片的结构匀称，正、背两面都应平整光滑，以柔韧适度、不老不嫩的叶子为佳，一般选用叶长 2.5 厘米、中间叶宽 2.5 厘米者为宜。

吹奏时，将叶片正面横贴于嘴唇，用右手或左手食指、中指稍微岔开，轻轻贴住叶片背面，拇指反向托住叶子下缘，使食指、中指按住的叶片上缘稍稍高于下唇，运用适当气流吹动叶边，使叶片振动发音。可吹出高低、强弱不同的声音，音域可达十二度。技巧高超的演奏者可一口同时吹响两片树叶，像吹口琴一样可以吹出各种歌曲。

独木鼓高 50 ~ 100 厘米，直径 30 ~ 60 厘米，在白沙广为流行。皮鼓的制作多用苦子格木为鼓身，中间挖空木心，周围留 2 厘米厚形成圆圈，以牛皮或鹿皮遮盖两端，用白藤绑固，再用煮过的坚硬木钉钉在两头上端的周围。制作一个鹿皮鼓一般用 1 ~ 2 年时间，购买时，多以耕牛交换，1 个独木鼓可交换 1 头耕牛。

叮咚其实就是 2 根木头，因用木棒敲打木头，发出“叮叮咚咚”的声响而得名，一般用于驱赶野兽使其不敢侵犯山兰园。过去，种植山兰的地方，往往时不时听到这种有节奏的声音回响着。

三、民间舞蹈

白沙县民间舞蹈内容丰富多彩，涉及宗教祭祀、生活习俗、生产劳动、娱乐喜庆等多个方面。

其中，以与宗教祭祀和喜庆活动有关的舞蹈为主，前者有祭祀祖先、超度亡灵、驱鬼除魔、消灾除难、保佑平安等功能或寓意，如流行于细水、元门、牙叉的老古舞、花灯舞、灯星舞等；后者与入宅、结婚、节庆等喜庆活动相关，有流行于细水、南开、打安的大鼓舞、婚礼舞、迎亲舞等。

老古舞 老古舞过去分布于细水乡、元门乡、牙叉镇和相邻的琼中黎族自治县的黎族乡村，现仅在细水乡有遗存。老古舞，是黎语“闯坎”的意释，在古籍上称“告祖先”，源于黎族原始社会的祖先崇拜。凡人患病、做噩梦或有不吉利之事发生，都要“告祖先”，求祖先保佑平安，除灾解难。如果没有特别事故发生，每三年全村也要举办一次“告祖先”，跳老古舞祭祀祖先。

早期跳老古舞由村老（村中长辈）主持，道教传入黎区后，改由道公主持；现由熟悉“老古舞”的老艺人“苟之”（领舞者）主持。跳老古舞前，要先布置场地，做法是在宽阔的空旷场地上，插双行门字形竹子，所插竹子数量根据场地大小而定，多者达1200根，每根竹子高约两米，竹子顶端插上点燃的香。在场地三处分别倒放四个、六个、十两个舂臼，上置一个装米的瓷碗、一个鸡（鸭）蛋，点燃三根香，放上祭祀灵牌；在场地一边用竹木搭建祭台，祭台上置米、鸡（鸭）蛋、香烛等。乐队和舞者在祭台侧候场。参加跳老古舞人数众多，有数十人不等。主要的角色有12人以上，黎语称谓分别是“苟它”“西它”“帕曼委嘎”“拜扣委嘎”“倒叮啰”“批鲁”“爬秃”。此外，还有乐队和自由参加的村民，人数不限。“苟它”，是领舞人，头戴方角彩帽，身穿红色长袍，用红布条束腰，左手端一只杯，右手拿一支筷子，在舞中代表男性；“西它”，舞队的压阵人，位于舞队的尾端，服饰同“苟它”，右手拿一根30厘米长的木棍，棍的末端缚着一束白麻线拂尘，象征鹿的尾巴，在舞中代表女性；“帕曼委嘎”，指男性舞者，一人扮鹿、二人扮猎人（一人拿猎抢，一人拿长柄大刀）、两人举鲤鱼灯、两人举灯笼，其他人手持祖宗灵牌，穿着黎族传统服饰。“拜扣委嘎”，男扮女装，穿紧身花筒裙，手持烟筒。“倒叮啰”，即装疯卖傻者，由两人装扮，戴面具，一人代表男性，另一人代表女性；“批鲁”，扮女性丑角，腰带一具漏底的竹篓，到处乱捡东西，朝篓内放（但是放什么掉什么），以引人发笑，让人们忘记悲痛，得到快乐；“爬秃”，扮男性丑角，头戴一顶草笠，手持一截短棍，将一束稻草编织成男性生殖器形状物绑在腰间，专寻女性做交欢动作，充分展现人类繁衍生息的自然状态。

老古舞的情节先后分为起师、开阙、挽嚷、走洪围四段：起师，意为告祖先仪式开始，由“苟它”站在祭台前敲大鼓念咒语：“大鼓呀大鼓，今天请你把各位祖先神灵招来跟我们团聚吧”，接着带众舞者围着四个舂臼绕行，称为“走四”，表示请东西南北四方的祖先神灵归来，手持鲤鱼灯、灯笼等舞者要在前照明带路。开阙，意为活着的亲人崇敬地迎接祖先神灵归来。“苟它”带舞者绕着六个舂臼转圈，表示迎接的路途长远。挽嚷，意为活着的人与归来的祖先神灵同乐。舞者围着排成两行的 12 个舂臼追逐玩耍，并表演点种山兰（一种旱糯米稻）、狩猎（猎人和扮鹿者表演）、捕鱼（丑角“批鲁”捕鱼，鱼边放入竹篓边漏掉，动作滑稽）、丑角“爬秃”用草绳表现交配动作，追逐女性，引人发笑。戴面具者装疯卖傻，代表祖先神灵归来与活着的亲人同乐。其他参加的村民随着锣鼓点跳抛手舞、踢脚舞，时有唱山歌助兴。走洪围，意为送祖先神灵归去。点燃场上竹子顶端的香，在场地四周点烧柴火，灯火通明，“苟它”带着众人绕着门字形的竹子蜿蜒穿行，在热烈的气氛中结束。最后解开缚在竹子上的结，表示祖先神灵已为人们消灾解难。

老古舞的传承方式是祖传（家传），由男性父辈传给下一代男性，并规定只能传一个人。乐器和舞蹈动作及舞蹈队形的传授也大多是家传，但可传多人或外传。由于时代的变迁和时尚文化的冲击，祭祀祖先的老古舞面临消失。2010 年，“黎族老古舞”已被列入第三批国家级非物质文化遗产保护名录。

花灯舞 花灯舞主要流传在牙叉、细水等乡镇的黎村，是一种祭祀祝祷性的民间舞蹈，用以表示对祖宗的尊敬和崇拜。花灯舞活动一般是在每年农历正月初一至十五和办喜事、祭祖、入宅时举办，村里有病人或农闲时偶尔也跳。花灯舞不论白天晚上都可以跳，2010 年已成为当地有组织的群众性文化活动。

花灯舞参加人数 16 ~ 21 人，妇女也可以参加。跳花灯舞需要两人当配角，可以男扮女装，需身穿黎族筒裙，头上缠黎巾，戴草笠，手持纸折扇. 表演扇风动作。传统上，花灯舞须由两位师傅（黎语称“打筒”）分别带领和压阵，他们是舞中的主要角色。第一位“打筒”是领舞者，他头戴尖角帽，身穿红色长袍，左手拿一个小碗，右手拿一根筷子，走在舞队的最前列，他代表男性，叫作“公”。第二位“打筒”是舞队的压阵人，他处在队伍的最末端，头戴着方角帽，帽子的背面两边留着 30 厘米的长带，身着黄色长袍，左右手各持三条颜色不同的彩布或彩纸，黎语称为“万役敢”，也叫作“母”，象征马尾。花灯舞中戴面具的两人，黎语称为“天罗”，也叫作“神经罗”，专门在舞中表演各种各样动作。两人脸上戴着假面具，分别代表男神、女神。男神面具长 30 厘米，宽 18 厘米，厚 8 厘米；女神面具长 98 厘米，宽 16 厘，厚 7 厘米。每人手持着一把独木长柄刀，刀身雕刻龙头，刀长 160 厘米，宽 9 厘米，柄长 85 厘米。此刀在舞中是用来当驱邪赶鬼的武器。“天罗”不在队伍中，而在队伍之外行走。花灯舞的其他演员中，有两人各举一盏方形花灯（一盏称“花公”，一盏称“花婆”）；两人手中各举着一条鱼灯（一条称“鱼公”，一条称“鱼母”），一人手举着一只红色公鸡灯；一人挎着一匹马灯。这些道具均用竹子编成，内点油灯使发光。挎马的人头戴着一顶草笠或布帽。如因丧事而跳花灯舞，部分演员还要手拿写着死者姓名的红色或白色灵牌。花灯舞伴奏只需一人打鼓，一人敲锣，两人吹唢呐即可。花灯舞活动场地不拘，平地即可。场地上倒放着 6 个或 12 个舂臼，排成两行，每行三个或六个。每个舂臼上面都放一个米筛、一只盛满大米的瓷碗、一枚铜钱。每个瓷碗里插着三支点燃的佛香和放上一个神位牌子。如果是做大斋（为因祸事而死者请大神驱大鬼），须进行三天三夜，要在场地内设置 12 个舂臼；如果是做小斋（为自然死亡者而做，意为请小神，驱小鬼），则仅进行半天或一个晚上，设置六个舂臼即可。花灯舞由领舞人带队入场。第一遍绕着六个舂臼行走，第二遍依次绕着每个舂臼走一圈，第三遍成两队交叉穿行，第四遍两队每隔两人交叉穿行。

大鼓舞 大鼓舞流传于细水乡各黎村，是一种娱乐性的民间舞蹈。相传，大鼓舞是白沙地区黎族最古老的舞蹈之一。过去遇有重大事情时，就由村中最有威望的男性老人敲响大鼓，召集村民聚会议事。后来，就逐渐发展形成了这种舞蹈，并且代代相传，流传至今。

由于大鼓舞情绪欢快，场面热闹，故一般在结婚、入宅，以及每年农历除夕至正月十五的年节期间，才出现集体参加打大鼓舞的场面。在平时，人们喝酒兴起，也会轮流击鼓起舞，以抒发欢乐之情。跳大鼓舞时，有一人边舞蹈边敲打大鼓，两人敲锣，两至三人吹唢呐。大鼓随唢呐的节奏而敲。打锣要听鼓声的节奏，鼓声大，锣声也要跟着大；鼓声小，锣声也跟着小。大鼓舞流传广泛，很受群众喜爱。细水乡几乎每村都有人会打大鼓舞。由于普及面广，因不同文化的渗入和影响，各地大鼓舞的打法也有所不同。

第五节　民间技艺

白沙县拥有丰富的民间工艺，它们是白沙人民在社会历史实践过程中创造的精神文化，蕴含着民间广泛使用的劳动生产以及其他操作方面的经验、知识和技巧。1988—2010 年，随着时代更迭、生活改变和审美转化，白沙的很多传统民间工艺渐渐不能适应现实需要，而在现代科技时代中渐行渐远，有的已经不再使用，淡出人们的视线。白沙的黎族纺织、双面绣技艺、苗族纺织、树皮布制作、片陶、骨器制作、“渡水腰舟”制作、独木器制作、竹藤器编织等民间工艺，大部分在日常生活中已经不多见，掌握相关手艺的人也已很少。

一、黎族纺织

黎族纺织使用的原料主要有植物麻和木棉花。植物麻常用火索麻、榼子麻、羊蹄藤等。选用植物麻的时间一般是在雨季，先将麻树皮扒下，再经过浸泡、捶打、搓麻、煮麻、晒干，使麻纤维分离成麻丝，以符合纺线的要求。木棉花有红棉和吉贝两种，红棉纤维短，不能单独纺纱，多与吉贝脱籽后混用，可纺粗纱，用于织制被单；吉贝是纺织布的主要原料，吉贝经过采摘、脱料、弹花之后就可纺纱。

麻丝、棉絮的原料备好后，便进入纺、染、织、绣四道工序。

纺的主要工具有手捻纺轮、脚踏纺车和缠线架。手捻纺纱是最古老的纺线工艺。这种工艺使用的工具为纺锤。纺锤由转轮和带尖钩的捻杆钩等组成。纺锤直径约 3 厘米，多为木制，也有个别地方用陶质、石质纺锤或直接用铜钱作纺锤。纺锤的正中挖一小孔。插上纺杆，留出尖钩。纺纱时，棉絮连着尖钩，通过纺杆在腿上搓转，带动纺锤将纤维合成纱线。脚踏纺车以快速的纺杆进行纺纱，速度较手捻纺快多倍。纺车由机架、转轮、踏板杆、传动带等组成。机架为丁字形，长、宽各 45 厘米，座一侧安一个高约 50 厘米的带轮短柱，轮上设一孔插一带杠杆的木杆。通过双脚上下踩踏转动轮子和纺杆，达到纺纱的目的。缠线架为分解纺轮、纺车纱线的工具，为入染或上织机做准备。缠线架有两种，一种是工字形，通长 60 厘米，宽 40 厘米；另一种是带座绕线架，架上有一方座，长、宽各 35 厘米，中央立一柱，上方套一带十字架的竹筒。绕线时，竹筒转动带动十字架转动，效率比工字形架高。

纺好线后就进入染的环节。染色原料分为矿物染料、植物染料和动物染料三种。植物染料方面，野板栗树皮、苏木的白材可作红色染料；黄姜茎、枫树皮和叶可作黄色染料；谷木的叶可作绿色染料；木蓝的茎、蓝靛叶可作蓝色或深蓝色染料；乌墨树皮和根可做黑色染料；牛椎树皮可作褐色染料。植物染料的制作方法一般是将植物原料捣碎放进缸里，按染料量的两倍加入清水浸泡一周，再加入适量的白石灰或螺壳灰和草木灰混合搅拌均匀，经过一周的发酵后，取出染料，用粗布滤去渣滓便可制成。矿物染料，是将天然有色化合物的矿物质研磨成粉制作成红色染料。染色时，一般是煮染或浸染纱线后晾干即可。动物染料，是从动物体内提取能使纤维染色的原料，通常是动物的红色血液，在血中加入牛皮熬煮成胶液，使染料颜色经久不退。

染色之后，便到织的工序，所用的工具是腰织机。腰织机的构造较为简单，由腰带、腰力圆辊、布轴、打纬机刀、拉力经线原木棍、提线木杆、分经筒、引纬线竹针、竹梳、整绒梳、绞棍等组成。操作方法是织者席地而坐，腰系织机腰带，双足踩住直径线的原木棍，引纬线竹针在经线间来回穿梭，打纬刀把纱线打紧，织出紧密均匀的织物。

织花是用黑色或蓝黑色做底色（经线），根据图案的需要，用各种色线搭配，拉经线，投纬线，再用纬刀打纬，织出各种花纹图案。提花是经线、纬线错综地在织物上织出凸起的图案。

绣是用彩线在面料的正反两面绣制同样的花纹，主要是用直针、平行线、三角形、菱形等基本形状来表现抽象的人物、动物、植物、吉祥文字等。这些刺绣作品传递着浓郁的民族气息，反映了黎族人民丰富的创造力，表达对美以及对幸福生活的追求。黎族刺绣主要分为单面绣、龙被绣等。白沙黎族则以双面绣为主，分为直针和扭针，以直针为基础针法。形式上，有平绣、贴布绣、挑绣、堆绣、抽纱绣、珠绣、饰片绣等。平绣，是在平面布料上用针绣图案；贴布绣，即在布料上缝贴上图案；挑绣，是根据布料的经纬组织，用针挑出基本的十字，再不断地扩大十字，构绣成图案；堆绣，是层层堆叠图案使呈现立体状；抽纱绣，是将织品局部的经纱或纬纱抽取，对余下的纱线进行锁缝固定成透视的图案；珠绣，是将各类珠子用线串起来，钉在织物上；饰片绣，是用铁、铅、铜、琉璃、塑料等饰片缝绣在织物上，以增添光彩。

绣是在已经加工好的织物上，以针引线，按照构图的思路进行单面穿刺，织成各种彩色图案。主要针法有平绣（在平面布料上用针绣图案）、贴布绣（在布料上缝贴上图案）、挑绣（根据布料的经纬组织，用针挑出基本的十字，再不断地伸扩十字，构绣成图案）、堆绣（层层堆叠图案使呈现立体状）、抽纱绣（将织品局部的经纱或纬纱抽取，对余下的纱线进行锁缝固定成透视的图案）、珠绣（将各类珠子用线串起来钉在织物上）、饰片锈（用铁、铅、铜、琉璃、塑料等饰片缝绣在织物上，以增添光彩）、双面绣（在面料上绣出正反面完全相同的花纹图案）等。

二、双面绣

黎族纺织的双面绣为润方言所独有，至 2005 年仅有数名老年妇女掌握这项技艺。

双面绣使用的白底布料，是以吉贝（草本木棉）脱籽、弹花后，经过纺线（用手捻纺轮或脚踏纺车纺线）、织布（主要用腰机织）等工序而成。布料准备好后，接着就是针绣，所用的线用植物染料（用黄姜茎、枫树皮、谷木叶、乌黑树皮、木蓝、蓝靛叶等制作）、动物染料（动物血液加牛皮熬成）、矿物染料（朱砂等天然矿物）等染色。针绣时，要十分细心，一针一线都很细腻，采用直针法和扭针法，始终垂直运针，排针的密稀和对称皆有度，线头和线尾完全藏没，不露痕迹，绣出正反两面完全相同的花纹图案。双面绣的花纹图案全由刺绣者构思，没有图纸参考。双面绣的图案十分丰富，约有 100 多种，以人文图、大力神图、龙纹图、鹿纹图比较普遍，反映黎族人民原始的自然崇拜、祖先崇拜和图腾崇拜习俗。刺绣完毕后，把有图案的双面绣品缝在织成的衣服上，此工艺也很精细，完全看不出缝纹。

古时，双面绣技艺传女不传男，以母传女的形式传承。中华人民共和国成立后，由于女子开始上学校，没有时间学习双面绣技艺，同时，双面绣技艺复杂，需要较长时间学习才能掌握，市场上又可买到现成织品，因此传承这项技艺的人越来越少。2009 年，“黎族双面绣技艺”入选海南省级非物质文化遗产保护名录项目。

三、苗族纺织

苗族的纺织机为台式手织机，台架前端全部安装纺具、纺线，后面坐人。织机中间顶部是一支往前平伸的摇动式活动杆，底下横着一支固定杆，固定杆底又有线箱，后侧有两排插条，每排插条各有 9 支纺线，纺线从插条上一直拉到织机框架前面的终端，终端左侧有布刀，底下有线捆。纺织时用一支压板压线，在压线板前面把两条横线往下拉至最底层的分线板上，以便能够交错分线。

苗族染布用的染料，都是自己配制的。原料为薜荔树叶、石灰和酒。其工序是：将从山上采来的薜荔叶放入大缸内浸泡 3 ~ 7 天，待缸内液汁变成青蓝色后，把叶渣捞出，放入适量的石灰和酒，用木棍不停地搅拌，再用滤过的草木灰水倒入缸内拌匀即可。配制出来的染料颜色呈青蓝色且不易褪色。蜡染是苗族保留至今的古老印染工艺。蜡染时，将一支削好的竹片（两头稍大，中间细小）折弯合拢，形如字母“u”，作为点染工具，称作蜡刀；把蜂蜡放进碗里用火加热熔化，然后用蜡刀蘸上蜡液，在白布上精心点染绘制各种图纹，如松树纹、“人”字纹、压印横纹等；待蜡液全部黏住布料后，放入染缸里浸染；染好后，将布料捞出放入盆中，倒入温水使蜂蜡熔化漂洗。蜡染的布料呈青底白纹，图案鲜明。

苗族妇女心灵手巧，善于刺绣。妇女穿戴的腰带、头巾、衣襟、袖沿等都绣有精美的花纹图案。苗族妇女在刺绣过程中，不用起样，全凭她们一双巧手，直接在布上刺绣各种图案。刺绣一般从布中间向四周展开，在大面积的布料上刺绣时，一般先把布料分成若干对称的方格或棱形，然后再绣入花纹图案。

四、树皮布制作

树皮布是人类服饰的始祖，白沙县树皮布俗称纳布、楮皮布、谷皮布等。各个黎族地区的树皮布制作方法基本相同，一般要经过扒树皮、修整、拍打漂洗、晒干、缝制等步骤。

能制作树皮布的树木主要有构树（楮树）、厚皮树、见血封喉等。其中，见血封喉的树皮是上好的原料，用其制成的树皮布又软又韧，经久耐用。制作树皮布的工具较简单，有钩刀、木棍、石拍等。选用树皮时，要选用树围大而直的树。有树眼或有分丫的树皮不能用，因为这样的树皮制作出来的布有破洞，不美观。同时，在选用树皮时，要根据所制作的树皮布产品，来选择不同尺寸的树皮。一般情况下，制衣裤需选用 20 ~ 30 厘米树围的树木，做被子要选用 30 ~ 40 厘米树围的树木。如果树围过大，则树皮比较粗糙，加工后的树皮布质量不够好，容易破损。

树皮布制作一般在春夏两季进行，因为这个时候树皮所含水分多，容易扒落和拍打。取树皮时，一种方法是在选好的大树上直接扒皮，即按一定尺寸在树上用钩刀、木棍直接把树皮扒下来；另一种方法是按照量好的尺寸，在大树上对树皮进行拍打，等把树皮拍软后，再扒树皮。不论是哪一种方法，扒下的树皮都要继续拍打漂洗。拍打树皮最好是在小河边，这样就能一边拍打一边漂洗。拍洗时，一定等到树皮柔软发白能制作用品为止。特别要注意的是，见血封喉是一种有毒的树，树浆对人的眼睛、皮肤有损害，手脚有伤口的人更不能进行见血封喉树皮的制作，一旦伤口感染就会有生命危险。加工好的树皮布不能暴晒，应放在凉处存放备用。树皮布加工好后，经过剪裁缝制，可制作帽子、枕头、上衣、裙子、兜卵布、口袋、腰带、被子等生活用品。制衣时，把树皮布对折，先在折边的中间开领口，再从领口下用利刀剪一直线就成了衣的半成品，再经缝制就成了一条树皮衣。制作被子时，如一张树皮布不够宽，可用两张树皮布缝制在一起。

树皮布制品可长期使用，脏了用水洗，晒干后继续用。不用时放在通风干燥的地方保存，以免发霉变黑。

树皮布是白沙县黎族群众传统的日常服饰品，中华人民共和国成立后，由于各种布料进入了边远乡村，再没有人穿用树皮布了，树皮布的制作也停止了。有些白沙黎族群众的树皮布及其服被海南民族博物馆选用收藏展出。

五、片陶

片陶，即泥片贴筑法制陶，是黎族一种古老的制陶方法。牙叉镇坡北村、青松乡南针村尚有片陶工艺流传。

片陶的器具有木杵和木臼（舂土和捣泥用）、木拍（用于拍打陶坯）、刮削器（竹片、贝壳等，用于刮削泥坯）、簸箕和竹筛（筛陶土和放置陶器用）、储水器（用于装水调泥）、工作台（用凳子架起木板当工作台）。片陶的流程，首先是粘泥粉采制，挖粘泥土回家，让阳光下晒干后放入木臼中捣碎，将细孔竹筛筛过 4 ~ 7 次成泥粉；接着是调制泥团，要用清水调匀细泥粉，摔成泥团，水和泥粉的比例约 1∶2，水多或少都不行，要恰到好处；接着是制陶坯，先捣泥完全均匀后，将泥团铺成薄饼状做器底，将黏土放在平滑的木板上拍打成片状，然后一片一片地从器底四周往上一层层贴片，做成多种生活用具的陶坯，再用竹片、贝壳、木拍等刮到平滑；再就是烧陶，制好的陶坯经过约 6 天晾晒已经干燥，这时才择日烧陶。按照黎族习俗，点火烧陶之前，要由有技术的年长妇女祈祷，念唱“烧陶歌”。烧陶是在露天用木柴堆成一个简易的炉灶，把陶坯倒扣摆放在柴堆上，以稻草、茅草点火烧陶，经过大约 2 小时的烧制后，用长竿从大堆里慢慢挑出烧好的陶器；最后，为了增加陶器的坚硬度，向陶器洒一种用黎语叫“紫涯”的植物树皮浸泡的汁，经过冷却，产品就制成了，主要有碗、钵、盆、锅、罐、蒸酒器、蒸饭器和水缸等。

片陶工艺以家传为主，也有向外人学习的。由于生产技术革新，片陶这一手工艺濒临失传。2010 年，“黎族泥片贴筑制陶技艺”被列入第三批国家级非物质文化遗产保护名录。

六、骨器制作

骨器制作是黎族的一项传统工艺。制作骨器的主要原料是兽骨（牛骨、鹿骨）。人们经过将兽骨洗刷去油脂、截料、修整成型、磨光等工序，使兽骨变成在生产生活中有用的各种骨器。骨器的种类，有骨铲（用于掘土、除草、作食具）、骨刀（用于收割山兰稻）、骨刮器（用于脱山兰稻谷）、打纬刀（机刀，织机机件）、骨梭（织网工具）、骨镖（刺鱼工具）、骨簪（美发、固发用具）、骨梳（用于装饰头发）、项饰（用于装饰和避邪）等。

在骨器中，骨簪制作精细，造型别致，堪称黎族民间雕刻艺术的精品。它是黎族妇女习惯佩戴的一种精致、美观、珍贵的头饰。骨簪有双人头像骨簪和单人头像骨簪两种。前者上端刻有同骑在动物身上的两个人的头像，后者上端刻着骑在一只动物身上的一个人的头像。传说此头像是一个叫“总管”或“峒主”的首领头像，因得到人们的爱戴，所以雕刻在头簪上纪念。骨头的中间部分刻有鱼纹和水波纹等，寓意鱼水相连，团结共济；尾部刻几何形及花草图案等，图案变化多样，由雕刻人自由选定。

制作骨簪，第一步是选取好的骨料，即选取已脱脂的干净牛脚骨（或直的兽骨），用锯子或利刀按尺寸切割成长条形。一般来说，双人头像骨簪长 17 ~ 26 厘米，宽 1.2 ~ 2.1 厘米，厚 0.5 ~ 0.8 厘米；单人头像骨簪长 18 ~ 27 厘米，宽 1.2 ~ 2 厘米，厚 0.5 ~ 0.8 厘米。

开出条状的骨头后，先用细细的砺石磨光滑，再用锋利的小尖刀在骨头上精心雕刻人头像及各种花纹图案（有鱼、马、龟、蛙、鹿、花草、果实、三角形、长方形、水波纹、弦纹等象征富有、吉祥或具有审美特征的图案）。图案雕刻好后，要将骨头涂上一层黑木炭粉，即把木炭捣成粉状后，渗入所刻的图案，再抹上蜜蜂腊，把炭粉封闭，然后用小火慢慢地熔化蜂腊使渗入图案纹路中。熔化后的蜂腊起到保护作用，能使雕刻的图案永不褪色，更使刻文清晰可见。最后，还要在骨簪头部开 3 ~ 4 个小孔，用于串上铜片制成的小动物或小铃铛，骨簪顶部还要系上三支长约 30 ~ 60 厘米的红线，线穗头串上一些白色和蓝色的小珠子，这就制成了一支完整的骨簪。骨簪工艺精美，刻工精细，制作一支需要 5 ~ 12 天。骨簪一般自制自用，也可赠送亲戚好友。骨簪平时一般不戴，只有在喜庆节日时才戴。未经过纹身或年未满 15 岁的姑娘不能戴骨簪。

骨簪过去流行于牙叉、元门、南开、青松等地，改革开放后已没有人佩戴了，骨簪制作技艺面临失传。

七、“渡水腰舟”制作

白沙地处海南第一大江南渡江上游，支流众多。历史上，一些村庄的黎族群众出入除了爬山就得涉水，葫芦是他们渡河的必需交通工具，称为“渡水腰舟”，既用于渡人，也用于运载东西。

渡水腰舟一般采用高 50 ~ 60 厘米，腹径 40 厘米的成熟葫芦制作，其周身用藤或竹编成的网套着，底部的编织圈用于在水中时抓紧葫芦，同时避免葫芦被它物直接碰撞。渡水腰舟有的是一个完整的葫芦，有的是在葫芦颈部开口，口径 10 ~ 13 厘米，外套以皮盖。制作这种皮盖时，取一块泡软的水牛皮，将葫芦口包扎起来，用绳子拴牢，等水牛皮干涸后取下来，裁去毛边，就是一个倒扣的碗状皮盖了。过河前将衣物、食物放进葫芦里，盖上皮盖，以免河水打湿衣物，人抱着葫芦渡水。用渡水腰舟过河时，人一只手抓住葫芦，另一只手向前伸，利用单手和两腿划水，或者用双手握住葫芦，双腿交错击水。

随着交通工具的发展和葫芦种植的减少，“渡水腰舟”已很少有人使用，制作“渡水腰舟”的老艺人也日渐稀少，其工艺技术及使用技巧岌岌可危。2008 年，“黎族渡水腰舟”已被列入第二批海南省级非物质文化遗产名录。

八、独木器制作

黎族的独木器具品种较多，大致可分为生产工具、生活用具和宗教器具。生产工具主要有独木舟、制陶台垫、牛铃、点穴棒、独木铲、独木拍、扁担、木犁、木耙等；生活用具常见的是独木谷桶、独木米桶、独木臼、独木凳、独木棺、独木甑、独木槽、独木锅盖、独木针线盒等；宗教用具常见的有独木皮鼓、刀筒、神像等。

独木器具都以原木为材料，利用铁斧、钩刀、锛、凿、刨、锯等工具刳制雕琢而成。小件的独木器具，如独木臼、独木凳等，一般是用钩刀直接刳制而成，显得小巧玲珑，独具匠心；大件的如独木谷桶、独木舟等，则是先用火烤成大致的形状，再用钩刀修整成型。这些独木器具上，常见精心雕刻的图案。生活用具上的图案以几何纹和水波纹为主，如烟筒、盛水竹筒、竹盆等；生产工具上的图案，多以牛、鹿和星月形状为主，如刀鞘、箭柄、纺织工具等；宗教用具，如神桌道具上的图案以古人舞蹈场面和怪物形象等为内容。

黎族的独木器具不仅具有实用性，而且造型优美，是黎族人民生产、生活、风俗、宗教的记录和写照，反映了他们在木器制作上的独特技艺。

九、竹藤器编织

竹藤器在白沙黎苗族地区，不仅男人会编，妇女也会织，所编织的器物美观实用，工艺精致，以生产生活用具为主。

竹（多为粉竹）可以编竹筐、竹篓、畚箕、筛子、簸箕、鱼笼等。竹筐有两种，一种是大眼竹筐，一种是小眼竹筐。大眼竹筐的制作较粗糙、体积比较大，多为圆形，挖番薯、木薯时用做盛具。小眼竹筐制作较为精致，有圆形、方形、长方形各种，多用于盛熟物或肉类。小眼竹筐由于常挂于灶火顶，长年被烟火熏，表皮往往呈金黄色，且经久耐用。竹篓也有大号小号之分，大篓是男子专用，小篓为女子专用。男子外出上山，腰背上常挂着大号篓；女子外出也常挂着腰篓。畚箕是日常生产生活不可或缺的用具，挑秧要用，挑猪草要用，挑肥料下田要用，挖番薯和木薯要用，挑土挑石也要用。簸箕和筛子是妇女在舂米后簸米筛米的用具，做工很精致，用竹篾皮的最好部分编织而成。簸箕大，筛子小。筛子的面上有眼网，网眼大的筛粗米，网眼小的筛细米。鱼笼为圆形长体，分笼口、笼体、笼尾、笼舌四部分。笼口为喇叭形，最大；笼体为圆形，稍长，约为笼的四分之三；笼尾最小；笼舌装在笼口与笼体交接处，以防鱼进入笼体后再游出。鱼笼有大、中、小多种型号，大号的装在大河流，用于套大鱼；中号的装在小溪流中，套一些稍小的鱼；小号的装在田头田尾的出水口处，套一些田虾、田蟹和小鱼。

藤（红、白藤）可以编藤衣柜、藤篮子等。蒌叶也可用于编织器物，可以编米蒌、蒌席等，蒌席可作睡觉用，也可晒谷子及其他东西。

由于现代用品的广泛使用，木作已基本消失；而竹藤器仍在流传，一些竹藤器，由于做工精细，深受人们的喜爱。

第六节　非物质文化遗产保护

白沙县重视开展非物质文化遗产的调查和项目申报工作。2006年，白沙县组织业务人员配合省专家深入到南开乡、细水乡、牙叉镇、元门乡等乡镇，对鼻箫、老鼓舞等优秀民族传统文化进行挖掘，并派县歌舞团的演员到细水乡、牙叉镇学习民族民间艺术表演技巧。2006年3月，白沙县举办一期全县乡镇文化站专职人员业务知识培训班，聘请省非物质文化遗产保护工作中心和省艺术馆有关专家前来授课。2007年，白沙县组织业务人员配合省有关专家深入到南开乡、细水乡、牙叉镇、元门乡、打安镇等乡镇开展采风活动，对鼻箫、老鼓舞、黎族渡水腰舟、润方言黎族民歌、制陶技艺等民族传统文化深入挖掘。

2007年，白沙黎族自治县非物质文化遗产普查领导小组成立，各乡镇也相应成立了工作机构并配备了工作人员。2007年下半年起，白沙县非物质文化遗产普查工作全面展开，普查的内容包括传统生产生活方式、民间故事、民间传说、民歌民谣、节庆仪式、丧葬习俗、民族传统手工艺、妇女文身状况等各个方面。普查人员逐村逐寨，通过走访艺人，观看仪式表演等方式展开调查，并使用录音笔、照相机、摄像机等设备进行全方位的采录。至2008年上半年止，普查人员收集了丰富的资料，其中民歌民谣1000多首，民间舞蹈4个，民间故事传说20多篇，共填写各种相关的普查表格1000多份，拍摄各种图片5000多张、录像资料50多个小时。2009年，县文化馆组织工作人员深入乡村，对濒危的非物质文化遗产进行普查抢救。

白沙县在普查的基础上先后申报了一批非物质文化遗产项目，其中黎族文身、黎族骨器制作、黎族渡水腰舟、黎族双面绣、黎族老古舞、黎族民间故事、黎族泥片贴筑法制陶技艺已被列为省级非物质文化遗产保护名录。2010年6月，黎族老古舞入选第三批国家级非物质文化遗产保护名录。

第七节　群众文化

一、文化设施

文化馆　县文化馆成立于1952年，是县政府成立的事业公益性编制单位，隶属县文体局，主要职责是组织白沙县的群众文化活动，繁荣群众文化事业；进行文化宣传、文化活动组织、文化交流和民族民间文化艺术遗产收集整理与保护；担任群众文化的理论研究与实践指导工作以及群众文化艺术活动的辅导工作；组织开展多种多样的群众文化活动；编发群文刊物，繁荣群众创作；搜索、整理民族民间文化艺术遗产工作。县文化馆发行的文化刊物为《白沙》刊物。

图书馆 县图书馆成立于1981年，是白沙县地方文献的重要收藏中心，属于公共图书馆，担负文献信息资源的收集（尤其是白沙县地方文献的收集）、整理、存储、传播、研究和服务等职能，为读者提供文化教育、自学、娱乐活动所需的图书资料和场所。

县图书馆图书借阅室，开展流通借阅和馆际互借业务；电子阅览室，以本室多媒体设备，为广大读者提供学习计算机操作、网络应用，尤其是对未成年人学习计算机提供绿色平台。图书馆业务辅导室负责对白沙县基层图书馆（室）承担业务辅导职责。

乡镇综合文化站 白沙县的乡镇文化站最早建于20世纪70年代。1984年，全县各乡镇（当时称为区）全部建立文化站，并配备每个站专职干部1人。2008年，白沙县大规模投入乡镇综合文化站开始建设，同年国家投入专项资金220万元，省投入资金88万元，县配套资金125.4万元。2010年，白沙县已基本完成全县11个乡镇综合文化站大楼的建设（除了青松、金波和阜龙等3个乡综合文化站乡政府增加资金建成三层楼外，其余9个乡镇文化站大楼都为两层楼）。全县11个乡镇篮球场和舞台的建设和配套也得到进一步完善。2010年，邦溪镇综合文化站因影响该镇的整体规划与建设，经县政府同意，拆除另选址重建。

农家书屋 2008—2009年，白沙县完成6个农家书屋的建设。2010年，白沙县已完成省下达的21个村委会农家书屋建设任务，并已为其配备书柜、阅览桌椅、规章制度、农家书屋牌扁等。至2010年止，全县已完成36个农家书屋的建设。

“百里文化长廊”工程 1996年初，为了推动全县的农村文化建设早日上规模、上档次，白沙县政府确定用3年时间建设白沙县“五三二一”（指“五室三队二场一厅”，即图书馆、娱乐室、科普室、广播室、文化站办公室，文艺队、体育队、电影队，灯光球场、影剧场，卡拉OK歌舞厅）工程，以七坊镇为中心，以元门—荣邦公路为纽带，从东至西横贯元门、白沙、牙叉、打安、广雅、七坊、邦溪、荣邦8个乡镇组成的“百里文化长廊”，带动其他乡镇的文化建设。1999年，经省“千里文化长廊”建设办公室评定，白沙县七坊镇、邦溪镇、荣邦镇、广雅镇、金波乡、县图书馆和县文化馆等7个单位在软件、硬件建设方面均达标。

二、文化活动

20世纪90年代，白沙县每年元旦、春节期间，都举行文化“三下乡”（下乡慰问演出、下乡放映电影、图书下乡流通）活动。2000年后，白沙县把“三下乡”（送戏、送电影、送图书）活动当作政府承诺为民办实事的一项重要工作来抓。

白沙县干部群众特别重视一年一度的“三月三”黎族苗族传统节日，届时县城、乡镇都同时举办内容丰富的庆典活动，每次活动县城观众都在3万人次以上，各乡镇观众达7万人次以上。

1987—1990年，白沙县有农村电影放映队25支，放映员48人，年放电影4000余场，观众达420余万人次。2004年，在全县11个乡镇的文化活动场所流通各种图书1360册。2006年，白沙县共开展送戏下乡36场、送书4300册、送电影260场。2006年，白沙县在春节、“三月三”、“五一”国际劳动节、“七一”中国共产党建党节、国庆节等重大节假日组织开展大型文艺晚会5场。2006年8月，台湾少数民族文艺团到白沙县进行访问交流，县歌舞团编排富有民族特色的文艺节目进行联谊演出，受到高度评价。

2007年6月，白沙县举办全县迎奥运全民健身长跑活动，参加人员达到5000多人次。7月，开展老年人迎奥运全民健身健步走活动，参加人员达1000多人次。8月，举行“雪花杯”暑假男子篮球联赛，共有13个队伍140名运动员参加，观众达到6万多人次。9月28日，县民族歌舞团与省海汽艺术团联合在县影剧院举办庆国庆、喜迎中共十七大胜利召开暨“颂海南”歌手颁奖晚会。10月18日，县民族歌舞团与省群艺馆联合在国营龙江农场场部举办庆祝中共十七大胜利召开暨海南“群艺大舞台”白沙黎乡行文艺晚会。

2009年9月25日，白沙县在县民族中学田径场举办“祖国颂，白沙情”庆祝中华人民共和国成立60周年文艺晚会。2010年，白沙县举办春节大联欢文艺演出活动、海南茶业股份有限公司白沙绿茶春节晚会、纪念中国共产党成立89周年文艺晚会、纪念新中国成立61周年“和谐白沙·颂祖国”文艺晚会及海南解放60周年庆祝活动。2010年11月，白沙县开展文化下乡、广场文化演出以及其他公益性演出共35场，送书刊下乡5100册次，图书流通量36956册次，电影下乡1033场次，广场文化6场。

三、文化市场

1978年改革开放后，白沙县的文化市场经营活动从无到有逐步发展。2005年，全县有图书店（摊）6家，音像制品出租、零售店29家，网吧12家，电子游戏经营场所9家，印刷厂3家，歌舞厅娱乐场所38家，其他娱乐场所10家。2010年，全县共有文化娱乐场所73家，其中音像制品经营单位13家，网吧12家，电子游戏室10家，卡拉OK歌舞厅29家，台球室2家，出版物经营单位4家，印刷厂3家。

白沙县坚持“一手抓繁荣，一手抓整顿”的方针，加强管理县内的文化市场。2000年，白沙县大力压缩整顿电子游戏行业，对全县12家电子游戏经营单位进行重新审核登记，并严令在学校周围200米内不许开办任何电子游戏室。2006年，白沙县共出动文化市场执法人员670多人次，对全县12家网吧和9家电子游戏机室展开突击检查，查处网吧4家、电子游戏机室2家，取缔电子游戏机室2家，罚款8000元；对销售非法音像制品的店家进行严厉的打击，全年共收缴非法音像制品2582盒（张）、书刊230册，有力打击销售非法音像制品和书刊的行为。2007年，白沙县共出动检查人员200多人次，对全县12家网吧、10家电子游戏机室、26家音像制品出租或零售店、6家新闻出版物经营单位和3家印刷复制企业进行检查，共查处整改娱乐场所8家，整治电子游戏室9家，查处接纳未成年人网吧4家，移交工商部门“黑网吧”案件2家，当场处罚网吧1家，共罚款8500元；共收缴盗版音像制品4362盒（张）、“口袋书”524册。

2010年，县文化市场行政执法大队先后开展“扫黄打非”、“网吧专项整治”及“净化社会文化环境专项整治”三大整治行动，共组织大小行动40余次，车辆50辆次，出动检查人员200人次，清查文化经营单位800家次，进一步净化文化市场。县文化市场稽查队采取不定时、不定区域，对全县12家网吧进行突击检查，共出动人员100人次、车辆20车次、检查网吧150家次，并立案查处违规网吧5家，给予5家网吧“未成年人禁止进入警示牌”，贴上黄牌警告一次，给予2家接纳未成年人的网吧停业整顿15天的行政处罚，并将网吧违规经营场所向全县有关部门进行通报。

第八节　文物普查与保护

一、白沙县民族博物馆

1990年6月，白沙黎族自治县民族博物馆成立，为股级事业单位，担负白沙县内文物的搜集、保护、抢救、管理等工作。

至2010年止，县民族博物馆收藏的各类文物共计802件（其中包括古代、近代的民族文物）。经有关部门和专家初步鉴定，暂定为国家一级文物的有10件，国家二级文物的有3件，国家三级文物的有37件。县民族博物馆免费对外开放，每年接待1万多人次。

二、文物普查

从1982年起，白沙县文化部门就开展文物的普查和征集工作。1990—2000年，县民族博物馆对白沙县内8处革命遗址、6处古迹进行实地勘察考证，并对全县进行文物普查，收集到陶瓷类文物185件，石器类文物79件，铜铁器材类文物187件，瓷器类文物17件、棉麻织品79件，日本侵略军侵华遗物20件，革命文物102件，民族文物273件，其他文物299件。

2007年4月，白沙县启动第三次全国文物普查工作。至2010年止，白沙县已完成第三次文物普查实地文物调查阶段，共登记不可移动文物点106处，其中新发现文物28处，复查文物78处，消失文物8处；从文物类别来看，古遗址64处，古墓葬3处，古建筑2处，近现代重要史迹及代表性建筑2处，其他2处；从年代来看，新石器时代80处，唐代1处，清代3处，中华民国14处，中华人民共和国7处。2010年白沙县第三次全国文物普查期间，采集到有肩石斧30件，有肩石锛4件，有肩石铲2件，石球2件，梯形石凿1件，长方形石器1件，石烟斗1件，有肩石凿1件，陶称碗1件，砺石4件，石轮1件，瓷、陶碗瓮、罐残等多件。

白沙黎族自治县第三次全国文物普查不可移动文物一览表

表15-3-1

序号	名称	年代	类别	地址	保存状况
1	可任村遗址	新石器时代	古遗址	阜龙乡可任村西南150米	一般
2	红岭村遗址	新石器时代	古遗址	阜龙乡红岭村南200米	一般
3	南北吉村遗址	新石器时代	古遗址	阜龙乡南北吉村北100米	一般
4	道拉村遗物点	新石器时代	古遗址	阜龙乡道拉村东100米	一般
5	那也村宋墓	宋代	古墓葬	阜龙乡那也村东约2公里	一般
6	打立村遗址	新石器时代	古遗址	阜龙乡打立村西300米	一般
7	番印村遗址	新石器时代	古遗址	阜龙乡番印村东200米	一般
8	新村遗址	新石器时代	古遗址	阜龙乡新村南约800米	一般
9	打堆遗物点	新石器时代	古遗址	阜龙乡打堆北50米	一般
10	保家遗物点	新石器时代	古遗址	阜龙乡保家村西南30米	一般
11	那查遗物点	新石器时代	古遗址	阜龙乡那查村东100米	一般
12	大村遗址	新石器时代	古遗址	阜龙乡大村东北100米	一般
13	琼崖纵队司令部旧址	中华民国	近现代重要史迹	阜龙乡文头老村	较差
14	白沙县抗日民主政府旧址	中华民国	近现代重要史迹	阜龙乡芭蕉村北20米	较差
15	王琴村遗址	新石器时代	古遗址	邦溪镇王琴村东1公里	一般

续表 15-3-1

序号	名称	年代	类别	地址	保存状况
16	南丁村遗址	新石器时代	古遗址	邦溪镇南丁村东约 700 米	一般
17	子雅村遗址	新石器时代	古遗址	打安镇子雅村东北约 15 米	一般
18	可雅村遗物点	新石器时代	古遗址	打安镇可雅村北 2 公里	一般
19	高看村遗址	新石器时代	古遗址	打安镇高看村东 20 米	一般
20	力坡村遗址	新石器时代	古遗址	打安镇力波村东 10 米	一般
21	合流遗址	新石器时代	古遗址	打安镇合流村东 500 米	一般
22	打箭岭遗址	新石器时代	古遗址	细水乡坡生村南北 1 公里	一般
23	坡生遗址	新石器时代	古遗址	细水乡坡生村西南 500 米	一般
24	对面坡遗址	新石器时代	古遗址	细水乡坡生村西 800 米	一般
25	坡生遗物点	新石器时代	古遗址	细水乡坡生村南约 1 公里	一般
26	合口遗址	新石器时代	古遗址	细水乡合口村北 20 米	一般
27	南巴遗址	新石器时代	古遗址	细水乡南巴村东 1 公里	一般
28	那凡村遗址	新石器时代	古遗址	牙叉镇那凡村西南 500 米	一般
29	花道遗物点	新石器时代	古遗址	细水乡花道村西北 150 米	较差
30	南三遗址	新石器时代	古遗址	细水乡南三村东北 20 米	一般
31	方伦甘蔗榨坊旧址	中华民国	近现代重要史迹	细水乡方伦村西北 100 米	一般
32	方伦遗址	新石器时代	古遗址	细水乡方伦村西 500 米	一般
33	福门遗址	新石器时代	古遗址	细水乡福门村西南 500 米	一般
34	琼崖纵队挺进队旧址	中华民国	近现代重要史迹	细水乡南一村东约 3 公里归心岭	较差
35	那来遗物点	新石器时代	古遗址	七坊镇那来村南 50 米	一般
36	长龙遗物点	新石器时代	古遗址	七坊镇长龙村东 200 米	一般
37	高大村遗物点	新石器时代	古遗址	七坊镇高大村南 50 米	一般
38	可立唐墓	唐代	古墓葬	七坊镇可立村南 500 米	一般
39	南松遗物点	新石器时代	古遗址	七坊镇南松村东南 500 米	一般
40	高石交通站党支部旧址	中华民国	近现代重要史迹	七坊镇高石村内	较差
41	道龙村遗物点	新石器时代	古遗址	元门乡道龙村东南 200 米	一般
42	向民村遗物点	新石器时代	古遗址	元门乡向民新村北 50 米	一般
43	红新遗物点	新石器时代	古遗址	元门乡红新村北 30 米	一般

续表 15-3-1

序号	名称	年代	类别	地址	保存状况
44	其托遗址	新石器时代	古遗址	元门乡其托村南 100 米	一般
45	罗帅遗物点	新石器时代	古遗址	元门乡罗帅村东 75 米	一般
46	印妹遗址	新石器时代	古遗址	元门乡印妹村西北约 50 米	一般
47	白沙起义旧址	中华民国	近现代重要史迹	元门乡红茂村南 3 公里鹦哥岭	较差
48	道隆遗址	新石器时代	古遗址	元门乡道龙村西北 1 公里	一般
49	什造岭遗物点	新石器时代	古遗址	南开乡方红村北 100 米的什造岭	一般
50	方佬遗址	新石器时代	古遗址	南开乡方佬村北 20 米	一般
51	高峰遗物点	新石器时代	古遗址	南开乡高峰村东约 300 米	一般
52	什庄遗址	新石器时代	古遗址	南开乡什庄村北 750 米	一般
53	方通遗址	新石器时代	古遗址	南开乡方通村东 500 米	一般
54	牙星遗址	新石器时代	古遗址	南开乡牙星村内	一般
55	什谋岭遗址	新石器时代	古遗址	南开乡莫好村东 1.5 公里什谋岭	一般
56	牙南遗址	新石器时代	古遗址	南开乡牙南村内	一般
57	萌芽遗址	新石器时代	古遗址	南开乡萌芽村南 50 米	一般
58	什才遗址	新石器时代	古遗址	南开乡什才村西 50 米	一般
59	力保遗物点	新石器时代	古遗址	南开乡力保村内	一般
60	智在遗址	新石器时代	古遗址	青松乡智在村南 3 公里	一般
61	新丰遗址	新石器时代	古遗址	青松乡新丰村东 300 米	一般
62	什吾窑址	清代	古遗址	牙叉镇什吾村东北约 150 米	一般
63	九架老村窑址	清代	古遗址	牙叉镇九架老村西南 100 米	一般
64	对俄遗物点	新石器时代	古遗址	牙叉镇对俄村西 300 米	一般
65	志针遗址	新石器时代	古遗址	牙叉镇志针村东南 750 米	一般
66	对俄西遗址	新石器时代	古遗址	牙叉镇对俄村西北 800 米	一般
67	坡对园遗物点	新石器时代	古遗址	牙叉镇那凡村东 150 米	一般
68	琼崖纵队牙叉会议旧址	中华民国	近现代重要史迹	牙叉镇县一小西 10 米	一般
69	志针墓群	汉代	古墓葬	牙叉镇志针村西南 750 米	一般
70	白准村琼崖纵队支队驻军旧址	中华民国	近现代重要史迹	阜龙乡白准村内	一般

续表 15-3-1

序号	名称	年代	类别	地址	保存状况
71	大村琼崖纵队支队驻军旧址	中华民国	近现代重要史迹	阜龙乡大村东南约 300 米打田岭	较差
72	光村日军侵琼据点旧址	中华民国	近现代重要史迹	荣邦乡光村西北 1 公里	一般
73	南北沟村遗物点	明代	古遗址	邦溪镇南北沟村西南约 800 米	一般
74	新村遗物点	新石器时代	古遗址	邦溪镇新村北面约 1 公里	一般
75	付俄琼崖纵队烈士墓	中华民国	近现代重要史迹	邦溪镇付俄村东南 2 公里	较好
76	付俄琼崖纵队支队驻军旧址	中华民国	近现代重要史迹	邦溪镇付俄岭东南 2 公里	较差
77	类托遗物点	新石器时代	古遗址	打安镇类托村东南 300 米	一般
78	南九村遗物点	新石器时代	古遗址	打安镇南九村南约 2 公里	一般
79	可情遗物点	新石器时代	古遗址	打安镇可情村内	一般
80	芝冉村遗物点	新石器时代	古遗址	打安镇芝冉村西部	一般
81	打巴村遗物点	新石器时代	古遗址	打安镇打巴村北面 200 米	一般
82	什冲村遗物点	新石器时代	古遗址	细水乡什冲村东南 1 公里	一般
83	什好村遗物点	新石器时代	古遗址	细水乡什好村北 100 米	一般
84	罗任村遗物点	新石器时代	古遗址	细水乡罗任村东 300 米	一般
85	龙村遗物点	新石器时代	古遗址	细水乡龙村 100 米	一般
86	阜途村遗物点	新石器时代	古遗址	七坊镇阜途村东南 200 米	一般
87	保柴村遗物点	新石器时代	古遗址	七坊镇保柴村东南 700 米	一般
88	朝供村遗物点	新石器时代	古遗址	七坊镇朝供村中央	一般
89	孔八村遗物点	新石器时代	古遗址	七坊镇孔八村南 1 公里	较差
90	红春村遗物点	新石器时代	古遗址	金波乡红春村北 100 米	一般
91	古弄村遗物点	新石器时代	古遗址	金波乡古弄村东面 50 米	一般
92	那凡村烈士墓	中华人民共和国	近现代重要史迹	牙叉镇那凡村内	较好
93	什奋村白沙县第一次起义旧址	中国民国	近现代重要史迹	牙叉镇什奋村东北 500 米	较差
94	芭蕉村遗物点	新石器时代	古遗址	牙叉镇芭蕉村南 500 米	一般
95	“薄沙营”旧址	清代	近现代重要史迹	牙叉镇道阜村北 800 米	一般
96	方香烈士陵园	中华人民共和国	近现代重要史迹	牙叉镇东风村西 10 米	较好
97	拉坎岭遗物点	新石器时代	古遗址	南开乡道小村北 100 米	一般

续表 15-3-1

序号	名称	年代	类别	地址	保存状况
98	道小遗物点	新石器时代	古遗址	南开乡道小村内	一般
99	打麦遗址	新石器时代	古遗址	青松乡打麦村北 50 米	一般
100	俄歪岭日军侵琼据点旧址	中华民国	近现代重要史迹	阜龙乡西南约 1 公里	较差
101	琼崖公学旧址	中华民国	近现代重要史迹	阜龙乡新开村内	较差
102	南伟水库	20 世纪 60 年代	近现代重要史迹	元门乡	一般
103	白沙县委办公旧楼	20 世纪 50 年代	近现代重要史迹	县委大院内	较好
104	白沙县人民政府办公旧楼	20 世纪 50 年代	近现代重要史迹	县政府大院内	较好
105	白沙茶厂	20 世纪 80 年代	近现代重要史迹	县城东南 3 公里	较好
106	阜龙革命根据地旧址	中华民国	近现代重要史迹	阜龙乡文头村	较差

三、文物保护

1988—2010 年，白沙县民族博物馆重视加强对文物的管理保护，除了将各类文物逐件登记注册，还完成《文物分布图》《遗址概况》《白沙县文物博物馆事业纪事》《中国文物地图集海南分册 · 白沙县》等编写工作。在第三次全国文物普查期间，按照国家文物局提出的在实地文物普查阶段要解决新发现文物保护的要求，县文体局及县博物馆在普查文物的同时，注意对发现的文物进行保护管理，积极做好申报县级文物保护单位相关材料的准备工作，拟将打麦遗址、琼崖革命纵队司令部旧址、琼崖纵队牙叉会议旧址、白沙起义旧址等 10 处文物报县政府公布为白沙县第一批县级文物保护单位；同时申请文物保护专项经费对部分文物进行维修保护。

四、文化遗址与文物选录

新村遗址 位于白沙县阜龙乡北约 6 公里，新村南约 800 米的山坡地上，分布面积约 500 平方米。1983 年考古调查时在该遗址采集到 6 件磨制石斧和少量夹砂粗褐陶片。白沙县第三次全国文物普查时，发现有石斧 4 件、单肩石锛 1 件、有肩石铲 1 件，目前尚未发现文化层堆积和夹砂陶片，初步判断其为新石器时代文化遗址。

什才遗址 位于南开乡什才村西 50 米，在南渡江源头的南开河支流南木佬河南岸 200 米的地方，遗址面积 800 平方米。该遗址出土有肩石斧、有肩石锛、有肩石拍、梯形石凿和盾形石器，敲砸石器等，属于新石器时代文化遗址。

印妹遗址 位于元门乡南约7公里印妹村西北约50米，坐落在南渡江源头南开河南岸台地上。遗址东西宽20米，南北长50米。20世纪60年代，县文物调查队在该遗址采集到有夹砂粗灰陶片，器型有缸、罐等。

其托遗址 位于元门乡南约6公里，其托村南约200米，在南渡江上游支流南川河东岸的山冈上。20世纪90年代省、县文物调查队采集到双肩石斧、双肩石拍、石环、石饼、砺石等，属新石器时代文化遗址。

南北吉遗址 位于白沙县阜龙乡政府东北约6公里，南北吉村北约100米，坐落在南渡江上游支流新村河右岸台地上。遗物点分布范围约500平方米。1983年海南黎族苗族自治州文物普查时，曾在该遗址发现磨制的有肩石器，器形有石斧、石锛等。1997年县文物调查队复查时又采集到几件有肩石器。白沙县第三次全国文物普查时，又征集到一件有肩石斧和一件有肩石犁。据初步分析，其属海南新石器时代文化遗址。

萌芽遗址 位于南开乡萌芽村南50米，南渡江源头南开河上游河床西北岸。遗址东西宽约60米，南北长约100米，出土有肩石斧、有肩石锛、有肩石铲、梯形石凿等。其属于新石器时代文化遗址。

方伦遗址 位于细水乡北约3公里方伦老村。遗址东西长约400米，南北宽200米。60年代广东省文物普查时在该遗址采集到穿孔石器，夹砂粗褐陶罐，明代彩釉瓷罐残片等。2009年，白沙县文物普查时采集到青花碗底和砺石。

红岭村遗址 位于阜龙乡西约1公里，红岭村南约200米的台地上。20世纪80年代，海南黎族苗族自治州文物普查时曾在遗址采集到几件磨制有肩石器（石拍、石锛等），有少量灰砂红褐粗陶片和泥质灰褐陶片。经初步分析，其为海南新石器时代文化遗址。

对俄遗址 位于牙叉镇北约8公里，对俄村西约300米的什通利岭脚下。20世纪90年代，该遗址出土梯形石锛等，近年又出土有肩石斧、有肩石锛多件。

可任遗址 位于阜龙乡北约400米，坐落在可任村西约400米的台地上，分布面积15000平方米。1983年海南黎族苗族自治州文物普查时，于此发现有肩石斧、有肩石锛和少量夹砂粗红褐色陶片。白沙县开展全国第三次文物普查时，仅在遗址采集到几件夹砂粗褐陶片，与以前发现有夹砂粗陶片相同，未发现石器。初步分析，其为海南新石器文化遗址。

方佬遗址 位于南开乡方佬村北约50米，坐落在南渡江源头南开河支流南巴沟南岸，高出水面约10米。遗址东西长约50米，南北宽约30米。遗址出土有肩石斧、有肩石拍等，为新石器时代文化遗址。

打麦遗址 位于青松乡政府以南约10公里，打麦村二队北约50米，坐落在南渡江源头南美河上游支流的南巴跃西岸的山冈上。20 世纪 80 年代在遗址发现 20 多件石器，白沙县第三次全国文物普查时采集到 9 件石器，有石斧、石锛、石铲、石球等，为新石器时代文化遗址。

牙星遗址 位于南开乡政府约 1 3 公里，在牙星村内，坐落在南渡江源头南开河支流南星河北岸上。遗址东西长约 150 米，南北宽约 50 米。20 世纪 80 年代遗址出土有肩石斧、石锛、石凿、石铲等石器。

智在遗址 位于青松乡政府南约 5 公里，智在村南约 3 公里，坐落在石碌河支流南或河东岸山冈上。分布面积较小。20 世纪 80 年代文物普查时，曾在该遗址发现 3 件石器，为有肩石铲、石锛，采集到少量陶瓮残片。

什吾窑址 位于牙叉镇政府西约 8 公里，什吾村东北约 150 米的岗地上。窑址东西长 10 米，南北宽 30 米。其为土窑，窑膛方形，露天烧制陶器，属于清代民窑遗存。20 世纪 80 年代文物普查时，在此采集到泥质灰胎硬陶盆、提梁壶残片等。

九架老村窑址 位于牙叉镇政府西约 5 公里，九架老村西南约 100 米的总晓岭南坡上。窑址依山势建，长 10 米，宽 2 米，窑膛近似圆形，直径 1.5 米，宽 2 米，为清代陶窑址。20 世纪 80 年代，在该窑址采集到泥质灰胎硬陶盆等遗物。

对俄西遗址 位于牙叉镇北约 8 公里，对俄村西北 800 米，在南渡江西岸 2 公里的山冈上。遗址东西长约 200 米. 南北宽约 150 米，20 世纪 80 年代采集到梯形石斧、有肩石斧、有肩石锛等。

方伦甘蔗榨坊遗址 位于细水乡西北 1 公里，方伦村西北 100 米的什水坡山冈上。20 世纪 90 年代省县两级考古调查发现该遗址，采集到青色小砖和褐黄色大砖，鼓墩形石柱础，石榨碾，青花碗，盘、碟、残片等。2009 年文物普查，在遗址地表上采集到青灰小砖和褐黄色大砖，青花碗、盘、碟、残片等。

薄沙营旧址 位于牙叉镇南约 3 公里处，在道阜村西北约 800 米的台地上。薄沙营为清康熙二十八年（1689 年）清王朝在五指山黎族地区的交通要道设置的军事据点，用以加强对黎族人民的统治。民间相传清代琼州府史，儋州薄沙营薄沙巡司奉谕率兵八百驻屯什阳坡，他亲自主持各黎洞的土地划分，确立地村界，并奏请设置什阳州、牙类府，其回府述职后，置州府事终废止。

志针墓群 位于牙叉镇东约 10 公里，志针村西南约 750 米的台地上。墓地东西长约 200 米，南北宽约 90 米，有瓮棺墓 4 座，每座间距约 10 米，瓮为灰胎轮制，平底鼓腹、四耳，瓮纹是水波纹，出土时瓮口盖有石块，距地面约 0.6 厘米。

那也宋墓 位于阜龙乡那也村东约 2 公里，为长方形土坑墓，东西座向。遗址长约 4

米，宽约2米，出土泥制鸟形壶，壶为红胎，壶身刻羽翅、鸟足，上半部施黄釉。

红岭村日本碉堡遗址 位于阜龙乡政府驻地西南部，距乡政府驻地约1.6公里，在红岭村北面100米的一座山顶上，当地村民称此地为日本岭，黎语称俄歪岭。

1940年6月，日本侵略军占领白沙县阜龙乡，强迫当地群众做劳工，在红岭村北面100米的山狗岭顶上建一座战事碉堡，还在碉堡周围挖战壕，筑起瞭望台。碉堡建好后，日本军队派一个排的兵力驻扎把守，以此为据点经常出动军队到附近村庄进行扫荡和搜捕抗日武装队伍和人士，日本侵略军在所到之处杀人放火，强奸妇女，抢掠财物，无恶不作。1944年，琼崖军民彻底粉碎日本侵略军的扫荡和蚕食，扩大了抗日根据地，据点的日本侵略军撤走。日本侵略军在逃跑之前，把碉堡建筑物全部破坏。原碉堡遗址处，还残留战壕公路、掩体等痕迹。

白沙起义旧址 位于鹦哥岭腰上西南半山腰，尚存"三脚灶"石头遗迹，起义群众所住的草寮遗留下来的4根柱子，2010年时仍藏于县博物馆。

1943年8月，国民党统治者集中1000多兵力。分三路向白沙发动起义的村庄和群众进行疯狂反扑，起义群众英勇奋战，但最后还是失败了。王国兴等首领带领200多名起义群众进入鹦哥岭坚持斗争。直到找到琼崖党和红军后，起义群众才离开鹦哥岭。

海山县政府驻地旧址 位于邦溪镇政府东面约3.5公里，大石村（现南征村）北面100米处。

1948年2月，根据斗争形势的需要，中共琼崖区党委划出白沙县三区、昌江二区、儋县三区，成立海山县，直属中共琼崖西区地委领导。驻地先设在一区打岳村，不久后迁到三区邦溪乡大石村。县委书记县长为林王精。1949年2月20日，琼崖区党委撤销海山县政府，原白沙三区归属白沙县管辖，昌江二区归属昌江县管辖，儋县三区归属儋县管辖。

方香村革命烈士墓 1950年夏，中国人民解放军40军118师352团渡海先锋营的4名战士在战斗中受重伤，医治无效，不幸牺牲。当地群众帮助将烈士遗体集体安葬在方香村附近。2005年7月，白沙县人民政府为烈士墓立碑。

保加战斗旧址纪念碑 位于阜龙乡保加村，2010年5月5日由县委、县政府立。石碑高4.2米，碑身题有"保加战斗旧址"6个大字。

1948年春，国民党军队向解放区进行大规模清剿。6月3日，国民党"剿共"总指挥曾杰带领5个连及自卫队数百人，从儋县那大潜入白沙根据地阜龙乡，向保加村琼崖纵队三支队驻地进犯。琼崖纵队三支队在一总副总队长张世英、三支队政委符志洛和副队长冯位才的率领下，主动出击，英勇作战，在几个小时的激烈战斗中，多次打退敌人的强攻。此次战斗，击毙敌少将保三总队长曾杰以下士兵60余人，伤敌60余人。缴获重机枪 1 挺，步枪 10 支，六〇炮弹 80 多发。有 10 余名战士牺牲，其中 7 名战士长眠于保加村热土上。

欢迎渡海先锋营联欢大会旧址纪念碑 位于阜龙乡芭蕉村（海联小学内），2010 年 5 月由县委、县政府立。石碑高 3.8 米，碑身刻“欢迎渡海先锋营联欢大会旧址”13 个大字。

1950 年 1 月 1 日，党中央毛主席发出了解放海南岛的命令。1950 年 3 月 5 日，中国人民解放军 40 军 118 师 352 团加强营渡海先锋营 799 名指战员，分乘 14 艘帆船，由雷州半岛灯楼角启航，首渡琼州海峡。3 月 6 日下午，在琼崖纵队的周密接应下，先锋营在儋州白马井以南 4 公里处的海岸线登陆。随后，陈青山、荀在松、陈求光率领琼崖纵队第一总队和渡海先锋营转移到白沙县根据地阜龙乡。3 月 12 日，白沙县人民政府在芭蕉村召开军民联欢大会。琼崖纵队政治部副主任陈青山在会上宣读上级的嘉奖电，白沙县县长王茂松（又名王昌）代表全县各族人民向渡海先锋营赠送一面“人民救星”的锦旗，并做热情洋溢的讲话。118 师参谋长荀在松在会上讲话，对白沙人民的盛情接待表示感谢。接着，群众和民兵代表也在会上讲话。发言结束，军民一同进行了联欢活动。

冯白驹的公文盒 1984 年 7 月县文物普查队在细水乡南晚一队王成福家征集所得。铁盒呈长方形，通长 20.6 厘米，宽 12.4 厘米，高 6.7 厘米，用薄铁皮制成，器身完好，表面布满锈痕。藏于县民族博物馆。

麻被 1983 年 9 月县文物普查队在阜龙乡新村林福龙征集所得。林福龙，1943 年参加琼崖纵队，历任战士、副排长供给员等职。麻被是 1943 年林福龙参加革命时，群众赠送的，被长 1.5 米，宽 4.5 米。藏于县民族博物馆。

琼纵战士课本 1984 年 1 月县文物普查队在白沙镇儋州一队王大明家征集所得。课本长 13.6 厘米，宽 9.5 厘米，内有《善与恶》《一个好消息》《翻身谣》等识字教材，是手抄本。原件藏于省民族博物馆。

革命纪念章 1984 年 2 月，县文物普查队先后在邦溪镇南丁村朱亚弟家、芭蕉村谭亚尾家，南牙村朱亚硬家、七坊镇南书村高亚告家征集所得，包括“解放华南”、“解放海南”和“中国人民慰问解放军”等纪念章。藏于县民族博物馆。

树皮被 1984 年 4 月县文物普查队在狮球乡田表村符宏山家中征集所得。树皮被通长 69 厘米，宽 54 厘米，是符庆富祖上的遗物，已相传五六代人。此树皮被是用见血封喉树（黎语称“农宁树”）树皮制成。藏于县民族博物馆。

人形骨头簪 1983—1984 年，县文物普查队在南开、牙叉等乡镇征集所得，为黎族妇女插在头上的首饰。所征集到人形骨头簪中，有单人形和双人形两种，单人形的有头形和人骑动物形。据传，头簪人像代表黎族首领“总管二”。其为黎族老艺人所刻。藏于县民族博物馆。

刻花铜帽顶 1984年2月25日县文物普查队在邦溪镇邦老村刘荣状家中征集所得。据刘荣状说，此铜帽顶是他1982年在犁田时拾到的。

花铜帽顶制工精细，造型规范，完好无损，铜质，鼓腹、短颈，通高2.8厘米，腹径为4.5厘米，口径3厘米，帽顶上有1个直径0.3厘米的圆形小孔，周围雕有一些凸纹图案，腹颈之间，还刻有不同的花草纹。经鉴定，此物为清代执刑官和下属官吏或黎峒主之遗物。藏于县民族博物馆。

清代铁钟 牙叉镇营盘村发现清代铁钟一口，高36厘米，上身为三竖耳，耳高14厘米，大口径42厘米，口裙4厘米，身上制有2条环纹，相隔22厘米。钟身竖有8个大字，右文为“沐恩弟子，扬权利号虔具洪钟一口，重六十余金敬在，洞主爷上案前，永远供奉，乾隆丁酉年冬月吉旦，侯盛监造”。

第九节 广播 电视 电影

一、广播

1978年改革开放以来，尤其是进入20世纪90年代后，白沙县广播电视事业有更大发展。农村广播已由过去单一的有线广播变成无线为主、有线为辅的新局面。1990年11月，为了进一步发展全县的调频广播网，将九架岭广播发射台功率扩大，并与县城中心台配套。1991年6月27日九架岭调频发射机开播后，覆盖率达到100%，实现了“村村通”。县广播电台在转播中央台和省台重要节目的同时，还围绕白沙县中心工作制作节目，开办《本县新闻与综合节目》、《法制教育》、《环讲》、《科学与生活》（含农村科技专题）、《农科园地》、《税务之声》、《白沙热土》、《天气预报》、《乡土文艺节目》、《文艺专题》等专题栏目。

二、电视

1984年，白沙县电视转播台设立。1996年，在九架岭发射台增设1部400瓦发射机，供完整转播中央电视台第一套节目专用。县电视转播台以转播中央电视台第一套节目和省电视台第一套节目为主，同时也配合白沙县的PIS工程拍摄本地新闻节目。2001年，有线电视接收站在全县基本实现普及，电视覆盖率达98%。2001年，县有线电视站转播14套电视节目，入户数近4000人。

1995年10月，白沙县政府机构改革时，曾将文化、体育、广播三局（委）合而为一，后来又一度将广播电视台业务分出，单独成立广电局。1999年5月，县广播电台、县电视转播台和县有线电视台合并为白沙黎族自治县广播电视台。2001 年 5 月，县广电局重新与县文体局合并。

2006 年，白沙县广播新闻共播出 936 篇，送省广播电台被采用 119 篇；电视新闻共播出 752 篇，送省电视台被采用 94 篇。2007 年，县广播电视新闻共播出 1218 篇；送省新闻媒体播出新闻片子和稿子共 144 篇，被采用播出 111 篇。2009 年，县广播电视台广播播出 1312 篇，电视播出图像新闻 1015 篇，送省新闻媒体播出新闻片子及稿件共 308 篇，其中送海南电视台 88 篇，送海南广播电台 220 篇。2009 年，县广播电视台获海南省人大新闻专题三等奖；获海南省广播电视新闻奖三等奖，并被选送参加全国新闻奖；获全省广播通讯报道先进单位。羊明、杨琼分别获先进个人。报送的《全国助人为乐模范——赵红亮》和《白沙黎族自治县方香村委会学习科学发展观活动取得实效》专题片在中央一套新闻联播播出，这是白沙县广播电视台新闻首次上全国最高一级媒体。2010 年，县广播电视台播出 1212 篇广播稿，电视播出图像新闻 915 篇。1 月至 10 月底，送省新闻媒体播出新闻片子及稿件共 230 篇，其中送海南电视台 104 篇，播出 64 篇，送海南广播电台 110 篇，播出 74 篇县广播电视台先后获海南省人大新闻专题三等奖，被评为全省广播通讯报道先进单位；羊明、杨琼分别获先进个人，获海南省广播电视新闻奖三等奖，并被选送参加全国新闻奖。

三、电影

1987 年，白沙县影剧院累计观众 82 万人次，创下纪录。1987—1990 年，白沙县农村电影放映事业发展很快，全县有农村电影放映队 25 支，放映员 48 人，年放电影 4 千余场，观众达 420 余万人次。白沙县自 2004 年以来先后成立 11 支农村电影队（每乡镇 1 支放映队）和 2 支农村流动数字电影放映队（数字电影放映队由县电影公司组成），坚持长年下乡放映电影。

2006 年，结合“纪念中国电影诞生 100 周年优秀电影进社区”、“百部农村科教电影巡映进万村”、电影周等活动，白沙县共放映电影多 819 场（1670 部），观众达 10 万多人次。2007 年，白沙县共放映电影 806 多场次，受益观众达 33 万多人次，还在县城开展电影周活动，逢每周一、周五都免费为群众放电影 2 场，深受群众喜爱。2009 年，白沙县开展农村电影“2131 工程”和农村数字电影流动放映工作。2009 年，白沙县农村电影队和数字电影放映队结合“金光耀琼州”农村电影公益放映、“国产电影”进农村公益放映和县城广场电影等活动，全年在农村放映公益电影达到 1200 多场，做到每村每月放映一场电影，观众达 33 万多人次。2010 年 1—12 月，白沙县电影公益放映场数 886 场，观众达 283520 人次；“金光耀琼州”放映场数 129 场，观众达 42570 人次；校园爱国主义电影放映场数 165 场，观看学生达 82000 人次；与企业联合放映场数 35 场，观众达 10500 人次。2010 年 6—12 月，“禁毒”电影放映场数 50 场，观众达 16250 人次。

第十节 档案图书

一、档案

白沙黎族自治县档案馆前身是 1961 年成立的白沙县档案馆。1987 年 7 月 7 日，县档案局和县档案馆两块牌子、一套人员。县档案馆（局）属于科学文化事业机构，担负白沙县档案的收集、整理、保管、鉴定、编研和利用服务等工作，负责指导全县 139 个机关、企事业单位档案室开展档案管理工作。

1988—2010 年，全县各机关单位收集、整理、归档的档案文件归档率达 90%。至 2010 年，县档案馆（局）共有馆藏 46 个全宗单位（全部为中华人民共和国成立后全宗），馆藏档案 2.66 万卷（件）资料，2100 册，相片 923 张，音带 30 盒，涵盖白沙县历史沿革、国民经济、城乡建设、文化卫生、政治、军事等各方面内容。

1988—2010 年，县档案馆（局）共接待查阅人员 8977 人次，利用档案资料 22890 卷（件）次，档案资料公开 2000 卷（件），提供档案资料复印和手抄共 14918 张。

二、图书

1988 年 10 月，县图书馆拥有独立馆舍，面积共 1100 多平方米。1999 年 10 月，建筑面积 1070 平方米的图书馆综合楼竣工投入使用，县图书馆馆舍总面积达 2218 平方米。2009 年 12 月，捆绑建设的县宣传文化中心、县青少年学生校外活动中心、县图书馆、县文化馆等大楼竣工验收，共五层楼，分给县图书馆第四、五层。

2007 年 1 月，全国文化信息资源共享工程（简称“文化共享工程”）白沙县支中心成立，设于县图书馆，配一套卫星接收设备、一台服务器、一台投影仪、一支幕布、一套音响等设备，通过卫星接收全国文化信息资源共享资源及国家中心下发光盘资源等方式获取资源，再由县支中心向广大群众提供资源。

2009 年 9 月，在文化部、财政部，及省文体厅、财政厅的支持和帮助下，县图书馆继续推进文化共享工程进一步深入实施，设立文化共享工程机房、公共电子阅览室，配备机房服务器相关设备、终端计算机 25 台，通过计算机、互联网、服务器、光盘等，为读者提供计算机操作、网络应用及文化信息资源服务。县图书馆利用文化共享工程设施设备，在馆内为广大读者提供资源展播、计算机网络应用等服务，还在节假日、特殊节日、农闲等时节，深入基层乡村、学校开展资源展播，为基层广大群众展播科技种植养殖视频节目、爱国主义教育等影片，年服务观众10000多人次。

2010年，县图书馆藏书量达66990册，年订报刊300余种，光盘100多种，读者流通50610人次，图书外借36950册次。县图书馆以乡镇文化站、学校为服务点，开展图书流通下乡活动，共送书刊下乡5100册次。

第四章　体　　育

第一节　机构与场馆

一、领导机构

1987年，白沙县体育运动委员会设有行政股、财会股等，工作人员7名，县体委的职责是负责实施白沙县的各项体育工作。1995年，县体委与县文化局、县广播电视台合并成白沙黎族自治县文化广电体育出版局。

二、白沙县业余体育学校

白沙县业余体育学校职责是抓竞技体育工作，并协助县文体局抓好群众体育工作，以“选好苗子、着眼未来、科学训练、打好基础、往上输送”为宗旨；单位核定事业编制9人，设有校长1名（兼任田径教练员），副校长1名（兼任田径教练员），有教练员6名，办公室人员3名和工勤人员1名。

县体校占地面积约为22亩，拥有1幢两层训练室（上层为乒乓球室，下层为举重训练室），1个可容纳2000名观众的露天篮球场。县业余体校自1974年成立至1980年，先后开设乒乓球班、男女篮球班、田径班和棋类班。至2010年止，县业余体校设有田径、举重、乒乓球3个训练班，运动员人数75名。

县体校自建省以来向国家队输送3名运动员，向海南省专业队及专业试训队共输送48名运动员，输送的运动员参加全国锦标赛、全国冠军赛、全国田径大奖赛及国内重大赛事等共获金牌10枚，银牌7枚，铜牌9枚。2009年，县业余体校输送的国家级、省级运动员王伟东、冯慧敏、符倩、符岚洁、刘爱春、揭小妹、黄林锋等7名运动员获中华人民共和国第十一届运动会参赛资格。其中，冯惠敏获得470级女子帆船赛第3名，王伟东获得470级男子帆船赛第4名，符倩获得OP帆船团体赛第8名的好成绩。

三、体育场馆

1987年，包括学校的体育设施在内，白沙全县共有小型田径场4个，篮球场110个（其中水泥球场60个，有灯光设备的球场21个），排球场65个，羽毛球场47个，乒乓球桌289台。

2009年，白沙县城区域拥有室外篮球场16个，其中带有灯光设施的有5个，地面铺设丙烯酸材料的有4个；室外排球场6个；田径场2个，其中县中学田径场为300米土跑道，民族中学田径场为标准400米煤渣跑道。

2010年，白沙县的体育场地占地面积为417187平方米，体育场地建筑面积3986平方米，体育场地面积358700平方米。全县的健身路径有37条，县城65%的社区安放了健身路径。室内体育场地有羽毛球馆1个，乒乓球馆1个，举重馆1个，室外篮球场288个，羽毛球场22个，乒乓球场15个，排球场10个，足球场1个，田径场3个，小运动场8个，地掷球场3个，门球场4个，马术场1个。

第二节 群众体育

一、少数民族传统体育

白沙的少数民族传统体育历史悠久，源远流长，具有十分鲜明的特点和丰富多彩的形式。白沙县开展的民族体育项目，有渡水腰舟、竹竿舞、珍珠球、押加、板鞋竞速、陀螺、射弩、高脚竞速、顶棍、赶猪赛跑、猪八戒背媳妇、巧夹槟榔等，这些民族传统体育活动项目具有较好的健身、娱乐、休闲价值，一直深受广大人民群众的喜爱。

建省后，每年“三月三”，白沙县开展少数民族传统体育活动，各乡镇人民群众均可参加，通常分为以乡镇为单位参加和现场群众自由参与两种形式，这种百姓喜闻乐见的活动丰富了人民群众的文体生活。

二、大型体育活动

2007年6月30日，县文体局举办全县迎奥运全民健身长跑活动，参加人员达到5000多人次。7月，开展老年人迎奥运全民健身健步走活动，参加人员达到1000多人次。从7月开始，每月开展一次体育和文艺活动。8月，举行“雪花杯”暑假男子篮球联赛，共有13个队伍140名运动员参赛，观众达到6万多人次。此外，还开展2008年奥运会火炬手选拔和环海南国际自行车赛的有关工作。2007年，县文体局共举办健身操、交际舞等群众性健身活动150多场次，参加群众达到1万多人次。

2008年5月，县文体局开展以“迎奥运、树新风、讲文明”为主题的迎奥运文化系统文体活动，内容有篮球赛、拖拉机、斗地主、郊游烧烤等；全年每周星期一至星期五，每天晚上开展全民健身舞、健身操活动，每晚有100多人参加，活动达到6万多人次。7月份，组队参加“2008年中国海南七仙温泉嬉水节”男子篮球比赛。9月29—31日，开展庆国庆羽毛球赛，共有80多人参赛。10月，县羽毛球协会成立。

2009年1月，县文体局组织"向荣杯"男子篮球邀请赛，共6个队70多名运动员参赛。3月，县团委组织"动感地带"杯"五四"青年节男子青年篮球赛，有18个队220多名运动员参加，观众达到3000多人次，县团委还组织环城长跑活动，参加运动员有300多人。8月21日至9月6日，县总工会开展"庆建国六十周年"篮球赛，共有18个男子队和4个女子队参加，参加人数280多人，观众达3万多人次。9月，县总工会开展庆中华人民共和国成立60周年"腾飞杯"羽毛球赛，项目有男子单打，女子单打，男子双打，女子双打，男女混双，共有60多人参加比赛；10月，庆中华人民共和国成立60周年全县男女拔河比赛举办，男、女各12个队参加，参赛人数将近300人。12月21—30日，2010年元旦农民篮球赛举办，共有18个队200多名运动员参赛。

2010年1—2月，县文体局组织"迎春杯"男子篮球、排球邀请赛，共8个队100多人加。3月，县妇联组织健身操大赛，有21个队330多人参赛。4月，县团委组织移动杯"五四"青年节篮球赛，共有12个队240人参加。8月，文体局组织开展县全民健身日环城长跑启动仪式，参加人数达3000多人。

三、体育下乡下基层活动

海南建省后，白沙县委县政府更加重视抓好体育下乡下基层活动。通过各种方式和途径组织体育下乡，丰富群众体育生活，发现和培养体育苗子，带动和促进了乡镇和基层群众体育活动，涌现出一批先进集体。1997年，县业余体校、县人民医院被评为全国群众体育先进集体。1998年，金波乡被评为海南省体育先进乡镇。2000年，牙叉镇、白沙镇被评为第四批海南省体育先进乡镇，同年，白沙镇被评为第五批全国"亿万农民健身活动"先进镇。2002年，牙叉镇被评为第六批全国"亿万农民健身活动"先进乡镇。2005年，白沙中学被评为全国群众体育先进单位，同年，县业余体校、县公安局被评为全国全民健身周活动先进单位。2007年，县文化广电出版体育局荣获全国群众体育优秀组织奖。2008年，南开乡获得国家体育总局授予的"全民健身活动先进单位"称号。2009年，全县开展体育下乡活动6次，共指导、协助、承办群众体育竞赛活动12次168场，参加群众达6万多人次。

第三节　竞技体育

一、参加全省体育比赛

1988年以前，白沙县历年参加各级比赛的运动员共1500人，共获得金牌67枚、银牌 31 枚、铜牌 23 枚。20 世纪 90 年代以来，白沙县的体育运动水平又有了进一步提高，运动员的比赛成绩更为突出。1995—1997 年，白沙县在参加全省比赛中获得田径、举重、游泳、乒乓球等项目金牌 70 枚、银牌 31 枚、铜牌 32 枚。

1999 年，县体校组队参加全省举办的举重、田径、乒乓球比赛，共获得金牌 19 枚、银牌 20 枚、铜牌 20 枚，其中举重项目获金牌 15 枚、银牌 12 枚、铜牌 12 枚，田径赛获金牌 3 枚、银牌 8 枚、铜牌 6 枚，乒乓球赛获金牌 1 枚、铜牌 2 枚。2000 年，白沙县参加全省首届运动会，共获金牌 7 枚、银牌 7 枚、铜牌 15 枚，其中举重项目获金牌 1 枚、银牌 5 枚、铜牌 4 枚，田径赛获金牌 5 枚、银牌 2 枚、铜牌 11 枚，乒乓球赛获金牌 4 枚，OP 帆船项目获得金牌 1 枚和 1 个第 5 名。

2006 年，白沙县参加海南省举办的举重、田径、乒乓球锦标赛，共获得金牌 18 枚、银牌 11 枚、铜牌 10 枚。2007 年，白沙县在参加海南省举办的少年儿童田径、乒乓球举重锦标赛中，共获得金牌 12 枚、银牌 14 枚、铜牌 12 枚。2008 年 3 月，在海南省第三届体育运动会上，白沙县参加田径、举重、乒乓球、帆船、帆板五项，共获金牌 14 枚、银牌 11 枚、铜牌 5 枚，连破 3 项全省纪录，获全省总分第 11 名。

2009 年，在海南省少年锦标赛上，白沙县在田径赛中获得金牌 3 枚、银牌 6 枚、铜牌 2 枚；在举重项目中获得金牌 2 枚、银牌 4 枚、铜牌 4 枚；在乒乓球比赛中获 2 项第 4 名。2010 年，白沙县组队参加海南省少年锦标赛，在田径赛中获得金牌 8 枚、银牌 4 枚、铜牌 5 枚，破 1 项女子全能全省纪录，并以团体总分 160 分获全省团体总分第 3 名；在举重项目中，获得金牌 6 枚、银牌 7 枚、铜牌 9 枚；在乒乓球比赛中获女子团队第 5 名。

二、参加全国体育比赛

海南建省以后，白沙县积极选派体育运动员，加入海南省代表队，参加全国体育比赛，屡获殊荣。1991 年，在全国第四届少数民族体育运动会上，海南省代表队获男子龙舟赛冠军，白沙县运动员符国兴、王勇仕榜上有名；同时，黎族跳竹竿队获表演一等奖，白沙县潭海花、刘玉花榜上有名。2003 年，在全国青少年帆船锦标赛中，白沙县运动员刘会娇参加的海南代表队获女子甲组米氏特拉级团体冠军。同年，在第七届全国少数民族传统体育运动会中，白沙县派员参加的海南省体育代表团获《跳竹竿》（舞蹈）表演一等奖。

2010 年，白沙县体校运动员参加全国残疾人运动会，获 1 个游泳第 8 名，1 个举重第 6 名。同年，经白沙县体校培养输送的王伟东代表海南省参加全国帆船、帆板锦标赛，以第一名的成绩获得第十六届广州亚运会参赛资格。

第五章　卫　生

第一节　机构　队伍

一、机构

（一）行政机构

白沙黎族自治县卫生局隶属县人民政府，为正科级单位，1987年县卫生局设人事秘书股、业务股、财务股等。2010年，县卫生局设有办公室、业务股、防保股。县卫生局直属单位5个（县人民医院、县疾控中心、县妇幼保健站、县卫生监督所、县新型农村合作医疗管理委员会办公室），下属单位14个（南开、元门、白沙、牙叉、细水、阜龙、狮球、打安、青松、光雅、七坊、金波、邦溪和荣邦卫生院），直属单位和下属单位的人员、业务、经费由县卫生局管理。全县9个农垦医院业务归县卫生局指导。

（二）医疗机构

1988年，白沙县有医疗卫生机构29个（不含个体诊所），其中县直公立医疗卫生单位6个（白沙黎族自治县人民医院、县卫生防疫站、县慢病防疫站、县妇幼保健站、麻风村及县卫生进修学校），乡镇卫生院14个，农场医院9个。

2010年，全县有医疗卫生机构134个（个体诊所除外）。其中，县直公立医疗卫生单位9个（县人民医院、县疾控中心、县妇幼保健站、县皮肤性病防治所、县新开田医院、县结核病防治所、县卫生监督所、县农合办、县乡镇卫生院财务管理中心），乡镇卫生院14个，牙叉社区服务中心1个，村卫生室77个（开展诊疗的25个），个体诊所33个。

（三）医疗机构选介

县人民医院　1988年，白沙县人民医院总面积29833.29平方米，有卫生技术人员91名（副高职称1名，中级职称11名），设置干部病房、内儿科、外科、妇产科、传染科、口腔专科门诊等；病床编制110张，实际开放床位110张（干部病房25张，内儿科30张，外科25张，妇产科15张，传染科15张）。1993年，白沙县人民医院全院共有正式职工155人，卫生技术人员105人，其中副高职称4人，中级职称16人，初级职称85人。1995年11月29日，县人民医院被评为“二级乙等医院”。1996年，县人民医院开展爱婴医院创建活动，同年9月顺利通过省卫生厅组织的爱婴医院评审。1997年，县人民医院正式职工达到 157 人，卫生专业技术人员 119 人。其中，高级职称专业技术人员 2 人，中级职称 15 人。

2002 年 5 月，县政府撤销县卫生进修学校，将原卫校房屋财产及 1093.96 平方米用地划拨给县人民医院，医院用地面积增加至 30927.25 平方米。2009 年，县政府划拨县人民医院住院综合楼建设用地 6887.37 平方米（位于医院北面），县人民医院总用地面积增至 37814.62 平方米。

2010 年，县人民医院核定岗位编制数 153 个，全院职工 195 人，在编人员 113 人，聘用专业技术人员 61 人，聘用临时工人 21 人。

县疾病预防控制中心 白沙县疾病预防控制中心是集疾病预防控制、突发公共卫生事件处置、疫情及健康相关信息管理、健康危害因素监测与控制、实验室检测与评价、健康教育与健康促进、技术指导与应用研究于一体的县直属卫生事业单位，其前身为 1956 年设立的白沙县卫生防疫站。2007 年 12 月 11 日，原来的县卫生防疫站、县结核病防治所、县皮肤性病防治所、县新开田医院合并成白沙黎族自治县疾病预防控制中心（英文缩写 CDC）。

县疾病预防控制中心设办公室、计免防疫科、卫生科（兼地慢病科）、寄防科、艾滋病科、健教信息科（兼精神病科）、检验科、皮防科、结防科、麻风病防治科和专科门诊，分管全县 23 个乡镇农场医院的疾病防疫工作。2010 年，中心职工共有 53 人，其中业务技术人员 33 人（高级职称 2 人，中级职称 9 人，初级职称 22 人）。

县妇幼保健站 县妇幼保健站为全民所有制卫生事业单位，其工作以保健为中心，以保障生殖健康为目的，实行保健与临床相结合，面向群体，面向基层和预防为主。县妇幼保健站 1995 年 10 月定编人员 15 人，2010 年有在职人员 18 人（卫生技术人员 15 人），其中大专学历 2 人，中专学历 13 人，中级职称 5 人，初级职称 10 人（医师级 8 人，助理医师级 2 人）。

2010 年，县妇幼保健站土地面积 1580 平方米，建筑面积有一栋四层楼 1150 平方为的业务用房，编制床位数 4 张。设置保健站设门诊、门诊设有内科、儿科、妇产科、理疗科、妇女保健科、儿童保健科、检验科、影像学诊断（B 超）等科室。拥有彩超、全自动生化分析仪、全自动尿分析仪、听力筛查仪、产后康复治疗仪、妇科治疗仪，微波治疗仪、多普勒胎心监护仪等主要设备。县妇幼保健站以保健为中心，以保障生殖健康为目的，实行保健与临床相结合，面向群体，面向基层和预防为主的妇幼卫生工作方针，贯彻《中华人民共和国母婴保健法》，实施《中国儿童发展纲要》和《中国妇女发展纲要》，开展基层妇幼卫生工作，实施基本公共卫生服务项目，开展婚前医学检查工作，开展预防艾滋病、梅毒和乙肝母婴阻断传播项目。加强巩固农村三级保健网的建设，努力规范两个系统管理工作，积极开展健康教育活动，提倡住院分娩，消除新生儿破伤风，保障妇女和儿童健康安全工作。

邦溪镇中心卫生院　邦溪镇中心卫生院位于白沙县邦溪镇，2010 年在岗职工 24 人，其中在编人员 17 人，聘用人员 7 人；业务用房面积 510 平方米，其中门诊 300 平方米，产房 90 平方米，病房 120 平方米，病床 6 张；设有内科、外科、妇产科、中医科、计免科及辅助科室；有 X 光机设备，但只有显微镜开展三大常规检查。

牙叉社区卫生服务中心　2009 年，牙叉社区卫生服务中心成立，中心面积 400 平方米，在编人员 13 名，其为白沙县第一家社区卫生服务中心社区卫生服务中心，属于非营利机构，承担基本医疗、预防、保健、健康教育、康复、计划生育指导等“六位一体”卫生工作，为社区居民提供为居民提供有效、经济、方便、综合、连续的医疗和公共卫生服务。

2010 年白沙县乡镇医院一览表

表 15-5-1

序号	医院名称	序号	医院名称
1	邦溪镇中心卫生院	13	白沙卫生院
2	元门乡卫生院	14	打安镇卫生院
3	阜龙乡卫生院	15	国营白沙农场医院
4	牙叉镇卫生院	16	国营牙叉农场医院
5	狮球卫生院	17	国营芙蓉田农场医院
6	光雅卫生院	18	国营大岭农场医院
7	七坊中心卫生院	19	国营邦溪农场医院
8	荣邦乡卫生院	20	国营金波农场医院
9	金波乡卫生院	21	国营珠碧江农场医院
10	南开乡卫生院	22	国营卫星农场医院
11	青松乡卫生院	23	国营龙江农场医院
12	细水乡卫生院	24	牙叉社区卫生服务中心

2010年白沙县乡村卫生室一览表

表15-5-2

乡镇	卫生室名称或村委会名称
元门乡	红旗村委会卫生室
	元门村委会卫生室
荣邦乡	福英村委会卫生室
	俄朗村委会卫生室
邦溪镇	邦新村委会卫生室
	孟果村委会卫生室
	邦溪村委会卫生室
青松乡	打松村委会卫生室
阜龙乡	天堂村委会卫生室
牙叉镇	志道村委会卫生室
	营盘村委会卫生室
	方香村委会卫生室
打安镇	子雅村委会卫生室
	镇农场村委会卫生室
七坊镇	光雅牙旺村卫生室
	光雅援阜村卫生室
	光雅照明村卫生室
	光雅拥阜二卫生室
	木棉村委会卫生室
	阜途村委会卫生室
	长龙村委会卫生室
	高地村委会卫生室
	高石村委会卫生室
	南洋村委会卫生室
	高地村委会卫生室

二、队伍

1988年，白沙全县有卫生技术人员218人，中级职称27人，执业医（护）师77人，执业医（护）士108人，乡村医生70人。2005年，全县有执业医师149人，执业助理医师90人，执业护士276人。

2005—2010年，县直公立医疗卫生单位都加强专业技术人才继续教育，扎实开展“三基三严”（基础理论、基础知识、基本技能，严格要求、严密组织、严谨态度）训练，鼓励医护人员参加学历教育，定期选拔骨干力量到上级医院进修学习。其中实施万名医师对口支援活动，如海南省人民医院对口支援县人民医院，县人民医院对口支援南开乡卫生院等活动。2006—2008年，省人民医院、海口市妇幼保健院及省疾控中心先后派27名专家到白沙县挂职，指导县人民医院、县妇幼保健及县疾控中心业务工作。

2010年，全县有卫生人员940人，其中卫生技术人员654人，高级职称10人（其中副高级10人），占卫技人员总数1.5%；中级职称50人，占卫技人员总数7.6%；初级职称594人。执业医师156人，执业助理医师263人，注册护士248人，乡村医生24人。

1988—2010年白沙黎族自治县执业（助理）医师人数表

表15-5-3　　　　单位：人

年度	医师	医士	年度	执业医师	执业助理医师
1988年	113	224	2000	192	139
1989年	114	220	2001	176	129
1990年	111	231	2002	186	85
1991年	126	197	2003	108	40
1992年	88	126	2004	161	106
1993年	113	229	2005	149	90
1994年	111	302	2006	151	103
1995年	171	154	2007	152	132
1996年	155	141	2008	155	102
1997年	166	140	2009	159	113
1998年	170	147	2010	156	107
1999年	181	157			

说明：《中华人民共和国执业医师法》自1999年5月1日起施行。故2000年后，改称执业医师、执业助理医师

1988—2010年白沙黎族自治县执业护士人数表

表15-5-4　　单位：人

年度	注册护士	年度	注册护士
1988年	152	2000	124
1989年	157	2001	124
1990年	151	2002	186
1991年	137	2003	138
1993年	121	2004	185
1994年	133	2005	198
1995年	96	2006	189
1996年	117	2007	124
1997年	139	2008	222
1998年	159	2009	236
1999年	145	2010	248

第二节　医疗技术与设备

1991年，县人民医院配置一台中风预测仪，同时购进一套病案管理微机系统。1993年，县人民医院购进动态心电诊断仪一台，首次开展动态心电监测检查。1994年，县人民医院新增了体外基因扩增仪、电脑痔疮治疗仪、激光血管内照射治疗仪、微波综合治疗仪等设备。1994年，省财政厅投入100万元资金兴建的县医院外产科大楼正式投入使用，该建筑为三层混合结构，总建筑面积1900平方米，设置住院病床40张，内设外科、妇产科和手术室等科室，设手术室两间，为医院外产科手术业务的发展创造有利条件。1996年，白沙全县有病床197张，拥有万元以上进口、国产器械15台，10万元以上一台（日产日立EnB-26型B超机）。

1997年，县人民医院外科开展骨髓炎开放引流术及甲亢手术，眼科开展人工晶体植入手术，麻醉科开设疼痛专科门诊并在全省二级医院中率先引进开展针刀治疗技术。同年9月，县人民医院开展胃镜检查诊断技术，检验科开展胃幽门螺杆菌检测，填补了医院在消化性溃疡、慢性胃炎诊断方面的技术空白。1997年，县人民医院医疗设备主要有日立 B 超机、500 毫安 X 光机、中风预测仪、动态心电检测仪、半自动生化分析仪、纤维胃镜、体外基因扩增仪、多功能麻醉机等。1998 年，县人民医院手术室引进一台美国 HP7835C 床边心电监护仪，首次开展手术病人心电检测。1998 年 4 月，县人民医院将内儿科和内科干部病房合并为大内科。1999 年，县人民医院检验科开展“甲亢三项”检测新项目，妇产科独自完成首例子宫全切手术。

2002 年，县人民医院麻醉科引进术后镇痛、无痛分娩和胶原酶溶盘治疗技术，外科独立开展胃大部分切除术，妇产科独立开展全宫切除术。10 月，县人民医院成立院前医疗急救队伍，设立急诊室实行 24 小时急诊接诊服务，配备一辆救护车及急救设备、药品，医院院前急救网络初具雏形。2003 年，县人民医院引进碎石机一台，首次开展肝胆、泌尿碎石治疗业务。

2005 年，县人民医院通过租赁方式引进一台美国 GE 单排螺旋 CT（二手），填补了医院在大型设备检查技术方面的空白。2006 年，县人民医院通过省卫生厅支持及自筹资金的方式配置全自动生化分析仪、除颤仪、血凝仪、半自动化学发光仪、牙科综合治疗仪、多功能麻醉机等设备，诊疗技术条件得到一定改善。

2008 年，县政府投资兴建的县人民医院洁净手术部投入使用。同年，县人民医院设立白沙县医疗急救中心站，并开通“120”院前急救专线电话，配置两辆救护车及部分急救设备。2009 年底，白沙县医疗急救中心站顺利通过省卫生厅评审验收。2010 年 6 月，县人民医院胃镜室开展尿素［14C］呼气试验项目。2010 年 8 月，县人民医院通过分期付款方式引进一台飞利浦数字 X 线成像系统，医院放射检查诊断技术迈进数字时代。同时购置移动 X 光机、阴道镜、母婴监护仪等一批诊疗设备。特别是医院麻醉科引进射频控温热凝治疗仪和臭氧治疗仪，开展射频消融和臭氧治疗技术取得较好疗效。

随着医疗技术与设备的逐步改善，白沙县除少数危重病人转送上级医院治疗外，其他病例均在县内处理。各乡镇卫生院的技术与设备也得到不断提高，可以接受一些重病病人住院留医。

1988 年，白沙全县医疗机构总诊疗人数 21.42 万人次（县人民医院 5.53 万人次，乡镇卫生院 15.89 万人次），县人民医院平均住院 8.35 日。1989 年 1—11 月，白沙县乡镇卫生院门诊诊疗达 109250 人次，收治住院病人 973 人次；县医院门诊量为 38228 人次，住院病人 1569 人次。1998 年，全县共诊治 64229 人次，收治病人 2066 人次。1999 年 11 月止，全县共诊疗 65315 人次，收治病人 2010 人次。

2008 年，全县医疗机构总诊疗人数 15.58 万人次（县人民医院 6.62 万人次，乡镇卫生院 8.96 万人次)，全年住院人次数 5790 人次（县人民医院 3576 人次，乡镇卫生院 2214 人次），县人民医院平均住院 6.27 日，日平均费用 421.13 元。当年，全县卫生部门业务收入 1887.57 万元（县人民医院 1445.78 万元，乡镇卫生院 441.79 万元）。2009 年，全县医疗机构总诊疗人数 16.59 万人次，其中县人民医院 7.14 万人次，乡镇卫生院 9.45 万人次。全年住院人次数 6050 人次，其中县人民医院 3917 人次，乡镇卫生院 2133 人次。县人民医院平均住院 6.91 日，日平均费用 439.93 元。

2010 年，全县医疗机构总诊疗人数 18.63 万人次，其中县人民医院 8.49 万人次，乡镇卫生院 10.14 万人次。全年住院人次数 6303 人次，其中县人民医院 4227 人次，乡镇卫生院 2076 人次。县人民医院平均住院 7.46 日，日平均费用 537.75 元。同年，全县有 24 家基层医疗机构实施国家基本药物制度。

第三节　防　　疫

一、预防接种

1987 年，白沙全县装备了冷链系统，采取重点与巡回接种相结合的方法，对全县适龄幼儿进行接种。1988—1990 年，全县儿童“四苗”（卡芥苗、百白破三联制剂、脊髓灰质类疫苗、麻疹疫苗）接种率达到 86%，相应传染病控制在国家规定水平以下。2000 年，白沙县达到基本消灭脊髓灰质炎（小儿麻痹症）目标。

2003 年，全县各乡镇完成了免疫规划预防接种门诊建设，免疫规划预防接种由下村巡回上门接种转为定时定点的规范化门诊接种，全县覆盖率达 100%，白沙县免疫工作上了一个新台阶。2005 年以来，白沙县每年对全县幼儿园、各中小学开展入托入学查验预防接种证工作，完成查验度 100%；儿童建卡率、建证率 100%；“六苗”（卡芥苗、百白破三联制剂、脊髓灰质类疫苗、麻疹疫苗、乙型肝炎疫苗、风疹疫苗）接种率维持在 90% 以上，儿童免疫抗体阳转率均达到 85%以上，在省卫生厅组织的计免综合考评中，抗体水平单项均排在前列。2005 年，白沙县麻疹疫情局部暴发，同年 4 月展开突击性查漏补种工作，全县接种人数达 39874 人，2006—2010 年，未发生麻疹病例。2008 年 7 月后，全省执行扩大国家免疫规划新增疫苗工作，即由原来的“五苗防七病”（五苗是卡介苗，乙肝疫苗，脊髓灰质炎疫苗，麻疹减毒活疫苗，白百破疫苗；防七病是结核性脑膜炎、乙肝、脊髓灰质炎、麻疹，白喉、百日咳，破伤风。）扩大到“十一苗防十二病”（十一苗指的是卡介苗，乙肝疫苗，脊髓灰质炎疫苗，麻疹减毒活疫苗，百白破疫苗，乙脑减毒活疫苗，A+C 流脑疫苗、麻风减毒活疫苗、麻腮风减毒活疫苗、A 群流脑疫苗，甲肝减毒活疫苗。预防 12 种疾病是结核性脑膜炎，乙型病毒性肝炎，脊髓灰质炎，麻疹，白喉，百日咳，破伤风，流行性乙型脑炎，流行性脑脊髓膜炎，风疹，流行性腮腺炎，甲型病毒性肝炎），新将流脑 A 群、A+C 群、甲肝疫苗、麻风、麻腮疫苗纳入儿童免疫规划。2008 年配置两间冷库和发动机组，新增一辆冷藏运输车，为疫苗冷链建设注入新的活力。

2009—2010 年完成 15 岁以下儿童乙肝疫苗补种工作，接种率达 100%。2010 年，各类常规免疫疫苗（十一苗）接种率均达到 98%以上。疫苗全程接种率 98.9%，百白破、乙脑、麻疹类加强免疫接种率都达到 98%以上。

1988—2010 年，白沙县计划免疫在防控工作中取得显著成效，全县百日咳、新生儿破伤风、白喉、流脑、乙脑、脊灰等疾病实现“零”报告。

二、地方病防治

20 世纪 80 年代，白沙县有四大碘缺乏病病区（青松、金波、大岭、芙蓉田农场）。1986—1988 年对青松、金波乡私贩的非碘盐进行没收，经罚款及常年监督监测工作后，未发现非碘盐冲进病区，病区居民食用碘盐率达 99%，碘缺乏病急剧减少。

2004 年 11 月至 2005 年 6 月，由卫生部消除碘缺乏病国际合作项目技术指导中心支持白沙县开展“以学生为中心预防碘缺乏病”健康教育促进研究项目帮溪试点工作，以邦溪镇中心小学、中学为实施现场，经国家项目办专家审评，各项指标大幅提高，项目获得成功，为海南省和国家以后开展消除碘缺乏病工作探索出一种简便、易行、高效、实用的健康教育与健康促进的长效机制，将成功经验向全国推广。

三、传染病防治

疫情报告　自 2003 年后，白沙县依次增加非典型肺炎、手足口、禽流感等疾病的网络报告，至 2013 年网络疫情报告病种共计 39 种。与往年手工报告相比，网络报告正常运转后，极大程度降低疾病漏报率。

2002—2010 年白沙黎族自治县报告传染病总数与病种情况表

表 15-5-5

年 度	2002 年	2003 年	2004 年	2005 年	2006 年	2007 年	2008 年	2009 年	2010 年
疾病总例数	854	620	1419	864	894	938	907	1409	1475
报告病种	6	5	11	14	11	14	12	14	15

丝虫病防治 白沙县属班氏丝虫病流行区，1953—1986年共查107547人次，以自然村为统计单位微丝蚴阳性率范围0%～29.6%，采用海群生疗法治疗等措施，至1985年达到基本消灭。1990—1999年横向监测11061人，未发现微丝蚴患者，各项防治和监测措施均达到卫生部颁发的《消灭丝虫病标准》指标要求，白沙县成为海南省第九个消灭丝虫病的县市。

狂犬病防治 20世纪90年代，白沙县大力宣传及发动群众灭狗，对咬伤者及时处理伤口及注射狂犬疫苗及免疫球蛋白。1989年11月止，全县共注射狂犬疫苗500人份。2010年，全县共有768人注射狂犬病疫苗，发病死亡2例，均及时进行个案调查和流行病学调查，做好防控措施。

手足口病防治 2008年，白沙县启动手足口病防治应急机制，制定应急预案，至5月31日止，全县共报告手足口病30例，其中重症2例，无死亡病例。2010年，全县共报告492例，采集样本33例，其中实验室检测确诊17例EV71型2例，其他肠道病毒阴性15例，采集病例均按防控方案及时进行个案调查并进行疫点处理。

登革热防治 2006年7月，白沙各乡镇范围内开展媒介伊蚊分布及布雷图指数调查，调查结果，有5个村委会布雷图指数超过警戒线。后经每月一次进行国家登革热监测伊蚊幼虫密度和成蚊种类、布雷图氏指数后，为登革热防治工作提供科学依据，至2011年各类指标均在警戒线以内。

疟疾防治 1978年，白沙县虐病发病率422.89/10万例，1979年全县抗虐，特别是加强对农村村庄周围环境的改造。至1999年，白沙县虐病发病率下降75.74/10万例。2003年，白沙县成为海南省最早争取到全球基金疟疾项目资助的项目县之一（项目为5年）。2003年，白沙县疟疾发病率277.57/10万例。2005年，全县发病803例，比2004年的1419例下降43.8%。2010年，白沙县虐病发病率0.49/10万例，基本消除虐病。

1988—2010年白沙黎族自治县疟疾病例调查表

表15-5-6

年份	疟区总人口数（人）	血检人数（人）	阳性数（人）	阳性率（%）	年份	疟区总人口数（人）	血检人数（人）	阳性数（人）	阳性率（%）
1988年	145816	20256	1184	5.85	2000年	177404	14515	67	0.46
1989年	152140	17201	846	4.92	2001年	179342	11350	154	1.36
1990年	161725	19051	1046	5.49	2002年	180388	11785	275	2.33
1991年	162186	19716	501	2.54	2003年	181578	12812	185	1.44

续表 15-5-6

年份	疟区总人口数（人）	血检人数（人）	阳性数（人）	阳性率（%）	年份	疟区总人口数（人）	血检人数（人）	阳性数（人）	阳性率（%）
1992 年	164257	21593	331	1.53	2004 年	154343	17055	334	1.96
1993 年	165184	20847	165	0.79	2005 年	154567	14478	106	0.73
1994 年	164227	18826	437	2.32	2006 年	153784	19547	119	0.61
1995 年	168590	15960	281	1.76	2007 年	153541	35899	185	0.52
1996 年	167889	18995	132	0.69	2008 年	157484	18986	32	0.17
1997 年	171352	21220	63	0.30	2009 年	162190	18351	14	0.08
1998 年	173454	17446	103	0.59	2010 年	166303	14208	0	0.00
1999 年	176377	16191	42	0.26					

结核病防治 1992 年以前，白沙县结核病疫情十分严重。患结核病者大多都处于不规范治疗和管理的状态，致使结核病传染源不能得到控制。1992 年，白沙县结核病防治所由县慢性病防治站分出成立。1993 年底，建成工作用房 150 平方米，配备 1 台 200 毫安 X 光机，1 台痰检显微镜，有人员 14 名，其中专业技术人员 7 名。1994 年 7 月，防治所按照《全国结核病控制工作手册》要求，负责全县人口结核病的发现、治疗和管理工作。

防治所成立以来，先后利用世行贷款卫 V 项目和全球基金结核病控制项目经费开展工作，并制定实施《白沙县结核病防治十年规划（2001—2010 年）》，取得很好的成绩和预期效果；在卫 V 项目期间（1994—2000 年）共发现 641 例活动性肺结核病人，全球基金项目期间（2001—2005 年）共发现 565 例活动性肺结核病人，凡符合《全国结核病控制工作手册》要求的病人全部给予免费检查和免费提供抗结核药品治疗。

2010 年 10 月止，县结防科共接诊可疑结核病患者 654 例，拍摄胸片 550 张，胸片异常人数 162 例；可疑者查痰 572 例，查痰率 87.5%；随访病人查痰 183 例；发现并登记治疗各类结核病人 136 例，结核病胸膜炎 3 例。

艾滋病防治 2004 年 10 月 8 日，白沙县艾滋病防治领导小组成立，2006 年 6 月因人员变动，重新调整，其成员单位有县发改局、财政局、公安局、文体局、药监局、商贸、民政局、司法局、县妇联、县团委、总工会、保障局、工商局、农垦白沙办事处等单位组成，并成立由县防疫站、县医院、皮防所 12 人组成的艾滋病高危人群干预工作队，设立技术指导小组，由县卫生局防疫站有关人员组成。

2005 年，白沙县防疫站设立艾滋病科，有工作人员 4 人，负责全县艾滋病信息收集、宣传教育、技术指导及疫情监测等工作。2007 年，白沙县艾滋病初筛实验室顺利通过海南省卫生厅评估，获得县级艾滋病初筛实验室资质认证。

2005 年 3—6 月，县防疫站在全县开展强制戒毒人员、娱乐场所从业人员、医院就诊者等重点人群 HIV 感染横断面调查。2006 年 3 月白沙县作为海南省黎族妇女预防艾滋病健康促进（对照点），配合省艾滋病科对邦溪、七坊、白沙、元门 4 个乡镇 15 ~ 35 岁黎族妇女进行防艾知识问卷调查及血液、阴道分泌物做性病、艾滋病检测。2004 年和 2005 年两次开展医院用血情况调查，未发现私自采供血情况，无有偿供血员，全县乡镇以上医疗卫生机构和计生服务站都使用一次输液器注射器和输血器。

自 2008 年起至 2013 年，共进行艾滋病检测 12146 人次，其中包括羁押吸毒人员、自愿咨询人员、孕产妇、暗娼等。2008 年白沙县报告首例病例，至 2013 年病例增至 6 人。

2005 年以来，白沙县通过出墙报、设立宣传点，发放宣传单、宣传图片、挂图，现场播放电视录像、出动宣传车在县城以及公路干线沿途各乡镇进行艾滋病防治宣传；县广播电视台播放艾滋病警示录专题片以及 12.1 开展宣传活动现场的录像，使全县较大范围接受艾滋病防治宣传。2010 年，开展教师、学生、农民工、高危人群艾滋病知识问卷调查，发放艾滋病扩展资料《艾滋病预防基本知识十条》，发放问卷 3400 份，并对各类高危人群同伴教育员集中培训。

“非典”防治　2003 年至 2004 年 5 月，全国突发传染性非典型肺炎，白沙县设立非典办，业务办公室设在卫生防疫站，成立防疫站突发公共卫生事件应急处置防控队，分别由流行病学调查组、消杀组、样本采集、健康教育信息组等组成，执行 24 小时值班制。举办 11 期非典型肺炎防治培训班，共培训医务人员 479 人，其他单位领导及群众 547 人，有效地防止“非典”传入白沙境域。

其他传染病防治　1988 年以来，随着各种防治措施的落实，白沙县境内的传染病得到良好控制，痢疾、伤寒、麻疹、乙脑、百日咳、白喉发病率逐年下降，已控制在国家规定水平下。全县人群中的乙肝病毒携带率虽仍处于较高水平，由于采用接种乙肝疫苗、加强饮食卫生管理和加强安全注射等措施，乙肝病毒的传染也得到一定控制。

第四节　妇幼保健

1989 年 1—11 月，白沙全县共出生婴儿 1964 名，其中新法接生 1815 名，新法接生率 92.41%；产妇死亡 2 例，死亡率约 0.1%；门诊诊疗 6917 人次，其中妇科 1214 人次，产检1574人次，儿科4129人次；儿童体检3521人；妇科普查316人（县城4个工厂职工）；县城母子管理121人，管理率93%。1990年8月，全县有45名农村接生员在县卫校参加一期农村接生员培训班学习培训。1992年，全县农村接生员参加培训410人次，为提高新法接生打下良好基础。同年，全县出生婴儿共2164名，其中新法接生436名，新法接生20.15%；婴儿死亡81例，死亡率37.4%；产妇死亡2例，死亡率0.0924%。

1993年，在县妇幼保健站的指导下，全县妇幼保健工作逐步走上正轨，形成妇幼保健三级保健网。当年，全县共诊治妇科3440人次，儿科6760人次，产检2769人次。1994年，全县农村接生员434人，参加培训446人次。1995年，全县妇幼保健网初步健全，卫生院配备专职妇幼人员。同年，基层妇幼人员全部接受轮训。

1997年，全县产妇1400人，住院分娩334人，非住院分娩的产妇中有新法接生2人，住院分娩率23.9%，新法接生率24%；产后访视1216人，访视率86.9%；孕产妇建卡907人，建卡率64.8%；产前检查898人，产前检查率64.1%；系统管理45人，管理率3.21%；产妇死亡1例，死亡率0.71%；活产数1400人，婴儿死亡45人，死亡率32.14%。同年，全县7岁以下儿童15971人，保健管理8802人，保健管理率55.1%；3岁以下儿童6022人，系统管理10750人，实检人数5970人，占全数的55.5%。

1998年，白沙县共培训农村接生员385人，占接生员总数的89.5%。当年，白沙县被海南省列入世界银行贷款妇幼项目备选县，县卫生局抽调30名医务人员组成调查组，深入全县每个村、队进行入户调查。

1999年，白沙县银行贷款妇幼项目正式启动，全县妇幼保健各项工作稳步发展。2000年，全县有100名乡村医生、卫生员及380名农村接生员参加技术培训；各乡镇卫生院医务人员也到县人民医院接受培训；新建乡镇卫生院产房1个，改造2个（元门、细水卫生院产房）；完成8个乡镇医疗救助对象120人的发证工作。2001年，全县完成医疗救助对象108人的发证工作；随着产房的改造和管理加强，元门、细水、牙叉等乡镇当年都有产妇到卫生院分娩。

2004年，白沙县确定医疗救助扶贫对象1819人，其中育龄妇女300人，孕妇805人，儿童714人；全县活产数1540人，住院分娩人数1096年，住院分娩率77.17%。2005年，白沙县活产数1276人，住院分娩825人，住院分娩率64.66%；全县完成调查和确定医疗救助对象388人，其中孕妇150人，儿童238人，并发给医疗证。同年，全县开展妇科病普查工作，检查1890人，查出患妇科病567人并给予指导治疗。2007年，白沙县进一步健全县、乡、村三级妇幼保健网络体系，强化2个系统管理，规范新版出生医学证明发放管理，当年全县产妇住院分娩率达 86.4%，贫困产妇住院分娩受到减免救助 1141 人，救助资金共 171150 元。2008 年，全县产妇 2305 人，住院分娩 2196 人，住院分娩率达到 95.3%，无孕产妇死亡。

2009 年 1—10 月，白沙全县产妇 2254 人，住院分娩 2225 人，住院分娩率达 98.71%，活产数 2265 人，建卡人数 1893 人，无孕产妇死亡和新生儿破伤风病例发生。

2010 年，白沙县全年产妇总数 2198 人，活产数 2197 人，建卡人数 1907 人，建卡率 86.76%；产检人数 2190 人，产检率 99.68%；早检人数 1689 人，早检率 77.12%；产后访视人数 1917 人，产后访视率 87.53%；孕产妇系统管理人数 1460 人，孕产妇系统管理率 66.45%；住院分娩人数 2174 人，住院分娩率 98.95%；非住院分娩中新法接生人数 16 人，非住院分娩中新法接生率 69.57%；高危产妇人数 427 人，高危住院分娩人数 300 人，高危住院分娩率 99.34%；5 岁以下儿童营养评价实查 1.04 万人，体重 < 中位数——2SD 人数 281 人，5 岁以下儿童中重度营养不良患病率 2.7%；3 岁以下儿童 7400 人，系统管理人数 3938 人，系统管理率 53.22%；婴儿死亡人数 37 人，婴儿死亡率 16.84%；新生儿死亡数 24 人，新生儿死亡率 10.92%；5 岁以下儿童死亡数 49 人，5 岁以下儿童死亡率 22.3%；无孕产妇死亡及新生儿破伤风死亡。

2010 年，全县为农村准备怀孕和已怀孕妇女免费增补叶酸，共有 1140 名农村妇女补叶酸，占总任务数的 103.64%；全年共救助贫困孕产妇 1887 人（其中高危 11 人），减免及救助金额 55.8 万元。

1995—2010 年白沙黎族自治县基层卫生与妇幼保健基本情况（一）

表 15-5-7

年度	总人口（人）	乡镇数（个）	行政村数（个）	自然村数（个）	妇幼人员数（人）														托幼机构					
					总数	县人民医院		县妇幼保健机构			乡镇级		村级					卫生保健人员数（人）	学前班		幼儿园		托儿所	
						妇产科人数	儿科人数	总数	妇产科妇保人数	儿科儿保人数	总数	乡镇空白点	女村医人数	其中会接生人数	保健员人数	其中会接生人数	接生员人数		总数（人）	入班人数（人）	总数（人）	入园人数（人）	总数（人）	入托人数（人）
1995 年	115413	14	74	485	533	16	20	20	4	4	17	0	9	8	0	0	451	0	21	1078	2		3	58
1996 年	115350	15	74	485	533	16	20	20	4	4	19	0	9	8	0	0	476	1	12	559	2	248	3	95
1997 年	116728	15	75	487	541	19	14	20	4	4	22	0	9	9	0	0	457	1	15	655	2	287	3	118
1998 年	117399	15	75	487	499	19	14	22	5	5	22	0	12	12	0	0	410	1	13	594		325	3	97
1999 年	119021	15	75	487	504	19	14	21	5	5	22	0	10	9	0	0	418	1	15	591	2	307	3	81
2000 年	129565	15	75	487	441	19	14	21	6	5	22	0	16	12	75	33	274	1	13	563	1	252	1	23
2001 年	133503	15	75	487	437	19	14	20	6	5	24	0	11	8	75	33	274	1	14	577	4	279	1	20
2002 年	131184	15	75	487	444	19	14	21	6	5	26	0	15	12	75	33	274	1	13	513	4	387	1	17
2003 年	131602	15	75	487	444	19	14	21	6	5	26	0	15	12	75	33	274	1	16	678	17	509	0	0
2004 年	126306	11	75	487	444	19	14	20	6	5	26	0	15	12	75	33	274	1	14	560	11	703	0	0
2005 年	124470	11	75	487	444	19	14	19	6	5	26	0	17	13	75	33	274	1	14	601	12	853	0	0
2006 年	126785	11	75	487	444	19	14	19	6	5	26	0	17	13	75	33	274	1	15	625	15	1302	0	0
2007 年	131619	11	75	487	444	19	14	19	6	5	26	0	16	13	75	33	274	1	17	720	22	2125	0	0
2008 年	131007	11	76	487	396	20	20	19	6	5	30	0	18	15	75	33	212	1	19	846	24	2383	0	0
2009 年	134188	11	76	487	392	20	20	19	5	5	30	0	14	11	75	33	212	1	18	867	23	2449	0	0
2010 年	130238	11	76	487	365	20	20	19	5	5	28	0	14	5	50	0	212	1	17	922	26	3447	0	0

1995—2010 年白沙黎族自治县基层卫生与妇幼保健基本情况（二）

表 15-5-8

年度	产妇总数（人）	活产数（人）	妇幼人员										分娩情况				高危管理			孕产妇死亡	
			建册人数（人）	建册率（%）	产前检查				产后访视		系统管理		住院分娩人数（人）	占比（%）	非住院分娩新法接生人数（人）	新法接生率（%）	高危孕产妇人数（人）	高危住院人数（人）	占比（%）	人数（人）	占比（1/10 万）
					人数（人）	占比（%）	早检		人数（人）	占比（%）	人数（人）	占比（%）									
							人数（人）	占比（%）													
1995 年	2011	2007	433	21.53	1774	88.39	839	41.80	2007	100.00	34	1.69	391	19.48	0	0.00	18	0	0.00	1	49.83
1996 年	1856	1850	597	32.57	799	43.19	245	13.24	1466	79.24	80	4.32	381	20.59	43	2.92	20	20	100.00	0	0.00
1997 年	1928	1321	907	47.04	898	46.75	187	9.73	1258	65.49	104	5.41	334	17.39	12	0.75	6	5	83.33	4	208.22
1998 年	1641	1637	727	44.3	72	44.23	221	13.5	985	60.17	95	5.80	648	39.58	8	0.81	18	17	94.44	1	61.09
1999 年	1393	1389	613	44.01	613	44.13	160	11.52	1006	72.43	160	11.52	375	27.00	493	48.43	4	4	100.00	4	287.98
2000 年	1394	1395	625	44.84	625	44.8	256	18.35	1139	81.65	176	12.62	488	34.98	511	56.40	23	21	91.30	1	71.68
2001 年	1388	1386	743	53.53	743	53.61	303	21.86	1147	82.76	237	17.10	632	45.60	503	66.53	25	21	84.00	3	216.45
2002 年	1346	1348	885	56.75	861	63.87	541	48.13	1036	76.85	369	27.37	690	51.19	545	83.08	63	53	84.13	1	74.18
2003 年	1246	1243	884	70.95	873	70.23	722	57.95	1069	86.03	623	50.12	776	62.28	351	75.16	536	452	84.33	3	241.35
2004 年	2050	2047	1666	81.27	1648	80.51	1209	59.06	1598	78.07	995	48.61	1448	70.74	237	39.57	167	153	91.62	0	0.00
2005 年	2425	2425	1677	68.72	1803	74.35	1247	51.42	1708	70.43	985	40.62	1657	68.33	167	21.74	290	256	88.28	1	41.24
2006 年	2395	2397	1700	70.92	1751	73.11	1204	50.27	1756	73.32	970	40.50	1935	80.80	44	9.60	256	244	95.31	0	0.00
2007 年	2429	2431	1722	90.9	2047	84.21	1333	54.84	1958	80.61	996	41.01	2187	90.04	21	4.26	274	270	98.54	1	50.00
2008 年	2305	2302	1488	64.56	1917	83.28	1014	44.05	1636	71.07	676	59.37	2196	95.40	23	21.70	320	313	97.81	0	0.00
2009 年	2254	2265	1893	83.98	2140	94.48	1558	68.79	1369	85.47	1323	58.41	2225	98.23	27	67.50	427	427	100.00	0	0.00
2010 年	2198	2197	1907	86.76	2190	99.68	1689	76.88	1917	87.26	1460	66.45	2174	98.95	16	69.57	302	300	99.34	4	182.07

1995—2010年白沙黎族自治县基层卫生与妇幼保健基本情况（三）

表 15-5-9

年度	3岁以下儿童保健服务			3-6岁儿童保健服务			5岁以下儿童营养评价				新生儿死亡		婴儿死亡		5岁以下儿童死亡		新生儿破伤风	
	儿童数（人）	系统管理人数（人）	占比（%）	儿童数（人）	系统管理人数（人）	占比（%）	儿童数（人）	实查人数（人）	体重小于-2个标准差人数（人）	营养不良发病率（%）	人数（人）	占比（%）	人数（人）	占比（%）	人数（人）	占比（%）	发病人数（人）	发病率（‰）
1995年	5398	995	18.43	9206	2125	23.08	13910	3120	628	20.13	74	36.87	98	48.83	104	51.52	7	3.49
1996年	6047	2068	34.20	9577	6768	70.67	11168	6324	2294	36.27	53	28.65	75	40.54	87	47.03	3	1.62
1997年	6022	3238	53.77	9882	5564	56.3	10750	5970	999	16.73	79	41.12	124	64.55	156	81.21	29	15.10
1998年	5245	2828	53.92	9527	5151	54.07	10111	5465	948	17.35	39	23.82	57	34.82	69	42.15	10	6.11
1999年	4871	2732	56.09	8789	5035	57.29	8951	5141	1455	28.30	46	33.12	57	41.04	68	48.96	7	5.04
2000年	4910	2162	44.03	7813	3929	50.29	8293	4441	966	21.75	25	17.92	38	27.24	53	37.99	1	0.72
2001年	4382	2318	52.90	6750	3848	57.01	7705	4249	865	20.36	28	20.20	49	35.35	54	38.96	1	0.72
2002年	4382	1613	36.81	6179	3702	59.91	7161	3797	1028	27.07	28	20.77	43	31.90	51	37.83	1	0.74
2003年	3746	1220	32.57	5650	2425	42.92	5921	2839	843	29.69	26	20.92	36	28.96	45	36.20	1	8.04
2004年	5039	2346	46.56	5449	3248	59.61	7741	4443	854	19.22	30	14.66	43	21.01	53	25.90	2	9.77
2005年	6236	3211	51.50	5429	3211	34.63	8906	5723	738	12.72	52	21.44	73	30.10	80	32.99	2	8.24
2006年	6705	2311	34.47	5948	2311	34.47	9445	4749	369	7.80	40	16.70	52	21.71	56	23.38	0	0.00
2007年	6970	2254	32.34	6613	4773	72.18	10401	6020	509	8.46	33	13.60	44	18.20	57	23.50	0	0.00
2008年	6905	1599	23.16	7469	3620	48.46	11078	4632	423	9.13	43	18.68	58	25.20	69	29.97	3	1.30
2009年	7000	2365	46.64	7973	2721	34.12	11625	5705	354	6.20	14	6.18	24	10.60	37	16.34	0	0.00
2010年	7400	3938	53.22	8540	3938	46.11	12021	10398	281	2.70	24	10.92	37	16.84	49	22.30	0	0.00

第五节　公共卫生

一、食品卫生

1988年后，县卫生局深入食品生产经营单位和个体户进行监督、监测和指导，县卫生局多次协同县人民政府相关单位实行“食品卫生大检查”，对违反《中华人民共和国食品卫生法》的食品生产经营单位和个体户予以警告并限期改正，没收并销毁伪劣食品等。

1989年，全县食品生产经营单位共337家，应检人数662人，实检人数649人，实检率98%；发放食品卫生许可证368户，发证率97.6%；抽检饮食店食具672份，合格483份，合格率72%。1994年，全县食品生产经营从业人员967人，体检925人，体检率95.7%；检出患病人数34人（肝炎），患病率3.68%；举办两期从业人员培训班，参加培训人员150人；检测监督食品生产经营单位2847户次，警告并限期改进42户次，没收及销毁各类假冒、伪劣食品产生经营单位6户次，共210公斤，罚款48户次5050元。

2000年，全县食品生产经营单位共311户，监督户次862次，抽检食品424份，合格385份，合格率90.8%；抽检食具804份，合格率60%；共处罚72户次，其中警告5户次，责令停止生产经营1户次，销毁食品518公斤，罚款11户，罚金2210元，配合县工商部门查处非碘盐，共没收8525公斤。

2004年4月，全县范围开展“伪劣奶粉”监督抽查并销毁不合格奶粉。2005年，县卫生局对违法使用“松香”作为宰杀生鸭脱毛剂进行处罚。2003—2006年，县卫生局对全县食品生产经营单位进行食品卫生量化分级管理。2006年9月，县卫生局加强餐饮业食用油监督，调查购入、使用和废弃食用油处理情况和开展诚信兴商宣传月活动。

2010年，监督餐饮服务业112户次，合格率100%；共体检食品从业人员415人，合格363人，合格率87.47%；全年共抽检餐具347份，合格250份，合格率72.05%；对县城97家餐饮单位的采购、使用油脂和一次性筷子进行一次专项监督检查，防止“地沟油”及不合格一次性筷子流入餐饮环节。

1999年发生食物中毒1起，中毒原因由空心菜农药超标所致，发病人数23人，经治疗全部痊愈出院。2003年发生中毒事件3起，1起为因搞迷信活动集体聚餐，由猪肉中芽孢杆菌引起的细菌性食物中毒，发病人数26人；1起为空腹饮用“大青叶”药液引起不良反应，中毒32人；1起为集体聚餐中毒17人，由于防疫人员反应迅速，对现场进行标本采集、流行病学调查，事件初发报告及过程报告及时准确，均无死亡病例。

1988—2010年白沙黎族自治县食品卫生监测监督情况表

表 15-5-10

年份	抽检食品份数（份）	合格份数（份）	食具监测份数（份）	合格份数（份）	从业人员体检（人次）	行政处罚（户次）	责令改正（户次）	停止生产经营（户次）	销毁不合格产品（批次）	监督（户次）
1988—1992年	644	558	3481	2465	3227	—	—	165	2048	4407
1993—1997年	2589	2267	6208	4266	7193	227	90	166	7250	12330
1998—2002年	2032	1760	3610	1806	2985	303	146	40	2104	4526
2003—2007年	548	476	3180	2027	5207	879	306	10	965	3714
2008—2010年	551	545	1661	1236	4625	—	—	—	—	—

二、学校卫生

1988—2010年，白沙县对学校中小学生进行体检共计85262人次，体检项目包括身高、体重、皮肤、五官健康、骨骼发育等，其中发现有不少学生不同程度患有砂眼、汗斑、疥疮、视力不良、龋齿、扁平足、脊柱弯曲、营养不良等，经矫治后，砂眼、疥疮、汗斑、龋齿、扁平足、脊柱弯曲等发病率逐年降低。随着生活条件的好转，学生平均身高逐年上升，视力不良的人数也在不断增多。

1992年，检测全县中小学生肠道蠕虫感染率，阳性率高达85.2%，经逐年驱虫治疗后，2005年肠道寄生虫携带率降至5%，获得显著成效；对乡镇6所中小学生调查检测获得乙肝阳性率达27.3%。

1990年以来，县卫生局根据《学校卫生工作条例》，落实学校健康教育课程，与教育局联合举办多期由校医、保健教师组成的培训班，强化学习健康教育教学大纲和健康教育课，至2001年止，全县课程普及率、开课率达100%。

1988年后，县卫生局重视学校食堂管理，切实推进学校食堂卫生安全工作。对私人开办的食堂，卫生条件极差的提出书面整改意见，严重者责令停业整顿；对食堂工作人员进行体检，发现患有职业禁忌证的人员则要求调离工作岗位。至2010年止，全县学校食堂因微生物中毒事件少有发生。

三、公共场所卫生

1988年后，根据《公共场所卫生管理条例》中有关条款的规定，白沙县卫生局对全县公共场所进行卫生监督及用具用品消毒监测工作，对工作服务人员，定期进行体检。

以阻断病原体在物品间的污染以及公共场所的接触传播。

1989 年，白沙县公共场所从业人员体检 86 人，占应检人员的 72%，建档率 92%。1990 年，县卫生局在有关部门的配合下，对公共场所从业人员进行体检，体检人数 106 人，改变了白沙县公共场所卫生管理混乱的局面。1994 年，全县公共场所 73 间，全部建档，发放卫生许可证 33 间；从业人员 146 人，体检 143 人，检出患病 8 人，脱离服务行业 3 人。2000 年，对全县 50 户公共场所经营单位进行卫生监督 115 次，监测项次数 308 份，合格 293 份，合格率 95%；对从业人员 174 人，体检 155 人。2009 年，白沙县对公共场所从业人员 137 人进行体检，合格人数 127 人，合格率 90%。

2007 年，白沙县共有公共场所经营单位 69 户，发放卫生许可证 69 户，发证率 100%，其中，旅馆 28 户，文化娱乐场所 18 户，理发美容 23 户。2010 年，白沙县公共场所经营单位 128 户，发放卫生许可证 128 户，发证率 100%。

1988—2010 年白沙黎族自治县公共场所卫生监测监督及从业人员体检情况一览表

表 15-5-11

项目 \ 年份	1988—1992 年	1993—1997 年	1998—2002 年	2003—2007 年	2008—2010 年
用具用品消毒监测（份）	273.0	910.0	1360.0	1096.0	867.0
合格份数（份）	220.0	667.0	1218.0	953.0	711.0
合格率（%）	80.6	73.3	89.6	87.0	82.0
体检人数（人）	674.0	905.0	963.0	772.0	267.0
监督（户次）	173.0	663.0	651.0	332.0	—

四、劳动卫生

1989 年，全县应监测厂矿企业 3 间，实际监测 1 间；有尘企业 11 间，全部进行检查；接触尘、毒人员 36 人，全部体检。1994 年，白沙全县有厂矿企业 9 家，县卫生部门对生产环境有害物质进行监测 30 个点次，其中 19 个点次合格，合格率 63.33%；全县厂矿企业共有职工 2376 人，其中接触有害作业 1641 人，体检 1513 人，体检率 92.2%，未发现患有职业病例。

2000 年，全县厂矿企业 11 家，全部建立厂矿企业劳动卫生档案，建档率 100%；职工总数 515 人，已建立个人健康档案 219 人，建档率 42.5%；测定生产环境有害因素点 56 个，监测结果合格点 48 个，合格率 85.7%，其中，白翔水泥厂有 4 个点不合格，高地淀粉厂有 3 个点不合格。2000 年后，因白沙厂矿减少，劳动卫生工作未能开展。

1988 年以来，县卫生局针对全县工矿企业进行有害因素测定，对达不到卫生要求的厂矿与厂商共同商讨超标原因和解决办法，改进生产工艺流程设备，达到国家规定控制标准，保障工人的身体健康，取得很好的效果；工人体检尿铅、锰等指标均未超标，未发现职业病。

1988—2000 年白沙黎族自治县厂矿企业有害因素测定及工人体检情况一览表

表 15-5-12

年份	1988年	1989年	1990年	1991年	1992年	1993年	1994年	1995年	1996年	1997年	1998年	1999年	2000年
有害物质测定份数（份）	10.0	11.0	17.0	50.0	28.0	29.0	30.0	23.0	17.0	37.0	40.0	56.0	56.0
合格率（%）	0.0	0.0	0.0	0.0	39.3	55.2	63.3	56.5	76.4	91.0	97.5	82.8	85.7
工人体检人数（人）	530.0	36.0	565.0	712.0	974.0	843.0	1513.0	—	459.0	—	498.0	219.0	23.0

五、环境卫生

1988 年以来，县卫生局定期或不定期对城镇集中式生活饮用水、县城二次供水、农村集中式饮水安全工程、省级水质监测点、国家级水质监测点等进行采样检测，检测项目为感官性状和一般化学性指标、毒理学指标等。

1989 年，白沙县进行县城饮水水样检测 9 份共 130 项次。1994 年，县卫生局进行全国联网监测点饮用水监测共 23 份水样 391 项次，合格 378 项次；县城饮用水监测 45 份 135 项次，合格 112 项次；对县陶瓷厂粉尘浓度测定 9 份，超标的有 8 份。2000 年，对木棉水厂水质监测 5 个点 5 份，均未合格，不合格指标为细菌学指标等。2009 年，对县自来水公司、邦溪自来水厂及七坊供水站进行检查监测，合格率 100%。

第六节 爱国卫生

1953 年 3 月，白沙县爱国卫生运动委员会成立，由宣传、卫生、公安、住建、国土、粮食、商务、农业、水务、交通、教育、文体、妇联、工会、共青团、各乡镇政府等单位和部门领导组成，主任委员由政府县长担任，副主任委员由分管爱国卫生工作的政府副县长担任。

白沙县爱国卫生运动委员会主要职责是，宣传、贯彻、实施有关法律、法规和规章；统一规划、部署、协调和指导本县的爱国卫生工作；组织实施爱国卫生工作监督检查、考核鉴定和效果评价；动员全社会参与爱国卫生活动，指导农村改水、改厕，组织开展城乡除四害、全民健康教育和病媒生物防制、普及卫生科学知识及控烟活动；总结、交流爱国卫生典型事迹和先进经验；承办县政府，省爱卫会交办的其他爱国卫生工作。

白沙县爱国卫生运动委员会下设办公室，原挂靠在县卫生局。2007 年 10 月 18 日，县爱卫办从县卫生局建制单列出来，实行财政金额预算管理，经费独立核算，隶属于白沙县人民政府，为副科级事业单位，设编制 3 名，负责爱卫会日常工作。

一、环境卫生综合整治

2007 年县爱卫办组织发动全体机关干部、企业职工、学校师生和群众开展全面环境卫生大整治。清理卫生死角 186 处，清除垃圾 265 吨，清理臭水沟 650 米，彻底整治、脏、乱的现象。与各单位、居民区、沿街的铺面签订门前“卫生三包”责任书。2007 年白沙交通规费征所、牙叉镇政府大院、县法院、七坊中学、阜龙乡政府等 5 个单位获得省级卫生先进单位；荣帮乡地村、金波乡 303 村、荣帮乡福英村（一组）、牙叉镇儋州村（一队）、打安镇保优村等 5 个村庄获得省级卫生村。

2008 年 7 月，县爱卫办开展以“清洁家园，健康奥运”为主题，以环境卫生整治、健康教育、控烟、除“四害”工作为重点的爱国卫生活动。全面清理公路沿线两边的暴露垃圾、塑料袋，乱堆乱放的杂物统一集中到远离公路指定地区堆放焚烧或填埋，共清理疏通排水沟 1293 米，清理垃圾杂物 350 吨，清理卫生死角 289 处。同年 8 月开展以预防肠道传染病为主的爱国卫生运动。

2009 年，为迎接中华人民共和国成立 60 周年的庆典，县爱卫办组织开展多次大规定模的城乡环境卫生大整治。并督促各单位落实抓好各自卫生及卫生责任区清除、打扫、畅通、保洁等工作。加大公路沿途两侧及村庄周边等地段塑料袋和生活垃圾清理力度。共清理垃圾 500 多吨，清理卫生死角 569 次处，清除杂草约 6000 平方米，疏通臭水沟长约 2681 米。相关部门以治“六乱”（乱停、乱放、乱倒、乱搭建、乱贴、乱画）入手，狠抓市容市貌的整治工作，各类乱贴乱画现象得到有效遏制，户外广告、门头牌匾得到规范。

2010 年，县爱卫办组织全县干部群众在春节前后、爱国卫生月、春季、秋季开展以整治市容市貌、预防夏季肠道传染病和恶性鼠传疾病传入为主要内容的群众性爱国卫生活动 4 次，共出动 8000 人次，车辆 200 辆次，清理卫生死角 98 处，清运垃圾 700 吨，清除小广告 1500 张，拆除违章建筑 19 处取缔违章占道摊点 18 个，处理乱停乱放车辆 58 辆次，市容卫生面貌有了明显的改善。

二、农村改水改厕

改水改厕是县爱卫办的重点工作。1997 年，农村改水、改厕工作有较大进展。1998 年上半年，全县共建好户厕 1272 个，改水户数 138 户 1656 人，无偿捐献改水改厕款 38980 元。下半年，农村改水改厕形成高潮，县政府多次下发文件和召开现场指导工作，采取“单位包村、干部包户”的办法，共筹集资金 28 万元，建成户厕 1824 间（不含农场）。2007 年，县爱卫办超额完成农村改厕 492 户。水质监测 28 份，完成改水受益人口 375 人，占省爱卫会下达任务的 125%。2008 年，县爱卫办农村改厕任务 166 户，项目资金 5.81 万元。改水项目南开乡力保村，受益人口 1201 人。农村饮用水消毒项目 11 个乡镇 30 口水井进行消毒，投入资金 18000 元。

2009—2010 年，白沙县农村改厕任务 4000 户，县委、县政府高度重视，召开全县改厕动员大会，把改厕任务层层分解落实，共举办培训班 22 期，有 395 人次参与培训，发放技术资料 1853 份。2010 年，白沙县农村改厕验收合格 4000 户，按时定量保质完成 2009—2010 年度的改厕任务，总发放补助资金 200 万元，2009 年白沙县农村卫生厕所普及率达到 65%以上，2010 年全县农村无害化卫生厕所普及率达到 70%。

2010 年，县爱卫办组织对全县 28 个农村集中式饮水点进行农村饮水安全工程水质监测。

三、消灭“四害”（病媒生物防制）

2007 年，县爱卫办组织开展全县春、秋季统一灭老鼠、灭蚊子、苍蝇和蟑螂活动。县城使用大隆颗粒鼠药 363 公斤，农村灭鼠 360 个，使用大隆颗粒鼠药 637 公斤，总投入 8000 元。

2008 年，白沙县成立预防手足口病等传染病爱国卫生运动督导小组。2008 年，开展除“四害”专项整治活动。2008 年，白沙县成立夏季传染病防控工作领导小组。同年在第 20 个爱国卫生活动月，白沙县为迎接“省办经济特区 20 周年与 2008 年博鳌亚洲论坛活动”开展以环境卫生综合整治为主要内容的爱国卫生运动。

2009 年，县爱卫办举办病媒生物培训班 5 次，培训人数 375 人次，组织开病媒生物消杀 12 次，消杀面积 150 万平方米。2010 年，白沙县全面开展以环境综合治理为主、化学防治为辅的做法控制“四害”滋生的环境和密度。组织开展清理“四害”滋生地 2 次，进行免费提供价值 5 万元的除“四害”药械。

四、健康宣传教育

2007 年，县爱卫办开展建设“健康街道”宣传活动。2008 年 5 月 31 日开展主题为“无烟青少年”的第二十一个“世界无烟日”活动，8 月开展以预防肠道传染病为主的爱国卫生运动。

2009 年，县爱卫办有计划、有组织地开展多种形式的健康教育活动，爱卫会协同卫生、教育部门深入农村、学校等指导开展健康教育活动。在学校、医院等公共场所设立健康教育宣传栏。同年 5 月 31 日，根据省爱卫办关于开展第二十二个世界无烟日活动安排，在县宣传部、县团委和教育局的配合下，组织白沙中学、县一小共 4061 人开展“拒吸第一支烟，做不吸烟的新一代”的宣传和控烟签名活动。

2010 年，县爱卫办结合爱国卫生月活动和 4 月 7 日世界卫生日活动，组织健康教育、医务人员在主要街道、学校设立健康教育、除害防病宣传咨询点，全县共有 90 人参加宣传咨询活动，接受咨询或教育 2000 人次，发放各种宣传资料 6000 份，张贴和悬挂宣传标语 85 条。

第十六编　人　　物

自建置至2010年，在70多年的历史里，白沙从小变大，从弱到强，发展变化令人欣喜鼓舞，特别是中华人民共和国成立后，在中国共产党和历届县委、县政府的正确领导下，在一代又一代党的优秀领导干部和有志之士的带领奋斗下，白沙的经济、社会、文化等各方面都发生了翻天覆地的变化，取得了一个又一个伟大的成就。这些变化和成就都与为白沙革命事业付出心血甚至生命代价，与为白沙的经济、社会、文化等建设发展艰苦奋斗、鞠躬尽瘁的领导干部和模范人物，与各行各业专业技术水平高的人才的努力奉献息息相关。人物志将他们的基本情况，将他们的典型事迹，将他们的成功经验记载下来，作为永久性的历史资料保存以便查找，并作为白沙人民的精神财富发扬光大，鞭策、启迪、教化后人。这些人是白沙人民的缩影，还有许多无名英雄，在各自的岗位上默默耕耘，为建设白沙、发展白沙、美化白沙做出无私的贡献。

第一章　人　物　传

陈永清（1932—1990），黎族，白沙县荣邦乡俄朗村人。1949年参加中国人民解放军，曾任某部队一师二团警卫排副班长，1954年4月复员。1953年6月，担任白沙县邦溪公社社长。1986年11月至1987年1月，参加中共广东省委党校组织工作干部进修班学习，获得结业证书。1989年担任白沙县委统战部部长，1990年4月，当选白沙黎族自治县第九届人大代表。1987年5月至1990年5月，担任政协白沙县第三届委员会副主席，1990年5月，当选白沙黎族自治县第九届人大常委会副主任。1990年10月，因病逝世。

石光亮（1912—1992），生于台湾彰化县员林镇。1940年2月，被日本窒素公司征遣到海南，参加修建石碌至三亚的铁路。日本侵略军投降后，滞留海南，在八所至石碌一带行医，为黎民百姓治病。时应中共昌感县地下党赵光炬之请，为琼崖纵队战斗负伤的同志治伤和治病。不久，引起国民党特务的注意，企图抓捕，幸有台湾兄弟通知消息，得以及时逃脱。1947年7月，参加琼崖纵队革命队伍，随南征队在昌江至感城一带为部队救治伤病员。1948年底，调到琼崖纵队总部任琼崖人民政府公医院副院长。在琼崖纵队工作期间，治愈伤病员2000多名。1950年5月，海南解放后，部队开拔到海口整编，随医院留在原地。1951年至1952年12月，任海南黎族苗族自治州人民政府卫生部主任。1953年，奉组织派遣到白沙县筹建白沙县人民医院，成为白沙县历史上的第一位医生和白沙县人民医院第一任院长。1981年11月，加入台湾民主自治同盟。1982年2月调任海南黎族苗族自治州任台盟海南黎族苗族自治州分部主委、第三届政协自治州委员会副主席；1989 年 1 月离休，1992 年 5 月去世。

史丹（1902—1996），祖籍文昌县，1925 年高中毕业时，参加国民革命军，1926 年到昌江县担任国民党宣传部部长。思想进步，追随革命。以国民党宣传部长的合法身份创办昌江第二小学（墩头小学），招收工农子弟入学，宣传革命思想，为革命培养骨干。介绍共产党员马白山到校任教，为琼崖党组织开展琼西区的革命活动提供便利条件。积极支持马白山在昌感地区开展革命秘密活动，为掩护共产党开展地下工作做出贡献。1927 年，革命处在低潮时期，史丹离开国民党昌江县政府，到浙江工学院深造，1932 年毕业后，先后在广东省大埔县中学，遂溪县中学任教，直至 1936 年底。1937 年，回家乡参加革命工作，1938 年 3 月加入中国共产党。大革命时期，积极投身革命斗争，曾参加国民革命军第十师讨伐军伐邓本殷的战役和省港罢工斗争，并在北海担任工人纠察队的领导工作。在抗日战争和解放战争时期，以及在五指山坚持游击战的 12 年，曾任白沙县民主政府县长，琼崖公学校长、西路军政学校校长兼政委、中国共产党琼崖西区临委书记兼支队政委、中共琼崖特委委员、琼崖南区地委书记等职。解放后，曾任海南区文教处处长、区党委统战部部长、南方大学海南分校副校长、海南区民委主任等职，后调到广东省工作，历任广东省教育厅副厅长兼广东省教育行政学院副院长、暨南大学副校长、华南工学院副院长等职。

林桃森（1926—1996），儋州人，13 岁参加革命，15 岁入党。1942 年至 1951 年，林桃森先后在儋县委任干事、工作队员，在大成乡、光村乡、报舍乡、白沙县阜龙乡任过总支委员、书记等职，在白沙县一区任区委委员、书记。1951—1954 年，任白沙县委常委兼团委书记。1954—1958 年，任白沙县委书记。1958—1961 年，先后任东方县委副书记、乐东县委副书记。1961—1966 年，任白沙县委书记。1966 年下半年至 1974 年下半年，在“文化大革命”中被造反派批斗，迫害，关押。1974—1983 年，先后任海南行政区党委组织部副部长、海南行政区党委常委兼组织部部长（正厅级）。1985 年 9 月 24 日，因“海南汽车事件”入狱。1986 年 5 月 22 日，被海南行政区中级人民法院以“投机倒把”罪判处无期徒刑。2004 年 1 月 14 日，最高人民法院和最高人民检察院指令海南省高级人民法院对此案进行复查并依法处理，2004 年 2 月 26 日海南省高级人民法院宣告林桃森无罪。2005 年 5 月 10 日，海南省委恢复林桃森党籍和公职。

林桃森在白沙县工作期间，深入基层调查研究，关心群众的疾苦，贯彻民族政策，促进民族团结，还注重干部的培养工作，选拔一批优秀干部；在海南行政区党委组织部任职期间，对海南行政区干部队伍的建设，特别是干部队伍结构的调整做出了一定贡献。

李俊（1928—1996），原名李人熙，儋州人。1947年10月参加革命工作，1971年5月加入中国共产党。1943年12月至1947年10月，在儋县海头港口小学读书。1947年10月至1948年1月，在儋县珠碧乡政府工作；1948年2月至1948年3月，在儋县三区参加土改工作。1948年4月至1948年10月，被保送到琼崖公学高级班学习。1948年4月至1949年1月，参加白沙县工作队。1949年2月至1952年10月，在白沙县人民政府当文书兼三区文教助理和中心小学校长。1952年11月至1956年5月，在白沙县政府工商科任副科长。1956年6月至1958年9月，在白沙县商业局任副局长。1958年10月至1961年2月，在中共东方县委白沙分委财贸部任部长。1961年2月至1970年5月，在白沙县光雅公社任副社长。1970年6月至1972年11月，在海南区宣传队驻儋县木棠、雅星工作队任队长。1972年2月至1976年6月，在白沙县可任公社任革委会副主任。1973年7月至1974年12月，在白沙县光雅公社任党委副书记、革委会主任。1974年12月至1980年6月，在白沙县荣邦公社任党委书记、革委会主任。1980年7月至1982年8月，任白沙县委组织部副部长。1982年10月至1984年6月，任白沙县人民政府副县长。1984年7月于1991年2月，任白沙县政协主席。1991年2月5日离休。1980—1991年，他被选为白沙县六届、七届、八届人大代表，政协海南黎族苗族自治州二届一次会议政协委员、常委，中共白沙县委四次、五次、六次代表大会代表，中共白沙县第六届委员会委员，中共海南黎族苗族自治州委第三次代表大会代表。1996年11月29日，因积劳成疾在白沙县病逝，享年68岁。

李俊先后受到各类表彰奖励共20多次，记三等功一次。

符敬荣（1955—1997），黎族，白沙县什方村人。1974年9月，加入中国共产党。1972年9月至1974年9月，符敬荣任白沙县什青阳小学、方香小学教师。1974年10月至1975年9月，任白沙县白沙公社干部。1975年10月至1976年9月，参加中央民族学院干训班。1976年10月至1980年3月，任白沙县元门公社副主任。1980年4月至1980年9月，任白沙县人民法院牙叉法庭庭长。1980年9月至1981年9月，参加中央民族学院干训班。1981年10月至1987年6月，任白沙县人民法院副院长，其间，于1983年9月至1985年7月在中央民族学院法律系专修班学习。1987年7月至1989年11月，任白沙县人民法院院长。1989年12月至1991年7月，任海南省琼南中级人民法院副院长。1991年8月至1996年6月，任海南省高级人民法院民事审判庭副庭长。1996年6月起，任海南省高级人民法院民事审判庭庭长。在海南省高级人民法院民事审判庭工作期间，审理了多起标的大、法律关系复杂的案件，在办案中严格以事实为依据，以法律为准绳，秉公执法，所审结的案件当事人均服判息诉，多次被评为海南省高级人民法院机关先进工作者和优秀共产党员。

詹力之（1905—1998），曾用名尊铣，文昌人。1923年入广东省立工业专业学校读书，1926年加入中国共产主义青年团，1927年转为中国共产党员，任工作专科学校团委书记。在第一次国共合作时期，受国民党中央党部的派遣，1926年春同祝家斌等回文昌建立国民党文昌党部，任国民党县党部财政部长。土地革命时期，曾在中共广东省委《针锋子报》、广东省南路地委、遂溪县、定安县、广西梧州、南宁等地参加中共地下工作。1932年，重新加入中国共产党。抗日战争期间，历任文昌县抗日游击队第十大队政训员，文昌县抗日指挥部政治部主任、民主政府科长、琼崖东北抗日民主政府财政科科长。抗日战争后期和解放战争期间，曾任白沙县民主政府首任县长、中共白沙县特支委员会书记、中共白沙县工作委员会书记。抗日战争胜利后，为了进一步巩固和健全各区、乡民主政权，肃清国民党领导武装及地方反动武装，带领白沙县基干中队配合琼崖独立纵队挺进支队到各区、乡开展清敌建政工作。清敌建政工作完成之后，根据琼西区专员公署的指示，带领白沙县干部群众开展重建家园和减租减息运动。在工作组的带领下，各区、乡都超额完成县民主政府下达的生产任务，人民生活有较大的改善。减租减息运动的开展，确保广大贫苦农民的利益，给地主、富农有力的打击，调动农民的积极性，全县掀起一个努力发展生产积极参军参战的热潮。在驻琼国民党四十六军进攻白沙革命根据地期间，带领县基干中队和警卫中队以及各区常备队，在广大人民群众的积极配合下，在主要交通要道和敌人必经的山路上，选择有利地形，挖陷阱、插竹签、埋地雷、设挂弓，寻机打击和消灭国民党的有生力量。在领导白沙军民抗击国民党进攻根据地的同时，还带领县民主政府武装打击国民党地方武装，平息了地方反动势力的叛敌。1946年11月，驻琼国民党调集4个保安总队再次进攻白沙革命根据地，根据中共琼崖特支委的指示，率领白沙军民，积极备战，利用有利地形、打击入侵之敌。先后取得了探纽山伏击战、新开田伏击战等战斗的胜利，粉碎国民党对根据地的“清剿”。

调离白沙后，担任过琼崖西路临委经济部长，中共琼崖区党委总务委员会主任委员，中共琼中县工委书记、县长，琼崖西路税务委员会副主任，琼崖临时人民政府财政人税务粮科科长等职。海南解放后，他历任海南贸易局副局长，海南商业处副处长、代理处长，专卖局局长，国营兴隆华侨农场场长、副书记，万宁县委委员，广东省华侨联合会委员，文昌县归国华侨联合会委员，文昌县归国华侨联合会主席，海南区华侨联合会副主席、顾问，文昌县政协副主席，文昌县宋庆龄基金会副主席。1972年离休，享受地专级待遇。

王德（1923—1999），黎族，白沙县细水乡罗任村委会新村人，1945 年 8 月参加工作，1947 年 5 月加入中国共产党。1945 年 8 月至 1946 年 1 月，任白沙县细水乡公所警卫员；1946 年 1 月至 1947 年 5 月，任白沙县一区交通站交通员。1947 年 5 月至 1948 年 6 月，任白沙县交通站副主任。1948 年 6 月至 1949 年 10 月，任白沙县地方合作总社干部。1949 年 10 月至 1950 年 5 月，任白沙县元门交通站主任。1950 年 5 月至 1951 年 1 月，任白沙县地方农场合作总社副主任。1951 年 1 月至 1954 年 2 月，任白沙县粮食局管理员。1954 年 2 月至 1954 年 10 月，任白沙县粮食局行政股股长。1954 年 10 月至 1957 年 3 月，任白沙县粮食局副局长。1957 年 3 月至 1961 年 1 月，任海南黎族苗族自治州干校员。1961 年 1 月至 1965 年 5 月，任白沙县食品农场专长。1965 年 5 月至 1968 年 11 月，任白沙县劳动大学副校长。1968 年 11 月至 1971 年 6 月，任白沙县“107”干校三连指导员。1971 年 6 月至 1973 年 5 月，任白沙县民政办负责人。1973 年 5 月至 1979 年 12 月，任白沙县热作局副局长、局长。1979 年 12 月至 1980 年 2 月，任白沙县人事科科长。1980 年 5 月至 1987 年 8 月，任白沙黎族自治县人大常务委员会副主任。1987 年离休。

王越丰（1930—1999），黎族，琼中黎族苗族自治县人。15 岁当中共组织的基干民兵，1948 年 4 月参加革命工作，1951 年 2 月加入中国共产党。1950—1976 年，在白沙县工作，历任白沙二区（现琼中黎族苗族自治县）毛栈中心小学教师、团支书，三区区政府（区公所）文书，县党代会代表，县委委员、常委，工交部副部长、部长，县人民代表、常务副县长，东方县委委员、县工交部部长，县革委会生产组副组长、革委会副主任，县委书记、海南黎族苗族自治州党委常委。王越丰在白沙县任党政领导期间，规划并领导建成珠碧江、尔信、木棉、坡生、红坎等重点水利、水电工程；带领干部群众开山辟岭，兴建公路；改造农田、推广良种，科学种田；建立橡胶、甘蔗等热带作物生产基地等等，为白沙农业发展奠定了良好基础；兴建一批地方国营工业企业，填补了白沙县工业的空白；大力兴办民族教育、卫生事业，为消除文盲、减少疾病，提高白沙人民群众文化素质和健康水平做出了重要贡献。1976 年冬至 1984 年 7 月，先后担任海南黎族苗族自治州党委副书记、州革委会副主任、州长。在此期间，王越丰组织人力、财力开辟琼中县什运到白沙县城（横穿海拔 1811 米的海南第二高峰鹦哥岭）的山区公路；深入黎村苗寨宣传落实党的民族政策，培养选拔少数民族干部和汉族干部；团结干部群众，发展民族经济、文化教育，大抓扶贫工作，使民族地区经济社会得到快速发展。

1983 年 8 月至 1988 年 7 月，先后任海南行政区党委副书记、区政府负责人，海南建省筹备组成员，中共海南省工委常委，省政府负责人，中共十三大代表，十三届中央候补委员，第八、第九届全国人大常委会委员。1988年8月至1991年4月，历任海南省第一次党代会代表、省委委员、省委常委，海南省第一次人代会代表、海南省副省长兼省民族工作领导小组组长、省民委主任、省旅游协会主任等职。1991年4月后，任海南省政协副主席、全国人大常委。

王越丰对海南侨乡、民族地区、贫困地区及革命老区的教育、经济和旅游业做了许多开创性的工作，特别是主持修建白沙起义纪念碑，教育后代发扬光荣传统。

王栋刚（1929—2001），黎族，白沙县牙叉镇莫妈村人，从小跟随父母兄长在家务农。1948年跟随大哥王才建一起参加了王国兴领导的起义队伍，1953年11月在部队加入中国共产党。海南解放后，从部队转业回村务农。1955年9月，被县政府送到海南高级农业学校农业技术培训班学习农业技术，1956年7月结业，回县后分配在县农业科工作，后曾任南开公社社长兼任公社党委副书记。七坊公社党委常委和革委会副主任。细水公社党委书记。白沙公社党委书记。白沙县委农场部副部长。白沙县第二届政协委员兼职副主席。白沙县第八届人民代表大会常务委员会主任。

郑放（1920—2005），原名心梓，别名血浪丁、海阳，文昌人。1939年参加革命工作，1942年加入中国共产党。1943年8月12日，面对国民党的残酷压迫，王国兴率领2万多名黎族、苗族群众，举行声势浩大的起义，沉重打击国民党白沙当局及国民党守军，为琼崖革命力量进入五指山区，创建革命根据地提供有利条件。1944年2月，中共琼崖特委派朱家玖、郑放到白沙，与先到白沙的武装工作组成员廖之雄等组成黎族工作委员会，郑放任委员。黎族工作委员会成立后，动员黎族、苗族青年参军，发动群众筹备粮食、组建民兵、筹备成立白沙县抗日民主（临时）政府。1944年3月，琼崖独立纵队第四支队第一大队打退国民党守备二团和国民党白沙县游击大队对牙叉镇那凡村的围攻后，在那凡村宣布成立白沙县抗日民主（临时政府），郑放任委员兼第一科科长。抗日战争和解放战争时期，历任琼崖公学教员、琼崖抗日游击队独立总队政治部宣传科员兼歌剧团长、第四支队政治处宣传股长。

解放后，任过海南行政区团委委员兼宣传部部长、海南行政区文化局副局长兼区党委民兵领导小组成员。

张恒（1957—2006），海口琼山人，1957年1月生于白沙县。1973年10月参加工作，1975年3月加入中国共产党。1973年10月至1976年10月，在白沙县青年农场工作，历任副连长、连长、副场长、副书记。1976年10月至1979年10月，在白沙县元门公社工作，任党委书记。1979 年 10 月至 1982 年 12 月在白沙县团委工作，任团县委书记。1982 年 12 月以后，调到海南行政区团委工作，历任区团委学校部副部长、组织部部长、区团委副书记。1988 年海南建省后，任共青团海南省委副书记、党组成员。1991 年 7 月至 1998 年 2 月，先后任海南省旅游局副局长、纪检组长、局长、党组书记。1998 年 2 月至 2000 年 6 月，任海南省政府副秘书长（正厅级）、办公厅党组成员。2000 年 6 月至 2006 年 7 月，任海南省统计局局长、党组书记。张恒对团省委、省旅游局、省政府和省统计局的工作，都做出突出的贡献。2006 年 7 月 8 日，在患重病住院期间，因自发性脑出血逝世，享年 49 岁。

周文智（1944—2006），黎族，白沙县阜龙乡天堂村人，1979 年 1 月加入中国共产党。1961 年 9 月至 1964 年 7 月，在广东民族学院（预科）学习。1964 年 9 月至 1968 年 12 月就读并毕业于中南民族学院政治系。1968 年 12 月至 1970 年 4 月，在解放军某部队锻炼，1970 年 4 月在保亭县响水学校当教师，1972 年 8 月至 1974 年 4 月在保亭县教育局（教科办）工作。1974 年 4 月至 1980 年 8 月在白沙县劳动局工作，1980 年 8 月至 1984 年 4 月在白沙县七坊区先后任管委会主任、区委书记，1984 年 4 月至 1987 年 6 月任中共白沙县委副书记、白沙县人民政府县长，1987 年 6 月至 1987 年 12 月任中共海南黎族苗族自治州委宣传部副部长，1988 年 1 月至 1990 年 10 月任中共海南省委宣传部副处长。1990 年 10 月至 1996 年 10 月任海南省计划厅副处长、处长，1996 年 10 月调任海南省侨汇总公司副总经理。2004 年退休。

吴纲道（1922—2008），万宁人，1949 年 5 月加入中国共产党。1932—1934 年，在家乡小学读书。1935 年至 1947 年在家务农。1947 年至 1949 年 4 月，任南平乡第二区主任。1949 年 5 月至 7 月，在自治区参加政治学习。1949 年 8 月至 1950 年，在南平乡政府当工作队队员。1951 年至 1953 年 5 月，任南平小分区南平乡乡长。1953 年至 1954 年 7 月，在琼中县四乡工作，任文书干事。1954 年 8 月至 1956 年 3 月，任琼中县财政科科长。1956 年 4 月至 1958 年，在海南黎族苗族自治州人民检察院任检察员。1959 年 1 月至 1965 年 4 月，任白沙县邦开公社党委委员、副书记、书记。1965 年 5 月至 1967 年 1 月，任白沙县人民法院院长。1967 年 2 月至 1968 年 9 月，因“文化大革命”停职。1968 年 10 月至 1990 年 1 月，下放到白沙县五七干校。1970 年 2 月至 1974 年 3 月，任白沙县白沙公社革委会副主任。1974 年 4 月至 1975 年 5 月，任白沙县建工站站长。1975 年 6 月至 1979 年 2 月，任白沙县计委副主任。1979 年 3 月至 1984 年 7 月，任白沙县人民检察院检察长。1985 年 12 月离休。

第二章 人 物 录

一、先进模范人物名录

1988—2010 年白沙县先进模范人物一览表

表 16-2-1

序号	姓 名	性别	民族	籍贯	工作单位	获奖时间	奖项名称
1	符元清	男	黎族	海南白沙	县教育局	1988 年 4 月	全国民族团结进步先进个人
2	王桂厅	男	黎族	海南白沙	县元门小学	1989 年 9 月	全国优秀教师
3	胡祥云	男	汉族	广东兴宁	白沙中学	1989 年	全国优秀教师
4	马娥芝	女	汉族	—	金波实验学校	1989 年	海南省优秀教师
5	马道芳	男	黎族	海南白沙	打安镇合水村	1990 年 5 月	全国农业劳动模范
						1990 年 11 月	海南省劳动模范
6	刘惜贤	女	汉族	广东潮阳	国营龙江农场	1990 年 11 月	第一届海南省劳动模范
7	胡祥云	男	汉族	广东兴宁	白沙中学	1991 年	五一劳动奖章 全国优秀教育工作者
8	刘惜贤	女	汉族	广东潮阳	国营龙江农场	1992 年 3 月	全国先进女职工
9	李学玲	男	汉族	海南琼海	县公安局	1993 年 10 月	全国颁发居民身份证先进工作者
10	胡祥云	男	汉族	广东兴宁	白沙中学	1994 年	全国民族团结进步模范
11	符儒定	男	黎族	海南白沙	县政法委	1994 年 12 月	海南省严打专项斗争先进个人
12	吴理文	男	汉族	广东高州	方香村支部	1995 年 4 月	全国劳动模范
13	吴东群	女	汉族	广西	阜龙供销社	1995 年 8 月	全国供销社系统巾帼建功标兵
14	羊冠的	男	黎族	海南白沙	打安镇阜财村	1995 年	海南省劳动模范

续表 16-2-1

序号	姓　名	性别	民族	籍贯	工作单位	获奖时间	奖项名称
15	符元生	男	黎族	海南白沙	县统战部	1995 年	海南省先进工作者
16	邢益标	男	汉族	—	白沙中学	1996 年	海南省中学十佳班主任
17	陈永安	男	汉族	海南琼海	光雅供销社	1997 年 5 月	全国供销合作社系统劳动模范
18	李永铭	男	黎族	海南文昌	白沙中学	1998 年 9 月	海南省优秀教师
19	符国建	男	黎族	海南白沙	县教育局	1998 年 11 月	海南省 1996—1997 年度精神文明建设活动积极分子
20	符加伦	男	黎族	海南白沙	荣邦乡	1998 年 11 月	海南省 1996-1997 年度精神文明建设活动先进工作者
21	吴理文	男	汉族	广东高州	方香村支部	1999 年 9 月	民族团结进步模范
22	黄能明	男	汉族	广东信宜	白沙自来水公司	2000 年 4 月	劳动模范
23	符照邦	男	黎族	海南白沙	打安镇芝冉村	2000 年	全国劳动模范
24	王应才	男	黎族	海南昌江	县人民政府	2000 年	全国先进工作者
25	羊海辉	男	黎族	海南白沙	打安镇子雅村	2000 年	海南省劳动模范
26	符荣海	男	黎族	海南白沙	县工信局	2000 年 11 月	先进个人
27	吴永静	女	汉族	广东	县幼儿园	2001 年 3 月	全国城镇妇女巾帼建功标兵
28	黄春燕	女	汉族	广东兴宁	县一小	2002 年	全省十佳班主任
29	符桂花	女	—	—	阜龙乡	2002 年	全国“三八”绿色奖章者
30	符梅兰	女	黎族	海南白沙	牙叉镇牙炳四队	2002 年	全国“双学双比”先进女能手
31	钟秀英	女	黎族	海南儋州	县清洁站	2003 年 10 月	海南省环卫系统先进个人
32	符会从	男	黎族	海南白沙	县农业局	2004 年	全省民族团结先进个人
33	陆明健	女	汉族	广东信宜	县包装厂	2004 年	全国“三八”红旗手
34	王桂厅	—	—	—		2004 年	全国各族青年团结进步优秀奖
35	王小飞	男	汉族	海南万宁	县公安局	2005 年	海南省十佳青年
36	刘　辉	男	黎族	海南万宁	县人民法院	2005 年	全省优秀法院院长

续表 16-2-1

序号	姓　名	性别	民族	籍贯	工作单位	获奖时间	奖项名称
37	符育壮	男	黎族	海南白沙	牙叉镇九架村	2005 年	海南省劳动模范
38	罗人雍	男	汉族	海南乐东	县计生局	2005 年 4 月	全国劳动模范
39	吴江妹	女	黎族	海南白沙	县文化局	2005 年 10 月	全国文化系统先进工作者
40	胡祥云	男	汉族	广东兴宁	白沙中学	2005 年	全国关心下一代先进个人
41	陈德基	男	汉族	海南文昌	白沙关工委	2005 年	全国关心下一代先进个人
42	黄明开	男	汉族	海南万宁	白沙关工委	2010 年	全国关心下一代先进个人
43	梁浩昭	男	汉族	广东信宜	白沙木棉糖厂	2006 年 1 月	海南省工业经济发展贡献奖章
44	林世欣	男	汉族	海南琼海	县科学协会	2006 年 5 月	全国科协系统先进工作者
45	胡祥云	男	汉族	广东兴宁	白沙中学	2007 年	全国家庭教育工作先进个人
46	符秀容家庭	—	—	—	县委	2007 年	第六届全国五好文明家庭
47	韦元定	男	黎族	海南白沙	县文化广电出版体育局	2007 年 11 月	全国民族体育先进个人
48	李美荣	女	黎族	海南儋州	县人口计划生育局	2008 年	全国“三八红旗手”
49	符海荣家庭	—	—	—	—	2008 年	全国“平安家庭”示范户
50	蔡廷毅	男	—	—	—	2008 年 7 月	海南省国有粮食企业改革工作先进个人
51	王　芳	女	黎族	海南白沙	牙叉镇南仲五队	2008 年	全国优秀农民工
52	容智林	男	黎族	海南乐东	县一小	2009 年	海南省先进工作者
53	吴阳春	女	汉族	—	县国税局	2009 年	全国“三八红旗手”
54	吴　民	男	汉族	—	白沙供电局	2010 年 4 月	全国残疾人羽毛球锦标赛男 SL4 单打冠军、SL4 双打季军
55	符焕明	男	黎族	海南白沙	打安镇合水村	2010 年	全国劳模
56	王小女	女	黎族	海南白沙	牙叉镇南仲二队	201 年	全国城乡妇女岗位建功先进个人

二、高级职称人员名录

（一）教育类副高级以上专业技术职称名录

1988—2010年白沙县教育类副高级以上专业技术职称一览表

表16-2-2

序号	姓名	性别	民族	文化程度	单位	职称	获评时间
1	胡祥云	男	汉族	本科	白沙中学	中学物理高级教师	1987年3月
2	黄坚昌	男	汉族	本科	白沙中学	中学生物高级教师	1987年10月
3	温伟先	男	汉族	本科	白沙中学	中学化学高级教师	1987年10月
4	韩杏元	男	汉族	本科	白沙中学	中学政治高级教师	1988年12月
5	符永超	男	汉族	大专	白沙中学	中学数学高级教师	1988年12月
6	吴清华	男	汉族	大专	白沙中学	中学语文高级教师	1989年1月
7	郭书谟	男	汉族	本科	白沙中学	中学物理高级教师	1991年10月
8	陈文卿	男	汉族	本科	白沙研训中心	中学语文高级	1993年1月
9	陈有垦	男	汉族	本科	白沙中学	中学语文高级教师	1993年6月
10	杜孝友	男	汉族	大专	白沙中学	中学语文高级教师	1994年9月
11	张任芳	男	汉族	本科	白沙中学	中学语文高级教师	1994年9月
12	翁济谷	男	汉族	专科	白沙中学	中学语文高级教师	1994年9月
13	徐明全	男	汉族	大专	牙叉中心校	中学高级	1994年9月
14	林绍兴	男	汉族	大专	金波实验学校	中学高级	1994年10月
15	詹南安	男	汉族	大专	白沙中学	中学数学高级教师	1994年10月
16	杨中川	男	汉族	大专	白沙县邦溪初级中学	中学高级	1995年8月

续表 16-2-2

序号	姓名	性别	民族	文化程度	单位	职称	获评时间
17	郑有为	男	汉族	大专	牙叉实验学校	中教高级	1995 年 12 月
18	许森之	男	汉族	大专	白沙学校	初中语文高级教师	1995 年 12 月
19	陈达强	男	黎族	本科	白沙研训中心	中学生物高级	1996 年 1 月
20	羊世芬	男	汉族	大专	白沙中学	中学化学高级教师	1996 年 1 月
21	文成理	男	汉族	本科	民族中学	中学数学高级教师	1996 年 1 月
22	黄琼玉	女	汉族	大专	牙叉实验学校	中教高级	1996 年 10 月
23	陈传圣	男	汉族	本科	白沙中学	中学音乐高级教师	1997 年 3 月
24	黎　松	男	汉族	大专	白沙中学	中学英语高级教师	1997 年 6 月
25	黄卫国	男	汉族	大专	白沙县七坊中学	中学语文高级教师	1997 年 7 月
26	刘华诗	男	汉族	大专	白沙县七坊中学	中学化学高级教师	1997 年 12 月
27	唐德昌	男	汉族	大专	白沙县七坊中学	中学语文高级教师	1997 年 12 月
28	李永铭	男	黎族	本科	白沙中学	中学数学高级教师	1998 年 8 月
29	符亚冲	男	黎族	大专	白沙中学	中学体育高级教师	1999 年 4 月
30	林映萍	女	汉族	大专	白沙中学	中学语文高级教师	1999 年 8 月
31	林怀亮	男	汉族	大专	珠碧江学校	高级政工师	1999 年 11 月
32	罗玉源	男	汉族	大专	白沙中学	中学数学高级教师	2001 年 3 月
33	彭立全	男	汉族	本科	白沙研训中心	中学语文高级	2001 年
34	蔡海华	男	汉族	本科	白沙县邦溪初级中学	中学高级	2001 年 8 月
35	刘作文	男	汉族	本科	牙叉实验学校	中教高级	2001 年 9 月
36	祝翠云	男	汉族	本科	白沙中学	中学语文高级教师	2002 年 10 月

续表 16-2-2

序号	姓名	性别	民族	文化程度	单位	职称	获评时间
37	陈宝锋	男	汉族	本科	白沙县七坊中学	中学化学高级教师	2002 年 10 月
38	王明良	男	汉族	大专	白沙县七坊中学	中学生物高级教师	2002 年 10 月
39	黄桂海	男	汉族	本科	白沙中学	中学政治高级教师	2002 年 12 月
40	杨锡平	男	瑶族	本科	白沙思源实验学校	中学高级	2003 年 8 月
41	陈　林	男	汉族	本科	白沙研训中心	中学英语高级	2003 年 9 月
42	张　杰	男	汉族	本科	白沙中学	中学生物高级教师	2003 年 11 月
43	余景和	男	黎族	本科	白沙中学	中学物理高级教师	2003 年 12 月
44	刘爱民	男	汉族	本科	白沙思源实验学校	中学高级	2004 年 5 月
45	利庆海	男	汉族	本科	白沙县第一小学	中学高级教师	2006 年 6 月
46	张心芸	女	汉族	本科	白沙县第一小学	中学高级教师	2006 年 6 月
47	林孟森	男	汉族	本科	白沙中学	中学数学高级教师	2006 年 8 月
48	韦彬儒	男	汉族	本科	白沙中学	中学数学高级教师	2006 年 8 月
49	符爱莲	女	黎族	本科	白沙中学	中学语文高级教师	2006 年 8 月
50	农美蓉	女	壮族	本科	白沙中学	中学英语高级教师	2006 年 8 月
51	吴雯妍	女	汉族	本科	白沙中学	中学语文高级教师	2006 年 8 月
52	许贵峰	男	汉族	本科	白沙思源实验学校	中学高级	2006 年 8 月
53	邓建平	男	汉族	大专	金波实验学校	中学高级	2006 年 8 月
54	许建南	男	汉族	大专	白沙县七坊中学	中学语文高级教师	2006 年 8 月
55	黄海春	男	汉族	本科	白沙县七坊中学	中学语文高级教师	2006 年 8 月
56	张　聪	男	汉族	本科	白沙中学	中学政治高级教师	2006 年 8 月

续表 16-2-2

序号	姓名	性别	民族	文化程度	单位	职称	获评时间
57	王全文	男	黎族	本科	白沙县打安镇中心学校	中学语文高级教师	2006 年 9 月
58	蓝海春	男	壮族	本科	白沙县中等职业技术学校	中学数学高级	2006 年 10 月
59	黄泽勤	男	汉族	专科	白沙研训中心	中学化学高级	2006 年
60	黄玉军	男	汉族	大专	白沙县七坊中学	中学政治高级教师	2006 年 8 月
61	唐学雄	男	汉族	大专	白沙学校	初中物理高级教师	2007 年 8 月
62	温瑞洪	女	汉族	本科	白沙县七坊中学	中学语文高级教师	2007 年 8 月
63	龙清华	女	汉族	本科	白沙中学	中学数学高级教师	2007 年 8 月
64	洪盛良	男	汉族	大专	白沙县七坊中学	中学化学高级教师	2007 年 8 月
65	王和云	女	汉族	本科	白沙中学	中学语文高级教师	2007 年 9 月
66	钟海英	女	汉族	大专	白沙县大岭学校	中学高级教师	2007 年 9 月
67	林业盛	男	黎族	本科	白沙中学	中学英语高级教师	2007 年 12 月
68	黄玉娇	女	汉族	本科	白沙中学	中学英语高级教师	2007 年 12 月
69	廖秋英	女	汉族	本科	白沙中学	中学化学高级教师	2007 年 12 月
70	吴　若	男	汉族	本科	民族中学	中学数学高级教师	2007 年 12 月
71	林昌武	男	汉族	大专	民族中学	中学数学高级教师	2007 年 12 月
72	张华玲	女	汉族	本科	白沙中学	中学英语高级教师	2007 年 12 月
73	沈少琼	女	汉族	本科	民族中学	中学语文高级教师	2007 年 12 月
74	李绚丽	女	汉族	本科	白沙中学	中学英语高级教师	2007 年 12 月
75	方　群	男	汉族	本科	白沙中学	中学物理高级教师	2007 年 12 月

续表 16-2-2

序号	姓名	性别	民族	文化程度	单位	职称	获评时间
76	黄代安	男	壮族	大专	白沙中学	中学英语高级教师	2007 年 12 月
77	孙如峰	男	汉族	本科	白沙研训中心	中学数学高级	2007 年
78	王英文	男	黎族	大专	民族中学	中学政治高级教师	2008 年 1 月
79	符亚清	男	黎族	大专	民族中学	中学语文高级教师	2008 年 1 月
80	王荣曦	女	黎族	本科	白沙研训中心	中学数学高级	2008 年 1 月
81	杨　劲	男	汉族	大专	民族中学	中学数学高级教师	2008 年 1 月
82	陈奕文	男	汉族	大专	民族中学	中学数学高级教师	2008 年 1 月
83	罗亲钊	男	汉族	大专	白沙县中等职业技术学校	中学数学高级	2008 年 9 月
84	陈伟成	男	汉族	大专	白沙县七坊中学	中学数学高级教师	2008 年 12 月
85	黄春明	男	汉族	本科	珠碧江学校	中学高级教师	2008 年 12 月
86	张定生	男	汉族	本科	珠碧江学校	中学高级教师	2008 年 12 月
87	蒙　晓	男	汉族	本科	白沙中学	中学物理高级教师	2008 年 12 月
88	黄传辉	男	汉族	本科	白沙中学	中学英语高级教师	2008 年 12 月
89	覃秀兰	女	汉族	本科	白沙中学	中学数学高级教师	2008 年 12 月
90	黄加才	男	汉族	本科	白沙县七坊中学	中学语文高级教师	2008 年 12 月
91	符国锋	男	黎族	本科	民族中学	中学数学高级教师	2008 年 12 月
92	王小萍	女	汉族	大专	白沙县七坊中学	中学历史高级教师	2008 年 12 月
93	林　影	男	汉族	本科	民族中学	中学英语高级教师	2008 年 12 月
94	.何焕青	男	汉族	本科	民族中学	中学语文高级教师	2008 年 12 月

续表 16-2-2

序号	姓名	性别	民族	文化程度	单位	职称	获评时间
95	符仁芳	男	黎族	本科	民族中学	中学语文高级教师	2008 年 12 月
96	李金玉	女	汉族	大专	牙叉实验学校	中教高级	2008 年 12 月
97	颜业锦	男	汉族	专科	白沙思源实验学校	中学高级	2008 年 12 月
98	邢益标	男	汉族	本科	白沙中学	中学数学高级教师	2009 年 1 月
99	张忠旺	男	汉族	本科	白沙中学	中学物理高级教师	2009 年 1 月
100	黄会蝶	女	黎族	本科	白沙中学	中学英语高级教师	2009 年 1 月
101	林梅花	女	汉族	大专	白沙县邦溪初级中学	中学高级	2009 年 1 月
102	张忠旺	男	汉族	本科	白沙研训中心	中学物理高级	2009 年 1 月
103	符小兰	女	黎族	本科	白沙研训中心	中学语文高级	2009 年 1 月
104	孙定志	男	汉族	专科	白沙研训中心	中学语文高级	2009 年 1 月
105	王　瑛	女	汉族	专科	白沙研训中心	中学语文高级	2009 年 1 月
106	黄　英	女	汉族	大专	白沙县邦溪初级中学	中学高级	2009 年 1 月
107	王　瑛	女	汉族	本科	白沙县邦溪初级中学	中学高级	2009 年 1 月
108	符亚备	男	黎族	大专	民族中学	中学政治高级教师	2009 年 9 月
109	陈琼泽	男	汉族	本科	牙叉实验学校	中教高级	2009 年 10 月
110	郎永康	男	汉族	大专	白沙县七坊中学	中学英语高级教师	2009 年 10 月
111	符海花	女	黎族	大专	白沙县七坊中学	中学语文高级教师	2009 年 10 月
112	王国礼	男	黎族	专科	白沙思源实验学校	中学高级	2009 年 10 月
113	王启恩	男	汉族	大专	白沙县七坊中学	中学政治高级教师	2009 年 10 月
114	赵秋花	女	汉族	大专	民族中学	中学物理高级教师	2009 年 10 月

续表 16-2-2

序号	姓名	性别	民族	文化程度	单位	职称	获评时间
115	谢雪玲	男	汉族	本科	民族中学	中学英语高级教师	2009 年 10 月
116	汪孔林	男	汉族	本科	白沙中学	中学数学高级教师	2010 年 1 月
117	邱建成	男	汉族	本科	白沙中学	中学数学高级教师	2010 年 1 月
118	王　艺	男	汉族	大专	白沙中学	中学地理高级教师	2010 年 1 月
119	陈志荣	男	黎族	本科	白沙中学	中学生物高级教师	2010 年 1 月
120	钟海璇	女	汉族	本科	白沙中学	中学英语高级教师	2010 年 1 月
121	吴丽玫	女	汉族	本科	白沙中学	中学历史高级教师	2010 年 1 月
122	蔡亲兴	男	汉族	本科	白沙县龙江中心学校	中学语文高级	2010 年 2 月
123	王小淑	男	黎族	大专	白沙县七坊中学	中学政治高级教师	2010 年 8 月
124	陈　燕	女	汉族	本科	白沙中学	中学物理高级教师	2010 年 8 月
125	王业新	女	汉族	本科	牙叉实验学校	中教高级	2010 年 8 月
126	陈　敏	女	汉族	本科	民族中学	中学物理高级教师	2010 年 8 月
127	王丹华	男	汉族	大专	白沙县七坊中学	中学数学高级教师	2010 年 8 月
128	唐士征	男	黎族	大专	白沙学校	初中生物高级教师	2010 年 8 月
129	李南梅	女	汉族	本科	白沙县邦溪初级中学	中学高级	2010 年 8 月
130	覃德辉	男	汉族	大专	白沙县芙蓉田学校	中学物理高级教师	2010 年 8 月
131	王爱娟	女	汉族	大专	白沙县七坊中学	中学英语高级教师	2010 年 8 月
132	梁崇军	男	汉族	大专	民族中学	中学化学高级教师	2010 年 8 月
133	陈建忠	男	汉族	大专	白沙县中等职业技术学校	中学语文高级	2010 年 10 月
134	罗彩灵	女	汉族	本科	白沙县中等职业技术学校	中学生物高级	2010 年 10 月

（二）医疗类副高级以上专业技术职称名录

1988—2010年白沙县医疗类副高级以上专业技术职务一览表

表16-2-3

序号	工作单位	姓名	性别	出生年月	籍贯	毕业院校	所学专业	最高学历	专业资格名称	职称	资格取得年份	行政职务
1	白沙县人民医院	刘俊华	男	1968年7月	乐东	湖南医科大学	医疗	本科	063-普通内科	内科副主任医师	2004年12月	常务副院长
2	白沙县人民医院	凌超进	男	1971年1月	信宜	海南医学院	医疗	大专	011-普通外科	外科副主任医师	2009年12月	副院长
3	白沙县人民医院	高泽英	男	1965年2月	儋州	广州中医学院	医疗	本科	071-中医内科	副主任中医师	2008年3月	院办主任
4	白沙县人民医院	周日兴	男	1965年8月	白沙	海南省委党校 海南医学院	医疗	本科	033-麻醉学	麻醉科副主任医师	2013年12月	院长助理
5	白沙县人民医院	陈人胜	男	1969年5月	三亚	海南医学院	医疗	本科	063-普通内科	内科副主任医师	2008年3月	医务科长
6	白沙县人民医院	周海珍	女	1972年11月	琼山	海南医学院	医疗	本科	019-妇产科	妇产科副主任医师	2009年12月	保健科长
7	白沙县人民医院	王海波	男	1970年4月	澄迈	海南医学院	医疗	本科	011-普通外科	外科副主任医师	2009年12月	外科主任
8	白沙县人民医院	符敬花	女	1968年6月	白沙	湖南医科大学	医疗	本科	019-妇产科	妇产科副主任医师	2008年3月	妇产科主任
9	白沙县人民医院	余永娟	女	1969年3月	信宜	海南医学院	检验	大专	057-临床医学检验临床基础检验技术	副主任检验技师	2009年12月	检验科主任
10	白沙县人民医院	李卓洋	男	1967年9月	阳江	海南医学院	医疗	本科	063-普通内科	内科副主任医师	2004年12月	急诊室主任

三、离休干部名录

白沙县离休干部一览表

表 16-2-4

姓名	性别	出生年月	籍贯	民族	参加工作时间	原工作单位	原职务	离休时间	定居点	供养类别	享受待遇	原工作单位性质	入党时间	备注
谭亚初	男	1930年4月	白沙	黎族	1949年2月	政法委	副书记	1993年6月	白沙看守所	县财	副处	县党政事业	1953年3月	—
王民	男	1927年11月	琼中	黎族	1944年11月	人大办	副主任	1987年9月	白沙	县财	副处	县党政事业	1960年1月	—
刘照文	男	1929年2月	白沙	黎族	1949年2月	清洁站	站长	1986年5月	白沙阜龙乡	县财	科员	县党政事业	1947年	—
周仕康	男	1929年10月	白沙	黎族	1949年4月	林业局	局长	1988年12月	白沙	县财	正科	县党政事业	1955年9月	—
陈周南	男	1929年3月	白沙	黎族	1946年3月	老区办	主任	1991年1月	白沙	县财	正科	县党政事业	1956年3月	—
黄宏统	男	1934年4月	文昌	汉族	1949年8月	计生局	主任	1994年4月	白沙	县财	副处	县党政事业	1953年9月	—
王兴文	男	1925年6月	琼中	黎族	1947年7月	交通局	副局长	1986年5月	白沙	县财	副处	县党政事业	1949年5月	—
符亚东	男	1930年11月	白沙	黎族	1948年3月	派出所	所长	1994年1月	白沙南开	乡财	科员	乡党政机关	1958年8月	—
吉兴	男	1927年11月	白沙	黎族	1946年6月	青松乡	副书记	1986年11月	白沙老干村	乡财	副科	乡党政事业	1948年1月	—
符元昌	男	1932年5月	白沙	黎族	1947年3月	白沙镇	镇长	1993年8月	白沙白沙镇	乡财	副科	乡党政事业	1971年5月	—
符亚任	女	1930年6月	白沙	黎族	1948年3月	白沙镇	妇女主任	1987年11月	白沙白沙镇	乡财	科员	乡党政事业	1953年3月	—

续表 16-2-4

姓　名	性别	出生年月	籍贯	民族	参加工作时间	原工作单位	原职务	离休时间	定居点	供养类别	享受待遇	原工作单位性质	入党时间	备注
朱亚策	男	1925年1月	白沙	黎族	1947年1月	邦溪镇	副区长	1984年2月	白沙邦溪新村	乡财	副科	乡党政事业	—	—
蔡生雄	男	1933年4月	文昌	汉族	1948年7月	烟酒公司	干部	1984年11月	白沙	县财	科员	企业	—	—
吴秀凤	女	1929年5月	澄迈	汉族	1947年9月	物资局	采购员	1984年12月	白沙	县财	科员	企业	—	—
何其生	男	1920年6月	广东	汉族	1948年10月	邦溪供销	干部	1982年4月	白沙邦溪	县财	科员	企业	—	—
湛　全	男	1930年1月	广东	汉族	1948年3月	供销联社	股长	1986年1月	白沙	县财	副处	事业	1953年	—
符运成	男	1930年11月	白沙	黎族	1947年11月	拖拉机站	站长	1990年12月	白沙	县财	科员	事业	1960年7月	2010年3月13日去世
李兴乾	男	1934年8月	陕西	汉族	1949年4月	五金公司	干部	1986年12月	白沙	县财	科员	企业	—	—
唐亚令	男	1929年4月	东方	汉族	1945年2月	公安局	局长	1991年1月	白沙	县财	副处	县党政事业	1949年9月	—
王�珍	女	1925年9月	白沙	黎族	1945年6月	计生局	科员	1983年12月	白沙	县财	科员	县党政事业	1974年6月	—
王瑞琼	女	1930年10月	儋州	汉族	1945年6月	南开卫生院	护士	1982年12月	白沙	乡财	护士	乡党政事业	—	—
符嫫梅	女	1923年5月	白沙	黎族	1945年3月	石碌镇	妇女主任	1982年4月	白沙牙叉方佬	乡财	科员	乡党政事业	—	2010年3月6日去世
董观念	男		白沙	黎族	—	—	—	—	—	—	—	—	—	—
蒙绪恩	男		文昌	汉族	—	—	—	—	—	—	—	—	—	—
王忠诚	男		白沙	黎族	—	—	—	—	—	—	—	—	—	—
符嫫炳	男	1931年6月	儋州	汉族	1945.年6月	元门粮所	统计员	1986年5月	海南白沙计生局	县财	科员	企业	—	2010年3月15日去世

续表 16-2-4

姓名	性别	出生年月	籍贯	民族	参加工作时间	原工作单位	原职务	离休时间	定居点	供养类别	享受待遇	原工作单位性质	入党时间	备注
张庆万	男	1925年8月	白沙	黎族	1945年1月	光雅供销	主任	1983年9月	海南白沙光雅	县财	科员	企业	—	—
陈开鹏	男	1929年1月	儋州	汉族	1942年1月	建委	主任	1990年12月	海南白沙	县财	副处	县党政事业	1948年1月	—
高现养	男	1931年12月	儋州	汉族	1947年1月	光雅镇	副书记	1991年1月	海南儋州	乡财	副科	乡党政事业	1954年9月	—
秦天太	男	1932年10月	儋州	汉族	1948年10月	青松粮所	干部	1983年5月	海南儋州	县财	科员	企业	—	—
陈尾女	女	1927年4月	儋州	汉族	1944年2月	供销联社	收发员	1982年4月	海南儋州	县财	科员	事业	1949年5月	—
林世芬	男	1918年11月	东方	汉族	1946年6月	政府办	办事员	1983年5月	海南东方	县财	科员	县党政事业	1948年	—
王秋鸾	女	1929年8月	万宁	汉族	1949年7月	粮食局	副股长	1983年6月	海南海口	县财	科员	县党政事业	1960年5月	—
陈儒业	男	1927年8月	万宁	汉族	1947年2月	公安局	指导员	1985年11月	海南海口	县财	副处	县党政事业	1950年	—
杨玉蓉	女	1930年6月	广东	汉族	1948年11月	牙叉卫生院	护士	1986年11月	海南海口	乡财	副处	乡党政事业	—	—
徐杏清	女	1924年12月	澄迈	汉族	1945年10月	商业局	副股长	1982年4月	海南海口	县财	科员	事业	1946年1月	—
王玉萍	女	1932年12月	白沙	黎族	1948年7月	商业局	出纳员	1984年9月	海南海口	县财	科员	事业	1972年	—
董亚凤	女	1926年5月	白沙	黎族	1945年8月	光雅镇	妇女主任	1982年4月	海南海口	乡财	科员	乡党政事业	1958年6月	—
王昌梅	女	1919年6月	三亚	汉族	1939年2月	县医院	护士	1984年9月	海南海口	县财	护士	事业	—	—
符琼英	女	1921年1月	万宁	汉族	1942年5月	药材公司	副经理	1982年4月	海南海口	县财	科员	企业	1943年	—
蒙绪恩	男	1933年11月	琼海	汉族	1949年5月	司法局	副局长	1987年9月	海南海口	县财	副科	县党政事业	1955年5月	—

续表 16-2-4

姓名	性别	出生年月	籍贯	民族	参加工作时间	原工作单位	原职务	离休时间	定居点	供养类别	享受待遇	原工作单位性质	入党时间	备注
董光武	男	1929年8月	琼海	汉族	1947年2月	县医院	医师	1986年11月	海南琼海	县财	副处	事业	1948年8月	—
冯标琴	女	1920年5月	琼海	汉族	1940年10月	政府办	办事员	1985年11月	海南琼海	县财	科员	县党政事业	1940年8月	—
陈亚尾	男	1926年12月	白沙	黎族	1945年1月	民政局	局长	1986年11月	海南琼山	县财	副处	县党政事业	1948年3月	—
高方跃	男	1923年1月	万宁	汉族	1949年1月	牙叉粮所	保管员	1985年10月	海南万宁	县财	科员	县党政事业	—	—
林树慈	男	1926年5月	文昌	汉族	1947年7月	档案局	局长	1984年4月	海南文昌	县财	副处	县党政事业	1954年8月	—
王秀兰	女	1932年12月	文昌	汉族	1948年9月	副食公司	出纳员	1982年4月	海南文昌	县财	科员	企业	—	—
郑月花	女	1923年10月	文昌	汉族	1941年5月	林业局	办事员	1982年5月	海南文昌	县财	科员	县党政事业	1947年	—
王树楷	男	1928年3月	山东	汉族	1948年5月	七坊镇	副书记	1984年2月	山东淄博	乡财	副科	乡党政事业	1948年9月	—
王梅菊	女	1928年1月	澄迈	汉族	1944年2月	供销联社	收发员	1984年11月	广东广州	县财	科员	事业		—
蒲　茂	男	1920年10月	儋州	汉族	1945年6月	总工会	主席	1981年3月	广东深圳	县财	副处	县党政事业	1947年	—
刘　权	男	1927年8月	广东	汉族	1945年5月	计委	副主任	1981年3月	广东翁源	县财	副处	县党政事业	1947年4月	—
林　造	男	1930年6月	广东海丰县	汉族	1949年9月	卫星农场学校	副校长	1987年9月	广东东莞	县财	副处	—	民盟盟员	—
傅致君	男	1928年1月	河南省方城县	汉族	1949年3月	卫星农场学校	校长	1985年9月	广东珠海	县财	副处	—	1949年10月	—
江天明	男	1931年9月	山西省宁武县	汉族	1948年9月	卫星农场学校	校长	1986年6月	海南三亚	县财	副处	—	1947年9月	—

四、百岁老人名录

1988—2010 年白沙县百岁老人一览表

表 16-2-5

序号	老人姓名	性别	民族	出生年月	户籍所在地	备注
1	韦亚出	女	黎族	1900 年 10 月	七坊镇南洋二队	健在
2	王小女	女	黎族	1903 年 5 月	打安镇福妥村委会妥老村	健在
3	陆小念	女	黎族	1903 年 4 月	打安镇福妥村委会妥老村	健在
4	李妳南	女	汉族	1906 年 2 月	牙叉镇城东居委会	2008 年 7 月去世，享年 102 岁
5	覃悦华	女	汉族	1906 年 7 月	县热作场	健在
6	陈兴姑	女	汉族	1906 年 8 月	县国土局	文昌人，健在
7	符亚大	男	黎族	1907 年 3 月	南开乡南开村	2010 年 3 月去世，享年 103 岁
8	吴亚节	女	黎族	1907 年 4 月	金波乡白打村委会浪眉村	健在
9	黎耕瑞	女	黎族	1908 年 11 月	七坊镇牙旺村委会牙旺村	2010 年 5 月去世，享年 102 岁
10	符雅飞	女	黎族	1908 年 1 月	打安镇可程村委会打巴村	健在
11	朱亚翁	女	黎族	1908 年 8 月	邦溪镇邦溪村委会南牙二组	健在
12	符巨昌	男	黎族	1908 年 8 月	打安镇可程村委会可程村	健在
13	符有兼	男	黎族	1908 年 8 月	打安镇福妥村委会龙凤村二组	2009 年 10 月病逝，享年 101 岁
14	吴国昌	男	汉族	1909 年 11 月	国营白沙农场白沙分场一队	健在
15	杨昌清	女	汉族	1910 年 3 月	金波农场五队	广东四会市人，健在
16	周亚义	女	黎族	1910 年 6 月	阜龙乡可任村委会可任村	健在
17	符有才	男	黎族	1910 年 5 月	牙叉镇探扭村委会老村	居住白沙原农机修造厂，健在
18	符拜小	女	黎族	1910 年 2 月	七坊镇那来村委会那来二队	健在
19	符小梅	女	黎族	1910 年 6 月	打安镇朝安村委会力孝村	健在

五、非遗传承人名录

白沙县非物资文化遗产传承人名录一览表

表 16-2-6

序号	级别	项目名称	传承人	备注
1	省级	黎族传统纺染织绣技艺（联合国急需保护项目）	符小兰	民国 25 年（1936 年）出生，女，白沙黎族自治县南开小学教师。从 15 岁起学习双面绣技艺，并把双面绣技艺传授给小学生。2010 年，被评为“海南省第二批非物质文化遗产的代表性传承人”
2	省级	黎族传统纺染织绣技艺（联合国急需保护项目）	符秀英	1965 年出生，女，白沙黎族自治县牙叉镇和荣村人。特长绣人动植物纹等 20 多种图案。2010 年，被评为“海南省第二批非物质文化遗产的代表性传承人”
3	省级	黎族传统纺染织绣技艺（联合国急需保护项目）	王瑞妹	1962 年出生，女，白沙黎族自治县牙叉镇和荣村人。针绣技艺高，运针准确，施针细心，善绣 20 多种花纹图案。2010 年，被评为“海南省第二批非物质文化遗产的代表性传承人”
4	省级	黎族传统纺染织绣技艺（联合国急需保护项目）	符春连	1974 年出生，女，白沙黎族自治县元门乡向民村人。1991 年开始跟母亲学习传统织锦，后又随婆婆学习双面绣。是一名黎锦技艺授课老师
5	省级	黎族泥片贴筑法制陶（国家级项目）	刘玉华	1964 年出生，女，白沙黎族自治县青松乡南针村人。制陶已有 30 多年历史。2010 年，被评为“海南省第二批非物质文化遗产的代表性传承人”
6	省级	老古舞（国家级项目）	王仁召	1942 年出生，男，白沙黎族自治县细水乡白水港村人。1965 年跟随细水乡老艺人王国球学习黎族老古舞，老古舞传承到他已有 21 代。是黎族老古舞主持人
7	省级	老古舞（国家级项目）	王有春	1960 年 3 月出生，男，白沙黎族自治县细水乡坡生村人。老古舞的领舞者
8	省级	黎族骨器制作技艺（省级项目）	王启敏	1964 年出生，男，白沙黎族自治县元门乡道顺村人。1993 年开始跟随骨簪老艺人符亚国学习骨雕，是骨簪雕刻技艺的唯一传承人

六、前志人物补遗

（一）人物传

陈克尔（1916—1975），原名焕文，文昌人。民国28年（1939年）9月参加革命工作，同年加入中国共产党。抗日战争时，在昌洒乡国民党后备队任中共支部书记，率队参加琼崖抗日游击队独立总队，先后任第三支队中队指导员、第一大队政委等职；解放战争时期，历任中共屯昌县、琼中县、白沙县区长、区委书记、县委书记等职。海南解放后，历任中共白沙县委书记，中共海南黎族苗族自治州常委、秘书长、组织部副部长、宣传部部长，广东省建筑公司党委第一书记。1958年，在“反地方主义运动”中被错误处理，下放到崖县马岭农场劳动，后调到崖县人民中心银行工作。1975年6月病逝。1979年，海南行政区和海南黎族苗族自治州党委恢复的党籍和13级行政干部政治待遇。

王正成（1915—1979），又名王佬龙，黎族，琼中黎族自治县红毛镇毛西村人。12岁外出打工糊口，干过农活，当过木工、砖瓦工。1943年8月参加王国兴领导的白沙起义，带领王玉锦组织的敢死队，深入国民党营地，救出王国兴等被国民党扣押的起义军首领。随后，攻打白保乐国民党三县联所。在担任武装队队长期间，经常带队打击敌人，惩处叛徒。作战勇敢，善用计谋，多次瓦解国民党的围攻，武装队伍在战斗中不断壮大，他多次受到嘉奖，并担任人民解放团总队长、特务中队中队长、白沙县基干中队中队长、白沙县中勇队队长。解放后，转回地方工作，历任乡长、副区长、科长、中共海南黎族苗族自治州委委员、组织部副部长、部长、州委常委兼统战部长，海南民委委员，海南区党委组织部副部长，海南黎族苗族自治州第二、三、四、五届人民委员会委员，广东省第四届政协委员等职。他认真执行党在各个时期的路线、方针、政策，团结各族干部一道工作。1979年9月病逝。

朱家玖（1904—1984），琼山人。民国15年（1926年）1月参加革命工作。同年12月加入中国共产党。曾在白沙任黎民工作委员会书记、白沙县抗日民主（临时）政府委员。民国32年（1943年）8月12日，王国兴领导黎、苗族群众发动白沙起义。民国33年（1944年）2月，中共琼崖特委增派来朱家玖、郑放到白沙，与先到白沙的武装工作组成员廖之雄等组成黎族工作委员会，由朱家玖任书记。民国33年（1944年）3月，白沙县抗日民主（临时政府）在那凡村成立，朱家玖任委员兼二科班长。1950年海南解放后，历任海口市职工委员会副书记、市总工会部长、市农村处科长，海南行政公署橡胶处副处长、代处长，海南农垦局科长、副处长、处长，中共海南黎族苗族自治州委常委、部长，中共崖县县委书记，海南农垦局副局长等职。在中华人民共和国成立后，大部分时间从事海南岛的橡胶垦殖事业，主管橡胶生产技术工作，为海南岛橡胶事业的建立和发展做出积极贡献。

（二）烈士英名录

王打亲（生卒年不详），黎族，白沙县元门乡人。民国32年（1943年）8月组织和领导元门乡农民参加白沙起义，是元门乡主要领导人之一。起义失败后，带领部分义军退守什祖岭继续坚持斗争，后中了国民党“悔过酒”的圈套下山，被敌人杀害于白沙县加钗（今属琼中县）。

王亚福（生卒年不详），黎族，白沙县白沙镇人。民国29年（1940年）领导什阳人民驱逐国民党白沙县长邱海云的斗争。1943年8月，组织和发动白沙区广大群众参加白沙起义，打击国民党顽固派。起义失败落后，带领部分义军退居深山，继续坚持斗争，后被进山的敌人奸细用毒酒毒死。

王传统（生卒年不详），黎族，白沙县元门乡人。民国32年（1943年）8月参加白沙起义，是一区元门乡的主要领导和军事骨干。起义失败后，带领部分义军退守鹦哥岭跟随王国兴继续斗争。民国35年（1946年）被国民党元门乡乡长王正保派人暗杀。

王太信（1899—1944），原籍定安，20世纪30年代迁居白沙县红毛峒牙挽村，为小商贩。白沙起义爆发时，他积极从外地购回大量火药，支援起义。民国33年（1944年）4月由于奸细告密，被捕入狱，遭受酷刑，同年11月因伤势过重死于狱中。

王仁章（生卒年不详），黎族，白沙县细水乡福门村人，白沙起义一区方面主要首领之一。民国32年（1943年）5月下旬，参加一区在白沙乡什阳村大郎山召开的白沙起义筹备会。7月初，同王定江、符尤相、王亚友、王亚义等首领在王亚福家讨论决定一区提前起义时间及具体措施。随后同王定江、符尤相等首领深入到志针村、细水乡一带发动起义群众。8月12日，同王亚福、符尤相、王定江、符焕昌、符桂刚、符亚友、符松玲、符桂林、王打亲、符昌造、符清刚、符打彭、马亚明（苗族）、王公护等首领率牙叉、白沙、元门等乡共4000多起义群众向驶向民村和印妹村的国民党白沙县政府以及驻什空苗村的国民党县中队同时发起进攻，经一天的激烈战斗，毙敌20多人，缴获短枪1支，步枪11支。民国32年（1943年）7月16日，同王亚福、王定江、符尤相、符采农、符桂刚等首领率起义群众3000多人进攻细水乡合口村的国民党军械厂和罗任村的国民党守备二团，为白沙起义打响了第一枪。在抗日战争中，他热心投身抗日救国运动，抗日战争胜利后，他带头积极参加土地改革运动，全国解放后，一直在家乡务农。

符清刚（1914—1944），黎族，白沙县南叉乡海旺村人。民国32年（1943年）8月参加白沙起义，是一区方面主要领导人之一。起义失败后，他带领部分义军，退守海旺山继续坚持斗争。琼崖纵队小分队进入白沙后，积极支持小分队工作。民国 33 年（1944 年）5 月被捕，后被国民党杀害于合口村。

周唐镇（？—1941），又名周明，黎族，白沙县七坊镇高石村人，中共党员，民国 21 年（1932 年）加入共产党，参加革命，宣传、发动和组织黎族苗族群众进行斗争。民国 27 年（1938 年）冬，他参与组建白沙县第一个党支部——七坊乡（现七坊镇）高石村交通站党支部，负责联络昌江、感恩、儋县的英显—高石—南丰线的情报联络工作和开展中共地下党秘密活动。民国 28 年（1939 年），日本侵略军入侵海南岛，国民党反动派采取不抵抗的政策，节节败退，同时残酷地剥削和奴役黎、苗族人民。国民党反动派的野蛮统治，加剧阶级矛盾和民族矛盾，迫使黎、苗族人民起来反抗。在斗争形势日趋恶化时，周唐镇仍坚持积极地开展革命活动，宣传抗日救国道理，发动、组织群众进行抗日救亡斗争。民国 30 年（1941 年）1 月，七坊乡和光雅乡（现并为七坊镇）人民抗日救国总指挥部成立，周唐镇任总指挥，不久交通站遭到国民党反动派的破坏、总指挥部遭到日本侵略军顽固派的围攻。民国 30 年（1941 年）6 月，周唐镇被日本侵略军杀害。

附　　录

一、县委、县人大、县政府重要文件辑存

中共白沙黎族自治县委
关于全面推进依法治县的决定

依法治国，建设社会主义法治国家，是党的十五大和我国宪法确定的治理国家的基本战略。依法治县是保障人民当家做主，推进我县社会主义民主政治建设，创立政治优势，塑造我县良好形象，推动我县改革开放和经济持续、快速、健康发展的必然要求；是维护社会稳定，实现长治久安的重要保障。为了贯彻落实党的十五大精神和省委的重要部署，认真实施依法治国的基本方略，全面推进我县跨世纪的经济、政治和现代化建设，特就全面推进依法治县工作作出如下决定。

一、指导思想和目标

依法治县要坚持以邓小平理论和党的基本路线为指导，以宪法和法律为依据，以建设“法治县”为目标贯彻法治和改革相结合，以改革推进法治的方针，紧紧依靠人民群众，加强立法，深入普法，严格执法，公正司法，强化监督，在全社会树立起宪法和法律法规的权威，做到有法可依、有法必依、执法必严、违法必究，将全县经济、政治、文化和社会生活的各个领域全面纳入法治轨道，为建设民主、文明、富裕的白沙提供有力的法制保障。

从2000年起，用10年时间基本达到“法治县”的奋斗目标。其主要标志是：充分运用民族自治县的立法权，使地方立法工作与市场经济环境相适应、与国家法律体系相衔接；严格依法行政、公正司法、文明执法，各项法律得到有效实施；全体公民和执法人员的法律意识和法治观念显著增强，执法人员的法律素质和执法水平显著提高；普遍依法实行民主选举、民主决策、民主管理和民主监督；监督和制约机制比较健全，监督机构的职能作用得到充分发挥，违法执法的行为得到纠正和查处，法律服务体系基本形成；具备良好的社会治安环境，各种犯罪和社会丑恶现象明显减少。

二、用好民族自治县立法权，提高立法质量

在坚持社会主义法制统一原则的同时，充分运用我县民族自治县立法权，制定立法的远期规划和近期计划，紧密结合我县的实际，着力于通过立法促进社会主义市场经济和精神文明建设的发展。正确处理立法速度和立法质量的关系，努力提高立法的针对性、

科学性、实用性和可操作性。

三、规范行政执法行为，全面推进依法行政

人民政府在管理经济和社会事务中担负着主要责任，依法行政是依法治县的重要组成部分。各级人民政府及其部门要按照依法行政、从严治政，建设廉洁、勤政、务实、高效政府的要求，以机构改革为契机，有计划地推进行政体制改革。实现行政观念、职能和管理方式的根本转变，保证行政执法行为公平、公正、公开。强化服务功能，提高行政效率，用法律手段规范政府与市场，政府与企业，政府与社会的关系，以确保政府的各种调控和管理活动纳入法治的轨道。

建立和落实以各级政府及其部门主要领导人为责任人的行政执法责任制，将执法权力与执法责任统一起来，将执法行为、执法效果和奖惩措施统一起来，要建立健全与行政执法责任制相配套的各项制度。各行政执法机构应当依照法律、法规的规定，建立健全执法人员、资格确认、调查取证、备案审查、执法统计等制度；严格实施行政处罚法，加强对行政处罚的监督。办理直接涉及群众切身利益事项的行政机关，要把办事依据、主体、程序、要求和结果等向社会公开，接受群众监督和新闻舆论监督。精简政府审批项目，健全收费项目许可证制度，全面落实收费、罚没款“收支两条线”管理办法，使行政机关行使职权与经济利益真正彻底脱钩。要以行政决策的制度化保证决策科学化和民主化，重大行政决策要符合法定程序，广泛集中民智，反映客观实际，避免和减少损失。

四、致力公正司法，维护法律尊严

司法公正是社会公正的重要保障。各级司法机关要坚持以事实为依据，以法律为准绳，严格依照实体法和程序法办事，严厉打击各种刑事犯罪和经济犯罪。坚持在法律面前人人平等，依法调节经济关系和社会关系，维护公民、法人和其他社会组织以及在白沙外籍人士的合法权益。任何党政机关、国家权力机关、社会团体和个人都不得干涉司法机关依法独立办案。

要通过深化和完善司法改革，建立公开、公正、高效、廉洁的现代司法运行机制。落实和巩固审判方式改革的各个措施，在公开审理的基础上进一步在当庭公开宣判上取得突破，把完善人民陪审员制度作为当前法院改革的重点。积极推行检察机关以主诉（主办）检察官办案责任制为主的检察工作改革。加强警务体制改革、刑侦体制改革，提高公安机关破案能力和案件办理质量，建立和完善快速反应机制，为司法公正做好基础工作。严格执行诉讼法律制度和相关司法解释，进一步规范办案程序，提高办案效率，加大生效文书的执行力度，维护法律法规的尊严和权威。

要完善司法系统内部制约机制，检察机关控申举报部门、反贪部门、法纪检查部门、审查起诉部门等要各司其职，相互监督。法院要接受上级法院对审判工作的监督。对上级交办的上诉、抗诉的案件，法院要认真办理。

完善和落实冤案、错案责任追究制度。对于徇私舞弊造成冤案，或因过失错判、误判造成严重后果的直接责任人，要依法追究责任。冤案、错寨要彻底予以纠正。

大力加强政法队伍建设。要教育引导政法干警树立正确的世界观、人生观、价值观。把好政法机关的进人用人关，加强对干警队伍的培训，努力建设一支忠诚于党和人民，忠诚于宪法和法律的高素质的政法队伍。

五、实行依法治理，维护经济社会秩序

突出抓好基层基础工作，建立健全基层治安网络建设。加大度严厉打击各种经济、刑事犯罪活动，坚决取缔邪教组织和带黑社会性质的犯罪团伙，积极开展创建“无毒社区”活动和“四无”单位活动。深入持久地开展禁毒、禁赌、扫黄斗争。

依法治理市镇管理秩序。进一步完善并严格实施城市规划、土地管理、环境保护、园林绿化、交通市容、卫生管理等方面的法律法规，使城镇执法更好地为社会服务。

依法治理市场秩序。鼓励和保护守法经营，纠正不正当经营，打击和取缔非法经营，取缔私彩，重点规范和完善房地产市场、旅游市场、建筑市场、文化市场、医疗市场、中介组织、贸易秩序。依照法定程序推行土地使用权公开招标、拍卖，建设工程公开招标，严肃查处假冒伪劣、广告欺诈、虚假中介和评估、不正当竞争等经济违法行为。加大打击走私力度，依法治税，严肃查处逃税、抗税等非法行为。坚决取缔无牌、无照、无证经营。

依法治理企业管理秩序。严格执行国家和海南省有关国有资产管理法规，完善企业法人治理机构，依法加强对国有企业生产经营、财务状况的监督，防止国有资产流失。坚决制止乱收费、乱罚款和各种摊派，努力减轻各类企业的负担。

六、建立健全法律服务体系，不断完善法律服务市场

认真贯彻执行律师法、仲裁法等法律，逐步形成以律师、公证仲裁、基层法律为主体，适应改革开放需要的法律服务体系。拓宽法律领域，为公民、法人和其他社会组织提供多方面、多渠道、高效公正的法律服务。

严格实行法律服务业资格考试和管理制度、持证执业制度、监督举报制度，规范法律服务市场和行为。加强法律服务从业人员队伍建设，教育他们恪守职业道德和执业操守，保证法律服务业健康发展。

七、推进基层民主建设，保障民族区域自治

要按照村民委员会组织法的要求，在农村普遍推行民主选举制度、民主议事制度和以村务公开为主要形式的民主管理、民主监督制度，依法治村、治乡（镇），促进和保障全县农村经济的发展和农村社会的稳定。国有企业、集体企业要积极推行、“企务公开、民主管理”制度，充分发挥职工代表大会在企业民主管理中的作用。各类各级学校也要实行民主管理、校务公开，严格监督。

要认真贯彻实施《中华人民共和国民族区域自治法》，进一步完善自治条例。运用强有力的法制手段，保障民族区域自治制度的落实，保障民族地区的经济发展，保障少数民族享有文化、教育和使用本民族语言的权利。

八、健全监督机制，提高监督实效

切实加强党内监督。任何党员、党员领导干部和党的组织，都必须更加严格地要求自己，在宪法和法律法规的范围内活动。党的各级纪检监察组织，要以担负执法责任的各级党员领导干部特别是主要领导干部为重点，大力加强党内监督。要把监督党员领导干部遵守党的纪律与遵守国家法律法规更好地统一起来，以遵纪促守法，以守法促进党风廉政建设。不仅要严肃查处党员干部中以权谋私的不廉行为，而且要认真纠正不尊重、不遵守法律法规的执政行为和执法行为，树立党的威信，增强党组织的凝聚力，提高党的战斗力。

强化人大及其常委会的依法监督。县人大及其常委会要把对县人民政府、县人民法院（庭）、县人民检察院依法履行职权活动的监督摆到更加突出的位置。全面加强对宪法、法律、县人大及其常委会的决议、决定和我县地方性法规实施的监督，特别是抓好建立社会主义市场经济体制进程中的各项法律法规执行情况的检查。紧紧抓住改革和建设过程中的重大问题和人民群众关注的热点、难点问题，积极运用宪法、法律规定的监督手段，在工作体制和机制上保证进一步加大监督力度，增督实效。进一步细化和完善我县监督的规定，对法律监督的内容、范围、主体，监督权限和方式、程序以及对违法不接受监督者的制裁等方面作出明确具体的规定。要强化县委对人大及其常委会工作的领导，充分发挥人民群众对人大及其常委会的监督作用。人大及其常委会要带头学法、守法，并将人大及其常委会的监督活动和自我监督纳入规范化、程序化、经常化的轨道。

各级人民政府及其部门要认真加强对自身行政执法的制约和监督。对违法、违纪、失职和不当行政的行政执法机关及直接责任人员，依法追究责任。加强政府法制工作机构和行政执法监督体系建设，建立企业稽查特派员、财政监察特派员等监督队伍，经常而有效地开展行政监察、审计、财政等专项监督。

积极发挥县政协在依法治县中的民主监督作用。坚持“长期共存、互相监督、肝胆相照、荣辱与共”的方针，加强同民主党派、商会合作共事。继续推进人民政协政治协商、民主监督、参政议政的规范化、制度化，坚持并完善重要事项和重要情况事先同民主党派、商会和无党派民主人士的协商和通报制度。要充分发挥各级工会、共青团、妇联等群众团体在管理国家和社会事务中的民主参与、民主监督作用。加强对社团的管理、依法规范社团组织和社团活动，促进社团健康发展。

拓宽社会监督渠道，使执法活动置于人民群众的监督之下。建立健全执法公开、行政执法评议考核、举报和申诉管理、群众来信来访接待、人大代表和政协委员建言献策“直通快车”等制度。针对各级政府及其部门和人民法院、人民检察院的工作性质，在人大代表、政协委员和社会各界干部群众中选聘人员组成非常任的社会监督队伍，赋予其必要的职权和提供必要的工作条件，开展社会监督工作。

更好地发挥新闻舆论监督作用。宣传、广播电视等部门要依法揭露和批评有法不依、执法不公的典型案件，促进党风廉政建设。

九、加强法制宣传教育工作

要认真贯彻落实省委法制宣传教育工作部署，继续突出抓好各级领导干部和执法队伍的法律知识学习。副科级以上领导干部必须深入学习邓小平民主法制理论、宪法理论以及经济刑事、民事、行政等与工作职责相关的法律、法规。层层落实法制宣传教育的领导责任制和工作责任制，全面推行对副科以上领导干部学法实绩的监督检查制度。对国家公务员进行系统的法制教育，严格实行执法人员资格管理制度，建设高效、廉洁、文明的执法队伍。

要以宪法及与人民群众生产、工作、生活密切相关的法律法规和规章为重点，坚持不懈地开展全民法制宣传教育，根据不同群众特点确定普法内容，采取各种生动活泼的宣传学习教育形式，使法律下乡、到厂、进校、入户，增强教育实效。建立、巩固和完善以学校教育为主渠道、家庭教育和社会教育有机结合的青少年法制教育工作体系，根据青少年生理、心理特点和成长规律，把法制教育和行为规范、道德规范教育结合起来。充分发挥新闻媒体在全民法制宣传教育中的主渠道作用。

十、加强党的领导，确保依法治县各项任务的落实

依法治县工作关系全局，必须在县委统一领导下全面推进。各级党组织要把依法治县工作摆上重要议事日程，切实加强领导，精心部署，督促检查，狠抓落实。党委主要负责人要亲自抓好这项工作。人大、政府、政协党组要自觉接受县委的统一领导，把县委依法治县的目标和意志体现在各自的日常工作中。

要改进党的执政方式，领导方式和决策方式。各级领导干部要深刻认识依法治县的重要性. 努力提高依法管理经济、社会事务的能力，带头学法、用法、守法、护法，在依法治县中起表率作用。党员领导干部尤其要牢固树立法治观念，想问题、办事情、作决策都要考虑是否符合法律法规要求，衡量法律后果。要善于把党的主张通过法定程序变为国家和人民的意志，支持国家权力机关和司法机关依法行使职权。人大、政府、政协、法院和检察院要按照各自的职能，各负其责，切实担负起依法治县的各项任务，形成党委领导、人大主导、“一府两院”发挥执法主体作用、政协积极配合、各部门分工协作的依法治县工作机制和工作格局。县委将把依法治县的工作列入各级领导干部的任期目标，考核落实情况，并同奖惩任免挂钩。

县委对依法治县工作实施全面领导，把握依法治县的方向和进程，研究和决定重大问题，定期召开专门会议部署和总结工作，每年提出工作重点。县委将成立依法治县领导小组，在县委统一领导下，具体负责工作指导、协调和落实。领导小组下设办事机构，办事机构设在人大常委会。各乡镇、各部门也要相应成立领导机构。

县人大要根据本决定作出相应的决议，县政府、县法院、县检察院要制定实施意见和年度工作计划，县政府各执法部门要制定本部门的具体实施方案。各乡镇要根据本决定作出相应的部署。

中共白沙黎族自治县委员会

二〇〇〇年七月十日

中共白沙黎族自治县委
关于县乡（镇）党政领导干部密切联系群众的若干规定

各乡镇党委和人民政府、厂矿企业、县直各单位、省属单位：

为了深入贯彻落实江泽民总书记“三价代表”的重要思想，发扬党的优良传统和作风，进一步密切党政领群众的联系，切实帮助基层解决问题，促进全县工作的顺利开展，特制定本规定。

一、县、乡（镇）党政领导干部要经常深入基层，特别是要多到贫困、边远地区和问题比较复杂的地方去，下村住户，了解群众疾苦，倾听群众心声，认真解决群众反映强烈的热点难点问题和生产、生活中的实际困难，帮助群众找准经济发展的新路子。县、乡（镇）党政领导干部下乡时间每月分别不少于 7 天、15 天，全年累计不少于 3 个月和 5 个月. 并与农村群众同住、同吃、同劳动。

二、领导干部下基层时间要有登记，下基层工作要有记录。县四套班子领导成员每个季度要向县委书面报告下基层工作情况一次；乡镇党政主要领导、县直机关单位主要领导每个季度要向县委组织部书面报告下基层工作情况一次。

三、党政领导干部下基层时要轻车简从，用餐、住宿等开销必须由本人支付，以减轻基层负担。

四、在深入基层检查工作时，要诚心接受群众批评，广泛听取群众呼声，了解群众关心的难点、热点、重点问题；对群众提出的问题，能解决的要积极主动地解决；不能当即解决的，也要想方设法帮助解决，决不能回避或坐视不管。对存在的问题要进行合理、科学的分析、论证，找准解决问题的关键所在，并主动向县主要领导汇报，集思广益，从根本上解决群众问题和实际困难。

五、建立接访制度。县、乡（镇）党政第一把手要建立起接待群众上访、来信、来函制度，确定具体的接待时间，切实为群众服务。县公检法、国土局、计生局等部门和单位也要相应建立起接待群众制度。要本着“归口管理，谁主管谁负责”的原则，在接待群众中，认真诚恳地对待群众提出的问题，能解决的要及时解决，不能解决的要按照一定的程序向县主管领导汇报情况，从群众的根本利益出发，积极主动地提出解决问题的办法和措施，争取接访工作上的主动。

六、县、乡镇党政第一把手要设立“群众意见箱”，善纳群众的意见和建议，拓宽群众反映情况的渠道。涉及重要案件的信件，主要领导要亲自受理。信访、公检法部门要认真做好来信来访登记、记录及情况送递工作，跟踪抓落实，对涉及法律法规或违背群众利益的行为要坚决抵制．后果严重的，要追究责任。

七、实行县四套班子领导成员定点联系乡镇和企业工作制度。县四套班子每位成员要定点联系一个乡镇和企业（包括国营农场），帮助指导定点乡镇和企业抓好党的建设和经济建设以及社会治安、计划生育、文化教育、水库防汛等各项工作。各乡镇领导、县党政机关各部门主要领导要认真负起责任，积极协助县领导开展工作，切实抓出成效。

八、实行县党政领导干部进村入户制度。党政领导干部深入基层访问要形成制度化，要深入定点联系的乡镇、农户进行查访，调查研究，体察民情，解决问题。县四套班子领导成员夜访每月不少于5个晚上，访谈农家10户，同时为群众办好事实事2件；县直挂钩单位的领导干部每月不少于5个晚上，访谈农家10户，为群众办好事实事2件；乡镇领导干部夜访每月不少于10个晚上，访谈农家20户，为农户办实事3件。

九、领导干部下基层务必树立良好的工作作风，要切实了解民情、倾听民意，真正为民办实事，要克服走过场的现象，不能干扰群众正常的生产生活。领导干部下基层要做到“六知道”“三必访、五要帮”，确保下基层取得成效，不流于形式。“六知道”即知道村的具体情况；知道干部和党员的思想、心理状态；知道村干部和群众对上级领导机关及部门的要求；知道贫困户人数和特困户的基本情况；知道干部工资和农民生产收入情况：知道群众迫切需要解决的热点难点问题。“三必访”即矛盾多、问题多、群众意见多的村和户必访：五保户、特困户必访；村里有威望、贡献大的老党员、老干部必访。“五要帮”即要帮助挂钩点理清经济发展思路，调整产业结构；要帮助抓好党建工作和移风易俗；要帮助贫困户脱贫；要帮助解决群众最需要解决的问题；要帮助群众学习和了解党的政策和文化知识。

十、努力为群众办实事、办好事。县、乡镇领导干部要结合实际，因地制宜，密切联系群众，每年为群众办1～2件群众摸得着、看得见且符合群众利益，并能够使群众从中受益的好事、实事。特别是为贫困户、特困户、军烈属、伤残户、孤寡老人办上1～2件实事好事。

十一、县、乡（镇）领导干部要深入抓好调查研究工作。一年之中要有120天的时间深入基层开展调研工作，每周要保证有2天时间深入基层，接触基层，了解基层。到基层调研时，必须发扬勤俭节约、艰苦奋斗的优良作风，保持我党的良好形象。要亲自动手撰写调研文章，每人每年至少有1至2篇调研性论文，为县委的科学决策提供依据。

十二、要完善和坚持民主决策制度。凡制定重大的改革决策或措施，重大的工作部署或发展战略，重点建设项目，要坚持走群众路线，在充分调查研究，广泛集中群众意见的基础上，召开领导班子会议，实行集体决策，增加办事透明度，防止一言堂和“暗箱操作”。有些重大决策存实施前要抓好试点工作，总结经验。保证决策符合群众的根本利益。

十三、实行党务公开、政务公升、厂务公开、村务公开、校务公开等制度，提高办事透明度，诚恳接受群众的监督。对于县、乡（镇）两级党委、政府重大决策和重要工作部署的实施情况，以及群众反映较为激烈的问题要通过县人大、政府等有关部门督促、解决。

十四、要加强督查工作。县委督查室要充分发挥职能作用，积极开展督查工作。要经常检查县、部门领导深入基层抓落实的工作情况，及时向县委反馈各乡镇工作成效及存在问题，同时要组织人员定期督促检查以上规定的执行情况，并分季度进行小结汇报。年终召开座谈会，汇报总结下基层、抓落实情况。县委将把联系群众的工作情况纳入年终考核领导干部的一项重要内容，并作为考核领导干部的一项重要依据。

本规定从发布之日起施行。

中共白沙黎族自治县委

二〇〇一年六月十九日

中共白沙黎族自治县委
关于加快发展非公有制经济的若干意见

为深入贯彻党的十六大、省第四次党代会、省委四届三次全会和县第十次党代会精神，促进我县非公有制经济（以下简称非公经济）的发展，增强我县综合经济实力和发展后劲，加快“脱贫致富、全面小康”步伐，特提出如下意见。

一、解放思想，提高认识，明确思路，旗帜鲜明地支持非公经济的发展

（一）坚持公有制为主体，多种所有制经济共同发展，是我国社会主义初级阶段的一项基本经济制度。非公经济是社会主义市场经济的重要组成部分，鼓励、支持、引导非公经济健康发展，对我县调整所有制结构，进一步解放和发展生产力，培育新的经济增长点，提高开放水平，增加就业岗位、财政收入和维护社会稳定等都具有重大意义。

（二）抓非公经济发展，就是抓发展这个第一要务，要以科技创新、制度创新和管理创新为动力，在认识上放胆、政策上放宽、比例和范围上放开、规模上不限、机制上放活、政治上放心，努力营造非公有制企业及其从业人员在法律上有保障，社会上有地位，政治上有荣誉，经济上有实惠的良好发展环境，加快非公经济健康发展。

（三）加快非公经济发展的指导思想：以“三个代表”重要思想和党的十六大精神为指导，解放思想，实事求是，与时俱进，大胆创新，围绕“脱贫致富、全面小康”的战略目标，提供优惠政策，依靠科技进步，合理调整结构，强化内部管理，注重经济效益，提高非公经济在全县国民经济总量中的比重，加快我县经济社会的发展。

二、明确非公经济发展的方向和重点，走高科技、高效益、低消耗、生态环保的可持续发展路子

（四）积极参与农业产业结构调整，大力发展种养生产型非公经济企业。围绕大林业产业等我县优势产业，鼓励、引导非公经济企业建立基地，成片开发，进行专业化生产，规模化经营，提高我县农业产业化水平。

（五）加快发展农、林副产品加工业。围绕本地大宗农产品资源，根据市场需求，发展农、林副产品深加工，提高农产品附加值，加快本地优势资源的开发利用。

（六）发展现代服务业。鼓励、引导非公经济企业向社会服务业的深度、广度开拓，提高社会服务业的总体质量，增进效益。

（七）发展科技型企业。鼓励非公经济企业研制、开发新技术、新工艺、新设备、新产品，创办高科技企业；鼓励高等学校、科研院所的科研人员、我县技术人员和会各界创办和投资非公经济科技企业。

（八）发展外向型非公经济企业。大力支持和协助非公经济企业发展外向型经济，推动非公经济开拓市场，参与竞争。

三、出台发展非公经济鼓励政策，进一步加大招商引资力度

（九）土地使用优惠政策。非公经济企业用地要统一纳入县土地开发用地计划，要简化用地审批群序，要降低用地成本，按不同土地使用情况给予优惠。

1. 土地使用合同期限最长为70年。

2. 成片开发荒地，建设省政府确认的高科技项目用地，地租减30%。

3. 开发荒山、荒地、草地、水面用于发展农、林、牧、渔业和热带作物生产等种养业的，地租减25%。

4. 投资工业、农林副产品加工、农贸市场、医疗、文化、体育、旅游和交通、能源、水利、通讯等基础设施项目的，地租减20%。

（十）税费优惠政策。根据非公经济企业经营的行业和经营年限不同，适当减免企业所得税，对那些不合理的行政事业性收费要坚决取消。

1. 从事农业开发经营的新办企业，经营期限在十五年以上的，从开始获利的年度起，第一年至第五年免征企业所得税，第六年至第十年减半计征。经营年限不足十五年的，从开始获利年度起，按15%税率计征。

2. 从事基础设施建设和兴办生产性新办企业，经营年限在十年以上的，从开始获利的年度起，第一年至第十年免征企业所得税；第十一年至第二十年减半征收企业所得税。

3. 从事旅游业开发的新办企业，经营期限在十年以上的，从开始获利的年度起，第一年至第十年免征企业所得税，第十一年至第二十年减半征收企业所得税。经营不足十年的，从开始获利年度起，第一、二年免征企业所得税，第三年起按15%税率计征。

4. 从事服务性行业的新办企业，投资总额超过500万美元或2000万元人民币，经营期限在十年以上的，从开始获利的年度起，第一年免证企业所得税，第二年和第三年减半计征；投资总额或经营期限达不到上述标准的，从开始获利年度起按15%的税率计征。

（十一）人才引进优惠政策。对非公经济企业业主及其引进的高级专业技术人才和管理人才，其本人、配偶及其子女需申办城镇（白沙）常住户口的，公安部门准许办理，对其子女可优先安排到县城重点小学、中学就读，免收其择校生费。

四、放宽市场准入和投资领域，拓宽资金投入渠道

（十二）凡符合国家法律、行政法规规定，不违反产业政策的行业、领域及商品，均允许非公经济经营。鼓励非公经济资本投资我县支柱产业，高新技术产业和现代服务业。鼓励非公经济企业投资教育、医疗、卫生、体育等行业，参与投资经营山区农业综合开发，生态建设、能源、交通、水利等基础设施，以及小城镇建设和市政工程建设。

（十三）鼓励非公经济企业参与公有制企业改革。非公经济企业可向竞争性行业的国有、集体企业参股，鼓励、支持非公经济企业承包、租赁、兼并、收购国有、集体中小企业。

（十四）县财政每年要安排一定数量的专项扶持发展资金，并列入年度财政预算，资金主要用于新产品的开发，重大课题的调研，招商引资以及做出突出贡献的单位或个人的奖励。制定资金管理办法，严格管理，规范运作。

（十五）金融机构要增加对产品有市场、有效益，诚实守信的非公经济企业提供贷款支持，积极创新适应和促进非公经济企业发展的信贷服务品种。

（十六）扩大非公经济企业直接融资渠道。允许以资金、技术、设备、土地使用权等形式投资入股，允许采取资产转让、出租等方式取得生产发展资金。有关部门要积极协助符合条件的非公经济企业申请政策扶持资金和信贷资金。

五、强化政府服务职能，提高办事效率和服务水平，进一步优化发展环境

（十七）加强基础设施建设，改善硬环境。大力加强市政、水利、交通、电力、通信等基础设施建设，为非公经济发展搭筑平台，奠定基础。

（十八）简化行政审批程序。设立行政审批大厅，工商、税务、发展计划、公安、建环、经贸交通、房改、物价等职能部门集中办公，公开办事程序，减少审批环节，实行“一条龙”或“一站式”服务，提高服务效率，要严把审批关，避免低水平酡重复建设。设立“办事投诉中心”，加强社会监督。

（十九）规范经营行为。非公经济企业要切实加强管理，努力提高企业和经营者的整体素质，依法开展生产经营活动。有关部门要密切配合，加大市场经济整治力度，坚决取缔无证照经营，打击制假售假、坑蒙拐骗、偷税逃税、抗税骗税等违法行为，保护合法经营，维护公平竞争。

（二十）加强监管力度。有关部门要加大治理整治乱收费、乱罚款、乱摊派、乱检查“四乱”工作，依法保护其财产权及其他合法权益，减轻企业负担。

（二十一）改善法治环境。根据公平、公正的原则，进一步制定和完善保护非公经济企业合法权益的地方性法规和政府规章。各级政府要加强社会治安综合治理，政法部门要加强对非公经济企业生产经营场所的社会治安管理，严厉打击危害非公经济企业生产经营秩序，侵犯非公经济企业合法财产和人身安全的违法犯罪行为。

（二十二）开发人力资源。积极开展向非公经济企业，经营管理人员的培训，鼓励各类人才到非公经济企业就业，协助非公经济企业专业人员的引进、聘用、职称评等工作。

（二十三）健全社会保障制度。逐步把养老、失业、医疗、工伤、生育等社会保险的覆盖面扩大到非公经济，保证其从业人员享受国家统一的社会保障待遇，确保员工合法权益。

七、加强领导，统筹规划，确保非公经济健康发展

（二十四）成立白沙黎族自治县非公经济工作领导小组，负责全县非公经济的组织和协调工作，县委统战部负责日常工作。建立发展非公经济目标考核责任制，把非公经济的发展速度和水平作为主要指标和政绩考核的重要内容，各单位、各乡镇必须把非公经济工作提到议事日程，全力支持非公经济的发展，为非公经济发展创造优质的投资软环境。

（二十五）要把发展非公经济纳入全县社会经济发展总体规划，作为新的经济增长点来抓，适时研究制定发展非公经济的政策、措施，协调解决非公经济发展中的重大问题。各有关职能单位要按照本意见精神，结合工作实际，制定具体的配套政策和实施细则，认真组织实施。

（二十六）加强对非公经济的监督管理。加强对非公经济企业人员的思想政治教育和法制教育，引导他们学习党的方针政策和国家的法律法规，做到守法经营、公平竞争、依法纳税、勤劳致富，积极投身于光彩事业和社会公益事业。

（二十七）加强非公经济企业的党组织建设。在县总商会（工商联）成立党组，负责管理非公经济企业基层党组织建设。具备条件的非公经济企业应按党章建立共产党的基层组织，并充分发挥其作用，可依法建立工会、共青团组织。重视非公经济企业员工中发屡党员、团员的工作

（二十八）充分发挥总商会（工商联）、个体劳动者协会的作用，并根据我县的行业优势，成立行业协会，适应市场规律，促进行业管理。这些社团组织要在各级党委和政府的领导下，按照各自章程，积极开展工作，进行自我教育、自我管理、自我服务。积极支持非公经济企业加入行业协会，促进非公经济健康发展。对优秀的非公经济企业家给予必要的政治待遇，鼓励他们为白沙的改革建设贡献自己的聪明才智。

（二十九）本意见自印发之日起执行。

中共白沙黎族自治县委

2003年8月21日

中共白沙黎族自治县委
关于进一步加强和改进人大工作的决定

（2005年10月19日县委常委会议通过）

近年来，我县人民代表大会及其常委会和各乡镇人民代表大会在县委和各乡镇党委的领导下，以邓小平理论和“三个代表”重要思想为指导，紧紧围绕经济建设中心和改革、发展、稳定大局，认真履行宪法和法律赋予的职责，做了大量卓有成效的工作，为促进全县三个文明建设和民主法制建设、维护社会稳定发挥了重要作用。为了更好地落实党的十六大和中发［2005］9号文件以及省委人大二工作会议精神，加强党的执政能力建设，进一步加强和改善党对人大工作的领导，更好地坚持和完善人民代表大会制度，充分发挥人大作为地方国家权力机关的作用，加强民主政治建设，推进依法治县进程，为白沙经济发展和社会全面进步创造良好的法制环境，构建和谐白沙，特作如下决定：

一、完善执政方式，加强和改进党对人大工作的领导

（一）加强和改善党对人大工作的领导，是做好人大工作的根本保证。各级党委要进一步完善执政方式，加强学习，提高对坚持和完善人民代表大会制度的认识，增强其自觉性和坚定性。各级党委要结合新的形势和任务，根据党中央关于依法治国、建设社会主义法治国家的基本方略，高度重视和认真研究如何更好地实现党对地方国家权力机关的领导问题，要按照总揽全局，协调各方的原则，科学规范与人大的关系，自觉地把人大工作作为党委总揽全局工作的重要内容，不断研究新情况，总结新经验，解决新问题，切实加强和改进党对人大工作的领导。

（二）建立健全党委对人大工作的领导制度。党委要把人大工作列入重要议事日程，根据党委的中心工作，按照人大的职权范围和工作方式，向人大常委会党组提出任务和要求，并加强督促检查。各级党委每年至少听取一次人大工作汇报会，并专题研究人大工作，每届至少召开一次人大工作会议。对人大常委会党组请示的有关问题，要及时研究答复。党委和政府作出的重要决策和重大工作部署，要及时向人大常委会党组通报。县委要有一名副书记联系人大工作。要继续坚持人大常委会主任列席党委常委会议的制度；县委召开涉及全局性的工作会议、组织重大活动和推荐干部，应根据工作需要安排人大常委会主要领导同志参加。

（三）人大常委会党组要自觉接受党委的领导。在制定地方性法规条例和开展依法监督等各项工作中，全面贯彻党的路线、方针、政策，自觉地把坚持党的领导、实现人民当家做主和严格依法办事统一起来，从制度上和法律上保证党的基本路线和基本方针的贯彻实施。人大常委会党组要坚持重要问题、重大事项请示汇报制度，经常主动地向同级党委请示汇报工作，始终把人大工作置于同级党委的领导之下。各级人大代表和人大工作机构中的中共党员，要坚持把向党委负责与向人民负责统一起来，准确把握和认真贯彻党委意图，严格遵守党的纪律，保证党委重大决策的实施。

（四）各级党委要积极主动地做好人大与“一府两院”的协调工作，“一府两院”要自觉接受人大监督，为人大及其常委会和各乡镇人大依法行使职权创造良好的外部环境。各级政府和法院、检察院要增强民主法制观念，认真贯彻执行县人大及其常委会通过的决议、决定，主动向人大报告工作。对人大常委会在听取和审议有关工作报告，视察和检查中发现的问题以及述职后形成的整改意见，“一府两院”及其相关部门和个人，要认真研究，及时整改，并向人大常委会报告整改结果。省垂直单位要自觉接受人大监督，县人大及其常委会要加大对其监督力度。各级党委要重视和支持县人大常委会开展述职评议工作并把述职评议结果作为考核和任用干部的重要依据。

二、积极支持和保证人大及其常委会依法行使职权

（五）积极支持和保证人大依法制定民族自治地方的法规。县人大及其常委会要根据民族自治地方立法的有关规定，按照我县的实际情况，认真贯彻立法权，抓紧修改自治条例和制定自治县改革、发展、稳定方面急需的地方性单行条例，增强法规的针对性和可操作性。要坚持群众路线，加强立法调研和协调工作。政府及相关部门要严格执行人大常委会的立法计划，积极配合做好法规草案的起草、论证、征求意见工作，努力提高立法水平，按时向人大常委会报送比较成熟的法规草案。要紧密结合白沙实际，在保护生态环境资源，发掘少数民族文化遗产等方面提出制定法规和条例的规划，大胆创新，更好地体现白沙特色。

（六）积极支持和保证人大依法行使监督权。党委要支持人大认真履行监督职责，加大监督力度，务求监督到位。人大对“一府两院”的监督，既是一种制约，同时也是一种支持和促进。人大常委会要把对“一府两院”的监督和支持有机地结合起来。要围绕经济建设这个中心和改革、发展、稳定的大局，通过听取工作报告、组织视察、执法检查和开展调查等形式，加强对政府组成部门和直属机构的工作监督，尤其要加大对国民经济和社会发展计划、财政预算执行情况和预算外资金管理情况的监督力度。要充分运用质询、特定问题调查、依法撤职、罢免等监督手段，以及执法检查、述职评议、代表评议等监督方式，加强对政府、法院、检察院和国家机关工作人员的监督。要继续推行执法责任制和错案责任追究制，加强对重大违法案件的监督力度。通过监督，支持和促进“一府两院”依法行政、公正司法。

（七）积极支持和保证人大依法行使重大事项决定权。党委关于本行政区域内经济和社会事务的重大决策，凡是应当提交人大或人大常委会决定的事项，必须提交本级人大或人大常委会经过法定程序及时作出决议或决定。人大及其常委会要把涉及本行政区域内带有根本性、全局性、长远性的问题和人民群众普遍关注的问题作为重大事项，凡有必要作出决议、决定的，要及时作出，以进一步依法有效地行使重大事项决定权。“一府两院”对人大及其常委会的决议、决定，必须积极负责地组织实施。

（八）积极支持和保证人大依法行使人事任免权和人事监督权。党委要认真贯彻中央关于地方党委向地方国家机关推荐重要干部的若干规定。要把党管干部原则与人大依法选举任免统一起来，实现党内工作程序和人大及其常委会法定程序的有机结合。党委要切实加强对选举工作的领导，充分发扬民主，严格依法办事。如果人大代表或者人大常委会组成人员对拟选举、任免人选提出不同意见，党委要认真对待研究，作出说明，并依法妥善处理。凡是由人大及其常委选举或任免的干部，党委在讨论决定前，应征求人大常委主要领导的意见。人民代表大会的临时党组织、人大常雪党组、人大常委会组成人员和人大代表中的党员，要认真贯彻党委意图，带头依法办事，正确履行职责。党委要尊重和维护人大及其常委会选举、表决的结果。要支持人大常委会通过人大代表视察、述职评议、代表评议等形式，对所选举和任命的干部进行工作监督。人大常委会要坚持与时俱进，积极探索和完善人事任免的机制，创新方式方法。

三、加强人大代表工作，充分发挥代表作用

（九）完善选举制度，优化代表结构，保证代表质量。根据选举法的有关规定，各级党委、人大要进一步健全和完善代表选举制度，坚持人民代表素质标准，好中选优。注重从年龄、文化水平、政治素质和议政能力等方面优化代表的结构。适当增加基层代表的比例，使代表结构更加合理。换届选举时，党委负责，人大常委会党组参与把好代表人选质量关，保证代表的质量。加强代表培训，提高代表素质和履职能力。各级人大要建立健全人大培训制度，制定代表培训计划，加大代表培训力度，强化代表的法律法规意识，增强代表的使命感和责任感。县人大常委会抓住重点，有计划和针对性地组织县、乡人大代表的培训，并注重实效。通过培训，切实提高代表的整体素质和履职能力。

（十）认真开展代表活动，为代表活动提供保障。县人大及其常委会和各乡镇人大要认真组织代表开展大会期间和闭会期间的活动。活动内容必须围绕我县改革开放和现代化建设，围绕县委、县政府的中心工作，围绕群众关心的热点难点重点问题来开展，活动形式必须分层次、多样化进行。代表在大会期间要认真听取和审议各项报告，发表审议意见。代表在闭会期间的活动以集体活动为主，以代表小组活动为基本形式。要组织代表开展专题视察、执法检查、述职评议、工作调研。各级政府及各有关部门要尊重代表的权利，维护代表的合法权益，在代表开展活动期间要给予代表司法保障、物质保障、经费保障和用车保障，为充分发挥代表作用提供服务的保障。

（十一）切实加强代表议案和建议、批评、意见的督办和办理工作。依法做好代表建议的办理工作，是尊重代表的权利，发挥代表作用的重要体现。县人大及其常委会和各乡镇人大对代表议案和建议、批评、意见要规范办理程序，明确办理责任，及时组织好交办工作，并加强督促检查和跟踪督办，并将代表提案办理情况向代表大会报告。承办单位必须认真办理，确保办理质量和效率，做到能办理的要及时办理，暂不具备办理条件的要制订办理计划，因其他原因不办理的要向代表作出解释，确保办复率达100%。

（十二）做好联系代表和代表联系选民工作，密切代表和群众的关系。常委全主任会议成员要分片联系代表，至少每季度深入联系代表一次。要经常邀请代表参加常委会活动，邀请驻县的部分省人大代表、县人大代表列席或旁听常委会会议。要建立和完善代表接待日制度，每月至少安排一天时间，由主任会议组成人员轮流接待来访代表，听取代表的意见和情况反映。代表每年至少一次要到各自选区联系选民，向选民汇报自己履行职责的情况，有条件的可试行代表向选民述职制度，接受选民监督，进一步密切代表与群众的关系。

四、切实加强各级人大的自身建设

（十三）加强人大工作制度的建设。改进和完善会议制度和议事规则，提高会议质量。规范述职评议，使述职评议制度化。规范代表视察制度，增强视察实效。建立健全常委会联系代表制度、代表联系选民制度，密切同人民群众和选举单位的联系，及时了解民情民意。健全信访工作制度，提高信访工作水平。继续完善人大行使各项法定职权的具体作制度，使人大行使职权规范化、制度化。

（十四）加强人大常委会及其机关的组织和队伍建设。党委要根据人大的性质和工作特点，优化人大常委会及其工作委员会组成人员的年龄、知识和专业结构，使组成人员中有适当数量的优秀中青年干部，配备一定比例的人大常委会专职委员和工作委员会兼职委员，在人大常委会及其工作委员会中增加经济、法律、科技等方面知识水平较高的干部。各级党委要在思想上、政治上、组织上重视和关心人大机关干部队伍建设，要加强对人大机关干部队伍的培训，提高业务和整体素质。把人大机关干部的配备、培养、选拔和使用纳入党委干部队伍建设的总体规划，统筹考虑，要选拔一批政治性强、具有一定专业水平的干部充实到人大机关，要积极地有计划地推荐人大机关干部与党委、政府机关干部的交流。对符合条件的人大机关优秀干部应重点培养、大胆提拔使用，以增强人大机关工作的活力。人大常委会党组要结合先进性教育活动，不断加强机关的思想、组织和作风建设，建立务实、创新、高效的人大机关队伍。

（十五）加强乡镇人大建设。党委要重视乡镇人大干部伍建设。依照规定，配备好乡镇人大主席、副主席和工作人员。党委书记兼任主席的，要配备 1 名专职副主席。不是党委书记兼任的，专职主席应列席同级党委会议。乡镇人大应至少配备 1 名专职工作人员。要给乡镇人大“减负”，使人大班子把主要精力放在人大本职工作上。乡镇人大经费要列入同级财政预算。乡镇人大在乡镇党委的领导和县人大的指导下，依法履行职责，积极地、大胆地开展工作。

（十六）认真解决人大工作中的实际困难。各级党委要重视和关心人大工作中的实际困难，以实际行动支持人大工件。各级政府要保证人大工作必需的经费，并把人代会、常委会的会议经费、代表活动经费和常委会组成人员的视察、检查活动经费以及培训经费、接待费等列入财政预算，在保证足额到位的前提下，随着财政收入的增长逐年有所增加。要根据情况安排经费帮助人大机关从工作用车、办公自动化等方面改善工作条件。

各级党委和人大要坚持以邓小平理论和“三个代表”重要思想为指导，在以胡锦涛同志为总书记的党中央领导下，更好地坚持和完善人民代表大会制度，振奋精神，开拓进取，为推进依法治县，保障和促进我县改革开放和社会主义现代化建设做出更大的贡献。

中国共产党白沙黎族自治县委员会

2005 年 10 月 10 日

中共白沙黎族自治县委
关于进一步加强政协工作的意见

各乡镇党委，县直机关各部门，各人民团体，各企事业单位，省属各单位、各国营农场党组（党委、党支部）:

人民政协是中国人民爱国统一战线的组织，是中国共产党领导的多党合作和政治协商的重要机构，是我国政治生活中发扬社会主义民主的重要形式。进一步加强中国共产党领导的多党合作和政治协商制度建设，充分发挥各人民团体、各族各界人士在我县政治、经济和社生活中的作用，对实现我县物质文明、政治文明和精神文明有着重要的意义。为进一步学习贯彻落实好《中国人民政治协商会议章程》和全省政协工作会议精神，现就新时期加强我县政协工作提出如下意见:

一、进一步加强对政协的性质、地位、作用和新世纪新阶段加强人民政协工作重要意义的认识

1. 我国宪法规定:“中国共产党领导的多党合作和政治协商制度将长期存在和发展。”党的十六大明要求:“坚持和完善中国共产党领导的多党合作和政治协商制度。”“保证人民政协发挥政治协商、民主监督和参政议政的作用。”政协工作是党的全局工作的重要组成分，在新的历史条件下，进一步加强人民政协工作，是树立和落实科学发展观，全面建设小康社会的需要，是落实基本政治制度、推进政治文明建设的具体实践，是凝聚人心，实现大团结、大联合，构建社会主义和谐社会的要求，是增强党的执政能力的重要途径。各级党组织要按照中办发〔2004〕10 号文件和中共海南省委琼〔1999〕24 号文件精神，认真学习贯彻《中国人民政治商会议章程》，进一步提高中国共产党领导的多党合作和政治协商制度重要性的认识。要按照党总揽全局、协调各方的原则，支持和保证人民政协履行政治协商、民主监督、参政议政的职能。

2. 各级党政领导要加强政协和统战理论学习。县电视台、广播电台等新闻媒体，要广泛开展关于人民政协的理论、方针、政策和有关知识的宣传教育活动。县委党校要把统一战线和人民政协理论列入培训内容，开设课程或专题讲座，对各级党政干部特别是新上任的领导干部进行培训，使全社会进一步提高对政协的性质、地位和作用的认识。

二、继续推动政治协商、民主监督、参政议政的制度化、规范化、程序化建设

3. 进一步完善重大问题协商制度。县委县政府要把政治协商纳入决策程序。重大问题在决策之前要与政协进行协商，广泛听取各方意见，集思广益，增进理解，扩大共识。做到协商于党委决策之前，人大通过之前，政府实施之前。政协全会期间，党政领导及政府部门领导应列席会议并参加讨论。政协召开的常务委员会会议或其他协商座谈会，党委、政府及有关部门可视情况安排领导参加。政协会议形成的报告或建议，党委、政府有关部门领导要亲自审阅。对我县改革和发展中的重大课题要及时开展决策前的协商活动。

4. 坚持政治协商的原则。把政治协商纳入决策程序，就重大问题在决策之前和决策执行中进行协商，是政治协商的重要原则。县委县政府对经济与社会发展的中长期规划要先协商后决策，对重要人事安排和经济社会活动中的重大问题要先协商后决定，对出台的地方重大政策和法规要先协通过，并加强决策执行过程中的协商。

5. 进一步完善协商程序。县委要根据年度工作重点，提出全年政治协商要点，协商的议题应提前一周通知有界别政协委员，并提供相关材料；相关界别的政协委员应对协商议题进行认真研究，以便在协商会上提出可行的意见和建议；在协商过程中要充分发扬民主，广泛听取意见，求同存异、取得共识；对政协委员提出意见和建议，县委县政府有关部门要认真研究，及时反馈办理情况。要按照政协章程和省委的有关文件精神，积极推进人民政协的政治协商制度化、规范化和程序化。

6. 切实加强民主监督。人民政协的民主监督是我国社会主义监督体系的重要组成部分，要积极发挥人民政协通过提出建议和批评，对党委和政府重大方针政策的贯彻执行、领导干部及其工作人员工作的监督作用。各级党委、政府及各部门要支持和自觉接受政协的民主监督。县委、县政府要为政协委员反映社情民意开设“直通车”，直接听取政协委员的呼声，及时了解社情民意。对政协常务委员会议、主席会议、各专门委员会会议提出的批评和建议以及政协委员提出的重要批评和建议，党政领导要及时批示。

7. 切实完善民主监督机制，自觉接受监督。各级政府要在知情、沟通、办理、反馈等环节上建立健全相关制度，及时通报重要情况和重大问题，畅通民主监督的渠道，对政协委员提出的批评意见要认真研究，及时反馈。各级党委、政府及其领导干部要真诚接受政协的民主监督，切实维护政协委员履行民主监督的正当权利，鼓励和支持政协委员做知无不言、言无不尽并坚持正确的意见，使之成为党委和政府的净友。

三、努力为政协履行职能创造条件

8. 县委要按照党中央关于各级党委要“进一步加强和改善对政协工作的领导”的要求，把政协工作列入议事日程。每年至少召开一次常委会专题会议，专门听取政协党组的工作汇报，研究政协工作。每届任期内召开一次全县政协工作会议，总结经验，推进工作。县委要一名副书记或一名常委、具政府要有一名副县长联系政协工作，负责联系政协工作的县委县政府领导要经常了解政协情况，帮助解决实际问题。

9. 坚持政协领导参加有关重要会议制度。县政协主席或党组书记，可列席县委常委会议和其他重要会议；县政府召开常务会议、全体会议和有关会议，可请县政协副主席列席；县法院、检察院召开的重要会议，可请县政协领导或有关专委会领导列席；乡镇召开人大例会，可请所在乡镇的县政协委员列席。

10. 坚持重大问题通报制度。县委、县政府要及时向政协通报有关重大问题的决策和其他重要情况，让政协委员及时了解党委、政府工作部署，更好地参政议政。各单位要经常向本单位的政协委员通报情况和征求意见，充分发挥政协委员在基层的作用。

11. 建立党委、政府各部门与政协联系制度。各乡镇和县直机关企事业单位要有一名副职联系政协工作。设置乡镇统战委员，其职责是：宣传统一战线和人民政协的理论、方针、政策和有关知识；反映社情民意。

12. 各级党委、政府要支持政协开展专题调研、视察、民主评议等各种参政议政活动。根据年度工作重点，可提出一些重要课题由政协进行调研，各部门要积极配合。鼓励和支持政协到省内外开展考察和调研活动，学习外地先进的工作经验。对于政协开展的民主评议活动，有关部门要认真向政协通报情况，对政协在民主评议过程中提出的批评和建议，要认真进行整改。

l3. 坚持由县委办主任牵头的县委、人大、政府、政协四大办公室主任联席会议制度。及时通报重要情况、协商问题、协调工作。

14. 完善政协各专门委员会同党政各部门对口联系制度，沟通信息，对口协商，相互支持和配合，也可以就某些问题进行联合调研。

四、认真处理和落实政协组织、政协委员的意见和建议。

15. 做好政协提案的交办工作，每年各召开一次政协提案交办会和督办会。政协提案交办会由县委县政府主持，各有关单位主要领导参加。各有关单位要把政协提案办理工作纳入本单位的议事日程。组织部门要把政协提案办理情况纳入承办单位领导年度考核的内容。

16. 各级党政领导要亲自处理政协重要的提案、建议案，各单位要有专人负责政协提案和建议案的承办工作，并确保办理质量，复函由承办单位主要领导审阅处理。不得由承办单位个别工作人员自行处理。

17. 各级党政领导对政协调研形成的报告或建议，重要社情民意反映等，要及时研究、批复。有关方面或部门应认真负责地研究处理。办理结果要尽快以文件形式做出答复，反馈给政协组织或政协委员。一些关系重大的建议和提案要由县委县政府出面组织协调有关部门共同研究办理。对政协调研形成的报告或建议采取不负责任、互相推诿，不认真研究不作出答复的单位，县委要进行通报批评，严重的要追究领导责任。

18. 切实保护政协组织和政协委员的民主权利。政协组织和政协委员，有通过政议参加讨论国家大政方针和地方重大事务的权利，对国家机关和国家工作人员的工作提出建议和批评的权利，以及对违纪违法行为检举揭发、参与调查和检查的权利。任何单位和个人都不得阻挠政协组织和政协委员行使民主权利，对政协组织和政协委员的批评进行打击报复者，要给予严肃处理。

五、重视加强政协组织自身建设，进一步提高政协委员履行职能的质量

19. 县政协要以高度的责任感和使命感，进一步加强自身建设，在县委的领导和县政府的支持下，争取各方面的配合，围绕党和政府中心工作，积极主动履行职能，努力提高政治协商、民主监督、参政议政的质量，开拓政协工作的新局面。县政协要通过各种形式帮助政协委员了解有关情况，为委员参政议政创造条件；要切实加强专门委员会的建设和领导，充分发挥专门委员会的作用：要加强政协机关建设，提高工作质量和服务水平，使之真正成为名副其实的委员之家。政协委员要努力学习，深入实际，调查研究，密切联系自己所代表的界别及有关方面的群众，积极反映群众的意见和要求，把各族各界人士团结起来，调动一切积极因素，为推动我县经济社会发展和民主法制建设、构建和谐白沙发挥应有的作用。

20. 建立政协委员奖励机制。对在我县政治、经济和社会发展中有突出贡献的优秀委员，以及所提的提案能解决人民群众关心的问题的优秀提案人和提案承办先进单位，要给予表彰和奖励。

中国共产党白沙黎族自治县委员会

2005 年 8 月 25 日

白沙黎族自治县水资源保护管理条例

（2001年3月31日白沙黎族自治县第九届人民代表大会第四次会议通过）

第一条 为合理开发利用和保护水资源，防治水害，充分发挥水资源的综合效益，根据《中华人民共和国水法》、《海南经济特区水条例》及有关法律、法规的原则，结合本自治县实际，制定本条例。

第二条 在本自治县境内规划、开发、利用、保护和管理水资源，防治水害，必须遵守本条例。

第三条 本条例所称水资源，是指地表水和地下水。

水资源属国家所有。

农业集体经济组织所有的山塘、水库的水，属集体所有。

第四条 自治县水利部门是自治县人民政府水行政主管部门，对本自治县内的水资源实行统一管理，负责组织实施《中华人民共和国水法》、《海南经济特区水条例》和本条例，负责受理取水申请、审批发放取水许可证和征收水资源费等工作。

其他有关部门按自治县人民政府规定的职责分工，协同水行政主管部门，负责有关的水资源管理工作。

第五条 乡、镇人民政府应当加强对本辖区内水资源、用水设施的监督管理，及时调解本辖区内发生的水事纠纷，积极配合自治县公安机关、水行政主管部门查处破坏水资源和水工程设施的案件。

第六条 任何单位和个人都有保护水资源、水环境和水工程，参加防汛、抗洪工作的义务；有制止、举报破坏水资源、污染水环境、损坏水工程设施等违法行为的权利。

第七条 开发利用水资源和防治水害，应当全面规划，统筹兼顾，讲求效益，发挥水资源的多种功能。

对现有的中小型水库水面的利用与开发，必须经水行政主管部门批准。任何单位和个人不能擅自开发利用。

第八条 鼓励和支持国内外投资者以合资、合作、独资或其他形式在自治县境内开发利用水资源和从事防治水害的各项事业。投资建设水工程实行谁投资、谁经营、谁受益的原则，享受自治县人民政府有关鼓励外来投资的优惠待遇。

第九条 自治县水行政主管部门和有关的主管部门收到单位和个人的开发利用水资

源申请，应当在15日内作出答复。

第十条 自治县人民政府采取有效措施保证水利建设投资适当增加，并根据国家有关设立水利建设专项基金的规定，制定征收、使用水利建设专项基金的具体管理办法；严格依法征收、使用水利建设专项基金。

第十一条 在自治县境内直接从江河和地下取水的，实行取水许可制度。取水单位和个人，必须向自治县水行政主管部门提出取水申请，经审查同意后，发给取水许可证，方可取水，获准取水的单位和个人应当按取水许可证的要求取水，按照有关规定交纳水资源费，并接受水资源管理人员的监督检查。

农业抗旱应急、家庭生活和畜禽饮用、为消除公共安全或者公共利益危害取水以及其他少量取水，不需要申请取水许可，并免征水资源费。

取水许可证不得伪造、涂改、出租、出借或者转让。

第十二条 取水许可应当优先保证城乡居民生活用水，统筹兼顾农业、工业用水和环境保护需要。

严格控制开采地下水。利用地下水应优先考虑食品饮料工业用水和特殊用水。

第十三条 水资源费的征收办法和标准，依照国家和本省的有关规定执行。

水资源费纳入财政管理，实行专款专用，由自治县水行政主管部门会同财政部门编制年度计划，报自治县人民政府批准使用，并接受财政、审计部门的监督。

水资源费主要用于水资源的科学考察、调查、评价、监测、政策研究，节水措施的科研和推广，水资源开发利用及地下水补源回灌，水资源保护、管理等，不得挪作他用。

第十四条 新建、改建、扩建水工程必须按照管理权限报经自治县或上级水行政主管部门审批，并接受水行政主管部门的行业监督管理。

第十五条 向河流排放污染物实行达标排放和总量控制制度。经处理后符合国家规定排放标准的污水需要向江河、渠道和水沟排放的，必须经自治县水行政主管部门审核同意，由自治县环境保护行政主管部门批准方能排放。未经处理或者超过国家规定的排放标准的污废水，严禁向江河、水库和渠道排放。

禁止向生活饮用水地表水源和地下水源保护区内排放污水。

禁止在生活饮用水地表水源和地下水源保护区内从事可能污染生活饮用水体的活动。

禁止在生活饮用水地表水源和地下水源保护区内新建、扩建污染水源的建设项目。

第十六条 河道和水利水电工程的管理与保护范围，按照国家和本省的有关规定和标准划定。

河道和水利水电工程管理、保护范围内的土地所有权和使用权受法律保护。

在河道和水利水电工程管理、保护范围内进行影响河道和水利水电工程安全的作业时，必须报经县级以上水行政主管部门批准，并按照批准的作业范围和作业方式进行。

第十七条 单位和个人在河道和水工程的管理与保护范围内进行各类工程建设或生产作业，凡对行洪、排涝、灌溉、城乡供水、排水、渔业生态、环境保护等有不利影响，造成江河水势恶化或危害堤防和水工程设施安全的，应负责采取清除、改建、加固、治理等补救措施或给予补偿。

第十八条 禁止下列行为：

（一）在水库大坝、饮用水源区、防潮防洪堤、排灌渠堤等水利水电工程管理、保护范围内进行垦殖、铲草、放牧、烧砖瓦、采石、挖沙、取土、扒口、打井、钻探、爆破、挖筑鱼塘、建房、葬坟；

（二）在坝顶、堤顶、水闸交通桥上行驶履带机动车和超重车辆或在没有路面的坝顶、堤顶上行车；

（三）损毁堤坝、电站、渠道、水闸等水利水电工程建筑物及其观测、水文、通讯、输变电、交通等附属设施；

（四）在河道、水库、渠道管理范围内修建阻水道路，种植高秆农作物和树木，设置拦河渔具，弃置矿渣、石渣、煤灰、泥土、工业废渣、垃圾等废弃物，炸鱼、电鱼、毒鱼，推放、倾倒、掩埋、排放污染水体的物体，清洗装贮过有毒有污染物的车辆、容器；

（五）围垦河流；

（六）法律、法规禁止的其他行为。

第十九条 任何单位和个人不得侵占、损毁、盗窃水利水电工程设施及堤围护岸设施、防汛器材、水文监测设施、水文地质监测设施、环保监测设施和破坏水文测验河段。

第二十条 护堤、护岸、护库林木，由河道或水工程管理单位组织营造和管理，其他任何单位和个人不得侵占、砍伐或者破坏。

禁止采伐护堤、护岸、护库林木，水源涵养林木，水土保持林木。需要更新采伐的，必须按照管理权限报经林业主管部门批准，河道或水工程管理单位对其管辖范围内自营的上述林木进行更新采伐的，免缴育林基金。

第二十一条 自治县人民政府应当加强对防洪工作的统一领导。在汛情紧急的情况下，自治县防汛指挥机构有权在其管辖范围内调用所需物资、设备和人员，事后应当及时归还或者给予适当补偿；根据抢险需要有权取土占地、砍伐林木、消除阻水障碍物，但事后应当依法向有关部门补办手续；有权决定采取分洪、滞洪措施。采取分洪、滞洪措施对毗邻地区有危害的，必须报经省防汛指挥机构批准，并预先通知毗邻地区人民政府。

第二十二条 违反本条例第九条规定，逾期不答复开发利用水资源申请的，由自治县人民政府责令限期改正；逾期不改正的，给予单位领导和主要责任人员行政处分。

第二十三条 未经批准占用河道和各类工程管理和保护范围的土地的，依照国家和本省有关土地管理的规定处理。

第二十四条 获准取水的单位和个人未按取水许可证的要求取水、不交纳水资源费或拒绝水资源管理人员的监督检查的，由自治县水行政主管部门责令改正；拒不改正的，吊销其取水许可证。

第二十五条 违反本条例第十五条第一、二、三款规定的，由自治县环境资源行政主管部门依照有关法律法规规定处罚。

违反本条例第十五条第四款规定的，由自治县人民政府按照法律、法规的规定责令限期治理、停业、搬迁或者关闭。

第二十六条 违反本条例第十四条、第十六条第三款规定的，由自治县水行政主管部门责令其停止违法行为，限期消除障碍或者采取其他补救措施，并处500元以上1万元以下罚款；对有关责任人员，由其所在单位或者上级主管机关给予行政处分。

第二十七条 违反本条例第十八条、第十九条规定的，由自治县水行政主管部门或环境保护行政主管部门按各自职权责令其停止违法行为，赔偿损失，限期清除障碍或者采取其他补救措施，并处1000元以上2万元以下罚款；应当给予治安管理处罚的，依照治安管理处罚条例处罚；构成犯罪的，依照刑法追究刑事责任。

第二十八条 阻碍公安人员、水工程管理人员、其他国家工作人员执行水事公务或在水事纠纷发生和解决过程中煽动群众闹事，尚未构成犯罪的，依照治安管理处罚条例处罚；构成犯罪的，由司法机关依法追究刑事责任。

第二十九条 盗窃或者抢夺防汛物资和水工程器材，贪污或者挪用国家救灾、抢险、防汛、移民安置款物，构成犯罪的，由司法机关依法追究刑事责任。

第三十条 水行政主管部门或者其他主管部门以及水工程管理单位的工作人员玩忽职守、滥用职权，徇私舞弊、索贿受贿、敲诈勒索的，由其所在单位或者上级主管机关给予行政处分；构成犯罪的，由司法机关依法追究刑事责任。

第三十一条 违反本条例规定的行为，本条例未作处罚规定的，依照有关法律法规处罚。

第三十二条 当事人对行政处罚不服的，可以依法申请复议或向人民法院起诉。当事人逾期不申请复议也不向人民法院起诉，又不履行处罚决定的，由作出处罚决定的机关申请人民法院强制执行。

第三十三条 本条例具体应用的问题由自治县人民政府负责解释。

第三十四条 本条例自公布之日起施行。本自治县过去发布的有关规定同本条例相抵触的；

以本条例为准。

白沙黎族自治县自治条例

（1997年3月1日白沙黎族自治县第十届人民代表大会第五次会议通过 1997年5月28日海南省第一届人民代表大会常务委员会第二十九次会议批准 1997年7月10日公布施行）

第一章　总　则

第一条　根据《中华人民共和国宪法》、《中华人民共和国民族区域自治法》和《海南省实施〈中华人民共和国民族区域自治法〉的若干规定》和有关法律、法规的规定，结合白沙黎族自治县的实际，制定本条例。

第二条　白沙黎族自治县（以下简称自治县）是海南省白沙黎族实行区域自治的地方。自治县境内还居住着汉族、苗族、壮族等民族。

第三条　自治县的自治机关是自治县人民代表大会和自治县人民政府。

自治县的自治机关行使县级地方国家机关的职权，同时行使自治权。

第四条　自治县的自治机关维护国家的统一，保证宪法、法律和法规在本地方的实施。

自治县的自治机关在不违背宪法和法律的原则下，根据本地方的实际情况，采取特殊政策和灵活措施，加快自治县经济建设和教育、科技、文化及其他社会事业的发展。

上级国家机关的决议、决定、命令和指示，如有不适合自治县实际情况的，自治县的自治机关可以报经该上级国家机关批准，变通执行或者停止执行。

自治县的自治机关维护国家的整体利益，同时依法享有国家给予民族自治地方经济和社会发展方面的扶持和照顾。

第五条　自治县的自治机关带领全县各族人民，以经济建设为中心，坚持四项基本原则，坚持改革开放，艰苦创业，把自治县建设成为团结、民主、文明、富裕的民族自治地方。

第六条　自治县的自治机关加强社会主义精神文明建设，对全县各族人民进行爱国主义、社会主义、集体主义、民主法制和民族政策的教育，培养有理想、有道德、有文化、有纪律的社会主义公民。

第七条　自治县的自治机关保障本地方各民族公民平等地享有宪法和法律赋予的权利并履行应尽的义务。

自治县的自治机关维护和发展各民族平等、团结、互助的社会主义民族关系。禁止对任何民族的歧视，禁止破坏民族团结和制造民族分裂的行为，维护安定团结的社会秩序。

自治县的自治机关教育全县各族人民互相尊重语言和风俗习惯。

自治县的自治机关在处理涉及本地方各民族的特殊问题时，必须与他们的代表充分协商，听取意见，妥善解决问题。

第八条 自治县的自治机关保障各民族公民有信仰宗教或者信仰宗教的自由。任何人不得利用宗教进行破坏社会秩序、损害公民身体健康、妨碍国家教育制度和国家机关工作人员依法执行公务的活动。

自治县内的宗教团体和宗教事务不受境外势力的支配。

第九条 自治县的自治机关依法保护国内外投资者以及香港、澳门、台湾同胞和华侨、归侨侨眷在自治县内的合法权益。

第二章 自治机关和人民法院、人民检察院

第十条 自治县人民代表大会是自治县的地方国家权力机关。自治县人民代表大会常务委员会是自治县人民代表大会的常设机关，对自治县人民代表大会负责并报告工作。

自治县人民代表大会中，黎族和其他少数民族代表的名额和比例，依照法律和海南省人民代表大会常务委员会的有关规定确定。

自治县人民代表大会常务委员会的组成人员中，应当有黎族人员，并应当有黎族公民担任主任或者副主任。

第十一条 自治县人民政府是自治县的地方国家行政机关。

自治县人民政府对本级人民代表大会和上一级人民政府负责并报告工作。在自治县人民代表大会闭会期间，对自治县人民代表大会常务委员会负责并报告工作。

自治县人民政府组成人员中，应当配备有黎族人员。

自治县县长由黎族公民担任。

自治县人民政府实行县长负责制。

第十二条 自治县自治机关积极从当地黎族和其他少数民族中培养各级干部及经营管理等专业人才，并注意培养黎族和其他少数民族妇女干部和各种专业技术人才。

第十三条 自治县的自治机关在招收国家公务员时，应当招收一定比例的黎族和其他少数民族公民。

自治县的自治机关通过考试考核，自主补充自治县国家机关和参照实行国家公务员制度的单位编制内的自然减员缺额，按当年新增用人指标自主录用人员。在同等条件下，对少数民族报考者优先录用。

第十四条 自治县的自治机关努力改善知识分子的工作条件和生活条件。

凡在自治县工作和引进的高、中级专业技术人员，优先安排住房，优先安排其子女入托入学，优先安排其配偶、子女就业。其配偶、子女为农业户口的，给予办理城镇户口。

对在自治县的改革开放和社会主义建设中做出特殊贡献的人员给予奖励，对有重大贡献的给予重奖。

第十五条 自治县的自治机关努力改善村民委员会干部的生活待遇，根据自治县经济的发展，适当提高其生活补贴，并做好城镇就业和劳务输出的指导服务工作。

第十六条 自治县地方国家机关及其工作人员，必须密切联系群众，接受人民的监督，公正廉洁，全心全意为人民服务。

第十七条 自治县人民法院是地方国家审判机关。自治县人民法院的审判工作受上级人民法院的监督。

自治县人民检察院是地方国家法律监督机关。自治县人民检察院的检察工作受上级人民检察院的领导。

自治县人民法院和人民检察院的组织、职能和工作，依照有关法律的规定执行。

自治县人民法院、人民检察院对自治县人民代表大会及其常务委员会负责并报告工作，接受自治县人民代表大会及其常务委员会的监督。

第十八条 自治县人民法院的审判工作和自治县人民检察院的检察工作必须以事实为根据，以法律为准绳，严格执行法律，严厉打击各种犯罪活动，保护公民、法人和其他组织的合法财产，保护公民的人身权利、民主权利和其他权利，维护社会秩序，维护民族团结，保障自治县经济和各项社会事业的发展。

第十九条 自治县人民法院、人民检察院的领导成员和工作人员中，应当有黎族人员。

第二十条 自治县人民法院和人民检察院保障各民族公民都有使用本民族语言进行诉讼的权利，对不通晓当地通用语言的诉讼参与人，应当免费为他们翻译。

第三章　经济建设和财政管理

第二十一条 自治县的自治机关建立和完善社会主义市场经济体制，在国家宏观指导下自主编制国民经济和社会发展规划、计划，自主地安排和管理本地方的经济建设和社会发展事业。

自治县的自治机关根据本地方经济特点，改革经济管理体制，合理调整和优化产业结构，促进自治县经济持续、稳定和协调发展。

第二十二条 自治县的经济建设应当发挥本地环境资源优势，大力发展热带高效农业，建立以农副产品加工和利用本地资源为主的工业体系，以交通和流通业为先导，促进商贸、旅游等第三产业的发展，实现民族经济的繁荣。

第二十三条 自治县重视发展农业，逐年增加农业投入，在保持粮食持续增长的同时，重点发展橡胶等热带作物及热带水果生产，创办多种形式的农业商品生产基地。

自治县的自治机关稳定和发展以家庭联产承包为主的责任制和统分结合的双层经营体制，积极推进农业产业化进程，鼓励投资创办各类农业股份制企业，促进农业集约化经营，提高农业经济效益。

自治县的自治机关按照农业的发展规划和计划，招商引资，鼓励国内外投资者采用承包、租赁、联营、合资合作、独资等形式举办农业企业，成片开发利用土地，发展农业商品生产。

自治县的自治机关建立健全以农副产品运输、加工、销售为中心的农业综合服务体系，从技术、信息、开拓市场等方面提供服务。

自治县的自治机关加强护林保胶工作。禁止乱砍滥伐橡胶林木，偷割、抢割橡胶树。

第二十四条 自治县的自治机关统筹规划，综合开发和利用水资源，增加水利投入，鼓励投资兴建水利、水电工程设施，动员社会力量兴办水利。加强水利、水电设施的保护管理，对破坏水利、水电设施的行为，应当依法查处。

自治县根据国家和省的有关规定，建立水利建设专项基金，发展水利事业。

第二十五条 治县依法保护和合理开发利用森林资源，实行以营林为主，护林为重，育重于采的林业建设方针，加快发展热带林业，提高森林覆盖率。加强护林防火和森林病虫害的防治，搞好封山育林，禁止砍伐热带天然林、水源林。

自治县鼓励集体和个人采取多种形式承包荒山、荒坡植树造林，实行谁种植谁享有，依法采伐。

第二十六条 自治县大力发展畜牧业和养殖业，鼓励企业和个人创办畜牧饲养场、畜牧种苗场、野生动物饲养场。但驯养繁殖属国家和省保护的野生动物，应当依法申请领取驯养繁殖许可证，并按国家和省的有关规定出售。

自治县加强对草场的保护、建设和合理利用，提高载畜能力和经营效益。草场所有权和使用权受法律保护，任何单位和个人不得侵犯。

第二十七条 自治县的自治机关积极筹集农业综合开发建设的配套资金。上级扶持的农业综合开发项目，应当由自治县配套资金的比例可以低于非民族自治地方。

第二十八条 自治县的自治机关合理利用和配置本地资源，调整产品结构和生产布局，积极发展以农副产品加工、食品、建材为主的地方工业。

自治县引进先进技术、设备，降低资源消耗，提高产品质量和市场竞争能力。

自治县的自治机关根据自治县的实际，加大工业投入，深化企业改革，建立现代企业制度。采取承包、租赁、委托运营、兼并、转让、拍卖等形式搞活和发展国有企业。

自治县的自治机关积极发展利用本地资源的乡镇企业，从资金上给予扶持，并从技术、人才培训、信息、流通、外引内联等方面提供服务。

第二十九条 自治县的自治机关积极发展能源、交通运输和邮电通讯事业，加强公路的改造和养护，并从资金、技术、人才等方面帮助边远地区和贫困地区加速能源、交通运输、邮电通信建设。

自治县鼓励单位和个人投资建设公路，并给予综合补偿。

第三十条 自治县鼓励单位和个人投资兴办旅游业，开发本地旅游资源，建设旅游景点和旅游设施，发展具有民族特色的山区旅游。

第三十一条 自治县的自治机关改革和完善商业、供销系统的管理体制。发展多种贸易，建立商品信息和流通网络，加快农贸市场建设，加强市场管理，取缔违法经营活动。

自治县依法开展对外经济贸易活动，发展出口创汇产品，办好出口商品生产基地。

对自治县自产的符合出口要求的产品，在出口计划、配额和许可证等方面给予优先安排。

第三十二条 自治县的自治机关对符合国家产业政策，不需要省综合平衡的固定资产投资项目，在审批权限内自主决定。

第三十三条 自治县的自治机关加强土地资源的管理，合理开发利用土地资源，保护基本农田，严格控制非农业建设占用耕地，禁止任何单位和个人非法占用土地。

自治县鼓励企事业单位、社会组织和个人有偿使用土地进行开发性生产。对在自治县投资兴办企业的，给予优惠地价。单位和个人依法取得的土地使用权可以依法转让、出租、抵押或者作为联营条件。

鼓励单位和个人承包开发经营荒山、荒地、水面，其土地承包经营权受法律保护。

第三十四条 自治县的自治机关依法管理和保护自治县内的矿产资源。对可以由自治县开发的矿产资源，自治县优先合理开发利用。矿山企业或者个体采矿，应当依法申请领取采矿许可证，并在指定范围内开采。任何单位或者个人不得无证采矿，乱采、滥挖矿产资源，不得侵入他人取得采矿权的矿区内采矿。

第三十五条 自治县保护和改善生活环境和生态环境，防止污染和其他公害。对造成污染和其他公害的单位和个人，限期治理；对拒绝治理的单位，追究其负责人的责任。

自治县采取有效措施，保护本地自然景观、珍稀动植物和水资源，保证自然资源的合理开发、利用和保护，实现自治县经济的可持续发展。

第三十六条 自治县的自治机关运用各种形式教育农民增强商品经济意识，改变陈旧落后的生产方式。并组织科技人员到边远贫困地区传授科学技术，帮助当地农民脱贫致富。

自治县的自治机关采取特殊政策和有效措施，帮助边远贫困地区发展经济，努力改善当地人民群众的生产生活条件。

自治县兴办扶贫企业和多种经营项目，帮助特别贫困地区发展生产。

第三十七条 自治县利用国内外资金从事基础设施建设和兴办生产性企业，经营期限在十年以上的，从开始获利的年度起，第一年至第十年免征所得税，第十一年至第二十年减半征收所得税。

在自治县内兴办的企业，发生年度经营亏损的，经申报税务机关核实其亏损额可以从下一年度企业经营所得中抵补；一年内不能抵补亏损额的，可再顺延抵补，但连续抵补期不得超过三年。按规定抵补亏损后的所得余额，应当缴纳企业所得税。

第三十八条 自治县的自治机关积极发展生产，广辟财源，增加财政收入，节约开支，努力实现财政自给。

自治县的自治机关依法享有管理自治县财政的自治权，自主调整自治县财政预算，自行安排财政收入的超收部分和支出的结余资金。

自治县享受上级财政的各种补助。收入不敷支出时，报请上级财政机关依照有关民族政策规定给予补助。

自治县的财政预算支出，依法设立预算周转金和预备费。对财政包干期内的定额补助，自治县享受优惠照顾。

自治县建立乡（镇）一级财政，促进乡（镇）财政发展。

第三十九条 自治县的自治机关根据国家规定的原则，对本地方的各项开支标准、定员、定额，制定补充规定和具体办法。

自治县人民政府应当严格执行自治县人民代表大会批准的当年财政预算。在执行过程中，需要变更的部分，须报经自治县人民代表大会常务委员会审议批准后，方能执行。

自治县的自治机关加强对国家和省下拨的扶贫、民房改造、优抚、中小学校校舍建设等各项专用资金和临时性民族补助款的管理和监督，实行专款专用，任何部门不得扣减、截留、挪用，也不得抵减正常的经费。

第四十条 设在自治县的金融部门应当根据国家对民族自治地方的信贷政策，照顾和支持自治县的各项建设事业。

第四十一条 自治县的自治机关根据地方经济发展的需要，通过各种合法渠道和合法形式筹集建设资金。

自治县依法设立各类基金，用于发展自治县的经济、教育、科技、文化、卫生和其他社会公益事业。

提倡企业、事业单位、社会组织和个人对自治县设立的各类基金提供赞助。

第四章 教育、科技、文化、卫生和体育事业

第四十二条 自治县的自治机关根据自治县的实际情况，自主地制定本地方的教育、科技、文化、艺术、卫生和体育事业的发展规划，努力提高各族人民的科学文化素质和健康水平。

第四十三条 自治县的自治机关按照分级办学、分级管理的原则，有计划有步骤地普及九年义务教育，加强中等教育，重视学前教育，大力发展职业技术教育和成人教育，扫除文盲，提倡和鼓励自学成才。

自治县采取特殊政策，努力办好中、小学民族寄宿班，并在边远的村庄设立教学点。对家庭经济特别困难的少数民族中小学生和残疾的中小学生，经乡（镇）人民政府批准，减免杂费。

自治县内的各级各类学校招生，对少数民族考生和农村独生子女，适当放宽录取分数线。

第四十四条 自治县的自治机关应当增加对教育的投入，使教育财政拨款的增长幅度高于财政经常性收入的增长幅度。

自治县依照国家和本省规定征收教育费附加，用于实施义务教育。

自治县设立教育基金，鼓励企业、事业单位、个人和社会力量办学或者捐资助学，逐步改善办学条件。

自治县积极支持学校开展勤工俭学活动，对学校兴办企业等给予特殊照顾。

第四十五条 自治县可以通过招聘等方式，选配教育系统各级领导班子。采取多种形式，加强师资培训，提高教师素质。

自治县采取优惠政策吸收优秀人才参加教师队伍，鼓励教师到边远山区教学点工作。并对从事民族教育事业做出显著成绩的教师，给予表彰和奖励。

第四十六条 自治县的自治机关努力发展本地方的科学技术事业，建立健全科普机构和信息网络，普及科学知识，搞好科技服务。

自治县增加科技投入，科技经费的增长幅度应当高于财政经常性收入的增长幅度。并努力做好科技成果的转化、引进、示范、推广工作，促进科技进步。

自治县鼓励科技人员开展科研活动，推广应用科学技术成果。

对科技人员利用新技术、新工艺，使企业获得经济效益的，在三年内从企业税后纯利润中提取10%给予奖励。

第四十七条 自治县自主地发展具有民族形式和民族特点的文学、艺术、新闻、广播、电视、电影等文化事业，加强文艺团体和文化设施的建设，开展民间的文化交流和群众喜闻乐见、健康向上的文化娱乐活动。

自治县挖掘、收集、整理、研究民族历史文化遗产，并积极创作具有社会主义风格和时代特色的作品。

自治县积极培育文化市场，鼓励集体和个人兴办文化事业。

自治县的自治机关保护革命文物、历史文物、民族文物和革命遗址，做好地方志的编纂和档案管理工作。

第四十八条 自治县的自治机关积极发展医疗卫生事业，加强乡村医疗卫生队伍建设，建立健全县、乡（镇）、村医疗预防保健网络，办好农村合作医疗，加速民族地区卫生人才的培养，采取优惠政策鼓励医务人员到山区工作。

自治县广泛开展爱国卫生运动，重视儿童计划免疫工作，加强对疾病的防治和研究工作，加强妇幼和老年保健工作。

自治县的自治机关重视民族医学的开发和应用，发掘民族医学、医药。允许经考核考试合格的个人依法行医，严禁以行医为名进行封建迷信活动。

自治县的自治机关加强食品卫生和药品的监督管理，取缔假冒伪劣食品、药品。

第四十九条 对在自治县工作20年以上的教师、医务人员及其他专业科技人员，给予精神或者物质上的奖励。

第五十条 自治县的自治机关积极发展体育事业，逐步改善体育设施，继承和发展民族传统体育，开展全民健身运动，提高各族人民的健康水平。

第五十一条 自治县的自治机关保障境内各民族都有保持或者改革风俗习惯的自由，提倡从简操办习俗中的各种事宜。

自治县执行国家婚姻法，禁止早婚和买卖婚姻。

自治县实行计划生育，提倡少生、优生、优育，提高人口素质。

自治县的自治机关保护妇女、儿童的合法权益。

第五十二条 每年农历三月初三为黎族、苗族人民的传统节日。

各民族的传统节日应当受到尊重。

第五章 附 则

第五十三条 本条例自公布之日起施行。

白沙黎族自治县非物质文化遗产保护条例

（2010年2月4日白沙黎族自治县第十三届人民代表大会第六次会议通过，经2011年5月31日海南省第四届人民代表大会常务委员会第二十二次会议批准，自2011年6月18日起施行）

第一章 总 则

第一条 为了保护非物质文化遗产，继承和弘扬民族优秀传统文化，促进经济发展和社会进步，根据国家宪法及有关法律法规，结合本自治县实际，制定本条例。

第二条 自治县境内的非物质文化遗产的保护和管理适用本条例。本条例所称的非物质文化遗产包括：

（一）民间故事、民谣、谚语、民族语言等口头文学；

（二）老古舞、婚礼舞、大鼓舞、花灯舞等民间传统舞蹈；

（三）民歌、喜庆乐、打击乐等民间传统音乐；

（四）渔猎、农耕、饮食、婚嫁、丧葬等生产、生活中的传统习俗和礼仪；

（五）纺、染、织、绣、杂编、制陶、发簪制作、民居建筑等传统工艺和制作技艺；

（六）黎族、苗族民间医术；

（七）具有代表性的传统体育活动；

（八）与上述表现形式相关的文化空间；

（九）其他需要保护的非物质文化遗产及与其表现形式相关的文化空间。

第三条 非物质文化遗产保护工作，坚持以保护为主、抢救第一、合理利用、传承发展为方针，实行政府主导、社会参与，明确职责、形成合力，统筹规划、分步实施，点面结合、讲求实效的原则。

第四条 自治县人民政府应当加强对非物质文化遗产保护工作的领导，制定保护规划，将保护事业纳入国民经济和社会发展规划及城乡建设规划。非物质文化遗产保护所需经费列入自治县财政预算。

自治县人民政府文化行政主管部门负责本行政区域内的非物质文化遗产保护工作。

自治县民族宗教事务、发展与改革、财政、建设、公安、工商、教育、卫生、旅游等有关部门按照各自职责，协助文化行政主管部门做好非物质文化遗产保护工作。

乡（镇）人民政府负责本区域内非物质文化遗产的保护工作。

第五条 自治县人民政府应当设立保护工作专项资金，保障非物质文化遗产保护工作经费投入。同时可以接受社会捐赠。

专项资金主要用于下列事项：

（一）非物质文化遗产重点项目的保护和研究；

（二）征集、搜集、整理、研究、保护和开发非物质文化遗产的珍贵资料和实物，建立档案和数据库；

（三）申报省级、国家级非物质文化遗产项目名录；

（四）抢救濒危的非物质文化遗产重点项目；

（五）资助非物质文化遗产传承人的培养和传播活动；

（六）出版非物质文化遗产资料和研究成果；

（七）非物质文化遗产传承人和传承单位的表彰和奖励；

（八）非物质文化遗产保护的其他事项。

第六条 鼓励、支持社会团体、研究机构、大专院校、企事业单位和个人等社会各方面力量参与非物质文化遗产保护工作。

鼓励、支持境内外的单位和个人依法开展非物质文化遗产保护工作的合作和交流活动。

第二章 抢救和管理

第七条 自治县人民政府文化行政主管部门会同有关部门，根据本地实际，编制本行政区域非物质文化遗产保护规划，报自治县人民政府批准后实施。

第八条 自治县人民政府应当组织文化行政主管部门及其他有关部门对本行政区域内的非物质文化遗产进行普查、确认、登记，运用文字、录音、录像、数字化多媒体等方式，对非物质文化遗产进行真实、系统和全面的记录。

文化行政主管部门应当建立非物质文化遗产档案及相关数据库，可以公布的，应当及时公布。

第九条 建立本自治县非物质文化遗产名录。对经过科学认定列入名录的非物质文化遗产项目，由自治县人民政府制定具体、科学的保护措施，明确保护的责任主体，对其代表性传承人和代表性传承单位，有计划地提供资助，鼓励和支持其开展传承活动。

对具有重大保护价值的非物质文化遗产，自治县人民政府应当组织单位和个人申报县级以上非物质文化遗产代表作名录。

第十条 对濒危的非物质文化遗产，自治县人民政府应当及时公布濒危名录，并制定抢救保护方案，组织文化行政主管部门及其他有关部门及时进行科学、有效的抢救性保护。

任何单位和个人可以向文化行政主管部门提出抢救和保护濒危非物质文化遗产的意见或者建议。

第十一条 自治县人民政府对非物质文化遗产实施抢救性保护应当在专家指导下制定方案，保持非物质文化遗产的原真性和完整性。

对非物质文化遗产实施抢救性保护，应当及时依法采取下列措施：

（一）采用文字、录音、录像、数字化多媒体等方式进行真实、完整记录、整理；

（二）征集、收购相关资料、实物，保存、保护相关建筑物、场所等；

（三）其他应当采取的及时抢救措施。

第十二条 对濒危非物质文化遗产所涉及的建筑物、场所、遗迹及其附属物，自治县人民政府应当划出保护范围，作出标志说明，建立专门档案，并在城乡规划和建设中采取有效措施予以保护。

非物质文化遗产的保护范围内任何单位和个人不得进行保护工程外的其他建设工程或者爆破、钻探、挖掘等作业。

任何单位和个人不得迁移、拆除划入保护范围的非物质文化遗产所涉及的建筑物、场所、遗迹及其附属物。确因国家建设需要迁移、拆除的，应当经公布保护该非物质文化遗产的文化行政主管部门审查，报自治县人民政府批准。

第十三条 对于非物质文化遗产中珍贵的传统技艺、工艺流程、制作材料等需要保密的，可以实行保密制度。其密级由自治县人民政府文化行政主管部门与保密等有关部门共同确定。

第十四条 自治县人民政府设立的非物质文化遗产保护机构或者指定的其他机构，依法接受社会团体、组织或个人捐赠的非物质文化遗产。该机构拥有的非物质文化遗产资料、实物属国家所有，任何组织和个人不得侵占。

非物质文化遗产保护机构对征集、收购或者受赠的非物质文化遗产资料、实物应当妥善保管，重要的非物质文化遗产资料、实物应当采用先进技术妥善保管。

第十五条 个人和单位拥有的非物质文化遗产资料、实物等，其所有权受法律保护。

非物质文化遗产保护机构征集属于个人和单位所有的非物质文化遗产珍贵资料、实物时，应当以自愿为原则，并付给合理酬金。

个人和单位拥有的非物质文化遗产资料、实物或者载体进入市场流转，应当符合国家有关法律、法规的规定，禁止走私出境。

第十六条 境外团体、个人到本自治县区域内进行非物质文化遗产学术性考察与研究，必须经自治县人民政府文化行政管理部门审核，报自治县人民政府批准。

对于限制摄影、录音、录像的非物质文化遗产资料和实物，未经自治县人民政府文化行政管理部门批准，不得摄影、录音、录像。

第十七条 自治县人民政府应当采取各种形式，分级、分期、分批对非物质文化遗产保护的有关管理人员、专业人员进行教育培训。

鼓励和支持高等院校和科研机构开展非物质文化遗产保护的研究和专门人才培养。

鼓励和支持教育机构以开设相关课程等形式开展传播、弘扬优秀非物质文化遗产的活动。

自治县各中小学校应当将本地优秀的、体现民族精神与民间特色的非物质文化遗产列入教学内容，因地制宜地开展教育和传播活动。

第十八条 图书馆、文化馆、博物馆、科技馆等公共文化机构应当展示和传播有本地代表性的非物质文化遗产，重视和发挥在征集、收藏、研究本地非物质文化遗产中的作用，有条件的应当向中小学生免费开放。

新闻出版、广播电视、互联网等公共媒体应当介绍、宣传优秀的非物质文化遗产及其保护工作，普及保护知识，提高全社会自觉保护非物质文化遗产的意识。

第三章　传承与命名

第十九条 本级非物质文化遗产代表作的传承人和传承单位由自治县人民政府文化行政主管部门提名推荐，报县人民政府确定和命名。

第二十条 符合下列条件的组织和团体，可以申请或者被推荐为非物质文化遗产传承单位：

（一）以弘扬非物质文化遗产为宗旨，并坚持开展相关活动，挖掘、发展相关的内容和表现形式有独特之处的；

（二）掌握非物质文化遗产表现形式或者技艺，并在研究、传播方面取得显著成绩的；

（三）收藏、保存一定数量的非物质文化遗产珍贵资料、实物和场所的。

第二十一条 符合下列条件的公民，可以申请或者被推荐为非物质文化遗产代表性传承人：

（一）掌握并保持某项非物质文化遗产代表作的表现形态或者技艺的；

（二）本地方群众公认为具有较大影响力的；

（三）积极开展传承活动，培养后继人才的。

第二十二条 非物质文化遗产代表性传承人和代表性传承单位享有下列权利：

（一）开展传艺、展示技艺、讲学以及艺术创作、学术研究等活动并取得报酬；

（二）依法向他人有偿提供其掌握的知识和技艺以及有关的原始资料、实物、场所等；

（三）开展传承活动有经济困难的，可以申请县级以上人民政府予以资助；

（四）其他与非物质文化遗产保护相关的权利。

第二十三条 非物质文化遗产代表性传承人和代表性传承单位应当履行下列义务：

（一）完整保存、保护所掌握的知识、技艺及有关原始资料、实物、建筑物、场所等；

（二）依法开展展示、积极传播非物质文化遗产等活动；

（三）按照师承形式或者其他方式选择、培养新的传承人；

（四）其他与非物质文化遗产保护相关的义务。

第二十四条 自治县人民政府文化行政主管部门应当定期对非物质文化遗产代表作传承人、传承单位进行评估，对非物质文化遗产代表作传承人、传承单位丧失命名条件的，由自治县人民政府撤销命名并给予公告。

第二十五条 自治县人民政府应当支持传承人和传承单位开展非物质文化遗产传承活动，支持的方式主要有：

（一）提供必要的场所；

（二）给予适当的资助；

（三）促进相关的交流；

（四）开展相关的宣传；

（五）其他形式的帮助。

第四章 开发与利用

第二十六条 自治县人民政府应当鼓励和扶持有关单位和个人在有效保护的前提下合理利用以下优秀非物质文化遗产资源，进行弘扬优秀传统文化的文艺创作，开发具有民间和地方文化特色的传统文化产品，拓展民间民俗文化旅游服务：

（一）开发、生产有民族特色的传统纺织工艺品、双面绣工艺品、芭蕉布工艺品、陶瓷工艺品、服饰、发簪、器皿等旅游商品；

（二）发展、弘扬民族特色的山兰香稻、山兰酒、鱼茶、肉茶、竹筒饭、三色饭等饮食品的制作技艺；

（三）挖掘、整理、提高、展示具有民族和地方特色的传统音乐、舞蹈、曲艺、美术、绘画，增强其艺术性、观赏性和娱乐性；

（四）建立和恢复集中反映非物质文化遗产的设施；

（五）有重点地对外开放具有非物质文化遗产特色的民居、场所等。

第二十七条 利用非物质文化遗产资源，应当尊重其原真性和文化内涵，保持原有文化生态资源和文化风貌，不得歪曲、滥用。

第二十八条 自治县人民政府应当建立黎锦实物展馆、传习所等非物质文化遗产设施。

第五章 奖励与处罚

第二十九条 在非物质文化遗产保护方面做出显著成绩的单位和个人，自治县人民政府应当给予表彰和奖励：

（一）组织实施本条例成绩显著的；

（二）从事非物质文化遗产抢救、挖掘、收集、整理、教学、宣传、出版、研究工作成绩显著的；

（三）将个人收藏的重要非物质文化遗产资料或实物捐赠给国家的；

（四）对从事非物质文化遗产的传承做出突出贡献的；

（五）检举、揭发、制止违反条例行为，保护非物质文化遗产有功的。

第三十条 国家工作人员因玩忽职守，滥用职权，徇私舞弊，致使国家和集体所有的非物质文化遗产珍贵资料、实物受损毁、被窃和遗失的，依法给予行政处分；构成犯罪的，依法追究刑事责任。

第三十一条 违反本条例第十二条第二款、第三款规定的，依照有关法律、法规进行处罚。

第三十二条 违反本条例第十四条第一款规定，侵占国家所有的非物质文化遗产珍贵资料、实物，由自治县人民政府文化行政主管部门责令改正，追回被侵占的珍贵资料、实物；对直接侵占国家所有的非物质文化遗产珍贵资料、实物的国家工作人员，依法给予行政处分；构成犯罪的，依法追究刑事责任。

第三十三条 违反本条例第十四条第二款规定，对国家所有的非物质文化遗产珍贵资料、实物保护管理不力的，由自治县人民政府文化行政主管部门责令改正；造成严重损坏、被窃或者遗失的，对直接负责的主管人员和其他直接责任人，依法给予行政处分；构成犯罪的，依法追究刑事责任。

第三十四条 违反本条例第十六条第二款规定的，由自治县人民政府文化行政主管部门给予警告，责令改正，没收其拍照或者摄录的资料。

第六章 附 则

第三十五条 本条例由自治县人大常委会负责解释。

第三十六条 本条例自公布之日起施行。

二、前志纠误

《白沙县志》勘误表

页码	页内位置	错误	更正
4	左倒 4 行	10.83 倍	9.83 倍
4	右倒 5 行	180%	453.75%
5	右 28 行	瓩	千瓦
5	右 29 行	瓩	千瓦
5	右 1 行	茅房	茅草房
33	（眉　题）	第一编 地理	第一章 建置
39	表 1-1（“阜龙乡”栏）	村　新	新　村
41	左倒 7 行	高汞灯	高压汞灯
41	左倒 5 行	水泥结构	钢筋混凝土结构
41	左 2 行	人均住房	人均住房面积
130	表 12-1	启事处理	事故处理
143	表 14-1（“合计”栏）	58488	584880
152	表 15-6（“个体务务业”栏）	个体务务业	个体服务业
197	表 24-2（“陈伯周”栏）	1984.7～1948.9	1948 年 7 月至 1948 年 9 月
198	表 24-3（表标题）	全党组织	全县党组织
246	左倒 12	日本驻军	侵琼日军
263	表 36-1（“1994”栏）	1994	1954
287	右 13 行	街着	衔着
399	（参加本书编写人员）5 行	郑心炽	郑心策
400	（编后记）2 行	共问努力	共同努力

说明：《白沙县志》正文每页分左右两栏排版，左栏第几行简称左几行，右栏第几行简称右几行，如左栏第 2 行简称左 2 行；倒数第几行则简称倒几行，如左栏倒数第 4 行简称左倒 4 行

编　后　记

《白沙黎族自治县志(1988—2010)》是在中共白沙黎族自治县委和县政府的领导下，由中共白沙黎族自治县委史志办主持编修的第二部县志，是全县社会主义精神文明建设的一项重大成果。纵观其编修历程，大致可分为三个阶段：

第一阶段，筹备启动。2007年10月，白沙黎族自治县委办、县政府办印发《关于白沙县第二轮地方志书编纂工作方案的通知》，启动志书编修工作。2013年5月，县委办、县政府办印发《关于认真做好〈白沙黎族自治县志(1988—2010)〉编纂组稿工作的通知》，对县志编修工作重新进行部署。同年10月，召开全县二轮县志编纂组稿动员会。2014年1月，成立县志编修组，通过数次研讨，完成纂修大纲的拟定。2014年5月29日，编修组到白沙黎族自治县档案馆查阅相关档案，并由县委史志办复印。其间，因档案馆整体搬迁，直至2015年1月，编修组正式获取复印档案。同时，白沙黎族自治县委史志办组织各个部门搜集并撰写部门资料。2014年7月29日，省史志办市县指导处陈家传处长组织白沙黎族自治县委史志办及县志顾问组进行编修座谈。

第二阶段，初稿撰写。编写组成立后，按照大纲要求，四位编修人员进行分工合作，经过编写组近一年半的努力，2016年6月形成县志部分初稿，并由原海南省史志办副主任符和积提出修改意见。根据修改意见，开始进行资料的补充收集工作。2017年8月15日，白沙黎族自治县委史志办召开全县承编单位参加的县志编修会议。编修组邢寒冬和王志强分别做了收集资料的培训辅导。2017年12月，形成县志初稿。

第三阶段，审评修改，形成定稿。2018年3月29日，县委史志办召开县志初稿内审会。县委常委、宣传部部长张志群出席并讲话，省史志办市县志指导处陈家传处长与省史志办原巡视员符和积到会指导，县委办、林业局、人民银行等30多家单位参加。会上提出和书面提交的意见共225条。此次高质量的专家“会诊会”对志书的修改指明方向和明确具体任务。2018年7月19—22日，编修组在完善内审会修改意见的基础上，到县档案馆及相关部门进行资料的查漏补缺。2018年8月6日，海南省史志办召开《白沙黎族自治县志(1988—2010)》编修工作实地督查会。2018年12月13日，《白沙黎族自治县志(1988—2010)》初审会在白沙黎族自治县委大楼会议室举行，县委办、县政府办、县志办、编委会和相关部门负责人参加会议。评审专家和县志主要负责人汇报县志编纂情况，专家们提出修改意见。会后，县委志办组织编写组成员与审稿专家针对评审意见，一一核对，认真梳理，明确任务。2019 年 6 月 21 日，在白沙黎族自治县七坊镇鹭湖长滩岛酒店召开《白沙黎族自治县志（1988—2010）》复审会，专家一致认为，志书体例完整，材料丰富，有一定的可读性，需要继续精打细磨后报送海南省地方志办公室终审。9 月，根据专家意见，编修组对志书进行了最后的资料补充与行文的修改，形成终审稿。

《白沙黎族自治县志（1988—2010）》从正式启动到终审，历经 6 年，在此期间，海南省地方史志办主要领导毛志华、秦武军和市县指导处领导陈家传、符思权，省史志办原巡视员符和积、原副主任陈波等数次莅临白沙，对县志的编修工作给予大力支持与业务指导。审稿专家朱兴明、陈雄、周文奇、王海云等在县志编修过程中提出诸多建设性意见。白沙黎族自治县两任分管领导，县委原副书记陈鸿亮，县委常委、统战部部长符从会对白沙修志工作给予极大的关心与支持。白沙黎族自治县一些老领导董元培、符炳信、陈德基、符儒定、李文安、符彩花、符云汉、史光雄、陈深、陈少雄等也给予大力支持。海南师范大学文学院历史系邢寒冬、王志强、陈有济与地理学院唐少霞等诸位老师在县志编修过程中不辞辛劳，数次莅临白沙查阅资料，实地走访。中共白沙黎族自治县委史志办全体同志为县志编纂工作全面布局、做好后勤保障，为县志的顺利推进付出诸多艰辛！当然，因篇幅所限，一些为县志编修工作作出不懈努力的人员不能一一提及，在此，谨向他们表示衷心的谢意。

众手已成志，但是，由于编修志书所需的一些资料严重缺失，加之我们的能力和水平局限，不足之处在所难免，敬请广大读者批评指正。

白沙黎族自治县地方志编纂委员会

2020 年 3 月